高等学校工程管理专业系列教材

工程项目管理

（第二版）

戚振强　编著

中国建筑工业出版社

图书在版编目（CIP）数据

工程项目管理 / 戚振强编著 . —2 版 . —北京：
中国建筑工业出版社，2023.6
高等学校工程管理专业系列教材
ISBN 978-7-112-28811-3

Ⅰ．①工…　Ⅱ．①戚…　Ⅲ．①工程项目管理–高等学
校–教材　Ⅳ．① F284

中国国家版本馆 CIP 数据核字（2023）第 103717 号

教师课件获取方式：1203027534@QQ.com。

责任编辑：牛　松　张智芊
责任校对：张惠雯

高等学校工程管理专业系列教材

工程项目管理（第二版）

戚振强　编著
*
中国建筑工业出版社出版、发行（北京海淀三里河路 9 号）
各地新华书店、建筑书店经销
北京雅盈中佳图文设计公司制版
建工社（河北）印刷有限公司印刷
*
开本：787 毫米 ×1092 毫米　1/16　印张：47　字数：1135 千字
2023 年 8 月第二版　2023 年 8 月第一次印刷
定价：123.00 元（赠教师课件）

ISBN 978-7-112-28811-3
（41021）

第二版前言

本书第一版自出版发行以来，取得了良好的效果，在 2020 年获评北京高校"优质本科教程"。自 2017 年我国提出高质量发展战略以来，建设领域也取得了很大的发展，形势和面貌也发生了很大的变化，为了适应新形势下国家教育强国的要求，很有必要吸取新的科研和实践成果对原有教材进行更新完善。

本书第二版的修订编写遵循"向下扎根和向上生长"的原则，所谓"向下扎根"是指力求更加贴近工程管理的实践，"向上生长"是指努力追踪科学研究前沿，试图从理论方面解释工程管理的一些难题。按照这两个方向，对第一章进行大量修改，吸取工程哲学、复杂工程管理和敏捷项目管理等内容；在第二章吸收国家在可行性研究方面的新内容和新要求；撰写了工程项目组织作为单独的第三章；将原来的流水施工和工程项目进度管理合并为现在的第五章；在质量和安全管理尤其是安全管理章节中注入新的内容，成为现在的第六章和第七章；基本上全新改写第九章的招标投标与合同管理，试图全面反映一个工程项目的招标投标及合同管理的全貌。在第十章中根据数字经济的发展和国家有关数字经济的论述，加入数据管理和数字素养等方面的内容。

"工程项目管理"是工程管理和工程造价专业的核心主干课程，曾经的工程管理专业规范将该课程分为"工程项目管理（一）"和"工程项目管理（二）"，目前，部分高校工程管理专业培养方案仍保持这个课程架构。较难掌握的是"工程项目管理"课程和"工程经济""工程招标投标与合同管理""工程造价管理""工程估价"等课程的关系，这些课程的教学内容可以根据教师团队的研讨体现在各个科目的教学大纲内。

本书是为工程管理和工程造价专业教学编写的，土木工程类专业教学也可参考使用本书，本书也可作为从事工程实践管理者的参考。本书中复杂项目管理、项目治理、新制度经济学、合同理论等一些较新的内容可以作为研究生教学的参考内容，也可以作为本科生开阔视野的研究素材。

本书编写过程中参考其他专家学者们的诸多成果，未能一一标注，在此一并表示感谢。本书的出版得益于中国建筑工业出版社的帮助和两位编辑的精心工作，在此致以衷心感谢。本书受北京建筑大学教材出版项目资助。

由于作者水平能力有限，编写中缺点和错误在所难免，敬请批评指正！

第一版前言

项目管理作为一门学科兴起于 20 世纪 40 年代，缘起于美国曼哈顿工程的成功，之后美国利用项目管理技术实施北极星导弹计划，取得极大的成功。传统的项目管理局限应用于国防领域和建筑行业。从 20 世纪 80 年代后，项目管理逐渐应用于全世界的各行各业。至今，项目是推动经济发展和变革的重要力量，是取得竞争优势的一种重要方式。各国纷纷兴起研究项目管理的热潮，纷纷成立研究项目管理的协会（或学会），美国项目管理协会和欧洲国际项目管理协会便是国际上重要的两个组织，对项目管理的发展起了十分重要的作用。美国项目协会从 20 世纪 80 年代研究并出版了项目管理的知识体系，筹划出版了包括综合集成管理、沟通管理、风险管理、人力资源管理、采购管理、时间管理、质量管理、费用管理、范围管理等九大领域的知识体系，此知识体系出版之后，项目管理步入现代项目管理时代，在其以前的项目管理统称为传统的项目管理。我国建筑业在 20 世纪 80 年代引入项目管理之后，逐渐改变了建筑生产的组织方式，以项目的方式开展业务，其标志就是鲁布革工程取得的成功，之后项目管理在我国建筑业逐渐全面推广和深入。

在建设领域，项目尤其重要，项目是建设企业的基本业务和载体，也是建设企业的基本产品。工程建设项目相比其他项目最大的特点是产品固定性，参与单位多。参与项目管理的有业主方、设计方、施工方和供货方等，其管理的任务和内容都大体和项目管理知识体系的九大领域相关联。政府是建设项目的监管方，其监管内容包括前期的投资管理、规划设计的监管、施工许可、安全生产监管、质量监管、竣工监管等。项目最大的特点是一次性，所以项目管理和重复性业务的管理无论是在项目的目的还是项目组织形式等方面都有很大的不同。由于一次性的特点，上述有关项目建设的各方介入项目的目标、介入项目的时间和范围各不相同，其关系错综复杂，其利益关系既对立又统一。工程建设竣工交付后使用期间的管理往往是重复性的，不具有一次性的特点，所以使用期的设施管理（国内一般称为物业管理）往往不在项目管理研究之列，但是项目建设的最终目的是保证项目在使用期发挥其应有的作用。如何使有关各方为项目的最终使用服务是一个重要的课题。

项目能否成功和项目管理能否成功是既有联系又有区别的概念。前期项目的构思和选择决定了项目能否最终取得成功，项目前期管理要有预见性，要给项目前期管理预留足够的时间。一旦项目决策形成，其能否顺利实现设想的目的则主要依靠项目管理，所以项目管理能否成功是项目能否成功的重要保障。项目参与各方均需要进行管理策划，项目管理能否成功取决于其管理策划和组织保证。

因为时间不可逆转，所以项目管理一般以时间为主线，以时间为轴安排各方的工作，进行资源配置和费用核算等。项目的设计方、施工方等也可能以合同为核心安排工作，但最终也需要以时间为轴安排工作，进行管理。在确保安全和质量的前提下，控制项目建设的进度和费用，是工程项目管理的一个基本原则。

本书以工程建设项目综合管理和领域管理为主线，兼顾工程建设各方主体（业主方、设计方、施工方）的管理和各个领域的管理内容。本书结合我国工程建设的实践，全面吸取了我国工程建设发展实践和理论研究的成果，吸收了国际项目管理理论发展和建筑管理实践发展的新成果。

本书以自编教材的方式在北京建筑大学校内作为工程管理专业的教材而使用，取得了较好的教学效果。工程项目管理课程是工程管理专业的主干课程，也是工程造价专业的主干课程。也是高校土木工程类专业技术人才了解工程管理、取得工程管理的基本知识的一个重要的途径。如前所述，工程项目是建设领域的基本业务和产品，所以建设领域涉及管理的各类执业资格考试，比如咨询工程师、监理工程师、造价工程师和建造师等都对工程项目管理的考核设置了科目和要求，所以工程项目管理知识的学习和应用更是土木工程技术与管理专业在后续职业生涯中取得执业资格和获取更高职业地位和影响的基本途径。

工程项目管理归根到底属于社会科学，和自然科学不同。全世界各地全国各地的工程项目管理实践既有共性，又有个性。在工程项目管理的学习和实践中，要注意其个性，归纳其共性。另外，由于新技术、新工艺和新材料的不断发展，以及新的建设法规的不断颁布，以及人们对工程项目管理的认识不断地深入，工程项目管理还会不断地往前发展，本书对工程项目管理的认识还很肤浅，在编写过程中借鉴了很多前人的成果，在此一并致谢。

在本书编写过程中得到了北京建筑大学经管学院院长姜军教授、副院长赵世强教授、尤完教授、高唱老师和张宏副教授等的指导和帮助，在此表示衷心的感谢！研究生王静、关舜天、纪博雅、毛林超、郜朋辛、孟桂芹等在资料收集、图表绘制、文字编辑排版等方面付出了辛勤的劳动，在此一并致谢！

本书虽然经精心编写，但是缺点和错误在所难免，欢迎各位读者批评指正。

目 录

第一章　工程项目管理概论

第一节　工程及大工程观

工程的历史甚为久远，人类历史上留下许多著名的工程，比如，古埃及的金字塔，古罗马的尼姆水道，苏伊士运河，中国的长城、都江堰和北京故宫等被人们誉为早期成功工程的典范。

一、工程的含义

工程及其活动是现代社会存在和发展的基础。工程的概念随着时代的发展而发展，其内涵和外延都在不断变化。传统意义上的工程一般是指土木工程，但无论古代还是现代，工程一词都有泛用的情况。比如在元代《元史·韩性传》中提到"读书工程"，用以比喻每日读书的进度。我国现代用的"希望工程""米袋子工程"和"菜篮子工程"等，则是指一项较大的或者较为艰巨的任务的简称，有的学者称这些是"社会工程"。

本书所写的"工程"一词都是指狭义的"工程"。现代意义上的工程（Engineering）产生于17~18世纪的西方，起初主要用于战争设施的建造和兵器制造，以及为了军事目的进行的各项劳作。到了近代则演变成将自然科学的原理应用到工农业等各行各业中去，并通过思维的升华，系统总结成工程管理方法，将工艺诀窍和优化后的工程程序等综合而成的各个工程学科的总称，如土木工程、矿业工程、机械工程、水利工程、生物工程、航空航天工程等。

工程既可以是一种人类活动，也可以指人类活动结果的集成。工程是人类为了生存和发展，实现特定目的，运用科学原理、技术手段和实践经验，有组织地利用资源进行的造物或改变事物性状的集成性活动。

工程是服务于某个特定的目的的各种技术工作的总和。工程活动的目的是满足人的需求，工程是由人来造的，但是其最终目的是满足人的需求。人的需求是提升工程活动的动力，工程要有需求意识和思维。

工程所要面对的任务，是改善人类生存和生活的物质条件，并根据当时对自然规律的认识而进行的一项物化劳动的过程。所以，工程是人类的一项创造性的实践活动。工程是一种造物活动。有的工程是为了破坏或销毁某一存在物。例如爆破，但那是造物的一个环节。所以，工程要有造物意识与思维。

工程是将自然科学原理应用到工农业生产部门中去而形成的各个学科的总称。其主要内容有：对工程场地的勘测、规划设计、施工，原材料的选择，设备和产品的设计制造，工艺和施工方法的研究等。这些活动都是在一定的场地内进行的，工程要有现场意识与思维。

工程不是单一学科的理论和知识的运用，而是一项复杂的综合实践过程，它具有巨大的包容性和与时俱进的创新性特点。工程是各个领域技术的集成，所以工程要有技术集成优化的意识和思维。

工程的目的是为了满足人类更好生存和生活的意愿，工程应该和不同地域环境条件、各种文化习惯及当地人民的生活爱好相吻合。所以工程要有与生态环境、社会文化相协调的意识和思维。

工程不同于生产，现场性让所有工程难以完全控制活动条件，存在着较高风险；同时现场性让工程产品成为唯一，对创新性要求高。工程不同于科学，它不能关起门来实验，它必须在特定的社会、自然环境中进行，其社会影响大；社会对它的可错性容忍度小。任何技术的运用都存在风险，工程的风险也是全方位的。所以，要有工程风险的意识和思维。

二、工程与生产、科学技术的区别

为了加深对工程的理解，加深对工程的认识，形成工程思维，我们将工程与生产，与科学和技术作一个简单的区别。

（一）工程与生产的区别

生产是指以一定生产关系联系起来的人们利用生产工具改变劳动对象以适合自己需要的过程，是人类社会存在和发展的基础。

工程活动的实践性特征决定任何工程的造物活动都像生产活动那样必然有一个新的物的产生。其区别在于：首先，工程活动具有强烈的技术复杂性，生产活动通常将不同的技术做环节切割，使技术单纯，尤其是现代工业具有流水作业的特点。其次，工程活动的现场性，使其具有实践创造性，任何理论与技术都必须适应现场条件，而生产活动更主要的表现则为控制性。最后，工程活动具有造物过程的完整性，而生产活动则具有造物的重复连续性。

（二）工程与科技的区别

1. 工程与科学的区别

科学是人类在认识世界和改造世界过程中所创造的，是正确反映客观世界现象、物质内部结构和运动规律的系统理论知识。"科学"源于拉丁文 Scientia，本义是知识和学问的意思。通常认为，科学以探索发现为核心，主要是发现、探索研究事物运动的客观规律。科学发现，特别是纯科学的原始性创新突破，也就是纯基础研究，在于人们对科学真理的自由思考和不懈探索，往往不是通过人为的计划和组织来实现的。

著名航空工程师和教育家西奥多·冯·卡门说："科学家发现（Discover）已经存在的世界；工程师创造（Create）一个过去从来没有存在过的世界。"有人又补充了一句话："艺术家'想象'（Imagine）一个过去和将来都'不存在'的世界。"

科学探索活动不同于工程，它的求知目的大于实用目的。因此，对科学与工程的管理也就有很大的不同，科学有更大的探索意义，社会的约束更小；工程有较大的社会意义，社会的约束较大。

2. 工程与技术的区别

技术是在科学的指导下，通过总结实践经验而得到的，在生产过程和其他实践过程中广泛应用的，从设计、装备、方法、规范到管理等各方面的系统知识。"技术"由希腊文Techne（工艺、技能）和Logos（讲话）构成，意为工艺、技能。一般认为，技术以发明革新为核心，着重解决"做什么、怎么做"的问题。一切能够在市场上有竞争力，获得市场承认，推动市场发展的知识都可以称为"技术"。

科学产生技术，技术推动科学，二者相互促进，密切相关。

科学活动是以发现为核心的活动，技术活动是以发明为核心的活动，工程活动是以建造为核心的活动。

从本质上讲，科学、技术和工程三者是不同类型的创造性活动，有着不同的发展规律，体现着不同的价值，需要不同的评价标准和支持政策。

工程先于科学而出现，在科学出现以前，人类就有了很长的建造工程的历史。工程是直接的生产力，科学和技术不一定会转化为生产力，科技转化为生产力的主要途径就是工程化。

三、大工程观

大工程观包括宏大或复杂工程视野、工程的多学科视野及其所需要的科学基础素养，此外还应包含相应的人文情怀及工程组织素养。

宏大或复杂工程视野是指对大工程、复杂工程所应该具备的多学科知识和系统认识。工程通常包含多学科的问题，优秀的工程人员应该具有从多学科的视角审视某一工程的能力。科学与基础理论素养也是优秀工程师所必备的，这些素养不仅是认识某一大工程或复杂工程的需要，而且有助于构建或形成新的工程领域。人文情怀涉及工程的目的、工程活动中对"人"的关怀。工程组织素养则为大工程、复杂工程的组织所必需。

与传统工程观（主要指近代工程观）比较，"大工程观"作为一种现代工程观表现出如下突出特征：

第一，"大工程观"将科学、技术、非技术要素融为一体，形成完整的工程活动系统，在注重工程技术本身的同时，把非技术因素作为内生因素加以整合，引入工程活动，重视对整个工程系统的研究。工程活动包含着对生态环境结构与功能的重塑，与社会相互协调发展。既改造环境又保护环境，促进环境的可持续发展。

第二，"大工程观"重视多元价值观统摄，力图实现多元价值观的整合。现代工程将科学、技术、经济、社会、环境生态、文化以及审美艺术、伦理道德等价值观整合起来，指导工程实践，创造一个人工的实体。人工的实体一旦生成，就成为一个社会文化的实体，并围绕其形成新的社会结构系统。传统工程观价值观单一，主要以追逐经济利益为目的，创造一个经济技术实体，工程活动价值指向是以人类为绝对主体，对作为客体的自然界的改造活动。忽视自然本身的内在规律以及对人类活动行为的限制与反作用的功能；忽视工程对社会结构与社会变迁的影响；忽视社会对工程的促进、约束和限制的作用。因而难以全面把握人与自然的互动关系。

第三，现代大工程活动属于知识密集型实践活动，用丰富的知识替代相对稀缺的自然资源。传统工程多属于劳动密集型工程和资本密集型工程，这种传统粗放型的资源利用方式易引发生态危机。

第二节　项目及其重要性

美国项目管理协会（PMI）将人类社会的活动分为两类：一类是运营（Operation），另一类是项目（Project）。这两类活动都需要由人来实施，都受限于有限的资源，都需要进行计划、实施和控制。

一、项目的含义

"项目"一词已经越来越广泛地被人们应用于社会经济和文化生活的各个方面，不同的机构或专业从自己的认识和角度出发，各自有对项目定义的表达。

美国项目管理协会（Project Management Institute，PMI）认为，项目是为创造独特的产品、服务或结果而进行的临时性工作。

各种组织、研究机构或者个人等都有可能从不同的角度、不同的经历来理解项目，有可能有明确的定义也有可能没有明确的表述。我们倾向于采用美国项目管理协会的定义。其理由如下：

第一，项目的最终结果是提供独特的产品、服务或者成果。管理必须以结果为导向，不能为了管理而管理。独特性即项目的创新性特征，只有提供独特的产品、服务或者成果才能在现代的激烈竞争中占据一席之地，进而取得优势。项目进展过程中重复的部件或者细部重复的工作并不改变整个项目工作的独特本质。

第二，机遇或者市场窗口总是短暂的，即大部分项目都要在一定的时限内推出产品或提供服务。

第三，项目的临时性努力是指每一个项目都有确定的开始和结束，当项目的目的已经达到，或者已经清楚地看到该目的不会或不可能达到时，或者该项目的必要性已经不复存在并已终止时，该项目即达到了它的终点。临时性不一定意味着时间短。然而，在任何情况下项目的期限都是有限的，项目不是持续不断的努力。虽然项目的努力是临时性的，但项目带来的影响可能是持续而且久远的。与此相对应的是作为努力实现项目目的的项目团队在项目完成时，这个团队也就解散了，团队成员重新安排。

第四，项目是逐步完善的。逐步完善是项目伴随临时性和独特性两个概念的特点之一。逐步完善意味着分步、连续的积累，意味着项目过程是由抽象到具体的过程。

二、项目与日常业务的关系

每个组织都为实现某些目标而从事某种工作。一项工作可以有很多种处理方式，其中两种工作方式可以看作是两个极端：临时性工作和日常性工作（或日常业务或日常事务或日常运作）。项目工作方法则介于两者之间。如图 1–1 所示。

美国著名学者罗伯特·格雷厄姆曾说过："因为项目是适应环境变化的普遍方式，故而一个组织的成功与否将取决于其管理项目的水平。"项目和项目管理在工业、商业和公共部门组织中的作用越来越重要。

日常业务和项目有许多共同之处，它们都是由人来完成的，都受制于有限的资源而且都需要规划、执行和控制。日常业务和项目两者之间的区分主要在于：日常业务是持续不

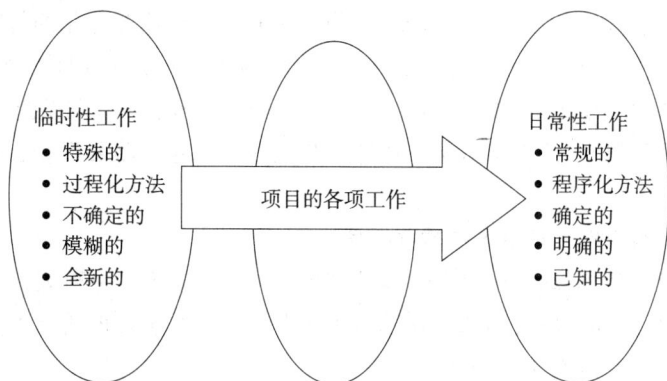

图 1-1　三种工作方式图

（资料来源：Gert Wijnen, Rudy Kor. 独特性任务的项目与项目群管理方法
[M]. 戚安邦，等译 . 天津：南开大学出版社，2005：17.）

断和重复进行的，而项目是临时性、独特的。

项目和日常运营的目标有本质的不同。项目的目标是实现其目标，然后结束项目，而持续进行的日常运作的目标一般是为了维持经营。项目的本质与日常运营大相径庭，因为当宣布的目标实现时，项目就结束了。相比之下，日常运营是确定一组新目标，然后持续进行。项目与日常运营的差异如表 1-1 所示。

项目与日常运营的差异　　　　　　　　　　　　　　　　表 1-1

项目	日常运营
独一无二	重复进行
存在时间有限	相对长期运行
可以导致根本变革	可以局部改进
以完成目标为宗旨	以完成任务和指标为宗旨
组织形式是项目团队	组织形式是职能部门
处境不平衡	作业状态稳定
有不确定性	有确定的经验

三、项目的重要性

（一）项目的比例逐步加大

随着组织对外扩张与革新需求的不断提高，大多数组织中运营活动的比例正逐渐减少，而项目的份额则处于上升趋势，如图 1-2 所示。

这一趋势始于 20 世纪初，当今时代，这个趋势在大多数组织和行业中正愈演愈烈；不仅产品寿命周期变得越来越短，今天的客户对产品的多样性和选择范围的要求也越来越高，组织被迫在

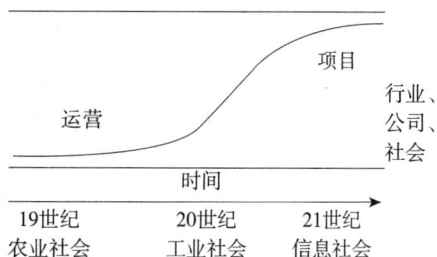

图 1-2　项目的比例逐渐上升

每个市场和领域中提供越来越丰富的产品和服务。此外，市场全球化的趋势迫使组织回应世界各地的不同需求，应付全球范围内的低价竞争。而且信息技术（IT）革命方兴未艾。即便在如银行与保险这样比较稳定的行业中，组织也必须在新的 IT 基础设施建设上不断投资，这样才能跟上不断增长的需求与竞争。这些趋势无一不强化了项目活动在每一个组织、行业中的作用。

（二）项目是组织提升竞争力的重要手段

如前所述，组织的活动也可以分为运营和项目两大类。自从泰勒发表了科学管理原理之后，许多组织将大部分的时间都放在了改善运营而非项目上。改善运营效率的努力几十年如一日地继续发展，产生了准时制、精益生产、供应链管理和"六西格玛"等比较现代的概念。尽管提升运营效率仍然比较重要，但是可改善的空间并不大。随着时间的推移，至少从理论上讲，每个组织都会达到相似的效率水平。

除了运营，组织在追求竞争力的过程中，另一个需要改善的重要领域就是组织的项目活动。现代组织的创新、发展、生产效率的提高，竞争能力的增强一般也是通过项目实现的。项目可以促使组织变得更好、更强大、更有效率。组织的发展以及项目和日常运营的关系如图 1-3 所示。

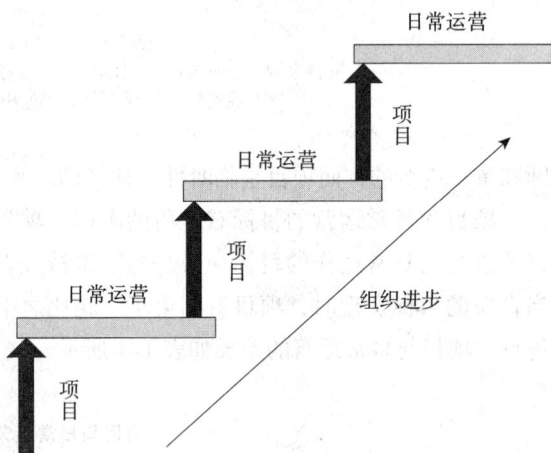

图 1-3　项目和日常运营的关系

（三）项目是落实战略规划的主要手段

项目是组织在日常运作范围内无法处理的活动的一种手段。项目经常被当做实现战略计划的一种手段使用。以工程建设领域为例，工程项目的提出，一般根据国家经济社会发展的近远期战略规划，以及提出单位生产经营或社会物质文化生活的实际需要。通常工程项目主要来源于项目的上层系统（即企业、国家、部门、地方）现存的需求、战略、问题和可能性上。上层系统通过战略规划为组织、国家、部门和地方设定了方向和路线。战略规划的最终结果是项目，因为项目是一个组织实行战略规划的重要方法之一。战略规划的结果最终都会被落实到一个个具体的项目中去，如图 1-4 所示。

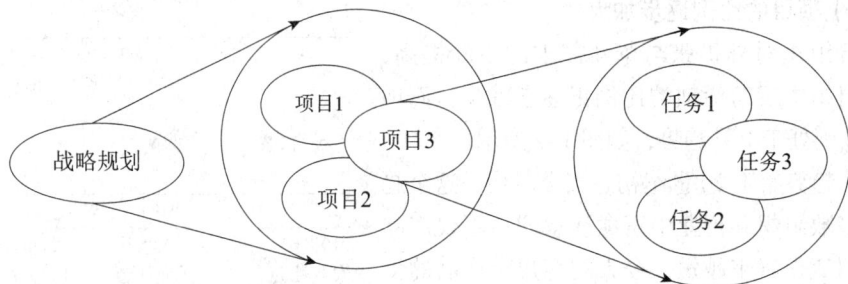

图 1-4　战略规划与工程项目

国家或者地区的重大工程项目建设中，一般会成立一个新的组织负责项目的规划设计和建设工作，并且在项目建成后负责该项目的运营维护。现在有许多企业就是通过一个个项目发展起来的，人们将这种企业称为"项目导向型企业"。

（四）项目是建设领域的主要业务载体

建设领域主要是指"三建四业"，"三建"即工程建设、村镇建设和城市建设，并由此形成了"四业"，即建筑业、房地产业、勘察设计和工程咨询业以及城市公用事业。人类的衣食住行都和建设领域密切相关，比如建设领域给人类直接提供了住房，为人类工作、学习、交往和娱乐等提供了场所，为人类交通提供了公路、铁路和机场等基础设施。建设领域的产品是人类有形财富的主要来源。

项目是建设领域开展业务的基本方式。许多企业的业务对象和利润载体本身就是项目，建筑和房地产公司的基本业务就是项目，所以项目也是这些企业管理的主要对象。

第三节　项目管理概况

项目管理成为一门学科是 20 世纪的事情。项目管理在发达国家不但已发展成为一门新的学科，形成学历教育从学士到博士，在职培训从基层项目管理人员到高层项目经理的教育培训体系，而且还成了一种职业。从事项目管理的人员特别是拥有 PMP（Project Management Professional）资格证书的人员，可以像建筑师、会计师、医师、律师等一样，以自己的专业知识、技能和经验立足于社会，服务于社会。

一、项目管理的产生和发展

（一）项目管理产生的原因

（1）由于社会生产力的高速发展，大型及特大型项目越来越多，如航天工程、核武器研究、导弹研制、大型水利工程、交通工程等。项目规模大，技术复杂，参加单位多，又受到时间和资金的严格限制，单凭经验不能完成这些复杂的任务，对传统的管理方法也提出挑战，不借助现代技术方法和手段根本无法实行有效的管理，实践中需要新的管理手段和方法。现代项目管理手段和方法通常首先是在大型的、特大型的项目实施中发展起来的。例如，1957 年北极星导弹计划的实施项目被分解为 6 万多项工作，有近 4000 个承包商参加。

（2）由于现代科学技术的发展，产生了系统论、信息论、控制论、计算机技术、运筹学、预测技术、决策技术，并日臻完善。这些给项目管理理论和方法的发展提供了可能性。

（二）项目管理的历史

通常认为，项目管理基本上是第二次世界大战的产物（如：曼哈顿计划）。项目管理于 20 世纪 50 年代取得突破性进展，在 1950~1980 年期间，应用项目管理的主要是国防建设部门和建筑公司。由于项目管理注重成果、注重合作、提供跨职能部门的解决方案、通过借助外部资源以有效降低成本、管理，具有柔性（灵活）等特点，20 世纪 80 年代起项目管理逐渐应用于各个领域。

1.项目管理的萌芽

20 世纪 40 年代的"曼哈顿计划"、20 世纪 50 年代后期的关键路线法（CPM）和计划评审技术（PERT）的应用以及 20 世纪 60 年代的"阿波罗"载人登月计划，虽然它们的侧重点各有不同，但其取得的巨大成功预示着项目管理已初步形成一套科学的系统方法。

2. 项目管理理论研究的组织体系的形成

将项目管理作为一门科学开展系统的理论研究始于 20 世纪 60 年代。创建于 1965 年的以欧洲为主体的国际项目管理协会（IPMA）和创建于 1969 年的美国项目管理协会（PMI）是项目管理的两大研究组织体系。

3. 项目管理知识体系的形成

1983 年，在 PMI 发表的一份研究报告中，项目管理的基本内容被划分为范围管理、成本管理、时间管理、质量管理、人力资源管理和沟通管理 6 个领域。这些领域成了 PMI 的项目管理专业化的基础内容。

1984 年，PMI 组委会批准了第二个关于进一步开发项目管理标准的项目，1987 年该研究小组发表了研究报告，题目是"项目管理知识体系"。1991 年、1996 年先后进行了修订，成为"项目管理知识体系"，简称为"PMBOK"（Project Management Body of Knowledge）。国际标准化组织以该文件为框架，制订了 ISO10006 关于项目管理的标准。

4. 项目管理的全面发展

20 世纪 90 年代，项目管理科学有很大的发展，学术研究活跃。各种国际会议相继召开。项目管理理论和方法趋向成熟，在许多国家，项目管理已成为一门多维、多层次的综合性交叉学科，项目管理的范畴也发展为全寿命管理，即从项目需求论证、前期决策、实施运营，直到项目淘汰为止。在项目管理中，已广泛应用了工业工程、系统工程、决策分析、计算机技术与软件工程理论等，发展成为一门综合交叉学科。管理理论与方法不断有新的突破。

同时 PMI 严格按照 ISO 的更新要求，基本上每四年更新一次 PMBOK Guide，截至 2021 年，已经出版了 2000 年的第 2 版、2004 年的第 3 版、2008 年的第 4 版、2012 年的第 5 版、2017 年的第六版、2021 年的第七版。

为了方便起见，项目管理研究人员也将项目管理学的发展历程划分为两大阶段：20 世纪 80 年代以前项目管理知识体系称为"传统项目管理"阶段，20 世纪 80 年代以后称为"现代项目管理"阶段。

（三）我国项目管理的发展

当 20 世纪 60 年代美国将关键路线法（CPM）和计划评审技术（PERT）应用于"阿波罗"登月计划并取得巨大成功时，我国的华罗庚教授也将这种技术在中国普及推广，当时称作统筹方法，现在通常称之为网络计划技术。20 世纪 60 年代初，钱学森等致力于推广系统工程理论和方法，十分重视重大科技工程的项目管理。20 世纪 70 年代，引进了全寿命管理概念、派生出全寿命投资管理（LCC）、一体化后勤管理、决策点控制等。

项目管理在我国被大量应用于各行业领域是在改革开放之后。1982 年，工程项目管理理论传入我国，之后其他发达国家及国际组织，特别是美国和世界银行的项目管理理论和实践经验随着文化交流和项目建设，陆续传入我国。我国前期项目管理的实践和发展主要集中在建设领域，大致可以分为以下三个阶段：

1. 1984~1995 年，"鲁布革"经验形成与推广阶段

以工程项目为对象的招标投标承包制从 1984 年开始推广并迅速普及，使建筑施工企业的环境发生了变化。

云南鲁布革引水隧道工程于 1982 年实行国际招标（实行设计和施工总承包，日本大成公司中标），1984 年 11 月正式开工，1988 年 7 月竣工。在 4 年多的时间里，创造了著名的"鲁布革工程项目管理经验"。

1987 年，在推广鲁布革工程经验的活动中，原建设部提出了在全国推行的项目法施工的理论，并展开广泛实践。

2. 1995~2002 年，项目管理体系规范建设阶段

这一阶段，国家建设主管部门为适应建立现代企业制度的需要，按照国际惯例推行项目管理并进行了大量研究和总结，进一步明确了推行项目管理的方式。1995~1996 年先后两次颁布推行项目管理的指导意见，提出了推行工程项目管理实现"四个一"的管理目标。原建设部于 1998 年提出全面运用项目管理现代化管理方法创建优秀工程，2002 年正式颁布《建设工程项目管理规范》GB/T 50326—2001，从而使工程项目管理步入科学化、规范化的新阶段。

3. 2002 年至今，项目管理创新发展阶段

2006 年 4 月，在首届"中国项目管理国际研讨会"上，发布了《中国项目管理知识体系纲要》，正式全面推进现代项目管理理论在我国各类项目管理中的应用。

中国建筑业蓬勃发展，不断改进创新，国家行业主管部门于 2006 年发布了《建设工程项目管理规范》GB/T 50326—2006。中国建筑业协会自 2006 年以来，每年举办一届"全国建设工程优秀项目管理成果"评选，大力推进新形势下中国建筑项目管理理论与实践的经验总结及管理创新成果的普及应用。2017 年行业主管部门颁布了新的《建设工程项目管理规范》GB/T 50326—2017。

为了推进工程总承包的发展，建设主管部门于 2005 年颁布了《建设项目工程总承包管理规范》GB/T 50358—2005，并于 2017 年颁布更新的《建设项目工程总承包管理规范》GB/T 50358—2017。

二、项目管理的含义

（一）项目管理的含义

许多相关组织及学者都给项目管理下过定义，我们采用美国项目管理协会（Project Management Institute，PMI）的定义。PMI 认为，项目管理就是将知识、技能、工具与技术应用于项目活动之中，以满足项目的要求。项目管理通过合理运用与整合特定项目所需的项目管理过程得以实现。

管理一个项目通常包括（但不限于）：

（1）识别项目需求；

（2）处理相关方的各种需要、关注和期望；

（3）与相关方建立并维护积极的沟通；

（4）管理资源；

（5）平衡相互冲突的项目制约因素，包括（但不限于）：范围、进度、费用、质量、资源和风险。

项目所处的环境将影响每个项目管理过程的实施方式以及项目制约因素的优先顺序。

项目管理与传统的部门管理相比最大特点是项目管理注重于综合性管理，并且项目管理工作有严格的时间期限。项目管理必须通过不完全确定的过程，在确定的期限内生产出不完全确定的产品，日程安排和进度控制常对项目管理产生很大的压力。具体来说表现为以下几方面：

1. 项目管理是一项复杂的工作

项目一般由多个部分组成，工作跨越多个组织，需要运用多种学科的知识来解决问题；项目工作通常没有或很少有以往的经验可以借鉴，执行中有许多未知因素，每个因素又常常带有不确定性；需要将具有不同经历、来自不同组织的人员有机地组织在一个临时性的组织内，在技术性能、成本、进度等较为严格的约束条件下实现项目目标等。这些因素都决定了项目管理是一项很复杂的工作，甚至其复杂性远远高于一般的生产管理。

2. 项目管理具有开创性

由于项目具有一次性的特点，因而既要承担风险又必须发挥创造性。这也是与一般重复性管理的主要区别。我们又常称项目管理为创新管理。

3. 项目管理需要集权领导和建立专门的项目组织

项目的复杂性随其范围不同变化很大。项目愈大愈复杂，其所包括或涉及的科学、技术种类也越多。项目进行过程中可能出现的各种问题多半贯穿于各组织部门，它们要求这些不同部门做出迅速而且相互关联、相互依存的反应。但传统的职能组织不能尽快与横向协调的需求相配合。因此需要建立围绕专一任务进行决策的机制和相应的专门组织。这样的组织不受现存组织的任何约束，由各种不同专业、来自不同部门的专业人员组成。

4. 项目经理（或称项目负责人）在项目管理中起着非常重要的作用

项目管理的主要原理之一是把一个时间有限、预算有限的事业委托给一个人，即项目经理，他有权独立进行计划、资源分配、协调和控制。项目经理的位置是由特殊需要形成的，因为他行使着大部分传统职能组织以外的职能。项目经理必须能够了解、利用和管理项目的技术方面的复杂性，必须能够综合各种不同专业观点来考虑问题。但只具备技术知识和专业知识仍是不够的，成功的管理还取决于预测和控制人的行为的能力。因此项目经理还必须通过人的因素来熟练地运用技术因素，以达到其项目目标。也就是说项目经理必须使他的组织成员成为一支真正的队伍，一个工作配合默契、具有积极性和责任心的高效率群体。

（二）项目管理知识体系

项目管理知识体系是描述项目管理专业知识总和的专业术语，随着项目管理的实践和专业化发展起来的，是现代项目管理学的重要特征。最早把项目管理涉及的知识形成体系的是美国国防部和美国国家航空航天局（National Aeronautics and Space Administration，简称"NASA"），项目管理专业协会和知识体系成形并获得快速发展是20世纪90年代后产生了不少项目管理专业协会及知识体系。

美国项目管理协会对其知识体系不断更新，目前的最新版本是第七版。PMBOK 包括五大过程组：启动过程、规划过程、执行过程、监控过程、收尾过程。各用一句话概括项目管理知识体系五大过程组：第一，启动过程组，其作用是设定项目目标，让项目团队有事可做。第二，规划过程组，其作用是制定工作路线，让项目团队"有法可依"。第三，执行过程组，其作用是"按图索骥"，让项目团队"有法必依"。第四，监控过程组，其作用是测量项目绩效，让项目团队"违法必究"，并且尽量做到"防患于未然"。第五，收尾过程组，作用是了结项目（阶段）。

PMBOK 十大知识领域是：项目集成管理、项目范围管理、项目进度管理、项目成本管理、项目质量管理、项目资源管理、项目沟通管理、项目风险管理、项目采购管理、项目相关方管理。

项目管理过程组与知识领域如表 1-2 所示。

项目管理过程组与知识领域　　　　　　　　　　表 1-2

知识领域	项目管理过程领域				
	启动过程组	规划过程组	执行过程组	监控过程组	收尾过程组
项目集成管理	制定项目章程	制定项目管理计划	指导与管理项目工作 管理项目知识	监控项目工作 实施整体变更控制	结束项目或阶段
项目范围管理		规划范围管理 收集需求 定义范围 创建 WBS		确认范围 控制范围	
项目进度管理		规划进度管理 定义活动 排列活动顺序 估算活动持续时间 制定进度计划		控制进度	
项目成本管理		规划成本管理 估算成本 制定预算		控制成本	
项目质量管理		规划质量管理	管理质量	控制质量	
项目资源管理		规划资源管理 估算活动资源	获取资源 建设团队 管理团队	控制资源	
项目沟通管理		规划沟通管理	管理沟通	监督沟通	
项目风险管理		规划风险管理 识别风险 实施定性风险分析 实施定量风险分析 规划风险应对	实施风险应对	监督风险	
项目采购管理		规划采购管理	实施采购	控制采购	
项目相关方管理	识别相关方	规划相关方参与	管理相关方参与	监督相关方参与	

（三）项目管理被广泛采用的原因

项目管理从 20 世纪 50 年代末诞生时起至今，一直就是一种管理项目的科学方法，但并不是唯一的方法，更不是一次任意的管理过程。在项目管理诞生之前，人们用其他方法管理了无数的项目；就是在今天，也有无数的项目并没有采用项目管理的方法体系对它们进行管理。项目管理不是一次任意地管理项目的实践过程，而是在长期实践和研究的基础上总结成的理论方法。应用项目管理，必须按项目管理方法体系的基本要求去做；不按项目管理模式管理项目，不能否认是管理了项目，但不能承认是采用了项目管理。

国际项目管理学会前任主席、《国际项目管理杂志》主编罗尼·特纳（J. Rodney Turner）认为，项目管理在过去的 50 年的发展十分迅速，这种发展现在已经使我们受益颇大。实践证明，有效的项目管理能够提升项目绩效 30%，甚至更多。项目管理还可以改善项目进度绩效，从而导致项目的提前完工，当然，项目管理同样可以改善项目成本绩效，从而导致项目成本的降低。提前完工和成本降低都是提升项目绩效的具体体现，提升绩效 30% 就意味着我们每花费 1000 万元就可以节约 300 万元，并可以将它们用于其他项目。

项目和项目管理在工业、商业和公共部门组织中的作用越来越重要。以前项目管理还被认为主要应用于石油、化学、国防和建筑行业中。今天，项目管理的应用已经远远超出了这些行业及其自身陈旧的结构类型，发展到许多非传统行业，并发展了更多的无形应用。项目管理理论与应用方法从根本上改善了管理人员的运作效率，所以项目管理已从最初的国防和航天领域（如"曼哈顿"计划、"阿波罗登月"计划）迅速发展到目前的政府、电子、通信、计算机、软件开发、建筑业、制药业、金融业等机构及行业。虽然这些应用可能与传统的项目管理应用有很大区别，但它们也还是项目，都可以从项目管理中受益。项目管理被广泛采用的原因如下：

（1）组织的许多活动都具备项目的特征，可以被看作是项目。

（2）更苛刻的市场条件与对客户的关注，需要创造新的独特产品以获得竞争优势。

（3）信息和通信技术（ICT）的快速发展导致了加速的变化与工作内容的不确定性增加，传统的处理日常事务的方法难以应对。

（4）工作涉及的行业和专业大量增加，规模越来越大导致工作复杂性增加，需要解决集成化问题。

（5）由于情况变化较快，而且工作中知识含量的增加，需要给职员授权和采用柔性管理。

（四）项目管理方法

项目可以独立运作，也可以是项目集或项目组合的一部分，如图 1-5 所示。

1. 单个项目管理方法

单个项目管理又可以划分为不同主体的管理、不同层次的管理和不同生命周期的管理，见表 1-3。

图 1-5　项目管理方法

单个项目管理的不同划分　　　　　　　　　　　　表 1-3

单个项目的管理	不同主体的项目管理		项目管理内容 ·甲——投资主体的项目管理 ·乙——设计主体的项目管理 ·丙——施工主体的项目管理 ·丁——监理主体的项目管理
	不同层次的项目管理	层次Ⅰ：高层管理 层次Ⅱ：中层管理 层次Ⅲ：基层管理	项目管理内容 ·Ⅰ——高层管理，主要负责总体以及与项目有关外部事务 ·Ⅱ——中层管理，负责项目的关键工作及协调项目内、外部矛盾 ·Ⅲ——基层管理，负责项目的各项具体技术及专业管理
	不同生命周期的项目管理	工作量／时间	项目管理内容 ·C——概念阶段，主要工作是组织好可行性论证 ·D——开发阶段，组织好开工前的人、财、物及软件准备 ·E——实施阶段，保证项目的质量、进度、成本 ·F——结束阶段，评审、鉴定及项目交付和组织结束工作

2. 项目集管理方法

美国项目管理协会认为：项目集是指相互关联且被协调管理的项目、子项目集和项目集活动，以便获得分别管理所无法获得的利益。项目集包括所属单个项目范围之外的相关工作。项目集也可能包含运营性质的工作。

项目集不同于大型项目。大型项目一般指那些建设周期较长、投资额大、技术要求或实施系统复杂、政治及经济影响重大的项目。大型项目通常含有两个或多个子项目，而项目集是同一主体下的多个项目。

项目集管理是指应用知识、技能和原则以实现项目集目标，获得分别管理相关项目集组件所无法实现的效益。项目集管理是对一个项目集采取集中式的协调管理，以实现这个项目群的战略收益和目标。

3. 项目组合管理

项目组合是指为实现战略目标而组合在一起管理的项目、项目集、子项目组合和运营工作。项目组合表示在某个特定的时间点上所选择的全部组成项的整体形象，这些组成项既支持着也影响着组织的战略目标。项目组合管理是为了实现特定的战略业务目标，对一个或多个组合进行的集中管理，包括对项目、项目群和其他相关工作的识别、优先排序、授权、管理和控制等活动。项目组合管理的重点是确保项目组合与组织的目标保持一致，并且通过评估项目组合组件来优化资源分配。

项目集管理关注集合内项目之间的依赖关系，而项目组合中的项目或项目集可能不必具有依赖性关系或直接关系。

4. 三种项目方法之间的关系

三种项目方法之间的关系可以用图 1-6 来表示。

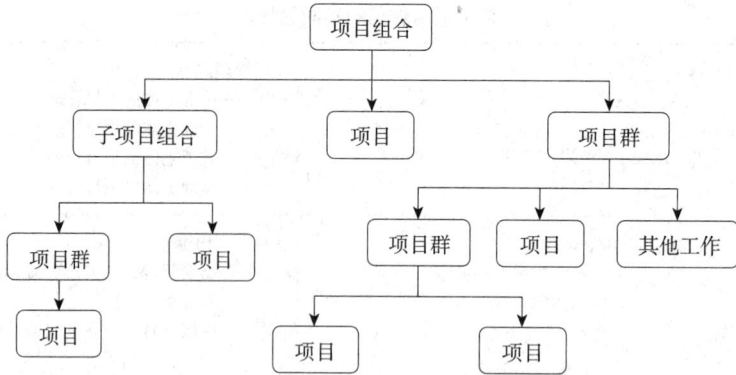

图 1-6　项目组合的关系

从图中可以看出，项目组合表示在某个特定时间点组织内部正活跃着的一系列项目群、项目、子项目组合和其他工作。

三、现代项目管理的特点

如前所述，项目管理专家们把 20 世纪 80 年代以前的项目管理称为"传统的项目管理"阶段，把 20 世纪 80 年代以后的项目管理称为"新的项目管理"阶段，即"现代项目管理"阶段。现代项目管理具有如下特点。

（一）项目管理理论、方法、手段的科学化

现代项目管理吸收并使用了现代科学技术的最新成果，具体表现在：

（1）现代的管理理论的应用。例如系统论、信息论、控制论、行为科学等在项目管理中的应用，它们奠定了现代项目管理理论体系的基石。

（2）现代管理方法的应用。例如预测技术、决策技术、数学分析方法、数理统计方法、模糊数学、线性规划、网络技术、图论、排队论等，它们可以用于解决各种复杂的项目问题。

（3）管理手段的现代化。最显著的是计算机的应用，以及现代图文处理技术、精密仪器的使用，多媒体和互联网的使用等。目前以网络技术为主的项目管理软件已在工期、成本、资源等的计划、优化和控制方面十分完善，可供用户使用。这大大提高了项目管理的效率。

（二）项目管理的社会化和专业化

由于现代社会对项目的要求越来越高，项目的数量越来越多，规模越来越大，系统越来越复杂，需要职业化的项目管理者，这样才能有高水平的项目管理。项目管理发展到今天已不仅是一门学科，而且成为一个职业。例如，在许多国家的高校中，工科、理科、商学，甚至文科专业都设有项目管理课程，并有项目管理专业的学位教育，最高可达到博士学位；社会上有专职的注册项目管理工程师，还有与其相应的职业资格培训和考核制度；许多企业或专业学会都有在职人员的项目管理继续教育和培训，而这些培训也同样遍布于政府机关、科研教育部门、金融部门等。

近十几年来，在我国项目管理也越来越引起人们的重视，项目管理教育在许多工程技

术和工程管理领域中得到普及。我国已推广建设工程监理制度，在监理工程师、造价工程师、咨询工程师和建造师的培训和执业资格考试中都包括工程项目管理的内容。

（三）项目管理的标准化和规范化

项目管理是一项技术性非常强的十分复杂的工作，要符合社会化大生产的需要，项目管理必须标准化、规范化。这样，项目管理才有通用性，才能专业化、社会化，才能提高管理水平和经济效益。如前所述，我国建设行政主管部门先后颁布了三个版本的《建设工程项目管理规范》GB/T 50326，先后颁布了两个版本的《建设项目工程总承包管理规范》GB/T 50358。

（四）项目管理国际化

项目管理的国际化即按国际惯例进行项目管理。这主要是由于国际合作项目越来越多，例如国际工程、国际咨询和管理业务、国际投资、国际采购等。现在不仅一些大型项目，连一些中小型项目及其要素（如参加单位、设备、材料、管理服务、资金等）都呈国际化趋势，这就要求国际化的管理。

项目国际化带来项目管理的困难，这主要体现在不同文化和经济制度背景的人，由于风俗习惯、法律背景等的差异，在项目中协调起来很困难。而国际惯例就能把不同文化背景的人包罗进来，提供一套通用的程序、通行的准则和方法、统一的文件，使得项目中的协调有一个统一的基础。

四、项目管理的新发展

（一）时代发展的特点

1. 世界正在进入 VUCA 时代

VUCA 源自西点军校，反映了美军对战场环境的势态认知。VUCA 经西点军校毕业生宝洁公司前 CEO 罗伯特·麦克唐纳介绍，进入商业领域。VUCA 进入项目管理视野，源自哈罗德·科兹纳博士 2015 年的著作《项目管理 2.0：利用工具、分布式协作和度量指标助力项目成功》。2017 年《项目管理知识体系指南（PMBOK®指南）》（第六版）把 VUCA 写入项目风险一章，作为识别整体风险的提示清单工具内容。

V=Volatility（易变性）是变化的本质和动力，也是由变化驱使和催化产生的。U=Uncertainty（不确定性）缺少预见性，缺乏对意外的预期和对事情的理解和意识。C=Complexity（复杂性）企业为各种力量，各种因素，各种事情所困扰。A=Ambiguity（模糊性）对现实的模糊，是误解的根源，各种条件和因果关系的混杂。

2. 项目经济时代的到来

2015 年哈罗德·科兹纳博士提出项目价值交付体系，即项目管理 2.0，提出以实现价值交付为目标。项目管理 2.0 用以区别传统的以项目目标控制为核心的项目管理。

2019 年美国项目管理协会出版《效益实现管理实践指南》，该书提出了效益实现的系统方法，对各个角色的工作进行了定义和要求。项目完成不应只是交付成果，更应该去交付价值。

"项目经济"并不是一个新词汇。通过谷歌检索，早在 1995 年就有人使用这个词。美国项目管理协会提出的"项目经济"却是一个新术语，项目经济是指人们拥有将想法变为现实所需的技能和能力的世界。在这里，组织可以通过成功完成项目、交付产品以及与价值流保持一致，为相关方提供价值。所有这些举措都将带来财务和社会价值。可以从三个层面理解项目经济的概念，从个人层面看，"项目经济"是人们使用技能和才能把想法通过各种各样的项目变成现实的经济；从组织层面看，"项目经济"是组织通过成功完成项目、交付产品和对准价值流来向相关方交付财务和社会价值的经济；从全球层面来看，个人和组织层面的"项目经济"，必然引发全球层面的"项目经济"。传统的项目管理仅反映业务操作的效率，如怎么做工程，怎么控制投资，这些是标准化管理。新的项目管理不应只根据流程进行管理，应重视社会价值的创造，重视对经济增长的贡献。

（二）敏捷项目管理

1. 基本概念

敏捷是一种通过创造变化和响应变化在不确定和混乱的环境中取得成功的能力。敏捷项目管理是指在项目活动中运用敏捷的理念，配合专门的知识、技能、工具和方法，使项目能够在有限资源限定条件下，实现或超过设定的需求和期望的过程。敏捷项目管理本质是一种理念，并基于这种理念进行不断实践，在不确定和混乱的环境中取得项目成功，同时将这些实践总结提炼为团队稳定的解决方案。

2. 敏捷项目管理的4项价值和12项原则

根据敏捷软件开发宣言，敏捷项目管理的4项价值是：①个体和互动高于流程和工具；②工作的软件高于详尽的文档；③客户合作高于合同谈判；④响应变化高于遵循计划。

敏捷开发12项原则如下：

（1）我们最重要的目标，是通过及早和持续不断地交付有价值的软件使客户满意。

（2）欣然面对需求变化，即使在开发后期也一样。为了客户的竞争优势，敏捷过程掌控变化。

（3）经常地交付可工作的软件，相隔几星期或一两个月，倾向于采取较短的周期。

（4）业务人员和开发人员必须相互合作，项目中的每一天都不例外。

（5）激发个体的斗志，以他们为核心搭建项目。提供所需的环境和支援，辅以信任，从而达成目标。

（6）不论团队内外，传递信息效果最高效率也最好的方式是面对面的交谈。

（7）可工作的软件是进度的首要度量标准。

（8）敏捷过程倡导可持续开发。责任人、开发人员和用户要能够共同维持其步调稳定延续。

（9）坚持不懈地追求技术卓越和良好设计，敏捷能力由此增强。

（10）以简洁为本，它是极力减少不必要工作量的艺术。

（11）最好的架构、需求和设计出自组织团队。

（12）团队定期地反思如何能提高成效，并依此调整自身的行为表现。

3. 敏捷项目管理和传统项目管理的异同

传统项目管理模式，一般指瀑布模式。它必须完成上一阶段工作并通过检验才能启动下一阶段工作，将整个项目过程划分为五大过程组，如图1-7所示。

图 1-7　传统项目管理模式演示

敏捷项目管理模式，一般包含迭代和增量。它将整个项目过程拆分为若干个迭代，每个迭代完成一部分用户可感知的完整功能。一般情况下，每个迭代内的项目过程均遵循五大过程组，如图 1-8 所示。

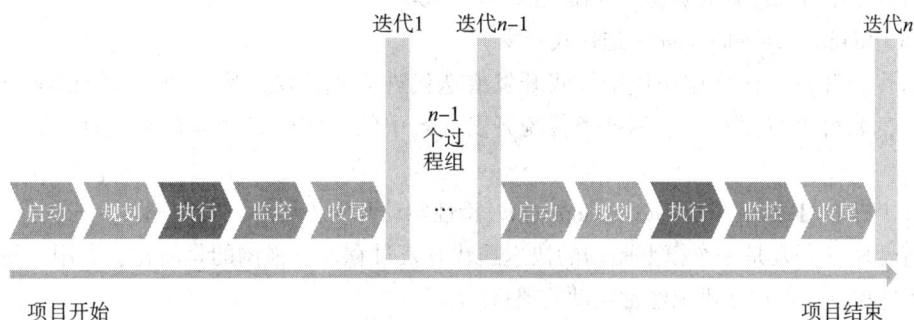

图 1-8　敏捷项目管理模式演示

传统项目管理模式与敏捷项目管理模式之间存在的差异，见表 1-4。

传统项目管理模式与敏捷项目管理模式的差异　　表 1-4

	传统项目管理模式（瀑布模式）	敏捷项目管理模式
核心驱动	文档和计划驱动	用户可感知的完整功能驱动
计划	提前对整个项目过程进行详细估算、分析、计划	提前对整个项目作一个粗略的计划。在每个迭代里做每个迭代的详细计划
变更	严密的合同可降低变更风险，如果改变需求则整个项目过程需要重新估算和规划	基于信任，合约使变更变得简单。鼓励变化，聚焦客户价值，将有益于客户价值实现的变更在后续迭代内进行估算和规划
风险	项目交付晚，意识到风险的时间晚	每次迭代都产生可交付的功能
可视化	项目过程是一个"黑盒子"，对于客户和供应商来说可视化较差	客户、供应商和开发人员之间是紧密连续的合作关系，项目过程可视化较好
应用场景	消耗成本较高的项目过程，如三峡工程、火箭发射	消耗成本较低的项目过程，如软件开发

4. 敏捷项目管理方法

敏捷项目管理的常用方法有以下几种：

（1）Scrum（框架）

Scrum 是一种迭代的增量化过程，用于产品开发或工作管理。它是一种可以集合各种开发实践的经验化过程框架。Scrum 中发布产品的重要性高于一切。

（2）Kanban（看板管理）

看板管理在工业企业的工序管理中，以卡片为凭证，定时定点交货的管理制度。

（3）XP（Extreme Programming，极限编程）

极限编程注重的核心是沟通、简明、反馈和勇气。因为知道计划永远赶不上变化，XP无须开发人员在软件开始初期做出很多的文档。XP提倡测试先行，为了将以后出现Bug的概率降到最低。

（4）Lean Startup（精益创业）

精益创业的核心理念可以追溯到软件行业的敏捷开发管理。例如"最小可用品"与"原型建模"非常相似，都追求快速的版本迭代，以及时刻保持与客户的接触并获得反馈等，精益创业可以理解为敏捷开发模式的一种延续。

（5）Iterative Development（迭代式开发）

迭代式开发也被称作迭代增量式开发或迭代进化式开发，是一种与传统的瀑布式开发相反的软件开发过程，它弥补了传统开发方式中的一些弱点，具有更高的成功率和生产率。

（6）FDD（Feature-Driven Development，特性驱动开发）

特性驱动开发是一个模型驱动的快速迭代开发过程，它强调的是简化、实用、易于被开发团队接受，适用于需求经常变动的项目。

当然，也有很多不是很常见的敏捷方法，如Crystal Methods（水晶方法族）、ASD（Adaptive Software Development，自适应软件开发）、DSDM（动态系统开发方法）、轻量型RUP等，这里不展开论述。

（三）复杂项目管理

复杂性（Complexity）和"繁杂"（Complicated）和"复杂"（Complex）是不同的。繁杂被认为是有输入和输出流，以及直接的因果关系（如机械），其中每部分可以被孤立理解，并且整体可以由各部分组合而成；由于繁杂的系统没有适应性，所以，只要出现一个问题就可以造成系统故障。相反，复杂系统具有适应性（如生态系统）、周期性、相互关联性、相互依存性，系统之间相互嵌套，以及具有多个反馈路径。复杂系统具有自适应、自组织和涌现性等特点。

1. 复杂系统

复杂系统是相对牛顿时代以来构成科学事业焦点的简单系统相比而言的，两者具有根本性的不同。简单系统通常具有少量个体对象，它们之间的相互作用比较弱，或者具有大量相近行为的个体，比如封闭的气体或遥远的星系，以至于我们能够应用简单的统计平均的方法来研究它们的行为。而复杂并不一定与系统的规模成正比，复杂系统要有一定的规模，但也不是越大越复杂。另外复杂系统中的个体一般来讲具有一定的智能性，例如组织中的细胞、股市中的股民、城市交通系统中的司机、生态系统中的动植物……，这些个体都可以根据自身所处的部分环境通过自己的规则进行智能的判断或决策。

复杂性科学中对复杂系统的描述性定义：复杂系统是具有中等数目基于局部信息做出行动的智能性、自适应性主体的系统。根据这个定义，我们不难总结出复杂系统的以下几个核心的特点：

（1）中等大小数目的主体，通俗地讲也就是元素不能少，也不能太多。

（2）智能性和自适应性。这意味着系统内的元素或主体的行为遵循一定的规则，根据"环境"和接收信息来调整自身的状态和行为，并且主体通常有能力来根据各种信息调整规则，产生以前从未有过的新规则。通过系统主体的相对低等的智能行为，系统在整体上显现出更高层次、更加复杂、更加协调职能的有序性。

（3）局部信息，没有中央控制。在复杂系统中，没有哪个主体能够知道其他所有主体的状态和行为，每个主体只可以从个体集合的一个相对较小的集合中获取信息，处理"局部信息"，做出相应的决策。系统的整体行为是通过个体之间的相互竞争、协作等局部相互作用而涌现出来的。最新研究表明，在一个蚂蚁王国中，每一个蚂蚁并不是根据"国王"的命令来统一行动，而是根据同伴的行为以及环境调整自身行为，而是一个有机的群体行为。

此外，复杂系统还具有不稳性、非线性、不确定性、不可预测性等特征。

2. 项目复杂性的本质

PMI 的"项目管理前沿标准译丛"《项目复杂性管理实践指南》（2014）中，将复杂性划分为人类行为、系统行为、模糊性三大类，并将复杂性定义为项目或项目集或其环境的由于人类行为、系统行为和模糊性而难以管理的一个特点。人类行为复杂性包含个体行为、群体、组织和政治行为、沟通与控制、组织设计与发展等。人类行为是项目复杂性的直接来源。系统行为包含连通性、依赖性、系统动力。系统行为的复杂性来源于项目的系统本质。模糊性包含不确定性和显露性。模糊性（显露性和不确定性）则来源于人类行为与系统的互动。

关于复杂性，还有两种较主流的定义，一种在解读结构上更为清晰，将复杂性区分为本质属性和构成，另一种在复杂性的内涵解读上更为深刻，将复杂性分为本体论和认识论。

项目复杂性的属性和构成理论认为项目复杂性内涵包括本质和构成。项目复杂性的本质属性包括要素数量多、要素具备多样性和差异性、要素间相互依赖相互作用、要素或要素间关系具备动态性及不确定性等，这些本质属性同时也是项目复杂性的本质来源，而其构成/分类则包括技术复杂性、组织复杂性、目标复杂性、环境复杂性、内容复杂性、信息复杂性。

项目复杂性的本体论及认识论理论中，本体论观点将复杂性称为"描述性复杂性"，并认为复杂性是项目的内在客观属性。项目复杂性的属性和构成解读方式即是本体论观点。认识论观点则从如何认知复杂性的角度展开研究，将复杂性看作人的一种主观感受，认为对复杂性的认识仅仅存在于人们的观察和理解之中，一个系统复杂或简单是相对的，取决于我们怎么描述它，并随着研究视角的不同而变化。

两种认识论实际上反映了认识事物的两个方面，并且在项目生命周期的不同阶段交替发挥作用。比如项目管理者制定项目战略时的复杂性即为认知复杂性，项目要素以及要素间的关系则是描述性复杂性。描述性复杂性在项目初期并不存在，而是在项目管理者确定项目目标，制定项目战略的推动下产生的。认知复杂性导致了描述性复杂性的出现，同时描述性复杂性的出现又会导致认知复杂性因管理者自身经验和能力的不同而变化。

3. 复杂项目管理

同济大学乐云教授等认为复杂项目管理第一步不是工作任务分解，而是首先对项目对象进行梳理和分解，建立项目分解结构体系。项目分解是认识和管理大型工程建设项目的有效工具，是进行工作任务分解和组织结构分解的基础。根据其工程咨询和管理的实践，开发出包括项目视角、进度视角和组织视角等三维视角在内的项目管理的概念模型。

PMI 的"项目管理前沿标准译丛"《项目复杂性管理实践指南》（2014）列举了 11 项对复杂项目有用的实践，具体包括：优化组织结构、建立有效治理、批准前用心研究项目或项目集、匹配经理和关键团队成员到项目或项目集、倾听专家意见、有效管理整合、关注变革管理、鼓励灵活心态、留意可能引发重大变化的微小信号、避免过分简化和鼓励反思性思维等。

（四）《项目管理知识体系指南（PMBOK®指南）》（第七版）

《项目管理知识体系指南（PMBOK®指南）》从第七版开始，其标准内容从基于过程到基于原则的方向性改变，先制定基本原则，再根据原则来指导行为与实践。将基于过程原则的 5 个过程向 12 个原则转变。基于价值交付的原则，将十大领域的知识体系向八大绩效领域转变。

第七版和第六版的框架结构对比如图 1-9 所示。

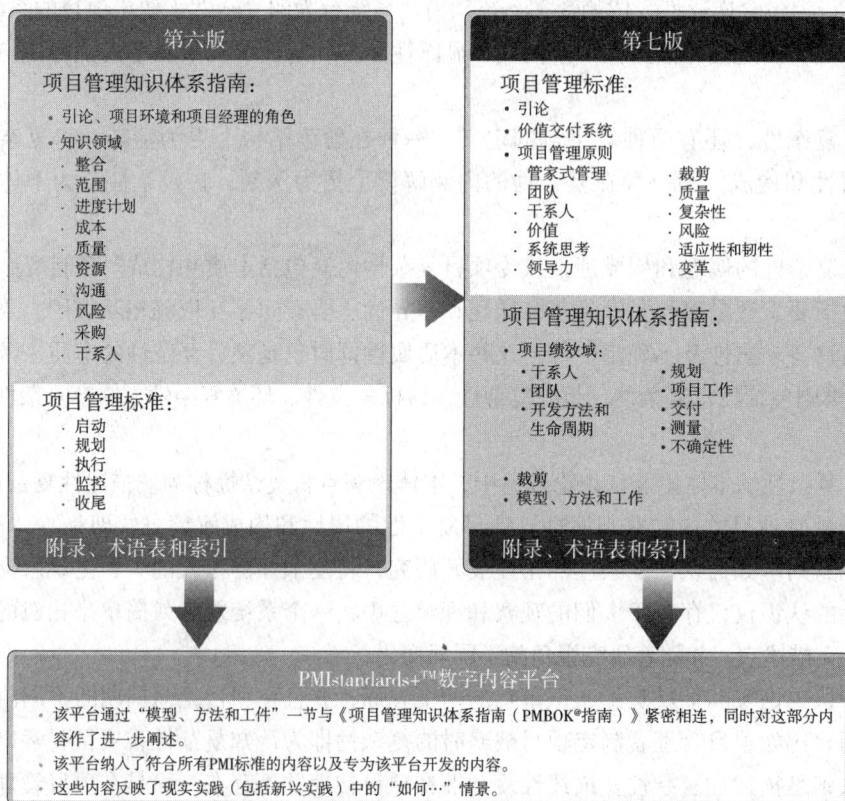

图 1-9　第七版和第六版的框架结构对比图

从第六版到第七版的转变具体见表1-5。

从第六版到第七版的转变   表1-5

内容	第六版	第七版
总体方法	● 规定性的，而非描述性的 ● 强调如何做，而非做什么或为什么	● 用来指导思维、行动和行为的原则，体现在项目交付、敏捷、精益和以用户为中心的设计等内容的知识体系中
设计依据	● 使用工具和技术，通过特定的过程将输入转化为输出 ● 以过程为中心，以依从性驱动为导向	● 具有绩效成果的彼此相互作用和依赖的活动域，以及对常用的工具、技术、工件和框架的概述 ● 除了可交付成果外，还聚焦于项目成果
项目环境	● 项目环境－内部和外部	● 项目环境－内部和外部
项目应用	● 大多数项目，大多数时间	● 任何项目
目标受众	● 主要是项目经理	● 参与到项目中，对团队成员、团队角色有特定关注的任何人，包括项目领导者、发起人和产品负责人
变更程度	● 基于以往的版本，进行增量修订	● 基于原则，反映全价值交付情景
裁剪指导	● 参考裁剪，但无特定的指导	● 提供特定的裁剪指导

第四节 工程项目及其生命周期

工程项目是指投资建设领域中的项目，即为某种特定目的而进行投资建设并含有一定建筑或安装工程的项目。

一、工程项目的内部组成及其特点

（一）工程项目的内部组成

工程项目的内部工程系统由单项工程、单位工程和分部分项工程等子系统构成；另外，按照工程的性质和作用，工业工程项目还可分为主要生产系统、附属、辅助生产系统以及行政办公与生活福利设施系统等。

（1）单项工程。单项工程是指具有单独设计文件的，建成后可以独立发挥生产能力或效益的一组配套齐全的工程项目。单项工程从施工的角度看是一个独立的系统，在工程项目总体施工部署和管理目标的指导下，形成自身的项目管理方案和目标，依照其投资和质量要求，如期建成并交付使用。如工厂中的生产车间、办公楼、住宅；学校中的教学楼、食堂、宿舍等，它是基建项目的组成部分。

（2）单位工程。单位工程是指具有单独设计和独立施工条件，不能独立发挥生产能力或效益的工程，它是单项工程的组成部分。如生产车间这个单项工程是由厂房建筑工程和机械设备安装工程等单位工程所组成。建筑工程还可以细分为一般土建工程、水暖卫工程、电器照明工程和工业管道工程等单位工程。

（3）分部工程。分部工程是按单位工程部位划分的组成部分，亦即单位工程的进一步分解。一般工业或民用建筑工程划分为地基与基础工程、主体工程、地面与楼面工程、装修工程、屋面工程六部分，其相应的建筑设备安装工程由建筑采暖工程与煤气工程、建筑电气安装工程、通风与空调工程、电梯安装工程组成。

（4）分项工程。分项工程一般是按工种工程划分，也是形成建筑产品基本部构件的施工过程，例如钢筋工程、模板工程、混凝土工程、砌砖工程、木门窗制作等。分项工程是建筑施工生产活动的基础，也是计量工程用工用料和机械台班消耗的基本单元。

（二）建筑产品的特点

建筑产品一般包括建筑工程、土木工程和机电工程等。

建筑工程旨在形成主要供人们进行生产、生活或其他活动的房屋或场所的建设工程项目。建筑工程有民用建筑工程和工业建筑工程之分，还包括构筑物工程及其他建筑工程等。民用建筑工程是供人们居住和进行公共活动的建筑的总称，包括住宅以及办公楼、宾馆、医院、影剧院、博物馆、体育馆等各种公共建筑。工业建筑包括各种行业所需要的工业厂房、仓库、锅炉房、烟囱等。建筑工程包括装饰装修工程。

土木工程是指建造在地上或地下、陆上或水中，直接或间接为人类生活、生产、军事、科研等服务的各种工程设施。包括：道路工程、轨道工程、桥涵工程、隧道工程、水工工程、矿山工程、架线与管道工程等。广义的土木工程还包括建筑工程。

机电工程是指按照一定的工艺和方法，将不同规格、型号、性能、材质的设备、管路、线路等有机组合起来，满足使用功能要求的活动。设备是指各类机械设备、静置设备、电气设备、自动化控制仪表和智能化设备等。管路是指按等级使用要求，将各类不同压力、温度、材质、介质、型号、规格的管道与管件、附件组合形成的系统。线路是指按等级使用要求，将各类不同型号、规格、材质的电线电缆与组件、附件组合形成的系统。机电工程包括工业、农林、交通、水工、建筑、市政等各类工程中的设备、管路、线路工程。

建筑产品作为工程项目最终的结果或者产品，有固定性、多样性、体积庞大的特点。

（1）建筑产品的固定性。由于建筑产品的基础都要和土地直接联系，以大地作为地基，因而建筑产品在建造中和建成后是不能移动的。

（2）建筑产品的多样性。由于对建筑产品的功能要求是多种多样的，使得每个建筑产品都有其独特的形式和独特的结构，因而需要单独设计。即使功能要求相同、建筑类型相同，但由于地形、地质、水文、气象等自然条件不同及交通运输、材料供应等社会条件不同，在建造时往往亦需要对原设计图纸、施工组织与施工方法等作适当的修改。

每一个建筑产品都要根据其特定要求进行施工，主要表现是：

①不能按同一图纸、同一施工工艺、同一生产设备进行批量重复生产。

②施工生产组织及机构变动频繁，生产经营的"一次性"特征特别突出。

③生产过程中试验性研究课题多，所碰到的新技术、新工艺、新设备、新材料给职业健康安全与环境管理带来不少难题。

由于建筑产品的多样性，因而可以说建筑产品具有个体性的特点。

（3）建筑产品体积庞大。建筑产品是房屋或者构筑物，工厂或者基础设施，所消耗的材料是大量的，因而产品价值高。要在房屋内部布置各种生产和生活需要的设备与用具，要在其中进行生产与生活，因而建筑产品要占据广阔的空间。

（三）建筑生产的特点

建筑产品以上固有的特点，给建筑生产带来了以下技术经济特点：流动性、单件性和露天性。

（1）建筑产品的固定性和体积的庞大，决定了建筑施工生产的流动性。建筑产品生产过程中生产人员、工具与设备的流动性，主要表现为：

①同一工地不同建筑之间流动；

②同一建筑不同建筑部位上流动；

③一个建筑工程项目完成后，又要向另一新项目动迁的流动。

人、材料、机械设备都沿水平和垂直方向围绕着建筑产品上下、左右、内外、前后变换位置，许多不同的工种，在同一对象上进行作业，不可避免地产生了施工空间和时间的矛盾，因而，必须充分地利用施工空间来争取施工时间和充分地利用施工时间来争取施工空间，进行科学施工。同一工种的工人在同一施工工地要在不同建筑位置上流动作业，整个建筑队伍在不同建筑地点，还要辗转流动，这必然要对工时和设备的利用产生影响。

（2）建筑产品多样性（或称"个体性"）和固定性，使建筑产品生产要个别地组织，单个地实施，故称建筑生产的单件性。建筑生产没有一个通用型的施工方案，要因工程而异个别地编制施工组织设计指导施工。

（3）建筑产品体积庞大，使建筑产品不具备在室内生产的条件，一般都要求露天作业，其生产受到风、雨、雪、温度等气候条件的影响，生产条件艰苦，安全和质量管理难度大，难以做到全年均衡生产，同时亦影响到工人的劳动效率。

建筑产品受不同外部环境影响的因素多，主要表现为：

①露天作业多；

②气候条件变化的影响；

③工程地质和水文条件的变化；

④地理条件和地域资源的影响。

建筑产品类型多，建筑地点频繁变动，使得建筑生产没有固定的生产对象；由于建筑生产的流动性和每栋建筑产品性质与规模的不同，要求不同工种类型与人数，要求不同的技术装备构成，又使得建筑生产没有稳定的条件。建筑产品的生产是在先有用户的情况下进行的，故业主要参加生产管理，施工企业的工程任务是在建筑市场上通过投标竞争而获得的。

二、工程项目的分类

为了加深对工程项目的认识，需要对工程项目进行分类，通过分类从不同角度去把握工程项目的特征，进而深刻把握其内涵。

（一）不同角度分类的工程项目

可以从不同角度对工程项目进行分类，见表1-6。

工程项目的分类　　　　　　　　　　　　　　　　　表1-6

分类方法	类别
按管理需要	基本建设项目 技术改造项目（更新改造项目）

分类方法	类别	
按行业构成、用途	生产性建设项目（包括农、林、牧、渔、水利业及其服务业；工业；地质普查和勘探业；建筑业；交通运输、邮电通信业；商业）	
	非生产性建设项目（包括房地产管理、公用事业、居民服务和咨询服务业；卫生、体育、社会福利事业；教育、文化、艺术和广播电视事业；科学研究和综合技术服务事业；金融、保险业；国家机关、党政机关和社会团体等）	
按三次产业	第一产业：农业（包括林业、牧业、渔业） 第二产业：工业（包括采掘业、制造业、自来水、电力、蒸汽、热水、煤气）、建筑业和地质勘探 第三产业：服务业	
按建设性质	基本建设项目：新建项目、扩建项目、改建项目、恢复项目、迁建项目	
按建设规模	基本建设项目： 大型、中型、小型	生产性建设项目能源交通原材料部门投资额达到5000万元以上、其他部门投资额达到3000万元以上、投资额达到3000万元以上的全部非生产性项目为大中型项目，否则为小型项目
	技术改造项目： 限额以上（投资额达到5000万元以上） 限额以下（投资额不足5000万元）	
按投资主体	中央政府投资的建设项目 各级地方政府（省、地、市、县、乡）投资的建设项目 企业投资的建设项目 "三资"企业投资的建设项目 各类投资主体联合投资的建设项目	

以上划分项目的方法基本都是按照国家管理项目的原则和立场出发来划分的，基本上都是国家为了对建设项目进行管理的需要，有其计划经济的背景。

（二）按项目的效益和市场需求分类的工程项目

在市场经济条件下，为了甄别投资的主体，按项目的效益和市场需求可将工程项目划分为竞争性项目、基础性项目和公益性项目三类。

（1）竞争性项目。主要指投资效益比较高、竞争性比较强的工程项目。其投资主体一般为企业，由企业自主决策、自担投资风险。

（2）基础性项目。主要是指具有自然垄断性、建设周期长、投资额大而收益低的基础设施和需要政府重点扶持的一部分基础工业项目，以及直接增强国力的符合经济规模的支柱产业项目。政府应集中必要的财力、物力通过经济实体进行投资，同时，还应广泛吸收企业参与投资，有时还可以吸收外商直接投资。

（3）公益性项目。主要包括科技、文教、卫生、体育和环保等设施；公、检、法等政权机关以及政府机关、社会团体办公设施，国防建设等。公益性项目的投资主体主要由政府用财政资金安排。

（三）建筑业者目标市场角度分类的工程项目

从建筑业从业者角度，可将工程项目按其是否与住房、公共设施或制造业有关，可分为以下三种类型：房屋项目、基础设施项目和工业工程项目。

（1）房屋项目。房屋项目是指为某种目的而建造的结构及设施。这些目的包括：居住、公共机构、教育、轻工业（例如仓库等）、商业、社交及娱乐设施等。具有代表性的房屋工程项目包括办公楼、购物商场、健身房、银行以及汽车销售代理机构等。房屋工程项目由建筑师或建筑／结构工程师担当设计，其工程采用的材料主要为满足其建筑用途（如内外装修）。

（2）基础设施项目。基础设施项目的设计者并非建筑师，而是由专业的结构工程师担当。由于基础设施工程项目具备与基础设施相关的公共设施功能，因此由公共事业及其设施的业主们进行立项。基础设施工程项目基本上可分为以下两大类型：高速公路、铁路工程项目及大型土木工程项目。

高速公路和铁路工程项目主要由公路和铁路部门担当设计。这类工程项目主要涉及：挖掘、填充、铺路及建造桥梁或排水沟等结构。

大型土木工程项目诸如污水处理厂、公共设施工程、大坝、管道工程以及河道工程等多由公共机构或半公共机构主持建设。根据实际情况，其业主及设计公司，可以是公有企业，也可以是私营企业。

（3）工业工程项目。工业工程项目多指为制造及加工产品而建造的涉及大量专业技术的工程项目。业主多由工业企业担当设计。在某些情况下，在与业主／用户签订合同的基础上，可由一个建筑企业同时进行设计和施工。

三、工程项目的生命周期

（一）工程项目全生命周期及阶段划分

建筑工程生命周期管理（Building Lifecycle Management，BLM）起源于产品生命周期管理（Product Lifecycle Management，PLM）。产品生命周期理论是美国哈佛大学教授雷蒙德·弗农（Raymond Vernon）1966 年在其《产品周期中的国际投资与国际贸易》一文中首次提出的。产品生命周期（Product Life Cycle），简称"PLC"，是产品的市场寿命，即一种新产品从开始进入市场到被市场淘汰的整个过程。由于建筑业面临的内部和外部压力越来越大，例如行业的落后、业主的抱怨和全球市场竞争的加剧等，因此，自 2002 年美国 Autodesk 公司提出 BLM 概念以来，在理论界和工程界都得到了广泛重视。建筑业和制造业在产品设计、生产和维护等方面具有很多相同点，这是 BLM 借鉴 PLM 的基础，但同时我们也应该认识到，建筑业具有自身独特的演变背景和生产特征，BLM 应具有不同于 PLM 的根本内涵，这是 BLM 研究与应用的基础。此外，由于 BLM 理念涉及建设工程的整个生命周期，是对传统建筑生产管理方式的重大变革，因此其影响因素也十分复杂。

项目生命周期是指项目从启动到完成，开始到结束所经历的一系列阶段。它为项目管理提供了一个基本框架。不论项目涉及的具体工作是什么，这个基本框架都适用。这些阶段之间的关系可以顺序、迭代或交叠进行。为了有效地对工程项目进行管理，并使项目与所在组织机构的日常业务很好地联系起来，有必要把一个项目按照工作的性质划分成若干个阶段。把这些从项目开始直到结束的所有阶段有机地合并在一起，即称之为项目的生命周期。项目的一次性决定了项目具有较大的不确定性，对于大型复杂的工程项目而言，更加难以管理和控制。分成不同的阶段，能把项目作为一个整体又能够集中精力一部分一部分地完成，解决了精力和能力有限的问题。分成不同的阶段，易于把项目与组织的业务联系起来，合理分配人、财、物，解决了资源有限的问题。划分成不同阶段，还可以使项目逐步完成，规避风险。

项目的阶段划分应遵循如下的原则：

（1）每个项目阶段都要完成一个或数个可交付成果，有实际的成果和验收指标。

可交付成果是指某种可度量的、具体的、可验证的工作成果，例如，技术规定说明书、可行性研究报告、详细设计文件、样品或项目产品。如果是在组织内部提交的成果应该经过授权人批准，如果是提交给组织外部的成果则需要客户批准。项目产品是项目组织所提交的具有所需特性或功能的产品成果。

（2）对阶段验收可决定项目是否继续进行。

项目一个阶段的结束通常以对关键的工作成果和项目实施情况的回顾和评价为标志，做这样的回顾有两个目的：一是决定该项目是否进入下一个阶段；二是尽可能以较小的代价查明和纠正错误。这些阶段末的回顾被称为"阶段出口"，"进阶之门"或"关键点"。

（3）界限分明。

阶段内的工作性质相同，阶段结束，可释放相应的人力物力资源。

（4）阶段的完成显示项目的进展和取得的成就，为下一个阶段的开始打好了基础。

由上可见，阶段必须包括里程碑、目标、活动及可交付成果。

工程项目全寿命周期可以划分为决策阶段、实施阶段和使用阶段及与之分别相对应的管理，在决策阶段的管理称为"开发管理"DM（Development Management），实施阶段的管理称为"项目管理"PM（Project Management），使用阶段（或称"运营阶段"）的管理称为"设施管理"FM（Facility Management）。建设工程项目全寿命周期如图 1-10 所示，从有工程建设的意图或设想开始，到项目建成交付使用一直到最后拆除为止的时间长度称为"工程项目的全寿命周期"。工程项目的全寿命周期包括项目的决策阶段、实施阶段和使用阶段（或称运营阶段，或称运行阶段）。

图 1-10 中寿命周期及其阶段划分和一直以来我国遵循传统的 DBB（Design-Bid-Build，

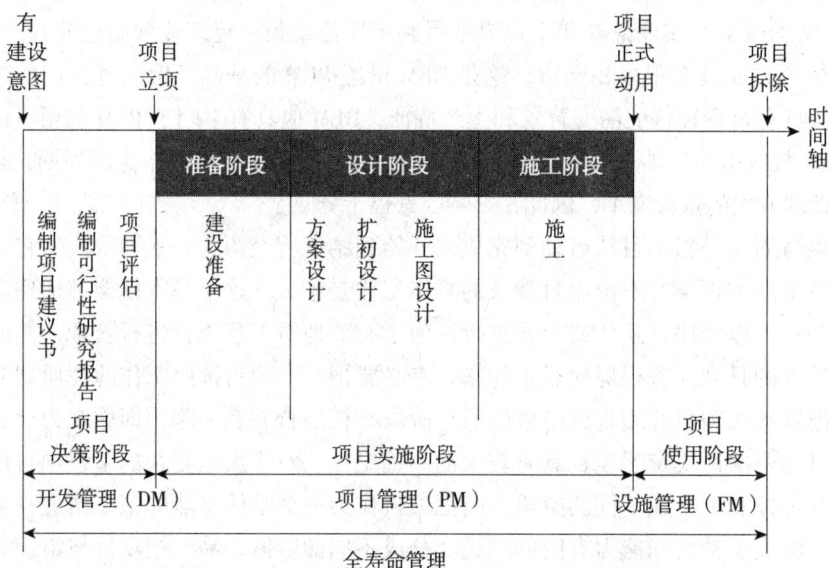

图 1-10　建设工程项目全寿命周期示意图

设计—招标—施工）模式形成的基本建设程序不同。基本建设程序中的主要工作和里程碑事件包括项目建议书的编制及审核，可行性研究报告的编制及审核，设计，招标投标和施工准备，施工，竣工验收交付使用。现代工程项目除了采取 DBB 模式之外，还有 CM（Construction Management，建设管理），D+B（Design+Build，设计和施工总承包），EPC（Engineering Procurement Construction，设计—采购—施工总承包）和 IPD（Integrated Project Delivery，项目集成交付）等多种模式，其招标采购的模式也不尽相同。而且工程项目中的招标采购包括施工承包能力采购、材料设备采购和工程技术与管理咨询服务采购等，其采购的方式方法也不尽相同。所以在图 1–10 中，招标投标工作分散在设计前的准备阶段、设计阶段和施工阶段中进行，因此一般不单独列为招标投标阶段。非但如此，现代工程承包往往前延到工程项目前期阶段参与项目策划和项目融资等工作，还可以后延到工程项目的使用阶段，工程项目的实施方式和项目融资方式交错融合，产生了 BOT（Build–Operation–Transfer，建设—经营—转让）等整个工程项目运作的模式。

（二）建设项目周期各阶段对投资的影响

大多数建设项目周期有共同的人力和费用投入模式：开始少，后来多，而当建设项目建成时又迅速减缓。

1. 建设项目决策阶段对投资的影响

项目决策阶段的基本特征是智力化或称知识密集型。其主要投入是投资机会分析费、市场调查分析费和可行性研究费等，一般工业建设项目这类费用约为投资的 1%。在项目决策结果没有得出之前，一般不会进行土地、材料、设备等要素投入，这表明在项目决策阶段，工作成本对投资影响极小，对要素成本不构成影响。

项目决策阶段的产出是决策结果，是对投资活动的成果目标（使用功能）、基本实施方案和主要投入要素（品种、数量、质量、价格、取得形式）进行总体策划。这个阶段的产出对总投资影响，一般工业建设项目的经验数据为 60%~70%；估计产出对项目使用功能影响在 70%~80%。这表明项目决策阶段对项目投资和使用功能具有决定性影响。

2. 建设项目设计阶段对投资的影响

建设项目设计阶段的基本特征是智力和技术的双重性。这个阶段的投入包括两个方面：一是设计人员的工作报酬，一般工业建设项目的经验数据为 2%~10%；二是某些重要建设要素的预定和购置，一般工业建设项目的经验数据在 10%~20%，主要订购的是土地和特殊材料设备。这表明在项目设计阶段，工作成本对投资影响较小，要素成本是一个重要控制因素。

建设项目设计阶段的产出，一般是用图纸表示的具体设计方案。在这个阶段项目成果的功能、基本实施方案和主要投入要素（品种、数量、质量和取得形式）就基本确定了。这个阶段的产出对总投资影响，一般工业项目的经验数据为 20%~30%；对项目使用功能影响估计在 10%~20%。这表明项目设计阶段对项目投资和使用功能具有重要影响。

3. 建设项目施工阶段对投资的影响

建设项目施工阶段的基本特征是资金和劳动的双重性。这个阶段的投入包括两个方面：一是建筑施工员的工作报酬，一般工业建设项目的经验数据为 10%~20%；二是建筑施工要素的投入，一般工业建设项目的经验数据为 50%~60%。这表明在项目施工阶段，成本已经成为项目投资的重要影响因素。

建设项目施工阶段的产出就是投资活动的最终成果——投资产品。由于投资的主要原因在此之前已基本确定下来，所以这个阶段对产出的影响较小，对总投资影响一般工业建设项目的经验数据为 10%~15%，对项目使用功能影响估计在 5%~10%。

4. 建设项目总结评价阶段对投资的影响

这一阶段，从一般意义上讲，只是一种探索项目投资的事后控制和检验评价的规律和方法。

从以上分析不难看到，随着项目周期的阶段性变化，影响项目投资的前四种因素有一定的变化规律：工作费用是从小到大的变化趋势，变化程度很大；项目要素费用也是从小到大的变化趋势，变化程度居中；产出对总投资和项目使用功能的影响是从大到小的变化趋势，变化程度很大。

由此可见，建设项目最后实现的经济效果，很大程度上是由设计工作决定的，而设计工作又是体现和贯彻项目决策意图的，所以在项目决策和设计上的失误是重大失误。相反，在项目决策和设计上的节约是重大节约。为此，必须重视和加强建设项目的决策和设计工作，这对于提高建设项目投资的经济效益，起着极其重要的作用。

以上各阶段对项目的影响可用图 1-11 表示。

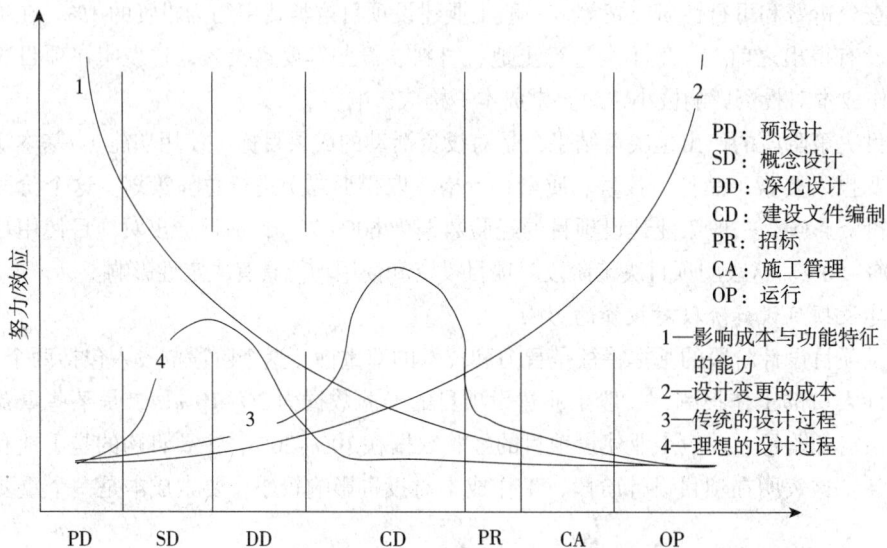

图 1-11 项目各阶段对工程的影响

（三）工程全寿命周期成本分析

1. 工程全生命周期视角

工程建设的最终目标是为了满足使用功能和要求，因此工程建设的价值首先体现在建设与使用的无缝交接上。

建筑业是全球最大的原材料消耗产业，在工程全生命周期过程中要消耗大量资源和能源。目前，全球建筑运营能耗已占到总能耗的 30% 以上，如果加上建设过程中的能耗，这一指标则接近50%。高能耗产生高碳排放，根据联合国环境署的数据，全球建筑全生命周期产生的碳排放占全球碳排放总量的30%，如按现有速度增长，到2050年，工程建造相关的碳排放将占全球碳排放总量的50%。未来大规模的工程建设不可避免会损害自然环境，这种自然资源利用状况显然不可持续。

工程建造活动产生的污染问题也不容忽视。建造过程中所产生的温室气体占到总排放量的15%，城市建造垃圾占到垃圾总量的30%~40%，回收率仅为5%。

在房屋建筑产品方面，中国指数研究院2017年发布的调查报告指出，房屋质量、整改维修、投诉处理三类指标的满意度未见好转。除此之外，建筑寿命也是一个备受关注的焦点。据美国规划协会公布的数据表明，美国建筑的平均寿命达到74年，法国建筑的平均寿命为102年，英国建筑的平均寿命高达132年。

工程产品功能也面临进一步提升的需求。除了满足安全、质量、成本的基本要求外，还要满足人性化、个性化、智能化、绿色化等新要求。气候变化、资源短缺、人口增长等全球性挑战给工程建造提出了新要求，实现工程产品绿色可持续是建筑业的发展方向，并出现了生态建筑、零能耗建筑、智能建筑、被动式建筑、绿色建筑、可持续建筑、主动式建筑等一系列的工程产品创新概念。

节能建筑是按节能设计标准进行设计和建造的，使其在使用过程中降低能耗的建筑。《绿色建筑评价标准》GB/T 50378—2019中对绿色建筑的定义是：在建筑的全寿命周期内，最大限度节约资源（节能、节地、节水、节材）、保护环境和减少污染，为人们提供健康、适用和高效的使用空间，与自然和谐共生的建筑。创新、绿色是新时代高质量发展的理念和要求，为了推广绿色建筑，住房和城乡建设部专门印发了《"十四五"建筑节能与绿色建筑发展规划》。绿色建筑的概念较为广泛，特别关注建筑的环境属性，提倡利用一切可行措施来解决生态与环境问题。

生态建筑试图利用生态学的原理和方法解决建筑中的生态和环境问题，生态建筑的概念与生态系统相关，可以认为是一种参考生态系统的规律来进行设计的建筑。

低碳建筑是近些年来，针对碳排放对气候变化的影响背景下提出来的，特别关注建筑的设计、建筑和使用过程中碳的排放，以碳足迹作为评价标准。

可持续发展建筑是"可持续发展观"在建筑领域的体现，可以理解为在可持续发展理论和原则指导下设计和建造的建筑。

节能建筑、绿色建筑、生态建筑与低碳建筑都强调对建筑的"环境，生态，资源"问题的关注。可持续建筑不仅关注环境、生态资源，同时强调社会经济自然的可持续发展，它涉及社会、经济、技术、人文等方方面面。从生态建筑、绿色建筑、低碳建筑到可持续建筑，是一个从局部到整体，从低层次向高层次的认知发展的过程，也可以说可持续建筑是绿色建筑发展的最高阶段。几个概念的关系如图1-12所示。

2. 工程全生命周期成本分析

（1）工程寿命周期成本的含义

工程寿命周期是指工程产品从研究开发、设计、建造、使用直到报废所经历的全部时间。在工程寿命周期成本（Life Cycle Cost，LCC）中，不仅包括经济意义上的成本，还包括环境成本和社会成本。

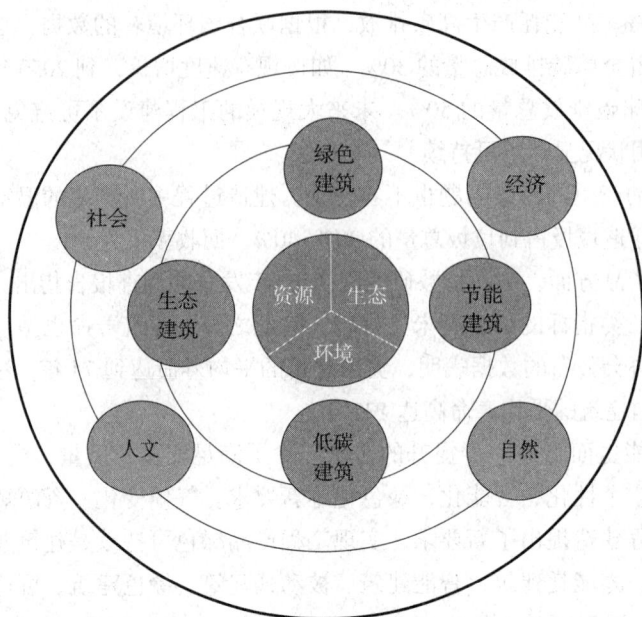

图 1-12　可持续发展建筑

①工程寿命周期经济成本

工程寿命周期经济成本是指工程项目从项目构思到项目建成投入使用直至工程寿命终结全过程所发生的一切可直接体现为资金耗费的投入总和，包括建设成本和使用成本。

②工程寿命周期环境成本

工程寿命周期环境成本是指工程产品系列在其全寿命周期内对于环境的潜在和显在的不利影响。这种成本并不直接体现为货币的形式，这是计量环境成本的一个难点。

③工程寿命周期社会成本

工程寿命周期社会成本是指工程产品在从项目构思、产品建成投入使用直至报废不堪再用全过程中对社会的不利影响。

在工程寿命周期成本中，环境成本和社会成本都是隐性成本，它们不直接表现为量化成本，而必须借助于其他方法转化为可直接计量的成本，这就使得它们比经济成本更难以计量。考虑到各种因素，本书仍主要考虑项目寿命周期的经济成本。

（2）工程寿命周期成本分析的方法

常用的寿命周期成本评价方法有费用效率（CE）法、固定效率法和固定费用法、权衡分析法等。

在寿命周期成本分析中必须考虑资金的时间价值。

费用效率（CE）法：指工程系统效率（SE）（投资所得的成果）与工程寿命周期成本（LCC）的比值。其计算公式如下：

$$CE = \frac{SE}{LCC} = \frac{SE}{IC+SC} \tag{1-1}$$

式中　　CE——费用效率；

　　　　SE——工程系统效率；

　　LCC——工程寿命周期成本；

　　　IC——设置费；

　　　SC——维持费。

CE 值越大越好。

费用估算的方法有很多，常用的有：

第一，费用模型估算法。

第二，参数估算法。

第三，类比估算法。通常在不能采用费用模型法和参数估算法时才采用，但实际上它是应用得最广泛的方法。

第四，费用项目分别估算法。

进行系统总费用的估算，无论运用哪一种现成的方法，都要充分研究使用的条件，必要时应进行适当的修正。

①固定费用法和固定效率法

固定费用法是将费用值固定下来，然后选出能得到最佳效率的方案。固定效率法是将效率值固定下来，然后选取能达到这个效率且费用最低的方案。

②权衡分析法

权衡分析是对费用和效率两个要素作适当处理，其目的是为了提高总体的经济性。

在寿命周期成本评价法中，权衡分析的对象包括以下五种情况：

第一，设置费与维持费的权衡分析；

第二，设置费中各项费用之间的权衡分析；

第三，维持费中各项费用之间的权衡分析；

第四，系统效率和寿命周期成本的权衡分析；

第五，从开发到系统设置完成这段时间与设置费的权衡分析。

（3）工程寿命周期成本分析法的特点和局限性

①工程寿命周期成本分析法的特点

第一，选择系统时，不仅考虑设置费，还要研究所有的费用；

第二，在系统开发的初期就考虑寿命周期成本；

第三，进行"费用设计"，将寿命周期成本作为系统开发的主要因素；

第四，进行设置费和维持费之间的权衡，系统效率和寿命周期成本之间的权衡，以及开发、设置所需的时间和寿命周期成本之间的权衡。

②工程寿命周期成本分析法的局限性

第一，假定项目方案有确定的寿命周期，实践中往往很难确定；

第二，在项目早期进行评价的准确性难以保证；

第三，进行工程寿命周期成本分析的高成本使得其未必适用于所有的项目。

第五节　工程项目管理

一、工程项目各参与方的管理

（一）工程项目的参与方

由于建筑业生产方式和普通制造业不同，需求方在市场上买不到符合自己需求和特定功能要求的现成工程产品，必须先委托，再生产。另一方面，建筑工程生产是一项专业性很强的活动，需求方必须委托专业公司（咨询和承包两大类）承担。而且，由于特定原因，需求方不得不分别委托多家单位承担同一项目的一部分工作。因此，需求方必须对整个建设生产过程进行有效、有序的策划、计划、组织、管理和协调。需求方成为整个工程建设的总组织者和决策者。需求方必须关心整个生产过程，参与整个生产过程，主持整个生产过程。工程项目投资建设过程中相关各方的关系如图 1-13 所示。

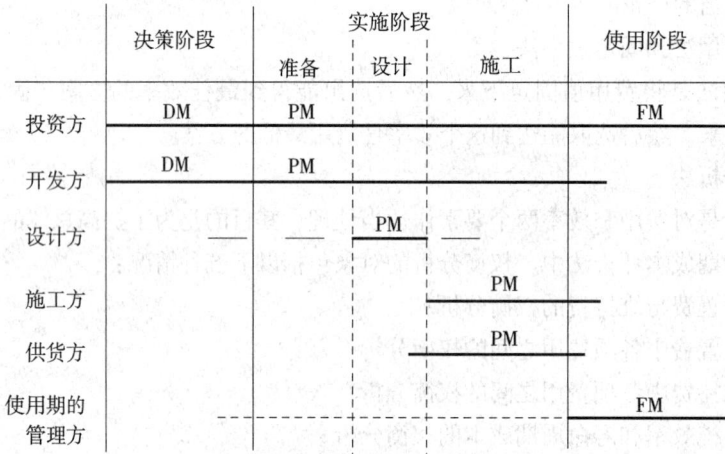

图 1-13　工程项目相关各方示意图

工程项目管理与建设项目管理有所不同，建设项目管理主要是指建设方或者说业主方的项目管理，而工程项目管理既可以指建设方的项目管理，也可以指设计方的项目管理或者施工方的项目管理，还可以指既包含设计又包含施工的工程总承包方的项目管理。

一个建设工程项目往往由许多参与单位承担不同的建设任务和管理任务（如勘察、土建设计、工艺设计、工程施工、设备安装、工程监理、建设物资供应、业主方管理、政府主管部门的管理和监督等），各参与单位的工作性质、工作任务和利益不尽相同，因此就形成了代表不同利益方的项目管理。按建设工程项目不同参与方的工作性质和组织特征划分，项目管理有如下几种类型：

（1）业主方的项目管理（如投资方和开发方的项目管理，或由工程管理咨询公司提供的代表业主方利益的项目管理服务），很多时候也称为"建设单位的项目管理"。

（2）设计方的项目管理。

（3）施工方的项目管理（施工总承包方、分包方的项目管理）。

（4）建设物资供货方的项目管理（材料和设备供应方的项目管理）。

（5）建设项目总承包（或称"建设项目工程总承包"）方的项目管理，如设计和施工任务综合（D+B）的承包，或设计、采购和施工任务综合的承包（简称"EPC承包"）的项目管理等。

在建设工程中，大多数建设活动主体都是法人。施工单位、勘察设计单位、工程咨询单位通常是具有法人资格的组织。建设单位一般也应当具有法人资格。但有时候，无论是建设单位还是设计单位、施工单位甚至工程咨询单位有可能是没有法人资格的其他组织，比如联合体。

（二）业主方工程项目管理

业主是建设项目的发起者及项目建设的最终责任者，业主方也是建设工程项目实施过程（生产过程）的总集成者——人力资源、物质资源和知识的集成，业主方也是建设工程项目生产过程的总组织者，因此，对于一个建设工程项目而言，业主方的项目管理往往是该项目的项目管理核心。

业主方的工程项目管理从投资者的利益出发，根据建设意图和建设条件，对建设工程项目投资和建设方案做出既要符合自身利益又要服从国家和地方建设法规、政策规定的决策，并在建设工程项目实施过程中，履行业主应尽的责任和义务，为项目的实施创造必要的条件。业主的决策水平、行为的规范性和业主建设工程项目能力等对于一个建设工程项目的建设成败起着重要作用。作为建设项目的总组织者、总集成者，业主方的项目管理任务繁重、涉及面广且责任重大，其管理水平与管理效率直接影响建设项目的价值。

业主方对工程项目进行的综合性管理，以实现投资者的目标，其目的是用建成的工程实体满足各方的需要和要求。

业主方对工程建设的管理是从项目提出设想到竣工、交付使用的全过程涉及的全部工作，其管理的主要方式是采购，即外购工程咨询、勘察设计、设备材料和工程承包等。工程建设项目中业主一般是指项目最终成果的所有者，也是最终付款的一方，对于为该工程建设项目提供服务的其他方而言，他们的目标应该是为业主提供满意的服务和支持。

除通过合同管理以上这些外购单位之外，业主方还要办理各种监管和审批手续、通过与市政公用部门等联系提供各种工作条件。

业主对工程项目管理的特点是由业主在工程项目中的特殊地位决定的，主要有以下几个方面：

①业主对工程项目的管理代表了投资主体对项目的要求。它集中反映了各投资主体对工程项目的利益要求，代表各所有者协调一切对外关系，包括与政府和社会各有关单位之间的各种关系。因此，业主在项目管理中一方面要协调各投资主体之间的关系，另一方面要协调项目与社会各方的关系，保证项目建设的顺利进行。

②业主是对工程项目进行全面管理的中心。按照"谁投资、谁决策、谁收益、谁承担风险"的原则，业主在国家法规许可的范围内有充分的投资自主权。业主既是工程项目的决策者，又是工程项目实施的主持者；既是未来收益的获得者，也是可能风险的

承担者。业主与工程项目之间利害关系的紧密程度是其他任何一方参与者所不能比拟的，业主对项目管理和项目成败负有全面责任。工程项目完成得好，最大与最直接的受益者应该是项目业主；反之，如果工程项目出现问题，最大与最直接的损失方也是项目业主。

③从管理方式上看，在项目建设过程中业主对工程项目的管理大多采用间接而非直接方式。工程项目建设涉及多个领域和诸多专业，业主往往由于自身时间、精力和专业等方面的限制，不可能将全部管理工作由自己来完成。业主通过各种委托协议和合同，把工程项目的各项任务、管理职责以及各项风险分解到各参与策划和实施的有关机构，项目业主进行总体协调和控制，保证项目如期、按质建成，并尽可能节省投资。

业主方的工程项目管理是全过程的，包括项目建设的全过程各个阶段的各个环节，其任务主要有：组织协调，合同管理、信息管理、安全管理，投资、质量、进度三大目标控制。人们通常把业主方工程项目管理任务概括为"三控三管一协调"。

由于工程项目的实施是一次性的任务，因此，业主方自行进行项目管理往往有很大的局限性。首先，在技术和管理方面，缺乏配套的力量，即使配备了管理班子，没有连续的工程任务也是不经济的。计划经济体制下，每个建设单位都建立一个筹建处或基建处来搞工程，这也不符合市场经济条件下资源的优化配置和动态管理。在项目建设完成后，配备的管理班子由于没有后续工程任务，往往解散，这又不利于建设经验的积累，往往只有一次性的教训。因此，在市场经济条件下，项目业主可以考虑委托专业的咨询公司为其提供项目管理服务。

（三）工程总承包方项目管理

业主在项目决策之后，可以选择将设计和施工任务一起委托给工程总承包单位或多方组成的联合体承担，通过择优选择工程总承包单位全面负责工程项目的实施过程，直至最终交付使用功能和质量标准符合合同文件的规定。因此，工程总承包方的项目管理是贯穿于项目实施全过程的全面管理，既包括设计阶段，也包括施工安装阶段。其性质和目的是全面履行工程总承包合同，以实现其企业承建工程的经营方针和目标，取得预期经营效益为动力而进行的工程项目自主管理。显然他必须在合同条件的约束下，依靠自身的技术和管理优势或实力，通过优化设计及施工方案，在规定的时间内，保质保量地全面完成工程项目的承建任务。从交易的角度看，项目业主是购买方，总承包方是卖方，因此，两者的地位和利益追求是不同的。

（四）设计方项目管理

设计单位接受业主委托承担工程项目的设计任务，以设计合同所界定的工作目标及其责任义务作为该项工程设计管理的对象、内容和条件，通常简称"设计项目管理"。设计项目管理也就是设计单位对履行工程设计合同和实现设计单位经营方针目标而进行的设计管理，尽管其地位、作用和利用追求与项目业主不同，但它也是建设工程设计阶段项目管理的重要方面。只有通过设计合同，依靠设计方的自主项目管理才能贯彻业主的建设意图和实施阶段的投资、进度和质量控制。

设计单位服务性质是"咨询"，不是"承包"。设计合同性质应该是咨询合同，不是承包合同。设计任务的委托方式与施工承包不同，因为设计费报价的比较不是最主要的，应采取设计竞赛方式。设计单位所承担的最大经济责任不超过设计费；但是对于计算错误等非正常行为给业主方带来的损失应通过购买专业人士责任保险来解决。设计单位的任务不单单是画图，还包括采购配合、谈判配合、招标配合、施工配合、安装配合、装修配合、结算配合、验收配合、存档配合、审计配合等。

（五）施工方项目管理

施工单位通过工程施工投标取得工程施工承包合同，并以施工合同所界定的工程范围组织项目管理，简称"施工项目管理"。目前的施工承包包括施工总承包层、专业承包层和劳务承包层。施工单位的合同性质是承包，即"包造价""包工期""包质量"。由于工程施工的单件性，因此，施工产品的要求应该尽量在施工前确定，减少在施工过程中的变化，否则将违背"承包"的根本性质。施工承包合同的签订、合同价的确定，都依赖于设计图纸的深度和完整性，这也是为什么设计与施工分别委托的原因。按照国际惯例，应遵循"谁设计、谁负责""谁施工、谁负责"的原则，施工单位应对施工生产过程以及最终产品的质量、安全负全责。施工方项目管理的任务包括：组织协调，合同管理、信息管理、施工现场管理、生产要素管理（人力资源、机械设备、材料、工艺方法和资金），质量控制、成本控制、工期控制、安全控制，简称"四控四管一协调"。

（六）各方关注点的不同

1. 业主方关注的焦点

业主视角下，项目全生命周期有三个关注点。第一，前期策略，即由于组织运营/战略需求提出项目需求（比如医院床位紧张提出扩建、城市交通拥挤提出新/扩建等）。第二，建设，即项目建设，包括设计和建造。从业主视角看，这个不是核心业务。第三，项目运营。运营是重点（如提供医疗服务、交通服务等）。可见，业主的工作重点是前期策划决策阶段和工程的运营维护阶段。业主方关注的焦点不是工程的设计和建造活动，而是工程本身，比如工程本身的功能是否能够满足业主自身的需求、是否符合规划和城市建设法规的要求等。

2. 项目型企业关注的焦点

项目型企业，如设计院、施工企业、监理单位等。这类企业主要是以完成项目为主，围绕项目进行运作的。

设计单位和施工单位对工程的参与程度取决于业主的工程发承包模式和所签订的合同，最广泛的工作范围是业主采取设计＋施工都包含在内的工程总承包方式。其工作一般包括投标、签订合同、开展（设计或施工）工作、协调沟通、竣工交付工作等。

设计和施工单位的主要工作焦点是履行合同义务，目的是获取利润。设计和施工单位关注的焦点不是工程本身及其用途，其焦点在于设计和建造活动，所以承包商更关心安全生产、环境保护等问题。

虽然设计单位和施工单位都是按照业主的要求完成相应的设计或承包工作，都要对所承担的工作进行项目管理，但是他们也有区别，设计单位是向业主提供一种技术咨询，获得的是相应的技术咨询费用，而施工单位则不同，它向业主提供的是承建工作，获得的是承包费。设计工作是一种"无中生有"的创造性工作，属于智力和知识密集型工作，施工工作则属于资金和劳动密集型工作。

二、工程建设各个阶段的工作及其管理

（一）工程项目决策阶段工作及其管理

工程项目决策阶段通常也称为"项目建设前期工作阶段"，其主要任务是进行一系列调查研究，为投资行为作出正确的决策。建设项目的决策工作并不是一次完成，而是由粗到细、由浅入深地进行。它一般又分为以下工作：

1. 形成项目立项文件

根据投资人的投资意向，开展项目立项前策划工作（具体内容见第二章第一节），在项目立项初步策划论证的基础上形成项目立项文件。

立项方式包括政府投资项目采取的审批制方式，社会投资项目采取核准制或备案制方式。根据投资主体的不同，项目立项文件可以分为：项目建议书、项目立项申请报告或项目备案申请表等。政府投资项目必须提交项目建议书予以审批，社会投资项目则只需要提交项目立项申请报告或项目备案申请表，作为核准或备案证明。

项目立项文件宜包括以下内容：

（1）提出项目建设的目的、必要性和依据。

（2）项目的产品方案、市场条件、建设规模和建设地点的初步设想。

（3）项目投资估算、资金筹措方案及偿还能力的初步估计。

（4）项目建设进度的初步安排。

（5）项目投资的经济效益和社会效益的初步估计。

2. 项目可行性研究文件的形成

在项目立项文件批准之后，需要继续对项目策划进行深化（具体见第二章第一节），明确和细化项目定位的基础上，进行项目可行性研究文件的编制工作。项目可行性研究文件的编制应体现：项目前期策划的成果；项目建设目标、规模、标准和投资效益分析和研究的结论；建设管理模式和初步建设方案的选择意见；建设和运营存在的主要风险及防范措施等。本阶段可包括以下工作：

（1）整理全部分析资料和项目建议书批复后全过程的文件资料。

（2）遴选有资信编制可行性研究报告的咨询单位。

（3）向编制单位提交分析意见和资料进行可行性研究报告的编制。

（4）组织项目可行性研究文件初稿的评审。

（5）提出正式的项目可行性研究文件。

（6）提交立项申请文件和编制单位的报告文件至政府主管部门审批。

3. 项目配套管理与报审

（1）办理项目建议书报审（如有）

按照项目投资性质组织研究并委托编制项目预立项文件。政府投资的项目按照审批制要求立项，研究并组织编制项目建议书，报政府投资主管部门审批。

（2）办理项目报建手续

根据（预）立项批复文件，向建设行政主管部门办理报建手续。项目建议书获得批准后，办理预报建手续，获得建设工程报建办理告知单。项目可行性研究报告获得批准后，

向建设行政主管部门办理正式报建手续。

（3）提出用电、给水排水、燃气、通信等项目配套条件征询

根据项目需求，向供电、给水排水、水务部门、燃气及通信等建设配套部门提出用电、给水排水、燃气和通信等使用申请。提出相关征询，跟踪征询结果，获得征询意见。

（4）取得建设选址意见书

根据项目预立项文件的批复内容，组织研究并委托具有相关资质的设计单位，完善项目选址及规划设计方案后报送规划和土地管理部门。以划拨或出让等方式取得国有土地使用权的，应当向规划和土地部门申请选址意见书。以招拍挂方式取得国有土地使用权的以及在原有土地范围内扩建的项目，应当向规划和土地部门申请规划设计条件。

（5）取得建设用地预审意见

根据选址意见书的意见，在进行用地权属调查手续办理后向规划和土地管理部门进行用地范围预审申请。

根据选址意见书意见，委托具有相关资格的测绘单位出具房屋土地权属调查报告书（用地勘测定界报告）后，向规划和土地管理部门进行用地范围预审申请。

（6）办理项目节能审批

年综合能源消费量（增量）1000吨标准煤以上或年电力消费量（增量）500万千瓦时以上的固定资产投资项目，建设单位应编制节能报告，并在可行性研究报告之前或同步报请节能审查。

委托具有资质的专业机构编写节能评估文件，报相关主管部门审批。

（7）办理项目社会稳定风险审批

按照"应评尽评"的要求，重点领域的建设项目应当开展风险评估工作。

根据需求，组织编制《项目社会稳定风险评估报告》，并报送政府相关部门审批。

（8）办理项目卫生监督、环境影响、民防等职能部门审批

根据项目需求，向卫生监督部门、环境保护主管部门、民防等政府职能部门机构提出项目立项阶段的相关审批。

首先，根据需求，提交可行性研究报告前办理此阶段的预防性卫生审核意见。

其次，对照环境保护分类管理要求，确定项目环境影响文件编写形式。

最后，委托具有资质的专业机构编写建设项目环境影响《报告书》《报告表》、填写《登记表》，报环境保护部门审批。

（9）办理项目其他审批

涉及的其他建设专项审查的内容包括：绿化、消防、交通、防雷、水务、道路桥隧和河道港口等。

根据需求，办理相关审批。

（10）完成可行性研究报告报审

建设项目决策对项目建设的长远经济效益和战略方向起着决定性作用。政府投资项目按审批制要求，完善可行性研究报告，并报政府投资主管部门审批。首先，组织研究并委托具有相关资质的专业单位，完善项目可行性研究报告。其次，组织审核项目可行性研究报告后，汇总相关附件报送政府主管部门，并跟踪审批的进程。最后，配合可行性研究报

告评估等相关工作，获得批准文件。

按照国家有关规定，政府投资项目实行"先评估后决策"制度。项目评估工作的重点主要是对可行性研究的精确性、可靠性和全面性进行评估，决定项目可行性研究报告提出的方案是否可行。建设项目的评估工作一般是由公正性、权威性强的咨询机构独立完成的。可行性研究和项目评估由不同的咨询机构来完成。

根据投资主体的目标、战略和内外条件作出最终选择。这是项目决策环节的最后工作，应由决策者亲自进行。

（二）工程项目设计阶段的工作及其管理

设计环节在整个建设过程中具有重要的地位和作用，通过科学合理的设计，可以确定投资规模、确定质量标准、确定验收标准，并为施工和采购服务。对于业主方来说，既要参与设计，又要加强设计管理与控制。

狭义的设计过程一般是指从组织设计竞赛或委托方案设计开始，到施工图设计结束为止的过程。通常情况下，可以划分为方案设计、初步设计和施工图设计三个主要阶段。广义的设计工作贯穿于整个项目全过程，在项目的招标采购阶段、施工阶段和验收阶段，存在大量的设计工作，因此，业主方的设计管理也贯穿项目建设全过程，如图1-14所示。

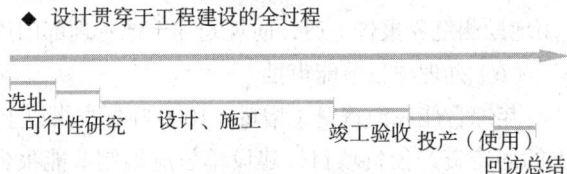

◆ 设计贯穿于工程建设的全过程

选址　可行性研究　设计、施工　竣工验收　投产（使用）回访总结

图1-14　广义的设计

1.设计前期工作

首先，完成规划设计任务。

①编制规划设计任务书。②考察规划设计单位。③通过招标投标方式选择规划设计单位并签订规划设计合同。④规划设计过程协调。⑤组织规划设计评审。⑥规划设计报政府规划管理部门审批。

其次，完成勘察任务。

①组织考察勘察单位。②组织招标或直接委托勘察单位，签订勘察合同。③协调勘察过程。④组织勘察报告审查。

2.设计任务委托

首先，确定设计合同结构及设计任务委托方式。其次，编制设计任务书。再次，如有必要，组织方案设计竞赛。最后，组织设计招标选择设计单位。

3.设计过程的管理

设计过程的管理既包括业主对设计过程的管理，也包括设计单位对自身的设计过程的管理。具体任务可参见本书第九章。

4.设计阶段的报批报建及配套管理

（1）项目配套征询。

初步设计阶段和施工图设计阶段需要分别征询规划、文物管理、抗震、民防、公安、消防、环保、绿化、卫生、疾控、气象以及供电、取水、排水、排污、燃气、电信、移动和邮政等部门意见。

依据相关程序，协助办理项目配套征询手续。

（2）将初步设计文件、施工图设计文件等报送有关部门审批。

①初步设计完成之后，协助组织将初步设计交有关部门审批。流程和所需准备的文件遵守相关法律法规。

②施工图完成之后，协助将施工图报送相关部门审批。施工图还需要交给专门审图机构审查。

③在城建档案馆进行城建档案备案登记，在有关部门进行节能备案。

（3）办理施工图年审。

（4）办理建设工程规划许可证。

办理建设工程规划设计方案手续，准备需要报送的文件，向规划部门提出批复申请。

5. 专业深化设计管理

专业深化设计的内容包括但不限于：土建结构深化设计；钢结构深化设计；幕墙深化设计；电梯深化设计；机电各专业深化设计（暖通空调、排水、消防和弱电等）；精装修深化设计；景观绿化深化设计等。

在管理方面，首先，提出专业深化设计技术要求。其次，专业深化设计过程协调。最后，组织论证专业深化设计。

（三）工程项目施工前准备工作及其管理

工程项目施工前准备主要任务是做好各项开工准备工作，以符合项目开工条件。这些开工准备工作主要内容包括项目主要实施方的确立（招标采购工作）、为开工所需办理的建设手续、现场开工条件的准备、对现场参与的施工单位和监理机构准备工作的审查以及开工所需的各项计划准备等。

1. 工程项目施工发包与采购管理

首先，要策划发包和采购工作。其次，根据需要决定自行招标或者委托招标，如果选择委托招标，则需要选择工程招标代理单位。再次，组织或参与开标、评标定标活动。然后，主持合同谈判及签订合同工作。最后，办理合同备案。具体内容参看第九章有关内容。

2. 工程项目施工前各项计划管理

施工前各项计划是根据项目实施策划、招标采购、设计活动、建设程序办理等情况进行的深化，是项目能否顺利开工的前提条件。在后续施工阶段，应根据具体情况，对施工前各项计划动态调整，成为阶段性计划，并进行动态控制。

（1）制定业主单位施工阶段工程管理制度和工作计划。

（2）策划现场用地计划。

业主方现场用地策划与施工单位现场施工用地布置方案侧重点不同，主要考虑场地的综合利用、场地平整范围、临时用电与临时用水接口和出入口等方面，指导"七通一平"的组织工作，并作为判断施工单位现场施工用地布置方案是否合理的依据之一。其内容包括：

①规划用地与施工用地范围的界定。

②策划功能区域（办公区、生活区、作业区和临时道路等）的平面划分。

③初步确定临时用水接入点、临时用电接入点、排水口和出入口等位置。

④制定场地平整、临时道路建设计划。

⑤拟定建设方（建设单位、项目管理单位、监理机构、设计单位及其他咨询单位）现场办公需求。

（3）督促施工单位编制施工总进度计划并给予审核。

（4）督促造价咨询单位制定施工阶段资金使用计划并给予审核。

3. 工程项目施工前准备阶段建设配套管理

工程项目施工前准备阶段建设配套管理，包括如下四项工作。

（1）办理工程配套建设申请。

工程配套建设申请工作主要包括供电（变更用电申请、临时用电申请）、上水（接水申请、临时施工用水申请）、排水（排水接管许可证明申请、排水许可证申请、临时排水申请）、燃气（用气新装申请、燃气设施改动许可申请）、道路管线掘路、电信和智能化等方面。

（2）组织现场施工配套工作。

现场施工配套工作包括但并不限于常规的给水、排水、通电、通路、通信、通暖气、通天然气或煤气以及场地平整等。

（3）组织场地（坐标、高程、临电和临水）移交。

根据合同要求，组织移交场地，包括坐标、高程、临时用电和临时用水等，并做好相关记录及签字确认工作。若在移交中，发现部分场地条件或设施不符合合同约定，则督促相关单位落实，并重新移交。

（4）组织规划验线。

建设场地控制灰线测设后，要求工程监理单位进行复核。符合要求后，组织规划部门进行验线工作。

4. 施工前期准备阶段建设报批手续办理

施工前期准备阶段建设报批手续包括如下四种。

（1）办理建设项目专项报审及相关规费的支付管理。

建设项目专项报审工作主要包括规划、环境保护、卫生防疫、消防、民防、绿化、劳动安全卫生、道路交通、市容环境卫生、抗震设防、河道管理、防雷及节能等方面。

办理相关规费的支付管理。掌握当地政府部门对合同备案的规定。办理建设单位缴纳规费，并收集相应的票据，做好记录。

（2）申办施工图审查。

（3）申报质量监督、安全监督。

在施工、监理合同签订后，并且工程综合保险费用已预缴完成，可申报质量监督、安全监督。

（4）办理施工许可证。

申领施工许可证应具备如下前提条件：第一，已经办理该工程建设用地批准手续。第二，已经取得建设工程规划许可证。第三，需要拆迁的，拆迁进度符合施工要求。第四，该工程已经确定建筑施工单位。第五，有满足施工需要的施工图纸和技术资料。第六，有保证工程质量和安全的具体措施。第七，建设资金已经落实。第八，法律、行政法规规定的其他条件。

在具备上述条件的情况下，建设单位可向发证机关领取《建筑工程施工许可证申请表》。填写《建筑工程施工许可证申请表》，并向发证机关提供相关证明文件。获取施工许可证后，发送项目各有关参与单位。

5. 开工条件审查

开工条件审查包括如下八项工作。

（1）审核施工组织设计。

根据《建设工程监理规范》GB/T 50319—2013 要求，施工组织设计应由项目监理机构审批施工组织设计的同时对其进行审核，并在总监理工程师审定批准前，将相关审核意见反馈给项目监理机构，要求施工单位做出相应修改。

（2）审核和批准监理规划。

监理规划是指导工程项目监理工作的指导性、纲领性文件，项目监理机构应当在召开第一次工地例会之前提交经监理公司内部审定后的监理规划。审核监理规划时，应重视以下几个方面：第一，监理工作范围、工作内容及监理人员是否符合监理合同要求。第二，监理工作方法、工作程序是否满足实现项目目标要求。第三，监理工作制度是否齐全，是否有针对性。

审核监理规划报批的及时性。提出对监理规划的修正意见，并督促落实。

（3）组织召开第一次工地会议。

第一次工地会议参与单位应包括建设单位、项目管理单位、工程监理单位、造价咨询顾问、勘察及设计单位以及施工总承包单位等。会议由项目管理单位项目经理主持，项目参与各方需委派的项目负责人及相关人员参加。

第一次工地会议的主要内容包括：

①各参与单位分别介绍各自驻现场的组织机构、人员及其分工。

②建设单位介绍总要求和开工条件准备情况。

③项目管理单位介绍各项目标控制要求、工作程序和流程等。

④施工单位介绍施工准备情况。

⑤总监理工程师对施工准备情况提出意见和要求。

⑥总监理工程师介绍监理规划的主要内容。

⑦研究确定各方在施工过程中参加监理例会的主要人员，召开监理例会的周期、地点及主要议题等。

筹备第一次工地会议日程，事先检查建设单位必须提供的开工条件是否落实，并检查监理单位和施工单位对于开工的准备工作落实情况。组织召开第一次工地会议，会后要求项目监理机构负责起草会议纪要并审核。组织各方代表对第一次工地例会会议纪要会签并存档。

（4）组织设计交底和编制交底纪要。

①设计交底会议纪要应由建设单位、项目管理单位、设计单位、施工单位的代表和总监理工程师共同签认。

②对设计交底会议上决定必须进行设计修改的，由原设计单位按设计变更管理程序提

出修改设计，必要时需重新申办施工图审查。

③设计交底会议纪要主要内容包括：

第一，设计主导思想、采用的设计规范、各专业设计说明等。

第二，工程设计文件对主要工程材料、构配件和设备的要求，对所采用的新材料、新工艺、新技术和新设备的要求，对施工技术的要求以及涉及工程质量、施工安全应特别注意的事项等。

第三，设计单位对建设单位、施工单位和工程监理单位提出的意见和建议的答复。

（5）检查监理机构组织准备情况。

①检查项目监理机构人员数量、专业配套是否符合监理合同及项目需求。

②检查人员证书是否有效，总监理工程师是否有监理单位任命书，总监代表（如有）是否有委托书等。

③检查监理现场办公设施是否满足监理工作需要，是否按监理合同要求配备常规的检测设备和工具等。

（6）督促核查现场施工机械、材料的准备情况。

①督促项目监理机构对现场施工机械和材料是否具备使用条件以及主要工程材料是否已落实进场等情况进行检查。

②抽查项目监理机构对施工机械和材料准备情况的检查记录。

（7）检查现场人员的准备情况及质量和安全保证体系。

现场人员及质量和安全保证体系不仅指施工单位，而且还包括项目监理机构。在检查时，应对照审定的施工组织设计和监理规划进行检查。

①督促项目监理机构检查施工单位现场人员的进驻现场情况，包括人员资格和岗位人员数量等。

②督促项目监理机构检查承包商的质量和安全保证体系落实情况。

③检查项目监理机构的人员到位情况，包括监理人员资格和数量。

（8）核签开工报告。

①检查开工报告程序的合规性、开工报告内容的完整性。

②批准开工报告，并由总监理工程师签发。

（四）施工过程项目管理

项目施工阶段投资量大、周期长、参建单位多、协调关系复杂，是实现项目建设目标和参建各方利益的关键。在实际的工程项目管理过程中，项目管理的许多工作往往贯穿工程项目的多个阶段甚至项目全生命周期，而且工程项目的各个部分的设计、采购、施工等的进展往往是不均衡的，各阶段并没有统一的、绝对的时间界限，可能存在交叉。例如，在项目土建部分进入"施工阶段"时，项目的机电、幕墙、精装修等部分可能仍在进行施工图或招标图的设计，许多采购工作也会在施工期间逐步进行。

施工阶段的项目管理是建设工程管理的重要组成部分。施工过程的管理既包括业主单位（包括业主聘请的监理和造价咨询单位的管理）对整个施工过程的管理，也包括施工单位对其自身施工过程的管理。各方项目管理的任务和目标不同，具体参见本章第四节及后续章节。此处重点介绍施工过程的设计与技术管理。

1. 设计图纸与技术文件管理

加强对设计及深化设计图纸以及竣工图的编制、审核签认、收发、使用、更新或作废、归档及记录等各环节的管理，保证图纸及技术文件的及时性、有效性、准确性和完整性。同时，做好重要技术文件存档管理。

（1）对设计单位、顾问单位等就图纸文件、技术文件的套数、费用、质量和移交时间等提出明确要求。

（2）进行各类图纸、技术文件的签收与登记。

（3）收集和整理工程实施全过程形成的图纸文件、技术文件，并进行立卷归档。

（4）向各参建单位发放真实、准确、齐全的图纸资料。

（5）做好图纸的版本管理，图纸版本更新时，及时进行发布，并对作废的图纸进行相应处理。

（6）建立并更新、维护图纸管理台账。

（7）监督、检查监理单位、承包单位的图纸管理工作，负责组织竣工图纸的汇总、整理、移交工作。

2. 审核、协调、管理施工图深化设计

在"专业深化设计管理"中，对专业深化设计管理进行了专门阐述。本条所述对"施工图深化设计"的审核、协调、管理，主要是从图纸的可施工性及有利于现场管理的角度来进行的。

（1）督促各深化设计单位如期保质地完成深化设计。

（2）组织并督促设计单位及工程顾问单位认真履行深化设计成果审核与确认职责。

（3）汇总设计单位及工程顾问单位的审核意见，组织设计单位、工程顾问单位与总承包单位沟通，协调解决相关问题。

（4）负责或组织对深化设计进行审批与确认。

3. 组织编制相关的技术管理标准、导则

对于大型复杂项目或群体项目，根据需要编制技术管理标准或导则，进行总体、全局的技术统筹和引导，统一、规范技术标准和接口，进行技术协调与界面管理。

4. 组织召开、参加专家评审／论证会

对于重大的技术方案、材料设备选型、施工组织设计及施工方案，包括法律法规规定或合同文件约定需进行专家论证的专项施工方案等，组织专家进行技术经济论证，保证其可行性、合理性和经济性。

（1）分析、确定需进行专家评审或论证的内容和项目，组织制定或审核相应的专家论证计划。

（2）组织进行专家的筛选、邀请，必要时建立专家库。

（3）组织召开或参与专家评审或论证会。

（4）跟踪监督相关单位落实专家评审或论证会议定的相关事项。

5. 工程材料设备选型与技术管理

（1）进行工程材料、设备的市场调研、考察与技术经济分析。

（2）督促顾问提出材料、设备选型技术参数、经济指标及相关建议。

（3）审定材料设备的品牌、规格型号、技术参数和标准。

（4）审定材料设备供应单位的资质、资格要求。

6.组织编制工程样品、样板规划，并监控实施

（1）组织编制工程样品、样板规划。

（2）督促承包单位在此基础上细化工程样品、样板清单和样板实施方案。

（3）组织开展工程样板工作，对承包单位报审的样板设计、样板施工方案以及材料样品，组织相关单位进行评审，并进行确认。

（4）组织进行工程样品封样管理。

（5）组织相关单位进行工程样板的学习和推广。

7.审核、处理工程变更的相关技术问题

（1）收集、掌握与设计变更、工程洽商、现场签证的相关信息和资料。

（2）组织、主持或参与对设计变更、工程洽商、现场签证的相关技术问题进行分析、论证。

（3）提出相关处理意见，或进行相关决策。

（4）必要时组织召开或参与专家评审或论证会。

8.科技创新与研究管理

科技创新与研究管理主要适用于各类大型的、复杂的、具有较大科技创新与研究需求和条件的工程项目，其内容主要包括：

（1）组织对科技创新与研究的方向、课题与项目进行策划与论证。

（2）对各参与单位的技术创新工作进行引导、支持和协调。

（3）组织编制并审核各参与单位的技术创新实施方案与计划。

（4）组织对各项创新成果进行评审与鉴定。

（5）促进技术创新成果在项目中的应用与推广。

（6）对各项创新活动及成果进行记录、整理与总结。

（五）竣工验收及移交项目管理

项目竣工验收及移交阶段是指施工单位按施工合同和设计图纸完成了项目全部任务，经自检合格，由建设单位组织验收的过程。竣工验收及移交阶段除了包括竣工验收管理和移交管理以外，还包括联合调试、验收准备、验收管理、竣工结算和审价、移交管理。

1.项目联合调试

（1）组织编制及审核联动调试方案

进行联动调试的前提是各个系统的设备和附属设备必须进行各单体的试运转，并应达到施工验收规范的规定或产品的技术标准。主要包含空调通风系统、给水排水系统、强电系统、智能化系统和消防系统等。

①督促安装施工总承包单位编制联动调试方案。

②组织设计、监理等单位对调试方案进行审核。

（2）组织参建各方进行联动调试并形成书面记录

①督促项目各参建单位（含各专业分包及设备供应单位）的负责人按照联动调试方案中的分工，各司其职。

②根据调试情况将相关技术参数及调试结论写入调试报告。

③若调试结果不符合规范及设计要求，组织并查明原因整改后再次调试，直到符合要求。

（3）组织相关参建单位对调试结果进行评估

①若联动调试合格，要求施工单位及时提交联动调试报告及相关文件。

②组织各参建单位对调试结果进行评估。

2. 项目竣工验收准备

（1）组织编制项目竣工验收计划和方案

项目竣工验收计划和方案需明确验收程序和内容、日期、参加人员等。

①编写竣工验收计划和方案。

②建设单位进行审核确认。

（2）组织编制竣工档案资料

建设单位、项目管理单位、监理单位、设计单位、勘察单位以及施工单位分别编制各自的档案资料。

①督促责任单位将各参建单位的档案资料按照城建档案馆的要求进行整理汇总。

②组织对竣工档案资料进行完整性、符合性检查，必要时，提出整改要求。

（3）督促监理单位和施工单位进行预验收后发现问题的整改落实

全部工程施工完毕达到竣工条件时，监理单位应组织预验收，主要是对各专业工程的质量情况、使用功能及竣工技术资料进行全面检查。预验收后，督促监理单位对发现的问题进行复验。

①督促监理单位对于预验收检查出的问题进行复验。

②督促监理单位总监提交预验收成果报告，并确认签字。

（4）审核施工单位提交的竣工验收申请

只有当监理单位、项目管理及建设单位对预验收发现问题的整改情况认可后，施工单位才能提交竣工验收申请。

①督促施工单位提交竣工验收申请。

②组织审核，确认进行正式竣工验收。

3. 项目竣工验收管理

（1）组织各参建单位出具相关验收报告

各相关单位将分别出具不同的报告：

①建设单位填报《单位工程质量验收通知书》。

②监理单位出具《工程质量验收评估报告》。

③勘察单位出具《工程勘察单位质量检查报告》。

④设计单位出具《工程设计单位质量检查报告》。

⑤施工单位提出《工程竣工验收报告》。

（2）配合政府相关职能部门进行工程专项验收

政府负责工程验收的主要职能部门有规划、质监、消防、卫生、交通、绿化、环保、民防、防雷、档案、技监、轨道、净空保护、防辐射及职业病危害等，可视项目具体情况而定。

①委托专业单位进行消防设施检测，检测合格后携带相关必需资料报消防部门申请消防验收，并取得《建设工程消防验收申请受理凭证》；同时根据验收结果对缺陷的部位进行整改，复验后方可使用。

②建设单位自行组织环保验收，报环保部门备案。

③卫生防疫部门根据卫生预评价报告进行检测，若涉及辐射防护要求的应委托专业机构进行检测，检测合格后方可投入运行。

④质监部门要求对已建成的工程做室内环境、照度、空调运行和能效等专项检测后，并出具合格的检测报告。

⑤委托专业测绘单位对原先上报的建筑间距、分层面积进行实地测量。

⑥取得城建档案馆合格证书。

⑦规划部门根据质监站的验收合格意见，出具工程验收合格证书。

⑧其他相关部门的验收。

（3）组织成立验收小组，召开竣工验收会议，进行工程正式验收

①组织建设单位、项目管理单位、勘察单位、设计单位、施工单位和监理单位等参建单位的技术和质量负责人组成验收小组，验收组成员中土建、水电及其他安装专业方面的人员配齐，并确定验收小组组长。

②向质量监督机构申请质量竣工验收。

③召开竣工验收会议，程序如下：

首先，实地查验工程质量。其次，验收小组审阅建设单位、项目管理单位、勘察单位、设计单位、施工单位和监理单位的工程档案资料。再次，建设单位、项目管理单位、勘察单位、设计单位、施工单位和监理单位分别汇报工程建设情况（应有具体的书面报告，以便入档）。最后，验收小组对勘察、设计、土建施工和安装施工质量做出全面评价，形成验收小组签署的工程竣工验收档案。

（4）签署工程竣工验收报告

建设单位、项目管理单位、监理单位、施工单位和设计单位的各单位代表得出验收结论并签署工程竣工验收报告。

（5）办理建设工程竣工验收备案

竣工验收备案是施工管理的最后一个阶段，表明工程项目建设已达到建设或使用单位的要求，是项目转入交付使用的标志，是对设计、施工及交付工作进行检验评定的重要环节。它的主要任务是：对施工工期、质量、投资进行分析；安排好竣工计划及收尾工作；办理竣工结算、工程档案资料移交、工程保修手续等工作。

①工程竣工验收合格后，持相关资料（具体指规划、消防、卫生、交通、绿化、环保、民防、防雷、档案、技监、轨道和净空保护等单位出具的认可文件）到备案机关办理建设工程竣工验收备案手续。

②取得备案机关出具的工程竣工验收备案证明。

4. 项目竣工结算和审价

（1）施工单位编制竣工结算文件

①编制项目竣工结算依据：合同文件；竣工图纸和工程变更文件；有关技术核准资料

和材料代用核准资料；工程计价文件、工程量清单、取费标准及有关调价规定；经有关方确认的有关签证和工程索赔资料。

②委托审价单位审核结算文件。

③编报竣工财务决算时限：基本建设项目完工可投入使用或者试运行合格后，应当在3个月内编报竣工财务决算；特殊情况确需延长的，中小型项目不得超过2个月，大型项目不得超过6个月。

（2）收集和接收项目竣工相关结算资料、图纸

将全过程管理过程中与结算有关的资料进行整理汇总，作为结算依据。

（3）审核本阶段各类付款及工程结算付款

①审核投资监理是否按照相关规定审核工程款。

②审核各类付款，按照合同约定支付。

（4）组织审核及处理施工综合索赔事宜

对于施工单位提出的费用或工期索赔，组织施工监理、投资监理进行审核，分析原因，明确责任单位，按照合同约定及相关法规处理。

（5）协调解决结算过程中出现的疑难分歧

①结算过程中结算双方将不可避免地产生一些分歧，主要有：第一，当竣工图与招标图纸变化较大，以定额计价结算还是以清单方式结算会关系到综合单价和措施费的调整，对结算额也有较大影响。第二，当工程量发生较大变化时，分部分项工程费的计算以及原投标价中的措施费是否也要调整。第三，工程量清单工程数量有误。第四，工程量清单描述与施工图不一致。第五，主要材料的涨价是否包含在综合单价中已考虑的风险系数中。第六，甲供材料设备在结算中的退还方式。

②当结算双方就上述事宜产生分歧时，组织监理单位、审价单位或投资监理、施工单位的有关人员认真阅读施工合同，正确把握合同条款约定。

（6）督促工程审价单位出具竣工结算审核报告

竣工结算审核报告中将详细说明施工图纸与招标图纸差异调整、设计变更、工程洽商、现场签证、主要材料调价、暂定单价项目调整、暂定数量项目调整、暂定金额项目调整、索赔资料和已付工程款凭证。

①组织并协调召开相关竣工审价会议，组织结算双方及有关各方召开审价会议，对合同中相关约定进行意见交流。

②督促工程审价单位及时完成结算审核报告。

③核查结算审核报告签署的完整性，包括造价工程师及工程审价单位盖章确认、建设单位的盖章确认等。

5. 项目移交管理

（1）组织签订工程质量保修书

质量保修期从工程实际竣工验收合格之日起计算，质量保修范围和期限按照双方约定执行。竣工验收合格后，及时组织建设单位或使用单位和施工单位签订《工程质量保修书》，督促施工单位编制《项目保修一览表》。

（2）督促施工单位做好场地清理工作

督促施工单位成立清扫小组，对各类建筑垃圾及时进行清理。

（3）审核施工单位编写的使用维护手册

①在工程移交前，施工单位应编写使用维护手册，内容主要包括各系统设备的工作原理、常见问题、保养方法和周期。

②组织审核使用维护手册是否与工程实际情况相匹配。

（4）组织运行单位人员的培训工作

①在工程移交前，通过招标或评议选定物业管理单位。

②组织施工单位质量、技术人员就使用维护手册相关内容向物业管理人员进行培训交底。

（5）组织工程档案资料移交并获得移交证书

组织施工单位将所有工程档案资料向建设单位或使用单位进行移交，并签认移交证书。

（6）组织编写固定资产明细表

组织编写固定资产明细表，重要设施设备登记造册。

（7）组织工程实物移交并获得移交证书

①督促施工单位编制主要设备移交清单，包括设备名称、型号、数量、安装地点、生产厂家及联系人等信息资料。

②组织施工单位将工程实物向建设单位或使用单位进行移交，并签认移交证书。

（8）督促相关参建单位做好人员及设备的撤离

在工程完成正式移交后，督促各参建单位依次有序地撤离人员和设备。

（9）配合开办

协助建设单位完成开办相关事宜。

（10）配合搬迁

配合建设单位的搬迁计划，协助建设单位创造搬迁条件。

（11）申办土地核验

检查建设项目的下列情况是否与建设用地使用权出让合同或划拨决定书所载明的内容一致，并办理相关手续：

①建设主体。

②用地范围、面积、用途等用地情况。

③出让金（含补缴）、划拨价款、违约金等价款支付情况。

④容积率、绿地率、建筑系数、开工时间和竣工时间等建设项目基本情况。

⑤保障性住房的套数、面积；经营类用地的住宅、办公、商业（娱乐）建筑面积；工业类用地的单位用地投资强度，工业企业内部行政、办公及生活设施用地比例，工业项目固定资产总投资额等建设项目特定要求的履行情况。

⑥出让合同约定或划拨决定书载明的其他事项的履行情况。

（12）调查房地产权属，获得产权证书

①房地产权属调查包括：审查土地来源是否合法，占地是否超出规定的范围；审查建筑物有无合法批准手续，有无加层、超面积、改结构和改用途等情况；确定房地产的权利人、权利性质、权属来源、取得时间、使用年限、权利状况、变化情况和用途、价值、等级及坐落等。

②房地产权属登记的内容包括土地使用权及地上建筑物的所有权与他项权利的登记，包括对房地产权利人、房地产权利性质、房地产权利来源、房地产他项权利、取得时间、变化情况和房地产的面积、结构、用途、价值、坐标及形状等进行专门的记载。

第一，携带相关文件到房地产主管部门申请权属调查。

第二，到房地产主管部门办理房地产初始登记，领取产权证书。

（六）保修及后评估项目管理

指施工单位在签订工程质量保修书，并将工程资料和工程实物移交后即进入保修及后评估阶段。该阶段的主要工作是协助建设方解决工程上的缺陷和功能性问题，竣工决算处理，最后对整个建设工程周期的管理工作进行回顾总结和评估。

1. 项目保修管理

（1）组织和安排保修单位对项目缺陷的修复施工并跟踪其完成情况

在项目竣工移交进入试运行和保修期以后，在使用过程中会陆续发现工程质量、功能性、安全性等缺陷问题，及时组织原施工单位进行整改和完善，以达到和满足使用要求。

①安排项目管理人员对建设单位提出的项目质量缺陷进行检查和记录；或者安排与建设单位签约入驻的物业管理单位对诸如给水排水系统、电气照明系统、暖通空调系统、消防系统和弱电系统等进行试运行，对试运行中发现的工程质量缺陷进行检查和记录；对承包单位修复的系统（或部位）工程质量进行验收，合格后予以签认。

②将使用方反映的情况进行汇总分析，按照问题的性质（质量类、功能类、保修及后评估项目管理项目保修管理安全类等）进行判别和归类。

③根据问题的情况确定施工内容、编制施工进度计划，并根据原施工合同内容落实安排施工单位。

④踏勘施工现场（施工材料的堆放、施工作业的场地、施工设备及人员的进出和可能产生的安全性隐患等）、检查施工条件（施工用水、施工用电等）是否满足施工需要，并协调各相关单位予以解决。

⑤施工过程中跟踪施工内容的完成情况（质量、安全、进度），组织各相关单位进行施工验收，并将验收情况以书面形式上报使用单位。

（2）编制项目保修内容一览表

在项目进入保修期后，及时编制保修内容一览表，以便于使用方或其他相关单位根据项目缺陷的情况来判别和找到相关责任单位，落实保修责任。

①将项目涉及的所有施工单位的施工范围、保修内容、保修期限、项目联系人、联系方式、尾款的支付金额和时间等与保修相关的内容进行整理和汇总，形成一目了然的汇总表。

②及时将保修内容一览表递交使用单位或其他相关权益单位。

（3）审核相关单位尾款申请

保修期到期后，对各施工单位申请尾款支付进行审核，并签署支付证书，审核中应注意以下主要内容：

①保修期限是否到期。

②保修内容是否完成。

③尾款支付的金额是否正确。

④相关项目遗留问题是否解决。

⑤其他方面因素。

（4）签署缺陷责任期终止协议书

在施工单位收到最后一笔尾款且甲乙双方责任义务履行完成后，组织甲乙双方签署缺陷责任期终止协议书。

（5）编制设备维修、保养工作的内容和范围

保修期结束以后，重要设备（如空调设备、电梯设备、锅炉和消防设施等）需要进行长期维护保养、短期维修和部件更换，由于项目管理方对设备的技术参数、工作原理、工艺流程和部件采购价格等情况较为熟悉，可以编制重要设备维修、保养工作的内容清单，以供今后的使用方或者物业管理方参考。

编制重要设备维修、保养工作的内容清单可以参考相关设备的施工图纸、安装技术方案、设备安装合同及设备安装和使用手册等技术文件。设备维修、保养工作的内容清单的书面表达方式有以下几种：

①设备维修、保养工作的内容一览表。

②设备维修、保养工作的内容报告。

③设备维修、保养工作的内容汇总手册。

④其他书面方式。

2. 项目审计和决算

（1）配合项目审计工作

经授权委托后全面组织项目的审计工作，配合审计小组实施项目审计计划。项目的审计是对项目各项管理工作的全面检查，包括项目的文件记录、管理的方法和程序、财产情况、预算和费用支出情况以及项目工作的完成情况。项目审计主要遵循以下程序。

①审计启动工作：明确审计目的、确定审计范围；建立审计小组；了解项目配合项目审计工作概况，熟悉项目有关资料；制定项目的审计计划。

②建立项目审计基准。

③实施项目审计：针对确定的审计范围实施审查，从中发现常规性的错误和弊端；协同项目管理人员纠正错误和弊端。

④报告审计结果并对项目各方面提出改进建议。

⑤项目审计终结。

（2）配合决算前的清理工作

在项目编制竣工财务决算前，组织各单位做好各项清理工作。清理工作主要内容包括：

①项目档案资料的归集整理。

②协助会计的账务处理、财产物资的盘点核实及债权债务的清偿工作。

③协助进行各种材料、设备、工具和器具等的逐项盘点核实工作。

（3）配合进行项目财务决算

在完成决算前的清理工作后，组织各单位进行项目财务决算。项目竣工财务决算的编制依据包括：

①工程竣工报告和工程验收单。

②工程合同和有关规定。

③经审批的施工图预算。

④经审查的建设项目总概算及竣工结算书。

⑤预算外费用现场签证。

⑥材料、设备和其他各项费用的调整依据。

⑦过往年度结算，当年结转项目的预算。

⑧有关定额、费用调整的补充规定。

⑨建设、设计单位修改或变更设计的通知单。

⑩建设单位、项目管理单位、施工单位合签的图纸会审记录。

⑪ 隐蔽工程检查验收记录。

⑫ 设备购置费、勘查、设计费等数据。

⑬ 各省、市和国务院各主管部门规定的《工程建设各项费用及其计算方法》。

项目竣工财务决算报告内容包括：

①竣工财务决算说明书。

竣工财务决算说明书主要包括以下内容：建设项目概况；会计财务的处理、财产物资情况及债权债务的清偿情况；资金节余、基建节余资金等的上交分配情况；主要技术经济指标的分析、计算情况；基本建设项目管理及决算中存在的问题、建议；需说明的其他事项。

②竣工财务决算报表。

③建设工程竣工图。

建设工程竣工图是真实记录各种地上、地下建筑物等情况的技术文件，是项目进行交工验收、维护改建和扩建的依据，是国家的重要技术档案。

工程竣工图由承包单位根据国家规定的要求提出。

（4）组织项目工程造价经济分析

审计、项目决算完成后，需对项目造价进行比较分析。经批准的概预算是考核实际建设项目造价的依据，在分析时可将决算报表中所提供的实际数据和相关资料与批准的概预算指标进行对比，以反映出竣工项目总造价的单方造价是节约还是超支。在比较的基础上，总结经验教训，找出原因，以进行改进。侧重分析以下内容：

①主要实物工程量比较分析。

概预算编制的主要实物工程量的增减必然使工程概预算造价和竣工决算实际工程造价随之增减。因此，要认真对比分析和审查建设项目的建设规模、结构、标准和工程范围等是否遵循批准的设计文件规定；其中有关变更是否按照规定的程序办理，它们对造价的影响如何。对实物工程量出入较大的项目，还必须查明原因。

②主要材料消耗能量比较分析。

按照竣工决算表中所列三大实际超概算的消耗量，查清是在哪一个环节超出量最大，并查明超额消耗的原因。

③其他费用比较分析。

建设单位管理费、建筑安装工程其他直接费、现场经费和间接费。要根据竣工决算报表中所列的建设单位管理费与概预算所列的建设单位管理费数额进行比较，确定其节约或超支数额，并查明原因。

3. 项目其他工程（零星改建工程）

（1）组织和协调零星改建工程的设计

项目建成交付后，使用方在使用过程中往往会发现部分功能不满足实际使用的需要，因此可能会对部分工程内容进行改建。比如商场业主入驻之后，往往会对租户区强、弱电的走向，以及各设备末端提出改造要求。

针对上述情况，涉及此类的零星改建工程需注意以下几点：

①如果为确定的或潜在的重点客户，如大型商场的电影院、整层租赁办公楼客户，需协调营销部门先行接触。尽量在前期项目实施过程中，设法满足客户要求，至少需预留改造的接口。

②编制交付标准，并交付营销部门。明确日后使用方的改造，只能限定于现有设计框架之内，即需符合现有设计方案消防要求、结构荷载要求等。

（2）组织零星改建工程的合同起草、谈判和签订

项目的零星改建工程阶段，位于已完成竣工备案，但尚未完成产权证办理之前，即项目的试运营阶段。此阶段，项目尚处于项目开发部门权责范围之内，且正与物业部门办理交接手续。

因而，上述工程的合同签订，可由开发部门牵头，但物业部门必须全程参与，并认可合同内容。合同内容除满足改造要求外，还需考虑到日后运营的需求。

除工程承包合同之外，业主方还可根据需要，选择性签订工程监理、设计等工程咨询合同。

（3）组织零星改建工程的施工和验收

项目的零星改建工程施工，因位于竣工备案验收之后，因而，需特别注意不得损坏原有的建筑，且尽量降低对入驻其他客户的影响。此外，项目开发部门、物业部门，需积极协调组织向政府行政部门方案报批、施工许可证办理等手续，并完成最终的验收工作。

4. 项目管理工作总结

（1）明确项目管理工作总结目的

项目管理工作的总结，主要是多谈经验及教训，为今后的工作开展提供必要警示，以及可参考的建设建议。

（2）编制项目管理工作总结内容

鉴于以上的宗旨，项目管理总结开篇，首先要开宗明义，明确本次总结的得失，得处需要肯定及保留，失缺处更值得总结。可侧重总结、分析项目组织架构设置的体会，项目设计管理的得失，项目招标工作组织的心得，项目报批、报建的经验，项目的管理工具的运用等。

《国家发展改革委关于印发中央政府投资项目后评价管理办法和中央政府投资项目后评价报告编制大纲（试行）的通知》（发改投资〔2014〕2129 号）第八条，项目自我总结评价报告应主要包括以下内容：

（1）项目概况：项目目标、建设内容、投资估算、前期审批情况、资金来源及到位情

况、实施进度、批准概算及执行情况等；

（2）项目实施过程总结：前期准备、建设实施、项目运行等；

（3）项目效果评价：技术水平、财务及经济效益、社会效益、资源利用效率、环境影响、可持续能力等；

（4）项目目标评价：目标实现程度、差距及原因等；

（5）项目总结：评价结论、主要经验教训和相关建议。

5. 项目后评估

（1）组织编制项目进度控制情况和差异分析报告

根据项目的实际进度情况与计划进度时间的对比分析，反映项目对进度管理和控制的实际状况，形成书面报告。报告主要内容为：

①计划总进度的完成情况和差异比较。

②各阶段进度计划的差异比较和原因分析。

③进度管理和控制中采取的方法及措施。

④进度管理和控制的建议。

（2）编制项目投资控制和差异分析报告

根据项目的实际投资情况与计划投资的对比分析，反映项目投资控制的实际状况，形成书面报告。报告主要内容为：

①项目计划投资和实际投资对比的差异情况。

②各阶段投资差异的原因和分析，主要为投资估算差异、设计概算差异、施工预算差异和施工结算差异等。

③项目资金使用计划的差异和原因分析。

④项目投资控制采取的方法与措施。

⑤项目投资控制的建议。

（3）编制项目工程质量和修缮情况评估分析报告

项目工程质量和修缮情况评估分析报告的主要内容为：

①项目工程质量评估情况。

②项目修缮工作情况和遗留问题。

③项目缺陷产生的原因分析。

④项目的质量控制的建议。

（4）编制项目组织和合同结构状况评估分析报告

项目组织和合同结构状况评估分析报告的主要内容为：

①项目的组织和合同结构的状况。

②项目组织和合同结构的特点分析。

③项目组织和合同结构的缺陷（风险）和产生原因分析。

④项目组织和合同结构的建议。

（5）编制项目人力资源研究情况报告

编制项目人力资源研究情况报告的主要内容分三个方面：

①沟通途径和相互关系（瓶颈问题及原因）。

②处理与整个行业的关系（如果有）。

③对人员福利、道德和激励因素的总体描述和评价。

（6）编制项目核心目标达成情况分析报告

项目的核心目标和业主方建造项目的目的是一致的，即业主方为什么要建设项目。

根据项目初期制定的目标，从经济角度、技术角度、发展战略和社会效益等方面比较目标的达成情况，分析达成或未达成目标的原因，并建议对未达成目标应采取的方法和措施，编制形成分析报告。

（7）编制项目效益评估

项目的效益评估是对项目实际取得的效益进行财务评价和经济评价，其评估的主要指标，即内部收益率、净现值及贷款偿还期等反映项目营利能力和清偿能力的指标。

（8）组织编制项目后评价报告

项目后评估是对项目建成投产并运行一段时间达到设计能力后，对项目实施各个阶段的全过程活动进行系统的总结评估。后评价的三个阶段如下：

①项目实施过程期间的后评估。

②项目竣工后的评估。

③项目达到设计能力的事后评估。

组织编制项目后评估报告的基本程序为：

①确定后评估的内容和范围。

②建立后评估组织。

③搜集整理资料。

④综合分析。

⑤总结评价。

（9）组织评审项目后评价报告

组织专家按照规定的程序、办法和标准，对项目的后评价报告进行咨询和评判。

6. 中央政府投资项目后评价

《国家发展改革委关于印发中央政府投资项目后评价管理办法和中央政府投资项目后评价报告编制大纲（试行）的通知》（发改投资〔2014〕2129号）规定，项目后评价包括项目概况；项目全过程总结与评价；项目效果和效益评价；项目目标和可持续性评价；项目后评价结论和主要经验教训；对策建议6部分。

（1）项目全过程总结与评价

包括项目前期决策总结与评价；项目建设准备、实施总结与评价；项目运营（行）总结与评价3部分。

（2）项目效果和效益评价

包括项目技术水平评价；项目财务及经济效益评价；项目经营管理评价；项目资源环境效益评价；项目社会效益评价5部分。

（3）项目目标和可持续性评价

包括项目目标评价；项目可持续性评价。

三、政府对工程项目的管理

（一）政府对工程项目管理的含义

政府作为工程建设的参与方有两层含义，第一层含义是政府作为工程建设的投资方，即政府业主方。政府投资项目大多数集中在为社会发展服务且非营利的公益性项目。政府投资项目具有比一般项目更严格的管理程序。政府投资项目更容易受到社会各界舆论的关注。在具体的管理内容方面，政府投资项目的管理和其他业主对工程的管理没有太大的差别。

政府对工程项目管理的第二层含义是政府作为公共利益的代表对工程建设进行监管，由于工程建设涉及社会公共利益和公众安全，全球各国基本上都要对工程建设的质量和安全等进行监管。

政府对工程建设项目的管理是指政府有关部门对工程建设项目所进行的监督和管理，它与业主对工程建设项目的管理不同。政府对工程建设项目的管理是政府为了履行社会管理的职能，以有关法律为依据，由有关的政府机构来执行强制性监督与管理。

（二）政府对工程项目监管的类型

工程项目是建设领域开展业务的基本载体和基本业务方式，工程项目将建设领域中所有参与方连接在一起形成了复杂的系统，所有工程项目也是政府监管的基本对象，如图 1-15 所示。

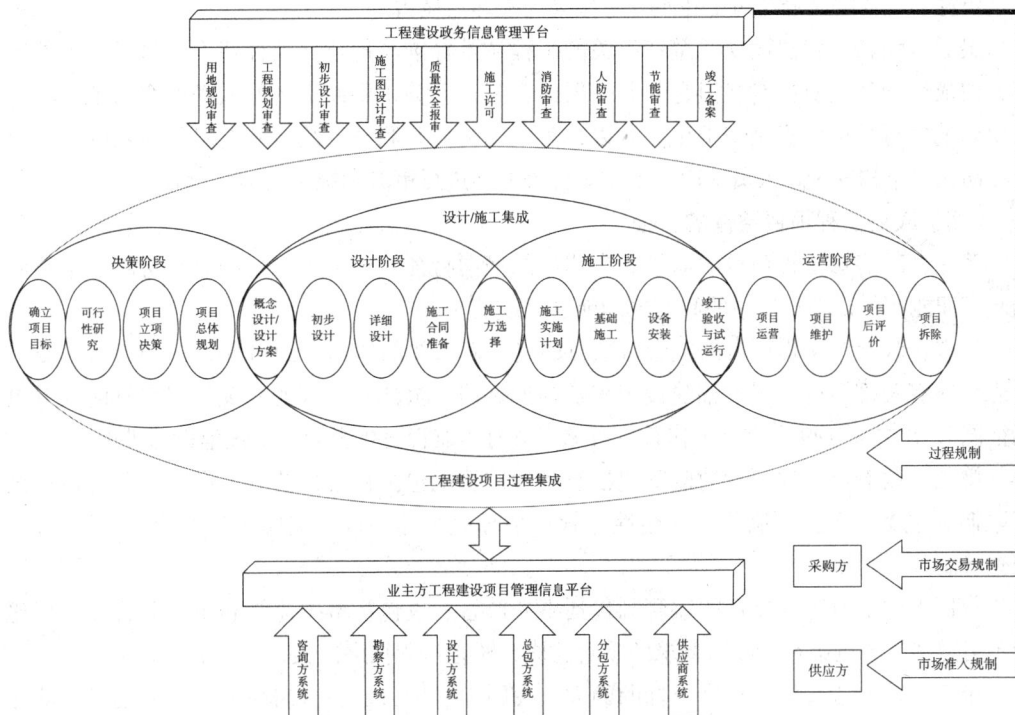

图 1-15　以特定工程项目监管为中心的管理系统

政府对工程建设的规制主要包括三种，第一种是过程规制，这主要体现在政府对工程建设过程设置了数量比较多的审查，包括规划审查、设计审查、施工许可、安全和质量监控、竣工备案以及各种专项审查，如人防、节能等的审查。第二种规制是准入规制，政府对工程建设的参与单位设定了执业准入，包括企业资质和个人资质的执业准入。第三种规制是市场交易的规制，政府部门规定了工程建设招标投标的场所、步骤、标书编制、开标、评标和中标等一系列的规制，也规定了交易价格的形成机制和规制。总体来看，城市建筑业是政府规制比较多的领域。

（三）政府对工程项目监管的意义

无论是发达国家还是发展中国家的政府，都要对所有的工程建设项目，无论项目的大小，无论是私人项目还是公共项目，进行监督和管理。而管理的目的主要在于维护社会公共利益，如工程建设项目是否符合城市总体规划的要求，是否危及公共卫生和人身安全，是否妨碍交通和防火等。政府对工程项目建设管理的意义如下：

首先，保证工程建设项目符合城市规划的要求，维护工程建设项目所在地区的环境。一个工程建设项目，特别是大型生产性工程建设项目，在建设过程中以及建成后的长期使用期内，都将对外部环境产生不同性质和不同程度的影响，有的甚至对工程建设所在地区产生严重的不良后果。通过政府对工程建设项目的监督和管理，例如，通过规划、设计等的审批，以及实施中的监督、跟踪检查，就可以防止此类现象的发生。

其次，最合理地利用国土资源及保护其他资源，维护生态平衡。政府对工程建设项目进行监督和管理，既有利于合理利用土地，防止违法占地，又有利于保护国家其他资源，如水资源、重要的风景与历史建筑等不致受到破坏与侵占。

最后，保证工程建设项目遵守有关的工程技术标准与规范。工程建设项目是业主的行为，建成后归业主所拥有，但它并非一般的产品，它关系到使用者的人身安全与卫生，同时也影响邻近地区的安全与卫生，所以，为了维护公共利益，政府还要对所涉及的工程项目在防火、结构安全、人员疏散、卫生条件等方面进行审查和施工的监督检查。

（四）政府工程项目监管的特征

第一，政府对工程项目的监管具有明显的横向特征。对工程项目的监管跨越多个不同的政府职能部门，不是单一的政府部门能够完成的。

第二，政府对工程项目的监管对项目的进展起重要的作用。2013年，广州市政协委员曹志伟向有关部门展示了一幅建设工程从前期调研、报建到验收的有关部门审批的"万里长征图"，总共要799个审批工作日。可见，政府的监管直接影响了工程建设的进展。

第三，政府对工程项目的监管包括经济性监管也包括社会性监管。经济性监管包括投资限制和审查、造价管制等，社会性监管包括环境影响评价、交通影响评价、质量管制、安全管制等。

第四，政府对工程项目的监管既包括事先监管、也包括事中监管和事后监管。工程建设不可逆转，一旦不符合政府要求的项目建成，矫正过程损失巨大，社会影响也大。

第五，政府监管的工程项目标的额大。我国工程项目发展有向高大发展的趋势，即建筑高度越来越高，投资额越来越大。

第六，政府对工程项目的监管涉及工程建设各方参与的主体。政府监管既涉及法人主体，又涉及个人主体。在准入方面，既要求法人有资质许可，比如安全生产许可、施工许可、资质许可等，又涉及个人资质许可，比如建造师、造价工程师、结构工程师等的个人资质等。

由于以上这些特征，所以一些学者认为法院的判决具有滞后性、被动性和事后性的特点，而政府的行政管制具有时效性、主动性和预防性的特点，所以政府监管比法院诉讼更有效率，也会带来更大的社会合意性。有学者进一步论证，由于诉讼有风险，因此，以行政性手段为核心的政府监管对于社会来说是合意的。对工程项目的监管很容易出现俘获或者寻租行为从而导致监管失灵。

四、寻租理论与规制经济学

（一）寻租理论

1. 寻租理论产生的现实背景

"寻租"是在市场经济制度下由于政府干预而产生的一类经济现象。第二次世界大战后，几乎所有发达市场经济中的政府都大大加强了对本国经济的干预。政府不仅运用财政政策和货币政策调节宏观总量，而且对企业、行业也进行微观规制，即运用法律和行政手段做出各种限制性规定。比如，美国政府目前对航空、货运、通信、金融等行业都有不同程度的规制，更不必说对农业的长期、大量的补贴。政府的微观规制，部分根据是"市场失灵"论：倘若市场竞争不完全，或信息不对称，或存在外部性，市场均衡点就并非帕累托最优。因此，不少人主张在这种情况下政府应当积极干预，以弥补市场机制的不足。在一些发展中国家，政府对市场经济的干预程度往往大大超过发达国家。除了上述宏观调节和微观规制外，政府还往往以加速经济发展为由对经济的各个部门加以控制。比如设立关税，实行进口、出口许可证制度以保护国内工业；实行投资许可证制度以限制投资规模，实行信贷分配以支持政府的优先项目等。上述种种政府对市场经济的干预对人们的行为有着重要影响，有些后果恐怕连干预者本人事先都无法预料。寻租理论对这种后果进行了分析。像亚当·斯密一样，寻租理论也假定每一个人都是有利己心的。但是，与市场自由竞争能将个人的利己动机转化为社会福利相反，人们为争夺租金而进行的利己活动对整个社会完全是一种浪费。寻租理论认为，在政府干预的情况下，人们为了获取个人利益，往往不再通过增加生产、降低成本的方式来增加利润；相反，却把财力、人力用于争取政府的种种优惠，比如，获取政府的进口或外汇许可证。人们的这种寻租活动有的是合法的（比如讨价还价、施加影响），也有的是非法的（比如行贿），有的介乎二者之间（比如拉关系和走后门）。从经济观点看，这些活动都消耗了大量的稀缺资源，降低了全社会的经济效益。

2. 寻租理论的主要内容

（1）租金是政府干预的结果。寻租理论的作者大多把上述租金的形成归根于政府对自由市场经济的干预。在市场经济基础中，只有政府才能借助于法律、行政权威和运用强制手段，创造不平等的竞争环境并维持一部分人享有的租金。与此相比，如果某一企业家因发明创造而把一种新产品引入市场，虽然他可享有初始的垄断租金，但是只要政府不对其他企业自由进入该市场有限制，这种垄断租金早晚会消失。

（2）寻租活动造成社会的浪费。克鲁格《寻租社会的政治经济学》的重要贡献，是根据她在这篇文章中建立的数学模型，估算了印度和土耳其这两个发展中国家由于政府对市场的限制而形成的租金数量。按照她的估算，1964 年，印度由此形成的租金数量大约占GNP（国民生产总值）的 7.3%；而土耳其在 1968 年单因进口许可一项而产生的租金就占GNP 的 15%。在克鲁格的模型中，租金是进口批发工资高于农业工资的那一部分，它是政府限制进口造成的。谁获得了进口许可，谁就获得了这一租金。人们为了这一租金而争夺，将宝贵的劳动力用于获取进口许可证。其结果是整个社会的经济效益大大降低。

（3）利益集团对创造租金的需求。既然租金可以给一部分人带来好处，那么这一部分人就会事先采取各种手段（比如游说、买通等），促使政府用行政命令的方式建立各式各样的可占据的租金（比如，建立新的关税、规定新的资格考试以限制他人进入某一职业等）。于是，便产生了利益集团对创造租金的"需求"。另一方面，政府通过设立各种限制性条例，其官员也从中受益。诺贝尔经济学奖获得者乔治·施蒂格勒（George Stigler）创立的"规制经济学"（Economics of Regulation）理论，便是运用这种想法来分析美国各行业中利益集团的行为。施蒂格勒认为，美国经济中的规制现象并不能用"市场失灵"理论来解释，却可以用利益集团对政府规制的需求来解释。虽然提高生产效率是获取利润的一个途径，但是通过影响政府而设立限制别人与自己竞争的规制条例恐怕是另一条捷径。这时获得的利润是租金。尽管对全社会而言，这种做法是极大的浪费，但是对某一行业的利益集团和政府的有关官员而言，却有利可图。

（二）规制经济学

1. 规制的概念

英文 Regulation 在学术界通常被译成"管制"或者"规制"。例如，在《新帕尔格雷夫经济学大词典》中，Regulation 就被译为"管制"；也有一些学者更多地使用"规制"；而在实际部门，习惯使用"监管"，如金融监管、电力监管、公用事业监管等。在经济发达国家，许多学者对管制或规制也有不同的定义。例如，维斯卡西（Viscusi）等学者认为，管制是政府以强制手段，对个人或组织的自由决策的一种强制性限制。丹尼尔·F. 史普博（Daniel F.Spulber）则认为，管制是行政机构制定并执行的直接干预市场机制或间接改变企业和消费者供需决策的一般规则或特殊行为。日本学者植草益对规制所下的定义是：社会公共机构依照一定的规则对企业的活动进行限制的行为。著名经济学家萨缪尔森则认为，管制是政府以命令的方式改变或控制企业的经营活动而颁布的规章或法律，以控制企业的价格、销售或生产决策。中国学者对管制的定义与上述定义大同小异，有的学者习惯使用"管制"，而有的学者使用"规制"。使用"管制"还是"规制"往往取决于学者们的不同偏好与理解，并不存在实质性的区别。

综合中外学者对管制概念的讨论，尽管人们对管制所下定义不同，但不难归纳出管制至少具有这样几个构成要素：①管制的主体（管制者）是政府行政机关（简称"政府"），通过立法或其他形式，管制者被授予管制权；②管制的客体（被管制者）是各种经济主体（主要是企业）；③管制的主要依据和手段是各种法规（或制度），明确规定限制被管制者的什么决策，如何限制，以及被管制者违反法规将受到的制裁等。根据这三个基本要素，可将管制定义为：具有法律地位的、相对独立的管制者（机构），依照一定的法规对被管制者（主要是企业）所采取的一系列行政管理与监督行为。

2. 政府规制理论的历程

政府规制理论自零散地出现于产业组织理论和微观经济学，到 20 世纪 70 年代成为一门独立的学科，这一期间一直处于不断地变化之中。公共利益规制理论最早在《规制经济学——原理与制度》一书中首次提出了公共利益，它标志着规制经济学的诞生；施蒂格勒在 1971 年提出规制俘获理论，该理论认为企业通过寻求政府的政策来获得更高的利润；鲍莫尔（Baumol）在 1982 年提出可竞争性市场理论，该理论认为由于潜在进入者的压力，即使在自然垄断产业中没有政府规制，垄断者也不可能获得超额垄断利润；激励规制理论将规制问题看作是委托—代理模型，该理论考虑了信息不对称的问题，旨在设计出一套既能激励企业实现效益最大化，又能实现社会福利最大化的机制。

3. 规制经济学的分类

规制经济学的研究对象比较广泛，但可以归纳为经济性规制、社会性规制和反垄断规制这三大领域。经济性规制的领域主要包括那些存在自然垄断和信息严重不对称的产业领域。与经济性规制相比较，社会性规制是一种较新的政府管制，它不以特定产业为研究对象，而是围绕如何达到一定的社会目标，实行跨产业、全方位的规制。反垄断是一个具有相对独立性的研究领域，其主要研究对象是竞争性领域中具有市场垄断的垄断企业及其行为，特别是由市场集中形成的经济性垄断行为。

从大的方面来看，规制经济学主要有两大视角：一是从规范角度来研究规制。它关注的焦点是：规制应该在什么时候引入；规制的最优方案或形式应该是什么。二是从实证角度来研究规制。它关注的焦点是那些导致政府规制和影响规章制度的行为和绩效的经济、政治、法律与官僚力量，由此形成了规制的实证理论。

4. 规制经济学的研究视角

在规制的规范研究视角下，规制理论划分为两大分支：一是对市场失灵的认定。市场失灵，如自然垄断、外部性、公共品、信息不对称等，导致不被规制的市场运行不能达到帕累托最优水平，而只能达到相对于这一水平的次优效果。这是政府干预市场经济的规范原理；二是寻求"最优"政策来修正市场不完美。这些"最优"政策既包括传统最优规制方案，又包括信息不对称下的激励性规制方案。后者通常考虑规制环境的信息结构，以及规制者与被规制者之间的对策性互动。这种扩展研究使经济学家认识到，规制方案即使是"上等的"，相对于理想的规制也是不完美的。这为合理的比较制度分析搭建了一个平台，在这个平台上，不完美的市场与不完美的规制将得到比较，从而可以知道在一个不完美的世界里什么是最优。

在规制的实证研究视角下，规制理论前后经历两种不同的理论。一是实证的"公共利益"理论。它主要关注规制为何出现和它如何运行，是以最优干预的规范原理为基础。在多种条件约束下，规制者被假设为社会福利的最大化者。在这一范式下，规制效果既被作为检验规章制度是否成功地实现福利最大化的目标，又被作为量化规制成本与收益的依据。二是利益集团规制理论。自施蒂格勒 1971 年开创性的研究以来，以芝加哥学派为代表的经济学家否认过分简单化的"公共利益"规制理论模型，支持关于规制的目标、程序和结果的更富实证的理论，从而形成利益集团规制理论。该理论认为规制和规制程序是对利益集团之间更复杂的交互影响的反应，利益集团从不同的政府干预中获利或受损。规制政治经济学的特定实证理论形成了一个可行的框架，在其下规制的性质和结果能够被很好地预见、衡量和评价。

第二章　工程项目前期管理

工程项目前期阶段管理的主要工作是方案策划和项目决策。不同的工程项目对方案的策划有所不同，大体包括产品和服务的方案、建设方案、投融资方案等。按照现代决策理论，决策是为达到预定的目标，对两个或多个备选方案进行分析、比较，从中选择一个较优方案的过程。具体地说，决策是指人们为了实现特定的目标，在掌握大量有关信息的基础上，运用科学的理论和方法，系统地分析主客观条件，提出若干备选方案，分析各种方案的优缺点，并从中选出较优方案的过程。广义的决策过程可以分为信息收集、方案构造设计、方案评价、方案抉择四个相互联系的阶段。这四个阶段相互交织、循环往复，贯穿于整个决策过程。

第一节　工程项目策划

策划是一种筹划、谋划及策略，是指为达一定目的，在充分进行环境调查及状况分析的基础上，遵循一定的方法或规则，对未来即将发生的事情进行系统、周密、科学的预测并制定科学合理和可行的方案。策划是一种高智力活动。

工程项目决策是在对工程项目的建设规模与产品方案、工艺技术方案、工程方案、场（厂）址选择方案、环境保护治理方案、资源利用方案、融资方案等各方案选择比较的基础上，再从技术和经济相结合的角度进行多方案综合分析论证，比选优化。工程项目策划的结果就是为项目的决策提供上述的各种方案。

工程项目前期策划的任务包括：①分析研究项目市场需求（项目市场开发体系、产品价值体系和营销体系等）要素的定位。②进行项目投资机会研究及论证，提出研究论证报告，供投资人决策投资机会和方向。③确定项目总体目标。

一、工程项目策划的含义

（一）工程项目策划的含义

工程项目的策划包括对工程项目本身的策划和对工程项目建设及管理的策划以及工程项目运行及管理的策划。本节主要讨论对工程项目本身的策划。对工程项目本身的策划是指将建设意图转化为定义明确、系统清晰、目标具体的方案。谁来执行对工程项目本身的策划、策划过程中的调查研究、组织讨论的对象等对项目成败至关重要，即项目策划的组织管理问题与策划的成败紧密相连。工程项目策划的过程是专家知识的组织和集成，以及信息的组织和集成的过程，其实质是知识管理的过程，即通过知识的获取，经过知识的编写、组合和整理，形成新的知识。工程项目策划是一个开放性的工作过程，它需要整合多方面专家的知识。

策划项目和项目策划是两个不同的概念。从组织的角度出发，策划项目是指根据组织调研的结果，结合自身发展战略，策划符合发展需要的各类项目，作为项目储备资源的过程。其后，再与组织现有的资金、资源、人才等软硬件储备进行有机结合，双向对接，确立项目，并进行项目策划。

（二）项目策划的结构性方法

项目策划工作的过程可细分为以下步骤，具体模型如图 2-1 所示。

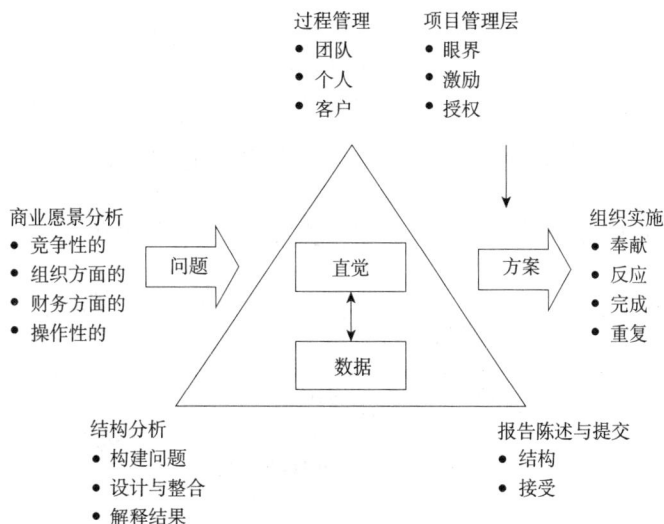

图 2-1　项目策划的工作模型

1. 商业愿景分析

从图 2-1 可以看到，项目策划起源于商业愿景分析。愿景包括竞争性（是指应对现有的竞争，确立竞争优势）、组织方面（与组织的发展战略有关）、财务方面（是指收益和现金流量）和操作性（是指可以实施以及有具体的实施路径）四个方面。

2. 结构分析

项目策划的结构分为三小步：①构建问题。界定和划分项目所在的系统和子系统，考虑影响不同系统的关键因素，界定关键因素所面临的问题，并对问题进行细分，提出初始假设。②设计与整合。收集必要的数据，设计并整合能够证明或证伪初始假设的分析框架。③解释结果。根据证明或证伪的结果，提出解决方案。

3. 报告陈述与提交

提出的项目解决方案只有客户接受之后才有价值。要达到这个目标，必须向客户提交结构清晰、简单明了的报告。而在作陈述时，策划人员应能简单地、清晰地表达观念和理念。

项目策划的过程管理和项目管理层的沟通以及组织实施等也很重要。

（三）项目环境分析

1.PEST 分析

PEST 分析是指通过政治（Politics）、经济（Economy）、社会（Society）、技术（Technology）

这四个因素来分析项目所面临的状况。

2. 波特五力竞争模型

五力竞争模型是迈克尔·波特（Michael Porter）于20世纪80年代初提出，对组织战略制定产生全球性的深远影响。用于竞争战略的分析，可以有效地分析客户的竞争环境。五力分别是：供应商的议价能力、购买者的议价能力、潜在竞争者进入的能力、替代品的替代能力、行业内竞争者现有的竞争能力。五种力量的不同组合变化最终影响行业利润潜力变化，如图2-2所示。

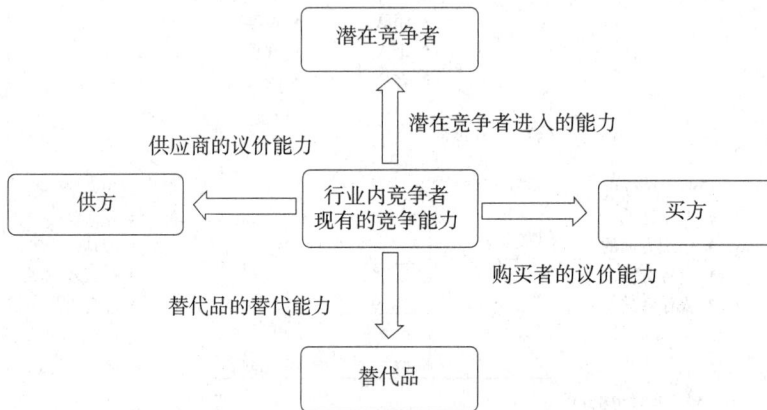

图2-2　波特五力竞争模型

3.SWOT 分析

SWOT 分析应该算是一个众所周知的工具。来自于麦肯锡咨询公司的 SWOT 分析，包括分析组织的优势（Strengths）、劣势（Weaknesses）、机会（Opportunities）和威胁（Threats）。因此，SWOT 分析实际上是将对组织内外部条件各方面内容进行综合和概括，进而分析组织的优劣势、面临的机会和威胁的一种方法。

（四）目标营销与 STP 框架

目标营销涉及3个重要步骤，即市场细分（Market Segmenting）、选择目标市场（Market Targeting）以及进行市场定位（Market Positioning），这是通常所说的 STP 分析框架。其流程如图2-3所示。在这个分析框架中，市场细分、选择目标市场与进行市场定位三者是递进的关系。只有先对项目所在的市场进行细分，才有可能发现市场中存在的机会；在此基础上才可以选择目标市场；只有充分地了解目标市场，才能确定项目的定位。

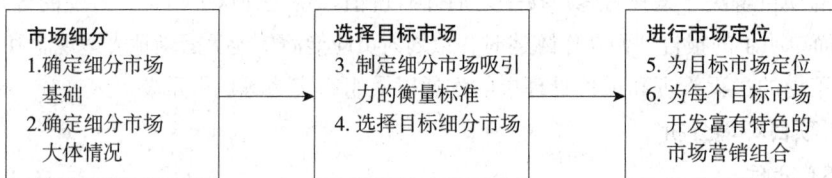

图2-3　目标营销的 STP 分析流程

（五）营销组合

1. 4P 营销理论

4P 营销理论（The Marketing Theory of 4P）产生于 20 世纪 60 年代的美国，随着营销组合理论的提出而出现的。1953 年，尼尔·博登（Neil Borden）在美国市场营销学会的就职演说中创造了"市场营销组合"（Marketingmix）这一术语，其意是指市场需求或多或少地在某种程度上受到所谓"营销变量"或"营销要素"的影响。

1960 年，美国密歇根州立大学的杰罗姆·麦卡锡教授在其《基础营销》一书中将这些要素概括为 4 类，即产品（Product）、价格（Price）、渠道（Place）、促销（Promotion）。

1967 年，菲利普·科特勒在其畅销书《营销管理：分析、规划与控制》中进一步确认了以 4P 为核心的营销组合方法，即：

（1）产品（Product）。注重开发的功能，要求产品有独特的卖点，把产品的功能诉求放在第一位。

（2）价格（Price）。根据不同的市场定位，制定不同的价格策略，产品的定价依据是企业的品牌战略，注重品牌的含金量。

（3）渠道（Place）。组织并不直接面对消费者，而是注重经销商的培育和销售网络的建立，企业与消费者的联系是通过分销商来进行的。

（4）促销（Promotion）。很多人将 Promotion 狭义地理解为"促销"，其实是很片面的。Promotion 应当是包括品牌宣传（广告）、公关、促销等一系列的营销行为。

2. 4C 营销理论

1990 年，美国学者罗伯特·劳特朋（Robert Lauterborn）教授在其《4P 退休 4C 登场》中提出了与传统营销的 4P 相对应的 4C 营销理论。4C（Customer、Cost、Convenience、Communication）营销理论以消费者需求为导向，重新设定了市场营销组合的四个基本要素，瞄准消费者的需求和期望（Customer）。

3. 4R 营销理论

4R 营销理论有两种表述。一种是 20 世纪 90 年代唐·舒尔茨（Don E. Schuhz）在 4C 营销理论的基础上提出了 4R 营销理论，包括关联（Relevancy）、反应（Respond）、关系（Relation）、回报（Return）四个层面。

另外一种是艾略特·艾登伯格（Elliott Ettenberg）2001 年在其《4R 营销》一书中提出的 4R 营销理论，包括关系（Relationship/Relation）、节省（Retrenchment）、关联（Relevancy/Relevance）、报酬（Reward/Retribution）。

4. 4V 理论

4V 营销理论是指同时运用差异化（Variation）、功能化（Versatility）、附加价值（Value）、共鸣（Vibration）的营销理论。

项目策划可以考虑吸收上述项目营销的有关理论，吸收其合理因素，增加项目成功的概率。

二、工程项目立项前策划

（一）研究项目投资意向

产生投资意向的主体有政府部门、企业、事业单位和家庭（个人）等。产生投资意向的原因主要有两个方面：一方面是产生投资意向的主体是有闲置资金，需要寻找投资机会，这是建立在可能基础上的投资意向；另一个方面是社会上有较好的投资机会，被某一主体所发现，这是建立在需要基础上的投资意向。

投资人根据其了解的政策、环境和市场等信息，初步形成了项目构思，为确保项目投资方向和战略的正确性，项目启动初始需要进行投资意向研究。该项研究也可委托有资格的第三方进行。

（二）研究项目投资机会及必要性

1. 项目投资机会研究

投资机会研究是指寻找有价值的投资机会而进行的初步调查和分析预测，包括市场调查、消费分析、投资政策分析、税收政策研究等，重点是对投资环境的分析。机会研究内容包括调查、研究和分析项目的背景、市场需求、资源条件、发展趋势以及需要的投入和可能的产出等。

2. 项目建设的必要性

项目必要性即项目建设的理由，需要在前期策划中进行识别和论证。一般必要性从两个方面分析，其一为宏观层次，从项目所在地区的社会和经济条件论证项目是否有必要建设；其二为微观层次即项目层次研究，从项目自身角度考虑项目建设理由是否合理和充分。

（1）分析研究项目市场需求（项目市场开发体系、产品价值体系和营销体系等）要素的定位。

（2）进行项目投资机会研究及论证，提出研究论证报告，供投资人决策选择投资机会和方向。

3. 项目需求分析的意义

根据 Project Benchmark Report（2017）提供的数据，在导致项目失败的原因中，需求的不完整导致项目失败位居第二，占比是13%。而根据 The Chaos Report（2016）的调查结果，需求不完整位居项目失败原因的第一位，占比是13.1%。据统计，设计招标施工（DBB）模式35%的投资失控由变更引起。有四种常见的"变更"：第一种是业主需求的改变；第二种是设计错误；第三种是施工困难或不利的现场；第四种是承包商合理化建议。

工程项目只有赢得和保持顾客及其他有关相关方的信任才能获得持续成功。与顾客相互作用的每个方面，都提供了为顾客创造更多价值的机会。理解顾客和其他相关方当前和未来的需求，有助于工程项目的持续成功。工程项目策划始于顾客，终于顾客，工程项目策划需要分析顾客的需求。工程项目管理的首要关注点是满足顾客要求并且努力超越顾客期望。

对顾客及其需求进行分析的主要益处有：①提升顾客价值；②增强顾客满意；③增进顾客忠诚；④增加重复性业务；⑤提高组织的声誉；⑥扩展顾客群；⑦增加收入和市场份额。

4. 需求分析相关活动

工程项目需求分析可以开展的活动包括：

（1）识别从组织获得价值的直接顾客和间接顾客；

（2）理解顾客当前和未来的需求和期望；

（3）将组织的目标与顾客的需求和期望联系起来；

（4）在整个组织内沟通顾客的需求和期望；

（5）为满足顾客的需求和期望，对产品和服务进行策划、设计、开发、生产、交付和支持；测量和监视顾客满意情况，并采取适当的措施；

（6）在有可能影响到顾客满意的有关相关方的需求和适宜的期望方面，确定并采取措施；

（7）主动管理与顾客的关系，以实现持续成功。

5. 工程项目需求的可能来源

工程项目的需求可以分为顾客的需求和法律法规的需求，产品的需求和服务的需求，明示的需求和潜在的需求，当前的需求和未来的需求等。应先识别以上各类需求。在工程项目构思的基础上，需要对工程项目投资方的具体需求进行识别和评价，形成理性的目标概念，使投资方的需求更加合理化。

工程项目构思常常是下列的一个或多个因素导致的结果：

（1）市场需求：如一个石化公司为解决汽油市场短缺问题而兴建一座新的炼油厂。

（2）经营需要：如一个石油公司为谋求自身发展，与他国公司合作开发新的油田项目。

（3）客户要求：如电力公司应客户要求，经批准建立一个为新工业园区服务的配电项目。

（4）技术进步：如某公司为提高劳动生产率、降低产品费用而进行技术改造项目。

（5）法律要求：如由于新环境保护法律的制定和实施，经批准兴建污水处理项目。

（6）国家为了解决社会问题：如政府为了解决某一地区的洪水灾害，批准兴建一座水坝。

（三）确定项目总体目标

在项目投资意向和投资机会及必要性研究的基础上，进行建设目标的梳理和筛选，经初步的论证、分析和比较，确定项目初步的总体目标。

策划、分析、论证和设定项目建设规模、总投资额和技术标准等总体目标。

工程项目的目标一般有两个层次，即项目的宏观目标和具体目标。

1. 工程项目的宏观目标

工程项目的宏观目标是指项目建设对国家、地区、部门、行业或企业要达到的整体发展目标所产生的积极影响和作用。

不同性质项目的宏观目标是有区别的。如工业项目的宏观目标主要是满足国民经济发展对项目产品的需要，推动相关产业的发展，促进产业结构的调整。交通运输等基础设施项目的宏观目标主要是改善交通运输条件，便利人民的生活，促进国民经济或地区经济的发展。文化、教育、卫生等社会公益性项目的宏观目标主要是改善人们的工作、活动空间和环境，提高生活质量，满足人们不断增长的物质文化生活需要。

2. 工程项目的具体目标

工程项目的具体目标是指项目建设要达到的直接效果。不同性质的具体目标也是不同的。具体目标主要有：

（1）效益目标，是指项目要实现的经济效益、社会效益、环境效益的目标值。

（2）规模目标，是指对项目建设规模确定的目标值。

（3）功能目标，是指对项目功能的定位。

（4）市场目标，是指对项目产品（或服务）目标市场及市场占有份额的确定。

（四）定义项目性质、定位和建设内容

项目目标确立后，以书面形式对项目的性质、定位和建设内容等进行描述和定义，提出项目构思。

工程项目定义是指要明确界定工程项目的用途、性质，如某类工业项目、交通运输项目、公共项目、房地产开发项目等，具体描述工程项目的主要用途和目的。

工程项目定位是指要根据市场需求，综合考虑投资能力和最有利的投资方案，决定工程项目的规格和档次。

在工程项目定义和定位明确的前提下，需要提出工程项目系统框架，进行工程项目功能分析，确定工程项目的系统组成。通过策划工程项目系统框架，应使工程项目的基本设想变为具体而明确的建设内容和要求。

工程项目构思策划主要包括以下内容：

（1）工程项目的定义：即描述工程项目的性质、用途和基本内容。

（2）工程项目的定位：即描述工程项目的建设规模、建设水准，工程项目在社会经济发展中的地位、作用和影响力，对工程项目定位依据及必要性和可能性进行分析。

（3）工程项目的系统构成：描述系统的总体功能，系统内部各单项工程、单位工程的构成，各自作用和相互联系，内部系统与外部系统的协调、协作和配套的策划思路及方案的可行性分析。

（4）其他：与工程项目有关的重要环节策划，均可列入工程项目构思策划的范畴。

（五）确定项目建设功能、规模和标准

项目的建设功能、规模和建设标准可以通过专题研究（产业分析、行业分析以及建设环境、政策等分析），以论证定位的准确性。

专题研究项目的建设功能、规模和建设标准在社会经济发展中的地位、作用和影响力，并进行项目定位依据的必要性和可能性分析。

（六）研究项目预选址方案

在进行项目总体目标论证、项目性质和建设内容定义及建设规模和标准的确定后，通过对项目地理位置及用地、区域自然环境、区域交通状况和周边配套设施状况等项目所在的区域环境分析，需对项目建设的地址进行研究。

（1）从比较广泛的可选地区范围内选择几个拟建地址，通过调研，形成预选址方案。

（2）针对建设条件、运营条件、经济条件做相应的比选，确定项目预选址。

（七）比较、论证建设方案及预可行性论证

在前期项目市场调查分析、市场细分和定位等分析研究的基础上，进行项目建设方案比较、论证，并运用SWOT等分析方法，初步梳理出项目的各类风险，找出初步的对策，并对项目建设方案进行构思、策划和比选，为下阶段的规划、设计和实施提供指导。

（1）围绕确定的建设目标和要求，拟定几个可行的建设方案进行比较和论证。

（2）采用预测、比选、技术经济分析和风险分析等方法论证可行性，并确定建设方案。

（八）策划项目投融资方案

投融资方案是项目投资控制和资金筹措的重要依据，该方案将直接影响项目的经济效果，同时投资规模、资金运用时间也影响项目建设的各个方面。投资与融资方案需要同步考虑。

（1）根据建设方案估算总投资，必要时对几个可能的建设方案从技术、经济等多角度进行比选。

（2）策划资金来源（融资模式）、资金筹措程序，并根据资金来源可靠性、融资结构、融资成本及融资风险等进行分析和研究，优化并确定融资方案。

（3）根据需求进一步做财务评价及国民经济评价。

在项目立项初步策划论证的基础上形成项目立项文件。

三、项目前期工作的继续深化和管理

（一）项目建设必要性和依据的深化

通过对拟建项目的市场需求、建设规模、产品方案、生产工艺、建设条件、工程方案、投资估算、融资方案、财务和经济效益、环境和社会影响及可能产生的风险等方面进行全面深入的调查研究，根据深入调查的信息，进行多角度、多层次、定量化的测试、分析和比较，以充分论证项目的可行性。重点对拟建项目进行经济效益和社会效益的分析评价，从而得出项目是否值得投资，建设方案是否合理的研究结论。

通过深入细致的技术经济论证，多方案比较，从中选择较优方案，为建设项目的可行性研究奠定基础，为项目的决策提供科学、可靠的依据。

（1）进行市场深入研究，对项目建设的必要性充分论证。

（2）进行工艺技术方案的研究，对项目的技术可行性充分论证。

（3）进行财务和经济分析，对项目建设投资的合理性充分论证。

（二）项目建设内容、功能及规模的深化

在项目多角度、多层次和定量化的测算、分析和比较的基础上，结合项目投资者目标和目标客户需求细化，进行项目规划设计工作，将项目内容、项目功能、项目规模和项目标准等进行细化、量化。

（1）提出项目整体规划设计的理念，进行项目规划愿景设计和总体规划初步构思与布局。

（2）进行项目定位的深化分析，包括内容、功能、规模和设计等的定位。

（3）进行项目各建设分项（单体工程）布局、功能的分析与研究。

（4）进行项目的各项建设指标（包括建筑总面积、各单位工程建筑面积和建筑高度及楼层数、项目总用地面积，建筑容积率、土地覆盖率和绿化率等）的对比和分析，确定其合理性和科学性。

（三）项目建设管理方案的深化

建设管理方案是项目建设实施的基础，包括管理模式的策划、管理的组织机构及职责的梳理、项目建设轮廓进度和规划设计优化及设计要求等。

（1）进行管理模式的分析和研究，并且对建设管理框架和组织机构进行梳理。

（2）明确项目建设各个阶段工作的里程碑目标和实施要求、操作程序和内容要求。

（3）按照项目建设的程序和规定，编制项目建设的轮廓计划，初步确定项目建设推进的相关措施。

（4）整理和完善建设项目的设计要求和参数及指标（形成设计任务书初稿文件），以保证项目满足安全使用的需要。

（5）明确生产、生活及主辅功能的能源、介质、初步估算容量，以保证项目建设功能正常运转的需要。

（四）项目建设投资分析

通过对建设项目投融资和财务状况等经济方面数据的预测、分析和评价，初步确定建设项目投资规模、融资渠道以及各项经济指标等，达到优化项目投资并规避投资风险的目的。

（1）进行项目总投资估算，主要包括建设投资、建设期利息和流动资金。

（2）制定项目融资方案，进行融资结构、融资成本和融资风险分析。

（五）项目效益分析

通过对建设项目的财务效益、经济效益和社会影响分析，并在此基础上，对建设项目的技术可行性以及项目投资的必要性做出相应的结论，作为项目投资决策的依据。

（1）根据项目投资估算，进行财务效益分析。

（2）根据项目的特点和环境，预估主要经济指标，对项目进行经济效益分析和概括性的评价。

（3）根据国家各项社会政策，进行建设项目对当地社会的影响和当地社会条件对项目适应性和可接受程度等的系统分析。

（六）项目建设风险研究

对项目建设可能存在的主要风险因素，包括市场风险、工程技术方案风险、资金筹措风险等进行识别、分析和测算，并拟定对应的防范措施方案，避免或减少对建设项目产生不利的影响。

（1）分析生产、成本、收益在一定允许范围内上下波动对项目效益的风险影响。

（2）分析现有项目所采用的新技术、新工艺的可行性、稳定性以及对项目投资效益的影响。

（3）分析评估各项风险因素在波动状态下对融资方案产生的影响。

（4）综合识别、分析建设项目在建设和运营中潜在的主要风险因素，揭示风险来源、判别风险程度，提出规避或降低风险的对策。

（七）项目可行性研究文件的形成

在上述项目策划深化，明确和细化项目定位的基础上，进行项目可行性研究文件的编制工作。项目可行性研究文件的编制应体现：项目前期策划的成果；项目建设目标、规模、标准和投资效益分析和研究的结论；建设管理模式和初步建设方案的选择意见；建设和运营存在的主要风险及防范措施等。

（1）整理全部分析资料和项目建议书批复后全过程的文件资料。

（2）遴选有资质编制可行性研究报告的咨询单位。

（3）向编制单位提交分析意见和资料进行可行性研究报告的编制。

（4）组织项目可行性研究文件初稿的评审。

（5）提出正式的项目立项申请文件。

（6）提交立项申请文件和编制单位的报告文件至政府主管部门审批。

第二节　工程项目评价

一、工程项目经济评价

经济评价是工程项目能否立项建设的核心内容。工程项目经济评价根据评价的角度、范围、作用等分为财务评价和国民经济评价两个层次。

（一）基本概念

财务评价是从企业角度，根据国家现行财政、税收制度和现行市场价格，计算项目的投资费用、产品成本与产品销售收入、税金等财务数据，进而计算和分析项目的盈利状况、收益水平和清偿能力等，来考察项目投资在财务上的潜在获利能力，据此可明了建设项目的财务可行性和财务可接受性，并得出财务评价的结论。投资者可根据项目财务评价结论、项目投资的财务经济效果和投资所承担的风险程度，决定项目是否应该投资建设。

国民经济评价是从国家整体角度考察项目的效益和费用，采用费用效益分析或者费用效果分析方法，采用影子价格、影子工资、影子汇率和社会折现率等，计算项目给国民经济带来的净效益。

经济评价效果的好坏，一方面取决于基础数据的可靠性，另一方面则取决于选取的评价指标体系的合理性，只有选取正确的评价指标体系，经济评价的结果才能与客观实际情况相吻合，才具有实际意义。

（二）经济评价的取舍标准

财务评价与国民经济评价的取舍标准如下：

（1）一般应以国民经济评价的结论作为项目决策的主要依据。

（2）两者都否定，则项目否定，两者都肯定，则项目肯定。

（3）如国民经济评价否定而财务评价肯定，则否定。

（4）如国民经济评价肯定而财务评价否定，应重新考虑方案，必要时可提出优惠政策，使项目具有财务生存能力。

（三）财务评价与国民经济评价的区别

财务评价与国民经济评价的区别见表2-1。

财务评价与国民经济评价的区别

表2-1

区别项目	财务评价	国民经济评价
评价角度不同	企业角度	国家角度
效益和费用范围不同	直接效益和费用	直接和间接的效益费用
评价用的价格不同	现行市场价格	影子价格
评价用的参数不同	官方汇率和行业基准收益率	影子汇率、影子工资和社会折现率

（四）经济评价的指标体系

财务分析的步骤以及各部分的关系，包括财务分析与投资估算和融资方案的关系，如图 2-4 所示。

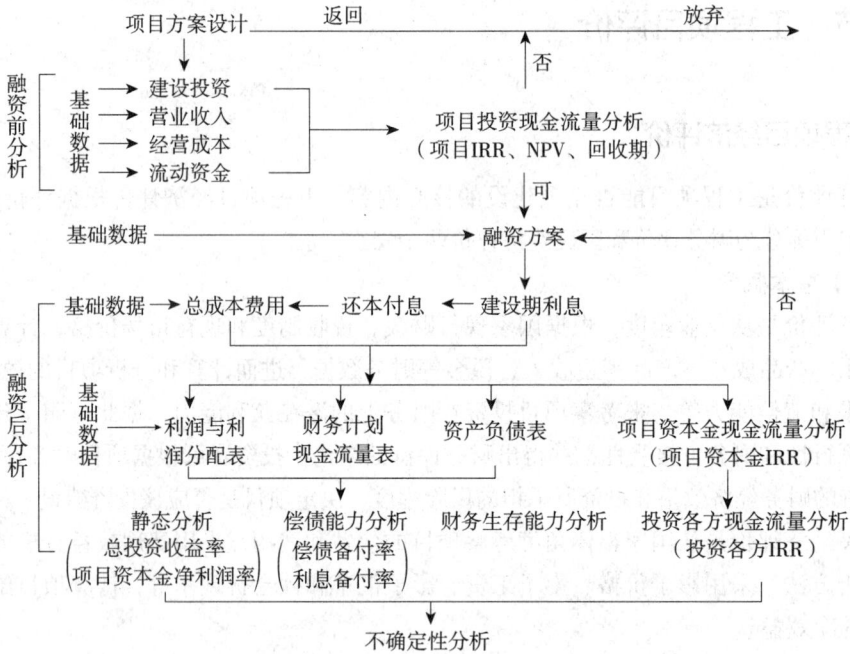

图 2-4　财务分析图

投资估算和融资方案是财务分析的基础。在实际操作过程中，三者互有交叉。投资决策和融资决策的先后顺序与相辅相成的关系也促成了这种交叉，在财务分析的分析方法和指标体系设置上也体现了这种交叉。

首先要做的是融资前的项目投资现金流量分析，其结果体现项目或方案本身设计的合理性，用于投资决策以及方案或项目的必选。也就是说用于考察项目是否基本可行，并值得为之融资，这对项目发起人、投资者、债权人和政府部门都是有用的。

如果第一步分析的结论是可行的，才有必要进一步考虑融资方案，进行项目的融资后分析，包括项目资本金现金流量分析、偿债能力分析和财务生存能力分析等。融资后分析是必选融资方案，进行融资决策和投资者最终出资的依据。

如果融资前分析结果不能满足要求，可以返回对项目建设方案进行修改；若多次修改后分析结果仍不能满足要求，甚至可以做出放弃或暂时放弃项目的建议。

财务评价的指标体系见表 2-2。

国民经济评价的主要指标包括经济净现值（ENPV）和经济内部收益率（EIRR）。

二、工程项目的环境影响评价

（一）环境影响评价的概念

环境，是指影响人类生存和发展的各种天然的和经过人工改造的自然因素的总体，包

财务评价的指标体系 表2-2

财务评价指标体系的构成	确定性分析	营利能力分析	静态分析	投资收益率	总投资收益率
					资本金净利润率
				静态投资回收期	
			动态分析	财务内部收益率	
				财务净现值	
				财务净现值率	
				动态投资回收期	
		偿债能力分析	利息备付率		
			偿债备付率		
			借款偿还期		
	不确定性分析	盈亏平衡分析			
		敏感性分析			

括大气、水、海洋、土地、矿藏、森林、草原、湿地、野生生物、自然遗迹、人文遗迹、自然保护区、风景名胜区、城市和乡村等。

《中华人民共和国环境影响评价法》指出，环境影响评价，是指对规划和建设项目实施后可能造成的环境影响进行分析、预测和评估，提出预防或者减轻不良环境影响的对策和措施，进行跟踪监测的方法与制度。在中华人民共和国领域和中华人民共和国管辖的其他海域内建设对环境有影响的项目，应当依照该法进行环境影响评价。

《中华人民共和国环境保护法》规定，建设项目中防治污染的设施，应当与主体工程同时设计、同时施工、同时投产使用（简称"三同时"）。

（二）建设项目环境影响评价的分类管理

国家根据建设项目对环境的影响程度，对建设项目环境影响评价实行分类管理：

（1）可能造成重大环境影响的，应当编制环境影响报告书，对产生的环境影响进行全面评价。

（2）可能造成轻度环境影响的，应当编制环境影响报告表，对产生的环境影响进行分析或者专项评价。

（3）对环境影响很小、不需要进行环境影响评价的，应当填报环境影响登记表。

（三）环境影响评价的原则

环境影响评价应遵循以下原则：

（1）依法评价原则。环境影响评价过程中应贯彻执行我国环境保护相关的法律法规、标准和政策，分析建设项目与环境保护政策、资源能源利用政策、国家产业政策和技术政策等有关政策及相关规划的相符性，并关注国家和地方在法律法规、标准、政策、规划及相关主体功能区方面的新动向。

（2）早期介入原则。环境影响评价应尽早介入工程前期工作中，重点关注选址（或选线）、工艺路线（或施工方案）的环境可行性。

（3）完整性原则。根据工程项目内容及其特性，对工程内容、影响时段、影响因子和作用因子进行分析、评价，突出环境影响评价重点。

（4）广泛参与原则。环境影响评价应广泛吸收相关学科和行业的专家、有关单位和个人及当地环境保护部门的意见。

（四）建设项目环境影响评价的内容

1.建设项目环境影响报告书的内容

（1）总则

①阐述编制环境影响报告书的目的。

②编制依据：包括项目建议书、评价大纲及其审查意见；评价委托书（或合同）、任务书；建设项目可行性研究报告等。

③采用标准：包括国家标准、地方标准或拟参照的国外有关标准。

④控制污染与保护环境的目标。

（2）建设项目概况

①建设项目的名称、地点及建设性质。

②建设规模、占地面积及厂区平面布置（应附平面图）。

③土地利用情况和发展规划。

④产品方案和主要工艺方法。

⑤职工人数和生活区布局。

（3）工程分析

①主要原料、燃料及其来源和储运，物料平衡，水的用量与平衡，水的回用情况。

②工艺过程。

③废水、废气、废渣、放射性废物等的种类、排放量和排放方式，以及其中所含污染物种类、性质、排放浓度；产生的噪声、振动的特性及数值等。

④废弃物的回收利用、综合利用和处理、处置方案。

⑤交通运输情况的开发利用。

（4）建设项目周围地区的环境现状

①地理位置（应附平面图）。

②地质、地形、地貌和土壤情况，河流、湖泊（水库）、海湾的水文情况，气候与气象情况。

③大气、地面水、地下水和土壤的环境质量状况。

④矿藏、森林、草原、水产和野生动物、野生植物、农作物等情况。

⑤自然保护区、风景游览区、名胜古迹、温泉、疗养区以及重要的政治文化设施情况。

⑥社会经济情况（现有工矿企业和生活居住区的分布情况、人口密度、农业概况、土地利用情况、交通运输情况及其他社会经济活动情况）。

⑦人群健康状况和地方病情况。

⑧其他环境污染、环境破坏的现状资料。

（5）环境影响预测

①预测环境影响的时段。

②预测范围。

③预测内容及预测方法。

④预测结果及其分析和说明。

（6）评价建设项目的环境影响

①建设项目环境影响的特征。

②建设项目环境影响的范围、程度和性质。

③若进行多个厂址优选，应综合评价各厂址的环境影响并进行比较和分析。

（7）环境保护措施的评述及技术经济论证，提出各项措施的投资估算

（8）环境影响经济损益分析

（9）环境监测制度及环境管理、环境规划的建议

（10）环境影响评价结论

此外，随着环境评价要求的提高，还应补充以下内容：

①风险评价。

②公众参与。

③总量控制。

④清洁生产和循环经济。

⑤水土保持。

⑥社会环境影响评价，包括征地拆迁、移民安置、人文景观、人群健康、文物古迹、基础设施（如交通、水利、通信）等方面的影响评价。

2. 环境影响报告表的内容

《建设项目环境影响报告表（试行）》填报的内容主要有：建设项目基本情况、建设项目所在地自然环境社会环境简况、环境质量状况、评价适用标准、建设项目工程分析、项目主要污染物产生及预计排放情况、环境影响分析、建设项目拟采取的防治措施及预期治理效果、结论与建议等。

如果报告表不能说明项目产生的污染及对环境造成的影响，应进行专项评价。根据建设项目的特点和当地环境特征，应选 1~2 项进行专项评价，下列 6 项可另列：

（1）大气环境影响专项评价；

（2）水环境影响专项评价（包括地表水和地下水）；

（3）生态影响专项评价；

（4）声影响专项评价；

（5）土壤影响专项评价；

（6）固体废弃物影响专项评价。

环境影响评价文件中的环境影响报告书或者环境影响报告表，应当由具有相应环境影响评价资质的机构编制。

3. 环境影响登记表的内容

《建设项目环境影响登记表（试行）》一般由建设单位填写，不要求具备环评资质。其填报内容包括四个表：表一为项目基本情况；表二为项目地理位置示意图和平面布置示意图；表三为周围环境概况和工艺流程与污染流程；表四为项目排污情况及环境措施简述。

三、工程项目社会评价

美国国会于 1969 年颁布美国《国家环境政策法》（National Environmental Policy Act），该法案指出在对项目进行环境影响评价时，项目所产生的社会影响也应纳入评价中，社会影响评价由此进入人们的视野。后续到 20 世纪 90 年代，社会影响评价指导原则跨组织委员会颁布《社会影响评价指导原则》（Guidelines and Principles for Social Impact Assessment），提高了社会影响评价规范性和系统性，社会影响评价也逐步被人们所重视。

《社会影响评价指导原则》认为 SIA（Social Impact Assessment）是预先评价某些政府行动或政策产生的社会后果。SIA 的研究起步较早，当前研究已经较为成熟。最初，SIA 的评价对象是如污水处理项目、垃圾填埋场等特定项目的社会影响，重点关注的其实是环境影响所产生的次生社会效应。随后，SIA 的评价对象从重大工程或项目扩展到当前的城市规划体系评价，评价范围也从项目本身扩展到个人、组织和宏观社会的影响。并且 SIA 评价体系也逐渐走向成熟，越来越多的社会影响类别被纳入其中，从仅考虑一些负面影响到综合考虑政策、项目等产生的正面或负面社会影响。

社会评价是分析拟建项目对当地社会的影响和当地社会条件对项目的适应性和可接受程度，评价项目的社会可行性。

社会评价适用于那些社会因素较为复杂，社会影响较为久远，社会效益较为显著，社会矛盾较为突出，社会风险较大的投资项目。其中主要包括需要大量移民搬迁或者占用农田较多的水利枢纽项目、交通运输项目、矿产和油气田开发项目，扶贫项目、农村区域开发项目，以及文化教育、卫生等公益性项目。

社会评价的主要内容包括以下 3 个方面：

（一）社会影响分析

社会影响分析的内容见表 2-3。

社会影响分析表

表 2-3

序号	社会因素	影响的范围、程度	可能出现的后果	措施建议
1	对居民收入的影响			
2	对居民生活水平与生活质量的影响			
3	对居民就业的影响			
4	对不同利益群体的影响			
5	对脆弱群体的影响			
6	对地区文化、教育、卫生的影响			
7	对地区基础设施、社会服务容量和城市化进程的影响			
8	对少数民族风俗习惯和宗教的影响			

（二）互适性分析

互适性分析的主要内容见表 2-4。

社会对项目的适应性和可接受程度分析表

表 2-4

序号	社会因素	适应程度	可能出现的问题	措施建议
1	不同利益群体			
2	当地组织机构			
3	当地技术文化条件			

（三）社会风险分析

社会风险分析是对可能影响项目的各种社会因素进行识别和排序，选择影响面大、持续时间长，并容易导致较大矛盾的社会因素进行预测，分析可能出现这种风险的社会环境和条件。那些可能诱发民族矛盾、宗教矛盾的项目要注重这方面的分析，并提出相应措施。编制项目社会风险分析表，见表 2-5。

社会风险分析表

表 2-5

序号	风险因素	持续时间	可能导致的后果	措施建议
1				
2				
...				

四、社会稳定风险分析

（一）社会稳定风险分析的主要内容

社会稳定风险分析的主要内容包括：风险调查、风险识别、风险估计、风险防范与化解措施制定、落实风险防范措施后的风险等级判断五项。

1. 风险调查

社会稳定风险调查应围绕拟建项目建设实施的合法性、合理性、可行性、可控性等方面展开，调查范围应覆盖所涉及地区的利益相关者，充分听取、全面收集群众和各利益相关者的意见，包括合理和不合理、现实和潜在的诉求等。

（1）合法性。主要分析拟建项目建设实施是否符合现行相关法律、法规、规范以及国家有关政策；是否符合国家与地区国民经济和社会发展规划、产业政策等；拟建项目相关审批部门是否有相应的项目审批权并在权限范围内进行审批；决策程序是否符合国家法律、法规、规章等有关规定。

（2）合理性。主要分析拟建项目的实施是否符合科学发展观要求，是否符合经济社会发展规律，是否符合社会公共利益、人民群众的现实利益和长远利益，是否兼顾了不同利益群体的诉求，是否可能引发地区、行业、群体之间的相互盲目攀比；依法应给予相关群众的补偿和其他救济是否充分、合理、公平、公正；拟采取的措施和手段是否必要、适当，是否维护了相关群众的合法权益等。

（3）可行性。主要分析拟建项目的建设时机和条件是否成熟，是否有具体的方案和完善的配套措施；拟建项目实施是否与本地区经济社会发展水平相适应，是否超越本地区财力，是否超越大多数群众的承受能力，是否能得到大多数群众的支持和认可等。

（4）可控性。主要分析拟建项目的建设实施是否存在公共安全隐患，是否会引发群众性事件、集体上访，是否会引发社会负面舆论、恶意炒作以及其他影响社会稳定的问题；对拟建项目可能引发的社会稳定风险是否可控；对可能出现的社会稳定风险是否有相应的防范、化解措施，措施是否可行、有效；宣传解释和舆论引导措施是否充分等。

2. 风险识别

风险识别是在风险调查的基础上，针对利益相关者不理解、不认同、不满意、不支持的方面，或在日后可能引发不稳定事件的情形，全面、全程查找并分析可能引发社会稳定风险的各种风险因素。

风险因素包括工程风险因素和项目与社会互适性风险因素。其中：工程风险因素可按政策、规划和审批程序，土地房屋征收及补偿，技术经济，环境影响，项目管理，安全和治安等方面分类。项目与社会互适性风险因素指项目能否为当地的社会环境、人文条件所接纳，以及当地政府、组织、社会团体、群众支持项目的程度，项目与当地社会环境的相互适应关系方面所面临的风险因素。

在全面分析确定项目风险因素后，根据项目风险因素的类型、发生阶段等，对风险因素进行分类归纳整理，建立投资项目社会稳定风险识别体系，识别项目社会稳定风险的主要风险类型、发生阶段及其风险因素，如表2-6所示。

主要风险识别表　　　　　　　　　　　　　　　　　表2-6

序号	风险类型	发生阶段	风险因素	备注

注：风险发生阶段可包括项目前期决策、准备、实施、运营四个阶段。备注可标注风险的特征（例如长期影响还是短期影响、持久性影响还是间断影响等）和其他需要说明的情况。

3. 风险估计

根据各项风险因素的成因、影响表现、风险分布、影响程度、发生可能性，找出主要风险因素，剖析引发风险的直接和间接原因，采用定性与定量相结合的方法估计出主要风险因素的风险程度，预测和估计可能引发的风险事件及其发生概率。

对项目风险的可能性、后果和程度按大小高低分为不同的档级。具体赋值需要根据项目性质、评估要求和风险偏好等事先研究确定。根据项目实际涉及的主要风险因素，编制拟建项目的主要风险因素程度表（表2-7）。其中影响程度是指风险可能引发群体性事件的参加人数、行为表现、影响范围和持续时间等特性。

主要风险因素及风险程度表　　　　　　　　　　　　表2-7

序号	风险类型	发生阶段	风险因素	风险概率	影响程度	风险程度
1						
2						
3						
...						

4.风险防范与化解措施制定

为了从源头上防范、化解拟建项目实施可能引发的风险，应根据拟建项目的特点，针对主要风险因素，阐述采用的风险防范、化解措施策略；阐述提出的综合性和专项性的风险防范、化解措施，明确风险防范、化解的目标，提出落实措施的责任主体、协助单位、防范责任和具体工作内容，明确风险控制的节点和时间，真正把项目社会稳定风险化解在萌芽状态，最大限度减少不和谐因素。编制并形成风险防范和化解措施汇总表（表2-8）。

风险防范和化解措施汇总表　　　　　　　　　　表2-8

序号	风险发生阶段	风险因素	主要防范、化解措施	实施时间和要求	责任主体	协助单位
1						
2						
3						
...						

5.落实风险防范措施后的风险等级判断

对研究提出的风险防范与化解措施的合法性、可行性、有效性和可控性进行分析，根据分析结果预测各主要风险因素可能变化的趋势和结果，结合预期可能引发的风险事件和造成负面影响的程度等，综合判断项目落实风险防范、化解措施后的风险等级。拟建项目的社会稳定风险等级可分为高、中、低等级。

根据国家规定，经风险等级分析结果，项目存在高风险或者中风险的，国家投资主管部门不予审批、核准和核报；存在低风险但有可靠防控措施的，可以审批、核准或者向上级主管部门报送审批、核准。如果项目风险程度根本无望降至可接受水平，则必须明确提出终止或放弃项目建设的建议。

（二）社会稳定风险分析的组织实施

1.实施主体

根据《国家发展改革委办公厅关于印发重大固定资产投资项目社会稳定风险分析篇章和评估报告编制大纲（试行）的通知》（发改办投资〔2013〕428号），项目单位在组织开展项目前期工作时，应当委托具有相应资信的工程咨询机构开展项目社会稳定风险分析，作为项目可行性研究报告、项目申请报告的重要内容并设独立篇章，或者单独编制项目社会稳定风险分析报告。

项目所在地人民政府或其有关部门指定社会稳定风险评估主体，评估主体一般为具有评估经验和资信的工程咨询机构。

2.工作程序

社会稳定风险分析程序一般包括：制定工作方案、调查研究、分析研究、编制社会稳定风险分析报告（篇章）。

（三）社会稳定风险分析报告（独立篇章）的编写

1.编写要求

（1）社会稳定风险分析报告（独立篇章）的编制项目，应当立足国情，实事求是，从拟建项目直接关系人民群众切身利益且涉及面广、容易引发的社会稳定问题出发，在合法性、合理性、可行性和可控性等方面进行重点分析，做到客观公正、方法适用、分析全面、措施可行、结论可信，确保取得实效。

（2）社会稳定风险分析报告（独立篇章）的编制，应当遵循社会稳定风险分析程序，开展风险调查、风险因素识别、风险估计和初始风险等级判断，研究提出风险防范和化解的措施，估计落实措施后的预期风险等级，明确提出分析结论。对于情况背景简单、外部性影响非常小、社会稳定风险非常低的项目可以从简分析，特别重大和敏感的项目，可形成单独的社会稳定风险分析报告。

（3）各地方政府或其有关部门，可根据《国家发展改革委重大固定资产投资项目社会稳定风险评估暂行办法》及相关法律法规要求，结合地方经济社会发展的状况，编制适合本地固定资产投资项目社会稳定风险分析的指标体系、评判标准等。各行业管理部门可结合行业特点，制定相应的分析篇章编制大纲。

2. 编写要点

为切实规范和全面推进重大固定资产投资项目社会稳定风险分析和评估工作，对于需要开展社会稳定风险评估的投资项目，项目单位在组织编制项目可行性研究报告、项目申请报告中设独立篇章或者单独编制社会稳定风险分析报告。

社会稳定风险分析报告（独立篇章）一般包括以下内容：

（1）项目概况

简述项目基本情况，主要包括：项目单位、拟建地点、建设必要性、建设方案、建设期、主要技术经济指标、环境影响、资源利用、征地搬迁及移民安置、社会环境概况（含当地经济发展及社会治安、群体性事件、信访等情况）、投资及资金筹措等内容。

（2）编制依据

编制依据主要包括：①相关法律、法规、规章和其他政策性文件等；②项目单位的委托合同；③项目单位提供的拟建项目基本情况和风险分析所需的必要资料，主要包括投资项目报建的有关项目选址、用地预审、环境保护等行政许可审批文件等；④国家出台的区域经济社会发展规划、国务院及有关部门批准的相关规划；⑤其他依据。

（3）风险调查

社会稳定风险调查重点围绕拟建项目建设实施的合法性、合理性、可行性和可控性等方面开展。

结合拟建项目特点，重点阐述以下部分或全部方面：调查的内容和范围、方式和方法；拟建项目的合法性；拟建项目自然和社会环境状况；利益相关者的意见和诉求、公众参与情况；基层组织态度、媒体舆论导向，以及公开报道过的同类项目风险情况。

（4）风险识别

在风险调查的基础上，全面、全程查找并分析可能引发社会稳定风险的各种风险因素。

重点阐述在政策规划和审批程序、土地房屋征收方案、技术和经济方案、生态环境影响、项目建设管理、当地经济社会影响、质量安全和社会治安、媒体舆论导向等方面重点分析查找各风险因素。

（5）风险估计

根据各项风险因素的成因、影响表现、风险分布、影响程度、发生可能性，找出主要风险因素，估计主要风险因素的风险程度；分析主要因素之间是否相互影响。

重点阐述按照风险可能发生的项目阶段（决策、准备、实施、运营），结合当地经济社会与拟建项目的相互适应性，从初步识别的各类风险因素中筛选、归纳出主要风险因素。对每一个主要风险因素进行分析、估计，两个或多个风险因素相互作用的影响，包括可能引发风险事件的原因、时间和形式，风险事件的发生概率、影响程度和风险程度。

（6）风险防范和化解措施

根据风险识别和风险估计的结果，研究提出风险防范化解措施。

重点阐述针对主要风险因素研究提出各项综合和各项的风险防范、化解措施，提出落实各项措施的责任主体和协助单位、防范责任、具体工作内容、风险控制节点、实施时间和要求的建议。

（7）采取风险防范和化解措施后的风险等级

分析各项风险防范、化解措施落实的可行性和有效性，预测落实措施后每一个主要风险因素可能引发风险的变化趋势，包括发生概率、影响程度、风险程度等，综合判断拟建项目落实风险防范、化解措施后的风险等级。

重点阐述预测各主要风险因素变化趋势及结果，综合判断落实措施后风险等级。

（8）风险分析结论

阐述拟建项目社会稳定风险分析的主要结论，包括：

①拟建项目主要的风险因素；

②主要的风险防范、化解措施；

③拟建项目风险等级；

④落实风险防范、化解措施的有关建议；

⑤项目稳定风险应急预案、风险管理联动机制等建议。

第三节　工程项目融资

工程项目融资和投资相互影响，一般在确定了市场需求和投资规模后，就需要考虑资金来源问题，资金来源决定了工程项目能否执行，从这一角度来看，融资应该为投资提供支持。但是，由于工程项目的执行往往是资金推动的，所以融资又往往决定了工程项目能否得以顺利执行，市场和投资设想再好也要受限制于融资，甚至资金来源问题会限制了项目的投资决策，所以项目融资非常重要。

投资和融资方案需要同时考虑。首先，要根据建设方案估算总投资，必要时对几个可能的建设方案从技术、经济等多角度进行比选。其次，策划资金来源（融资模式）、资金筹措程序，并根据资金来源可靠性、融资结构、融资成本及融资风险等进行分析和研究，优化并确定融资方案。最后，根据需求进一步做财务评价及国民经济评价，即融资后分析评价。

工程项目融资需要考虑的问题包括：一是资金来源问题；二是融资成本问题；三是资

金结构问题；四是风险问题。

一、工程项目融资概况

（一）项目融资的概念

就工程项目融资方式而言，包括两种方式：一种方式是传统的项目融资，即以已有的价值确定的资产作担保为项目取得融资；另一种方式是以项目融资，即以项目未来的收益作为担保和补偿取得项目的融资，这种新兴的融资方式是面向未来的融资，由于工程项目未来的收益不确定，所以项目融资的风险很大。

工程项目融资是一种无追索权或有限追索权的融资模式，可以理解为是通过该项目的期望收益或现金流量、资产和合同权益来融资的活动。项目的经济强度从两个方面来测度，一方面是项目未来的可用于偿还贷款的净现金流量；另一个方面是项目本身的资产价值。如果项目的经济强度不足以支撑在最坏情况下的贷款偿还，那么贷款人就可能要求项目借款人以直接担保、间接担保或其他形式给予项目附加的信用支持。因此，一个项目的经济强度，加上项目投资人（借款人）和其他与该项目有关的各个方面对项目所做出的有限承诺，就构成了项目融资的信用基础。

（二）项目融资的特点

项目融资与传统公司融资方式比较，有以下一些特点：

1. 项目导向

主要依赖于项目的现金流量而不是依赖于项目的投资人或发起人的信誉来安排融资。贷款银行在项目融资中的注意力主要放在项目的贷款期间能够产生多少现金流量用于还款，贷款的数量、融资成本的高低以及融资结构的设计都是与项目的预期现金流量和资产价值直接联系在一起的。

2. 有限追索

追索是指借款人未按期偿还债务时，贷款人要求借款人用除抵押资产之外的其他资产偿还债务的权利。从某种意义上说，贷款人对借款人的追索形式和程度是区分融资是属于项目融资还是属于传统形式融资的重要标志。采取有限追索项目融资，项目的发起人或股本投资人只对项目的借款承担有限的担保责任，即项目公司的债权人只能对项目公司的股东或发起人追索有限的责任。追索的有限性表现在时间及金额两个方面。时间方面的追索限制通常表现为：项目建设期内项目公司的股东提供担保，而项目建成后，这种担保则会解除，改为以项目公司的财产抵押。金额方面的限制可能是股东只按事先约定的金额对项目借款提供担保，其余部分不提供担保，或者仅仅只是保证在项目投资建设及经营的最初一段时间内提供事先约定金额的追加资金支持。除此之外，无论项目出现任何问题，贷款人均不能追索到项目借款人除项目资产、现金流量以及所承担的义务之外的任何形式的资产。有限追索的特例是无追索项目融资，即借款人仅以项目财产权益、经济收益对债权人提供债务偿还，承担责任，借款人的股东等投资人不对债权人提供担保，债权人不能向借款人以外的其他有限追索。

有限追索项目融资的实质是由于项目本身的经济强度还不足以支撑一个"无追索"融资结构，因而还需要项目的借款人在项目的特定阶段提供一定形式的信用支持。追索的程度则是根据项目的性质，现金流量的强度和可预测性，项目借款人的经验、信誉及管理能力，借贷双方对未来风险的分担方式等多方面的综合因素通过谈判确定的。

3. 风险分担

项目的风险分担机制是保证项目实施达到预期目的的重要保障。一个成功的项目融资结构应该是，由项目的各个参与方根据其能力承担恰当的责任，分担项目风险。项目实施中的各方当事人都有可能、可以分担一部分项目的风险。

4. 非公司负债型融资

非公司负债型融资亦称为"资产负债表之外的融资"。资产负债表外融资（Off-Balance-Sheet Financing），简称"表外融资"，是指不需列入资产负债表的融资方式，即该项融资既不在资产负债表的资产方表现为某项资产的增加，也不在负债及所有者权益方表现为负债的增加。表外融资可以创造较为宽松的财务环境，为经营者调整资金结构提供方便。

项目融资通过对其投资结构和融资结构的设计，可以帮助投资人（借款人）将贷款安排成为一种非公司负债型融资。

5. 信用结构多样化

在项目融资中，用于支撑贷款的信用结构的安排是灵活和多样化的。一个成功的项目融资可以将贷款的信用支持分配到与项目有关的各个关键方面。比如，在市场方面，可以要求对项目产品感兴趣的购买者提供一种长期购买合同作为融资的信用支持（这种信用支持所能起到的作用取决于合同的形式和购买者的资信）；在工程建设方面，为了减少风险，可以要求工程承包公司提供固定价格、固定工期的合同，或"交钥匙"工程合同。这些做法都可以成为项目融资强有力的信用支持，提高项目的债务承受能力，减少融资对投资人（借款人）资信和其他资产的依赖程度。

6. 融资成本较高

项目融资涉及面广，结构复杂，需要做好大量有关风险分担、税收结构、资产抵押等一系列技术性工作，所需文件比传统的公司融资往往要多很多。因此，与传统的融资模式相比，项目融资存在的一个主要问题是相对融资成本较高，组织融资所需要的时间较长。

二、资金成本分析

项目资金通常由权益资金和债务资金两部分组成。相应地，资金筹措可以分为资本金融资和债务资金融资。

（一）资金成本的构成

资金成本是指项目使用资金所付出的代价，由资金占用费和资金筹集费两部分组成。即：资金成本 = 资金占用费 + 资金筹集费。

资金占用费是指使用资金过程中发生的向资金提供者支付的代价，包括向资金提供者支付的无风险报酬和风险报酬两部分，如借款利息、债券利息、优先股股息、普通股红利及权益收益等。资金筹集费是指资金筹集过程中所发生的各种费用，包括律师费、资信评估费、公证费、证券印刷费、发行手续费、担保费、承诺费、银团贷款管理费等。资金占用费与占用资金的数量、时间直接有关，可看作变动费用；而资金筹集费通常在筹集资金时一次性发生，与使用资金的时间无关，可看作固定费用。

资金成本通常以资金成本率来表示。

（二）权益资金成本分析

权益资金是指企业所有者投入的资本金，对于股份制企业而言，即为股东的股本资金。股本资金又分优先股和普通股。两种股本资金的资金成本是不同的。

1. 优先股资金成本

优先股资金成本包括支付给优先股股东的股息及发行费用。优先股通常有固定的股息，优先股股息用税后净利润支付，这一点与贷款、债券利息等的支付不同。此外，股票一般是不还本的，故可将它视为永续年金。

2. 普通股资金成本

普通股资金成本可以按照股东要求的投资收益率确定。如果股东要求项目评价人员提出建议，普通股资金成本可采用资本资产定价模型法、税前债务成本加风险溢价法和股利增长模型法等方法进行估算，也可参照既有法人的净资产收益率。

（三）债务资金成本分析

1. 所得税前的债务资金成本

（1）借款资金成本计算

向银行及其他各类金融机构以借贷方式筹措资金时，应分析各种可能的借款利率水平、利率计算方式（固定利率或者浮动利率）、计息（单利、复利）和付息方式，以及偿还期和宽限期，计算借款资金成本，并进行不同方案比选。

（2）债券资金成本计算

债券的发行价格有三种：溢价发行，即以高于债券票面金额的价格发行；折价发行，即以低于债券票面金额的价格发行；等价发行，即按债券票面金额的价格发行；调整发行价格可以平衡票面利率与购买债券收益之间的差距。

（3）融资租赁资金成本计算

采取融资租赁方式所支付的租赁费一般包括类似于借贷融资的资金占用费和对本金的分期偿还额。

2. 所得税后的债务资金成本

借贷、债券等的筹资费用和利息支出均在缴纳所得税前支付，对于股权投资方，可以取得所得税抵减的好处。

3. 扣除通货膨胀影响的资金成本

借贷资金利息等通常包含通货膨胀因素的影响，这种影响既来自近期实际通货膨胀，也来自未来预期通货膨胀。

（四）加权平均资金成本

项目融资方案的总体资金成本可以用加权平均资金成本来表示，将融资方案中各种融资的资金成本以该融资额占总融资额的比例为权数加权平均，得到该融资方案的加权平均资金成本。

三、资金结构优化比选

所谓资金结构优化，就是通过合理地选择资金来源及数量而达到增加收益和弱化风险的目的。实质是选择最佳资金结构，在这种资金结构下财务杠杆的有利效应和不利效应在一定条件下取得合理平衡。

一般来说，适当增加某种资金成本较低的资金来源比重，经加权平均后，综合资金成本会降低。但是，即使不考虑资金筹措的种种条件限制，当该种来源资金的比重增加到一定程度，反而可能会使全部资金的综合资金成本上升。最佳融资结构应在适度的财务风险条件下，预期的加权平均资金成本最低，同时收益及项目价值最大。确定项目的最佳融资结构，可以采用比较资金成本法和每股利润分析法。

（一）比较资金成本法

1. 比较资金成本法概念

比较资金成本法是指在适度财务风险的条件下，测算可供选择的不同资金结构或融资组合方案的加权平均资金成本率，并以此为标准相互比较确定最佳资金结构的方法。

运用比较资金成本法必须具备两个前提条件：一是能够通过债务筹资；二是具备偿还能力。

其程序包括：

（1）拟定几个筹资方案；

（2）确定各方案的资金结构；

（3）计算各方案的加权资金成本；

（4）通过比较，选择加权平均资本成本最低的结构为最优资本结构。

2. 比较资金成本法的两种方法

项目的融资可分为创立初始融资和发展过程中追加融资两种情况。与此相应的，项目资金结构决策可分为初始融资的资金结构决策和追加融资的资金结构决策。

（1）初始融资的资金结构决策

项目公司对拟订的项目融资总额，可以采用多种融资方式和融资渠道来筹集，每种融资方式的融资额亦可有不同安排，因而形成多个资金结构或融资方案。在各融资方案面临相同的环境和风险情况下，利用比较资金成本法，可以通过加权平均资金成本的测算和比较来进行选择。

（2）追加融资的资金结构决策

项目有时会因故需要追加筹措新资，即追加融资。因追加融资以及融资环境的变化，项目原有的最佳资本结构需要进行调整，在不断变化中寻求新的最佳资金结构，实现资金结构的最优化。

项目追加融资可有多个融资方案可供选择。按照最佳资金结构的要求，在适度财务风险的前提下，选择追加融资方案可用两种方法：一种方法是直接测算各备选追加融资方案的边际资金成本，从中比较选择最佳融资组合方案；另一种方法是分别将各备选追加融资方案与原有的最佳资金结构汇总，测算比较各个追加融资方案下汇总资金结构的加权资金成本，从中比较选择最佳融资方案。

（二）息税前利润—每股利润分析法

将项目的营利能力与负债对股东财富的影响结合起来，去分析资金结构与每股利润之间的关系，进而确定合理的资金结构的方法，称作"息税前利润—每股利润分析法"

（EBIT-EPS 分析法），也称"每股利润无差别点法"。

息税前利润—每股利润分析法是利用息税前利润和每股利润之间的关系来确定最优资金结构的方法，即利用每股利润无差别点来进行资金结构决策的方法。所谓每股利润无差别点是指两种或两种以上融资方案下普通股每股利润相等时的息税前利润点，亦称息税前利润平衡点或融资无差别点。根据每股利润无差别点，分析判断在什么情况下可利用什么方式融资，以安排及调整资金结构，这种方法确定的最佳资金结构亦即每股利润最大的资金结构。

当息税前利润大于每股利润无差别点时，增加长期债务的方案要比增发普通股的方案有利；而息税前利润小于每股利润无差别点时，增加长期债务则不利。所以，这种分析方法的实质是寻找不同融资方案之间的每股利润无差别点，找出对股东最为有利的最佳资金结构。

这种方法既适用于既有法人项目融资决策，也适用于新设法人项目融资决策。对于既有法人项目融资，应结合公司整体的收益状况和资金结构，分析何种融资方案能够使每股利润最大；对于新设法人项目而言，可直接分析不同融资方案对每股利润的影响，从而选择适合的资金结构。

四、PPP 模式

政府和社会资本合作（PPP）投资项目，主要适用于政府负有提供责任又适宜市场化运作的基础设施和公共服务类项目。

（一）概况

1. PPP 的基本含义

《国家发展改革委关于开展政府和社会资本合作的指导意见》（发改投资〔2014〕2724号）提出，政府和社会资本合作（PPP）模式是指政府为增强公共产品和服务供给能力、提高供给效率，通过特许经营、购买服务、股权合作等方式，与社会资本建立的利益共享、风险分担及长期合作关系。

《财政部关于推广运用政府和社会资本合作模式有关问题的通知》（财金〔2014〕76号）提出，政府和社会资本合作模式是在基础设施及公共服务领域建立的一种长期合作关系。通常模式是由社会资本承担设计、建设、运营、维护基础设施的大部分工作，并通过"使用者付费"及必要的"政府付费"获得合理投资回报；政府部门负责基础设施及公共服务价格和质量监管，以保证公共利益最大化。

综合上述定义和功能，政府和社会资本合作（PPP）模式可归纳为政府（Public）和社会资本（Private）在风险分担、利益共享的基础上建立并维持长期的合作伙伴关系（Partnership），通过发挥各自的优势及特长，最终为公众提供质量更高、效果更好的公共产品及服务的一种项目投融资模式。

2. PPP 模式的适用范围

PPP 模式主要适用于政府负有提供责任又适宜市场化运作的公共服务、基础设施类项目。燃气、供电、供水、供热、污水及垃圾处理等市政设施，公路、铁路、机场、城市轨道交通等交通设施，医疗、旅游、教育培训、健康养老等公共服务项目，以及水利、资源环境和生态保护等项目均可推行 PPP 模式。各地的新建市政工程以及新型城镇化试点项目，应优先考虑采用 PPP 模式建设。

3. 操作模式选择

（1）经营性项目。对于具有明确的收费基础，并且经营收费能够完全覆盖投资成本的项目，可通过政府授予特许经营权，采用建设—运营—移交（BOT）、建设—拥有—运营—移交（BOOT）等模式推进。要依法放开相关项目的建设、运营市场，积极推动自然垄断行业逐步实行特许经营。

（2）准经营性项目。对于经营收费不足以覆盖投资成本、需政府补贴部分资金或资源的项目，可通过政府授予特许经营权附加部分补贴或直接投资参股等措施，采用建设—运营—移交（BOT）、建设—拥有—运营（BOO）等模式推进。要建立投资、补贴与价格的协同机制，为投资者获得合理回报积极创造条件。

（3）非经营性项目。对于缺乏"使用者付费"基础、主要依靠"政府付费"回收投资成本的项目，可通过政府购买服务，采用建设—拥有—运营（BOO）、委托运营等市场化模式推进。要合理确定购买内容，把有限的资金用在刀刃上，切实提高资金使用效益。

（二）PPP 项目操作流程

政府和社会资本合作项目操作如图 2-5 所示。项目历经识别、准备、采购、执行和移交五个阶段。

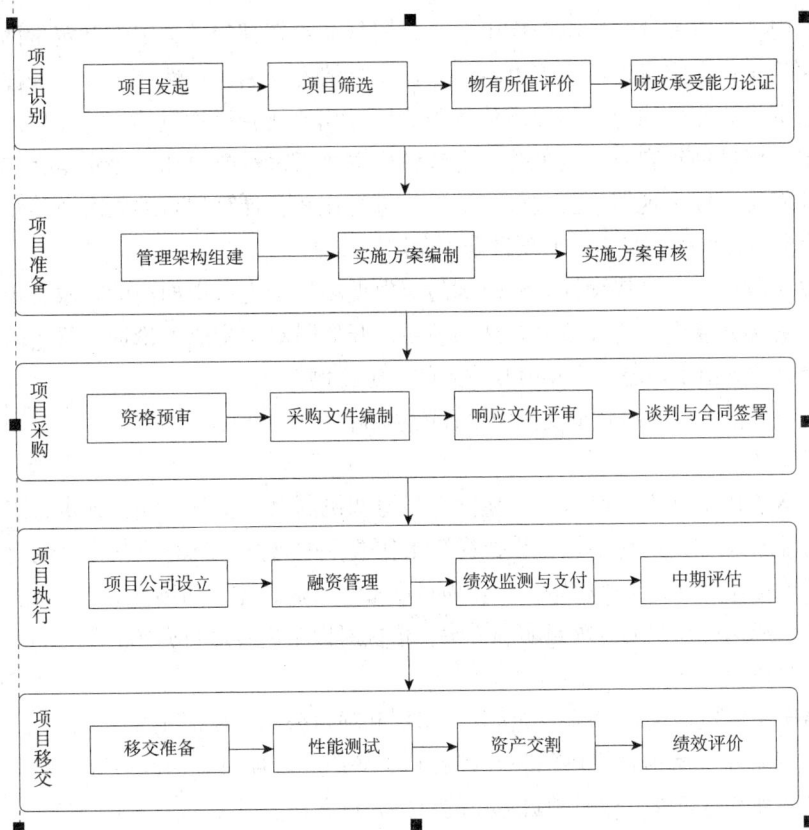

图 2-5　政府和社会资本合作项目操作流程图

1. 项目识别

投资规模较大、需求长期稳定、价格调整机制灵活、市场化程度较高的基础设施及公共服务类项目，适宜采用政府和社会资本合作模式。

（1）项目发起

政府和社会资本合作项目由政府或社会资本发起，以政府发起为主。政府发起时，财政部门（政府和社会资本合作中心）应负责向交通、住建、环保、能源、教育、医疗、体育健身和文化设施等行业主管部门征集潜在政府和社会资本合作项目。行业主管部门可从国民经济和社会发展规划及行业专项规划中的新建、改建项目或存量公共资产中遴选潜在项目。社会资本发起时，社会资本应以项目建议书的方式向财政部门（政府和社会资本合作中心）推荐潜在政府和社会资本合作项目。

（2）项目筛选

财政部门（政府和社会资本合作中心）会同行业主管部门，对潜在政府和社会资本合作项目进行评估筛选，确定备选项目。财政部门（政府和社会资本合作中心）应根据筛选结果制定项目年度和中期开发计划。对于列入年度开发计划的项目，项目发起方应按财政部门（政府和社会资本合作中心）的要求提交相关资料。新建、改建项目应提交可行性研究报告、项目产出说明和初步实施方案；存量项目应提交存量公共资产的历史资料、项目产出说明和初步实施方案。

（3）项目评价

财政部门（政府和社会资本合作中心）会同行业主管部门，从定性和定量两方面开展物有所值评价工作。定量评价工作由各地根据实际情况开展。定性评价重点关注项目采用政府和社会资本合作模式与采用政府传统采购模式相比能否增加供给、优化风险分配、提高运营效率、促进创新和公平竞争等。定量评价主要通过对政府和社会资本合作项目全生命周期内政府支出成本现值与公共部门比较值进行比较，计算项目的物有所值量值，判断政府和社会资本合作模式是否降低项目全生命周期成本。

为确保财政中长期可持续性，财政部门应根据项目全生命周期内的财政支出、政府债务等因素，对部分政府付费或政府补贴的项目，开展财政承受能力论证，每年政府付费或政府补贴等财政支出不得超出当年财政收入的一定比例。

通过物有所值评价和财政承受能力论证的项目，可进行项目准备。

2. 项目准备

县级（含）以上地方人民政府可建立专门协调机制，主要负责项目评审、组织协调和检查督导等工作，实现简化审批流程、提高工作效率的目的。政府或其指定的有关职能部门或事业单位可作为项目实施机构，负责项目准备、采购、监管和移交等工作。

项目实施机构应组织编制项目实施方案，依次对以下内容进行介绍：

（1）项目概况

项目概况主要包括基本情况、经济技术指标和项目公司股权情况等。

基本情况主要明确项目提供的公共产品和服务内容、项目采用政府和社会资本合作模式运作的必要性和可行性，以及项目运作的目标和意义。

经济技术指标主要明确项目区位、占地面积、建设内容或资产范围、投资规模或资产价值、主要产出说明和资金来源等。

项目公司股权情况主要明确是否要设立项目公司以及公司股权结构。

（2）风险分配基本框架

按照风险分配优化、风险收益对等和风险可控等原则，综合考虑政府风险管理能力、项目回报机制和市场风险管理能力等要素，在政府和社会资本间合理分配项目风险。

原则上，项目设计、建造、财务和运营维护等商业风险由社会资本承担，法律、政策和最低需求等风险由政府承担，不可抗力等风险由政府和社会资本合理共担。

（3）项目运作方式

项目运作方式主要包括委托运营、管理合同、建设—运营—移交、建设—拥有—运营、转让—运营—移交和改建—运营—移交等。

具体运作方式的选择主要由收费定价机制、项目投资收益水平、风险分配基本框架、融资需求、改扩建需求和期满处置等因素决定。

（4）交易结构

交易结构主要包括项目投融资结构、回报机制和相关配套安排。

项目投融资结构主要说明项目资本性支出的资金来源、性质和用途，项目资产的形成和转移等。

项目回报机制主要说明社会资本取得投资回报的资金来源，包括使用者付费、可行性缺口补助和政府付费等支付方式。

相关配套安排主要说明由项目以外相关机构提供的土地、水、电、气和道路等配套设施和项目所需的上下游服务。

（5）合同体系

合同体系主要包括项目合同、股东合同、融资合同、工程承包合同、运营服务合同、原料供应合同、产品采购合同和保险合同等。项目合同是其中最核心的法律文件。

项目边界条件是项目合同的核心内容，主要包括权利义务、交易条件、履约保障和调整衔接等边界。

权利义务边界主要明确项目资产权属、社会资本承担的公共责任、政府支付方式和风险分配结果等。

交易条件边界主要明确项目合同期限、项目回报机制、收费定价调整机制和产出说明等。

履约保障边界主要明确强制保险方案以及由投资竞争保函、建设履约保函、运营维护保函和移交维修保函组成的履约保函体系。

调整衔接边界主要明确应急处置、临时接管和提前终止、合同变更、合同展期、项目新增改扩建需求等应对措施。

（6）监管架构

监管架构主要包括授权关系和监管方式。授权关系主要是政府对项目实施机构的授权，以及政府直接或通过项目实施机构对社会资本的授权；监管方式主要包括履约管理、行政监管和公众监督等。

（7）采购方式选择

项目采购应根据《中华人民共和国政府采购法》及相关规章制度执行，采购方式包括公开招标、竞争性谈判、邀请招标、竞争性磋商和单一来源采购。项目实施机构应根据项目采购需求特点，依法选择适当采购方式。

公开招标主要适用于核心边界条件和技术经济参数明确、完整、符合国家法律法规和政府采购政策，且采购中不作更改的项目。

财政部门（政府和社会资本合作中心）应对项目实施方案进行物有所值和财政承受能力验证，通过验证的，由项目实施机构报政府审核；未通过验证的，可在实施方案调整后重新验证；经重新验证仍不能通过的，不再采用政府和社会资本合作模式。

3. 项目采购

（1）资格预审

项目实施机构应根据项目需要准备资格预审文件，发布资格预审公告，邀请社会资本和与其合作的金融机构参与资格预审，验证项目能否获得社会资本响应和实现充分竞争，并将资格预审的评审报告提交财政部门（政府和社会资本合作中心）备案。

项目有 3 家以上社会资本通过资格预审的，项目实施机构可以继续开展采购文件准备工作；项目通过资格预审的社会资本不足 3 家的，项目实施机构应在实施方案调整后重新组织资格预审；项目经重新资格预审合格社会资本仍不足 3 家的，可依法调整实施方案选择的采购方式。

资格预审公告应在省级以上人民政府财政部门指定的媒体上发布。资格预审合格的社会资本在签订项目合同前资格发生变化的，应及时通知项目实施机构。

资格预审公告应包括项目授权主体、项目实施机构和项目名称、采购需求、对社会资本的资格要求、是否允许联合体参与采购活动、拟确定参与竞争的合格社会资本的家数和确定方法，以及社会资本提交资格预审申请文件的时间和地点。提交资格预审申请文件的时间自公告发布之日起不得少于 15 个工作日。

（2）项目采购文件准备

项目采购文件应包括采购邀请、竞争者须知（包括密封、签署、盖章要求等）、竞争者应提供的资格、资信及业绩证明文件、采购方式、政府对项目实施机构的授权、实施方案的批复和项目相关审批文件、采购程序、响应文件编制要求、提交响应文件截止时间、开启时间及地点、强制担保的保证金交纳数额和形式、评审方法、评审标准、政府采购政策要求、项目合同草案及其他法律文本等。

采用竞争性谈判或竞争性磋商采购方式的，项目采购文件除上款规定的内容外，还应明确评审小组根据与社会资本谈判情况可能实质性变动的内容，包括采购需求中的技术、服务要求以及合同草案条款。

评审小组由项目实施机构代表和评审专家共 5 人以上单数组成，其中评审专家人数不得少于评审小组成员总数的 2/3。评审专家可以由项目实施机构自行选定，但评审专家中应至少包含 1 名财务专家和 1 名法律专家。项目实施机构代表不得以评审专家身份参加项目的评审。

项目采用公开招标、邀请招标、竞争性谈判、单一来源采购方式开展采购的，按照政府采购法律法规及有关规定执行。

（3）项目采购程序

项目采用竞争性磋商采购方式开展采购的，按照下列基本程序进行：

①采购公告发布及报名

竞争性磋商公告应在省级以上人民政府财政部门指定的媒体上发布。竞争性磋商公告应包括项目实施机构和项目名称、项目结构和核心边界条件、是否允许未进行资格预审的社会资本参与采购活动，以及审查原则、项目产出说明、对社会资本提供的响应文件要求、获取采购文件的时间、地点、方式及采购文件的售价、提交响应文件截止时间、开启时间及地点。提交响应文件的时间自公告发布之日起不得少于 10 日。

②资格审查及采购文件发售

已进行资格预审的，评审小组在评审阶段不再对社会资本资格进行审查。允许进行资格后审的，由评审小组在响应文件评审环节对社会资本进行资格审查。项目实施机构可以视项目的具体情况，组织对符合条件的社会资本的资格条件，进行考察核实。

采购文件售价，应按照弥补采购文件印制成本费用的原则确定，不得以营利为目的，不得以项目采购金额作为确定采购文件售价依据。采购文件的发售期限自开始之日起不得少于 5 个工作日。

③采购文件的澄清或修改

提交首次响应文件截止之日前，项目实施机构可以对已发出的采购文件进行必要的澄清或修改，澄清或修改的内容应作为采购文件的组成部分。澄清或修改的内容可能影响响应文件编制的，项目实施机构应在提交首次响应文件截止时间至少 5 日前，以书面形式通知所有获取采购文件的社会资本；不足 5 日的，项目实施机构应顺延提交响应文件的截止时间。

④响应文件评审

项目实施机构应按照采购文件规定组织响应文件的接收和开启。

评审小组对响应文件进行两阶段评审：

第一阶段：确定最终采购需求方案。评审小组可以与社会资本进行多轮谈判，谈判过程中可实质性修订采购文件的技术、服务要求以及合同草案条款，但不得修订采购文件中规定的不可谈判核心条件。实质性变动的内容，须经项目实施机构确认，并通知所有参与谈判的社会资本。具体程序按照《政府采购非招标方式管理办法》及有关规定执行。

第二阶段：综合评分。最终采购需求方案确定后，由评审小组对社会资本提交的最终响应文件进行综合评分，编写评审报告并向项目实施机构提交候选社会资本的排序名单。具体程序按照《政府采购货物和服务招标投标管理办法》及有关规定执行。

项目实施机构应在资格预审公告、采购公告、采购文件、采购合同中，列明对本国社会资本的优惠措施及幅度、外方社会资本采购我国生产的货物和服务要求等相关政府采购政策，以及对社会资本参与采购活动和履约保证的强制担保要求。社会资本应以支票、汇票、本票或金融机构、担保机构出具的保函等非现金形式缴纳保证金。参加采购活动的保证金的数额不得超过项目预算金额的 2%。履约保证金的数额不得超过政府和社会资本合作项目初始投资总额或资产评估值的 10%。无固定资产投资或投资额不大的服务型合作项目，履约保证金的数额不得超过平均 6 个月的服务收入额。

项目实施机构应组织社会资本进行现场考察或召开采购前答疑会，但不得单独或分别组织只有一个社会资本参加的现场考察和答疑会。

（4）项目谈判与签约

项目实施机构应成立专门的采购结果确认谈判工作组。按照候选社会资本的排名，依次与候选社会资本及与其合作的金融机构就合同中可变的细节问题进行合同签署前的确认谈判，率先达成一致的即为中选者。确认谈判不得涉及合同中不可谈判的核心条款，不得与排序在前但已终止谈判的社会资本进行再次谈判。

确认谈判完成后，项目实施机构应与中选社会资本签署确认谈判备忘录，并将采购结果和根据采购文件、响应文件、补遗文件和确认谈判备忘录拟定的合同文本进行公示，公示期不得少于 5 个工作日。合同文本应将中选社会资本响应文件中的重要承诺和技术文件等作为附件。合同文本中涉及国家秘密、商业秘密的内容可以不公示。

公示期满无异议的项目合同，应在政府审核同意后，由项目实施机构与中选社会资本签署。

需要为项目设立专门项目公司的，待项目公司成立后，由项目公司与项目实施机构重新签署项目合同，或签署关于承继项目合同的补充合同。

项目实施机构应在项目合同签订之日起 2 个工作日内，将项目合同在省级以上人民政府财政部门指定的媒体上公告，但合同中涉及国家秘密、商业秘密的内容除外。

4. 项目执行

（1）设立项目公司

社会资本可依法设立项目公司。政府可指定相关机构依法参股项目公司。项目实施机构和财政部门（政府和社会资本合作中心）应监督社会资本按照采购文件和项目合同约定，按时足额出资设立项目公司。

（2）资金就位

项目融资由社会资本或项目公司负责。社会资本或项目公司应及时开展融资方案设计、机构接洽、合同签订和融资交割等工作。财政部门（政府和社会资本合作中心）和项目实施机构应做好监督管理工作，防止企业债务向政府转移。

社会资本或项目公司未按照项目合同约定完成融资的，政府可提取履约保函直至终止项目合同；遇系统性金融风险或不可抗力的，政府、社会资本或项目公司可根据项目合同约定协商修订合同中相关融资条款。

当项目出现重大经营或财务风险，威胁或侵害债权人利益时，债权人可依据与政府、社会资本或项目公司签订的直接介入协议或条款，要求社会资本或项目公司改善管理等。在直接介入协议或条款约定期限内，重大风险已解除的，债权人应停止介入。

项目合同中涉及的政府支付义务，财政部门应结合中长期财政规划统筹考虑，纳入同级政府预算，按照预算管理相关规定执行。财政部门（政府和社会资本合作中心）和项目实施机构应建立政府和社会资本合作项目政府支付台账，严格控制政府财政风险。在政府综合财务报告制度建立后，政府和社会资本合作项目中的政府支付义务应纳入政府综合财务报告。

项目实施机构应根据项目合同约定，监督社会资本或项目公司履行合同义务，定期监测项目产出绩效指标，编制季报和年报，并报财政部门（政府和社会资本合作中心）备案。

政府有支付义务的，项目实施机构应根据项目合同约定的产出说明，按照实际绩效直接或通知财政部门向社会资本或项目公司及时足额支付。设置超额收益分享机制的，社会资本或项目公司应根据项目合同约定向政府及时足额支付应享有的超额收益。

项目实际绩效优于约定标准的，项目实施机构应执行项目合同约定的奖励条款，并可将其作为项目期满合同能否展期的依据；未达到约定标准的，项目实施机构应执行项目合同约定的惩处条款或救济措施。

（3）违约处理

社会资本或项目公司违反项目合同约定，威胁公共产品和服务持续稳定安全供给，或危及国家安全和重大公共利益的，政府有权临时接管项目，直至启动项目提前终止程序。

政府可指定合格机构实施临时接管。临时接管项目所产生的一切费用，将根据项目合同约定，由违约方单独承担或由各责任方分担。社会资本或项目公司应承担的临时接管费用，可以从其应获终止补偿中扣减。

（4）合同管理

在项目合同执行和管理过程中，项目实施机构应重点关注合同修订、违约责任和争议解决等工作。

①合同修订

按照项目合同约定的条件和程序，项目实施机构和社会资本或项目公司可根据社会经济环境、公共产品和服务的需求量及结构等条件的变化，提出修订项目合同申请，待政府审核同意后执行。

②违约责任

项目实施机构、社会资本或项目公司未履行项目合同约定义务的，应承担相应违约责任，包括停止侵害、消除影响、支付违约金、赔偿损失以及解除项目合同等。

③争议解决

在项目实施过程中，按照项目合同约定，项目实施机构、社会资本或项目公司可就发生争议且无法协商达成一致的事项，依法申请仲裁或提起民事诉讼。

（5）中期评估

项目实施机构应每3~5年对项目进行中期评估，重点分析项目运行状况和项目合同的合规性、适应性和合理性；及时评估已发现问题的风险，制订应对措施，并报财政部门（政府和社会资本合作中心）备案。

政府相关职能部门应根据国家相关法律法规对项目履行行政监管职责，重点关注公共产品和服务质量、价格和收费机制、安全生产、环境保护和劳动者权益等。

社会资本或项目公司对政府职能部门的行政监管处理决定不服的，可依法申请行政复议或提起行政诉讼。

（6）信息披露与监督

政府、社会资本或项目公司应依法公开披露项目相关信息，保障公众知情权，接受社会监督。

社会资本或项目公司应披露项目产出的数量和质量、项目经营状况等信息。政府应公开不涉及国家秘密、商业秘密的政府和社会资本合作项目合同条款、绩效监测报告、中期评估报告和项目重大变更或终止情况等。

社会公众及项目利益相关方发现项目存在违法、违约情形或公共产品和服务不达标准的，可向政府职能部门提请监督检查。

5. 项目移交

（1）确定移交方式

项目移交时，项目实施机构或政府指定的其他机构代表政府收回项目合同约定的项目资产。

项目合同中应明确约定移交形式、补偿方式、移交内容和移交标准。移交形式包括期满终止移交和提前终止移交；补偿方式包括无偿移交和有偿移交；移交内容包括项目资产、人员、文档和知识产权等；移交标准包括设备完好率和最短可使用年限等指标。

采用有偿移交的，项目合同中应明确约定补偿方案；没有约定或约定不明的，项目实施机构应按照"恢复相同经济地位"原则拟定补偿方案，报政府审核同意后实施。

（2）移交评估和测试

项目实施机构或政府指定的其他机构应组建项目移交工作组，根据项目合同约定与社会资本或项目公司确认移交情形和补偿方式，制定资产评估和性能测试方案。

项目移交工作组应委托具有相关资质的资产评估机构，按照项目合同约定的评估方式，对移交资产进行资产评估，作为确定补偿金额的依据。

项目移交工作组应严格按照性能测试方案和移交标准对移交资产进行性能测试。性能测试结果不达标的，移交工作组应要求社会资本或项目公司进行恢复性修理、更新重置或提取移交维修保函。

社会资本或项目公司应将满足性能测试要求的项目资产、知识产权和技术法律文件，连同资产清单移交项目实施机构或政府指定的其他机构，办妥法律过户和管理权移交手续。社会资本或项目公司应配合做好项目运营平稳过渡相关工作。

（3）后评价

项目移交完成后，财政部门（政府和社会资本合作中心）应组织有关部门对项目产出、成本效益、监管成效、可持续性、政府和社会资本合作模式应用等进行绩效评价，并按相关规定公开评价结果。评价结果作为政府开展政府和社会资本合作管理工作决策参考依据。

（三）物有所值评价

中华人民共和国境内拟采用 PPP 模式实施的项目，应在项目识别或准备阶段开展物有所值评价。物有所值（Value for Money）评价是判断是否采用 PPP 模式代替政府传统投资运营方式提供公共服务项目的一种评价方法。

物有所值评价包括定性评价和定量评价。现阶段以定性评价为主，鼓励开展定量评价。定量评价可作为项目全生命周期内风险分配、成本测算和数据收集的重要手段，以及项目决策和绩效评价的参考依据。应统筹定性评价和定量评价结论，做出物有所值评价结论。物有所值评价结论分为"通过"和"未通过"。"通过"的项目，可进行财政承受能力论证；"未通过"的项目，可在调整实施方案后重新评价，仍未通过的不宜采用 PPP 模式。

1. 评价准备

物有所值评价资料主要包括：（初步）实施方案、项目产出说明、风险识别和分配情况、存量公共资产的历史资料、新建或改扩建项目的（预）可行性研究报告、设计文件等。

开展物有所值评价时，项目本级财政部门（或 PPP 中心）应会同行业主管部门，明确是否开展定量评价，并明确定性评价程序、指标及其权重、评分标准等基本要求。

开展物有所值定量评价时，项目本级财政部门（或 PPP 中心）应会同行业主管部门，明确定量评价内容、测算指标和方法，以及定量评价结论是否作为采用 PPP 模式的决策依据。

2. 定性评价

定性评价指标包括全生命周期整合程度、风险识别与分配、绩效导向与鼓励创新、潜在竞争程度、政府机构能力、可融资性六项基本评价指标。项目本级财政部门（或 PPP 中心）会同行业主管部门，可根据具体情况设置补充评价指标。

（1）六项基本指标

①全生命周期整合程度指标

全生命周期整合程度指标主要考核在项目全生命周期内，项目设计、投融资、建造、运营和维护等环节能否实现长期、充分整合。

②风险识别与分配指标

风险识别与分配指标主要考核在项目全生命周期内，各风险因素是否得到充分识别并在政府和社会资本之间进行合理分配。

③绩效导向与鼓励创新指标

绩效导向与鼓励创新指标主要考核是否建立以基础设施及公共服务供给数量、质量和效率为导向的绩效标准和监管机制，是否落实节能环保、支持本国产业等政府采购政策，能否鼓励社会资本创新。

④潜在竞争程度指标

潜在竞争程度指标主要考核项目内容对社会资本参与竞争的吸引力。

⑤政府机构能力指标

政府机构能力指标主要考核政府转变职能、优化服务、依法履约、行政监管和项目执行管理等能力。

⑥可融资性指标

可融资性指标主要考核项目的市场融资能力。

（2）补充评价指标

补充评价指标主要是六项基本评价指标未涵盖的其他影响因素，包括项目规模大小、预期使用寿命长短、主要固定资产种类、全生命周期成本测算准确性、运营收入增长潜力、行业示范性等。

（3）定性评价结论

定性评价一般采用专家打分法。在各项评价指标中，六项基本评价指标权重为80%，其中任一指标权重一般不超过20%；补充评价指标权重为20%，其中任一指标权重一般不超过10%。

每项指标评分分为五个等级，即有利、较有利、一般、较不利、不利，对应分值分别为100~81分、80~61分、60~41分、40~21分、20~0分。项目本级财政部门（或 PPP 中心）会同行业主管部门，按照评分等级对每项指标制定清晰准确的评分标准。

定性评价专家组包括财政、资产评估、会计、金融等经济方面专家，以及行业、工程技术、项目管理和法律方面专家等。

项目本级财政部门（或 PPP 中心）会同行业主管部门组织召开专家组会议。定性评价所需资料应于专家组会议召开前送达专家，确保专家掌握必要信息。专家组会议基本程序如下：①专家在充分讨论后按评价指标逐项打分；②按照指标权重计算加权平均分，得到评分结果，形成专家组意见。专家打分表见表 2-9。

物有所值定性评价专家打分表　　　　　　　　　　　　　　　表 2-9

指标		权重	评分
基本指标	全生命周期整合程度		
	风险识别与分配		
	绩效导向与鼓励创新		
	潜在竞争程度		
	政府机构能力		
	可融资性		
	基本指标小计	80%	—
补充指标			
	补充指标小计	20%	—
合计		100%	

专家签字：　　　　　时间：

项目本级财政部门（或 PPP 中心）会同行业主管部门根据专家组意见，做出定性评价结论。原则上，评分结果在 60 分（含）以上的，通过定性评价；否则，未通过定性评价。

3. 定量评价

定量评价是在假定采用 PPP 模式与政府传统投资方式产出绩效相同的前提下，通过对 PPP 项目全生命周期内政府方净成本的现值（PPP 值）与公共部门比较值（PSC 值）进行比较，判断 PPP 模式能否降低项目全生命周期成本。

（1）PPP 值测算

PPP 值可等同于 PPP 项目全生命周期内股权投资、运营补贴、风险承担和配套投入等各项财政支出责任的现值，参照财政部《关于印发〈政府和社会资本合作项目财政承受能力论证指引〉的通知》（财金〔2015〕21 号）及有关规定测算。

①股权支出

股权投资支出责任是指在政府与社会资本共同组建项目公司的情况下，政府承担的股权投资支出责任。如果社会资本单独组建项目公司，政府不承担股权投资支出责任。

股权投资支出应当依据项目资本金要求以及项目公司股权结构合理确定。股权投资支出责任中的土地等实物投入或无形资产投入，应依法进行评估，合理确定价值。计算公式为：

$$股权投资支出 = 项目资本金 \times 政府占项目公司股权比例$$

②运营补贴支出

运营补贴支出责任是指在项目运营期间，政府承担的直接付费责任。不同付费模式下，政府承担的运营补贴支出责任不同。政府付费模式下，政府承担全部运营补贴支出责任；可行性缺口补助模式下，政府承担部分运营补贴支出责任；使用者付费模式下，政府不承担运营补贴支出责任。

运营补贴支出应当根据项目建设成本、运营成本及利润水平合理确定，并按照不同付费模式分别测算。

对政府付费模式的项目，在项目运营补贴期间，政府承担全部直接付费责任。政府每年直接付费数额包括：社会资本方承担的年均建设成本（折算成各年度现值）、年度运营成本和合理利润。计算公式为：

$$当年运营补贴支出数额 = \frac{项目全部建设成本 \times （1+ 合理利润率）\times （1+ 年度折现率）^n}{财政运营补贴周期（年）}$$

$$+ 年度运营成本 \times （1+ 合理利润率）$$

对可行性缺口补助模式的项目，在项目运营补贴期间，政府承担部分直接付费责任。政府每年直接付费数额包括：社会资本方承担的年均建设成本（折算成各年度现值）、年度运营成本和合理利润，再减去每年使用者付费的数额。计算公式为：

$$当年运营补贴支出数额 = \frac{项目全部建设成本 \times （1+ 合理利润率）\times （1+ 年度折现率）^n}{财政运营补贴周期（年）}$$

$$+ 年度运营成本 \times （1+ 合理利润率）- 当年使用者付费数额$$

n 代表折现年数。财政运营补贴周期指财政提供运营补贴的年数。

年度折现率应考虑财政补贴支出发生年份，并参照同期地方政府债券收益率合理确定。

合理利润率应以商业银行中长期贷款利率水平为基准，充分考虑可用性付费、使用量付费、绩效付费的不同情景，结合风险等因素确定。

在计算运营补贴支出时，应当充分考虑合理利润率变化对运营补贴支出的影响。

PPP 项目实施方案中的定价和调价机制通常与消费物价指数、劳动力市场指数等因素挂钩，会影响运营补贴支出责任。在可行性缺口补助模式下，运营补贴支出责任受到使用者付费数额的影响，而使用者付费的多少因定价和调价机制而变化。在计算运营补贴支出数额时，应当充分考虑定价和调价机制的影响。

③风险承担支出

风险承担支出责任是指项目实施方案中政府承担风险带来的财政或有支出责任。通常由政府承担的法律风险、政策风险、最低需求风险以及因政府方原因导致项目合同终止等突发情况，会产生财政或有支出责任。

风险承担支出应充分考虑各类风险出现的概率和带来的支出责任，可采用比例法、情景分析法及概率法进行测算。如果 PPP 合同约定保险赔款的第一受益人为政府，则风险承担支出应为扣除该等风险赔款金额的净额。

第一，比例法。在各类风险支出数额和概率难以进行准确测算的情况下，可以按照项目的全部建设成本和一定时期内的运营成本的一定比例确定风险承担支出。

第二，情景分析法。在各类风险支出数额可以进行测算、但出现概率难以确定的情况下，可针对影响风险的各类事件和变量进行"基本""不利"及"最坏"等情景假设，测算各类风险发生带来的风险承担支出。计算公式为：

$$风险承担支出数额 = 基本情景下财政支出数额 \times 基本情景出现的概率$$
$$+ 不利情景下财政支出数额 \times 不利情景出现的概率$$
$$+ 最坏情景下财政支出数额 \times 最坏情景出现的概率$$

第三，概率法。在各类风险支出数额和发生概率均可进行测算的情况下，可将所有可变风险参数作为变量，根据概率分布函数，计算各种风险发生带来的风险承担支出。

④配套投入支出

配套投入支出责任是指政府提供的项目配套工程等其他投入责任，通常包括土地征收和整理、建设部分项目配套措施、完成项目与现有相关基础设施和公用事业的对接、投资补助、贷款贴息等。配套投入支出应依据项目实施方案合理确定。

配套投入支出责任应综合考虑政府将提供的其他配套投入总成本和社会资本方为此支付的费用。配套投入支出责任中的土地等实物投入或无形资产投入，应依法进行评估，合理确定价值。计算公式为：

$$配套投入支出数额 = 政府拟提供的其他投入总成本 - 社会资本方支付的费用$$

（2）公共部门比较值（PSC 值）测算

PSC 值是以下三项成本的全生命周期现值之和：

①参照项目的建设和运营维护净成本。参照项目可根据具体情况确定为：假设政府采用现实可行的、最有效的传统投资方式实施的、与 PPP 项目产出相同的虚拟项目；最近 5 年内，相同或相似地区采用政府传统投资方式实施的、与 PPP 项目产出相同或非常相似的项目。

建设净成本主要包括参照项目设计、建造、升级、改造、大修等方面投入的现金以及固定资产、土地使用权等实物和无形资产的价值，并扣除参照项目全生命周期内产生的转让、租赁或处置资产所获的收益。

运营维护净成本主要包括参照项目全生命周期内运营维护所需的原材料、设备、人工等成本，以及管理费用、销售费用和运营期财务费用等，并扣除假设参照项目与 PPP 项目付费机制相同情况下能够获得的使用者付费收入等。

②竞争性中立调整值。竞争性中立调整值主要是采用政府传统投资方式比采用 PPP 模式实施项目少支出的费用，通常包括少支出的土地费用、行政审批费用、有关税费等。

③项目全部风险成本。项目全部风险成本包括可转移给社会资本的风险承担成本和政府自留风险的承担成本，可按上述风险承担支出的方法测算。其中，政府自留风险承担成本等同于 PPP 值中的全生命周期风险承担支出责任，两者在 PSC 值与 PPP 值比较时可对等

扣除。

用于测算 PSC 值的折现率应与用于测算 PPP 值的折现率相同。

（3）定量评价结论

PPP 值小于或等于 PSC 值的，认定为通过定量评价；PPP 值大于 PSC 值的，认定为未通过定量评价。

4. 评价报告编制

项目本级财政部门（或 PPP 中心）会同行业主管部门，在物有所值评价结论形成后，完成物有所值评价报告编制工作，报省级财政部门备案，并将报告电子版上传 PPP 综合信息平台。

物有所值评价报告内容包括：

（1）项目基础信息。主要包括项目概况、项目产出说明和绩效标准、PPP 运作方式、风险分配框架和付费机制等。

（2）评价方法。主要包括定性评价程序、指标及权重、评分标准、评分结果、专家组意见以及定量评价的 PSC 值、PPP 值的测算依据、测算过程和结果等。

（3）评价结论。分为"通过"和"未通过"。

（4）附件。通常包括（初步）实施方案、项目产出说明、可行性研究报告、设计文件、存量公共资产的历史资料、PPP 项目合同、绩效监测报告和中期评估报告等。

（四）财政承受能力论证

开展 PPP 项目财政承受能力论证，是政府履行合同义务的重要保障，有利于规范 PPP 项目财政支出管理，有序推进项目实施，有效防范和控制财政风险，实现 PPP 可持续发展。财政承受能力论证是指识别、测算政府和社会资本合作（Public-Private Partnership，以下简称"PPP"）项目的各项财政支出责任，科学评估项目实施对当前及今后年度财政支出的影响，为 PPP 项目财政管理提供依据。

财政承受能力论证采用定量和定性分析方法。财政承受能力论证的结论分为"通过论证"和"未通过论证"。"通过论证"的项目，各级财政部门应当在编制年度预算和中期财政规划时，将项目财政支出责任纳入预算统筹安排。"未通过论证"的项目，则不宜采用 PPP 模式。

根据财政部《关于印发〈政府和社会资本合作项目财政承受能力论证指引〉的通知》（财金〔2015〕21 号），财政承受能力论证包括如下内容。

1. 责任识别与支出测算

PPP 项目全生命周期过程的财政支出责任，主要包括股权投资、运营补贴、风险承担、配套投入等。

（1）股权支出

本部分同物有所值部分的内容。

（2）运营补贴支出

本部分同物有所值部分的内容。

（3）风险承担支出

本部分同物有所值部分的内容。

（4）配套投入支出

本部分同物有所值部分的内容。

2. 能力评估

财政承受能力评估包括财政支出能力评估以及行业和领域平衡性评估。财政支出能力评估，是根据 PPP 项目预算支出责任，评估 PPP 项目实施对当前及今后年度财政支出的影响；行业和领域均衡性评估，是根据 PPP 模式适用的行业和领域范围，以及经济社会发展需要和公众对公共服务的需求，平衡不同行业和领域 PPP 项目，防止某一行业和领域 PPP 项目过于集中。

在进行财政支出能力评估时，未来年度一般公共预算支出数额可参照前 5 年相关数额的平均值及平均增长率计算，并根据实际情况进行适当调整。每一年度全部 PPP 项目需要从预算中安排的支出责任，占一般公共预算支出比例应当不超过 10%。省级财政部门可根据本地实际情况，因地制宜确定具体比例，并报财政部备案，同时对外公布。

"通过论证"且经同级人民政府审核同意实施的 PPP 项目，各级财政部门应当将其列入 PPP 项目目录，并在编制中期财政规划时，将项目财政支出责任纳入预算统筹安排。

第四节 工程项目可行性研究与决策

一、项目可行性研究

项目可行性研究是指通过对拟建项目的建设方案和建设条件的分析、比较、论证，从而得出该项目的建设方案是否合理、该项目是否值得投资、是否可行的结论，为项目的决策提供依据。可行性研究是建设项目前期阶段最重要的工作。

（一）政府投资项目可行性研究报告

政府投资是指各级政府投入工程项目建设的政府性资金，包括财政预算内投资资金、各类专项建设基金、国家主权外债和其他政府性资金。

政府投资项目实行审批制。各类政府投资资金，包括预算内投资、各类专项建设基金、统借国外贷款等。政府投资资金可分别采取直接投资、资本金注入、投资补助、转贷和贷款贴息等方式。政府以资本金方式投入的，要确定出资人代表。

对于政府投资项目，采用直接投资和资本金注入方式的，从投资决策角度只审批项目建议书和可行性研究报告，除特殊情况外不再审批开工报告，同时应严格政府投资项目的初步设计、概算审批工作。

政府投资项目可行性研究报告编制通用大纲如下：

1. 概述

（1）项目概况

项目全称及简称。概述项目建设目标和任务、建设地点、建设内容和规模（含主要产出）、建设工期、投资规模和资金来源、建设模式、主要技术经济指标、绩效目标等。

（2）项目单位概况

简述项目单位基本情况。拟新组建项目法人的，简述项目法人组建方案。对于政府资本金注入项目，简述项目法人基本信息、投资人（或者股东）构成及政府出资人代表等情况。

（3）编制依据

概述项目建议书（或项目建设规划）及其批复文件、国家和地方有关支持性规划、产业政策和行业准入条件、主要标准规范、专题研究成果，以及其他依据。

（4）主要结论和建议

简述项目可行性研究的主要结论和建议。

2. 项目建设背景和必要性

（1）项目建设背景

简述项目立项背景，项目用地预审和规划选址等行政审批手续办理和其他前期工作进展。

（2）规划政策符合性

阐述项目与经济社会发展规划、区域规划、专项规划、国土空间规划等重大规划的衔接性，与扩大内需、共同富裕、乡村振兴、科技创新、节能减排、碳达峰碳中和、国家安全和应急管理等重大政策目标的符合性。

（3）项目建设必要性

从重大战略和规划、产业政策、经济社会发展、项目单位履职尽责等层面，综合论证项目建设的必要性和建设时机的适当性。

3. 项目需求分析与产出方案

（1）需求分析

在调查项目所涉产品或服务需求现状的基础上，分析产品或服务的可接受性或市场需求潜力，研究提出拟建项目功能定位、近期和远期目标、产品或服务的需求总量及结构。

（2）建设内容和规模

结合项目建设目标和功能定位等，论证拟建项目的总体布局、主要建设内容及规模，确定建设标准。大型、复杂及分期建设项目应根据项目整体规划、资源利用条件及近远期需求预测，明确项目近远期建设规模、分阶段建设目标和建设进度安排，并说明预留发展空间及其合理性、预留条件对远期规模的影响等。

（3）项目产出方案

研究提出拟建项目正常运营年份应达到的生产或服务能力及其质量标准要求，并评价项目建设内容、规模以及产出的合理性。

4. 项目选址与要素保障

（1）项目选址或选线

通过多方案比较，选择项目最佳或合理的场址或线路方案，明确拟建项目场址或线路的土地权属、供地方式、土地利用状况、矿产压覆、占用耕地和永久基本农田、涉及生态保护红线、地质灾害危险性评估等情况。备选场址方案或线路方案比选要综合考虑规划、技术、经济、社会等条件。

（2）项目建设条件

分析拟建项目所在区域的自然环境、交通运输、公用工程等建设条件。其中，自然环境条件包括地形地貌、气象、水文、泥沙、地质、地震、防洪等；交通运输条件包括铁路、公路、港口、机场、管道等；公用工程条件包括周边市政道路、水、电、气、热、消防和通信等。阐述施工条件、生活配套设施和公共服务依托条件等。改扩建工程要分析现有设施条件的容量和能力，提出设施改扩建和利用方案。

（3）要素保障分析

土地要素保障。分析拟建项目相关的国土空间规划、土地利用年度计划、建设用地控制指标等土地要素保障条件，开展节约集约用地论证分析，评价用地规模和功能分区的合理性、节地水平的先进性。说明拟建项目用地总体情况，包括地上（下）物情况等；涉及耕地、园地、林地、草地等农用地转为建设用地的，说明农用地转用指标的落实、转用审批手续办理安排及耕地占补平衡的落实情况；涉及占用永久基本农田的，说明永久基本农田占用补划情况；如果项目涉及用海用岛，应明确用海用岛的方式、具体位置和规模等内容。

资源环境要素保障。分析拟建项目水资源、能源、大气环境、生态等承载能力及其保障条件，以及取水总量、能耗、碳排放强度和污染减排指标控制要求等，说明是否存在环境敏感区和环境制约因素。对于涉及用海的项目，应分析利用港口岸线资源、航道资源的基本情况及其保障条件；对于需围填海的项目，应分析围填海基本情况及其保障条件。对于重大投资项目，应列示规划、用地、用水、用能、环境以及可能涉及的用海、用岛等要素保障指标，并综合分析提出要素保障方案。

5.项目建设方案

（1）技术方案

通过技术比较提出项目预期达到的技术目标、技术来源及其实现路径，确定核心技术方案和核心技术指标。简述推荐技术路线的理由。对于专利或关键核心技术，需要分析其取得方式的可靠性、知识产权保护、技术标准和自主可控性等。

（2）设备方案

通过设备比选提出所需主要设备（含软件）的规格、数量、性能参数、来源和价格，论述设备（含软件）与技术的匹配性和可靠性、设备（含软件）对工程方案的设计技术需求，提出关键设备和软件推荐方案及自主知识产权情况。对于关键设备，进行单台技术经济论证，说明设备调研情况；对于非标设备，说明设备原理和组成。对于改扩建项目，分析现有设备利用或改造情况。涉及超限设备的，研究提出相应的运输方案，特殊设备提出安装要求。

（3）工程方案

通过方案比选提出工程建设标准、工程总体布置、主要建（构）筑物和系统设计方案、外部运输方案、公用工程方案及其他配套设施方案。工程方案要充分考虑土地利用、地上地下空间综合利用、人民防空工程、抗震设防、防洪减灾、消防应急等要求，以及绿色和韧性工程相关内容，并结合项目所属行业特点，细化工程方案有关内容和要求。涉及分期建设的项目，需要阐述分期建设方案；涉及重大技术问题的，还应阐述需要开展的专题论证工作。

（4）用地用海征收补偿（安置）方案

涉及土地征收或用海海域征收的项目，应根据有关法律法规政策规定，提出征收补偿（安置）方案。土地征收补偿（安置）方案应当包括征收范围、土地现状、征收目的、补偿方式和标准、安置对象、安置方式、社会保障、补偿（安置）费用等内容。用海用岛涉及利益相关者的，应根据有关法律法规政策规定等，确定利益相关者协调方案。

（5）数字化方案

对于具备条件的项目，研究提出拟建项目数字化应用方案，包括技术、设备、工程、建设管理和运维、网络与数据安全保障等方面，提出以数字化交付为目的，实现设计—施工—运维全过程数字化应用方案。

（6）建设管理方案

提出项目建设组织模式和机构设置，制定质量、安全管理方案和验收标准，明确建设质量和安全管理目标及要求，提出拟采用新材料、新设备、新技术、新工艺等推动高质量建设的技术措施。根据项目实际提出拟实施以工代赈的建设任务等。

提出项目建设工期，对项目建设主要时间节点做出时序性安排。提出包括招标范围、招标组织形式和招标方式等在内的拟建项目招标方案。研究提出拟采用的建设管理模式，如代建管理、全过程工程咨询服务、工程总承包（EPC）等。

6. 项目运营方案

（1）运营模式选择

研究提出项目运营模式，确定自主运营管理还是委托第三方运营管理，并说明主要理由。委托第三方运营管理的，应提出对第三方的运营管理能力要求。

（2）运营组织方案

研究项目组织机构设置方案、人力资源配置方案、员工培训需求及计划，提出项目在合规管理、治理体系优化和信息披露等方面的措施。

（3）安全保障方案

分析项目运营管理中存在的危险因素及其危害程度，明确安全生产责任制，建立安全管理体系，提出劳动安全与卫生防范措施，以及项目可能涉及的数据安全、网络安全、供应链安全的责任制度或措施方案，并制定项目安全应急管理预案。

（4）绩效管理方案

研究制定项目全生命周期关键绩效指标和绩效管理机制，提出项目主要投入产出效率、直接效果、外部影响和可持续性等管理方案。大型、复杂及分期建设项目，应按照子项目分别确定绩效目标和评价指标体系，并说明影响项目绩效目标实现的关键因素。

7. 项目投融资与财务方案

（1）投资估算

对项目建设和生产运营所需投入的全部资金即项目总投资进行估算，包括建设投资、建设期融资费用和流动资金，说明投资估算编制依据和编制范围，明确建设期内分年度投资计划。

（2）营利能力分析

根据项目性质，确定适合的评价方法。结合项目运营期内的负荷要求，估算项目营业收入、补贴性收入及各种成本费用，并按相关行业要求提供量价协议、框架协议等支撑材料。通过项目自身的营利能力分析，评价项目可融资性。对于政府直接投资的非经营性项目，开展项目全生命周期资金平衡分析，提出开源节流措施。对于政府资本金注入项目，计算财务内部收益率、财务净现值、投资回收期等指标，评价项目营利能力；营业收入不足以覆盖项目成本费用的，提出政府支持方案。对于综合性开发项目，分析项目服务能力和潜在综合收益，评价项目采用市场化机制的可行性和利益相关方的可接受性。

（3）融资方案

研究提出项目拟采用的融资方案，包括权益性融资和债务性融资，分析融资结构和资金成本。说明项目申请财政资金投入的必要性和方式，明确资金来源，提出形成资金闭环的管理方案。对于政府资本金注入项目，说明项目资本金来源和结构、与金融机构对接情况，研究采用权益型金融工具、专项债、公司信用类债券等融资方式的可行性，主要包括融资金额、融资期限、融资成本等关键要素。对于具备资产盘活条件的基础设施项目，研究项目建成后采取基础设施领域不动产投资信托基金（REITs）等方式盘活存量资产、实现项目投资回收的可能路径。

（4）债务清偿能力分析

对于使用债务融资的项目，明确债务清偿测算依据和还本付息资金来源，分析利息备付率、偿债备付率等指标，评价项目债务清偿能力，以及是否增加当地政府财政支出负担、引发地方政府隐性债务风险等情况。

（5）财务可持续性分析

对于政府资本金注入项目，编制财务计划现金流量表，计算各年净现金流量和累计盈余资金，判断拟建项目是否有足够的净现金流量维持正常运营。对于在项目经营期出现经营净现金流量不足的项目，研究提出现金流接续方案，分析政府财政补贴所需资金，评价项目财务可持续性。

8. 项目影响效果分析

（1）经济影响分析

对于具有明显经济外部效应的政府投资项目，计算项目对经济资源的耗费和实际贡献，分析项目费用效益或效果，以及重大投资项目对宏观经济、产业经济、区域经济等所产生的影响，评价拟建项目的经济合理性。

（2）社会影响分析

通过社会调查和公众参与，识别项目主要社会影响因素和主要利益相关者，分析不同目标群体的诉求及其对项目的支持程度，评价项目采取以工代赈等方式在带动当地就业、促进技能提升等方面的预期成效，以及促进员工发展、社区发展和社会发展等方面的社会责任，提出减缓负面社会影响的措施或方案。

（3）生态环境影响分析

分析拟建项目所在地的环境和生态现状，评价项目在污染物排放、地质灾害防治、防洪减灾、水土流失、土地复垦、生态保护、生物多样性和环境敏感区等方面的影响，提出生态环境影响减缓、生态修复和补偿等措施，以及污染物减排措施，评价拟建项目能否满足有关生态环境保护政策要求。

（4）资源和能源利用效果分析

研究拟建项目的矿产资源、森林资源、水资源（含非常规水源）、能源、再生资源、废物和污水资源化利用，以及设备回收利用情况，通过单位生产能力主要资源消耗量等指标分析，提出资源节约、关键资源保障，以及供应链安全、节能等方面措施，计算采取资源节约和资源化利用措施后的资源消耗总量及强度。计算采取节能措施后的全口径能源消耗总量、原料用能消耗量、可再生能源消耗量等指标，评价项目能效水平以及对项目所在地区能耗调控的影响。

（5）碳达峰碳中和分析

对于高耗能、高排放项目，在项目能源资源利用分析的基础上，预测并核算项目年度碳排放总量、主要产品碳排放强度，提出项目碳排放控制方案，明确拟采取减少碳排放的路径与方式，分析项目对所在地区碳达峰碳中和目标实现的影响。

9. 项目风险管控方案

（1）风险识别与评价

识别项目全生命周期的主要风险因素，包括需求、建设、运营、融资、财务、经济、社会、环境、网络与数据安全等方面，分析各风险发生的可能性、损失程度，以及风险承担主体的韧性或脆弱性，判断各风险后果的严重程度，研究确定项目面临的主要风险。

（2）风险管控方案

结合项目特点和风险评价，有针对性地提出项目主要风险的防范和化解措施。重大项目应当对社会稳定风险进行调查分析，查找并列出风险点、风险发生的可能性及影响程度，提出防范和化解风险的方案措施，提出采取相关措施后的社会稳定风险等级建议。对可能引发"邻避"问题的，应提出综合管控方案，保证影响社会稳定的风险在采取措施后处于低风险且可控状态。

（3）风险应急预案

对于拟建项目可能发生的风险，研究制定重大风险应急预案，明确应急处置及应急演练要求等。

10. 研究结论及建议

（1）主要研究结论

从建设必要性、要素保障性、工程可行性、运营有效性、财务合理性、影响可持续性、风险可控性等维度分别简述项目可行性研究结论，评价项目在经济、社会、环境等各方面效果和风险，提出项目是否可行的研究结论。

（2）问题与建议

针对项目需要重点关注和进一步研究解决的问题，提出相关建议。

11. 附表、附图和附件

根据项目实际情况和相关规范要求，研究确定并附具可行性研究报告必要的附表、附图和附件等。

（二）企业投资项目可行性研究报告

企业投资项目（以下简称"项目"），是指企业在中国境内投资建设的固定资产投资项目，包括企业使用自己筹措资金的项目，以及使用自己筹措的资金并申请使用政府投资补助或贷款贴息等的项目。

项目申请使用政府投资补助、贷款贴息的，应在履行核准或备案手续后，提出资金申请报告。

对企业不使用政府投资建设但在《政府核准的投资项目目录》内的项目，政府要从维护经济安全、合理开发利用资源、保护生态环境、优化重大布局、保障公共利益、防止出现垄断等方面进行核准。企业投资建设实行核准制的项目，仅需向政府提交项目申请报告。

外商投资项目，政府还要从市场准入、资本项目管理等方面进行核准。

《政府核准的投资项目目录》之外的，其他不使用政府投资的建设项目无论规模大小，均实行备案制。

企业投资项目可行性研究报告编制参考大纲如下：

1. 概述

（1）项目概况

项目全称及简称。概述项目建设目标和任务、建设地点、建设内容和规模（含主要产出）、建设工期、投资规模和资金来源、建设模式、主要技术经济指标等。

（2）企业概况

简述企业基本信息、发展现状、财务状况、类似项目情况、企业信用和总体能力，有关政府批复和金融机构支持等情况。分析企业综合能力与拟建项目的匹配性。属于国有控股企业的，应说明其上级控股单位的主责主业，以及拟建项目与其主责主业的符合性。

（3）编制依据

概述国家和地方有关支持性规划、产业政策和行业准入条件、企业战略、标准规范、专题研究成果，以及其他依据。

（4）主要结论和建议

简述项目可行性研究的主要结论和建议。

2. 项目建设背景、需求分析及产出方案

（1）规划政策符合性

简述项目建设背景和前期工作进展情况，论述拟建项目与经济社会发展规划、产业政策、行业和市场准入标准的符合性。

（2）企业发展战略需求分析

对于关系企业长远发展的重大项目，论述企业发展战略对拟建项目的需求程度和拟建项目对促进企业发展战略实现的重要性和紧迫性。

（3）项目市场需求分析

结合企业自身情况和行业发展前景，分析拟建项目所在行业的业态、目标市场环境和容量、产业链供应链、产品或服务价格，评价市场饱和程度、项目产品或服务的竞争力，预测产品或服务的市场拥有量，提出市场营销策略等建议。

（4）项目建设内容、规模和产出方案

阐述拟建项目总体目标及分阶段目标，提出拟建项目建设内容和规模，明确项目产品方案或服务方案及其质量要求，并评价项目建设内容、规模以及产品方案的合理性。

（5）项目商业模式

根据项目主要商业计划，分析拟建项目收入来源和结构，判断项目是否具有充分的商业可行性和金融机构等相关方的可接受性。结合项目所在地政府或相关单位可以提供的条件，提出商业模式及其创新需求，研究项目综合开发等模式创新路径及可行性。

3. 项目选址与要素保障

（1）项目选址或选线

通过多方案比较，选择项目最佳或合理的场址或线路方案，明确拟建项目场址或线路的土地权属、供地方式、土地利用状况、矿产压覆、占用耕地和永久基本农田、涉及生态保护红线、地质灾害危险性评估等情况。备选场址方案或线路方案比选要综合考虑规划、技术、经济、社会等条件。

（2）项目建设条件

分析拟建项目所在区域的自然环境、交通运输、公用工程等建设条件。其中，自然环境条件包括地形地貌、气象、水文、泥沙、地质、地震、防洪等；交通运输条件包括铁路、公路、港口、机场、管道等；公用工程条件包括周边市政道路、水、电、气、热、消防和通信等。阐述施工条件、生活配套设施和公共服务依托条件等。改扩建工程要分析现有设施条件的容量和能力，提出设施改扩建和利用方案。

（3）要素保障分析

土地要素保障。分析拟建项目相关的国土空间规划、土地利用年度计划、建设用地控制指标等土地要素保障条件，开展节约集约用地论证分析，评价用地规模和功能分区的合理性、节地水平的先进性。说明拟建项目用地总体情况，包括地上（下）物情况等；涉及耕地、园地、林地、草地等农用地转为建设用地的，说明农用地转用指标的落实、转用审批手续办理安排及耕地占补平衡的落实情况；涉及占用永久基本农田的，说明永久基本农田占用补划情况；如果项目涉及用海用岛，应明确用海用岛的方式、具体位置和规模等内容。

资源环境要素保障。分析拟建项目水资源、能源、大气环境、生态等承载能力及其保障条件，以及取水总量、能耗、碳排放强度和污染减排指标控制要求等，说明是否存在环境敏感区和环境制约因素。对于涉及用海的项目，应分析利用港口岸线资源、航道资源的基本情况及其保障条件；对于需围填海的项目，应分析围填海基本情况及其保障条件。

4. 项目建设方案

（1）技术方案

通过技术比较提出项目生产方法、生产工艺技术和流程、配套工程（辅助生产和公用工程等）、技术来源及其实现路径，论证项目技术的适用性、成熟性、可靠性和先进性。对于专利或关键核心技术，需要分析其获取方式、知识产权保护、技术标准和自主可控性等。简述推荐技术路线的理由，提出相应的技术指标。

（2）设备方案

通过设备比选提出拟建项目主要设备（含软件）的规格、数量和性能参数等内容，论述设备（含软件）与技术的匹配性和可靠性、设备和软件对工程方案的设计技术需求，提出关键设备和软件推荐方案及自主知识产权情况。必要时，对关键设备进行单台技术经济论证。利用和改造原有设备的，提出改造方案及其效果。涉及超限设备的，研究提出相应的运输方案，特殊设备提出安装要求。

（3）工程方案

通过方案比选提出工程建设标准、工程总体布置、主要建（构）筑物和系统设计方案、外部运输方案、公用工程方案及其他配套设施方案，明确工程安全质量和安全保障措施，对重大问题制定应对方案。涉及分期建设的项目，需要阐述分期建设方案；涉及重大技术问题的，还应阐述需要开展的专题论证工作。

（4）资源开发方案

对于资源开发类项目，应依据资源开发规划、资源储量、资源品质、赋存条件、开发价值等，研究制定资源开发和综合利用方案，评价资源利用效率。

（5）用地用海征收补偿（安置）方案

涉及土地征收或用海海域征收的项目，应根据有关法律法规政策规定，确定征收补偿（安置）方案，包括征收范围、土地现状、征收目的、补偿方式和标准、安置对象、安置方式、社会保障等内容。用海用岛涉及利益相关者的，应根据有关法律法规政策规定等，确定利益相关者协调方案。

（6）数字化方案

对于具备条件的项目，研究提出拟建项目数字化应用方案，包括技术、设备、工程、建设管理和运维、网络与数据安全保障等方面，提出以数字化交付为目的，实现设计—施工—运维全过程数字化应用方案。

（7）建设管理方案

提出项目建设组织模式、控制性工期和分期实施方案，确定项目建设是否满足投资管理合规性和施工安全管理要求。如果涉及招标，明确招标范围、招标组织形式和招标方式等。

5. 项目运营方案

（1）生产经营方案

对于产品生产类企业投资项目，提出拟建项目的产品质量安全保障方案、原材料供应保障方案、燃料动力供应保障方案以及维护维修方案，评价生产经营的有效性和可持续性。

对于运营服务类企业投资项目，明确拟建项目运营服务内容、标准、流程、计量、运营维护与修理，以及运营服务效率要求等，研究提出运营服务方案。

（2）安全保障方案

分析项目运营管理中存在的危险因素及其危害程度，明确安全生产责任制，设置安全管理机构，建立安全管理体系，提出安全防范措施，制定项目安全应急管理预案。

（3）运营管理方案

简述拟建项目的运营机构设置方案，明确项目运营模式和治理结构要求，简述项目绩效考核方案、奖惩机制等。

6. 项目投融资与财务方案

（1）投资估算

说明投资估算编制范围、编制依据，估算项目建设投资、流动资金、建设期融资费用，明确建设期内分年度资金使用计划。

（2）营利能力分析

根据项目性质，选择适合的评价方法，估算项目营业收入和补贴性收入及各种成本费用，并按相关行业要求提供量价协议、框架协议等支撑材料，分析项目的现金流入和流出情况，构建项目利润表和现金流量表，计算财务内部收益率、财务净现值等指标，评价项目的财务营利能力，并开展盈亏平衡分析和敏感性分析，根据需要分析拟建项目对企业整体财务状况的影响。

（3）融资方案

结合企业自身及其股东出资能力，分析项目资本金和债务资金来源及结构、融资成本以及资金到位情况，评价项目的可融资性。结合企业和项目经济、社会、环境等评价结果，研究项目获得绿色金融、绿色债券支持的可能性。对于具备条件的基础设施项目，研究提出项目建成后通过基础设施领域不动产投资信托基金（REITs）等模式盘活存量资产、实现投资回收的可能性。企业拟申请政府投资补助或贴息的，应根据相关要求研究提出拟申报投资补助或贴息的资金额度及可行性。

（4）债务清偿能力分析

按照负债融资的期限、金额、还本付息方式等条件，分析计算偿债备付率、利息备付率等债务清偿能力评价指标，判断项目偿还债务本金及支付利息的能力。必要时，开展项目资产负债分析，计算资产负债率等指标，评价项目资金结构的合理性。

（5）财务可持续性分析

根据投资项目财务计划现金流量表，统筹考虑企业整体财务状况、总体信用及综合融资能力等因素，分析投资项目对企业的整体财务状况影响，包括对企业的现金流、利润、营业收入、资产、负债等主要指标的影响，判断拟建项目是否有足够的净现金流量，确保维持正常运营及保障资金链安全。

7. 项目影响效果分析

（1）经济影响分析

对于具有明显经济外部效应的企业投资项目，论证项目费用效益或效果，以及重大项目可能对宏观经济、产业经济、区域经济等产生的影响，评价拟建项目的经济合理性。

（2）社会影响分析

通过社会调查和公众参与，识别项目主要社会影响因素和关键利益相关者，分析不同目标群体的诉求及其对项目的支持程度，评价项目在带动当地就业、促进企业员工发展、社区发展和社会发展等方面的社会责任，提出减缓负面社会影响的措施或方案。

（3）生态环境影响分析

分析拟建项目所在地的生态环境现状，评价项目在污染物排放、地质灾害防治、防洪减灾、水土流失、土地复垦、生态保护、生物多样性和环境敏感区等方面的影响，提出生态环境影响减缓、生态修复和补偿等措施，以及污染物减排措施，评价拟建项目能否满足有关生态环境保护政策要求。

（4）资源和能源利用效果分析

对于占用重要资源的项目，分析项目所需消耗的资源品种、数量、来源情况，以及非常规水源和污水资源化利用情况，提出资源综合利用方案和资源节约措施，计算采取资源节约和资源化利用措施后的资源消耗总量及强度。计算采取节能措施后的全口径能源消耗总量、原料用能消耗量、可再生能源消耗量等指标，评价项目能效水平以及对项目所在地区能耗调控的影响。

（5）碳达峰碳中和分析

对于高耗能、高排放项目，在项目能源资源利用分析基础上，预测并核算项目年度碳排放总量、主要产品碳排放强度，提出项目碳排放控制方案，明确拟采取减少碳排放的路径与方式，分析项目对所在地区碳达峰碳中和目标实现的影响。

8. 项目风险管控方案

（1）风险识别与评价

识别项目市场需求、产业链供应链、关键技术、工程建设、运营管理、投融资、财务效益、生态环境、社会影响、网络与数据安全等方面的风险，分析各风险发生的可能性、损失程度，以及风险承担主体的韧性或脆弱性，判断各风险后果的严重程度，研究确定项目面临的主要风险。

（2）风险管控方案

结合项目特点和风险评价，有针对性地提出项目主要风险的防范和化解措施。重大项目应当对社会稳定风险进行调查分析，查找并列出风险点、风险发生的可能性及影响程度，提出防范和化解风险的方案措施，提出采取相关措施后的社会稳定风险等级建议。对可能引发"邻避"问题的，应提出综合管控方案，保证影响社会稳定的风险在采取措施后处于低风险且可控状态。

（3）风险应急预案

对于拟建项目可能发生的风险，研究制定重大风险应急预案，明确应急处置及应急演练要求等。

9. 研究结论及建议

（1）主要研究结论

从建设必要性、要素保障性、工程可行性、运营有效性、财务合理性、影响可持续性、风险可控性等维度分别简述项目可行性研究结论，重点归纳总结拟推荐方案的项目市场需求、建设内容和规模、运营方案、投融资和财务效益，并评价项目各方面的效果和风险，提出项目是否可行的研究结论。

（2）问题与建议

针对项目需要重点关注和进一步研究解决的问题，提出相关建议。

10. 附表、附图和附件

根据项目实际情况和相关规范要求，研究确定并附具可行性研究报告必要的附表、附图和附件等。

（三）可行性研究报告编制大纲要求

《政府投资项目可行性研究报告编制通用大纲》和《企业投资项目可行性研究报告编制参考大纲》（以下统称《投资项目可行性研究报告编制大纲》）对可行性研究报告的编制提出明确要求。

1. 编写投资项目可行性研究报告编制大纲的主要目的

党的二十大报告指出，要加快构建新发展格局，着力推动高质量发展。高质量发展需要高质量投资，高质量的投资需要高质量的投资决策，而可行性研究是投资决策的核心环节。要坚持科学决策、民主决策、依法决策，提升我国投资项目前期论证的质量和水平，实现投资高质量发展，就必须强化投资项目可行性研究的基础作用。

《投资项目可行性研究报告编制大纲》是对项目可行性研究报告编写内容和深度的一般要求。为更好适应不同行业领域的特点和具体要求，相关管理部门或机构可参照两个编写大纲，在充分反映行业特殊性、根据实际需要对两个编写大纲有关内容进行合理调整的基础上，制定适用具体行业或领域的可行性研究报告编制大纲。

2. 适用范围

（1）适用领域

《投资项目可行性研究报告编制大纲》用于指导有关方面开展投资项目的可行性研究工作，适用于我国境内各行业各类项目的可行性研究工作，其研究成果作为投资主体内部决策、政府审批和核准及备案、银行审贷、投资合作、工程设计、项目实施、竣工验收，以及项目后评价等工作的基本依据。其中，政府投资项目可行性研究报告原则上应按照《政府投资项目可行性研究报告编制通用大纲》进行编写，以保障政府投资项目前期工作质量，提升投资决策的科学化和规范化水平。《企业投资项目可行性研究报告编制参考大纲》在落实企业投资自主权基础上，主要是引导企业重视项目可行性研究，加强投资项目内部决策管理，促进依法合规生产经营，实现健康可持续发展。

（2）适用人群

《投资项目可行性研究报告编制大纲》是指导全国投资项目开展可行性研究工作的行政规范性文件，主要面向投资建设领域从事可行性研究工作的专业人员，也可供政府部门、企事业单位等从事投资管理工作，银行等金融机构负责投资决策和信贷融资决策人员，以及高等院校相关专业的师生参考使用。

（3）具体项目适用

《投资项目可行性研究报告编制大纲》是对投资项目可行性研究报告编写内容和深度的基础性要求。项目单位、工程咨询机构等主体在编写具体项目的可行性研究报告时，可结合项目的实际情况，对两个大纲所要求的内容予以适当调整。比如，若论证的项目不涉及编写大纲中的部分内容，可在说明情况后不再予以详细论证；对于编写大纲未涉及的内容，必要时应结合行业特点进行论证。对于建设内容单一、投资规模较小、技术方案简单的项目，可以按照国家有关规定简化编制大纲中的有关内容；对于重大或复杂项目，可行性研究报告正文前面可以形成摘要，综述项目概况、可行性研究过程、主要结论和建议等内容。

3. 原则要求

（1）坚持推动高质量发展

编写可行性研究报告要完整、准确、全面贯彻新发展理念，坚持以人民为中心的发展思想，更加注重发挥宏观战略、发展规划和产业政策的引领作用。同时，要立足投资项目全生命周期管理，研究借鉴可持续发展要求，更加注重经济、社会、环境评价等新理念新方法的应用，将绿色发展、自主创新、共同富裕、国家安全、风险管理等理念以及投资建设数字化等要求融入可行性研究，推动建立适应高质量发展的投资项目可行性研究制度规范。

（2）坚持政府投资项目和企业投资项目分类管理

可行性研究应充分发挥市场在资源配置中的决定性作用，更好发挥政府作用，根据政府投资项目和企业投资项目分类管理要求，明确政府投资项目和企业投资项目可行性研究的不同侧重。其中，政府投资项目可行性研究应突出经济社会综合效益，并根据经济社会发展需要和财政可负担性，合理确定建设标准、建设内容、投资规模等，防范地方政府隐性债务风险；企业投资项目可行性研究应突出经济性，聚焦企业自主投资决策所关注的投资收益、市场风险规避等内容，引导企业提高投资决策的科学性和财务的可持续性。

（3）坚持以"三大目标、七个维度"为核心内容

围绕投资项目建设必要性、方案可行性及风险可控性三大目标开展系统、专业、深入论证，重点把握"七个维度"的研究内容。其中，项目建设必要性应从需求可靠性维度研究得出结论，项目方案可行性应从要素保障性、工程可行性、运营有效性、财务合理性和影响可持续性五个维度进行研究论证，项目风险可控性应通过各类风险管控方案维度研究得出结论。

4. 项目可行性研究报告的主要内容及编写说明

（1）概述

拟建项目和项目单位基本情况是项目决策机构掌握项目全貌、决定是否建设的前提和基础，也是投资项目可行性研究报告的重要内容。

项目概况是对拟建项目的建设地点、建设内容和规模、总体布局、主要产出、总投资和资金来源、主要技术经济指标等内容的阐述，为项目决策机构对拟建项目的相关事项开展分析评价奠定基础。

项目单位（企业）概况是对项目单位基本信息的阐述，为项目决策机构分析判断项目单位是否具备承担拟建项目的能力、国有控股企业是否聚焦主责主业等提供依据。拟新组建项目法人的，提出项目法人组建方案。政府资本金注入项目还需简述项目法人基本信息、投资人（或者股东）构成及政府出资人代表等情况。

编制依据主要说明拟建项目取得相关前置性审批要件、主要标准规范及专题研究成果等情况，为相关研究评价和数据提供来源和支撑。

主要结论和建议，简述可行性研究的主要结论和建议，必要时可进行列表展示。

（2）项目建设背景和必要性

项目建设背景主要简述项目提出背景、前期工作进展等情况，便于项目决策机构掌握项目来源、工作基础和需要解决的重要问题等。说明项目投资管理手续办理情况，如建设项目用地预审与选址意见书、环境影响评价、排污许可、文物保护、矿产压覆、水土保持、地震安全性评价等行政审批手续，以及相关手续取得的保障条件。

规划政策符合性应体现经济社会发展战略和规划，从扩大内需、共同富裕、乡村振兴、科技创新、节能减排、碳达峰碳中和、国家安全、基本公共服务保障等重大政策目标层面进行分析，研究提出项目建设的必要性，评价项目与战略目标、政策要求的一致性。

项目建设必要性主要从宏观、中观和微观层面展开分析，研究项目建设的理由和依据。对于主要满足社会公共需求的非经营性项目，应进行社会需求研究，通过对项目的产出品、投入品或服务的社会容量、供应结构和数量等进行分析，为确定项目的目标受益群体、建设规模和服务方案提供依据。

（3）项目需求分析与产出方案

需求分析要根据经济社会发展规划、国家和地方标准规范以及项目自身特点，通过文

案资料、现场调研、数字化技术等方法，分析需求现状和未来预期等情况，研究提出拟建项目近期和远期目标、产品或服务的需求总量及结构，为研究确定项目建设内容和规模提供支撑。对于重大项目，应立足于构建以国内大循环为主体、国内国际双循环相互促进的新发展格局，研究两个市场、两种资源，促进畅通循环，论证产业链供应链的韧性和安全性。企业投资项目以满足市场需求为导向，应结合"企业发展战略需求分析"，更多从"项目市场需求分析"、市场竞争力等角度研究论证项目建设的必要性。

项目建设内容和规模、产出方案在需求分析基础上，阐述拟建项目总体目标及分阶段目标，提出拟建项目建设内容和规模，明确项目产品方案或服务方案及其质量要求，并评价项目建设内容、规模以及产品方案的合理性。企业投资项目还要研究"项目商业模式"，分析拟建项目收入来源和结构，判断项目是否具有充分的商业可行性和金融机构等相关方的可接受性，并研究项目综合开发等模式创新路径及可行性。

（4）项目选址与要素保障

项目选址或选线应坚持国土空间"唯一性"要求，从规划条件、技术条件、经济条件和资源节约集约利用等方面，以国土空间规划和用途管制规则为基本依据，基于国土空间规划"一张图"，将耕地和永久基本农田保护、生态红线保护、节约集约利用土地作为方案比选核心要素，对拟定的备选场址方案或线路方案进行比较和择优。选址方案研究应鼓励公众参与，充分考虑不同影响和风险因素的早期筛查判断和初步分析成果，并结合利益相关方的诉求或建议反馈，完善和优化选址选线方案。

项目建设条件主要分析拟建项目所在地的自然环境、交通运输、公用工程等支撑项目建设的外部因素。

要素保障分析包括土地要素保障，以及水资源、能耗、碳排放强度和污染减排指标控制要求及保障能力等。对于新占用土地的投资项目，应当明确拟建项目场址或选线的土地权属、供地方式、土地利用状况、矿产压覆、占用耕地和永久基本农田、涉及生态保护红线、地质灾害危险性评估等情况。对于涉及新增占用耕地的项目，应明确耕地占补平衡落实方案。对于涉及耕地、永久基本农田、生态保护红线的项目，开展节约集约用地研究，评价土地资源节约集约利用水平。根据"要素跟着项目走"原则，重大项目应根据法规政策要求，提出要素予以特别保障的方案。企业投资项目应鼓励市场化配置资源，重点分析项目亟需的用地、用能、碳排放等要素的可得性。

（5）项目建设方案

项目建设方案主要从工程技术方案及工程实体建设的角度研究工程可行性，在绿色低碳、节约集约、智慧创新、安全韧性等方面加强比选。为有序推进项目实施，建设方案要对项目组织实施、工期安排、招标方案等进行分析，明确"建设管理方案"，并根据项目实际情况研究提出"数字化方案"，促进投资建设全过程数字化应用。同时，要对项目"技术方案""设备方案""工程方案"的合理性、先进性、适用性、自主性、可靠性、安全性、经济性等进行多方案比选，研究工程技术方案的可行性。根据生态文明建设、推进绿色发展、全面节约资源等要求，"工程方案"应重视节约集约用地、绿色建材、绿色建筑、超低能耗建筑、装配式建筑、生态修复等绿色及韧性工程相关内容。

用地用海征收补偿（安置）方案应根据有关法律法规政策规定，对于投资项目涉及土地征收或用海海域征收的，明确征收范围、土地现状、征收目的、补偿方式和标准、安置对象、安置方式、社会保障、补偿（安置）费用等内容。其中，土地征收涉及补偿和安置等内容，用海征收一般只涉及补偿，不涉及安置。项目土地征收需要采取集中安置的，应提出集中安置点规划设计方案。项目采取过渡安置方式的，应明确过渡期限等，并分析其合理性。项目用地征收补偿（安置）方案应保证被征地农民原有生活水平不降低、长远生计有保障。

（6）项目运营方案

可行性研究要改变"重建设、轻运营"的做法，强调项目全生命周期的方案优化和系统性论证，既要重视工程建设方案可行性研究，也要重视项目建成后的运营方案可行性研究。同时，还要结合项目的工程技术特点，遵循有关部门颁布的各类运营管理标准（包括强制性标准和参考性标准等），确保满足产品或服务质量、安全标准等要求。

运营方案要重视研究运营模式选择和创新。政府投资项目要评价市场化运营的可行性和利益相关方的可接受性，企业投资项目要确定生产经营方案，突出运营有效性。项目运营需要研究运营组织方案，并制定项目全生命周期关键绩效指标和绩效管理机制，提出项目主要投入产出效率、直接效果、外部影响和可持续性等绩效管理要求，即绩效管理方案。

项目运营要牢固树立安全发展理念，提出安全保障方案，明确安全生产责任和应急管理要求，强化运营单位主体责任，落实政府监管要求。

（7）项目投融资与财务方案

项目投融资与财务方案是在明确项目产出方案、建设方案和运营方案的基础上，研究项目投资需求和融资方案，计算有关财务评价指标，评价项目营利能力、偿债能力和财务持续能力，据以判断拟建项目的财务合理性，分析项目对不同主体的价值贡献，为项目投资决策、融资决策和财务管理提供依据。

可行性研究阶段对项目投资估算的准确度要求在 ±10% 以内，以切实提高投资估算的精度，为项目全过程投资控制提供依据。政府投资项目的投资估算应依据国家颁布的投资估算编制办法和指标进行编制。投资估算要充分考虑项目周期内有关影响和风险管理的费用安排，如环境保护与治理、社会风险防范与管控、节能与减碳、安全与卫生健康等相关建设投入和费用支出等。

对于政府资本金注入项目和企业投资项目，营利能力分析是项目财务方案的重要内容。项目融资方案是在对项目自身营利能力进行分析的基础上，研究项目的可融资性，以及采用政策性开发性金融工具、发行产业基金、权益型金融工具、专项债等融资方式的可行性。债务融资的投资项目要重视评价债务清偿能力；如果项目经营期出现经营净现金流量不足，还应研究提出资金接续方案，重点评价项目财务可持续性。

项目营利能力分析重点是现金流分析，通过相关财务报表计算财务内部收益率、财务净现值等指标，判断投资项目营利能力。财务收入是构成投资项目财务现金流入的主要来源；成本费用是项目产品定价的基础，也是项目财务现金流出的主要构成。对于没有营业收入的非经营性项目，可不进行营利能力分析，主要开展项目建设和运营阶段资金平衡分析，提出开源节流措施。如果营业收入不足以覆盖项目成本费用，应研究提出可行性缺口补助方案。

为了适应投资项目融资主体多元化、融资渠道多样化、融资方式复杂化的变化，项目融资方案研究需要强化对融资结构、融资成本和融资风险等的分析。政府投资项目要从公共财政角度分析论证财政资金支持的必要性、支持途径和方式，以及资金筹措替代方案等，关注如何更好发挥政府作用。企业投资项目要关注项目业主、出资人、股东合法权益和价值实现，从财务管理的角度设计合理的投资模式和融资方案，评价项目的可融资性。综合性开发项目需要关注项目潜在综合收益，拓展项目市场化发展空间。基础设施项目应根据需要，研究项目建成后采取基础设施领域不动产投资信托基金（REITs）等方式盘活存量资产、实现项目投资回收的路径。

债务清偿能力分析是论证项目计算期内是否有足够的现金流量，按照债务偿还期限、还本付息方式偿还项目的债务资金，从而判断项目支付利息、偿还到期债务的能力。政府投资或付费类项目还要分析评价当地财政可负担性和是否可能引发隐性债务等情况。

财务可持续性分析是根据财务计划现金流量表，综合考察项目计算期内各年度的投资活动、融资活动和经营活动所产生的各项现金流入和流出，计算净现金流量和累计盈余资金，判断项目是否有足够的净现金流量维持项目的正常运营。

（8）项目影响效果分析

可行性研究报告应重视经济社会、资源环境等外部影响效果的评价，并注意与节能评价、环境影响评价等专项评价的结果相衔接。

经济影响分析是从经济资源优化配置的角度，利用经济费用效益分析或经济费用效果分析等方法，评价项目投资的真实经济价值，判断项目投资的经济合理性，从而确保项目取得合理的经济影响效果。重大投资项目还要分析其对宏观经济、区域经济和产业经济的影响。

社会影响分析主要从项目可能产生的社会影响、社会效益和社会接受性等方面，研究项目对当地产生的各种社会影响，评价项目在促进个人发展、社区发展和社会发展等方面的社会责任，并提出减缓负面社会影响的措施和方案。

生态环境影响分析是从推动绿色发展，促进人与自然和谐共生的角度，分析拟建项目所在地的生态环境现状，评价项目在污染物排放、生态保护、生物多样性和环境敏感区等方面的影响。

资源和能源利用效果分析是从实施全面节约战略、发展循环经济等角度，分析论证除了项目用地（海）之外的各类资源节约集约利用的合理性和有效性，提出关键资源保障和供应链安全等方面的措施，评价项目能效水平以及对当地能耗调控的影响。

碳达峰碳中和分析通过估算项目建设和运营期间的年度碳排放总量和强度，评价项目碳排放水平，以及与当地"双碳"目标的符合性，提出生态环境保护、碳排放控制措施。

此外，根据项目特点和实际需要，还可以开展安全影响效果论证，更好统筹发展和安全，提升供应链韧性和安全水平，实现经济效益、社会效益、生态效益和安全效益相统一。

（9）项目风险管控方案

可行性研究应重视风险管控，确保有效规避项目全生命周期风险。风险识别与评价主要是识别项目存在的各种潜在风险因素，包括市场需求、要素保障、关键技术、供应链、融资环境、建设运营、财务盈利性、生态环境、经济社会等领域的风险，并分析评价风险发生的可能性及其危害程度，提出规避重大和较大风险的对策措施及应急预案，即风险管控方案和风险应急预案，建立健全投资项目风险管控机制。

重大项目应当对社会稳定风险进行调查分析，征询相关群众意见，查找并列出风险点、风险发生的可能性及影响程度，提出防范和化解风险的方案措施，提出采取相关措施后的社会稳定风险等级建议。可能引发"邻避"问题的，应提出综合管控方案。要通过深入分析评价，论证相关风险管控方案能否将项目各种风险均降低到可接受的状态。

5.投资项目可行性研究报告与投资决策其他手续的关系

（1）与政府投资项目建议书的关系

政府投资项目建议书重在论述项目建设的必要性，主要对项目的功能定位、主要建设内容和规模、投资匡算、资金筹措、社会效益和经济效益进行初步分析，为后续开展可行性研究提供基础。可行性研究报告主要研究项目建设的技术经济可行性，贯彻多方案比选理念，对项目的建设规模和内容、建设方案、运营方案、融资方案、财务方案、外部影响和效益等方面开展深入研究分析，为政府投资决策提供依据，是项目建议书的深化研究。政府投资项目建议书的编写，可参考《政府投资项目可行性研究报告编制通用大纲》，并对相关内容予以适当简化。

（2）与企业投资项目申请书的关系

企业投资建设属于政府核准项目目录范围内的项目，须按照规定向核准机关提交项目申请书。项目申请书主要基于可行性研究的成果，重点分析企业投资项目在符合发展建设规划、技术标准和产业政策的前提下，可能产生的资源利用、公共利益等外部影响，旨在获得项目核准许可。企业投资项目可行性研究报告为企业投资决策提供依据，也为项目申请书提供编写基础，可行性研究相关成果可以转化为项目申请书相关内容。

二、项目核准和备案

（一）概述

国家根据企业投资项目不同情况，分别实行核准管理或备案管理。对关系国家安全、涉及全国重大生产力布局、战略性资源开发和重大公共利益等项目，实行核准管理。其他项目实行备案管理。

项目申请报告是企业投资建设应报政府核准的项目时，为获得项目核准机关对拟建项目的行政许可，按核准要求报送的项目论证报告。项目申请报告应重点阐述项目的外部性、公共性等事项，包括维护经济安全、合理开发利用资源、保护生态环境、优化重大布局、保障公众利益、防止出现垄断等内容。

1.核准目录的制定

实行核准管理的具体项目范围以及核准机关、核准权限，由国务院颁布的《政府核准的投资项目目录》（以下简称《核准目录》）确定。《核准目录》由国务院投资主管部门会同有关部门研究提出，报国务院批准后实施，并根据情况适时调整。未经国务院批准，各部门、各地区不得擅自调整《核准目录》确定的核准范围和权限。

《核准目录》由国务院投资主管部门会同有关部门研究提出，报国务院批准后实施，并根据情况适时调整。《核准目录》所称国务院投资主管部门是指国家发展和改革委员会；《核准目录》规定由省级政府、地方政府核准的项目，其具体项目核准机关由省级政府确定。

2. 项目核准的办理

除涉及国家秘密的项目外，项目核准、备案通过全国投资项目在线审批监管平台（以下简称"在线平台"）实行网上受理、办理、监管和服务，实现核准、备案过程和结果的可查询、可监督。

项目核准、备案机关以及其他有关部门统一使用在线平台生成的项目代码办理相关手续。

项目通过在线平台申报时，生成作为该项目整个建设周期身份标识的唯一项目代码。项目的审批信息、监管（处罚）信息，以及工程实施过程中的重要信息，统一汇集至项目代码，并与社会信用体系对接，作为后续监管的基础条件。

项目的市场前景、经济效益、资金来源和产品技术方案等，应当依法由企业自主决策、自担风险，项目核准、备案机关及其他行政机关不得非法干预企业的投资自主权。

地方企业投资建设应当分别由国务院投资主管部门、国务院行业管理部门核准的项目，可以分别通过项目所在地省级政府投资主管部门、行业管理部门向国务院投资主管部门、国务院行业管理部门转送项目申请报告。属于国务院投资主管部门核准权限的项目，项目所在地省级政府规定由省级政府行业管理部门转送的，可以由省级政府投资主管部门与其联合报送。

国务院有关部门所属单位、计划单列企业集团、中央管理企业投资建设应当由国务院有关部门核准的项目，直接向相应的项目核准机关报送项目申请报告，并附行业管理部门的意见。

企业投资建设应当由国务院核准的项目，按照规定向国务院投资主管部门报送项目申请报告，由国务院投资主管部门审核后报国务院核准。新建运输机场项目由相关省级政府直接向国务院、中央军委报送项目申请报告。

企业投资建设应当由地方政府核准的项目，应当按照地方政府的有关规定，向相应的项目核准机关报送项目申请报告。

3. 项目核准机关审查的内容

项目核准机关应当从以下方面对项目进行审查：

（1）是否危害经济安全、社会安全、生态安全等国家安全；

（2）是否符合相关发展建设规划、产业政策和技术标准；

（3）是否合理开发并有效利用资源；

（4）是否对重大公共利益产生不利影响。

项目核准机关应当制定审查工作细则，明确审查具体内容、审查标准、审查要点、注意事项及不当行为需要承担的后果等。

项目自核准机关出具项目核准文件或同意项目变更决定2年内未开工建设，需要延期开工建设的，项目单位应当在2年期限届满的30个工作日前，向项目核准机关申请延期开工建设。项目核准机关应当自受理申请之日起20个工作日内，作出是否同意延期开工建设的决定，并出具相应文件。开工建设只能延期一次，期限最长不得超过1年。国家对项目延期开工建设另有规定的，依照其规定。

在 2 年期限内未开工建设也未按照规定向项目核准机关申请延期的，项目核准文件或同意项目变更决定自动失效。

（二）项目申请报告的内容

项目申请报告可以由项目单位自行编写，也可以由项目单位自主委托具有相关经验和能力的工程咨询单位编写。任何单位和个人不得强制项目单位委托中介服务机构编制项目申请报告。

项目单位或者其委托的工程咨询单位应当按照项目申请报告通用文本和行业示范文本的要求编写项目申请报告。工程咨询单位接受委托编制有关文件，应当做到依法、独立、客观、公正，对其编制的文件负责。

根据项目申请报告通用文本，项目申请报告一般包括以下内容：

1. 项目单位及拟建项目情况

（1）项目单位情况。包括项目单位的主营业务、营业期限、资产负债、企业投资人（或者股东）构成、主要投资项目、现有生产能力、项目单位近几年信用情况等内容。

（2）拟建项目情况。包括拟建项目的建设背景、建设地点、主要建设内容、建设（开发）规模与产品方案、工程技术方案、主要设备选型、配套公用辅助工程、投资规模和资金筹措方案等。拟建项目与国民经济和社会发展总体规划、主体功能区规划、专项规划、区域规划等相关规划衔接和协调情况，拟建项目的产业政策、技术标准和行业准入分析。拟建项目取得规划选址、土地利用等前置性要件的情况。

2. 资源开发及综合利用分析

（1）资源开发方案。资源开发类项目，包括对金属矿、煤矿、石油天然气矿、建材矿以及水（力）、森林等资源的开发，应分析拟开发资源的可开发量、自然品质、赋存条件、开发价值等，评价是否符合资源综合利用的要求。

（2）资源利用方案。包括项目需要占用的重要资源品种、数量及来源情况；多金属、多用途化学元素共生矿、伴生矿、尾矿以及油气混合矿等的资源综合利用方案；通过对单位生产能力主要资源消耗量指标的对比分析，评价资源利用效率的先进程度；分析评价项目建设是否会对地表（下）水等其他资源造成不利影响。

（3）资源节约措施。阐述项目方案中作为原材料的各类金属矿、非金属矿及能源和水资源节约以及项目废弃物综合利用等的主要措施方案。对拟建项目的资源能源消耗指标进行分析，阐述在提高资源能源利用效率、降低资源能源消耗、实现资源能源再利用与再循环等方面的主要措施，论证是否符合能耗准入标准及资源节约和有效利用的相关要求。

3. 生态环境影响分析

（1）生态和环境现状。包括项目场址的自然生态系统状况、资源承载力、环境条件、现有污染物情况和环境容量状况等，明确项目建设是否涉及生态保护红线以及与相关规划环评结论的相符性。

（2）生态环境影响分析。包括生态破坏、特种威胁、排放污染物类型、排放量情况分析，水土流失预测，对生态环境的影响因素和影响程度，对流域和区域生态系统及环境的综合影响。

（3）生态环境保护措施。按照有关生态环境保护修复、水土保持的政策法规要求，对可能造成的生态环境损害提出治理措施，对治理方案的可行性、治理效果进行分析论证。根据项目情况，提出污染防治措施方案并进行可行性分析论证。

（4）特殊环境影响。分析拟建项目对历史文化遗产、自然遗产、自然保护区、森林公园、重要湿地、风景名胜和自然景观等可能造成的不利影响，并提出保护措施。

4. 经济影响分析

（1）社会经济费用效益或费用效果分析。从资源综合利用和生态环境影响等角度，评价拟建项目的经济合理性。

（2）行业影响分析。阐述行业现状的基本情况以及企业在行业中所处地位，分析拟建项目对所在行业及关联产业发展的影响，尤其对产能过剩行业注重宏观总量分析影响，避免资源浪费和加剧生态环境恶化，并对是否可能导致垄断，是否符合重大生产力布局等进行论证。

（3）区域经济影响分析。对于区域经济可能产生重大影响的项目，应从区域经济发展、产业空间布局、当地财政收支、社会收入分配、市场竞争结构、对当地产业支撑作用和贡献等角度进行分析论证。

（4）宏观经济影响分析。投资规模巨大、对国民经济有重大影响的项目，应进行宏观经济影响分析。涉及国家经济安全的项目，应分析拟建项目对经济安全的影响，提出维护经济安全的措施。

5. 社会影响分析

（1）社会影响效果分析。阐述拟建项目的建设及运营活动对项目所在地可能产生的社会影响和社会效益。其中要对就业效果进行重点分析。

（2）社会适应性分析。分析拟建项目能否为当地的社会环境、人文条件所接纳，评价该项目与当地社会环境的相互适应性，提出改进性方案。

（3）社会稳定风险分析。重点针对拟建项目直接关系人民群众切身利益且涉及面广、容易引发的社会稳定问题，在风险调查、风险识别、风险估计、提出风险防范和化解措施、判断风险等级基础上，从合法性、合理性、可行性和可控性等方面进行分析。

（4）其他社会风险及对策分析。针对项目建设所涉及的其他社会因素进行社会风险分析，提出协调项目与当地社会关系、规避社会风险、促进项目顺利实施的措施方案。

（三）项目申请报告的编写

编写项目申请报告时，应根据政府公共管理的要求，对拟建项目从规划布局、资源利用、生态环境、经济和社会影响等方面进行综合论证，为有关部门对企业投资项目进行核准审查提供依据。项目的市场前景、经济效益、资金来源、产品技术方案等内容，只是供项目核准机关在核准审查过程中了解情况，不必在项目申请报告中进行详细分析和论证。同时，对规划选址、土地利用等方面，应以有关部门出具的审查意见为准，项目核准机关不再对相关内容做实质性审查。同时，列入《不单独进行节能审查的行业目录》范围内的项目，应在项目申请报告中对项目能源利用情况、节能措施情况和能效水平进行分析。

项目申请报告通用文本是对项目申请报告编写内容及深度的一般要求。企业在编写具体项目的申请报告时，可结合项目自身的实际情况，对通用文本中所要求的内容进行适当调整；如果拟建项目不涉及其中有关内容，可以在说明情况后不再进行详细论证。为更好地适应不同行业的具体情况和要求，相应的项目核准机关应参照通用文本制定主要行业的项目申请报告示范文本。主要行业示范文本将充分反映行业的特殊情况，并根据需要对通用文本的内容进行合理调整。

1. 项目单位及拟建项目情况的编写

全面了解和掌握项目申报单位及拟建项目的基本情况，是项目核准机关对拟建项目进行分析评价以决定是否予以核准的前提和基础。因此，对项目申报单位及拟建项目基本情况的介绍，在项目申请报告的编写中占有非常重要的地位。

通过对项目申报单位的主营业务、营业期限、资产负债、企业投资人构成、主要投资项目情况、现有生产能力、近几年信用情况等内容的阐述，为项目核准机关分析判断项目申报单位是否具备承担拟建项目的资格、是否符合有关的市场准入条件等提供依据。

通过对拟建项目的建设背景、建设地点、主要建设内容和规模、产品和工程技术方案、主要设备选型和配套工程、投资规模和资金筹措方案等内容的阐述，为项目核准机关对拟建项目的相关核准事项进行分析、评价奠定基础和前提。

在规划方面，应阐述国民经济和社会发展总体规划、主体功能区规划、区域规划、城镇体系规划、城市或镇总体规划、行业发展规划等各类规划与拟建项目密切相关的内容。

在产业政策方面，对照有关法律法规、产业政策规定和要求，阐述与拟建项目相关的产业结构调整、产业发展方向、产业空间布局、行业规范条件、产业技术政策等内容。

在技术标准和行业准入方面，阐述与拟建项目相关的技术标准、行业准入政策、准入标准等内容。

取得相关前置性要件情况方面，阐述拟建项目取得规划选址、土地利用等前置性要件的情况。

2. 资源开发及综合利用分析的编写

合理开发并有效利用资源，是贯彻落实科学发展观的重要内容。对于开发和利用重要资源的企业投资项目，要从建设节约型社会、发展循环经济等角度，对资源开发、利用的合理性和有效性进行分析论证。

对于资源开发类项目，要阐述资源储量和品质勘探情况，论述拟开发资源的可开发量、自然品质、赋存条件、开发价值等，分析评价项目建设方案是否符合有关资源开发利用的可持续发展战略要求，是否符合保护资源环境的政策规定，是否符合资源开发总体规划及综合利用的相关要求。在资源开发方案的分析评价中，应重视对资源开发的规模效益和使用效率分析，限制盲目开发，避免资源开采中的浪费现象；分析拟采用的开采设备和技术方案是否符合提高资源开发利用效率的要求；评价资源开发方案是否符合改善资源环境及促进相关产业发展的政策要求。

对于需要占用重要资源或消耗大量资源的建设项目，应阐述项目需要占用的资源品种和数量，提出资源供应方案；涉及多金属、多用途化学元素共生矿、伴生矿以及油气混合矿等情况的，应根据资源特征提出合理的综合利用方案，做到物尽其用；通过单位生产能力主要资源消耗量、资源循环再生利用率等指标的国内外先进水平对比分析，评价拟建项目资源利用效率的先进性和合理性；分析评价资源综合利用方案是否符合发展循环经济、建设节约型社会的要求；分析资源利用是否会对地表（下）水等其他资源造成不利影响，以提高资源利用综合效率。

在资源利用分析中，应对资源节约措施进行分析评价。这里主要阐述项目方案中作为原材料的各类金属矿、非金属矿及水资源节约的主要措施方案，并对其进行分析评价。对于耗水量大或严重依赖水资源的建设项目，以及涉及主要金属矿、非金属矿开发利用的建设项目，应对节水措施及相应的金属矿、非金属矿等原材料节约方案进行专题论证，分析拟建项目的资源消耗指标，阐述工程建设方案是否符合资源节约综合利用政策及相关专项规划的要求，就如何提高资源利用效率、降低资源消耗、实现资源能源再利用与再循环提出对策措施。

3. 生态环境影响分析的编写

为保护生态环境和自然文化遗产，维护公共利益，对于可能对环境产生重要影响的企业投资项目，应从防治污染、保护生态环境等角度进行环境和生态影响的分析评价，确保生态环境和自然文化遗产在项目建设和运营过程中得到有效保护，并避免出现由于项目建设实施而引发的地质灾害等问题。

生态和环境现状。应通过阐述项目场址的自然生态系统状况、资源承载力、环境条件、现有污染物情况、特殊环境条件及环境容量状况等基本情况，为拟建项目的环境和生态影响分析提供依据。

拟建项目对生态环境的影响。应分析拟建项目在工程建设和投入运营过程中对环境可能产生的破坏因素以及对环境的影响程度，包括废气、废水、固体废弃物、噪声、粉尘和其他废弃物的排放数量，水土流失情况，对地形、地貌、植被及整个流域和区域环境及生态系统的综合影响等。

生态环境保护措施的分析。应从减少污染排放、防止水土流失、强化污染治理、促进清洁生产、保持生态环境可持续能力的角度，按照国家有关生态环境保护修复、水土保持的政策法规要求，对项目实施可能造成的生态环境损害提出保护措施，对环境影响治理和水土保持方案的工程可行性和治理效果进行分析评价。治理措施方案的制定，应反映不同污染源和污染排放物及其他环境影响因素的性质特点，所采用的技术和设备应满足先进性、适用性、可靠性等要求；环境治理方案应符合发展循环经济的要求，对项目产生的废气、废水、固体废弃物等，提出回收处理和再利用方案；污染治理效果应能满足达标排放的有关要求。涉及水土保持的建设项目，还应包括水土保持方案的内容。

对于历史文化遗产、自然遗产、自然保护区、森林公园、重要湿地、风景名胜和自然景观等特殊环境，应分析项目建设可能产生的影响，研究论证影响因素、影响程度，提出保护措施，并论证保护措施的可行性。

4. 经济影响分析的编写

企业投资项目的财务评价，主要是进行财务营利能力和债务清偿能力分析。而经济影响分析，则是对投资项目所耗费的社会资源及其产生的经济效果进行论证，分析项目对行业发展、区域和宏观经济的影响，从而判断拟建项目的经济合理性。

对于产出物不具备实物形态且明显涉及公众利益的无形产品项目，如水利水电、交通运输、市政建设、医疗卫生等公共基础设施项目，以及具有明显外部性影响的有形产品项目，如污染严重的工业产品项目，应进行经济费用效益或费用效果分析，对社会为项目的建设实施和运营所付出的各类费用以及项目所产生的各种效益，进行全面的识别和评价。如果项目的经济费用和效益能够进行货币量化，应编制经济费用效益流量表，计算经济净现值 ENPV、经济内部效益率 EIRR 等经济评价指标。

评价项目投资的经济合理性。对于产出效果难以进行货币量化的项目，应尽可能地采用非货币的量纲进行量化，采用费用效果分析的方法分析评价项目建设的经济合理性。难以进行量化分析的，应进行定性分析描述。

对于在行业内具有重要地位、影响行业未来发展的重大投资项目，应进行行业影响分析，评价拟建项目对所在行业及关联产业发展的影响，包括产业结构调整、行业技术进步、行业竞争格局等主要内容，特别要对是否可能形成行业垄断进行分析评价。

对区域经济可能产生重大影响的项目，应进行区域经济影响分析，重点分析项目对区域经济发展、产业空间布局、当地财政收支、社会收入分配、市场竞争结构等方面的影响，为分析投资项目与区域经济发展的关联性及融合程度提供依据。

对于投资规模巨大、可能对国民经济产生重大影响的基础设施、科技创新、战略性资源开发等项目，应从国民经济整体发展角度，进行宏观经济影响分析，如对国家产业结构调整和升级、重大产业布局、重要产业的国际竞争力以及区域之间协调发展的影响分析等。

对于涉及国家经济安全的重大项目，应从维护国家利益、保证国家产业发展及经济运行免受侵害的角度，结合资源、技术、资金、市场等方面的分析，进行投资项目的经济安全分析。内容包括：①产业技术安全，分析项目采用的关键技术是否受制于人，是否拥有自主知识产权，在技术壁垒方面的风险等；②资源供应安全，阐述项目所需要的重要资金来源，分析该资源受国际市场供求格局和价格变化的影响情况，以及现有垄断格局、运输线路安全保障等问题；③资本控制安全，分析项目的股权控制结构，中方资本对关键产业的资本控制能力，是否存在外资的不适当进入可能造成的垄断、不正当竞争等风险；④产业成长安全，结合我国相关产业发展现状，分析拟建项目是否有利于推动国家相关产业成长、提升国际竞争力、规避产业成长风险；⑤市场环境安全，分析国外为了保护本地市场，采用反倾销等贸易救济措施和知识产权保护、技术性贸易壁垒等手段，对拟建项目相关产业发展设置障碍的情况；分析国际市场对相关产业生存环境的影响。

5. 社会影响分析的编写

对于因征地拆迁等可能产生重大社会影响的项目，以及扶贫、区域综合开发、文化教育、公共卫生等具有明显社会发展目标的项目，应从维护公共利益、构建和谐社会、落实以人为本的科学发展观等角度，进行社会影响分析评价。

社会影响效果分析，应阐述与项目建设实施相关的社会经济调查内容及主要结论，分析项目所产生的社会影响效果的种类、范围、涉及的主要社会组织和群体等。重点阐述：①社会影响区域范围的界定。社会评价的区域范围应能涵盖所有潜在影响的社会因素，不应受行政区划等因素的限制；②区域内受项目影响的机构和人群的识别，包括各类直接或间接受益群体，也包括可能受到潜在负面影响的群体；③分析项目可能导致的各种社会影响效果，包括直接影响效果和间接影响效果，如增加就业、社会保障、劳动力培训、卫生保健、社区服务等，并分析哪些是主要影响效果，哪些是次要影响效果。就业效果分析要具体分析就业岗位、人数、来源、社保福利和素质提升等内容。

社会适应性分析，应确定项目的主要利益相关者，分析利益相关者的需求，研究目标人群对项目建设内容的认可和接受程度，评价各利益相关者的重要性和影响力，阐述各利益相关者参与项目方案确定、实施管理和监测评价的措施方案，以提高当地居民等利益相关者对项目的支持程度，确保拟建项目能够为当地社会环境、人文条件所接纳，提高拟建项目与当地社会环境的相互适应性。

社会风险及对策分析，应在确认项目有负面社会影响的情况下，提出协调项目与当地的社会关系，避免项目投资建设或运营管理过程中可能存在的冲突和各种潜在社会风险，解决相关社会问题，减轻负面社会影响的措施方案。社会稳定风险分析篇章的编写请参照《国家发展改革委办公厅关于印发重大固定资产投资项目社会稳定风险分析篇章和评估报告编制大纲（试行）的通知》（发改办投资〔2013〕428号）。

（四）项目备案

实行备案管理的项目，项目单位应当在开工建设前通过在线平台将相关信息告知项目备案机关，依法履行投资项目信息告知义务，并遵循诚信和规范原则。

项目备案机关应当制定项目备案基本信息格式文本，具体包括以下内容：

（1）项目单位基本情况；

（2）项目名称、建设地点、建设规模、建设内容；

（3）项目总投资额；

（4）项目符合产业政策声明。

项目单位应当对备案项目信息的真实性、合法性和完整性负责。

三、工程项目综合评价

（一）综合评价的概念

评价是项目选择前的一项极为重要的认识活动。由于决策是现代管理的核心问题，而综合评价是决策的基础，正确的决策源于对各种备选方案的科学的综合评价。因为方案的实施涉及技术、经济、社会和生态环境等诸多领域，各个领域之间相互联系、相互制约。这就决定了评价工作具有整体性、综合性和多学科交叉等特点。方案的综合评价就是评价主体为了一定的目的，在数据资料的支持下，从技术、经济、社会和环境生态等多方面、多角度对某一方案进行系统的评定，从而得出方案整体性认识的一种评价活动。综合评价从系统角度，着眼于方案的全局最优，不仅考虑系统内各子系统的联系，而且分析该系统周围环境的交互影响。

方案的综合评价过程其实是认识方案的过程，它为人们从总体上认识方案提供了一条途径，其目的是希望能对若干方案按一定标准进行排序，从中挑选最优方案或者淘汰最劣方案。同时，通过方案的综合比较，可以找出方案之间的差距，便于及时采取措施对方案进行改进。

（二）综合评价的要素

方案综合评价的要素一般包括以下几个方面：

（1）评价目的。评价目的是综合评价行动的指针，评价的基本目的是满足管理者（评价听取人）的需要。

（2）评价者。评价者可以是自然人，也可以是法人，也可以是某团体（如专家小组）。评价者的作用贯穿于整个评价活动中，如评价指标的选取，评价方法的确定，评价结果的解释等。评价者的主观作用是通过其行为表现出来的，而其行为直接关系到评价效果。综合评价工作是一个影响大、技术含量高的工作，对参与者要有相当的要求。一个合格的评价者需要思想敏锐、勤于思考、富于创造、勇于革新，能审时度势，要有较高的素质，具备分析、综合、判断、组织、应变能力。对于一个评价组织来说，其人员构成应具有合理智力结构。

（3）方案。方案是被评价的对象，方案的特点直接决定了评价的内容、方式以及方法。方案的个数应该大于1。

（4）评价指标体系。指标是指根据研究的对象和目的，能够确定地反映研究对象某一方面情况的特征依据。每个评价指标都从不同侧面刻画对象所具有的某种特征，各个指标有机结合在一起即构成了评价的指标体系。指标体系的建立过程应该是定性和定量分析的相互结合。定性分析主要是从评价的目的和原则出发，考虑评价指标的全面性、针对性、独立性以及指标与评价方法的协调性等因素，主观确定指标和指标结构的过程；定量分析则是通过一系列检验，使得指标体系更加科学和合理的过程。指标之间的相对重要性是不同的，评价指标之间的相对重要性大小可用指标的权重系数来反映。权重系数合理与否，反映了指标的结构合理与否。设立指标体系时一般要考虑指标体系的系统性、科学性、可比性和实用性。

（5）综合评价模型。综合评价就是通过一定的数学模型将指标体系的各个指标值"合成"为一个整体性的综合评价值。模型则是真实系统的代表，是对实际问题的抽象概括和严格的逻辑表达。模型反映了各个变量之间的相互关系，建立模型可以使问题的描述高度规范化，建立模型后，可以通过输入各种数据资料，分析各个因素和系统整体目标之间的因果关系，从而确立一套分析方案的程序方法。

（6）评价结果。追求评价的客观性、科学性是综合评价的题中之意。但评价的结果是在一定的条件下得出来的，因而其结果就具有相对性。综合评价涉及的因素众多，有些因素可以量化、有些因素难以量化，从严格意义上来说，事物之间是不可能完全可比的，综合评价既然要讲究全面性，就不能不舍去事物本身所具有的一些特殊性，而特殊性更是难以对比。综合评价可以通过评判揭示方案的优劣，从而为决策提供依据；同时综合评价还可以揭示方案存在的问题，从而为改进方案和进行相关决策提供参考。因此，辩证地看待评价结果有助于我们恰如其分地运用评价结果。

（三）指标体系的设立

指标是评价的依据。首先，指标的选定要做到目的明确。即从评价内容来看，该指标要确实能反映有关的内容。其次，指标的多少要繁简得当。选择的指标要尽可能覆盖所要评价的内容，但是评价指标并非多多益善，所选择的指标要有代表性，能很好地反映研究对象某方面的特性。再次，指标应具有独立性。每个指标要内涵清晰、相对独立；同一层次的各指标间应尽可能互不重叠，相互之间不存在因果关系。最后，要切实可行地设立指标。切实可行是指指标的可操作性。设立的指标应该符合客观实际水平，有稳定的数据来源，资料收集简单易行。

（四）综合评价的步骤

根据综合评价的概念及其基本要素，可以把综合评价的基本过程分为以下几个基本步骤进行：

第一步，确定参与综合评价的人员。确保综合评价人员的知识结构搭配合理。

第二步，明确对象系统。这一步的实质是熟悉评价对象，明确评价的目的，界定对象系统的边界范围，明确评价的准则、深度和精度。

第三步，确立评价指标体系。系统的评价指标常具有递阶的性质，必须按照人类认识和解决复杂问题的从粗到细、从全局到局部的分层递阶方法，明确评价的目标体系，选用合适的指标体系，明确指标间的隶属关系，确保指标的独立性，在此基础上，合理确定各个指标的权重，确保指标体系的结构合理。

第四步，建立评价的数学模型。

第五步，进行综合评价。

第六步，输出评价结果。

（五）评分综合法

1. 评分综合法的概况

评分综合法也称"专家评分法"，是出现较早且应用较广的一种评价方法。这一种方法是用于评价指标无法用统一的量纲进行定量分析的场合，而用无量纲的分数进行综合评价。它是在定量和定性分析的基础上，以专家打分的方式做出定量评价，其结果具有数理统计特性。评分综合法的最大优点是，在缺乏足够统计数据和原始资料的情况下，可以做出定量评价。评分综合法的准确程度，主要取决于专家的阅历、经验和知识的广度和深度。要求专家对方案具有较高的学术水平和丰富的实践经验。评分综合法具有简便直观、计算方法简单和定性定量相结合等特点。

其主要步骤是：

第一步，确定评价项目，即哪些指标采取此法进行评价。

第二步，制定出评价等级和标准。先制定出各项评价指标统一的评价等级或分值范围，然后制定出每项评价指标每个等级的标准，以便打分时掌握。这项标准，一般是定性与定量相结合，也可能是定量为主，也可以是定性为主，根据具体情况而定。

第三步，制定评分表。内容包括所有的评价指标及其等级区分和打分。

第四步，根据指标和等级评出分数值。由专家根据指标相关的资料，给评价对象打分，填入表格。打分的方法，一般是先对某项指标达到的成绩做出等级判断，然后进一步细化，在这个等级的分数范围内打上一个具体分。这时往往要对不同评价对象进行横向比较。

第五步，数据处理和评价。确定各个指标的权重。用加法评分法、连乘评分法或加乘评分法求出各个方案的综合得分值，从而得到评价结果。将各评价对象的综合评分，按原先确定的评价目的，予以运用。

2. 指标权重的确定

权重是一个相对的概念，是某一指标相对于其他指标而言，某一指标的权重是指该指标在整体评价中的相对重要程度。权重表示在评价过程中，是被评价对象的不同侧面的重要程度的定量分配，对各评价因子在总体评价中的作用进行区别对待。事实上，没有重点的评价就不算是客观的评价，方案的性质和所处的层次不同，其重点也肯定是不能一样的。因此，各方案的综合评价就要根据方案的不同侧面对目标贡献的重要程度做出估计，即权重的确定。

权重体系是相对指标体系来确立的。首先必须有指标体系，然后才有相应的权重体系。权重是要从若干评价指标中分出轻重来，一组评价指标体系相对应的权重组成了权重体系。一组权重体系 $\{V_i | i=1, 2, \cdots n\}$，必须满足下述两个条件：

① $0 < V_i \leqslant n$

② $\sum\limits_{i=1}^{n} V_i = 1$，$n$ 为权重指标的个数。

如果一级指标下设二级指标，设二级指标体系为 $\{V_{ij} | i=1, 2, \cdots n, j=1, 2, \cdots m\}$，则其对应的权重体系 $\{V_{ij} | i=1, 2, \cdots, n, j=1, 2, \cdots, m\}$ 应满足下述三个条件：

① $0 < V_i \leqslant n$

② $\sum\limits_{i=1}^{n} V_i = 1$，$n$ 为权重指标的个数。

③ $\sum\limits_{i=1}^{n} \sum\limits_{j=1}^{m} V_{ij} = 1$。

对于三级指标、四级指标可以依此类推。

权数的确定主要采用专家咨询的经验判断法。由专家投票表决后，用算术平均值对专家的分值进行统计处理。其计算公式为：

$$V_j' = \sum_{i=1}^{n} (V_{ij}') / n, \ (j=1, 2\cdots, m) \tag{2-1}$$

式中　n——专家的数量；

　　　m——评价指标总数；

　　V_j'——第 j 个指标的权数平均值；

　　V_{ij}'——第 i 个专家给第 j 个指标权数的打分值。

得到总分后需要进行归一化处理。其公式如下：

$$V_j = V_j' / \sum_{j=1}^{m} V_j' \tag{2-2}$$

此结果即代表了专家们的集体意见。

3. 数据处理方法的选择

（1）加法评价型。将评价各指标项目所得的分值加法求和，按总分来表示评价结果。此法用于指标间关系简单者。其计算公式为：

$$W = \sum_{i=1}^{n} W_i \tag{2-3}$$

式中　W——评价对象总分值；

　　W_i——第 I 项指标得分值；

　　　n——指标项数。

该法有两种方式：连加评分法和分级加法评价法，分别见表 2-10 和表 2-11。

连加评分法 表 2-10

评级项目	标准分数	可行方案得分			
		Ⅰ	Ⅱ	Ⅲ	Ⅳ
A	40	40	35	30	40
B	30	25	30	30	30
C	20	15	15	10	15
D	10	5	10	5	10
总分	100	85	90	75	95

分级加法评价法 表 2-11

评价项目	评价等级	标准分数	可行方案得分			
			Ⅰ	Ⅱ	Ⅲ	Ⅳ
A	1 级	40	40		40	40
	2 级	30		30		
	3 级	20				
	4 级	10				
B	1 级	30		30		30
	2 级	20	20		20	
	3 级	10				
C	1 级	20	20	20		
	2 级	15				15
	3 级	10			10	
D	1 级	10		10		10
	2 级	5	5		5	
总分		100~35	85	90	75	95

（2）连乘评价型。将各个项目的分值连乘，并按其乘积大小来表现方案的评价结果。这种方法灵敏度很高，被评价对象各指标间的关系特别密切，其中一项的分数连带影响到其他各项的总结果，即如有某项指标不合格，就对整体起否定作用的特点。其评价的公式为：

$$W= \prod_{i=1}^{n} W_i \qquad （2-4）$$

式中　　W——评价方案的总分值；

　　　　W_i——Ⅰ项目得分值；

　　　　n——i 组中含有的指标项数。

见表 2-12。

连乘评价法　　　　　　　　　　　　　　　表 2-12

评价项目	评价等级	评价分数				
		标准分数	可行方案得分			
			Ⅰ	Ⅱ	Ⅲ	Ⅳ
A	1级	3	3		3	3
	2级	2		2		
	3级	1				
B	1级	3		3		3
	2级	2	2		2	
	3级	1				
C	1级	3	3	3		
	2级	2				2
	3级	1			1	
D	1级	3				3
	2级	2		2		
	3级	1	1		1	
连乘合计	最高81分，最低1分		18	36	6	54

（3）和数相乘评价型。将评价对象的评价指标分成若干组，先计算出各组评分值之和，然后再将各组评分值连乘，所得即是总的评分。这是考虑到各因素之间的关系密切程度不同和相互影响方式不同来确定的。用公式可以表示为：

$$W = \prod_{i=1}^{m} \sum_{j=1}^{n} W_j \qquad (2-5)$$

式中　W_{ij}——评价对象中第 i 组 j 指标值；

　　　m——评价对象的组数；

　　　n——i 组中含有的指标项数。

可见，和数相乘法是加法评价法和连乘评价法的综合。

（4）加权评价型。将评价对象中的各项指标项目依照评价指标的重要程度，对不同的权重，即对各因素的重要程度区别对待。则其评价公式为：

$$A = \sum_{i=1}^{n} A_i W_i \qquad (2-6)$$

式中　W——评价方案总得分；

　　　W_i——评价方案的 Ⅰ 指标项得分；

　　　A_i——i 指标项的权重。

且满足（1）$\sum_{i=1}^{n} A_i = 1$；（2）$0 < A_i \leqslant 1$ 两个条件。

（5）功效系数法。这是化多目标为单目标的方法，由评价者对不同的评价指标分别给出不同的功效系数，则总功效系数 d 为：

$$d = \sqrt[n]{d_1 d_2 \cdots d_n}$$

$d_j = 1$ 表示第 j 个目标效果最好；

d_j=0 表示第 j 个目标效果最差；

$0 \leqslant d_j \leqslant 0.3$ 是不可接受的范围；

$0.3 < d_j \leqslant 0.4$ 是边缘范围；

$0.4 < d_j \leqslant 0.7$ 是次优范围；

$0.7 < d_j \leqslant 1.0$ 是最优范围。

综合评价的方法很多，除了上述方法之外，常用的还有层次分析法、模糊综合评价法等。

四、工程项目的决策

（一）决策的概念

按照现代决策理论，决策是为了达到一定的目标，从两个或多个可行的方案中选择一个较优方案的分析判断和抉择的过程。具体地说，决策是指人们为了实现特定的目标，在掌握大量有关信息的基础上，运用科学的理论和方法，系统地分析主客观条件，提出若干预选方案，分析各种方案的优缺点，并从中选出较优方案的过程。决策过程可以分为信息收集、方案设计、方案评价、方案抉择四个相互关联的阶段。这四个阶段相互交织、往复循环，贯穿于整个决策过程。

（二）工程项目决策

工程项目决策可能包括设计方、施工方、监理方、供应方等的投标决策。此处所述的工程项目决策是指最终作出是否投资建设某个项目的决定。是特指投资方所作出的决策。项目目标的确定，项目建设规模和产品（服务）方案的确定，场（厂）址的确定，技术方案、设备方案、工程方案的确定，环境保护方案以及融资方案的确定等都属于投资项目决策的范畴。

投资决策对于项目的成败具有决定性作用。投资决策一旦失误，项目开始建设，将具有不可逆性，已完成投资形成的实物工程量就难以改变，有可能导致工程废弃、造成损失，甚至项目的失败。

《国家发展改革委投资咨询评估管理办法》（发改投资规〔2022〕632号）规定：国家发展改革委在进行相关投资决策时，应当坚持"先评估、后决策"原则，委托有关工程咨询单位开展评审评估，并在充分考虑咨询评估意见的基础上作出决策决定。工程咨询单位应按照专业、独立、客观、公正的原则提出咨询评估意见，促进投资决策更加科学、规范、高效，助力投资高质量发展。

（三）工程项目决策的任务

项目决策分析与评价的主要任务：

（1）分析项目建设的必要性，决定符合市场需求的产品（服务）方案和建设规模。

（2）分析项目建设的可能性，研究项目运营发展所必需的条件。

（3）比较并决定先进、可靠、适用的项目建设方案。

（4）估算项目建设和运营所需的投资和费用，计算项目的营利能力和偿债能力。

（5）从经济、社会、资源及环境影响的角度分析评价项目建设与运营所产生的外部影响，分析评价项目的经济合理性，分析项目与所处的社会环境是否和谐以及资源节约和综合利用效果。

（6）分析项目存在的风险并提出防范和降低风险的措施。

（7）归纳总结，分析项目目标的实现程度，判别项目的可行性。

（8）对项目建设与运营的有关问题及应采取的措施提出必要的建议。

第三章 工程项目组织

英国商务部出台的项目管理标准——"受控环境下的项目"（Projects in Controlled Environments，PRINCE2）中将项目定义为"为交付一个或多个商业产品而创建的临时性组织"。国际项目管理协会（International Project Management Association，IPMA）将项目定义为"一个被分配了一定资源的临时性组织，为了实现有益的变化而进行工作"。

第一节 工程项目管理的组织设计

组织论是项目管理的母学科。组织论认为，目标决定组织，组织是目标能否实现的决定性因素。

一、项目组织的含义

（一）组织的含义

通常认为组织有两种不同的意义：第一种意义的"组织"是个实体。组织作为实体可以直观而简单地把它理解成为一家工厂、一所学校、一个机关、一家商店，或一切以人为核心，由多种资源构成的集合体。第二种意义的"组织"是一种行为。组织作为一种行为，是指为了实现其经营目标，把构成企业生产经营活动的基本因素、生产经营活动的主要环节，以有秩序、有成效的方式组合起来的工作。

理解组织的内涵要理解以下三点：第一，组织有目标。组织之所以能够存在，就是因为它有目标，决定组织生存也是它的目标。第二，组织是两个或两个以上的人构成。人是组织的基本要素，任何组织都离不开人的参与。单个人显然不能成为组织，必须由两个或两个以上的人构成。第三，组织具有开放性，组织不断与环境进行交换。组织需要对环境的变化做出调整，同时组织也对环境产生影响。

（二）项目组织的含义

项目组织是指为完成特定的项目任务而建立起来的，从事项目具体工作的组织。项目组织是由五个基本要素有机构成的动态系统。项目的目标、组织结构、活动、人员和技术五个要素互相作用并协调一致，不断地根据环境以及自身发展的需要调整变化以完成项目的目标。项目组织的一般模型如图 3-1 所示。

项目组织的构成部分之间是相互作用的，因

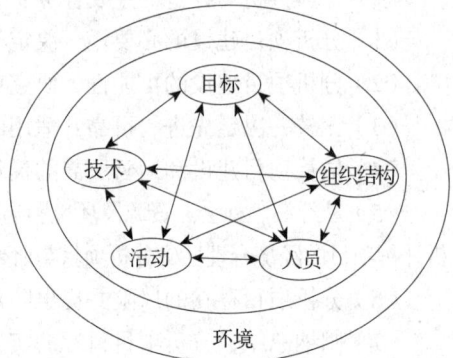

图 3-1 项目组织的一般模型

此保持各部分间的平衡关系是各组织提高绩效的关键所在。组织的目标对其他四个部分的制约作用应是主要的，任何组织的发展和经营活动必须围绕组织的目标开展。组织结构、技术、活动和人员必须与其他部分的发展相适应，以更好地进行沟通交流、信息收集、传递等工作。

1. 目标

目标是组织奋力争取达到的所希望的状况。任何一个组织都是围绕着一定的目标而建立的，组织目标是组织活动的动力，组织则是实现组织目标的有效方式。组织目标是组织的灵魂，组织活动总是围绕着目标开展，不同类型组织的一个重要的区别在于其基本目标的不同，目标把项目组织同其他组织区别开来，也决定了项目组织要从事产品和服务的生产经营活动。目标包括社会目标、组织自身目标、组织成员个人目标。组织目标是三者的统一。

2. 组织结构

组织结构包括组织部门的多少、管理跨度，以及规范化和集权的程度。组织结构反映在组织图上。组织图是对一个组织的一整套基本活动和过程的可视化的描述。组织结构定义有三个关键要素：一是组织结构决定了正式的报告关系，包括层级数和管理者的管理跨度；二是如何由个体组合成部门，再由部门到组织，这也是由组织结构确定的；三是组织结构包含了一套沟通系统，以确保跨部门的有效沟通、合作与整合。

3. 技术

技术是组织投入转变为组织产出的工具、技能和知识。项目组织作为一个转换系统，它通过活动的集合，即流程来实现，而活动又总是围绕一定的技术而展开，也就是说，技术是活动的内在支撑。技术是一个广泛的概念，它有着多种形式和多个层次，不同的技术类型要求有不同的活动方式。技术的改变必然要求活动发生相应的改变，同样它也要求项目组织作出相应的调整。

4. 活动

所谓活动，就是一种转换，即接受某一种类型的输入，在某种规则控制下，利用某种转换方式转化为输出。项目组织内的活动千千万万。不同的项目中某些活动可能截然不同，但项目组织活动往往又具有一定的共性。从某种意义来说，项目组织就是活动或过程的集合体。项目组织的活动具有相对性，也就是项目组织中的绝大多数活动既是某一更大活动的一个组成部分，而其自身又由许多更小的活动组成。项目组织中的活动，往往不是单独执行的，而是多种活动的有机联合。这种为完成某一目标而进行的一系列逻辑相关的活动的有序集合就构成了项目的流程或过程。

5. 人员

项目组织是由各类人所组成，人是项目组织中最为重要的资源。当人们汇集到一起为了一个共同的目的而进行活动时，就有组织形成。也就是说，即使是在组织的最初级阶段，每个组织也都能形成自己的结构和等级体系，每个成员执行特定的任务，在组织中拥有不同的角色和权威。人们在相互影响与联系中形成不同的文化氛围，他们相互影响，共同为达到组织目标工作。

（三）项目组织的作用

项目交付是由人驱动的，人们通过有效率且有效果地履行项目所必需的职能来实现这一目标。与项目相关的职能可由一个人或一组人履行，也可以包含在已定义的角色中。

协调集体工作对于任何项目的成功都至关重要。有不同类型的协调方式以适合不同的情况。有些项目受益于去中心化的协调，用这种协调方式，项目团队成员会进行自组织和自管理。其他项目则受益于由指定的项目经理或类似角色领导和指导的集中化协调。有些进行集中化协调的项目也可以受益于将自组织的项目团队纳入进来，让其承担部分工作。无论协调是如何进行的，项目团队与其他干系人之间的支持型领导模式和有意义的、持续的互动才是成功地取得成果的基础。人们若想实现某项目的目标，就必须对项目中的员工、信息沟通、具体工作任务和项目资源进行合理化组织。

组织能将资源集结起来以完成单个人无法完成的特定目标。正是有了强大有效的组织，人类的许多梦想才能得以实现。不仅如此，组织还能促进创新。项目组织在项目管理中发挥着重要的作用，项目组织通过一系列活动，为经营者、顾客和员工创造价值。项目组织不仅能为人们提供所需的物品和服务，而且为人们提供了就业机会，满足社会成员的就业需要。项目组织通过技术创新，为消费者生产出了新的产品，不仅满足了人们生活的需要，引导了人们的消费潮流，而且改变了人们的生活方式。

美国的组织学家理查德·L·达夫特总结出了组织对个人和社会七个方面的重要性：①集结资源以达到期望的目标和结果；②有效地生产产品和服务；③促进创新；④使用现代制造技术以及以计算机为基础的技术；⑤适应并影响变化的环境；⑥为所有者、顾客和员工创造价值；⑦适应多样化、伦理和员工激励与协调等不断发展中的挑战。

二、项目组织的基本原理

（一）组织构成

组织是为使系统达到特定的目标，使全体参加者经分工与协作，以及设置不同层次权力和责任制度而构成的人的集合。组织结构（Organization Structure）是为了完成组织目标而设计的，是指组织内各构成要素以及它们之间的相互关系。它是对组织复杂性、正规化和集权化程度的一种量度。组织结构的本质是组织好员工的分工协作关系，根据组织系统的目标与任务，将组织划分为若干层次与等级的子系统，并进一步确定各层次中的各个职位和相互关系。

（二）组织规模

工程项目管理中的组织规模通常是指一个组织所拥有的人员数量以及这些人员之间的相互作用的关系。例如某企业有多大规模，往往是指其员工有多少人。人员的数量在某种意义上对组织结构的影响是决定性的。组织规模影响着组织的结构，在组织发展的不同阶段，组织规模的影响又有所不同。

（三）部门设置

部门是指组织中主管人员为完成规定的任务将人员编成其有权管辖的一个特定的领域。部门设置包括部门职能的合理确定和部门划分两个方面。

1.部门职能的确定

部门职能是指部门所应负责的工作与事务范围。部门负责的工作与事务过少，部门将人浮于事，影响工作效率和公司风气。职能过多，部门的人员会疲于忙碌，管理困难，影响工作质量。

2.部门的划分

组织系统中各部门的合理划分对发挥组织效应是十分重要的。如果部门划分得不合理，会造成控制、协调的困难，也会造成人浮于事，浪费人力、物力、财力。部门的划分要根据组织目标与工作内容确定，形成既有相互分工又有相互配合的组织系统。

3.部门职能与部门划分的关系

部门过多，每个部门的职能就会减少；部门过少，每个部门的职能就可能会增加。因此，先要科学处理好部门职能与部门数量的关系，同时划分部门与部门职能的设定又是紧密联系的。部门划分得科学合理，各部门之间的职能分工就容易合理设定，如果部门职能设定不合理，将会增加部门的数量，容易造成管理上的混乱。

4.部门设置的方法

部门设置的最基本形式是把组织的总体任务分解成若干个子任务，以完成子任务的单元为基础形成部门，即工作部门专业化。部门设置的另一种基本形式是按组织（公司或其他机构）自身总体职能与任务的要求，把组织分成若干个具有固定职能分工和业务范围的部门，即实行部门职能化。例如，一些咨询公司分为能源业务部、农林水业务部、一般工业业务部等。

（四）管理幅度

管理幅度又称管理跨度，是指上级管理者所直接领导下级人员的数量。一名管理者直接领导多少人才能保证管理最有效，就是管理幅度的问题。

1.管理幅度对管理的影响

管理幅度是组织设计中的一个重要问题，过大与过小都将对组织的运行产生不利影响。扩大管理幅度对组织的影响主要有：可以减少管理的层次，缩减组织机构和管理人员，减少协调方面所付出的时间和费用；缩短信息传递渠道与层次，提高工作效率；但管理幅度过大可能使主管人员对下属的指导和监督的时间相对减少，容易导致管理失控，出现各自为政的状况。

减小管理幅度对组织的影响主要有：管理层次增加，相互之间的工作协调难度加大，为此所花费的时间与费用都会增加；由于层次增加，信息的传递容易发生丢失和失真；办事效率降低。

2.确定管理幅度时应考虑的主要因素

（1）管理工作的性质。管理者的工作性质不同，其管理幅度的要求也会不同。高层领导面对的往往是事关全局的复杂问题，或未遇到过的新问题，决策所产生的后果也往往是影响全局的问题，因此，其管理幅度应小一些；基层管理者所进行的工作往往是日常的管理工作，其重复性与类似性都较强，因此其管理幅度可以大一些；如果工作作业方法与程序的标准化程度高管理幅度也可以大一些。一般情况下最高层管理人员的管理幅度4~8人较为适宜，基层管理人员的管理幅度以8~15人为宜。

（2）管理者与被管理者的工作能力。如果管理者的工作能力（如决策能力、领导水平、业务经验等）很强，管理幅度可以大一些；反之，如果管理者的工作能力与领导能力都较弱，其管理幅度就应小些。如果下属的工作能力较强，知识与工作经验都比较丰富，管理技能与专业技能也较高，其上级主管的管理幅度就可以大一些；反之，如果下属工作能力较差，事事都需上级主管指导，则上级主管的管理幅度就应小些。

（3）管理者的领导风格。有的管理者不希望分权，而是希望将所有的权力集中在自己手中，这样的管理者面临的管理幅度可能就大一些；而有的管理者希望通过授权，将工作分给几个得力的下属去完成，这样的管理者的管理幅度就会比较小；有的领导者非常不喜欢处理具体管理事务，将工作全部交给常务副职去做，其管理幅度可能只有一两个人。

（4）层次内信息传递效率。如果同一层次内信息传递的方式与渠道适宜，传递速度快，关系容易协调，其管理幅度就可大一些；反之，管理幅度就应小一些。

（5）管理的组织机构之间工作职能的相似性。如果管理者直接管理的各下属部门的工作性质有较大的相似，如各火电项目部、水电项目部、核电项目部、新能源项目部等，或监理一部、监理二部、监理三部等，管理者所面临的问题有许多类似性，则其管理幅度则可以大一些，反之则应小一点。

（6）组织机构在空间上的分散程度。管理者所管理的各机构在空间上的远近，对管理者的管理效率将产生一定的影响，如相互之间比较近，管理幅度就可大一些，反之则应小一些。

（7）得到协助的有力程度。管理者如果有助手协助分担一部分工作，就能有更大的精力处理好重要工作。所以如果管理者能够得到助手的有力协助，其管理幅度就可以大一些，如果没有有力的协助，其管理幅度就应小一些。

（8）经营形势和发展阶段。管理幅度与组织的经营和发展有相当的关联。在组织的初始阶段，管理者需处理的事务头绪较多，组织内协调性较差，管理幅度可能会小一点；随着业务的发展，组织经营日益成熟，工作效率较高，各下属组织的独立运行能力有所增强，这时的管理幅度就可适当扩大。但在组织经营遇到困难时，则要按问题所在区别对待，例如，为集中力量，减少管理层次，缩小组织运营成本，管理幅度可能加大一点；而如果经营困难的主要原因是管理者没有足够的精力进行管理，为提高工作效率，发挥个人专长，则可能增加管理层次，减小管理幅度。

3. 管理幅度的定量分析

以上关于管理幅度的分析，从原理上阐明了管理幅度对管理的作用和确定管理幅度的主要考虑因素，没有解决对管理幅度予以定量的问题。根据上述基本原理，美国洛克希德公司在20世纪70年代提出了一套定量分析方法。主要是确定影响管理幅度的因素，并将各因素进行分级并赋予一定的指数，见表3-1；针对某一职位的具体情况，计算其分值，然后根据助手配备情况对分值修正后，对照管理幅度建议表得出管理幅度，见表3-2。

影响管理幅度因素分级表　　　　　　　　　　　　　　　　　　表3-1

影响因素	各因素不同分级下的点值				
地点相近性	完全在一起	在同一办公楼	同单位的不同办公楼	同地区的不同办公楼	在不同的地区
	1	2	3	4	5
职能相似性	完全相同	基本相同	相似	基本不同	根本不同
	1	2	3	4	5

续表

影响因素	各因素不同分级下的点值				
职能复杂性	简单重复	例行性	稍具复杂性	复杂多变	高度复杂多变
	2	4	6	8	10
直接监督需要程度	监督训练轻松	有限的监督	定性的监督	经常持续监督	经常紧密监督
	3	6	9	12	15
督导协调需要程度	与别人工作不关联	与别人工作有一定关联	适宜、易控的关联	相当密切的关联	相互接触面广且情况多变
	2	4	6	8	12
计划与决策工作量	范围与复杂性很小	范围与复杂性有限	范围与复杂性较广	在政策引导下需努力制订计划	没有方向引导，需随机拟订计划
	2	4	6	8	10

根据配备助手情况进行修正的系数为：配有直接助手时，修正系数为0.7；配有负责行政、计划助手时，修正系数为0.75~0.85；配有四位助手时，修正系数为0.4。

管理幅度建议数 表3-2

监督与控制指数	管理幅度建议数
40~42	4~5
37~30	4~6
34~36	4~7
31~33	5~8
28~30	6~9
25~27	7~10
22~24	8~11

洛克希德定量分析法给出了一个定量分析管理幅度的基本思路，在实际工作中可根据项目组织的具体情况对影响因素的划分、各级影响因素下的分值和修正系数予以调整。

（五）管理层次

管理层次是指从管理组织的最高层管理者到最下层实际工作人员之间进行分级管理的不同管理层次。管理层次多少是指管理分级的层次数量。

整个组织按从上到下的顺序通常分为决策层、协调层、执行层和操作层四个层面。决策层是指管理目标与计划的制定者阶层；协调层是决策层的重要参谋，属于咨询阶层；执行层是指直接调动和安排项目活动、组织落实项目计划的阶层；操作层是指从事和完成具体任务的阶层。由于每个具体组织的规模、工作性质、空间分布等情况不同，每个层面在实际组织内又可能包括几个管理层次。在实际工作中，有时协调层、执行层、操作层之间的区分不是非常清晰，就某一个具体部门而言可能兼顾执行层与操作层，有时又可能兼顾协调层和执行层。

一个组织内管理层次的多少不是绝对的，但管理层次过多将产生信息流通的障碍和决策效率与工作效率的低下。

管理层次从上到下划分的过程，其实也就是工作任务与权力的分解与授权的过程，上级管理层次的部门将任务与权力授予下一级层次的几个部门，上级部门有权督促与检查下一级部门的上下级的关系，从而形成了部门的等级关系。

管理层次与管理幅度的关系。一般地说，管理层次与管理跨度是相互矛盾的，管理层次过多势必要降低管理幅度，同样管理跨度增加，同样也会减少管理层次。因此平衡管理幅度与管理层次之间的关系，使决策与管理效率高效、快捷是组织结构设置中的一个重要问题。

管理层次和管理幅度是组织结构的两个相互关联的基本参数。当组织规模一定时，管理幅度越大，则管理层次越少。相反，如果管理幅度越小，则管理层次就会增加。在系统组织规模一定的条件下，两者成反比或接近反比的关系。

如前所述，由于人的经历和能力是有限的，一个管理者的有效控制幅度也是有限的。当一个管理者所领导协调的幅度超出了这个限量，就需要增加一个管理层次。

三、部门划分的方法

组织中常用的部门划分方法有人数划分法（如军队中各级作战单位的设置等）、时间划分法（如生产企业中早、中、晚班的设置）等多种方法。但工程项目组织管理中常用的部门划分方法主要有职能划分法、程序划分法、业务划分法、区域划分法等。

在工程项目管理当中，既有单一的项目管理，也有多项目管理的情况。部门划分方法往往既存在于单一的项目管理，也可能存在于多项目管理。

（一）职能划分法

职能划分法就是以组织中的主要职能为划分基础，将相同性质的职能置于同一部门内，由该部门负责组织内这一职能的执行。例如，内设经营部、财务部、行政部、技术经济部、基础设施部等。

职能划分法有利于提高组织的专业化程度，提高管理人员的技术水平，但可能使项目人员缺乏总体眼光，不利于高级管理人员与项目运作人员的培养。

对于单一项目的项目公司，其内部可以按职能划分法来进行管理，对于一个大型公司管理不同的项目有时也会按这种划分法来设置部门。

（二）程序划分法

程序划分法就是以组织内的主要工作程序为划分基础，将程序划分成可识别的若干个阶段，每个部门负责完成一个或几个阶段的工作。例如，工程项目管理公司部门划分：市场开发部、项目设计部、施工管理部、维修检查部等。

程序划分法有利于专业人员的培养和作用的发挥，但各部门之间容易出现衔接问题，需要有一个部门或小组去进行协调与组织。

（三）业务划分法

业务划分法，就是按业务序列进行部门划分，即把完成相同或相近专业的项目划入一个部门当中，例如水电项目部、电子项目部、农林项目部等。这种分类方法也可能是按某具体项目进行划分，例如某机场监理部、某高速公路建设管理部等。

按业务划分法设立部门有利于发挥专业人员的专业特长，有利于培养项目管理人员的项目分析与管理能力，不足是对于各部门都需要的一些专业，如技术经济专业、财会专业、信息管理、法律等人员整体需要量大，但这些人员在某一具体部门的工作量又往往不够饱满，造成人力资源的浪费。

这种划分方法往往是一个多项目的管理公司，如咨询公司、专业项目管理公司等。

（四）区域划分法

区域划分法是根据项目组织所在的不同地理位置或不同地理位置来源设立组织部门的方法。按区域划分法有利于根据不同地区的经济特点、民族风俗习惯、当地政策、法律环境、语言环境等来开展工作，因此，对于业务范围在地域上分布较广，业务量集中在某几个地区的管理组织来说这种划分方法是适宜的。

有时工程项目是一个项目群时也用这种划分方法，如全国粮食储备库建设项目，有关单位就设立了不同区域的管理部门。

需要注意的是，实际工作中，往往不是按一种方法来划分设立部门，而是按两种甚至是三种或多种方法划分设置部门。

四、项目组织结构模式

项目组织结构模式是指一个组织系统中各个组成部门（组成元素）之间的组织关系（指令关系），组织结构模式一般用组织结构图来描述。

（一）职能式组织形式

1. 职能式组织形式的含义

职能式组织形式是最基本的，目前使用比较广泛的项目组织形式，如图 3-2 所示。

职能式项目管理组织模式有两种表现形式。一种是将一个大的项目按照公司行政、人力资源、财务、各专业技术、营销等职能部门的特点与职责，分成若干个子项目，由相应的各职能单元完成各方面的工作。职能式的另一种形式就是对于一些中小项

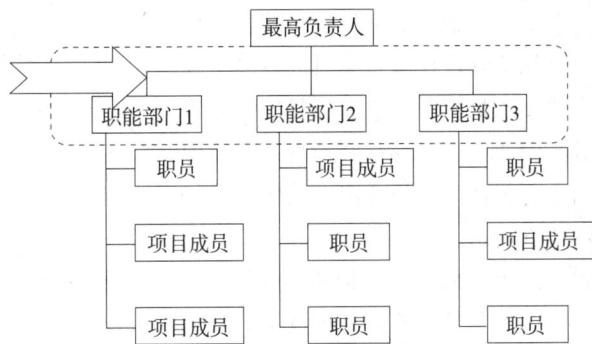

图 3-2　职能式组织结构形式

目，在人力资源、专业等方面要求不宽的情况下，根据项目专业特点，直接将项目安排在公司某一职能部门内部进行，在这种情况下项目团队成员主要由该职能部门人员组成。

2. 职能式组织结构的优点

（1）项目团队中各成员无后顾之忧。由于各项目成员来自各职能部门，在项目工作期间所属关系没有发生变化，项目成员不会为将来项目结束时的去向担忧，因而能客观地为项目考虑、工作。

（2）各职能部门可以在本部门工作与项目工作任务的平衡中去安排力量，当项目团队中的某一成员因故不能参加时，其所在的职能部门可以重新安排人员予以补充。

（3）当项目全部由某一职能部门负责时，项目的人员管理与使用上变得更为简单，使之具有更大的灵活性。

（4）项目团队的成员有同一部门的专业人员作技术支撑，有利于项目的专业技术问题的解决。

（5）有利于公司项目发展与管理的连续性。由于是以各职能部门作基础，所以项目的管理与发展不会因项目团队成员的流失而有过大的影响。

3. 职能式组织结构的缺点

（1）项目管理没有正式的权威性。由于项目团队成员分散于各职能部门，团队成员受职能部门与项目经理的双重领导，而相对于职能部门来说，项目经理的约束显得更为无力。

（2）项目团队中的成员不易产生事业感与成就感。团队中的成员普遍会将项目的工作视为额外工作，对项目中工作没有更多的热情。这对项目的质量与进度都会产生较大的影响。

（3）对于参与多个项目的职能部门，特别是某个人来说，不利于项目之间的投入力量安排。

（4）不利于不同职能部门团队成员之间的交流。

（5）项目的发展空间容易受到限制。

（二）项目式组织形式

1. 项目式组织形式的含义

项目式组织形式就是将项目的组织独立于公司职能部门之外，由项目组织自己独立负责项目主要工作的一种组织管理模式。项目的具体工作主要由项目团队负责。项目的行政事务、财务、人事等在公司规定的权限内进行管理。项目式组织结构形式如图 3-3 所示。

2. 项目式组织结构的优点

（1）项目经理是真正意义上的项

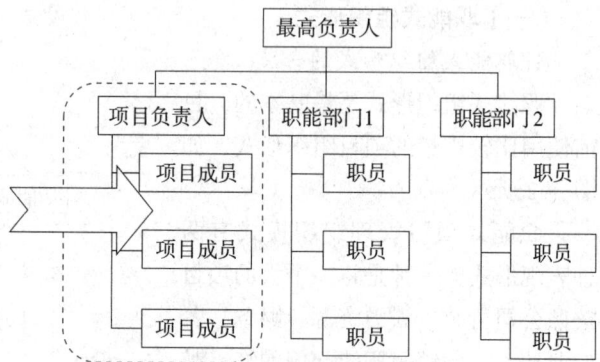

图 3-3　项目式组织结构形式

目负责人。项目经理对项目及公司负责，团队成员对项目经理负责，项目经理可以调动团队内外各种有利因素，因而是真正意义上的项目负责人。

（2）团队成员工作目标比较单一。独立于原职能部门之外，不受原各自工作的干扰，团队成员可以全身心地投入到项目工作中去，也有利于团队精神的形成和发挥。

（3）项目管理层次相对简单，使项目管理的决策速度、响应速度变得快捷起来。

（4）项目管理指令一致。命令主要来自于项目经理，团队成员避免了多头领导、无所适从的情况。

（5）项目管理相对简单，使项目费用、质量及进度等控制更加容易进行。

（6）项目团队内部容易沟通。

（7）当项目需要长期工作时，在项目团队的基础上容易形成一个新的职能部门。

3.项目式组织结构的缺点

（1）容易出现配置重复，资源浪费的问题。如果一个公司多个项目都按项目式进行管理组织，那么在资源的安排上很可能出现项目内部利用率不高，而项目之间则是重复与浪费的现象。

（2）项目组织成为一个相对封闭的组织，公司的管理与对策在项目管理组织中贯彻可能遇到阻碍。

（3）项目团队与公司之间的沟通基本上依靠项目经理，容易出现沟通不够和交流不充分的问题。

（4）项目团队成员在项目后期没有归属感。团队成员不得不为项目结束后的工作投入相当的精力进行考虑，影响项目的后期工作。

（5）由于项目管理组织的独立性，使项目组织产生小团体的观念，在人力资源与物资资源上出现"囤积"的思想，造成资源浪费；同时，各职能部门考虑其独立性，对其资源的支持会有所保留，影响项目的最好完成。

（三）矩阵式组织形式

1.矩阵式组织形式的含义

为解决职能式组织结构与项目式组织结构的不足，发挥它们的长处，人们设计出了介于职能式与项目式组织结构之间的一种项目管理组织模式，即矩阵式组织。矩阵式项目组织结构中，参加项目的人员由各职能部门负责人安排，而这些人员的工作，在项目工作期间，项目工作内容上服从项目团队的安排，人员不独立于职能部门之外，是一种暂时的、半松散的组织形式，项目团队成员之间的沟通不需通过其职能部门领导，项目经理往往直接向公司领导汇报工作。

根据项目团队中的情况，矩阵式项目组织结构又可分成弱矩阵式结构、强矩阵式结构和平衡矩阵式结构三种形式。

（1）弱矩阵式项目管理组织结构

一般是指在项目团队中没有一个明确的项目经理，只有一个协调员负责协调工作。团队各成员之间按照各自职能部门所对应的任务，相互协调进行工作。实际上在这种模式下，相当多的项目经理职能由职能部门负责人分担了。

（2）强矩阵式项目管理组织结构

这种模式下的主要特点是，有一个专职的项目经理负责项目的管理与运行工作，项目经理往往来自于公司的专门项目管理部门。项目经理与上级沟通往往通过其所在的项目管理部门负责人进行。强矩阵式组织结构形式如图3-4所示。

（3）平衡矩阵式项目管理组织结构

这种组织结构形式是介于强矩阵

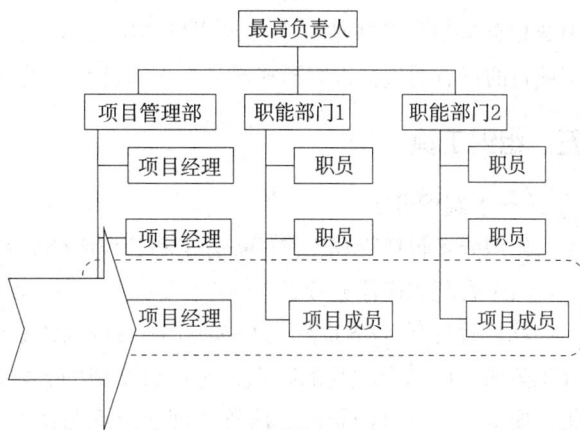

图3-4　强矩阵式组织结构形式

式项目管理组织结构与弱矩阵式项目管理组织结构二者之间的一种形式。主要特点是项目经理是由一职能部门中的团队成员担任，其工作除项目的管理工作外，还可能负责本部门承担的相应的项目中的任务。此时的项目经理与上级沟通时不得不在其职能部门的负责人与公司领导之间做出平衡与调整。

2. 矩阵式组织结构的优点

很明显，矩阵式项目组织结构具备了职能式组织结构和部分项目式组织结构的优点如下：

（1）团队的工作目标与任务比较明确，有专人负责项目的工作。

（2）团队成员无后顾之忧。项目工作结束时，不必为将来的工作分心。

（3）各职能部门可根据自己部门的资源与任务情况来调整、安排资源力量，提高资源利用率。

（4）提高了工作效率与反应速度，相对职能式结构来说，减少了工作层次与决策环节。

（5）相对项目式组织结构来说，可在一定程度上避免资源的囤积与浪费。

（6）在强矩阵式模式中，由于项目经理来自于公司的项目管理部门，可使项目运行符合公司的有关规定，不易出现矛盾。

3. 矩阵式组织结构的缺点

虽然矩阵式组织结构有许多优点，但同样也有一些不足，主要有以下几方面：

（1）项目管理权力平衡困难。矩阵式组织结构中项目管理的权力需要在项目经理与职能部门之间平衡，这种平衡在实际工作中是不易实现的。

（2）信息回路比较复杂。在这种模式下，信息回路比较多，既要在项目团队中进行，还要在相应的部门中进行，必要时在部门之间还要进行，所以易出现交流、沟通不够的问题。

（3）项目成员处于多头领导状态。项目成员正常情况下至少要接受两个方向的领导，即项目经理和所在部门的负责人，容易造成指令矛盾、行动无所适从的问题。

（四）各类组织形式的适合条件

不同类型的项目组织结构形式适合不同类型的项目。一般而言，小型、时间短、专业面窄的项目适宜采用职能式组织形式，而工作周期长，专业复杂或比较特殊的项目，投资或工程量较大的工程项目适宜采用矩阵式或项目式的组织形式。因此，在项目的组织设计中要根据项目的具体情况来决定项目的组织形式。如果项目在最初的组织设计时并没有依据项目的特点而进行组织形式设计，那么就必须进行组织形式的调整。

五、组织工具

（一）组织分工

组织分工包括管理工作任务分工和管理职能分工。

（1）管理工作任务分工

项目管理任务分工表，这是一个项目的组织设计文件的一部分。在编制项目管理任务分工表前，应结合项目的特点，对项目实施的各阶段的费用（投资或成本）控制、进度控制、质量控制、合同管理、信息管理和组织与协调等管理任务进行详细分解。某项目业主方的部分项目管理工作任务分解示例见表3-3。

在项目管理任务分解的基础上，定义项目经理和费用（投资或成本）控制、进度控制、质量控制、合同管理、信息管理和组织与协调等主管工作部门或主管人员的工作任务，从而编制管理任务分工表。在管理任务分工表 3-4 中应明确各项工作任务由哪个工作部门（或个人）负责，由哪些工作部门（或个人）配合或参与。无疑，在项目的进展过程中，应视必要对管理任务分工表进行调整。

（2）管理职能分工

工程项目都应视需要编制管理职能分工表，这是一个项目的组织设计文件的一部分。

管理职能分工表是用表的形式反映项目管理班子内部项目经理、各工作部门和各工作岗位对各项工作任务的项目管理职能分工。表中用拉丁字母表示管理职能。管理职能分工表也可用于企业管理，见表 3-5。

某项目业主方的部分项目管理工作任务分解表　　表 3-3

设计阶段项目管理的任务	备注
3.1　设计阶段的投资控制	
3101　在可行性研究的基础上，进行项目总投资目标的分析、论证	
3102　根据方案设计，审核项目总估算，供业主方确定投资目标参考，并基于优化方案协助业主对估算作出调整	
3103　编制项目总投资切块、分解规划。并在设计过程中控制其执行；在设计过程中若有必要，及时提出调整总投资切块、分解规划的建议	
3104　审核项目总概算，在设计深化过程中严格控制在总概算所确定的投资计划值中，对设计概算作出评价报告和建议	
3105　根据工程概算和工程进度表，编制设计阶段资金使用计划，并控制其执行，必要时，对上述计划提出调整建议	
3106　从设计、施工、材料和设备等多方面做必要的市场调查分析和技术经济比较论证，并提出咨询报告，如发现设计可能突破投资目标，则协助设计人员提出解决办法，供业主参考	
3107　审核施工图预算，调整总投资计划	
3108　采用价值工程方法，在充分满足项目功能的条件下考虑进一步挖掘节约投资的潜力	
3109　进行投资计划值和实际值的动态跟踪比较，并提出各种投资控制报表和报告	
3110　控制设计变更，注意检查变更设计的结构性、经济性、建筑造型和使用功能是否满足业主的要求	

管理任务分工表　　表 3-4

工作任务＼工作部门	项目经理部	投资控制部	进度控制部	质量控制部	合同控制部	信息控制部

<table>
<tr><td rowspan="2">工作任务</td><td rowspan="2">工作部门</td><td>项目经理部</td><td>投资控制部</td><td>进度控制部</td><td>质量控制部</td><td>合同控制部</td><td>信息控制部</td></tr>
</table>

管理职能分工表　　　　　　　　　　　　　　　　表 3-5

工作任务 ＼ 工作部门	项目经理部	投资控制部	进度控制部	质量控制部	合同控制部	信息控制部

每一个方块用拉丁字母表示管理的职能

（二）工作流程组织

工作流程是指项目工作开展的先后和并行关系的程序。这种关系主要是指逻辑关系，包括工艺关系和组织关系，一般都表现为先后顺序关系。

工作流程图用图的形式反映一个组织系统中各项工作之间的逻辑关系，它可用以描述工作流程组织，如图 3-5 所示。

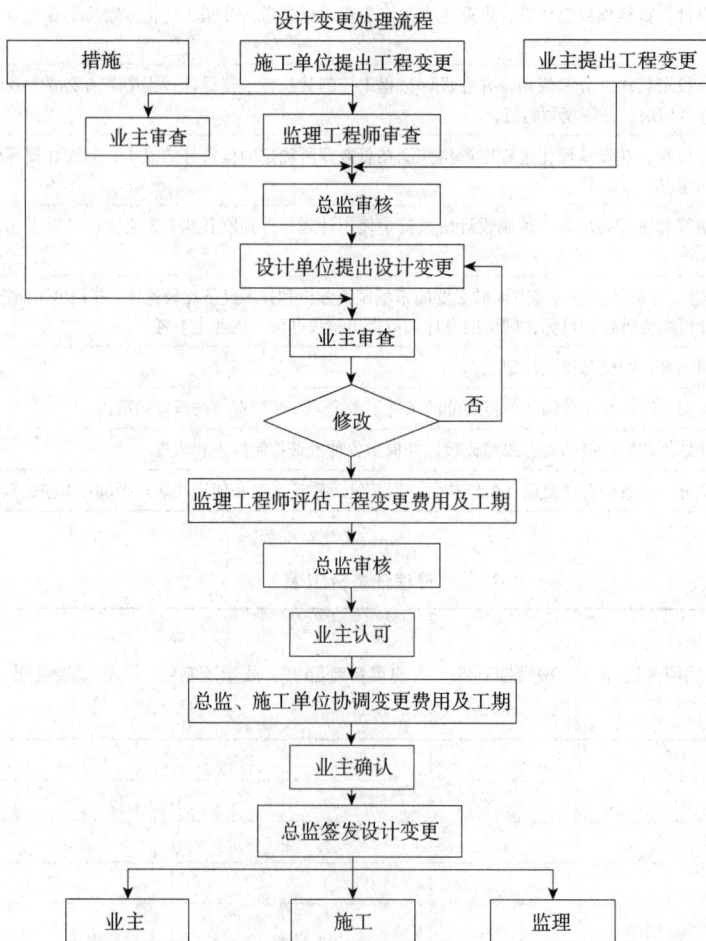

设计变更处理流程

图 3-5　工作流程图示例

（三）合同结构图

合同结构图反映业主方和项目各参与方之间，以及项目各参与方之间的合同关系。通过合同结构图可以非常清晰地了解一个项目有哪些，或将有哪些合同，以及了解项目各参与方的合同组织关系，如图3-6所示。

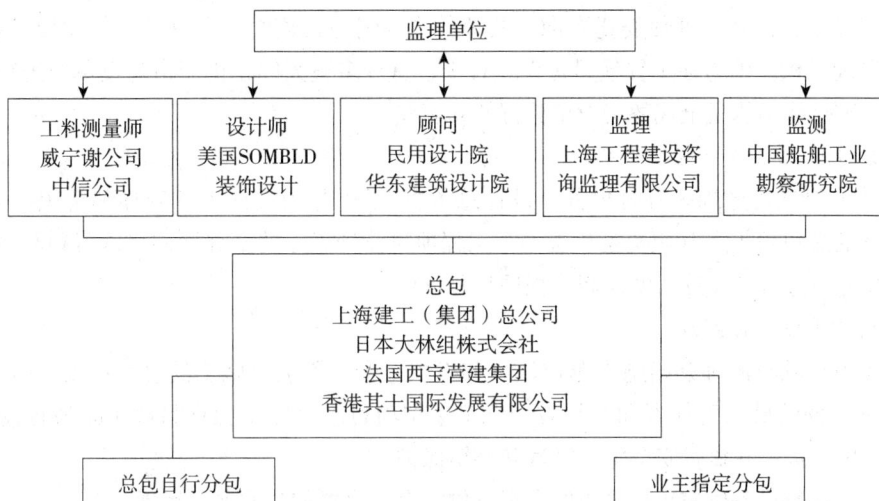

图 3-6　某大厦合同结构图

第二节　项目经理

项目经理在领导项目团队达成项目目标方面发挥至关重要的作用。在整个项目期间，项目经理角色的作用非常明显。很多项目经理从项目启动时开始参与项目，直到项目结束。在某些组织内部，项目经理可能会在项目启动之前就参与评估和分析。项目经理是由上级组织委派，领导项目团队实现项目目标的个人。项目经理履行多种职能，例如引导项目团队工作以实现成果，管理流程以交付预期成果。

一、项目经理的设置

项目经理包括建设单位的项目经理、咨询单位的项目经理、设计单位的项目经理和施工单位的项目经理。

1. 建设单位项目经理

建设单位项目经理是由建设单位（或项目法人）委派的领导和组织一个完整工程建设项目的总负责人。对于一些规模较大、工期长、技术复杂的工程项目，由于工程项目集成化的趋势，宜设置全过程负责的项目经理。建设单位还可以在总负责人下面，根据需要委派分阶段的项目经理，比如准备阶段项目经理、设计阶段项目经理和施工阶段的项目经理等。

2. 咨询、监理单位项目经理

当工程项目比较复杂而建设单位又没有足够的人员组建一个能够胜任项目管理任务的

项目管理机构时，就需要委托咨询单位为其提供项目管理服务。咨询单位需要委派项目经理并组建项目管理机构按项目管理合同履行其义务。对于实施监理的工程项目，工程监理单位也需要委派项目经理（总监理工程师）并组建项目监理机构履行监理义务。当然，如果咨询、监理单位为建设单位提供工程监理与项目管理一体化服务，则只需设置一个项目经理，对工程监理与项目管理服务总负责。

对建设单位而言，即使委托咨询、监理单位，仍需要建立一个以自己的项目经理为首的项目管理机构。因为在工程项目建设过程中，有许多重大问题仍需由建设单位进行决策，咨询、监理机构不能完全代替建设单位行使其职权。

3. 设计单位项目经理

设计单位项目经理（有时也称"设计总负责人"）是指设计单位领导和组织一个工程项目设计的总负责人。其职责是负责一个工程项目设计工作的全部计划、监督和联系工作。设计单位项目经理从设计角度控制工程项目总目标。

4. 施工单位项目经理

施工单位项目经理是指施工单位领导和组织一个工程项目施工的总负责人，是施工单位在施工现场的最高责任者和组织者。施工单位项目经理在工程项目施工阶段控制质量、成本、进度目标，并负责安全生产管理和环境保护。

此外，材料设备供应单位也可能会根据供货合同设置相应的项目经理。

二、项目经理的技能

（一）PMI 人才三角

PMI 研究通过 PMI 人才三角（图 3-7）指出了项目经理根据《项目经理能力发展（PMCD）框架》需要具备的技能。

人才三角重点关注以下三个关键技能组合：

第一，项目管理技术。与项目、项目集和项目组合管理特定领域相关的知识、技能和行为，即角色履行的技术方面。

第二，领导力。指导、激励和带领团队所需的知识、技能和行为，可帮助组织达成业务目标。

图 3-7　PMI 人才三角

第三，战略和商务管理。关于行业和组织的知识和专业技能，有助于提高绩效并取得更好的业务成果。

虽然项目管理技能是项目集和项目管理的核心，但 PMI 研究指出，当今全球市场越来越复杂，竞争也越来越激烈，只有项目管理技能是不够的。各个组织正在寻求其他有关领导力和商业智慧技能。来自不同组织的成员均提出，这些能力可以有助于支持更长远的战略目标，以实现赢利。为发挥最大的效果，项目经理需要平衡这三种技能。

（二）项目管理技能

项目管理技能指有效运用项目管理知识实现项目集或项目的预期成果的能力。项目管理技能有很多种。项目经理经常会依赖专家判断来有效开展工作。要获得成功，重要的是项目经理必须了解个人专长以及如何找到具备所需专业知识的人员。

研究表明，顶尖的项目经理会持续展现出几种关键技能，包括（但不限于）：

（1）重点关注所管理的各个项目的关键技术项目管理要素。简单来说就是随时准备好合适的资料。最主要的是：

①项目成功的关键因素；

②进度；

③指定的财务报告；

④问题日志。

（2）针对每个项目裁剪传统和敏捷工具、技术和方法。

（3）花时间制定完整的计划并谨慎排定优先顺序。

（4）管理项目要素，包括（但不限于）进度、成本、资源和风险。

（三）战略和商务管理技能

战略和商务管理技能包括纵览组织概况并有效协商和执行有利于战略调整和创新的决策和行动的能力。这项能力可能涉及其他职能部门的工作知识，例如财务部、市场部和运营部。战略和商务管理技能可能还包括发展和运用相关的产品和行业专业知识。这种业务知识也被称为"领域知识"。项目经理应掌握足够的业务知识，以向其他人解释关于项目的必要商业信息；并与项目发起人、团队和主题专家合作制定合适的项目交付策略；以实现项目商业价值最大化的方式执行策略。

为制定关于项目成功交付的最佳决策，项目经理应咨询具备关于组织运营的专业知识的运营经理。这些经理应了解组织的工作以及项目计划会对工作造成的影响。对项目经理而言，对项目主题的了解越多越好，至少应能够向其他人说明关于组织的以下方面：①战略；②使命；③目的和目标；④产品和服务；⑤运营（例如位置、类型、技术）；⑥市场和市场条件，例如客户、市场状况（发展或萎缩）和上市时间因素等；⑦竞争。

为确保一致性，项目经理应将以下关于组织的知识和信息运用到项目中：①战略；②使命；③目的和目标；④优先级；⑤策略；⑥产品或服务（例如可交付成果）。

战略和商业技能有助于项目经理确定应为其项目考虑哪些商业因素。项目经理应确定这些商业和战略因素会对项目造成的影响，同时了解项目与组织之间的相互关系。这些因素包括（但不限于）：

（1）风险和问题；

（2）财务影响；

（3）成本效益分析（例如净现值、投资回报率），包括各种可选方案；

（4）商业价值；

（5）效益预期实现情况和战略；

（6）范围、预算、进度和质量。

通过运用这些商务知识，项目经理能够为项目提出合适的决策和建议。随着条件的变化，项目经理应与项目发起人持续合作，使业务战略和项目策略保持一致。

（四）领导力技能

领导力技能包括指导、激励和带领团队的能力。这些技能可能包括协商、抗压、沟通、解决问题、批判性思考和人际关系技能等基本能力。随着越来越多的公司通过项目执行战略，项目变得越来越复杂。项目管理不仅仅涉及数字、模板、图表、图形和计算机系统方面的工作。人是所有项目中的共同点。人可以计数，但不仅仅是数字。

1. 人际交往

人际交往占据项目经理工作的很大一部分。项目经理应研究人的行为和动机，应尽力成为一个好的领导者，因为领导力对组织项目是否成功至关重要。项目经理需要运用领导力技能和品质与所有项目相关方合作，包括项目团队、团队指导和项目发起人。

2. 领导者的品质和技能

研究显示，领导者的品质和技能包括（但不限于）：

（1）有远见（例如帮助描述项目的产品、目的和目标；能够有梦想并向他人诠释愿景）；

（2）积极乐观；

（3）乐于合作；

（4）通过以下方式管理关系和冲突：

①建立信任；

②解决顾虑；

③寻求共识；

④平衡相互竞争和对立的目标；

⑤运用说服、协商、妥协和解决冲突的技能；

⑥发展和培养个人及专业网络；

⑦以长远的眼光来看待人际关系与项目同样重要；

⑧持续发展和运用政治敏锐性。

（5）通过以下方式进行沟通：

①花大量的时间沟通（研究显示，顶尖的项目经理投入有 90% 左右的时间是花在沟通上）；

②管理期望；

③诚恳地接受反馈；

④提出建设性的反馈；

⑤询问和倾听。

（6）尊重他人（帮助他人保持独立自主）、谦恭有礼、友善待人、诚实可信、忠诚可靠、遵守职业道德；

（7）展现出诚信正直和文化敏感性，果断、勇敢，能够解决问题；

（8）适当时称赞他人；

（9）终身学习，以结果和行动为导向；

（10）关注重要的事情，包括：

①通过必要的审查和调整，持续优化工作；

②寻求并采用适用于团队和项目的优先级排序方法；

③区分高层级战略优先级，尤其是与项目成功的关键因素相关的事项；

④对项目的主要制约因素保持警惕；

⑤在战术优先级上保持灵活；

⑥能够从大量信息中筛选出最重要的信息。

（11）从整体和系统的角度来看待项目，同等对待内部和外部因素；

（12）能够运用批判性思维（例如运用分析方法来制定决策）并将自己视为变革推动者；

（13）能够创建高效的团队、以服务为导向、展现出幽默的一面，与团队成员有效地分享乐趣。

3. 权术、权力和办好事情

领导和管理的最终目的是办好事情。这些技能和品质有助于项目经理实现项目目的和目标。很多技能和品质归根究底就是处理政治的能力。政治涉及影响、谈判、自主和权力。

政治及其相关要素不局限于"好"与"不好"以及"正面"与"负面"之分。项目经理对组织运行方式的了解越多，就越有可能获得成功。项目经理应观察并收集有关项目和组织概况的数据，然后从项目、相关人员、组织以及整个环境出发来审查这些数据，从而得出计划和执行大多数行动所需的信息和知识。这些行动是项目经理运用适当的权力影响他人和进行协商之后的成果。有了权力就有了职责，项目经理应体察并尊重他人。项目经理的有效行动保持相关人员的独立自主。项目经理的行动成果就是让合适的人执行必要的活动来实现项目目标。

权力可能体现个人或组织的特征。人们对领导者的认知通常是因为权力；因此，项目经理应注意自己与他人的关系是非常重要的。借助人际关系可以让项目相关事项得到落实。行使权力的方式有很多，项目经理可自行决定。由于权力的性质以及影响项目的各种因素，权力及其运用变得非常复杂。行使权力的方式包括（但不限于）：

（1）地位（有时称为正式的、权威的、合法的，例如组织或团队授予的正式职位）；

（2）信息（例如收集或分发的控制）；

（3）参考（例如因为他人的尊重和赞赏，获得的信任）；

（4）情境（例如在危机等特殊情况下获得的权力）；

（5）个性或魅力（例如魅力、吸引力）；

（6）关系（例如参与人际交往、联系和结盟）；

（7）专家（例如拥有的技能和信息、经验、培训、教育、证书）；

（8）奖励（例如能够给予表扬、金钱或其他奖励）；

（9）处罚或强制力（例如给予纪律处分或施加负面后果的能力）；

（10）迎合（例如运用顺从或其他常用手段赢得青睐或合作）；

（11）施加压力（例如限制选择或活动自由，以符合预期的行动）；

（12）出于愧疚（例如强加的义务或责任感）；

（13）说服力（例如能够提供论据，使他人执行预期的行动方案）；

（14）回避（例如拒绝参与）。

在权力方面，顶尖的项目经理积极主动且目的明确。这些项目经理会在组织政策、协议和程序许可的范围内主动寻求所需的权力和职权，而不是坐等组织授权。

（五）领导力与管理之比较

"领导力"和"管理"这两个词经常被互换使用，但它们并不是同义词。"管理"更接近于运用一系列已知的预期行为指示另一个人从一个位置到另一个位置。相反，"领导力"指通过讨论或辩论与他人合作，带领他们从一个位置到另一个位置。

项目经理所选择的方法体现了他们在行为、自我认知和项目角色方面的显著差异。表 3-6 从几个重要的层面对管理和领导力进行比较。

为获得成功，项目经理必须同时采用领导力和管理这两种方式。技巧在于如何针对各种情况找到恰当的平衡点。项目经理的领导风格通常体现了他们所采用的管理和领导力方式。

管理与领导力之比较 表 3-6

管理	领导力
直接利用职位权力	利用关系的力量指导、影响与合作
维护	建设
关注系统和架构	关注人际关系
依赖控制	激发信任
了解方式和时间	了解情况和原因
关注赢利	关注范围
接受现状	挑战现状
正确地做事	做正确的事情
关注可操作的问题和问题的解决	关注愿景、一致性、动力和激励

1. 领导力风格

项目经理领导团队的方式可以分为很多种。项目经理可能会出于个人偏好或在综合考虑了与项目有关的多个因素之后选择领导力风格。根据作用因素的不同，项目经理可能会改变风格。要考虑的主要因素包括（但不限于）：

（1）领导者的特点（例如态度、心情、需求、价值观、道德观）；

（2）团队成员的特点（例如态度、心情、需求、价值观、道德观）；

（3）组织的特点（例如目标、结构、工作类型）；

（4）环境的特点（例如社会形势、经济状况和政治因素）。

研究显示项目经理可以采用的多种领导力风格。在这些风格中，最常见的包括（但不限于）：

（1）放任型领导（例如允许团队自主决策和设定目标，又被称为"无为而治"）；

（2）交易型领导（例如关注目标、反馈和成就以确定奖励，例外管理）；

（3）服务型领导（例如做出服务承诺，处处先为他人着想；关注他人的成长、学习、发展、自主性和福祉；关注人际关系、团体与合作；服务优先于领导）；

（4）变革型领导（例如通过理想化特质和行为、鼓舞性激励、促进创新和创造，以及个人关怀提高追随者的能力）；

（5）魅力型领导（例如能够激励他人；精神饱满、热情洋溢、充满自信；说服力强）；

（6）交互型领导（例如结合了交易型、变革型和魅力型领导的特点）。

2. 个性

个性指人与人之间在思维、情感和行为的特征模式方面的差异。个人性格特点或特征可能包括（但不限于）：

（1）真诚（例如接受他人不同的个性，表现出包容的态度）；

（2）谦恭（例如能够举止得体、有礼貌）；

（3）创造力（例如抽象思维、不同看法、创新的能力）；

（4）文化（例如具备对其他文化的敏感性，包括价值观、规范和信仰）；

（5）情绪（例如能够感知情绪及其包含的信息并管理情绪，衡量人际关系技能）；

（6）智力（例如以多元智能理论衡量人的智商）；

（7）管理（例如管理实践和潜力的衡量）；

（8）政治（例如政治智商和把事办好的衡量）；

（9）以服务为导向（例如展现出愿意服务他人的态度）；

（10）社会（例如能够理解和管理他人）；

（11）系统化（例如了解和构建系统的驱动力）。

高效的项目经理在上述各个方面都具备一定程度的能力。每个项目、组织和情况都要求项目经理重视个性的不同方面。

三、项目经理的集成管理

项目经理负责集成管理，承担双重角色：

第一是项目经理扮演重要角色，与项目发起人携手合作，既要了解战略目标并确保项目目标和成果与项目组合、项目集以及业务领域保持一致。项目经理以这种方式有助于项目的整合与执行。第二是在项目层面上，项目经理负责指导团队关注真正重要的事务并协同工作。为此，项目经理需要集成过程、知识和人员。

集成是项目经理的一项关键技能，包括过程层面、认知层面、背景层面、集成与复杂性。

（一）过程层面的集成

项目管理可被看作为实现项目目标而采取的一系列过程和活动。有些过程可能只发生一次（例如项目章程的初始创建），但很多过程在整个项目期间会相互重叠并重复发生多次。这种重叠和多次出现的过程，比如需求变更，它会影响范围、进度或预算，并需要提出变更请求。控制范围过程和实施整体变更控制等若干项目管理过程可包括变更请求。在整个项目期间实施整体变更控制过程是为了集成变更请求。

虽然对项目过程的集成方式没有明确的定义，但如果项目经理无法集成相互作用的项目过程，那么实现项目目标的机会将会很小。

（二）认知层面的集成

管理项目的方法有很多，而方法的选择通常取决于项目的具体特点，包括规模、项目或组织的复杂性，以及执行组织的文化。显然，项目经理的人际关系技能和能力与其管理项目的方式有紧密的关系。

项目经理应尽量掌握所有项目管理知识领域。熟练掌握这些知识领域之后，项目经理可以将经验、见解、领导力、技术以及商业管理技能运用到项目管理中。最后，项目经理需要集成这些知识领域所涵盖的过程才有可能实现预期的项目结果。

（三）背景层面的集成

与几十年前相比，当今企业和项目所处的环境有了很大的变化。新技术不断涌现。社交网络、多元文化、虚拟团队和新的价值观都是项目所要面临的全新现实。整合涉及多个组织的、大规模、跨职能项目实施中的知识和人员便是一例。项目经理在指导项目团队进行沟通规划和知识管理时需要考虑这个背景所产生的影响。

在管理集成时，项目经理需要意识到项目背景和这些新因素，然后项目经理可以决定如何在项目中最好地利用这些新环境因素，以获得项目成功。

（四）集成与复杂性

有些项目可能非常复杂，难以管理。项目的复杂性来源于组织的系统行为、人类行为以及组织或环境中的不确定性。

复杂性本身指个体基于自身经验、观察和技能的一种感知，更准确的描述应该是项目包含复杂性的要素，而不是项目本身复杂。项目组合、项目集和项目可能包含复杂性的要素。

项目集成之前，项目经理应考虑项目内外的要素。项目经理应检查项目的特征或属性。作为项目的一种特征或属性，复杂性通常被定义为：

（1）包含多个部分；

（2）不同部分之间存在一系列连接；

（3）不同部分之间有动态交互作用；

（4）这些交互作用所产生的行为远远大于各部分简单的相加（例如突发性行为）。

这些因素会增加项目的复杂性，通过检查，有助于项目经理在规划、管理和控制项目时可以识别关键领域，确保完成集成。

四、项目管理专业人士资格认证

无论是广义项目管理，还是建设工程项目管理，在其理论发展与实践探索过程中，都充分认识到项目管理专业人士的重要性，特别是项目经理岗位，在许多国家与国际组织均对担任项目经理岗位的项目管理专业人士进行资格认证，获得相应的专业资格认证是担任项目经理岗位的准入许可。

在国际上，项目管理专业人士资格认证一般由项目管理行业协会组织推行，在国内，根据中国的实际情况，项目管理专业人士资格由国务院有关部门组织。

项目管理作为一门专门的学科，项目管理专业人士的资格认证往往依托一定的知识体系或知识范围，通过考试的形式进行认证。项目管理专业人士资格认证的知识范围，在国际上一般表现为行业协会编写的知识体系或业务标准，在国内则一般通过考试大纲的形式明确。

（一）IPMA 的 IPMP 认证

国际项目管理协会（International Project Management Association，IPMA）于 1965 年创建于瑞士，是国际上成立最早的项目管理专业组织。其目的在于促进国际级项目管理的交流，为国际项目领域的项目经理提供一个交流各自经验的论坛。

国际项目管理专业资质认证（International Project Management Professional，IPMP）是国际项目管理协会在全球推行的四级项目管理专业资质认证体系的总称。国际项目管理专业资质认证是对项目管理人员知识、经验和能力水平的综合评估证明。能力证明是国际项目管理专业资质认证考核的最大特点。根据国际项目管理专业资质认证及获得各级国际项目管理专业资质认证的人员，将被认可分别具有负责大型国际项目、大型复杂项目、一般复杂项目或具有从事项目管理专业工作的能力，见表 3-7。

IPMP 的认证等级　　　　　　　　　　　　　　　　　表 3-7

级别	授权名称	能力描述
A 级	国际特级项目经理 （Certified Project Director）	获得这一级认证的项目管理专业人员有能力指导一个公司（或一个分支机构）的包括诸多项目的复杂规划，有能力管理该组织的所有项目，或者管理一项国际合作的复杂项目
B 级	国际高级项目经理 （Certified Senior Project Manager）	获得这一级认证的项目管理专业人员可以管理大型复杂项目，或者管理一项国际合作项目
C 级	国际项目经理 （Certified Project Manager）	获得这一级认证的项目管理专业人员能够管理一般复杂项目，也可以在所在项目中辅助高级项目经理进行管理
D 级	国际助理项目经理 （Certified Project Management Associate）	获得这一级认证的项目管理人员具有项目管理从业的基本知识，并可以将它们应用于某些领域

国际项目管理专业资质认证的基准是国际项目管理专业能力标准（IPMA Competence Baseline，ICB），由于各国项目管理发展情况不同，国际项目管理协会允许加入国际项目管理协会的各国项目管理专业组织结合本国特点，参照 ICB 制定在本国认证国际项目管理专业能力的国家标准（National Competence Baseline，NCB）。

ICB 将项目管理能力定义为：知识 + 经验 + 个人素质，从技术范畴、行为范畴以及环境范畴三个大范畴中挑选出 46 个项目管理能力要素，来阐明在项目中从事计划和控制工作对项目管理专家的能力要求。ICB 强调项目经理应该以满足客户、产品和服务的交付者以及其他利益相关者的需求为己任，为项目、大型项目和项目组合付出努力。

在 ICB 3.0 中，为了评价项目管理人员在实践中应用项目管理的总体专业能力，其对项目经理的能力要素归类如下：

（1）20 个技术能力要素，涉及专业人员从事项目管理所进行的工作内容。

（2）15 个行为能力要素，涉及管理项目、大型项目和项目组合中个人以及团体之间的人际关系。

（3）11 个环境能力要素，涉及项目管理与项目环境，尤其是长期性组织间的交互作用。

对于每一个能力要素，都有相应的知识和经验的要求，ICB 认为知识不仅仅是指准确的记忆，而且还应该知晓相互间的联系，了解在实际项目管理环境中的应用。表 3-8 为三个能力要素模块以及它们所包含的能力要素。

ICB 3.0 能力要素一览 表 3-8

1. 技术能力	2. 行为能力	3. 环境能力
1.01 成功的项目管理	2.01 领导	3.01 面向项目
1.02 利益相关者	2.02 承诺与动机	3.02 面向大型项目
1.03 项目需求和目标	2.03 自我控制	3.03 面向项目组合
1.04 风险与机会	2.04 自信	3.04 项目、大型项目、项目组合的实施
1.05 质量	2.05 缓和	3.05 长期性组织
1.06 项目组织	2.06 开放	3.06 运营
1.07 团队协作	2.07 创造力	3.07 系统、产品和技术
1.08 问题解决	2.08 结果导向	3.08 人力资源管理
1.09 项目结构	2.09 效率	3.09 健康、保障、安全与环境
1.10 范围与可交付物	2.10 协商	3.10 财务
1.11 时间和项目阶段	2.11 谈判	3.11 法律
1.12 资源	2.12 冲突与危机	
1.13 成本和财务	2.13 可靠性	
1.14 采购与合同	2.14 价值评判	
1.15 变更	2.15 道德规范	
1.16 控制与报告		
1.17 信息与文档		
1.18 沟通		
1.19 启动		
1.20 收尾		

（二）美国 PMI 的 PMP 认证

美国项目管理协会成立于 1969 年，是目前国际上最大的由项目管理领域研究人员、学者、顾问和经理组成的专业组织。

项目管理资格认证考试（Project Management Professional，PMP）是美国项目管理协会在全球推行的项目管理专业资质认证。PMI 与 PMP 在国际上有很高的认知度和权威性。获取 PMP 证书，不仅提升项目经理的项目管理水平，也直接体现项目经理的个人竞争力，是项目管理专业人士身份的象征。

PMP 认证对报名者具有一定的资格要求，报名者必须具备 35h 以上项目管理 PMBOK 学习或培训经历，且必须具备表 3-9 所述两类情况之一。

PMP 报名资格要求 表 3-9

类别	资格要求	经验要求
第一类	具有学士学位或同等的大学学历或以上者	申请者在五大项目管理过程中至少具有 4500h 的项目管理经验,并且在申请之日前 6 年内,累计项目管理月数至少达 36 个月
第二类	不具有学士学位或同等大学学历或以上者	申请者在五大项目管理过程中至少具有 7500h 的项目管理经验,并且在申请之日前 8 年内,累计项目管理月数至少达 60 个月

PMP 认证的官方教材为 PMBOK。

PMBOK 主要由如下三大部分构成:

(1)第 1 部分为项目管理框架。该部分用来理解项目管理的基本结构,包括引论,定义了关键的术语,并对本指南的其余部分做概要介绍;项目生命周期与组织,说明了项目所处的环境。

(2)第 2 部分为项目管理标准。该部分规定了项目团队管理项目所使用的所有项目管理过程,说明了任何一个项目所必需的 5 个项目管理过程组,以及它们的项目管理子过程。

(3)第 3 部分为项目管理知识领域。该部分将第 2 部分介绍的 42 个项目管理过程归纳为 10 个知识领域,具体见第一章表 1-2。

(三)英国工程项目管理专业人士认证

国际上较权威的建设行业项目管理专业人士组织主要有英国皇家特许建造学会与英国皇家特许测量师学会等。

1. 英国皇家特许建造学会(Chartered Institute of Building,CIOB)

英国皇家特许建造学会是一个主要由从事建筑管理的专业人员组织起来的社会团体,是一个涉及建设全过程管理、非营利性的专业学会。英国皇家特许建造学会成立于 1834 年,1980 年被授予英国皇家特许学会。目前在全世界超过 90 多个国家中拥有超过 40000 多名会员。

英国皇家特许建造学会作为学术团体在两个方面起着积极的作用:一是参与政府有关部门组织的行业标准制定;二是会员资格认可以及培训。英国皇家特许建造学会帮助和引导会员们在执业中坚持继续职业发展,保持执业技能与实践的同步发展,不断提高个人专业素质,并通过有关期刊和各种会议进行传播,组织科研,引导会员参与国内外有关建设管理的教育与实践。CIOB 还专门设有信息中心为会员提供建筑业最新资料查询服务。

CIOB 在国际上具有较高声望,在亚洲,英国皇家特许建造学会在中国(大陆)、香港、马来西亚等国家和地区均设有办事处,以更好地在当地发展壮大 CIOB 会员队伍、扩大国际影响、保持会员间的国际性交流。

CIOB 是最早进入中国建筑业的外国专业技术资格的组织之一,CIOB 中国办公室于 2001 年在北京成立。CIOB 与政府有关部门、企业、社会团体以及教育机构等保持着良好的合作关系,积极致力于通过教育来提高建筑业的标准以及建筑业专业经理人的水平,推动中国建筑管理教育、专业资格与国际的接轨。

2. 英国皇家特许测量师学会(Royal Institution of Chartered Surveyors,RICS)

英国皇家特许测量师学会是世界最大的房地产、建筑、测量和环境领域的综合性、非营利性质的专业团体之一，为全球广泛认可的拥有"物业专才"之称的国际权威专业性学会。英国皇家特许测量师学会成立于1868年，1881年学会被准予皇家注册，目前在全球120多个国家拥有13万多会员。

该学会以为公众提供最高质量的专业服务为宗旨，在商用房地产、规划与房地产开发、管理咨询、房地产估价理论、技术方法、估价标准等方面均处于世界领先地位。每年发表超过500多份研究及公共政策评论报告；向职业测量师印发指导，其中部分属于强制性指导；向会员提供涵盖房地产、建设管理、项目管理、资产评估、规划与开发、设施管理、土地测量、建筑测量、管理咨询等17个专业领域和相关行业的最新发展趋势。在全球范围内，英国皇家特许测量师学会还拥有50多个地方性协会及联合团体的大力支持；在包括美国哈佛大学、英国剑桥大学等在内的50多所世界一流大学，已拥有400多个RICS认可的相关大学学位专业课程。

RICS的社会和公众责任包括：

（1）维护行业教育和培训的高水平。

（2）通过专业的服务和高标准的职业道德规范来保障消费者的利益。

（3）为各级政府，以及国际组织和地区组织提供专业建议。

（4）发布市场资讯和相关研究报告。

为适应全球范围内对特许测量师的需求，RICS积极推进其全球化发展战略，已经成立了欧洲特许测量师学会、美国特许测量师协会，在加拿大、澳大利亚等大部分前英联邦国家设立有RICS地区分会。RICS亚太区总部设在香港，在北京和上海分别设立办事机构。

（四）我国工程项目管理专业人士认证

我国工程管理执业资格制度推行起步较晚，但发展速度较快，从1992年6月原建设部以部令的形式颁发了《监理工程师资格考试和注册试行办法》开始，到目前已经形成建设领域基本的执业资格体系。

与工程项目管理密切相关的执业资格制度包括注册建造师、注册监理工程师、注册造价工程师、注册咨询工程师等。以下对上述四项注册执业资格制度进行介绍。

1. 注册建造师

（1）注册建造师的定位与职责。建造师是以专业技术为依托、以工程项目管理为主业的执业注册人员，近期以施工管理为主。建造师是懂管理、懂技术、懂经济、懂法规，综合素质较高的复合型人员，既要有理论水平，也要有丰富的实践经验和较强的组织能力。建造师注册受聘后，可以建造师的名义担任建设工程项目施工的项目经理、从事其他施工活动的管理及从事法律、行政法规或国务院建设行政主管部门规定的其他业务。在行使项目经理职责时，一级注册建造师可以担任《建筑业企业资质等级标准》中规定的特级、一级建筑业企业资质的建设工程项目施工的项目经理；二级注册建造师可以担任二级建筑业企业资质的建设工程项目施工的项目经理。大中型工程项目的项目经理必须由取得建造师执业资格的人员担任，但取得建造师执业资格的人员能否担任大中型工程项目的项目经理，应由建筑业企业自主决定。

（2）建造师资格的取得。一级建造师执业资格实行全国统一大纲、统一命题、统一组织的考试制度，由人力资源和社会保障部、住房和城乡建设部共同组织实施，原则上每年举行一次考试；二级建造师执业资格实行全国统一大纲，各省、自治区、直辖市命题并组织的考试制度。考试内容分为综合知识与能力和专业知识与能力两部分。报考人员要符合有关文件规定的相应条件。一级、二级建造师执业资格考试合格人员，分别获得《中华人民共和国一级建造师执业资格证书》《中华人民共和国二级建造师执业资格证书》。

一级建造师考试设《建设工程经济》《建设工程项目管理》《建设工程法规及相关知识》《专业工程管理与实务》（专业包含公路工程、铁路工程、民航机场工程、港口与航道工程、水利水电工程、市政公用工程、通信与广电工程、建筑工程、矿业工程、机电工程10个类别）四门科目。二级建造师考试设《建设工程施工管理》《建设工程法规及相关知识》《专业工程管理与实务》（专业包含建筑专业，公路工程、水利水电工程、矿业工程、机电工程和市政公用工程6个类别）三门科目。

（3）建造师的注册。取得建造师执业资格证书且符合注册条件的人员，必须经过注册登记后，方可以建造师名义执业。住房和城乡建设部或其授权机构为一级建造师执业资格的注册管理机构；各省、自治区、直辖市建设行政主管部门制定本行政区域内二级建造师执业资格的注册办法，报住房和城乡建设部或其授权机构备案。准予注册的申请人员，分别获得《中华人民共和国一级建造师注册证书》《中华人民共和国二级建造师注册证书》。已经注册的建造师必须接受继续教育，更新知识，不断提高业务水平。建造师执业资格注册有效期一般为3年，期满前3个月，要办理再次注册手续。

2. 注册监理工程师

（1）注册监理工程师的定位与职责。注册监理工程师是指经全国统一考试合格，取得监理工程师资格证书，并按规定经注册，取得注册监理工程师执业证书和执业印章，从事工程监理及相关业务活动的专业技术人员。

注册监理工程师可以担任工程监理机构的总监理工程师或其他监理岗位，总监理工程师岗位必须由注册监理工程师担任。注册监理工程师应按照国家法律、法规及有关规定的要求开展执业活动，应对执业活动成果的质量负责。注册监理工程师只能在规定的职业范围和聘用单位业务范围内从事执业活动，不得同时在两个或两个以上单位开展执业活动。

（2）监理工程师资格的取得。监理工程师执业资格考试工作由住房和城乡建设部、人力资源和社会保障部共同负责，日常工作委托中国建设监理协会承担，具体考务工作由人力资源和社会保障部人事考试中心负责。监理工程师考试每年举行一次，考试时间一般安排在5月中旬。原则上在省会城市设立考点。监理工程师执业资格考试设4个科目，分别为《建设工程监理基本理论与相关法规》《建设工程合同管理》《建设工程（目标控制）控制》《建设工程监理案例分析》。其中，《建设工程监理案例分析》为主观题，其余三门科目均为客观题。

（3）监理工程师的注册。取得《监理工程师执业资格证书》者，须按规定向所在省（区、市）建设行业管理部门申请注册，监理工程师注册有效期为5年。有效期满前3个月，持证者须按规定到注册机构办理再次注册手续。监理工程师的注册依据其所学专业、工作经历、工作业绩，分专业进行注册，每人最多可以申请两个专业注册。

3. 注册造价工程师

（1）注册造价工程师的定位与职责。注册造价工程师是指通过全国造价工程师执业资格统一考试或者资格认定、资格互认，取得中华人民共和国造价工程师执业资格（以下简称"执业资格"），并按照《注册造价工程师管理办法》的规定注册，取得中华人民共和国造价工程师注册执业证书（以下简称"注册证书"）和执业印章，从事工程造价活动的专业人员。国家在工程造价领域实施造价工程师执业资格制度。凡从事工程建设活动的建设、设计、施工、工程造价咨询、工程造价管理等单位和部门，必须在计价、评估、审查（核）、控制及管理等岗位配套有造价工程师执业资格的专业技术人员。

（2）造价工程师的资格取得。造价工程师主要通过全国注册造价工程师执业资格考试的方式取得资格。全国造价工程师执业资格考试由住房和城乡建设部与人力资源和社会保障部共同组织，考试每年举行一次，造价工程师执业资格考试实行全国统一大纲、统一命题、统一组织的办法。造价工程师执业资格考试原则上每年举行一次，原则上只在省会城市设立考点。造价工程师执业资格考试共设4个科目，分别为《建设工程造价管理》《建设工程计价》《建设工程技术与计量（土建或安装）》《建设工程造价案例分析》。

（3）造价工程师的注册。取得《造价工程师执业资格证书》者，须按规定向所在省（区、市）建设行业管理部门申请注册，造价工程师注册有效期为4年。有效期满前3个月，持证者须按规定到注册机构办理再次注册手续。

4. 注册咨询工程师（投资）

（1）注册咨询工程师（投资）的定位与职责。注册咨询工程师（投资）是指通过全国统一考试，取得《中华人民共和国注册咨询工程师（投资）执业资格证书》，经注册登记后，在经济建设中从事工程咨询业务的专业技术人员。

（2）咨询工程师（投资）的资格取得。注册咨询工程师（投资）考试每年举行一次，考试时间一般安排在4月。原则上只在省会城市设立考点。国务院人力资源和社会保障部和国家发展和改革委员会共同负责全国注册咨询工程师（投资）执业资格制度的政策制定、组织协调和监督指导，并成立全国注册咨询工程师（投资）执业资格管理委员会，负责注册咨询工程师（投资）执业资格管理工作，该委员会办事机构设在中国工程咨询协会。

注册咨询工程师（投资）考试科目，分别为《宏观经济政策与发展规划》《工程项目组织与管理》《项目决策分析与评价》《现代咨询方法与实务》。

（3）咨询工程师（投资）的注册。注册咨询工程师（投资）执业资格考试证书实行定期登记制度，资格证书每3年登记1次。资格证书持有者应按有关规定到其指定的机构办理登记手续。

第三节　工程项目管理体系

管理体系是组织治理制度和管理制度的总称，相互关联或相互作用的一组要素，以此建立组织战略、方针、目标并实现的过程。组织经营为了满足法律法规、监管、标准和顾客、相关方要求，履行应尽的经济责任、生态责任、社会责任，不只需要一种管理体系，而是用这些管理体系，将组织经营活动按照相互关联的功能，连贯或系统进行管理，可更加有效和高效，从而促进组织整体绩效的提高。

一、质量管理体系

采用质量管理体系是组织的一项战略决策，能够帮助其提高整体绩效，为推动可持续发展奠定良好基础。

组织实施质量管理体系的潜在益处是：首先，稳定提供满足顾客要求以及适用的法律法规要求的产品和服务的能力；其次，促成增强顾客满意的机会；再次，应对与组织环境和目标相关的风险和机遇；最后，证实符合规定的质量管理体系要求的能力。

（一）ISO 9001：2015 的方法

ISO 9001：2015 采用过程方法，该方法结合了"策划—实施—检查—处置"（PDCA）循环与基于风险的思维。

过程方法使组织能够策划过程及其相互作用。PDCA 循环使组织能够确保其过程得到充分的资源和管理，确定改进机会并采取行动。基于风险的思维使组织能够确定可能导致其过程和质量管理体系偏离策划结果的各种因素，采取预防控制，最大限度地降低不利影响，并最大限度地利用出现的机遇。

1. 过程方法

将相互关联的过程作为一个体系加以理解和管理，有助于组织有效和高效地实现其预期结果。这种方法使组织能够对其体系的过程之间相互关联和相互依赖的关系进行有效控制，以提高组织整体绩效。

过程方法包括按照组织的质量方针和战略方向，对各过程及其相互作用进行系统的规定和管理，从而实现预期结果。可通过采用 PDCA 循环以及始终基于风险的思维对过程和整个体系进行管理，旨在有效利用机遇并防止发生不良结果。

在质量管理体系中应用过程方法能够做到以下几点：

（1）理解并持续满足要求；

（2）从增值的角度考虑过程；

（3）获得有效的过程绩效；

（4）在评价数据和信息的基础上改进过程。

"所有工作都是通过过程来完成的"已成为现代管理的一个基本的观点。每一过程都有输入和输出。输入是过程的依据，输出是过程的结果。输出可以是有形的产品如一台设备，也可以是无形的产品，如一项服务。过程本身作为一种增值转换，要用到资源。资源包括人员、资金、设施、设备、技术和方法。过程又表现为一系列活动及活动间的相互联系。在过程的输入端、过程的各个阶段或不同位置、过程的输出端存在着监测和控制的切入点。

过程可分为三种类型，它们相互联系、相互作用。这三种类型的过程如下：

（1）形成产品和服务的过程

该过程包括了质量环中的各个环节，服务及其质量形成的基本过程，对产品和服务的质量有着直接的影响性的作用。

（2）支持产品和服务的过程

该过程是那些对产品和服务的形成起着支持或辅助作用的过程，如各种检验和试验设备的控制、不合格品的控制、纠正措施的采取、人员的培训、资格认定、统计方法的选择和应用等。这些过程虽然不直接影响形成产品和服务，但它们对产品和服务的质量有着重要的支持性的、辅助性的或基础性的作用。

（3）管理性的过程

该过程是指对产品和服务的形成及其支持过程进行管理的过程。

形成产品和服务的过程因不同的产品和服务不同而各异，形成工程项目产品和服务的典型过程是前期策划—设计—采购—施工—验收—总结评价，这些过程关注实现工程项目产品的特性、功能和质量。

管理性的过程不因产品不同而各异，它们的典型过程是启动—计划—实施—检查—处理，也可以把检查和处理两个过程合并起来称为"控制过程"。

2. 过程控制

国际标准化组织（ISO）和国际咨询工程师联合会（FIDIC）推荐采用国际通用的 PDCA（Plan-Do-Check-Action）循环方法进行过程控制。

（1）计划 P（Plan）

计划包括确定或明确控制目标和制定实现目标的行动方案两个方面的工作。实践表明，计划的周密和严谨、经济合理和切实可行，是保证目标能够实现的前提条件。

（2）实施 D（Do）

实施是指将目标值，通过生产要素的投入、作业技术活动和产出过程，转换为目标的实际值。为了保证实际的产出或形成过程的预期的结果，在各项活动实施之前，要根据计划进行行动方案的部署和沟通。沟通的目的在于使具体的作业者和管理者明确计划的意图和要求，掌握衡量目标标准及其实现的程序和方法。

（3）检查 C（Check）

检查包括作业者自检、作业者之间互检、作业者相互交接之间的交接检和专职管理者的专检。各类检查都包括两大方面：一是检查是否严格执行了计划的行动方案，实际条件是否发生了变化，不执行计划的原因；二是检查计划执行的结果，即产出是否达到了标准的要求，对此进行确认和评价。

（4）处置 A（Action）

处置分为纠偏和预防改进两个方面。纠偏就是采取应急措施，解决当前的偏差、问题或事故；而预防改进则是提出改进管理的措施，为今后类似问题的预防提供借鉴。

3. 基于风险的思维

基于风险的思维是实现质量管理体系有效性的基础。质量管理体系隐含基于风险思维的概念，例如：采取预防措施消除潜在的不合格，对发生的不合格进行分析，并采取与不合格的影响相适的措施，防止其再次发生。

组织需策划和实施应对风险和机遇的措施。应对风险和机遇，为提高质量管理体系有效性、获得改进结果以及防止不利影响奠定基础。

某些有利于实现预期结果的情况可能导致机遇的出现，例如：有利于组织吸引顾客、开发新产品和服务、减少浪费或提高生产率的一系列情形。利用机遇所采取的措施也可能包括考虑相关风险。风险是不确定性的影响，不确定性可能有正面的影响，也可能有负面的影响。风险的正面影响可能提供机遇，但并非所有的正面影响均可提供机遇。

（二）建筑施工企业质量管理体系的建立与认证

建筑施工企业质量管理体系是企业为实施质量管理而建立的管理体系，通过第三方认证机构的认证，提升合规经营能力，为提升企业管理水平和建筑工程品质奠定基础。企业质量管理体系应对标世界一流，按照我国《质量管理体系　基础和术语》GB/T 19000—2016进行建立和认证。该标准是我国按照等同原则，采用国际标准化组织颁布的 ISO 9000 质量管理体系族标准制定的。

1. 企业质量管理体系文件的构成

质量管理体系标准明确要求，企业应有完整和科学的质量管理体系文件，这是企业开展质量管理的基础，也是企业为达到所要求的产品质量，实施质量体系审核、认证，进行质量改进的重要依据。质量管理体系文件主要由质量手册、程序文件、质量计划和质量记录等构成。

（1）质量手册

质量手册是质量管理体系的规范，是阐明一个企业的质量政策、质量体系和质量实践的文件，是实施和保持质量体系过程中长期遵循的纲领性文件。质量手册的主要内容包括：企业的质量方针、质量目标；组织机构和质量职责；各项质量活动的基本控制程序或体系要素；质量评审、修改和控制管理办法。

（2）程序文件

各种生产、工作和管理的程序文件是质量手册的支持性文件，是企业各职能部门为落实质量手册要求而规定的细则。企业为落实质量管理工作而建立的各项管理标准、规章制度都属程序文件范畴。各企业程序文件的内容及详略可视企业情况而定。一般有以下六个方面的程序为通用性管理程序，适用于各类企业：

①文件控制程序；

②质量记录管理程序；

③不合格品控制程序；

④内部审核程序；

⑤预防措施控制程序；

⑥纠正措施控制程序。

除以上六个程序以外，涉及产品质量形成过程各环节控制的程序文件，如生产过程、服务过程、管理过程、监督过程等管理程序文件，可视企业质量控制的需要而制定，不作统一规定。

（3）质量计划

质量计划是为了确保过程的有效运行和控制，在程序文件的指导下，针对特定的项目、产品、过程或合同，而制定的专门质量措施和活动顺序的文件。其内容包括：应达到的质量目标；该项目各阶段的责任和权限；应采用的特定程序、方法和作业指导书；有关阶段的实验、检验和审核大纲；随项目的进展而修改和完善质量计划的方法；为达到质量目标必须采取的其他措施等。其中可引用质量手册的部分内容或程序文件中适用于特定情况的部分。

（4）质量记录

质量记录是产品质量水平和质量体系中各项质量活动进行及结果的客观反映，对质量体系程序文件所规定的运行过程及控制测量检查的内容如实加以记录，用以证明产品质量达到合同要求及质量保证的满足程度。如在控制体系中出现偏差，则质量记录不仅需反映偏差情况，而且应反映出针对不足之处所采取的纠正措施及纠正效果。

质量记录应完整地反映质量活动实施、验证和评审的情况，并记载关键活动的过程参数，具有可追溯性的特点。质量记录以规定的形式和程序进行，并应有实施、验证、审核等签署意见。

2. 企业质量管理体系的建立

（1）企业质量管理体系的建立，是在确定市场及顾客需求的前提下，按照质量管理原则制定企业的质量方针、质量目标、质量手册、程序文件及质量记录等体系文件，并将质量目标分解落实到相关层次、相关岗位的职能和职责中，形成企业质量管理体系的执行系统。

（2）企业质量管理体系的建立，还包含组织企业不同层次的员工进行培训，使体系的工作内容和执行要求为员工所了解，为全员参与企业质量管理体系的运行打下基础。

（3）企业质量管理体系的建立，需识别并提供实现质量目标和持续改进所需的资源，包括人员、基础设施、环境、信息等。

3. 企业质量管理体系的运行

（1）企业质量管理体系的运行是在生产及服务的全过程，按质量管理体系文件所制定的程序、标准、工作要求及目标分解的岗位职责进行运作。

（2）在企业质量管理体系运行的过程中，按各类体系文件的要求，监视、测量和分析过程的有效性和效率，做好文件规定的质量记录，持续收集、记录并分析过程的数据和信息，全面反映产品质量和过程符合要求，并具有可追溯的效能。

（3）按文件规定的办法进行质量管理评审和考核。对过程运行的评审考核工作，应针对发现的主要问题，采取必要的改进措施，使这些过程达到所策划的结果并实现对过程的持续改进。

（4）落实质量体系的内部审核程序，有组织有计划开展内部质量审核活动，其主要目的是：

①评价质量管理程序的执行情况及适用性；

②揭露过程中存在的问题，为质量改进提供依据；

③检查质量体系运行的信息；

④向外部审核单位提供体系有效的证据。

为确保系统内部审核的效果，企业领导应发挥决策领导作用，制定审核政策和计划，组织内审人员队伍，落实内审条件，并对审核发现的问题采取纠正措施和提供人、财、物等方面的支持。

4. 企业质量管理体系的认证与监督

《中华人民共和国建筑法》规定，国家对从事建筑活动的单位推行质量体系认证制度。

（1）企业质量管理体系认证的意义

质量认证制度是由公正的第三方认证机构对企业的产品及质量体系作出正确可靠的评价，从而使社会对企业的产品建立信心。第三方质量认证制度对供方、需方、社会和国家的利益具有以下重要意义：

①提高供方企业的质量信誉；

②促进企业完善质量体系；

③增强国际市场竞争能力；

④减少社会重复检验和检查费用；

⑤有利于保护消费者利益；

⑥有利于法规的实施。

（2）企业质量管理体系认证的程序

①申请和受理。具有法人资格，并已按 ISO 9000 质量管理体系族标准或其他国际公认的质量体系规范建立了文件化的质量管理体系，并在生产经营全过程贯彻执行的企业可提出申请。申请单位须按要求填写申请书。认证机构经审查符合要求后接受申请，如不符合要求则不接受申请，接受或不接受均予发出书面通知书。

②审核。认证机构派出审核组对申请方质量管理体系进行检查和评定，包括文件审查、现场审核，并提出审核报告。

③审批与注册发证。认证机构对审核组提出的审核报告进行全面审查，对符合标准者予以批准并注册，发给认证证书（内容包括证书号、注册企业名称地址、认证和质量管理体系覆盖产品的范围、评价依据及质量保证模式标准及说明、发证机构、签发人和签发日期）。

（3）获准认证后的维持与监督管理

企业质量管理体系获准认证的有效期为 3 年。获准认证后，企业应通过经常性的内部审核，维持质量管理体系的有效性，并接受认证机构对企业质量管理体系实施监督管理。

获准认证后的质量管理体系维持与监督管理内容如下：

①企业通报。认证合格的企业质量管理体系在运行中出现较大变化时，须向认证机构通报。认证机构接到通报后，视情况采取必要的监督检查措施。

②监督检查。认证机构对认证合格单位质量管理体系维持情况进行监督性现场检查，包括定期和不定期的监督检查。定期检查通常是每年一次，不定期检查视需要临时安排。

③认证注销。注销是企业的自愿行为。在企业质量管理体系发生变化或证书有效期届满未提出重新申请等情况下，认证持证者提出注销的，认证机构予以注销，收回该体系认证证书。

④认证暂停。认证暂停是认证机构对获证企业质量管理体系发生不符合认证要求情况时采取的警告措施。认证暂停期间，企业不得使用质量管理体系认证证书作宣传。企业在规定期间采取纠正措施满足规定条件后，认证机构撤销认证暂停，否则将撤销认证注册，收回合格证书。

⑤认证撤销。当获证企业发生质量管理体系存在严重不符合规定，或在认证暂停的规定期限未予整改，或发生其他构成撤销体系认证资格情况时，认证机构作出撤销认证的决定。企业不服可提出申诉。撤销认证的企业一年后可重新提出认证申请。

⑥复评。认证合格有效期满前，如企业愿继续延长，可向认证机构提出复评申请。

⑦重新换证。在认证证书有效期内，出现体系认证标准变更、体系认证范围变更、体系认证证书持有者变更，可按规定重新换证。

（三）项目质量控制体系

建设工程项目的实施，涉及业主方、勘察方、设计方、施工方、监理方、供应方等多方质量责任主体的活动，各方主体各自承担不同的质量责任和义务。为了有效地进行系统、全面的质量控制，必须由项目实施的总负责单位，负责建设工程项目质量控制体系的建立和运行，实施质量目标的控制。

1. 项目质量控制体系的特点和结构

（1）项目质量控制体系的特点

建设工程项目质量控制体系是项目目标控制的一个工作系统，与建筑企业或其他组织机构按照 ISO 9000 质量管理体系族标准建立的质量管理体系相比较，有如下不同：

①建立的目的不同。项目质量控制体系以项目为对象，只用于特定的项目质量控制，而不是用于建筑企业或组织的质量管理，其建立的目的不同。

②服务的范围不同。项目质量控制体系涉及项目实施过程所有的质量责任主体，而不只是针对某一个企业或组织机构，其服务的范围不同。

③控制的目标不同。项目质量控制体系的控制目标是项目的质量目标，并非某一具体企业或组织的质量管理目标，其控制的目标不同。

④作用的时效不同。项目质量控制体系与项目投资控制、进度控制、职业健康安全与环境管理等目标控制体系，共同依托于同一项目管理的组织机构，是一次性的质量工作体系，随着项目的完成和项目管理组织的解体而消失，并非永久性的质量管理体系，其作用的时效不同。

⑤评价的方式不同。项目质量控制体系的有效性一般由项目管理的组织者进行自我评价与诊断，不需进行第三方认证，其评价的方式不同。

（2）项目质量控制体系的结构

建设工程项目质量控制体系，一般形成多层次、多单元的结构形态，这是由其实施任务的委托方式和合同结构所决定的。

①多层次结构。多层次结构是对应于项目工程系统纵向垂直分解的单项、单位工程项目的质量控制体系。在大中型工程项目尤其是群体工程项目中，第一层次的质量控制体系应由建设单位的工程项目管理机构负责建立；在委托代建、委托项目管理或实行交钥匙式工程总承包的情况下，应由相应的代建方项目管理机构、受托项目管理机构或工程总承包企业项目管理机构负责建立。第二层次的质量控制体系，通常是指分别由项目的设计总负责单位、施工总承包单位等建立的相应管理范围内的质量控制体系。第三层次及其以下，是承担工程设计、施工安装、材料设备供应等各承包单位的现场质量自控体系，或称各自的施工质量保证体系。系统纵向层次结构的合理性是项目质量目标、控制责任和措施分解落实的重要保证。

②多单元结构。多单元结构是指在项目质量控制总体系下，第二层次的质量控制体系及其以下的质量自控或保证体系可能有多个。这是项目质量目标、责任和措施分解的必然结果。

二、职业健康安全管理体系

职业健康安全管理体系是企业总体管理体系的一部分。作为我国推荐性标准的职业健康安全管理体系标准，目前被企业普遍采用，用以建立职业健康安全管理体系。2020年3月6日，国家市场监督管理总局、国家标准化管理委员会批准《职业健康安全管理体系　要求及使用指南》GB/T 45001—2020 规定，该标准等同采用 ISO45001：2018《Occupational Health And Safety Management Systems–Requirements With Guidance For Use》，代替了 GB/T 28001—2011 和 GB/T 28002—2011。

根据《职业健康安全管理体系　要求及使用指南》GB/T 45001—2020 规定，职业健康安全管理体系的目的是防止对工作人员造成与工作相关的伤害和健康损害，并提供健康安全的工作场所。

（一）职业健康安全管理体系的结构

职业健康安全管理体系的结构

《职业健康安全管理体系　要求及使用指南》GB/T 45001—2020 有关职业健康安全管理体系的结构如图 3-8 所示。从中可以看出，该标准由"范围""规范性引用文件""术语和定义""组织所处的环境""领导作用和工作人员参与""策划""支持""运行""绩效评价"和"改进"十部分组成。

"范围"中规定了管理体系标准中的一般要求，即规定了职业健康安全管理体系的要求，并给出了其使用指南，以使组织能够通过防止与工作相关的伤害和健康损害以及主动改进其职业健康安全绩效来提供安全和健康的工作场所。该标准有助于组织实现其职业健康安全管理体系的预期结果。该标准使组织能够借助其职业健康安全管理体系整合健康和安全的其他方面，如工作人员的福利和（或）幸福等。

（二）职业健康安全管理体系的运行模式

为适应现代职业健康安全管理的需要，《职业健康安全管理体系　要求及使用指南》GB/T 45001—2020 强调，职业健康安

图 3-8　职业健康安全管理体系的结构

管理体系的目的和预期结果是防止对工作人员造成与工作相关的伤害和健康损害，并提供健康安全的工作场所。实施符合该标准的职业健康安全管理体系，能使组织管理其职业健康安全风险并提升其职业健康安全绩效。职业健康安全管理体系可有助于组织满足法律法规要求和其他要求。具体实施中采用了戴明模型，即一种动态循环并螺旋上升的系统化管理模式。职业健康安全管理体系运行模式如图3-9所示。

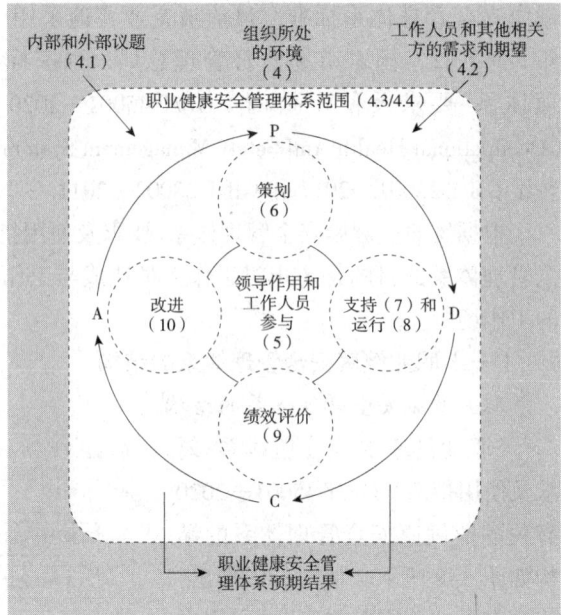

图3-9 职业健康安全管理体系运行模式

（三）各要素之间的相互关系

职业健康安全管理体系的实施和保持，其有效性和实现预期结果的能力取决于诸多关键因素。这些关键因素可包括：

①最高管理者的领导作用、承诺、职责和担当；

②最高管理者在组织内建立、引导和促进支持实现职业健康安全管理体系预期结果的文化；

③沟通；

④工作人员及其代表（若有）的协商和参与；

⑤为保持职业健康安全管理体系而所需的资源配置；

⑥符合组织总体战略目标和方向的职业健康安全方针；

⑦辨识危险源、控制职业健康安全风险和利用职业健康安全机遇的有效过程；

⑧为提升职业健康安全绩效而对职业健康安全管理体系绩效的持续监视和评价；

⑨将职业健康安全管理体系融入组织的业务过程；

⑩符合职业健康安全方针并必须考虑组织的危险源、职业健康安全风险和职业健康安全机遇的职业健康安全目标；

⑪ 符合法律法规要求和其他要求。

三、环境管理体系

（一）环境管理体系的结构

组织在环境管理中，应建立环境管理的方针和目标，识别与组织运行活动有关的危险源及其危险，通过环境影响评价，对可能产生重大环境影响的环境因素采取措施进行管理和控制。

根据《环境管理体系 要求及使用指南》GB/T 24001—2016，组织应根据该标准的要求建立环境管理体系，形成文件，实施、保持和持续改进环境管理体系，并确定它将如何实现这些要求。组织应确定环境管理体系覆盖的范围并形成文件。

《环境管理体系 要求及使用指南》GB/T 24001—2016的结构如图3-10所示。

《环境管理体系 要求及使用指南》GB/T 24001—2016

1. 范围

2. 规范性引用文件

3. 术语与定义

4. 组织所处的环境
- 4.1 理解组织及其所处的环境
- 4.2 理解相关方的需求
- 4.3 确定环境管理体系的范围
- 4.4 环境管理体系

5. 领导作用
- 5.1 领导作用与承诺
- 5.2 环境方针
- 5.3 组织的角色、职责和权限

6. 策划
- 6.1 应对风险和机遇的措施
  - 6.1.1 总则
  - 6.1.2 环境因素
  - 6.1.3 合规义务
  - 6.1.4 措施策划
- 6.2 环境目标及其实现的策划
  - 6.2.1 环境目标
  - 6.2.2 实现环境目标的措施策划

7. 支持
- 7.1 资源
- 7.2 能力
- 7.3 意识
- 7.4 信息交流
  - 7.4.1 总则
  - 7.4.2 内部信息交流
  - 7.4.3 外部信息交流
- 7.5 文件化信息
  - 7.5.1 总则
  - 7.5.2 创建和更新
  - 7.5.3 文件化信息的控制

8. 运行
- 8.1 运行策划与控制
- 8.2 应急准备和响应

9. 绩效评价
- 9.1 监视、测量、分析和评价
  - 9.1.1 总则
  - 9.1.2 合规性评价
- 9.2 内部审核
  - 9.2.1 总则
  - 9.2.2 内部审核方案
- 9.3 管理评审

10. 改进
- 10.1 总则
- 10.2 不符合和纠正措施
- 10.3 持续改进

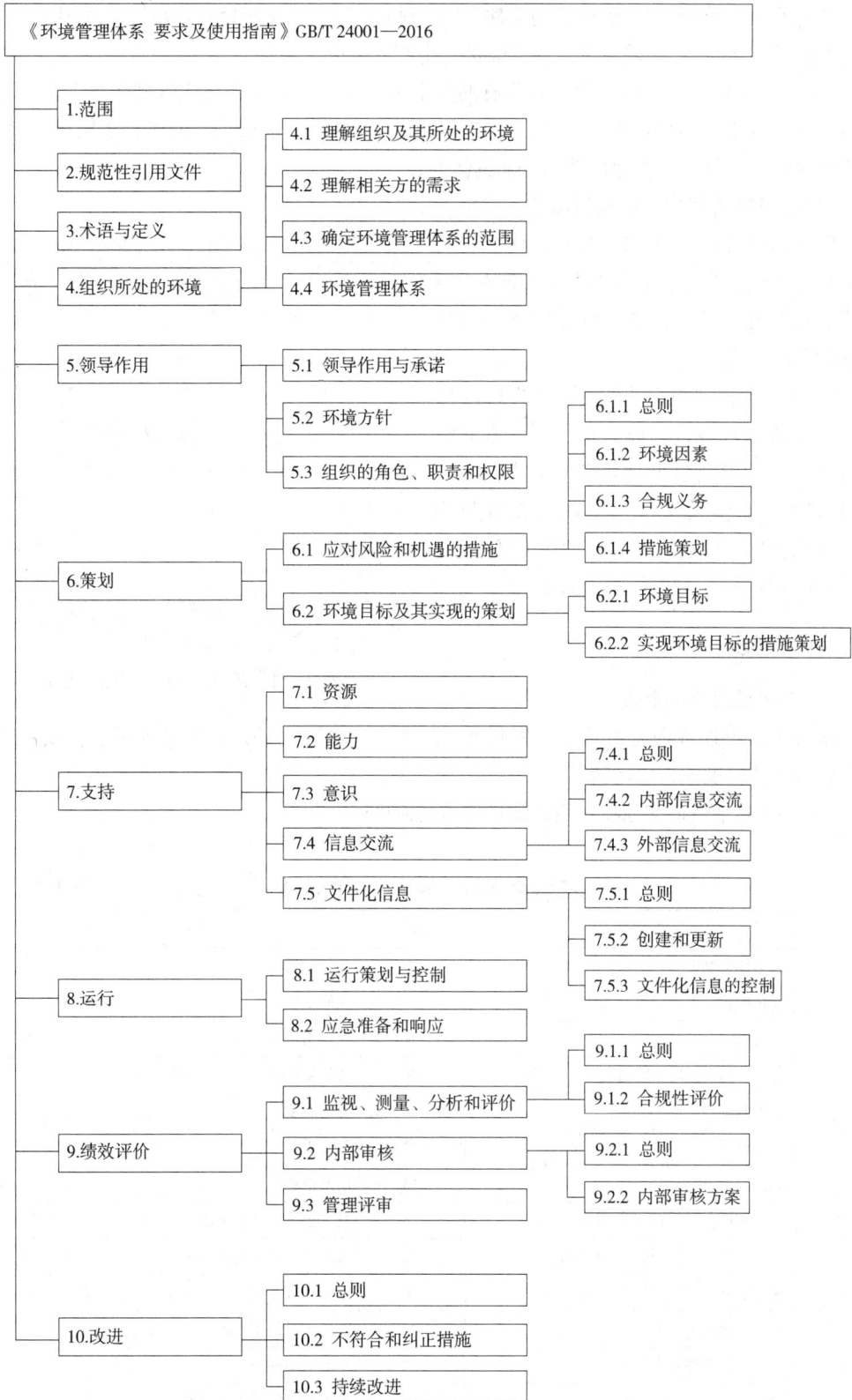

图 3-10 《环境管理体系 要求及使用指南》GB/T 24001—2016 的结构

该标准由"范围""规范性引用文件""术语与定义""组织所处的环境""领导作用""策划""支持""运行""绩效评价"和"改进"十部分组成。

"范围"中指出，该标准旨在其所有的要求都能纳入任何一个环境管理体系。其应用程度取决于诸如组织的环境方针、活动、产品和服务的性质、运行场所的条件等因素。"环境管理体系要求"指出了管理体系的全部具体内容。

（二）环境管理体系的运行模式

《环境管理体系　要求及使用指南》GB/T 24001—2016 是环境管理体系系列标准的主要标准，也是在环境管理体系标准中唯一可供认证的管理标准。

环境管理体系的运行模式如图 3-11 所示，该模式为环境管理体系提供了一套系统化的方法，指导其组织合理有效地推行环境管理工作。该模式是由"策划—支持与运行—绩效评价—改进"构成的动态循环过程，与戴明的 PDCA 循环模式是一致的。

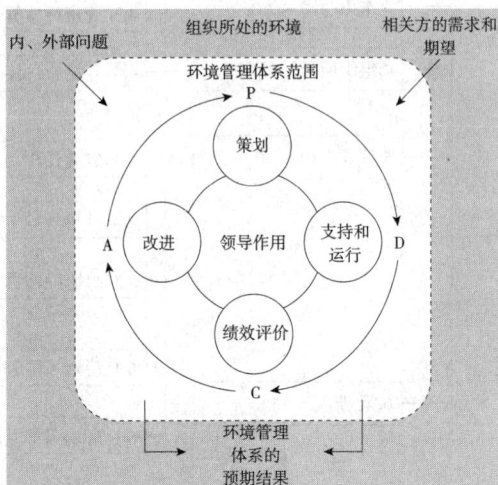

图 3-11　环境管理体系的运行模式

四、制度建设

（一）组织运行的制度

本质上，上述管理体系就是一种制度。除了上述制度之外，还有其他制度，项目组织正是依赖这些制度才得以运转的。

表 3-10 是某轨道交通项目组织设计包含的制度。

某轨道交通项目组织设计包含的制度　　　　　　　　　　表 3-10

编号	制度名称	编号	制度名称
1	人事任免制度	2	岗位设置
3	岗位职责	4	入职描述
5	岗位职能	6	人员培训及外出学习规定
7	人员待岗、退岗、除名规定	8	考勤制度（请假）、假期使用
9	分配制度	10	奖罚制度
11	公司章程	12	员工手册
13	职称制度	14	出差报销规定
15	员工聘任合同及管理办法	16	员工退休、离职办法
17	医疗、养老、公积金、保险办法	18	因工伤、病残管理办法
19	保密制度	20	干部廉政守则
21	外事接待规定	22	办公用品使用规定
23	固定资产管理制度	24	车辆使用办法
25	会议制度	26	重点技术问题决策制度

续表

编号	制度名称	编号	制度名称
27	技术管理规定	28	科研管理规定
29	公文报告制度	30	劳保用品发放规定
31	财务管理制度	32	档案管理制度
33	审计管理办法	34	合同管理制度
35	招标投标管理办法、流程	36	质量管理体系
37	安全管理办法	38	事故处理办法
39	图纸、文件交接办法	40	前期工作流程
41	设备材料采购管理制度	42	设计管理（变更）制度
43	施工管理、验工审查、工程协调办法	44	质量管理制度
45	信息管理制度		

（二）新制度经济学

新制度经济学是一门以制度为研究对象的经济学。新是相对于旧而言的，新制度经济学是坚持主流经济学的研究方法，保留了新古典经济学的理性选择模型和均衡分析方法，并在此基础上对经济人假设做出了相应的修正，增加了交易费用概念，以便获得更大的解释力。

诺斯认为，制度是一个社会的游戏规则，或者更规范地说，制度是构建人类相互行为的人为设定的约束。制度包括正式规则、非正式规则，以及它们的实施特征。

正式规则包括：①政治规则（即政治体制）；②经济规制（即产权）；③具体的单个合同。

社会习俗、习惯行为、道德规范、思想信仰和意识形态等都属于非正式规则的范畴。传统文化是非正式规则的主要源泉。进一步地细分，非正式规则又包括：①由作为外力的社会群体对个人施加的约束；②由个人自我施加的约束。

制度的实施有三种形式：①自我实施，即合约各方自己约束自己遵守已经制定的规则；②互相实施，即合约各方相互监督，如果一方不遵守规则，另外的各方也可以"以眼还眼，以牙还牙"，用退出交易的方式警告或惩罚违约者；③由第三方实施，即在合约各方一致同意的前提下，大家把监督合约实施的权利，包括由此而来的施加惩罚的权利都交给第三方，以此提高合约履行的公正和效率。

制度框架决定了组织生存和发展的机会。什么样的组织会出现和发展，取决于制度框架提供的是什么样的机会。如果制度框架鼓励掠夺行为，就会盛行强盗组织。历史上不是没有这样的例子，在中世纪的西欧和北欧，不少国家默许或贿赂海盗团伙，结果是商船上也都装上了大炮，除了自卫，不时也干些劫掠的勾当，就连皇家海军也介入了海盗活动。如果制度框架鼓励发明创造，创新活动就会蓬勃发展。比如，在14世纪，西欧各国为了在远洋航海中测定经度，悬赏发明一种高精度的天文钟，无数人为了获得高额赏金殚精竭虑，到18世纪终于由一个英国人解决了这一技术难题。

制度变迁理论是新制度经济学的一个重要内容。其代表人物是诺斯，他强调，技术的革新固然为经济增长注入了活力，但人们如果没有制度创新和制度变迁的冲动，并通过一系列制度（包括产权制度、法律制度等）构建把技术创新的成果巩固下来，那么人类社会长期经济增长和社会发展是不可设想的。诺斯认为，在决定一个国家经济增长和社会发展方面，制度具有决定性的作用。制度变迁的原因之一就是相对节约交易费用，即降低制度成本，提高制度效益。所以，制度变迁可以理解为一种收益更高的制度对另一种收益较低的制度的替代过程。产权理论、国家理论和意识形态理论构成制度变迁理论的三块基石。制度变迁理论涉及制度变迁的原因或制度的起源问题、制度变迁的动力、制度变迁的过程、制度变迁的形式、制度移植、路径依赖等。

第四节　团队建设

一、项目团队与精神

（一）项目团队

项目团队是指一组成员为了实现共同项目的目标，按照一定的分工和工作程序，协同工作而组成的有机整体。团队可以是现有组织中的一个组成单元，也可能是在现有组织构架下新成立的组织单元。构成团队的基本条件是成员之间必须有一个共同的目标，而不是各有各自的目标；团队内有一定的分工和工作程序。上述两项条件缺一不可，否则只能称为"群体"，不能称之为"团队"。

团队构成的要素，包括：①团队目标；②人员，一般为3人以上；③团队定位，包括团队整体的定位和团队中各成员的定位；④团队的职权与规模，包括整个团队拥有的决定权，以及组织的规模与业务等；⑤团队计划，包括实现目标的工作方案及按计划开展的行动。

（二）团队精神

团队精神是指团队整体的价值观、信念和奋斗意识，即团队成员为了实现团队的利益与目标，工作中相互协作、相互信任、相互支持、同心同德、尽心尽力的意愿与作风。

团队精神是通过少数人的带动与悉心培养而逐步形成，并使之影响和扩展到整个团队。培养团队精神，关键是项目经理要率先垂范，倡导和推动团队精神的形成。

团队精神总体来说是相同的。但不同的团队，其团队精神是有差别的，有其自身的文化特色。因此，在培养团队精神时要注意与本国、本民族、本地区的传统文化特色相结合，紧跟时代步伐不断创新，使团队精神更加具有生命力。

（三）团队精神的层次

团队精神包括四个层次：团队的凝聚力、成员互信意识、团队合作意识、团队士气。

1. 团队的凝聚力

团队凝聚力也称"内聚力"，是指一个团队之中的成员围绕在团队，尽心于团队的全部力量。团队凝聚力有着多方面的内容，具体来说，包括团队成员对团队的向心力、团队对其成员的吸引力以及团队成员之间的相互作用和相互信任的氛围。

（1）团队凝聚力的测量。对团队凝聚力的测量有多种方法。心理学家莫里诺提出的社会测量法，是一种管理界常用的团队凝聚力的测量方法。该方法的公式表示为：

团队凝聚力＝成员之间相互选择的数目之和／所有可能相互选择的总数

（2）团队凝聚力的表现。团队凝聚力表现在：归属意识，亲和意识，责任意识，自豪意识四个方面。

（3）影响团队凝聚力的因素。影响团队凝聚力的因素包括外部因素和内部因素，其中内部因素主要有：团队的规模、目标、激励方式和团队的成功经历。

2.成员互信意识

团队成员间的信任，是团队成员对各自的人格特点、工作能力和正直、诚实、负责等品格的彼此认同，这是团队合作的前提与基础。

信任的内容范畴非常广泛，根据有关学者研究，它可分为以下五个维度，按重要程度由大到小的顺序排列应当是：①正直，即诚实、可信赖；②能力，即具有技术技能与人际交往能力；③忠实，对团队与伙伴忠诚、实在；④一贯性，即可靠，行为可以预测，在处理问题时具有较强的判断力；⑤开放，即愿意与别人自由地分享观点和信息。

3.团队合作意识

团队成员良好的合作是实现团队目标的必要条件。

（1）团队规则。要培养团队成员的合作意识，就首先需要制定团队合作的规则，即团队成员在工作中与他人相处时必须遵守的标准。

管理专家们指出，最有价值的团队规则包括以下七个方面：

①支持（Backup）规则。明确团队成员之间寻求和提供协助与支持的责任与义务。

②沟通（Communication）规则。明确团队成员之间准确、及时的信息交换方式方法与注意事项。

③协调（Coordination）规则。保证团队成员能根据团队的目标要求来规范个人的行动。

④反馈（Feedback）规则。团队成员之间对他人的寻助、绩效、征求等及时提供信息和建议，并予以正确的消纳。

⑤监控（Monitoring）规则。团队成员有观察合作伙伴的义务，并在必要时提供反馈与支持。

⑥团队领导（Team Leadership）规则。用以保证对团队成员的有效组织、指导和支持。

⑦团队导向（Team Orientation）规则。用以保证团队成员对团队规则、默契、团队精神、文化等的认同和支持。

（2）建立长久的互动关系。要打造一支强有力的团队，成员之间不可或缺的是换位思考。无论是发布信息的人还是接受信息的人，都应当理解这些信息的内涵。

对于团队领导者来说，同团队成员之间的沟通、理解尤为重要。要经常且持续地创造机会，使团队成员们融为一体，如一起培训、一起参加竞赛、一起参加会议和活动等。

（3）强调长远的利益。团队领导给成员描绘的未来愿景，应让成员相信"这个蓝图我们一定会实现"。团队成员要注重团队的愿景，而不是眼前的得失，这样团队合作才会成为可能。每个人都要习惯于说"我们"而不是"你们"。

4. 团队士气

团队士气是团队全体成员的工作热情与工作行为的总和，是团队成员对自身所在的团队感到满意，愿成为该团队的一员，并帮助实现团队目标的一种态度。这种态度可以表现为在工作中主动与努力的行为。

（1）影响团队士气的因素。影响团队士气的因素包括以下几个方面：①团队成员对团队目标的认同程度；②鼓励团队合作，提高士气的奖酬体系；③领导与团队成员，及成员之间的信息沟通状况；④团队成员间相互认同、体谅、合作和谐程度；⑤团队领导者办事公道、作风民主、关心下属方面的特质。

（2）优势团队士气的特征。美国心理学家克瑞奇（D.Krech）等人认为，一个士气高昂的有力团队具有以下七个特征：①团队的团结来自内部凝聚力，而不是外部压力；②团队本身具有适应外部变化的能力，并有处理内部冲突的能力；③团队成员对团队具有强烈的归属感，并且团队成员之间具有强烈的认同感；④团队成员没有分裂为相敌对的小团体倾向；⑤团队中各成员都明确地意识到团队的目标；⑥团队各成员对团队的目标和领导者都抱有肯定与支持的态度；⑦团队成员承认团队存在的价值，并且有维护团队存在和发展的意向。

二、项目团队的发展过程

项目团队的形成发展需要经历一个过程，有一定生命周期，这个周期对有的项目来说可能时间很长，有的项目则可能很短。但总体来说，都要经过形成、磨合、规范、表现与休整几个阶段。

（一）形成阶段

团队的形成阶段主要是组建团队的过程。在这一过程中，主要是依靠项目经理来指导和构建团队。团队形成的基础有两种：一是以整个运行的组织为基础，即一个组织构成一个团队的基础框架，团队的目标为组织的目标，团队的成员为组织的全体成员；二是在组织内的一个有限范围内，为完成某一特定任务或为一个共同目标组成的团队。在项目管理中，这两种团队的形式都会出现。

构建项目团队的过程一般包括：

（1）了解项目情况，研究工作任务。项目经理接受项目任务后，首先要了解项目情况，研究工作任务，拟定初步的工作思路。分析了解项目的重要方法是对项目进行工作结构分解，即 WBS，并根据工作分解的最后结果进一步理顺工作思路，为下一步的工作计划作准备。

（2）分析项目相关人员。分析相关人员的作用，并可按照公司内部、公司外部和其他相关群体等分类对项目相关人员进行分析。

（3）编制项目工作计划。项目工作计划是开展项目工作的规定性文件，主要包括以下内容：①项目的名称；②项目基本情况；③项目团队工作目标与任务；④项目工作进度计划；⑤项目团队组成与分工；⑥项目费用预算计划；⑦成果的形式、成果交付数量、时间及交付方式；⑧项目费用的来源。

（4）成立项目团队。

根据项目任务的需要，经过多方面的商讨，项目经理确定了团队成员后，项目团队正式成立。为此，项目经理要完成以下工作：根据项目团队的工作目标、任务和人员的分析情况，进行权职划分，确定团队中每个人的工作职责；建立职责关系图，并进行工作流程设计。在团队组建过程中，项目经理要向入选的团队成员说明项目目标、项目工作范围，还要说明项目的意义、选择团队成员的标准等。

除上面提到的内容外，在构建项目团队时还要注意建立起团队与外部的联系，包括团队与其上一级或所在组织的联系方式和渠道、与客户的联系方式和渠道，同时明确团队的权限等。

（二）磨合阶段

磨合阶段是团队从组建到规范阶段的过渡过程。在这一过程中，团队成员之间、成员与内外环境之间、团队与所在组织、上级、客户之间都要进行一段时间的磨合。

（1）成员与成员之间的磨合。由于成员之间文化、教育、家庭、专业等各方面的背景和特点不同，使之观念、立场、方法和行为等都会有各种差异。在工作初期成员相互之间可能会出现不同程度和不同形式的冲突。

（2）成员与内外环境之间的磨合。成员与环境之间的磨合包括成员对具体任务的熟悉和专业技术的掌握与运用，成员对团队管理与工作制度的适应与接受，成员与整个团队的融合及与其他部门关系的重新调整。

（3）团队与其所在组织、上级和客户之间的磨合。一个新的团队与其所在组织会有一个观察、评价与调整的过程。两者之间的关系有一个衔接、建立、调整、接受、确认的过程，同样对于其上级和其客户来说也有一个类似的过程。

在以上的磨合阶段中，可能有的团队成员因不适应而退出团队，为此，团队要进行重新调整与补充。在实际工作中应尽可能缩短磨合时间，以便使团队早日形成合力。

（三）规范阶段

经过磨合阶段，团队的工作开始进入有序化状态，团队的各项规则经过建立、补充与完善，成员之间经过认识、了解与相互定位，形成了自己的团队文化、新的工作规范，培养了初步的团队精神。

这一阶段的团队建设要注意以下几点：

（1）团队工作规则的调整与完善。工作规则要在使工作高效率完成、工作规范合情合理、成员乐于接受之间寻找最佳的平衡点。

（2）团队价值取向的倡导，创建共同的价值观。

（3）团队文化的培养。注意鼓励团队成员个性的发挥，为个人成长创造条件。

（4）团队精神的奠定。团队成员相互信任、互相帮助、尽职尽责。

（四）表现阶段

经过上述三个阶段，团队进入了表现阶段，这是团队最好状态的时期。团队成员彼此高度信任、相互默契，工作效率有大的提高，工作效果明显，这时团队已比较成熟。

需要注意的问题有：①牢记团队的目标与工作任务。不能单纯为团队的建设而忘记了团队的组建目的。要时刻记住，团队是为项目服务的。②警惕出现一种情况，即有的团队在经过前三个阶段后，在第四阶段很可能并没有形成高效的团队状态，团队成员之间迫于工作规范的要求与管理者权威而出现一些成熟的假象，使团队没有达到最佳状态，无法完成预期的目标。

（五）休整阶段

休整阶段包括休止与整顿两个方面的内容。

团队休止是指团队经过一段时期的工作，任务即将结束，这时团队将面临总结、表彰等工作，所有这些暗示着团队前一时期的工作已经基本结束。团队可能面临马上解散的状况，团队成员要为自己的下一步工作进行考虑。

团队整顿是指在团队的原工作任务结束后，团队也可能准备接受新的任务。为此，团队要进行调整和整顿，包括工作作风、工作规范、人员结构等各方面。如果这种调整比较大，实际上是构建一个新的团队。

三、项目团队能力培育

（一）项目团队能力培育目的

项目团队能力的培育包括两个方面：一是提高项目参与者个人的贡献力；二是提高项目团队整体能力。个人能力在管理和技术方面的提高是项目团队发展的基础。为了使项目团队能力满足项目要求，团队作为一个完整的整体来开发是项目团队实现预定目标的关键。

（二）项目团队能力培育方法

团队能力内容很广泛，不但包括项目工作中所需的各种专业技术能力，团队成员的应变能力、克服困难的能力，成员间协调与配合的能力，还有团队成员特别是项目中的各专业或子项负责人的管理与领导能力，以及自我提高和独立解决问题的能力等。团队发展的技巧与方法就是为提高项目团队整体及其成员这些能力而总结出来的途径与手段。

1. 改善环境

工作环境是指团队成员工作地点的周围情况和工作条件。工作环境可以影响团队成员能力的发挥与调动。一个良好的工作环境可以使团队成员有良好、健康的工作热情，可以使人产生工作的愿望，是使团队保持和发展工作动力的一个很重要的方面。因此，作为团队的负责人应注意通过改善团队的工作环境来提高团队的整体工作质量与效率，特别是对于工作周期较长的项目。

2. 培训

培训包括为提高项目团队技能、知识和能力而设计的所有活动。项目培训可以是正式的，也可以是非正式的，具体方法包括：讲授法、会议法、小组讨论法、角色扮演法、行动学习法、案例研究法、游戏活动法及敏感性训练法等。

工程项目管理中对团队成员的培训，相对于单位人力资源部门的培训而言要简单一些，但更为实用，主要分为工作初期培训与工作中培训。

（1）项目开展初期的培训

在项目工作正式开展前，项目经理要通过不同的方式对项目团队成员进行短期培训。这种培训可能是几天，也可能是几小时。培训的目的主要是解决对项目的认识、项目的工作方法、工作要求、工作计划、相互分工、如何相互合作等。具体的培训时间、工作量和培训内容等要根据项目的具体情况酌定。这种工作前培训的负责人一般是项目经理，有时也请项目委托方进行必要的说明与讲解。对于新手的培训还要安排一些基础知识及工作要求方面的内容。

（2）项目工作中的培训

项目工作中的培训是指在项目进行当中针对工作中遇到的问题而进行的短期而富有针对性的培训。这种培训的主讲人往往是请来的专家，也可能是团队内部成员。比如对一项新技术的培训、对某一思维方式的培训等。对于这种工作中的项目培训要注重实际成效，切忌只讲形式、不求效果，否则不但增加项目费用支出，还可能对项目团队文化与团队精神的形成产生不利的影响，进而影响项目工作效率和项目的工作质量。

（3）人员配合训练

人员配合训练是为了加快团队成员之间的了解，提高团队之间的默契性、互动性及协调能力而设计和组织的训练性活动。例如将全部或大部分项目团队成员放在同一个不具备基本生活条件的自然地点，让他们自己去安排生活，在特殊环境下学会相互依存和相互适应，或想办法去改善生活条件等，以提高作为一个团队整体的行动能力。

3. 开展团队建设性活动

开展项目团队建设性活动是指为提高项目团队的能力而设计和组织的，让团队成员通过参与使能力得以提高的团队活动。这种团队建设性活动有很多，包括为改进项目团队的管理而设计的活动，为改进项目团队完成能力而专门设计的活动，为提高项目团队成员有关基本知识水平而组织的一些活动等。团队建设性活动还可以结合团队的实际工作进行，例如，让项目团队计划执行链中处于最末端的团队成员参与团队计划的制订过程；让那些没有管理能力和处理问题经验的项目团队成员参加制订暴露和解决矛盾的一些基本规则的过程；请一个没有主持过会议的团队成员主持一个 5 分钟的会议日程表调整会等。另外，还可以搞一个正规的工作检查会议，或专业性的经验交流等。通过这些活动的开展，将有利于改善团队成员之间的人际关系，提高其对团队工作的参与热情，激活其内在潜能。

4. 评价

评价是指对员工的工作业绩、工作能力、工作态度等方面进行调查与评定。正确地开展评价可以使团队内形成良好的团队精神和团队文化，可以树立正确的是非标准，可以让人产生成就与荣誉感，从而使团队成员能够在一种竞争的激励中产生工作动力，提高团队的整体能力。团队评价的具体方式可以采取指标考核、团队评议、自我评价等多种方式。评价是激励的一种方式，激励是指为激发人的动机，鼓励人们形成行为、从事某种活动而采取措施的过程。激励的目的是使人形成工作动力，也就是人们常说的调动积极性，它也是一种组织满足员工的需要、指导和强化其行为的过程，对于团队工作来说是不可或缺的重要内容。

团队建设与管理的理论基础主要包括：需要层次理论、X 理论和 Y 理论、双因素理论这三种最基本的激励理论，以及成就需要理论和公平理论等。

（1）需要层次理论

美国心理学家马斯洛的需要层次论认为，每个人都有着多种层次的需要。常见的马斯洛需要层次论是五层次论，后来马斯洛又将该理论扩展为更加完善的七层次论。即：

①生理需要。指对维持生命所需要的食物、御寒、住所、性等方面的需要。

②安全需要。指希望得到安全保障，以免遭受生理和心理危险、伤害的需要。

③社交需要。指归属感，即希望得到伙伴、友谊、爱情以及归属于某一组织的需要。

④尊重需要。分为内部和外部两个方面，内部尊重因素如自尊、自主和成就；外部尊重因素即希望他人尊重自己的需要，如地位、认可和关注。

⑤求知需要。是指好奇心、求知欲、探索心理以及对事物的认知和理解的需要。

⑥审美需要。是指由对匀称、整齐、和谐、鲜艳、美丽等事物的追求而引起的心理满足需要。

⑦自我实现需要。是指希望施展个人抱负和有所成就的需要，包括能够获得个人发展和发挥自己的潜能。

马斯洛认为，当某一层次的需要得到满足以后，下一层次的需要就会产生，而已经得到满足的需要也就不再成为行为的诱因。

英国管理学家兰伯格将需要七层次论进一步划分为自我关注、对团队贡献（外部需要）和对自我贡献（内部需要）三大方面，并分析了其被否定后的状态，具有一定的实用性。

（2）X理论和Y理论

美国管理学家麦格雷戈提出管理者对员工持有两种相反的人性假设：一种是X理论，另一种是Y理论。管理者基于这两种人性假设来确定对待员工的管理方法。

持有X理论的管理者是把人看作"经济人"，该理论的内容如下：①工作给员工带来较强的负效用，员工天生不喜欢工作；②管理者必须通过强制、控制或惩罚员工来迫使他们按照组织的目标行事；③员工不愿意主动承担责任，并且尽可能地寻求指导和接受指挥；④大多数员工没有什么进取心，非常重视在工作中获取安全感。

持有Y理论的管理者是把人看作"社会人"，该理论的内容如下：①工作能给员工带来一定的正效用，员工把工作当成一件快乐的事；②员工能够自我引导、自我学习、自我控制，以实现自己对工作的承诺；③大多数员工能学会承担责任，甚至积极要求承担更大的责任；④员工普遍具有自主决策能力，不只是管理者具有这种能力。

将需要层次理论与人性假设理论对比可以看出，X理论对应的是员工的较低级层次的需要，Y理论对应的是员工的较高层次的需要。因此，在团队管理中，要区分团队成员的个人状况和工作情境，进行差异化管理。

（3）双因素理论

双因素理论是由美国行为学家弗雷德里克·赫兹伯格提出的。他发现影响人的积极性的需要因素主要可以划分为"保健"和"激励"两大部分，因而该理论也被称为"激励—保健因素理论"，简称"双因素理论"。所谓保健因素，是指让人们对工作不满意状态消除的过程中发挥重要作用的因素。工作过程中的保健因素必不可少，通常包括：公司政策管理、监督、工资、同事关系、工作条件等。赫兹伯格认为，尽管这些因素不能直接起到激励员工的作用，但如果它们不能得到满足，会使员工产生较大的不满。因此，提供充足的保健因素，是进行团队建设与管理的必要前提。

所谓激励因素，是指员工的工作富有挑战性和自主性，员工具有责任感和成就感，其工作成绩能够得到认可和弘扬，能够实现个人发展等方面的因素。激励因素增加会带来工作积极性和工作业绩的增加。激励因素如果得到满足，将会极大地激发员工的工作热情，具有持久性和稳定性。激励因素对单个团队成员及整个团队的发展都具有重大影响，因此，激励因素是团队建设与管理的重点内容。

（4）成就需要理论

美国行为科学家戴维·麦克利兰提出了一种以人的成就需要为中心的理论。该理论认为，在人的生理需要基本得到满足的条件下，人们还有三种需要，即权力需要、友谊需要和成就需要。

权力需要是指影响、控制、指挥别人行为的需要；友谊需要是指人们建立友好和亲密的人际关系的意愿，也被看作是"合群"需要，它构成团队的心理基础；成就需要是指人们追求卓越、争取成功的内部驱动力。成就需要是最重要的需要，它的高低对一个人、一个组织以至一个国家的成长和发展都起着特别重要的作用。不同的人对权力、友谊和成就需要的排列顺序和所占比重都会有所不同，人们的行为主要决定于被环境激起的那些需要。具有高成就需要的人更喜欢具有个人责任，能够获得工作反馈以及具有适度冒险性的工作环境；具有高成就需要者不一定是优秀的管理者，出色的总经理也并不一定是具有高成就需要的人；成就需要可以通过培训来激发。在团队中，可以选拔具有高成就需要的人，通过成就培训来对团队成员进行开发。

（5）公平理论

美国行为科学家亚当斯提出了著名的公平理论，系统地分析了员工的报酬与劳动积极性之间的关系。基本思想是：员工对他所得的报酬是否满意不仅要看绝对值，而且要看相对值，即每个人在将自己目前的报酬水平和贡献比率与自己过去的情况进行纵向比较的同时，也与别人进行横向比较。当两者的比值相等时，个人就会感到公平满意；如果比值小于自己过去的情况，就会产生不公平的感觉；而如果在同等工作的情况下，自己的报酬小于他人的报酬，不公平感就更为明显。当个人感到公平时，就会心情舒畅，努力工作，否则就会影响工作情绪。根据公平理论，组织中管理人员须对员工的各种投入给予恰如其分的承认，并通过合适的劳动报酬体现出来。否则，员工因为对报酬不满意，就会对工作失去动力和积极性，并会产生一系列不良后果。

（6）团队激励的方法

团队激励方法通常包括竞争激励、奖励激励、个人发展激励和薪酬激励。

①竞争激励。竞争可以刺激团队成员的进取心，使他们发挥更多的潜能，使团队表现越来越出色。团队中竞争激励的目的是鼓励先进，激励后进，不是简单地优胜劣汰。常用的方法包括竞赛、职位竞选等。

②奖励激励。奖励有时比竞争或压力更能影响团队成员的行为，但要恰到好处，否则可能适得其反。奖励激励的方式通常有：奖励旅游或休假，增加津贴或福利，以及奖励股份或期权等。

③个人发展激励。个人发展激励是团队发展中为团队成员自我发展所提供的成长空间与机会。这在团队管理中是最好的激励方式，具有长久、持续、稳定的特点。常用的方法主要有：职业发展计划、目标激励、晋升与增加责任、培训、组织荣誉等。

④薪酬激励。良好的薪酬激励机制不但能为团队成员提供生活需要的满足，还能传递团队追求的方向目标，更是个人价值的体现形式，是创造良好团队环境的关键因素。通常

包括基本薪酬、个人和团队导向的薪酬激励、团队整体目标的薪酬激励等方面。

5. 外部反馈

前面所说的项目人员配备、项目计划、项目执行报告都只反映了项目内部对团队发展的要求，除此之外，项目团队还必须对照项目之外的期望进行定期检查，使项目团队建设尽可能符合团队外部对其发展的期望。在外部反馈的信息中，主要包括委托方的要求，项目团队领导层的意见及其他相关客户的评价与建议等。

6. 调整

项目团队成员不是不可改变的，由于各种原因，项目团队成员表现不能满足项目的要求或不适应团队的环境时，项目经理不得不对项目团队成员进行调整。对这种调整项目经理要及早准备，及早发现问题，早做备选方案，以免影响项目工作的顺利开展。

项目团队调整的另一项内容是对团队内的分工进行调整，这种调整有时是为了更好地发挥团队成员的专长，或为了解决项目中的某一问题，也可能是为了化解团队成员之间出现的矛盾。无论哪一种调整，调整的目的都是为了使团队更适合项目工作的要求。

四、项目团队考核

（一）考核的作用

对团队成员进行考核是项目经理加强团队管理的重要方法之一。其主要作用有：①有利于加强成员的团队意识；②时刻提醒团队成员要完成的任务；③调动成员积极性；④提高成员工作效率；⑤保证项目目标的实现。

（二）考核的内容

对项目团队成员考核的内容主要有工作效率、工作纪律、工作质量、工作成本四个方面。

（三）考核方式

对团队成员考核的方式有很多，在实际工程项目管理中通常采用以下方面：

（1）任务跟踪，包括进度、质量、费用等方面情况。

（2）平时抽查，进行抽查时要注意：①与其他工作结合进行。如情况碰头会、工作总结会等。②尊重被抽查人。③频率要适度，要因人而异、因事而异。

（3）阶段总结汇报。

（4）征求客户意见。

（5）问题征询，即征求第三方对项目团队的意见。

（6）成员互评。

（四）考核的管理

包括：

（1）考核结果的分析，并采取适当的措施进行应对。

（2）考核分析结果的记录，将分析结论与采取的措施进行记载，以便将来进行分析对比。

（3）结果的反馈与工作调整，考核的结果要通过恰当的方式与被考核人见面，以利于其工作的改进和提高。

（4）结果的使用，注意积累自己负责的每个项目的团队成员的考核情况，发现总结其特点和长短之处，以便从中发现与筛选出适合自己未来工作需要的团队候选人。

第五节　项目治理

治理为组织内合理的决策制度和管理行动提供了一个责任明确、角色定义清晰的框架。治理还明确地区分了任务的所有权和控制权。它通过定义组织的目标、实现目标的方法，以及管理者履行其职责的过程为管理行动设定了清晰的界限。没有治理结构，组织会面临在实现目标的多种方法中出现冲突和矛盾，从而导致代价高昂的低效率运作，进而对组织平稳运行产生负面影响。

一、项目治理简况

在不同的语境和不同的学科里面，治理的含义是不同的。政治语境下，"治理"是20世纪末才被提出来的新的政治概念，它不同于一直以来的"统治"，从统治走向治理，是人类政治发展的普遍趋势。统治与治理在权威主体、权威性质、权威的来源、权力运行的向度以及作用所及的范围等五个方面都是不同的。治理行为的技术因素要重于其价值性因素。无论在哪一种社会政治体制下，无论哪个阶级实行统治，谁上台执政，都希望有更高的行政效率，更低的行政成本，更好的公共服务，更多的公民支持。相对于国家的统治体制而言，治理体制是一种工具理性。

我们主要讨论经济管理语境中的治理。

（一）项目治理的基本概念

许多学者试图对工程项目治理进行定义。Ralf 认为，项目治理包括价值体系、职责、程序和政策，使得项目得以为实现组织目标服务，并促进项目朝着实现内外部利益相关方及公司本身利益的方向前进。在公司治理理论的基础上，Eric 等认为，项目治理就是在每个组织内将这4个要素做好平衡：良好的项目计划和项目选择、项目投资人利益、监督和战略职能以及有效的项目管理和方案。Weaver 认为，项目治理仅仅是公司治理内容的一部分，应从公司治理的角度来对项目治理进行研究。张宁等认为，项目治理是为了降低治理主体角色所承担的风险而建立和完善各相关利益主体间关系的过程，使得项目管理目标实现具有良好的管理基础。上述研究表明，对项目治理的定义，学者们是不一致的。

（二）项目治理产生的原因

经济管理的语境中的治理来源于公司治理，不妨以公司治理来说明项目治理。公司治理不同于公司管理，公司治理产生于以下因素。

1. 制度因素：所有权与经营权相分离

1923 年，凡勃伦（Veblem）发现了公司所有权和经营权相分离的趋势，1933 年伯利和米恩斯通过对美国最大 200 家公司的调查，证实了所有权和经营权相分离的事实，突破了传统企业理论中利润最大化的假设，从治理视角对新古典主义厂商理论进行了挑战。钱德勒曾指出，当各单位工商企业在规模和经营多样化方面发展到一定水平时，企业的管理就同它的所有权分开。这种两权分离也使传统意义上的所有者的职能发生了分解，一部分形成了公司的所有者（或股东），一部分成了经营者；所有者不直接参加企业的生产经营活动，而经营者则是替别人来经营，这也使得他们在目标上产生了分歧，所有者追求企业利润的最大化，而经营者则追求其自身效用的最大化，这必然引起代理问题。对现代企业组织来说，完全的独资、再回归到古典企业是不可能的，即使这种业主式的产权结构可以完全消除代理问题。在现代经济发展中，只要存在比较优势和分散产权结构的收益超过代理成本，两权分离的企业就有其存在的基础，那么建立有效的治理机制就会使代理成本最小，使企业价值最大化和经营者效用最大化有机地结合起来。

2. 环境因素：信息不对称

正是因为出现了所有权和经营权的分离，原来意义上的所有者职能发生了分离，作为股东的所有者不直接参加企业的生产经营活动，也就是说，他们不具有经营活动的完全信息，而经营者们却在其中具有完全的信息优势。委托代理过程中存在两种类型的不对称信息：代理人本身所具有的素质、能力和知识，委托人并不十分清楚，即"外生性不对称信息"；代理人在签订代理合约之后如何来经营和管理企业，其工作是否努力，是否有"偷懒"行为，是否能以委托人的利益为目标经营企业的资产，是否损害委托人的利益等，委托人是无法完全控制和验证的，即"内生性不对称信息"。正因为大量不对称信息的存在，代理人可能会利用这种优势，通过损害股东的利益来满足自己的效用，而导致"道德风险"和"逆向选择"。可见，完全消除这种行为是不可能的，只能有效控制这种行为。因此，作为股东，应当在信息不对称客观存在的前提下，诱导管理层和操作层朝着股东的目标努力，而这就是治理问题。

3. 人性因素：机会主义倾向

新古典经济学对人的假定是"经济人"，即参与经济活动的人的目标是自身效用的最大化，他们把交易作为外生变量来处理，没有考虑人与人之间发生交易关系尤其是利益冲突时行为的变化。所以，经济学家们提出了"机会主义"假定，指出机会主义的存在使问题变得更加不确定，而且使经济组织的问题也更复杂了。机会主义有三种表现，其一是"偷懒"动机，"经济人"的利己动机是普遍存在的，只要存在信息不对称，偷懒动机就可能转变为一种行动。其二是"搭便车"行为，许多人都愿意尽量使他人多劳动，而自己搭便车。如果没有一个有效的治理制度安排，经营者和操作者必然会出现这样一种投机动机，即不愿意让别人搭自己努力的便车，而自己总是试图去搭别人的便车。其三是对风险与收益联系的偏离性动机，由于经营者和员工的效用在很大程度上取决于所得的薪酬，所以，经营者往往不愿意选择风险偏好型的经营方式，只有当其职位不会因此而受到威胁时，他们才会转向风险偏好型的经营方式。因此，所有者在进行合约设计时必须考虑到人们可能的机会主义倾向，这依然需要合适的治理机制来解决。

上述三个方面的因素在项目管理过程中也普遍存在，如前所述，工程项目管理各方之间的关系往往是法人之间签订的合同关系，但是履行合同的往往是各自法人派出的以项目经理为首的项目经理部。项目所有权归属于各个法人，但是项目的控制权却在项目经理部手中，这就是项目的所有权和控制权相分离。其他两个因素一样存在，所以产生了项目治理的问题。

（三）委托代理理论

经济学研究治理的基本理论可以归结为委托代理理论。经济学中的委托代理关系与法律上的委托代理关系不同。如果甲乙两人达成一个协议，甲将做某事的权利交给乙，就形成了法律上的委托代理关系，甲为委托人，乙为代理人。其本质是委托人要为代理人的行为承担责任。代理人对委托人的责任有：第一，没有许可，不能再代理；第二，不能把自己放在与委托人利益冲突的地位；第三，有保密责任和诚信责任。委托人对代理人的责任有：第一，补偿责任；第二，免除法律责任和留置权。

只要一方的行为影响另一方，就有经济学上的委托代理关系。经济学中的委托代理理论是建立在信息不对称的基础之上的。所有的信息不对称问题都涉及一个概念——"私人信息"。所谓私人信息是指在订立合约时或合约执行过程中一方知道而另一方并不清楚的一些信息。私人信息的存在使一部分人比其他人拥有更多的信息，通常将行为人这种信息占有上的不同称为"信息不对称"。在信息经济学或激励理论的研究中，通常根据交易双方是否拥有私人信息来区分，拥有私人信息的一方常常被称为"代理人"，处于信息劣势的一方被称为"委托人"。这样定义背后隐含的假定是，知情者的私人信息影响不知情者的利益，或者不知情者不得不为知情者的行为承担风险。

委托代理理论是建立在非对称信息的基础之上的，信息不对称可以从两个角度进行划分：一是非对称信息发生的时间；二是非对称信息的内容。从非对称发生的时间看，信息不对称可能发生在当事人签约之前，也可能发生在当事人签约之后，分别称为"事前信息不对称"和"事后信息不对称"。研究事前信息不对称问题的模型称为"逆向选择模型"，研究事后非对称信息的模型称为"道德风险模型"。从非对称信息的内容看，非对称信息的内容可能是指某参与人发生的行动，也可能是某些参与人的知识。研究不可观测行动的模型称为"隐藏行动模型"，研究不可观测知识的模型称为"隐藏知识模型"或"隐藏信息模型"，见表 3-11。在信息经济学中，通常假设委托人具有完全的讨价还价能力。可见，不对称信息的所有模型都是出于委托代理分析框架下的。

信息不对称的分类　　　　　　　　　　　　　　　　　　表 3-11

	隐藏行动	隐藏信息
事前（Exante）		3. 逆向选择模型 4. 信号传递模型 5. 信息甄别模型
事后（Expost）	1. 隐藏行动的道德风险模型	2. 隐藏信息的道德风险模型

（四）项目治理的基本内容

对项目治理的内容而言，丁荣贵认为项目治理的主要内容是制定项目的目标、提供实现项目目标所需的资源以及实现该目标的方法和绩效监督问题等。严玲等认为项目治理的内容是合理地处理利益相关方之间的监督、激励、风险分配等问题，项目治理的目标是为了实现不同的利益相关方之间的权利和利益平衡，项目治理的主体是项目的经理层。沙凯逊采用新制度经济学的研究视角，将项目治理问题抽象为垂直治理和水平治理两部分，前者研究基于交易成本和委托代理理论，后者研究基于联盟博弈理论。

公司治理可以分为外部治理和内部治理，外部治理对应契约治理，内部治理对应关系治理，内部治理也称为"科层制治理"。关系治理的内容可以看本章内容。契约治理可以参见第九章中合同管理的内容。

二、业主方项目治理

一个建设项目的实施除了业主方之外，还有许多其他单位参加，比如设计单位、施工单位、供货单位和工程管理咨询单位以及有关的政府行政管理部门等。业主的选择不同，就会形成不同的治理结构。不同的治理框架结构反过来也会对业主自身的组织架构产生不同的影响，比如选择分散的工程咨询或者全过程工程咨询，选择不同的发承包模式等，都会对业主自身的架构产生不同的影响。工程项目的治理框架结构如图 3-12 所示。

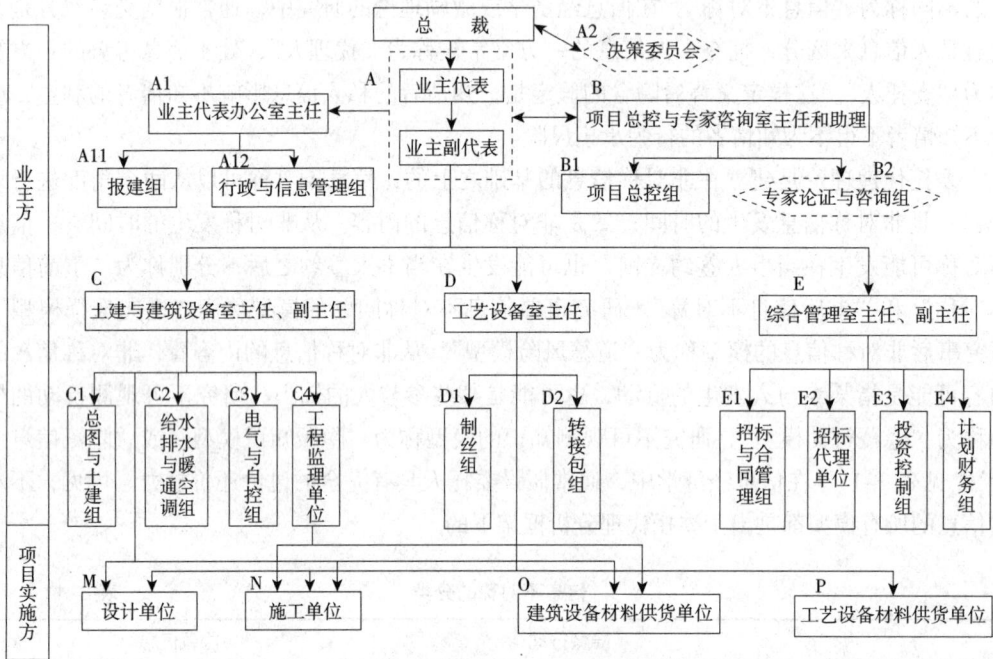

图 3-12　工程项目的治理框架结构

（一）业主方基本项目管理模式

业主方项目管理模式是指业主方采用什么样的基本方式来承担业主方工程项目管理的职责，不同管理模式的根本区别在于业主方是自己组织力量管理，还是委托其他单位组织力量进行管理。

在现实中，业主方有多种多样的组织结构形式，但是基本的管理模式归纳起来有三种形式，即业主方自行管理模式、委托全过程全方位项目管理模式和自行管理加部分委托项目管理模式，如图 3-13 所示。

1. 业主方自行管理模式

业主方自行管理是指业主组建完整的基建管理班子，完全依靠自身力量对项目建设进行管理的模式。

业主方自行管理是我国长期以来实行的管理模式。业主方把设计、施工、供货等生产任务委托出去，通过业主的项目管理班子对这些外包方进行管理，常见的有以下形式。

（1）基建处模式。我国许多行业的企事业单位都有基建处，这就是典型的业主方自行管理的模式。由于工程项目的一次性，对于一般的企事业单位而言，工程项目管理往往是临时性的任务，因此其常设的基建处建制比较小，人力资源配置也很难满足项目上临时的管理要求。

业主方自行管理	业主方委托工程管理咨询公司进行管理	业主方和工程管理咨询公司共同管理

业主方管理的模式

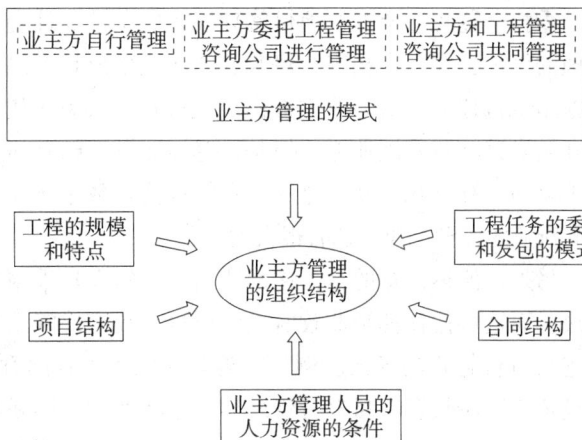

图 3-13　业主方管理的组织结构

（2）指挥部模式。在我国，政府投资的重大项目通常通过成立专门的指挥部进行管理，这也是业主方自行管理的模式。工程建设指挥部形式是一种典型的具有中国特色的业主方项目管理组织形式。在国内政府投资的重点工程领域，指挥部的设置非常普遍。

工程建设指挥部按照其职责大致可以分为三类。第一类是作为协调与决策机制成立的指挥部。这一类指挥部的成员一般由政府相关职能委、办、局领导担任，其主要职责是决策、统筹与协调，一般指挥部成员均为兼职，主要通过会议形式履行决策、统筹与协调的职责，这类指挥部一般不履行业主方项目管理的日常运作职责，因此还需要设置专门的业主方项目管理机构。第二类是作为项目建设的执行机构成立的指挥部。这一类指挥部的成员一般是全职，其职责是业主方的项目管理。第三类指挥部是兼具上述两类指挥部职责而设立的，它既承担政府职能部门的决策、统筹与协调职责，又承担政府投资项目的实务性项目管理职责。第三类指挥部成员分为两种，既有兼职的政府官员，又有专职项目管理人员。通常，第三类指挥部又分为两级，第一级为指挥部本身，承担统筹、协调与决策职责，第二级为指挥部下设的办公室，承担具体的项目管理职责。

指挥部模式是临时性，指挥部人员往往是临时抽调组成的，项目一旦结束，指挥部往往就要解散了，因此指挥部模式对工程项目管理人才的培养和管理水平的持续提升是不利的，往往只有一次性的教训，没有经验的积累，这是其最大的缺点。

（3）房地产公司的自行管理。房地产企业是把建筑物产品当作商品的社会化企业，但房地产企业不像其他制造业企业由自身完成产品设计、生产过程，一般不直接从事建筑生产，而将其设计、施工委托专门单位进行，因此它的主要任务是对生产单位的生产过程进行管理。因此，房地产公司在基本项目管理模式上也是自行管理。

2.委托全过程、全方位的项目管理服务模式

委托全过程、全方位项目管理模式是指业主方除了把设计、施工、供货等生产任务委托出去以外，再将对这些生产单位管理的任务也委托出去，由社会化、专业化的单位来承担。

委托项目管理服务是国际惯例，也是我国建设工程项目管理领域学习、借鉴和发展的方向。

委托全过程、全方位项目管理模式的条件是社会上存在具备承担全过程、全方位项目管理的管理公司。在我国，建筑业的从业单位长期以来习惯于要么提供设计服务，要么承担施工承包任务，对为业主方提供项目管理服务还比较陌生。近年来，监理公司等咨询企业开始尝试项目管理业务。但是，总体而言，已有的从业单位对提供项目管理服务的意识还不够强，社会化、专业化的项目管理公司数量还比较少，力量也还比较弱，对比发达国家同行业的大型企业，还有很大的差距。

另外，值得注意的是，在发达国家虽然大量采用委托全过程、全方位项目管理服务的方式，而这些往往都是非政府投资项目。政府投资项目相反却往往采用政府成立专门的机构进行自行管理的模式。例如，英联邦国家（我国香港特别行政区也类似）成立工务署，就是负责政府投资项目自行管理的典型案例。美国联邦政府对于其负责投资的住宅及城市设施、农业、水利、军事国防设施、交通、政府办公用房，分别由住宅及城市建设部、垦务局、美国工兵部队、交通部、总务管理局等实施项目设计与建设全过程的管理。德国、日本等国政府投资项目的管理模式也基本上是建立专门的机构实施直接管理。

我国政府投资项目的管理模式长期以来处在改革和探索之中，除了一部分大型项目、重点项目依然沿用指挥部模式进行自行管理，针对一些基础设施项目，有的地方政府成立了工务局、建管中心等机构实施集中管理，这种模式也被称为"代建"。还有一些政府投资项目，委托社会化、专业化的"代建单位"，承担业主方的项目管理职责，这在国际上是较为鲜见的。

3. 自行管理加部分委托项目管理服务模式

自行管理加部分委托项目管理模式是业主方自行管理模式和委托全过程、全方位项目管理模式结合而成的一种"中间道路"模式，它是指业主方自身成立项目管理班子（如基建处、指挥部等机构），对建设工程项目的生产过程实施管理，但是，为了进一步加强业主方的管理能力，在已有的业主方自身管理班子基础上，委托社会化、专业化单位承担部分业主方项目管理任务。

在这种情况下，委托项目管理服务不是"代替业主方"，而是"做强业主方"，通过提供专业化的项目管理服务，起到强化业主方力量的作用，业主班子依然起到主导作用，但在项目管理方面，可以得到专业化团队的支撑，特别是在系统性、集成性、规范性和预见性方面得到专业支持，大大提升了业主方的管理能力。

按照我国现行法规，建设工程领域实行的工程监理、招标代理、造价咨询等现行制度，可以视为部分委托项目管理服务。但是，这些服务都是在某一方面强化了业主方的管理力量，它们的缺点是不集成。各行各业对建筑业最大的抱怨，在于建筑业的从业单位不能提供集成化的产品和服务，因此，我国当前正在参考国际惯例，大力发展委托项目管理服务。委托项目管理服务不同于工程监理、招标代理、造价咨询等业务，其最大的特点在于完全立足于业主方的利益，且从全局、集成化的角度提供业主方项目管理的系统化解决方案。

4. 关于业主方基本项目管理模式的误区

业主方基本项目管理模式的探讨是建设工程项目管理实践领域的一个热点话题，理论上有许多提法，也存在一些认识上的误区，特别是以下三点：

误区一：将业主方基本管理模式与承发包模式混为一谈。

很多项目在选择业主方基本管理模式时，将项目总承包、EPC、施工总承包、施工总承包管理都列为业主方基本管理模式的候选方案。实际上，它们都属于承发包模式，而不是业主方的项目管理模式。承发包模式是指业主方将项目以何种合约框架发包，它主要是业主方将项目建设过程中的设计、施工任务按照不同的组合方式进行采购的方式，发包出去的是建设工程生产任务，无论如何发包，都代替不了业主方对生产单位的管理。也就是说，承发包模式与业主方基本管理模式是两个不同的概念。例如，即使采用项目总承包，业主还是要对其进行管理，管理的模式还是存在上文所述的三种基本模式可供选择。

误区二：将业主方基本管理模式与融资模式混为一谈。

有的项目在选择业主方基本管理模式时，将 BOT、BOOT、BT、PPP 等列为业主方基本管理模式的候选方案。实际上，它们都属于项目融资模式，而不是项目管理模式。融资模式是指项目资金筹集的方式，与业主方基本管理模式也有本质的区别，不能相互替代。无论采取哪种融资模式，都代替不了业主方的项目管理，业主方的项目管理还是有三种基本模式可供选择。以 BT 方式为例，项目采用 BT 方式建设的，仍需研究思考业主方的项目管理模式采用上述三种的哪一种。

误区三：将承包与咨询混为一谈。

有的项目在选择业主方基本项目管理模式时，把委托项目管理与工程承包混为一谈，将项目管理也看作是一种承包，要求项目管理单位承担承包风险。实际上，项目管理服务的性质是咨询，不是承包。

首先，两者承担的责任是不同的。承包行为须对生产任务的可交付成果及生产过程负全责，例如施工承包，就应做到"谁施工、谁负责"，施工承包单位对施工过程和施工形成的工程实体负全部责任；而咨询过程是不进行具体生产的，只是针对某一个问题或者过程进行专题研究，形成咨询的意见或报告，或对生产活动进行组织管理和协调，不一定有可交付成果，即使有有形产品，一般也不进入工程实体。

其次，两者合同标的额不同。承包合同额为工程实体造价，而咨询行为则仅仅收取咨询服务费，同一项目承包合同标的额往往是咨询合同标的额的几十倍甚至上百倍。

最后，承包单位和咨询单位的抗风险能力不同。承包单位往往拥有巨大的固定资产和流动资产，以及强大的融资能力，而咨询单位拥有的固定资产和流动资产与承包单位相比往往相差几个数量级。项目管理者应重视承包与咨询的区别，切不可混为一谈。

5. 业主方组织结构的选择

建设工程发承包的模式决定了建设工程项目发包方和各参与方承包方之间、承包方与分包方等相互之间的合同关系。大量建设工程的项目管理实践证明，一个项目的建设能否成功，能否进行有效的投资控制、进度控制、质量控制、合同管理及组织协调，很大程度上取决于发承包模式的选择，因此应该慎重考虑和选择。

当业主拥有较充分的人力资源，有能力自行管理项目建设，则可以采用自行管理模式。若业主不具备自行管理项目建设的条件，则可以考虑采用委托管理模式和共同管理模式。如业主方不习惯，或不放心把项目建设的管理任务都委托工程管理咨询（顾问）公司进行管理，可采用共同管理模式。

FIDIC 的有关合同文本规定，如采用共同管理模式，则业主方管理人员将在业主方委托的工程管理咨询公司的项目经理领导下工作。

（二）建设项目法人责任制

为了建立投资责任约束机制，规范项目法人的行为，明确其责、权、利，提高投资效益，依据《中华人民共和国公司法》，国家于 1996 年制定并颁布了《关于实行建设项目法人责任制的暂行规定》（以下简称《暂行规定》）。

《暂行规定》明确指出：国有单位经营性基本建设大中型项目在建设阶段必须组建项目法人，即按《中华人民共和国公司法》的规定设立有限责任公司（包括国有独资公司）和股份有限公司。实行项目法人责任制，由项目法人对项目的策划、资金筹措、建设实施、生产经营、偿还债和资产的保值增值，实行全过程负责。

新上项目在项目建议书批准后，应及时组建项目法人筹备组，具体负责项目法人的筹建工作，项目法人筹备组应主要由项目的投资方派代表组成。有关单位在申报项目可行性研究报告时，须同时提出项目法人的组建方案。否则，其项目可行性研究报告不予审批。项目可行性研究报告经批准后，正式成立项目法人。并按有关规定确保资本金按时到位，同时办理公司设立登记。凡应实行项目法人责任制而没有实行的建设项目，投资主管部门不予批准开工，也不予安排年度投资计划。

项目法人的组织形式是：国有独资公司设立董事会。董事会由投资方负责组建。国有控股或参股的有限责任公司、股份有限公司设立股东会、董事会和监事会。董事会、监事会由各资方按照《中华人民共和国公司法》的有关规定进行组建。

建设项目的董事会具体行使以下职权：

（1）负责筹措建设资金；

（2）审核、上报项目初步设计和概算文件；

（3）审核、上报年度投资计划并落实年度资金；

（4）提出项目开工报告；

（5）研究解决建设过程中出现的重大问题；

（6）负责提出项目竣工验收申请报告；

（7）审定偿还债务计划和生产经营方针，并负责按时偿还债务；

（8）聘任或解聘项目总经理，并根据总经理的提名，聘任或解聘其他高级管理人员。

项目总经理具体行使以下职权：

（1）组织编制项目初步设计文件，对项目工艺流程、设备选型、建设标准、总图布置提出意见，提交董事会审查；

（2）组织工程设计、施工监理、施工队伍和设备材料采购的招标工作，编制和确定招标方案、标底评标标准，评选和确定投、中标单位。实行国际招标的项目，按现行规定办理；

（3）编制并组织实施项目年度投资计划、用款计划、建设进度计划；

（4）编制项目财务预、决算；

（5）编制并组织实施归还贷款和其他债务计划；

（6）组织工程建设实施，负责控制工程投资、工期和质量；

（7）在项目建设过程中，在批准的概算范围内对单项工程的设计进行局部调整（凡引起生产性质、产品品种和标准变化的设计调整以及概算调整，需经董事会决定并报原审批单位批准）；

（8）根据董事会授权处理项目实施中的重大紧急事件，并及时向董事会报告；

（9）负责生产准备工作和培训有关人员；

（10）负责组织项目试生产和单项工程预验收；

（11）拟订生产经营计划、企业内部机构设置、劳动定员定额方案及工资福利方案；

（12）组织项目后评价，提出项目后评价报告；

（13）按时向有关部门报送项目建设、生产信息和统计资料；

（14）提名请董事会聘任或解聘项目高级管理人员。

董事长及总经理的任职条件，应具有大专以上学历；熟悉国家有关投资建设的方针、政策和法规，有较强的组织能力和较高的政策水平；总经理还应具有建设项目管理工作的实际经验，或担任过同类建设项目施工现场高级管理职务并经实践证明是称职的项目高级管理人员。

（三）代建制

根据国家发展和改革委员会起草、国务院原则通过的《国务院关于投资体制改革的决定》，代建制是指政府通过招标的方式，选择专业化的项目管理单位（以下简称"代建单位"），负责项目的投资管理和建设组织实施工作，项目建成后交付使用单位的制度。代建期间，代建单位按照合同约定代行项目建设的投资主体职责，有关行政部门对实行代建制的建设项目的审批程序不变。

1. 项目使用单位职责

项目使用单位作为项目主体，履行项目法人责任，并对项目管理过程享有充分的知情权、参与权、监督权和重大事项的决策权。主要工作如下：

（1）协助代建单位进行项目相关审批手续办理工作。

（2）主导项目建设内容、建设规模、建设标准和功能配置等使用需求的提出与确定，并负责项目资金筹措。

（3）负责与各主管部门协调建设项目的相关事宜。

（4）签订各类专业委托合同与工作协议，并按合同约定支付各类工程相关费用。

（5）接受政府相关主管部门的稽查审计。

（6）会同代建服务中心选取代建单位，对代建单位申请的代建管理费进行审核，对代建单位的工作进行监督与评价等。

2. 代建单位职责

代建单位接受委托后，应充分发挥其管理技术与经验优势，运用系统理论和方法，对项目及其资源进行计划、组织、协调、控制并给项目使用单位提供专业支持与决策建议，旨在通过专业的服务，实现项目的既定目标。主要工作如下：

（1）负责办理项目所需的审批手续。

（2）协助项目使用单位选择招标代理公司，按照法定程序开展项目勘察、设计、施工、监理及材料设备供应的招标活动。

（3）协助项目使用单位对工程全过程实施投资管理，审核各类投资相关文件并提出专业建议，供项目使用单位决策。

（4）组织与各参建单位的合同谈判、签订，办理合同备案工作，管理所签订合同的履约情况。

（5）组织开展工程设计等工作并对设计成果及施工过程中出现的设计变更进行经济技术审核，给项目使用单位提供决策依据。

（6）组织并督促施工及监理单位按照合同约定的质量、进度、投资与安全文明施工等相关要求开展现场施工及监理工作，对施工现场进行综合协调管理。

（7）负责组织开展工程的中间验收、专项验收和竣工验收，协助项目使用单位准备办理各专项验收手续的申报资料。

（8）协助项目使用单位协调与工程相关的其他事宜。

3. 代建工作各阶段具体工作职责

（1）项目策划及设计阶段

①总体策划：根据项目情况特点，分析项目进展重点、难点，确定工作目标，制定项目实施计划，按需配备专业服务团队。

②外部市政协调：协助项目使用单位办理自来水、电力、热力、燃气、雨污水、中水、网络等市政公共服务设施报装手续，取得管线接驳方案，确定管线路由、管径、投资等参数指标。

③基本建设程序管理：协助项目使用单位办理立项、投资计划、规划、国土、环境、文物、交通、节能、消防、人防、园林、水务、防雷设计、图纸审查等各项行政审批或许可手续。

④设计管理：通过科学方法对设计质量、设计进度、设计概算进行限额控制；对设计材料选择、设备选型提出合理化建议；依托资深专家库组织多方案经济技术比较专家论证会；划分设计单位工作界面，协调各专业设计单位的关系。

⑤各专业队伍的招标、比选、合同谈判、管理、协调工作：协助项目使用单位选择本阶段需要的专业单位（勘察、设计、环评、测绘、交通评价、项目建议书、可行性研究报告编制等）并审核委托合同；组织专业单位开展相关工作。

（2）项目施工准备阶段

①招标采购管理：协助选择招标代理公司组织项目监理、施工等参建单位的招标比选工作；参与编制招标文件、设置合同条款；组织合同谈判、签订、备案等。

②建设程序管理：办理工程开工质量、安全监管部门的备案手续。

③落实施工条件：场地达到"三通一平"；办理施工临时用水、临时用电的接驳、施工、验收及使用手续；组织实施场地内树木移、伐、保护等工作；办理地上建筑物、构筑物的拆除手续。

④施工准备工作管理：组织设计、施工单位进行技术交底和施工图会审。

（3）项目施工阶段

①质量管理：组织各参建单位编制初步质量控制实施计划；组织设计方案的质量评审、施工图设计的质量会审；审核监理单位的监理大纲、监理规划、监理细则；检查监理、施工单位质量管理体系；参加对材料、设备进场的检查。

②进度管理：编制项目总控制进度计划；审核设计进度计划；审核施工单位的施工总进度计划；审核各级进度网络计划；审核监理单位的进度控制措施；制订项目使用单位采购的工作计划；督促并审核各参建单位制订周/月工作计划；督促各参建单位建立进度计划管理体系；负责项目进度计划检查；组织工程例会，检查和落实进度计划。

③造价管理：审核招标清单及控制价；组织招标确定总包工程合同价；进行分项限额招标及采购；组织招标确定分包工程合同价；设计变更、洽商的造价管理；暂估价材料、设备的造价管理；索赔费用的造价管理；工程款支付管理；审核竣工结算，提交竣工结算审核报告。

④合同管理：起草合同文件及其补充协议；审查合同签订对象；参与合同谈判，制定合同谈判方案、策略；协助项目使用单位完成合同、补充协议签署工作；检查合同履行情况；收集、整理合同执行中的往来函件；检查、分析、总结合同执行情况；解释合同执行中的争议问题；处理合同索赔事件。

⑤档案管理：按照工程档案资料管理规程，督促各参建单位收集整理各自工程档案资料，整理汇编项目使用单位的工程档案资料。

⑥各参建单位的管理：协调勘察、设计、监理、施工、重要材料、设备供应商等参建单位履行合同义务；监督各单位人员、设备配备到位情况。

（4）项目竣工验收及结算阶段

①组织开展中间验收，包括隐蔽工程、分部工程、分项工程、设备调试。

②竣工手续办理：协助项目使用单位办理规划、人防、消防、防雷、档案等各专项验收手续；组织项目竣工验收。

③工程结算管理：组织相关单位编制竣工结算及决算，对结算进行审核，配合完成政府决算审计工作。

④试运行及培训：组织各参建单位对设备设施试运行阶段出现的问题进行分析、处理。

（四）工程咨询业务

工程项目咨询业务可以包括工程项目管理业务、工程咨询业务、招标代理业务、造价咨询业务和监理业务等。

1. 工程项目管理业务

根据原建设部 2004 年颁布的《建设工程项目管理试行办法》，工程项目管理业务范围包括：

（1）协助业主方进行项目前期策划，经济分析、专项评估与投资确定；

（2）协助业主方办理土地征用、规划许可等有关手续；

（3）协助业主方提出工程设计要求、组织评审工程设计方案、组织工程勘察设计招标、签订勘察设计合同并监督实施，组织设计单位进行工程设计优化、技术经济方案比选并进行投资控制；

（4）协助业主方组织工程监理、施工、设备材料采购招标；

（5）协助业主方与工程项目总承包企业或施工企业及建筑材料、设备、构配件供应等企业签订合同并监督实施；

（6）协助业主方提出工程实施用款计划，进行工程竣工结算和工程决算，处理工程索赔，组织竣工验收，向业主方移交竣工档案资料；

（7）生产试运行及工程保修期管理，组织项目后评估；

（8）项目管理合同约定的其他工作。

2. 工程咨询服务

根据国家发展和改革委员会 2017 年颁布的《工程咨询行业管理办法》规定，工程咨询服务范围包括：

（1）规划咨询：含总体规划、专项规划、区域规划及行业规划的编制。

（2）项目咨询：含项目投资机会研究、投融资策划，项目建议书（预可行性研究）、项目可行性研究报告、项目申请报告、资金申请报告的编制，政府和社会资本合作（PPP）项目咨询等。

（3）评估咨询：各级政府及有关部门委托的对规划、项目建议书、可行性研究报告、项目申请报告、资金申请报告、PPP项目实施方案、初步设计的评估，规划和项目中期评价、后评价，项目概预决算审查，及其他履行投资管理职能所需的专业技术服务。

（4）全过程工程咨询：采用多种服务方式组合，为项目决策、实施和运营持续提供局部或整体解决方案以及管理服务。有关工程设计、工程造价、工程监理等资格，由国务院有关主管部门认定。

3. 招标代理业务

工程建设项目招标代理（简称"工程招标代理"），是指工程招标代理机构接受招标人的委托，从事工程的勘察、设计、施工、监理以及与工程建设有关的重要设备（进口机电设备除外）、材料采购招标的代理业务。

4. 造价咨询业务

根据住房和城乡建设部《工程造价咨询业管理办法》（征求意见稿），工程造价咨询是指工程造价咨询企业接受委托、注册造价工程师接受委派，对建设项目全过程造价的确定与控制提供专业咨询服务，并出具工程造价成果文件的活动。具体包括：

（1）建设项目建议书及可行性研究投资估算、项目经济评价报告、实施方案的编制和审核；

（2）建设项目概预算的编制与审核，与设计方案比选、优化设计、限额设计等工作协同进行工程造价确定与控制；

（3）建设项目合同价款的确定（包括招标工程工程量清单和最高投标限价、投标报价的编制和审核）；合同价款的计算与调整（包括工程变更、工程洽商、签证和索赔费用的计算）及工程款支付，工程结算及竣工结（决）算报告的编制与审核等；

（4）与工程建设项目造价相关的经济鉴证业务，包括建设项目各阶段造价确定与控制的评审和审计；

（5）提供工程造价信息服务等。

5. 工程监理业务

根据原建设部关于印发《工程建设监理规定》，工程建设监理的范围包括：

（1）大、中型工程项目；

（2）市政、公用工程项目；

（3）政府投资兴建和开发建设的办公楼、社会发展事业项目和住宅工程项目；

（4）外资、中外合资、国外贷款、赠款、捐款建设的工程项目。

工程建设监理的主要内容是控制工程建设的投资、建设工期和工程质量；进行工程建设合同管理，协调有关单位间的工作关系。

按照《建设工程监理合同（示范文本）》（GF—2012—0202），除专用条件另有约定外，监理工作内容包括：

（1）收到工程设计文件后编制监理规划，并在第一次工地会议7天前报委托人。根据有关规定和监理工作需要，编制监理实施细则。

（2）熟悉工程设计文件，并参加由委托人主持的图纸会审和设计交底会议。

（3）参加由委托人主持的第一次工地会议；主持监理例会并根据工程需要主持或参加专题会议。

（4）审查施工承包人提交的施工组织设计，重点审查其中的质量安全技术措施、专项施工方案与工程建设强制性标准的符合性。

（5）检查施工承包人工程质量、安全生产管理制度及组织机构和人员资格。

（6）检查施工承包人专职安全生产管理人员的配备情况。

（7）审查施工承包人提交的施工进度计划，核查承包人对施工进度计划的调整。

（8）检查施工承包人的试验室。

（9）审核施工分包人资质条件。

（10）查验施工承包人的施工测量放线成果。

（11）审查工程开工条件，对条件具备的签发开工令。

（12）审查施工承包人报送的工程材料、构配件、设备质量证明文件的有效性和符合性，并按规定对用于工程的材料采取平行检验或见证取样方式进行抽检。

（13）审核施工承包人提交的工程款支付申请，签发或出具工程款支付证书，并报委托人审核、批准。

（14）在巡视、旁站和检验过程中，发现工程质量、施工安全存在事故隐患的，要求施工承包人整改并报委托人。

（15）经委托人同意，签发工程暂停令和复工令。

（16）审查施工承包人提交的采用新材料、新工艺、新技术、新设备的论证材料及相关验收标准。

（17）验收隐蔽工程、分部分项工程。

（18）审查施工承包人提交的工程变更申请，协调处理施工进度调整、费用索赔、合同争议等事项。

（19）审查施工承包人提交的竣工验收申请，编写工程质量评估报告。

（20）参加工程竣工验收，签署竣工验收意见。

（21）审查施工承包人提交的竣工结算申请并报委托人。

（22）编制、整理工程监理归档文件并报委托人。

（五）全过程工程咨询

1. 全过程工程咨询提出背景

（1）解决工程咨询服务"碎片化"问题

我国工程咨询服务主要包括勘察设计、监理、造价、招标代理等，由于国家体制问题，政府部门分割导致勘察设计、监理、造价、招标代理等肢解并设置单独准入门槛。工程咨询市场被强行碎片化，无法提供全寿命周期统一贯穿的服务，因而工程技术质量安全、管理组织效率、社会和经济效益等最优化无法实现。

现在建筑市场建设方（甲方）普遍工程管理水平有限，而工程技术、管理、法务等越来越复杂，虽然可以通过多次采购工程咨询服务涵盖全部工程范围，但对建设方的统筹协调水平也提出了更高的要求。因此，对于可以贯穿项目全寿命周期、涵盖各专业的咨询服务形式，市场呼声越来越高，是市场的自然选择。

（2）"走出去"战略目标的重要组成部分

在国家"一带一路"倡议的大背景下，中国建筑商以"中国速度、中国管理"享誉全球，但中国的工程咨询企业在国际上并无影响力。

因此，为了向国际惯例接轨，提升工程咨询企业的综合服务能力和核心竞争力，培育一批具有国际水平的全过程工程咨询企业，变得尤为重要。

2. 全过程工程咨询的内涵

全过程工程咨询是指工程咨询方综合运用多学科知识、工程实践经验、现代科学技术和经济管理方法，采用多种服务方式组合，为委托方在项目投资决策、建设实施乃至运营维护阶段持续提供局部或整体解决方案的智力性服务活动。全过程工程咨询可分为投资决策综合性咨询和工程建设全过程咨询。其中，工程建设全过程咨询又可分为工程勘察设计咨询、工程招标采购咨询、工程监理与项目管理服务。工程咨询方还可根据委托方需求，提供其他专项咨询服务。

投资决策综合性咨询是指工程咨询方接受投资方委托，就投资项目的市场、技术、经济、生态环境、能源、资源、安全等影响可行性的要素，结合国家、地区、行业发展规划及相关重大专项建设规划、产业政策、技术标准及相关审批要求进行分析研究和论证，为投资方提供决策依据和建议的活动。

工程建设全过程咨询是指工程咨询方接受建设单位委托，提供招标代理、勘察、设计、监理、造价、项目管理等全过程一体化咨询服务的活动。

工程咨询方可提供的专项咨询服务包括但不限于：项目融资咨询、政府和社会资本合作咨询、工程造价咨询、信息技术咨询、风险管理咨询、项目后评价咨询、建筑节能与绿色建筑咨询、工程保险咨询。

全过程工程咨询的业务组合示意如图 3-14 所示。

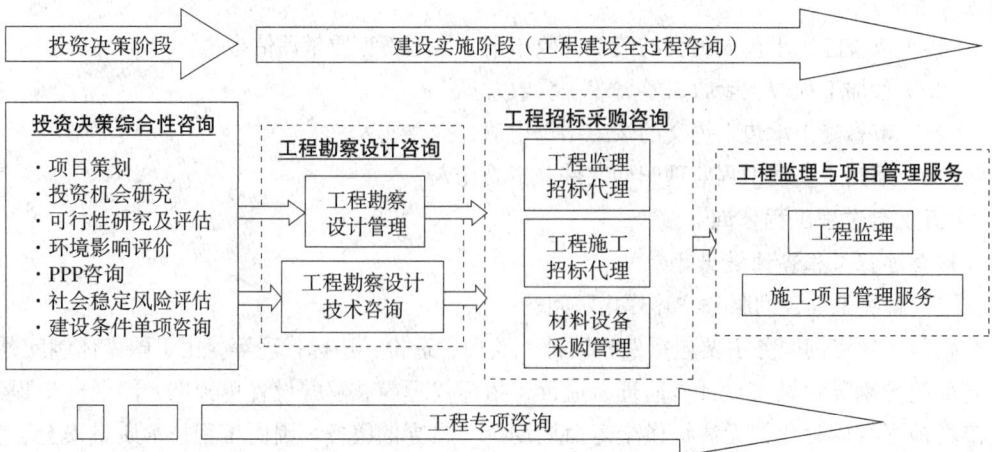

图 3-14 全过程工程咨询的业务组合示意图

三、工程项目治理

工程项目治理就是规定和监控项目经理及其管理机构的权力职责和利益的过程。

国际上工程项目经理的地位、作用以及其特征如下：

（1）项目经理是企业任命的一个项目的项目管理班子的负责人（领导人），但它并不一定是（多数不是）一个企业法定代表人在工程项目上的代表人，因为一个企业法定代表人在工程项目上的代表人在法律上赋予其的权限范围太大。

（2）项目经理的任务仅限于主持项目管理工作，其主要任务是项目目标的控制和组织协调。

（3）在有些文献中明确界定，项目经理不是一个技术岗位，而是一个管理岗位。

（4）项目经理是一个组织系统中的管理者，至于是否他有人事权、财权和物资采购权等管理权限，则由其上级确定。

（一）项目管理规划大纲的编制

项目管理规划大纲不是项目管理层而是由其更高层的组织管理层编制的，其目的是为了全面规划和控制项目的进展。

1. 项目管理规划大纲的编制依据如下：

（1）项目文件、相关法律法规和标准。

（2）类似项目经验资料。

（3）实施条件调查资料。

2. 项目管理规划大纲的编制工作程序如下：

（1）明确项目需求和项目管理范围。

（2）确定项目管理目标。

（3）分析项目实施条件，进行项目工作结构分解。

（4）确定项目管理组织模式、组织结构和职责分工。

（5）规定项目管理措施。

（6）编制项目资源计划。

（7）报送审批。

3. 项目管理规划大纲可包括下列内容，组织应根据需要选定：

（1）项目概况。

（2）项目范围管理。

（3）项目管理目标。

（4）项目管理组织。

（5）项目采购与投标管理。

（6）项目进度管理。

（7）项目质量管理。

（8）项目成本管理。

（9）项目安全生产管理。

（10）绿色建造与环境管理。

（11）项目资源管理。

（12）项目信息管理。

（13）项目沟通与相关方管理。

（14）项目风险管理。

（15）项目收尾管理。

（二）项目管理目标责任书

参考《建设工程项目管理规范》GB/T 50326—2017，项目管理目标责任书应在项目实施之前，由上级组织法定代表人或其授权人与项目管理机构负责人协商制定。项目管理目标责任书应属于组织内部明确责任的系统性管理文件，其内容应符合组织制度要求和项目自身特点。

1.编制项目管理目标责任书应依据下列信息：

（1）项目合同文件。

（2）组织管理制度。

（3）项目管理规划大纲。

（4）组织经营方针和目标。

（5）项目特点和实施条件与环境。

2.项目管理目标责任书宜包括下列内容：

（1）项目管理实施目标。

（2）组织和项目管理机构职责、权限和利益的划分。

（3）项目现场质量、安全、环保、文明、职业健康和社会责任目标。

（4）项目设计、采购、施工、试运行管理的内容和要求。

（5）项目所需资源的获取和核算办法。

（6）法定代表人向项目管理机构负责人委托的相关事项。

（7）项目管理机构负责人和项目管理机构应承担的风险。

（8）项目应急事项和突发事件处理的原则和方法。

（9）项目管理效果和目标实现的评价原则、内容和方法。

（10）项目实施过程中相关责任和问题的认定和处理原则。

（11）项目完成后对项目管理机构负责人的奖惩依据、标准和办法。

（12）项目管理机构负责人解职和项目管理机构解体的条件及办法。

（13）缺陷责任期、质量保修期及之后对项目管理机构负责人的相关要求。

组织应对项目管理目标责任书的完成情况进行考核和认定，并依据考核结果和项目管理目标责任书的奖惩规定，对项目管理机构负责人和项目管理机构进行奖励或处罚。项目管理目标责任书应根据项目实施变化进行补充和完善。

（三）项目管理机构负责人的职责

参考《建设工程项目管理规范》GB/T 50326—2017，项目管理机构负责人的职责如下：

（1）项目管理目标责任书中规定的职责。

（2）工程质量安全责任承诺书中应履行的职责。

（3）组织或参与编制项目管理规划大纲、项目管理实施规划，对项目目标进行系统管理。

（4）主持制定并落实质量、安全技术措施和专项方案，负责相关的组织协调工作。

（5）对各类资源进行质量监控和动态管理。

（6）对进场的机械、设备、工器具的安全、质量和使用进行监控。

（7）建立各类专业管理制度，并组织实施。

（8）制定有效的安全、文明和环境保护措施并组织实施。

（9）组织或参与评价项目管理绩效。

（10）进行授权范围内的任务分解和利益分配。

（11）按规定完善工程资料，规范工程档案文件，准备工程结算和竣工资料，参与工程竣工验收。

（12）接受审计，处理项目管理机构解体的善后工作。

（13）协助和配合组织进行项目检查、鉴定和评奖申报。

（14）配合组织完善缺陷责任期的相关工作。

（四）项目管理机构负责人的权限

参考《建设工程项目管理规范》GB/T 50326—2017，项目管理机构负责人的权限如下：

（1）参与项目招标、投标和合同签订。

（2）参与组建项目管理机构。

（3）参与组织对项目各阶段的重大决策。

（4）主持项目管理机构工作。

（5）决定授权范围内的项目资源使用。

（6）在组织制度的框架下制定项目管理机构管理制度。

（7）参与选择并直接管理具有相应资质的分包人。

（8）参与选择大宗资源的供应单位。

（9）在授权范围内与项目相关方进行直接沟通。

（10）法定代表人和组织授予的其他权利。

项目管理机构负责人应接受法定代表人和组织机构的业务管理，组织有权对项目管理机构负责人给予奖励和处罚。

第四章 工程项目综合管理

工程项目综合管理是指为了实现工程项目确定的目标而进行的一项综合管理。根据工程项目建设参与方的不同，可以划分为业主方项目管理、设计方项目管理、施工方项目管理等。

第一节 工程项目总体管理

一、工程项目总体管理框架

通常项目计划开始于范围说明书，由此确定需要完成哪些工作。然后，将这个范围分解为工作要素，即所谓的"工作细目"，该工作细目通常以上下层级的树状图来表示，即"工作分解结构"（WBS）。以此为基础，再建立一个"组织分解结构"（OBS）以及一份网络计划表；然后管理者就可以对所需要的资源进行分配，制订预算书，并确定项目计划的其他部分。

每一份项目计划都至少应该包含一份范围说明书、一份 WBS、一份 OBS、一份计划表和一个预算书。有些项目计划还包括一份风险管理计划，以评估可能出现的问题并制定应对措施。

（一）项目结构图

项目结构图是项目管理的基本方法。项目结构图（Project Diagram，或称 WBS – Work Breakdown Structure）是一个重要的组织工具，它通过树状图的方式对一个项目的结构进行逐层分解，以反映组成该项目的所有工作任务（该项目的组成部分）。

比如某金融大厦项目结构分解如图 4-1 所示。

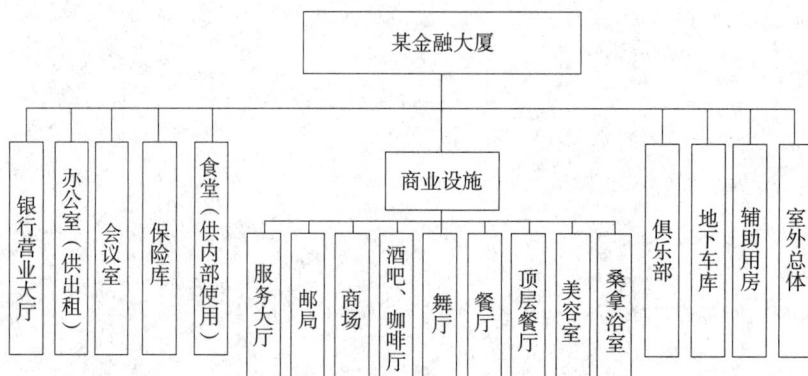

图 4-1　某金融大厦项目结构分解图

某住宅楼工程项目结构分解如图 4-2 所示。

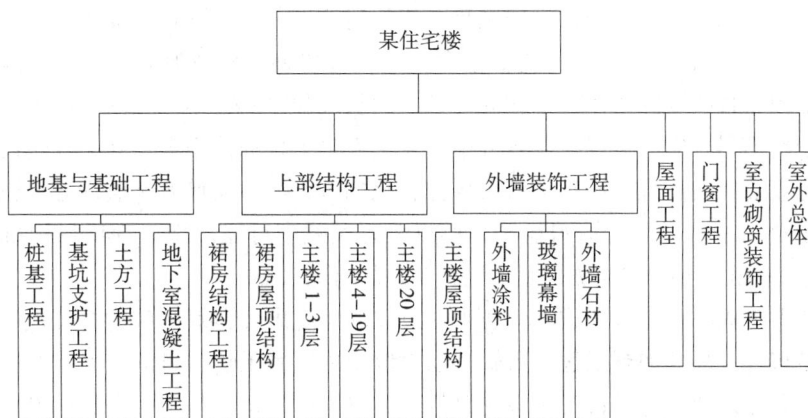

图 4-2　某住宅楼工程项目结构分解图

（二）工程项目总体管理的框架

工程项目管理的各个方面都有密切联系。工程项目管理总体框架如图 4-3 所示。

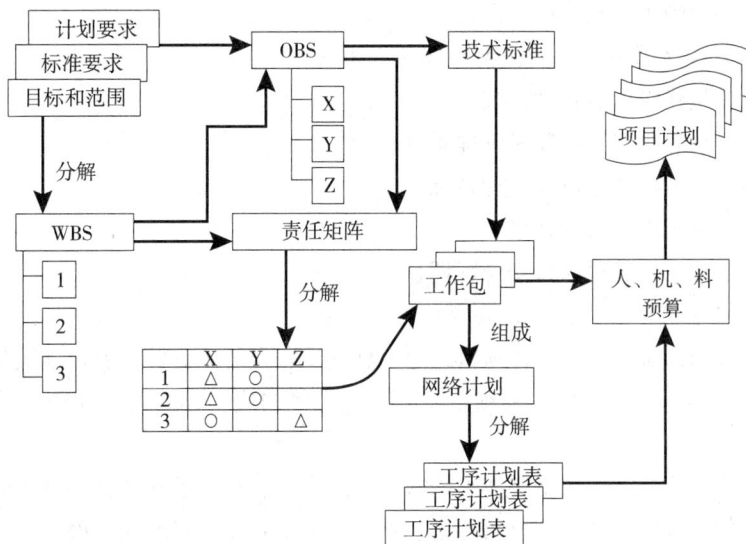

图 4-3　工程项目管理总体框架图

二、工程项目的系统管理

（一）系统管理的概念

系统一词来源于英文 System 的音译，即若干部分相互联系、相互作用，形成的具有某些功能的整体。中国著名学者钱学森认为：系统是由相互作用相互依赖的若干组成部分结合而成的，具有特定功能的有机整体，而且这个有机整体又是它从属的更大系统的组成部分。

系统管理方法包括系统分析、系统设计、系统实施和系统综合评价。

（二）工程项目管理系统

工程建设成果是各方共同协力的结果，工程建设涉及的各方包括业主方（建设方、开发方、投资方等）、设计方、施工方、监理方、工程咨询方和政府方。从以上内容可以看出，参与工程项目建设的主体各不相同，参与的阶段和时间也不尽相同，各个参与主体的要求和期望也不尽相同。工程建设各方中，业主方是工程的使用者，其工程建设的目的是取得具备有效功能的工程，而其他有关各方，比如咨询方、设计方、监理方、施工方和供货方等其最终目的都是为了取得盈利，所以工程实践中可能出现工程项目的目的尚未实现，而其他各个工程项目参与方的目的已经实现的情况。

为了取得工程项目最后的成功，必须从总体的角度出发，筹划和建立工程项目管理的系统，使参与各方都参加到工程项目管理的系统中来，为工程项目的最终目的服务，所以构建上述各方在内的工程项目管理系统并且使之得以有效运行是工程项目取得成功的前提和保障。

1. 工程项目管理系统的构成，按管理的内容分：

（1）工程项目勘察设计管理子系统；

（2）工程项目材料设备管理子系统；

（3）工程项目施工安装管理子系统；

（4）工程项目竣工验收管理子系统。

2. 工程项目管理系统的构成，按管理的主体分：

（1）建设单位建设项目管理系统；

（2）工程项目总承包企业项目管理系统；

（3）勘察设计单位勘察设计管理系统；

（4）施工企业施工安装管理系统；

（5）工程监理企业工程项目安全管理系统。

3. 工程项目管理系统的构成，按管理的原理分：

（1）管理计划系统，确定工程项目的建设标准、安全管理方针、总目标及其分解；

（2）管理网络系统，明确工程项目安全责任主体构成、合同关系和管理关系，管理层次和界面；

（3）管理措施系统，描述主要技术措施、组织措施、经济措施和管理措施的安排；

（4）管理信息系统，进行信息的收集、整理、加工和文档资料的管理。

工程项目管理系统组成如图4-4所示。

4. 工程项目管理系统的运行机制

工程项目管理系统的运行机制主要包括使得管理系统得以正常和高效运行的动力机制、约束机制、反馈机制和持续改进机制。

（1）工程项目管理系统的动力机制。工程项目管理系统的活力在于它的运行机制，而运行机制的核心是动力机制。建设工程项目的实施过程是由多主体参与的价值增值链，因此，只有保持合理的供方及分供方的关系，才能形成管理系统的动力机制。

工程项目管理系统的动力机制构成如图4-5所示。

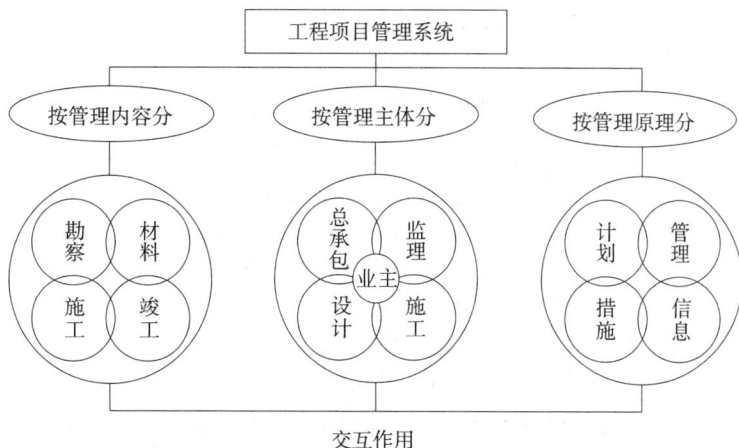

图 4-4　工程项目管理系统组成

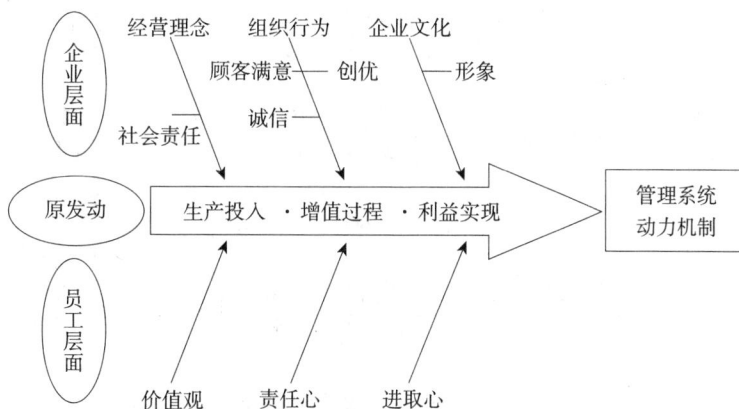

图 4-5　工程项目管理系统的动力机制构成

（2）工程项目管理系统的约束机制。没有约束机制的管理系统是无法使工程处于受控状态，约束机制取决于自我约束能力和外部监控效力，前者指项目责任主体和项目活动主体，即组织及个人的经营理念、质量意识、职业道德及技术能力的发挥；后者指来自于实施主体外部的推动和检查监督。因此，加强项目管理文化建设对于增强工程项目管理系统的运行机制是不可忽视的。

工程项目管理系统的约束机制如图 4-6 所示。

（3）工程项目管理系统的反馈机制。运行状态和结果信息反馈，是进行系统控制能力评价，并为及时做出处置提供决策依据，因此，必须保持提供项目信息的及时和准确，同时提倡管理者深入生产一线，掌握第一手资料。

工程项目管理系统的反馈机制如图 4-7 所示。

（4）工程项目管理系统的持续改进机制。随着工程项目管理循环不断地进行，原有的问题解决了，新的问题又产生了，问题不断产生而又不断解决，如此循环不止。每一个阶段工作的经验和教训都应该在阶段性结束时得到总结，从而在下一次循环中将项目管理活动推向一个新的高度，这就是工程项目管理系统的持续改进机制。

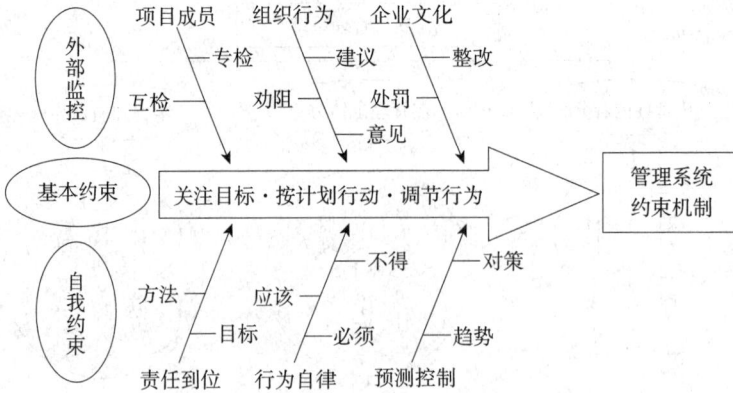

图 4-6 工程项目管理系统的约束机制

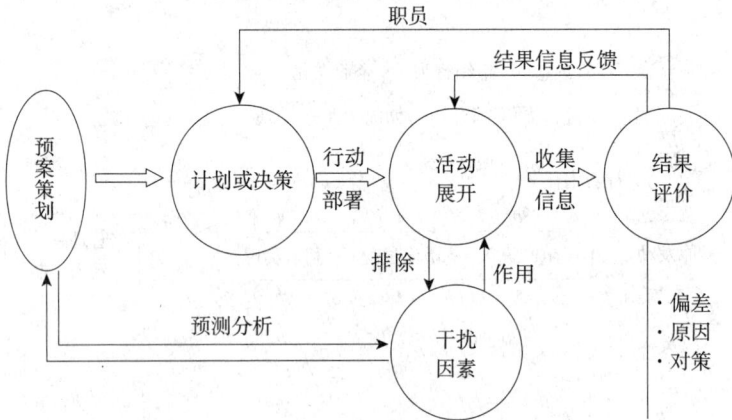

图 4-7 工程项目管理系统的反馈机制

（三）工程项目管理目标系统

通常认为费用、质量和进度目标是工程项目管理的三项基本目标。费用目标对业主而言是投资，对承包商而言是成本。

通常认为项目的费用目标、质量目标和进度目标之间是对立统一的关系，即项目的三项目标之间既有矛盾的一面，也有统一协调的一面。

项目的三大目标之间的关系可以用图 4-8 来解释。

这个三角形帮助项目经理及其团队将其注意力集中于三大目标之上。从三角形可以看到，三大目标之间是相互影响的，其中任何一个目标的改变都会影响到另外两个目标。

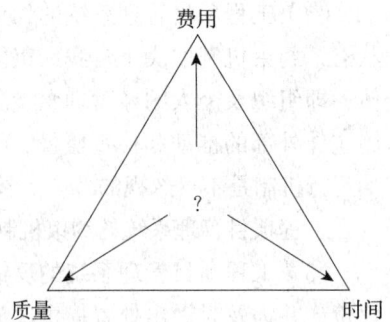

图 4-8 项目目标关系图

1. 时间和费用之间的关系

业主常常在项目伊始就提出很紧迫的工期要求，使承包商或设计单位、供应商的工期太紧。而且，许多业主为了缩短工期，常常压缩承包商的做标期、前期准备的时间。但是如果压缩时间太多，业主各项准备工作就会很仓促，工作准备不充分就会导致费用的非正常增加。

对业主而言，项目延期对费用的影响如下：

（1）营利损失；

（2）由于工程拖期而引起的贷款利息增加；

（3）工程拖期带来的附加监理费；

（4）由于工程拖期不能使用，继续租用原建筑物或租用其他建筑物的租赁费。

从承包商角度看，工程成本分为直接费和间接费。直接费由人工费、材料费、机械费和措施费组成。施工方案不同，直接费也不同。施工方案一定，如工期不同，直接费也不同。间接费是指在建设管理方面的费用。间接费的多少与施工单位的施工条件、施工组织管理水平有关。一定范围内，直接费随工期的缩短而增加，随工期的延长而减少，但是工期不正常延长时，其费用也会增加。而间接费则随工期的延长而增加，间接费与工期大致成正比例关系。项目总费用是直接费和间接费之和，如图4-9所示。

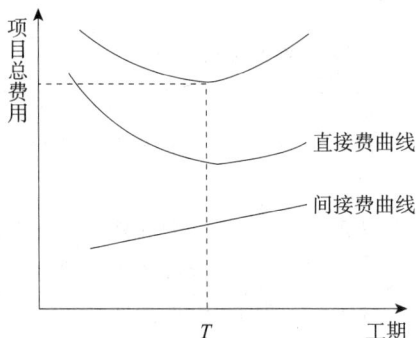

图4-9 工期、项目总费用关系曲线图

2. 质量与费用的关系

质量费用可以分为运行质量费用和外部质量保证费用。运行质量费用是指为运行质量体系达到和保持规定的质量水平所支付的费用，包括预防费用、鉴定费用、内部故障损失费用和外部故障损失费用。外部质量费用是指依据合同要求向顾客提供所需要的客观证据所支付的费用，包括特殊的和附加的质量保证措施、程序、数据证实试验和评定的费用。

一般地讲，预防费用和鉴定费用统称为"控制费用"。预防费用是指为了保证产品质量达标，而事先采取的各项措施费，比如宣传教育、培训、各项质量奖励等。鉴定费用主要是指各类现场质量管理人员工资和对原材料、半成品和产成品等进行质量检测的费用。控制费用支出越多，产品质量越有保障。

通常将内部故障损失费用和外部故障损失费用统称为"故障费用"。内部故障损失费用主要是由于内部人员工作指导、操作、成品保护和保养中的错误造成的返工损失费。外部故障损失费是在产品售出后因质量问题而产生的一切损失，如退货费、保修费、赔偿费、折价损失以及名誉损害等。提高产品的质量可以降低故障费用。

在工程项目中，控制费用、故障费用，费用与质量的关系可用图4-10来解释。

工程项目中控制费用付出越多，质量越好。质量好，返工少，故障费用就低。质量和费用之间存在可以优化的关系，从费用角度考虑费用最低点的质量为最佳质量（Q_{opt}）。若需要提高质量，就应付出补偿费，即优质优价。

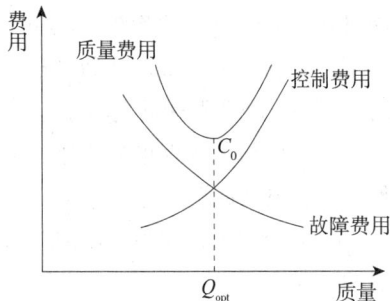

图4-10 质量、费用关系图

3. 时间和质量的关系

如果缩短时间，一般来说质量会受到影响，因为在缩短时间的时候，一般准备可能不是很充分，细部问题可能会忽略。反过来说，如果所做的每一项工作都是一次性成功，质量合格，没有返工和重做等工作发生，从总体效果来看，进度反而是快了。

三、工程项目集成管理

（一）基本概念

1. 工程项目集成管理的目的如下：

（1）确保产品、服务或成果的交付日期，项目生命周期以及效益管理计划这些方面保持一致；

（2）编制项目管理计划以实现项目目标；

（3）确保创造合适的知识并运用到项目中，并从项目中获取必要的知识；

（4）管理项目管理计划中活动的绩效和变更；

（5）做出针对影响项目关键变更的综合决策；

（6）测量和监督项目进展，并采取适当措施以实现项目目标；

（7）收集关于已达成结果的数据，分析数据以获取信息，并与相关方分享信息；

（8）完成全部项目工作，正式关闭各个阶段、合同以及整个项目；

（9）管理可能需要的阶段过渡。

项目越复杂，相关方的期望越多样化，就需要越全面的整合方法。

2. 工程项目集成管理的概念

工程项目集成管理包括对隶属于工程项目管理过程组的各种过程和项目管理活动进行识别、定义、组合、统一和协调的各个过程。在项目管理中，集成兼具统一、合并、沟通和建立联系的性质，这些行动应该贯穿项目始终。项目集成管理包括进行以下选择：

（1）资源分配；

（2）平衡竞争性需求；

（3）研究各种备选方法；

（4）为实现项目目标而裁剪过程；

（5）管理各个项目管理知识领域之间的依赖关系。

3. 工程项目集成管理的过程包括：

（1）制定项目章程（项目管理目标责任书）。编写一份正式批准项目并授权项目经理在项目活动中使用组织资源的文件的过程。

（2）制定项目管理计划。定义、准备和协调项目计划的所有组成部分，并把它们整合为一份综合项目管理计划的过程。

（3）指导与管理项目工作。为实现项目目标而领导和执行项目管理计划中所确定的工作，并实施已批准变更的过程。

（4）管理项目知识。使用现有知识并生成新知识，以实现项目目标，并且帮助组织学习的过程。

（5）监控项目工作。跟踪、审查和报告整体项目进展，以实现项目管理计划中确定的绩效目标的过程。

（6）实施整体变更控制。审查所有变更请求，批准变更，管理对可交付成果、组织过程资产、项目文件和项目管理计划的变更，并对变更处理结果进行沟通的过程。

（7）结束项目或阶段。终结项目、阶段或合同的所有活动的过程。

4. 工程项目集成管理的负责人

工程项目集成管理由项目经理负责。虽然其他知识领域可以由相关专家（如成本分析专家、进度规划专家、风险管理专家）管理，但是项目集成管理的责任不能被授权或转移，只能由项目经理负责整合所有其他知识领域的成果，并掌握项目总体情况。项目经理必须对整个项目承担最终责任。

项目与项目管理本质上具有整合性质，例如，为应急计划制定成本估算时，就需要集成项目成本管理、项目进度管理和项目风险管理知识领域中的相关过程。在识别出与各种人员配备方案有关的额外风险时，可能需要再次进行上述某个或几个过程。

项目管理过程组的各个过程之间经常反复发生联系。例如，在项目早期，规划过程组为执行过程组提供书面的项目管理计划；然后，随着项目的进展，规划过程组还将根据变更情况，更新项目管理计划。

5. 工程项目集成管理的发展趋势和新兴实践

工程项目集成管理知识领域要求整合所有其他知识领域的成果。与集成管理过程相关的发展趋势包括（但不限于）：

（1）使用自动化工具。项目经理需要整合大量的数据和信息，因此有必要使用项目管理信息系统（PMIS）和自动化工具来收集、分析和使用信息，以实现项目目标和项目效益。

（2）使用可视化管理工具。有些项目团队使用可视化管理工具，而不是书面计划和其他文档，来获取和监督关键的项目要素。这样，就便于整个团队直观地看到项目的实时状态，促进知识转移，并提高团队成员和其他相关方识别和解决问题的能力。

（3）项目知识管理。项目人员的流动性和不稳定性越来越高，就要求采用更严格的过程，在整个项目生命周期中积累知识并传达给目标受众，以防止知识流失。

（4）增加项目经理的职责。项目经理被要求介入启动和结束项目，例如，开展项目商业论证和效益管理。按照以往的惯例，这些事务均由管理层和项目管理办公室负责。现在，项目经理需要频繁地与他们合作处理这些事务，以便更好地实现项目目标以及交付项目效益。项目经理也需要更全面地识别相关方，并引导他们参与项目，包括管理项目经理与各职能部门、运营部门和高级管理人员之间的接口。

（5）混合型方法。经实践检验的新做法会不断地融入项目管理方法，例如，采用敏捷或其他迭代做法，为开展需求管理而采用商业分析技术，为分析项目复杂性而采用相关工具，以及为在组织中应用项目成果而采用组织变革管理方法。

（二）制定工程项目管理规划

1. 制定工程项目管理规划

制定工程项目管理规划是定义、准备和协调项目规划的所有组成部分，并把它们整合为一份综合项目管理规划的过程。其主要作用是，生成一份综合文件，用于确定所有项目工作的基础及其执行方式，它仅开展一次或仅在项目的预定义点开展。

工程项目管理规划确定项目的执行、监控和收尾方式，其内容会因项目所在的应用领域和复杂程度而异。

工程项目管理规划可以是概括或详细的，而每个组成部分的详细程度取决于具体项目的要求。工程项目管理规划应足够强大，可以应对不断变化的项目环境。这种敏捷性有利于随项目进展获取更准确的信息。

工程项目管理规划应基准化，即至少应规定项目的范围、时间和成本方面的基准，以便据此考核项目执行情况和管理项目绩效。在确定基准之前，可能要对工程项目管理规划进行多次更新，且这些更新无须遵循正式流程。但是，一旦确定了基准，就只能通过实施整体变更控制过程进行更新。在这种情况下，如果需要进行变更，应提出变更请求以待决定。这一过程将形成一份新的工程项目管理规划。在项目收尾之前，该规划需要通过不断更新来渐进明细，并且这些更新需要得到控制和批准。

2. 项目管理实施规划的内容

根据《建设工程项目管理规范》GB/T 50326—2017，项目管理实施规划应包括下列内容：

（1）项目概况；

（2）项目总体工作安排；

（3）组织方案；

（4）设计与技术措施；

（5）进度计划；

（6）质量计划；

（7）成本计划；

（8）安全生产计划；

（9）绿色建造与环境管理计划；

（10）资源需求与采购计划；

（11）信息管理计划；

（12）沟通管理计划；

（13）风险管理计划；

（14）项目收尾计划；

（15）项目现场平面布置图；

（16）项目目标控制计划；

（17）技术经济指标。

3. 项目管理实施规划的编制依据

（1）适用的法律、法规和标准；

（2）项目合同及相关要求；

（3）项目管理规划大纲；

（4）项目设计文件；

（5）工程情况与特点；

（6）项目资源和条件；

（7）有价值的历史数据；

（8）项目团队的能力和水平。

4. 项目管理实施规划的编制工作应遵循下列步骤

（1）了解相关方的要求；

（2）分析项目具体特点和环境条件；

（3）熟悉相关的法规和文件；

（4）实施编制活动；

（5）履行报批手续。

四、工程项目相关方管理

（一）相关方管理的背景

"利益相关方"（Stakeholder）这个词是1963年斯坦福研究所最先提出来的，当初的目的是提醒经营者在生产决策时应关注利益相关者的需求和利益，否则会危及企业的生存和发展。比如，企业生产中若一味追求利润最大化，对周围环境造成严重污染，周边的人们就会举行抗议活动，使得企业可能被关闭。

由于外部环境不断变化，企业仅仅依靠自身的资源已难以迅速满足项目独特性的需求，企业与外部伙伴合作完成项目已成为普遍现象。这些能够影响项目或受项目影响的、来自不同组织的人员被定义为项目的"利益相关方"。他们在项目中依据各自的利益诉求和所需承担的责任扮演特定的角色和采取相应的行为。这些角色将他们结成了动态的社会网络，各利益相关方在这种网络中交换信息、资源和成果，而他们行为的不确定性是项目管理过程中面临的重大风险。对项目进行管理的实质就是对项目动态的利益相关方关系管理的过程，是利益相关方之间的利益冲突、协调和实现的过程。

相关方的概念扩展了仅关注顾客的观点，而考虑所有有关相关方是至关重要的。

（二）利益相关方管理

利益相关方存在三个问题：第一，怎样才能保证与项目成败攸关的利益相关方都能够识别出来；第二，如何清晰表达利益相关方的需求；第三，究竟该由谁来承担识别利益相关方的责任。

1. 识别项目利益相关方

识别项目利益相关方是理解项目管理环境的过程的组成部分。有关利益相关方是指若其需求和期望未能满足，将对项目管理及其组织的持续发展产生重大风险的那些相关方。为降低这些风险，项目管理者及其组织需确定向有关利益相关方提供必要的结果。项目管理者及其组织的成功，有赖于吸引、赢得有关利益相关方的支持。

2. 清晰表达利益相关方的需求

由于利益相关方对项目管理者及其组织稳定提供符合顾客要求及适用法律法规要求的产品和服务的能力具有影响或潜在影响，因此，项目管理者应确定：与工程项目管理有关的利益相关方以及与工程项目管理有关的利益相关方的要求。项目管理者应监视和评审这些利益相关方的信息及其相关要求。

丁荣贵指出，利益相关方的期望可以分为三类：第一类是"Musts"，即如果缺乏了就不能满足其基本需要的成果特性；第二类是"Wants"，即利益相关方希望得到的能够丰富其需要的东西；第三类是"Nice-to-haves"，即对利益相关方而言多多益善的东西。尽管从理性上看这三类需求对利益相关方的重要性而言是递减的，然而，在项目的生命周期过程中，利益相关方表达这些需求的频率却常常是递增的。这是导致项目范围蔓延、项目变更、项目冲突最终失控而使项目失败的重要原因。

3.利益相关方的管理者

无论是在美国项目管理协会（PMI），还是在国际项目管理协会（IPMA）的文献中，都明确指出"项目经理有责任识别利益相关方、确定他们的需求并最大限度地管理这些需求以促使项目成功"。没错，项目经理有这样的责任，但是，可能更主要的责任不在项目经理，而在参与项目的各个企业的管理部门。

对一个项目来说，项目经理经常扮演的是执行者的角色，他执行企业的意图，体现利益相关方的意志。从企业层面看，项目经理是执行层而不是管理层，他负责将事情做正确，而不能决定做正确的事。因此，项目经理承担的责任范围是有限的。

第二节　沟通与协调管理

一、沟通与协调的基本概念

工程项目建设涉及各个阶段、各个专业、各个管理的主体以及各种不同的利益。为了使项目能够取得成功，必须进行有效的沟通和协调，有效的沟通和协调成为项目管理的主要内容，是项目能否取得成功的基本保障。

（一）沟通

沟通，是人与人之间的思想和信息的交换，包括信息的有效传播和沟通者之间的相互作用。沟通包括保证及时与恰当地生成、搜集、传播、存储、检索和最终处置项目信息所需的过程。它在人员与信息之间提供取得成功所必需的关键联系。项目管理者要花费很多的时间与项目团队、客户、利害关系者和项目发起人进行沟通。每个参与项目的人都应认识到，他们作为个人所参与的沟通对项目整体有何影响。著名组织管理学家巴纳德认为"沟通是把一个组织中的成员联系在一起，以实现共同目标的手段"。没有沟通，就没有管理。

（二）协调

协调是项目成功的有效保证。现代工程项目中参加单位非常多，形成了复杂的项目组织，各单位有不同的任务、目标和利益，他们都企图指导、干预项目实施过程。沟通是组织协调的手段，是解决组织成员间障碍的基本方法。协调的程度和效果常依赖于各项目参加者之间沟通的程度。

二、工程项目沟通的分类

项目所有各方的沟通可概括为两大类：项目团队内部的沟通、向团队外部管理层和客户进行的沟通。

（一）项目团队内部的沟通

项目团队成员有四种主要的沟通要求：

1. 责任。每一个项目成员都需要非常确切地知道他负责的是项目的哪一部分，与其他部分有哪些联系。在明确项目任务时，要进行有效沟通：①解释工作成果要求；②明确所期望付出的努力以及工作期限；③尽可能告知他们可能遇到的困难以及所需要的特别信息，为他们走向成功做好准备；④当面进行工作任务的分配交接，留出充足的时间进行答疑和讨论。

2. 协作。在项目实施过程中，参与项目建设的各方相互依赖、相互协作、相互影响，通过实施过程的沟通使相关各方有效地协调工作，确保项目目标的顺利实现。

3. 决策要求。要通过沟通使项目成员知道由顾客、项目主办者和管理者所做出的与项目实施及其业务环境相关的所有决策，从而与相关决策保持高度的一致性。

4. 项目进展情况。要通过沟通使项目成员了解项目进展情况并跟上项目的进展。

一次富有成效的项目情况会议可以满足项目团队内的多种沟通需求，为项目管理人员提供机会：

（1）提升团队凝聚力；

（2）将来自团队外部的有关项目进展的信息通报给大家；

（3）发现潜在问题或就共同问题的解决方法进行沟通；

（4）确保整个团队共同分担责任以达成所有的项目目标。

（二）与管理层和顾客进行沟通

成功的项目管理人员可以满足利害相关者的期望，在所有应得到满足的利害相关者中，顾客和管理层应排在名单的最前面。项目管理人员应该考虑如何将信息传递给管理层和顾客。

三、工程项目沟通管理的内容

（一）沟通计划编制

沟通计划编制包括确定项目干系人的信息需求和沟通需求：何人，在何时，需要何种信息以及信息提供的方法。虽然所有的项目都需要进行项目信息沟通，但所需要的信息和发布信息的方法差别甚远，因此识别干系人的信息需求，并确定满足需求的适当方式是项目成功的重要因素。

在大多数项目中，沟通计划编制的主要工作是作为项目前期阶段的一部分来完成的。但是，该过程的结果在项目的全过程中应定期审查，并根据需要修正，以保持持续适用性。项目沟通计划编制与组织的计划编制密切相关，因为项目的组织结构对项目的沟通需求有较大的影响。项目沟通计划的编制是依据沟通需求和沟通技术在对项目干系人进行分析的基础上编制出来的。项目沟通计划的编制如表 4-1 所示。

项目沟通计划的编制　　　　　　　　　　　　表 4-1

沟通计划编制的依据	方法和技术	结果
（1）沟通需求 （2）沟通技术 （3）约束条件 （4）假定	项目干系人分析	沟通管理计划

（二）信息发送

信息发送可以使项目干系人及时得到所需要的信息。它包括实施沟通管理计划以及对始料不及的信息需求的应对，其内容如表4-2所示。

沟通中的信息发送　　　　　　　　　　　　　　表4-2

信息发送的依据	方法和技术	结果
（1）工作计划 （2）沟通管理计划 （3）项目计划	（1）沟通技术 （2）信息查询体系 （3）信息发送系统	项目记录

（三）执行情况报告

收集并发布执行情况信息，包括状态报告、进度测量和预测。执行情况报告涉及执行情况的收集和发布，以便向项目干系人提供有关资源，并如何利用其来完成项目目标的信息，包括如下内容：项目状态报告，描述项目目前所处的位置；进度报告，描述项目队伍的成绩；预测，预计项目未来的状况和进度。执行情况一般应提供关于范围、进度计划、费用和质量信息，许多项目还要求风险和采购的信息。报告可以是综合的，也可以是例外报告为基础的，其内容如表4-3所示。

执行情况报告的编制　　　　　　　　　　　　　　表4-3

编制执行报告的依据	方法和技术	结果
（1）项目计划 （2）工作结果 （3）其他项目记录	（1）执行情况报告 （2）偏差分析 （3）趋势分析 （4）挣值分析 （5）信息发送的方法和技术	（1）执行情况报告 （2）变更申请

（四）总结评价

管理收尾时将产生、收集和发布阶段定型或项目完成的信息。项目或项目阶段无论目标是已经达到，还是因故终止，都要进行收尾。管理收尾由确认结果、完成项目发起人、客户或顾客对项目产品的接受等部分组成，包括项目记录的收集、对符合最终规范的保证、对项目成功和效益的分析以及将这些信息的存档以备将来利用。

管理收尾活动不能等到项目结束才进行，项目的每个阶段都要进行适当的收尾，以保证重要的价值信息不流失，其内容如表4-4所示。

总结评价报告的编写　　　　　　　　　　　　　　表4-4

编写总结评价报告的依据	方法和技术	结果
（1）执行情况测量文档 （2）项目产品文档 （3）其他项目记录	执行情况报告的方法和技术	（1）项目文档 （2）正式验收 （3）教训

四、沟通方式

沟通方式包括：书面正式的沟通、书面非正式的沟通、口头正式的沟通和口头非正式的沟通。沟通方式的选取取决于需要沟通的对象。

口头沟通的方式有私下联系、团队会议或者打电话，这种沟通方式的优点是沟通方便，具有很大程度的灵活性且沟通速度快，能提供一些正式沟通中难以获得的信息，缺点是容易失真。而书面沟通则要求精确，它通过文件的发放、会议记录、往来信函、报告及备忘录以及电子邮件和工程项目管理信息系统等作为其传输载体，其优点是沟通效果好，有较强的约束力，缺点是沟通速度慢。

有些场合有些人愿意采用非语言、可视化的沟通方式，如手势和身体语言。身体语言和语调变化是丰富口头沟通的重要因素。身体语言不仅被讲话人使用，同时也被听者作为向讲话人提供反馈的一种方式而应用。

五、提高沟通的有效性

（一）有效沟通需要的基本条件

沟通的有效性，主要取决于发送者和接收者对沟通的态度和环境。

（1）具有明确的沟通动机和期望。沟通动机不明确或没有沟通的期望，人们也就无法做到有效沟通。

（2）相互之间文化背景的了解。工程项目各相关方的人员在进行信息交流时，最好具有共同的文化背景。不同文化背景的人之间进行交流时，要努力了解双方的文化背景差异并尽力适应对方，否则将无法进行有效的沟通。

（3）搭建沟通的平台，能够及时传递和交换信息，确立协商机制。

（二）有效沟通的途径

为了实现有效的沟通，项目管理相关各方应该：

（1）明确希望通过沟通所达到的目标，并做好工程项目的沟通计划安排；

（2）考虑沟通时的一切环境情况，包括沟通的背景、社会环境、人的环境以及过去沟通的情况等，以便沟通的信息符合环境情况要求；

（3）确定进行沟通的方式，并注意使用和改进沟通的技巧；

（4）引起相关人员的兴趣，应尽可能取得他人的意见，与他人商议，既可以获得更深入的看法，也易于获得其积极的支持；

（5）要使用简单、明确的表达，做好工程项目信息传播管理；

（6）要进行信息的追踪与反馈，充分发挥工程项目绩效报告的作用；

（7）做好工作总结的信息处理。

（三）消除有效信息沟通的障碍

沟通的障碍产生于个人的认知、语义的表述、个性、态度、情感和偏见以及组织结构的影响和过大的信息量等方面。

（1）认知障碍。认知障碍的产生是由于对于同一条信息，不同的人有不同角度的理解。影响认知的因素包括个人受教育的程度和过去的经历。使用明确含义的词语，可以使认知障碍减到最小。

（2）语义障碍。由于人与人之间的信息沟通主要是借助于语言进行的，而语言只是交流思想的工具，表达思想的符号系统，并不是思想本身。这就使沟通容易产生语义上的障碍。如口头语言和书面语言沟通，由于人们的语言修养不同，表达能力的差别，对同一思想、事物的表达有清楚和模糊之分；有人听后马上理解，有人听来听去还是不理解；有人听后作这样那样的解释，因而产生语义上的障碍。

（3）个性和兴趣障碍。由于人们有不同的好恶，因此人们的兴趣爱好也就不尽相同，具有较大的差别。人们容易对感兴趣的问题听得仔细，对不熟悉、枯燥的、不感兴趣的问题就听不进去，从而形成了沟通障碍。

（4）态度、情感和偏见造成的障碍。在信息沟通中有很多障碍是由心理因素引起的，如个人的态度、情感和对某些信息的偏见等，都可能引起沟通障碍。个人如果怀有强烈的爱憎，出于自我保护的原因，难以改变沟通方式，感情过于强烈会使人失去正常的理解力。

（5）组织结构的影响。合理的组织结构有利于信息沟通。如果组织结构过于庞大，中间层次太多太杂，那么不仅容易使信息传递失真、遗漏，而且还会浪费时间，影响信息传递的及时性和信息沟通的有效性，最终影响工作的效率。

（6）信息量过大造成的障碍。信息并非越多越好，信息过量反而会成为沟通的障碍因素。

六、协调管理

（一）工程项目协调

1. 工程项目协调的内容

工程项目在进行过程中会涉及很多方面的关系，为了处理好这些关系，就需要协调。协调的目的就是取得协助，使协作各方协同一致，齐心协力，实现目标。协调与控制的目的相同。

协调的内容可以分为以下几类：

（1）人际关系的协调。包括项目组织内部的人际关系，项目组织与关联单位的人际关系。人际关系的协调主要解决人员之间在工作中的联系和矛盾。

（2）组织关系的协调。主要是解决项目组织内部的分工与配合问题。

（3）供求关系的协调。包括工程项目实施中所需要的人力、资金、设备、材料、技术、信息的供求，主要是通过协调解决供求平衡问题。

（4）配合关系的协调。包括本单位内部，单位之间比如建设单位、施工单位、监理单位、设计单位、供应单位等之间在配合关系上的协助和配合。

（5）约束关系的协调。主要是了解和遵守国家及地方在政策、法规、制度等方面的制约，求得执法部门的指导和许可。

2. 工程项目设计协调管理

（1）建立信息沟通机制和制定设计协调制度。依据项目具体需要，建立相应的信息沟通机制和设计协调制度，包括：

①设计协调会议制度。例如，定期组织设计方与业主方设计协调会议，设计方的现场

协调会议，设计方与材料设备供应方设计协调会议等。要做好会议记录的管理和文件流转工作，保证会议上的决议能及时传递给相关各方。

②项目管理函件制度。对于项目管理函件的格式、书写内容、收发流程以及管理归档都应当在设计阶段形成书面制度，予以明确规定。

③设计报告制度。主要是指设计方向业主方提交的阶段性报告，报告频率由设计时间长短和业主方要求等因素确定，通常要求提供月报。

（2）协调各方工作。在设计协调制度的基础上，协调各方工作，包括：

①业主方和设计方之间的协调。及时将业主方的想法和意见提供给设计方。在设计前，尽可能地明确功能要求。在设计过程中，业主对设计的成果应及时予以确认、及时决策，尽可能减少设计变更。

②合作设计单位之间的协调。多方合作设计时，可能在技术上、工作方式上以及对项目的理解上存在较大差异，必须在合作设计委托合同中明确规定各方任务分工和责任。如果出现矛盾应及时化解。

③设计内部各专业之间的协调。一般情况下，各专业工种的协调属于设计单位内部的事情，主要通过设计单位的质量保证体系来实现，有的项目业主方也可参与协调，协助协调设计内部各专业之间的工作。

④主设计方与其他设计方的协调。主设计方与其他设计方之间容易产生沟通方面的矛盾，这一问题的解决主要有赖于主设计方，如有必要，业主方可参与协调。协助协调主设计方与其他设计方之间的工作。

⑤设计方与材料设备供应方的协调。详细工作内容见后。

⑥设计方与施工方的协调。详细工作内容见后。

（3）组织设计方协助和参与材料设备采购及施工等相关工作。

①要实现设计和材料设备采购对接。要求设计提供材料设备采购清单，并配合采购计划。根据工程实施的需要，安排设计和材料设备供应方的沟通和协调，以保障工程的顺利实施。在采购之前，组织设计单位参与设备材料的询价。在采购过程中，组织设计单位就采购清单和技术提出要求，并参与技术谈判。在确定设备选型后，要负责完善设计。

②要实现设计和施工的顺利衔接。在设计过程中，要充分考虑设计的可建造性以及当地施工方的能力和技术特点，设计方要认真听取施工方的意见。督促设计单位按照设计进度出图，确保设计进度按照计划执行，确保后续的施工单位选择以及工程施工的正常进行。

3. 施工过程的协调管理

（1）组织协调与政府有关部门的关系

①督促相关单位及时办理报批报建及其他相关行政管理手续，建立工作联系。

②督促相关单位配合政府有关部门的监督、检查、参观交流和其他相关活动。

③根据规定及项目需要，负责或组织向政府有关部门进行相关的报告、沟通和说明。

（2）协调施工现场周边群体关系

①组织、督促对施工现场周边物质条件和各方利益相关者进行调查、了解，梳理其与项目的相互影响关系和存在的风险。组织、督促相关单位采取措施，尽量降低、避免相关的不利影响和风险。

②代表或协助建设单位，协调处理与周边群体的关系。

（3）办理施工过程相关手续

①了解、梳理国家及地方规定的工程项目施工阶段所必须办理的各项手续，及其所需的材料、办理流程和相关要求。

②根据工程进度计划，编制办理各项手续的配套计划，提前准备相关材料。

③根据工程实际进展，办理各项相关手续。

（4）组织协调施工总平面管理

对于单个项目：

①组织编制施工总平面初步规划，落实临时用地构想，各参建单位临时用房解决方案。

②督促总承包单位做好总平面管理的策划与实施。

③督促监理单位加强相关监管。

④参与协调总平面管理中出现的问题。

对于群体项目：

①组织进行项目群总体的总平面管理策划与协调。

②处理各项目之间总平面管理的界面及可能存在的问题。

（5）组织建立项目沟通机制

①建立、规范各种正式、非正式的工程文件往来与信息沟通的渠道与机制。

②评估、选择工程管理信息平台（如需要）。

③建立各种工程管理会议的机制与管理制度。

（6）协调处理现场矛盾与争议

现场矛盾与争议，原则上由监理处理解决，建设单位、项目管理单位进行督促、检查和支持。

（7）主持、参与工程管理相关会议

①主持需由建设单位主持的相关会议。

主持法律法规要求由建设单位主持的，或根据工程管理需要（涉及工程建设中重要问题或超出监理职权范围等）而设置的由建设单位主持的会议，比如第一次工地例会、商务协调会、变更协调会、参建单位高层沟通会及进度推进协调会等。

做好会务组织。主持召开相关会议。撰写会议纪要。跟踪落实会议定的相关事项。

②积极参与各种工程管理例会，及时沟通解决各类问题。

（二）工程项目中的冲突与冲突管理

在实际工程项目的实施中，冲突普遍存在，不可避免，而且丰富多彩。在项目的整个过程中，项目管理者要花费大量的时间处理和解决冲突，这是项目管理者尤其是项目经理日常工作的一部分。

1. 工程项目冲突的内容

冲突在工程项目中普遍存在，常见的有：

（1）目标冲突。即项目目标系统的矛盾，例如，同时要求压缩工期，降低费用，提高质量标准；项目费用、进度、质量目标之间优先级不明；项目组织成员各有自己的目标和打算，对项目的总目标缺乏了解和共识等。

（2）专业冲突。例如，存在技术上的矛盾，各个专业对工艺方案、设备方案、施工方案的设计和理解存在不一致，建筑造型与结构之间存在矛盾等。

（3）角色冲突。例如，企业任命总工程师作为项目经理，但是他既有项目工作，又有原部门的工作，常常以总工程师的立场和观点看待项目，解决问题。

（4）过程冲突。如决策、计划、控制之间的信息、程序、方式存在矛盾性；管理程序存在矛盾等。

（5）项目组织之间的冲突。例如，组织结构问题、组织间利益冲突、行为的不协调、合同中存在矛盾和漏洞；项目组织内，以及项目组织与外界存在权力的争执和互相推诿责任，项目经理部与职能部门之间的界面冲突等。

（6）由于项目目标冲突导致的项目各计划的冲突和资源分配的冲突。

2.处理冲突的策略

（1）回避、妥协、和解的方法。

（2）以双方合作的方法解决问题。

（3）通过协商或调停的方式解决。

（4）由企业或高层领导裁决。

（5）采用对抗的方式解决。

第三节　工程项目参与各方项目管理策划

一、业主方项目管理策划

（一）业主方项目管理的模式

国际上通行的项目管理模式有三种，业主方自行管理、委托管理及自行管理加部分委托管理模式。

业主方自行进行项目管理。业主方自行进行项目管理，这需要业主方有工程项目管理方面的专业人才和相关的工作经验。这种模式可以简称为"自管模式"。

业主方如果不具备相应的能力则可以委托专业的项目管理机构进行项目管理。这种模式也可以简称为"托管模式"。我国推行"代建制"模式就是将业主不擅长的工程项目建设的管理任务委托给专业的工程项目管理机构，属于托管模式。

如果业主方自身力量不能够满足自行项目管理的要求，但是又有一定的基础，并且想培养自身的管理力量，则可以和专业的项目管理机构进行合作管理，这种情况下，一般由专业的项目管理机构派出项目经理，业主方的工作人员在项目经理的领导下工作。这种模式可以简称为"共管模式"。

以上三种项目管理的模式，除了第一种之外，其余两种都属于管理服务的采购。我国历史上长期使用工程建设指挥部的模式进行管理，由于工程项目建设的一次性，工程建设指挥部成员往往来自于五湖四海四面八方，大多数属于临时拼凑的方式，工程建设指挥部成员组建后往往要经历很长时间的磨合方能发挥出应有的效果。项目建成后工程建设指挥部往往面临解散，所以在项目后期指挥部成员往往要寻找自身的归宿，无心工程建设管理事务。这样工程建设管理的经验没有重复性，无法积累和发展。在工程建设指挥部解散后，工程项目的运营和维护管理的队伍往往要另外组建，这样造成建设和维护相互脱节，在设施使用期间可能会出现比较多的问题。

（二）业主方项目管理策划的内容

业主方项目实施策划具体包括八项工作。

1. 项目管理目标策划

对照项目建设总体目标，策划项目安全目标、质量目标和总进度目标等管理目标。

策划与协调项目工程管理、投资管理、营销管理和运营准备管理等各分系统目标。

2. 项目管理模式策划

根据建设单位原有组织结构和内部管理特点，确定适合本项目建设管理的模式。建设管理模式见本节第一点。

3. 项目管理组织结构策划

建设单位按照项目工作规则，组织项目各参建单位为实现项目管理目标开展策划活动。首先，据分解的项目管理目标，选定合适的组织结构形式，具体内容参见第三章。其次，对各参建单位或个体的主要职责进行分工。最后，对各任务承担者进行管理职能上的分工。

4. 项目管理制度策划

首先，制定项目管理工作流程，可分为投资控制、进度控制、质量控制、招标投标与合同管理工作流程等。其次，细化各参建方的管理分工和职责，制定业务管理制度。

5. 项目信息管理策划

在确定项目信息流程的基础上，策划项目建设信息的收集、传递、分析和应用的过程，制定制度。首先，明确项目信息流结构。其次，信息收集的阶段划分。最后，各阶段的进度、质量、合同、环保及安全等管理的信息集成管理。

6. 项目合同总架构策划

项目合同总体架构策划主要是指通过建立包括服务采购（监理、造价咨询、招标代理、勘察和设计、全过程工程咨询等）、工程采购（施工）、货物采购（特殊或特定材料、设备等），以及公共资源利用（供电、给水排水、燃气等）等在内的合同结构体系，构建能驾驭项目实施全局的合同和法律平台，以落实各类目标与实施责任，合理转移建设单位的工程风险和管理风险。

首先，策划采购形式、招标方式和招标方法。其次，形成管理和技术咨询服务合同体系和承包合同体系两大权利义务链。

招标投标与合同管理方面的内容参见第九章。要注意的是，业主方策划采用的承发包模式（DBB、D+B 或 EPC 等）和合同体系结构密切相关，与业主自身采用的组织结构密切相关，因为不同的合同体系划分出业主和承包单位之间需要承担的责权利，进而需要不同的组织结构进行相应的管理。

7. 项目管理实施方案策划

围绕项目管理目标、管理模式和合同结构，进行目标细化、任务分解和制订相应的措施和明确方法。

8. 项目团队内部管理策划

根据项目管理实施策划，结合建设单位管理机构、人员及制度等状况，协助建设单位搭建管理班子，目的是厘清建设单位管理班子的任务分工、责任界限及与项目管理机构的工作衔接和配合。

①提出建设单位管理班子的组成建议。

②确立项目管理岗位和人员组成，明确岗位职责。

③划分建设单位和代表业主方利益的咨询服务单位之间的工作界面、内容及要求。

④建立项目管理内部制度、工作流程。

⑤组织落实各项工作的具体实施，形成各类工作成果文件。

二、施工方项目管理策划

施工方项目管理策划按照时间进程分为标前策划和标后策划。在我国现阶段施工方项目管理的策划一般用施工组织设计代替，所以施工组织设计也可以分为标前施工组织设计和标后施工组织设计两种。前者的目的在于投标中标，构成工程投标技术标的重要组成部分，后者的目的是在于对施工的具体操作做出通盘的考虑和安排，所以前者比较粗略，后者比较详细。但是前者对后者具有指导和制约的作用。

施工组织设计按照编制的对象不同可以分为面向群体工程和特大型项目编制的施工组织总设计、面向单位工程编制的单位工程施工组织设计和面向分部分项工程编制的施工方案。

（一）施工组织总设计

1. 工程概况

工程概况应包括项目主要情况和项目主要施工条件等。

项目主要情况应包括下列内容：项目名称、性质、地理位置和建设规模；项目的建设、勘察、设计和监理等相关单位的情况；项目设计概况；项目承包范围及主要分包工程范围；施工合同或招标文件对项目施工的重点要求；其他应说明的情况。

项目主要施工条件应包括下列内容：项目建设地点气象状况；项目施工区域地形和工程水文地质状况；项目施工区域地上、地下管线及相邻的地上、地下建（构）筑物情况；与项目施工有关的道路、河流等状况；当地建筑材料、设备供应和交通运输等服务能力状况；当地供电、供水、供热和通信能力状况；其他与施工有关的主要因素。

2. 总体施工部署

施工组织总设计应对项目总体施工做出下列宏观部署：

（1）确定项目施工总目标，包括进度、质量、安全、环境和成本等目标；

（2）根据项目施工总目标的要求，确定项目分阶段（期）交付的计划；

（3）确定项目分阶段（期）施工的合理顺序及空间组织。

对于项目施工的重点和难点应进行简要分析。

总承包单位应明确项目管理组织机构形式，并宜采用框图的形式表示。

对于项目施工中开发和使用的新技术、新工艺应做出部署。

对主要分包项目施工单位的资质和能力应提出明确要求。

3. 施工总进度计划

施工总进度计划应按照项目总体施工部署的安排进行编制。

施工总进度计划可采用网络图或横道图表示，并附必要说明。

4. 总体施工准备与主要资源配置计划

总体施工准备应包括技术准备、现场准备和资金准备等。

技术准备、现场准备和资金准备应满足项目分阶段（期）施工的需要。

主要资源配置计划应包括劳动力配置计划和物资配置计划等。

劳动力配置计划应包括下列内容：确定各施工阶段（期）的总用工量；根据施工总进度计划确定各施工阶段（期）的劳动力配置计划。

物资配置计划应包括下列内容：根据施工总进度计划确定主要工程材料和设备的配置计划；根据总体施工部署和施工总进度计划确定主要施工周转材料和施工机具的配置计划。

5. 主要施工方法

施工组织总设计应对项目涉及的单位（子单位）工程和主要分部（分项）工程所采用的施工方法进行简要说明。

对脚手架工程、起重吊装工程、临时用水用电工程、季节性施工等专项工程所采用的施工方法应进行简要说明。

6. 施工总平面布置

施工总平面布置应符合下列原则：平面布置科学合理，施工场地占用面积少；合理组织运输，减少二次搬运；施工区域的划分和场地的临时占用应符合总体施工部署和施工流程的要求，减少相互干扰；充分利用既有建（构）筑物和既有设施为项目施工服务，降低临时设施的建造费用；临时设施应方便生产和生活，办公区、生活区和生产区宜分离设置；符合节能、环保、安全和消防等要求；遵守当地主管部门和建设单位关于施工现场安全文明施工的相关规定。

施工总平面布置图应符合下列要求：根据项目总体施工部署，绘制现场不同施工阶段（期）的总平面布置图；施工总平面布置图的绘制应符合国家相关标准要求并附必要说明。

施工总平面布置图应包括下列内容：项目施工用地范围内的地形状况；全部拟建的建（构）筑物和其他基础设施的位置；项目施工用地范围内的加工设施、运输设施、存贮设施、供电设施、供水供热设施、排水排污设施、临时施工道路和办公、生活用房等；施工现场必备的安全、消防、保卫和环境保护等设施；相邻的地上、地下既有建（构）筑物及相关环境。

（二）单位工程施工组织设计

1. 工程概况

工程概况应包括工程主要情况、各专业设计简介和工程施工条件等。

工程主要情况应包括下列内容：工程名称、性质和地理位置；工程的建设、勘察、设计、监理和总承包等相关单位的情况；工程承包范围和分包工程范围；施工合同、招标文件或总承包单位对工程施工的重点要求；其他应说明的情况。

各专业设计简介应包括下列内容：

建筑设计简介应依据建设单位提供的建筑设计文件进行描述，包括建筑规模、建筑功能、建筑耐火、防水及节能要求等，并应简单描述工程的主要装修做法。

结构设计简介应依据建设单位提供的结构设计文件进行描述，包括结构形式、结构安全等级、抗震设防类别、主要结构构件类型及要求等。

机电及设备安装专业设计简介应依据建设单位提供的各相关专业设计文件进行描述，包括给水、排水及采暖系统、通风与空调系统、电气系统、智能化系统、电梯等各个专业系统的做法要求。

工程施工条件应参照前述主要内容进行说明。

2. 施工部署

工程施工目标应根据施工合同、招标文件以及本单位对工程管理目标的要求确定，包括进度、质量、安全、环境和成本等目标。各项目标应满足施工组织总设计中确定的总体目标。

施工部署中的进度安排和空间组织应符合下列规定：工程主要施工内容及其进度安排应明确说明，施工顺序应符合工序逻辑关系；施工流水段应结合工程具体情况分阶段进行划分；单位工程施工阶段的划分一般包括地基基础、主体结构、装修装饰和机电设备安装三个阶段。

对于工程施工的重点和难点应进行分析，包括组织管理和施工技术两个方面。

工程管理的组织机构形式应按照前述内容执行，并确定项目经理部的工作岗位设置及其职责划分。

对于工程施工中开发和使用的新技术、新工艺应做出部署，对新材料和新设备的使用应提出技术及管理要求。

对主要分包工程施工单位的选择要求及管理方式应进行简要说明。

3. 施工进度计划

单位工程施工进度计划应按照施工部署的安排进行编制。

施工进度计划可采用网络图或横道图表示，并附必要说明；对于工程规模较大或较复杂的工程，宜采用网络图表示。

4. 施工准备与资源配置计划

施工准备应包括技术准备、现场准备和资金准备等。

技术准备应包括施工所需技术资料的准备、施工方案编制计划、试验检验及设备调试工作计划、样板制作计划等。

主要分部（分项）工程和专项工程在施工前应单独编制施工方案，施工方案可根据工程进展情况，分阶段编制完成；对需要编制的主要施工方案应制定编制计划。

检验及设备调试工作计划应根据现行规范、标准中的有关要求及工程规模、进度等实际情况制定。

样板制作计划应根据施工合同或招标文件的要求并结合工程特点制定。

现场准备应根据现场施工条件和工程实际需要，准备现场生产、生活等临时设施。

资金准备应根据施工进度计划编制资金使用计划。

资源配置计划应包括劳动力配置计划和物资配置计划等。

劳动力配置计划应包括下列内容：确定各施工阶段用工量；根据施工进度计划确定各

施工阶段劳动力配置计划。

物资配置计划应包括下列内容：主要工程材料和设备的配置计划应根据施工进度计划确定，包括各施工阶段所需主要工程材料、设备的种类和数量；工程施工主要周转材料和施工机具的配置计划应根据施工部署和施工进度计划确定，包括各施工阶段所需主要周转材料、施工机具的种类和数量。

5. 主要施工方案

单位工程应按照《建筑工程施工质量验收统一标准》GB 50300—2013 中分部、分项工程的划分原则，对主要分部、分项工程制定施工方案。

对脚手架工程、起重吊装工程、临时用水用电工程、季节性施工等专项工程所采用的施工方案应进行必要的验算和说明。

6. 施工现场平面布置

施工现场平面布置图应参照前面所述并结合施工组织总设计，按不同施工阶段分别绘制。

施工现场平面布置图应包括下列内容：工程施工场地状况；拟建建（构）筑物的位置、轮廓尺寸、层数等；工程施工现场的加工设施、存贮设施、办公和生活用房等的位置和面积；布置在工程施工现场的垂直运输设施、供电设施、供水供热设施、排水排污设施和临时施工道路等；施工现场必备的安全、消防、保卫和环境保护等设施；相邻的地上、地下既有建（构）筑物及相关环境。

（三）施工方案

1. 工程概况

工程概况应包括工程主要情况、设计简介和工程施工条件等。

工程主要情况应包括：分部（分项）工程或专项工程名称，工程参建单位的相关情况，工程的施工范围，施工合同、招标文件或总承包单位对工程施工的重点要求等。

设计简介应主要介绍施工范围内的工程设计内容和相关要求。

工程施工条件应重点说明与分部（分项）工程或专项工程相关的内容。

2. 施工安排

工程施工目标包括进度、质量、安全、环境和成本等目标，各项目标应满足施工合同、招标文件和总承包单位对工程施工的要求。

工程施工顺序及施工流水段应在施工安排中确定。

针对工程的重点和难点，进行施工安排并简述主要管理和技术措施。

工程管理的组织机构及岗位职责应在施工安排中确定，并应符合总承包单位的要求。

3. 施工进度计划

分部（分项）工程或专项工程施工进度计划应按照施工安排，并结合总承包单位的施工进度计划进行编制。

施工进度计划可采用网络图或横道图表示，并附必要说明。

4. 施工准备与资源配置计划

施工准备应包括下列内容。

技术准备：包括施工所需技术资料的准备、图纸深化和技术交底的要求、试验检验和测试工作计划、样板制作计划以及与相关单位的技术交接计划等。

现场准备：包括生产、生活等临时设施的准备以及与相关单位进行现场交接的计划等。

资金准备：编制资金使用计划等。

资源配置计划应包括下列内容：劳动力配置计划，确定工程用工量并编制专业工种劳动力计划表；物资配置计划，包括工程材料和设备配置计划、周转材料和施工机具配置计划以及计量、测量和检验仪器配置计划等。

5. 施工方法及工艺要求

明确分部（分项）工程或专项工程施工方法并进行必要的技术核算，对主要分项工程明确施工工艺要求。

对易发生质量通病、易出现安全问题、施工难度大、技术含量高的分项工程（工序）等应做出重点说明。

对开发和使用的新技术、新工艺以及采用的新材料、新设备应通过必要的试验或论证并制定计划。

对季节性施工应提出具体要求。

（四）施工管理计划

施工管理计划应包括进度管理计划、质量管理计划、安全管理计划、环境管理计划、成本管理计划以及其他管理计划等内容。

各项管理计划的制定，应根据项目的特点有所侧重。

1. 进度管理计划

项目施工进度管理应按照项目施工的技术规律和合理的施工顺序，保证各工序在时间上和空间上顺利衔接。

进度管理计划应包括下列内容：

（1）对项目施工进度计划进行逐级分解，通过阶段性目标的实现保证最终工期目标的完成；

（2）建立施工进度管理的组织机构并明确职责，制定相应管理制度；

（3）针对不同施工阶段的特点，制定进度管理的相应措施，包括施工组织措施、技术措施和合同措施等；

（4）建立施工进度动态管理机制，及时纠正施工过程中的进度偏差，并制定特殊情况下的赶工措施；

（5）根据项目周边环境特点，制定相应的协调措施，减少外部因素对施工进度的影响。

2. 质量管理计划

质量管理计划可参照《质量管理体系　要求》GB/T 19001—2016，在施工单位质量管理体系的框架内编制。

质量管理计划应包括下列内容：

（1）按照项目具体要求确定质量目标并进行目标分解，质量指标应具有可测量性；

（2）建立项目质量管理的组织机构并明确职责；

（3）制定符合项目特点的技术保障和资源保障措施，通过可靠的预防控制措施，保证质量目标的实现；

（4）建立质量过程检查制度，并对质量事故的处理做出相应规定。

3. 安全管理计划

安全管理计划可参照《职业健康安全管理体系 要求及使用指南》GB/T 45001—2020，在施工单位安全管理体系的框架内编制。

安全管理计划应包括下列内容：

（1）确定项目重要危险源，制定项目职业健康安全管理目标；

（2）建立有管理层次的项目安全管理组织机构并明确职责；

（3）根据项目特点，进行职业健康安全方面的资源配置；

（4）建立具有针对性的安全生产管理制度和职工安全教育培训制度；

（5）针对项目重要危险源，制定相应的安全技术措施；

（6）对达到一定规模的危险性较大的分部（分项）工程和特殊工种的作业应制定专项安全技术措施的编制计划；

（7）根据季节、气候的变化，制定相应的季节性安全施工措施；

建立现场安全检查制度，并对安全事故的处理做出相应规定。

现场安全管理应符合国家和地方政府部门的要求。

4. 环境管理计划

环境管理计划可参照《环境管理体系 要求及使用指南》GB/T 24001—2016，在施工单位环境管理体系的框架内编制。

环境管理计划应包括下列内容：

（1）确定项目重要环境因素，制定项目环境管理目标；

（2）建立项目环境管理的组织机构并明确职责；

（3）根据项目特点，进行环境保护方面的资源配置；

（4）制定现场环境保护的控制措施；

（5）建立现场环境检查制度，并对环境事故的处理做出相应规定。

现场环境管理应符合国家和地方政府部门的要求。

5. 成本管理计划

成本管理计划应以项目施工预算和施工进度计划为依据编制。

成本管理计划应包括下列内容：

（1）根据项目施工预算，制定项目施工成本目标；

（2）根据施工进度计划，对项目施工成本目标进行阶段分解；

（3）建立施工成本管理的组织机构并明确职责，制定相应管理制度；

（4）采取合理的技术、组织和合同等措施，控制施工成本；

（5）确定科学的成本分析方法，制定必要的纠偏措施和风险控制措施。

必须正确处理成本与进度、质量、安全和环境等之间的关系。

6. 其他管理计划

其他管理计划宜包括绿色施工管理计划、防火保安管理计划、合同管理计划、组织协调管理计划、创优质工程管理计划、质量保修管理计划以及对施工现场人力资源、施工机具、材料设备等生产要素的管理计划等。

其他管理计划可根据项目的特点和复杂程度加以取舍。

各项管理计划的内容应有目标，有组织机构，有资源配置，有管理制度和技术、组织措施等。

三、监理方项目管理策划

监理方项目管理策划包括监理投标前的策划即监理大纲、中标后策划即监理规划和监理实施细则。

（一）监理大纲

工程监理单位在工程施工监理项目招标过程中为承揽到工程监理业务而编写的监理技术性方案文件。根据各方面的技术标准、规范的规定，结合实际，阐述对该工程监理招标文件的理解，提出工程监理工作的目标，制定相应的监理措施。写明实施的监理程序和方法，明确完成时限、分析监理重难点等。

监理大纲的内容没有具体的规定，一般按照业主在监理招标文件的要求编制，其目的在于中标。

监理大纲可参考以下内容编制：

（1）工程项目概述；

（2）工程项目特点，难点；

（3）拟派监理机构及监理人员情况；

（4）监理岗位责任制；

（5）拟采用的组织管理方案（质量、安全、环境、进度、费用、合同管理的内容、措施、程序等）；

（6）拟投入的监理办公生活设施；

（7）提供给建设单位的阶段性监理文件。

（二）监理规划

监理规划可在签订建设工程监理合同及收到工程设计文件后由总监理工程师组织编制，并应在召开第一次工地会议前报送建设单位。

1. 监理规划编制应遵循下列程序：

（1）总监理工程师组织专业监理工程师编制；

（2）总监理工程师签字后由工程监理单位技术负责人审批。

2. 监理规划应包括下列主要内容：

（1）工程概况；

（2）监理工作的范围、内容、目标；

（3）监理工作依据；

（4）监理组织形式、人员配备及进退场计划、监理人员岗位职责；

（5）监理工作制度；

（6）工程质量控制；

（7）工程造价控制；

（8）工程进度控制；

（9）安全生产管理的监理工作；

（10）合同与信息管理；

（11）组织协调；

（12）监理工作设施。

在实施建设工程监理过程中，实际情况或条件发生变化而需要调整监理规划时，应由总监理工程师组织专业监理工程师修改，并应经工程监理单位技术负责人批准后报建设单位。

（三）监理实施细则

监理实施细则应在相应工程施工开始前由专业监理工程师编制，并应报总监理工程师审批。

监理实施细则的编制应依据下列资料：监理规划；工程建设标准、工程设计文件；施工组织设计、专项施工方案。

监理实施细则应包括下列主要内容：专业工程特点；监理工作流程；监理工作要点；监理工作方法及措施。

在实施建设工程监理过程中，监理实施细则可根据实际情况进行补充、修改，并应经总监理工程师批准后实施。

第四节　工程项目的动态控制

一、动态控制的基本原理

（一）动态控制的基本程序

由于项目的一次性特点，所以项目在实施过程中面临的主客观条件的变化是绝对的，不变则是相对的；在项目进展过程中平衡是暂时的，不平衡则是永恒的；有干扰是必然的，没有干扰是偶然的。因此，在项目的实施过程中必须随着情况的变化进行项目目标的动态控制。动态控制是指对建设工程项目实施的过程中在时间和空间上的主客观变化而进行项目管理的基本方法论。同样，因为上述因素，项目目标能否实现是有风险的，所以风险管理也成为项目管理的基本内容。故此，目标控制包括了两个方面，正面是动态控制，反面是风险管理。

项目管理的动态控制过程如图 4-11 所示。

项目目标动态控制的工作程序：

第一步，建设项目目标动态控制的准备工作：将建设项目的目标进行分解，以确定用于目标控制的计划值。

第二步，在建设项目实施过程中对建设项目目标进行动态跟踪控制。

①收集建设项目目标的实际值，如实际投资、实际施工进度和施工的质量状况等；

②定期（如每两周或每月）进行建设项目目标的计划值和实际值的比较；

③通过建设项目目标的计划值和实际值的比较，如有偏差，则采取纠偏措施进行纠偏。

第三步，如有必要，进行建设项目目标的调整。

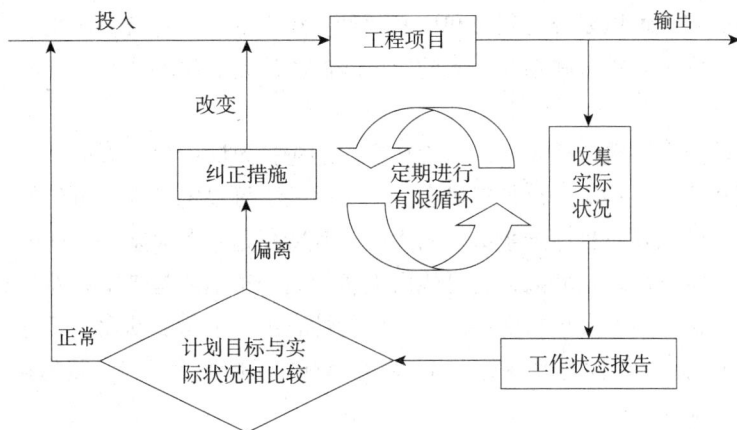

图 4-11　项目管理的动态控制过程

（二）动态控制的分类

一般可以把目标控制按照时间阶段划分为事前的计划预控、事中的过程控制和事后的纠偏控制三种类型。项目控制的一般过程及其类型如图 4-12 所示。

根据在控制中主观态度的不同，又可以将控制分为主动控制和被动控制。

所谓主动控制，是在预先分析各种风险因素及其导致目标偏离的可能性和程度的基础上，拟订和采取有针对性的预防措施，从而减少乃至避免目标偏离。

所谓被动控制，是从计划的实际输出中发现偏差，通过对产生偏差原因的分析，研究制定纠偏措施，以使偏差得以纠正，工程实施恢复到原来的计划状态，或虽然不能恢复到计划状态但可以减少偏差的严重程度。

对于建设工程目标控制来说，主动控制和被动控制两者缺一不可，应将主动控制与被动控制紧密结合起来，并力求加大主动控制在控制过程中的比例。

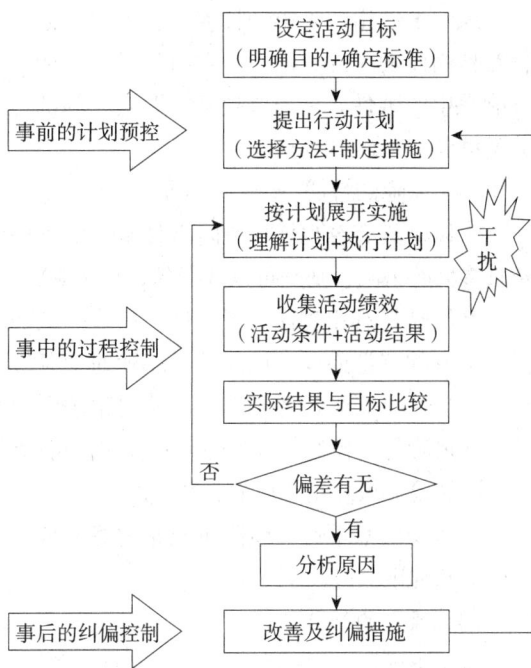

图 4-12　项目控制的一般过程及其类型

二、风险管理

（一）风险的概念

（1）风险的定义

人们对风险（Risk）的研究由来已久，其最初起源于法语 Risque（最早应用于 18 世纪中叶的保险交易中），基于不同的理解，目前存在多种定义。

对于风险的定义可以划分为狭义和广义两种。狭义的风险定义一般是指按照传统的理解，风险总是与灾害或损失联系在一起的，风险的本质是有害的或是不利的，将给项目带来威胁。

广义的风险定义不仅包括狭义的风险认识，还包括风险的另一方面，即风险也可能是有利的和可以利用的，将给项目带来机会。广义的风险可以定义为：风险是未来变化偏离预期目标的可能性以及对目标产生影响的大小。其特征是：①风险是中性的，其本质是偏离预期的目标，可能出现正偏离，也可能出现负偏离，正偏离是带来风险收益，负偏离是带来风险损失。②风险的大小与变动发生的可能性有关，也与变动发生后对项目影响的大小有关。变动出现的可能性越大，变动出现后对目标的影响越大，风险就越高。

（2）风险的基本要素

风险包括三个基本要素：一是风险因素的存在性；二是风险因素（事件）发生的不确定性；三是风险后果的不确定性。

风险因素就是指可能产生风险的各种问题和原因。

风险事件指的是由一种或几种风险因素相互作用而发生的任何影响项目目标实现的可能发生的事件。三个风险基本要素之间的关系可以用图4-13表示。

图4-13　三个风险基本要素之间的关系图

（3）风险的特征

①风险具有客观性。风险事件本身的不确定，不以人的意志为转移。是否愿意去冒险及冒多大的风险，则是可以选择的，是主观的。

②风险具有相对性、可变性。风险因人而异，因人的收益大小、投入大小、主体的地位和拥有的资源而异。风险的大小随时间延续而变化，是"一定时期内"的风险，随时间延续，事件的不确定性在缩小；随时间的延续也有可能出现新的风险。

③风险是可控的、可测的。不确定性可以预测，风险事件可以加以控制。

④风险和效益是一体的、共生的。

⑤风险的双重性：风险不只是灾难的象征，也蕴含某种机遇，因而会导致风险的诱惑性效应和约束效应。

（4）风险的分类

基于不同的分类标准，风险可以有多种划分，见表4-5。

一般风险分类　　　　　　　　　　　　　　　　　　表4-5

分类方法	风险类型	特点
按照风险的性质	纯风险	只会造成损失，不能带来利益
	投机风险	可能带来损失，也可能产生利益
按照风险来源	自然风险	由于自然灾害、事故，造成人员、财产伤害或损失
	非责任风险（或人为风险）	由于人为因素而造成的人员、财产伤害或损失，包括政策风险、经济风险、社会风险等
按照风险事件主体的承受能力	可承受风险	风险的影响在风险事件主体的承受范围内
	不可承受风险	风险的影响超出了风险事件主体的承受范围

续表

分类方法	风险类型	特点
按照技术因素	技术风险	由于技术原因而造成的风险，如技术进步使得原有产品寿命期缩短等
	非技术风险	非技术原因带来的风险，如社会风险、经济风险、管理风险等
按照独立性	独立风险	风险独立发生
	非独立风险	风险依附于其他风险而发生
按照风险的可管理性	可管理风险（可保风险）	即可以通过购买保险等方式来控制风险影响
	不可管理风险（不可保险）	不能通过购买保险等方式来控制风险影响
按照风险的边界	内部风险	风险发生在风险事件主体的组织内部，如生产风险、管理风险等
	外部风险	风险发生在风险事件主体的组织外部，只能被动接受，如政策风险

（二）工程项目风险管理

（1）风险管理的概念

美国风险与保险协会（ARIA）认为，风险管理是对组织的公众利益、人员安全、环境因素、法律方面的目标完成过程中遇到的风险进行管理，是一个系统的管理过程。风险管理包括为提供有效的损失预防方案而进行的规划、组织、领导、协调及控制活动，目的就是将风险引起的对组织资源、收益及现金流出的不利影响最小化。

工程项目的风险管理是指对项目风险进行识别、分析和应对的过程，是以实现项目总体目标所进行的管理活动。

正如项目管理是一种目标管理一样，项目风险管理同样也是一种有明确目标的管理活动，只有目标明确，才能起到有效的作用。项目风险管理的目标从属于项目的总目标，通过对项目风险的识别，将其量化，进行分析和评价，选择风险管理措施，以避免项目风险的发生；或在风险发生后，使损失降低到最低限度。

工程项目的风险包括决策风险和实施过程中的风险两个方面。项目风险管理的目标是：

①使项目获得成功；

②为项目实施创造安全的环境；

③降低工程费用或使项目投资不突破限度；

④减少环境或内部对项目的干扰，保证项目按计划有节奏地进行，使项目实施时始终处于良好的受控状态；

⑤保证项目质量；

⑥使竣工项目的效益稳定。

总而言之，项目风险管理是一种主动控制的手段，它最重要的目标是使项目的三大目标——费用、质量和工期得以实现。目标管理与风险管理的关系如图4-14所示。

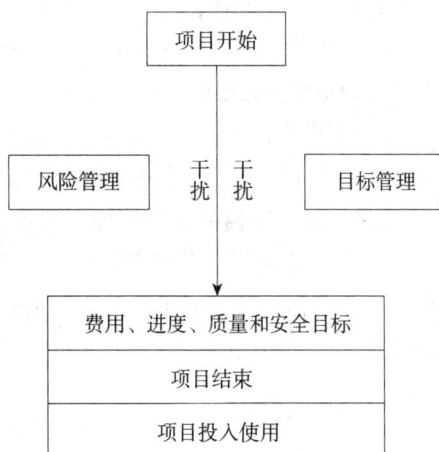

图4-14 目标管理与风险管理的关系

（2）工程项目风险管理的基本任务包括：

①建立风险管理体系，明确风险管理制度和风险管理办法；

②识别项目风险来源和风险状况；

③分析风险，评估风险影响或损失程度；

④制定风险对策和风险应对计划，估算风险应对成本，确定风险等级和处理权限；

⑤对风险进行监测和控制。

（三）建立风险管理体系

鉴于风险长期存在并且牵扯面广，一般都由项目经理牵头组织风险管理领导小组，配备若干风险管理专职人员，建立风险管理体系，制定风险管理计划，不断地监控风险产生的可能性。许多大型项目还专门设置风险管理经理来负责风险管理工作，重要部门都有专职或兼职的风险管理员。由于风险存在的广泛性，更重要的是对参与项目的全体人员，不论工作部门和工作岗位，也不论参与项目工作时间的长短，都应该有风险意识，理解并掌握风险管理的知识和技能，在各自具体的工作中开展实施风险监控和管理。

风险管理体系的主要内容包括：

（1）方法。确定实施风险管理过程中的具体领导者、支援者及风险评价基准。

（2）岗位职责。确定风险管理过程中的具体领导者、支援者及行动小组成员，明确各自的岗位职责。

（3）风险情况调查和风险分类。风险分类可以利用过去项目的典型分类，然后结合实际进行调整。

（4）风险概率和影响的定义。

（5）利害关系人的承受度。可以在风险管理计划过程中对有关各方的承受度进行修订，以适用于具体项目。

（6）风险对策。包括回避风险与措施，转移风险及措施，缓解风险及措施，自留风险及措施等。

（7）制定风险应对计划，并估算风险管理所需费用，将之纳入项目费用计划。

（8）风险监控。包括潜在风险因素监测与控制以及控制的应急预案。若发现风险可能发生的苗头，应提前予以说明。

（9）跟踪。说明如何记录风险活动的各个方面，以供当前项目使用，或满足未来需求或满足经验教训总结的需要。说明是否对风险管理过程进行审核及如何审核。

（10）报告格式。描述风险名单的内容和格式，以及需要的任何其他风险报告。规定如何对风险管理过程的成果进行记录、分析和沟通。

（四）工程项目的风险管理

工程项目的风险管理就是将风险管理的知识运用到具体的工程项目中去。工程项目风险管理的内容一般包括风险识别、风险估计、风险评价和风险对策等内容。风险管理的内容可用图 4-15 表示。

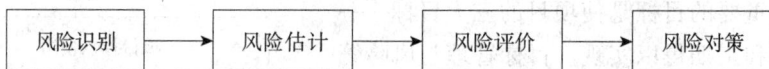

$$风险识别 \rightarrow 风险估计 \rightarrow 风险评价 \rightarrow 风险对策$$

图 4-15　风险管理的内容

1. 风险识别

（1）风险识别的含义

风险管理首先必须识别和分析评价潜在的风险领域，分析风险事件发生的可能性和危害程度，这是项目风险管理中最重要的步骤。风险识别包括确定风险的来源、风险产生的条件、描述风险特征和确定哪些风险会对本项目产生影响。工程项目的风险识别并非一蹴而就的事情，应当在项目决策和实施的全过程中自始至终反复进行。一旦风险被识别，就可以制定甚至实施简单有效的风险应对措施。

（2）风险识别的基本步骤

①在调查研究的基础上列出初步风险清单；

②对列入清单的风险进行分析评价；

③在风险分析评价的基础上，对各项风险进行分类排队。

（3）风险识别的基本方法

①风险结构分解。风险结构分解是风险识别的主要方法之一，它是将一个复杂系统分解为若干子系统进行分析的常用方法，通过对子系统的分析进而把握整个系统的特征。

工程项目风险结构分解可以按照目标、时间、项目结构、环境及因素等多种维度来分解，也可以结合上述维度组合分解。通常采用的组合方式是时间维、目标维和因素维三方面的结合，如图 4-16 所示。

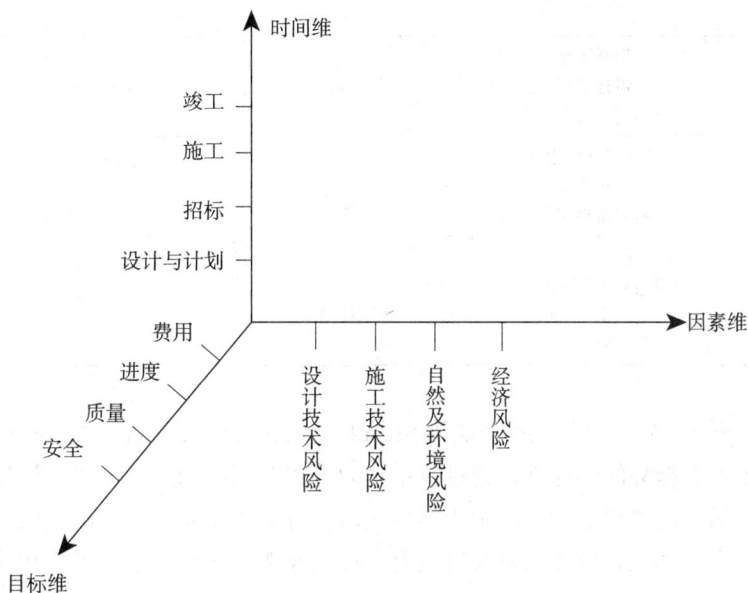

图 4-16　工程项目风险结构分解示意图

②文件审查。对项目文件（包括计划、假设、以前项目档案和其他信息）进行系统和结构性的审查。在项目文件中最重要的文件是对财务报表的审查，财务报表有助于确定一个特定项目可能遭受哪些损失以及在何种情况下遭受哪些损失。通过分析资产负债表、现金流量表、损益表及有关补充资料，可以识别项目当前的状况，如果将这些报表与财务预测、预算结合起来，可以发现项目未来的风险。

③专家调查法。专家调查法是基于专家的知识、经验和直觉，通过发函、开会和其他形式向专家进行调查，发现分析项目潜在的风险，对项目风险因素及其风险程度进行评定，将多位专家的经验集中起来形成分析结论的一种方法。它适用于风险管理的全过程，包括风险识别、风险估计、风险评价与风险对策研究等内容。由于专家调查法比一般的经验识别法更具有客观性，因此应用更为广泛。专家调查法包括头脑风暴法、德尔菲法、风险识别调查表（表4-6）、风险对照检查表（表4-7）和风险评价表法等。

典型的风险识别调查表

表 4-6

编号：　　　　　　　时间：

项目名称	
风险类型	
风险描述	
风险对项目目标的影响 （费用、质量、进度、环境等）	
风险的来源、特征	

风险对照检查表

表 4-7

风险因素	可能的原因	可能的影响	可能性		
			高	中	低
项目进度	资金不足 设计变更 施工能力不足	进度延误			
投资估算	工程量估计不准 设备价格变化 材料价格变动 土地成本增加	投资超支			
项目管理	项目复杂程度高 业主缺乏经验 可行性研究不足	影响质量			

④情景分析法。情景分析法是由美国SIIELL公司的科研人员Pierr Wark于1972年提出的。它是根据发展趋势的多样性，通过对系统内外相关问题的系统分析，设计出多种可能的未来前景，然后用类似于撰写电影剧本的手法，对系统发展态势做出自始至终的情景和画面的描述。当一个项目持续的时间较长时，往往要考虑各种技术、经济和社会因素的影响，对这种项目进行风险预测和识别，就可用情景分析法来预测和识别其关键风险因素及其影响程度。情景分析法对以下情况是特别有用的：提醒决策者注意某种措施或政策可能引起的风险或危机性的后果；建议需要进行监视的风险范围；研究某些关键性因素对未来过程的影响；提醒人们注意某种技术的发展会给人们带来哪些风险。情景分析法是一种适用于对可变因素较多的项目进行风险预测和识别的系统技术，它在假定关键影响因素有可能发生的基础上，构造出多重情景，提出多种未来的可能结果，以便采取适当措施防患于未然。

⑤流程图法。流程图法就是将项目的全过程，按其内在的逻辑关系制成流程图，针对流程图中的关键环节和薄弱环节进行调查和分析，找出风险存在的原因，从中发现潜在的风险威胁，分析风险发生后可能造成的损失和对项目全过程造成的影响有多大。运用流程图分析，项目管理人员可以明确地发现项目所面临的风险。

（4）风险识别的成果

风险识别的成果是进行风险分析与评估的重要基础。风险识别的最主要成果是风险清单。风险清单是记录和控制风险管理过程的一种方法，并且在做出决策时具有不可替代的作用。风险清单最简单的作用是描述存在的风险并记录可能减轻风险的行为。风险清单的格式参见表4-8。

风险清单　　　　　　　　　　　　　　　　　　　　　　　　表4-8

风险清单		编号：		日期：
项目名称：		审核：		批准：
序号	风险因素	可能造成的后果		可能采取的措施
1				
2				
3				
…				

2. 风险估计

风险估计是估计风险发生的可能性及其对项目的影响。工程项目涉及的风险因素有些是可以量化的，可以通过定量分析的方法对其进行分析；同时客观上也存在许多不可量化的风险因素，它们有可能给项目带来更大的风险，有必要对不可量化的风险因素进行定性描述。因此，风险估计应采取定性描述和定量分析相结合的方法，从而对项目面临的风险做出全面的估计。应该注意到定性和定量不是绝对的，在深入研究和分解之后，有些定性因素可以转化为定量因素。

风险估计的方法包括风险概率估计方法和风险影响估计方法两类，前者分为客观概率估计和主观概率估计，后者包括概率树分析和蒙特卡洛模拟等方法。

（1）客观概率估计

客观概率是实际发生的概率，它并不取决于人的意志，可以根据历史统计数据或是大量的试验来推定。有两种方法：一种是将一个事件分解为若干子事件，通过计算子事件的概率来获得主要事件的概率；另一种方法是通过足够量的试验，统计出事件的概率。由于客观概率是基于同样事件历史观测数据的，它只能用于完全可重复事件，因而并不适用于大部分现实事件。应用客观概率对项目风险进行的估计称为"客观估计"，它利用同一事件的历史数据，或是类似事件的数据资料，计算出客观概率。客观概率估计法最大的缺点是需要足够的信息，但通常是不可得的。

（2）主观概率估计

主观概率是基于个人经验、预感或直觉而估算出来的概率，是一种个人的主观判断，反映了人们对风险现象的一种测度。当有效统计数据不足或是不可能进行试验时，主观概率是唯一选择，基于经验、知识或类似事件比较的专家推断概率。在实践中，许多项目风险是不可预见并且不能精确计算的。主观概率专家估计的具体步骤：

①根据需要调查问题的性质组成专家组。专家组成员由熟悉该风险因素的现状和发展趋势的专家、有经验的工作人员组成。

②检查某一变量可能出现的状态数或状态范围和各种状态出现的概率或变量发生在状态范围内的概率，由每个专家独立使用书面形式反映出来。

③整理专家组成员意见，计算专家意见的期望值和意见分歧情况，反馈给专家组。

④专家组讨论并分析意见分歧的原因。重新独立填写变量可能出现的状态或状态范围和各种状态出现的概率或变量发生在状态范围内的概率，如此重复进行，直至专家意见分歧程度满足要求值为止。这个过程最多经历三个循环，否则不利于获得专家们的真实意见。

（3）风险概率分析指标

描述风险概率分布的指标主要有期望值、方差、标准差、离散系数等。

①期望值。期望值是风险变量的加权平均值。

离散型风险变量，期望值为：$\bar{x}=\sum\limits_{i=1}^{n}x_ip_i$　　　　　　　　　　　　　　　（4-1）

式中　n——风险变量的状态数；

　　　x_i——风险变量的第 i 种状态下变量的值；

　　　p_i——风险变量的第 i 种状态出现的概率。

特殊的对于等概率的离散随机变量，其期望值为：$\bar{x}=\dfrac{1}{n}\sum\limits_{i=1}^{n}x_i$　　　　（4-2）

连续型风险变量，期望值为：$\bar{x}=\int_a^b x_i f(x_i)$　　　　　　　　　　　（4-3）

②方差和标准差。方差和标准差都是描述风险变量偏离期望值程度的绝对指标。

对于离散变量，方差为：$S^2=\sum\limits_{i=1}^{n}(x_i-\bar{x})^2 p_i$　　　　　　　　　　（4-4）

方差的平方根为标准差，记为 S。

对于等概率的离散随机变量，标准差为：$S^2=\dfrac{1}{n-1}\sum\limits_{i=1}^{n}(x_i-\bar{x})^2 p_i$　　　（4-5）

当 n 足够大（通常 n 大于 30）时，可以近似为：$S^2=\dfrac{1}{n}\sum\limits_{i=1}^{n}(x_i-\bar{x})^2 p_i$　　　（4-6）

③离散系数。离散系数是描述风险变量偏离期望值的离散程度的相对指标，记为 β。

$$\beta=\frac{S}{\bar{x}}　　　　　　　　　　　　　　　　　　　　（4-7）$$

（4）风险概率分布

①离散型概率分布。输入变量可能值是有限个数。各种状态的概率取值之和等于 1，它适用于变量取值个数不多的输入变量。

②连续型概率分布。输入变量的取值充满一个区间，无法按一定次序——列举出来时，这种随机变量称为"连续随机变量"。常用的连续型概率分布见表4-9。

常用的连续型概率分布　　　　　　　　　　　　　表4-9

分布名称	正态分布	三角形分布	β分布	经验分布
密度函数特点	密度函数以均值为中心对称分布。当均值为 $\bar{x}$，方差为 σ^2，用 $N(\bar{x}, \sigma^2)$ 表示	密度数是由最悲观值、最可能值和最乐观值构成的对称的或不对称的三角形	密度函数为在最大值两边不对称分布	密度函数并不适合于某些标准的概率函数，可根据统计资料及主观经验估计的非标准概率分布
适用范围	适用于描述一般经济变量的概率分布，如销售量、售价、产品成本等	适用于描述工期、投资等不对称分布的输入变量，也可用于描述产量、成本等对称分布的输入变量	适用于描述工期等不对称分布的输入变量	它适合于项目评价中的所有各种输入变量
图形				

（5）概率树分析

概率树分析是借助现代计算技术，运用概率论和数理统计原理进行概率分析，求得风险因素取值的概率分布，并计算期望值、方差或标准差和离散系数，表明项目的风险程度。

（6）蒙特卡洛模拟

当输入的随机变量个数多于三个，每个输入变量可能出现三种以上状态时，就不能用理论计算法进行风险分析，必须采用蒙特卡洛模拟技术。其原理是用随机抽样的方法抽取一组输入变量的数值，计算项目评价指标，重复这个方法足够多以后即可获得评价指标的概率分布及累计概率分布、期望值、方差和标准差等数据，据此计算项目由可行转变为不可行的概率，从而估计项目所承担的风险。

3. 风险评价

（1）风险量

风险量是衡量风险大小的一个变量，可被定义为：

$$R=f(p, q) \tag{4-8}$$

式中　R——风险量；

　　　p——风险事件可能发生的概率；

　　　q——风险事件发生对项目目标的影响（损失量）。

风险坐标是描述风险量大小的一种形象方法，它分别以风险的两个特征值——风险发生的概率和风险发生导致对项目目标影响的严重程度（损失量大小）为纵横坐标，如图4-17所示。

（2）风险综合评价

最简单最常用的风险评价的方法是通过调查专家的意见，获得风险因素的权重和发生概率，进而获得项目整体风险程度。其步骤主要包括：

①建立风险调查表。

②判断风险权重。利用专家经验进行评价，计算各风险因素的权重。

③确定每个风险发生概率。可用 1–5 标度分别表示可能性很小、较小、中等、较大、很大。

④计算风险因素的等级。将每个风险的权重与发生可能性相乘，所得分值即为其等级。

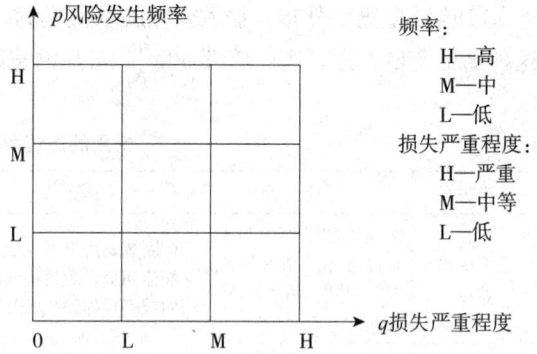

频率：
H—高
M—中
L—低
损失严重程度：
H—严重
M—中等
L—低

图 4-17　风险坐标

⑤将风险调查表中风险因素的等级相加，得整个项目的综合风险等级。分值高的，整体风险越大。

4. 风险对策

主要风险对策有以下几种：

（1）风险回避

即断绝风险的来源。一般适用于两种情况，一是某种风险可能造成相当大的损失，且发生的频率较高；二是应用其他风险对策代价昂贵，得不偿失。

（2）风险转移

即是试图将项目业主可能面临的风险转移给他人承担，以避免风险损失的一种方法。转移风险并不能消除风险，只是将风险管理的责任和可能从该风险管理中获得的利益移交给了他人。转移风险有两种方式，一是将风险源转移出去，二是只把部分或全部风险损失转移出去，这种转移又分为保险转移和非保险转移两种。分包和担保转移都属于非保险转移。

（3）风险自担

即由自己承担风险损失。通常有三种情况，一是为了可能的获利，必须保留和承担这种风险。另一种情况是已知有风险，但若采取某种风险措施，其费用支出会大于自担风险的损失时，常常主动自担风险。最后一种情况是无计划自留风险，即没有意识到的风险。

风险自留或者自担后必须采取措施减轻风险。这种情况下，针对可控性风险采取的防止风险发生，减少风险损失的对策。风险减轻可以采取降低风险事件发生的概率或者降低风险损失两个方面的措施。在采用风险控制对策时，应制定一个周密而完整的损失控制计划系统。该计划系统一般应由预防计划、灾难计划和应急计划三部分组成。风险减轻的对策如图 4-18 所示。

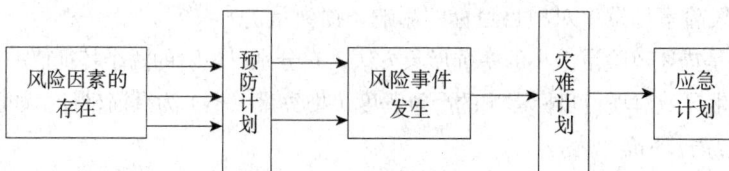

图 4-18　风险减轻的对策图

①预防计划。预防计划的目的在于有针对性地预防损失的发生，其主要作用是降低损失发生的概率，在许多情况下也能在一定程度上降低损失的严重性。在损失控制计划系统中，预防计划的内容最广泛，具体措施最多，包括组织措施、管理措施、合同措施、技术措施。

②灾难计划。灾难计划是一组事先编制好的、目的明确的工作程序和具体措施，为现场人员提供明确的行动指南，使其在各种严重的、恶性的紧急事件发生后，不至于惊慌失措，也不需要临时讨论研究应对措施，可以做到从容不迫、及时、妥善地处理，从而减少人员伤亡以及财产和经济损失。

灾难计划是针对严重风险事件制定的，其内容应满足以下要求：

第一，安全撤离现场人员；

第二，援救及处理伤亡人员；

第三，控制事故的进一步发展，最大限度地减少资产和环境损害；

第四，保证受影响区域的安全尽快恢复正常。

灾难计划在严重风险事件发生或即将发生时付诸实施。

③应急计划。应急计划是在风险损失基本确定后的处理计划，其宗旨是使因严重风险事件而中断的工程实施过程尽快全面恢复，并减少进一步的损失，使其影响程度减至最小。应急计划不仅要制定所要采取的相应措施，而且要规定不同工作部门相应的职责。

应急计划应包括的内容：调整整个建设工程的施工进度计划，并要求各承包商相应调整各自的施工进度计划；调整材料、设备的采购计划，并及时与材料、设备供应商联系，必要时，可能要签订补充协议；准备保险索赔依据，确定保险索赔的额度，起草保险索赔报告；全面审查可使用的资金情况，必要时需调整筹资计划等。

三、工程担保

我国担保法规定的担保方式有五种：保证、抵押、质押、留置和定金。

建设工程中经常采用的担保种类有：投标担保、履约担保、预付款担保、支付担保等。

（一）投标担保

1. 投标担保的含义

投标担保是指投标人保证中标后履行签订承发包合同的义务，否则，招标人将对投标保证金予以没收。

根据《工程建设项目施工招标投标办法》规定，施工投标保证金的数额一般不得超过投标总价的 2%，但最高不得超过 80 万元人民币。投标保证金有效期应当与投标有效期一致。投标人不按招标文件要求提交投标保证金的，该投标文件将被拒绝，作废标处理。

根据《工程建设项目勘察设计招标投标办法》规定，招标文件要求投标人提交投标保证金的，保证金数额一般不超过勘察设计费投标报价的 2%，最多不超过 10 万元人民币。

2. 投标担保的形式

投标担保可以采用保证担保、抵押担保等方式，其具体的形式通常有如下几种：①现金；②保兑支票；③银行汇票；④现金支票；⑤不可撤销信用证；⑥银行保函；⑦由保险公司或者担保公司出具投标保证书。

（二）履约担保

1. 履约担保的含义

履约担保是指招标人在招标文件中规定的要求中标的投标人提交的保证履行合同义务和责任的担保。

履约担保的有效期始于工程开工之日，终止日期则可以约定为工程竣工交付之日或者保修期满之日。由于合同履行期限应该包括保修期，履约担保的时间范围也应该覆盖保修期，如果确定履约担保的终止日期为工程竣工交付之日，则需要另外提供工程保修担保。

2. 履约担保的形式

履约担保可以采用银行保函或者履约担保书的形式。在保修期内，工程保修担保可以采用预留保修金的方式。

（1）银行履约保函。银行履约保函是由商业银行开具的担保证明，通常为合同金额的10%左右。银行保函分为有条件的银行保函和无条件的银行保函。

（2）履约担保书。由担保公司或者保险公司开具履约担保书，当承包人在执行合同过程中违约时，开出担保书的保险公司或者保险公司用该项担保金去完成施工任务或者发包人支付完成该项目所实际花费的金额，但该金额必须在保证金的担保金额之内。

（3）保留金。保留金是指在发包人（工程师）根据合同的约定，每次支付工程进度款时扣除一定数目的款项，作为承包人完成其修补缺陷义务的保证。

（三）预付款担保

1. 预付款担保的含义

建设工程合同签订以后，发包人往往会支付给承包人一定比例的预付款，一般为合同金额的10%，如果发包人有要求，承包人应该向发包人提供预付款担保。预付款担保是指承包人与发包人签订合同后领取预付款之前，为保证正确、合理使用发包人支付的预付款而提供的担保。

预付款担保的主要作用在于保证承包人能够按合同规定进行施工，偿还发包人已经支付的全部预付金额。

2. 预付款担保的形式

（1）银行保函。预付款担保的主要形式是银行保函。预付款的担保金额通常与发包人的预付款是等值的。预付款一般逐月从工程付款中扣除，预付款担保的担保金额也相应逐月减少。

（2）发包人与承包人约定的其他形式。

（四）支付担保

1. 支付担保的含义

支付担保是中标人要求发包人提供的保证履行合同中约定的工程款支付义务的担保。其主要作用在于通过对业主资信状况的严格审查并落实各项担保措施，确保工程费用及时支付到位；一旦业主违约，付款担保人将代为履约。

2. 支付担保的形式

支付担保通常采用如下的几种形式：

（1）银行保函；

（2）履约保证金；

（3）担保公司担保。

四、工程保险

工程保险作为一个相对独立的险种起源于 20 世纪初，第一张工程保险单是 1929 年在英国签发的承保泰晤士河上的拉姆贝斯大桥建筑工程。所以，工程保险的历史相对于财产保险中的火灾保险来讲要短得多，可以说是财产保险家族中的新成员。但是，由于工程保险针对的是具有规模宏大、技术复杂、造价昂贵和风险期限较长特点的现代工程，其风险从根本上有别于普通财产保险标的的风险。所以，工程保险是在传统财产保险的基础上有针对性地设计风险保障方案，并逐步发展形成自己独立的体系。

（一）保险概述

1. 基本概念

保险是指投保人根据合同约定，向保险人支付保险费，保险人对于合同约定的可能发生的事故因其发生所造成的财产损失承担赔偿保险金责任，或者当被保险人死亡、伤残、疾病或者达到合同约定的年龄、期限等条件时，承担给付保险金责任的商业保险行为。

2. 保险合同

保险合同是投保人与保险人约定保险权利义务关系的协议。

保险合同应当包括下列事项：

（1）保险人的名称和住所；

（2）投保人、被保险人的姓名或者名称、住所，以及人身保险的受益人的姓名或者名称、住所；

（3）保险标的；

（4）保险责任和责任免除；

（5）保险期间和保险责任开始时间；

（6）保险金额；

（7）保险费以及支付办法；

（8）保险金赔偿或者给付办法；

（9）违约责任和争议处理；

（10）订立合同的年、月、日。

投保人和保险人可以约定与保险有关的其他事项。

3. 保险合同涉及的利益相关方

投保人是指与保险人订立保险合同，并按照合同约定负有支付保险费义务的人。保险人是指与投保人订立保险合同，并按照合同约定承担赔偿或者给付保险金责任的保险公司。

被保险人是指其财产或者人身受保险合同保障，享有保险金请求权的人。投保人可以为被保险人。受益人是指人身保险合同中由被保险人或者投保人指定的享有保险金请求权的人。投保人、被保险人可以为受益人。投保人提出保险要求，经保险人同意承保，保险合同成立。保险人应当及时向投保人签发保险单或者其他保险凭证。

4. 保险标的

人身保险是以人的寿命和身体为保险标的的保险。人身保险业务，包括人寿保险、健康保险、意外伤害保险等保险业务。

财产保险是以财产及其有关利益为保险标的的保险。财产保险业务，包括财产损失保险、责任保险、信用保险、保证保险等保险业务。

5. 保险费和保险金额

保险合同成立后，投保人按照约定交付保险费，保险人按照约定的时间开始承担保险责任。保险金额是指保险人承担赔偿或者给付保险金责任的最高限额。

（二）保险索赔

1. 投保人等应当及时提出保险索赔

投保人、被保险人或者受益人知道保险事故发生后，应当及时通知保险人。故意或者因重大过失未及时通知，致使保险事故的性质、原因、损失程度等难以确定的，保险人对无法确定的部分，不承担赔偿或者给付保险金的责任，但保险人通过其他途径已经及时知道或者应当及时知道保险事故发生的除外。

2. 投保人进行保险索赔须提供必要的有效的证明

保险事故发生后，按照保险合同请求保险人赔偿或者给付保险金时，投保人、被保险人或者受益人应当向保险人提供其所能提供的与确认保险事故的性质、原因、损失程度等有关的证明和资料。

保险人按照合同的约定，认为有关的证明和资料不完整的，应当及时一次性通知投保人、被保险人或者受益人补充提供。

3. 损失计算与补偿费用支付

保险人收到被保险人或者受益人的赔偿或者给付保险金的请求后，应当及时做出核定；情形复杂的，应当在三十日内做出核定，但合同另有约定的除外。保险人应当将核定结果通知被保险人或者受益人；对属于保险责任的，在与被保险人或者受益人达成赔偿或者给付保险金的协议后十日内，履行赔偿或者给付保险金义务。保险合同对赔偿或者给付保险金的期限有约定的，保险人应当按照约定履行赔偿或者给付保险金义务。

保险人未及时履行前款规定义务的，除支付保险金外，应当赔偿被保险人或者受益人因此受到的损失。

保险人依照上述情况做出核定后，对不属于保险责任的，应当自做出核定之日起三日内向被保险人或者受益人发出拒绝赔偿或者拒绝给付保险金通知书，并说明理由。

保险人自收到赔偿或者给付保险金的请求和有关证明、资料之日起六十日内，对其赔偿或者给付保险金的数额不能确定的，应当根据已有证明和资料可以确定的数额先予支付；保险人最终确定赔偿或者给付保险金的数额后，应当支付相应的差额。

人寿保险以外的其他保险的被保险人或者受益人，向保险人请求赔偿或者给付保险金的诉讼时效期间为二年，自其知道或者应当知道保险事故发生之日起计算。

人寿保险的被保险人或者受益人向保险人请求给付保险金的诉讼时效期间为五年，自其知道或者应当知道保险事故发生之日起计算。

（三）工程保险

建设工程活动涉及的险种较多，主要包括建筑工程一切险（及第三者责任险）、安装工程一切险（及第三者责任险）、机器损坏险、机动车辆险、建筑职工意外伤害险、勘察设计责任险和工程监理责任险等。

1. 工程一切险

按照我国保险制度，工程险包括建筑工程一切险、安装工程一切险两类。在施工过程中，如果发生保险责任事件使工程本体受到损害，已支付进度款部分的工程属于项目法人的财产，尚未获得支付但已完成部分的工程属于承包人的财产，因此要求投保人办理保险时应以双方名义共同投保。

《建设工程施工合同（示范文本）》（GF—2017—0201）规定，除专用合同条款另有约定外，发包人应投保建筑工程一切险或安装工程一切险；发包人委托承包人投保的，因投保产生的保险费和其他相关费用由发包人承担。国际工程一般要求承包人办理保险。

如果承包商不愿投保一切险，也可以就承包商的材料、机具设备、临时工程、已完工程等分别进行保险，但应征得业主的同意。一般来说，集中投保一切险，可能比分别投保的费用要少。有时，承包商将一部分永久工程、临时工程、劳务等分包给其他分包商，他可以要求分包商投保其分担责任的那一部分保险，而自己按扣除该分包价格的余额进行保险。

2. 第三者责任险

该项保险是指由于施工的原因导致项目法人和承包人以外的第三人受到财产损失或人身伤害的赔偿。第三者责任险的被保险人也应是项目法人和承包人。该险种一般附加在工程一切险中。

在发生这种涉及第三方损失的责任时，保险公司将对承包商由此遭到的赔款和发生诉讼等费用进行赔偿。但是应当注意，属于承包商或业主在工地的财产损失，或其公司和其他承包商在现场从事与工作有关的职工的伤亡不属于第三者责任险的赔偿范围，而属于工程一切险和人身意外险的范围。

3. 工伤保险和人身意外伤害险

《建设工程施工合同（示范文本）》（GF—2017—0201）规定，发包人应依照法律规定参加工伤保险，并为在施工现场的全部员工办理工伤保险，缴纳工伤保险费，并要求监理人及由发包人为履行合同聘请的第三方依法参加工伤保险。承包人应依照法律规定参加工伤保险，并为其履行合同的全部员工办理工伤保险，缴纳工伤保险费，并要求分包人及由承包人为履行合同聘请的第三方依法参加工伤保险。

《中华人民共和国建筑法》第四十八条规定，建筑施工企业应当依法为职工参加工伤保险缴纳工伤保险费。鼓励企业为从事危险作业的职工办理意外伤害保险，支付保险费。

《建设工程施工合同（示范文本）》（GF—2017—0201）规定，发包人和承包人可以为其施工现场的全部人员办理意外伤害保险并支付保险费，包括其员工及为履行合同聘请的第三方的人员，具体事项由合同当事人在专用合同条款约定。

4. 承包人设备保险

除专用合同条款另有约定外，承包人应为其施工设备等办理财产保险。

5. 执业责任险

以勘察设计人、咨询人（监理人）的设计、咨询错误或员工工作疏漏给业主或承包商造成的损失为保险标的。

第五章 工程项目进度管理

第一节 三种组织方式的比较

流水作业是一种诞生时间较早，能够科学有效地组织工程项目实施方法之一，在建筑实施过程中得到广泛应用。流水作用组织方式建立在分工明确和大批量生产的基础上，可以充分地利用工作时间和操作空间，均衡安排劳动力资源，减少不必要的劳动消耗，提高工作效率。合理组织流水施工可以保证施工作业连续有节奏地进行，对减少工程投资、提高工程质量、缩短工程建设周期有显著的作用。

一、组织作业的方式

基于工程项目的作业特点，实践中常见的作业组织方式有依次作业、平行作业和流水作业等方式。

（一）依次作业

依次作业是将拟建工程项目中的每一个施工对象分解为若干个施工过程，按施工工艺要求依次完成每一个施工过程；当一个施工对象完成后，再按同样的方法和顺序完成下一个施工对象，依次类推，直至完成所有施工对象。

依次作业方式具有以下特点：

（1）施工工作面没有得到充分的利用，施工工期较长；

（2）各专业队不能连续作业，有时间间隔，各种资源（如劳动力、材料、工器具等）无法均衡安排；

（3）工作效率低下，不利于提高工程质量；

（4）由于工作面和工作时间有空歇，单位时间内投入的各项资源量相对较少，有利于资源的组织分配；

（5）施工现场的管理投入较少，管理相对简单。

（二）平行作业

平行作业是组织劳动力相同或相似的几个工作队，在同一时间、不同空间，按施工工艺要求完成相应的施工对象。平行作业方式的特点：

（1）施工工作面利用充分，施工工期较短；

（2）各专业队不能连续作业，各种资源无法均衡使用；

（3）工作队工作效率低下，不利于提高工程质量；

（4）单位时间内投入的各项资源量成倍地增加，不利于资源的组织分配；

（5）施工现场的组织、管理相对复杂。

（三）流水作业

流水作业方式是将每一个施工对象分解为若干个施工过程，并根据施工过程成立相应的专业工作队，各专业队按照施工顺序依次完成各个施工对象。流水作业方式的特点：

（1）施工工作面得到了较好的利用，施工工期较短；

（2）保证了施工在时间和空间上的连续；

（3）实现了专业化施工，工作效率和工程质量得到了极大的提高；

（4）单位时间内投入的各项资源量相对较少，有利于资源的组织分配；

（5）有利于施工现场的科学管理。

例题 5-1：拟兴建四幢相同的建筑物，其编号分别为 Ⅰ、Ⅱ、Ⅲ、Ⅳ。它们均由挖土方、做垫层、砌基础和回填四个施工过程组成，且基础工程量都相等。每个施工过程在每个建筑物中的施工天数均为 5 天，其中：挖土方时，工作队由 8 人组成；做垫层时，工作队由 6 人组成；砌基础时，工作队由 14 人组成；回填土时，工作队由 5 人组成。三种作业组织方式劳动力动态及施工进度如图 5-1 所示。

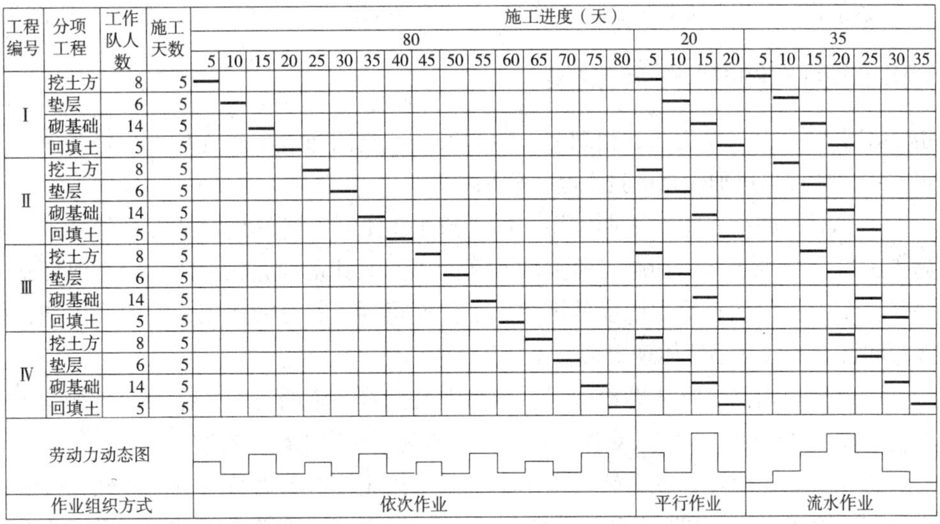

图 5-1　三种作业方式劳动力动态及施工进度图

二、三种作业组织方式比较

三种作业组织方式的特点比较见表 5-1。

三种作业组织方式的特点比较表　　　　　　　　表 5-1

依次作业	平行作业	流水作业
1. 工作面有空闲，工期长； 2. 实行专业班组施工，有窝工现象； 3. 日资源用量少，品种单一，但不均匀； 4. 消除窝工则不能实行专业班组施工，对提高劳动生产率和工程质量不利	1. 充分利用工作面，工期短； 2. 实行专业班组如不进行工程协调，则有窝工现象； 3. 日资源用量大，品种单一，且不均匀； 4. 对合理利用资源，提高劳动生产率和工程质量是不利的	1. 合理利用工作面，工期适中； 2. 实行专业班组减少窝工现象； 3. 日资源耗用量适中，且比较均匀； 4. 实行专业班组，则有利于提高劳动生产率和工程质量

三、组织流水作业的条件

组织流水作业，必须具备以下几个方面的条件：

（1）将拟建工程项目分解成若干个施工过程，成立固定的专业队。每个施工过程分别由固定的专业队负责完成。施工过程的合理划分有助于组织专业化施工队伍有效协作地配合施工。

（2）将各个施工过程划分成若干个施工段，尽可能使作用在这些施工段上的劳动量大致相同。施工段的划分是形成流水作业的前提，没有施工段的划分就不可能也不必要组织任何流水作业。

（3）确定各个施工专业队在相应的施工段内的工作持续时间。工作持续时间的量度影响施工的节奏性，工作持续时间根据工程量、人数、工作效率等几个因素进行衡量。

（4）各专业队按各自既定的施工工艺，配备相应的资源，依次地、连续地、无间歇地由一个施工段转入下一个施工段的施工。

（5）各施工过程的施工时间有必要的适当搭接。不同专业队之间在工作时间上有搭接关系是连续施工或工艺上所要求的，工作时间的搭接可以节约施工时间，缩短施工工期。

四、组织流水作业的技术经济效果

由于流水作业方式在工艺过程划分、时间安排和空间布置上较为科学，较其他两种作业组织方式，体现出更加优越的技术经济效果。

（1）工作时间减少，施工工期较短。由于流水施工具有连续性、节奏性等特点，能够加快施工进度，减少工作面和施工段上的时间间隔。尤其是专业施工队之间在保证施工工艺的完整性下，可以实现最大限度的搭接，工作面得到了充分的运用，缩短了工期，使得经济效益和社会效益尽早地体现出来。

（2）可以实现均衡、有节奏地施工。劳动人员按着一定的要求，在每一个被安排得有规律的施工段上进行施工，可以使各个施工段上的资源安排均衡、有节奏。

（3）实现专业化生产，提高劳动生产率。流水作业使劳动力组织更加合理，资源的利用更加均衡，管理的效果更加明显，必然会在一定时间内提高施工技术水平和劳动生产率。

（4）提高工程质量，降低工程成本。由于流水作业实现了专业化生产，工人施工技术水平更加熟练，并且各专业队之间紧密地搭接作业，无形之中实现互相监督，因此工程质量得到了提高。由于流水作业资源组织均衡，资源利用充分，生产效率提高，减少了各种不必要的损失，节约了人工费、材料费和施工机械费以及企业管理费等费用，降低了工程成本，提高了各单位经济效益。

五、流水作业的分类

在流水作业中，由于流水节拍的规律不同，决定了流水步距、流水施工工期的计算方法也不同，甚至影响到各个施工过程的专业工作队的数目。因此，有必要按照流水节拍的特征将流水作业进行分类。

（一）按流水作业的对象分类

以建筑工程为对象，流水作业通常可分为：

1. 分项工程流水作业。分项工程流水作业也称为"细部流水作业"，它是在一个专业工种内部组织起来的流水作业。

2. 分部工程流水作业。分部工程流水作业也称为"专业流水作业"，它是在一个分部工程内部的各分项工程之间组织起来的流水作业。

3. 单位工程流水作业。单位工程流水作业也称为"综合流水作业"，它是在一个单位工程内部的各分部工程之间组织起来的流水作业。

4. 群体工程流水作业。群体工程流水作业也称为"大流水作业"，它是在若干单位工程之间组织起来的流水作业。反映在项目施工进度计划上，是一张项目施工总进度计划。

（二）按流水作业的节奏特征分类

其分类情况如图5-2所示。

1. 有节奏流水施工

有节奏流水施工是指在组织流水施工时，每一个施工过程在各个施工段上的流水节拍都各自相等的流水施工，它分为等节奏流水施工和异节奏流水施工。

（1）等节奏流水施工

等节奏流水施工是指在有节奏流水施工中，各施工过程的流水节拍都相等的流水施工，也称为"固定节拍流水施工"或"全等节拍流水施工"。

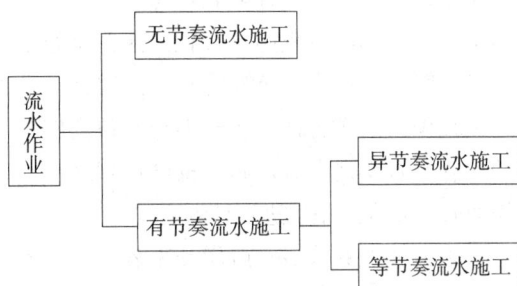

图5-2 流水作业的类型

（2）异节奏流水施工

异节奏流水施工是指在有节奏流水施工中，各施工过程的流水节拍各自相等而不同施工过程之间的流水节拍不尽相等的流水施工。有以下两种组织方式：

①等步距异节奏流水施工。等步距异节奏流水施工是指在组织异节奏流水施工时，按每个施工过程流水节拍之间的比例关系，成立相应数量的专业工作队而进行的流水施工，也称为"加快的成倍节拍流水施工"。

②异步距异节奏流水施工。异步距异节奏流水施工是指在组织异节奏流水施工时，每个施工过程成立一个专业工作队，由其完成各施工段任务的流水施工，也称为"一般的成倍节拍流水施工"。

2. 无节奏流水施工

无节奏流水施工是指在组织流水施工时，全部或部分施工过程在各个施工段上的流水节拍不相等的流水施工。

第二节 流水作业参数

流水作业参数定量地表达了组织流水施工时，各个施工过程在时间上和工作面上的进展状况和相互依存的关系。流水作业参数包括工艺参数、空间参数和时间参数。

一、工艺参数

组织流水施工时，用以表达施工工艺方面进展状态的参数，称为"工艺参数"，它包括施工过程和流水强度两个参数。

（一）施工过程

为了组织工程流水施工，根据施工组织设计及计划安排的需要，将拟建工程划分成的几个子项，称为"施工过程"。在划分施工过程时，只有那些对工程施工具有直接影响的施工内容才予以考虑并组织在流水之中。施工过程的粗细程度根据计划和实际的需要而定，一般来讲，当编制控制性施工进度计划时，组织流水施工的施工过程可以粗一些；当编制详细性施工进度计划时，组织流水施工的施工过程可以细一些。施工过程可以是一个工序，可以是分项工程、分部工程或者是单位工程，还可以是它们的组合，根据实际情况而定。

根据拟建工程的性质和特点不同，施工过程一般分为三类，即建造类施工过程，运输类施工过程和制备类施工过程。建造类施工过程在这三类中占主导地位，占有施工对象的大量空间，直接影响工期的长短。因此，必须列入施工进度计划，并在其中大多作为主导施工过程或关键工作。运输类与制备类施工过程一般不占有施工对象的工作面，不影响工期，故不需要列入流水施工进度计划之中。只有当其对工期影响较大、占有施工对象的工作面时，才列入施工进度计划之中。

施工过程的数目一般用 n 来表示，如果组织流水的施工过程各由一个专业队施工，则施工过程数 n 和专业队数相等；如果一个施工过程是由几个专业队共同负责完成，或者一个专业队负责完成几个施工过程，这种情况施工过程数与专业队数便不相等。

（二）流水强度

流水强度（又称流水能力或生产能力）是指组织流水施工的某个施工过程（专业队）在单位时间内所完成的工作量。流水强度可按如下计算公式求得：

$$V = \sum_{i=1}^{X} R_i \cdot S_i \qquad (5-1)$$

式中　　V——流水强度；

R_i——投入该施工过程的第 i 种资源量；

S_i——投入该施工过程的第 i 种资源的产量定额；

X——投入该施工过程的资源种类数量。

二、空间参数

空间参数是指在组织流水施工时，用以表达流水施工在空间布置上的参数。通常包括工作面、施工段和施工层三种。

（一）工作面

工作面是指某专业工种的工人或某种施工机械进行施工工作的活动空间。工作面的大小，表明能够容纳施工人数或机械台数的多少，其大小取决于单位时间内其完成的工程量和安全施工的要求。工作面确定得合理与否，直接影响专业工作队的生产效率。主要工种工作面数据可参考表5-2。

工作项目	砌砖墙	浇筑混凝土	墙面抹灰	屋面防水	门窗安装
工作面	7~8（m/人）	3~5（m³/人）	16~18（m²/人）	18（m²/人）	11（m²/人）

（二）施工段

将施工过程在工作平面或时间上划分成若干个劳动量大致相等的施工段落，称为"施工段"。施工段的数量一般用 m 来表示，是流水施工的主要参数之一。

1. 施工段划分的目的

施工段划分的目的就是为了更好地组织流水施工。施工段的划分为流水施工的组织提供了足够的空间，使流水施工在建筑工程上成为可能。组织流水施工时，通过划分足够数量的施工段，可以充分地利用工作面，避免窝工，尽可能地缩短了工程工期，提高了工作效率，有利于工程质量的提高。

2. 施工段划分的原则

为使流水施工组织得顺畅，施工段应合理划分，一般应遵循下列原则：

第一，当建筑物只有一层时，施工段数就是一层的段数。当建筑物有多层时，施工段数是各层的段数之和。一般情况下，各层的施工段数相等，分段界限垂直对应。

第二，尽可能地使同一专业工作队在各个施工段上的工作量大致相等，相差幅度不宜超过 10%~15%。

第三，为了保持结构的整体性和稳定性，施工段的划分界限尽量利用结构缝及在平面上有变化的地方，如沉降缝、伸缩缝等处。

第四，施工段数目的多少要与主导施工过程数相协调，要满足合理组织流水施工的要求。施工段数目过多，可能会导致工期延长，降低施工速度；施工段数目过少，工作面得不到充分的利用，无法形成流水，可能造成劳动力或机械设备的窝工。

第五，对于多层建筑物、构筑物或需要分层施工的工程，应既分施工段，又分施工层（用 C 表示），各专业工作队要依次完成每一层的各施工段任务后，再转入下一施工层上的每个施工段工作。施工段的数目应满足合理流水施工组织的要求，即 $m \geq n$。

（三）施工层

在组织流水施工时，为了满足专业工种对操作高度和施工工艺的要求，将拟建工程项目在竖向上划分为若干个操作层，这些操作层称为"施工层"，施工层一般用 C 来表示。

施工层的划分应视工程项目的具体情况，根据建筑物的高度和楼层来确定。如砌筑工程的高度一般为 1.2m，室内抹灰、木装饰、油漆、玻璃和水电安装等，可按楼层进行施工层划分。

三、时间参数

时间参数是指在组织流水施工时，用以表达流水施工在时间排列上所处状态的参量，主要包括流水节拍、流水步距和流水施工工期等。

（一）流水节拍

流水节拍是指在组织流水施工时，某个专业工作队在其工作的施工段上的施工时间。

第 j 个专业工作队在第 i 个施工段的流水节拍一般用 $t_{j,i}$ 来表示。

流水节拍是流水施工的主要参数之一，它的大小表明流水施工的速度和节奏性。流水节拍小，其流水速度快，节奏感强；反之则相反。流水节拍决定着单位时间的资源供应量，是区别流水施工组织方式的特征参数。

同一施工过程的流水节拍，主要由所采用的施工方法、施工机械以及在工作面允许的前提下投入施工的工人数、机械台数和所采用的工作班次等因素确定。

流水节拍在不同情况下可分别按下列三种方法确定：

1. 定额计算法

已有定额标准时，可按公式（5-2）或公式（5-3）确定流水节拍。

$$t_{j,i} = \frac{Q_{j,i}}{S_j \cdot R_j \cdot N_j} = \frac{P_{j,i}}{R_j \cdot N_j} \tag{5-2}$$

或

$$t_{j,i} = \frac{Q_{j,i} \cdot H_j}{R_j \cdot N_j} = \frac{P_{j,i}}{R_j \cdot N_j} \tag{5-3}$$

式中　$t_{j,i}$——第 j 个专业工作队在第 i 个施工段的流水节拍；

　　$Q_{j,i}$——第 j 个专业工作队在第 i 个施工段上需完成的工程量；

　　S_j——第 j 个专业工作队的计划产量定额；

　　H_j——第 j 个专业工作队的计划时间定额；

　　$P_{j,i}$——第 j 个专业工作队在第 i 个施工段需要的资源量；

　　R_j——第 j 个专业工作队所投入的人工数或机械台班数；

　　N_j——第 j 个专业工作队的工作班次。

如果根据工期要求采用倒排进度的方法确定流水节拍时，可用上式反算出所需要的工人数或者机械台班数。但在此时，必须检查劳动力、材料和施工机械供应的可能性，以及工作面是否充分等。

2. 经验估算法

如果没有定额可查，可采用三时估计法计算流水节拍，其计算公式如下：

$$t = \frac{a + 4m + b}{6} \tag{5-4}$$

式中　a——估计最短时间；

　　b——估计最长时间；

　　m——最可能估计时间。

确定流水节拍应注意以下问题：

（1）流水节拍的取值必须考虑到专业队组织和人数方面的限制和要求，尽可能不过多地改变原来的劳动组织状况，以便对专业队的管理；

（2）流水节拍的确定，应考虑到工作面条件的限制，必须保证有关专业队有足够的施工操作空间，保证施工操作安全和专业队的工作效率；

（3）流水节拍的确定，应考虑到机械设备的实际负荷能力和可能提供的机械设备数量以及机械设备操作场所安全和质量的要求；

（4）有特殊技术限制的工程，在安排其流水节拍时，应满足这些限制的要求。如有防水要求的工程，受交通条件影响的道路改造工程等；

（5）首先应确定主导施工过程的流水节拍，并以它为依据确定其他施工过程流水节拍。主导施工过程的流水节拍应是各施工过程流水节拍的最大值。

3. 工期反算法（或称倒排进度法）

对在规定日期内必须完成的工程项目，往往采用倒排进度法，具体步骤如下：

（1）根据工期倒排进度，确定某施工过程总的工作持续时间；

（2）确定某个施工过程在某个施工段上的流水节拍。若同一施工过程的流水节拍不等，则用估算法；若流水节拍相等，则

$$t=T/m \tag{5-5}$$

式中，t 为流水节拍，T 为某个施工过程总的工作持续时间，m 为施工段数。

（二）流水步距

流水步距是指组织流水施工时，相邻两个施工过程（或专业工作队）相继开始投入流水施工的最小间隔时间。流水步距一般用 $K_{j, j+1}$ 来表示，其中 j（$j=1, 2, \cdots, n-1$）为专业工作队或施工过程的编号。

如果施工过程数为 n 个，则流水步距的总数为 $n-1$ 个。

流水步距的大小取决于相邻两个施工过程在各个施工段上的流水节拍及流水施工组织方式。确定流水步距时，一般应满足以下基本要求：

（1）各施工过程按各自流水速度施工，始终保持工艺先后顺序；

（2）各施工过程的专业工作队投入施工后尽可能保持连续作业；

（3）相邻两个施工过程（或专业工作队）在满足连续施工的条件下，能最大限度地实现合理搭接，保证每个施工段的施工作业程序不乱。

（三）平行搭接时间

在组织流水施工时，有时为了缩短工期，在工作面允许的条件下，如果前面一个专业工作队完成施工任务后，能够提前为后一个专业工作队提供工作面，使后者提前进入该工作面，两者在同一工作面上平行搭接施工，这个搭接时间称为"平行搭接时间"。平行搭接时间通常以 $C_{j, j+1}$ 表示。

（四）技术间歇时间

在组织流水施工时，由于建筑技术施工工艺的要求或建筑材料、构配件的性质，使相邻两个施工过程在流水步距之外需增加一段间歇等待时间，称为"技术间歇时间"。如混凝土浇筑之后的养护时间，砂浆抹面和油漆干燥的时间及墙体砌筑前的墙身位置弹线等。技术间歇时间以 $Z_{j, j+1}$ 表示。

（五）组织间歇时间

在组织流水施工中由于施工组织的原因，造成的间歇时间称为"组织间歇时间"。如墙体砌筑前的墙体位置弹线，施工人员、机械设备转移，回填土前地下管道检查验收等。组

织间歇时间用 $G_{j,\,j+1}$ 来表示。

（六）流水施工工期

流水施工工期是指从第一个专业工作队投入流水施工开始，到最后一个专业工作队完成流水施工为止的整个持续时间。由于一项建设工程包含多个流水组，所以流水施工工期一般是整个工程的总工期，一般用 T 表示。

第三节　流水作业的组织方法

一、等节奏流水施工

（一）等节奏流水施工的特点

在组织流水施工时，如果所有的施工过程在各个施工段上的流水节拍彼此相等，这种流水施工组织方式称为"等节奏流水施工"，也称"固定节拍流水"或"全等节拍流水"。等节奏流水施工是最理想的组织流水方式，因为这种组织方式能够保证专业队的工作连续、有节奏，可以实现均衡施工，从而最理想地达到组织流水作业的目的。在可能的情况下，应尽量采用这种流水方式组织流水。

组织这种流水施工，前提是：

（1）使各施工段的工程量基本相等。

（2）先确定主导施工过程的流水节拍。

（3）通过调节各专业队的人数，使其他施工过程的流水节拍与主导施工过程的流水节拍相等。

等节奏流水施工的特点如下：

（1）所有施工过程在各个施工段上的流水节拍都彼此相等。

（2）相邻施工过程的流水步距相等，而且等于流水节拍。

（3）每个专业工作队都能够连续作业，施工段之间没有空闲时间。

（4）专业工作队数等于施工过程数目。

（5）在组织多层建筑等节奏流水施工中最为理想的条件是施工段数与专业队数相等。

（二）组织方法

（1）确定项目施工起点流向，分解施工过程。

（2）确定施工顺序，划分施工段。

（3）确定流水节拍。根据等节奏流水的要求，应使各个施工过程的流水节拍相等。

（4）确定流水步距，$k=t$。

（5）计算流水施工的工期。

①不分施工层时，工期计算公式为：

$$T=(m+n-1)\cdot k+\sum Z_{j,\,j+1}+\sum G_{j,\,j+1}-\sum C_{j,\,j+1} \tag{5-6}$$

②分施工层时，工期的计算公式为：

$$T=(m\times r+n-1)\cdot k+\sum Z_1-\sum C_{j,\,j+1} \tag{5-7}$$

式中 T 为流水作业总工期；r 为施工层数；m 为施工段数；n 为施工过程数；k 为流水步距；$G_{j,\,j+1}$ 为组织间歇，Z_1 为两施工过程在同一层内的技术和组织间歇；C 为同一层内两个施工过程间的平行搭接时间。

（6）绘制流水作业图表。

（三）应用举例

1. 单层无技术间歇和搭接

例 5-2：某分部工程由四个分项工程组成，划分为五个施工段，流水节拍均为 3 天，无技术和组织间歇，试确定流水步距，计算工期，并绘制流水施工进度表。

解：由已知条件知，宜组织全等节拍流水。

①确定流水步距。

全等节拍流水时流水步距等于流水节拍，即 $k=t=3$ 天

②计算工期：$T=(m+n-1)\cdot k=(5+4-1)\times 3=24$ 天

③绘制流水施工进度图表，如图 5-3 所示。

分项工程编号	施工进度（天）							
	3	6	9	12	15	18	21	24
A	①	②	③	④	⑤			
B	k	①	②	③	④	⑤		
C		k	①	②	③	④	⑤	
D			k	①	②	③	④	⑤

$$T=(m+n-1)\cdot k=24$$

图 5-3　等节奏流水施工进度表

2. 多层建筑物无技术间歇和搭接

例 5-3：某二层现浇钢筋混凝土工程，有支模板、绑扎钢筋和浇筑混凝土三个施工过程。在竖向上划分为两个施工层，即结构层与施工层一致。如流水节拍都是 3 天，试分别按 $m=4$，$m=3$ 和 $m=2$，三种情况组织全等节拍流水。

解：按全等节拍流水施工组织方法，流水施工的开展状况如图 5-4、5-5 和 5-6 所示。

由图 5-4、5-5 和 5-6 可以看出：

①当施工段数 m 大于施工过程数 n 时，各施工段上不能连续有工作队在作业，即施工段有空闲，但是各个工作能连续作业，没有窝工。

②当施工段数 m 等于施工过程数 n 时，各个施工段上都有工作队在工作，施工段没有空闲，各个工作队也能连续施工，没有窝工。

③当施工段数 m 小于施工过程数 n 时，各个施工段都有工作队在工作，施工段没有空闲，但是工作队不能连续作业，有窝工出现。

因此，对多层建筑物，为保证层间连续作业，施工段数应大于或等于施工过程数，即 $m \geqslant n$。

施工层	施工过程名称	施工进度（天）									
		3	6	9	12	15	18	21	24	27	30
Ⅰ层	支模板	①	②	③	④						
	绑扎钢筋		①	②	③	④					
	浇筑混凝土			①	②		③	④			
Ⅱ层	支模板					①	②	③	④		
	绑扎钢筋						①	②	③	④	
	浇筑混凝土							①	②	③	④

图 5-4　$m > n$ 时流水作业开展情况

施工层	施工过程名称	施工进度（天）							
		3	6	9	12	15	18	21	24
Ⅰ层	支模板	①	②	③					
	绑扎钢筋		①	②	③				
	浇筑混凝土			①	②	③			
Ⅱ层	支模板				①	②	③		
	绑扎钢筋					①	②	③	
	浇筑混凝土						①	②	③

图 5-5　$m=n$ 时流水作业开展情况

施工层	施工过程名称	施工进度（天）						
		3	6	9	12	15	18	21
Ⅰ层	支模板	①	②					
	绑扎钢筋		①	②				
	浇筑混凝土			①	②			
Ⅱ层	支模板				①	②		
	绑扎钢筋					①	②	
	浇筑混凝土						①	②

图 5-6　$m < n$ 时流水作业开展情况

3. 多层建筑物有技术间歇和平行搭接

组织多层建筑物有技术间歇和平行搭接的流水施工时，为保证工作队在层间连续作业，施工段数 m 应满足下列条件：

$$m \geqslant n+\frac{\sum z_1}{k}+\frac{\sum z_2}{k}-\frac{\sum c}{k} \qquad (5-8)$$

式中，$\sum z_1$ 为一个施工层内各个施工过程间的技术和组织间歇时间之和；$\sum z_2$ 为施工层间技术和组织间歇时间之和；k 为流水步距；$\sum c$ 为一个施工层内平行搭接时间之和。

例5-4：某项目有 Ⅰ、Ⅱ、Ⅲ、Ⅳ四个施工过程，分为两个施工层组织流水作业，施工过程Ⅱ完成后需养护一天，下一个施工过程Ⅲ才能施工，且层间技术间歇为1天，流水节拍均为1天。试确定施工段数，计算工期，绘制流水施工进度表。

解：①确定流水步距：$k=t=1$ 天

②确定施工段数：$m \geqslant n+\dfrac{\sum z_1}{k}+\dfrac{\sum z_2}{k}-\dfrac{\sum c}{k}=4+\dfrac{1}{1}+\dfrac{1}{1}-0=6$（段）

③计算工期：$T=(r \cdot m+n-1) \cdot K+\sum Z_1-\sum C=(2 \times 6+4-1) \times 1+1-0=16$（天）

④绘制流水作业进度表，如图5-7所示。

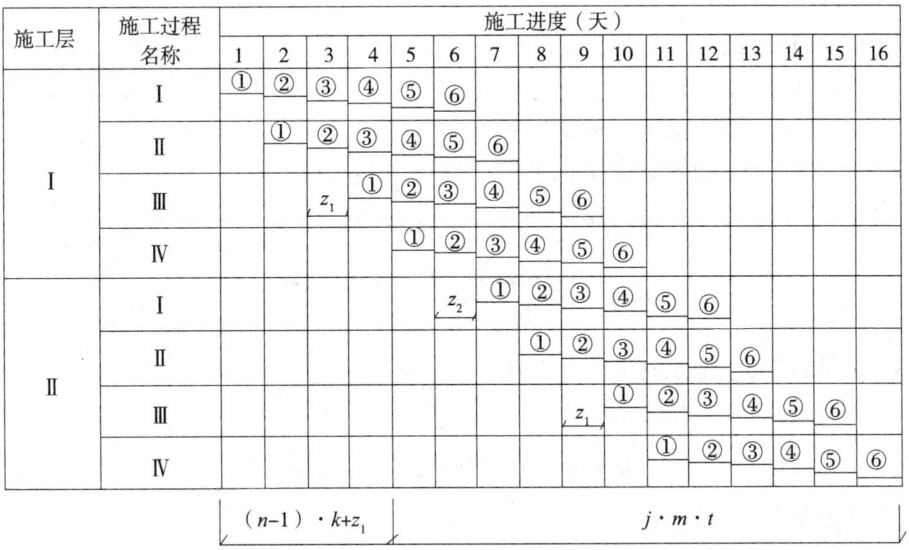

施工层	施工过程名称	施工进度（天）															
		1	2	3	4	5	6	7	8	9	10	11	12	13	14	15	16
Ⅰ	Ⅰ	①	②	③	④	⑤	⑥										
	Ⅱ		①	②	③	④	⑤	⑥									
	Ⅲ			z_1	①	②	③	④	⑤	⑥							
	Ⅳ					①	②	③	④	⑤	⑥						
Ⅱ	Ⅰ						z_2	①	②	③	④	⑤	⑥				
	Ⅱ								①	②	③	④	⑤	⑥			
	Ⅲ									z_1	①	②	③	④	⑤	⑥	
	Ⅳ											①	②	③	④	⑤	⑥

$(n-1) \cdot k+z_1$ ｜ $j \cdot m \cdot t$

图5-7　分层并有技术和组织间歇的等节拍流水作业

二、成倍节拍流水施工

异节奏流水作业是指在有节奏流水施工中，各个施工过程的流水节拍各自相等而不同施工过程之间的流水节拍不尽相等的流水作业。在组织异节奏流水作业时，可以采用异步距和等步距两种方式。

（一）异步距异节奏流水作业

异步距异节奏流水施工是指在组织异节奏流水施工时，每个施工过程成立一个专业工作队，由其完成各施工段任务的流水施工。异步距异节奏流水施工的特点如下：

①同一施工过程在各个施工段上的流水节拍均相等；不同施工过程之间的流水节拍不尽相等；

②相邻施工过程之间的流水步距不尽相等；

③专业工作队数等于施工过程数；

④各个专业工作队在施工段上能够连续作业，施工段之间没有空闲时间。

（二）等步距异节奏流水作业

等步距异节奏流水作业是指在组织流水施工时，如果同一施工过程在各施工段上的流水节拍彼此相等，不同施工过程在同一施工段上的流水节拍彼此不等而且均为某一常数的整数倍的流水施工组织方式，称为"成倍节拍专业流水"。

1. 基本特点

（1）同一施工过程在各施工段上的流水节拍彼此相等，不同的施工过程在同一施工段上的流水节拍彼此不等，但均为某一常数的整数倍；

（2）流水步距彼此相等，且等于流水节拍的最大公约数；

（3）各专业工作队能够保证连续施工，施工段没有空闲；

（4）专业工作队数大于施工过程数，即 $n' > n$。

2. 组织步骤

（1）确定施工顺序，分解施工过程；

（2）确定施工起点、流向，划分施工段。

划分施工段时，其数目 m 的确定如下：

①不分施工层时，可按划分施工段原则确定施工段数目；

②分施工层时，每层的施工段数可按式（5-9）确定。

$$m = n' + \frac{\max \sum Z_1}{k_b} + \frac{\max \sum Z_2}{k_b} - \frac{\sum c}{k_b} \tag{5-9}$$

（3）按异节奏专业流水确定流水节拍。

（4）确定流水步距，按式（5-10）计算：

$$K_b = 最大公约数 \{t_1, t_2, \cdots, t_n\} \tag{5-10}$$

（5）确定专业工作队数：

$$b_j = \frac{t_j}{K_j} \tag{5-11}$$

$$n' = \sum_{j=1}^{n} b_j \tag{5-12}$$

（6）计算总工期：

$$T = (m \cdot r + n' - 1) \cdot K_b + \sum Z_1 - \sum C_{j, j+1} \tag{5-13}$$

式中　r——施工层数。

（7）绘制施工进度图表。

例5-5：某两层现浇钢筋混凝土工程，施工过程分为安装模板、绑扎钢筋和浇筑混凝土。已知每段每层各施工过程流水节拍分别为：$t_{支模}$=2天，$t_{扎筋}$=2天，$t_{浇混}$=1天。当安装模板专业工作队转移到第二结构层的第一施工段时，需待第一层第一段的混凝土养护1天后才能进行。在保证各专业工作队连续施工的条件下，求该工程每层最少的施工段数，并给出流水施工进度图表。

解：（1）根据流水节拍的关系，可以组织等步距异节奏流水作业；求流水节拍的最大公约数作为流水步距，$K=$ 最大公约数 $\{2，2，1\}$=1天；

（2）确定施工队数，各个施工过程的施工队数等于各个施工过程的流水节拍除以流水步距；

$$b_1=2/1=2$$
$$b_2=2/1=2$$
$$b_3=1/1=1$$

施工队总数 =5

（3）根据流水节拍和间歇确定施工段数：

$$m=5+1/1=6$$

（4）根据公式5-13计算流水作业的工期：

$T=\left(m\cdot r+n'-1\right)\cdot K+\sum G+\sum Z_1-\sum C=\left(6\times2+5-1\right)\times1+0+0-0=16$（天）

（5）根据以上计算，绘制流水作业图，如图5-8所示。

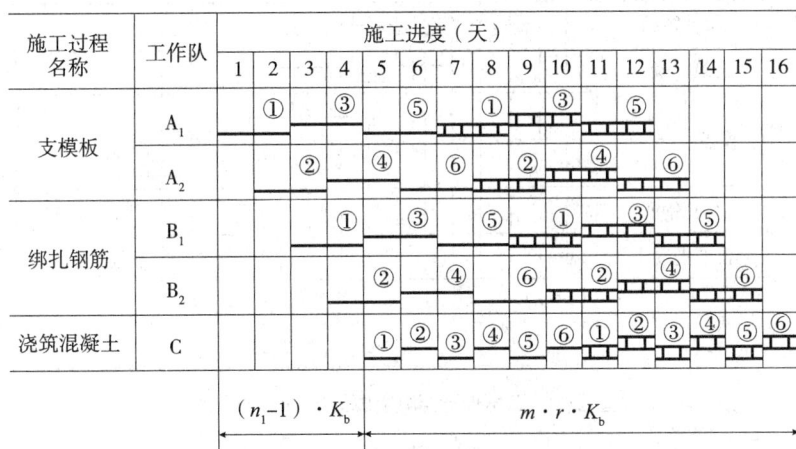

图5-8　成倍节拍流水作业图

例5-6：某二层现浇钢筋混凝土工程，有支模板、绑扎钢筋、浇筑混凝土三道工序，流水节拍分别为 t_1=4天，t_2=2天，t_3=2天。绑扎钢筋与支模板可搭接1天。层间技术间歇为1天。试组织成倍节拍流水施工。

解：（1）确定流水步距：$K_b=$ 最大公约数 $\{4，2，2\}$=2（天）

（2）求各个施工过程的专业工作队：

$$b_1 = \frac{t_1}{K_b} = \frac{4}{2} = 2 \text{（队）}$$

$$b_2 = \frac{t_2}{K_b} = \frac{2}{2} = 1 \text{（队）}$$

$$b_3 = \frac{t_3}{K_b} = \frac{2}{2} = 1 \text{（队）}$$

$$n' = \sum_{j=1}^{n} b_j = 4 \text{（队）}$$

（3）求施工段数：$m = n' + \dfrac{\max \sum Z_1}{k_b} + \dfrac{\max \sum Z_2}{k_b} - \dfrac{\sum c}{k_b} = 4 + \dfrac{0}{2} + \dfrac{1}{2} - \dfrac{1}{2} = 4 \text{（段）}$

（4）求总工期：

$T = (m \cdot r + n' - 1) \cdot K_b + \sum Z_1 - \sum C_{j, j+1} = (4 \times 2 + 4 - 1) \times 2 + 0 - 1 = 21 \text{（天）}$

（5）绘制流水施工进度表，如图 5-9 所示。

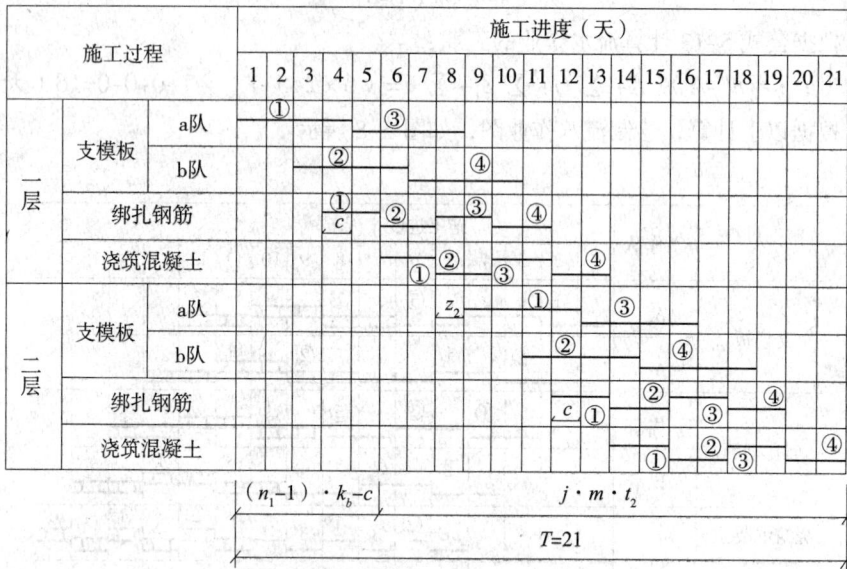

图 5-9　二层现浇混凝土成倍节拍流水作业

三、无节奏流水施工

在实际施工中，通常每个施工过程在各个施工段上的工程量彼此不等，各专业工作的生产效率相差较大，导致大多数的流水节拍也彼此不相等，不可能组织等节奏专业流水或异节奏专业流水。在这种情况下，往往利用流水施工的基本概念，在保证施工工艺，满足施工顺序要求的前提下，按照一定的计算方法，确定相邻专业工作队之间的流水步距，使其在开工时间上最大限度地、合理地搭接起来，形成每个专业工作队都能够连续作业的流水施工方式，称为"无节奏专业流水"，也称"分别流水"。

（一）基本特点

（1）每个施工过程在各个施工段上的流水节拍不尽相等。

（2）在多数情况下，流水步距彼此不相等，而且流水步距与流水节拍二者之间存在着某种函数关系。

（3）各专业工作队都能够连续施工，个别施工段可能有空闲。

（4）专业工作队数等于施工过程数，即 $n' = n$。

（二）组织步骤

（1）确定施工顺序，分解施工过程。

（2）确定施工起点、流向，划分施工段。

（3）确定各施工过程在各个施工段上的流水节拍。

（4）确定相邻两个专业工作队的流水步距。

（5）计算流水施工的计划工期。

（6）绘制流水施工进度表。

（三）流水步距的确定

无节奏流水施工由于在各施工段上的流水节拍不等，很容易造成工艺停歇或工艺超前现象，所以必须正确地计算流水步距。确定流水步距的方法主要有图上分析法、分析计算法和潘特考夫斯基法等。潘特考夫斯基法是由苏联专家潘特考夫斯基提出的，又称为"潘氏方法"，也称为"最大差法"，简称"累加数列法"。此法通常在计算等节拍、无节奏的专业流水中，较为简捷、准确。其计算步骤如下：

（1）对每一个施工过程，根据专业工作队在各施工段上的流水节拍依次累加，求得各施工过程流水节拍的累加数列。

（2）根据施工顺序，将相邻施工过程流水节拍的两累加数列，错一位相减，得一个差数列。

（3）根据错位相减的结果，确定相邻专业工作队之间的流水步距，即取相减结果中数值最大者作为两相邻施工过程的流水步距。

（四）应用举例

例5-7：某屋面工程有三道工序：保温层、找平层、卷材层，分三段进行流水作业，各工序在各个施工段上的作业持续时间见表5-3，试组织无节奏流水作业。

各个工序在各个施工段上的作业持续时间表　　　　　　　　　表5-3

施工过程	第一段	第二段	第三段
保温层	3 天	3 天	4 天
找平层	2 天	2 天	3 天
卷材层	1 天	1 天	2 天

解：（1）确定流水步距：

首先求保温层与找平层两个施工过程之间的流水步距。

$$3，6，10$$
$$- \qquad 2，4，7$$
$$\overline{3，4，6，-7}$$

$$K_{1,2}=\max\{3，4，6，-7\}=6（天）$$

同理可求出找平层与卷材层之间的流水步距为 $K_{2,3}=5$ 天。

（2）求流水作业工期：

$$T=K_{1,2}+K_{1,2}+\sum t_3=6+5+（1+1+2）=15（天）$$

（3）绘制无节奏流水作业进度表，如图5-10所示。

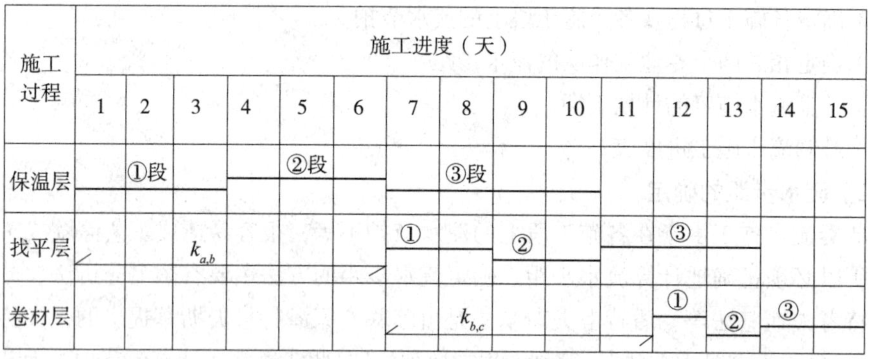

施工过程	施工进度（天）														
	1	2	3	4	5	6	7	8	9	10	11	12	13	14	15
保温层		①段			②段			③段							
找平层			$k_{a,b}$				①		②			③			
卷材层								$k_{b,c}$				①	②	③	

图 5-10　无节奏流水作业进度表

第四节　工程项目进度管理的内容

一、工程项目进度管理的含义

（一）工程项目进度的含义

工程项目进度通常是指工程项目实施的进展情况。在工程项目实施过程中要消耗时间（工期）、劳动力、材料、成本等才能完成工程项目建设的任务。当然项目实施结果应该以项目任务的完成情况，如工程的数量来表达。但由于工程项目对象系统（技术系统）的复杂性，常常很难选定一个恰当的、统一的指标来全面反映工程项目建设的进度。有时时间和投资与计划都吻合，但工程项目建设的实物进度（工作量）未达到目标，后期就必须投入更多的时间和费用。因此，在现代项目管理中，人们已赋予进度以综合的含义，它将项目任务、工期、成本有机地结合起来，形成一个综合的指标，以全面反映项目的实施状况。进度管理已不只是传统的工期管理，而是还将工期与工程实物、成本、劳动消耗与资源占用等统一起来。

施工进度控制并不仅关系到施工进度目标能否实现，它还直接关系到工程的质量和成本。在工程施工实践中，必须树立和坚持一个最基本的工程管理原则，即在确保安全生产和工程质量的前提下，控制工程的进度。

（二）工程项目进度管理的内容

工程项目进度管理，是指在项目实施过程中，对各阶段的进展程度和项目最终完成的期限所进行的管理。其目的是保证工程项目能在满足其时间约束条件的前提下实现其总体目标。

工程项目进度管理包括两大部分内容，即工程项目计划的制定和工程项目进度计划的控制。

工程项目的进度管理实质是时间管理。由于时间是一维的，不可逆转的，又由于工程项目的作用只有在一定的时间内才能充分显示其价值，超过了相应的时间段，其作用和价值就会衰减甚至没有影响，所以，工程项目管理一般以时间管理为主线，如图5-11所示。

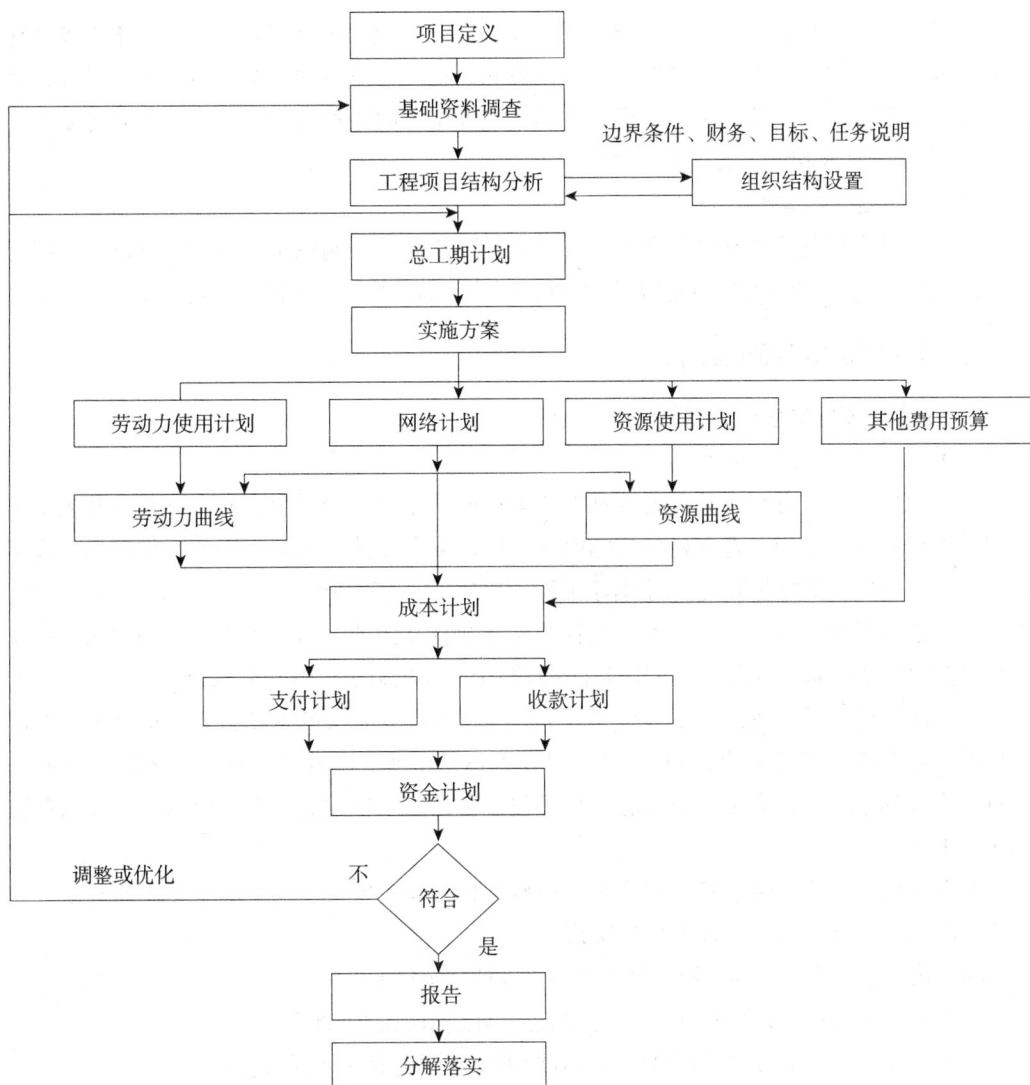

图 5-11　以时间管理为主线的工程项目计划系统

（三）工程项目各方进度控制的目标

1. 业主方进度控制的任务

业主方进度控制的任务是控制整个项目实施阶段的进度，包括控制设计准备阶段的工作进度、设计工作进度、施工进度、物资采购工作进度，以及项目动用前准备阶段的工作进度。

2. 设计方进度控制的任务

设计方进度控制的任务是依据设计任务委托合同对设计工作进度的要求控制设计工作进度，这是设计方履行合同的义务。此外，设计方应尽可能使设计工作的进度与招标、施工和物资采购等工作进度相协调。在国际上，设计进度计划主要是各设计阶段的设计图纸（包括有关的说明）的出图计划，在出图计划中标明每张图纸的名称、图纸规格、负责人和出图日期。出图计划是设计方进度控制的依据，也是业主方控制设计进度的依据。

3. 施工方进度控制的任务

施工方进度控制的任务是依据施工任务委托合同对施工进度的要求控制施工进度，这是施工方履行合同的义务。在进度计划编制方面，施工方应视项目的特点和施工进度控制的需要，编制深度不同的控制性、指导性和实施性施工的进度计划，以及按不同计划周期（年度、季度、月度和旬）的施工计划等。

4. 供货方进度控制的任务

供货方进度控制的任务是依据供货合同对供货的要求控制供货进度，这是供货方履行合同的义务。供货进度计划应包括供货的所有环节，如采购、加工制造、运输等。

二、工程项目进度计划系统

（一）工程项目进度计划系统

1. 工程项目进度计划系统

工程项目参与各方都有其进度管理的任务，业主方参与项目管理的全过程，其主要关注点是工程项目的动用或者交付使用的时间。设计方主要关注的是交图的时间目标，施工方主要关注点是竣工验收即交工的时间目标，供货方主要关注的是供货的时间目标。可见，工程项目进度管理是一个系统，参与工程的各方都有其任务，都从各自的立场和利益出发管理各自的进度目标，为此，需从整体上理解整个工程项目进度管理的系统。

工程项目进度计划系统是由多个相互关联的进度计划组成的系统，它是项目进度控制的依据。由于各种进度计划编制所需要的必要资料是在项目进展过程中逐步形成的，因此，项目进度计划系统的建立和完善也有一个过程，它是逐步形成的。工程项目进度计划系统如图 5-12 所示。

2. 根据项目进度控制不同的需要和不同的用途，工程项目管理方和项目各参与方可以构建多个不同的建设工程项目进度计划系统

（1）由多个相互关联的不同计划深度的进度计划组成的计划系统；

（2）由多个相互关联的不同计划功能的进度计划组成的计划系统；

（3）由多个相互关联的不同项目参与方的进度计划组成的计划系统；

（4）由多个相互关联的不同计划周期的进度计划组成的计划系统。

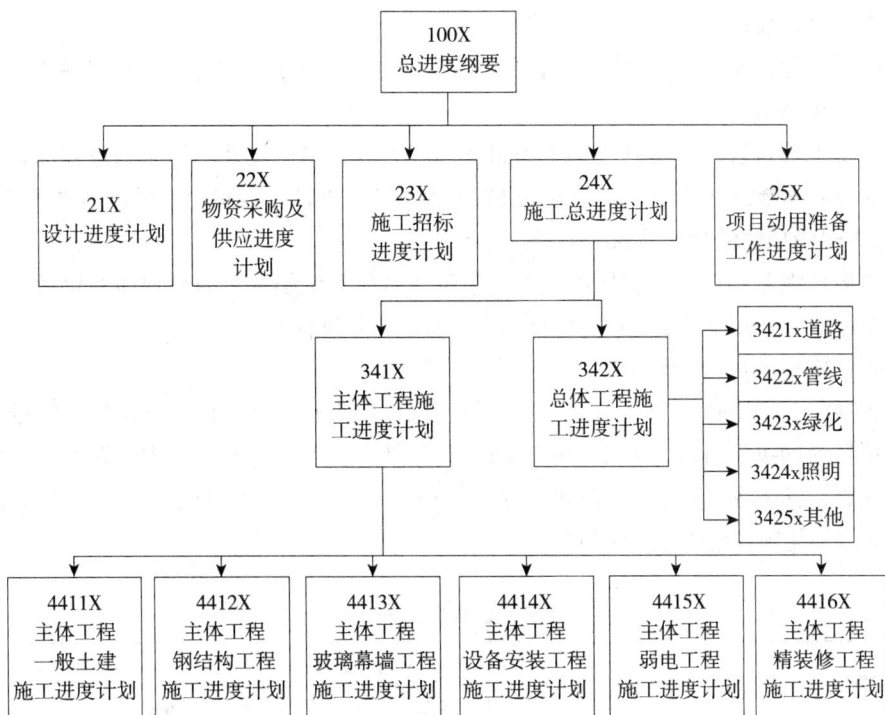

图 5-12 工程项目进度计划系统的示例

3. 由不同深度的计划构成进度计划系统

（1）总进度规划（计划）；

（2）项目子系统进度规划（计划）；

（3）项目子系统中的单项工程进度计划等。

4. 由不同功能的计划构成进度计划系统

（1）控制性进度规划（计划）；

（2）指导性进度规划（计划）；

（3）实施性（操作性）进度计划等。

5. 由不同项目参与方的计划构成进度计划系统

（1）工程项目管理方编制的整个项目实施的进度计划；

（2）设计进度计划；

（3）施工和设备安装进度计划；

（4）采购和供货进度计划等。

6. 由不同周期的计划构成进度计划系统

（1）5 年建设进度计划；

（2）年度、季度、月度和旬计划等。

7. 在建设工程项目进度计划系统中，各进度计划或各子系统进度计划编制和调整时必须注意其相互间的联系和协调

（1）总进度规划（计划）、项目子系统进度规划（计划）与项目子系统中的单项工程进

度计划之间的联系和协调；

（2）控制性进度规划（计划）、指导性进度规划（计划）与实施性（操作性）进度计划之间的联系和协调；

（3）工程项目管理方编制的整个项目实施的进度计划、设计方编制的进度计划、施工和设备安装方编制的进度计划与采购和供货方编制的进度计划之间的联系和协调等。

（二）建设单位的计划体系

建设单位编制（也可以委托项目管理单位或监理单位编制）的计划体系包括工程项目前期工作计划、工程项目建设总进度计划和工程项目年度计划。

1. 工程项目前期工作计划

工程项目前期工作计划是指对工程项目可行性研究、项目评估的工作进度安排，它可使工程项目前期决策阶段各项工作的时间得到控制。工程项目前期工作计划需要在预测的基础上编制，其表述见表5-4。其中"建设性质"是指新建、扩建或改建；"建设规模"是指生产能力、使用规模或建筑面积等。

工程项目前期工作计划 表5-4

项目名称	建设性质	建设规模	项目可行性研究		项目评估	
			进度要求	负责单位负责人	进度要求	负责单位负责人

2. 工程项目建设总进度计划

工程项目建设总进度计划是指工程项目从开始建设（设计、施工准备）至竣工投产（动用）全过程的统一部署。其主要目的是安排各单项工程、单位工程的建设进度，合理分配年度投资，组织各方面的协作，保证初步设计所确定的各项建设任务的完成。

工程项目建设总进度计划的内容包括文字和表格两部分。

（1）文字部分。说明工程项目的概况和特点，安排建设总进度的原则和依据，建设投资来源和资金年度安排情况，工程设计、设备交付和施工力量进场时间的安排，道路、供电、供水等方面的协作配合及进度衔接，计划中存在的主要问题及采取的措施，需要上级及有关部门解决的重大问题等。

（2）表格部分。包括工程项目一览表、工程项目总进度计划、投资计划年度分配表和工程项目进度平衡表。

①工程项目一览表，将初步设计中确定的建设内容，按照单位工程归类并编号，明确其建设内容和投资额，以便各部门按统一的口径确定工程项目投资额，并以此为依据对其进行管理，工程项目一览表见表5-5。

工程项目一览表 表5-5

单项工程或单位工程名称	工程编号	工程内容	概算额（万元）						备注
			合计	建筑工程费	安装工程费	设备费	工器具购置费	工程建设其他费用	

②工程项目总进度计划，是根据初步设计中确定的建设工期和工艺流程，具体安排单项工程、单位工程的开工日期和竣工日期，其表式见表5-6。

工程项目总进度计划　　　　表5-6

工程编号	单项工程或单位工程名称	完成时间	某某年				…
			一季	二季	三季	四季	…

③投资计划年度分配表，是根据工程项目总进度计划安排各个年度的投资，以便预测各个年度的投资规模，为筹集建设资金与银行签订借款合同及制订分年用款计划提供依据，其表式见表5-7。

投资计划年度分配表　　　　表5-7

工程编号	单项工程或单位工程名称	投资额（万元）	投资分配（万元）			
			XX年	XX年	XX年	…
…						
	合计 其中： 建筑安装工程投资 设备投资 工器具投资 其他投资					

④工程项目进度平衡表，用来明确各种设计文件交付日期，主要设备交货日期，施工单位进场日期，水、电及道路接通日期等，以保证工程建设中各个环节相互衔接，确保工程项目按期投产或交付使用，其表式见表5-8。

工程项目进度平衡表　　　　表5-8

工程编号	单项工程或单位工程名称	开工日期	竣工日期	要求设计进度				要求设备进度			要求施工进度			协作配合进度				
				交付日期			设计单位	数量	交货日期	供货单位	进场日期	竣工日期	施工单位	道路通行日期	供电		供水	
				技术设计	施工图	设备清单									数量	日期	数量	日期

3. 工程项目年度计划

工程项目年度计划是依据工程项目建设总进度计划和批准的设计文件进行编制的。该计划既要满足工程项目建设总进度计划的要求，又要与当年可能获得的资金、设备、材料、施工力量相适应。应根据分批配套投产或交付使用的要求，合理安排本年度建设的工程项目。工程项目年度计划主要包括文字和表格两部分内容。

（1）文字部分。说明编制年度计划的依据和原则，建设进度、本年计划投资额及计划建造的建筑面积，施工图、设备、材料、施工力量等建设条件的落实情况，动力资源情况，对外部协作配合项目建设进度的安排或要求，需要上级主管部门协助解决的问题，计划中存在的其他问题，以及为完成计划而采取的各项措施等。

（2）表格部分。包括年度计划项目表、年度竣工投产交付使用计划表、年度建设资金平衡表和年度设备平衡表。

①年度计划项目表，用来确定年度施工项目的投资额和年末形象进度，并阐明建设条件（图纸、设备、材料、施工力量）的落实情况，其表式见表5-9。

年度计划项目表　　　　　　　　　　　　　　表5-9

投资：　　万元；面积：　　m²

工程编号	单位工程名称	开工日期	竣工日期	投资额	投资来源	年初完成			本年计划								建设条件落实情况			
						投资额	建筑安装投资	设备投资	投资			建筑面积			年末形象进度	施工图	设备	材料	施工力量
									合计	建筑安装	设备	新开工	续建	竣工					

②年度竣工投产交付使用计划表，用来阐明各单位工程的建筑面积、投资额、新增固定资产、新增生产能力等建筑总规模及本年计划完成情况，并阐明其竣工日期，其表式见表5-10。

年度竣工投产交付使用计划表　　　　　　　　表5-10

投资：　　万元；面积：　　m²

工程编号	单位工程名称	总规模					本年计划完成			
		建筑面积	投资额	新增固定资产	新增生产能力	竣工日期	建筑面积	投资额	新增固定资产	新增生产能力

③年度建设资金平衡表，其表式见表5-11。

年度建设资金平衡表　　　　　　　　　　　　表5-11

单位：　万元

工程编号	单位工程名称	本年计划投资	动用内部资金	储备资金	本年计划需要资金	资金来源				
						预算拨款	自筹资金	基建贷款	国外贷款	…

④年度设备平衡表，其表式见表 5-12。

年度设备平衡表
表 5-12

工程编号	单位工程名称	设备名称规格	要求到货		利用库存	自制		已到货		采购数量
			数量	时间		数量	完成时间	数量	到货时间	

（三）设计单位的计划体系

设计单位编制计划的主要目的是根据设计合同，按照合同规定的时间提供施工图纸等各种设计文件。

设计单位的进度计划包括设计总进度计划、设计准备工作计划、初步（技术）设计工作进度计划、施工图设计工作进度计划、专业设计作业进度计划。

1.设计总进度计划编制的依据是工程项目总进度计划和有关的合同文件，其内容包括设计准备、方案设计、初步设计、技术设计、施工图设计在内的各项工作所做的总体时间安排。

根据设计总进度计划及其对不同设计工作阶段的时间要求，可以编制出设计准备工作计划、初步（技术）设计工作进度计划、施工图设计工作进度计划。

2.设计准备工作计划是对规划设计条件确定、设计基础资料收集、委托设计等各项工作所做的时间安排。

3.初步（技术）设计工作进度计划是对包括方案设计、初步设计、技术设计、项目概算及修正概算编制、审批在内的各项工作所做的时间安排。

4.施工图设计工作进度计划主要是确定单项工程、单位工程设计进度及其搭接关系。

5.专业设计作业进度计划是对包括生产工艺、建筑结构、给水排水、通风、电气设计在内的各项专业设计工作所做的时间安排。

（四）承包单位的计划体系

承包单位的计划体系包括投标之前编制的项目管理规划大纲和签订合同之后编制的项目管理实施规划。

1.项目管理规划大纲

项目管理规划大纲是指由企业管理层在投标之前编制的，旨在作为投标依据、满足招标文件要求及签订合同要求的文件。项目管理规划大纲应包括下列内容：

（1）项目概况及实施条件分析；

（2）项目投标活动及签订施工合同的策略；

（3）项目管理目标；

（4）项目管理组织机构及其职责；

（5）项目质量目标和施工方案；

（6）项目工期目标和施工总进度计划；

（7）项目成本目标及管理措施；

（8）项目风险预测和安全生产目标及措施；

（9）现场文明施工及环境保护措施；

（10）项目现场管理和施工平面图。

2. 项目管理实施规划

项目管理实施规划是在开工之前由施工项目经理支持编制的，旨在指导施工项目实施阶段管理的文件。项目管理实施规划应包括下列内容：

（1）工程概况。包括：工程特点、建设地点及环境特征、施工条件、项目管理特点及总体要求。

（2）施工部署。包括：项目的质量、进度、成本及安全目标；拟投入的最高人数和平均人数；分包计划；施工程序；项目管理总体安排。

（3）施工方案。包括：施工流向和施工顺序、施工阶段划分、施工方法和施工机械选择、安全施工设计、环境保护内容和方法。

（4）施工进度计划。应包括施工总进度计划和单位工程施工进度计划。

①施工总进度计划应依据施工合同、施工进度目标、工程定额、有关技术经济资料、施工部署与主要工程施工方案等编制。施工总进度计划的内容应包括编制说明，施工总进度计划表，分期分批施工工程的开工日期、完工日期及工期一览表，资源需要量及供应平衡表等。

②单位工程施工进度计划的编制依据包括：项目管理目标责任书；施工总进度计划；施工方案；主要材料和设备的供应能力；施工人员的技术素质及劳动效率；施工现场条件；气候条件；环境条件；已建成的同类工程实际进度及经济指标。单位工程施工进度计划的内容应包括编制说明、进度计划图、单位工程施工进度计划的风险分析及控制措施。

（5）资源供应计划。包括：劳动力需求计划；主要材料和周转材料需求计划；机械设备需求计划；预制品订货和需求计划；大型工具、器具需求计划。

（6）施工准备工作计划。包括：施工准备工作组织及时间安排、技术准备及编制质量计划、施工现场准备、作业队伍和管理人员的准备、物资准备、资金准备。

（7）施工平面图。包括：施工平面图说明、施工平面图、施工平面图管理规划。

（8）技术组织措施计划。包括：保证进度目标、质量目标、成本目标和安全目标的措施；保证季度施工的措施；保护环境的措施；文明施工措施。各项措施应包括技术措施、组织措施、经济措施及合同措施。

（9）项目风险管理。包括：项目风险因素识别一览表、风险可能出现的概率及损失值估计、风险管理要点、风险防范对策、风险责任管理。

（10）信息管理。包括：与项目组织相适应的信息流通系统、信息中心的建立规划、项目管理软件的选择与使用规划、信息管理实施规划。

（11）技术经济指标分析。包括：规划的指标、规划指标水平高低的分析和评价、实施难点的对策。

三、工程项目进度计划的编制

（一）工程项目进度计划的编制步骤

工程项目进度计划的编制步骤包括收集信息资料、进行项目结构分解、项目活动时间估算、项目进度计划编制等几个步骤。

工程项目进度计划的编制工作包括工作定义、工作顺序安排、工作时间估算、进度计划编制等工作，如图 5-13 所示。

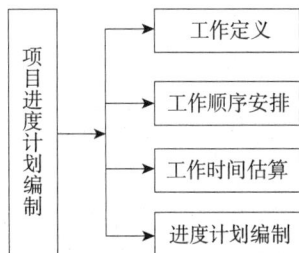

图 5-13　工程项目进度计划的编制工作

（二）工作定义

工作定义是在收集项目信息资料的基础上，用项目分解的组织工具将项目结构进行分解，了解所有的工作。

1. 收集信息资料

为保证项目进度计划的科学性和合理性，在编制进度计划前，必须收集真实、可信的信息资料，以作为编制进度计划的依据。这些信息资料包括项目背景、项目实施条件、项目实施单位，及人员数量和技术水平、项目实施各个阶段的定额规定等。

2. 项目结构分解

项目结构分解是指根据项目进度计划的种类、项目完成阶段的分工、项目进度控制精度的要求，及完成项目单位的组织形式等情况，将整个项目分解成一系列相互关联的基本活动，这些基本活动在进度计划中通常也被称为工作。

工作分解结构是为了管理和控制的目的而将项目分解的技术。它是按层次把项目分解成子项目，子项目再分解成更小的、更易管理的工作单元（或称工作包），直至具体的活动（或称工序）的方法。

项目结构分解涉及以下几个主要步骤：

（1）确定项目主要组成部分，通常是项目可交付成果和项目管理活动；

（2）确定在每个细化了的组成部分的层次上能否进行投资和持续时间的恰当估算；

（3）确定可交付成果的组成部分，这些部分应是切实的、可验证的，以便于执行情况的测量；

（4）核实分解的正确性，即最底层的组成部分对项目分解是否必需、充分，每个组成部分的定义是否清晰、完整，是否都能确定它们的进度和预算。

项目结构分解的举例如图 5-14 和图 5-15 所示。

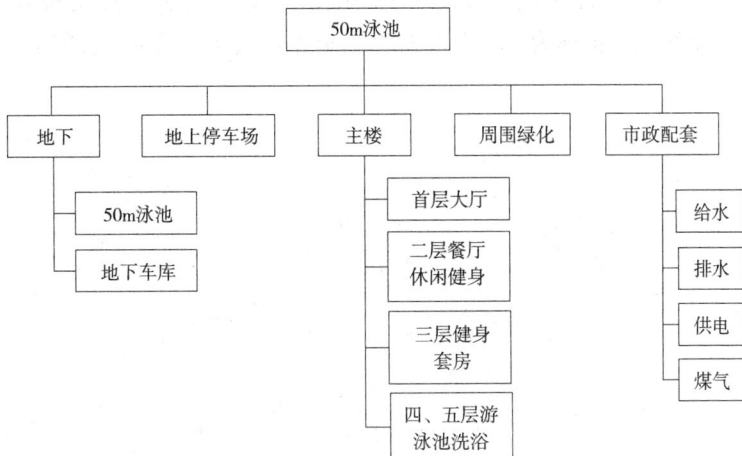

图 5-14　某游泳馆项目结构分解图

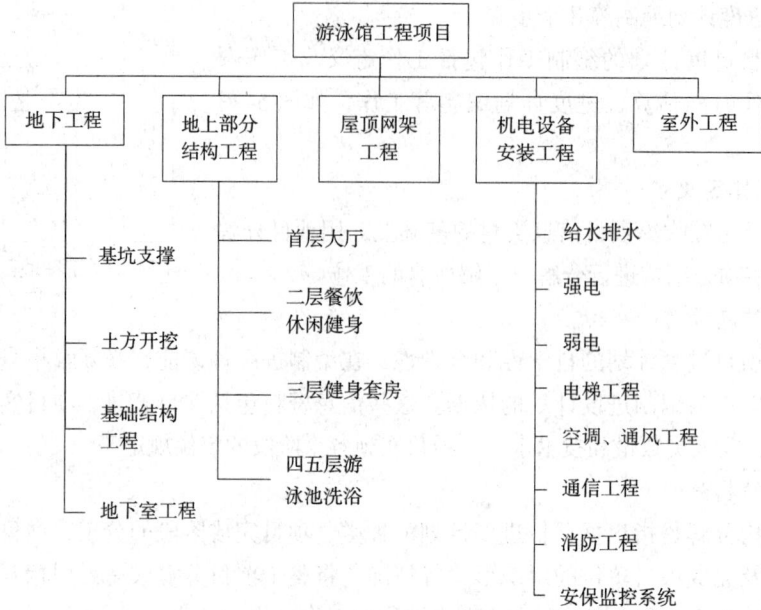

图 5-15　某游泳馆项目结构分解图

（三）工作顺序安排

工作之间的关系通常也称为"逻辑关系"，逻辑关系包括工艺关系和组织关系。在工作中可以体现为先后关系、平行关系和搭接关系三种，其中最主要的是先后即顺序关系。

1. 工艺关系

生产性工作之间的顺序由工艺过程决定，非生产性工作之间的顺序由工作程序决定。如图 5-16 所示：挖槽 1→铺垫层 1→砌地基 1→回填土 1 为工艺关系。工艺关系也称为"硬逻辑关系"。

2. 组织关系

工作之间由于组织安排需要或资源（人力、材料、机械设备和资金等）调配需要而规定的先后顺序关系叫"组织关系"。如图 5-16 所示：挖槽 1→挖槽 2，铺垫层 1→铺垫层 2 等为组织关系。组织关系也称为"软组织关系"，软组织关系可以由项目团队确定。

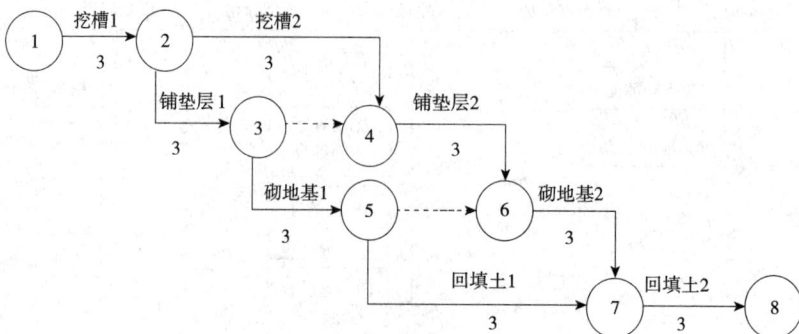

图 5-16　基础工程网络图

（四）工作时间估算

工作时间估算是指在项目分解完毕后，根据每个基本活动工作量的大小，投入资源的多少，及完成该基本活动的条件限制等因素，估算出完成每个基本活动所需的时间。

1. *活动时间估算的方法*

（1）利用历史数据

在时间估计中，可利用的历史资料包括：

①定额。我国有规模庞大的定额体系，定额按粗细程度可分为概算定额、预算定额和施工定额；按使用范围可分为各部定额，各省、自治区、市定额和企业内部定额；内容可分为人工消耗定额、材料消耗定额和机械使用台班定额。在利用定额资料进行活动时间估计时，要注意定额反映的是各部或各省市在正常条件下的平均生产率水平，并不代表某一具体项目的劳动生产率，所以项目班子成员要根据自己的经验和本项目的实际情况，对定额数据进行调整。

②项目档案。参加该项目的各个单位可能保存以前完成项目的档案料，这些资料很详细，可以用来估计时间的长短。

③商业化的时间估计数据库。这些数据库在估计活动时间不受实际工作内容影响的项目时非常有用，例如，混凝土养护需要多长时间；对于某种类型的申请，政府机构的审批时间多长等。

④项目班子成员的知识。项目班子成员以前完成项目的实际活动时间或时间估计。这些记忆可能很有用，但一般不如有案可查的结果可靠。

（2）专家判断估计

因为影响活动时间的因素很多，一般很难对其长短进行估计。只要有可能，应当由专家根据历史资料和他们的经验进行估计。

（3）类比估计

类似的活动常常可能有类似的活动时间，所以，可以利用类比法进行估计。

2. *定额估计法和三时估计法*

（1）定额估计法

定额估计法就是根据施工定额、预算定额、施工方法，投入的劳动力、机具设备和资源量等资料，估计出一个肯定的时间消耗值。计算公式如下：

$$D_{ij} = \frac{Q}{S \cdot R \cdot n} \qquad (5\text{--}14)$$

式中　D_{ij}——完成 i–j 项活动的持续时间；

　　　Q——该项活动的工作量；

　　　S——工作定额；

　　　R——投入 i–j 活动的人数或机械数；

　　　n——工作班次。

用这种方法估计，一般要求各项活动可变因素少，并且具有一定的时间消耗历史资料。

（2）三时估计法

当各项活动可变因素多，又不具备一定的时间消耗历史资料时，就不能估计出一个肯定的单一的时间值，而只能根据概率理论，计算期望值。三时估计法就是首先估计出三个时间值，即最乐观时间 a、最可能时间 m 和最保守时间 b。再加权平均算出一个期望值作为活动的持续时间。假定取 m 值的可能性两倍于取 a 值的可能性，应用加权平均，在 (a, m) 之间的平均值是 $\dfrac{a+2m}{3}$。同样，在 (m, b) 之间的平均值是 $\dfrac{2m+b}{3}$。设这两个平均值又以同等的可能性出现。则又得加权平均值为 $\dfrac{1}{2}(\dfrac{a+2m}{3}+\dfrac{2m+b}{3})=\dfrac{a+4m+b}{6}$，即活动 $i\text{-}j$ 所需时间的期望值为：

$$D_{ij}=\frac{a+4m+b}{6} \tag{5-15}$$

活动所需时间的方差为：

$$\sigma_{ij}=\frac{1}{2}\left[\left(\frac{a+4m+b}{6}-\frac{a+2m}{3}\right)^2+\left(\frac{a+4m+b}{6}-\frac{2m+b}{3}\right)^2\right]=\left(\frac{b-a}{6}\right)^2 \tag{5-16}$$

（五）进度计划编制

进度计划编制就是在前面工作的基础上，根据项目各项工作完成的先后顺序要求和组织方式等条件，通过分析计算，将项目完成的时间、各项工作的先后顺序、期限等要素用图表形式表示出来，这些图表即为项目进度计划。

项目进度计划的表示方法通常有横道图法和网络计划法。

1. 横道图法

横道图进度计划法是传统的进度计划方法（在工作实践中经常见到）。横道图又称甘特图（Gantt），是应用广泛的进度表达方式，横道图通常在左侧垂直向下依次排列工程任务的各项工作名称，而在右边与之紧邻的时间度表中则对应各项工作逐项绘制道线，从而使每项工作的起止时间均可由横道线的两个端点来得以表示。横道图计划表中的进度线（横道）与时间坐标相对应，这种表达方式较直观，易看懂计划编制的意图。

用横道图编制工程项目进度计划，其特点是：

（1）直观易懂，易被接受。

（2）可形成进度计划与资源资金使用计划和各种组合，使用方便。

（3）不能明确表达工程任务各项工作之间的各种逻辑关系。

（4）不能表示影响计划工期的关键工作。

（5）不便于进行各种时间参数计算。

（6）不便于进行计划的优化、调整。

鉴于上述特点中的不足之处，横道图一般便适用于简单、粗略的进度计划编制，或作为网络计划分析结果输出形式，其难以适用于大型的进度计划系统。

2. 网络计划图法

网络计划图，是利用箭头和节点所组成的有向、有序的网状图形来表示总体工程任务各项工作流程或系统安排的一种进度计划表达方式。

我国《工程网络计划技术规程》JGJ/T 121—2015 推荐的常用的工程网络计划类型包括：双代号网络计划；单代号网络计划；双代号时标网络计划；单代号搭接网络计划。

工程网络计划的类型有如下几种不同的划分方法。

（1）工程网络计划按工作持续时间的特点划分为：

①肯定型问题的网络计划；

②非肯定问题的网络计划；

③随机网络计划。

（2）工程网络计划按工作和事件在网络图中的表示方法划分为：

①事件网络——以节点表示时间的网络计划；

②工作网络：

——以箭线表示工作的网络计划，我国称之为双代号网络计划；

——以节点表示工作的网络计划，我国称之为单代号网络计划。

美国较多使用双代号网络计划，欧洲则较多使用单代号搭接网络计划。

第五节 工程网络计划的编制与优化

一、工程网络计划的编制

（一）双代号网络计划的编制

1. 基本概念

双代号网络图是以箭线及其两端节点的编号表示工作的网络图，如图 5-17 所示。

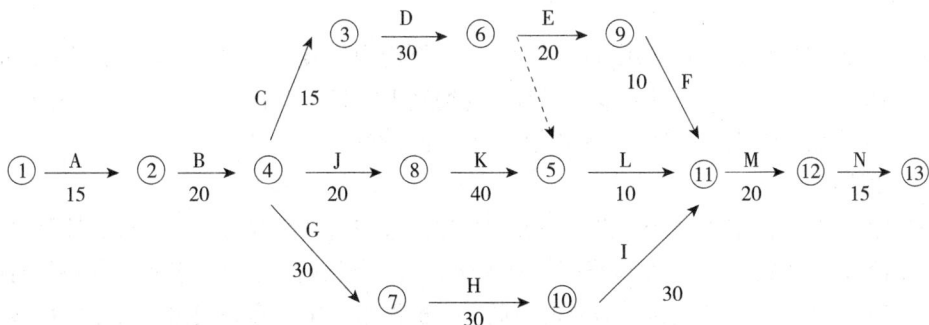

图 5-17 双代号网络图举例

（1）箭线（工作）

工作泛指一项需要消耗人力、物力和时间的具体活动过程，也称"工序""活动"或"作业"。箭尾节点表示工作的开始，箭头节点表示工作的结束，该工作的代号可采用两个节点的编号，如工作 i–j，也可另行赋予其特定工作名称，如工作 A、工作 B 等，其持续时间在箭线下面标出。

在双代号网络图中，任意一条实箭线都要占用时间，并多数要消耗资源，但有少数例外，比如混凝土的养护和刷完油漆的干燥等，仅占用时间，不消耗资源。

在双代号网络图中，为了正确地表达工作之间的逻辑关系，往往需要应用虚箭线。虚箭线是实际工作中并不存在的一项虚设工作，故它们既不占用时间，也不消耗资源，一般起着工作之间的联系、区分和断路三个作用。

（2）工作之间的关系

网络图中工作之间相互制约或相互依赖的关系称为逻辑关系，它包括工艺关系和组织关系，在网络图中均应表现为工作之间的先后顺序。工艺关系是由工艺过程或先后顺序决定的，一般也称为"硬逻辑关系"；由于组织安排或资源（人力、材料、机械设备和资金等）调配需要而规定的先后顺序关系称为组织关系，一般也称为"软逻辑关系"。

①紧前工作：在网络图中，相对于某工作而言，紧排在该工作之前的工作称为"该工作的紧前工作"。在双代号网络图中，工作与其紧前工作之间可能存在虚工作。

②紧后工作：在网络图中，相对于某工作而言，紧排在该工作之后的工作称为"该工作的紧后工作"。在双代号网络图中，工作与其紧后工作之间也可能存在虚工作。

③平行工作：在网络图中，相对于某工作而言，可以与该工作同时进行的工作称为"该工作的平行工作"。

（3）节点（又称结点）

节点是网络图中箭线之间的连接点。在时间上节点表示指向某工作全部完成该节点后面的工作才能开始的瞬间，它反映前后工作的交接点。网络图中有三个类型的节点。

①起点节点。起点节点只有外向箭线（由节点向外指的箭线），一般表示一项任务或一个项目开始。

②中间节点。中间节点既有内向箭线，又有外向箭线。

③终点节点。终点节点只有内向箭线（指向节点的箭线），一般表示一项任务或一个项目的完成。

双代号网络图中，节点应用圆圈表示，并在圆圈内编号。一项工作应当只有唯一的一条箭线和相应的一对节点，且要求箭尾节点的编号小于其箭头节点的编号，即 $i < j$。网络图节点的编号顺序应从小到大，可不连续，但不允许重复。

（4）线路

网络图中从起点节点开始，沿箭头方向顺序通过一系列箭线与节点，最后达到终点节点的通路称为"线路"。在一个网络图中有可能有很多条线路，线路中各项工作持续时间之和就是该线路的长度，即线路所需要的时间。一般网络图中有多条线路，可依次用该线路上的节点代号来记述，如图 5-18 所示。

图 5-18 中有 5 条线路，其长度分别为如下：

①→②→④→⑥　　　　　8d

①→②→③→④→⑥　　　10d

①→②→③→⑤→⑥　　　9d

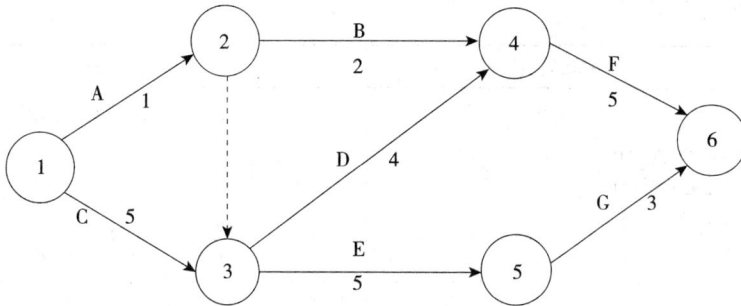

图 5-18 双代号网络计划线路

①→③→④→⑥　　　　　14d

①→③→⑤→⑥　　　　　13d

在各条线路中，有一条或几条线路的总时间最长，称为"关键线路"，一般用双线或粗线标注。其他线路长度均小于关键线路，称为"非关键线路"。

2. 绘图规则

（1）双代号网络图必须正确表达已确定的逻辑关系。网络图中常见的各种工作逻辑关系的表示方法，如表 5-13 所示。

网络图中常见的各种工作逻辑关系的表示方法　　　　　　表 5-13

序号	逻辑关系	表达方式
1	A 工序完成后进行 B 工序 B 工序完成后进行 C	
2	A 完成后 同时进行 B 和 C	
3	A 和 B 完成后进行 C	
4	A 和 B 同时完成后 进行 C 和 D	
5	A 完成后进行 C A 和 B 完成后进行 D	
6	AB 完成后进行 D ABC 完成后进行 E DE 完成后进行 F	

续表

序号	逻辑关系	表达方式
7	A 完成后进行 D B 完成后进行 DE C 完成后进行 E	
8	A 完成后进行 CE B 完成后进行 DE	

（2）双代号网络图中，不允许出现循环回路。所谓循环回路是指从网络图中的某一节点出发，顺着箭线方向又回到原来出发点的线路，如图 5-19 所示。

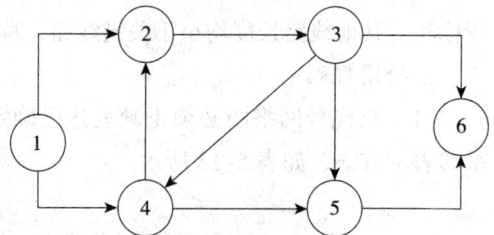

（3）双代号网络图中，在节点之间不能出现带双向箭头或无箭头的连线，如图 5-20 所示。

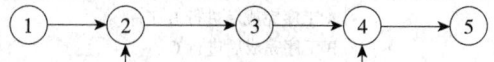

（4）双代号网络图中，不能出现没有箭头节点或没有箭尾节点的箭线。

（5）当双代号网络图的某些节点有多条外向箭线或多条内向箭线时，为了使图形简洁，可是用母线法绘制，如图 5-21 所示。

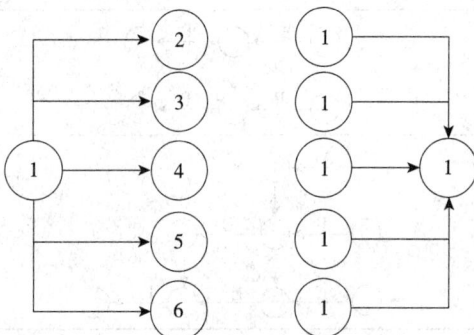

（6）绘制网络图时，箭线不宜交叉。当交叉不可避免时，可用过桥法或指向法绘制，如图 5-22 所示。

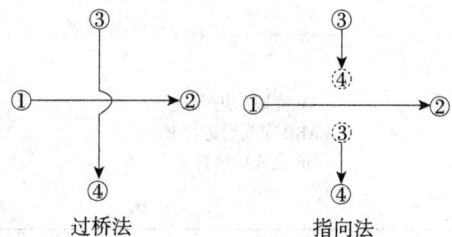

（7）双代号网络图中应只有一个起点节点和一个终点节点（多目标网络计划除外），其他节点均应是中间节点。

图 5-19 有循环回路的网络图

图 5-20 带双向箭头或无箭头的网络图

图 5-21 母线法绘图

图 5-22 箭线交叉的表示方法

（8）双代号网络图应条例清楚，布局合理。

3. 双代号施工网络图的排列方法

（1）工艺顺序按水平方向排列，如图 5-23 所示。

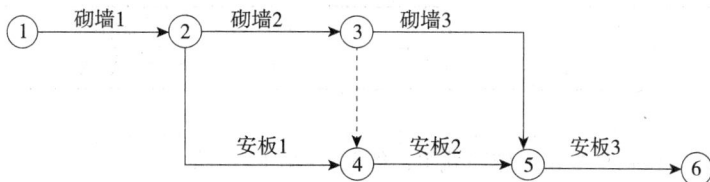

图 5-23 按照工艺顺序排列的网络图

（2）施工段按水平方向排列，如图 5-24 所示。

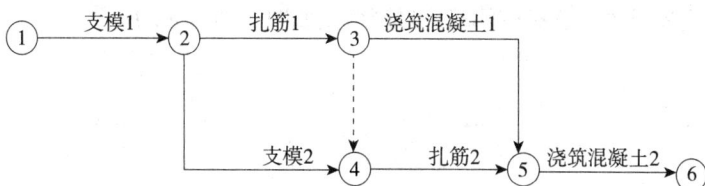

图 5-24 按施工段水平排列的网络图

例 5-8：已知各工作之间的逻辑关系见表 5-14，则可按下述步骤绘制其双代号网络图。

工作逻辑关系表 表 5-14

工作	A	B	C	D	E	F
紧前工作	—	—	—	A、B	A、B、C	D、E

解：1. 绘制工作箭线 A、工作箭线 B 和工作箭线 C，如图 5-25（a）所示。

2. 按前述规则（2）中的情况③绘制工作箭线 D，如图 5-25（b）所示。

3. 按前述规则（2）中的情况①绘制工作箭线 E，如图 5-25（c）所示。

4. 按前述规则（2）中的情况②绘制工作箭线 F，当确认给定的逻辑关系表达正确后，再进行节点编号。

表 5-14 给定逻辑关系所对应的双代号网络图如图 5-25（d）所示。

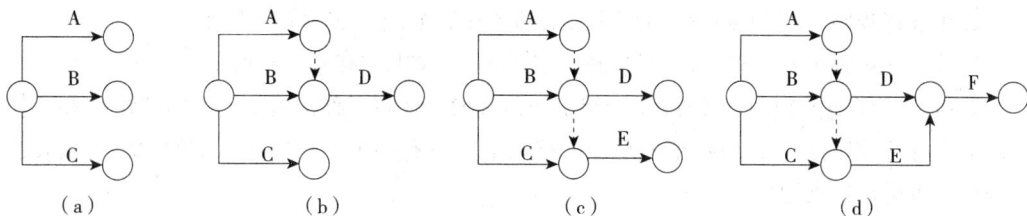

图 5-25 例 5-8 的绘图过程

例 5-9：已知各工作之间的逻辑关系如表 5-15 所示。则可按下述步骤绘制其双代号网络图。

工作逻辑关系表					表 5-15
工作	A	B	C	D	E
紧前工作	—	—	A	A、B	B

解：1. 绘制工作箭线 A 和工作箭线 B，如图 5-26（a）所示。

2. 按前述规则（1）分别绘制工作箭线 C 和工作箭线 E，如图 5-26（b）所示。

3. 按前述规则（2）中的情况④绘制工作箭线 D，并将工作箭线 C、工作箭线 D 和工作箭线 E 的箭头节点合并，以保证网络图的终点节点只有一个。当确认给定的逻辑关系表达正确后，再进行节点编号。

表 5-15 给定逻辑关系所对应的双代号网络图如图 5-26（c）所示。

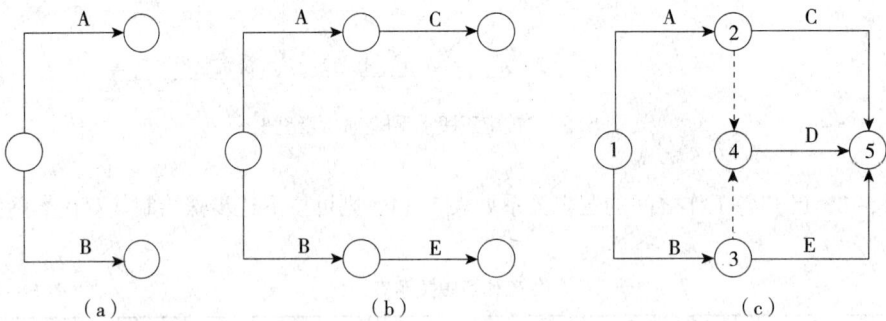

图 5-26　例 5-9 的绘图过程

例 5-10：已知各工作之间的逻辑关系如表 5-16 所示，则可按下述步骤绘制其双代号网络图。

工作逻辑关系表						表 5-16
工作	A	B	C	D	E	G	H
紧前工作	—	—	—	—	A、B	B、C、D	C、D

解：1. 绘制工作箭线 A、工作箭线 B、工作箭线 C 和工作箭线 D，如图 5-27（a）所示。

2. 按前述规则（2）中的情况①绘制工作箭线 E，如图 5-27（b）所示。

3. 按前述规则（2）中的情况②绘制工作箭线 H，如图 5-27（c）所示。

4. 按前述规则（2）中的情况④绘制工作箭线 G，并将工作箭线 E、工作箭线 G 和工作箭线 H 的箭头节点合并，以保证网络图的终点节点只有一个。当确认给定的逻辑关系表达正确后，再进行节点编号。

表 5-16 给定逻辑关系所对应的双代号网络图，如图 5-27（d）所示。

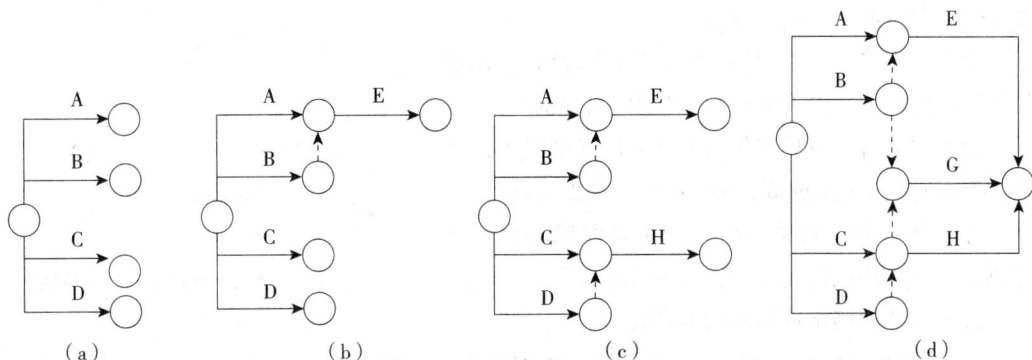

图 5-27　例 5-10 绘制过程

4. 双代号网络计划时间参数的计算

网络计划时间参数计算的目的在于通过计算各项工作的时间参数，确定网络计划的关键工作、关键线路和计算工期，为网络计划的优化、调整和执行提供明确的时间参数。双代号网络计划时间参数的计算方法有很多，一般常用的有按工作计算法和按节点计算法进行。

（1）时间参数的概念及其符号

①工作持续时间（D_{i-j}）。工作持续时间是一项工作从开始到完成的时间。

②工期（T）。工期泛指完成任务所需的时间，一般有以下三种：

计算工期，根据网络计划时间参数计算出来的工期，用 T_c 表示；

要求工期，任务委托人所要求的工期，用 T_r 表示；

计划工期，根据要求工期和计算工期所确定的作为实施目标的工期，用 T_p 表示。

网络计划的计划工期 T_p 按下列情况分别确定：

当已规定了要求工期 T_r 时，$T_p \leqslant T_r$。

当未规定要求工期时，可令计划工期等于计算工期，$T_p = T_c$。

③网络计划中工作的六个时间参数。

最早开始时间（ES_{i-j}），是指在各紧前工作全部完成后，工作 i–j 有可能开始的最早时刻。

最早完成时间（EF_{i-j}），是指在各紧前工作全部完成后，工作 i–j 有可能完成的最早时刻。

最早完成时间等于最早开始时间加上工作的持续时间，即 $EF_{i-j} = ES_{i-j} + D_{i-j}$。

最迟完成时间（LF_{i-j}），是指在不影响整个任务按期完成的前提下，工作 i–j 必须完成的最迟时刻。

最迟开始时间（LS_{i-j}），是指在不影响整个任务按期完成的前提下，工作 i–j 必须开始的最迟时刻。

最迟开始时间等于最迟完成时间减去工作的持续时间，即 $LS_{i-j} = LF_{i-j} - D_{i-j}$。

总时差（TF_{i-j}），是指在不影响总工期的前提下，工作 i–j 可以利用的机动时间。

总时差等于最迟完成时间减去最早完成时间，也等于最迟开始时间减去最早开始时间，

即 $TF_{i-j}=LF_{i-j}-EF_{i-j}=LS_{i-j}-ES_{i-j}$。

自由时差（FF_{i-j}），是指在不影响其紧后工作最早开始的前提下，工作 i–j 可以利用的机动时间。

自由时差等于紧后工作最早开始时间的最小值减去本工作的最早完成时间，即 $FF_{i-j}=\min\{ES_{j-k}\}-EF_{i-j}$。

按工作计算法计算网络计划中各时间参数，其计算结果应标注在箭线之上，如图 5-28 所示。

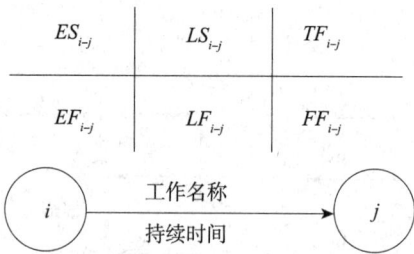

ES_{i-j}	LS_{i-j}	TF_{i-j}
EF_{i-j}	LF_{i-j}	FF_{i-j}

$$i \xrightarrow[\text{持续时间}]{\text{工作名称}} j$$

图 5-28 按工作计算法的标注内容

（2）双代号网络计划时间参数计算

按工作计算法在网络图上计算六个工作时间参数，必须在清楚计算顺序和计算步骤的基础上，列出必要的公式，以加深对时间参数计算的理解。时间参数的计算步骤如下。

①最早开始时间和最早完成时间的计算。工作最早时间参数受到紧前工作的约束，故其计算顺序应从起点节点开始，顺着箭线方向依次逐项计算。

以网络计划的起点节点为开始节点的工作最早开始时间为零。如网络计划起点节点的编号为 1，则：

$$ES_{i-j}=0 \ (i=1) \tag{5-17}$$

最早完成时间等于最早开始时间加上其持续时间。

$$EF_{i-j}=ES_{i-j}+D_{i-j} \tag{5-18}$$

最早开始时间等于各紧前工作的最早完成时间 EF_{h-i} 的最大值。

$$ES_{i-j}=\max\{EF_{h-i}\} \tag{5-19}$$

或

$$ES_{i-j}=\max\{ES_{h-i}+D_{h-i}\} \tag{5-20}$$

②确定计算工期 T_c。计算工期等于以网络计划的终点节点为箭头节点的各个工作的最早完成时间的最大值。当网络计划终点节点的编号为 n 时，计算工期：

$$T_c=\max\{EF_{i-n}\} \tag{5-21}$$

当无要求工期的限制时，取计划工期等于计算工期，即 $T_p=T_c$。

③最迟完成时间和最迟开始时间的计算。工作最迟时间参数受到紧后工作的约束，故其计算顺序应从终点节点起，逆着箭线方向依次逐项计算。

以网络计划的终点节点（$j=n$）为箭头节点的工作的最迟完成时间等于计划工期，即：

$$LF_{i-n}=T_p \tag{5-22}$$

最迟完成时间等于各紧后工作的最迟开始时间 LS_{j-k} 的最小值。

$$LF_{i-j}=\min\{LS_{j-k}\} \tag{5-23}$$

或

$$LF_{i-j}=\min\{LF_{j-k}-D_{j-k}\} \tag{5-24}$$

最迟开始时间等于最迟完成时间减去其持续时间。

$$LS_{i-j}=LF_{i-j}-D_{i-j} \tag{5-25}$$

④计算工作总时差。总时差等于其最迟开始时间减去最早开始时间，或等于最迟完成

时间减去最早完成时间，即：

$$TF_{i-j}=LS_{i-j}-ES_{i-j} \qquad (5-26)$$

$$TF_{i-j}=LF_{i-j}-EF_{i-j} \qquad (5-27)$$

⑤计算工作自由时差。当工作 $i-j$ 有紧后工作 $j-k$ 时，其自由时差应为：

$$FF_{i-j}=ES_{i-j}-EF_{i-j} \qquad (5-28)$$

或

$$FF_{i-j}=ES_{j-k}-ES_{i-j}-D_{i-j} \qquad (5-29)$$

以网络计划的终点节点（$j=n$）为箭头节点的工作，其自由时差 FF_{i-n} 应按网络计划的计划工期 T_p 确定，即：

$$FF_{i-n}=T_p-EF_{i-n} \qquad (5-30)$$

（3）关键工作和关键线路的确定

①关键工作。网络计划中总时差最小的工作是关键工作。

②关键线路。自始至终全部由关键工作组成的线路为关键线路，或线路上总的工作持续时间最长的线路为关键线路。网络图上的关键线路可用双线或粗线标注。

例 5-11：已知网络计划的资料如表 5-17 所示，试绘制双代号网络计划。若计划工期等于计算工期，试计算各项工作的六项时间参数，确定关键线路，并标注在网络图上。

某网络计划工作逻辑关系及持续时间表

表 5-17

工作	紧前工作	紧后工作	持续时间
A_1	—	A_2、B_1	2
A_2	A_1	A_3、B_2	2
A_3	A_2	B_3	2
B_1	A_1	B_2、C_1	3
B_2	A_2、B_1	B_3、C_2	3
B_3	A_3、B_2	D、C_3	3
C_1	B_1	C_2	2
C_2	B_2、C_1	C_3	4
C_3	B_3、C_2	E、F	2
D	B_3	G	2
E	C_3	G	1
F	C_3	I	2
G	D、E	H、I	4
H	G	—	3
I	F、G	—	3

解：（1）根据表 5-17 中网络计划的有关资料，按照网络图的绘制规则，绘制双代号网络图如图 5-29 所示。

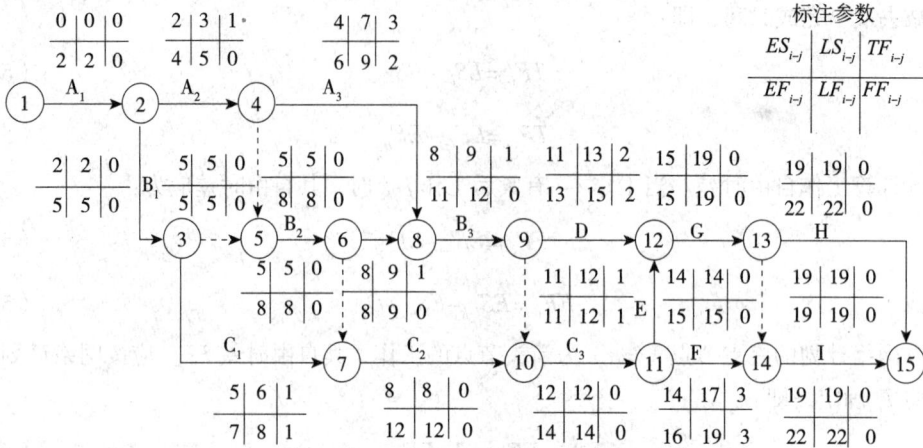

图 5-29 双代号网络计划计算实例

（2）计算各项工作的时间参数，并将计算结果标注在箭线上方相应的位置。

①计算各项工作的最早开始时间和最早完成时间。从起点节点（①节点）开始顺着箭线方向依次逐项计算到终点节点（⑮ 节点）。

• 以网络计划起点节点为开始节点的各工作的最早开始时间为 0。

工作 1–2 的最早开始时间 ES_{1-2} 从网络计划的起点节点开始，因未规定其最早开始时间 ES_{1-2}，所以根据公式（5–17）：

$$ES_{1-2}=0$$

• 计算各项工作的最早开始和最早完成时间。

工作的最早开始时间 ES_{i-j} 按公式（5–19）和（5–20）计算，如：

$$ES_{2-3}=ES_{1-2}+D_{1-2}=0+2=2$$

$$ES_{2-4}=ES_{1-2}+D_{1-2}=0+2=2$$

$$ES_{3-5}=ES_{2-3}+D_{2-3}=2+3=5$$

$$ES_{5-5}=ES_{2-4}+D_{2-4}=2+2=4$$

$$ES_{5-6}= \max\{ES_{3-5}+D_{3-5}，ES_{5-5}+D_{5-5}\}= \max\{ 5+0，4+0\}= \max\{ 5，4 \}=5$$

工作的最早完成时间就是本工作的最早开始时间 ES_{i-j} 与本工作的持续时间 D_{i-j} 之和，按公式（5–18）计算，如：

$$EF_{1-2}=ES_{1-2}+D_{1-2}=0+2=2$$

$$EF_{2-4}=ES_{2-4}+D_{2-4}=2+2=4$$

$$EF_{5-6}=ES_{5-6}+D_{5-6}=5+3=8$$

②确定计算工期 T_c 和计划工期 T_p。已知计划工期等于计算工期，即网络计划的计算工期 T_c 取以终点节点 ⑮ 为箭头节点的工作 13–15 和 15–15 的最早完成时间的最大值，按公式（5–21）计算：

$$T_c=\max\{EF_{13-15}，EF_{15-15}\}= \max\{22，22\}=22$$

③计算各项工作的最迟完成时间和最迟开始时间。从终点节点（⑮节点）开始逆着箭线方向依次逐项计算到起点节点（①节点）。

• 以网络计划终点节点为箭头节点的工作的最迟完成时间等于计划工期。

网络计划结束工作 $i–j$ 的最迟完成时间按公式（5–22）计算，如：

$$LF_{13–15}=T_p=22$$

$$LF_{15–15}=T_p=22$$

• 计算各项工作的最迟完成和最迟开始时间。

以此类推，按照公式（5–22）和（5–23）算出其他工作的最迟完成时间，如：

$$LF_{13–14}=\min\{LF_{15–15}-D_{15–15}\}=22–3=19$$

$$LF_{12–13}=\min\{LF_{13–15}-D_{13–15}，LF_{13–15}-D_{13–14}\}=\min\{22–3，19–0\}=19$$

$$LF_{11–12}=\min\{LF_{12–13}-D_{12–13}\}=19–4=15$$

网络计划所有工作 $i–j$ 的最迟开始时间均按公式（5–24）计算，如：

$$LS_{15–15}=LF_{15–15}-D_{15–15}=22–3=19$$

$$LS_{13–15}=LF_{13–15}-D_{13–15}=22–3=19$$

$$LS_{12–13}=LF_{13–15}-D_{12–13}=19–4=15$$

④计算各项工作的总时差。

可以用工作的最迟开始时间减去工作的最早开始时间或用工作的最迟完成时间减去工作的最早完成时间。

$$TF_{1–2}=LS_{1–2}-ES_{1–2}=0–0=0$$

$$TF_{2–3}=LS_{2–3}-ES_{2–3}=2–2=0$$

$$TF_{5–6}=LS_{5–5}-ES_{5–6}=5–5=0$$

⑤计算各项工作的自由时差。

网络中工作 $i–j$ 的自由时差等于紧后工作的最早开始时间减去本工作的最早完成时间，可按公式（5–28）或（5–29）计算，如：

$$FF_{1–2}=ES_{2–3}-EF_{1–2}=2–2=0$$

$$FF_{2–3}=ES_{3–5}-EF_{2–3}=5–5=0$$

$$FF_{5–6}=ES_{5–8}-EF_{5–6}=8–8=0$$

网络计划中的技术工作 $i–j$ 的自由时差按照公式（5–30）计算。

$$FF_{13–15}=T_p-EF_{13–15}=22–22=0$$

$$FF_{15–15}=T_p-EF_{15–15}=22–22=0$$

（3）确定关键工作及关键线路。

在图5–29中，最小的总时差是0，所以，凡是总时差为0的工作均为关键工作。例5–11中的关键工作是：A_1、B_1、B_2、C_2、C_3、E、G、H、I。

在图5–29中，自始至终全由关键工作组成的线路即是关键线路，用粗箭线进行标注。

（二）单代号网络计划的编制

单代号网络计划图是以节点及其编号表示工作，以箭线表示工作之间逻辑关系的网络图，并在节点中加注工作代号、名称和持续时间，以形成单代号网络计划，如图 5-30 所示。

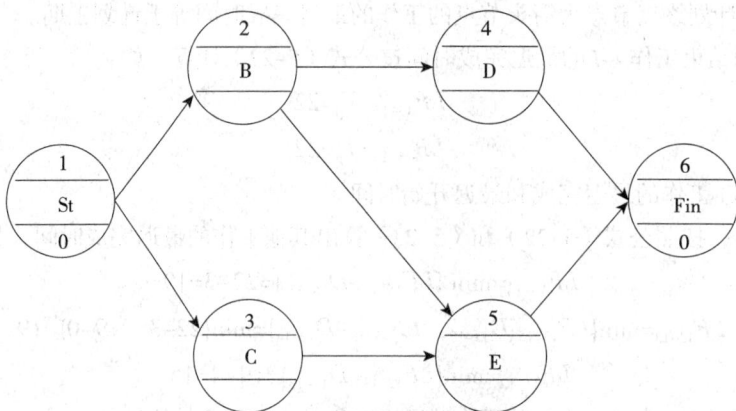

图 5-30　单代号网络计划图

1. 单代号网络图的特点

单代号网络图与双代号网络图相比，具有以下特点：

（1）工作之间的逻辑关系容易表达，且不用虚箭线，故绘图较简单；

（2）网络图便于检查和修改；

（3）由于工作持续时间表示在节点之中，没有长度，故不够形象直观；

（4）表示工作之间逻辑关系的箭线可能产生较多的纵横交叉现象。

2. 单代号网络图的基本符号

（1）节点。单代号网络图中的每一个节点表示一项工作，节点宜用圆圈或矩形表示。节点所表示的工作名称、持续时间和工作代号等应标注在节点内，如图 5-31 所示。

图 5-31　单代号网络图工作的表示方法

单代号网络图中的节点必须编号。编号标注在节点内，其号码可间断，但严禁重复。箭线的箭尾节点编号应小于箭头节点的编号。一项工作必须有唯一的一个节点及相应的一个编号。

（2）箭线。单代号网络图中的箭线表示紧邻工作之间的逻辑关系，既不占用时间，也不消耗资源。箭线应画成水平直线、折线或斜线。箭线水平投影的方向应自左向右，表示工作的行进方向。工作之间的逻辑关系包括工艺关系和组织关系，在网络图中均表现为工作之间的先后顺序。

（3）线路。单代号网络图中，各条线路应用该线路上的节点编号从小到大依次表述。

3. 单代号网络图的绘图规则

（1）单代号网络图必须正确表达已定的逻辑关系。

（2）单代号网络图中，严禁出现循环回路。

（3）单代号网络图中，严禁出现双向箭头或无箭头的连线。

（4）单代号网络图中，严禁出现没有箭尾节点的箭线和没有箭头节点的箭线。

（5）绘制网络图时，箭线不宜交叉，当交叉不可避免时，可采用过桥法或指向法绘制。

（6）单代号网络图中只应有一个起点节点和一个终点节点。当网络图中有多项起点节点或多项终点节点时，应在网络图的两端分别设置一项虚工作，作为该网络图的起点节点（St）和终点节点（Fin）。

单代号网络图的绘图规则大部分与双代号网络图的绘图规则相同，故不再进行解释。

4. 单代号网络计划时间参数的计算

单代号网络计划时间参数的计算应在确定各项工作的持续时间之后进行。时间参数的计算顺序和计算方法基本上与双代号网络计划时间参数的计算相同。单代号网络计划时间参数的标注形式如图 5-32 所示。

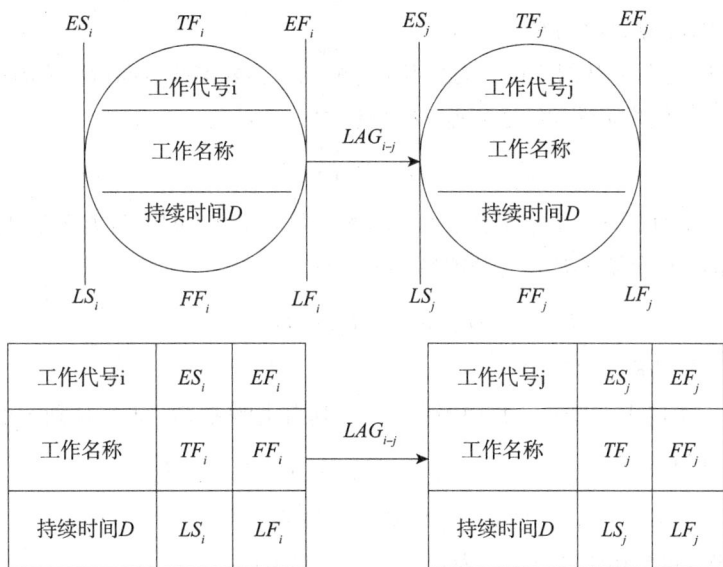

图 5-32　单代号网络计划时间参数的标注形式

单代号网络图的计算可采用图上计算法或表上计算法，其计算步骤如下：

（1）计算工作最早时间和最早完成时间

网络计划中各项工作 i 的最早开始时间 ES_i 应从网络图的起点节点开始，顺着箭线方向依次逐项计算。

①当起点节点 i 的最早开始时间 ES_i 无规定时，其值应等于零，即：

$$ES_i = 0 \quad (i=1) \tag{5-31}$$

②工作最早完成时间等于该工作最早开始时间加上其持续时间，即：

$$EF_i = ES_i + D_i \tag{5-32}$$

③其他工作的最早开始时间 ES_i 应为该工作的各个紧前工作的最早完成时间的最大值，即为：

$$ES_i = \max \{ EF_h \} \tag{5-33}$$

或 $$ES_i=\max\{ES_h+D_h\}\qquad(5\text{-}34)$$

（2）网络计划计算工期 T_c

T_c 等于网络计划的终点节点 n 的最早完成时间 EF_n，即：

$$T_c=EF_n\qquad(5\text{-}35)$$

（3）计算相邻两项工作之间的时间间隔 $LAG_{i\text{-}j}$

①当终点节点为虚拟节点时，其时间间隔应为：

$$LAG_{i\text{-}n}=T_p-EF_i\qquad(5\text{-}36)$$

②其他节点之间的时间间隔应为：

$$LAG_{i\text{-}j}=ES_j-EF_i\qquad(5\text{-}37)$$

（4）计算工作的总时差 TF_i

工作 i 总时差 TF_i 应从网络计划的终点节点开始，逆着箭线方向依次逐项计算。

①终点节点所代表工作 n 的总时差 TF_n 值应为：

$$TF_n=T_p-EF_n\qquad(5\text{-}38)$$

②其他工作 i 的总时差 TF_i 等于该工作的各个紧后工作 j 的总时差 TF_j 加上该工作与其紧后工作之间的时间间隔 $LAG_{i\text{-}j}$ 之和的最小值，即：

$$TF_i=\min\{TF_j+LAG_{i\text{-}j}\}\qquad(5\text{-}39)$$

（5）计算工作的自由时差

①终点节点所代表工作 n 的自由时差 FF_n，其自由时差 FF_n 等于计划工期 T_p 减该工作的最早完成时间 EF_n，即为：

$$FF_n=T_p-EF_n\qquad(5\text{-}40)$$

②其他工作 i 的自由时差 FF_i 应为：

$$FF_i=\min\{LAG_{i\text{-}j}\}\qquad(5\text{-}41)$$

（6）计算工作的最迟开始时间和最迟完成时间

①工作 i 的最迟开始时间 LS_i 等于该工作的最早开始时间 ES_i 与其总时差 TF_i 之和，即：

$$LS_i=ES_i+TF_i\qquad(5\text{-}42)$$

②工作 i 的最迟完成时间 LF_i 等于该工作的最早完成时间 EF_i 与其总时差 TF_i 之和，即：

$$LF_i=EF_i+TF_i\qquad(5\text{-}43)$$

（7）关键工作和关键线路的确定

①关键工作就是总时差最小的工作。

②从起点节点开始到终点节点均为关键工作，且所有工作的时间间隔均为零的线路应为关键线路。该线路在网络图上应用粗线、双线或彩色线标注。

例 5-12：已知网络计划的资料见表 5-17，试绘制单代号网络计划。若计划工期等于计算工期，试计算各项工作的六个时间参数并确定关键线路，标注在网络计划上。

解:(1)根据表5-17中网络计划的有关资料,按照网络图的绘图规则,绘制单代号网络图如图5-33所示。

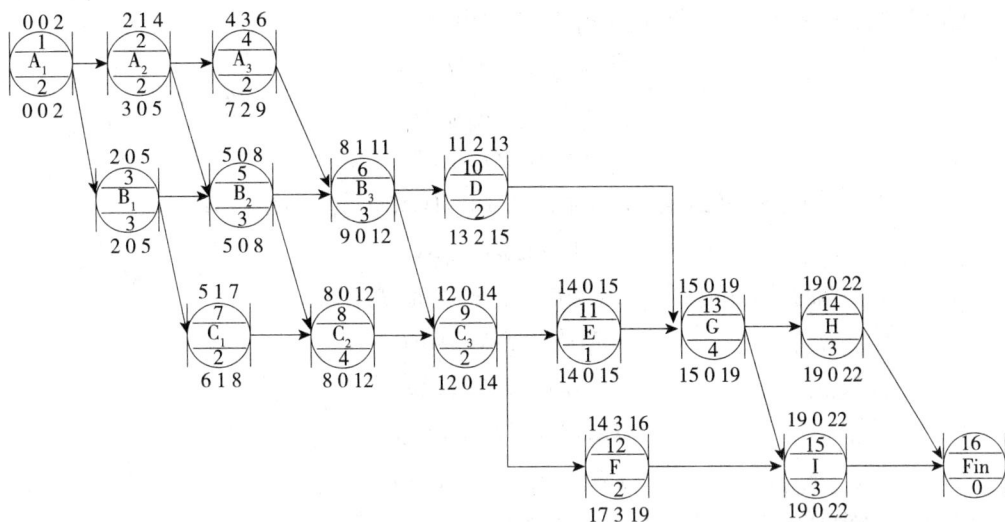

图5-33 单代号网络图计算实例

(2)计算最早开始时间和最早完成时间。

因为未规定最早开始时间,所以由公式(5-31)得到,

$$ES_1=0$$

其他工作 i 的最早开始时间和最早完成时间按公式(5-32)、(5-33)和(5-34)依次计算,如:

$$EF_1=0+2=2$$
$$ES_5=\max\{EF_2,\ EF_3\}=\max\{4,\ 5\}=5$$
$$EF_5=ES_5+D_5=5+3=8$$

已知计划工期等于计算工期,故有 $T_p=T_c=EF_{16}=22$

(3)计算相邻两项工作之间的时间间隔 $LAG_{i\text{-}j}$,如:

$$LAG_{15\text{-}16}=T_p-EF_{15}=22-22=0$$
$$LAG_{15\text{-}16}=T_p-EF_{14}=22-22=0$$
$$LAG_{12\text{-}14}=ES_{15}-EF_{12}=19-16=3$$

(4)计算工作的总时差 TF_i。

已知计划工期等于计算工期 $T_p=T_c=22$,故终点节点 ⑯ 节点的总时差为零,即:

$$TF_{16}=T_p-EF_{16}=22-22=0$$

其他工作总时差如:

$$TF_{15}=TF_{16}+LAG_{15\text{-}16}=0+0=0$$
$$TF_{14}=TF_{16}+LAG_{15\text{-}16}=0+0=0$$

$$TF_{13}=\min\{(TF_{15}+LAG_{13-15}),(TF_{14}+LAG_{13-14})\}=\min\{(0+0),(0+0)\}=0$$

$$TF_{12}=TF_{14}+LAG_{12-14}=0+3=3$$

（5）计算工作的自由时差 FF_i。

已知计划工期等于计算工期 $T_p=T_c=22$，故自由时差如：

$$FF_{16}=T_p-EF_{16}=22-22=0$$

$$FF_{15}=LAG_{15-16}=0$$

$$FF_{14}=LAG_{15-16}=0$$

$$FF_{13}=\min\{LAG_{13-15},LAG_{13-14}\}=\min\{LAG_{13-15},LAG_{13-14}\}=3$$

$$FF_{12}=LAG_{12-14}=3$$

（6）计算工作的最迟开始时间 LS_i 和最迟完成时间 LF_i，如：

$$LS_1=ES_1+TF_1=0+0=0$$

$$LF_1=EF_1+TF_1=2+0=2$$

$$LS_2=ES_2+TF_2=2+1=3$$

$$LF_2=EF_2+TF_2=4+1=5$$

将以上计算结果标注在图 5-33 中相应位置。

（7）确定关键工作和关键线路。

根据计算结果，总时差为 0 的工作：A_1、B_1、B_2、C_2、C_3、E、G、H、I 为关键工作。

从起点节点①节点开始到终点节点均为关键工作，且所有工作之间时间间隔为零的线路，即①－③－⑤－⑧－⑨－⑪－⑬－⑭－⑯、①－③－⑤－⑧－⑨－⑪－⑬－⑭－⑯为关键线路，用粗箭线标示在图 5-33 中。

（三）双代号时标网络计划

1. 双代号时标网络计划的表示方法

双代号时标网络计划（简称"时标网络计划"）是指以水平时间坐标为尺度绘制的网络计划。时标单位可以是小时、天、周、月、季、年等，应根据需要在编制网络计划之前确定。

在时标网络计划中，以实箭线表示工作，实箭线的水平投影长度表示该工作的持续时间；以虚箭线表示虚工作，由于虚工作的持续时间为零，故虚箭线只能垂直画；以波形线表示工作与其紧后工作之间的时间间隔（以终点节点为完成节点的工作除外，当计划工期等于计算工期时，这些工作箭线中波形线的水平投影长度表示其自由时差）。

双代号时标网络计划中所有符号在时间坐标上的水平投影位置，都必须与其时间参数相对应。节点中心必须对准相应的时标位置。

时标网络计划既是一个网络计划，又类似于横道图表示的一个水平进度计划。它既能标明计划的时间过程，又能在图上显示出各项工作开始、完成时间、关键线路和关键工作所具有的时差。此外，在时标网络计划图上可以统计每一个单位时间对资源的需要量，以便进行资源优化和调整。

2. 时标网络计划的绘制方法

时标网络计划宜按各项工作的最早开始时间编制。为此，在编制时标网络计划时应使每一个节点和每一个工作（包括虚工作）尽量向左靠，直至不出现从右向左的逆向箭线为止。同时，在绘制时标网络计划时应先绘制无时标的网络计划草图，然后按间接绘制法或直接绘制法进行。

（1）间接绘制法。所谓间接绘制法，是指先根据无时标的网络计划草图计算其时间参数并确定关键线路，然后在时标网络计划表中进行绘制。其绘制步骤是先将所有节点按其最早时间定位在时标网络计划表中的相应位置，然后再用规定线型（实箭线和虚箭线）按比例绘出工作和虚工作。当某些工作箭线的长度不足以达到该工作的完成节点时，须用波形线补足，箭头应画在与该工作完成节点的连接处。

（2）直接绘制法。所谓直接绘制法，是指不计算时间参数而直接按无时标的网络计划草图绘制时标网络计划。

例5-13：已知某双代号网络计划如图5-34所示，则可按下述步骤利用直接绘制法来绘制其时标网络计划。

解：（1）将网络计划的起点节点定位在时标网络计划表的起始刻度线上。如图5-35所示，节点①就是定位在时标网络计划表的起始刻度线"0"位置上。

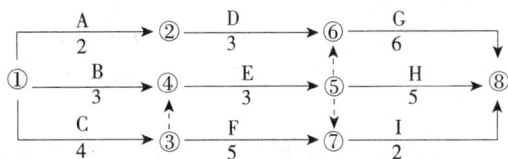

图 5-34　双代号网络计划

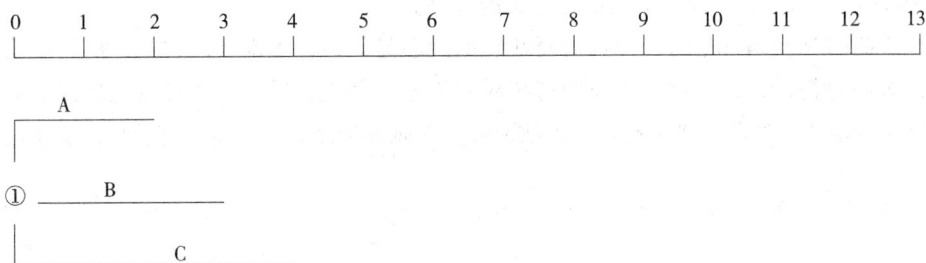

图 5-35　直接绘制法第一步

（2）按工作的持续时间绘制以网络计划起点节点为开始节点的工作箭线。如图5-35所示，分别绘出工作箭线A、B和C。

（3）除网络计划的起点节点外，其他节点必须在所有以该节点为完成节点的工作箭线均绘出后，定位在这些工作箭线中最迟的箭线末端。当某些工作箭线的长度不足以达到该节点时，需用波形线补足，箭线画在与该节点的连接处。例如在本例中，节点②直接定位在工作箭线A的末端；节点③直接定位在工作箭线C的末端；节点③的位置需要在绘出虚箭线3-4之后，定位在工作箭线B和虚箭线3-4中最迟的箭线末端，即坐标"4"的位置上。此时，工作箭线B的长度不足以到达节点④，因而用波形线补足，如图5-36所示。

（4）当某个节点的位置确定之后，即可绘制以该节点为开始节点的工作箭线。例如在本例中，在图5-36的基础上，可以分别以节点②、节点③和节点④为开始节点绘制工作箭线D、E和F，如图5-37所示。

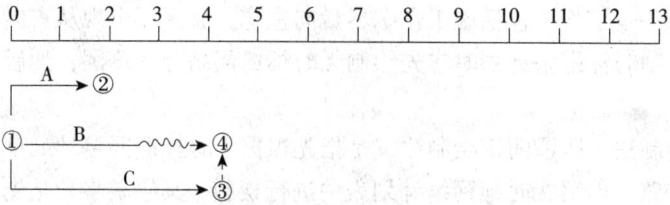

图 5-36 直接绘制法第二步

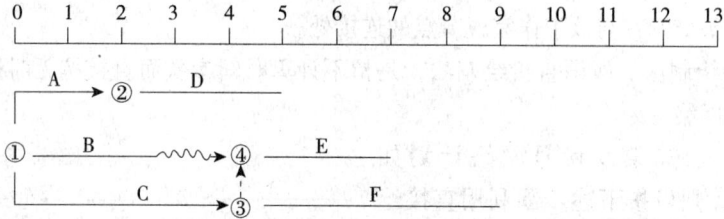

图 5-37 直接绘制法第三步

（5）利用上述方法从左至右依次确定其他各个节点的位置，直至绘出网络计划的终点节点，例如在本例中，在图 5-37 的基础上，可以分别确定节点⑤、节点⑥和节点⑦的位置，并在它们之后分别绘制工作箭线 H、工作箭线 G 和工作箭线 I，例如，如图 5-38 所示。

最后，根据工作箭线 G，H 和 I 确定出终点节点的位置。本例所对应的时标网络计划如图 5-39 所示，图中双箭线表示的线路为关键线路。

在绘制时标网络计划时，特别需要注意的问题是处理好虚箭线。首先，应将虚箭线与实箭线等同看待，只是其对应工作的持续时间为零；其次，尽管它本身没有持续时间，但可能存在波形线，因此，要按规定画出波形线。在画波形线时，其垂直部分应画为虚线。

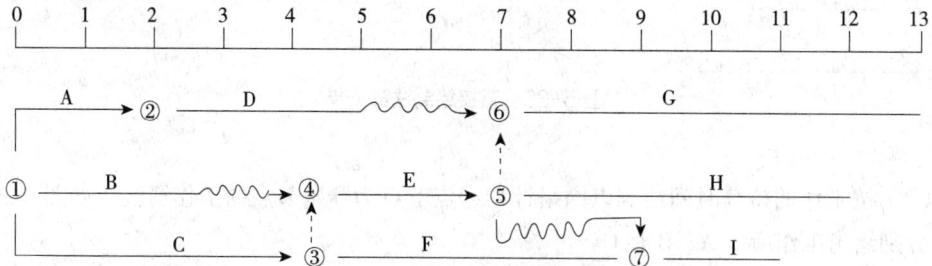

图 5-38 直接绘制法第四步

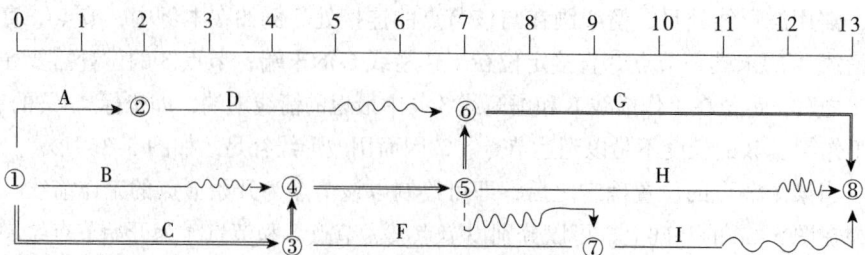

图 5-39 双代号时标网络计划

3. 关键线路和时间参数

（1）关键线路的判定：从网络计划的终点节点开始，逆着箭线方向判定。凡自始至终不出现波形线的线路即为关键线路。不出现波形线，说明这条线路上相邻两项工作之间的时间间隔全部为零，也就是在计划工期等于计算工期的前提下，这些工作的总时差和自由时差均为零。

（2）计算工期：计算工期等于终点节点所对应时标值与起点节点所对应的时标值之差。

（3）相邻两项工作之间时间间隔：除以终点节点为完成节点的工作外，工作箭线中波形线的水平投影长度表示工作与其紧后工作之间的实际间隔。

（4）最早开始时间和最早完成时间：工作箭线左端节点中心所对应的时标值为该工作的最早开始时间；当工作箭线中无波形线时，其右端节点中心所对应的时标值为该工作的最早完成时间；当工作箭线中有波形线时，工作箭线实线部分右端点所对应的时标值为该工作的最早完成时间。

（5）工作自由时差

以终点节点为完成节点的工作，其自由时差等于计划工期与本工作最早完成时间之差。

其他工作的自由时差就是该工作箭线中波形线的水平投影长度。

（6）工作总时差：工作总时差应从终点节点开始，逆箭线方向依次进行。

以终点节点为完成节点的工作，其总时差等于计划工期与本工作最早完成时间之差。

其他工作的总时差等于其紧后工作的总时差加本工作与该紧后工作之间的时间间隔之和的最小值，即：

$$TF_{i-j}=\min\{TF_{j-k}+LAG_{i-j,\ j-k}\}$$

（7）最迟完成时间：工作的最迟完成时间 = 本工作总时差 + 本工作最早完成时间。即：

$$LF_{i-j}=TF_{i-j}+EF_{i-j}$$

（8）最迟开始时间：工作的最迟开始时间 = 本工作总时差 + 本工作最早开始时间。即：

$$LS_{i-j}=TF_{i-j}+ES_{i-j}$$

（四）单代号搭接网络计划

1. 单代号搭接网络图的含义

单代号搭接网络计划是前后工作之间有多种逻辑关系的肯定型网络计划，如图 5–40 所示。

2. 单代号搭接网络图的搭接关系及其绘制

前后工作之间的多种逻辑关系包括：

（1）STS_{i-j} 两项工作开始到开始的时距：相邻两项工作之间的搭接关系用其相继开始的时距来表达。

（2）FTF_{i-j} 两项工作完成到完成的时距：相邻两项工作之间的关系用前后工作相继结束的时距来表达。

（3）STF_{i-j} 两项工作开始到完成的时距：相邻两项工作之间的关系用前项工作开始到后项工作结束之前的时距来表达。

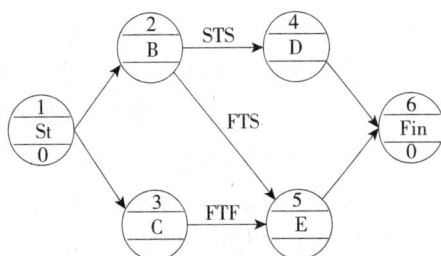

图 5–40　单代号搭接网络计划举例

（4）FTS_{i-j} 两项工作完成到开始的时距：相邻两项工作之间的搭接关系用前项工作结束到后项工作开始之间的时距来表达。

（5）混合搭接关系。在搭接网络计划中，除上述四种基本搭接关系外，相邻两项工作之间有时还会同时出现两种以上的基本搭接关系，称之为混合搭接关系。

以上搭接关系可用表 5-18 来概括。

网络图的搭接关系

表 5-18

搭接网络计划以单代号网络图的形式表达为多。

单代号搭接网络图的绘制规则与前述普通单代号网络图基本相同。只是要在图上说明搭接关系。一般情况下，均要在网络计划的两端分别设置虚拟的起点节点和虚拟的终点节点。

3. 单代号搭接网络图时间参数的计算

单代号搭接网络计划时间参数的计算与前述单代号网络计划和双代号网络计划时间参数的计算原理基本相同。

（1）工作的最早开始时间（$ES_{i,j}$）

①当该工作为虚拟的开始工作（节点）时，一般令其最早开始时间等于零，即 $ES_{i,j}=0$。

②当该工作不是虚拟的开始工作时，根据搭接关系，按下列公式中的相应公式计算。当存在多种搭接关系时，取最大值。

$$ES_j = EF_i + FTS_{i,j} \qquad (5-44)$$

$$ES_j = ES_i + STS_{i,j} \qquad (5-45)$$

$$ES_j=EF_i+FTF_{i,j}-D_j \qquad (5-46)$$

$$ES_j=ES_i+STS_{i,j}-D_j \qquad (5-47)$$

某项工作由于与紧前工作存在关系时，利用公式计算的结果可能会出现小于零的情况，这与网络图只有一个起点节点的规则不符。则应令该工作的最早开始时间等于零，且需用虚箭线将该节点与虚拟开始节点连接起来。

（2）工作的最早完成时间（$EF_{i,j}$）

该时间参数的计算与非搭接网络计划相同。

对于搭接网络计划，由于存在比较复杂的搭接关系，可能会出现按公式计算的某些工作的最早完成时间大于虚拟终点节点的最早完成时间的情况。

应令虚拟终点节点的最早开始时间等于网络计划中各项工作的最早完成时间的最大值，并需用虚箭线将该节点与终点节点连接起来。

（3）网络计划的工期

搭接网络计划的计算工期与计划工期计算和确定方法与前述普通单代号网络计划相同。

（4）工作的最迟完成时间（$LF_{i,j}$）

搭接网络计划的工作最迟完成时间分两种情况计算。

①当该工作为虚拟的终点节点时，其最迟完成时间等于计划工期，即：

$$LF_{i,j}=T_p$$

②当该工作不是虚拟的终点节点时，根据搭接关系，按相应公式计算。

$$LF_i=LS_j-FTS_{i,j} \qquad (5-48)$$

$$LF_i=LS_j+D_i-STS_{i,j} \qquad (5-49)$$

$$LF_i=LF_j-FTF_{i,j} \qquad (5-50)$$

$$LF_i=LF_j+D_i-STS_{i,j} \qquad (5-51)$$

当该工作与紧后工作存在多种搭接关系时，取分别计算值的最小值。

（5）工作的最迟开始时间（LS_i）

与普通单代号网络计划相同。

$$LS_i=LF_i-D_i \qquad (5-52)$$

（6）相邻两项工作之间的时间间隔（$LAG_{i,j}$）

在搭接网络计划中，相邻两项工作之间的时间间隔要根据如下相应公式计算，即：

$$LAG_{i,j}=ES_j-EF_i-FTS_{i,j} \qquad (5-53)$$

$$LAG_{i,j}=ES_j-ES_i-STS_{i,j} \qquad (5-54)$$

$$LAG_{i,j}=EF_j-EF_i-FTF_{i,j} \qquad (5-55)$$

$$LAG_{i,j}=EF_j-ES_i-STF_{i,j} \qquad (5-56)$$

（7）自由时差（$FF_{i,j}$）和总时差（$TT_{i,j}$）

搭接网络计划中各项工作的自由时差和总时差的计算方法与普通单代号网络计划相同，不再赘述。

例5-14：某单代号搭接网络计划如图5-41所示。

解：单代号搭接网络计划时间参数计算顺序与普通单代号网络计划基本相同。

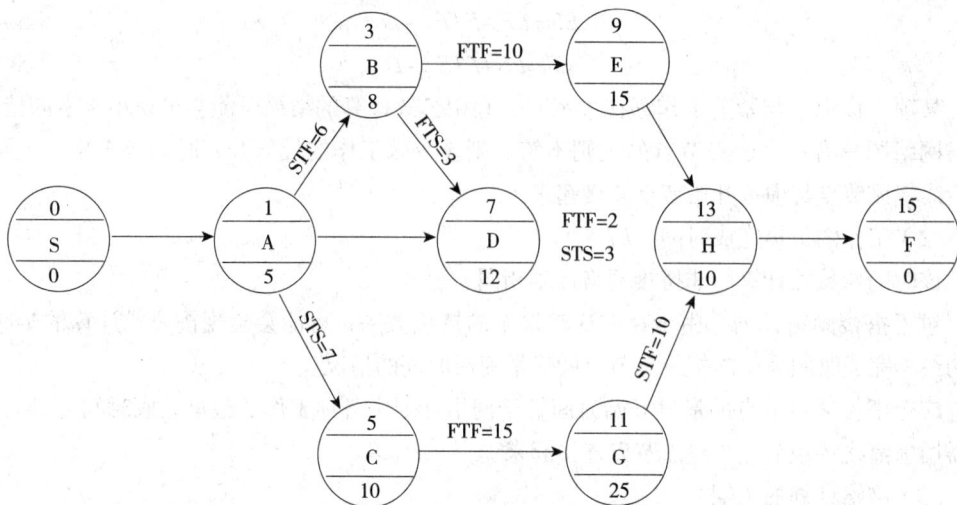

图 5-41　某单代号搭接网络图

（1）最早开始时间、最早完成时间的计算。

（2）网络计划工期的计算。

（3）最迟开始时间、最迟完成时间的计算。

（4）相邻两项工作的时间间隔的计算。

（5）工作的自由时差与总时差计算。

计算结果如图 5-42 所示。

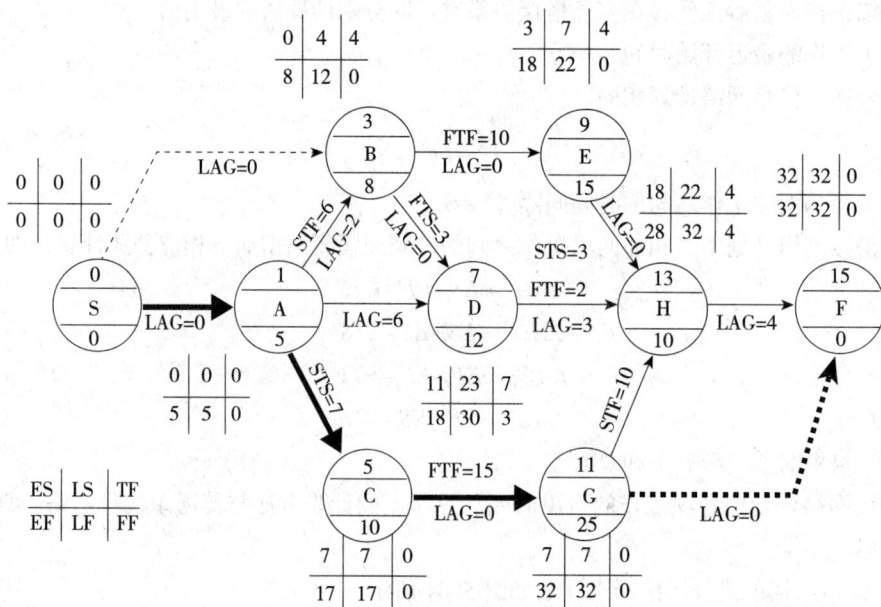

图 5-42　单代号搭接网络图计算示例

二、网络计划的优化

网络计划的优化是指在编制阶段，在一定的约束条件下，按既定目标对网络计划进行不断调整，直到寻找出满意结果为止的过程。

网络计划优化的目标一般包括工期目标、投资和资源目标。根据既定目标，网络计划优化的内容分为工期优化、费用优化和资源优化三个方面。

（一）网络计划关键线路的确定

在网络计划技术中，关键线路法的重要目的之一就是找出网络计划中的关键工作和关键线路，因为关键工作和关键线路决定了网络计划的工期。

一种方法是将所有关键工作找出来后，首尾相连，自始至终由关键工作组成的线路就是关键线路，而前已述及总时差最小的工作即是关键工作，总时差的算法前面也已经论述。这是思路之一。

另外一种方法是先找出关键线路，位于关键线路上的工作就是关键工作。根据关键线路的概念，有可以找关键线路的简便方法。快速找出关键线路的方法有比较线路法、计算时差法、标号法和破圈法等多种，这里主要介绍标号法。

标号法是一种快速寻求网络计划计算工期和关键线路的方法。它利用按节点计法的基本原理，对网络计划中的每一个节点进行标号，然后利用标号值确定网络计划的计算工期和关键线路。标号法的基本原理可以用例5-15来解释。

例5-15：双代号网络计划如图5-43所示。用标号法找出关键线路。标号法除了起点节点外，一般用源节点（所谓源节点是指用来确定本节点标号值的节点。如源节点有多个，应将所有源节点标出）和长度（节点值）来标注，如图5-43所示。起点节点①节点标注长度为0，节点②的源节点为①，其长度为

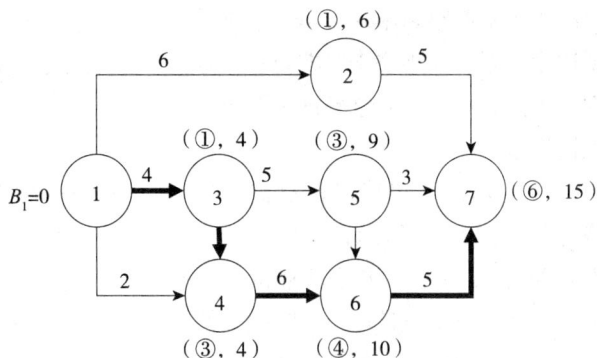

图5-43 双代号网络计划图的标号法示例

源节点①的长度0加上①－②工作的长度，即0+6=6，所以节点②的标号为（①，6）。同理可标注节点③的标号为（①，4）。

而节点④则从节点①的长度加上①－④工作的长度0+2=2和节点③的长度4加上③－④的长度4+0=4两者中最大者标注，即节点④的标号为（③，4）。根据同样道理，从左到右逐一标出网络图中所有节点的标号。终点节点⑦的长度15即为网络计划的计算工期。逆着终点节点逐一找出各个节点的源节点并用双箭线标注节点之间的工作即可得到关键线路，位于关键线路上的工作即为关键工作。

（二）工期优化

（1）工期优化的概念

根据工程施工方案，按照计划中各项工作的逻辑关系编制的网络计划，其计算工期与

既定的工期目标相比，如果计算工期长于工期目标（要求工期），就要对计算工期进行调整。工期优化就是通过压缩计算工期，以达到既定工期目标，或在一定约束条件下，使工期最短的过程。

工期优化一般是通过压缩关键线路的持续时间来满足工期要求的。在优化过程中要注意，不能将关键线路压缩成非关键线路，当出现多条关键线路时，必须将各条关键线路的持续时间压缩同一数值，否则不能有效地将工期缩短。

（2）工期优化的步骤与方法

工期优化的步骤和方法如下：

①找出网络计划中的关键线路，并求出计算工期。

②按要求工期计算出应缩短的时间。

③根据下列诸因素选择应优先缩短持续时间的关键工作。

缩短持续时间对工程质量和施工安全影响不大的工作；有充足储备资源的工作；缩短持续时间所需增加的投资最少的工作。

④将应优先缩短的工作缩短到最短持续时间，并找出关键线路，若被压缩的工作变成了非关键工作，则应将其持续时间适当延长到刚好恢复为关键工作。

⑤重复上述过程直到满足工期要求或工期无法再缩短为止。

当采用上述步骤和方法后，工期仍不能缩短至要求工期，则应采用加快施工的技术、组织措施来调整原施工方案，重新编制进度计划。如果属于工期要求不合理，无法满足时，应重新确定要求的工期目标。

例5-16：已知某工程双代号网络计划如图5-44所示，图中箭线下方括号外数字为工作的正常持续时间，括号内数字为最短持续时间；箭线上方括号内数字为优选系数。该系数综合考虑质量、安全和费用增加情况而确定。选择关键工作压缩其持续时间时，应选择优选系数最小的关键工作。若需要同时压缩多个关键工作的持续时间时，则它们的优选系数之和（组合优选系数）最小者应优先作为压缩对象。假设要求工期为11，试对其进行工期优化。

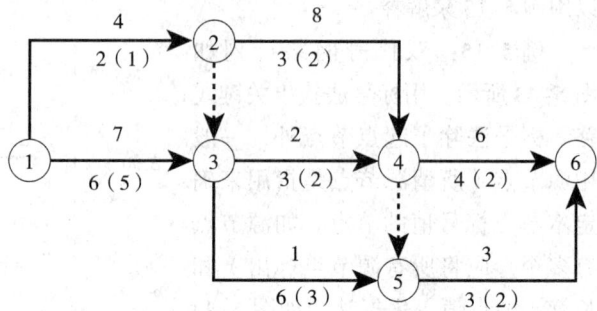

图5-44 双代号网络计划示例

解：该网络计划的工期优化可按以下步骤进行：

（1）根据各项工作的正常持续时间，用标号法确定网络计划的计算工期和关键线路，如图5-45所示。此时关键线路为①－③－⑤－⑥。

（2）计算应缩短的时间。

$$\Delta T = T_c - T_r = 15 - 11 = 4 \text{ 天}$$

（3）确定各关键工作能压缩的时间。

（4）第一次：选择工作③－⑤，压缩2天，成为4天。工期变为13天，③－④和④－⑥也变为关键工作，如图5-46所示。

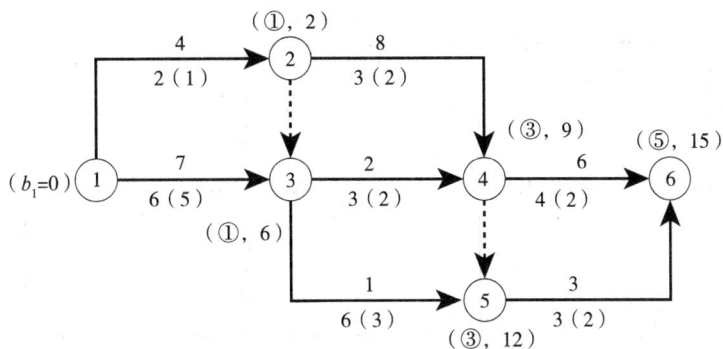

图 5-45 工期优化标注关键线路

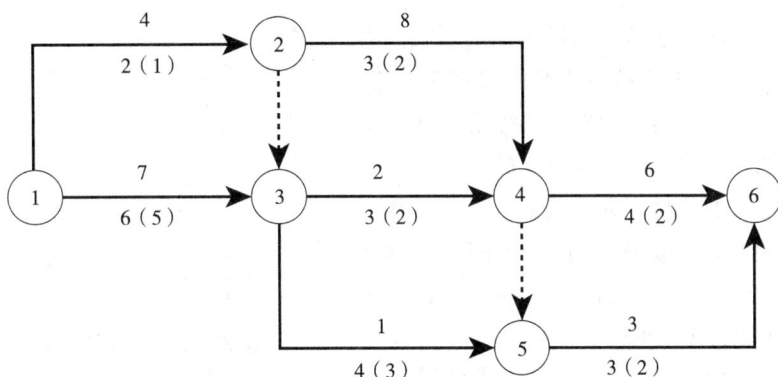

图 5-46 工期优化第一次

（5）第二次：选择工作③－④和③－⑤，同时压缩 1 天，③－④成为 2 天，③－⑤成为 3 天。工期变为 12 天，关键工作没有变化，如图 5-47 所示。

（6）第三次：选择工作①－③，压缩 1 天，成为 5 天。工期变为 11 天，关键工作没有变化，如图 5-48 所示。

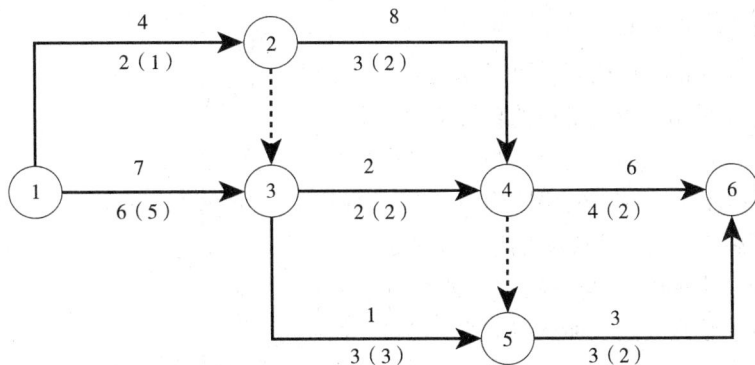

图 5-47 工期优化第二次

（三）费用优化

1. 费用优化的概念

一项工程的总费用包括直接费用和间接费用两部分。在一定范围内，直接费用随工期

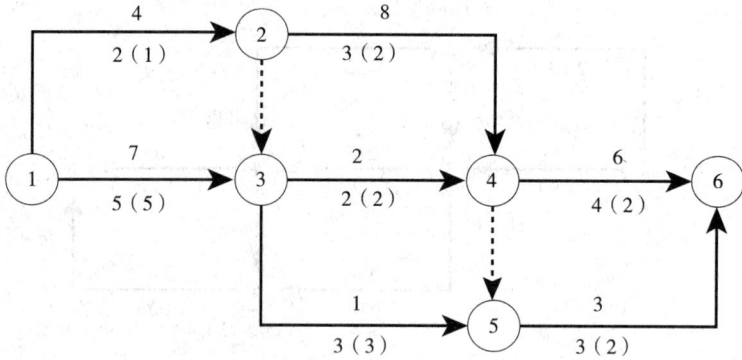

图 5-48 工期优化第三次

的延长而减少，而间接费用则随工期的延长而增加，如图 5-49 所示的直接费用和间接费用曲线。将该两条曲线叠加，就形成了总费用曲线。总费用曲线上的最低点（T_B）所对应的工期就是费用优化所要追求的最优工期。因此，费用优化也可称为"工期—费用优化"（或"工期—成本优化"）。图 5-49 中，T_0 表示正常工期，T_B 表示最优工期，T_S 表示最短工期。

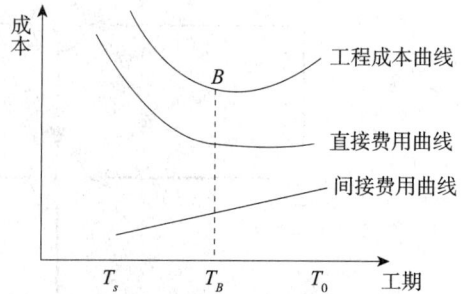

图 5-49 工程费用与工期关系示意图

由图中可看出，要想求得总费用最低的工期方案，必须首先研究直接费用、间接费用与工期的关系，求出这两条曲线。

间接费用是指计划执行过程中，用于工程经营管理方面的费用。在优化过程中，通常因该曲线的曲率不大，为简化计算，将其视为一条直线看待。该直线的斜率表示在单位时间内（每天、每周、每月等）间接费用支出的数值（即间接费率）。

直接费用是指计划执行过程中，用于支付每项工作的人工费、材料费；机械台班使用费等费用。每一项工程计划都是由许多项工作组成的，这些工作都有着各自的方法、机械、材料及持续时间等，而且工作的这些因素是可以变化的。一般情况下，通常考虑采用使每项工作的直接费用支出最少的方法，工作的持续时间可能要长些；在考虑加快进度时，对某些工作就要考虑采用较短（甚至是最短）的持续时间的施工方法，其直接费用支出就要增加。

具体一项工作的时间与直接费用曲线有多种形式，但单一的连续直线是一种近似求法，已被广泛应用，如图 5-50 所示。

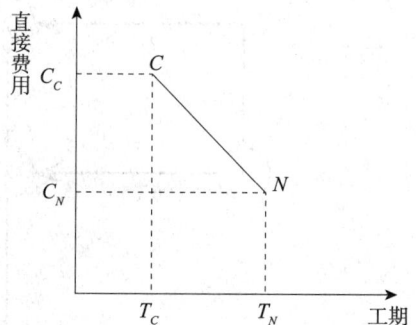

图 5-50 直接费用与时间关系图

把正常时间点 N 与加快时间点 C 直接连成一条直线，直线中间各点代表 NC 之间的工期所需要的相应费用。对于不同的工作，它的直接费的增加是不一样的。可以用单位时间内的费用增加率 ΔC 来表示，若正常实施方案点 N 的正常时间以 T_N，相应的正常费用为 C_N，缩短后的加快施工方案点 C，它的加快时间为 T_C，相应

的费用为 C_C，这样就可以算出费用率 ΔC_{C-N}：

$$\Delta C_{C-N}=\frac{C_C-C_N}{T_N-T_C}\qquad（5-57）$$

通过直接费用率可以看出哪项工作在缩短工期时花费最低，需要时可优先加快此项工作。

从费用的观点来分析问题，目的就是使整个项目的总费用最低，有以下几个方面：

（1）在规定的工期条件下，求出项目的最低费用；

（2）如果需要进一步缩短工期，则应考虑如何使增加的费用最小；

（3）要求以最低的费用完成整个项目计划时，如何确定它的最优工期；

（4）如果可以增加一定数量的费用来缩短项目工期，它可以比计划缩短几天，将本项目的进展统筹简化，即可为图。

2. 费用优化的步骤和方法

（1）计算正常作业条件下工程网络计划的工期、关键线路和总直接费、总间接费及总费用。将所有工作在正常持续时间条件下的直接投资相加即得总直接费；用工程的间接费率乘以工期即得总间接费；将总直接费与总间接费相加即得总费用。

（2）计算各项工作的直接费率，按公式计算。对于仅有一种方法，其持续时间和费用不变的工作，可设其直接费率为无穷大。

（3）在关键线路上，选择直接费率最小并且不超过工程间接费率的工作作为被压缩对象。当网络计划存在多条关键线路时，选择组合直接费率最少并且不超过工程间接费率的若干项工作（工作数目根据关键线路数目而定）作为被压缩对象。

（4）将被压缩对象压缩到最短，当被压缩对象为一组工作时，将该组工作压缩同一数值时（该值为该组工作可压缩的最大幅度），并找出关键线路。如果被压缩对象变成了非关键工作，则需适当延长其持续时间，使其刚好恢复为关键工作为止。

（5）重新计算和确定网络计划的工期、关键线路和总直接费、总间接费、总费用。

（6）重复上述第三到第五步骤，直到找不到直接费率或组合直接费率不超过工程间接费率的压缩对象为止。此时的工期即为总费用最低的最优工期。

（7）绘制出优化后的网络计划。在每项工作上注明优化的持续时间和相应的直接投资。

例 5-17：已知某工程网络计划如图 5-51 所示。图中箭线下方括号外为正常持续时间，

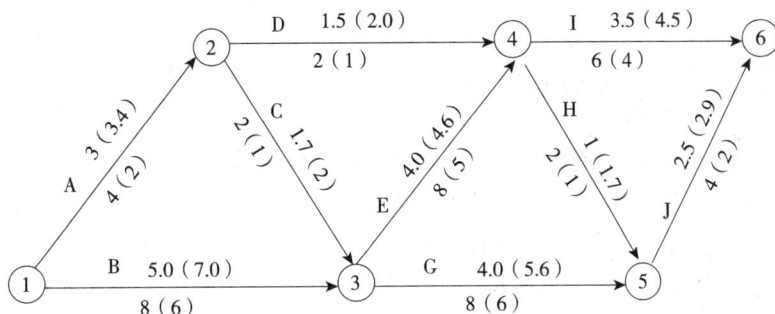

图 5-51　某工程网络计划

括号内为最短持续时间；箭线上方括号外为正常持续时间的直接费用，括号内为最短持续时间的直接费用，单位为万元。工程间接费率为：0.8 万元 / 周，试对其进行费用优化。

解：（1）计算和确定正常作业条件下的网络计划工期、关键线路和总直接费、总间接费、总费用。

①工期为 T_n=22 周，关键线路图 5-52 中粗线所示。关键线路有两条，分别为 1—3—4—5—6 和 1—3—4—6。

②工程总直接费用：26.2 万元；

总间接费：0.8×22=17.6（万元）；

总费用：C_T=26.2+17.6=43.8（万元）。

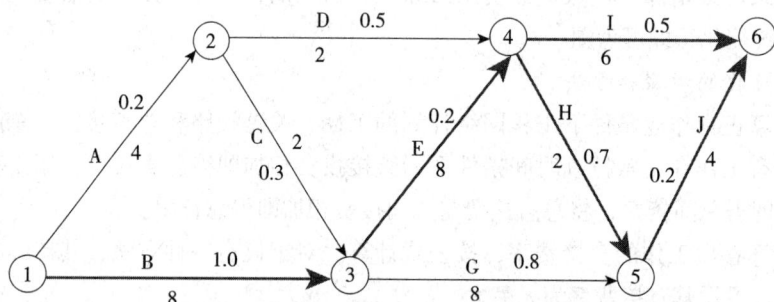

图 5-52　初始网络计划的工期、关键线路、直接费率

（2）计算各项工作的直接费率，并标注在图 5-53 上。

$$e_A=\frac{3.4-3}{4-2}=0.2（万元 / 周）\qquad e_B=\frac{7.0-5.0}{8-6}=1.0（万元 / 周）$$

$$e_C=\frac{2.0-1.7}{2-1}=0.3（万元 / 周）\qquad e_D=\frac{2.0-1.5}{2-1}=0.5（万元 / 周）$$

$$e_E=\frac{4.6-4.0}{8-5}=0.2（万元 / 周）\qquad e_G=\frac{5.6-4.0}{8-6}=0.8（万元 / 周）$$

$$e_H=\frac{1.7-1}{2-1}=0.7（万元 / 周）\qquad e_I=\frac{4.5-3.5}{6-4}=0.5（万元 / 周）$$

$$e_J=\frac{2.9-2.5}{4-2}=0.2（万元 / 周）$$

（3）第一次优化：在关键线路上将可压缩工作进行选择。

可行方案：　压缩工作　（组合）直接费率

①　　　　　1—3　　　　ΔC=1.0

②　　　　　3—4　　　　ΔC=0.2

③　　　　　4—5+4—6　ΔC=0.7+0.5=1.2

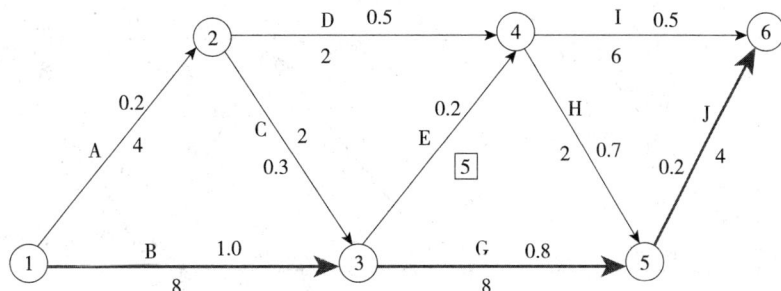

图 5-53　无效优化

④　　　　　　4-6+5-6　　　ΔC=0.5+0.2= 0.7

四种可行方案的优劣顺序是：②-④-①-③。选择方案②优化，工作 3-4 可压缩 3 天，这样其就变成了非关键工作，将其延长，使之仍为关键工作，如图 5-53 所示。所以第一次优化的时间：ΔT=Min（ΔD_{3-4}，TF_{3-5}）=Min（3，2）=2，优化结果如图 5-54 所示。此时工作 G 也变为关键工作了，网络计划工期缩短为 20 天。

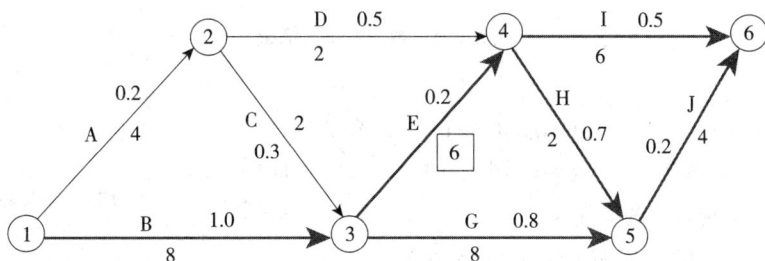

图 5-54　第一次优化结果

（4）第二次优化：关键线路为 1-3-4-6、1-3-4-5-6 和 1-3-5-6。

可行方案：　　压缩工作　　（组合）直接费率

①　　　　　　1-3　　　　ΔC=1.0

②　　　　　　3-4+3-5　　ΔC=0.2+0.8=1.0

③　　　　　　3-4+5-6　　ΔC=0.2+0.2=0.4

④　　　　　　4-6+5-6　　ΔC=0.5+0.2=0.7

⑤　　　　　　3-5+5-5+5-6　ΔC=0.8+0.7+0.5=2.0

方案的优劣顺序：③-④-①、②-⑤。

此时选择方案③工作 3-4 和 5-6 同时压缩 1 周。工作 4-5 被动变成非关键工作。如图 5-55 所示，工期变为 19 天。

（5）第三次优化：此时关键线路为 1-3-5-6 和 1-3-4-6。

可行方案：　　压缩工作　　（组合）直接费率

①　　　　　　1-3　　　　ΔC=1.0

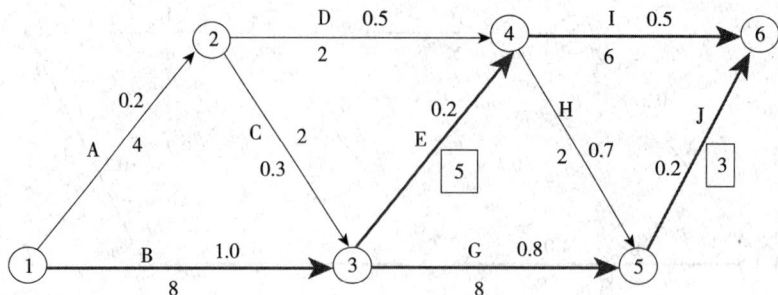

图 5-55 第二次优化结果

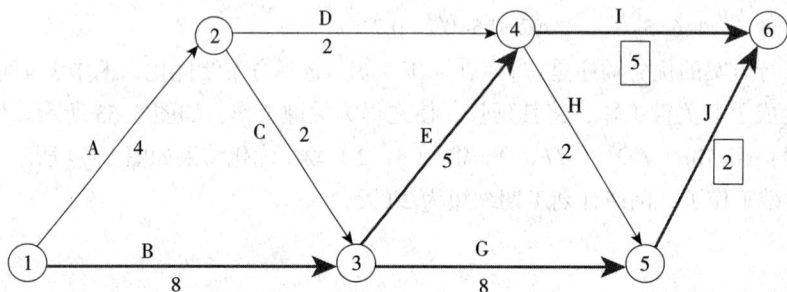

图 5-56 第三次优化结果

②   3–5+4–6 ΔC=0.8+0.5=1.3

③   4–6+5–6 ΔC=0.5+0.2=0.7

方案的优劣顺序：③ – ① – ②

此时选择方案③，压缩工作 4–6、5–6 各一周。工期变为 18 周，如图 5–56 所示。

其费用优化过程如表 5–19 所示。表中的费率差 =（组合）直接费率 – 间接费率。

达到最优时工期：T^*=18 周，工程总费用：42.1 万元，工期缩短：18%，成本降低：3.9%，费用优化过程如图 5–57 所示。

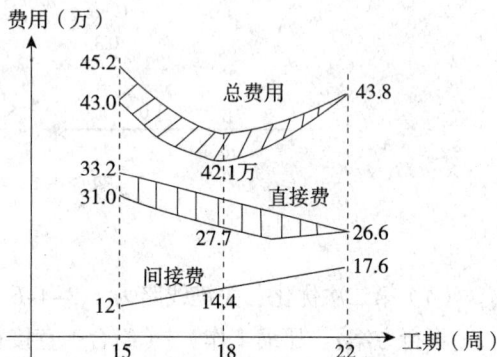

图 5-57 费用优化结果

费用优化过程   表 5-19

缩短次数	被缩短工作	直接费率	费率差	缩短时间	费用变化	对应工期
0	/	/	/	/	/	22 周
1	3–4	0.2	–0.6	2	–1.2	20
2	3–4 5–6	0.4	–0.4	1	–0.4	19
3	4–6 5–6	0.7	–0.1	1	–0.1	18*
4	1–3	1.0	+0.2	/	/	/

（四）资源优化

在计划执行过程中，所需的人力、材料、机械设备和资金等统称为"资源"。完成一项工程计划所需的资源总量是不变的。资源优化的目标不是减少资源总量，而是通过调整计划中某些工作投入作业的开始时间，使资源分布满足某种要求。

资源优化的内容有"资源有限—工期最短"和"工期固定—资源均衡优化"两个方面。

1. 资源有限，工期最短优化

（1）资源优化分配原则：

①关键工作优先满足，按每日资源需求量大小，从大到小顺序供应资源。

②非关键工作在满足关键工作的资源需求后再供应资源，按总时差由小到大的顺序供应资源。

③最后考虑给计划中总时差较大，允许中断的工作供应资源。

（2）优化的步骤：

在满足有限资源的条件下，通过调整某些工作的投入作业的开始时间，使工期不延误或最少延误。

①绘制时标网络计划，逐时段计算资源需用量。

②逐时段检查资源需用量是否超过资源限量，若超过进入第3步，否则检查下一时段。

③对于超过的时段，按总时差从小到大累计该时段中的各项工作的资源强度，累计到不超过资源限量的最大值，其余的工作推移到下一时段（在各项工作不允许间断作业的假定条件下，在前一时段已经开始的工作应优先累计）。

④重复上述步骤，直至所有时段的资源需用量均不超过资源限量为止。

例5-18：已知网络计划如图5-58所示。图中箭线上方数据为资源强度，下方数据为持续时间。若资源限量为12，试对其进行资源有限—工期最短优化。

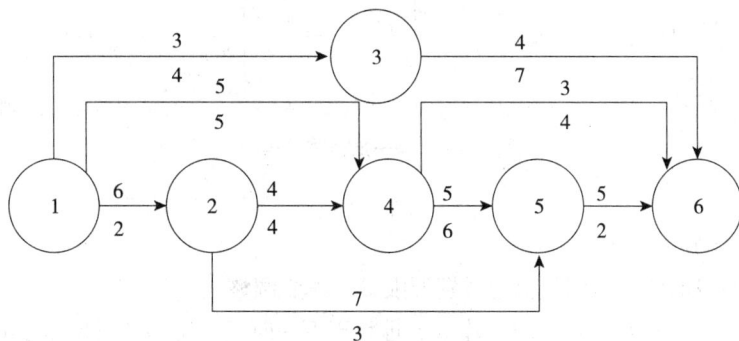

图5-58　网络计划图

解：（1）绘制时标网络计划，如图5-59所示，计算每天资源需用量。

（2）逐时段将资源需用量与资源限量对比，0-2，2-4，5-5三个时段的资源需用量均超过资源限量，需要调整。

（3）调整0-2时段，将该时段同时进行的工作按总时差从小到大对资源强度进行累计，累计到不超过资源限量（=12）的最大值，即 =6+5=11<12，将工作1-3推移至下一时段。调

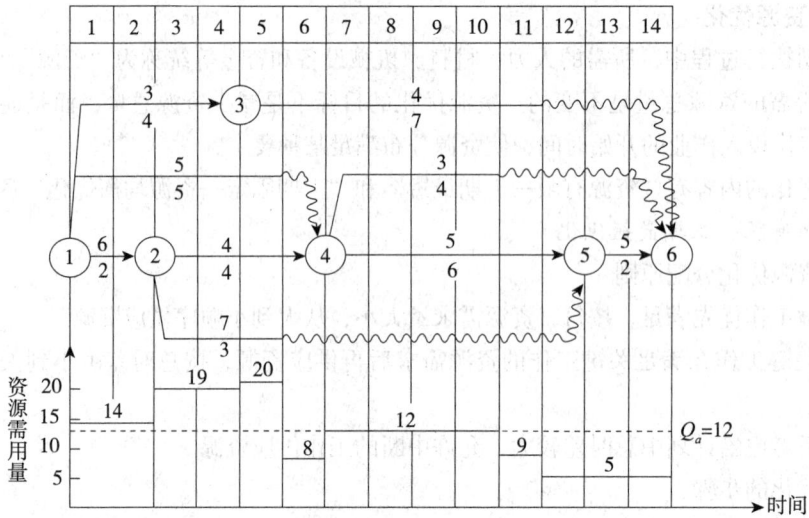

图 5-59　时标网络计划与资源需用量图

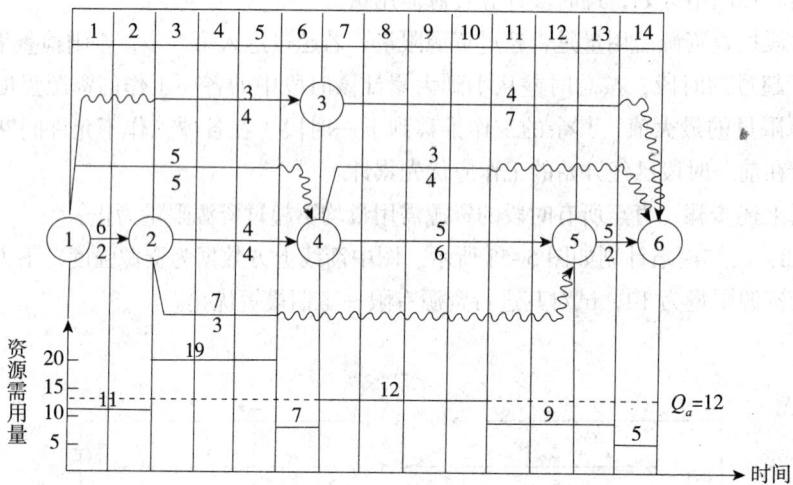

图 5-60　第一次调整的结果

整结果如图 5-60 所示。

（4）3-5 时段的资源需用量仍超过资源限量，需要调整。

资源强度累计：5+4+3=12，将工作 2-5 推移至下一时段，调整结果见图 5-61。

（5）5-6、5-8 时段仍超出资源限量要求，需要调整。

（6）最后调整结果见图 5-62。

2. 工期固定，资源均衡

在工期不变的条件下，尽量使资源需用量均衡既有利于工程施工组织与管理，又有利于降低工程施工费用。

（1）衡量资源均衡程度的指标

衡量资源需用量均衡程度的指标有三个，分别为不均衡系数、极差值、均方差值。

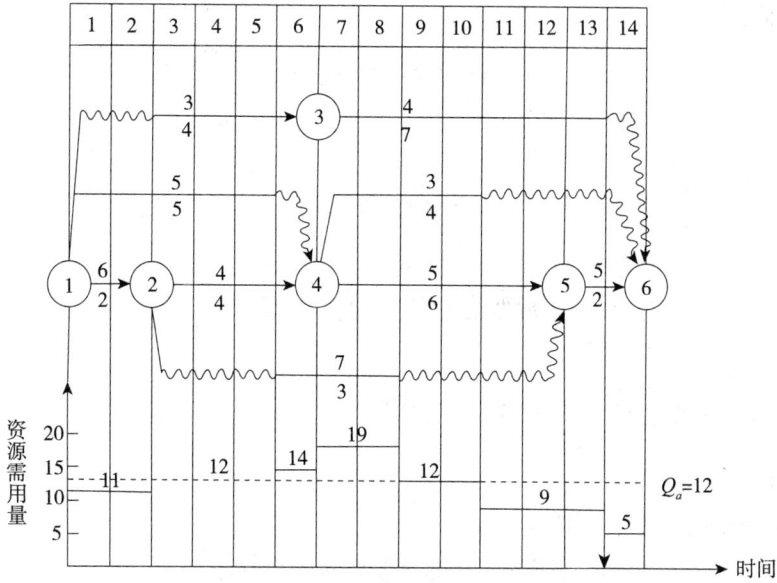

图 5-61　第二次调整的结果

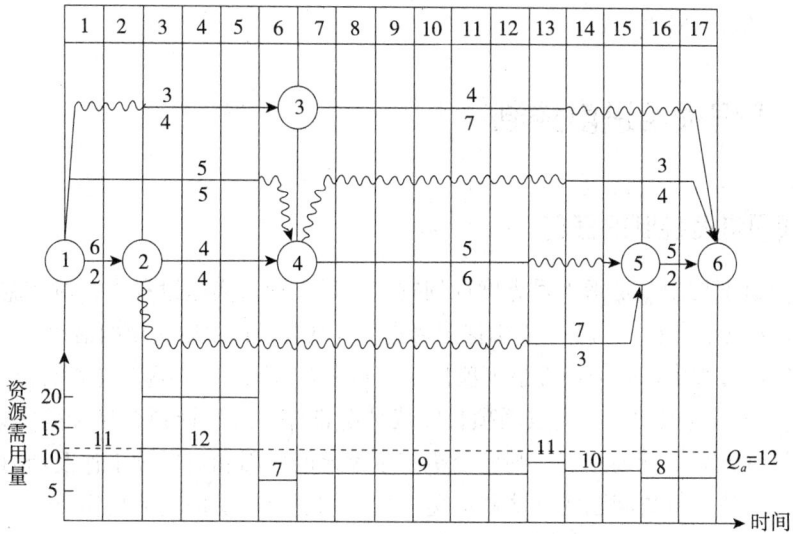

图 5-62　资源优化图

①不均衡系数 k：

$$K = \frac{Q_{\max}}{Q_m} \tag{5-58}$$

式中：

$$Q_m = \frac{1}{T}(Q_1 + Q_2 + \cdots + Q_T) = \frac{1}{T}\sum_{t=1}^{T} Q_t \tag{5-59}$$

Q_t 为 t 时期的资源需用量

②极差值：

$$\Delta Q = \max\{|Q_t - Q_m|\} \tag{5-60}$$

③均方差值：

$$\sigma^2 = \frac{1}{T}\sum_{t=1}^{T}(Q_t - Q_m)^2 \tag{5-61}$$

$$近似地：\sigma^2 = \frac{1}{T}\sum_{t=1}^{T}Q_t^2 - Q_m^2 \tag{5-62}$$

若 σ^2 最小，须使 $\sum_{t=1}^{T}Q_t^2 = Q_1^2 + Q_2^2 + \cdots + Q_T^2$ 最小。

（2）优化步骤与方法

①绘制时标网络计划，计算资源需用量。

②计算资源均衡性指标，用均方差值来衡量资源均衡程度。

③从网络计划的终点节点开始，按非关键工作最早开始时间的先后顺序进行调整（关键工作不得调整）。

④绘制调整后的网络计划。

第六节　工程项目进度控制

一、工程项目进度控制的任务

工程项目进度控制，是指项目进度计划制定以后在项目实施过程中，对实施进展情况进行的检查、对比、分析、调整，以确保项目进度计划总目标得以实现的活动。

在项目实施过程中，必须经常检查项目的实际进展情况，并与项目进度计划进行比较。如实际进度与计划进度相符，则表明项目完成情况良好，进度计划总目标的实现有保证。如发现实际进度偏离了计划进度，则应分析产生偏差的原因和对后续工作及项目进度计划总目标的影响，找出解决问题的办法和避免进度计划总目标受影响的切实可行措施，并根据这些办法和措施，对原进度计划进行修改，使之符合现在的实际情况并保证原进度计划总目标得以实现。然后再进行新的检查、对比分析、调整，直至项目最终完成。从而确保项目进度总目标的实现，甚至可在不影响项目质量和不增加成本的前提下，使项目提前完成。

（一）设计准备阶段的进度控制

（1）分析和论证总进度目标。

（2）编制项目实施的总进度规划。

（3）分析总进度目标实现的风险，编制进度风险管理的初步方案。

（4）审核设计进度计划，并控制其执行。

（5）编写设计任务书中有关进度控制的内容。

（6）编写各种进度控制的报表和报告。

（二）设计阶段的进度控制

1. 根据项目总体进度控制目标制定设计进度分解控制目标

（1）分析可行性研究报告等项目前期资料，分析业主需求和项目情况。

（2）根据项目总进度控制目标提出设计进度控制目标，并分块分析、调整优化，建立设计进度控制目标体系。

2. 提出有关进度控制的要求

（1）根据项目整体开发规划、各设计单位之间的配合、报审要求及招标需求等提出各阶段设计进度完成节点等。

（2）在设计任务书中和设计合同中明确提出设计进度的要求。

3. 审核设计方的详细出图计划，并进行设计进度过程控制

（1）综合考虑各设计单位之间的配合问题，政府审批及招标需求问题，与施工、设备采购搭接的问题，与设计方协商，确定项目设计各阶段进度计划（主要是设计单位出图计划）。

（2）督促设计单位保质、保量、按计划完成各阶段设计任务，及时提供所需的设计文件。

（3）根据实际工作需要对设计进度进行调整，协助设计单位解决出现的问题。

（4）配合施工进度的节点安排，督促设计单位确定施工图设计的出图计划，并加强对关键点的控制，确保关键点按计划完成，使设计进度能配合施工。

4. 组织设计进度协调会

（1）进度协调会是进行多方设计协调的重要方法。

（2）设计进度协调会可以根据设计计划中提出的关键节点，定期举行。

5. 组织分析设计方提出的问题并及时回复、确认

（1）对于设计过程中设计方提出的问题，应及时回复，确保不影响设计进度。

（2）对于设计成果中的问题，应督促设计方进行修改或优化。

（3）对于符合要求的设计成果应及时确认。

6. 编制设计各阶段进度控制报表和进度控制分析报告

（1）要求设计单位每月定期提交设计工作月报，内容必须包括本月的工作情况及下月的月度计划等。

（2）审核设计单位提交的设计工作月报，督促设计单位对出现的偏差采取纠偏措施，保证关键节点工作的实现。

7. 项目配套征询

初步设计阶段和施工图设计阶段需要分别征询规划、文物管理、抗震、民防、公安、消防、环保、绿化、卫生、疾控、气象以及供电、取水、排水、排污、燃气、电信、移动和邮政等部门意见。

依据相关程序，办理项目配套征询手续。

8. 将初步设计文件、施工图设计文件等报送有关部门审批

（1）初步设计完成之后，协助组织将初步设计交有关部门审批。流程和所需准备的文

件，遵守相关法律法规。

（2）施工图完成之后协助将施工图报送相关部门审批。施工图还需要交给专门审图机构审查。

（3）在城建档案馆进行城建档案备案登记，在有关部门进行节能备案。

9. 办理施工图年审

10. 办理建设工程规划许可证

办理建筑工程规划设计方案手续，准备需要报送的文件，向规划部门提出批复申请。

11. 专业深化设计管理

专业深化设计的内容包括但不限于：土建结构深化设计；钢结构深化设计；幕墙深化设计；电梯深化设计；机电各专业深化设计（暖通空调、排水、消防和弱电等）；精装修深化设计；景观绿化深化设计等。

（1）提出专业深化设计技术要求

督促主设计单位根据各专业深化设计界面划分情况，以及项目特点和业主的需求，提出专业设计要求。

（2）专业深化设计过程协调

①督促主设计单位进行专业深化设计协调。

②协调专业深化设计与主设计的关系，确保专业深化设计进度满足施工进度的要求。

③协调承包商、供货商与专业深化设计之间的工作。

④如有必要，在深化设计结束后应举行成果论证会。

（3）组织论证专业深化设计

①专业深化设计论证的内容主要包括：第一，技术可行、经济合理。第二，功能、风格、质量符合项目要求，以及相关标准、规范。第三，与主体设计是否衔接。

②确定需要论证的专题，组织论证专业深化设计。

（三）施工准备阶段进度控制

主要任务是做好各项开工准备工作，以符合项目开工条件。这些开工准备工作主要内容包括项目主要实施方的确立（招标采购工作）、为开工所需办理的建设手续、现场开工条件的准备、对现场参与的施工单位和监理机构准备工作的审查以及开工所需的各项计划准备等。

如果业主采用设计—施工分离式，那么需要对设计和施工分包发包，具体内容见第九章有关招标投标和合同管理中的内容。

1. 施工前各项计划管理

施工前各项计划是根据项目实施策划、招标（采购）、设计活动、建设程序办理等情况进行的深化，是项目能否顺利开工的前提条件。在后续施工阶段，应视具体情况，对施工前各项计划进行进一步调整，成为阶段性计划，予以控制。

（1）制定建设单位施工阶段工程管理制度和工作计划

①根据施工需求，制定施工阶段工程管理制度和工作计划，包括质量控制（含单项、单位及分部工程质量验收计划）、进度控制（含项目总进度计划与重要节点进度目标）、投资控制、合同管理、信息管理和协调管理等内容。

②策划制定专业分包（专业深化设计、指定分包、甲供大型设备及构配件等）进场计划。

③策划制定专业、专项验收计划（包括单机调试计划），以及竣工验收计划。

④根据需求向各参与单位公布和交底，便于项目各项工作开展。

（2）策划现场用地计划

现场用地策划与施工单位现场施工用地布置方案侧重点不同，主要考虑场地的综合利用、场地平整范围、临时用电与临时用水接口和出入口等方面，指导"七通一平"的组织工作，并作为判断施工单位现场施工用地布置方案是否合理的依据之一。

①规划用地与施工用地范围的界定。

②策划功能区域（办公区、生活区、作业区和临时道路等）的平面划分。

③初步确定临时用水接入点、临时用电接入点、排水口和出入口等位置。

④制定场地平整、临时道路建设计划。

⑤拟定建设方（建设单位、项目管理单位、监理机构、设计单位及其他咨询单位）现场办公需求。

（3）督促施工单位编制施工总进度计划并审核

①根据建设项目的总体进度要求，督促施工总承包单位编制施工总进度计划。

②经工程监理单位初审后，组织相关人员对施工总进度计划进一步审核。

③确定项目关键节点和里程碑。

（4）督促造价咨询顾问制定施工阶段资金使用计划并审核

①根据建设项目的总投资计划，督促造价咨询顾问根据施工进度计划编制施工阶段资金使用计划。

②组织相关人员对施工阶段资金使用计划进行审核。

2. 施工前准备阶段建设配套管理

（1）办理工程配套建设申请

工程配套建设申请工作主要包括供电（变更用电申请、临时用电申请）、上水（接水申请、临时施工用水申请）、排水（排水接管许可证明申请、排水许可证申请、临时排水申请）、燃气（用气新装申请、燃气设施改动许可申请）、道路管线掘路、电信和智能化等方面。

①收集、熟悉工程配套建设部门相关规定。

②根据工程配套建设部门要求填写相关申请表格，并提供所需资料。

③及时反馈工程配套建设部门意见，并提供补充资料。

（2）组织现场施工配套工作

现场施工配套工作包括但并不限于常规的给水、排水、通电、通路、通信、通暖气、通天然气或煤气以及场地平整等。

①根据合同条件和进度计划，组织安排现场施工配套的具体工作。

②组织施工单位对现场施工配套条件的完成情况进行验收和交接，并做好相关记录。

（3）组织场地（坐标、高程、临电和临水）移交

①根据合同要求，组织移交场地，包括坐标、高程、临时用电和临时用水等，并做好

相关记录及签字确认工作。

②若在移交中，发现部分场地条件或设施不符合合同约定，则督促相关单位落实，并重新移交。

（4）组织规划验线

①建设场地控制灰线测设后，要求工程监理单位进行复核。

②符合要求后，组织规划部门进行验线工作。

3. 施工前期准备阶段建设报批手续办理

（1）办理建设项目专项报审及相关规费的支付管理

①建设项目专项报审工作主要包括规划、环境保护、卫生防疫、消防、民防、绿化、劳动安全卫生、道路交通、市容环境卫生、抗震设防、河道管理、防雷及节能等方面。

第一，按当地各部门规定提供相关资料。

第二，及时反馈各部门意见，并协调建设单位、设计单位等相关单位解决。

②办理相关规费的支付管理。

第一，掌握当地政府部门对合同备案的规定。

第二，协助建设单位缴纳规费，并收集相应的票据，做好记录。

（2）申办施工图审查

①配合施工图审查机构审图，提供相关图纸和技术要求等文件，并及时反馈审图机构提出的意见。

②督促审图机构按照规定的时限完成审图。

③检查审图章、审查合格书是否遗漏。

（3）申报质量监督、安全监督

在施工、监理合同签订后，并且工程综合保险费用已预缴完成，可申报质量监督、安全监督。

①提供质量监督、安全监督部门要求的相关资料。

②填写相关申报表。

（4）办理施工许可证

①申领施工许可证应具备如下前提条件：

第一，已经办理该工程建设用地批准手续。

第二，已经取得建设工程规划许可证。

第三，需要拆迁的，拆迁进度符合施工要求。

第四，该工程已经确定建筑施工单位。

第五，有满足施工需要的施工图纸和技术资料。

第六，有保证工程质量和安全的具体措施。

第七，建设资金已经落实。

第八，法律、行政法规规定的其他条件。

②向发证机关领取《建筑工程施工许可证申请表》。

③建设单位填写《建筑工程施工许可证申请表》，并向发证机关提供相关证明文件。

④建设单位根据发证机关要求补正相关证明文件。

⑤获取施工许可证后，发送项目各有关参与单位。

4. 开工条件审查

（1）审核施工组织设计

根据《建设工程监理规范》GB/T 50319—2013 要求，施工组织设计应由项目监理机构审批施工组织设计的同时对其进行审核，并在总监理工程师审定批准前，将相关审核意见反馈给项目监理机构，要求施工单位做出相应修改。

①审核施工组织设计的申报程序的完整性，主要包括：施工组织设计编制单位内部审批程序完整性；监理机构审批施工组织设计的程序完整性。

②审核施工组织设计内容的准确性，主要包括：施工进度计划是否满足项目总进度计划要求；施工方质量保证体系、安全文明施工保证体系是否与项目规模和要求相匹配；施工区域与办公区域、生活区域布置是否合理等。

③必要时，提出对施工组织设计的修正意见，并督促落实。

（2）审核和批准监理规划

①监理规划是指导工程项目监理工作的指导性、纲领性文件，项目监理机构应当在召开第一次工地例会之前提交经监理公司内部审定后的监理规划。审核监理规划时，应重视以下几个方面：第一，监理工作范围、工作内容及监理人员是否符合监理合同。第二，监理工作方法、工作程序是否满足实现项目目标要求。第三，监理工作制度是否齐全，是否有针对性。

②审核监理规划报批的及时性。

③提出对监理规划的修正意见，并督促落实。

（3）组织召开第一次工地会议

①第一次工地会议参与单位应包括建设单位、项目管理单位、工程监理单位、造价咨询顾问、勘察及设计单位以及施工总承包单位等。会议由项目管理单位项目经理主持，项目参与各方需委派的项目负责人及相关人员参加。

②第一次工地会议的主要内容包括：第一，各参与单位分别介绍各自驻现场的组织机构、人员及其分工。第二，建设单位介绍总要求和开工条件准备情况。第三，项目管理单位介绍各项目标控制要求、工作程序和流程等。第四，施工单位介绍施工准备情况。第五，总监理工程师对施工准备情况提出意见和要求。第六，总监理工程师介绍监理规划的主要内容。第七，研究确定各方在施工过程中参加监理例会的主要人员，召开监理例会的周期、地点及主要议题等。

③筹备第一次工地会议日程，事先检查建设单位必须提供的开工条件是否落实，并检查监理单位和施工单位对于开工的准备工作落实情况。

④组织召开第一次工地会议，会后要求项目监理机构负责起草会议纪要并审核。

⑤组织各方代表对第一次工地例会会议纪要会签并存档。

（4）组织设计交底和编制交底纪要

①设计交底会议纪要应由建设单位、项目管理单位、设计单位、施工单位的代表和总监理工程师共同签认。

②对设计交底会议上决定必须进行设计修改的，由原设计单位按设计变更管理程序提

出修改设计，必要时需重新申办施工图审查。

③设计交底会议纪要主要内容包括：第一，设计主导思想、采用的设计规范、各专业设计说明等。第二，工程设计文件对主要工程材料、构配件和设备的要求，对所采用的新材料、新工艺、新技术和新设备的要求，对施工技术的要求以及涉及工程质量、施工安全应特别注意的事项等。第三，设计单位对建设单位、施工单位和工程监理单位提出的意见和建议的答复。

（5）检查监理机构组织准备情况

①检查项目监理机构人员数量、专业配套是否符合监理合同及项目需求。

②检查人员证书是否有效，总监理工程师是否有监理单位任命书，总监代表（如有）是否有委托书等。

③检查监理现场办公设施是否满足监理工作需要，是否按监理合同要求配备常规的检测设备和工具等。

（6）督促核查现场施工机械、材料的准备情况

①督促项目监理机构对现场施工机械和材料是否具备使用条件以及主要工程材料是否已落实进场等情况进行检查。

②抽查项目监理机构对施工机械和材料准备情况的检查记录。

（7）检查现场人员的准备情况及质量和安全保证体系

现场人员及质量和安全保证体系不仅指施工单位，而且还包括项目监理机构。在检查时，应对照审定的施工组织设计和监理规划进行检查。

①督促项目监理机构检查施工单位现场人员的进驻现场情况，包括人员资格和岗位人员数量等。

②督促项目监理机构检查承包商的质量和安全保证体系落实情况。

③检查项目监理机构的人员到位情况，包括监理人员资格和数量。

（8）核签开工报告

①检查开工报告程序的合规性、开工报告内容的完整性。

②批准开工报告，并由总监理工程师签发。

（四）施工阶段的进度控制

1. 完善或建立进度控制体系，明确进度编制标准和要求

项目总控进度计划是贯穿项目管理全过程的。在施工过程中，应结合具体施工总进度计划、施工组织设计及施工方案，对项目总控进度计划进行相应的调整和优化。

（1）组织建立或完善项目进度控制体系，明确各方职责，制定进度管理办法。

（2）制定或完善进度编制标准和要求，督促各方严格执行。

2. 完善、细化、调整项目总控进度计划，明确各级控制节点，严格实施

（1）结合具体施工总进度计划优化完善项目总体进度计划。

（2）必要时对项目关键节点与里程碑进行相应调整，同时明确下一层级的关键节点与里程碑。

（3）督促各参建单位按照控制节点制定下级计划。

（4）督促、协调各项计划，督促其实施。

（5）定期调整、完善总进度计划。

3.审核施工总进度计划及各专项计划，并跟踪、督促其执行

（1）督促承包单位编制施工总进度计划。

（2）审核施工总进度计划的工期目标、关键节点与里程碑是否符合招标文件、施工承包合同文件的约定及建设单位的管理要求。

（3）结合施工组织设计等，审核施工总进度计划的合理性、可行性。

（4）对于较为复杂的项目，应组织对施工总进度计划、项目关键节点与里程碑进行论证。

4.编制、调整建设单位的专项控制计划，审核各专项实施计划，督促各单位实施

（1）根据项目总进度计划编制设计出图、招标采购、报建报批等专项控制计划，明确各控制节点。

（2）督促各单位按照专项进度控制节点编制专项实施计划，审核各专项实施计划，使其与施工总进度计划相互匹配。

（3）督促各单位严格按计划实施，组织、管控招标采购、设计出图、报建报批等。

（4）根据各单位各项工作实施进展情况，以及施工进展情况，调整专项控制计划。

5.审核监理单位、总承包单位编制的进度控制方案并跟踪其执行

（1）审核总承包单位编制的进度控制方案。

（2）跟踪总承包单位编制的进度控制方案，督促其执行。

（3）审核监理单位编制的进度控制方案。

（4）跟踪检查监理进度控制方案的执行，督促其执行。

6.督促监理、承包单位定期比较施工进度计划执行情况并根据需要采取措施

（1）督促承包单位编制施工周、月工作计划。

（2）参与现场施工协调会议，督促监理单位、承包单位定期比较施工进度计划执行情况，并根据需要及时采取措施。

（3）实施过程中，根据需要协调、指导相关单位对进度计划进行动态调整。

7.编制进度分析报告，专项评估分析对项目进度可能产生重大影响的事宜

在施工阶段，应收集实际施工进度信息，并与施工进度计划进行对比分析；同时收集招标采购、设计出图、报批报建等工作进度信息，编制进度报告。

（1）收集实际施工进度信息，对比计划值和实际值的差异，分析差异产生的原因，对进度的趋势进行判断，提出改进建议，定期编制分析报告。

（2）必要时，对项目进度可能产生重大影响的事宜进行专项评估分析。

①初步判断项目事件对进度的影响程度。

②必要时，组织内部或外部专家进行相关论证。

③撰写评估分析报告。

8.协调各参建单位的进度矛盾

（1）分析各参建单位产生进度矛盾的原因。

（2）提出解决矛盾的建议或措施。

（3）通过会议等方式进行沟通、解决矛盾。

9. 审批、处理工程停工、复工及工期变更事宜

（1）经过监理审核后，审批承包商原因造成的停工、复工事宜。

（2）协调、处理建设单位原因造成的停工、复工事宜。

（3）协调、审批工期变更事宜。

（五）动用前准备阶段的进度控制

1. 编制本阶段的进度计划，并控制其执行，必要时作调整

2. 提交各种进度控制总结报告

二、工程项目进度的分析对比

在项目实施中，由于受到各种干扰，经常出现实际进度与计划进度不一致的现象。这种偏差必须采取措施予以纠正。我们通常采用对进度计划的执行情况进行跟踪检查，发现问题后，及时采取措施加以解决。这种对比可用表格形式进行，也可用图形表示。由于利用图形进行对比非常直观、简便，所以采用较多。通常采用的图形比较法有如下几种：

（一）横道图比较法

在用横道图表示的项目进度计划表中，用不同颜色或不同线条将实际进度横道图直接画在计划进度的横道线之下，就可十分直观明确地反映实际进度与计划进度的关系，如图 5-63 所示。

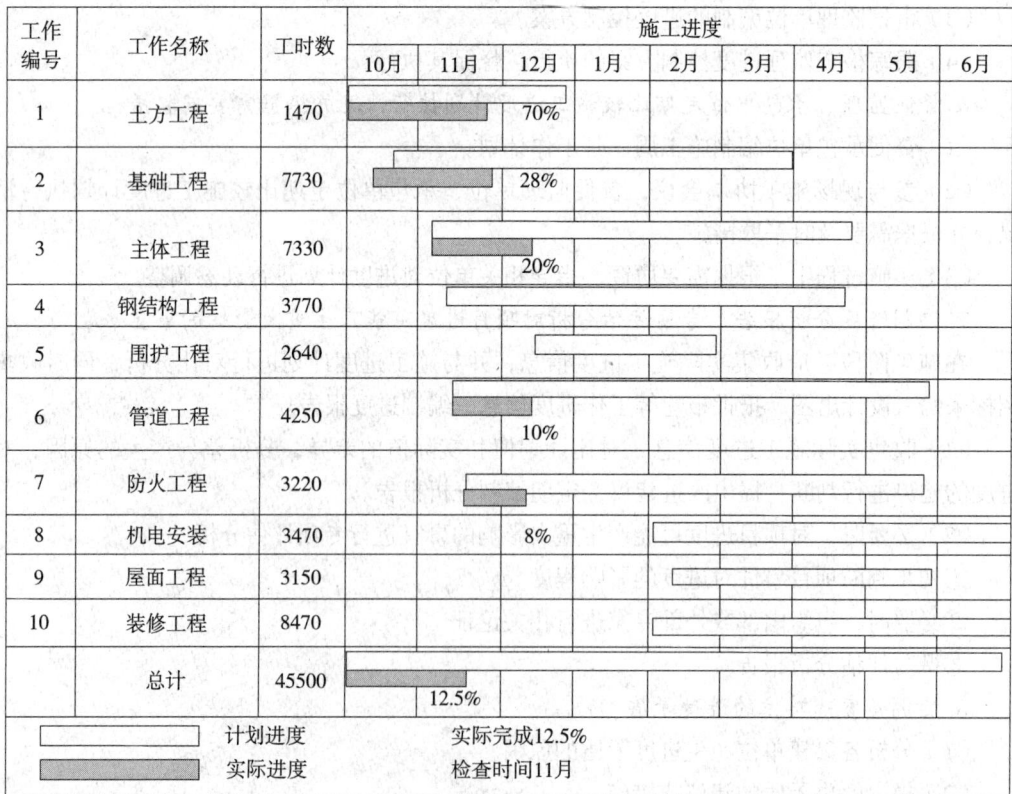

工作编号	工作名称	工时数	施工进度								
			10月	11月	12月	1月	2月	3月	4月	5月	6月
1	土方工程	1470	70%								
2	基础工程	7730	28%								
3	主体工程	7330	20%								
4	钢结构工程	3770									
5	围护工程	2640									
6	管道工程	4250	10%								
7	防火工程	3220									
8	机电安装	3470	8%								
9	屋面工程	3150									
10	装修工程	8470									
总计		45500	12.5%								

计划进度　　实际完成12.5%
实际进度　　检查时间11月

图 5-63　横道图比较法举例

（二）S形曲线比较法

S形曲线是一个以横坐标表示时间，纵坐标表示工作量完成情况的曲线图。该工作量的具体内容可以是实物工程量、工时消耗或投资，也可以是相对的百分比。对于大多数项目来说，在整个项目实施期内单位时间（以天、周、月、季等为单位）的资源消耗（人、财、物的消耗）通常是中间多而两头少。由于这一特性，资源消耗累加后便形成一条中间陡而两头平缓的形如"S"的曲线。

像横道图一样，S形曲线也能直观地反映工程项目的实际进展情况。项目进度控制工程师事先绘制进度计划的S形曲线。在项目施工过程中，每隔一定时间按项目实际进度情况绘制完工进度的S形曲线，并与原计划的S形曲线进行比较，如图5-64所示。

（三）"香蕉"曲线比较法

"香蕉"曲线是由两条以同一开始时间、同一结束时间的S形曲线组合而成。其中，一条S形曲线是工作按最早开始时间安排进度所绘制的S形曲线，简称"ES曲线"；而另一条S形曲线是工作按最迟开始时间安排进度所绘制的S形曲线，简称"LS曲线"。除了项目的开始和结束点外，ES曲线在LS曲线的上方，同一时刻两条曲线所对应完成的工作量是不同的。在项目实施过程中，理想的状况是任一时刻的实际进度在这两条曲线所包区域内的曲线R，如图5-65所示。

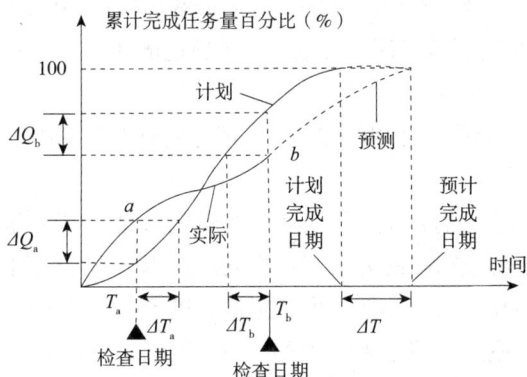

图5-64　S形曲线比较图

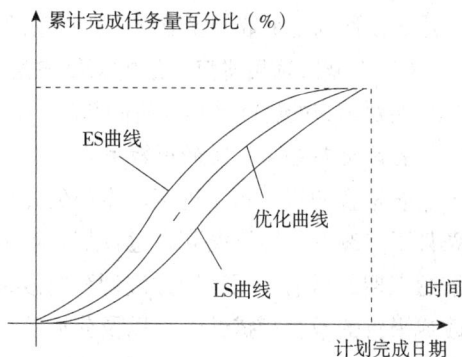

图5-65　"香蕉"曲线比较图

（四）前锋线比较法

前锋线比较法是从计划检查时间的坐标点出发，用点划线依次连接各项工作的实际进度点，最后到计划检查时间的坐标点为止，形成前锋线。按前锋线与工作箭线交点的位置判定施工实际进度与计划进度偏差。简而言之，前锋线法是通过施工项目实际进度前锋线，判定施工实际进度与计划进度偏差的方法。实际进度前锋线图如图5-66所示。

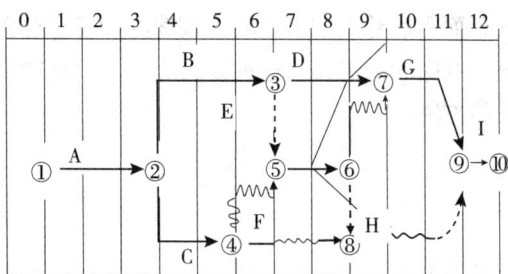

图5-66　实际进度前锋线图

三、施工项目进度计划的调整

（一）分析进度偏差的影响

通过前述的进度比较方法，当判断出现进度偏差时，应当分析该偏差对后续工作和对总工期的影响。

1. 分析进度偏差的工作是否为关键工作

若出现偏差的工作为关键工作，则无论偏差大小，都对后续工作及总工期产生影响，必须采取相应的调整措施，若出现偏差的工作不为关键工作，需要根据偏差值与总时差和自由时差的大小关系，确定对后续工作和总工期的影响程度。

2. 分析进度偏差是否大于总时差

若工作的进度偏差大于该工作的总时差，说明此偏差必将影响后续工作和总工期，必须采取相应的调整措施；若工作的进度偏差小于或等于该工作的总时差，说明此偏差对总工期无影响，但它对后续工作的影响程度，需要根据比较偏差与自由时差的情况来确定。

3. 分析进度偏差是否大于自由时差

若工作的进度偏差大于该工作的自由时差，说明此偏差对后续工作产生影响，应该如何调整，应根据后续工作允许影响的程度而定；若工作的进度偏差小于或等于该工作的自由时差，则说明此偏差对后续工作无影响，因此，原进度计划可以不作调整。

经过如此分析，进度控制人员可以确认应该调整产生进度偏差的工作和调整偏差值的大小，以便确定采取调整措施，获得新的符合实际进度情况和计划目标的新进度计划。

（二）施工项目进度计划的调整方法

在对实施的进度计划分析的基础上，应确定调整原计划的方法，一般主要有以下两种：

1. 改变某些工作间的逻辑关系

若检查的实际施工进度产生的偏差影响了总工期，在工作之间的逻辑关系允许改变的条件下，改变关键线路和超过计划工期的非关键线路上的有关工作之间的逻辑关系，达到缩短工期的目的。用这种方法调整的效果是很显著的，例如，可以把依次进行的有关工作改成平行的或互相搭接的，以及分成几个施工段进行流水施工的等，都可以达到缩短工期的目的。

2. 缩短某些工作的持续时间

这种方法是不改变工作之间的逻辑关系，而是缩短某些工作的持续时间，而使施工进度加快，并保证实现计划工期的方法。这些被压缩持续时间的工作是由于实际施工进度的拖延而引起总工期增长的关键线路和某些非关键线路上的工作。同时，这些工作又是可压缩持续时间的工作。这种方法实际上就是网络计划优化中的工期优化方法和工期与成本优化的方法。

第六章　工程项目质量管理

第一节　质量及相关概念

一、质量的基本概念

（一）质量的概念

质量是质量管理的对象，正确、全面地理解质量的概念，对开展质量管理工作十分重要。但是对质量下定义并不是容易的事情，人们对质量存在许多不同的观点。

以产品为基础的观点：质量与产品的内容（成分的数量或产品的属性）有关。

以使用者为基础的观点：切合使用者的意图，满足使用者的要求。

以生产为基础的观点：遵守某种规格要求。

以价值为基础的观点：以使用者可以接受的一种价格，以可以接受的一种成本，遵守一种规格提供使用者所想得到的东西。

卓越的观点：质量不能够精确地界定，但是它相当于天生卓越的概念。

不但不同的观点存在，而且在同一组织内部也可能存在不同的见解。

在质量管理发展的不同历史时期，人们对质量这一概念的理解在不断变化，一直向着更深化、更透彻和更全面的方向发展。在相当长的一段时间里，人们普遍把质量理解为"符合性"，即产品符合规定要求，或者说符合设计要求的程度。直到20世纪60年代，朱兰对质量给出了一个基本的定义，即"质量就是适用性"，并将狭义与广义的质量概念进行对比，如表6-1所示。

狭义质量概念与广义质量概念　　　　　　　　　　　表6-1

主题	狭义质量概念	广义质量概念
产品	制成品	所有的产品和服务
过程	与产品制造直接有关的过程	所有的过程，制造、支持性过程
行业	制造业	营利或非营利的各行各业：制造、服务、政府机关等
质量被看作是	技术问题	经营问题
顾客	购买产品的用户	内部和外部所有的人
如何考虑质量	职能、部门的观点	通用的"三部曲"
质量目标	工厂的各项指标	公司的经营战略
劣质成本	与有缺陷产品有关的成本	所有的成本，如果任何事情都一次成功的话，它就会消失
质量评价的主要依据	符合工厂规范、程序、标准	满足顾客要求

续表

主题	狭义质量概念	广义质量概念
改进所指	部门绩效	公司绩效
质量管理培训	集中在质量部门	全公司
协调工作的负责人	质量经理	高层经理组成的质量委员会

目前，朱兰的这个定义在世界上仍然被普遍接受。日本质量管理专家认为质量是"产品出厂后，用户在使用过程中所造成的损失"，也有人把质量定义为"用户满意"，尽管这些定义从不同的方位描述了质量的本质，但都带有一定的局限性。ISO/TC176综合了上述观点，在国际标准 ISO9000：2000 中对质量（Quality）作了比较全面和准确的定义："一组固有特性满足要求的程度"。

对上述定义说明如下：

（1）质量不仅针对产品，即过程的结果（如硬件、软件、流程性材料和服务），也针对过程和体系或者它们的组合。也就是说，所谓"质量"，既可以是指零部件、计算机软件或服务等产品的质量，也可以是某项活动的工作质量或某个过程的工作质量，还可以是指企业的信誉、体系的有效性。

（2）质量定义中的"要求"是指"明示的、通常隐含的或必须履行的需求或期望"。其中明示的需求或期望是指在标准、规范、图样、技术要求和其他文件中已经作出明确规定，而习惯上隐含的需求或期望是指用户和社会所期望的，或者那些人们公认的、不言而喻不再需要进行明确说明的要求。在合同情况下或在法规规定的情况下，要求是明确规定的，直接规定在合同中或法规中；在非合同情况下，要求是隐含的，应该对隐含需求或期望加以分析、研究并予以识别和确定。在许多情况下，要求会随时间而变化，这就要求定期修改规范。特定或规定的要求可使用修饰词表示，如产品要求、质量体系要求和顾客要求等。要求通常由不同的相关方，即"与组织的绩效或成就有利益关系的个人或团体"提出。

（3）无论是产品、过程或体系，都是为满足顾客或其他相关方一定的"要求"而生产的。要满足这种要求，就要使产品、过程和体系具有一定的特性。

"特性"作为产品、过程或体系所特有的性质，反映了其满足"要求"的能力。故"要求"一般应根据特定的准则转化为有规定指标的质量"特性"。

特性是指"可区分的特征"，可以有理化、感官、行为、人体工效和功能等各种类别的特性，产品可以具有一种或多种类别的特性。特性必须是固有的，即某事或某物本来就有的，而不是后来赋予的；赋予的特性是完成产品后因不同的要求而对产品所增加的特性，如价格、交货时间等。

质量概念的关键是"满足要求"，这些"要求"必须转化为有指标的特性，作为评价、检验和考核的依据。由于顾客的需求是多种多样的，所以反映质量的特性也是多种多样的。它包括：性能、适用性、可信性（包括可用性、可靠性和维修性）、安全性、环境、经济性（包括设计成本、制造成本和使用成本）、时间性（产品寿命和及时交货）和美学。质量特性有的是能够测量的，有的是不能够测量的，必须把不可测量的特性转化成可以测量的代用质量特性。

根据顾客满意的影响程度不同，应对质量特性进行分类管理。常用的质量特性分类方法是将质量特性划分为关键、重要和次要三类，它们分别是：

关键质量特性，是指若不符合规定的特性值要求，会直接影响产品安全性或产品整体功能丧失的质量特性。

重要质量特性，是指若不符合规定的特性值要求，将造成产品部分功能丧失的质量特性。

次要质量特性，是指若不符合规定的特性值要求，暂时不影响产品功能，但可能会引起产品功能的逐渐丧失。

要求可以由不同的相关方提出，可以是多方面的，如产品要求、质量体系要求、顾客要求等。在实现产品的所有过程中组织（供应方）的相关方对组织的产品、过程和体系等都可能提出要求，而产品、过程和体系又都有固有特性，所以质量具有广义性，不仅指产品质量，也可以指过程和体系的质量。

由于顾客和其他相关方的要求是不断变化的，所以质量具有动态性和时效性。要求是随环境变化的，在合同环境和法规环境下，要求是规定的；而在其他环境下，要求则应加以识别和确定，也就是要通过了解和分析判断来确定。在许多情况下，要求也随时间变化，因此，必须定期评审"要求"，定期修改反映这些要求的规定（法规、标准、技术文件）。

质量具有相对性。质量的主要衡量标准是是否满足了顾客和相关方的要求，顾客和相关方可能对同一产品的特性提出不同的要求，也可能对同一产品的同一特性提出不同的要求。要求不仅针对顾客，而且还包括社会，也就是说要求不仅是指顾客的要求，还应包括社会的需求，应符合国家的法律、法规和政策。对于同一组特性，其满足要求的程度也因人而异。供方在确定产品要求时，应兼顾各相关方的要求。

（4）术语"质量"可以使用形容词如差、好或优秀来修饰。

（二）工程项目质量的概念

建设工程产品质量特性。建设工程产品作为一种特殊的产品，除具有一般产品共有的质量特性，如性能、寿命、可靠性、安全性、经济性等能满足社会需要的使用价值及其属性外，还具有特定的内涵。工程项目质量的特性主要表现在如下六个方面：

①适用性。工程项目的适用性，即功能，是指工程项目满足建设目的的性能，工程项目建成后满足使用过程中的各项要求的性能。工程项目竣工投入使用后必须符合业主的意图，如民用住宅工程项目能使居住者安居，工业厂房要能满足生产活动需要，道路、桥梁、铁路、航道要能通达便捷，防汛墙、防洪堤要能抵御洪水泛滥，港口、码头等各类设施、各类公共建筑、园林、绿化都要能实现其使城乡经济繁荣，为生活增添色彩的建设意图。

工程项目的组成部件、配件也要能满足其使用功能，如各类构配件要尺寸准确、便于安装，电梯、制冷等设备要正常运作，水电管道要畅通，卫生洁具要舒适而便于清洁等，才能保证工程项目总体功能的实现。

②安全性。工程项目的安全性是指工程项目建成以后保证结构安全，保证人身和环境免受危害的可能性。工程项目的结构安全度、抗震、耐久及防火能力，人民防空工程的抗

辐射、抗核污染、抗爆炸波等能力是否达到特定的要求，都是安全性的重要标志，工程项目交付使用后必须保证人身财产、工程整体都能免遭工程结构破坏及外来危害的伤害。

工程项目的组成部件也要保证使用者的安全，无论是阳台的栏杆、楼梯的扶手、窗及窗玻璃、灯具安装、电气产品的漏电保护，还是电梯及各类设备的运行等，都要确保在正常使用情况下不发生对人身的伤害事故。

③耐久性。工程项目的耐久性，即寿命，是指工程项目确保安全，能够正常使用的年限，也是工程项目竣工以后的合理使用寿命周期。由于工程项目的结构类型不一，质量要求不一，施工方法不一，使用性能不一的个性特点，目前国家对建设工程合理使用寿命期还缺乏统一的规定，仅在少数行业标准中，提出了明确的要求。如民用建筑主体结构耐久年限分为四级（15~30年，30~50年，50~100年，100年以上），公路工程设计年限一般按等级控制在10~20年，城市道路工程设计年限，视不同道路构成和所用的材料，设计的使用年限也有所不同。

对工程项目的组成部件，也视生产厂家设计的产品性质及工程项目的合理使用寿命而规定不同的耐久年限。如塑料管道一般不超过50年，屋面防水年限可按建筑类别分为5年期、10年期、15年期、25年期不等，卫生洁具一般使用30年，电梯一般使用20年等。从现代观念来讲，合理的使用寿命正随着人们生活节奏的变革而加快节奏，如住宅工程的内外装饰、卫生洁具、门窗玻璃等更新以及城市道路的面层都在加快更新周期，以适应使用者可以追求新潮的需要。

④经济性。经济性是指工程项目从规划、勘察、设计、施工到整个产品使用寿命期内的成本和消耗。工程项目的经济性具体表现为立项决策成本、设计成本、施工成本、使用成本四者之和，包括从项目建议书可行性研究、征地、拆迁、勘察、设计、采购（材料、设备）、施工、配套等建设全过程的总投资费用和工程使用阶段的成本，如能耗、水耗、维护、保养乃至改建更新的费用。早在2000年原建设部颁布了《民用建筑节能管理规定》作为《建设工程质量管理条例》的配套文件。《民用建筑节能管理规定》明确指出：工程建设单位未按照节能标准进行设计，又没按标准修改的要进行处罚。要依靠科技进步进行"三改"（即对墙体、门窗、供暖方式进行改革）。据统计，建筑能耗占全国能耗的25%（其中建筑采暖、空调、照明等占14%；建设建造主要是工程能耗占11%）。建筑节能不仅仅在节约能源上，对环境保护也很重要。通过分析比较，判断工程项目是否符合经济性的要求。

⑤可信性。可信性包括可靠性、维修性和维修保障性。工程项目的可靠性是指工程投产运行后，在设计规定的使用寿命内和使用条件下，工程项目使用效果和产出效益、运行性能稳定和结构稳定的能力。工程项目必须具备机械方面的性能如强度、塑性、硬度、抗冲击韧性等，以及理化方面的性能如抗渗、耐热、耐磨、耐酸、耐腐蚀等，才能满足可靠性的要求。

⑥美观性及与环境的协调性。工程项目的空间、尺度、线条、造型、装饰、色调等都将形成一定社会的、道德的、文化的、与环境的协调和美学的艺术效果。任何商品都具有社会性，工程项目的社会性更明显。工程项目规划、设计、施工质量的好坏，受益和受害的都不仅仅是使用者，而是整个社会。它不仅影响城市的规划，而且将影响社会可持续发展的环境，特别是园林绿化、环境卫生、噪声污染的治理。许多公共工程项目建成后都给

城市增添特色成为供人们欣赏的标志性建筑或新的旅游景观,如悉尼歌剧院,建筑师以丰富的想象力,把整个建筑物与其周围的环境融为一体,展现在人们面前的是那一只只扬起的风帆,人们不仅从建筑物本身的造型中获得享受,而且将悉尼歌剧院与澳大利亚紧密联系在一起,甚至成了它的象征,吸引了世界各地成千上万的旅游者。

二、质量管理的基本概念

(一)质量管理的概念

由于管理(Management)是"指导和控制组织的彼此协调的活动"(ISO9000:2000—3.2.6)。故质量管理(Quality Management)是"指导和控制某组织与质量有关的彼此协调的活动"(ISO9000:2000—3.2.8)。

与质量有关的活动,通常包括质量方针和质量目标的建立、质量策划、质量控制、质量保证和质量改进。因此,质量管理可进一步解释为确定和建立质量方针、目标和职责,并在质量体系中通过诸如质量策划、质量控制、质量保证和质量改进等手段来实施的全部管理职能的所有活动。

质量管理是组织围绕使产品质量满足不断更新的质量要求而开展的策划、组织、计划、实施、检查和监督审核等所有管理活动的总和,是组织管理的一个中心环节。其职能是负责确定并实施质量方针、目标和职责。一个企业要以质量求生存,以品种求发展,积极参与到国际竞争中去,就必须制订正确的质量方针和适宜的质量目标。而要保证方针、目标的实现,就必须建立健全质量体系,并使之有效运行。建立质量体系工作的重点是质量职能的展开和落实。

为满足用户对质量提出的越来越严格的要求,企业必须开展一系列的技术活动和管理活动,包括质量策划、质量控制、质量保证和质量改进等,并对这些活动进行精心的计划;组织、协调、审核及检查,以实现质量计划目标。所有这些活动统称为"质量管理"。

质量管理必须由企业的最高管理者领导,这是实施质量管理的一个基本条件。质量目标和职责逐级分解,各级管理者都对目标的实现负责。质量管理的实施涉及企业的所有成员,每个成员都要参与到质量管理活动之中,这是现代质量管理——全面质量管理的一个重要特征。全面质量管理是基于组织全员参与的一种质量管理形式。

任何组织都要从事经营,并要承担社会责任。因此,每个组织都考虑自身的经营目标,为了实现这些目标,组织会对各个方面实施管理,如行政管理、物料管理、人力资源管理、财务管理、生产管理、技术管理和质量管理等。实施并保持一个考虑相关方的需求,从而持续改进组织业绩有效性和效率的管理体系可使组织获得成功。质量管理是组织各项管理内容中的一项,质量管理应与其他管理相结合。

(二)质量方针和质量目标

1. 质量方针

质量方针(Quality Policy)是"由组织的最高管理者正式颁布的该组织总的质量宗旨和方向"(ISO9000:2000—3.2.4)。质量方针应与组织的总方针相一致并提供制定质量目标的框架;质量管理的八项原则,即以顾客为中心、领导作用、全员参与、过程方法、管理的系统方法、持续改进、基于事实的决策方法、互利的供方关系,可以作为制定质量方针的基础。

质量方针是组织总方针的一个组成部分，由最高管理者批准。它是组织的质量政策，是组织全体职工必须遵守的准则和行动纲领；是企业长期或较长时期内质量活动的指导原则，它反映了企业领导的质量意识和决策。

2. 质量目标

质量目标（Quality Objective）是"与质量有关的、所追求或作为目的的事物"（ISO 9000：2000—3.2.5）。质量目标应建立在组织的质量方针基础上，在组织内的不同层次规定质量目标。在作业层次，质量目标应是定量的。

质量方针是总的质量宗旨、总的指导思想，而质量目标是比较具体的、定量的要求。因此，质量目标应是可测的，并应与质量方针，包括与持续改进的承诺相一致。

质量目标应覆盖那些为使得能满足产品要求而确定的各种需求。因此，质量目标一般是按年度提出的在产品质量方面要达到的具体目标。

最高管理者应确保在组织内部的相应职能和层次上建立质量目标。制订质量目标要有经济观点，不应是质量越高越好的"质量至善论"，要以能满足用户需要为宗旨。质量目标制订后，应分解到有关单位和个人，因为要实现质量目标，还需要各级组织开展相应的活动，这些活动又有各自的具体目标。因此，必要时，各级管理部门可相应规定符合企业质量方针和总体目标的各部门质量目标，研究制订具体的实现目标的措施。

（三）质量策划

质量策划（Quality Planning）是"质量管理中致力于设定质量目标并规定必要的作业过程和相关资源以实现其质量目标的部分"（ISO9000：2000—3.2.9）。

最高管理者应对实现质量方针、目标和要求所需的各项活动和资源进行质量策划。策划的输出应文件化。

质量策划是质量管理中的筹划活动，是组织领导和管理部门的质量职责之一。组织要在市场竞争中处于优胜地位，就必须根据市场信息、用户反馈意见、国内外发展动向等因素，对老产品改进和新产品开发进行筹划，确定研制什么样的产品，应具有什么样的性能，达到什么样的水平，提出明确的目标和要求，并进一步为如何达到这样的目标和实现这些要求从技术、组织等方面进行策划。

必须注意质量策划与质量计划的差别：质量策划强调的是一系列活动，而质量计划却是一种书面的文件。但编制质量计划可以是质量策划的一部分。

（四）质量保证

质量保证（Quality Assurance）是"质量管理中致力于对达到质量要求提供信任的部分"（ISO9000：2000—3.2.11）。

由质量保证的定义可知，"质量保证"已不是一般意义上的"保证质量"，它已成为一个专用名词，具有特殊的含义。它的基本思想强调对用户负责，其思路是：为了使用户或其他相关方能够确信组织的产品、过程和体系的质量能够满足规定的质量要求，就必须提供充分的证据，以证明组织有足够的能力满足相应的质量要求。其中所提供的证据应包括质量测定证据和管理证据。为了提供这种"证实"，组织必须开展有计划、有系统的活动。

质量保证分为内部质量保证和外部质量保证。内部质量保证是为了使组织（企业）领导确信本组织提供的产品或服务等能够满足质量要求所进行的活动。外部质量保证是为了使用户确信本组织提供的产品或服务等能够满足质量要求所进行的活动。

（五）质量控制

质量控制（Quality Control）是"质量管理中致力于达到质量要求的部分"（ISO9000：2000—3.2.10）。

质量控制的目标是确保产品质量能满足用户的要求。为实现这一目标，需要对产品质量产生、形成全过程中所有环节实施监控，及时发现并排除这些环节有关技术活动偏离规定要求的现象，使其恢复正常，从而达到控制的目的，使影响产品质量的技术、管理及人的因素始终处于受控的状态下。

对质量控制的定义作如下解释：

1. 所谓质量要求（Requirements for Quality）是"对产品、过程或体系的固有特性要求"（ISO9000：2000—3.1.3）。固有特性是产品、过程或体系的一部分。赋予的特性如某一产品的价格，不是固有特性。质量要求包括对产品、过程或体系所提出的明确和隐含的要求。

2. 质量控制贯穿于产品形成的全过程，对产品形成全过程的所有环节和阶段中有关质量的作业技术和活动都进行控制。

3. 质量控制包括作业技术和活动，其目的在于监视产品形成全过程并排除在产品质量产生、形成过程中所有阶段出现的导致不满意的原因或问题，使之达到质量要求，以取得经济效益。

为了使质量控制发挥作用，必须注重以下三个环节：

（1）凡影响到质量要求的各种作业技术和活动要制订计划和程序；

（2）保证计划和程序的实施，并在实施过程中进行连续的评价和验证；

（3）对不符合计划和程序活动的情况进行分析，对异常活动进行处置并采取纠正措施。

另外，还需注意质量控制的动态性。由于质量要求随着时间的进展而在不断变化，为了满足新的质量要求，对质量控制要不断更新要求，应通过不断地提高设计技术、工艺水平、检测水平，不断进行技术改进和技术改造，研究新的控制方法，不断开发新产品、改进老产品，以满足不断更新的质量要求。因此，质量控制不能停留在一个水平上，应不断发展、不断前进，这是永无止境的。

（六）质量改进

质量改进是全面质量管理的精髓。任何一个组织都应不断地进行质量改进，提高质量管理水平，实现和保持规定的产品质量。按照ISO9000：2000对质量改进所给的定义，质量改进（Quality Improvement）是指"质量管理中致力于提高有效性和效率的部分"（ISO9000：2000—3.2.12）。

其中有效性（Effectiveness）是指"完成所策划的活动并达到所策划的结果的程度的度量"（ISO9000：2000—3.2.13）。效率（Efficiency）是指"所达到的结果与所使用的资源之间的关系"（ISO9000：2000—3.2.14）。

由质量改进的定义可以看出，质量改进的目的是向组织自身和顾客提供更多的利益，如更低的消耗、更低的成本、更多的收益以及更新的产品和服务等。质量改进是通过整个组织范围内的活动和过程的效果和效率的提高来实现的。组织内的任何一个活动和过程的效果和效率的提高都会导致一定程度的质量改进。质量改进不仅与产品、质量、过程以及质量环等概念直接相关，而且也与质量损失、纠正措施、预防措施、质量管理、质量体系、质量控制等概念有着密切的联系。质量改进是通过不断减少质量损失而为本组织和顾客提供更多的利益的；是通过采取纠正措施、预防措施而提高活动和过程的效果和效率的。质量改进是质量管理的一项重要组成部分或支柱之一，它通常在质量控制的基础上进行。

由于"产品是过程的结果"以及"所有工作都是通过过程来完成的"这样一些质量管理的基本概念，质量改进应是一种渐进的行为，并应基于过程的持续改进。

组织可通过建立质量管理体系来实施质量管理。组织建立质量管理体系是质量管理的基础，使组织落实有资源保障，并有具体的工作内容，对质量形成的全过程实施控制。组织所建立的质量管理体系，应既满足本组织管理的需要，又满足顾客对本组织的质量体系要求，但主要目的应是满足本组织管理的需要。顾客仅仅评价组织质量体系中与顾客订购产品有关的部分，而不是组织质量体系的全部。

各种质量管理概念之间的关系如图 6-1 所示。

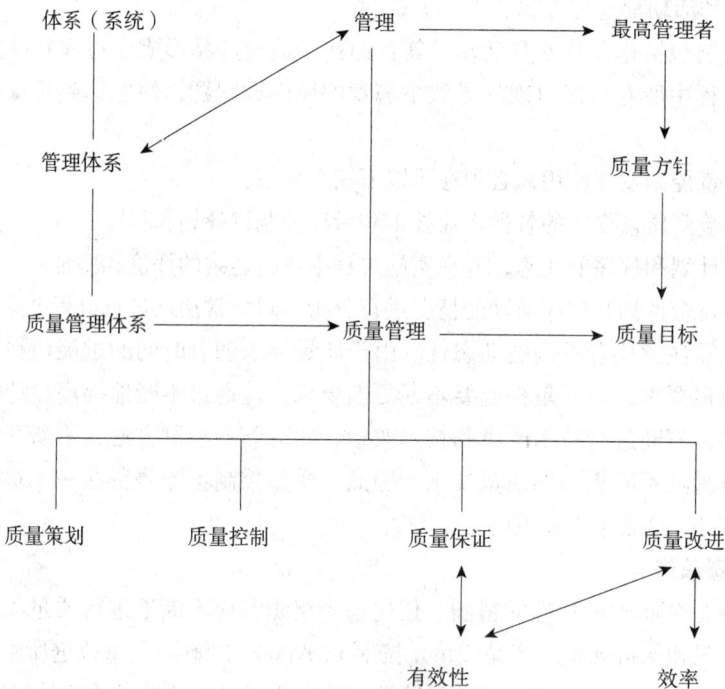

图 6-1　质量管理概念关系图

三、质量管理的发展过程

质量是一个永恒的主题。质量管理随时代的发展而不断发展。

（一）工业时代以前的管理：操作者的质量管理

20 世纪以前，主要是手工业和个体生产方式，依靠生产操作者自己的手艺和经验来把关，因此称之为"操作者的质量管理"时期。但是在这一时期，尤其自 18 世纪中叶以来，在欧洲爆发了工业革命，其产物就是"工厂"。由于工厂具有手工业者和小作坊无可比拟的优势，导致手工作坊的解体和工厂体制的形成。在工厂进行的大批量生产，带来了许多新的技术问题，如零部件的互换、标准化、工装和测量的进度等，这些问题的提出和解决，催促着质量管理科学的诞生。

（二）工业时代的质量管理

1. 质量检验阶段（20世纪20年代~20世纪40年代）：检验员的质量管理

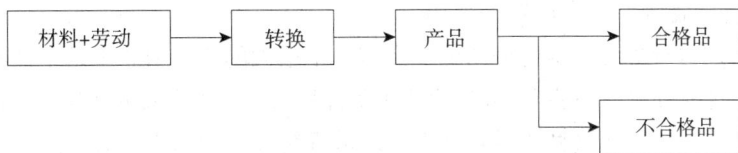

质量检验如图6-2所示。

图 6-2 质量检验示意图

自泰勒出版了《科学管理原理》一书以来，管理进入了科学管理的新阶段，管理职能从作业职能中分离出来，形成了专门的管理职能部门。泰勒提出了计划与执行、检验与生产的职能需要分开的主张，即企业中设置专职的质量检验部门和人员，从事质量检验。这使产品质量有了基本保证，对提高产品质量、防止不合格品出厂有积极的意义。这种制度把过去的"操作者的质量管理"变成了"检验员的质量管理"，标志着质量管理进入了质量检验阶段。但是，这种检验只是一种事后的检查，只是起到剔除废品的作用，按现在的观点来看，它只是一种"末端控制"，并不能提高合格品率，所以它的管理效能有限。

这一阶段的特点是：质检部门从生产中分离出来；事后进行百分之百的检验把关。

第一次世界大战后期，为了短期内解决美国300万参战士兵服装的军需问题，休哈特运用正态分布的原理，成功地予以解决。他通过抽样调查，发现士兵的军装规格服从正态分布。因此建议将军装按十种规格的不同尺寸加工不同的数量。美国国防部采纳了他的建议，结果，制成的军装基本符合士兵体型的要求。1924年，他提出了"预防缺陷"的概念。他认为，质量管理除了事后检查以外，还应做到事先预防，在有不合格品出现的苗头时，就应发现并及时采取措施予以制止。后来他又将数理统计的原理运用到质量管理中来，创造了统计质量控制图。与此同时，一些统计学家提出了抽样检验的办法，把统计方法引入至质量管理领域，使得检验成本得到降低。但是这些方法由于当时不为人们充分认识和理解，故未得到真正的执行。

2. 统计质量管理阶段（20世纪40年代~20世纪60年代）

第二次世界大战初期，由于战争的需要，美国许多民用生产企业转为军用品生产。由于事先无法控制产品质量，造成了废品量很大，耽误了交货期，甚至因军火质量差而发生事故。同时，军需品的质量检验大多属于破坏性检验，不可能进行事后检验。于是人们采用休哈特的"预防缺陷"的理论。美国国防部请休哈特等研究制定了一套美国战时质量管理方法和标准，用行政干预的手段，强制生产企业执行，并在全国各地广泛宣传讲解，使得统计质量管理得到了大面积的推广。这套方法主要是采用统计控制图，了解质量变动的先兆，进行预防，使不合格产品率大大下降，对保证产品质量起到了较好的效果。这种用数理统计方法来控制生产过程中影响质量的因素，把单纯的质量检验变成了过程管理。实践证明：这种方法是预防废品的有效工具，使质量管理从"事后"转到"事中"，发展到预防为主，比单纯的质量检验进了一大步，它为各公司带来了巨大的经济利益。战后，各公司转入民用品

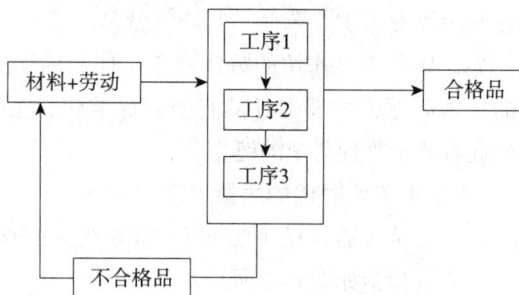

图6-3　统计质量管理模式示意图

生产，仍然沿用这种方法，给各公司的产品带来了很大的竞争力。于是全世界其他公司纷纷效仿和采用这种方法，20世纪50年代成了统计质量管理大发展的年代。统计质量管理模式如图6-3所示。但是，这种质量管理模式对数理统计的知识掌握有一定的要求，有时给人们以统计质量管理是少数数理统计人员的责任的错觉，从而忽略了广大生产与管理人员的作用，结果是既没有充分发挥数理统计方法的作用，又影响了管理的发展，把数理统计在质量管理中的应用推向了极端。过分强调质量统计方法，使人们误认为"质量管理就是统计方法""质量管理是统计专家的事"，使多数人感到高不可攀、望而生畏，抑制了各部门和广大员工的积极性。

这一阶段的特点是：由事后的质量检验转到事中的过程控制；采用数理统计方法。

3. 全面质量管理阶段（1960年至今）

20世纪50年代以来，产品质量管理面临的问题：一是用户对质量的要求已从只注重一般产品性能发展到讲究产品的耐用性、可靠性和经济性；为了满足用户对产品质量的高标准和严要求，仅仅依靠传统的对局部生产过程进行把关式的质量管理方式已不能适应。二是一般系统论和系统工程被引进企业管理领域以后，为应用系统工程思想和方法综合分析和研究质量问题创造了有利条件。三是管理理论的新发展更注意行为科学的研究，重视人的因素，主张改善人际关系，推广"工业民主""参与管理"和"目标管理"等新的管理方法，从而为实现新的管理方法奠定了基础。

全面质量管理的概念最早见于1961年美国通用电气公司质量经理菲根堡姆（A.V. Feigenbaum）出版的《全面质量管理》一书。全面质量管理的见解和理念，具有划时代的意义。20世纪60年代以来，全面质量管理的概念首先在重视人的因素的日本见效。日本吸收了全面质量管理和我国"两参一改三结合"的管理思想，融会贯通，创造了日本式的"全面质量管理"。在20世纪60年代，全面质量管理的发展以日本为中心，日本依靠它实现了经济飞跃，并向更广泛的内容展开，把开发新产品、节约能源的消耗、降低成本、销售服务等包括在质量管理之内，而后全面质量管理的理念逐步被世界各国所接受。

全面质量管理的主要要求是"三全、一多样"，即实施全员、全过程、全企业的和多样方法的质量管理。

4. 质量管理的国际化

20世纪60年代以来，世界贸易发展迅速，国际交往合作日益频繁，跨国公司成为一种风尚，企业及其产品超越国界的流动必然带来与之相关的质量保证和产品责任问题。为

了避免或消除国与国之间、企业与企业之间在技术经济合作交流与贸易往来上的质量管理标准冲突，建立一套科学合理、能够统一认识和共同遵守的质量管理规范就显得非常必要。

20世纪后半叶，由于科学技术迅速发展，产品品种越来越多，新产品不断涌现。一些复杂高价值产品的出现要求具有高安全性、高可靠性，这些产品质量上的缺陷，不仅给企业带来巨大的损失，而且也给顾客造成巨大的损失，有的后果还相当严重，甚至影响到国家安全、生态环境和人类生存，比如核电站、火车、飞机、桥梁、隧道等产品。据美国产品安全全国委员会1970年的统计报告，每年因使用具有缺陷的产品而使身体受到伤害的约有2000万人，其中致残的约有11万人，致死的约有3万人。在社会化分工越来越细，专业化越来越深的时代，由于信息不对称，普通消费者很难凭自己的能力来判断产品质量的可靠性，但是与此同时，消费者的自我保护观念却加强了，人们希望在"质量大堤的保护之下"生活。这样质量竞争也就成了企业间竞争的一种重要手段。

国际标准化组织（ISO）于1947年宣告成立。为适应质量认证制度的实施，1971年正式成立了认证委员会。1979年ISO理事会全体会议通过决议，决定专门研究质量保证领域内标准化问题和制定质量体系的国际标准。在总结各国质量管理经验的基础上，经过各国质量管理专家的努力工作，数易其稿，通过广泛协商，于1986年6月15日正式发布了《质量—术语》。1987年3月正式发布ISO9000—9004《质量管理和质量保证》系列标准。1994年7月1日颁布ISO9000系列标准第一次修订版。在对标准进行了根本性修订的基础上，2000年12月15日ISO正式颁布了2000年版ISO9000标准。我国对1987年版发布了等效采用标准，对1994年版和2000年版发布了等同采用的标准。

5. 对比和展望

为了更好地把握质量管理发展的脉络，我们对质量管理的三个阶段用表6-2进行对比和总结，对全面质量管理和ISO9000标准用表6-3进行对比和总结。

质量管理三个阶段的对比　　　　　　　　　表6-2

	质量检验阶段	统计质量管理阶段	全面质量管理阶段
时间	20世纪20~40年代	20世纪40~60年代	20世纪60年代至今
特点	主要靠通过产品检验，挑出不合格品，用把关的方法，保证质量	从单纯依靠把关，逐步进入把关和预防工序管理两个方面，并应用数理统计理论	在统计质量控制的基础上，动员组织全部门、全员参加质量管理，产品实行全过程控制
管理对象	产品质量	产品质量、工序	产品质量＋工作质量
人员与部门	少数技术检验人员	依靠技术部门和检验部门	依靠组织全体员工
管理方法	技术检验为主	技术检验＋统计方法	现代化管理手段和方法
管理思想	以事后把关为主	从事后把关到生产过程控制	预防为主，重在管理影响产品质量的各项因素
管理目标	使产品符合既定的质量标准要求	按既定标准控制，少出或不出不合格品	把满足用户需要放在第一位，着眼于提高生产用户满意的产品

全面质量管理和 ISO9000 标准的对比　　　　　　　　表 6-3

	ISO9000 标准	全面质量管理
人员范围	与质量体系有关的全体人员及其培训	企业全体人员及其培训
着眼点	质量体系的文件化	重视方法和工具
适用范围	国际通行	国际不通行
标准化	通用的标准	没有规范化的工作方法
方法	第三方认证来证实	用工作质量保产品质量
共同点	共同的理论基础：质量管理学	
	过程基本一致：产品寿命周期全过程	
	共同的目的：过程控制，持续循环，持续改进，不断提高	

　　质量管理发展的是不断继承和发现问题、解决问题的结果。1994 年美国著名的质量管理专家朱兰（J.M.Juran）博士在美国质量管理学会年会指出："20 世纪是生产率的世纪，21 世纪是质量的世纪"。有人说进入 21 世纪后，质量管理将进入一个新的发展阶段，称之为社会质量管理（简称"SQM 阶段"），再进一步，则将向全球质量管理（简称"GQM 阶段"）。也有人称 21 世纪是绿色质量管理的世纪，质量管理要考虑环境和生态效益。究竟如何？我们拭目以待。

四、质量管理的基本原则

　　为了实现质量目标，进行质量管理，必须建立质量管理体系。而质量管理的原则是建立质量管理体系的基本理论。多年来，基于质量管理的理论和实践经验，在质量管理领域，形成了一些有影响的质量管理的基本原则和思想。国际标准化组织（ISO）在吸纳了当代国际最受尊敬的一批质量管理专家在质量管理方面的理念，结合实践经验及理论分析，用高度概括又易于理解的语言，总结出质量管理的 8 项原则。这些原则适用于所有类型的产品和组织，是 ISO9000：2000 族标准的指导思想和质量管理体系建立和开展的理论基础。2015 版 ISO9000 标准将 8 项原则修改为 7 项。这 7 项质量管理原则如下：

　　（一）以顾客为关注焦点

　　"组织依存于顾客。因此，组织应当理解顾客当前和未来的需求，满足顾客要求并争取超越顾客期望。"

　　顾客是组织存在的基础，如果组织失去了顾客，就无法生存下去。以诚待客可以吸引顾客，招来回头客，所以组织应把满足顾客的需求和期望放在第一位。然后转化成组织的质量要求，采取措施使其实现；同时还应测量顾客的满意程度，处理好与顾客的关系，加强与顾客的沟通，通过采取改进措施，以使顾客和其他相关方满意。由于顾客的需求和期望是不断变化的，也是因人因地而异的，因此需要进行市场调查，分析市场变化，以此来满足顾客当前和未来的需求并争取超越顾客的期望，以创造竞争优势。

　　（二）领导作用

　　"领导者确立组织统一的宗旨及方向。他们应当创造并保持使员工能充分参与实现组织目标的内部环境。"

领导的作用即最高管理者具有决策和领导一个组织的关键作用。为了全体员工实现组织的目标创造良好的工作环境，最高管理者应建立质量方针和质量目标，以体现组织总的质量宗旨和方向，以及在质量方面所追求的目的，应时刻关注组织经营的国内外环境，制定组织的发展战略，规划组织的蓝图。质量方针应随着环境的变化而变化，并与组织的宗旨相一致。最高管理者应将质量方针、目标传达落实到组织的各职能部门和相关层次，让全体员工理解和执行。

为了实施质量方针和目标，组织的最高管理者应身体力行，建立、实施和保持一个有效的质量管理体系，确保提供充分的资源，识别影响质量的所有过程，并管理这些过程，培育使用一批有敬业精神的员工队伍，从而使顾客和相关方满意。

为了使建立的质量管理体系保持其持续的适宜性、充分性和有效性，最高管理者应亲自主持对质量管理体系的评审，并确定持续改进和实现质量方针、目标的各项措施。

（三）全员参与

"各级人员都是组织之本，只有他们的充分参与，才能使他们的才干为组织带来收益。"

全体员工是每个组织的基础，人是生产力中最活跃的因素。组织的成功不仅取决于正确的领导，还有赖于全体人员的积极参与。所以应赋予各部门、各岗位人员应有的职责和权限，为全体员工制造一个良好的工作环境，激励他们的创造性和积极性，通过教育和培训，增长他们的才干和能力，发挥员工的革新和创新精神；共享知识和经验，积极寻求增长知识和经验的机遇，为员工的成长和发展创造良好的条件。这样才会给组织带来最大的收益。

（四）过程方法

"将活动和相关的资源作为过程进行管理，可以更高效地得到期望的结果。"

任何使用资源和管理将输入转化为输出的活动即认为是过程。组织为了有效地运作，必须识别并管理许多相互关联的过程。系统地识别并管理组织所应用的过程，特别是这些过程之间的相互作用，称之为"过程方法"。

在建立质量管理体系或制定质量方针和目标时，首先应识别和确定所需要的过程，确定可预测的结果，识别并测量过程的输入和输出，识别过程与组织职能之间的接口和联系，明确规定管理过程的职责和权限，识别过程的内部和外部顾客，识别在设计过程时还应考虑过程的步骤、活动、流程、控制措施、投入资源、培训、方法、信息、材料和其他资源等。只有这样才能充分利用资源，缩短周期，以较低的成本实现预期的结果。

（五）改进

改进是组织维持目前业绩水平必不可少的，同时也是为应对内部和外部的环境变化，并创造新的机会。由于改进是永无止境的，所以"持续改进总体业绩应当是组织的一个永恒目标"。

组织所处的环境是在不断变化的。科学技术在进步，生产力在发展。人们对物质和精神的需求在不断提高，市场竞争日趋激烈，顾客的要求越来越高。因此组织应不断调整自己的经营战略和策略，制定适应形势变化的策略和目标，提高组织的管理水平，才能适应这样竞争的生存环境。所以持续改进是组织自身生存和发展的需要。

持续改进是一种管理的理念，是组织的价值观和行为准则，是一种持续满足顾客要求、增加效益、追求持续提高过程有效性和效率的活动。

持续改进应包括：了解现状，建立目标，寻找、实施和评价解决办法，测量、验证和分析结果，把它纳入文件等活动。其实质也是一种 PDCA 的循环，从策划、计划开始，执行和检查效果，直至采取纠正和预防措施，将它纳入改进成果加以巩固。

（六）循证决策

"有效决策是建立在数据和信息分析的基础上"。成功的结果取决于活动实施之前的精心策划和正确决策。决策的依据应采用准确的数据和信息，分析或依据信息作出判断是一种良好的决策方法。在对数据和信息进行科学分析时，可借助于其他辅助手段，统计技术是最重要的工具之一。

应用事实的决策方法，首先应对信息和数据的来源进行识别，确保获得充分的数据和信息的渠道，并能将得到的数据正确方便地传递给使用者，做到信息的共享，利用信息和数据进行决策并采取措施。用数据说话，以事实为依据，有助于决策的有效性，减少失误并有能力评估和改变判断和决策。

（七）关系管理

"组织与供方是相互依存的，互利的关系可增强双方创造价值的能力。"

供方提供的产品对组织向顾客提供满意的产品可以产生重要的影响。因此把供方、协作方、合作方都看作是组织经营战略同盟中的合作伙伴，形成共同的竞争优势，可以优化成本和资源，有利于组织和供方共同得到利益。

组织在形成经营和质量目标时，应及早让供方参与合作，帮助供方提高技术和管理水平，形成彼此休戚相关的利益共同体。

因此，需要组织识别、评价和选择供方，处理好与供方或合作伙伴的关系，与供方共享技术和资源，加强与供方的联系和沟通，采取联合改进活动，并对其改进成果肯定和鼓励，都有助于增强供需双方创造价值的能力和对变化的市场做出灵活和迅速反应的能力，从而达到优化成本和资源。

7 项质量管理原则可以统一、概括地描述为：一个组织的最高管理者应充分发挥"领导作用"，采用"过程方法"，建立和运行一个"以顾客为关注焦点""全员参与"的质量管理体系，注重以数据分析等"循证决策"方法，使体系得以"持续改进"。在满足顾客要求的前提下，使相关方受益，并建立起"与相关方互利的关系"，以期在相关方、组织和顾客这条供应链上的良性运作，实现多赢的共同愿望。

上述原则强调提出运用以下四种管理方法：管理的系统方法、过程方法、基于事实的决策方法和质量管理体系方法。

质量管理 7 项原则之间的关系，可以用图 6-4 表示。

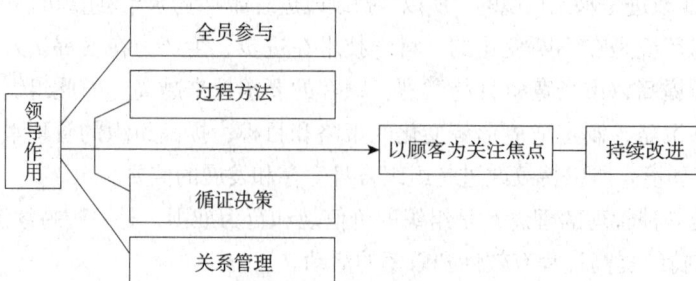

图 6-4　质量管理 7 项原则之间的关系

第二节 工程项目质量的形成过程

一、工程项目质量形成的系统过程

（一）工程项目全过程质量的决定

对一般产品，顾客在市场上直接购置一个最终产品，而不介入该产品的生产过程。而工程的建设过程是十分复杂的，它的顾客（业主、投资者）必须直接介入整个生产过程，参与全过程的、各个环节的、对各种要素的质量管理（一个例外是房地产开发项目投资者开发完之后将房地产销售给业主，而业主并未参加工程项目的生产过程）。要达到工程项目的目标，取得一个高质量的工程，必须对整个项目过程实施严格的质量管理。质量管理必须达到微观和宏观的统一，过程和结果的统一。

由于项目是一个渐进的过程，在如图6-5所示的建设工程项目质量管理过程中，前面过程的成果作为后面过程的输入，一环套一环，任何一个方面出现问题，必然会影响后期的质量管理，进而影响工程的质量目标。

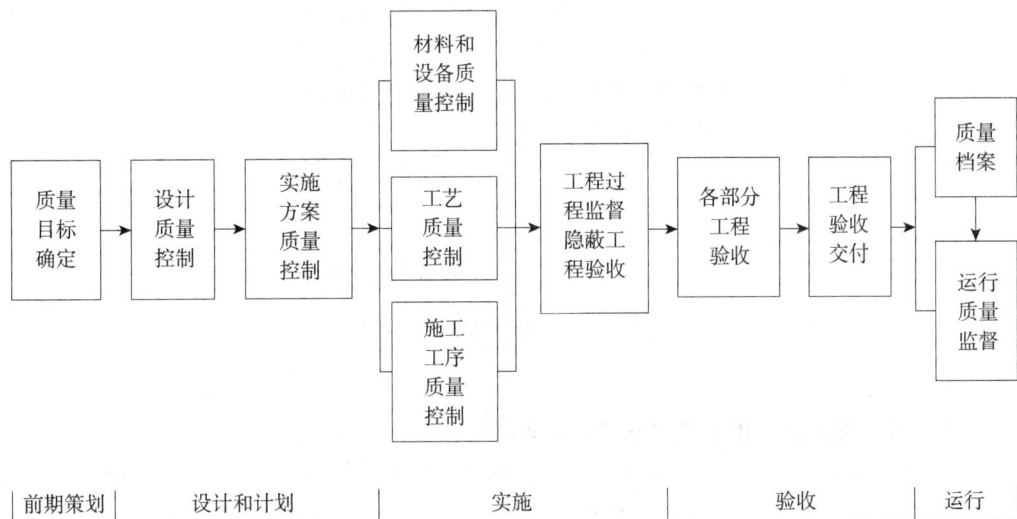

图6-5 建设工程项目质量管理过程

（二）工程实体形成过程中物质形态的转化划分

对投入的物质、资源质量的管理；施工及安装生产过程质量管理，即在使投入的物质资源转化为工程产品的过程中，对影响产品质量的各因素、各环节及中间产品的质量进行控制；对完成的工程产出品质量的控制与验收。

前两项工作对于最终产品质量的形成具有决定性的作用，需要对影响工程项目质量的五大因素进行全面管理。其中包括：施工有关人员因素、材料（包括半成品）因素、机械设备（永久性设备及施工设备）因素、施工方法（施工方案、方法及工艺）因素和环境因素。其模式如图6-6所示。

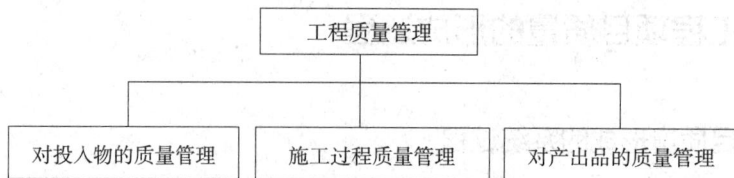

图 6-6　施工质量形成过程示意图

（三）按工程项目施工层次结构划分

工程项目施工质量管理过程为：工序质量管理→分项工程质量管理→分部工程质量管理→单位工程质量管理→单项工程质量管理。

其中单位工程质量管理与单项工程质量管理包括建筑工程质量管理、安装工程质量管理与材料设备质量管理。其管理模式如图 6-7 所示。

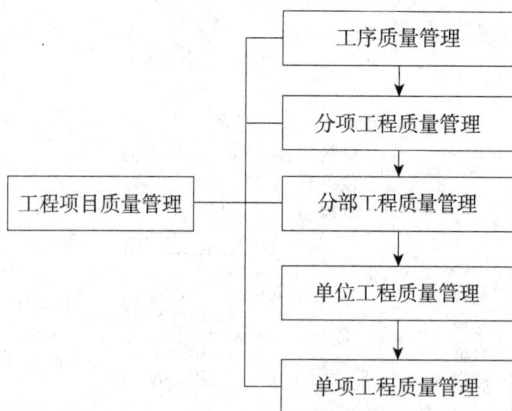

图 6-7　工程项目质量管理过程

（四）按工程实体质量形成过程的时间阶段划分

工程项目质量过程控制分为事前控制、事中控制和事后控制。其中事前控制为工程前准备阶段进行的质量控制，包括对准备工作及影响质量的各因素的质量控制。事中控制为过程中进行的所有与过程有关各方面的质量控制，包括对中间产品（工序产品或分部、分项工程产品）的质量控制。事后控制是指对工作所完成的最终产品（单位工程或整个工程项目）以及有关方面（如质量文档）的质量进行控制。工程项目质量管理过程如图 6-8 所示。

因此，工程项目的质量管理可以理解成对所投入的资源和条件、对生产过程各环节、对所完成的工程产品，进行全过程质量检查与控制的一个系统过程。

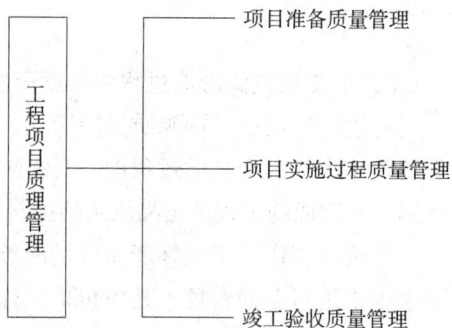

图 6-8　工程项目质量管理过程

二、工程项目质量的内涵

（一）工程项目质量

工程项目质量是指工程项目所固有的特性满足要求的程度。建设工程项目是工程建设运营的过程和方式，是建设生产管理和服务的对象及其结果。工程项目质量不仅包括活动和过程的结果的质量，还包括活动和过程本身的质量。具体地说，主要包括建设工程项目的结果建筑产品的质量、建设工程项目运行中的过程质量、服务质量和工作质量。

实际工作中，无论施工单位还是顾客对工程项目质量含义的理解，往往停留在最终的工程实体的质量标准上，对工程质量的评价也只是依据某个标准进行的独立评判，唯一看重的是施工活动和过程的最终结果，这是静态和狭隘的理解。动态、全面的理解则是：工程项目质量不仅包括活动和过程的结果，还包括活动和过程本身，即生产活动的全过程。我们必须从广义上理解建设工程项目质量的概念，而不能仅仅把认识停留在工程的实体质量上。过去对工程质量的管理通常是一种事后的行为，"楼倒人伤"后才想起应该追究有关方面的工程质量责任，这时即使对责任主体依法惩处，也无法挽回已经造成的损失。但如果在工程质量形成过程中就对参建单位的建设活动进行规范化管理，就可以将工程隐患消灭在萌芽状态。这样虽然看上去加大了工作量，但却可以有效地解决工程质量问题。

（二）工程项目的过程质量

工程项目的过程质量主要包括立项的过程质量、设计的过程质量、施工的过程质量和竣工验收的过程质量。

各阶段过程质量内涵可以概括为表6-4。

工程项目各阶段过程质量内涵表　　　　　　　　　　　　　　　　　表6-4

工程项目质量形成的各阶段	工程项目过程质量的内涵	满足要求的各项主要规定
立项阶段	①项目建议书和可行性研究 ②工程项目投资决策	国家的发展规划和业主的要求
设计阶段	①功能、使用价值的满足程度 ②工程设计的安全、可靠性 ③自然及社会环境的适应性 ④工程概（预）算的经济性 ⑤设计进度的时间性	工程项目勘察、设计合同及有关法律法规、强制性标准
施工阶段	①功能、使用价值的实现程度 ②工程的安全、可靠性 ③自然及社会环境的适应性 ④工程造价的控制状况 ⑤施工进度的时间性	工程项目施工合同及有关法律、法规、强制性标准
竣工验收和保修阶段	①各分项、分部工程满足要求的程度 ②保持和恢复使用功能的能力	工程项目施工合同及有关法律、法规和建设文件、强制性标准

工程项目各阶段对质量形成的影响：

工程项目具有周期长的特点，工程质量不是旦夕之间形成的。工程建设各个阶段紧密衔接，互相制约影响，工程建设的每一阶段均对工程质量的形成产生十分重要的影响。

工程项目使用的过程质量对工程项目的质量也有影响，比如，在原有建筑物上任意加层，下层结构未经核算，原有建筑受不了新增加的荷载而造成建筑物的整体倒塌；设备荷载加大，使结构及构件内产生超应力而造成事故；用动荷载较大的设备代替原设计的设备对结构造成有害影响而造成事故；在建筑主体结构上任意增凿各种孔洞、沟槽，削弱了结构断面而造成事故；粉尘较大的车间，常因屋面积聚大量灰尘，使用中又未及时清除，使屋盖超载，造成屋盖局部损坏或坍塌等。一般地，我们不研究使用的过程质量和报废的过程质量。立项、设计、施工和竣工验收等的过程质量一般地决定了工程项目使用和报废的过程质量，反过来，使用和报废的过程质量又影响着前面阶段的过程质量，为前面几个阶段的过程质量提出要求。工程项目立项、设计、施工和竣工验收等阶段的过程质量应该为使用阶段服务，应该满足使用阶段的要求。工程建设的不同阶段对工程项目质量的形成起着不同的作用和影响。具体表现在：

1. 工程项目立项阶段对工程项目质量的影响

项目建议书、可行性研究是建设前期必需的程序，是工程立项的依据，是决定工程项目建设成功与否的首要条件，它关系到工程建设资金保证、时效保证、资源保证，决定了工程设计、施工能否按照国家规定的建设程序、标准来规范建设行为，也关系到工程最终能否达到质量目标和被社会环境所容纳。

项目的构思和选择以及项目的定义要明确项目的使命目标，要考虑和平衡项目利害关系者在项目范围、时间、费用、风险、质量和环境方面提出的问题和要求，这些要求可能是项目冲突的。要综合平衡工程项目的投资者、使用者、参与各方、社会的要求，使四方满意。要了解工程项目的外部环境，认清项目建成后具备的实力，是否能满足上层系统的需要，是否具备良好的市场前景。

项目可行性研究是运用技术经济的原理，在对投资建设有关的技术、经济、社会、环境和生态等所有方面进行调查的基础上，对各种可能的拟建方案和建成投产后的经济效益、社会效益和环境生态效益等进行技术经济分析、预测和论证，确定项目建设的可行性，并在可行的情况下提出最佳建设方案作为决策、设计的依据。在此阶段，需要确定工程项目的质量要求，并与投资目标协调。因此，项目的可行性研究直接影响项目的立项质量和设计质量。

项目的决策阶段，主要是确定工程项目应达到的质量目标及水平。对于工程项目建设，需要平衡投资、进度和质量的关系，做到投资、质量和进度的协调统一，达到业主满意的质量水平。因此，项目决策阶段是影响工程项目质量的关键阶段，要充分分析业主和使用者对质量的要求和意愿。

长期以来，项目策划阶段的工作并没有引起人们足够的重视。项目管理专家、财务专家和工程经济专家没有介入，或介入太少，或介入太迟。我国现阶段不少项目策划过程的规范性和科学性较差。有的工程立项建议滞后，有的工程可行性分析不从客观实际出发，马虎粗糙，可行性报告成为"可批性"报告；有的项目资金、原材料、设备不落实，垫资开工，中途停工、再复工，迫使设计单位降低设计标准，工程质量无法保证。由于工程项目是一次性的，在项目初期质量（功能、技术要求等）的定义不是很明确，而项目质量管理与通用的企业生产质量管理又有很大的区别，致使在现代工程中，项目质量管理十分困难，尽管人们已经作了很大的努力，但问题依然很多，效果不大。在项目管理目标系统中，当出现工期拖延、成本超支时最容易作为牺牲品被放弃。

在现代工程项目中，人们越来越重视项目前期的工作。项目管理专家介入项目的时间也逐渐提前，在国际工程中，咨询工程师乃至承包商在项目目标设计、甚至在项目构思阶段就进入了项目。这样不仅能够防止决策失误，而且保证项目管理的连续性，进而能够保证项目的成功，提高项目的整体效益。

2. 工程勘察设计阶段对工程项目质量的影响

工程项目的地质勘查工作，是为建设场地的选择和工程设计与施工提供场地强度依据。

地质勘查是决定工程建设质量的重要环节。地质勘查工作的内容和深度，资料的可靠程度，将决定工程设计方案能否正确考虑场地的地层构造、岩石和土的性质、不良地质现象及地下水等条件，是全面合理地进行工程设计的关键，同时也是工程施工方案确定的重要依据。

地质勘查质量会直接产生工程质量隐患。如勘察工作量不足，布点明显偏少、不合理，钻孔深度不足，在暗浜及地层变更处未加钻孔，或在地质报告中没有正确反映地质实况；试验分析取样偏少，取样间距过大，计算错误等。工程设计依据这些不合格的地质勘查报告，对设计质量造成后效影响是完全可以想象得到的。

有的工程未经必要的地质勘查，就进行设计施工，最终给工程带来严重的后果。如1986年某县为教师开发建造一个多层住宅区。1988年，房屋开始明显倾斜，并日趋严重，南北最后沉降差40cm。政府组织专家会审查明，该工程为省钱，实际未进行地质勘查，设计单位凭经验，套用当地常规地质资料进行设计，不料该工程基础下有暗河存在，导致房屋不均匀沉降以至倾斜，新房成了危房。

工程项目的设计工作，是指工程项目在进行可行性研究并经初步技术经济论证之后，根据建设项目总体要求及地质勘查报告，对工程的外形和内在实体进行筹划、研究、构思、设计和描绘，形成设计说明书和图纸等相关文件。设计的作用是在固定的建筑场所上选择工程实体，为施工提供充分的依据。

项目设计质量是决定工程建设质量的关键环节，工程采用什么样的平面布置和空间形式，选用什么样的结构类型，使用什么样的材料、构配件及设备等，都直接关系到工程主体结构的安全可靠性，关系到建设投资的综合功能是否充分体现规划意图。在一定程度上，设计的完美性也反映了一个国家的科技水平和文化水平。设计的严密性、合理性，根本上决定了工程建设的成败，是主体结构和基础安全、环境保护、消防、防疫等措施得以实现的保证。

从1999年某地工程质量大检查结果看，设计不规范存在明显缺陷的现象还很严重。如未执行强制性设计标准和安全标准；设计不符合地区抗震强度要求，个别工程根本无设防措施；消防、防疫、环卫、防空、防爆等因素未予考虑；平面布局不合理，构造或节点不合理；结构方案不合理，计算公式套用错误；水、电、风管道不合规范等。

很显然，这些设计的缺陷，使工程项目质量"先天不足"，留下无法弥补的质量隐患。数据资料显示，工程质量事故中由于设计因素造成的占很大比重，可见设计对工程项目质量影响的程度。

无证设计或盲目套用设计图纸，或违反设计规范等引发的工程质量问题，后果更为严重。

3. 工程项目施工阶段对工程项目质量的影响

工程项目的施工是指按照设计图纸及相关文件，在建设场地上将设计意图付诸实现的测量、作业、检验，并保证质量的活动。施工的作用是将设计意图付诸实施，建成最终产品。任何优秀的勘察设计成果，只有通过施工才能变为现实。因此，工程施工活动决定了设计意图能否体现，它直接关系到工程主体结构的安全可靠、使用功能的实现，以及外表观感能否体现建筑设计的艺术水平。在一定程度上，工程项目的施工是形成工程实体质量的决定性环节。

4. 工程项目的竣工验收阶段对工程项目质量的影响

工程项目竣工验收阶段，就是对项目施工阶段的质量进行试车运转、检查评定、考核质量目标是否符合设计阶段的质量要求。这一阶段是工程建设向生产和使用转移的必要环节，影响工程能否最终形成生产力和满足使用要求，体现了工程质量水平的最终结果。因此，工程竣工验收阶段是工程质量管理的最后一个环节。

工程项目质量的形成是一个系统的过程，是工程项目立项、勘察设计、施工和竣工验收各阶段质量的综合反映。按照实际工作的统计，质量问题的原因主要出现在如下几个方面：

设计的问题：40.1%；

施工责任：29.3%；

材料问题：14.5%；

使用责任：9.0%；

其他：7.1%。

（三）工程项目的工作质量和服务质量

工程项目质量的好坏是立项、勘察设计、施工等各个阶段、各个环节工作质量的综合反映，而不是单纯依靠质量检验出来的。要保证工程项目的质量，就要求有关部门和人员精心工作，对决定和影响工程质量的所有因素严加控制，即通过提高工作质量和服务质量来保证和提高工程项目的质量。

（1）工程项目的工作质量。工程项目的工作质量是指工程项目参与各方的各项工作对工程项目实体和服务质量的保证程度。工程项目的工作质量涉及主体多且复杂，如投资者、建设单位、设计单位、承包单位、咨询或监理单位、材料供应单位等。建设工程项目的工作质量包括社会工作质量，如社会调查、市场预测、质量回访和保修服务等；生产过程工作质量，如管理工作质量、技术工作质量和后勤工作质量等。工作质量直接决定了工程实体的质量，工程实体质量的好坏是决策、建设工程勘察、设计、施工等单位各方面、各环节工作质量的综合反映。很难想象建设工程项目各方的工作质量一塌糊涂，会有好的工程实体质量。比如有些单位不认真进行地质勘查，随便估计地基的容许承载力，造成建筑结构产生过大的不均匀沉降，导致结构裂缝，甚至坍塌；一些地质勘查报告不详细、不准确，导致采用错误的基础构造方案。设计工作中由于各种工作方面的原因，导致结构方案不正确，构造不合理，设计计算错误等造成质量事故。施工中由于工作失误或工作质量不高导致的质量问题更是数不胜数，比如不认真学习图纸，不熟悉图纸就盲目施工；图纸未经会审，仓促施工；未经设计人员同意，乱改设计；不按有关规程和施工及验收规范施工；不按有关操作规程施工；没按规定对进场材料和制成品检查验收；技术人员更换频繁；施工顺序错误；工作过程中缺乏责任制，责任纠缠不清；施工方案有欠考虑；技术交底不认真或交底不清；没有认真进行质量检查验收工作等。

工作质量主要取决于人的素质，包括质量意识、责任心及业务水平等。工作质量能反映组织的管理工作的水平。

（2）工程项目的服务质量。服务是以顾客为核心展开的，服务的结果取决于服务者和顾客双方。顾客是指接受产品的组织或个人。顾客具有广义的概念，凡是接受产品的组织或个人都属于顾客的范畴。对组织内部来说，下一过程的实施者就是上一过程的顾客。对组织外部来说，顾客是组织提供的最终产品的接收者。我们尤其要重视的是组织内部的顾客，这是我们容易忽略的，对组织内部来说，每一过程的实施者应向上一过程明确需求和期望，并对上一过程的输出及时反馈信息，以利于上一过程不断持续改进。服务通常是无形的，服务的提供可涉及：

- 在顾客提供的有形产品（如工程实体）上所完成的活动；
- 在顾客提供的无形产品（如为准备分部工程检验所需的各种材料）上完成的活动；
- 无形产品的交付（如技术交底）；
- 为顾客创造氛围（如会议和工作）。

三、工程质量的特点

工程质量的特点是由建设工程本身和建设生产的特点决定的。建设工程（产品）及其生产的特点：一是产品的固定性，生产的流动性；二是产品多样性，生产的单件性；三是产品形体庞大、高投入、生产周期长、具有风险性；四是产品的社会性，生产的外部约束性。正是由于上述建设工程的特点而形成了工程质量本身有以下特点。

（一）影响因素多

建设工程质量受到多种因素的影响，如决策、设计、材料、机具设备、施工方法、施工工艺、技术措施、人员素质、工期、工程造价等，这些因素直接或间接地影响工程项目质量。影响工程质量的因素很多，但归纳起来主要有五个方面，即人（Man）、机械（Machine）、材料（Material）、方法（Method）和环境（Environment），简称"4M1E"。

（1）人员素质。人是生产经营活动的主体，也是工程项目建设的决策者、管理者、操作者，工程建设的规划、决策、勘察、设计、施工与竣工验收等全过程，都是通过人的工作来完成的。人员的素质，即人的文化水平、技术水平、决策能力、管理能力、组织能力、作业能力、控制能力、身体素质及职业道德等，都将直接和间接地对工程质量产生不同程度的影响。因此，建筑行业实行资质管理和各类专业从业人员持证上岗制度是保证人员素质的重要管理措施。

（2）机械设备。机械设备可分为两类：一类是指组成工程实体及配套的工艺设备和各类机具，如电梯、泵机、通风设备等，它们构成了建筑设备安装工程或工业设备安装工程，形成完整的使用功能。另一类是指施工过程中使用的各类机具设备，包括大型垂直与横向运输设备、各类操作工具、各种施工安全设施、各类测量仪器和计量器具等，简称"施工机具设备"，它们是施工生产的手段。工程所用施工机具设备，其产品质量优劣直接影响工程使用功能质量，其类型是否符合工程施工特点、性能是否先进稳定、操作是否方便安全等，都将影响工程项目的质量。

（3）工程材料。工程材料是指构成工程实体的各类建筑材料、构配件、半成品等，它是工程建设的物质条件，是工程质量的基础。工程材料选用是否合理、产品是否合格，材质是否经过检验、保管使用是否得当等，都将直接影响建设工程的结构刚度和强度，影响工程外表及观感，影响工程的使用功能，影响工程的使用安全。

（4）建造方法。建造方法是指工艺方法、操作方法和施工方案。在工程施工中，施工方案是否合理，施工工艺是否先进，都将对工程质量产生重大影响。采用新技术、新工艺、新方法，不断提高工艺技术水平，是保证工程质量稳定提高的重要因素。

（5）环境条件。环境条件是指对工程质量特性起重要作用的环境因素，包括工程的技术环境、作业环境、管理环境和周边环境。技术环境有工程地质、水文、气象等；作业环境有施工作业面大小、防护设施、通风照明和通信条件等；管理环境涉及工程实施的合同环境与管理关系的确定、组织体制及管理制度等；周边环境有工程邻近的地下管线、建（构）筑物等。环境条件往往对工程质量产生特定的影响，加强环境条件管理，辅以必要措施，是控制环境条件影响工程质量的重要保证。

（二）质量波动大

由于建筑生产的单件性、流动性，不像一般工业产品的生产那样，有固定的生产流水线、有规范化的生产工艺和完善的检测技术、有成套的生产设备和稳定的生产环境，所以，工程质量容易产生波动且波动大。同时，由于影响工程质量的偶然性因素和系统性因素比较多，其中任一因素发生变动，都会使工程质量产生波动。如材料规格品种使用错误、施工方法不当、操作未按规程进行、机械设备过度磨损或出现故障、设计计算失误等，都会发生质量波动，产生系统因素的质量变异，造成工程质量事故。为此，要严防出现系统性因素的质量变异，要把质量波动控制在偶然性因素范围内。

（三）质量隐蔽性

建设工程在施工过程中，分项工程交接多、中间产品多、隐蔽工程多，因此质量存在隐蔽性。若在施工中不及时进行质量检查，事后只能从表面上检查，就很难发现内在的质量问题，这样就容易产生判断错误，即第二类判断错误（将不合格品误认为合格品）。

（四）终检的局限性

工程项目建成后不可能像一般工业产品那样依靠终检来判断产品质量，或将产品拆卸、解体来检查其内在的质量，或对不合格零部件可以更换。而工程项目的终检（竣工验收）无法进行工程内在质量的检验，发现隐蔽的质量缺陷。因此，工程项目的终检存在一定的局限性。这就要求工程质量控制应以预防为主，防患于未然。

（五）评价方法的特殊性

工程质量的检查评定及验收是按检验批、分项工程、分部工程、单位工程进行的。检验批的质量是分项工程乃至整个工程质量检验的基础，检验批合格质量主要取决于主控项目和一般项目经抽样检验的结果。隐蔽工程在隐蔽前要检查合格后验收，涉及结构安全的试块、试件以及有关材料，应按规定进行见证取样检测，涉及结构安全和使用功能的重要分部工程要进行抽样检测。工程质量是在施工单位按合格质量标准自行检查评定的基础上，由监理工程师（或建设单位项目负责人）组织有关单位、人员进行检验确认验收。这种评价方法体现了"验评分离、强化验收、完善手段、过程控制"的指导思想。

第三节　工程质量责任体系

《中华人民共和国建筑法》《建设工程勘察设计管理条例》和《建设工程质量管理条例》规定，工程项目的建设单位、勘察单位、设计单位、施工单位、工程监理单位都要依法对建设工程质量负责。《房屋建筑和市政基础设施工程施工图设计文件审查管理办法》（住房和城乡建设部令第 13 号）、《建筑工程施工许可管理办法》（住房和城乡建设部令第 18 号）、《建设工程质量检测管理办法》（住房和城乡建设部令第 57 号）、《房屋建筑和市政基础设施工程质量监督管理规定》（住房和城乡建设部令第 5 号）、《房屋建筑和市政基础设施工程竣工验收备案管理办法》（住房和城乡建设部令第 2 号）、《房屋建筑工程质量保修办法》（原建设部令第 80 号）等部门规章对法律法规的责任义务进行了细化，尤其突出建设单位首要责任和施工单位主体责任。

一、工程质量管理的基本要求

（1）从事建设工程活动，必须严格执行基本建设程序，坚持先勘察、后设计、再施工的原则。

（2）各负其责。建设、勘察、设计、施工、监理、检测等单位依法对工程质量负责。

（3）勘察、设计、施工、监理、检测等单位应当依法取得资质证书，并在其资质等级许可的范围内从事建设工程活动。

（4）项目负责人负责制。《建筑工程五方责任主体项目负责人质量终身责任追究暂行办法》（建质〔2014〕124 号）规定，建筑工程五方责任主体项目负责人是指承担建筑工程项目建设的建设单位项目负责人、勘察单位项目负责人、设计单位项目负责人、施工单位项目经理、监理单位总监理工程师。

建筑工程开工建设前，建设、勘察、设计、施工、监理单位法定代表人应当签署授权书，明确本单位项目负责人。

项目负责人应当签署工程质量终身责任承诺书。

法定代表人和项目负责人在工程设计使用年限内对工程质量承担相应责任。

建筑工程五方责任主体项目负责人质量终身责任，是指参与新建、扩建、改建的建筑工程项目负责人按照国家法律法规和有关规定，在工程设计使用年限内对工程质量承担相应责任。

（5）从事工程建设活动的专业技术人员应当在注册许可范围和聘用单位业务范围内从业，对签署技术文件的真实性和准确性负责，依法承担质量安全责任。

（6）建设、勘察、设计、施工、监理等单位应按规定要求参加检验批、分项、分部等工程验收。工程完工后，建设单位应当组织勘察、设计、施工、监理等有关单位进行竣工验收。工程竣工验收合格，方可交付使用。

（7）建设、施工、监理等单位应按照《建设工程文件归档规范》GB/T 50328—2014 和

《建筑工程资料管理规程》JGJ/T 185—2009 相关要求及时整理完善工程资料，工程资料应与建筑工程建设过程同步形成，并真实反映建筑工程的建设情况和实体质量。

（8）工程建设过程中，建设、施工、监理单位推行工程质量管理标准化。

（9）建设、勘察、设计、施工、监理等单位应认真贯彻落实建筑工人实名制管理的相关规定要求，规范用工管理，保障建筑工人和建筑企业的合法权益。

二、建设单位的质量行为和责任

1. 依法选择承揽单位

《建设工程质量管理条例》规定，建设单位应当将工程发包给具有相应资质等级的单位。建设单位不得将建设工程肢解发包。建设单位应当依法对工程建设项目的勘察、设计、施工、监理以及与工程建设有关的重要设备、材料等的采购进行招标。

《建筑工程五方责任主体项目负责人质量终身责任追究暂行办法》（建质〔2014〕124 号）进一步规定，建设单位项目负责人对工程质量承担全面责任，不得违法发包、肢解发包，不得以任何理由要求勘察、设计、施工、监理单位违反法律法规和工程建设标准，降低工程质量，其违法违规或不当行为造成工程质量事故或质量问题应当承担责任。

《建设工程质量检测管理办法》规定，建设单位委托具有相应资质的检测机构进行检测。建设单位需承担相应的检测费用，不得要求检测机构出具虚假检测报告。

《建设工程勘察设计资质管理规定》《建筑业企业资质管理规定》《工程监理企业资质管理规定》等，对工程勘察单位、工程设计单位、施工企业和工程监理单位的资质等级、资质标准、业务范围等做了明确规定。

2. 依法向有关单位提供原始资料

《建设工程质量管理条例》规定，建设单位必须向有关的勘察、设计、施工、工程监理等单位提供与建设工程有关的原始资料。原始资料必须真实、准确、齐全。

资料是工程勘察、设计、施工和监理等单位进行工程建设工作的基础性资料。建设单位作为建设活动的总负责方，向有关单位提供原始资料，以及施工地段地下管线现状资料，并保证这些资料的真实、准确、齐全，是其基本责任和义务。

在工程实践中，建设单位根据委托任务必须向勘察单位提供如勘察任务书、项目规划总平面图、地下管线、地形地貌等在内的基础资料；向设计单位提供政府有关部门批准的项目建议书、可行性研究报告等立项文件，设计任务书，有关城市规划、专业规划设计条件，勘察成果及其他基础资料；向施工单位提供概算批准文件，建设项目列入国家、部门或地方的年度固定资产投资计划，建设用地的征用资料，施工图纸及技术资料，建设资金和主要建筑材料、设备的来源资料，建设项目所在地规划部门批准文件，施工现场完成"三通一平"的平面图资料；向监理单位提供的原始资料，除包括给施工单位的资料外，还要有建设单位与施工单位签订的承包合同文本。

3. 限制不合理的干预行为

《中华人民共和国建筑法》规定，建设单位不得以任何理由，要求建筑设计单位或者建筑施工企业在工程设计或者施工作业中，违反法律、行政法规和建筑工程质量、安全标准，降低工程质量。

《建设工程质量管理条例》规定，建设工程发包单位不得迫使承包方以低于成本的价格竞标，不得任意压缩合理工期。建设单位不得明示或者暗示设计单位或者施工单位违反工程建设强制性标准，降低建设工程质量。

《建设工程抗震管理条例》规定，建设单位应当对建设工程勘察、设计和施工全过程负责，在勘察、设计和施工合同中明确拟采用的抗震设防强制性标准，按照合同要求对勘察设计成果文件进行核验，组织工程验收，确保建设工程符合抗震设防强制性标准。建设单位不得明示或者暗示勘察、设计、施工等单位和从业人员违反抗震设防强制性标准，降低工程抗震性能。

4. 依法报审施工图设计文件

《建设工程质量管理条例》规定，施工图设计文件未经审查批准的，不得使用。

《房屋建筑和市政基础设施工程施工图设计文件审查管理办法》进一步规定，国家实施施工图设计文件（含勘察文件，以下简称"施工图"）审查制度。施工图审查，是指施工图审查机构按照有关法律、法规，对施工图涉及公共利益、公众安全和工程建设强制性标准的内容进行的审查。施工图审查应当坚持先勘察、后设计的原则。施工图未经审查合格的，不得使用。从事房屋建筑工程、市政基础设施工程施工、监理等活动，以及实施对房屋建筑和市政基础设施工程质量安全监督管理，应当以审查合格的施工图为依据。

任何单位或者个人不得擅自修改审查合格的施工图。对有重大修改、变动的施工图设计文件，建设单位应当将修改后的施工图送原审查机构审查，审查合格方可使用。

5. 依法实行工程监理

实行监理的建设工程，建设单位应当委托具有相应资质等级的工程监理单位进行监理，也可以委托具有工程监理相应资质等级并与被监理工程的施工承包单位没有隶属关系或者其他利害关系的该工程的设计单位进行监理。

下列建设工程必须实行监理：①国家重点建设工程；②大中型公用事业工程；③成片开发建设的住宅小区工程；④利用外国政府或者国际组织贷款、援助资金的工程；⑤国家规定必须实行监理的其他工程。

6. 依法办理工程质量监督手续

《建设工程质量管理条例》规定，建设单位在开工前，应当按照国家有关规定办理工程质量监督手续，工程质量监督手续可以与施工许可证或者开工报告合并办理。

据此，建设单位在开工前，应当依法到建设行政主管部门或铁路、交通、水利等有关管理部门，或其委托的工程质量监督机构办理工程质量监督手续，接受政府主管部门的工程质量监督。

各地办理工程质量监督手续的流程大同小异，在优化营商环境和"放管服"改革的情形下，办理手续都有所简化，而且都推行网上办理。以北京市为例，按照《北京市住房和城乡建设委员会关于做好工程建设项目审批制度改革试点工作的通知（京建发〔2018〕470号）》有关要求，北京市已实现工程质量监督注册、工程施工安全监督备案和建设工程施工许可证核发合并办理。建设单位办理施工许可时除提交施工许可申报材料外，无须再提交其他材料。在施工许可办理完成后，建设单位可在施工许可信息系统下载打印《北京市建设工程质量监督执法告知书》和《北京市建设工程安全监督执法告知书》。建设单位在办理工程质量监督手续的时候需要提供的文件或证明材料情况包括：①用地批准手续；②建设工程规划许可证；③施工单位主要技术负责人填写：施工现场已具备施工条件，且地上地下管线已移交；④中标通知书及施工合同；⑤施工图设计文件审查合格证明；⑥建设单位填写的"建设资金已落实承诺书"。

7. 依法保证建筑材料等符合要求

《建设工程质量管理条例》规定，按照合同约定，由建设单位采购建筑材料、建筑构配件和设备的，建设单位应当保证建筑材料、建筑构配件和设备符合设计文件和合同要求。建设单位不得明示或者暗示施工单位使用不合格的建筑材料、建筑构配件和设备。

《中华人民共和国建筑法》规定，按照合同约定，建筑材料、建筑构配件和设备由工程承包单位采购的，发包单位不得指定承包单位购入用于工程的建筑材料、建筑构配件和设备或者指定生产厂、供应商。

8. 依法装修工程

《建设工程质量管理条例》规定，涉及建筑主体和承重结构变动的装修工程，建设单位应当在施工前委托原设计单位或者具有相应资质等级的设计单位提出设计方案；没有设计方案的，不得施工。房屋建筑使用者在装修过程中，不得擅自变动房屋建筑主体和承重结构。

9. 依法承担职责

（1）建设单位应根据工程的特点，配备相应的质量管理人员。

（2）《建设工程质量管理条例》规定，建设单位在工程开工前，组织设计和施工单位认真进行设计交底；在工程施工中，应按国家现行有关工程建设法规、技术标准及合同规定，对工程质量进行检查。

（3）按照合同约定及时支付工程款。

（4）工程项目竣工后，应及时组织设计、施工、工程监理等有关单位进行竣工验收。工程竣工验收后应及时办理备案手续。不得将不合格工程按合格验收。不得将未经验收或验收不合格的工程擅自交付使用。

（5）《建设工程质量管理条例》规定，建设单位应当严格按照国家有关档案管理的规定，及时收集、整理建设项目各环节的文件资料，建立、健全建设项目档案，并在建设工程竣工验收后，及时向建设行政主管部门或者其他有关部门移交建设项目档案。

（6）建筑工程竣工验收合格后，建设单位应当在建筑物明显部位设置永久性标牌，载明建设、勘察、设计、施工、监理单位名称和项目负责人姓名。应主动公开工程竣工验收等信息，接受社会监督。

（7）组织并参与工程质量事故的调查处理。组织并参与质量问题投诉和保修期内工程质量问题的处理。

三、勘察、设计单位的质量行为和责任

（1）合法承揽业务。勘察、设计单位必须在其资质等级许可的范围内承揽相应的勘察设计任务，不许承揽超越其资质等级许可范围以外的任务，不得将承揽工程转包或违法分包，也不得以任何形式用其他单位的名义承揽业务或允许其他单位或个人以本单位的名义

承揽业务。

（2）勘察、设计单位必须按照国家现行的有关规定、工程建设强制性技术标准和合同要求进行勘察、设计工作，并对所编制的勘察、设计文件的质量负责。

（3）勘察单位应按照勘察任务委托书和设计单位勘察技术要求，合理开展勘察工作，勘察文件深度应当符合国家规定。勘察作业时，应当严格执行操作规程，采取措施保证邻近的各类管线、设施及周边建筑物、构筑物的安全。勘察单位提供的地质、测量、水文等勘察成果文件必须真实、准确。

（4）设计单位应当根据勘察成果文件进行建设工程设计；设计文件应当符合国家规定的设计深度要求，注明工程合理使用年限。

（5）建设单位另行委托其他有资质设计单位承担项目的专项设计（包括二次设计）时，专项设计文件应经原主体建筑设计单位确认。

（6）设计单位在设计文件中选用的建筑材料、建筑构配件和设备，应当注明规格、型号、性能等技术指标，其质量要求必须符合国家规定的标准。除有特殊要求外，设计单位不得指定建筑材料、建筑构配件和设备生产厂、供应商。

（7）在工程施工前，设计单位应对审查合格的施工图设计文件向施工单位和监理单位作出详细说明。

（8）勘察、设计变更程序应符合相关规定，勘察、设计单位对变更的勘察、设计文件承担相应责任。

（9）及时解决施工中发现的勘察、设计问题，参与工程质量事故调查分析，并对因勘察、设计原因造成的质量事故，提出相应的技术处理方案。

（10）按规定参加地基验槽、重要分部（子分部）质量验收及竣工验收，并出具相应工程质量检查报告。

四、施工单位的质量责任

（1）合法承揽工程。施工单位必须在其资质等级许可的范围内承揽相应的施工任务，不许承揽超越其资质等级许可范围以外的任务，不得将承揽工程转包或违法分包，也不得以任何形式用其他施工单位的名义承揽工程或允许其他单位或个人以本单位的名义承揽工程。

（2）施工单位对所承包的工程项目的施工质量负责。施工单位对施工中出现质量问题的建设工程或者竣工验收不合格的建设工程，应当负责返修。实行总承包的工程，总承包单位应对全部建设工程质量负责。建设工程勘察、设计、施工、设备采购的一项或多项实行总承包的，总承包单位应对其承包的建设工程或采购的设备的质量负责；实行总分包的工程，分包应按照分包合同约定对其分包工程的质量向总承包单位负责，总承包单位与分包单位对分包工程的质量承担连带责任。

（3）建立健全质量管理体系。按要求配备质量管理人员、明确各管理岗位的质量职责落实质量责任制，确定工程项目的项目经理、技术负责人和施工管理负责人。项目经理资格应符合要求，并到岗履职。施工单位应当建立、健全教育培训制度，加强对职工的教育培训；未经教育培训或者考核不合格的人员，不得上岗作业。

（4）编制施工组织设计和施工方案，报总监理工程师审批后实施。

（5）配备齐全该项目涉及设计图集、施工规范及相关标准。

（6）工程开工前或新工艺、新技术、新设备应用前，主要分部分项工程施工前，按已批准的施工组织设计、施工方案及相应技术标准提出技术交底书，对相关管理人员、劳务经理、班组长（专业工长）进行技术交底，并形成书面记录。

（7）落实企业检测试验管理制度。配置相应的检测试验设备，按照相关规定进行检定或校准，并在有效期内正确使用。根据工程实际情况编制项目检测试验计划和清单，并按计划组织实施。按规定由施工单位负责进行进场检验的建筑材料、建筑构配件和设备，应报监理单位审查，未经监理单位审查合格的不得擅自使用。

（8）施工单位必须按照工程设计要求、施工技术标准和合同约定，对建筑材料、建筑构配件、设备和商品混凝土进行检验，检验应当有书面记录和专人签字；未经检验或者检验不合格的，不得使用。

（9）建筑材料、构配件、设备的采购、验收、储存及管理应符合相关要求。由建设单位委托见证取样检测的建筑材料、建筑构配件和设备等，未经监理单位见证取样并经检验合格的，不得擅自使用。

（10）书面授权确定项目取样施工人员。施工人员对涉及结构安全的试块、试件以及有关材料，应当在建设单位或者工程监理单位监督下现场取样，并送具有相应资质等级的质量检测单位进行检测。

（11）按照工程设计图纸和施工技术标准施工，不得擅自修改工程设计，不得偷工减料。如确需修改设计文件，设计文件变更程序应符合相关规定，且必须取得正式变更通知后方可进行施工。施工单位在施工过程中发现设计文件和图纸有差错的，应当及时提出意见和建议。

（12）建立、健全施工质量的检验制度，严格工序管理，做好隐蔽工程的质量检查和记录。隐蔽工程在隐蔽前，施工单位应当通知建设单位和建设工程质量监督机构。

（13）施工过程中做好各类施工记录，实时记录施工过程质量管理的内容，保证工程记录与工程建设进度同步。

（14）根据工程实际编制单位工程（子单位工程）、分部工程、分项工程和检验批的验收计划，并报项目监理部审核。专业质量检查员、专业工长应参加检验批的验收；项目负责人、项目技术负责人应参加分部工程验收和工程预验收；单位技术、质量部门负责人应参加地基与基础、主体结构、节能分部工程及桩基、地基处理、基坑支护、钢结构、预应力、幕墙等重要子分部、分项工程的验收。单位技术、质量负责人和项目负责人、项目技术负责人、质量负责人应参加竣工验收。工程验收应形成记录。

（15）实施样板引路制度，设置材料样板、工序样板、构配件样板、设备样板、装修样板等，采用实物或视频形式展示。样板的施工工艺应符合设计文件、施工规范和质量验收规范要求。样板实物自检合格后，应报监理工程师或业主代表（必要时包括设计人员）验收，作为技术交底的辅助实物形态和实体施工的验收标准。

（16）根据专业分包管理制度和相关规定，经建设单位同意，选择具有相应资质等级的分包单位，并按规定审核分包单位施工方案，对分包工程质量实施控制、检查、验收，指导分包工程竣工资料的编制。

（17）工程出现质量问题（事故），应按规定及时报告建设、监理单位及建设行政主管部门，会同建设、设计、监理单位对质量问题（事故）妥善处理到位，不留质量安全隐患，做好质量问题（事故）处理记录。

（18）按规定处置不合格试验报告。

五、工程监理单位的质量责任

（1）依法承揽业务。工程监理单位应当依法取得相应等级的资质证书，并在其资质等级许可的范围内承担工程监理业务。

禁止工程监理单位超越本单位资质等级许可的范围或者以其他工程监理单位的名义承担工程监理业务。禁止工程监理单位允许其他单位或者个人以本单位的名义承担工程监理业务。

（2）工程监理单位不得转让工程监理业务。

工程监理单位与被监理工程的施工承包单位以及建筑材料、建筑构配件和设备供应单位有隶属关系或者其他利害关系的，不得承担该项建设工程的监理业务。

（3）依法承担责任。工程监理单位应当依照法律、法规以及有关技术标准、设计文件和建设工程承包合同，代表建设单位对施工质量实施监理，并对施工质量承担监理责任。

监理责任主要有违法责任和违约责任两个方面。如果工程监理单位故意弄虚作假，降低工程质量标准，造成质量事故的，要承担法律责任。若工程监理单位与承包单位串通，谋取非法利益，给建设单位造成损失的，应当与承包单位承担连带赔偿责任。如果监理单位在责任期内，不按照监理合同约定履行监理职责，给建设单位或其他单位造成损失的，属违约责任，应当向建设单位赔偿。

（4）工程监理单位应当选派具备相应资格的总监理工程师和监理工程师进驻施工现场。应设置工程监理项目部，按工程实际情况配备专业齐全、数量足够的监理人员。总监理工程师资格应符合要求，并到岗履职，到岗率不得低于主管部门的相关要求。其他监理人员资格应符合现行法律法规、规范及地方主管部门要求，且到岗履责。书面授权确定项目见证人员。

未经监理工程师签字，建筑材料、建筑构配件和设备不得在工程上使用或者安装，施工单位不得进行下一道工序的施工。未经总监理工程师签字，建设单位不拨付工程款，不进行竣工验收。

（5）监理工程师应当按照工程监理规范的要求，采取旁站、巡视和平行检验等形式，对建设工程实施监理。

（6）编制项目监理技术指导文件，包括：监理规划、监理实施细则、旁站监理方案等。监理规划由总监理工程师主持编制，监理实施细则、旁站方案等由各专业监理工程师主持编制，监理规划和监理实施细则报监理单位技术负责人审批后实施，旁站方案由总监理工程师批准后实施。

（7）对施工单位项目部的机构组成、人员资格进行审查；对施工单位报审的施工组织设计、施工方案、技术措施、技术交底等技术文件进行审查；对施工单位项目质量验收计划及常见工程质量问题预防措施进行审查；对施工单位项目质量保证体系进行审查，并检查其质保体系运行情况。

（8）审批施工单位申报的开工报告。

（9）参加施工图纸会审和设计文件交底，参加建设单位组织的工地例会。

（10）定期召开监理例会，根据工程需要主持召开质量问题分析专题会议。

（11）对分包单位的资质进行审查。

（12）对建筑材料、构配件和设备投入使用或安装前进行审查，组织进行进场材料、构配件、半成品验收及见证取样、送检，见证结构实体检验。

（13）房屋建筑工程施工旁站监理（以下简称"旁站监理"），是指监理人员在房屋建筑工程施工阶段监理中，对关键部位、关键工序的施工质量实施全过程现场跟班的监督活动。

房屋建筑工程的关键部位、关键工序，在基础工程方面包括：土方回填，混凝土灌注桩浇筑，地下连续墙、土钉墙、后浇带及其他结构混凝土、防水混凝土浇筑，卷材防水层细部构造处理，钢结构安装；在主体结构工程方面包括：梁柱节点钢筋隐蔽过程，混凝土浇筑，预应力张拉，装配式结构安装，钢结构安装，网架结构安装，索膜安装。

监理企业在编制监理规划时，应当制定旁站监理方案，明确旁站监理的范围、内容、程序和旁站监理人员职责等。旁站监理方案应当送建设单位和施工企业各一份，并抄送工程所在地的建设行政主管部门或其委托的工程质量监督机构。

施工企业根据监理企业制定的旁站监理方案，在需要实施旁站监理的关键部位、关键工序进行施工前24小时，应当书面通知监理企业派驻工地的项目监理机构。项目监理机构应当安排旁站监理人员按照旁站监理方案实施旁站监理。

旁站监理人员的主要职责是：

①检查施工企业现场质检人员到岗、特殊工种人员持证上岗以及施工机械、建筑材料准备情况；

②在现场跟班监督关键部位、关键工序的施工执行施工方案以及工程建设强制性标准情况；

③核查进场建筑材料、建筑构配件、设备和商品混凝土的质量检验报告等，并可在现场监督施工企业进行检验或者委托具有资格的第三方进行复验；

④做好旁站监理记录和监理日记，保存旁站监理原始资料。

旁站监理人员应当认真履行职责，对需要实施旁站监理的关键部位、关键工序在施工现场跟班监督，及时发现和处理旁站监理过程中出现的质量问题，如实准确地做好旁站监理记录。凡旁站监理人员和施工企业现场质检人员未在旁站监理记录上签字的，不得进行下一道工序施工。

旁站监理人员实施旁站监理时，发现施工企业有违反工程建设强制性标准行为的，有权责令施工企业立即整改；发现其施工活动已经或者可能危及工程质量的，应当及时向监理工程师或者总监理工程师报告，由总监理工程师下达局部暂停施工指令或者采取其他应急措施。

（14）组织隐蔽工程、检验批、分项工程、分部工程验收，受委托组织住宅工程分户验收及工程预验收，参加建设单位组织的竣工验收，编写工程质量评估报告。

（15）发现施工单位未按照设计文件施工或违反工程建设强制性标准施工的，签发质量问题整改《监理通知单》，并对质量问题整改情况及结果进行复查。

（16）对重大质量问题或者发生质量事故的，应当按照建设工程监理规范规定及时签发工程暂停令，并参与质量问题和质量事故的处理。

（17）履行监理工作报告制度，及时报告工程进度及存在的重大质量问题。

六、其他单位的质量行为和责任

（1）建筑材料、构配件及设备生产或供应单位对其生产或供应的产品质量负责。生产厂或供应商必须具备相应的生产条件、技术装备和质量管理体系，所生产或供应的建筑材料、构配件及设备的质量应符合国家和行业现行的技术规定的合格标准和设计要求，并与说明书和包装上的质量标准相符，且应有相应的产品检验合格证，设备应有详细的使用说明等。

（2）检测单位

①不得转包检测业务。不得涂改、倒卖、出租、出借或者以其他形式非法转让资质证书。

②不得推荐或者监制建筑材料、构配件和设备。

③不得与行政机关，法律、法规授权的具有管理公共事务职能的组织以及所检测工程项目相关的设计单位、施工单位、监理单位、建筑材料及设备供应商有隶属关系或者其他利害关系。

④应当配备能满足所开展检测项目要求的检测人员，并进行日常管理培训考核，检测人员不得同时受聘于两个或者两个以上的检测机构。

⑤应当配备能满足所开展检测项目要求的检测设备，并建立管理制度，按规定进行检定/校准、维护保养，保持其精度。

⑥应建立信息系统，信息系统应覆盖所有检测项目和检测流程；检测数据自动采集，桩基检测试验数据实时上传，出具的检测报告应带有二维码标识并能被识别。

⑦应建立信息化管理制度，将检测人员和检测设备管理纳入信息系统，及时更新升级信息系统，定期对检测数据信息进行统计分析，确保信息系统符合规范、运行顺畅。

⑧检测收样和试验场所应建立视频监控系统，视频监控系统应覆盖室内检测项目和检测全过程，视频信息应清晰有效，留置接入省级检测监管平台的接口。视频信息存储在检测机构，保存时限不少于两个月。

⑨不得违规收取样品，收样时利用信息系统和省级检测监管平台对见证取样人员身份进行核定，按要求验样，身份核定、验样过程应通过信息系统实现可追溯。

⑩应当按照国家有关工程建设强制性标准进行检测，对检测数据和检测报告的真实性和准确性负责。严禁出具虚假检测报告。

⑪应当将检测过程中发现的建设单位、监理单位、施工单位违反有关法律、法规和工程建设强制性标准的情况，以及涉及结构安全检测结果的不合格情况，及时报告工程所在地住房和城乡建设主管部门。

⑫应当单独建立检测结果不合格项目台账。对检测中发现的不合格检测结果情况，在24小时内通知该工程的建设、监理、施工单位和当地工程质量监督机构。

⑬应当建立档案管理制度，检测合同、委托单、原始记录、检测报告应当按年度统一

编号，编号应连续，不得随意抽撤、涂改。

⑭应当通过信息系统于每个月底最后一个工作日前将所有检测报告编号上传至省级检测监管平台。

第四节　工程质量监督

我国《建设工程质量管理条例》明确规定，国家实行建设工程质量监督管理制度，由政府行政主管部门设立专门机构对工程建设全过程进行质量监督管理。

为了加强房屋建筑和市政基础设施工程质量的监督，保护人民生命和财产安全，规范住房和城乡建设主管部门及工程质量监督机构（以下简称"主管部门"）的质量监督行为，根据《中华人民共和国建筑法》《建设工程质量管理条例》等有关法律、行政法规，住房和城乡建设部制定了《房屋建筑和市政基础设施工程质量监督管理规定》（住房和城乡建设部令第5号）。在中华人民共和国境内主管部门实施对新建、扩建、改建房屋建筑和市政基础设施工程质量监督管理的，适用该规定；而抢险救灾工程、临时性房屋建筑工程和农民自建低层住宅工程，不适用该规定。

一、基本概念

工程质量监督工作，是指住房城乡建设行政主管部门依据有关法律法规和工程建设强制性标准，对工程实体质量和工程建设、施工、监理单位（以下简称"工程质量责任主体"）和质量检测、预拌混凝土生产等单位的工程质量行为实施监督，对发现的违法违规行为依法处理。

工程实体质量监督，是指住房城乡建设行政主管部门对涉及工程主体结构安全、主要使用功能的工程实体质量实施监督。

工程质量行为监督，是指住房城乡建设行政主管部门对工程质量责任主体和质量检测、预拌混凝土生产等单位履行法定质量责任和义务的情况实施监督。

二、监督管理部门职责的划分

国务院建设行政主管部门对全国的建设工程质量实施统一监督管理。国务院铁路、交通、水利等有关部门按国务院规定的职责分工，负责对全国的有关专业建设工程质量的监督管理。

县级以上地方人民政府建设行政主管部门对本行政区域内的建设工程质量实施监督管理。县级以上地方人民政府交通、水利等有关部门在各自职责范围内，负责本行政区域内的专业建设工程质量的监督管理。

国务院发展计划部门按照国务院规定的职责，组织特派员，对国家出资的重大建设项目实施监督检查。

国务院经济贸易主管部门按照国务院规定的职责，对国家重大技术改造项目实施监督检查。

国务院建设行政主管部门和国务院铁路、交通、水利等有关专业部门、县级以上地方人民政府建设行政主管部门和其他有关部门，对有关建设工程质量的法律、法规和强制性标准执行情况加强监督检查。

三、政府质量监督的性质与职权

1. 政府质量监督的性质

政府质量监督是政府为了确保建设工程质量，保障公共卫生，保护人民群众生命和财产，按国家法律、法规、技术标准、规范及其他相关管理规定，而实施的一种监督、检查、管理及执法行为。

2. 政府工程质量监督的基本原则

（1）监督的主要目的是保证建设工程使用安全和环境质量。

（2）监督的基本依据是法律、法规和工程建设强制性标准。

（3）监督的主要方式是政府认可的第三方，即质量监督机构的强制监督。

（4）监督的主要内容是地基基础、主体结构、环境质量和与此相关的工程建设各方主体的质量行为。

（5）监督的主要手段是施工许可制度和竣工验收备案制度。

3. 政府质量监督的职权

政府建设行政主管部门和其他有关部门履行工程质量监督检查职责时，有权采取下列措施：

（1）要求被检查的单位提供有关工程质量的文件和资料。

（2）进入被检查单位的施工现场进行检查。

（3）发现有影响工程质量的问题时，责令改正。

有关单位和个人对政府建设行政主管部门和其他有关部门进行的监督检查应当支持与配合，不得拒绝或者阻碍建设工程质量监督检查人员依法执行职务。

政府的工程质量监督管理具有权威性、强制性、综合性等特点。

4. 政府质量监督的重点

政府对建设工程质量监督的职能主要包括以下几个方面：

（1）监督检查施工现场工程建设参与各方主体的质量行为。

（2）监督检查工程实体的施工质量，特别是基础、主体结构、主要设备安装等涉及结构安全和使用功能的施工质量。

（3）监督工程质量验收。监督建设单位组织的工程竣工验收的组织形式、验收程序以及在验收过程中提供的有关资料和形成的质量评定文件是否符合有关规定，实体质量是否存在严重缺陷，工程质量验收是否符合国家标准。

四、政府质量监督的机构

根据《建设工程质量管理条例》，建设工程质量监督管理，可以由建设行政主管部门或者其他有关部门委托的建设工程质量监督机构具体实施。鼓励采取政府购买服务的方式，委托具备条件的社会力量进行工程质量监督检查和抽测，探索工程监理企业参与监管模式，健全省、市、县监管体系。

1. 监督机构

从事房屋建筑工程和市政基础设施工程质量监督的机构，必须按照国家有关规定经国务院建设行政主管部门或者省、自治区、直辖市人民政府建设行政主管部门考核；从事专业建设工程质量监督的机构，必须按照国家有关规定经国务院有关部门或者省、自治区、直辖市人民政府有关部门考核。监督机构经考核合格后，方可实施质量监督，并对工程质量监督承担监督责任。

监督机构应当具备下列条件：

（1）具有符合规定条件的监督人员，人员数量由县级以上地方人民政府建设主管部门根据实际需要确定，监督人员应当占监督机构总人数的 75% 以上。

（2）有固定的工作场所和满足工程质量监督检查工作所需要的仪器、设备和工具等。

（3）有健全的质量监督工作制度，具备与质量监督工作相适应的信息化管理条件。

2. 监督人员

监督人员应当具备下列条件：

（1）具有工程类专业大学专科以上学历或者工程类执业注册资格。

（2）具有三年以上工程质量管理或者设计、施工、监理等工作经历。

（3）熟悉掌握相关法律法规和工程建设强制性标准。

（4）具有一定的组织协调能力和良好职业道德。

监督人员符合上述条件经考核合格后，方可从事工程质量监督工作。

监督机构可以聘请中级职称以上的工程类专业技术人员协助实施工程质量监督。

省、自治区、直辖市人民政府建设主管部门每两年对监督人员进行一次岗位考核，每年进行一次法律法规、业务知识培训，并适时组织开展继续教育培训。

国务院住房和城乡建设主管部门对监督机构和监督人员的考核情况进行监督抽查。

主管部门工作人员玩忽职守、滥用职权、徇私舞弊，构成犯罪的，依法追究刑事责任；尚不构成犯罪的，依法给予行政处分。

五、政府对工程项目质量监督的内容与实施

（一）质量监督的内容

政府建设行政主管部门和其他有关部门的工程质量监督管理应当包括下列内容：

（1）执行法律法规和工程建设强制性标准的情况。

（2）抽查涉及工程主体结构安全和主要使用功能的工程实体质量。

（3）抽查工程质量责任主体和质量检测等单位的工程质量行为。

（4）抽查主要建筑材料、建筑构配件的质量。

（5）对工程竣工验收进行监督。

（6）组织或者参与工程质量事故的调查处理。

（7）定期对本地区工程质量状况进行统计分析。

（8）依法对违法违规行为实施处罚。

（二）质量监督的实施程序

对工程项目实施质量监督的一般程序如下：

1. 受理建设单位办理质量监督手续

在工程项目开工前，监督机构受理建设单位有关建设工程质量监督的申报手续，并对建设单位提供的有关文件进行审查，审查合格签发有关质量监督文件。工程质量监督手续可以与施工许可证或者开工报告合并办理。

2. 制定工作计划并组织实施

监督机构根据项目具体情况，制定质量监督工作计划并组织实施。计划内容包括：

（1）质量监督依据的法律、法规、规范、标准。

（2）在项目施工的各个阶段，质量监督的内容、范围和重点。

（3）实施质量监督的具体方法和步骤。

（4）定期或不定期进入施工现场进行监督检查的时间计划安排。

（5）质量监督记录用表式。

（6）监督人员及需用资源安排。

3. 对工程实体质量和工程质量行为进行抽查、抽测

（1）日常检查和抽查抽测相结合，采取"双随机、一公开"（随机抽取检查对象，随机选派监督检查人员，及时公开检查情况和查处结果）的检查方式和"互联网＋监管"的模式。监督抽样检测的重点是涉及结构安全和重要使用功能的项目，例如，在工程基础和主体结构分部工程质量验收前，要对地基基础和主体结构混凝土强度分别进行监督检测。对违反有关规定，造成工程质量事故和严重质量问题的单位和个人依法严肃查处曝光。

（2）对工程质量责任主体和质量检测等单位的质量行为进行检查。检查内容包括：

参与工程项目建设各方的质量保证体系建立和运行情况；企业的工程经营资质证书和相关人员的资格证书；按建设程序规定的开工前必须办理的各项建设行政手续是否齐全完备；施工组织设计、监理规划等文件及其审批手续和实际执行情况；执行相关法律法规和工程建设强制性标准的情况；工程质量检查记录等。

4. 监督工程竣工验收

重点对竣工验收的组织形式、程序等是否符合有关规定进行监督；同时对质量监督检查中提出质量问题的整改情况进行复查，检查其整改情况。

5. 形成工程质量监督报告

工程质量监督报告基本内容包括：工程项目概况；项目参建各方的质量行为检查情况；工程项目实体质量抽查情况；历次质量监督检查中提出质量问题的整改情况；工程竣工质量验收情况；项目质量评价（包括建筑节能和环保评价）；对存在的质量缺陷的处理意见等。

6. 建立工程质量监督档案

项目工程质量监督档案按单位工程建立。要求归档及时，资料记录等各类文件齐全，经监督机构负责人签字后归档，按规定年限保存。

六、其他工程监督制度

（一）施工图设计文件审查制度

施工图设计文件（以下简称"施工图"）审查是政府主管部门对工程勘察设计质量

监督管理的重要环节。施工图审查是指国务院建设行政主管部门和省、自治区、直辖市人民政府建设行政主管部门委托依法认定的设计审查机构，根据国家法律、法规、技术标准与规范，对施工图进行结构安全和强制性标准、规范执行情况等进行的独立审查。

（1）施工图审查的范围

建筑工程设计等级分级标准中的各类新建、改建、扩建的建筑工程项目均属审查范围。省、自治区、直辖市人民政府建设行政主管部门，可结合本地的实际，确定具体的审查范围。

建设单位应当将施工图报送建设行政主管部门，由建设行政主管部门委托有关审查机构，进行结构安全和强制性标准、规范执行情况等内容的审查。建设单位将施工图报请审查时，应同时提供下列资料：批准的立项文件和初步设计批准文件；主要的初步设计文件；工程勘察成果报告；结构计算书及计算软件名称等。

（2）施工图审查的主要内容

①建筑物的稳定性、安全性审查，包括地基基础和主体结构是否安全、可靠。

②是否符合消防、节能、环保、抗震、卫生、人防等有关强制性标准、规范。

③施工图是否达到规定的深度要求。

④是否损害公众利益。

（3）施工图审查有关各方的职责

①国务院建设行政主管部门负责全国施工图审查管理工作。省、自治区、直辖市人民政府建设行政主管部门负责组织本行政区域内的施工图审查工作的具体实施和监督管理工作。

建设行政主管部门在施工图审查工作中主要负责制定审查程序、审查范围、审查内容、审查标准并颁发审查批准书；负责制定审查机构和审查人员条件，批准审查机构，认定审查人员；对审查机构和审查工作进行监督并对违规行为进行查处；对施工图设计审查负依法监督管理的行政责任。

②勘察、设计单位必须按照工程建设强制性标准进行勘察、设计，并对勘察、设计质量负责。审查机构按照有关规定对勘察成果、施工图设计文件进行审查，但并不改变勘察、设计单位的质量责任。

③审查机构接受建设行政主管部门的委托对施工图设计文件涉及安全和强制性标准执行情况进行技术审查。建设工程经施工图设计文件审查后因勘察设计原因发生工程质量问题，审查机构承担审查失职的责任。

（4）施工图审查程序

施工图审查的各个环节可按以下步骤办理：

①建设单位向建设行政主管部门报送施工图，并作书面登录；

②建设行政主管部门委托审查机构进行审查，同时发出委托审查通知书；

③审查机构完成审查，向建设行政主管部门提交技术性审查报告；

④审查结束，建设行政主管部门向建设单位发出施工图审查批准书；

⑤报审施工图设计文件和有关资料应存档备查。

（5）施工图审查管理

审查机构应当在收到审查材料后 20 个工作日内完成审查工作，并提出审查报告；特级和一级项目在 30 个工作日内完成审查工作，并提出审查报告，其中重大及技术复杂项目的审查时间可适当延长。审查合格的项目，审查机构向建设行政主管部门提交项目施工图审查报告，由建设行政主管部门向建设单位通报审查结果，并颁发施工图审查批准书。对审查不合格的项目，提出书面意见后，由审查机构将施工图退回建设单位，并由原设计单位修改，重新送审。

施工图一经审查批准，不得擅自进行修改。如遇特殊情况需要进行涉及审查主要内容的修改时，必须重新报请原审批部门，由原审批部门委托审查机构审查后再批准实施。

建设单位或者设计单位对审查机构做出的审查报告如有重大分歧时，可由建设单位或者设计单位向所在省、自治区、直辖市人民政府建设行政主管部门提出复查申请，由后者组织专家论证并做出复查结果。

施工图审查工作所需经费，由施工图审查机构按有关收费标准向建设单位收取。建筑工程竣工验收时，有关部门应按照审查批准的施工图进行验收。建设单位要对报送的审查材料的真实性负责；勘察、设计单位对提交的勘察报告、设计文件的真实性负责，并积极配合审查工作。

（二）工程质量检测制度

工程质量检测工作是对工程质量进行监督管理的重要手段之一。工程质量检测机构是对建设工程、建筑构件、制品及现场所用的有关建筑材料、设备质量进行检测的法定单位。在建设行政主管部门领导和标准化管理部门指导下开展检测工作，其出具的检测报告具有法定效力。法定的国家级检测机构出具的检测报告，在国内为最终裁定，在国外具有代表国家的性质。

（1）国家级检测机构的主要任务

①受国务院建设行政主管部门和专业部门委托，对指定的国家重点工程进行检测复核，提出检测复核报告和建议。

②受国家建设行政主管部门和国家标准部门委托，对建筑构件、制品及有关材料、设备及产品进行抽样检验。

（2）各省级、市（地区）级、县级检测机构的主要任务

①对本地区正在施工的建设工程所用的材料、混凝土、砂浆和建筑构件等进行随机抽样检测，向本地建设工程质量主管部门和质量监督部门提出抽样报告和建议。

②受同级建设行政主管部门委托，对本省、市、县的建筑构件、制品进行抽样检测。

对违反技术标准、失去质量控制的产品，检测单位有权提供主管部门停止其生产的证明，不合格产品不准出厂，已出厂的产品不得使用。

（三）工程质量保修制度

工程质量保修制度是指建设工程在办理交工验收手续后，在规定的保修期限内，因勘察、设计、施工、材料等原因造成的质量问题，要由施工单位负责维修、更换，由责任单位负责赔偿损失。质量问题是指工程不符合国家工程建设强制性标准、设计文件以及合同对质量的要求。

建设工程承包单位在向建设单位提交工程竣工验收报告时，应向建设单位出具工程质量保修书，质量保修书中应明确建设工程保修范围、保修期限和保修责任等。

在正常使用条件下，建设工程的最低保修期限为：

①基础设施工程、房屋建筑工程的地基基础和主体结构工程，为设计文件规定的该工程的合理使用年限；

②屋面防水工程、有防水要求的卫生间、房间和外墙面的防渗漏，为5年；

③供热与供冷系统，为2个采暖期、供冷期；

④电气管线、给水排水管道、设备安装和装修工程，为2年。

其他项目的保修期由发包方与承包方约定。保修期自竣工验收合格之日起计算。

建设工程在保修范围和保修期限内发生质量问题的施工单位应当履行保修义务。保修义务的承担和经济责任的承担应按以下原则处理：

施工单位未按国家有关标准、规范和设计要求施工，造成的质量问题，由施工单位负责返修并承担经济责任。

由于设计方面的原因造成的质量问题，先由施工单位负责维修，其经济责任按有关规定通过建设单位向设计单位索赔。

因建筑材料、构配件和设备质量不合格引起的质量问题，先由施工单位负责维修，其经济责任属于施工单位采购的，由施工单位承担经济责任；属于建设单位采购的，由建设单位承担经济责任。

因建设单位（含监理单位）错误管理造成的质量问题，先由施工单位负责维修，其经济责任由建设单位承担，如属监理单位责任，则由建设单位向监理单位索赔。

因使用单位使用不当造成的损坏问题，先由施工单位负责维修，其经济责任由使用单位自行负责。

因地震、洪水、台风等不可抗拒原因造成的损坏问题，先由施工单位负责维修，建设参与各方根据国家具体政策分担经济责任。

第五节　工程项目质量控制的方法

一、统计调查表法

统计调查表法又称统计调查分析法，它是利用专门设计的统计表对质量数据进行收集、整理和粗略分析质量状态的一种方法。

在质量控制活动中，利用统计调查表收集数据，简便灵活，便于整理，实用有效。它没有固定格式，可根据需要和具体情况，设计出不同统计调查表。常用的有：

（1）分项工程作业质量分布调查表；

（2）不合格项目调查表；

（3）不合格原因调查表；

（4）施工质量检查评定调查表等。

混凝土空心板外观质量问题调查表　　　　　表 6-5

产品名称	混凝土空心板		生产班组		
日生产总数	200 块	生产时间	年　月　日	检查时间	年　月　日
检查方式	全数检查		检查员		
项目名称	检查记录			累计	
漏筋	9			9	
蜂窝	11			20	
孔洞	2			22	
裂缝	1			23	
其他	3			26	
总计	26			100	

表 6-5 是混凝土空心板外观质量问题调查表的例子。

应当指出，统计调查表往往同分层法结合起来应用，可以更好、更快地找出问题的原因，以便采取改进的措施。

二、分层法

分层法又称为分类法，是将调查收集的原始数据，根据不同的目的和要求，按某一性质进行分组、整理的分析方法。分层的结果使数据各层间的差异显示出来，层内的数据差异减少后，在此基础上再进行层间、层内的比较分析，可以更深入地发现和认识质量问题的原因。由于产品质量是多方面因素共同作用的结果，因而对同一批数据，可以按不同性质分层，使我们能从不同角度来考虑、分析产品存在的质量问题和影响因素。常用的分层标志有：

（1）按操作班组或操作者分类；

（2）按使用机械设备型号分层；

（3）按操作方法分层；

（4）按原材料供应单位、供应时间或等级分层；

（5）按施工时间分层；

（6）按检查手段、工作环境等分层。

现举例说明分层法的应用。

例 6-1：钢筋焊接质量的调查分析，共检查了 50 个焊接点，其中不合格的有 19 个，不合格率为 38%。存在严重的质量问题，试用分层法分析质量问题的原因。

现已查明这批钢筋的焊接是由 A、B、C 三个师傅操作，而焊条是由甲、乙两个厂家提供的。因此，分别按操作者和焊条生产厂家进行分层分析，即考虑一种因素单独的影响，见表 6-6 和表 6-7。

按操作者分层   表 6-6

操作者	不合格	合格	不合格率（%）
A	6	13	32
B	3	9	25
C	10	9	53
合计	19	31	38

按焊条分层   表 6-7

工厂	不合格	合格	不合格率（%）
甲	9	14	39
乙	10	17	37
合计	19	31	38

由表 6-6 和表 6-7 分层分析可见，操作者 B 的质量较好，不合格率 25%；而无论是采用甲厂还是乙厂的焊条，不合格率都很高且相差不大。为了找出问题之所在，再进一步采用综合分层进行分析，即考虑两种因素共同影响的结果，见表 6-8。

综合分层分析焊接质量   表 6-8

操作者	焊接质量	甲厂		乙厂		合计	
		焊接点	不合格率（%）	焊接点	不合格率（%）	焊接点	不合格率（%）
A	不合格	6	75	0	0	6	32
	合格	2		11		13	
B	不合格	0	0	3	43	3	25
	合格	5		4		9	
C	不合格	3	30	7	78	10	53
	合格	7		2		9	
合计	不合格	9	39	10	37	19	38
	合格	14		17		31	

从表 6-8 的综合分析法分析可知，在使用甲厂的焊条时，应采用 B 师傅的操作方法为好；在使用乙厂的焊条时，应采用 A 师傅的操作方法为好，这样会使合格率大大地提高。

分层法是质量控制统计分析方法中最基本的一种方法。其他统计方法一般都要与分层法配合使用，如排列图法、直方图法、控制图法、相关图法等，常常是首先利用分层法将原始数据分门别类，然后再进行统计分析的。

三、排列图法

1. 什么是排列图法

排列图法是利用排列图寻找影响质量主次因素的一种有效方法。排列图又叫帕累托图或主次因素分析图,它是由两个纵坐标、一个横坐标、几个连起来的直方图和一条曲线所组成,如图6-9所示。左侧的纵坐标表示频数,右侧纵坐标表示累计频率,横坐标表示影响质量的各个因素或项目,按影响程度大小从左至右排列,直方图的高度示意某个因素的影响大小。实际应用中,通常按累计频率划分为(0~80%)、(80%~90%)、(90%~100%)三部分,与其对应的影响因素分别为A、B、C三类。A类为主要因素,B类为次要因素,C类为一般因素。

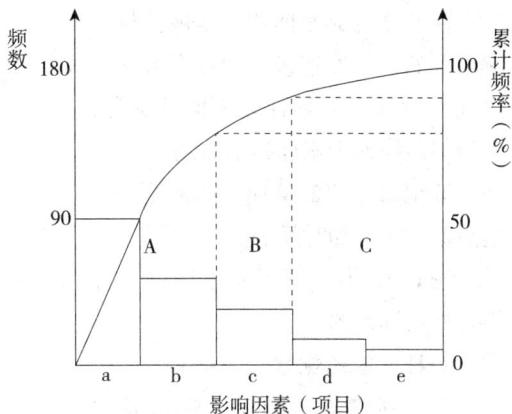

图6-9 排列图

2. 排列图的做法

下面结合实例加以说明。

例6-2:某工地现浇混凝土构件尺寸质量检查结果是:在全部检查的8个项目中不合格点(超偏差限值)有150个,为改进并保证质量,应对这些不合格点进行分析,以便找出混凝土构件尺寸质量的薄弱环节。

(1)收集整理数据

首先收集混凝土构件尺寸各项目不合格点的数据资料,见表6-9。各项目不合格点出现的次数即为频数。然后对数据资料进行整理,将不合格点较少的轴线位置、预埋设施中心位置、预留孔洞中心位置三项合并为"其他"项排在最后。以全部不合格点数为总数,计算各项的频率和累计频率,结果见表6-9。

不合格点项目频数频率统计表　　　　　　　　　　　　　　表6-9

序号	项目	频数	频率(%)	累计频率(%)
1	表面平整度	75	50.0	50.0
2	截面尺寸	45	30.0	80.0
3	平面水平度	15	10.0	90.0
4	垂直度	8	5.3	95.3
5	标高	4	2.7	98.0
6	其他	3	2.0	100.0
合计	/	150	100	/

(2)排列图的绘制

①画横坐标。将横坐标按项目数等分,并按项目频数由大到小顺序从左至右排列,该例中横坐标分为六等分。

②画纵坐标。左侧的纵坐标表示项目不合格点数即频数,右侧纵坐标表示累计频率。要求总频数对应累计频率100%。该例中150应与100%在一条水平线上。

③画频数直方图形。以频数为高画出各项目的直方形。

④画累计频率曲线。从横坐标左端点开始，依次连接各项目直方图右边线及所对应的累计频率值的交点，所得的曲线即为累计频率曲线。

⑤记录必要的事项。如标题、收集数据的方法和时间等。

图6-10为本例混凝土构件尺寸不合格点排列图。

3.排列图的观察与分析

（1）观察直方形，大致可看出各项目的影响程度。排列图中的每个直方形都表示一个质量问题或影响因素。影响程度与各直方形的高度成正比。

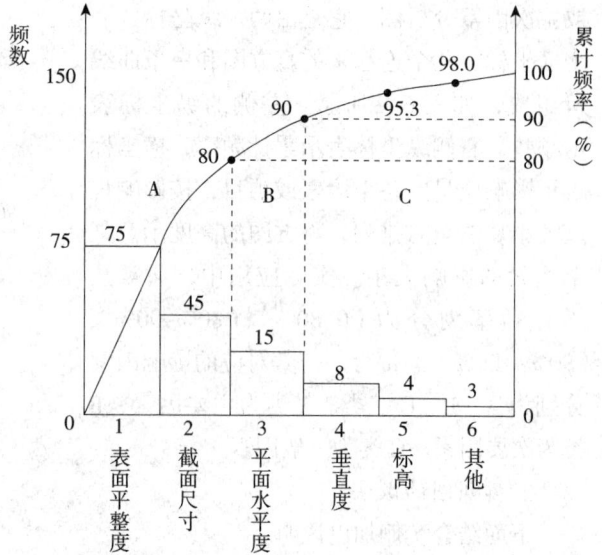

图6-10　混凝土构件尺寸不合格点排列图

（2）利用ABC分类法，确定主次因素。将累计频率曲线按（0~80%）、（80%~90%）、（90%~100%）三部分，各曲线下面所对应的影响因素分别为A、B、C三类因素，该例中A类即主要因素是表面平整度（2m长度）、截面尺寸（梁、柱、墙板、其他构件），B类即次要因素是平面水平度，C类即一般因素有垂直度、标高和其他项目。综上所述分析结果，下一步应重点解决A类的质量问题。

4.排列图的应用

排列图可以形象、直观地反映主次因素。其主要应用有：

（1）按不合格点的内容分类，可以分析出造成质量问题的薄弱环节。

（2）按生产作业分类，可以找出生产不合格品最多的关键过程。

（3）按生产班组或单位分类，可以分析比较各单位技术水平和质量管理水平。

（4）将采取提高质量措施前后的排列图对比，可以分析措施是否有效。

（5）此外还可以用于成本费用分析、安全问题分析等。

四、因果分析图法

1.什么是因果分析图法

因果分析图法是利用因果分析图来系统整理分析某个质量问题（结果）与其产生原因之间关系的有效工具。因果分析图也称"特性要因图"，又因其形状被称为"树枝图"或"鱼刺图"。因果分析图基本形式如图6-11所示。

从图6-11可见，因果分析图由质量特性（即质量结果指某个质量问题）、要因（产生质量问题的主要原因）、枝干（指一系列箭线，表示不同层次的原因）、主干（指较粗的直接指向质量结果的水平箭线）等所组成。

2.因果分析图的绘制

下面结合实例加以说明。

例6-3：绘制混凝土强度不足的因果分析图（因果关系示意图如图6-11所示）。

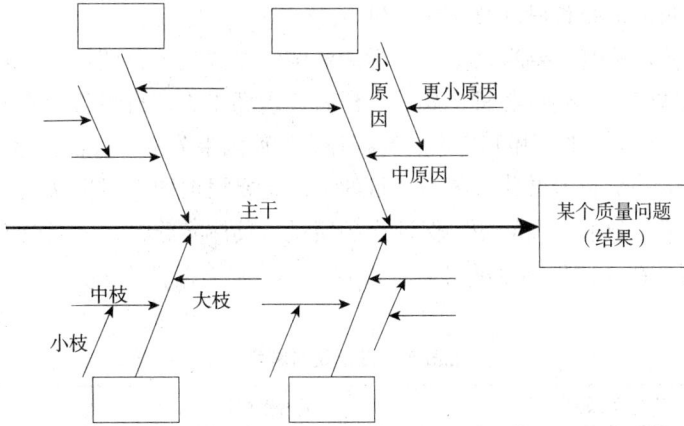

图 6-11　因果关系示意图

因果分析图的绘制步骤与图中箭头方向恰恰相反，是从"结果"开始将原因逐层分解的，具体步骤如下：

（1）明确质量问题—结果。该例分析的质量问题是"混凝土强度不足"，作图时首先由左至右画出一条水平主干线，箭头指向一个矩形框，框内注明研究的问题，即结果。

（2）分析确定影响质量特性大的方面原因。一般来说，影响质量因素有五大方面，即人、机械、材料、方法、环境等。另外还可以按产品的生产过程进行分析。

（3）将每种大原因进一步分解为中原因、小原因，直至分解的原因可以采取具体措施加以解决为止。

（4）检查图中的所列原因是否齐全，可以对初步分析结果广泛征求意见，并做必要的补充及修改。

（5）选择出影响大的关键因素，做出标记，以便重点采取措施。

图 6-12 是混凝土强度不足的因果关系分析图。

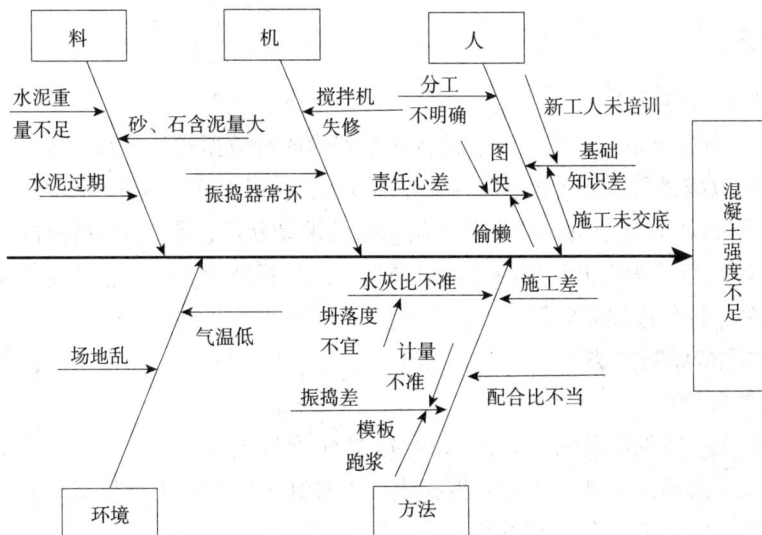

图 6-12　混凝土强度不足的因果关系分析图

3. 绘制和使用因果分析图时应注意的问题

（1）集思广益。绘制时要求绘制者熟悉专业施工方法技术，调查、了解施工现场实际条件和操作的具体情况。要以各种形式，广泛收集现场工人、班组长、质量检查员、工程技术人员的意见，集思广益，相互启发、互相补充，使因果分析更符合实际。

（2）制订对策。绘制因果分析图不是目的，而是要根据图中所反映的主要原因，制订改进的措施和对策，限期解决问题，保证产品质量。具体实施时，一般应编制一个对策计划表。表 6-10 是混凝土强度不足的对策表。

混凝土强度不足对策表　　　　　　　　　　表 6-10

项目	序号	产生问题的原因	采取的对策	执行人	完成时间
人	1	分工不明确	根据个人特长，确定每项作业的负责人及各操作人员职责		
	2	基本知识差	组织学习操作规程、搞好技术交流		
方法	3	配合比不当	根据数理统计结果，按施工实际水平进行配比计算并进行实验		
	4	水灰比不准	制作试块、搅制时每半天测砂石含水率一次；搅制时控制坍落度在 5 厘米以下		
	5	计量不准	校正磅秤		
材料	6	水泥重量不足	进行水泥重量统计		
	7	原材料不合格	对砂、石、水泥进行各项指标试验		
	8	砂、石含泥量大	冲洗		
机械	9	振捣器常坏	使用前检修一次、施工时配备电工；备用振捣器		
	10	搅拌机失修	使用前检修一次，施工时配备检修工人		
环境	11	场地乱	认真清理，搞好平面布置，现场实行分片制		
	12	气温低	准备草包，养护落实到人		

五、直方图法

（一）直方图法的用途

直方图法即频数分布直方图法，它是将收集到的质量数据进行分组整理，绘制成频数分布直方图，用以描述质量分布状态的一种分析方法，所以又称质量分布图法。

通过直方图的观察与分析，可了解产品质量的波动状况，掌握质量特性的分布规律，以便对质量状况进行分析判断。同时可通过质量数据特征值的计算，估算施工生产过程总体的不合格品率，评价过程能力等。

（二）直方图的绘制方法

1. 收集整理数据

用随机抽样的方法抽取数据，一般要求数据在 50 个以上。

例 6-4：某建筑施工工地浇筑 C30 混凝土，为对其抗压强度进行质量分析，共收集了 50 份抗压强度试验报告单，经整理见表 6-11。

某混凝土数据整理表　　　　　　　　　表 6–11

序号	抗压强度数据（N/mm²）					最大值	最小值
1	39.8	37.7	33.8	31.5	36.1	39.8	31.5
2	37.2	38.0	33.1	39.0	36.0	39.0	33.1
3	35.8	35.2	31.8	37.1	34.0	37.1	31.8
4	39.9	34.3	33.2	40.4	41.2	41.2	33.2
5	39.2	35.4	34.4	38.1	40.3	40.3	34.4
6	42.3	37.5	35.5	39.3	37.3	42.3	35.5
7	35.9	42.4	41.8	36.3	36.2	42.4	35.9
8	46.2	37.6	38.3	39.7	38.0	46.2	37.6
9	36.4	38.3	43.4	38.2	38.0	43.4	36.4
10	44.4	42.0	37.9	38.4	39.5	44.4	37.9

2. 计算极差 R

极差 R 是数据中最大值和最小值之差，本例中：

$$x_{max}=46.2 \text{ N/mm}^2$$

$$x_{min}=31.5 \text{ N/mm}^2$$

$$R=x_{max}-x_{min}=46.2-31.5=14.7 \text{ N/mm}^2$$

3. 对数据分组

包括确定组数、组距和组限。

（1）确定组数 k。确定组数的原则是分组的结果能正确地反映数据的分布规律。组数应根据数据多少来确定。组数过少，会掩盖数据的分布规律；组数过多，使数据过于零乱分散，也不能显示出质量分布状况。一般可参考表 6–12 的经验数值确定。

数据分组参考值　　　　　　　　　表 6–12

数据总数 n	分组数 k	数据总数 n	分组数 k	数据总数 n	分组数 k
50~100	6~10	100~250	7~12	250 以上	10~20

本例中 $k=8$

（2）确定组距 h，组距是组与组之间的间隔，也即一个组的范围。各组距应相等，于是有：

极差≈组距·组数，即 $R \approx h \cdot k$

因而组数、组距的确定应结合极差综合考虑，适当调整，还要注意数值尽量取整，使分组结果能包括全部变量值，同时也便于以后的计算分析。

本例中：$h=\dfrac{R}{k}=\dfrac{14.7}{8} \approx 2 \text{ N/mm}^2$

（3）确定组限。每组的最大值为上限，最小值为下限，上、下限统称组限。确定组限时应注意使各组之间连续，即较低组上限为相邻较高组下限，这样才不致使有的数据被遗漏。对恰恰处于组限值上的数据，其解决的办法有二：一是规定每组上（或下）组限不计在该组内，而应计入相邻较高（或较低）组内；二是将组限值较原始数据的精度提高半个最小测量单位。

本例采取第一种办法划分组限，即每组上限不计入该组内。

首先确定第一组下限：$x_{\min} - \dfrac{h}{2} = 31.5 - \dfrac{2.0}{2} \approx 30.5 \text{ N/mm}^2$

第一组上限：$30.5 + h = 30.5 + 2 = 32.5 \text{ N/mm}^2$

第二组下限 = 第一组上限 = 32.5 N/mm^2

第二组上限：$32.5 + h = 32.5 + 2 = 34.5 \text{ N/mm}^2$

以下以此类推，最高组限为 44.5~46.5 N/mm²，分组结束覆盖了全部数据。

4. 编制数据的频数统计表

统计各组频数，可采用唱票形式进行，频数总和应等于全部数据个数。本例频数统计结果见表 6-13。

统计频数表   表 6-13

组号	组限（N/mm²）	频数统计	频数累计
1	30.5~32.5	2	2
2	32.5~34.5	6	8
3	34.5~36.5	10	18
4	36.5~38.5	15	33
5	38.5~40.5	9	42
6	40.5~42.5	5	47
7	42.5~44.5	2	49
8	44.5~46.5	1	50
合计	/	50	/

从表 6-13 中可以看出，浇筑 C30 混凝土，50 个试块的抗压强度是各不相同的，这说明质量特性值是有波动的。但这些数据分布是有一定规律的，就是数据在一个有限范围内变化，且这种变化有一个集中趋势，即强度值在 36.5~38.5 范围内的试块最多，可把这个范围即第四组视为该样本质量数据的分布中心，随着强度值的逐渐增大和逐渐减小数据而逐渐减少。为了更直观、更形象地表现质量特征值的这种分布规律，应进一步绘制出直方图。

5. 绘制频数分布直方图

在频数分布直方图中，横坐标表示质量特征值，本例中为混凝土强度，并标出各组的组限值。根据表 6-13 可以画出以组距为底，以频数为高的 k 个直方形，便得到混凝土强度的频数分布直方图，如图 6-13 所示。

（三）直方图的观察与分析

1. 观察直方图的形状、判断质量分布状态

作完直方图后，首先要认真观察直方图的整体形状，看其是否是属于正常型直方图。

正常型直方图是中间高两侧低，左右接近对称的图形，如图 6-14（a）所示。

出现非正常型直方图时，表明生产过程或收集数据作图有问题。这就要求进一步分析判断，找出原因，从而采取措施加以纠正。凡属非正常型直方图，其图形分布有各种不同缺陷，归纳起来一般有五种类型，如图 6-14 所示。

（1）折齿形（b），是由于分组组数不当或者组距确定不当出现的直方图。

（2）左（或右）缓坡型（c），主要是由于操作中对上限（或下限）控制太严造成的。

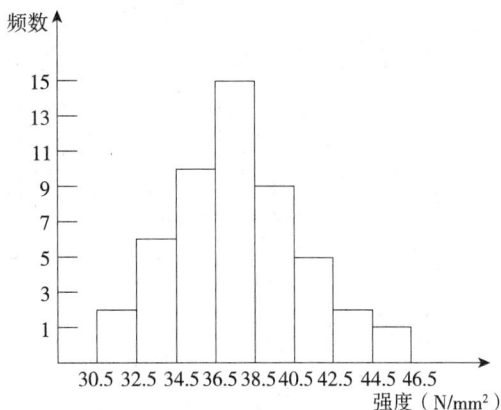

图 6-13　混凝土强度的频数分布直方图

（3）孤岛型（d），是原材料发生变化，或者临时他人顶班作业造成的。

（4）双峰型（e），是由于两种不同方法或两台设备或两组工人进行生产，然后把两方面数据混在一起造成的。

（5）绝壁型（f），是由于数据收集不正常，可能有意识地去掉下限以下的数据，或是在检测过程中存在某种人为因素造成的。

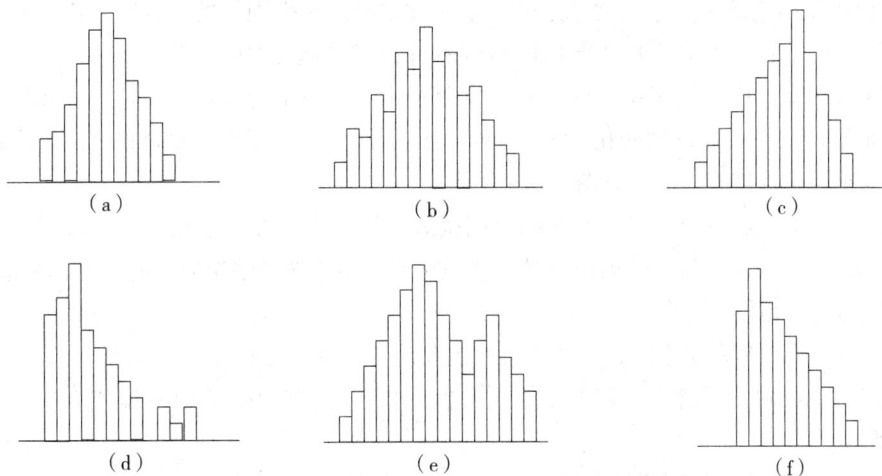

图 6-14　直方图的形状观察

2. 将直方图与质量标准比较，判断实际生产过程能力

做出直方图后，除了观察直方图形状，分析质量分布状态外，再将正常型直方图与质量标准比较，从而判断实际生产过程能力。正常型直方图与质量标准相比较，一般有如图 6-15 所示六种情况。

在图 6-15 中：

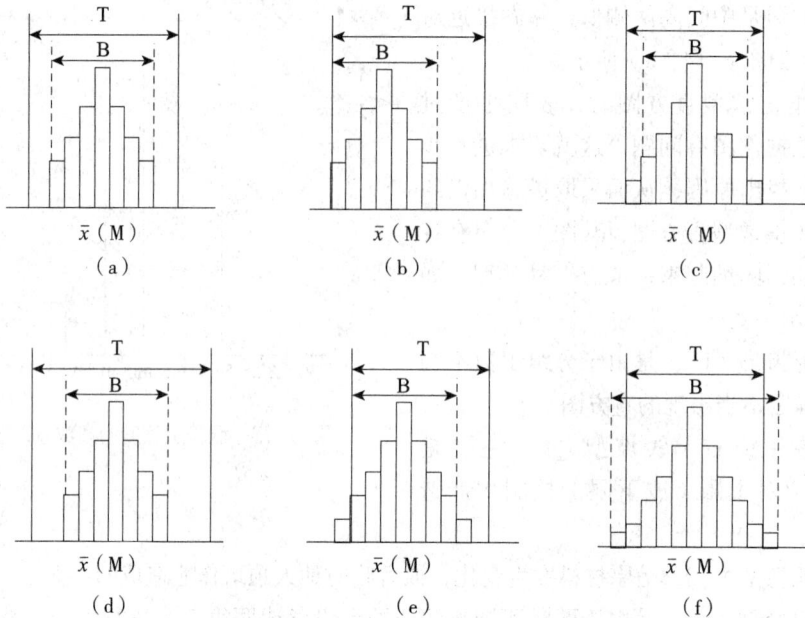

图 6-15 直方图的位置观察

T——表示质量标准要求界限；

B——表示实际质量特性分布范围。

（1）（a）图，B 在 T 中间，质量分布中心 $\bar{x}$ 与质量标准中心 M 重合，实际数据分布与质量标准相比较两边还有一定余地。这样的生产过程质量是很理想的，说明生产过程处于正常的稳定状态。在这种情况下生产出来的产品可认为全部是合格品。

（2）（b）图，B 虽然落在 T 内，但质量分布中心 $\bar{x}$ 与 T 的中心 M 不重合，偏向一边。这样如果生产状态一旦发生变化，就可能超出质量标准下限而出现不合格产品。出现这种情况时应迅速采取措施，使直方图移到中间来。

（3）（c）图，B 在 T 中间，且 B 的范围接近 T 的范围，没有余地，生产过程一旦发生小的变化，产品的质量特性值就可能超出质量标准。出现这种情况时，必须立即采取措施，以缩小质量分布范围。

（4）（d）图，B 在 T 中间，但两边余地太大，说明加工过于精细，不经济。在这种情况下，可以对原材料、设备、工艺、操作等控制要求适当放宽些，有目的地使 B 扩大，从而有利于降低成本。

（5）（e）图，质量分布范围 B 已经超出标准下限之外，说明已经出现不合格品。此时必须采取措施进行调整，使质量分布位于标准之内。

（6）（f）图，质量分布范围完全超出了质量标准上、下界限，散差太大，产生许多废品，说明过程能力不足，应提高过程能力，使质量分布范围 B 缩小。

六、控制图法

（一）控制图的基本形式及其用途

控制图，又称管理图。它是在直角坐标系内画有控制界限，描述生产过程中产品质量波动状态的图形。利用控制图区分质量波动原因，判明生产过程是否处于稳定状态的方法称为"控制图法"。

1. 控制图的基本形式

控制图的基本形式如图 6-16 所示。横坐标为样本（子样）序号或抽样时间，纵坐标为被控制对象，即被控制的质量特性值。控制图上一般有三条线：在上面的一条虚线称为上控制界限，用符号 UCL 表示；中间的一条实线称为"中心线"，用符号 CL 表示；在下面的一条虚线为下控制界限，用符号 LCL 表示。中心线标志着质量特性值分布的中心位置，上下控制界限标志着质量特性值允许波动的范围。

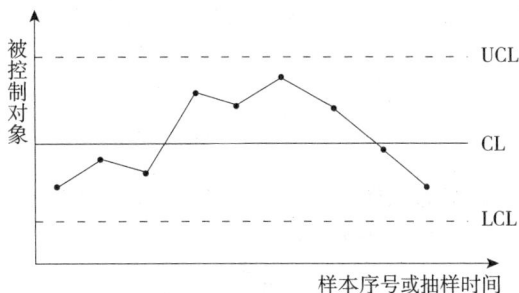

图 6-16　控制图的基本形式

在生产过程中通过抽样取得数据，把样本统计量描在图上来分析判断生产过程状态。如果点子随机落在上、下控制界限内，则表明生产过程正常处于稳定状态，不会产生不合格品；如果点子超出控制界限，或点子排列有缺陷，则表明生产条件发生了异常变化，产生过程处于失控状态。

2. 控制图的用途

控制图是用样本数据来分析判断生产过程是否处于稳定状态的有效工具。它的用途主要有两个：

（1）过程分析，即分析生产过程是否稳定。为此，应随机连续收集数据，绘制控制图，观察数据点分布情况并判定生产过程状态。

（2）过程控制，即控制生产过程质量状态。为此，要定时抽样取得数据，将其变为点子描在图上，发现并及时消除生产过程中的失调现象，预防不合格品的产生。

前述排列图、直方图法是质量控制的静态分析法，反映的是质量在某一段时间里的静止状态。然而产品都是在动态的生产过程中形成的，因此，在质量控制中单用静态分析法显然是不够的，还必须有动态分析法。只有动态分析法才能随时了解生产过程中质量的变化情况，及时采取措施，使生产处于稳定状态，起到预防出现废品的作用。控制图就是典型的动态分析法。

（二）控制图的原理

在生产过程中，如果仅仅存在偶然性原因影响，而不存在系统性原因，这时生产过程是处于稳定状态的，或称为"控制状态"。其产品质量特性值的波动具有一定规律的，即质量特性值服从正态分布。控制图就是利用这个规律来识别生产过程中的异常原因，控制系统性原因造成的质量波动，保证生产过程处于控制状态。

如何衡量生产过程是否处于稳定状态呢？我们知道，一定状态下生产的产品质量是具有一定分布的，过程状态发生变化，产品质量分布也随之改变。观察产品质量分布情况，一是看分布中心位置（μ）；二是看分布的离散程度（σ）。这可通过图 6-17 所示的四种情况来说明。

图（a），反映产品质量分布服从正态分布，其分布中心 μ（$\bar{x}$）与质量标准中心 M 重合，

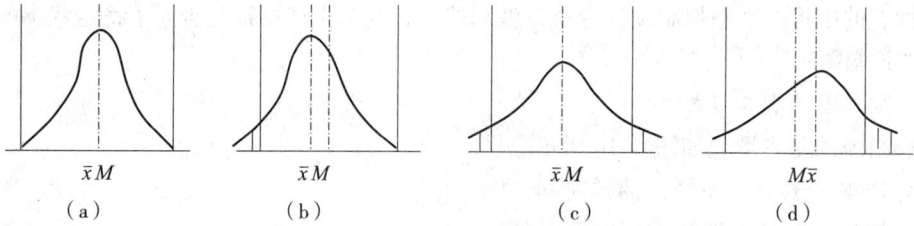

图 6-17　控制图的分布特征

散差分布在质量控制界限之内，表明生产过程处于稳定状态，这时生产的产品基本上都是合格产品，可继续生产。

图（b），反映产品质量分布散差没变，而分布中心发生偏移。

图（c），反映产品质量分布中心虽然没有偏移，但分布的散差变大。

图（d），反映产品质量分布中心和散差都发生了较大的变化，即 $\mu(\bar{x})$ 偏离标准中心，$\sigma(S)$ 值增大。

后三种情况都是由于生产过程中存在异常原因引起的，都出现了不合格品，应及时分析，消除异常原因的影响。

综上所述，我们可依据描述产品质量分布的集中位置和离散程度的统计特征值，随时间（生产过程）的变化情况来分析生产过程是否处于稳定状态。在控制图中，只要样本质量数据的特征值是随机地落在上下控制界限内，就表明产品质量分布的参数 μ 和 σ 发生了变化，生产过程出现了异常情况。

（三）控制图的种类

1. 按用途分类

（1）分析用控制图。主要是用来调查分析生产过程是否处于控制状态。绘制分析用控制图时，一般需连续抽取 20~25 组样本数据，计算控制界限。

（2）管理（或控制）用控制图。主要用来控制生产过程，使之经常保持在稳定状态下。当根据分析用控制图判明生产处于稳定状态时，一般都是把分析用控制图的控制界限延长作为管理用控制图的控制界限，并按一定的时间间隔取样、计算、打点，根据点子分布情况，判断生产过程是否有异常原因影响。

2. 按质量数据特点分类

（1）计量值控制图。主要适用于质量特性值属于计量值的控制，如时间、长度、重量、强度、成分等连续型变量。计量值性质的质量特性值服从正态分布规律。常用的计量值控制图有：① $\bar{x}$–R 控制图；② $\bar{x}$ 控制图；③ x-R_s 控制图。

（2）计数值控制图。通常用于控制质量数据中的计数值，如不合格品数、疵点数、不合格品率，单位面积上的疵点数等离散型变量。根据计数值的不同又可分为计件值控制图和计点值控制图。计件值控制图有不合格品数 p_n 控制图和不合格品率 p 控制图。计点值控制图有缺陷数 c 控制图和单位缺陷数 u 控制图。

（四）控制图的观察与分析

绘制控制图的目的是分析判断生产过程是否处于稳定状态。这主要是通过对控制图上点子的分布情况的观察与分析进行。因为控制图上点子作为随机抽样的样本，可以反映出生产过程（总体）的质量分布状态。

当控制图同时满足以下两个条件：一是点子几乎全部落在控制界限内；二是控制界限内的点子排列没有缺陷。我们就可以认为生产过程基本上处于稳定状态。如果点子的分布不满足其中任何一条，都应判断生产过程为异常。

（1）点子几乎全部落在控制界限，是指应符合下述三个要求：

①连续 25 点以上处于控制界限内；

②连续 35 点中仅有一点超出控制界限；

③连续 100 点中不多于 2 点超出控制界限。

（2）点子排列没有缺陷，是指点子的排列是随机的，而没有出现异常现象。这里的异常现象是指点子排列出现了"链""多次同侧""趋势或倾向""周期性变动""接近控制界限"等情况。

①链。是指点子连续出现在中心线一侧的现象。出现五点链，应注意生产过程发展状况；出现六点链，应开始检查原因；出现七点链，应判定工序异常，需采取处理措施，如图 6-18（a）所示。

②多次同侧。是指点子在中心线一侧的现象，或称偏离。下列情况说明生产过程已经出现异常：在连续 11 点中有 10 点在同一侧，如图 6-18（b）所示；在连续 14 点中有 12 点在同一侧；在连续 17 点中有 14 点在同一侧；在连续 20 点中有 16 点在同一侧。

③趋势或倾向。是指点子连续上升或连续下降的现象。连续 7 点或 7 点以上上升或下降排列，就应判定生产过程有异常因素影响，要立即采取措施，如图 6-18（c）所示。

④周期性变动。即点子的排列显示周期性变化的现象。这样即使所有点子都在控制界限内，也应认为生产过程为异常，如图 6-18（d）所示。

⑤点子排列接近控制界限。是指点子落在了 $\mu \pm 2\sigma$ 以外和 $\mu \pm 3\sigma$ 以内。如属下列情况的判定为异常：连续 3 点至少有 2 点接近控制界限；连续 7 点至少有 3 点接近控制界限；连续 10 点至少有 4 点接近控制界限，如图 6-18（e）所示。

以上是分析控制图判断生产过程是否正常的准则。如果生产过程处于稳定状态，则把分析用控制图转为管理用控制图。分析用控制图是静态的，而管理用控制图是动态的。随着生产过程的发展，通过抽样的质量数据把点描在图上，随时观察点子的变化，一旦点子落在控制界限外或界限上，即判断生产过程异常，点子即使在控制界限内，也应随时观察其有无缺陷，以对生产过程正常与否作出判断。

七、相关图法

（一）相关图法的用途

相关图又称散布图。在质量控制中它是用来显示两种质量数据之间关系的一种图形。质量数据之间的关系多属相关关系。一般有三种类型：一是质量特性和影响因素之间的关系；二是质量特性和质量特性之间的关系；三是影响因素和影响因素之间的关系。

我们可以用 y 和 x 分别表示质量特性值和影响因素，通过绘制散布图，计算相关关系等，分析研究两个变量之间是否存在相关关系，以及这种关系密切程度如何，进而对相关程度的两个变量，通过对其中一个变量的观察控制，去估计控制另一个变量的数值，以达到保

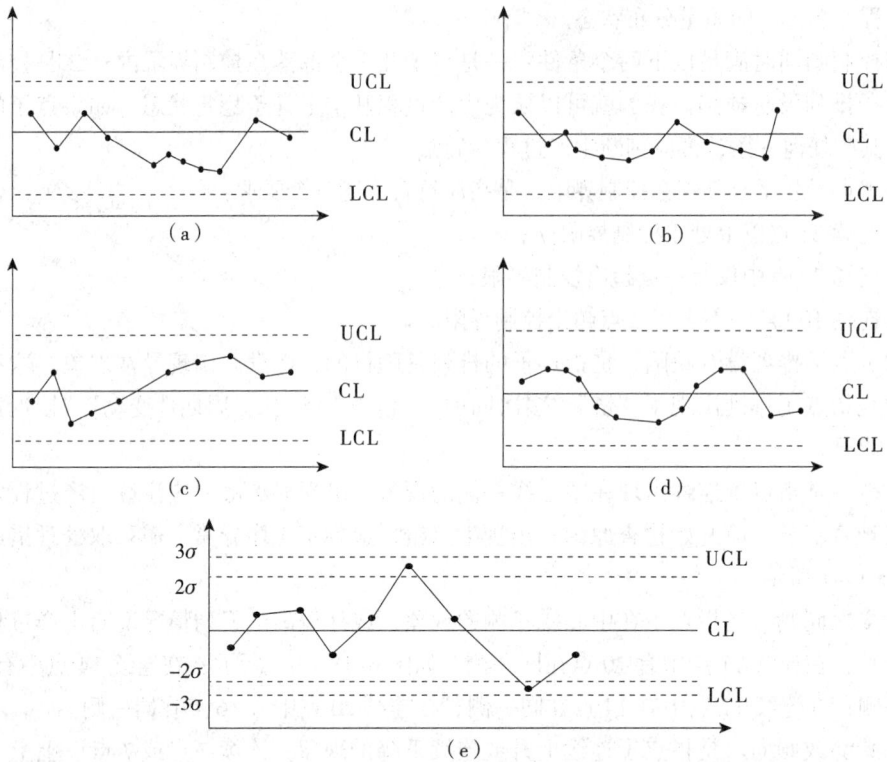

图 6-18　有异常现象的点子排列

证产品质量的目的。这种统计分析方法称为"相关图法"。

（二）相关图的绘制方法

例 6-5：分析混凝土抗压强度和水灰比之间的关系。

1. 收集数据

要成对地收集两种质量数据，数据不得过少。本例收集数据如表 6-14 所示。

混凝土抗压强度与水灰比统计资料　　　　　　　　　　　　表 6-14

序号		1	2	3	4	5	6	7	8
x	水灰比（W/C）	0.4	0.45	0.5	0.55	0.6	0.65	0.7	0.75
y	强度（N/mm²）	36.3	35.3	28.2	24.0	23.0	20.6	18.4	15.0

2. 绘制相关图

在直角坐标系中，一般 x 轴用来代表原因的量或较易控制的量，本例中表示水灰比；y 轴用来表示结果的量或是不易控制的量，本例中用来表示强度。然后将数据中相应的坐标位置上描点，便得到散布图，如图 6-19 所示。

（三）相关图的观察与分析

相关图中点的集合，反映了两种数据之间的散布状况，根据散布状况我们可以分析两个变量之间的关系。归纳起来，有以下六种类型，如图 6-20 所示。

（1）正相关（图 a）。散布点基本形成由左至右向上变化的一条直线带，即随 x 增加 y 值也相应增加，说明 x 与 y 有较强的制约关系。此时，可通过对 x 控制而有效控制 y 的变化。

（2）弱正相关（图 b）。散布点形成向上较分散直线带。随 x 值的增加 y 值也有增加趋势，但 x、y 的关系不像正相关那么明确。说明 y 除受 x 影响外，还受其他更重要的因素的影响。需要进一步利用因果分析图法分析其他的影响因素。

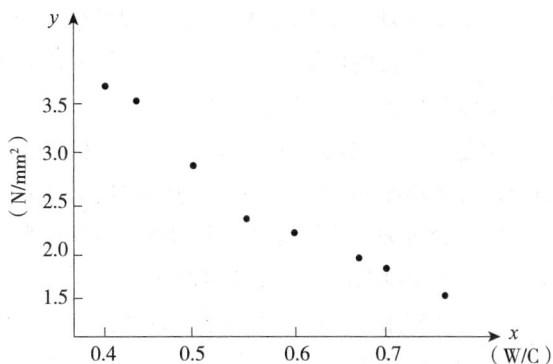

图 6-19 相关图

（3）不相关（图 c）。散布点形成一团或平行于 x 轴的直线带。说明 x 变化不会引起 y 的变化或其变化无规律，分析质量原因时可排除 x 因素。

（4）负相关（图 d）。散布点形成由左向右向下的一条直线带。说明 x 对 y 的影响与正相关恰恰相反。

（5）弱负相关（图 e）。散布点形成由左至右向下分布的较分散的直线带。说明 x 与 y 的相关关系较弱，且变化趋势相反，应考虑寻找影响 y 的其他更重要的因素。

（6）非线性相关（图 f）。散布点呈一曲线带，即在一定范围内 x 增加 y 也增加；超过这个范围 x 增加 y 则有下降趋势，或改变变动的斜率呈曲线状态。

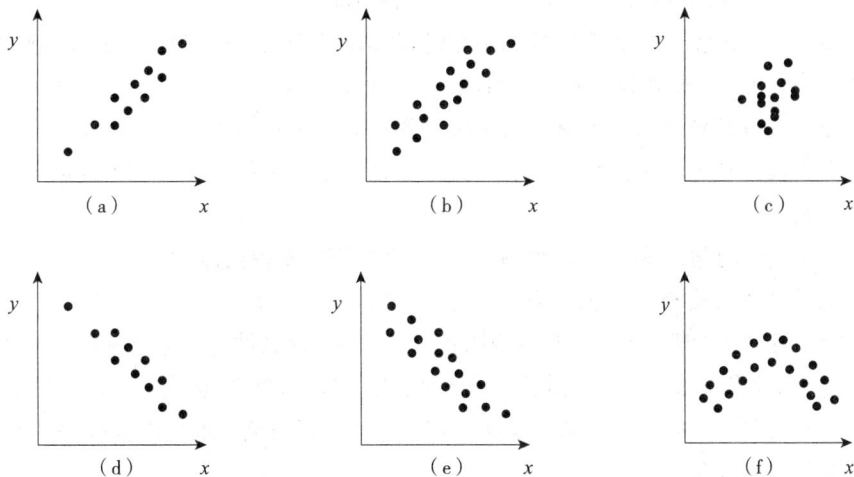

图 6-20 相关图基本类型

第六节 工程项目过程质量管理

一、设计准备阶段业主方质量控制

1. 理解业主的要求，分析和论证项目的功能。

2. 业主确定项目的质量要求和标准。

3.分析质量目标实现的风险，编制质量风险管理的初步方案。

4.编制项目的功能描述书及主要空间的房间手册。

5.设计任务书质量控制。

确定项目质量的要求和标准，满足设计质监部门质量评定标准要求，并作为质量控制目标值，从功能的角度在设计任务书中提出有关质量控制的要求。

（1）分析和评估建筑物使用功能、面积分配、建筑设计标准等。

（2）确定项目质量的要求和标准。

（3）将质量控制的相关要求在设计任务书中分专业进行详细阐述。

6.根据以往项目经验，针对本项目特点提出有关质量控制重点和可能发生问题的风险，并提出建议。

二、设计阶段业主方质量控制

1.根据项目总体质量控制目标制定设计质量分解控制单目标

项目质量目标可以分为直接效用质量目标和间接效用质量目标两方面。

直接效用质量目标在建设项目中的表现形式为：符合规范要求、满足业主功能要求、符合市政部门要求、达到规定的设计深度及具有施工和安装的可建造性等方面。间接效用质量目标在建设项目中表现形式为：建筑新颖、使用合理、功能齐全、结构可靠、经济合理、环境协调及使用安全等方面。直接效用质量目标和间接效用质量目标及其表现形式，共同构成了项目质量目标体系。

（1）分析项目前期资料，分析业主需求和项目情况。

（2）参考上述质量目标体系，根据策划阶段制定的项目总质量控制目标，确定项目质量目标并分块分析，调整优化，建立项目质量控制目标体系。

2.审核各阶段设计成果是否满足业主的质量标准和功能要求

（1）根据设计任务书中的要求及业主其他设计要求，审核图纸、技术说明和计算书等设计文件的质量。

（2）如果发现问题，及时向设计单位提出，并根据需要提出修改意见。

3.审核设计成果是否满足规划及相关规范、规定和技术标准

（1）审核各设计阶段的图纸、技术说明和计算书等设计文件是否符合国家有关设计规范、有关设计质量要求和标准，并根据需要提出修改意见，确保设计质量能通过有关部门审查。

（2）审核有关水、电、气等系统设计与有关市政工程规范、地块市政条件是否相符合，争取通过有关部门审查。

4.审核设计成果是否满足相关设计深度要求，对施工图设计进行施工可行性分析

（1）审核各设计阶段的图纸是否满足该阶段设计深度要求。尤其是对于施工图设计，需要审核其是否满足可施工性的要求，以保证施工进度计划的顺利进行。

（2）若有必要，组织有关专家对结构方案进行分析论证，以保证施工的可行性、结构的可靠性。

5.组织论证设备选型，并提出建议

（1）论证设备选型技术、主要材料是否可行，是否符合项目要求，以及国家相关规范、

标准。

（2）论证设备选型、主要材料经济方面是否合理。

（3）提出优化建议。

6. 组织专题分析论证，提出论证报告

对于重大技术问题、疑难问题，根据需要进行专题的分析论证。

7. 组织论证项目的新产品、新技术、新工艺、新材料的主要用途，提出论证报告

8. 对于技术标准和设计规范有空缺的，需要组织进行技术标准的制定

9. 实施设计变更管理

（1）按照规定的程序办理设计变更手续，控制设计变更质量。

（2）对于重大设计变更，进行重点控制。

三、施工过程业主方质量控制

1. 组织编制工程施工质量管理规划，并贯彻落实

工程施工质量管理策划与实施是建设单位对施工质量进行主动控制的一项重要工作。工程施工质量管理策划仅仅是工程质量管理策划的一部分，工程质量管理策划还应包括对设计质量管理、材料设备采购过程中的质量管理等方面的策划。工程施工质量管理策划最终形成的成果为《工程施工质量管理规划》。

（1）组织进行工程施工质量管理策划，明确工程施工质量管理重点、要点及相关质量控制要求与验收标准，形成《工程施工质量管理规划》。

（2）《工程施工质量管理规划》应在承包商招标采购前完成，作为招标文件、施工合同的一部分，管控、约束承包商的施工质量管理行为。

（3）承包商编制的施工组织设计、施工专项方案应满足《工程施工质量管理规划》的要求和标准。

（4）审核经监理同意的承包单位提交的质量控制点清单、相关的专项施工方案以及工程施工质量保证措施。

（5）跟踪执行情况。

2. 组织建立项目质量控制系统，督促各单位建立质控体系，并跟踪执行

（1）建立工程项目质量管理、控制工作制度流程，明确建设单位及各参建单位的工程质量控制责任。

（2）建立建设单位的工程质量管理组织机构和制度流程，落实各岗位工程质量控制责任。

（3）督促、审核监理单位、承包单位、材料设备供应单位等建立工程质量管理组织机构和制度流程，落实各岗位工程质量控制责任。

（4）在实施过程中进行跟踪检查，督促落实、改进。

3. 编制质量分析报告，专项评估分析可能对项目质量产生重大影响的事宜

（1）收集实际施工质量信息，分析原因，对质量的趋势进行判断，提出改进建议，定期编制分析报告。

（2）必要时，对项目施工质量可能产生重大影响的事宜进行专项评估分析。

①初步判断项目事件对施工质量的影响程度。

②必要时，组织内部或外部专家进行相关论证。

③撰写评估分析报告。

4.督促和检查监理单位、承包单位的工程质量控制工作

一般情况下，建设单位或项目管理单位可以通过监理单位来进行工程质量控制工作，实施宏观管控。当涉及工程质量的重大问题或监理效果不佳甚至可能失控的情况下，建设单位或项目管理单位可以采取措施督促各参建单位的工程质量控制工作。对于一些重大项目，建设单位或项目管理单位也可以采取定期召开参建单位高层会议等措施来促进工程质量控制工作。

（1）检查监理、承包单位质量控制体系执行的有效性。

（2）检查工程材料、设备的相关质量证明文件及管理程序，检查原材料、设备管控的完备性。

（3）检查承包单位、监理单位的质量检查、验收、监督工作和相关过程记录文件，检查质量过程管控的完备性。

（4）根据需要，参与材料、设备、构配件的进场质量验收工作。

（5）检查工程实体质量。

（6）定期组织会议，督促落实质量整改（如有必要）并监督质量整改结果。

（7）根据需要采取其他措施。

5.督促监理、承包单位做好质量控制应急预案及实施

（1）督促承包单位编制应急预案清单及各项具体应急预案。

（2）督促监理审核各项应急预案。

（3）督促监理、承包单位落实应急预案。

6.组织处理工程质量问题及事故

对于工程质量问题及事故，必须遵循国家及地方的有关法律、法规、标准及规范规定的程序和要求，组织参与或配合进行调查及处理。同时，必须根据调查报告、相关合同文件、技术文件与档案等，进行有关的索赔处理等后续工作。

（1）组织参与或配合工程质量问题及事故调查，包括损失情况、事故原因、责任认定等。

（2）督促相关责任单位制定、落实整改方案，并跟踪实施情况。

（3）处理有关的索赔、赔偿等相关事宜。

四、房屋建筑工程实体质量控制

（一）地基基础工程

1.按照设计和规范要求进行基槽验收

（1）天然地基、地基处理工程、桩基工程应进行基槽验收，应由勘察、设计、监理、施工、建设等各方相关技术人员共同参加。

（2）天然地基验槽应检验以下内容：

①基坑的位置、平面尺寸、坑底标高、坑底坑边岩土体、地下水情况；

②检查空穴、古墓、古井、暗沟、防空掩体及地下埋设物的情况，并应查明位置、深度和性状；

③检查基槽边坡与附近建筑物的距离，开挖基坑对建筑物稳定是否有影响。检查基坑底土质受冰冻、干裂、受水冲刷或浸泡等扰动情况，并应查明其位置、深度和性状；

④天然地基验槽前应在基坑或基槽底普遍进行轻型动力触探检验。

（3）地基处理验槽

①设计文件有明确地基处理要求的，在地基处理完成、开挖至基底设计标高后进行验槽；

②对于换填地基、强夯地基，应现场检查处理后地基的均匀性、密实度等检测报告和承载力检测资料；

③强夯置换处理地基，必须通过现场试验确定其适用性和处理效果；

④对于增强体复合地基，应现场检查桩位、桩头、桩间土情况和复合地基施工质量检测报告；

⑤对于特殊土地基，应现场检查处理后地基的湿陷性、地震液化、冻土保温、膨胀土隔水、盐渍土改良等方面的处理效果检测资料；

⑥经过处理的地基承载力和沉降特性，应以处理后的检测报告为准。

（4）桩基工程验槽

①设计计算中考虑桩筏基础、低桩承台等桩间土共同作用时，应在开挖清理至设计标高后对桩间土进行检验；

②人工挖孔桩，应在桩孔清理完毕后，对桩端持力层进行检验。对大直径挖孔桩，应逐孔检验孔底的岩土情况；

③机械成孔的桩基，应检验桩端是否进入持力层。施工时，应对孔底沉渣进行取样核查，判明桩端是否进入预定的桩端持力层；泥浆钻进时，应从井口返浆中，获取新带上的岩屑，仔细判断，认真判明是否已达到预定的桩端持力层；

④在桩基施工过程中，应根据岩土工程勘察报告对出现的异常情况、桩端岩土层的起伏变化及桩周岩土层的分布进行判别。

（5）验槽时，现场应具备岩土工程勘察报告、轻型动力触探记录（可不进行轻型动力触探的情况除外）等。

①岩土工程勘察报告包括：岩土工程勘察报告、补勘或施工勘察报告等资料。设计文件包含设计图纸、设计变更及相关的设计文件资料。

②轻型动力触探记录包括：地基持力层的强度和均匀性；浅埋软弱下卧层或浅埋突出硬层；浅埋的会影响地基承载力或基础稳定性的古井、墓穴和空洞等。

③验槽必须是开挖完毕，槽底无浮土、松土（若分段开挖，则每段条件相同），无积水浸泡，条件良好的基槽。

（6）验槽应在基坑或基槽开挖至设计标高后进行，对留置保护土层时其厚度不应超过100mm，槽底应为无扰动的原状土。

（7）验槽前的准备工作

①察看结构说明和地质勘查报告，对比结构设计所用的地基承载力、持力层与报告所

提供的是否相同；

②询问、察看建筑位置是否与勘察范围相符；

③察看场地内是否有软弱下卧层；

④场地是否为特别的不均匀场地、是否存在勘察方要求进行特别处理的情况，而设计方未进行处理。

（8）无法验槽的情况：基槽底面与设计标高相差太大；基槽坡度较大，高差悬殊；槽底有明显的机械开挖、未加人工清除的沟槽、铲齿痕迹；现场没有详勘阶段岩土工程勘察报告或附有结构设计总说明的施工图阶段的图纸。

（9）推迟验槽的情况：设计所使用的承载力和持力层与勘察报告所提供不符；场地内有软弱下卧层而设计方未说明相应的原因；场地为不均匀场地，勘察方需要进行地基处理而设计方未进行处理。

2. 按照设计和规范要求进行轻型动力触探

（1）遇到下列情况之一时，可不进行轻型动力触探。

①承压水头可能高于基坑底面标高，触探可造成冒水涌砂时，基础持力层为砾石层或卵石层，且基底以下砾石层或卵石层厚度大于1m时；

②基础持力层为均匀、密实砂层，且基底以下厚度大于1.5m时。

（2）适用轻型动力触探的情况：持力层明显不均匀；浅部有软弱下卧层；有浅埋的坑穴、古墓、古井等，直接观察难以发现时；勘察报告或设计文件规定应进行轻型动力触探时。

（3）轻型动力触探用于推定换填地基、黏性土、粉土、粉砂、细砂及其处理土地基的地基承载力，鉴别地基土性状、评价处理土地基的施工效果。

（4）轻型动力触探宜采用机械自动化实施，检验完毕后，触探孔位处应灌砂填实。

（5）采用轻型动力触探进行基槽检验时，检验深度及间距符合规范要求。

（6）强夯置换法后的地基验收，除应采用单墩静荷载试验进行承载力检验外，尚应采用动力触探等查明置换墩着底情况及密度随深度的变化情况。

3. 地基强度或承载力检验结果符合设计要求

素土和灰土地基、砂和砂石地基、土工合成材料地基、粉煤灰地基、强夯地基、注浆地基、预压地基等承载力、强度、变形检验结果符合设计要求。

（1）素土和灰土地基、砂和砂石地基、土工合成材料地基、粉煤灰地基、强夯地基、注浆地基、预压地基等承载力检验，数量每$300m^2$不应少于1点，超过$3000m^2$部分每$500m^2$不应少于1点，每单位工程不应少于3点。

（2）素土和灰土地基、砂和砂石地基、土工合成材料地基、粉煤灰地基、强夯地基、注浆地基、预压地基等施工前应检查原材料物理性能、质量和配合比及材料拌合的均匀性。施工中应检查分层厚度、分段施工时搭接部分的压实情况、加水量、压实遍数、压实系数等。施工结束后应进行地基承载检验，检查方法是静载试验。

（3）素土和灰土的土料宜用黏土、粉质黏土。严禁采用冻土、膨胀土和盐渍土。砂和砂石地基宜用中砂、粗砂、砾砂、碎石、石屑。土工合成材料地基应采用抗拉强度较高、耐久性好，抗腐蚀的土工带、土工格栅、土工格室、土工垫或土工织物等土工合成材料。

粉煤灰地基应采用Ⅲ级以上粉煤灰。

（4）强夯地基承载力检验，应在施工结束后间隔一定时间进行，对于碎石土和砂土地基，间隔时间宜为7~14d；粉土和黏性土地基，间隔时间宜为14~28d；强夯置换、半置换地基，其间隔时间可取28d。

（5）工程桩（包括试桩）、天然地基（岩基）、复合地基的承载力和静荷载试验，应采用静载测试仪自动采集检测数据，并将检测数据实时上传到省级建设工程质量检测信息监管平台。

4. 复合地基的承载力检验结果符合设计要求

砂石桩、高压喷射注浆桩、水泥土搅拌桩、土和灰土挤密桩、水泥粉煤灰碎石桩、夯实水泥土桩等复合地基承载力应达到设计要求，复合地基承载检验数量不少于总桩数的0.5%，且不应少于3处。有单桩承载力或桩身强度检验要求时，检验数量不应少于总桩数的0.5%，且不应少于3根。

（1）砂石桩、高压喷射注浆桩、水泥土搅拌桩、土和灰土挤密桩、水泥粉煤灰碎石桩、夯实水泥土桩等复合地基施工前应对原材料的质量、配比、设备的性能等进行检查。施工中应检查桩位、标高、垂直度、填料量、桩孔直径、深度等施工参数进行检查。施工结束后进行承载力检验。

（2）复合地基桩体及承载力检验应在施工结束后28d进行。

（3）复合地基承荷载试验可根据所采用的处理方法及地基土层情况，选用多桩复合地基承荷载试验或单桩复合地基承荷载试验。

5. 管桩施工质量符合设计及规范要求

（1）高度超过75m高层建筑采用管桩基础时应通过专项论证。高度超过100m的禁止使用管桩基础。

（2）管桩生产企业应按照相应的产品标准要求对管桩产品进行出厂检验和型式检验，对管桩混凝土抗压强度、外观质量、尺寸允许偏差和抗裂性能进行检验。禁止不合格产品出厂。

（3）监理单位应组织对进场管桩外观质量及出厂合格证等有关资料进行验收，并形成记录，对管桩定位、接桩等重要工序进行平行检验或旁站监理，确保施工过程受控；对密集群桩的成桩偏位、土方施工中土体侧压力及机械施工影响造成的桩偏位，应提请设计单位提出处理措施。

（4）管桩进场后，建设单位应委托具有相应资质的检测单位进行管桩外观尺寸、钢筋配置、主筋抗拉强度及延伸率、钢筋保护层厚度、端板厚度等项目的检测。同时，应委托有资质的检测机构对桩身混凝土强度进行钻芯检测，对进入工地不同类型的管桩各随机抽取一节管桩在不同部位钻取6个芯样进行混凝土抗压强度试验；对承受水平力或弯矩为主的桩，必要时应进行桩身抗弯试验。

（5）管桩应设闭口桩靴，并在桩孔底灌注长度不小于1.5m、强度不小于C20微膨胀混凝土或不低于M20的水泥砂浆。施工结束后应对承载力及桩身完整性等进行检验。

6. 桩基础承载力和桩身完整性检验结果符合设计及规范要求

（1）工程桩应进行承载力和桩身完整性检验。

①承载力检验是检验桩抗压或抗拔承载力是否满足设计值，通常采用静载试验确定。

检验结果一次检测应达到设计要求的承载力时，或按相应的有关规定经过处理后应达到设计要求。

②工程桩的桩身完整性检验是检验桩身的缩颈、夹泥、空洞、断裂等缺陷情况，通常采用钻芯法、低应变法、声波透射法等方法，可分为Ⅰ类、Ⅱ类、Ⅲ类、Ⅳ类。灌注桩：Ⅰ类为完整桩；Ⅱ类为桩身轻微缺陷桩，不会对桩身结构及承载力产生影响；Ⅲ类、Ⅳ类为不完整桩。预制桩：仅Ⅰ类为完整桩；Ⅱ类为桩身有轻微裂缝，即需要处理；Ⅲ类、Ⅳ类为废桩。

③工程桩的承载力和桩身完整性检验根据检测单位提供的承载力及桩身完整性检测报告对其进行验收，满足要求后方可进行后续施工，对不满足要求的工程桩，可采取补强或补桩措施。

（2）设计等级为甲级或地质条件复杂时，应采用静载试验的方法对桩基承载力进行检验，检验桩数不应少于总桩数的1%，且不应少于3根，当总桩数少于50根时，不应少于2根。场地存在多栋建筑物时，对岩土工程条件相同、桩型和桩径及单桩承载力相同、桩端持力层相同及桩长相近的桩，验收检测的数量每栋建筑不应少于1根，且不应少于总桩数的1%；每施工单位施工的验收检测桩不应少于3根。在有经验和对比资料的地区，设计等级为乙级、丙级的桩基可采用高应变法对桩基进行竖向抗压承载力检测，检测数量不应少于总桩数的5%，且不应少于10根。

（3）对高度超过50m的高层建筑大直径灌注桩，单桩竖向抗压静荷载试验受检桩应随机抽检，其试验时的桩顶标高应与工程桩设计桩顶标高基本一致。若因条件限制不能随机抽检时，工程桩3桩及以下承台应全数埋设声测管，多于3桩的承台声测管埋设数量不应小于承台下桩数的50%；同时钻芯检测数量不应小于总桩数的2%，且不应小于6根。

（4）对于端承型大直径灌注桩、当受设备或现场条件限制无法采用静载试验及高应变法检测单桩承载力时，可选用下列方法进行检测：

①当桩端持力层为密实砂卵石或其他承载力类似的土层时，对单桩承载力很高的大直径端承型桩，可采用深层平板荷载试验法检测桩端土层在承压板下应力主要影响范围内的承载力，同一土层的试验点不少于3点；

②采用岩基荷载试验确定完整、较完整、较破碎岩基作为桩基础持力层时的承载力、荷载试验的数量不少于3个；

③采用钻芯法测定桩底沉渣厚度并钻取桩端持力层岩土芯样检验桩端持力层，抽检数量不应少于总桩数的10%，且不应少于10根；

④大直径嵌岩桩的承载力可根据终孔时桩端持力层岩性报告结合桩身质量检验报告核验。

（5）工程桩的桩身完整性的抽检数量不应少于总桩数的20%，且不应少于10根。每根柱子承台下的桩抽检数量不应少于1根。

①对端承型大直径灌注桩，应在规定的抽检数量范围内，选用钻孔抽芯法或声波透射法对部分受检桩进行桩身完整性检测，抽检数量不得少于总桩数的10%；其他抽检桩可用可靠的动测法进行检测；

②地下水位以上且终孔后桩端持力层已经过核验的人工挖孔桩，以及单节混凝土预制桩，抽检数量可适当减少，但不应少于10%，且不少于10根；

③当施工质量有疑问的桩，设计方认为重要的桩、局部地质条件出现异常的桩或施工工艺不同的桩的桩数较多时，或为了全面了解整个工程基桩的桩身完整性情况时，应适当增加抽检数量。

（6）符合下列条件之一的桩基，当桩周土层产生的沉降超过基桩的沉降时，在计算桩基承载力时应计入桩侧负摩阻力。

①桩穿越较厚松散填土、欠固结土、液化土层进入相对较硬土层时；

②桩周存在软弱土，邻近桩侧地面承受局部较大的长期荷载，或地面大面积堆载（包括填土）时；

③由于降低地下水位，使桩周土有效应力增大，并产生显著压缩沉降时。

7. 对于不满足设计要求的地基，应有经设计单位确认的地基处理方案，并有处理记录

（1）当地基不满足设计要求时，应由施工单位编制地基处理技术方案经设计、建设、监理单位批准后方可进行地基处理，并形成处理记录。

（2）地基处理记录包括地勘处理综合描述记录（应对地基处理的状态、处理方案、处理部位、处理过程、处理结果作一综合的描述，必要时附图）、试桩试夯试验记录、地基处理施工过程记录等，施工单位应根据确认的处理方案做好相应的记录。

（3）处理后的地基应满足建筑物地基承载力、变形和稳定性要求，地基处理的设计尚应符合下列规定：

①经处理后的地基，当在受力层范围内仍存在软弱下卧层时，应进行软弱下卧层地基承载力验算；

②按地基变形设计或应作变形验算且需进行地基处理的建筑物或构筑物，应对处理后的地基进行变形验算；

③对建造在处理后的地基上受较大水平荷载或位于斜坡上的建筑物及构筑物，应进行地基稳定性验算。

8. 填方工程的施工应满足设计和规范要求

（1）施工前应检查基底的垃圾、树根等杂物清除情况，测量基底标高、边坡坡率，检查验收基础外墙防水层和保护层等。回填料应符合设计要求，并应确定回填料含水量控制范围、铺土厚度、压实遍数等施工参数。

①基底不得有垃圾、树根等杂物，坑穴积水抽除、淤泥挖净，基底处理应符合设计要求；

②基底标高、边坡坡率，基础外墙防水层和保护层等已进行检查和办好了隐蔽验收手续；

③回填料应符合设计要求，回填使用前应分别取样测定其最大干密度和最佳含水率并做压实实验，确定回填料含水量控制范围、铺土厚度、压实遍数等施工参数。

（2）施工中应检查排水系统、每层填筑厚度、碾迹重叠程度、含水量控制、回填土有机质含量、压实系数等，填实厚度及压实遍数根据图纸压实系数及压实机具确定。

①在压实填土的过程中，应分层取样检验土的干密度和含水量。每 $50\sim100\text{m}^2$ 面积内应有一个检测点；

②压实系数不得低于规范的规定，采用环刀法取样时，基坑和室内回填，每 $100\sim500\text{m}^2$

取样 1 组，且每层不少于 1 组；柱基回填，每层抽样柱基总数的 10%，且不少于 5 组；基槽或管沟回填，每层按长度 20~50m 取样 1 组，且每层不少于 1 组；室外回填，每层按 400~900m² 取样 1 组，且每层不少于 1 组，取样部位应在每层压实后的下半部；

③深浅坑（槽）相连时，应先填深坑（槽），相平后与浅坑全面分层填夯；

④每层压实后应按规范进行取样，一般采用环刀法、灌砂法、灌水法取样，取样检测回填料压实度系数，达到设计要求后，再进行上一层的铺土。

（3）施工结束后，应进行标高及压实系数检验。

①土方回填柱基基坑基槽标高最大负偏差为 50mm，表面平整度最大允许偏差为 20mm；

②场地平整（人工）标高最大允许偏差为 ±30mm，平整度最大允许偏差为 20mm；

③分层压实系数应满足设计要求。

9. 加强沉降观测

（1）建设单位应将沉降观测工作委托具备相应资质的检测机构。从事沉降观测的检测机构应具备相应资质，设计单位应根据《建筑地基基础设计规范》GB 50007—2011、《建筑变形测量规范》JGJ 8—2016 等技术标准、规范，结合工程特点，在施工图设计文件中明确沉降观测点设置、观测频次和作业方法等具体要求。

（2）检测机构应按照相关标准、规范和施工图设计文件，制定沉降观测方案，报建设单位（监理单位）审批后开展工作，出具的沉降观测成果应及时、准确、客观。检测机构应加强从业人员管理，规范检测行为，对沉降观测质量负责。

（二）钢筋工程

1. 确定细部做法并在技术交底中明确

（1）梁柱节点、转换层、剪力墙的门窗洞口、局部加强部位等。

（2）悬挑构件的绑扎、钢筋接头的控制等。

（3）抗震结构的要求如加强区、箍筋加密区、边跨柱头等。

（4）框架柱、剪力墙墙身、边缘构件变截面、变直径等。

2. 清除钢筋上的污染物和施工缝处的浮浆

（1）钢筋加工前应对钢筋表面的裂纹、油污、颗粒状或片状老锈进行清理。

（2）浇筑混凝土前应对外露的钢筋进行保护或者待混凝土浇筑后对外露的钢筋采用钢丝刷对钢筋上的浮浆等污染物进行清理。

（3）施工缝处的水泥浮浆、松动石子、积水及杂物应清理干净，施工缝表面应进行凿毛，充分湿润后浇一层与混凝土内成分相同的水泥砂浆，然后再浇筑混凝土。

3. 对预留钢筋进行纠偏

纠偏可采取下列方式：

（1）侧边焊接法：侧边焊接法适用于墙体、柱内偏移较小的情况。偏位筋要逐渐向上层墙、柱角筋过渡，进行两筋的焊接。

（2）植筋补强法：适用于向墙体、柱内偏移较大的情况。植筋时为保证植入钢筋的锚固长度和稳固性，植筋孔灌浆要饱满并符合强度要求。

（3）截筋和植筋补强联合作用法：截筋和植筋补强联合作用适用于向墙体、柱外偏移较大的情况。把偏位较大的角筋截断，在钢筋的正确位置上进行植筋，新植的钢筋作为墙、柱的竖向主筋。

4. 钢筋加工符合设计和规范要求

（1）钢筋采用机械设备调直时，调直设备不应具有延伸功能。光圆钢筋调直后的断后伸长率应 ≥ 21%，6~12mm 重量偏差应 ≥ –10%；HRB400 钢筋调直后的断后伸长率应 ≥ 16%，6~12mm 重量偏差范围为 ±6%；调直钢筋重量偏差不合格不能复检。钢筋调直过程中不应损伤带肋钢筋的横肋。调直后的钢筋应平直，不应有局部弯折。

（2）钢筋弯折的弯弧内直径应符合下列规定：

①光圆钢筋，不应小于钢筋直径的 2.5 倍；

② 400MPa 级带肋钢筋，不应小于钢筋直径的 4 倍；

③ 500MPa 级带肋钢筋，当直径为 28mm 以下时不应小于钢筋直径的 6 倍，当直径为 28mm 及以上时不应小于钢筋直径的 7 倍；

④位于框架结构顶层端节点处的梁上部纵向钢筋和柱外侧纵向钢筋，在节点角部弯折处，当钢筋直径为 28mm 以下时不宜小于钢筋直径的 12 倍，当钢筋直径为 28mm 及以上时不宜小于钢筋直径的 16 倍；

⑤箍筋弯折处尚不应小于纵向受力钢筋直径。

（3）直螺纹丝头的加工应同时符合《钢筋机械连接技术规程》JGJ 107—2016 规定：

①钢筋端部应采用带锯、砂轮锯或带圆弧形刀片的专用钢筋切断机切平；

②钢筋丝头长度应满足产品设计要求，极限偏差应为 0~2.0p；

③钢筋丝头宜满足 6f 级精度要求，应采用专用直螺纹量规检验，通规应能顺利旋入并达到要求的拧入长度，止规旋入不得超过 3p。各规格的自检数量不应少于 10%，检验合格率不应小于 95%。

5. 钢筋的牌号、规格和数量符合设计和规范要求

不管何种代换方式，都要征得设计单位的同意，或者钢筋的品种、级别或规格需作变更时，均应办理设计变更文件。

6. 钢筋的安装位置符合设计和规范要求

构件交接处的钢筋位置应符合设计要求。当设计无具体要求时，应保证主要受力构件和构件中主要受力方向的钢筋位置。框架节点处梁纵向受力钢筋宜放在柱纵向钢筋内侧；当主次梁底部标高相同时，次梁下部钢筋应放在主梁下部钢筋之上；剪力墙中水平分布钢筋宜放在外侧，并宜在墙端弯折锚固。

7. 保证钢筋位置的措施到位

（1）按设计要求将墙、柱断面边框尺寸线标在各层楼面上，然后把墙柱从下层伸上来的纵筋用两个箍筋或定位水平筋分别在本层楼面标高及以上 500mm 处与各纵筋点焊固定，以保证各纵向受力筋的位置。

（2）基础部分墙柱插筋应为短筋插接，逐层接筋，并应用使其插筋骨架不变形的定位箍筋点焊固定，还可采取加箍、加临时支撑等稳固的支顶措施。

（3）钢筋安装应采用定位件固定钢筋的位置，并宜采用专用定位件。定位件应具有足够的承载力、刚度、稳定性和耐久性定位件的数量、间距和固定方式，应能保证钢筋的位置偏差符合国家现行有关标准的规定。混凝土框架梁、柱保护层内，不宜采用金属定位件。

（4）钢筋绑扎必须到位：

①墙、梁的水平钢筋与竖（横）向钢筋（箍筋）绑扎无遗漏；

②梁底部钢筋箍筋与纵向受力钢筋绑扎无遗漏；

③钢筋相邻扎扣呈八字形。

8. 钢筋连接符合设计和规范要求

（1）钢筋机械接头和焊接接头应按设计和规范要求进行工艺性试验，接头试件应从工程实体中截取。

（2）钢筋连接分为机械连接接头、焊接接头、绑扎搭接接头。

（3）钢筋的接头宜设置在受力较小处，有抗震设防要求的结构中，梁端、柱端箍筋加密区范围内不宜设置钢筋接头，且不应进行钢筋搭接。同一纵向受力钢筋不宜设置两个或两个以上的接头。

（4）当纵向受力钢筋采用机械连接接头或焊接接头时，设置在同一构件内的接头宜相互错开，纵向受力钢筋的机械接头及焊接接头连接区段的长度为 $35d$（d 为纵向受力钢筋的较大直径）且不应小于 500mm，凡接头中点位于该连接区段长度内的均应属于同一连接区段，同一连接区段内纵向受力钢筋的接头在受拉区不宜超过 50%，接头不宜设置在有抗震要求的框架梁端、柱端的箍筋加密区。

（5）纵向受力钢筋绑扎搭接接头连接区段的长度应为 $1.3L_l$（L_l 为搭接长度），凡搭接头中点位于该连接区段长度内的搭接接头均应属于同一连接区段，同一连接区段内绑扎接头梁、板类构件不宜超过 25%，基础筏板不宜超过 50%，柱类构件不宜超过 50%。

9. 钢筋锚固符合设计和规范要求

（1）钢筋的锚固长度分为基本锚固长度及抗震设计时基本锚固长度。

（2）钢筋的锚固长度根据钢筋的种类及混凝土的强度等级、抗震等级确定。

（3）环氧树脂涂层带肋钢筋的锚固长度乘以 1.25 的系数。

（4）钢筋锚固长度应满足 22G101 图集的有关要求。

10. 箍筋、拉筋弯钩符合设计和规范要求

（1）对一般结构构件，箍筋弯钩的弯折角度不应小于 90°，弯折后平直段长度不应小于箍筋直径的 5 倍；对有抗震设防要求或设计有专门要求的结构构件，箍筋及拉筋弯钩的弯折角度不应小于 135°，弯折后平直段长度不应小于箍筋直径的 10 倍和 75mm 两者之间的较大值。

（2）圆形箍筋的搭接长度不应小于其受拉锚固长度，且两末端均应作不小于 135° 的弯钩，弯折后平直段长度对一般结构构件不应小于箍筋直径的 5 倍，对有抗震设防要求的结构构件不应小于箍筋直径的 10 倍和 75mm 的较大值。

（3）拉筋两端弯钩的弯折角度均不应小于 135°，弯折后平直部分长度不应小于拉筋直径的 10 倍。

11. 悬挑梁、板的钢筋绑扎符合设计和规范要求

（1）悬挑梁、板的钢筋应按照设计及图集要求进行加工制作。

（2）悬挑梁、板受力钢筋应设置在梁、板顶部。

（3）悬挑梁板的钢筋应与垫块或定位件绑扎固定，施工过程中及时检查垫块或定位件

及受力钢筋位置，保证钢筋位置准确。

12. 后浇带预留钢筋的绑扎符合设计和规范要求

（1）后浇带预留钢筋施工前应检查、处理，符合验收标准。

（2）后浇带马凳等定位件应与主筋连接牢固，防止施工时踩踏变形。

（3）后浇带钢筋绑扎应满足 22G101 图集的有关要求。

13. 钢筋保护层厚度符合设计和规范要求

（1）构件中受力钢筋的保护层厚度不应小于钢筋的直径。

（2）混凝土保护层的最小厚度应符合表 6-15 要求。

混凝土保护层的最小厚度要求 表 6-15

环境类别	板、墙（mm）	梁、柱（mm）
一	15	20
二 a	20	25
二 b	25	35
三 a	30	40
三 b	40	50

14. 严禁"瘦身"钢筋等违法行为

严格施工过程控制。施工现场钢筋调直时，不得采用卷扬机进行冷拉调直，禁止采用冷拔方式调直钢筋，严禁超出规范允许的冷拉率张拉。钢筋调直后应按规范要求进行送检，其重量偏差和力学性能应符合规范要求，未经检验合格的钢筋，严禁用于工程中。

（三）混凝土工程

1. 模板板面应清理干净并涂刷脱模剂

（1）模板内有杂物、积水、冰雪应清理干净；模板周转使用前应对模板面上的混凝土清理干净。

（2）与混凝土接触面需涂刷脱模剂，脱模剂应能有效减小混凝土与模板间的吸附力，并有一定的成膜强度，脱模剂不应影响混凝土表面的后期装饰。

2. 模板板面的平整度符合要求

（1）模板支撑前测量放线，保证标高准确。

（2）模板支撑檩条要有足够的强度，截面尺寸应一致。

（3）模板支撑体系应安装牢固。

（4）接触混凝土的模板表面应平整，其检查方法及允许偏差，见表 6-16。

模板表面平整度检查方法及允许偏差 表 6-16

项目	允许偏差（mm）	检验方法
轴线位置	5	尺量检查
底模上表面标高	±5	水准仪或拉线、尺量检查

续表

项目		允许偏差（mm）	检验方法
截面内部尺寸	基础	±5	尺量检查
	柱、墙、梁	+4, −5	尺量检查
层高垂直度	不大于5m	6	水准仪或拉线、尺量检查
	大于5m	8	水准仪或拉线、尺量检查
相邻两板面高低差		5	尺量检查
表面平整度		5	2m靠尺和塞尺检查

3. 模板的各连接部位应连接紧密

（1）构件的连接应尽量紧密，以减小支架变形。

（2）模板的接缝必须密合，如有缝隙须塞堵严实，以防跑浆。

4. 竹木模板面不得翘曲、变形、破损

（1）模板及支架用材料的技术指标应符合国家现行有关标准的规定。

（2）胶合模板的胶合层不应脱胶翘角。

（3）模板的规格和尺寸应符合设计要求，必要时对模板的力学性能进行抽样检查。

5. 框架梁的支模顺序不得影响梁筋绑扎

（1）模板安装应与钢筋安装配合进行，梁柱节点的模板宜在钢筋安装后安装。

（2）宜按照先支撑梁底模板，再安装梁钢筋，最后安装梁侧模板的施工顺序施工。

6. 楼板支撑体系的设计应考虑各种工况的受力情况

（1）模板及支撑体系设计应包括下列内容：

①模板及支撑体系的选型及构造设计；

②模板及支撑体系上的荷载及其效应计算；

③模板及支撑体系的承载力、刚度和稳定性验算；

④绘制模板及支撑体系施工图。

（2）混凝土水平构件的底模板及支撑体系、高大模板支撑体系、混凝土竖向构件和水平构件的侧面模板及支撑体系，宜按相关规定确定最不利的作用效应组合。承载力验算应采用荷载基本组合，变形验算应采用荷载标准组合。

（3）模板支撑体系的高宽比不宜大于3；当高宽比大于3时，应增设横纵向剪刀撑、斜撑等稳定性措施，并应进行支撑体系的抗倾覆验算。

（4）对于多层楼板连续支模情况，应计入荷载在多层楼板间传递的效应，宜分别验算最不利工况下的支撑体系和楼板结构的承载力。

7. 楼板后浇带的模板支撑体系按规定单独设置

后浇带与主体模板支撑交界处应设双支撑，使后浇带处形成独立的支撑体系。

8. 严禁在混凝土中加水

（1）混凝土运输、输送、浇筑过程中严禁加水。

（2）当混凝土拌合物在运输后出现离析，应进行二次搅拌。

（3）当坍落度损失后不能满足施工要求时，应加入原水胶比的水泥砂浆或掺加同品种的减水剂进行搅拌。

9. 严禁将洒落的混凝土浇筑到混凝土结构中

10. 各部位混凝土强度符合设计和规范要求

混凝土强度等级必须符合设计和规范要求，标养试块和同条件试块应按下列要求取样和留置：

（1）对同一配合比混凝土，取样与试件标留置应符合下列要求：

①每拌制 100 盘且不超过 100m³ 时，取样不得少于一次；

②每工作班拌制不足 100 盘时，取样不得少于一次；

③连续浇筑超过 1000m³ 时，每 200m³ 取样不得少于一次；

④每一楼层取样不得少于一次；

⑤每次取样应至少留置一组试件。

（2）同条件养护试件的取样和留置应符合下列规定：

①同条件养护试件所对应的结构构件或结构部位，应由施工、监理等各方共同选定，且同条件养护试件的取样宜均匀分布于工程施工周期内；

②同条件养护试件应在混凝土浇筑入模处见证取样；

③同条件养护试件应留置在靠近相应结构构件的适当位置，并应采取相同的养护方法；

④同一强度等级的同条件养护试件不宜少于 10 组，且不应少于 3 组。每连续两层楼取样不应少于 1 组，每 2000m³ 取样不得少于一组。

（3）混凝土试块评定

各强度等级的混凝土均应进行检验评定，评定结果应符合设计和规范要求。

（4）结构实体抽测

工程主体验收前，应按要求进行实体抽测，抽测结果应符合设计和规范要求。

11. 墙和板、梁和柱连接部位的混凝土强度符合设计和规范要求

（1）墙、柱混凝土设计强度比梁、板混凝土设计强度高一个等级时，柱、墙位置梁、板范围内的混凝土经设计单位确认，可采用与梁、板混凝土设计强度等级相同的混凝土进行浇筑。

（2）墙、柱混凝土设计强度比梁、板混凝土设计强度高两个等级及以上时，应在交界区域采取分隔措施，分隔位置应在低强度等级的构件中，且距高强度等级构件边缘不应小于 500mm 及梁高的一半。

（3）宜先浇筑强度等级高的混凝土，后浇筑强度等级低的混凝土。

12. 混凝土构件的外观质量符合设计和规范要求

当外观质量出现一般缺陷，应由施工单位按技术处理方案进行处理，并重新检查验收。出现严重缺陷，应由施工单位提出技术处理方案，并经监理（建设）单位认可后进行处理。对已经处理的部位，应重新检查验收。

13. 混凝土构件的尺寸符合设计和规范要求

（1）采用尺量进行截面尺寸检查。

（2）基础允许偏差（+15，−10）mm。

（3）柱、梁、板、墙允许偏差（+10，−5）mm。

（4）楼梯相邻踏步高差 6mm。

14.后浇带、施工缝的接茬处应处理到位

（1）施工缝与后浇带的留置位置应在混凝土浇筑前确定，受力复杂的结构构件或有防水抗渗要求的结构构件，施工缝留设位置应经设计单位确认。

（2）有防水要求的接茬处理措施：

①在施工缝中间沿结构周圈设置一条 200mm×3mm 封闭钢板止水带。止水带钢板选用 A3 钢，每段长 6m，两段止水带搭接长度 100mm，沿竖向满焊，焊缝不得有气孔、夹焊渣现象、保证密实不漏水；

②钢板止水带在墙中每间隔 2m 用 HRB400 20mm 钢筋焊接支架，固定牢固，并保证位置准确；

③每层 500mm 高短墙与下部结构混凝土同时浇筑，注意控制混凝土浇筑标高至板面上 500mm 处，不得偏高或偏低；

④浇筑上层混凝土前应将结合处已有混凝土表面清理干净，剔除表面浮浆及松动的石子等杂物，钢板止水带表面也应清理干净，并用清水冲洗。在外防水施工时应对施工缝处采取加强措施，如加做一层加强层等；

⑤在浇筑上部结构混凝土时，接搓面用水充分湿润，并且要求在混凝土施工前在接搓面上先浇筑一层 50mm 厚与结构混凝土同配比的水泥砂浆，以保证新旧混凝土的有效结合。

（3）无防水要求的接茬处理：

先清洗干净新旧混凝土接搓处的凿毛面，采用塔吊运输和浇筑与新浇筑混凝土同配比的水泥砂浆 30~50mm 厚，然后浇筑新混凝土。

15.后浇带的混凝土按设计和规范要求的时间进行浇筑

混凝土后浇带浇筑时间如设计无要求时，沉降后浇带应在主体结构完成、沉降稳定后再进行浇筑；收缩后浇带应在两侧混凝土成型后 60 天就可以浇筑。

16.按规定设置施工现场标准养护室

（1）建筑施工现场应设置标准养护室。

（2）标准养护室设置要求：

①房屋要求保温隔热，根据工程规模的大小确定标准养护室的面积；不得小于 5m²；

②配置冷暖空调、电热棒等恒温装置、室内温度应控制在 20±2℃ 范围；

③一般工程可设置水池，试样在温度 20±2℃ 的不流动的 Ca（OH）₂ 饱和溶液中养护。有条件的大型工程应配置喷淋装置，室内空气相对湿度大于 95%；

④标准养护室室内应设立水泥混合砂浆块立柜，立柜内宜衬海绵等保湿材料，以控制湿度为 60%~80%；

⑤标准养护室中须配置温度计、湿度计，温、湿度应由专人每天记录二次（上、下午各一次），同时必须建立标准养护室的管理制度并严格执行。

17.混凝土试块应及时进行标识

试块制作做好标识管理，标识应包括制作日期、强度等级、代表部位等信息，采用二维码等技术手段进行标识。

18. 同条件试块应按规定在施工现场养护

同条件养护试块应留置在靠近相应结构构件的适当位置，采取恰当的保护措施，并应采取相同的养护方法。

19. 楼板上的堆载不得超过楼板结构设计承载能力

一般的民用建筑活荷载取 2.0kN/m²，相当于活荷载是 200kg/m²，计算楼板承载力的时候，这个活荷载还要乘以荷载分项系数，一般取 1.5。

（四）钢结构工程

1. 焊工应当持证上岗，在其合格证规定的范围内施焊

（1）应对进场焊工人员及证件进行全数检查，核查证件有效期（对合格证规定的施焊范围进行登记）。

（2）施焊过程中，抽查焊工焊接范围是否在其合格证范围内。

（3）施工单位对其首次采用的钢材、焊接材料、焊接方法、焊后热处理等应进行焊接工艺评定，并根据评定报告确定焊接工艺。

2. 一、二级焊缝应进行焊缝内部缺陷检验

（1）设计要求全焊透的一、二级焊缝应采用超声波探伤进行内部缺陷的检查，超声波探伤不能对缺陷做出判断时，应采用射线探伤，其内部缺陷分级及探伤方法应符合现行国家标准的规定。

（2）一、二级焊缝的检测比例、质量等级、缺陷分级应符合表 6-17 要求。

一、二级焊缝质量等级评测分级表　　　　　　　表 6-17

焊缝质量等级		一级	二级
内部缺陷 超声波探伤	评定等级	Ⅱ	Ⅲ
	检验等级	B 级	B 级
	探伤比例	100%	20%
内部缺陷 射线波探伤	评定等级	Ⅱ	Ⅲ
	检验等级	AB 级	AB 级
	探伤比例	100%	20%

（3）焊接过程中加强巡检，确保焊接过程符合国标及设计要求。

（4）一、二级焊缝检测应由有资质的单位和人员进行，检测过程应由监理和施工单位质量员进行旁站监督。

3. 高强度螺栓连接副的安装符合设计和规范要求

（1）高强度螺栓连接副安装前应在安装螺栓批次中随机抽取 8 套进行取样复检，保证螺栓质量符合国标要求。

（2）高强度螺栓连接副施工前应对螺栓规格、使用位置及安装要求等进行交底。

（3）施工过程中，应对高强度螺栓安装进行检查，施拧顺序和初拧、复拧扭矩应符合设计和规范要求，高强度螺栓不应采用气割扩孔。

（4）高强度螺栓连接副施工完成后，应报监理单位验收，按照节点数抽检 10% 且不少

于 10 个进行终拧扭矩检查。

4. 钢管混凝土柱与钢筋混凝土梁连接节点核心区的构造应符合设计要求

（1）施工前应对钢管混凝土柱与钢筋混凝土梁节点核心区构造及技术要求进行交底，下发节点连接详图。

（2）施工过程中应对连接节点区域钢筋直径、绑扎钢筋骨架尺寸、箍筋外廓尺寸、受力钢筋锚固长度等关键构造尺寸进行复核。

（3）混凝土浇筑前，应由监理单位组织检查验收。

5. 钢管内混凝土的强度等级应符合设计要求

（1）施工前应对钢管内混凝土施工方法、混凝土类型、混凝土强度等关键技术要求进行交底。

（2）施工时对首次使用的混凝土配合比应进行开盘鉴定，其原材料、强度、凝结时间、稠度等应满足设计配合比的要求，应在浇筑地点随机抽取用于检验混凝土强度的试件。

6. 钢结构防火涂料的粘结强度、抗压强度应符合设计和规范要求

（1）防火涂料进场时应在监理单位见证下进行取样送检。

（2）每使用 100t 或不足 100t 薄型防火涂料应抽检一次粘结强度；每使用 500t 或不足 500t 厚涂型防火涂料应抽检一次粘结强度和抗压强度。

7. 薄涂型、厚涂型防火涂料的涂层厚度符合设计要求

（1）防火涂料施工前，应对涂料施工技术要求进行交底。

（2）防火涂料应进行分层施工，施工单位在每层涂层干燥或固化后应进行厚度测量。

（3）防火涂料施工完成后，涂层厚度及施工质量应报监理单位检查验收。

（4）防火涂料涂层厚度应由有资质的检测单位，按照同类构件抽查 10% 且不少于 3 件的比例抽检，并出具检测报表。

8. 钢结构防腐涂装的涂料、涂装遍数、涂层厚度均符合设计要求

（1）防腐涂料进场时应在监理单位见证下进行取样送检，保证涂料质量符合设计要求。

（2）防腐涂料施工前，应对涂料施工技术要求进行交底。

（3）防腐涂料应进行分层施工，按构件数抽查 10% 且同类构件不应少于 3 件；每遍涂层干膜厚度允许偏差为 $-5\mu m$。漆膜总厚度偏差不大于 $-25\mu m$。

（4）防腐涂料施工完成后，涂层厚度及施工质量应报监理单位检查验收。

9. 单层、多层和高层钢结构主体结构整体垂直度和整体平面弯曲偏差符合设计和规范要求

（1）施工前应对单层、多层、高层结构主体整体垂直度平面度偏差要求进行交底，对建筑物定位轴线、底层柱轴线、底柱基础标高进行复核。

（2）施工过程中，应对每层及某一区域整体安装完成后进行复测。

（3）施工完成后，应对单层、多层和高层钢结构主体结构整体主要立面全部检查，合格后报监理测量验收。

（4）单层钢结构主体结构整体垂直度允许偏差应小于 $H/1000$，且不应大于 25mm；整体平面弯曲的允许偏差应小于 $L/1500$，且不应大于 25mm。

（5）多层和高层钢结构主体结构整体垂直度允许偏差应小于（$H/2500+10mm$），且不应

大于 50mm；整体平面弯曲的允许偏差应小于 L/1500，且不应大于 25mm。

10. 钢网架结构总拼完成后及屋面工程完成后，所测挠度值符合设计和规范要求

（1）施工前应对网架及屋面工程施工方法，网架小拼单元、中拼单元及总拼完成后及屋面工程完工后测量质量控制要求进行交底。

（2）施工过程中，对小拼单元按照单元数抽查 5%，且不应少于 5 个；中拼单元应全数进行检查，保证允许偏差值符合设计及规范要求。

（3）钢网架结构总拼完成后及屋面工程完成后，施工单位应对其挠度值进行测量，不应超过相应设计值的 1.15 倍。

（4）钢网架结构总拼完成后及屋面工程完成后，应报监理单位进行测量验收。

（五）砌体工程

1. 砌块质量符合设计和规范要求

（1）砌块进场应有产品合格证书、产品性能型式检验报告。

（2）砌块进场后应在监理单位的见证下取样，并送检测机构进行检验。

（3）砌块的复试结果应合格。

（4）承重墙体使用的小砌块应完整、无破损、无裂缝。

2. 砌筑砂浆的强度符合设计和规范要求

（1）砂浆强度应以标准养护，28d 龄期的试块抗压强度为准。

（2）砌筑砂浆试块强度验收时其强度合格标准应符合下列规定：

①同一验收批砂浆试块强度平均值应大于或等于设计强度等级值的 1.1 倍；

②同一验收批砂浆试块抗压强度的最小一组平均值应大于或等于设计强度等级值的 85%。

（3）±0.00 以下采用水泥砂浆；±0.00 以上采用混合砂浆。

（4）砌筑砂浆采用中粗砂，其中毛石砌体宜选用粗砂，砂的含泥量符合设计和规范要求。

①对水泥砂浆和强度等级不小于 M5 的水泥混合砂浆，含泥量不应超过 5%；

②对强度等级小于 M5 的水泥混合砂浆，含泥量不应超过 10%；

③人工砂、山砂及特细砂，应经试配能满足砌筑砂浆技术条件要求。

3. 严格按规定留置砂浆试块，做好标识

（1）同一类型、强度等级的砂浆试块不得少于 3 组。同一验收批砂浆只有 1 组或 2 组试块时，每组试块抗压强度平均值应大于或等于设计强度等级值的 1.1 倍；对于建筑结构的安全等级为一级或设计使用年限为 50 年以上的房屋，同一验收批砂浆试块的数量不得少于 3 组。

（2）做好试块标识管理。标识应包括制作日期、强度等级、代表部位和养护方式等信息，砂浆试块应进行标准养护。

4. 墙体转角处、交接处必须同时砌筑，临时间断处留槎符合规范要求

砖块的转角处和交接处应同时砌筑，墙体转角处和纵横交接处应同时砌筑。临时间断处应砌成斜槎，斜槎水平投影长度不应小于斜槎高度。施工洞口可预留直槎，但在洞口砌筑和补砌时，应在直槎上下搭砌的小砌块孔洞内用强度等级不低于 C20（或 CB20）的混凝

土灌实。

5. 灰缝厚度及砂浆饱满度符合规范要求

（1）砌体水平灰缝和竖向灰缝的砂浆饱满度用专用百格网检测砂浆饱满度。

（2）砌体灰缝厚度用皮数杆进行控制。

（3）空心砖水平灰缝大于80%、垂直灰缝应填满砂浆不得有透明缝、瞎缝、假缝；蒸压加气混凝土砌块、轻骨料混凝土小型空心砖砌块水平及垂直灰缝应大于等于80%。

6. 构造柱、圈梁符合设计和规范要求

构造柱、圈梁应按照设计要求设置，设计未明确时应按照以下要求设置。

（1）构造柱设置：

①墙长大于5m时，在砌体填充墙中（遇洞口设在洞口边）设置构造。柱间距应不大于5m；

②当墙长大于层高2倍时，宜设构造柱；

③按规定需设构造柱处：墙体转角、砌体丁字交接处、通窗或者连窗的两侧。

（2）圈梁设置：

①墙高超过4m时，墙体半高宜设置与柱连接且沿墙全长贯通的钢筋混凝土圈梁；

②圈梁宜连续地设在同水平面上，沿纵横墙方向应形成封闭状。当圈梁被门窗洞口截断时，应在洞口上部增设相同截面的附加圈梁。附加圈梁与圈梁的搭接长度不应小于其中垂直间距的2倍，且不得小于1m。

7. 填充墙与框架柱、构造柱或混凝土墙交接处，以及后砌墙体与先施工的墙体间符合设计和规范要求

（1）加设拉结钢筋，拉结钢筋的根数为每120mm墙厚放置1φ6拉结钢筋（120mm厚墙应放置2φ6拉结钢筋）。

（2）间距沿墙高不应超过500mm，拉结钢筋埋入长度均不应小于500mm，对6度、7度抗震设防烈度区，埋入长度不应小于1000mm。

（3）拉结筋严禁弯折且末端应有90°弯钩。

（六）装饰装修工程

1. 外墙外保温与墙体基层的粘结强度符合设计和规范要求

（1）保温材料必须与墙面粘接牢固，无松动和虚粘现象。

（2）外墙外保温系统经耐候性试验后，不得出现饰面层起泡或剥落、保护层空鼓或脱落破坏，不得产生渗水裂缝。具有薄抹面层的外保温系统，抹面层与保温层的拉伸粘结强度应进行检测，拉伸粘结强度不得小于0.1MPa，并且破坏层位于保温层内。

（3）胶粘剂与水泥砂浆的拉伸粘结强度在干燥状态下不得小于0.6MPa，浸水48h后不得小于0.4MPa，与EPS板的拉伸粘结强度在干燥状态和浸水48h后均不得小于0.1MPa，且破坏部位应位于EPS板内。

（4）外保温工程施工期间以及完工后24h内，基层及环境空气温度不应低于5℃。夏季应避免阳光暴晒。在5级以上大风天气和雨天不得施工。

（5）保温板材与墙面的总粘接面积不得小于40%。

2. 抹灰层与基层之间及各抹灰层之间应粘结牢固

（1）抹灰前基层表面的尘土、污垢、油渍等应清除干净，并应洒水润湿或进行界面

处理。

（2）表面光滑的混凝土或轻骨料混凝土小型空心砌块基层应人工凿毛或采取其他措施增强基层的粘接性能。

（3）抹灰工程应分层进行。当抹灰总厚度大于或等于 35mm 时，应采取加强措施。不同材料基体交接处表面的抹灰，应采取防止开裂的加强措施，当采用加强网时，加强网与各基体的搭接宽度不应小于 100mm。

（4）抹灰完成后 24h 进行湿水养护，养护时间为 7d。

（5）墙面抹灰砂浆抹平、压实，砂浆中宜掺加适量的抗裂材料来提高砂浆的拒水、防渗、防漏性能。

3. 外门窗安装牢固

（1）门窗安装应周正，牢固，安装完毕后，按有关规定、规程委托有资质的检测机构进行现场检验，在砌体上安装门窗严禁采用射钉固定。

（2）门窗框采用射钉或金属膨胀螺栓固定时应符合下列规定：紧固点距离墙（梁、柱）边缘应大于等于 50mm；应错开墙体缝隙；固定片厚度不应小于 1.5mm，最小宽度不应小于 20mm，固定片应采用热浸镀锌钢板，沿框两侧双向固定。

（3）门窗框与墙体的连接要牢固、可靠，附框固定片角部的距离不应大于 150mm，其余部位的固定片中心间距不应大于 500mm；固定片与墙体固定点的中心位置至墙体边缘距离不应小于 50mm。

（4）门脚下部应埋入地面深 30~50mm。

（5）安装滑撑时，紧固螺钉必须使用不锈钢材质，并应与框扇增强型钢或内衬局部加强板可靠连接。螺钉与框扇连接处应进行防水密封处理。

4. 推拉门窗扇安装牢固，并安装防脱落装置

（1）推拉门窗应有防脱落限位措施，扇与框的搭接量应符合设计要求，并不应小于 6mm。

（2）门窗推拉门窗扇开关力不应大于 50N。

5. 幕墙的框架与主体结构连接、立柱与横梁的连接符合设计和规范要求

（1）幕墙与主体结构连接的各种预埋件，其数量、规格、位置和防腐处理应符合设计要求。

（2）幕墙及其连接件应具有足够的承载力、刚度和相对于主体结构的位移能力。当幕墙构架立柱的连接金属角码与其他连接件采用螺栓连接时，应有防松动措施。

（3）相邻两根立柱安装标高偏差 ≤ 3mm，同层立柱的最大标高偏差 ≤ 5mm；相邻两根立柱的距离偏差 ≤ 2mm。

（4）幕墙四周与主体之间的间隙应采用防火的保温材料填塞，内外表面应采用密封胶连续封闭，接缝应严密不漏水。

6. 幕墙所采用的结构粘结材料符合设计和规范要求

（1）幕墙工程所用粘结材料应对邵氏硬度、标准条件拉伸粘结强度、相容性、剥离粘结性、石材用密封胶的污染性进行检验。

（2）隐框和半隐框玻璃幕墙，其玻璃与铝型材的粘结必须采用中性硅酮结构密封胶；

全玻幕墙和点支承幕墙采用镀膜玻璃时，不应采用酸性硅酮结构密封胶粘结。

（3）幕墙工程所用硅酮结构胶需要有以下证明、报告：抽查合格证明；国家批准的检测机构出具的硅酮结构胶相容性和剥离粘结性检验报告；石材用密封胶的耐污染性检验报告。

（4）填充硅酮耐候密封胶时，金属板、石板缝的宽度、厚度应根据硅酮耐候胶的技术参数，经计算后确定。

（5）硅酮结构密封胶和硅酮建筑密封胶必须在有效期内使用。

7. 应按设计和规范要求使用安全玻璃

（1）室内隔断和浴室玻璃应按规范要求使用安全玻璃。

（2）门窗工程有下列情况之一时，应使用安全玻璃。

①面积大于 1.5m² 时的窗玻璃；

②距离可踏面高度 900mm 以下的窗玻璃；

③与水平面夹角不大于 75° 的倾斜窗，包括天窗、采光顶等在内的顶棚；

④7 层及 7 层以上建筑外开窗。

（3）人员流动性大的公共场所，易于受到人员和物体碰撞的铝合金门窗应采用安全玻璃。

（4）人员流动密度大、青少年或幼儿活动的公共场所在使用中容易受到撞击的部位，其玻璃幕墙应采用安全玻璃。

（5）安装玻璃用橡胶密封条或毛毡密封条应符合国家现行产品质量标准，具有良好的耐候性，弹性和抗剪强度，不得采用再生橡胶产品。

8. 饰面砖粘贴牢固

（1）内外墙饰面砖粘贴应牢固。

（2）饰面砖施工时室内温度应在 5℃ 以上。

（3）浸泡砖时，将面砖清扫干净，放入净水中浸泡 2h 以上，取出待表面晾干或擦干净后方可使用。

（4）满粘法施工的饰面砖应无裂缝，大面和阳角应无空鼓。

（5）外墙饰面砖粘贴工程的伸缩缝应采用耐候密封胶嵌缝。

（6）外墙饰面砖应无空鼓、裂缝。

（7）外墙饰面砖粘结强度应进行检测，检测结果应符合设计和规范要求。

9. 饰面板安装符合设计和规范要求

（1）饰面板安装工程的龙骨、连接件的材质、数量、规格、位置、连接方法和防腐处理应符合设计和规范要求。饰面板安装应牢固。

（2）石板、陶瓷板安装工程的预埋件（或后置埋件）应符合设计要求。后置埋件的现场拉拔力应符合设计要求。

（3）采用满粘法施工的石板工程，石板与基层之间的粘结料应饱满、无空鼓，石板粘结应牢固。

10. 护栏安装符合设计和规范要求

（1）护栏和扶手安装预埋件的数量、规格、位置以及护栏与预埋件的连接节点应符合设计要求。

（2）护栏和扶手制作与安装所使用材料的材质、规格、数量和木材、塑料的燃烧性能等级应符合设计和规范要求。

（3）栏板玻璃固定在结构上且直接承受人体荷载的护栏系统，其栏板玻璃应符合下列规定：

①当栏板玻璃最低点离一侧楼地面高度不大于5m时，应使用公称厚度不小于16.76mm钢化夹层玻璃；

②当栏板玻璃最低点离一侧楼地面高度大于5m时，不得采用此类护栏系统。

（4）护栏和扶手的造型、尺寸及安装位置应符合设计要求。

（5）安装防护栏杆时，应充分考虑建筑地面（或屋面）粗装饰及二次装修对其实际使用高度的影响，确保防护栏杆有效使用高度满足设计要求。

（6）临空高度在24m以下时，栏杆高度不应低于1.05m，临空高度在24m及24m以上（包括中高层住宅）时，栏杆高度不应低于1.1m（栏杆高度应从楼地面或屋面至栏杆扶手顶面垂直高度计算，如底部有宽度大于或等于0.22m，且高度低于或等于0.45m的可踏部位，应从可踏部位顶面起计算）。

（7）当用垂直杆件做栏杆时，其杆件净距不大于0.11m。

（8）楼梯扶手高度不小于0.9m，楼梯水平段栏杆长度大于0.5m时，其扶手高度不得低于1.05m。

（9）栏杆离楼面或屋面0.1m高度内不宜留空。

（10）栏杆设计应以坚固、耐久的材料制作，并能承受荷载规范规定的水平荷载。

（11）住宅、托儿所、幼儿园、中小学及少年儿童专用活动场所的栏杆必须采用防止少年儿童攀登的构造。

（七）防水工程

1. 严禁在防水混凝土拌合物中加水

当防水混凝土拌合物在运输后出现离析，应进行二次搅拌。当坍落度损失后不能满足施工要求时，应加入原水胶比的水泥砂浆或掺加同品种的减水剂进行搅拌。

2. 防水混凝土的节点构造符合设计和规范要求

（1）墙体水平施工缝应留设在高出底板表面不小于300mm的墙体上。拱、板与墙结合的水平施工缝，宜留在拱、板与墙交接处以下150~300mm处；垂直施工缝应避开地下水和裂隙水较多的地段，并宜与变形缝相结合。

（2）电梯井、积水坑基层阴阳角应做成圆弧或八字角，阴阳角、立面内角、外角及施工缝处均做500mm宽的附加层。

（3）地下室外墙固定模板的螺杆应使用止水螺杆，螺杆孔洞应按设计和规范要求修补。

（4）后浇带、施工缝、变形缝、穿墙管等细部防水构造应按设计和规范要求进行施工。

3. 中埋式止水带埋设位置符合设计和规范要求

（1）止水带定位时，应使其在界面部位保持平展，不得翻滚、扭结，如发现有扭结不展现象应及时进行调整。

（2）止水带应固定在挡头模板上，先安装一端，浇筑混凝土时另一端应用箱型模板保护固定时只能在止水带的允许部位上穿孔打洞，不得损坏止水带本体部分。

（3）在浇捣靠近止水带附近的混凝土时，严格控制浇捣的冲击力，避免力量过大而刺破橡胶止水带，同时还应充分振捣，保证混凝土与橡胶止水带的紧密结合，施工中如发现有破裂现象应及时修补。

（4）橡胶止水带接头必须粘接良好，不应采用不加处理的"搭接"。

4. 水泥砂浆防水层各层之间应结合牢固

防水砂浆施工应符合以下要求：

（1）厚度大于10mm时，应分层施工，第二层应待前一层指触不粘时进行，各层应粘结牢固。

（2）每层宜连续施工，留槎时，应采用阶梯坡形槎，接槎部位离阴阳角不得小于200mm；上下层接槎应错开300mm以上，接槎应依层次顺序操作，层层搭接紧密。

（3）喷涂施工时，喷枪的喷嘴应垂直于基面，合理调整压力、喷嘴与基面距离。

（4）涂抹时应压实、抹平，遇气泡时应挑破，保证铺抹密实。

（5）抹平、压实应在初凝前完成。

5. 地下室卷材防水层的细部做法符合设计要求

（1）地下室防水卷材型号应符合设计及规范要求。

（2）地下室卷材防水工程设计文件中应明确施工缝、变形缝、后浇带、穿墙管、埋设件、预留通道接头、桩头、孔口、坑、池等部位的细部构造做法。

6. 地下室涂料防水层的厚度和细部做法符合设计要求

（1）涂膜应分层涂刷或喷涂，涂层应均匀，涂刷应待前遍涂层干燥成膜后进行；每遍涂刷时应交替改变涂层的涂刷方向，同层涂膜的先后搭压宽度宜为30~50mm。

（2）涂膜防水层的甩槎处接缝宽度不应小于100mm，接涂前应将甩槎表面处理干净。

（3）涂膜防水基层阴阳角处应做成圆弧，在转角处、变形缝、施工缝、穿墙管等部位应增加胎体增强材料和增涂防水涂膜，宽度不应小于500mm。

（4）用针测法检查厚度，最小厚度应大于设计厚度90%。

7. 地面防水隔离层的厚度符合设计要求

采用观察、钢尺、卡尺检查；应能达到80%以上的合格率，其他检查点（处）不得有明显影响使用，且最大偏差值不超过允许偏差值的50%为合格。

8. 地面防水隔离层的排水坡度、坡向符合设计要求

（1）防水隔离层严禁渗漏，排水坡向应正确，排水通畅。

（2）观察检查和蓄水、泼水检验、坡度尺检查，不应出现倒坡、无法排水、坡度尺检查不合格的情况。

9. 地面防水隔离层的细部做法符合设计和规范要求

（1）铺设隔离层时，在管道穿过楼板面四周，防水材料应向上铺设并超过套管的上口。

（2）铺设隔离层时，在靠近柱、墙处应高出面层200~300mm，或按设计要求高度铺设。

（3）阴阳角和管道穿过楼板面的根部应增加铺涂附加防水隔离层。

10. 有淋浴设施的墙面的防水高度符合设计要求

防水地面防水层应高出地面300mm，有淋浴的卫生间墙面防水层应高出地面1800mm。

11. 屋面防水层的厚度符合设计要求

高聚物改性沥青防水卷材允许偏差 ±3mm；涂膜防水不得小于设计值的80%，附加层不得小于150%。

12. 屋面防水层的排水坡度、坡向符合设计要求

屋面找坡应满足设计排水坡度要求，结构找坡不应小于3%，材料找坡宜为2%；檐沟、天沟纵向找坡不应小于1%，沟底水落差不得超过200mm。

13. 屋面细部的防水构造符合设计和规范要求

屋面防水细部构造包括檐口、檐沟和天沟、女儿墙及山墙、水落口、变形缝、伸出屋面管道、屋面出入口、反梁过水孔、设施基座、屋脊、屋顶窗等部位。

（1）檐沟防水层应由沟底翻上至外侧顶部，卷材收头应用金属压条钉压固定，并应用密封材料封严。

（2）女儿墙和山墙的压顶向内排水坡度不应小于5%，压顶内侧下端应做成鹰嘴或滴水槽。女儿墙内侧面的抹灰应做分格处理，且分格应上下贯通。即压顶抹灰、墙面抹灰、泛水抹灰、腰线抹灰的分格缝应全部贯通。

（3）水落口杯上口应设在沟底的最低处；水落口处不得有渗漏和积水现象。

（4）变形缝处防水层应铺贴或涂刷至泛水墙的顶部。

（5）伸出屋面管道周围的找平层应抹出高度不小于30mm排水坡。

（6）屋面水平出入口防水层收头应压在混凝土踏步下，附加层铺设和护墙应符合设计要求。

（7）反梁过水孔的孔洞四周应涂刷防水涂料；预埋管道两端周围与混凝土接触处应留凹槽，并应用密封材料封严。

（8）设施基座与结构层相连时，防水层应包裹设施基座的上部，并应在地脚螺栓周围进行密封处理。

（9）脊瓦应搭盖正确，间距应均匀，封固应严密。

（10）屋顶窗的窗口防水卷材应铺贴平整，粘结应牢固。

14. 外墙节点构造防水符合设计和规范要求

建筑外墙节点应包括雨篷、阳台、变形缝、伸出外墙管道、女儿墙压顶、外墙预埋件、预制构件等与外墙的交接部位。

（1）雨篷应设置不小于1%的外排水坡度，外口下沿应做滴水线。

（2）阳台应向水落口设置不小于1%的排水坡度，水落口周边应留槽嵌填密封材料。

（3）变形缝部位应增设合成高分子防水卷材附加层，卷材两端应满粘于墙体，满粘宽度不小于150mm，并应顶压固定，收头应用密封材料密封。

（4）穿过外墙的管道宜采用套管，套管应内高外低，坡度不应小于5%，套管周边应做防水密封处理。

（5）女儿墙压顶宜采用现浇钢筋混凝土或金属压顶，压顶应向内找坡，坡度不应小于5%。

（6）外墙预埋件四周应用密封材料封闭严密。

15. 外窗与外墙的连接处做法符合设计和规范要求

外窗框与墙体间的缝隙宜采用聚合物水泥防水砂浆或发泡聚氨酯填充。外墙防水层应

延伸至门窗框，防水层与门窗框间应预留凹槽、嵌填密封材料；门窗上楣的外口应做滴水处理；外窗台应设置不小于5%的外排水坡度（节点防水层和保温层不应压窗框）。

16. 厨卫间和有防水要求的楼地面符合设计和规范要求

（1）厨卫间和有防水要求的楼板周边除门洞外，做一道高度不小于200mm的混凝土翻边，宜与楼板一同浇筑，建筑完成地面标高应比室内其他房间地面低20~30mm。

（2）厨卫间和有防水要求的建筑地面须设置防水层，防水层材料应上翻不小于300mm。下沉式卫生间的防水应高于室内房间地面300mm。

（3）厨卫间门槛处要有专项防水设计节点图，防止装修基层渗水穿过门槛面进入未设防水地面。

（八）给水排水及采暖工程

1. 管道安装符合设计和规范要求

（1）所有管道管材进场时应对其品种、规格、外观等进行验收，连接方式应符合设计要求。生活给水系统所涉及的材料必须达到饮用水卫生标准。

（2）支架的选型及管卡符合规范要求。管道固定支架要安装在可靠的结构上，安装在混凝土结构上的支架，膨胀螺栓的孔径不应大于膨胀螺栓外径2mm。

（3）法兰的安装应配套，满足管道设计工作压力。采暖和热水供应管道的法兰衬垫，宜采用橡胶石棉垫；给水排水管道的法兰宜采用橡胶垫，有振动的管道法兰螺栓应安装弹簧垫；潮湿的场所法兰应防锈刷油处理，螺栓宜采用镀锌螺栓；中、高压法兰螺栓应采用高强度螺栓。

（4）室内给水管道必须进行水压试验，试验压力必须符合设计要求。当设计未注明时，各种材质的给水管道系统试验压力均为工作压力的1.5倍，但不得小于0.6MPa。

（5）给水系统交付使用前必须进行通水试验并做好记录。

（6）隐蔽或埋地的排水管道在隐蔽前必须做灌水试验，其灌水高度不低于底层卫生器具的上边缘或底层地面高度。

（7）排水管坡度必须符合设计及规范要求，严禁无坡或倒坡。

（8）排水主立管及水平干管管道均应做通球试验，通球球径不小于排水管道管径的2/3，通球率必须达到100%。

2. 地漏水封深度符合设计和规范要求

（1）地漏水封高度不得小于50mm。

（2）严禁采用钟罩（扣碗）式地漏。

3. PVC管道的阻火圈、伸缩节等附件安装符合设计和规范要求

（1）塑料排水管道应根据其管道的伸缩量设置伸缩节，伸缩节宜设置在汇合配件处。排水横管应设置专用伸缩节。如设计无要求时，伸缩节间距不得大于4m。

（2）当建筑塑料排水管穿越楼层、防火墙、管道井井壁时，应根据建筑物性质、管径和设置条件以及穿越部位防火等级等要求设置阻火装置。

4. 管道穿越楼板、墙体时的处理符合设计和规范要求

（1）地下室或地下构筑物外墙有管道穿过的，应采取防水措施。对有严格防水要求的建筑物，必须采用柔性防水套管。

（2）管道穿过墙壁和楼板，应设置金属或塑料套管。

（3）安装在楼板内的套管，其顶部应高出装饰地面20mm；安装在卫生间及厨房内的套管，其顶部应高出装饰地面50mm，底部应与楼板底面相平；安装在墙壁内的套管其两端与饰面相平。

（4）穿过楼板的套管与管道之间缝隙应用阻燃密实材料和防水油膏填实，端面光滑。穿墙套管与管道之间缝隙宜用阻燃密实材料填实，且端面应光滑。

（5）管道的接口不得设在套管内。

5. 室内、外消火栓安装符合设计和规范要求

（1）室内消火栓系统安装完成后应取屋顶层（或水箱间内）试验消火栓和首层取两处消火栓做试射试验，达到设计要求为合格。试验用消火栓栓口处应设置压力表。

（2）安装消火栓水龙带，水龙带与水枪和快速接头绑扎好后，应根据箱内构造将水龙带挂放在箱内的挂钉、托盘或支架上。

（3）箱式消火栓的安装应符合下列规定：

①栓口应朝外，并不应安装在门轴侧；

②栓口中心距地面为1.1m，允许偏差±20mm；

③阀门中心距箱侧面为140mm，距箱后内表面为100mm，允许偏差±5mm；

④消火栓箱体安装的垂直度允许偏差为3mm；

⑤消火栓箱门的开启不应小于120°；

⑥暗装的消火栓箱不应破坏隔墙的耐火性能。

（4）室内消火栓应设置明显的永久性固定标志，消火栓箱门上应用红色字体注明"消火栓"字样。当室内消火栓因美观要求需要隐蔽安装时，应有明显的标志，并应便于开启使用。

（5）室外消火栓的位置标志应明显，栓口的位置应方便操作。室外消火栓当采用墙壁式时，如设计未要求，进、出水栓口的中心安装高度距地面应为1.10m，其上方应设有防坠落物打击的措施。

（6）室外消火栓的各项安装尺寸应符合设计要求，栓口安装设计允许偏差为±20mm。

（7）地下式消防水泵接合器顶部进水口或地下式消火栓顶部出水口与消防井盖底面的距离不得大于400mm，井内应有足够的操作空间，并设爬梯。寒冷地区井内应做防冻保护。

6. 水泵安装牢固，平整度、垂直度等符合设计和规范要求

（1）水泵就位前的基础混凝土强度、坐标、标高、尺寸和螺栓孔位置必须符合设计要求。

（2）立式水泵的减振装置不应采用弹簧减振器。

（3）离心式水泵安装的允许偏差应符合表6-18要求。

离心式水泵安装要求 　　　　　　　　　　　　　　　　　　　　　表6-18

项目			允许偏差（mm）
离心式水泵	立式泵体垂直度（每米）		0.1
	卧式泵体水平度（每米）		0.1
	联轴器同心度	轴向倾斜（每米）	0.8
		径向位移	0.1

（4）水泵运转应平稳，无异常噪声和振动。

7. 仪表安装符合设计和规范要求，阀门安装应方便操作

（1）仪表的选型参数应当正确，供热锅炉系统压力表的刻度极限值，应大于或等于工作压力的 1.5 倍，表盘直径不得小于 100mm。

（2）仪表在安装和使用前应进行检查、校准和试验。

（3）仪表铭牌和仪表位号标识应齐全、牢固、清晰。

（4）热量表、疏水器、除污器、过滤器及阀门的型号、规格、公称压力及安装位置应符合设计要求。

（5）阀门应安装在便于观察和维护的位置。阀门体型较大、重量较重或当管径 ≥ 150mm，应在阀门处单独设置支架。阀门安装后，应对其进行常开或常关标识。

8. 生活水箱安装符合设计和规范要求

（1）水箱的选型和材料规格符合设计要求。

（2）水箱支架或底座安装，其尺寸及位置应符合设计规定，埋设平整牢固。

（3）敞口水箱的满水试验需静置 24h 观察，不渗不漏；密闭水箱（罐）的水压试验在试验压力下 10min 压力不降，不渗不漏。水箱在使用前应进行消毒。

（4）水箱溢流管和泄水管应设置在排水地点附近但不得与排水管直接连接，出口应设网罩。

9. 气压给水或稳压系统应设置安全阀

（1）安全阀选型应符合设计要求。

（2）安全阀前不得设置阀门，泄压口应连接管道将泄压水（气）引至安全地点排放。

（3）阀门启闭应灵活，安装完毕后应依据系统工作压力进行调试，调试合格后应封铅，并做出标志。

（九）通风与空调工程

1. 风管加工的强度和严密性符合设计和规范要求

（1）风管材料应满足设计及标准规范要求。

（2）金属风管法兰的焊缝应熔合良好；铆接连接时，铆接应牢固，翻边应平整、宽度应一致，且不应小于 6mm，法兰平面度的允许偏差为 2mm，同批量加工的相同规格法兰的螺孔排列应一致，并具有互换性。

（3）风管加工质量应通过工艺性的检测或验证，强度和严密性要求应符合现行国家标准《通风与空调工程施工质量验收规范》GB 50243—2016 中的相关规定。

2. 防火风管和排烟风管使用的材料应为不燃材料

（1）防火风管的本体、框架与固定材料、密封垫料等必须采用不燃材料，防火风管的耐火极限时间应符合系统防火设计的规定。

（2）排烟管道应采用不燃材料制作且内壁应光滑。排烟管道的厚度应按现行国家标准《通风与空调工程施工质量验收规范》GB 50243—2016 的有关规定执行。

（3）防排烟系统的柔性短管必须采用不燃材料。

3. 风机盘管和管道的绝热材料进场时，应取样复试合格

（1）风机盘管机组和绝热材料进场时，应对其下列技术性能参数进行复验，复验应为

见证取样送检。

①风机盘管机组的供冷量、供热量、风量、出口静压、噪声及功率；

②绝热材料的导热系数、密度、吸水率。

（2）现场随机抽样送检；核查复验报告。同一厂家的风机盘管机组按数量复验2%，但不得少于2台；同一厂家同材质绝热材料复验次数不得少于2次。

（3）风机盘管机组的供冷量、供热量、风量、出口静压、噪声及功率复检结果应满足设计要求；绝热材料的导热系数、密度、吸水率复检结果应满足设计要求。

4. 风管系统的支架、吊架、抗震支架的安装符合设计和规范要求

（1）预埋件位置应正确、牢固可靠，埋入部分应去除油污，且不得涂漆。

（2）风管系统支、吊架的形式和规格应按工程实际情况选用。风管直径大于2000mm或边长大于2500mm风管的支、吊架的安装要求，应按设计要求执行。

（3）防排烟风道、事故通风风道及相关设备应采用抗震支吊架，其设置应满足设计规范要求。

（4）抗震支、吊架应和结构主体可靠连接，与钢筋混凝土结构应采用锚栓连接，与钢结构应采用焊接或螺栓连接。

5. 风管穿过墙体或楼板时，应按要求设置套管并封堵密实

（1）当风管穿过需要封闭的防火、防爆的墙体或楼板时，必须设置厚度不小于1.6mm的钢制防护套管；风管与保护套管之间应采用不燃柔性材料封堵严密。

（2）外保温风管必需穿越封闭的墙体时，应加设套管。

（3）输送含有易燃、易爆气体的风管系统通过生活区或其他辅助生产房间时不得设置接口。

6. 水泵、冷却塔的技术参数和产品性能符合设计和规范要求

（1）水泵、冷却塔的技术参数和产品性能参数，如水泵流量、扬程、功率、效率、噪声等，冷却塔进出水温降、循环水量、噪声、存水容积、电机功率等应满足设计及规范要求。

（2）水泵、冷却塔本体安装及连接附属管道、部件及设备安装应满足设计及规范要求。管道与水泵的连接应采用柔性接管，且应为无应力状态，不得有强行扭曲、强制拉伸等现象。

（3）水泵、冷却塔设备试运行不应小于2h，运行应无异常，调试结果应满足规范及设计要求。

7. 空调水管道系统应进行强度和严密性试验

（1）空调水管道系统安装完毕，外观检查合格后，应按设计要求进行水压试验。

（2）当设计无要求时，应符合下列规定：

①冷（热）水、冷却水与蓄能（冷、热）系统的试验压力，当工作压力小于等于1.0MPa时，应为1.5倍工作压力，最低不应小于0.6MPa；当工作压力大于1.0MPa时，应为工作压力加0.5MPa；

②系统最低点压力升至试验压力后，应稳压10min，压力下降不应大于0.02MPa，然后应将系统压力降至工作压力，外观检查无渗漏为合格。对于大型、高层建筑等垂直位差

较大的冷（热）水、冷却水管道系统，当采用分区、分层试压时，在该部位的试验压力下，应稳压 10min，压力不得下降，再将系统压力降至该部位的工作压力，在 60min 内压力不得下降，外观检查无渗漏为合格；

③各类耐压塑料管的强度试验压力（冷水）应为 1.5 倍工作压力，且不应小于 0.9MPa；严密性试验压力应为 1.15 倍的设计工作压力；

④凝结水系统采用通水试验，应以不渗漏，排水畅通为合格。

8. 空调制冷系统、空调水系统与空调风系统的联合试运转及调试符合设计和规范要求

（1）通风与空调工程系统非设计满负荷条件下的联合试运转及调试，应在制冷设备和通风与空调设备单机试运转合格后进行。

（2）各子系统调试结果应满足设计和规范要求。如制冷系统供回水温度、水量，空调水系统平衡测试，空调风系统风量及风平衡等。

（3）空调制冷系统、空调水系统与空调风系统的非设计满负荷条件下的联合试运转及调试，正常运转不应少于 8h，除尘系统不少于 2h。

（4）联合试运行与调试不在制冷期或采暖期时，仅做不带冷（热）源的试运行与调试，并应在第一个制冷期或采暖期内补做。

（5）空调制冷系统、空调水系统与空调风系统的联合试运转及调试符合设计和规范要求，如空调区域温度、风口风速、噪声等。

9. 防排烟系统联合试运行与调试后的结果符合设计和规范要求

（1）系统调试应在系统施工完成及与工程有关的火灾自动报警系统及联动控制设备调试合格后进行。

（2）防排烟系统及电气系统、消防弱电系统试运行及调试应满足设计和规范要求。如防排烟系统设备总风量、风口风量及风平衡等。

（3）防排烟系统联合试运行与调试符合设计和规范要求。如，防排烟风机设备、防火阀动作与反馈满足防排烟系统逻辑关系设计要求。

（十）建筑电气工程

1. 除临时接地装置外，接地装置应采用热镀锌钢材

（1）除临时接地装置外，接地装置应采用热镀锌钢材，不应采用铝导体作为接地极或接地线。当完全埋在混凝土中时才可采用裸钢。

（2）镀锌制品的进场验收应符合下列规定：

①查验产品质量证明书：应按设计要求查验其符合性；

②埋入土壤中的热浸镀锌钢材镀锌层厚度不应小于 63μm；

③对镀锌质量有异议时，应按批抽样送有资质的单位检测。

（3）接地装置的焊接应采用搭接焊，除埋设在混凝土中的焊接接头外，应采取防腐措施。

2. 接地（PE）或接零（PEN）支线应单独与接地（PE）或接零（PEN）干线相连接

（1）接地（PE）或接零（PEN）支线应单独与接地（PE）或接零（PEN）干线相连接，不得串联连接。

（2）接地干线在穿越墙壁、楼板和地坪处应加套钢管或其他坚固的保护套管；接地干

线跨越建筑物变形缝时，应采取补偿措施。

（3）接地干线连接应可靠。接地干线搭接焊，螺栓搭接连接、搭接的钻孔直径和搭接长度以及连接螺栓的力矩值应符合现行国家标准《建筑电气工程施工质量验收规范》GB 50303—2015中的相关规定。

3. 接闪器与防雷引下线、防雷引下线与接地装置应可靠连接

（1）接闪器、防雷引下线的布置、安装数量和连接方式应符合设计要求。

（2）接闪器与防雷引下线必须采用焊接或卡接器连接，防雷引下线与接地装置必须采用焊接或螺栓连接。

（3）当利用建筑物金属屋面或屋顶上旗杆、栏杆、装饰物、铁塔、女儿墙上的盖板等永久性金属物做接闪器时，其材质及截面应符合设计要求，建筑物金属屋面板间的连接、永久性金属物各部件之间的连接应可靠、持久。

（4）当接闪带或接闪网跨越建筑物变形缝时，应采取补偿措施。

4. 电动机等外露可导电部分应与保护导体可靠连接

（1）电动机等电气设备的外露可导电部分应单独与保护导体相连接，不得串联连接，连接导体的材质、截面积应符合设计要求。

（2）采用螺栓连接时，其螺栓、垫圈、螺母等应为热镀锌制品，防松零件齐全，且应连接牢固。

5. 母线槽与分支母线槽应与保护导体可靠连接

（1）母线槽与分支母线槽的金属外壳等外露可导电部分应与保护导体直接连接，不得串联连接，并应符合下列规定：

①每段母线槽的金属外壳间应连接可靠，且母线槽全长与保护导体可靠连接不应少于2处；

②分支母线槽的金属外壳末端应与保护导体可靠连接；

③连接导体的材质、截面积应符合设计要求。

（2）采用螺栓连接时，其螺栓、垫圈、螺母等应为热镀锌制品，防松零件齐全，且应连接牢固。

6. 金属梯架、托盘或槽盒本体之间的连接符合设计要求

（1）金属梯架、托盘或槽盒应与保护导体直接连接，不得串联连接，连接导体的材质、截面积应符合设计要求。

（2）采用螺栓连接时，其螺栓、垫圈、螺母等应为热镀锌制品，防松零件齐全，且应连接牢固。

（3）金属梯架、托盘或槽盒本体之间的连接应牢固可靠，与保护导体的连接应符合下列规定：

①梯架、托盘和槽盒全长不大于30m时，不应少于2处与保护导体可靠连接；全长大于30m时，每隔20~30m应增加一个连接点，起始端和终点端均应可靠接地；

②非镀锌梯架、托盘或槽盒本体之间连接板的两端应跨接保护连接导体，保护连接导体截面积符合设计要求；

③镀锌梯架、托盘和槽盒本体之间不跨接保护连接导体时，连接板每端不应少于2个

有防松螺帽或防松垫圈的连接固定螺栓。

7. 交流单芯电缆或分相后的每相电缆不得单根独穿于钢导管内，固定用的夹具和支架不应形成闭合磁路

（1）电缆敷设时，交流单芯电缆或分相后的每相电缆不得单根独穿于钢导管内，固定用的夹具和支架不应形成闭合磁路。

（2）交流系统单芯电缆敷设应采取下列防涡流措施：

①电缆应分回路进出钢制配电箱（柜）、桥架；

②电缆不应采用金属件固定或金属线绑扎，且不得形成闭合铁磁回路；

③当电缆穿过钢管（钢套管）或钢筋混凝土楼板、墙体的预留洞时，电缆应分回路敷设。

8. 灯具的安装符合设计要求

（1）灯具进场验收：实行生产许可和强制性认证（CCC认证）的照明灯具，应有许可证编号或CCC认证标志。

（2）灯具固定应符合下列规定：

①灯具固定应牢固可靠，在砌体和混凝土结构上严禁使用木楔、尼龙塞或塑料塞固定；

②质量大于10kg的灯具，固定装置及悬吊装置按灯具重量的5倍恒定均布荷载做强度试验，且持续时间不得少于15min；

（3）Ⅰ类灯具外露可导电部分必须采用铜芯软导线与保护导体可靠连接，连接处应设置接地标识，铜芯软导线的截面积应与进入灯具的电源线截面积相同。

（4）灯具表面及其附件的高温部位靠近可燃物时，应采取隔热、散热等防火保护措施。

（5）除采用安全电压以外，当设计无要求时，敞开式灯具的灯头对地面距离应大于2.5m。

（6）在人行道等人员来往密集场所安装的落地式灯具，当无围栏防护时，灯具距地面高度应大于2.5m。

（7）应急灯具安装应符合下列规定：消防应急照明回路的设置应符合防火分区设置的要求，穿越不同防火分区时采取防火隔堵措施；疏散标志指示类灯具设置不应影响正常通行，且不应在其周围设置容易混同疏散标志灯的其他标志牌。

（8）埋地灯安装应符合下列规定：埋地灯的防护等级应符合设计要求；埋地灯的接线盒应采用防护等级为IPX7的防水接线盒，盒内绝缘导线接头应做防水绝缘处理。

（9）庭院灯、建筑物附属路灯安装应符合下列规定：灯具与基础固定应可靠，地脚螺栓备帽应齐全；灯具接线盒应采用防护等级不小于IPX5的防水接线盒，盒盖防水密封垫应齐全、完整；灯具的电器保护装置应齐全，规格应与灯具适配；灯杆的检修门应采取防水措施。

9. 重型灯具等重型设备严禁安装在吊顶工程的龙骨上

3kg以上的灯具、投影仪等重型设备和电扇、音箱等有振动荷载的设备严禁安装在吊顶工程的龙骨上，应另设独立吊杆安装在结构上。

（十一）智能建筑工程

1. 紧急广播系统应按规定检查防火保护措施

（1）紧急广播系统的传输线缆、槽盒、导管应采取防火保护措施，根据情况采用防火

材料包裹、涂刷防火涂料等形式。紧急广播系统回路暗配时，线管应敷设在不燃结构内，线管表面保护层厚度不少于30mm，其他弱电线管暗配时表面保护层厚度不少于15mm。

（2）紧急广播系统、火灾自动报警系统及其他消防应急系统回路的线缆，应具有相应的耐火性能，以保证在火灾时可靠工作。

（3）当广播系统具备消防应急广播功能时，应采用阻燃线槽、阻燃线管和阻燃线缆敷设。

（4）火灾隐患地区使用的紧急广播传输线路及其线槽（或线管）应采用阻燃材料。

2. 火灾自动报警系统的主要设备应是通过国家认证（认可）的产品

（1）设备的产品名称、型号、规格应满足设计要求，实体与检验报告一致，设备和终端等产品实体应有认证（认可）证书和认证（认可）标识；有序列号的产品，序列号应清晰可见且可溯源。

（2）设备、材料进场时必须检查验收，并经监理工程师核查确认方可用于施工。

3. 火灾探测器不得被其他物体遮挡或掩盖

（1）点型火灾探测器周围水平距离0.5m内不应有遮挡物；探测器至空调送风口最近边的水平距离不应小于1.5m，至多孔送风顶棚孔口水平距离不应小于0.5m。

（2）线型红外光束感烟火灾探测器安装时，发射器与接收器间距离不宜超过100m或产品说明书要求，两者间光路上无遮挡物或干扰源。

4. 消防系统的线槽、导管的防火涂料应涂刷均匀

（1）消防配电线路明敷时（包括敷设在吊顶内），应穿金属导管或采用封闭式金属槽盒保护，金属导管或封闭式金属槽盒应采取防火保护措施，保护措施一般可采取包覆防火材料或涂刷防火涂料。

（2）根据防火涂料产品参数要求，结合建筑物防火设计要求进行涂刷，需要多次涂刷的应待前一层干透后施工后一层，完成后的涂料层应均匀，厚度满足防火时限要求。

5. 当与电气工程共用线槽时，应与电气工程的导线、电缆有隔离措施

消防与非消防系统回路、同一系统不同电压、电流型式的线缆应在不同桥架内敷设，如条件所限共用线槽时，所有绝缘电线和电缆应具有与最高标称电压回路相同的绝缘等级，分别敷设在以不燃挡板分隔的不同槽孔内，或采取其他隔离措施，穿越导管时也不应穿过同一线管。

第七节　工程项目质量验收与质量事故处理

一、工程项目质量检查

工程项目的质量检查有作业者的自检自查、交接检查、互相检查和专业者的专检等，而专检者可以是专职检查人员和兼职检查人员。这里主要介绍专检。

（一）质量检查的依据

1. 国家颁布的工程施工质量验收统一标准和专业工程施工质量验收规范。

2. 原材料、半成品及构配件等的质量检验标准。

3.设计图纸及施工说明书等有关设计文件。

（二）工程项目质量检查的内容

1.开工前的检查，主要检查是否具备开工条件，开工后是否能够保持连续正常施工，能否保证工程质量。

2.工程地质、地貌测量定位、标高等资料的符合性检查。

3.原材料、半成品及构配件均应进行现场验收。凡涉及工程安全及使用功能的有关材料，应按各专业工程质量验收规范规定进行复验，并应经监理工程师（或建设单位技术负责人）检查认可。

4.工序交接检查，对于重要的工序或对于工程质量有重大影响的工序，应严格执行"三检制"，即自检、互检、专检。未经监理工程师（或建设单位技术负责人）检查认可，不得进行下道工序施工。

5.隐蔽工程的检查，施工中凡是隐蔽工程必须检查认证后方可进行隐蔽掩盖。

6.停工后复工前的检查，因客观因素停工或处理质量事故等停工复工时，经检查认可后方能复工。

7.分项、分部工程完工后的检查，应经检查认可，并经签署验收记录后，才能进行下一分项、分部工程的施工。

8.成品保护的检查，检查成品有无保护措施以及保护措施是否有效可靠。

（三）质量检查的类型和方法

1.质量检查的类型

（1）全数检查。对产品进行逐项的全部检查。这种检查方法工作量大、花费时间长，检查结果真实、准确，往往在对关键性或质量要求特别严格的检验批、分项和分部工程才采用这种检查类型。

（2）抽样检查。在施工过程中，对检验批以及分项、分部工程，按照一定比例从总体中抽出一部分的样本，进行检查分析，以此判断总体的质量情况。这种检查方法与全数检查相比，具有投入人力少、花费时间短和检查费用低的优点。

2.质量检查的方法

质量检查的方法主要有文件审查法、目测法、实测法和试验法等。

（1）文件审查法，文件审查法是指在质量检查过程中通过审核有关的技术经济文件、报告或者报表来判断工程质量的一种方法。这种方法通常只能进行表面形式上的审查，通常需要结合其他办法来使用，然而它通常是一种最经济又最常用的方法。比如，可通过审核施工组织设计文件、通过审核进场材料的生产许可证、产品合格证等技术经济方面的文件资料来初步判断质量状况。

（2）目测法，即凭借感官进行检查，也称"感官质量检验"。其手段可概括为"看、摸、敲、照"四个字。所谓看，就是根据质量标准要求进行外观检查。例如，清水墙面是否洁净，喷涂的密实度和颜色是否良好、均匀，工人的操作是否正常，内墙抹灰的大面及口角是否平直，混凝土外观是否符合要求等。摸，就是通过触摸手感进行检查、鉴别。例如，油漆的光滑度，浆活是否牢固、不掉粉等。敲，就是运用敲击工具进行音感检查。例如，对地面工程、装饰工程中的水磨石、面砖、石材饰面等，均应进行敲击检查。照，就是通过人工光源或反射光照射，检查难以看到或光线较暗的部位。例如，管道井、电梯井等内的管线、设备安装质量，装饰吊顶内连接及设备安装质量等。

（3）实测法，就是通过实测数据与施工规范、质量标准的要求及允许偏差值进行对照，以此判断质量是否符合要求。其手段可概括为"靠、量、吊、套"四个字。所谓靠，就是用直尺、塞尺检查诸如墙面、地面、路面等的平整度。量，就是指用测量工具和计量仪表等检查断面尺寸、轴线、标高、湿度、温度等的偏差。例如，大理石板拼缝尺寸与超差数量，摊铺沥青拌合料的温度，混凝土坍落度的检测等。吊，就是利用托线板以及线锤吊线检查垂直度。例如，砌体垂直度检查、门窗的安装等。套，是以方尺套方，辅以塞尺检查。例如，对阴阳角的方正、踢脚线的垂直度、预制构件的方正、门窗口及构件的对角线检查等。

（4）试验法，是指通过必要的试验手段对质量进行判断的检验方法。主要包括：

①理化试验。工程中常用的理化试验包括物理力学性能方面的检验和化学成分及其含量的测定等两个方面。力学性能的检验，如各种力学指标的测定，包括抗拉强度、抗压强度、抗弯强度、抗折强度、冲击韧性、硬度、承载力等。各种物理性能方面的测定如密度、含水量、凝结时间、安定性及抗渗、耐磨、耐热性能等。化学成分及其含量的测定如钢筋中的磷、硫含量，混凝土中粗骨料中的活性氧化硅成分，以及耐酸、耐碱、抗腐蚀性等。此外，根据规定有时还需进行现场试验，例如，对桩或地基的静载试验、下水管道的通水试验、压力管道的耐压试验、防水层的蓄水或淋水试验等。

②无损检测。利用专门的仪器仪表从表面探测结构物、材料、设备的内部组织结构或损伤情况。常用的无损检测方法有超声波探伤、x 射线探伤、γ 射线探伤等。

二、建筑工程质量验收

（一）基本规定

1.施工现场应具有健全的质量管理体系、相应的施工技术标准、施工质量检验制度和综合施工质量水平评定考核制度。施工现场质量管理可按《建筑工程施工质量验收统一标准》GB 50300—2013 附录 A 的要求进行检查记录。

2.未实行监理的建筑工程，建设单位相关人员应履行本标准涉及的监理职责。

3.建筑工程的施工质量控制应符合下列规定：

（1）建筑工程采用的主要材料、半成品、成品、建筑构配件、器具和设备应进行进场检验。凡涉及安全、节能、环境保护和主要使用功能的重要材料、产品，应按各专业工程施工规范、验收规范和设计文件等规定进行复验，并应经监理工程师检查认可；

（2）各施工工序应按施工技术标准进行质量控制，每道施工工序完成后，经施工单位自检符合规定后，才能进行下道工序施工。各专业工种之间的相关工序应进行交接检验，并应记录；

（3）对于监理单位提出检查要求的重要工序，应经监理工程师检查认可，才能进行下道工序施工。

4.符合下列条件之一时，可按相关专业验收规范的规定适当调整抽样复验、试验数量，调整后的抽样复验、试验方案应由施工单位编制，并报监理单位审核确认。

（1）同一项目中由相同施工单位施工的多个单位工程，使用同一生产厂家的同品种、同规格、同批次的材料、构配件、设备；

（2）同一施工单位在现场加工的成品、半成品、构配件用于同一项目中的多个单位工程；

（3）在同一项目中，针对同一抽样对象已有检验成果可以重复利用。

5.当专业验收规范对工程中的验收项目未做出相应规定时，应由建设单位组织监理、设计、施工等相关单位制定专项验收要求。涉及安全、节能、环境保护等项目的专项验收要求应由建设单位组织专家论证。

6.建筑工程施工质量应按下列要求进行验收：

（1）工程质量验收均应在施工单位自检合格的基础上进行；

（2）参加工程施工质量验收的各方人员应具备相应的资格；

（3）检验批的质量应按主控项目和一般项目验收；

（4）对涉及结构安全、节能、环境保护和主要使用功能的试块、试件及材料，应在进场时或施工中按规定进行见证检验；

（5）隐蔽工程在隐蔽前应由施工单位通知监理单位进行验收，并应形成验收文件，验收合格后方可继续施工；

（6）对涉及结构安全、节能、环境保护和使用功能的重要分部工程，应在验收前按规定进行抽样检验；

（7）工程的观感质量应由验收人员现场检查，并应共同确认。

7.建筑工程施工质量验收合格应符合下列规定：

（1）符合工程勘察、设计文件的要求；

（2）符合《建筑工程施工质量验收统一标准》GB 50300—2013和相关专业验收规范的规定。

8.检验批的质量检验，可根据检验项目的特点在下列抽样方案中选取：

（1）计量、计数或计量—计数的抽样方案；

（2）一次、二次或多次抽样方案；

（3）对重要的检验项目，当有简易快速的检验方法时，选用全数检验方案；

（4）根据生产连续性和生产控制稳定性情况，采用调整型抽样方案；

（5）经实践证明有效的抽样方案。

9.检验批抽样样本应随机抽取，满足分布均匀、具有代表性的要求，抽样数量应符合有关专业验收规范的规定。当采用计数抽样时，最小抽样数量应符合表6-19的要求。

检验批最小抽样数量　　　　　　　　表6-19

检验批的容量	最小抽样数量	检验批的容量	最小抽样数量
2~15	2	151~280	13
16~25	3	281~500	20
26~90	5	501~1200	32
91~150	8	1201~3200	50

明显不合格的个体可不纳入检验批，但应进行处理，使其满足有关专业验收规范的规定，对处理的情况应予以记录并重新验收。

10. 计量抽样的错判概率 α 和漏判概率 β 可按下列规定采取：

（1）主控项目：对应于合格质量水平的 α 和 β 均不宜超过 5%；

（2）一般项目：对应于合格质量水平的 α 不宜超过 5%，β 不宜超过 10%。

（二）建筑工程质量验收的划分

1. 建筑工程施工质量验收应划分为单位工程、分部工程、分项工程和检验批。

2. 单位工程应按下列原则划分：

（1）具备独立施工条件并能形成独立使用功能的建筑物或构筑物为一个单位工程；

（2）对于规模较大的单位工程，可将其能形成独立使用功能的部分划分为一个子单位工程。

3. 分部工程应按下列原则划分：

（1）可按专业性质、工程部位确定；

（2）当分部工程较大或较复杂时，可按材料种类、施工特点、施工程序、专业系统及类别将分部工程划分为若干子分部工程。

4. 分项工程可按主要工种、材料、施工工艺、设备类别进行划分。

5. 检验批可根据施工、质量控制和专业验收的需要，按工程量、楼层、施工段、变形缝进行划分。

6. 建筑工程的分部、分项工程划分宜按《建筑工程施工质量验收统一标准》GB 50300—2013 附录 B 的规定进行。

7. 施工前，应由施工单位制定分项工程和检验批的划分方案，并由监理单位审核。对于《建筑工程施工质量验收统一标准》GB 50300—2013 附录 B 及相关专业验收规范未涵盖的分项工程和检验批，可由建设单位组织监理、施工等单位协商确定。

8. 室外工程可根据专业类别和工程规模按《建筑工程施工质量验收统一标准》GB 50300—2013 附录 C 的规定划分子单位工程、分部工程、分项工程。

（三）建筑工程质量验收

1. 检验批质量验收合格应符合下列规定：

（1）主控项目的质量经抽样检验均应合格；

（2）一般项目的质量经抽样检验合格。当采用计数抽样时，合格点率应符合有关专业验收规范的规定，且不得存在严重缺陷。对于计数抽样的一般项目，正常检验一次、二次抽样可按《建筑工程施工质量验收统一标准》GB 50300—2013 附录 D 判定；

（3）具有完整的施工操作依据、质量验收记录。

主控项目是建筑工程中对安全、节能、环境保护和主要使用功能起决定性作用的检验项目。除主控项目以外的检验项目都是一般项目。

2. 分项工程质量验收合格应符合下列规定：

（1）所含检验批的质量均应验收合格；

（2）所含检验批的质量验收记录应完整。

3. 分部工程质量验收合格应符合下列规定：

（1）所含分项工程的质量均应验收合格；

（2）质量控制资料应完整；

（3）有关安全、节能、环境保护和主要使用功能的抽样检验结果应符合相应规定；

（4）观感质量应符合要求。

4. 单位工程质量验收合格应符合下列规定：

（1）所含分部工程的质量均应验收合格；

（2）质量控制资料应完整；

（3）所含分部工程中有关安全、节能、环境保护和主要使用功能的检验资料应完整；

（4）主要使用功能的抽查结果应符合相关专业验收规范的规定；

（5）观感质量应符合要求。

5. 建筑工程施工质量验收记录可按下列规定填写：

（1）检验批质量验收记录可根据现场检查原始记录按《建筑工程施工质量验收统一标准》GB 50300—2013 附录 E 填写，现场检查原始记录应在单位工程竣工验收前保留，并可追溯；

（2）分项工程质量验收记录可按《建筑工程施工质量验收统一标准》GB 50300—2013 附录 F 填写；

（3）分部工程质量验收记录可按《建筑工程施工质量验收统一标准》GB 50300—2013 附录 G 填写；

（4）单位工程质量竣工验收记录、质量控制资料核查记录、安全和功能检验资料核查及主要功能抽查记录、观感质量检查记录应按《建筑工程施工质量验收统一标准》GB 50300—2013 附录 H 填写。

6. 当建筑工程施工质量不符合要求时，应按下列规定进行处理：

（1）经返工或返修的检验批，应重新进行验收；

（2）经有资质的检测机构检测鉴定能够达到设计要求的检验批，应予以验收；

（3）经有资质的检测机构检测鉴定达不到设计要求、但经原设计单位核算认可能够满足安全和使用功能的检验批，可予以验收；

（4）经返修或加固处理的分项、分部工程，满足安全及使用功能要求时，可按技术处理方案和协商文件的要求予以验收。

7. 工程质量控制资料应齐全完整，当部分资料缺失时，应委托有资质的检测机构按有关标准进行相应的实体检验或抽样试验。

8. 经返修或加固处理仍不能满足安全或重要使用功能的分部工程及单位工程，严禁验收。

（四）建筑工程质量验收的程序和组织

1. 检验批应由专业监理工程师组织施工单位项目专业质量检查员、专业工长等进行验收。

2. 分项工程应由专业监理工程师组织施工单位项目专业技术负责人等进行验收。

3. 分部工程应由总监理工程师组织施工单位项目负责人和项目技术负责人等进行验收。勘察、设计单位项目负责人和施工单位技术、质量部门负责人应参加地基与基础分部工程的验收。

设计单位项目负责人和施工单位技术、质量部门负责人应参加主体结构、节能分部工程的验收。

4. 单位工程中的分包工程完工后，分包单位应对所承包的工程项目进行自检，并应按《建筑工程施工质量验收统一标准》GB 50300—2013 规定的程序进行验收。验收时，总包单位应派人参加。分包单位应将所分包工程的质量控制资料整理完整，并移交给总包单位。

5. 单位工程完工后，施工单位应组织有关人员进行自检。总监理工程师应组织各专业监理工程师对工程质量进行竣工预验收。存在施工质量问题时，应由施工单位整改。整改完毕后，由施工单位向建设单位提交工程竣工报告，申请工程竣工验收。

6. 建设单位收到工程竣工报告后，应由建设单位项目负责人组织监理、施工、设计、勘察等单位项目负责人进行单位工程验收。

（五）竣工质量验收

竣工质量验收是施工质量控制的最后一个环节，是对施工过程质量控制成果的全面检验，是从终端把关方面进行质量控制。未经验收或验收不合格的工程，不得交付使用。

单位工程质量验收是该单位工程质量的竣工验收，在单位（子单位）工程验收时，对涉及安全和使用功能的分部工程应进行资料的复查，不仅要检查其完整性（无漏检缺项），而且对分部工程验收时补充进行的见证抽样检验报告也要复核。此外对主要使用功能还须进行抽查，抽查项目是在检查资料文件的基础上由参加验收的各方人员商定，并用计量、计数的抽样方法确定检查部分。最后还应由参加验收的各方人员共同进行观感质量检查，检查的方法、内容、结论与分部（子分部）工程质量验收相同。

1. 竣工质量验收的依据

工程项目竣工质量验收的依据有：

（1）国家相关法律法规和建设主管部门颁布的管理条例和办法。

（2）建筑工程施工质量验收统一标准。

（3）专业工程施工质量验收规范。

（4）经批准的设计文件、施工图纸及说明书。

（5）工程施工承包合同。

（6）其他相关文件。

2. 竣工质量验收的条件

工程符合下列条件方可进行竣工验收：

（1）完成工程设计和合同约定的各项内容。

（2）施工单位在工程完工后对工程质量进行了检查，确认工程质量符合有关法律、法规和工程建设强制性标准，符合设计文件及合同要求，并提出工程竣工报告。工程竣工报告应经项目经理和施工单位有关负责人审核签字。

（3）对于委托监理的工程项目，监理单位对工程进行了质量评估，具有完整的监理资料，并提出工程质量评估报告。工程质量评估报告应经总监理工程师和监理单位有关负责人审核签字。

（4）勘察、设计单位对勘察、设计文件及施工过程中由设计单位签署的设计变更通知书进行检查，并提出质量检查报告。质量检查报告应经该项目勘察、设计负责人和勘察、设计单位有关负责人审核签字。

（5）有完整的技术档案和施工管理资料。

（6）有工程使用的主要建筑材料、建筑构配件和设备的进场试验报告，以及工程质量检测和功能性试验资料。

（7）建设单位已按合同约定支付工程款。

（8）有施工单位签署的工程质量保修书。

（9）对于住宅工程，进行分户验收并验收合格，建设单位按户出具《住宅工程质量分户验收表》。

（10）建设主管部门及工程质量监督机构责令整改的问题全部整改完毕。

（11）法律、法规规定的其他条件。

3. 竣工质量验收的标准

单位工程是工程项目竣工质量验收的基本对象。单位工程质量验收合格应符合下列规定：

（1）所含分部工程的质量均应验收合格。

（2）质量控制资料应完整。

（3）所含分部工程有关安全、节能、环境保护和主要使用功能的检验资料应完整。

对涉及安全和使用功能的分部工程，应对检测资料进行复查。不仅要全面检查其完整性（不得有漏检和缺项）而且对分部工程验收时补充进行的见证抽样检验报告也要复核。这是建筑工程质量验收按照"验评分离、强化验收、完善手段、过程控制"16字方针中的"强化验收"的具体体现。这种强化验收的手段体现了对安全和主要使用功能的重视。

（4）主要使用功能的抽查结果应符合相关专业质量验收规范的规定。

使用功能的抽查是对建筑工程和设备安装工程最终质量的综合检验，也是用户最为关心的内容。因此，在分项、分部工程验收合格的基础上，竣工验收时应再做一定数量的抽样检查。抽查项目在基础资料文件的基础上由参加验收的各方人员商定，并用计量、计数等抽样方法确定检查部位。竣工验收检查，应按照有关专业工程施工质量验收标准的要求进行。

（5）观感质量应符合要求。

住宅工程要分户验收。在住宅工程各检验批、分项、分部工程验收合格的基础上，在住宅工程竣工验收前，建设单位应组织施工、监理等单位，依据国家有关工程质量验收标准，对每户住宅及相关公共部位的观感质量和使用功能等进行检查验收。

竣工验收时，须由参加验收的各方人员共同进行观感质量检查。检查的方法、内容、结论等已在分部工程的相应部分中阐述，最后共同确定是否通过验收。

住宅工程质量分户验收的内容主要包括：

（1）地面、墙面和顶棚质量。

（2）门窗质量。

（3）栏杆、护栏质量。

（4）防水工程质量。

（5）室内主要空间尺寸。

（6）给水排水系统安装质量。

（7）室内电气工程安装质量。

（8）建筑节能和供暖工程质量。

（9）有关合同中规定的其他内容。

每户住宅和规定的公共部位验收完毕，应填写《住宅工程质量分户验收表》，建设单位和施工单位项目负责人、监理单位项目总监理工程师要分别签字。

分户验收不合格，不能进行住宅工程整体竣工验收。

（六）工程保修期间的质量责任

1. 工程质量保修期内的质量责任

根据《建设工程质量管理条例》第三条规定："建设单位、勘察单位、设计单位、施工单位、工程监理单位依法对建设工程质量负责。"《中华人民共和国建筑法》第八十条规定："在建筑物的合理使用寿命内，因建筑工程质量不合格受到损害的，有权向责任者要求赔偿。"《房屋建筑工程质量保修办法》第四条规定："房屋建筑工程在保修范围和保修期限内出现质量缺陷，施工单位应当履行保修义务。"第十三条规定："保修费用由质量缺陷的责任方承担。"由此可知，建设工程质量责任承担，适用过错责任原则，即工程质量责任由造成质量缺陷的责任方承担。

因此，保修责任与工程质量责任是两种不同的责任。准确地说，保修责任是施工人对已交付使用的建设工程的一项保修义务。建设工程在保修期限和保修范围内发生质量问题的，即使非因施工原因产生的质量问题，施工人也应当履行保修义务，否则就应承担相应的法律责任。但是，施工单位负有保修责任并不意味着承担建设工程的质量缺陷责任。对于在建设工程保修期间出现的质量问题，虽由施工单位负责保修，但维修所发生的费用应当由造成质量缺陷的责任方负担。

2. 保修期间的责任

对于保修期间的质量责任划分和损失承担原则根据以下情形确定：

（1）施工单位未按国家有关工程建设规范、标准和设计要求施工，造成质量缺陷的，应当履行保修义务，并对造成的损失承担赔偿责任。

（2）属于勘察、设计方面的原因造成的质量缺陷，由施工单位负责返修，费用由建设单位支付，建设单位可向勘察、设计单位追偿。

（3）因建筑材料、建筑构配件和设备质量不合格引起的质量缺陷，属于施工单位负责采购的，由施工单位承担民事责任；属于建设单位负责采购的，但施工单位提出异议而建设单位坚持使用的，由建设单位承担民事责任，如果施工单位没有验收或者验收不合格仍然使用的，由建设单位与施工单位共同承担责任。

（4）因建设单位或者建筑物所有人使用不当造成的质量缺陷，由建设单位或者建筑物所有人自行负责。

（5）因自然事故、社会条件等不可抗力造成的质量事故，由建筑物的所有人或者使用人承担责任。

（6）对发包人提出的违反法律法规和建筑工程质量、安全标准，降低工程质量的要求，承包人不予拒绝而进行施工的，由建设单位与施工单位共同承担责任。

三、工程质量事故处理

（一）工程质量事故分类

1. 工程质量事故的概念

（1）质量不合格。根据我国《质量管理体系 基础和术语》GB/T 19000—2016 规定，凡工程产品没有满足某个规定的要求，就称之为质量不合格；而没有满足某个预期使用要求或合理的期望（包括安全性方面）要求，称为"质量缺陷"。

（2）质量问题。凡是工程质量不合格，必须进行返修、加固或报废处理，由此造成直接经济损失低于限额的称为"质量问题"。

（3）质量事故。凡是工程质量不合格，必须进行返修、加固或报废处理，由此造成直接经济损失在限额（包括限额）以上的称为"质量事故"。

2. 工程质量事故的分类

由于工程事故具有复杂性、严重性、可变性和多发性的特点，所以建设工程质量事故的分类有多种方法，但一般可以按以下条件进行分类。

（1）按事故造成损失严重程度划分

按照住房和城乡建设部《关于做好房屋建筑和市政基础设施工程质量事故报告和调查处理工作的通知》（建质〔2010〕111 号）的规定，根据工程质量事故造成的人员伤亡或者直接经济损失，工程质量事故分为 4 个等级：

①特别重大事故，是指造成 30 人以上死亡，或者 100 人以上重伤，或者 1 亿元以上直接经济损失的事故；

②重大事故，是指造成 10 人以上 30 人以下死亡，或者 50 人以上 100 人以下重伤，或者 5000 万元以上 1 亿元以下直接经济损失的事故；

③较大事故，是指造成 3 人以上 10 人以下死亡，或者 10 人以上 50 人以下重伤，或者 1000 万元以上 5000 万元以下直接经济损失的事故；

④一般事故，是指造成 3 人以下死亡，或者 10 人以下重伤，或者 100 万元以上 1000 万元以下直接经济损失的事故。

本等级划分所称的"以上"包括本数，所称的"以下"不包括本数。

（2）按事故责任分类

①指导责任事故

指导责任事故是指由于工程实施指导或领导失误而造成的质量事故。例如，由于工程负责人片面追求施工进度，放松或不按质量标准进行控制和检验，降低施工质量标准等。

②操作责任事故

操作责任事故指在施工过程中，由于实施操作者不按规程和标准实施操作，而造成的质量事故。例如，浇筑混凝土时随意加水，或振捣疏漏造成混凝土质量事故等。

③自然灾害事故

指由于突发的严重自然灾害等不可抗力造成的质量事故。例如地震、台风、暴雨、雷电、洪水等对工程造成破坏甚至倒塌。这类事故虽然不是人为责任直接造成，但灾害事故造成的损失程度也往往与人们是否在事前采取了有效的预防措施有关，相关责任人员也可能负有一定的责任。

（二）施工质量事故处理的程序和要求

1. 施工质量事故处理的依据

（1）质量事故的实况资料。包括质量事故发生的时间、地点；质量事故状况的描述；质量事故发展变化的情况；有关质量事故的观测记录、事故现场状态的照片或录像；事故调查组研究所获得的第一手资料。

（2）有关合同及合同文件。包括工程承包合同、设计委托合同、设备与器材购销合同、监理合同及分包合同等。

（3）有关的技术文件和档案。主要是有关的设计文件（如施工图纸和技术说明）、与施工有关的技术文件、档案和资料（如施工方案、施工计划、施工记录、施工日志、有关建筑材料的质量证明资料、现场制备材料的质量证明资料、质量事故发生后对事故状况的观测记录、试验记录或试验报告等）。

（4）相关的建设法规。主要包括《中华人民共和国建筑法》及与工程质量及质量事故处理有关的法规，以及勘察、设计、施工、监理等单位资质管理方面的法规，从业者资格管理方面的法规，建筑市场方面的法规，建筑施工方面的法规，关于标准化管理方面的法规等。

2. 施工质量事故处理的程序

施工质量事故处理的一般程序如下。

（1）事故报告

工程质量事故发生后，事故现场有关人员应当立即向工程建设单位负责人报告；工程建设单位负责人接到报告后，应于1小时内向事故发生地县级以上人民政府住房和城乡建设主管部门及有关部门报告。

情况紧急时，事故现场有关人员可直接向事故发生地县级以上人民政府住房和城乡建设主管部门报告。

住房和城乡建设主管部门接到事故报告后，应当依照下列规定上报事故情况，并同时通知公安、监察机关等有关部门：

①较大、重大及特别重大事故逐级上报至国务院住房和城乡建设主管部门，一般事故逐级上报至省级人民政府住房和城乡建设主管部门，必要时可以越级上报事故情况。

②住房和城乡建设主管部门上报事故情况，应当同时报告本级人民政府；国务院住房和城乡建设主管部门接到重大和特别重大事故的报告后，应当立即报告国务院。

③住房和城乡建设主管部门逐级上报事故情况时，每级上报时间不得超过2小时。

事故报告应包括下列内容：

①事故发生的时间、地点、工程项目名称、工程各参建单位名称；

②事故发生的简要经过、伤亡人数（包括下落不明的人数）和初步估计的直接经济损失；

③事故的初步原因；

④事故发生后采取的措施及事故控制情况；

⑤事故报告单位、联系人及联系方式；

⑥其他应当报告的情况。

事故报告后出现新情况，以及事故发生之日起 30 日内伤亡人数发生变化的，应当及时补报。

（2）现场保护

当施工过程发生质量事故，尤其是导致土方、结构、施工模板、平台坍塌等安全事故造成人员伤亡时，施工负责人应视事故的具体状况，组织在场人员果断采取应急措施保护现场，救护人员，防止事故扩大。同时做好现场记录、标识、拍照等，为后续的事故调查保留客观真实场景。

（3）事故调查

事故调查是搞清质量事故原因，有效进行技术处理，分清质量事故责任的重要手段。

事故调查包括现场施工管理组织的自查和来自企业的技术、质量管理部门的调查；此外根据事故的性质，需要接受政府建设行政主管部门、工程质量监督部门以及检察、劳动部门等的调查，现场施工管理组织应积极配合，如实提供情况和资料。

事故调查应力求及时、客观、全面，以便为事故的分析与处理提供正确的依据。调查结果，要整理撰写成事故调查报告，其主要内容包括：

①事故项目及各参建单位概况；

②事故发生经过和事故救援情况；

③事故造成的人员伤亡和直接经济损失；

④事故项目有关质量检测报告和技术分析报告；

⑤事故发生的原因和事故性质；

⑥事故责任的认定和事故责任者的处理建议；

⑦事故防范和整改措施。

事故调查报告应当附具有关证据材料。事故调查组成员应当在事故调查报告上签名。

（4）事故的原因分析

事故的原因分析要建立在事故情况调查的基础上，避免情况不明就主观推断事故的原因。特别是对涉及勘察、设计、施工、材料和管理等方面的质量事故，往往事故的原因错综复杂，因此，必须对调查所得到的数据、资料进行仔细分析，去伪存真，找出事故的主要原因。

工程质量事故发生的原因大致有如下四类：

①技术原因：指引发的质量事故是在工程项目实施中由于设计、施工在技术上的失误而造成的质量事故。例如，结构设计计算错误，地质情况估计错误，采用了不适宜的施工方法或施工工艺等。

②管理原因：指引发的质量事故由于管理上的不完善或失误引发的质量事故。例如，施工单位或监理单位的质量体系不完善，检验制度不严密，质量控制不严格，质量管理措施落实不力，检测仪器设备管理不善而失准，材料检验不严等原因引起的质量事故。

③社会、经济原因：指引发的质量事故是由于经济因素及社会上存在的弊端和不正之风引起建设中的错误行为，而导致出现质量事故。例如，某些施工企业盲目追求利润而不顾工程质量；在投标报价中随意压低标价，中标后则依靠违法手段或修改方案追加工程款，

或偷工减料等，这些因素往往导致出现重大工程质量事故，必须予以重视。

④人为事故和自然灾害原因：指引发的事故是由于人为的设备事故、安全事故，导致连带发生的质量事故，以及严重的自然灾害等不可抗力造成质量事故。

（5）制定事故处理的方案

事故的处理要建立在原因分析的基础上，并广泛地听取专家及有关方面的意见，经科学论证，决定事故是否进行处理和怎样处理。在制订事故处理方案时，应做到安全可靠，技术可行，不留隐患，经济合理，具有可操作性，满足建筑功能和使用要求。

（6）事故处理

根据制订的质量事故处理的方案，对质量事故进行认真的处理。处理的内容包括：

①事故的技术处理，以解决施工质量不合格和缺陷问题；

②事故的责任处罚，根据事故性质、损失大小、情节轻重对责任单位和责任人做出行政处分直至追究刑事责任等的不同处罚。

（7）事故处理的鉴定验收

质量事故的处理是否达到预期的目的，是否存在隐患，应当通过检查鉴定和验收做出确认。事故处理的质量检查鉴定，应严格按施工验收规范和相关的质量标准的规定进行，必要时还应通过实际测量、试验和仪器检测等方法获取必要的数据，以便准确地对事故处理的结果做出鉴定。事故处理后，必须尽快提交完整的事故处理报告，其内容包括：

①事故调查的原始资料、测试的数据；

②事故原因分析、论证；

③事故处理的依据；

④事故处理的方案及技术措施；

⑤实施质量处理中有关的数据、记录、资料；

⑥检查验收记录；

⑦事故处理的结论等。

（8）恢复施工

对停工整改、处理质量事故的工程，经过对施工质量的处理过程和处理结果的全面检查验收，并有明确的质量事故处理鉴定意见后，报请工程监理单位批准恢复正常施工。

3. 施工质量事故处理的基本要求

施工质量事故处理的基本要求包括：

（1）质量事故的处理应达到安全可靠、不留隐患、满足生产和使用要求、施工方便、经济合理的目的；

（2）重视消除造成事故的原因，注意综合治理；

（3）正确确定处理的范围和正确选择处理的时间和方法；

（4）加强事故处理的检查验收工作，认真复查事故处理的实际情况；

（5）确保事故处理期间的安全。

（三）施工质量事故处理的基本方法

1. 修补处理

当工程的某些部分的质量虽未达到规定的规范、标准或设计的要求，存在一定的缺陷。

但经过修补后可以达到要求的质量标准，又不影响使用功能或外观的要求，可采取修补处理的方法。例如，某些混凝土结构表面出现蜂窝、麻面，经调查分析，该部位经修补处理后，不会影响其使用及外观；对混凝土结构局部出现的损伤，如结构受撞击、局部未振实、冻害、火灾、酸类腐蚀、碱骨料反应等，当这些损伤仅仅在结构的表面或局部，不影响其使用和外观，可进行修补处理。再比如对混凝土结构出现的裂缝，经分析研究后如果不影响结构的安全和使用时，也可采取修补处理。例如，当裂缝宽度不大于 0.2mm 时，可采用表面密封法；当裂缝宽度大于 0.3mm 时，采用嵌缝密闭法；当裂缝宽度较深时，则应采取灌浆修补的方法。

2. 加固处理

加固处理主要是针对危及承载力的质量缺陷的处理。通过对缺陷的加固处理，使建筑结构恢复或提高承载力，重新满足结构安全性可靠性要求，使结构能继续使用或改作其他用途。例如，对混凝土结构常用加固的方法主要有：增大截面加固法、外包角钢加固法、粘钢加固法、增设支点加固法、增设剪力墙加固法、预应力加固法等。

3. 返工处理

当工程质量缺陷经过修补处理后仍不能满足规定的质量标准要求，或不具备补救可能性则必须采取返工处理。例如，某防洪堤坝填筑压实后，其压实土的干密度未达到规定值，经核算将影响土体的稳定且不满足抗渗能力的要求，须挖除不合格土，重新填筑，进行返工处理；某公路桥梁工程预应力按规定张拉系数为 1.3，而实际仅为 0.8，属严重的质量缺陷，也无法修补，只能返工处理。再比如某工厂设备基础的混凝土浇筑时掺入木质素磺酸钙减水剂，因施工管理不善，掺量多于规定 7 倍，导致混凝土坍落度大于 180mm，石子下沉，混凝土结构不均匀，浇筑后 5 天仍然不凝固硬化，28 天混凝土实际强度不到规定强度的 32%，不得不返工重浇。

4. 限制使用

当工程质量缺陷按修补方法处理后无法保证达到规定的使用要求和安全要求，而又无法返工处理的情况下，不得已时可做出诸如结构卸荷或减荷以及限制使用的决定。

5. 不作处理

某些工程质量问题虽然达不到规定的要求或标准，但其情况不严重，对工程或结构的使用及安全影响很小，经过分析、论证、法定检测单位鉴定和设计单位等认可后可不专门作处理。一般可不做专门处理的情况有如下几种：

（1）不影响结构安全、生产工艺和使用要求的。例如，有的工业建筑物出现放线定位的偏差，且严重超过规范标准规定，若要纠正会造成重大经济损失，但经过分析、论证其偏差不影响生产工艺和正常使用，在外观上也无明显影响，可不作处理。又如，某些部位的混凝土表面的裂缝，经检查分析，属于表面养护不够的干缩裂缝，不影响使用和外观，也可不作处理。

（2）后道工序可以弥补的质量缺陷。例如，混凝土结构表面的轻微麻面，可通过后续的抹灰、刮涂、喷涂等弥补，也可不作处理。再比如，混凝土现浇楼面的平整度偏差达到10mm，但由于后续垫层和面层的施工可以弥补，所以也可不作处理。

（3）法定检测单位鉴定合格的。例如，某检验批混凝土强度值不满足规范要求，强度不足，但经法定检测单位对混凝土实体强度进行实际检测后，其实际强度达到规范允许和设计要求值时，可不作处理。对经检测未达到要求值，但相差不多，经分析论证，只要使用前经再次检测达到设计强度，也可不作处理，但应严格控制施工荷载。

（4）出现的质量缺陷，经检测鉴定达不到设计要求，但经原设计单位核算，仍能满足结构安全和使用功能的。例如，某一结构构件截面尺寸不足，或材料强度不足，影响结构承载力，但按实际情况进行复核验算后仍能满足设计要求的承载力时，可不进行专门处理。这种做法实际上是挖掘设计潜力或降低设计的安全系数，应谨慎处理。

6.报废处理

出现质量事故的工程，通过分析或实践，采取上述处理方法后仍不能满足规定的质量要求或标准，则必须予以报废处理。

第七章 工程安全生产与环境保护

第一节 概述

一、工程项目安全概念

（一）安全的含义

安全作为人类最重要和最基本的需求，是人类生命与健康的基本保障。一切生活、生产活动都源于生命的存在。

安全是日常生活中常用的一个词语。现代汉语词典的解释是：没有危险；不受威胁；不出事故。汉语词典的解释则是：安全就是平安无损。

安全是指处于避免人身伤害、设备损坏及其他不可接受的损害风险（危险）的状态。

不可接受的损害风险（危险）通常是指：

（1）超出了法律、法规和规章的要求；

（2）超出了方针、目标和企业规定的其他要求；

（3）超出了人们普遍接受（通常是隐含的）要求。

因此，安全与否要对照风险接受程度来判定，是一个相对性的概念。

可见，安全可以从以下两方面来理解：

（1）通俗来讲，安全就是在人们的生产和生活过程中，生命得到保证，身体、设备、财产不受到损害。

（2）从本质上来讲，安全就是预知人们活动的各个领域里存在的固有危险和潜在危险，并且为消除这些危险的存在和状态而采取的各种方法、手段和行动。

（二）工程项目各阶段安全管理的内涵

工程项目安全包含三种含义，一是工程项目建成投产使用后项目生产使用过程中的安全；二是工程项目作为最终的物质实体其结构上的安全性；三是在工程项目建设过程中物质财产和人身的安全。工程项目的全寿命周期包括前期决策阶段、设计阶段、建设准备阶段、实施阶段、竣工验收和交付使用阶段、运营使用阶段，每个阶段都有工程安全的要求也有其不同的任务。工程项目前期决策阶段主要考虑项目选址方面对工程项目安全的要求，设计阶段主要考虑工程项目本身比如房屋结构方面的安全性要求，实施阶段主要考虑施工人员的安全和施工材料设备等的安全，运营使用阶段主要考虑使用安全。本章后面相关内容主要介绍施工阶段工程项目安全管理的内容，此处简单介绍工程项目前期决策阶段、设计阶段、项目试运行阶段和使用阶段安全管理的内涵。

1. 前期决策阶段安全管理内涵

工程项目前期决策阶段工程安全的主要任务包括项目选址、地质灾害危险性评估、地震安全性评价和安全预评价等工作内容。

（1）项目选址

项目选址要避开国防军事禁区、空港控制范围区、泄洪区或洪水淹没区、地下可能有文物存在的场地。在地质条件方面，尽可能避开不良地质现象发育且对场地稳定性有直接危害或潜在威胁的区域；地基土性质严重不良的区域；可能发生地震危险的区域；洪水或地下水对建筑物有严重不良影响的区域；地下有未开采的有价值矿藏或未稳定的地下采空区及泥石流多发等区域；避开对工厂环境、劳动安全卫生有威胁的区域，如有严重放射性物质或大量有害气体的地域，传染病和地方病流行区域；有爆破作业的危险等区域。

（2）地质灾害危险性评估

根据《地质灾害防治条例》和《地质灾害防治管理办法》的要求，城市建设、有可能导致地质灾害（主要包括崩塌、滑坡、泥石流、地面塌陷、地裂缝、地面沉降等）发生的工程项目建设和在地质灾害易发区内进行工程建设，在申请建设用地之前必须进行地质灾害危险性评估。编制和实施水利、铁路、交通、能源等重大建设工程项目时，应当充分考虑地质灾害防治要求，避免和减轻地质灾害造成的损失。在地质灾害易发区内进行工程建设应当在决策分析阶段进行地质灾害危险性评估，并将评价结果作为可行性研究报告的组成部分。

对经评估认为可能引发地质灾害或者可能遭受地质灾害危害的建设工程，报告编制和评估单位应提出配套建设地质灾害治理工程。地质灾害治理工程的设计、施工和验收应当与主体工程的设计、施工、验收同时进行。地质灾害危险性评估主要内容有：工程建设可能诱发、加剧地质灾害的可能性，工程建设本身可能遭受地质灾害危害的危险性；拟采取的防治措施。

（3）地震安全性评价

可行性研究阶段，应当按照抗震设防要求和抗震设计规范，提出抗震设计措施。

《地震安全性评价管理条例》第十三条规定：县级以上人民政府负责项目审批的部门，应当将抗震设防要求纳入建设工程可行性研究报告的审查内容。

地震安全性评价报告应当包括如下内容：工程概况和地震安全性评价的技术要求；地震活动环境评价；地震地质构造评价；设防烈度或者设计地震动参数；地震地质灾害评价；其他有关技术资料。

（4）安全预评价

根据工程、系统生命周期和评价的目的，安全评价可分为安全预评价、安全验收评价、安全现状综合评价和专项安全评价。安全预评价是根据项目的建设方案分析预测建设项目可能存在的危险、有害因素的种类和程度，提出合理可行的安全对策措施及建议。

安全预评价目的是贯彻"安全第一、预防为主"的方针，为建设项目前期工作决策分析研究和初步设计提供科学依据，以利于提高建设项目本身的安全程度。建设项目安全预评价工作应在工程可行性研究阶段进行。在建设项目初步设计会审前完成，并通过安全监督管理部门的审批。

安全预评价主要包括危险、有害因素识别，危险度评价和安全对策措施及建议等方面的内容。

国家要求建设工程项目的安全设施和职业病防护措施与主体工程同时设计、同时施工、同时投入生产和使用。

2. 设计阶段安全管理内涵

工程建设项目须按照国家颁布的《中国地震动参数区划图》GB 18306—2015、《建筑抗震设计规范》GB 50011—2010、《中华人民共和国防震减灾法》等要求进行抗震设计。新建、扩建、改建建设工程，按照地震安全性评价要求，针对工程项目特点，制定相应防震抗震措施，达到抗震设防要求。

工程结构设计的主要目的之一是保证所建造的结构安全适用，能够在规定的期限内满足各种预期的功能要求，并且经济合理。具体说来，结构应具有以下几项功能：

（1）安全性。在正常施工和正常使用的条件下，结构应能承受可能出现的各种荷载作用和变形而不发生破坏；在偶然事件发生后，结构仍能保持必要的整体稳定性。例如，厂房结构平时受自重、吊车、风和积雪等荷载作用时，均应坚固不坏，而在遇到强烈地震、爆炸等偶然事件时，容许有局部的损伤，但应保持结构的整体稳定而不发生倒塌。

（2）适用性。在正常使用时，结构应具有良好的工作性能。如吊车梁变形过大会使吊车无法正常运行，水池出现裂缝便不能蓄水等，都影响正常使用，需要对变形、裂缝等进行必要的控制。

（3）耐久性。在正常维护的条件下，结构应能在预计的使用年限内满足各项功能要求，也即应具有足够的耐久性。例如，不致因混凝土的老化、腐蚀或钢筋的锈蚀等而影响结构的使用寿命。

安全性、适用性和耐久性概括为结构的可靠性。

设计单位应按照法律法规和工程建设强制性标准的要求，进行环境保护设施和安全设施的设计，防止因为设计考虑不周而导致生产安全事故的发生或对环境造成不良影响。

在进行工程设计时，设计单位应当考虑施工安全和防护的需要，对涉及施工安全的重点部分和环节，在设计文件中注明，并对防范生产安全事故提出指导意见。

对于采用新结构、新材料、新工艺的建设工程和特殊结构的建设工程，设计单位应在设计中提出保障施工作业人员安全和预防生产安全事故的措施建议。

在工程总概算中，应明确工程安全环保设施费用、安全施工和环境保护措施费等。

3. 项目试运行和使用阶段安全管理的内涵

项目竣工后，建设单位应向审批建设工程项目环境影响报告书、环境影响报告或者环境影响登记表的环境保护行政主管部门申请对环保设施进行竣工验收。

对于需要试生产的建设工程项目，建设单位应当在项目投入试生产之日起3个月内向环保行政主管部门申请对其项目配套的环保设施进行竣工验收。

综上所述，工程安全既可以指工程本身的安全也可以指工程建设过程的安全。工程本身的安全问题既涉及工程项目前期决策的选址，这涉及外部因素，也涉及工程设计，还涉及工程项目建成后的运营、使用和维护。选址不当，结构计算错误，使用不当等都可能给工程本身带来损害，严重的会导致坍塌倾覆等问题，进而危及使用者和相关者的生命财产的安全。工程项目的选址问题涉及前期决策，工程结构问题涉及工程设计，工程使用问题涉及物业设施管理，这类问题可以归纳为工程质量的问题。

本文所讲的安全问题是工程建设的安全管理问题，即是工程安全生产管理问题。

二、事故致因理论

最早也是迄今为止对事故致因理论发展贡献最大，影响最为深远的理论是 1931 年由美国工程师 Heinrich 提出的多米诺骨牌理论。

（一）Heinrich 的事故致因理论

1931 年，美国工程师 Heinrich 在《工业事故的预防》一书中，首先提出了著名的事故发生的连锁反应图（图 7-1）。他认为，社会环境和传统、人的失误、人的不安全行为和事件是导致事故的连锁原因，就像著名的多米诺骨牌一样，一旦第一张倒下，就会导致第二张、第三张直至第五张骨牌依次倒下，最终导致事故和相应的损失。Heinrich 同时还指出，控制事故发生的可能性及减少伤害和损失的关键环节在于消除人的不安全行为和物的不安全状态，即抽去第三张骨牌就有可能避免第四和第五张骨牌的倒下（图 7-1）。只要消除了人的不安全行为或物的不安全状态，伤亡事故就不会发生，由此造成的人身伤害和经济损失也就无从谈起。这一理论从产生伊始就被广泛应用于安全生产工作之中，被奉为安全生产的经典理论，对后来的安全生产产生了巨大而深远的影响。施工现场要求每天工作开始前必须认真检查施工机具和施工材料，并且保证施工人员处于稳定的工作状态，正是这一原则在工程建设安全管理中的应用和体现。

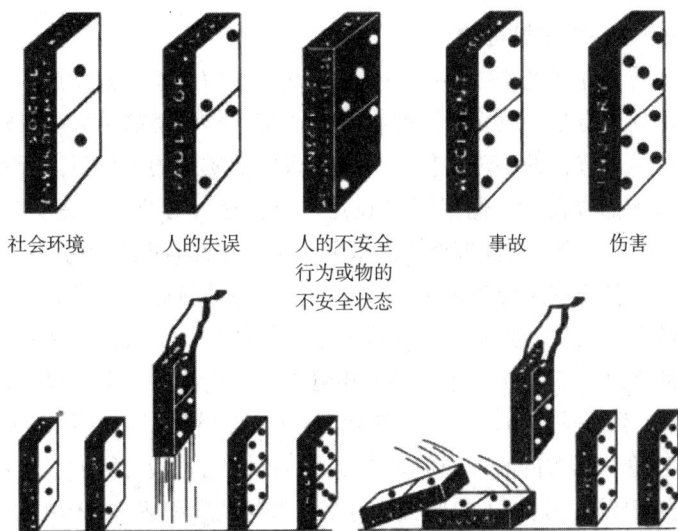

图 7-1　事故发生的连锁反应图（Heinrich，1931 年）

（二）人机工程学的事故致因理论

研究者们在 Heinrich 事故致因原理的基础上，综合考虑了其他因素，提出了在人—机—环系统中，事故发生的因果关系（图 7-2）。该理论指出，在人机协调作业的建设工程施工过程中，人与机器在一定的管理和环境条件下，为完成一定的任务，既各自发挥自己的作用，又必须相互联系，相互配合。这一系统的安全性和可靠性不仅取决于人的行为，还取决于物的状态。一般说来，大部分伤亡事故发生在人和机械的交互界面上，人的不安全行为和机械的不安全状态是导致意外伤害事故的直接原因。因此，工程建设中存在的风险不仅取决于物的可靠性，还取决于人的"可靠性"。根据统计数据，由于人的不安全状态导致的事故大约占事故总数的88%~90%。预防和避免事故发生的关键是从建立该生产系统的开始，就应用人机工程学的原理和方法，通过正确的管理，努力消除各种不安全因素，建立一个人—机—环协调工作及操作可靠的安全生产系统。人机工程学的事故致因理论是一个典型的人因学派理论。

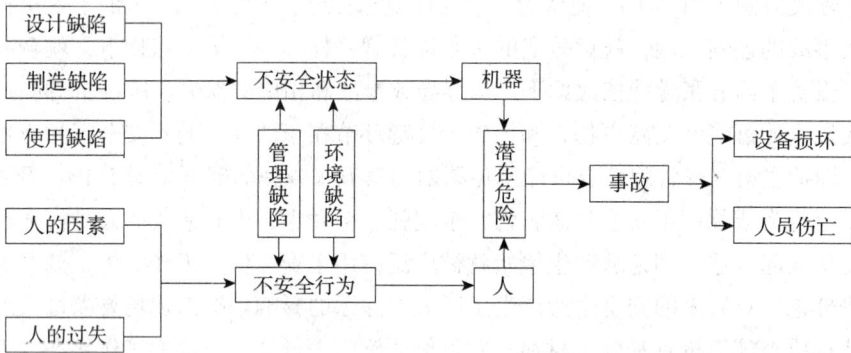

图7-2 人机工程学事故因果关系

（三）目标—自由—警惕性理论

目标—自由—警惕性理论是由 Kerr 最先提出的一个解释事故发生原因的理论。目标—自由—警惕性理论的观点是：安全作业是有益的心理工作环境的结果。目标—自由—警惕性理论认为，事故是由有害的心理工作环境所导致的低质量的工作行为所致，而这种环境不能使人保持高水平的警惕性。他相信："设定可行目标后给予工人高度自由去完成工作，将获得高质量的作业。高警惕性能够产生高水平的作业和无事故的行为。"

这个理论的本质是管理层应当为工人设定一个明确的目标，并且给予工人达到这个目标的充分自由。结果工人就会集中精力完成这个目标任务。工人的这种专注将会减少事故发生的可能性。换言之，一个在工作岗位上知道该干什么的工人将会集中精力完成他的任务，也就会更安全。目标—自由—警惕性理论详述了安全管理工作中积极的一面。

根据 Kerr 的理论，有益的心理环境是指工人自己设定一些可行的工作目标，并且自由地选择某些方法去完成这些目标。他们必须有机会参与发现和解决工作中出现的问题。Kerr认为这种参与会使工人保持一种警惕性，也就能导致高质量的生产、安全的工作行为和更少的事故。尽管有许多事实可以支持这个理论，但对这个理论现在仍存有很大的争议。

Haddon、Suchman 和 Klein 认为，对于这个理论的证明材料大部分都是没有根据的。Hitchcock 和 Sanders 批评了 Kerr 用于证明的方法和结论。实际上，验证这个理论的研究还很少。

在另一项研究中，Kerr 得出这样一个结论：在一个公司里，那些很少有公司内部调动机会和提升潜能的部门发生事故可能性更大。他认为那些没有调动和提升机会的工人会形成对工作环境漠不关心的态度。这种漠不关心的态度会导致更低的工作警惕性，自然就会导致更多的伤害事故。但他并没有考虑到，那些很少有公司内部调动机会和提升潜能的部门很可能本身就是一些工作性质危险的部门。

根据目标—自由—警惕性理论，应当培训经理和主管人员，使他们把工作变得对工人具有更大的激励性。他们可以通过各种不同的管理技巧，包括广泛参与的管理、积极的支持以及合理设定的工作目标等，来达到这一目的。

（四）调整压力理论

Kerr 还提出了解释事故原因的第二个理论：调整压力理论。调整压力理论认为，某种分散工人注意力的气氛会危及工人的安全。Kerr 相信，调整压力理论解释了大部分事故倾向性理论所没有阐述的事故原因。调整压力理论是对目标—自由—警惕性理论的一个补充。目标—自由—警惕性理论指出，工人在一个能发挥潜能的、积极的工作环境下工作时会很安全，而调整压力理论提出了一些对于工人来说不是很安全的情况。

调整压力理论认为，"不寻常的、消极的和会分散注意力的压力"会导致工人增加"发生事故和低质量行为"的倾向性。调整压力理论强调工作环境气氛是导致事故发生的一个主要因素。Kerr 也把它称为"工作环境气氛理论"。环境气氛（或者环境条件）可以是内部的，也可以是外部的。根据这个理论，任何强加到工人身上的影响或消极的压力，不论是内部的（疲劳、饮酒、缺少睡眠、毒品、疾病和诸如忧郁、个人问题、焦虑等心理压力），还是外部的（噪声、光线、温度和过度的体力劳动）都会导致事故的增加。如果工人不能调整这些压力，发生事故的机会就会增加。总之，压力会在工作时间分散工人的注意力并增加伤害事故发生的可能性。

这个理论认为工作环境中的消极因素会分散工人的注意力，而注意力分散对安全来说是很有害的。在其他的工作环境中也不乏这样的例子：在工作时被许多与工作无关的事情干扰往往使人更容易发生事故。例如，一边开车一边看地图或者打手机是很危险的。在时间充裕的情况下，一个人开车去做无关紧要的事的时候，通常都会是很安全的，但当他遇到要参加一个很紧急的会议而且他已经迟到时，他开车会变得很危险。在每天的生活中总会发生许多事情分散我们专注于做一件事情的注意力，建筑工人也不例外。正是那些精神压力导致了注意力分散，增加了工人发生事故并且受伤的可能性。

根据调整压力理论，那些能造成注意力分散而导致事故发生可能性增加的因素有可能是在工作之前产生，然后由工人带到工作中来的；也有可能是在工作中产生的。那些在工作中产生的导致注意力分散的因素，应当受到管理人员的高度重视，因为正是管理人员的一些政策和措施，特别是不现实的任务要求，导致了工人的这些压力。两种常见的不现实的任务要求是要求把施工成本控制在一个不现实的水平和必须在一个不现实的期限内完成任务。这说明在很多情况下，许多压力都是由管理者施加的，因此管理层如果能够有意识地减少和控制这些压力，那么就能减少事故的发生。任何危及工作安全的压力都是导致事故发生的催化剂。在性格不兼容的一个工人和一个主管之间，或者两个互相辱骂的工人之间，都会导致紧张的情况出现。当被置于一个明显危险的环境下工作时也会导致工人的压力增加。

工人生活中的许多压力也有可能带到工作中来，诸如离婚、亲人的死亡、孩子生病和经济拮据等家庭问题都可能成为导致这类压力的重要原因，另外还有一些工人自身的原因，包括滥用药物、身体疼痛、疲劳和缺乏睡眠等，当这些因素产生的压力被带到工作中时，就会不同程度地影响工人在作业现场保持安全状态的能力。虽然管理层可能无法觉察出这些压力的性质，但管理层应当关注他们的工人。

（五）"精神分散"理论

"精神分散"理论认为安全是由环境决定的。因为精神分散的性质不同，工人做出的反应不同，导致的结果也各不相同。

危险表现在很多方面。在通常情况下，人们认为危险是容易导致个人受到伤害的物理条件。"精神分散"理论可以用来解释在危险环境下工人从事一项特殊任务的事故致因。"精神分散"理论加以发展，可以在以下两个因素都存在时使用：一是存在明显的发生事故的风险和导致精神分散的事件，二是明确的工作任务。

三、危险源与安全管理

（一）危险源的含义

工程安全生产的问题基本是由于危险源导致的，所以工程安全生产管理主要是危险源管理。危险源是安全生产管理的主要对象，所以，有人把安全生产管理也称为"危险控制"或"安全风险控制"。

危险源是可能导致人身伤害或疾病、财产损失、工作环境破坏或这些情况组合的危险因素和有害因素。危险因素强调突发性和瞬间作用的因素，有害因素强调在一定时期内的慢性损害和累积作用。

在实际生活和生产过程中的危险源是以多种多样的形式存在，危险源导致事故可归结为能量的意外释放或有害物质的泄漏。根据危险源在事故发生发展中的作用把危险源分为两大类。即第一类危险源和第二类危险源。

可能发生意外释放的能量的载体或危险物质称作第一类危险源（如"炸药"是能够产生能量的物质；"压力容器"是拥有能量的载体）。能量或危险物质的意外释放是事故发生的物理本质。通常把产生能量的能量源或拥有能量的能量载体作为第一类危险源来处理。

造成约束、限制能量措施失效或破坏的各种不安全因素称作第二类危险源（如"电缆绝缘层""脚手架""起重机钢绳"等）。

在生产、生活中，为了利用能源，人们制造了各种机器设备，让能量按照人们的意图在系统中流动、转换和做功为人类服务，而这些设备设施又可看成是限制约束能量的工具。正常情况下，生产过程的能量或危险物质受到约束或限制，不会发生意外释放，即不会发生事故。但是，一旦这些约束或限制能量或危险物质的措施受到破坏或失效（故障），则将发生事故。

第二类危险源包括人的不安全行为、物的不安全状态、环境的不利因素和管理上的缺陷四个方面。

1. 人的不安全行为

管理靠人，人也是管理的对象。人的行为是安全的关键。人的不安全行为可能导致安全事故。统计资料表明，有88%的安全事故是由人的不安全行为所造成的，而人的生理和心理特点直接影响人的不安全行为，主要表现在身体缺陷、错误行为和违纪违章三个方面。

（1）身体缺陷指疾病、职业病、精神失常、智商过低、紧张、烦躁、疲劳、易冲动、运动迟钝、对自然条件和其他环境过敏、不适应复杂和快速工作、应变能力差等。

（2）错误行为指嗜酒、吸毒、吸烟、赌博、玩耍、嬉闹、追逐、误视、误听、误嗅、误触、误动作、误判断、意外碰撞和受阻、误入危险区等。

（3）违纪违章指粗心大意、漫不经心、注意力不集中、不履行安全措施、安全检查不认真、不按工艺规程或标准操作、不按规定使用防护用品、玩忽职守、有意违章等。

2. 物的不安全状态

把生产过程中并发挥一定作用的机械、物料、生产对象以及其他生产要素统称为"物"。物都具有不同形式、性质的能量，有出现能量意外释放，引发事故的可能性。由于物的能量可能释放引起事故的状态，称为"物的不安全状态"。在生产过程中，物的不安全状态极易出现。所有的物的不安全状态，都与人的不安全行为或人的操作、管理失误有关。往往在物的不安全状态背后，隐藏着人的不安全行为或失误。物的不安全状态既反映了物的自身特性，又反映了人的素质和人的决策水平。物的不安全状态的运动轨迹，一旦与人的不安全行为的运动轨迹交叉，就具备了发生事故的时间与空间。所以，物的不安全状态是发生事故的直接原因。

物的不安全状态表现为三个方面：即设备和装置的缺陷、作业场所的缺陷、物质和环境的危险源。

（1）设备和装置的缺陷指机械设备和装置的技术性能降低，强度不够、结构不良、磨损、老化、失灵、腐蚀、物理和化学性能达不到要求等。

（2）作业场所的缺陷指施工现场场地狭窄、立体交叉作业组织不当、多工种交叉作业不协调、道路狭窄、机械拥挤、多单位同时施工等。

（3）物质和环境的危险源有化学方面的、机械方面的、电气方面的、环境方面的等。

3. 环境的不利因素

环境的不利因素包括：现场布置杂乱无序，视线不畅，沟渠纵横，交通阻塞，材料工器具乱堆、乱放，机械无防护装置，电器无漏电保护，粉尘飞扬，噪声刺耳等使劳动者生理、心理难以承受，则必然诱发安全事故。

4. 管理上的缺陷

管理上的缺陷包括：对物的管理失误，包括技术、设计、结构上有缺陷、作业现场环境有缺陷、防护用品有缺陷等；对人的管理失误，包括教育、培训、指示和对作业人员的安排等方面的缺陷；管理工作的失误，包括对作业程序、操作规程、工艺过程的管理失误以及对采购、安全监控、事故防范措施的管理失误。

（二）安全管理的概念

安全管理有宏观的安全管理、中观的安全管理和微观的安全管理之分。宏观的安全管理指的是国家范围内的安全管理，中观的安全管理指的是领域或者部门内部的安全管理，微观的安全管理是具体生产角度的安全管理。涉及工程项目的安全管理主要是微观的安全管理。

1. 安全管理的含义

安全管理是为了实现安全生产而组织和使用人力、物力、财力和环境等各种资源的过程。它利用计划、组织、指挥、协调、控制等管理职能，在法律制度、组织管理、技术和教育等方面采取综合措施，控制来自自然界的、机械的、物质的不安全因素及人的不安全行为，避免发生伤亡事故，保证职工的生命安全和健康，保证生产顺利进行。可见，安全管理在解决系统中的安全问题上从两个方面考虑：一是借助于法律制度、组织管理和教育控制人的不安全行为；二是借助于技术措施和管理控制物的不安全因素，改善作业环境。安全管理实质上就是对人、物、环境的管理。

2. 安全管理策略

安全管理从以下三个方面的思路提出了应对策略：

（1）人的不安全行为：从人的心理学和行为学方面研究解决，可通过培训和提高人的安全意识和行为能力，以保证人的可靠性。

（2）物的不安全状态：从研究安全技术，采取安全措施来解决，可通过各种有效的安全技术系统保证安全设施的可靠性。

（3）组织管理不力：用系统论的理论和方法，研究工业生产组织如何建立职业健康安全系统化、标准化的管理体系，实行全员、全过程、全方位、以预防为主的整体管理。

3. 安全管理的目标

安全管理的目标是减少和消除生产过程中的事故，保证人员健康安全和财产免受损失。具体可包括：

（1）减少或消除人的不安全行为的目标；

（2）减少或消除设备、材料的不安全状态的目标；

（3）改善生产环境和保护自然环境的目标。

四、工程安全生产管理的特点

由于工程产品及其生产与工业产品不同，它有其特殊性。而正是由于它的特殊性，对工程项目的安全与环境影响尤为重要，工程项目安全与环境管理的特点主要有：

1. 建设工程项目安全管理的复杂性

建筑产品的固定性和生产的流动性使得生产没有固定的、良好的操作环境和空间，使施工作业条件差，不安全因素多，导致施工现场的安全与环境管理比较复杂。

（1）建筑产品生产过程中生产人员、工具与设备的流动性，主要表现为：

同一工地不同建筑之间流动；同一建筑不同建筑部位上流动；一个建筑工程项目完成后，又要向另一新项目动迁的流动。

（2）建筑产品受不同外部环境影响的因素多，主要表现为：

露天作业多；气候条件变化的影响；工程地质和水文条件的变化；地理条件和地域资源的影响。

（3）由于生产人员、工具和设备的交叉和流动作业，受不同外部环境的影响因素多，使安全管理很复杂，稍有考虑不周就会出现问题。

2.项目体形庞大，露天作业和高空作业多，致使工程施工要更加注重自然气候条件和高空作业对施工人员的安全和环境污染因素的影响。

3.项目的单件性，使施工作业形式多样化，工程施工受产品形式、结构类型、地理环境、地区经济条件等影响较大。

建筑产品的多样性决定了生产的单件性。每一个建筑产品都要根据其特定要求进行施工，主要表现是：

不能按同一图纸、同一施工工艺、同一生产设备进行批量重复生产；

施工生产组织及机构变动频繁，生产经营的"一次性"特征特别突出；

生产过程中试验性研究课题多，所碰到的新技术、新工艺、新设备、新材料给安全管理带来不少难题。

因此，对于每个建设工程项目都要根据其实际情况，制定安全与环境管理计划，不可相互套用。从而使施工现场的安全与环境管理的实施不能照搬硬套，必须根据项目形式、结构类型、地理环境、地区经济不同而进行变动调整。

4.工程项目生产周期长，消耗的人力、物力和财力大，必然使施工单位考虑降低工程成本的因素多，从而影响了安全与环境管理的费用支出，造成施工现场的安全与环境污染现象时有发生。

5.项目的生产涉及的内部专业多、外界单位广、综合性强，使施工生产的自由性、预见性、可控性及协调性在一定程度上比一般产业复杂。这就要求施工方做到各专业之间、单位之间互相配合，要注意施工过程中的材料交接、专业接口部分对安全与环境管理的协调性。

6.工程项目的生产手工作业和湿作业多，机械化水平低，劳动条件差，工作强度大，从而对施工现场的安全影响较大，环境污染因素多。

7.施工作业人员文化素质低，并处在动态调整的不稳定状态中，从而给施工现场的安全与环境管理带来很多的不利因素。

8.建设工程项目安全管理的协调性

产品生产过程的连续性和分工性决定了安全管理的协调性。建筑产品不能像其他许多工业产品一样可以分解为若干部分同时生产，而必须在同一固定场地按严格程序连续生产，上一道程序不完成，下一道程序不能进行（如基础—主体—屋顶），上一道工序生产的结果往往会被下一道工序所掩盖，而且每一道程序由不同的人员和单位来完成。因此，在安全管理中要求各单位和各专业人员横向配合和协调，共同注意产品生产过程接口部分的安全管理的协调性。

9.建设工程项目安全管理的不符合性

产品的委托性决定了职业健康安全与环境管理的不符合性。建筑产品在建造前就确定了买主，按建设单位特定的要求委托进行生产建造。而建设工程市场在供大于求的情况下，业主经常会压低标价，造成产品的生产单位对安全管理的费用投入减少，不符合健康安全管理有关规定的现象时有发生。这就要建设单位和生产组织都必须重视对健康安全费用的投入，不可不符合健康安全管理的要求。

由于上述特点的影响，将导致施工过程中的事故的潜在不安全因素和人的不安全因素较多，使企业的经营管理，特别是施工现场的安全与环境管理比其他工业企业的管理更为复杂。

第二节　工程安全生产责任体系

一、安全生产的依据

（一）安全生产法律法规

安全生产法律法规是保护社会生产过程中人民生命安全健康，以及保护国家、集体、人民财产安全的法律规范的总称；是我国法治建设与法律法规体系中的一个组成部分。它以宪法为依据，涉及刑法、民法、经济法、行政法等许多实体法的有关内容，以及配套的有关条例、部门规章、技术规程及标准等法规。安全生产法律法规按其内容可分为安全技术法规、职业卫生法规和安全管理法规三类。

安全技术法规是指国家为了搞好安全生产，防止和消除生产中的灾害事故，保障职工人身安全而制定的法律规范。涉及建设工程安全的国家标准主要有《建筑安全生产监督管理规定》《中华人民共和国特种设备安全法》《特种设备安全监察条例》《施工升降机安全使用规程》GB/T 34023—2017、《安全网》GB 5725—2009、《坠落防护 安全带》GB 6095—2021、《安全色》GB 2893—2008 等。

职业卫生法规是国家根据《中华人民共和国职业病防治法》以及《中华人民共和国劳动法》《中华人民共和国安全生产法》等有关法律规定而制定的有关条例、部门规章、技术规程及标准等法规。它是国家为了改善劳动条件，保护职工在劳动生产过程中的健康，预防和消除职业病及职业中毒而制定的各种法规的总称。

安全管理法规是国家根据《中华人民共和国安全生产法》《中华人民共和国建筑法》《中华人民共和国劳动法》等有关法律规定而制定的有关条例、部门规章及管理办法规定，包括《安全生产许可证条例》《生产安全事故报告和调查处理条例》等。它是指国家为了搞好安全生产，加强劳动保护，保障职工的安全健康所制定的管理法规的总称。安全管理法规的主要内容有：确定安全生产方针、政策、原则；明确安全生产体制；明确安全生产责任制；制定和实施劳动安全卫生措施计划；安全生产的经费来源；安全检查制度；安全教育制度；事故管理制度；女职工和未成年工的特殊保护；工时、休假制度等。

（二）部门规章

（1）《建筑工程施工许可管理办法》（住房和城乡建设部令第 18 号）；

（2）《建筑施工企业安全生产许可证管理规定》（原建设部令第 128 号）；

（3）《建筑起重机械安全监督管理规定》（原建设部令第 166 号）；

（4）《建筑施工企业主要负责人、项目负责人和专职安全生产管理人员安全生产管理规定》（住房和城乡建设部令第 17 号）；

（5）《危险性较大的分部分项工程安全管理规定》（住房和城乡建设部令第 37 号）等。

此外，安全生产的依据还包括有关规范性文件，有关工程建设标准、规范。

二、建设工程安全生产管理条例

（一）《建设工程安全生产管理条例》概况

2003年11月24日，《建设工程安全生产管理条例》（以下简称《条例》）由国务院正式颁布，自2004年2月1日起施行。该《条例》是我国第一部规范建设工程安全生产的行政法规，它对进一步规范和增强参与工程建设活动各方主体的安全行为和安全责任意识，强化和提高政府安全生产监管水平与依法行政能力，从源头上遏止建设工程安全事故发生，保障从业人员和广大人民群众的生命财产安全具有重大意义。

《条例》8章共71条，其中总则5条，建设单位的安全责任6条，勘察、设计、工程监理及其他有关单位的安全责任8条，施工单位的安全责任19条，监督管理8条，生产安全事故的应急救援和调查处理6条，法律责任16条，附则3条。

建设工程中有六个责任主体：建设单位、勘察单位、设计单位、施工单位、监理单位、检测单位。从《条例》条款数量上看，涉及施工单位的条款最多，施工单位的安全责任章节全部19条，生产安全事故的应急救援和调查处理章节中有4条，法律责任章节中有10条，另外勘察、设计、工程监理及其他有关单位的安全责任章节中有4条为机械设备等生产、租赁、安拆等有关单位的安全责任。因以上有关单位为施工单位的分包商、供应商，其责任也间接地与施工单位有关，由此可见，落实《条例》的重点、关键是施工单位对《条例》的贯彻。

（二）安全管理基本要求

1. 建设、勘察、设计、施工、监理、检测等单位依法对工程安全负责。

2. 勘察、设计、施工、监理、检测等单位应当依法取得资质证书，并在其资质等级许可的范围内从事建设工程活动。施工单位应当取得安全生产许可证。

3. 建设、勘察、设计、施工、监理等单位的法定代表人应当签署授权委托书，明确各自工程项目负责人。

4. 从事工程建设活动的专业技术人员应当在注册许可范围和聘用单位业务范围内从业，对签署技术文件的真实性和准确性负责，依法承担安全责任。

5. 施工企业主要负责人、项目负责人及专职安全生产管理人员（以下简称"安管人员"）应当取得安全生产考核合格证书。

6. 工程一线作业人员应当按照相关行业职业标准和规定经培训考核合格，特种作业人员应当取得特种作业操作资格证书。工程建设有关单位应当建立健全一线作业人员的职业教育、培训制度，定期开展职业技能培训。

7. 建设、勘察、设计、施工、监理、监测等单位应当建立完善危险性较大的分部分项工程管理责任制，落实安全管理责任，严格按照相关规定实施危险性较大的分部分项工程清单管理、专项施工方案编制及论证、现场安全管理等制度。

8. 建设、勘察、设计、施工、监理等单位法定代表人和项目负责人应当加强工程项目安全生产管理，依法对安全生产事故和隐患承担相应责任。

（三）《条例》确立了建设工程安全生产的基本管理制度

《条例》对政府部门、有关企业及相关人员的建设工程安全生产和管理行为进行了全面规范，确立了十三项主要制度。其中，涉及政府部门的安全生产监管制度有七项：

（1）依法批准开工报告的建设工程和拆除工程备案制度。建设单位应当自开工报告批准之日起 15 日内，将保证安全施工的措施报送建设工程所在地的县级以上地方人民政府建设行政主管部门或者其他有关部门备案。建设单位应当在拆除工程施工 15 日前，将施工单位资质等级证明、拟拆除建筑物、构筑物及可能危及毗邻建筑的说明、拆除施工组织方案，以及堆放、清除废弃物的措施报送建设行政主管部门或其他有关部门备案。

（2）三类人员考核任职制度。施工单位的主要负责人、项目负责人、专职安全生产管理人员应当经建设行政主管部门或者其他有关部门考核合格后方可任职，考核内容主要是安全生产知识和安全管理能力。

（3）特种作业人员持证上岗制度。垂直运输机械作业人员、起重机械安装拆卸工、爆破作业人员、起重信号工、登高架设作业人员等特种作业人员，必须按照国家有关规定经过专门的安全作业培训，并取得特种作业操作资格证书后，方可上岗作业。

（4）施工起重机械使用登记制度。施工单位应当自施工起重机械和整体提升脚手架、模板等自升式架设设施验收合格之日起 30 日内，向建设行政主管部门或者其他有关部门登记。

（5）政府安全监督检查制度。县级以上人民政府负有建设工程安全生产监督管理职责的部门在各自的职责范围内履行安全监督检查职责时，有权纠正施工中违反安全生产要求的行为，责令立即排除检查中发现的安全事故隐患，对重大隐患可以责令暂时停止施工。建设行政主管部门或者其他有关部门可以将施工现场的安全监督检查委托给建设工程安全监督机构具体实施。

（6）危及施工安全工艺、设备、材料淘汰制度。国家对严重危及施工安全的工艺、设备、材料实行淘汰制度。具体目录由住房和城乡建设部会同国务院其他有关部门制定并公布。

（7）生产安全事故报告制度。施工单位发生生产安全事故，要及时、如实向当地安全生产监督部门和建设行政管理部门报告。实行总承包的由总包单位负责上报。

同时，《条例》对建设领域目前实施的市场准入制度中施工企业资质和施工许可制度，做了补充和完善。明确规定安全生产条件作为施工企业资质必要条件，把住安全准入关。明确在建设行政主管部门审核发放施工许可证时，对建设工程是否有安全施工措施进行审查把关，没有安全施工措施的，不得颁发施工许可证。

《条例》进一步明确了施工企业的六项安全生产制度，即安全生产责任制度、安全生产教育培训制度、专项施工方案专家论证审查制度、施工现场消防安全责任制度、意外伤害保险制度和生产安全事故应急救援制度。《条例》对建设、勘察、设计和监理等单位也根据其各自的特点规定了相应的安全制度和责任。

三、建设单位的安全责任

（一）条例的规定

《建设工程安全生产管理条例》第六条规定：建设单位应当向施工单位提供施工现场及毗邻区域内供水、排水、供电、供气、供热、通信、广播电视等地下管线资料，气象和水文观测资料，相邻建筑物和构筑物、地下工程的有关资料，并保证资料的真实、准确、完整。

建设单位因建设工程需要，向有关部门或者单位查询前款规定的资料时，有关部门或者单位应当及时提供。

《建设工程安全生产管理条例》第七条规定：建设单位不得对勘察、设计、施工、工程监理等单位提出不符合建设工程安全生产法律、法规和强制性标准规定的要求，不得压缩合同约定的工期。

《建设工程安全生产管理条例》第八条规定：建设单位在编制工程概算时，应当确定建设工程安全作业环境及安全施工措施所需费用。

《建设工程安全生产管理条例》第九条规定：建设单位不得明示或者暗示施工单位购买、租赁、使用不符合安全施工要求的安全防护用具、机械设备、施工机具及配件、消防设施和器材。

《建设工程安全生产管理条例》第十条规定：建设单位在申请领取施工许可证时，应当提供建设工程有关安全施工措施的资料。

依法批准开工报告的建设工程，建设单位应当自开工报告批准之日起15日内，将保证安全施工的措施报送建设工程所在地的县级以上地方人民政府建设行政主管部门或者其他有关部门备案。

《建设工程安全生产管理条例》第十一条规定：建设单位应当将拆除工程发包给具有相应资质等级的施工单位。

建设单位应当在拆除工程施工15日前，将下列资料报送建设工程所在地的县级以上地方人民政府建设行政主管部门或者其他有关部门备案：

（1）施工单位资质等级证明；

（2）拟拆除建筑物、构筑物及可能危及毗邻建筑的说明；

（3）拆除施工组织方案；

（4）堆放、清除废弃物的措施。

实施爆破作业的，应当遵守国家有关民用爆炸物品管理的规定。

此外，建设单位在与参建各方签订的合同中应当明确安全责任，并加强履约管理。按规定将委托的监理单位、监理的内容及监理权限书面通知被监理的建筑施工企业。

（二）建设单位安全生产行为要求

根据法律法规的规定，可以归纳出建设单位的如下行为要求。

（1）按规定办理施工安全监督手续。

（2）与参建各方签订的合同中应当明确安全责任，并加强履约管理。

（3）按规定将委托的监理单位、监理的内容及监理权限书面通知被监理的建筑施工企业。

（4）在组织编制工程概算时，按规定单独列支安全生产措施费用，并按规定及时向施工单位支付。

（5）在开工前按规定向施工单位提供施工现场及毗邻区域内相关资料，并保证资料的真实、准确、完整。

（三）建设单位安全管理的内容

建设单位在建设项目安全管理中的重要作用已经受到学界的大量研究和认可，建设单位良好的安全管理行为能够对项目的安全绩效产生积极影响。在项目开工前，建设单位对设计阶段安全问题的关注能够减少施工阶段事故发生的可能性。在施工过程中，建设单位就安全问题积极、主动地进行管理能够确保各参建方对安全问题产生足够的重视，进而改善现场的安全状况。建设单位安全文明管理的内容包括如下七个方面。

（1）组织编制安全生产、文明施工管理规划

组织编制安全生产、文明施工管理策划，明确安全生产、文明施工管理的目标、方针、组织机构及职责、管理要求、管理办法、关键控制点、保障措施以及可能的评比及奖惩措施与办法。

（2）督促各单位建立健全安全生产文明施工控制体系，并跟踪执行

①建立工程项目安全文明管理、控制工作制度流程，明确建设单位及各参建单位的工程安全文明管理责任。

②建立建设单位的工程安全文明管理组织机构和制度流程，落实各岗位工程安全文明管理责任。

③督促、审核监理单位、承包单位、材料设备供应单位等建立工程安全文明管理组织机构和制度流程，落实各岗位工程安全文明管理责任。

④督促项目各参建单位建立相应的安保体系，编制安全应急预案。

⑤在实施过程中进行跟踪检查。

（3）督促监理履行安全生产法定及合同约定的监理职责

①督促、检查项目监理机构按规定及合同配备相应安全管理人员。

②督促、检查项目监理机构严格、忠实履行安全生产法定及合同约定的监理职责。

首先，编制具有针对性的监理规划和安全监理细则。

其次，审查施工组织设计中的安全技术措施或专项施工方案。

再次，检查安全技术措施的落实工作。

最后，发现安全隐患或者事故，及时督促整改或向有关部门汇报。

（4）定期组织进行项目安全文明施工情况检查、评比

定期组织监理、承包单位进行安全文明施工情况检查，检查管理体系、成果文件、现场实施情况等，评比打分，督促及时改进提升。

（5）审核、监管安全文明措施费专款专用

①及时提醒、确保建设单位列支并及时支付安全文明施工措施费。

②监督、检查施工单位的安全文明施工措施费专款专用情况；督促监理检查施工现场安全防护、文明施工措施落实情况。

③配合建设行政主管部门对安全文明施工措施费的支付和专款专用情况进行的检查。

（6）组织或参与处理安全事故

①督促施工单位、监理单位编制、审核相关应急方案，落实各项应急措施。

②组织、配合进行安全事故应急处理。

③组织、配合进行安全事故调查。

④按合约和相关规定采取相关管理措施。

（7）督促有关安全文明、绿色环保的评比、认证、创优的工作

拟进行安全文明、绿色环保的评比、认证、创优的项目，其内容主要包括：

①搜集、整理相关资料；

②根据相关要求进行策划；

③督促相关单位落实相关要求；

④组织、协调节能认证相关的各项评比、鉴定等工作。

四、勘察设计单位的安全责任

（一）条例的规定

《建设工程安全生产管理条例》第十二条规定：勘察单位应当按照法律、法规和工程建设强制性标准进行勘察，提供的勘察文件应当真实、准确，满足建设工程安全生产的需要。

勘察单位在勘察作业时，应当严格执行操作规程，采取措施保证各类管线、设施和周边建筑物、构筑物的安全。

《建设工程安全生产管理条例》第十三条规定：设计单位应当按照法律、法规和工程建设强制性标准进行设计，防止因设计不合理导致生产安全事故的发生。

设计单位应当考虑施工安全操作和防护的需要，对涉及施工安全的重点部位和环节在设计文件中注明，并对防范生产安全事故提出指导意见。

采用新结构、新材料、新工艺的建设工程和特殊结构的建设工程，设计单位应当在设计中提出保障施工作业人员安全和预防生产安全事故的措施建议。

设计单位和注册建筑师等注册执业人员应当对其设计负责。

（二）勘察、设计单位安全行为要求

（1）勘察单位按规定进行勘察，提供的勘察文件应当真实、准确。

（2）勘察单位按规定在勘察文件中说明地质条件可能造成的工程风险。

（3）设计单位应当按照法律法规和工程建设强制性标准进行设计，防止因设计不合理导致生产安全事故的发生。

（4）设计单位应当按规定在设计文件中注明施工安全的重点部位和环节，并对防范生产安全事故提出指导意见。

（5）设计单位应当按规定在设计文件中提出特殊情况下保障施工作业人员安全和预防生产安全事故的措施建议。

五、工程监理单位的安全责任

（一）条例及执业规定

监理单位根据工程特点编制监理规划和监理实施细则，将安全生产管理（含危险性较大的分部分项工程）的监理工作内容、方法和措施纳入监理规划和监理实施细则。

《建设工程安全生产管理条例》第十四条规定：工程监理单位应当审查施工组织设计中的安全技术措施或者专项施工方案是否符合工程建设强制性标准。

按规定审核各相关单位资质、安全生产许可证、"安管人员"安全生产考核合格证书和

特种作业人员操作资格证书并做好记录。

审查施工单位报审的专项施工方案，符合要求的应由总监理工程师签认后报建设单位，超过一定规模的危险性较大的分部分项工程的专项施工方案，还应参与方案的专家论证，敦促施工单位按照已经论证通过的方案实施。经论证的方案如需调整（因规划调整、设计变更等原因）还需要重新提交审查和论证。

审核施工单位（含分包单位）现场安全生产规章制度的建立和实施情况，审核施工单位安全生产许可证及项目经理、专职安全生产管理人员和特种作业人员的资格。

审核建筑起重机械等特种设备的制造许可证、产品合格证、制造监督检验证明、备案证明等文件，核查特种设备的安装、验收和许可手续。监督检查建筑起重机械等特种设备的安全使用。

工程监理单位按规定对现场实施安全监理，在实施监理过程中，发现存在安全事故隐患的，应当要求施工单位整改；情况严重的，应当要求施工单位暂时停止施工，并及时报告建设单位。施工单位拒不整改或者不停止施工的，工程监理单位应当及时向有关主管部门报告。

对危大工程实施专项巡视检查，按规定对超过一定规模的危大工程实行旁站监理。发现施工单位未按照专项施工方案施工的，应当要求其进行整改；情节严重的，应当要求其暂停施工，并及时报告建设单位。施工单位拒不整改或者不停止施工的，监理单位应当及时报告建设单位和工程所在地住房和城乡建设主管部门。

项目监理机构应对履行安全监理法定职责的相关技术文件、安全监理工作相关记录、安全隐患的检查、整改的情况及结果等设专人管理。

工程监理单位和监理工程师应当按照法律、法规和工程建设强制性标准实施监理，并对建设工程安全生产承担监理责任。

（二）监理单位安全管理要求

（1）按规定编制监理规划和监理实施细则。

（2）按规定审查施工组织设计中的安全技术措施或者专项施工方案。

（3）按规定审核各相关单位资质、安全生产许可证、"安管人员"安全生产考核合格证书和特种作业人员操作资格证书并做好记录。

（4）按规定对现场实施安全监理。发现安全事故隐患严重且施工单位拒不整改或者不停止施工的，应及时向政府主管部门报告。

六、施工单位的安全责任

（一）条例的规定

《建设工程安全生产管理条例》第二十条规定：施工单位从事建设工程的新建、扩建、改建和拆除等活动，应当具备国家规定的注册资本、专业技术人员、技术装备和安全生产等条件，依法取得相应等级的资质证书，并在其资质等级许可的范围内承揽工程。

《建设工程安全生产管理条例》第二十一条规定：施工单位主要负责人依法对本单位的安全生产工作全面负责。施工单位应当建立健全安全生产责任制度和安全生产教育培训制度，制定安全生产规章制度和操作规程，保证本单位安全生产条件所需资金的投入，对所承担的建设工程进行定期和专项安全检查，并做好安全检查记录。

施工单位的项目负责人应当由取得相应执业资格的人员担任，对建设工程项目的安全施工负责，落实安全生产责任制度、安全生产规章制度和操作规程，确保安全生产费用的有效使用，并根据工程的特点组织制定安全施工措施，消除安全事故隐患，及时、如实报告生产安全事故。

《建设工程安全生产管理条例》第二十二条规定：施工单位对列入建设工程概算的安全作业环境及安全施工措施所需费用，应当用于施工安全防护用具及设施的采购和更新、安全施工措施的落实、安全生产条件的改善，不得挪作他用。

《建设工程安全生产管理条例》第二十三条规定：施工单位应当设立安全生产管理机构，配备专职安全生产管理人员。

专职安全生产管理人员负责对安全生产进行现场监督检查。发现安全事故隐患，应当及时向项目负责人和安全生产管理机构报告；对违章指挥、违章操作的，应当立即制止。

专职安全生产管理人员的配备办法由国务院建设行政主管部门会同国务院其他有关部门制定。

《建设工程安全生产管理条例》第二十四条规定：建设工程实行施工总承包的，由总承包单位对施工现场的安全生产负总责。

总承包单位应当自行完成建设工程主体结构的施工。

总承包单位依法将建设工程分包给其他单位的，分包合同中应当明确各自的安全生产方面的权利、义务。总承包单位和分包单位对分包工程的安全生产承担连带责任。

分包单位应当服从总承包单位的安全生产管理，分包单位不服从管理导致生产安全事故的，由分包单位承担主要责任。

《建设工程安全生产管理条例》第二十五条规定：垂直运输机械作业人员、安装拆卸工、爆破作业人员、起重信号工、登高架设作业人员等特种作业人员，必须按照国家有关规定经过专门的安全作业培训，并取得特种作业操作资格证书后，方可上岗作业。

《建设工程安全生产管理条例》第二十六条规定：施工单位应当在施工组织设计中编制安全技术措施和施工现场临时用电方案，对下列达到一定规模的危险性较大的分部分项工程编制专项施工方案，并附具安全验算结果，经施工单位技术负责人、总监理工程师签字后实施，由专职安全生产管理人员进行现场监督：

（1）基坑支护与降水工程；

（2）土方开挖工程；

（3）模板工程；

（4）起重吊装工程；

（5）脚手架工程；

（6）拆除、爆破工程；

（7）国务院建设行政主管部门或者其他有关部门规定的其他危险性较大的工程。

对前款所列工程中涉及深基坑、地下暗挖工程、高大模板工程的专项施工方案，施工单位还应当组织专家进行论证、审查。

本条第一款规定的达到一定规模的危险性较大工程的标准，由国务院建设行政主管部门会同国务院其他有关部门制定。

《建设工程安全生产管理条例》第二十七条规定：建设工程施工前，施工单位负责项目管理的技术人员应当对有关安全施工的技术要求向施工作业班组、作业人员做出详细说明，并由双方签字确认。

《建设工程安全生产管理条例》第二十八条规定：施工单位应当在施工现场入口处、施工起重机械、临时用电设施、脚手架、出入通道口、楼梯口、电梯井口、孔洞口、桥梁口、隧道口、基坑边沿、爆破物及有害危险气体和液体存放处等危险部位，设置明显的安全警示标志。安全警示标志必须符合国家标准。

施工单位应当根据不同施工阶段和周围环境及季节、气候的变化，在施工现场采取相应的安全施工措施。施工现场暂时停止施工的，施工单位应当做好现场防护，所需费用由责任方承担，或者按照合同约定执行。

《建设工程安全生产管理条例》第二十九条规定：施工单位应当将施工现场的办公、生活区与作业区分开设置，并保持安全距离；办公、生活区的选址应当符合安全性要求。职工的膳食、饮水、休息场所等应当符合卫生标准。施工单位不得在尚未竣工的建筑物内设置员工集体宿舍。

施工现场临时搭建的建筑物应当符合安全使用要求。施工现场使用的装配式活动房屋应当具有产品合格证。

《建设工程安全生产管理条例》第三十条规定：施工单位对因建设工程施工可能造成损害的毗邻建筑物、构筑物和地下管线等，应当采取专项防护措施。

施工单位应当遵守有关环境保护法律、法规的规定，在施工现场采取措施，防止或者减少粉尘、废气、废水、固体废物、噪声、振动和施工照明对人和环境的危害和污染。

在城市市区内的建设工程，施工单位应当对施工现场实行封闭围挡。

《建设工程安全生产管理条例》第三十一条规定：施工单位应当在施工现场建立消防安全责任制度，确定消防安全责任人，制定用火、用电、使用易燃易爆材料等各项消防安全管理制度和操作规程，设置消防通道、消防水源，配备消防设施和灭火器材，并在施工现场入口处设置明显标志。

《建设工程安全生产管理条例》第三十二条规定：施工单位应当向作业人员提供安全防护用具和安全防护服装，并书面告知危险岗位的操作规程和违章操作的危害。

作业人员有权对施工现场的作业条件、作业程序和作业方式中存在的安全问题提出批评、检举和控告，有权拒绝违章指挥和强令冒险作业。

在施工中发生危及人身安全的紧急情况时，作业人员有权立即停止作业或者在采取必要的应急措施后撤离危险区域。

《建设工程安全生产管理条例》第三十三条规定：作业人员应当遵守安全施工的强制性标准、规章制度和操作规程，正确使用安全防护用具、机械设备等。

《建设工程安全生产管理条例》第三十四条规定：施工单位采购、租赁的安全防护用具、机械设备、施工机具及配件，应当具有生产（制造）许可证、产品合格证，并在进入施工现场前进行查验。

施工现场的安全防护用具、机械设备、施工机具及配件必须由专人管理，定期进行检查、维修和保养，建立相应的资料档案，并按照国家有关规定及时报废。

《建设工程安全生产管理条例》第三十五条规定：施工单位在使用施工起重机械和整体提升脚手架、模板等自升式架设设施前，应当组织有关单位进行验收，也可以委托具有相应资质的检验检测机构进行验收；使用承租的机械设备和施工机具及配件的，由施工总承包单位、分包单位、出租单位和安装单位共同进行验收。验收合格的方可使用。

《特种设备安全监察条例》规定的施工起重机械，在验收前应当经有相应资质的检验检测机构监督检验合格。

施工单位应当自施工起重机械和整体提升脚手架、模板等自升式架设设施验收合格之日起 30 日内，向建设行政主管部门或者其他有关部门登记。登记标志应当置于或者附着于该设备的显著位置。

《建设工程安全生产管理条例》第三十六条规定：施工单位的主要负责人、项目负责人、专职安全生产管理人员应当经建设行政主管部门或者其他有关部门考核合格后方可任职。

施工单位应当对管理人员和作业人员每年至少进行一次安全生产教育培训，其教育培训情况记入个人工作档案。安全生产教育培训考核不合格的人员，不得上岗。

《建设工程安全生产管理条例》第三十七条规定：作业人员进入新的岗位或者新的施工现场前，应当接受安全生产教育培训。未经教育培训或者教育培训考核不合格的人员，不得上岗作业。

施工单位在采用新技术、新工艺、新设备、新材料时，应当对作业人员进行相应的安全生产教育培训。

《建设工程安全生产管理条例》第三十八条规定：施工单位应当为施工现场从事危险作业的人员办理意外伤害保险。

意外伤害保险费由施工单位支付。实行施工总承包的，由总承包单位支付意外伤害保险费。意外伤害保险期限自建设工程开工之日起至竣工验收合格止。

（二）施工单位安全行为要求

（1）设立安全生产管理机构，按规定配备专职安全生产管理人员。

（2）项目负责人、专职安全生产管理人员与办理施工安全监督手续资料一致。

（3）建立健全安全生产责任制度，并按要求进行考核。

（4）按规定对从业人员进行安全生产教育和培训。

（5）实施施工总承包的，总承包单位应当与分包单位签订安全生产协议书，明确各自的安全生产职责并加强履约管理。

（6）按规定为作业人员提供劳动防护用品。

（7）在有较大危险因素的场所和有关设施、设备上，设置明显的安全警示标志。

（8）按规定提取和使用安全生产费用。

（9）按规定建立健全生产安全事故隐患排查治理制度。

（10）按规定执行建筑施工企业负责人及项目负责人施工现场带班制度。

（11）按规定制定生产安全事故应急救援预案，并定期组织演练。

（12）按规定及时、如实报告生产安全事故。

（三）施工单位内部的安全职责分工

《建设工程安全生产管理条例》的重点是规定建设工程安全生产的各有关部门和单位之间的责任划分。对于单位的内部安全职责分工应按照该条例的要求进行职责划分。特别是施工单位在"安全生产、人人有责"的思想指导下，在建立安全生产管理体系的基础上，按照所确定的目标和方针，将各级管理责任人、各职能部门和各岗位员工所应做的工作及应负的责任加以明确规定。要求通过合理分工，明确责任，达到增强各级人员的责任心，共同协调配合，努力实现既定的目标。

职责分工应包括纵向各级人员，即包括主要负责人、管理者代表、技术负责人、财务负责人、经济负责人、党政工团、项目经理以及员工的责任制和横向各专业部门，即安全、质量、设备、技术、生产、保卫、采购、行政、财务等部门的责任。

（1）施工企业的主要负责人的职责是：

①贯彻执行国家有关安全生产的方针政策和法规、规范；

②建立、健全本单位的安全生产责任制，承担本单位安全生产的最终责任；

③组织制定本单位安全生产规章制度和操作规程；

④保证本单位安全生产投入的有效实施；

⑤督促、检查本单位的安全生产工作，及时消除安全事故隐患；

⑥组织制定并实施本单位的生产安全事故应急救援预案；

⑦及时、如实报告安全事故。

（2）技术负责人的职责是：

①贯彻执行国家有关安全生产的方针政策、法规和有关规范、标准，并组织落实；

②组织编制和审批施工组织设计或专项施工组织设计；

③对新工艺、新技术、新材料的使用，负责审核其实施过程中的安全性，提出预防措施，组织编制相应的操作规程和交底工作；

④领导安全生产技术改进和研究项目；

⑤参与重大安全事故的调查，分析原因，提出纠正措施，并检查措施的落实，做到持续改进。

（3）财务负责人的职责是：

保证安全生产的资金能做到专项专用，并检查资金的使用是否正确。

（4）工会的职责是：

①工会有权对违反安全生产法律、法规，侵犯员工合法权益的行为要求纠正；

②发现违章指挥、强令冒险作业或者发现事故隐患时，有权提出解决的建议，单位应当及时研究答复；

③危及员工生命的情况时，有权建议组织员工撤离危险场所，单位必须立即处理；

④工会有权依法参加事故调查，向有关部门提出处理意见，并要求追究有关人员的责任。

（5）安全部门的职责是：

①贯彻执行安全生产的有关法规、标准和规定，做好安全生产的宣传教育工作；

②参与施工组织设计和安全技术措施的编制，并组织进行定期和不定期的安全生产检

查。对贯彻执行情况进行监督检查，发现问题及时改进；

③制止违章指挥和违章作业，遇有紧急情况有权暂停生产，并报告有关部门；

④推广总结先进经验，积极提出预防和纠正措施，使安全生产工作能持续改进；

⑤建立健全安全生产档案，定期进行统计分析，探索安全生产的规律。

（6）生产部门的职责是：

合理组织生产，遵守施工顺序，将安全所需的工序和资源排入计划。

（7）技术部门的职责是：

按照有关标准和安全生产要求编制施工组织设计，提出相应的措施，进行安全生产技术的改进和研究工作。

（8）设备材料采购部门的职责是：

保证所供应的设备安全技术性能可靠，具有必要的安全防护装置，按机械使用说明书的要求进行保养和检修，确保安全运行。所供应的材料和安全防护用品能确保质量。

（9）财务部门的职责是：

按照规定提供实现安全生产措施、安全教育培训、宣传的经费，并监督其合理使用。

（10）教育部门的职责是：

将安全生产教育列入培训计划，按工作需要组织各级员工的安全生产教育。

（11）劳务管理部门的职责是：

做好新员工上岗前培训、换岗培训，并考核培训的效果，组织特殊工种的取证工作。

（12）卫生部门的职责是：

定期对员工进行体格检查，发现有不适合现岗的员工要立即提出。要指导组织监测有毒有害作业场所的危害程度，提出职业病防治和改善卫生条件的措施。

（四）施工项目部职责划分

施工企业的项目经理部应根据安全生产管理体系要求，由项目经理主持，把安全生产责任目标分解到岗，落实到人。中华人民共和国国家标准《建设工程项目管理规范》GB/T 50326—2017规定项目经理部的安全生产责任制的内容包括：

（1）项目经理应当由取得相应执业资格的人员担任，对建设工程项目的安全施工负责，其安全职责应包括：认真贯彻安全生产方针、政策、法规和各项规章制度，制定和执行安全生产管理办法，严格执行安全考核指标和安全生产奖惩办法，确保安全生产措施费用的有效使用，严格执行安全技术措施审批和施工安全技术措施交底制度；建设工程施工前，施工单位负责项目管理的技术人员应当对有关安全施工的技术要求向施工作业班组、作业人员做出详细说明，并由双方签字确认。施工中定期组织安全生产检查和分析，针对可能产生的安全隐患制定相应的预防措施；当施工过程中发生安全事故时，项目经理必须及时、如实，按安全事故处理的有关规定和程序及时上报和处置，并制定防止同类事故再次发生的措施。

（2）施工项目安全员的安全职责应包括：对安全生产进行现场监督检查。发现安全事故隐患，应当及时向项目负责人和安全生产管理机构报告；对违章指挥、违章操作的，应当立即制止。

（3）作业队长安全职责应包括：向本工种作业人员进行安全技术措施交底，严格执行本工种安全技术操作规程，拒绝违章指挥；组织实施安全技术措施；作业前应对本次作业所使用的机具、设备、防护用具、设施及作业环境进行安全检查，消除安全隐患，检查安全标牌，是否按规定设置，标识方法和内容是否正确完整；组织班组开展安全活动，对作业人员进行安全操作规程培训，提高作业人员的安全意识，召开上岗前安全生产会；每周应进行安全讲评。当发生重大或恶性工伤事故时，应保护现场，立即上报并参与事故调查处理。

（4）作业人员安全职责应包括：认真学习并严格执行安全技术操作规程，自觉遵守安全生产规章制度，执行安全技术交底和有关安全生产的规定；不违章作业服从安全监督人员的指导，积极参加安全活动；爱护安全设施。作业人员有权对施工现场的作业条件、作业程序和作业方式中存在的安全问题提出批评、检举和控告，有权对不安全作业提出意见；有权拒绝违章指挥和强令冒险作业，在施工中发生危及人身安全的紧急情况时，作业人员有权立即停止作业或者在采取必要的应急措施后撤离危险区域。

作业人员应当遵守安全施工的强制性标准、规章制度和操作规程，正确使用安全防护用具、机械设备等。

作业人员进入新的岗位或者新的施工现场前，应当接受安全生产教育培训。未经教育培训或者教育培训不合格的人员，不得上岗作业。垂直运输机械作业人员、安装拆卸工、爆破作业人员、起重信号工、登高架设人员等特种作业人员，必须按照有关规定经过专门的安全作业培训，并取得特种作业操作资格证书后，方可上岗作业。

作业人员应当努力学习安全技术，提高自我保护意识和自我保护能力。安全员安全职责应包括：落实安全设施的设置；对施工全过程的安全进行监督，纠正违章作业，配合有关部门排除安全隐患，组织安全教育和全员安全活动，监督检查劳保用品质量和正确使用。

七、其他有关单位的安全责任

（一）供应单位的责任

《建设工程安全生产管理条例》第十五条规定：为建设工程提供机械设备和配件的单位，应当按照安全施工的要求配备齐全有效的保险、限位等安全设施和装置。

《建设工程安全生产管理条例》第十六条规定：出租的机械设备和施工机具及配件，应当具有生产（制造）许可证、产品合格证。

出租单位应当对出租的机械设备和施工机具及配件的安全性能进行检测，在签订租赁协议时，应当出具检测合格证明。

禁止出租检测不合格的机械设备和施工机具及配件。

《建设工程安全生产管理条例》第十七条规定：在施工现场安装、拆卸施工起重机械和整体提升脚手架、模板等自升式架设设施，必须由具有相应资质的单位承担。

安装、拆卸施工起重机械和整体提升脚手架、模板等自升式架设设施，应当编制拆装方案、制定安全施工措施，并由专业技术人员现场监督。

施工起重机械和整体提升脚手架、模板等自升式架设设施安装完毕后，安装单位应当自检，出具自检合格证明，并向施工单位进行安全使用说明，办理验收手续并签字。

《建设工程安全生产管理条例》第十八条规定：施工起重机械和整体提升脚手架、模板等自升式架设设施的使用达到国家规定的检验检测期限的，必须经具有专业资质的检验检测机构检测。经检测不合格的，不得继续使用。

（二）监测单位的责任

《建设工程安全生产管理条例》第十九条规定：检验检测机构对检测合格的施工起重机械和整体提升脚手架、模板等自升式架设设施，应当出具安全合格证明文件，并对检测结果负责。

监测单位应在了解委托方和相关单位对监测工作的要求，并进行现场踏勘，搜集、分析和利用已有资料，在工程施工前编制监测方案。监测方案应包括工程概况、监测依据、监测目的、监测项目、测点布置、监测方法及精度、监测人员及主要仪器设备、监测频率、监测报警值、异常情况下的监测措施、监测数据的记录制度和处理方法、工序管理及信息反馈制度等。监测方案应按规定进行审核。超过一定规模的危大项目的专项监测方案，应该与同部位的施工方案同步审核和论证。监测单位应按规定编制监测方案并进行审核；按照监测方案开展监测。

按照监测方案开展监测，并及时将监测数据及时通报给相关单位。监测结束后，监测单位应向委托方按合同约定提供相关资料。

第三节　工程施工生产安全管理

一、工程施工生产安全管理概述

（一）工程施工生产安全管理的程序

工程施工生产安全管理的程序如图 7-3 所示。

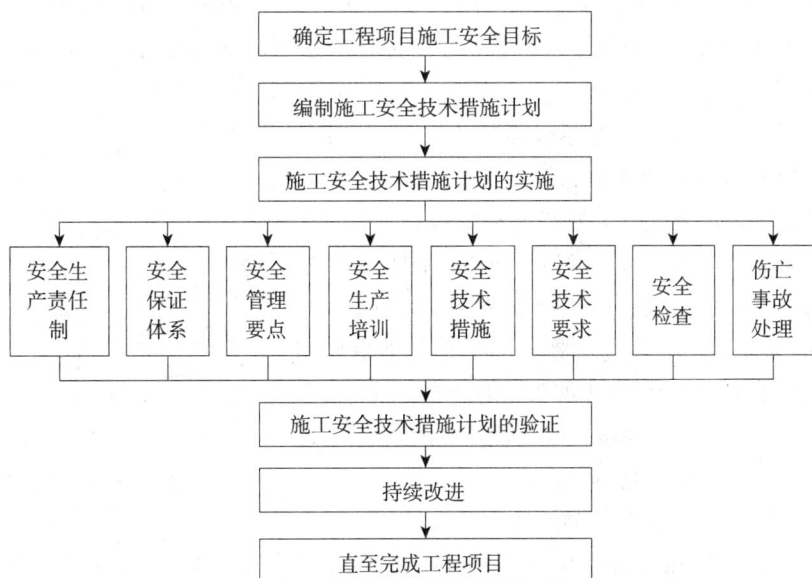

图 7-3　工程施工生产安全管理的程序

（1）确定工程项目施工安全目标。按"目标管理"方法在以项目经理为首的项目管理系统内进行分解，从而确定每个岗位的安全目标，实现全员安全控制。

（2）编制施工安全技术措施计划。对生产过程中的安全风险进行识别和评价，对其不安全因素用技术手段加以消除和控制，并形成文件。施工安全技术措施计划是进行工程项目施工安全控制的指导性文件。

（3）施工安全技术措施计划的实施。包括建立健全安全生产责任制、设置安全生产设施、进行安全教育和培训、沟通和交流信息、通过安全控制使生产作业的安全状况处于受控状态。

（4）施工安全技术措施计划的验证。包括安全检查、纠正不符合情况，并做好检查记录工作。根据实际情况补充和修改安全技术措施。

（5）持续改进，直至完成工程项目的所有工作。由于建设工程项目的开放性，在项目实施过程中，各种条件可能有所变化，以致造成对安全风险评价的结果失真，使得安全技术措施与变化的条件不相适应，此时应考虑是否对安全风险重新评价和是否有必要更改安全技术措施计划。

（二）施工安全技术措施计划

1. 安全技术措施计划的概念

安全技术措施是以保护从事工作的员工健康和安全为目的的一切技术措施。安全技术措施计划是组织为了保护员工在生产过程中的安全和健康而制定的在一定时期内对安全技术措施项目的计划安排，是生产、经营和财务计划的组成部分。

安全技术措施计划是一项重要的安全管理制度。在建设工程项目施工中，安全技术措施计划是施工组织设计的重要内容之一，是改善劳动条件和安全卫生设施，防止工伤事故和职业病，搞好安全生产工作的一项行之有效的重要措施。制定好该计划，可以有计划地安排好在安全技术措施上的资源和费用的投入，保证安全技术措施的有效实施。

建设工程施工安全技术措施计划的主要内容包括：工程概况，控制目标，控制程序，组织机构，职责权限，规章制度，资源配置，安全措施，检查评价，奖惩制度等。

2. 安全措施计划的范围

安全措施计划的范围应包括改善劳动条件、防止伤亡事故、预防职业病和职业中毒等，主要应从安全技术（如防护装置、保险装置、信号装置和防爆炸装置等）、职业卫生（如防尘、防毒、防噪声、通风、照明、取暖、降温等措施）、辅助房屋及措施（如更衣室、休息室、淋浴室、消毒室、妇女卫生室、厕所和冬季作业取暖室等）、宣传教育的资料及设施（如职业健康安全教材、图书、资料，安全生产规章制度、安全操作方法训练设施、劳动保护和安全技术的研究与实验等）。

3. 制定安全技术措施计划的步骤

制定安全技术措施计划可以按照图7-4所示的基本步骤进行。

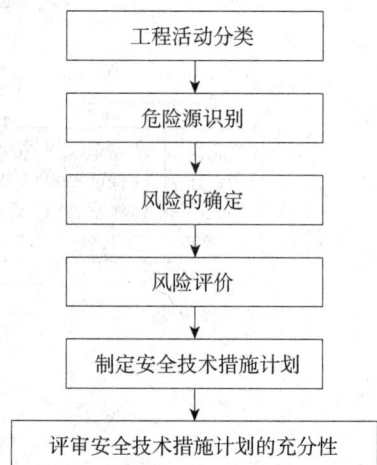

图7-4　安全技术措施计划编制步骤

（流程图内容：工程活动分类 → 危险源识别 → 风险的确定 → 风险评价 → 制定安全技术措施计划 → 评审安全技术措施计划的充分性）

（1）工作活动分类

工作活动分类需要编制工作活动表，这是制定安全措施计划的必要准备过程，其内容可包括施工现场、设备、人员和程序及其相关信息。在制定工作活动表时，宜以合理的和容易管理的方式将所有工作活动进行分组，并搜集与工作活动有关的必要信息。需要注意的是：既要包括日常的工作活动，又要包括不常见的维修任务。

（2）危险源识别

危险源识别（Hazard Identification）就是找出与每项工作活动有关的所有危险源，并考虑什么人会受到伤害以及如何受到伤害等。

为了做好危险源识别的工作，可以把危险源按工作活动的专业进行分类为：机械类、电气类、辐射类、物质类、火灾和爆炸类等。可以采用危险源提示表的方法，进行危险源辨识。

（3）风险的确定

由某一个或某几个危险源产生的风险宜通过风险评价来衡量其风险水平，确定该风险是否可容许。风险评价是在假定计划的和已有的控制措施均已实施的情况下做出主观评价，同时还需考虑控制措施的有效性以及控制失效后可能发生的后果。

（4）制定安全技术措施计划

制定安全技术措施计划是针对风险评价中发现的、需要重视的任何问题，根据风险评估的结果，对不可容许等级的风险采取的控制措施。在制定安全技术措施计划时，应充分考虑现有的风险控制措施的适当性和有效性。对新的风险控制措施应保证其适应性和有效性。

（5）评审安全技术措施计划的充分性

所制定的安全技术措施计划应该在实施前予以评审。评审需要包含以下方面：

①更改的控制措施是否使风险降至可容许水平；

②是否产生了新的危险源；

③是否已选定了成本效益最佳的解决方案；

④受影响的人员如何评价更改的预防措施的必要性和实用性；

⑤更改的预防措施是否会用于实际工作中，以及在面对诸如完成工作任务的压力等情况下是否将不被忽视。

（三）施工安全技术措施的一般要求和主要内容

1.施工安全技术措施的一般要求

（1）施工安全技术措施必须在工程开工前制定

施工安全技术措施是施工组织设计的重要组成部分，应在工程开工前与施工组织设计一同编制。为保证各项安全设施的落实，在工程图纸会审时，就应特别注意考虑安全施工的问题，并在开工前制定好安全技术措施，使得用于该工程的各种安全设施有较充分的时间进行采购、制作和维护等准备工作。

（2）施工安全技术措施要有全面性

按照有关法律法规的要求，在编制工程施工组织设计时，应当根据工程特点制定相应的施工安全技术措施。对于大中型工程项目、结构复杂的重点工程，除必须在施工组织设计中编制施工安全技术措施外，还应编制专项工程施工安全技术措施，详细说明有关安全方面的防护要求和措施，确保单位工程或分部分项工程的施工安全。对爆破、拆除、起重吊装、水下、基坑支护和降水、土方开挖、脚手架、模板等危险性较大的作业，必须编制专项安全施工技术方案。

（3）施工安全技术措施要有针对性

施工安全技术措施是针对每项工程的特点制定的，编制安全技术措施的技术人员必须掌握工程概况、施工方法、施工环境、条件等一手资料，并熟悉安全法规、标准等，才能制定有针对性的安全技术措施。

（4）施工安全技术措施应力求全面、具体、可靠

施工安全技术措施应把可能出现的各种不安全因素考虑周全，制定的对策措施方案应力求全面、具体、可靠，这样才能真正做到预防事故的发生。但是，全面具体不等于罗列一般通常的操作工艺、施工方法以及日常安全工作制度、安全纪律等。这些制度性规定，安全技术措施中不需要再作抄录，但必须严格执行。

对大型群体工程或一些面积大、结构复杂的重点工程，除必须在施工组织总设计中编制施工安全技术总体措施外，还应编制单位工程或分部分项工程安全技术措施，详细地制定有关安全方面的防护要求和措施，确保该单位工程或分部分项工程的安全施工。

（5）施工安全技术措施必须包括应急预案

由于施工安全技术措施是在相应的工程施工实施之前制定的，所涉及的施工条件和危险情况大都是建立在可预测的基础上，而建设工程施工过程是开放的过程，在施工期间的变化是经常发生的，还可能出现预测不到的突发事件或灾害（如地震、火灾、台风、洪水等）。所以，施工技术措施计划必须包括面对突发事件或紧急状态的各种应急设施、人员逃生和救援预案，以便在紧急情况下，能及时启动应急预案，减少损失，保护人员安全。

（6）施工安全技术措施要有可行性和可操作性

施工安全技术措施应能够在每个施工工序之中得到贯彻实施，既要考虑保证安全要求，又要考虑现场环境条件和施工技术条件能够做得到。

2. 施工安全技术措施的主要内容

（1）进入施工现场的安全规定。

（2）地面及深槽作业的防护。

（3）高处及立体交叉作业的防护。

（4）施工用电安全。

（5）施工机械设备的安全使用。

（6）在采取"四新"技术时，有针对性的专门安全技术措施。

（7）有针对自然灾害预防的安全措施。

（8）预防有毒、有害、易燃、易爆等作业造成危害的安全技术措施。

（9）现场消防措施。

安全技术措施中必须包含施工总平面图，在图中必须对危险的油库、易燃材料库、变电设备、材料和构配件的堆放位置、塔式起重机、物料提升机（井架、龙门架）、施工用电梯、垂直运输设备位置、搅拌台的位置等按照施工需求和安全规程的要求明确定位，并提

出具体要求。

结构复杂、危险性大、特性较多的分部分项工程，应编制专项施工方案和安全措施。如基坑支护与降水工程、土方开挖工程、模板工程、起重吊装工程、脚手架工程、拆除工程、爆破工程等，必须编制单项的安全技术措施，并要有设计依据、有计算、有详图、有文字要求。

季节性施工安全技术措施，就是考虑夏季、雨季、冬季等不同季节的气候对施工生产带来的不安全因素可能造成的各种突发性事故，而从防护上、技术上、管理上采取的防护措施。一般工程可在施工组织设计或施工方案的安全技术措施中编制季节性施工安全措施；危险性大、高温期长的工程，应单独编制季节性的施工安全措施。

二、专项施工方案的编制

为加强对房屋建筑和市政基础设施工程中危险性较大的分部分项工程安全管理，有效防范生产安全事故，依据《中华人民共和国建筑法》《中华人民共和国安全生产法》《建设工程安全生产管理条例》等法律法规，住房和城乡建设部制定并颁发了《危险性较大的分部分项工程安全管理规定》（住房和城乡建设部令第 37 号）。

危险性较大的分部分项工程（以下简称"危大工程"），是指房屋建筑和市政基础设施工程在施工过程中，容易导致人员群死群伤，或者造成重大经济损失的分部分项工程。危大工程及超过一定规模的危大工程范围由国务院住房城乡建设主管部门制定。省级住房城乡建设主管部门可以结合本地区实际情况，补充本地区危大工程范围。

施工单位应当在危大工程施工前组织工程技术人员编制专项施工方案。对于超过一定规模的危大工程，施工单位应当组织召开专家论证会对专项施工方案进行论证。

（一）应单独编制安全专项施工方案的工程

《住房城乡建设部办公厅关于实施〈危险性较大的分部分项工程安全管理规定〉有关问题的通知》（建办质〔2018〕31 号）里面明确了危险性较大的分部分项工程和超过一定规模的危大工程范围。

1. 危险性较大的分部分项工程范围

（1）基坑工程

①开挖深度超过 3m（含 3m）的基坑（槽）的土方开挖、支护、降水工程；

②开挖深度虽未超过 3m，但地质条件、周围环境和地下管线复杂，或影响毗邻建、构筑物安全的基坑（槽）的土方开挖、支护、降水工程。

（2）模板工程及支撑体系

①各类工具式模板工程：包括滑模、爬模、飞模、隧道模等工程；

②混凝土模板支撑工程：搭设高度 5m 及以上，或搭设跨度 10m 及以上，或施工总荷载（荷载效应基本组合的设计值，以下简称"设计值"）10kN/m² 及以上，或集中线荷载（设计值）15kN/m 及以上，或高度大于支撑水平投影宽度且相对独立无联系构件的混凝土模板支撑工程；

③承重支撑体系：用于钢结构安装等满堂支撑体系。

（3）起重吊装及起重机械安装拆卸工程

①采用非常规起重设备、方法，且单件起吊重量在 10kN 及以上的起重吊装工程；

②采用起重机械进行安装的工程；

③起重机械安装和拆卸工程。

（4）脚手架工程

①搭设高度 24m 及以上的落地式钢管脚手架工程（包括采光井、电梯井脚手架）；

②附着式升降脚手架工程；

③悬挑式脚手架工程；

④高处作业吊篮；

⑤卸料平台、操作平台工程；

⑥异型脚手架工程。

（5）拆除工程

可能影响行人、交通、电力设施或其他建（构）筑物安全的拆除工程。

（6）暗挖工程

采用矿山法、盾构法、顶管法施工的隧道、洞室工程。

（7）其他

①建筑幕墙安装工程；

②钢结构、网架和索膜结构安装工程；

③人工挖孔桩工程；

④水下作业工程；

⑤装配式建筑混凝土预制构件安装工程；

⑥采用新技术、新工艺、新材料、新设备可能影响工程施工安全，尚无国家、行业及地方技术标准的分部分项工程。

2. 超过一定规模的危险性较大的分部分项工程范围

（1）深基坑工程

开挖深度超过 5m（含 5m）的基坑（槽）的土方开挖、支护、降水工程。

（2）模板工程及支撑体系

①各类工具式模板工程：包括滑模、爬模、飞模、隧道模等工程。

②混凝土模板支撑工程：搭设高度 8m 及以上，或搭设跨度 18m 及以上，或施工总荷载（设计值）$15kN/m^2$ 及以上，或集中线荷载（设计值）20kN/m 及以上。

③承重支撑体系：用于钢结构安装等满堂支撑体系，承受单点集中荷载 7kN 及以上。

（3）起重吊装及起重机械安装拆卸工程

①采用非常规起重设备、方法，且单件起吊重量在 100kN 及以上的起重吊装工程；

②起重量 300kN 及以上，或搭设总高度 200m 及以上，或搭设基础标高在 200m 及以上的起重机械安装和拆卸工程。

（4）脚手架工程

①搭设高度 50m 及以上的落地式钢管脚手架工程；

②提升高度在 150m 及以上的附着式升降脚手架工程或附着式升降操作平台工程；

③分段架体搭设高度 20m 及以上的悬挑式脚手架工程。

（5）拆除工程

①码头、桥梁、高架、烟囱、水塔或拆除中容易引起有毒有害气（液）体或粉尘扩散、易燃易爆事故发生的特殊建、构筑物的拆除工程；

②文物保护建筑、优秀历史建筑或历史文化风貌区影响范围内的拆除工程。

（6）暗挖工程

采用矿山法、盾构法、顶管法施工的隧道、洞室工程。

（7）其他

①施工高度50m及以上的建筑幕墙安装工程；

②跨度36m及以上的钢结构安装工程，或跨度60m及以上的网架和索膜结构安装工程；

③开挖深度16m及以上的人工挖孔桩工程；

④水下作业工程；

⑤重量1000kN及以上的大型结构整体顶升、平移、转体等施工工艺；

⑥采用新技术、新工艺、新材料、新设备可能影响工程施工安全，尚无国家、行业及地方技术标准的分部分项工程。

（二）危大工程专项施工方案的内容

《住房城乡建设部办公厅关于实施〈危险性较大的分部分项工程安全管理规定〉有关问题的通知》（建办质〔2018〕31号）中，关于危大工程专项施工方案的主要内容应当包括：

1. 工程概况：危大工程概况和特点、施工平面布置、施工要求和技术保证条件；

2. 编制依据：相关法律、法规、规范性文件、标准、规范及施工图设计文件、施工组织设计等；

3. 施工计划：包括施工进度计划、材料与设备计划；

4. 施工工艺技术：技术参数、工艺流程、施工方法、操作要求、检查要求等；

5. 施工安全保证措施：组织保障措施、技术措施、监测监控措施等；

6. 施工管理及作业人员配备和分工：施工管理人员、专职安全生产管理人员、特种作业人员、其他作业人员等；

7. 验收要求：验收标准、验收程序、验收内容、验收人员等；

8. 应急处置措施；

9. 计算书及相关施工图纸。

《住房和城乡建设部办公厅关于印发危险性较大的分部分项工程专项施工方案编制指南的通知》（建办质〔2021〕48号）给基坑工程、模板支撑体系工程、起重吊装及安装拆卸工程、脚手架工程、拆除工程、暗挖工程、建筑幕墙安装工程、人工挖孔桩工程、钢结构安装工程九类分部分项工程的专项施工方案编制提供了指南。每个分部分项工程的专项施工方案大体包括九个部分的内容，以基坑工程为例，其内容如下。

1. 工程概况

（1）基坑工程概况和特点：

①工程基本情况：基坑周长、面积、开挖深度、基坑支护设计安全等级、基坑设计使用年限等；

②工程地质情况：地形地貌、地层岩性、不良地质作用和地质灾害、特殊性岩土等情况；

③工程水文地质情况：地表水、地下水、地层渗透性与地下水补给排泄等情况；

④施工地的气候特征和季节性天气。

⑤主要工程量清单。

（2）周边环境条件：

①邻近建（构）筑物、道路及地下管线与基坑工程的位置关系；

②邻近建（构）筑物的工程重要性、层数、结构形式、基础形式、基础埋深、桩基础或复合地基增强体的平面布置、桩长等设计参数、建设及竣工时间、结构完好情况及使用状况；

③邻近道路的重要性、道路特征、使用情况；

④地下管线（包括供水、排水、燃气、热力、供电、通信、消防等）的重要性、规格、埋置深度、使用情况以及废弃的供、排水管线情况；

⑤环境平面图应标注与工程之间的平面关系及尺寸，条件复杂时，还应画剖面图并标注剖切线及剖面号，剖面图应标注邻近建（构）筑物的埋深、地下管线的用途、材质、管径尺寸、埋深等；

⑥临近河、湖、管渠、水坝等位置，应查阅历史资料，明确汛期水位高度，并分析对基坑可能产生的影响；

⑦相邻区域内正在施工或使用的基坑工程状况；

⑧邻近高压线铁塔、信号塔等构筑物及其对施工作业设备限高、限接距离等情况。

（3）基坑支护、地下水控制及土方开挖设计（包括基坑支护平面、剖面布置，施工降水、帷幕隔水，土方开挖方式及布置，土方开挖与加撑的关系）。

（4）施工平面布置：基坑围护结构施工及土方开挖阶段的施工总平面布置（含临水、临电、安全文明施工现场要求及危大工程标识等）及说明，基坑周边使用条件。

（5）施工要求：明确质量安全目标要求，工期要求（本工程开工日期、计划竣工日期），基坑工程计划开工日期、计划完工日期。

（6）风险辨识与分级：风险因素辨识及基坑安全风险分级。

（7）参建各方责任主体单位。

2.编制依据

（1）法律依据：基坑工程所依据的相关法律、法规、规范性文件、标准、规范等。

（2）项目文件：施工合同（施工承包模式）、勘察文件、基坑设计施工图纸、现状地形及影响范围管线探测或查询资料、相关设计文件、地质灾害危险性评价报告、业主相关规定、管线图等。

（3）施工组织设计等。

3.施工计划

（1）施工进度计划：基坑工程的施工进度安排，具体到各分项工程的进度安排。

（2）材料与设备计划等：机械设备配置，主要材料及周转材料需求计划，主要材料投入计划、力学性能要求及取样复试详细要求，试验计划。

（3）劳动力计划。

4.施工工艺技术

（1）技术参数：支护结构施工、降水、帷幕、关键设备等工艺技术参数。

（2）工艺流程：基坑工程总的施工工艺流程和分项工程工艺流程。

（3）施工方法及操作要求：基坑工程施工前准备，地下水控制、支护施工、土方开挖等工艺流程、要点，常见问题及预防、处理措施。

（4）检查要求：基坑工程所用的材料进场质量检查、抽检，基坑施工过程中各工序检验内容及检验标准。

5. 施工保证措施

（1）组织保障措施：安全组织机构、安全保证体系及相应人员安全职责等。

（2）技术措施：安全保证措施、质量技术保证措施、文明施工保证措施、环境保护措施、季节性施工保证措施等。

（3）监测监控措施：监测组织机构，监测范围、监测项目、监测方法、监测频率、预警值及控制值、巡视检查、信息反馈，监测点布置图等。

6. 施工管理及作业人员配备和分工

（1）施工管理人员：管理人员名单及岗位职责（如项目负责人、项目技术负责人、施工员、质量员、各班组长等）。

（2）专职安全人员：专职安全生产管理人员名单及岗位职责。

（3）特种作业人员：特种作业人员持证人员名单及岗位职责。

（4）其他作业人员：其他人员名单及岗位职责。

7. 验收要求

（1）验收标准：根据施工工艺明确相关验收标准及验收条件。

（2）验收程序及人员：具体验收程序，确定验收人员组成（建设、勘察、设计、施工、监理、监测等单位相关负责人）。

（3）验收内容：基坑开挖至基底且变形相对稳定后支护结构顶部水平位移及沉降、建（构）筑物沉降、周边道路及管线沉降、锚杆（支撑）轴力控制值，坡顶（底）排水措施和基坑侧壁完整性。

8. 应急处置措施

（1）应急处置领导小组组成与职责、应急救援小组组成与职责，包括抢险、安保、后勤、医救、善后、应急救援工作流程、联系方式等。

（2）应急事件（重大隐患和事故）及其应急措施。

（3）周边建（构）筑物、道路、地下管线等产权单位各方联系方式、救援医院信息（名称、电话、救援线路）。

（4）应急物资准备。

9. 计算书及相关施工图纸

（1）施工设计计算书（如基坑为专业资质单位正式施工图设计，此附件可略）。

（2）相关施工图纸：施工总平面布置图、基坑周边环境平面图、监测点平面图、基坑土方开挖示意图、基坑施工顺序示意图、基坑马道收尾示意图等。

（三）危大工程专项施工方案的编制

1. 前期保障

（1）建设单位应当依法提供真实、准确、完整的工程地质、水文地质和工程周边环境等资料。

（2）勘察单位应当根据工程实际及工程周边环境资料，在勘察文件中说明地质条件可能造成的工程风险。

（3）设计单位应当在设计文件中注明涉及危大工程的重点部位和环节，提出保障工程周边环境安全和工程施工安全的意见，必要时进行专项设计。

（4）建设单位应当组织勘察、设计等单位在施工招标文件中列出危大工程清单，要求施工单位在投标时补充完善危大工程清单并明确相应的安全管理措施。

（5）建设单位应当按照施工合同约定及时支付危大工程施工技术措施费以及相应的安全防护文明施工措施费，保障危大工程施工安全。

（6）建设单位在申请办理安全监督手续时，应当提交危大工程清单及其安全管理措施等资料。

2. 分工和职责

施工单位应当在危大工程施工前组织工程技术人员编制专项施工方案。实行施工总承包的，专项施工方案应当由施工总承包单位组织编制。危大工程实行分包的，专项施工方案可以由相关专业分包单位组织编制。

专项施工方案应当由施工单位技术负责人审核签字、加盖单位公章，并由总监理工程师审查签字、加盖执业印章后方可实施。

危大工程实行分包并由分包单位编制专项施工方案的，专项施工方案应当由总承包单位技术负责人及分包单位技术负责人共同审核签字并加盖单位公章。

对于超过一定规模的危大工程，施工单位应当组织召开专家论证会对专项施工方案进行论证。实行施工总承包的，由施工总承包单位组织召开专家论证会。专家论证前专项施工方案应当通过施工单位审核和总监理工程师审查。

专家应当从地方人民政府住房城乡建设主管部门建立的专家库中选取，符合专业要求且人数不得少于5名。与本工程有利害关系的人员不得以专家身份参加专家论证会。

超过一定规模的危大工程专项施工方案专家论证会的参会人员应当包括：①专家；②建设单位项目负责人；③有关勘察、设计单位项目技术负责人及相关人员；④总承包单位和分包单位技术负责人或授权委派的专业技术人员、项目负责人、项目技术负责人、专项施工方案编制人员、项目专职安全生产管理人员及相关人员；⑤监理单位项目总监理工程师及专业监理工程师。

专家论证的主要内容应当包括：①专项施工方案内容是否完整、可行；②专项施工方案计算书和验算依据、施工图是否符合有关标准规范；③专项施工方案是否满足现场实际情况，并能够确保施工安全；④关于专项施工方案修改。

设区的市级以上地方人民政府住房城乡建设主管部门建立的专家库专家应当具备以下基本条件：①诚实守信、作风正派、学术严谨；②从事相关专业工作15年以上或具有丰富的专业经验；③具有高级专业技术职称。

专家论证会后，应当形成论证报告，对专项施工方案提出通过、修改后通过或者不通过的一致意见。专家对论证报告负责并签字确认。

超过一定规模的危大工程专项施工方案经专家论证后结论为"通过"的，施工单位可参考专家意见自行修改完善；结论为"修改后通过"的，专家意见要明确具体修改内容，施工单位应当按照专家意见进行修改，并履行有关审核和审查手续后方可实施，修改情况应及时告知专家。

专项施工方案经论证需修改后通过的，施工单位应当根据论证报告修改完善后，重新履行程序。

专项施工方案经论证不通过的，施工单位修改后应当按照本规定的要求重新组织专家论证。

三、施工安全技术措施计划的实施

（一）安全技术交底

1. 安全技术交底的内容

安全技术交底是一项技术性很强的工作，对于贯彻设计意图、严格实施技术方案、按图施工、循规操作、保证施工质量和施工安全至关重要。

安全技术交底主要内容如下：

（1）工程项目和分部分项工程的概况。

（2）本施工项目的施工作业特点和危险源、危险点。

（3）针对危险源、危险点的具体预防措施。

（4）作业中应遵守的安全操作规程以及应注意的安全事项。

（5）作业人员发现事故隐患应采取的措施。

（6）发生事故后应及时采取的避难和急救措施。

2. 安全技术交底的基本要求：

（1）项目经理部必须实行逐级安全技术交底制度，纵向延伸到班组全体作业人员。

（2）技术交底必须具体、明确，针对性强。

（3）技术交底的内容应针对分部分项工程施工中给作业人员带来的潜在危险因素和存在问题。

（4）应优先采用新的安全技术措施。

（5）对于涉及"四新"项目或技术含量高、技术难度大的单项技术设计，必须经过两阶段技术交底，即初步设计技术交底和实施性施工图技术设计交底。

（6）应将工程概况、施工方法、施工程序、安全技术措施等向工长、班组长进行详细交底。

（7）定期向由两个以上作业队和多工种进行交叉施工的作业队伍进行书面交底。

（8）保持书面安全技术交底签字记录。

（二）危大工程现场安全管理

（1）施工单位应当在施工现场显著位置公告危大工程名称、施工时间和具体责任人员，并在危险区域设置安全警示标志。

（2）专项施工方案实施前，编制人员或者项目技术负责人应当向施工现场管理人员进行方案交底。

施工现场管理人员应当向作业人员进行安全技术交底，并由双方和项目专职安全生产管理人员共同签字确认。

（3）施工单位应当严格按照专项施工方案组织施工，不得擅自修改专项施工方案。

因规划调整、设计变更等原因确需调整的，修改后的专项施工方案应当按照《危险性较大的分部分项工程安全管理规定》（住房和城乡建设部令第37号）的要求重新审核和论证。涉及资金或者工期调整的，建设单位应当按照约定予以调整。

（4）施工单位应当对危大工程施工作业人员进行登记，项目负责人应当在施工现场履职。

项目专职安全生产管理人员应当对专项施工方案实施情况进行现场监督，对未按照专项施工方案施工的，应当要求立即整改，并及时报告项目负责人，项目负责人应当及时组织限期整改。

施工单位应当按照规定对危大工程进行施工监测和安全巡视，发现危及人身安全的紧急情况，应当立即组织作业人员撤离危险区域。

（5）监理单位应当结合危大工程专项施工方案编制监理实施细则，并对危大工程施工实施专项巡视检查。

（6）监理单位发现施工单位未按照专项施工方案施工的，应当要求其进行整改；情节严重的，应当要求其暂停施工，并及时报告建设单位。施工单位拒不整改或者不停止施工的，监理单位应当及时报告建设单位和工程所在地住房城乡建设主管部门。

（7）对于按照规定需要进行第三方监测的危大工程，建设单位应当委托具有相应勘察资质的单位进行监测。

监测单位应当编制监测方案。监测方案由监测单位技术负责人审核签字并加盖单位公章，报送监理单位后方可实施。

监测单位应当按照监测方案开展监测，及时向建设单位报送监测成果，并对监测成果负责；发现异常时，及时向建设、设计、施工、监理单位报告，建设单位应当立即组织相关单位采取处置措施。

（8）对于按照规定需要验收的危大工程，施工单位、监理单位应当组织相关人员进行验收。验收合格的，经施工单位项目技术负责人及总监理工程师签字确认后，方可进入下一道工序。

危大工程验收合格后，施工单位应当在施工现场明显位置设置验收标识牌，公示验收时间及责任人员。

（9）危大工程发生险情或者事故时，施工单位应当立即采取应急处置措施，并报告工程所在地住房城乡建设主管部门。建设、勘察、设计、监理等单位应当配合施工单位开展应急抢险工作。

（10）危大工程应急抢险结束后，建设单位应当组织勘察、设计、施工、监理等单位制定工程恢复方案，并对应急抢险工作进行后评估。

（11）施工、监理单位应当建立危大工程安全管理档案。

施工单位应当将专项施工方案及审核、专家论证、交底、现场检查、验收及整改等相关资料纳入档案管理。

监理单位应当将监理实施细则、专项施工方案审查、专项巡视检查、验收及整改等相关资料纳入档案管理。

四、GB 55034—2022 有关安全管理的规定

按照我国《企业职工伤亡事故分类》GB 6441—1986 标准规定，职业伤害事故分为 20 类，其中与建筑业有关的有以下 12 类：

（1）物体打击：指落物、滚石、锤击、碎裂、崩块、砸伤等造成的人身伤害，不包括因爆炸而引起的物体打击。

（2）车辆伤害：指被车辆挤、压、撞和车辆倾覆等造成的人身伤害。

（3）机械伤害：指被机械设备或工具绞、碾、碰、割、戳等造成的人身伤害，不包括车辆、起重设备引起的伤害。

（4）起重伤害：指从事各种起重作业时发生的机械伤害事故，不包括上下驾驶室时发生的坠落伤害，起重设备引起的触电及检修时制动失灵造成的伤害。

（5）触电：由于电流经过人体导致的生理伤害，包括雷击伤害。

（6）灼烫：指火焰引起的烧伤、高温物体引起的烫伤、强酸或强碱引起的灼伤、放射线引起的皮肤损伤，不包括电烧伤及火灾事故引起的烧伤。

（7）火灾：在火灾时造成的人体烧伤、窒息、中毒等。

（8）高处坠落：出于危险势能差起的伤害，包括从架子、屋架上坠落以及平地坠入坑内等。

（9）坍塌：指建筑物、堆置物倒塌以及土石塌方等引起的事故伤害。

（10）火药爆炸：指在火药的生产、运输、储藏过程中发生的爆炸事故。

（11）中毒和窒息：指煤气、油气、沥青、化学、一氧化碳中毒等。

（12）其他伤害：包括扭伤、跌伤、冻伤、野兽咬伤等。

为了加强对建设工程领域中最常见职业伤害事故的预防和安全管理，中华人民共和国住房和城乡建设部颁发《建筑与市政施工现场安全卫生与职业健康通用规范》为国家标准，编号为 GB 55034—2022，自 2023 年 6 月 1 日起实施。该规范为强制性工程建设规范，全部条文必须严格执行。

（一）高处坠落

（1）在坠落高度基准面上方 2m 及以上进行高空或高处作业时，应设置安全防护设施并采取防滑措施，高处作业人员应正确佩戴安全帽、安全带等劳动防护用品。

（2）高处作业应制定合理的作业顺序。多工种垂直交叉作业存在安全风险时，应在上下层之间设置安全防护设施。严禁无防护措施进行多层垂直作业。

（3）在建工程的预留洞口、通道口、楼梯口、电梯井口等孔洞以及无围护设施或围护设施高度低于 1.2m 的楼层周边、楼梯侧边、平台或阳台边、屋面周边和沟、坑、槽等边沿应采取安全防护措施，并严禁随意拆除。

（4）严禁在未固定、无防护设施的构件及管道上进行作业或通行。

（5）各类操作平台、载人装置应安全可靠，周边应设置临边防护，并应具有足够的强度、刚度和稳定性，施工作业荷载严禁超过其设计荷载。

（6）遇雷雨、大雪、浓雾或作业场所 5 级以上大风等恶劣天气时，应停止高处作业。

（二）物体打击

（1）在高处安装构件、部件、设施时，应采取可靠的临时固定措施或防坠落措施。

（2）在高处拆除或拆卸作业时，严禁上下同时进行。拆卸的施工材料、机具、构件、配件等，应运至地面，严禁抛掷。

（3）施工作业平台物料堆放重量不应超过平台的容许承载力，物料堆放高度应满足稳定性要求。

（4）安全通道上方应搭设防护设施，防护设施应具备抗高处坠物穿透的性能。

（5）预应力结构张拉、拆除时，预应力端头应采取防护措施，且轴线方向不应有施工作业人员。无粘结预应力结构拆除时，应先解除预应力，再拆除相应结构。

（三）起重伤害

（1）吊装作业前应设置安全保护区域及警示标识，吊装作业时应安排专人监护，防止无关人员进入，严禁任何人在吊物或起重臂下停留或通过。

（2）使用吊具和索具应符合下列规定：

①吊具和索具的性能、规格应满足吊运要求，并与环境条件相适应；

②作业前应对吊具与索具进行检查，确认完好后方可投入使用；

③承载时不得超过额定荷载。

（3）吊装重量不应超过起重设备的额定起重量。吊装作业严禁超载、斜拉或起吊不明重量的物体。

（4）物料提升机严禁使用摩擦式卷扬机。

（5）施工升降设备的行程限位开关严禁作为停止运行的控制开关。

（6）吊装作业时，对未形成稳定体系的部分，应采取临时固定措施。对临时固定的构件，应在安装固定完成并经检查确认无误后，方可解除临时固定措施。

（7）大型起重机械严禁在雨、雪、雾、霾、沙尘等低能见度天气时进行安装拆卸作业；起重机械最高处的风速超过 9.0m/s 时，应停止起重机安装拆卸作业。

（四）坍塌

（1）土方开挖的顺序、方法应与设计工况相一致，严禁超挖。

（2）边坡坡顶、基坑顶部及底部应采取截水或排水措施。

（3）边坡及基坑周边堆放材料、停放设备设施或使用机械设备等荷载严禁超过设计要求的地面荷载限值。

（4）边坡及基坑开挖作业过程中，应根据设计和施工方案进行监测。

（5）当基坑出现下列现象时，应及时采取处理措施，处理后方可继续施工。

①支护结构或周边建筑物变形值超过设计变形控制值；

②基坑侧壁出现大量漏水、流土，或基坑底部出现管涌；

③桩间土流失孔洞深度超过桩径。

（6）当桩基成孔施工中发现斜孔、弯孔、缩孔、塌孔或沿护筒周围冒浆及地面沉陷等现象时，应及时采取处理措施。

（7）基坑回填应在具有挡土功能的结构强度达到设计要求后进行。

（8）回填土应控制土料含水率及分层压实厚度等参数，严禁使用淤泥、沼泽土、泥炭土、冻土、有机土或含生活垃圾的土。

（9）模板及支架应根据施工工况进行设计，并应满足承载力、刚度和稳定性要求。

（10）混凝土强度应达到规定要求后，方可拆除模板和支架。

（11）施工现场物料、物品等应整齐堆放，并应根据具体情况采取相应的固定措施。

（12）临时支撑结构安装、使用时应符合下列规定：

①严禁与起重机械设备、施工脚手架等连接；

②临时支撑结构作业层上的施工荷载不得超过设计允许荷载；

③使用过程中，严禁拆除构配件。

（13）建筑施工临时结构应进行安全技术分析，并应保证在设计使用工况下保持整体稳定性。

（14）拆除作业应符合下列规定：

①拆除作业应从上至下逐层拆除，并应分段进行，不得垂直交叉作业。

②人工拆除作业时，作业人员应在稳定的结构或专用设备上操作，水平构件上严禁人员聚集或物料集中堆放；拆除建筑墙体时，严禁采用底部掏掘或推倒的方法。

③拆除建筑时应先拆除非承重结构，再拆除承重结构。

④上部结构拆除过程中应保证剩余结构的稳定。

（五）机械伤害

（1）机械操作人员应按机械使用说明书规定的技术性能、承载能力和使用条件正确操作、合理使用机械，严禁超载、超速作业或扩大使用范围。

（2）机械操作装置应灵敏，各种仪表功能应完好，指示装置应醒目、直观、清晰。

（3）机械上的各种安全防护装置、保险装置、报警装置应齐全有效，不得随意更换、调整或拆除。

（4）机械作业应设置安全区域，严禁非作业人员在作业区停留、通过、维修或保养机械。当进行清洁、保养、维修机械时，应设置警示标识，待切断电源、机械停稳后，方可进行操作。

（5）工程结构上搭设脚手架、施工作业平台，以及安装塔式起重机、施工升降机等机具设备时，应进行工程结构承载力、变形等验算，并应在工程结构性能达到要求后进行搭设、安装。

（6）塔式起重机安全监控系统应具有数据存储功能，其监视内容应包含起重量、起重力矩、起升高度、幅度、回转角度、运行行程等信息。塔式起重机有运行危险趋势时，控制回路电源应能自动切断。

（六）冒顶片帮

（1）暗挖施工应合理规划开挖顺序，严禁超挖，并应根据围岩情况、施工方法及时采取有效支护，当发现支护变形超限或损坏时，应立即整修和加固。

（2）盾构作业时，掘进速度应与地表控制的隆陷值、进出土量及同步注浆等相协调。

（3）盾构掘进中遇有下列情况之一时，应停止掘进，分析原因并采取措施：

①盾构前方地层发生坍塌或遇有障碍；

②盾构自转角度超出允许范围；

③盾构位置偏离超出允许范围；

④盾构推力增大超出预计范围；

⑤管片防水、运输及注浆等过程发生故障。

（4）顶进作业前，应对施工范围内的既有线路进行加固。顶进施工时应对既有线路、顶力体系和后背实时进行观测、记录、分析和控制，发现变形和位移超限时，应立即进行调整。

（七）车辆伤害

（1）施工车辆运输危险物品时应悬挂警示牌。

（2）施工现场车辆行驶道路应平整坚实，在特殊路段应设置反光柱、转角灯等设施，车辆行驶应遵守施工现场限速要求。

（3）车辆行驶过程中，严禁人员上下。

（4）夜间施工时，施工现场应保障充足的照明，施工车辆应降低行驶速度。

（5）施工车辆应定期进行检查、维护和保养。

（八）中毒和窒息

（1）领取和使用有毒物品时，应实行双人双重责任制，作业中途不得擅离职守。

（2）施工单位应根据施工环境设置通风、换气和照明等设备。

（3）受限或密闭空间作业前，应按照氧气、可燃性气体、有毒有害气体的顺序进行气体检测。当气体浓度超过安全允许值时，严禁作业。

（4）室内装修作业时，严禁使用苯、工业苯、石油苯、重质苯及混苯作为稀释剂和溶剂，严禁使用有机溶剂清洗施工用具。建筑外墙清洗时，不得采用强酸强碱清洗剂及有毒有害化学品。

（九）触电

（1）施工现场用电的保护接地与防雷接地应符合下列规定：

①保护接地导体（PE）、接地导体和保护联结导体应确保自身可靠连接；

②采用剩余电流动作保护电器时应装设保护接地导体（PE）；

③共用接地装置的电阻值应满足各种接地的最小电阻值的要求。

（2）施工用电的发电机组电源应与其他电源互相闭锁，严禁并列运行。

（3）施工现场配电线路应符合下列规定：

①线缆敷设应采取有效保护措施，防止对线路的导体造成机械损伤和介质腐蚀。

②电缆中应包含全部工作芯线、中性导体（N）及保护接地导体（PE）或保护中性导体（PEN）；保护接地导体（PE）及保护中性导体（PEN）外绝缘层应为黄绿双色；中性导体（N）外绝缘层应为淡蓝色；不同功能导体外绝缘色不应混用。

（4）施工现场的特殊场所照明应符合下列规定：

①手持式灯具应采用供电电压不大于 36V 的安全特低电压（SELV）供电；

②照明变压器应使用双绕组型安全隔离变压器，严禁采用自耦变压器；

③安全隔离变压器严禁带入金属容器或金属管道内使用。

（5）电气设备和线路检修应符合下列规定：

①电气设备检修、线路维修时，严禁带电作业。应切断并隔离相关配电回路及设备的电源，并应检验、确认电源被切除，对应配电间的门、配电箱或切断电源的开关上锁，及应在锁具或其箱门、墙壁等醒目位置设置警示标识牌。

②电气设备发生故障时，应采用验电器检验，确认断电后方可检修，并在控制开关明

显部位悬挂"禁止合闸、有人工作"停电标识牌。停送电必须由专人负责。

③线路和设备作业严禁预约停送电。

（6）管道、容器内进行焊接作业时，应采取可靠的绝缘或接地措施，并应保障通风。

（十）爆炸

（1）柴油、汽油、氧气瓶、乙炔气瓶、煤气罐等易燃、易爆液体或气体容器应轻拿轻放，严禁暴力抛掷，并应设置专门的存储场所，严禁存放在住人用房。

（2）严禁利用输送可燃液体、可燃气体或爆炸性气体的金属管道作为电气设备的保护接地导体。

（3）输送管道进行强度和严密性试验时，严禁使用可燃气体和氧气进行试验。

（4）当管道强度试验和严密性试验中发现缺陷时，应待试验压力降至大气压后进行处理，处理合格后应重新进行试验。

（5）设备、管道内部涂装和衬里作业时，应采用防爆型电气设备和照明器具，并应采取防静电保护措施。可燃性气体、蒸汽和粉尘浓度应控制在可燃烧极限和爆炸下限的10%以下。

（6）输送臭氧、氧气的管道及附件在安装前应进行除锈、吹扫、脱脂。

（7）压力容器及其附件应合格、完好和有效。严禁使用减压器或其他附件缺损的氧气瓶。严禁使用乙炔专用减压器、回火防止器或其他附件缺损的乙炔气瓶。

（8）对承压作业时的管道、容器或装有剧毒、易燃、易爆物品的容器，严禁进行焊接或切割作业。

（十一）爆破作业

（1）爆破作业前应对爆区周围的自然条件和环境状况进行调查，了解危及安全的不利环境因素，并应采取必要的安全防范措施。

（2）爆破作业前应确定爆破警戒范围，并应采取相应的警戒措施。应在人员、机械、车辆全部撤离或者采取防护措施后方可起爆。

（3）爆破作业人员应按设计药量进行装药，网路敷设后应进行起爆网路检查，起爆信号发出后现场指挥应再次确认达到安全起爆条件，然后下令起爆。

（4）露天浅孔、深孔、特种爆破实施后，应等待5min后方准许人员进入爆破作业区检查；当无法确认有无盲炮时，应等待15min后方准许人员进入爆破作业区检查；地下工程爆破后，经通风除尘排烟确认井下空气合格后，应等待15min后方准许人员进入爆破作业区检查。

（5）有下列情况之一时，严禁进行爆破作业：

①爆破可能导致不稳定边坡、滑坡、崩塌等危险；

②爆破可能危及建（构）筑物、公共设施或人员的安全；

③危险区边界未设警戒的；

④恶劣天气条件下。

（十二）透水

（1）地下施工作业穿越富水地层、岩溶发育地质、采空区以及其他可能引发透水事故的施工环境时，应制定相应的防水、排水、降水、堵水及截水措施。

（2）盾构机气压作业前，应通过计算和试验确定开挖仓内气压，确保地层条件满足气体保压的要求。

（3）钢板桩或钢管桩围堰施工前，其锁口应采取止水措施；土石围堰外侧迎水面应采取防冲刷措施，防水应严密；施工过程中应监测水位变化，围堰内外水头差应满足安全要求。

（十三）淹溺

（1）当场地内开挖的槽、坑、沟、池等积水深度超过 0.5m 时，应采取安全防护措施。

（2）水上或水下作业人员，应正确佩戴救生设施。

（3）水上作业时，操作平台或操作面周边应采取安全防护措施。

（十四）灼烫

（1）高温条件下，作业人员应正确佩戴个人防护用品。

（2）带电作业时，作业人员应采取防灼烫的安全措施。

（3）具有腐蚀性的酸、碱、盐、有机物等应妥善储存、保管和使用，使用场所应有防止人员受到伤害的安全措施。

五、安全生产现场控制

（一）基坑工程

（1）基坑支护及开挖符合规范、设计及专项施工方案的要求。

①基坑支护应满足保证基坑周边建（构）筑物、地下管线、道路的安全和正常使用、保证主体地下结构的施工空间的功能要求；

②当基坑开挖面上方的锚杆、土钉、支撑未达到设计要求时，严禁向下超挖土方；

③采用锚杆或支撑的支护结构，在未达到设计规定的拆除条件时，严禁拆除锚杆或支撑；

④安全等级为一级、二级的支护结构，在基坑开挖过程与支护结构使用期内，必须进行支护结构的水平位移监测和基坑开挖影响范围内建（构）筑物、地面的沉降监测；

⑤基坑工程应按现行《建筑基坑支护技术规程》JGJ 120—2012 进行设计；必须遵循先设计后施工的原则；应按设计和施工方案要求，分层、分段、均衡开挖；

⑥土方开挖前，应查明基坑周边影响范围内建（构）筑物、上下水、电缆、燃气、排水及热力等地下管线情况，并采取措施保护其使用安全；

⑦基坑支护结构必须在达到设计要求的强度后，方可开挖下层土方，严禁提前开挖和超挖。施工过程中，严禁设备或重物碰撞支撑、腰梁、锚杆等基坑支护结构，亦不得在支护结构上放置或悬挂重物。

（2）基坑施工时对主要影响区范围内的建（构）筑物和地下管线保护措施符合规范及专项施工方案的要求。

①支护结构施工和开挖过程中，应对支护结构自身、已施工的主体结构和邻近道路、市政管线、地下设施、周围建（构）筑物等进行施工监测，施工单位应采取信息施工法配合设计单位采用动态设计法，及时调整施工方法及预防风险措施，并可通过采用设置隔离桩、加固既有建筑地基基础、反压与配合降水纠偏等技术措施，控制邻近建（构）筑物产生过大的不均匀沉降。

②应根据环境调查结果，分析评估基坑周边环境的变形敏感度，根据基坑支护设计单位提出的各个施工阶段变形设计值和报警值，在基坑工程施工前对周边敏感的建筑物及管线设施采取加固措施。

（3）基坑周围地面排水措施符合规范及专项施工方案的要求。

（4）基坑地下水控制措施符合规范及专项施工方案的要求。

①排水沟和集水井宜布置于地下结构外侧，距坡脚不宜小于 0.5m。单级放坡基坑降水井宜设置在坡顶，多级放坡基坑的降水井宜设置于坡顶、放坡平台；

②排水沟、集水井设计应符合下列规定：

a. 排水沟深度、宽度、坡度应根据基坑涌水量计算确定，排水沟底宽不宜小于 300mm；

b. 集水井大小和数量应根据基坑涌水量和渗漏水量、积水水量确定，且直径（或宽度）不宜小于 0.6m 底面应比排水沟底深 0.5m，间距不宜大于 30m。集水井壁应有防护结构，并应设置碎石滤水层，泵端纱网；

c. 当基坑开挖深度超过地下水位后，排水沟与集水井的深度应随开挖深度加深，并应及时将集水井中的水排出基坑。

排水沟或集水井的排水量计算应满足下列公式要求：

$$V \geqslant 1.5Q \tag{7-1}$$

式中　V——排水量（m³/d）；

　　　Q——基坑涌水量（m³/d），按降水设计计算或根据工程经验确定。

③降水井随基坑开挖深度需切除时，对继续运行的降水井应去除井管四周地面下 1m 的滤料层，并应采用黏土封井后再运行。

（5）基坑周边荷载符合规范及专项施工方案的要求。

①基坑周边 1.2m 范围内不得堆载，3m 以内限制堆载，坑边严禁重型车辆通行。当支护设计中已考虑堆载和车辆运行时，必须按设计要求进行，严禁超载。

②基坑周边施工材料、设施或车辆荷载严禁超过设计要求的地面荷载限值。

（6）基坑监测项目、监测方法、测点布置、监测频率、监测报警及日常检查符合规范、设计及专项施工方案的要求。

①开挖深度大于等于 5m 或开挖深度小于 5m 但现场地质情况和周围环境较复杂的基坑工程以及其他需要监测的基坑工程应实施基坑工程监测；

②基坑工程施工前，应由建设方委托具备相应资质的第三方对基坑工程实施现场监测。监测单位应编制监测方案，监测方案须经建设方、设计方、监理方等认可，必要时还需与基坑周边环境涉及的有关单位协商一致后方可实施；

③基坑工程现场监测的对象应包括：

a. 支护结构；

b. 地下水状况；

c. 基坑底部及周边上体；

d. 周边建筑；

e. 周边管线及设施；

f. 周边重要的道路；

g. 其他应监测的对象。

④基坑工程监测点的布置应能反映监测对象的实际状态及其变化趋势，监测点应布置在内力及变形关键特征点上，并应满足监控要求；

⑤基坑工程监测频率的确定应满足能系统反映监测对象所测项目的重要变化过程而又不遗漏其变化时刻的要求；

⑥监测频率应综合考虑基坑类别、基坑及地下工程的不同施工阶段以及周边环境、自然条件的变化和当地经验而确定。当监测值相对稳定时，可适当降低监测频率；

⑦当出现下列情况之一时，应提高监测频率：

a. 监测数据达到报警值；

b. 监测数据变化较大或者速度加快；

c. 存在勘察未发现的不良地质；

d. 超深、超长开挖或者未及时加撑等违反设计工况施工；

e. 基坑及周边大量积水、长时间连续降雨、市政管道出现泄漏；

f. 基坑附近地面荷载突然增大或超过设计限值；

g. 支护结构出现开裂；

h. 周边地面突发较大沉降或出现严重开裂；

i. 邻近建筑突发较大沉降、不均匀沉降或出现严重开裂；

j. 基坑底部、侧壁出现管涌、渗漏或流砂等现象。

⑧基坑工程监测必须确定监测报警值，监测报警值应满足基坑工程设计、地下结构设计以及周边环境中被保护对象的控制要求。监测报警值应由基坑工程设计方确定；

⑨当出现下列情况之一时，必须立即进行危险报警，并应对基坑支护结构和周边环境中的保护对象采取应急措施：

a. 监测数据达到监测报警的累计值；

b. 基坑支护结构或周边土体的位移值突然明显增大或基坑出现流砂、管涌、隆起、陷落或较严重的渗漏等；

c. 基坑支护结构的支撑或锚杆体系出现过大变形、压屈、断裂、松弛或拔出的迹象；

d. 周边建筑的结构部分、周边地面出现较严重的突发裂缝或危害结构的变形裂缝；

e. 周边管线变形突然明显增长或出现裂缝、泄漏等；

f. 根据当地工程经验判断，出现其他必须进行危险报警的情况。

⑩基坑监测工作要能够贯穿于基坑工程和地下工程施工全过程。监测期应从基坑工程施工前开始，直至地下工程完成为止。对有特殊要求的基坑周边环境的监测应根据需要延续至变形趋于稳定后结束。

（7）基坑内作业人员上下专用梯道符合规范及专项施工方案的要求。

基坑内宜设置供施工人员上下的专用梯道，数量不应少于2个。梯道应设扶手栏杆，梯道的宽度不应小于1m。梯道的搭设应符合相关安全规范要求。

（8）基坑坡顶地面无明显裂缝，基坑周边建筑物无明显变形。

①土方开挖过程中，应定期对基坑及周边环境进行巡视，随时检查基坑位移（土体裂

缝）、倾斜、土体及周边道路沉陷或隆起、地下水涌出、管线开裂、不明气体冒出和基坑防护栏杆的安全性等；

②当基坑周边地面产生裂缝时，应采取灌浆措施封闭裂缝。对于膨胀土基坑工程，应分析裂缝产生原因，及时反馈设计处理。

（二）脚手架工程

1. 一般规定

（1）作业脚手架底部立杆上设置的纵向、横向扫地杆符合规范及专项施工方案要求。

支撑脚手架的水平杆应按步距沿纵向和横向通长连续设置，不得缺失。在支撑脚手架立杆底部应设置纵向和横向扫地杆，水平杆和扫地杆应与相邻立杆连接牢固。

脚手架必须设置纵、横向扫地杆。纵向扫地杆应采用直角扣件固定在距钢管底端不大于200mm处的立杆上。横向扫地杆应采用直角扣件固定在紧靠纵向扫地杆下方的立杆上。

脚手架立杆基础不在同一高度时，必须将高处的纵向扫地杆向低处延长两跨与立杆固定，高低差不应大于1m。靠边坡上方的立杆轴线到边坡的距离不应小于500mm。

连墙件的设置符合规范及专项施工方案要求。

作业脚手架连墙件的安装必须符合下列规定：

①连墙件的安装必须随作业脚手架搭设同步进行，严禁滞后安装；

②当作业脚手架操作层高出相邻连墙件以上2步时，在上层连墙件安装完毕前，必须采取临时拉结措施。脚手架连墙件设置的位置、数量应按专项施工方案确定。连墙件布置最大间距满足表7-1的要求。

连墙件布置最大间距要求　　　　　　　　　　　表7-1

搭设方法	高度	竖向间距（m）	水平间距（m）	每根连墙件覆盖面积（m²）
双排落地	≤ 50m	$3h$	$3l_a$	≤ 40
双排悬挑	> 50m	$2h$	$3l_a$	≤ 27
单排	≤ 24m	$3h$	$3l_a$	≤ 40

注：h——步距；l_a——纵距。

（2）连墙件的布置应符合下列规定：

①应靠近主节点设置，偏离主节点的距离不应大于300mm；

②应从底层第一步纵向水平杆处开始设置，当该处设置有困难时，应采用其他可靠措施固定；

③应优先采用菱形布置，或采用方形、矩形布置。

开口型脚手架的两端必须设置连墙件，连墙件的垂直间距不应大于建筑物的层高，并且不应大于4m。

连墙件中的连墙杆应呈水平设置，当不能水平设置时，应向脚手架一端下斜连接。

连墙件必须采用可承受拉力和压力的构造。对高度24m以上的双排脚手架，应采用刚性连墙件与建筑物连接。

当脚手架下部暂不能设连墙件时应采取防倾覆措施。当搭设抛撑时，抛撑应采用通长杆件，并应旋转扣件固定在脚手架上，与地面的倾角应在 40°~60°；连接点中心至主节点的距离不应大于 300mm。抛撑应在连墙件搭设后方可拆除。

架高超过 40m 且有风涡流作用时，应采取抗上升翻流作用的连墙措施。

（3）步距、跨距搭设符合规范及专项施工方案要求。

常用密目式安全立网全封闭单、双排脚手架结构的设计尺寸可按表 7-2 采用。

密目式安全立网全封闭单、双排脚手架结构的设计尺寸（m）　　表 7-2

连墙件设置	立杆横距	步距	下列荷载时的立杆纵距 l_a				脚手架允许搭设高度
			2 + 0.35（kN/m²）	2 + 2 + 2×0.35（kN/m²）	3 + 0.35（kN/m²）	3 + 2 + 2×0.35（kN/m²）	
二步三跨	1.05	1.50	2.0	1.5	1.5	1.5	50
		1.80	1.8	1.5	1.5	1.5	32
	1.30	1.50	1.8	1.5	1.5	1.5	50
		1.80	1.8	1.2	1.5	1.2	30
	1.55	1.50	1.8	1.5	1.5	1.5	38
		1.80	1.8	1.2	1.5	1.2	22
三步三跨	1.05	1.50	2.0	1.5	1.5	1.5	43
		1.80	1.8	1.2	1.5	1.2	24
	1.30	1.50	1.8	1.5	1.5	1.2	30
		1.80	1.8	1.2	1.5	1.2	17

注：表中所示 2+2+2×0.35（kN/m²），包括下列荷载：2+2（kN/m²）为二层装修作业层施工荷载标准值；2×0.35（kN/m²）为二层作业层脚手板自重荷载标准值。

（4）剪刀撑的设置符合规范及专项施工方案要求。

单、双排脚手架剪刀撑的设置应符合下列规定：

①每道剪刀撑跨越立杆的根数应按下表的规定确定。每道剪刀撑宽度不应小于 4 跨，且不应小于 6m，斜杆与地面的倾角应在 45°~60°；

剪刀撑跨越立杆的最多根数参见表 7-3。

剪刀撑跨越最多立杆数　　表 7-3

剪刀撑斜杆与地面的倾角 α	45°	50°	60°
剪刀撑跨越立杆的最多根数 n	7	6	5

②剪刀撑斜杆的接长应采用搭接或对接，搭接长度不应小于 1m，并应采用不少于 2 个旋转扣件固定。端部扣件盖板的边缘至杆端距离不应小于 100mm；

③剪刀撑斜杆应用旋转扣件固定在与之相交的横向水平杆的伸出端或立杆上，旋转扣件中心线至主节点的距离不应大于 150mm。

高度在 24m 及以上的双排脚手架应在外侧全立面连续设置剪刀撑；高度在 24m 以下的单、双排脚手架，均必须在外侧两端、转角及中间间隔不超过 15m 的立面上，各设置一道剪刀撑，并应由底至顶连续设置。

（5）架体基础符合规范及专项施工方案要求。

脚手架地基与基础的施工，应根据脚手架所受荷载、搭设高度、搭设场地土质情况与现行国家标准《建筑地基基础工程施工质量验收标准》GB 50202—2018 的有关规定进行。

压实填土地基应符合现行国家标准《建筑地基基础设计规范》GB 50007—2011 的相关规定；灰土地基应符合现行国家标准《建筑地基基础工程施工质量验收标准》GB 50202—2018 的相关规定。

立杆垫板或底座底面标高宜高于自然地坪 50~100mm。

脚手架基础经验收合格后，应按施工组织设计或专项施工方案的要求放线定位。

（6）架体材料和构配件符合规范及专项施工方案要求，扣件按规定进行抽样复试。

钢管：

①脚手架钢管应采用现行国家标准《直缝电焊钢管》GB/T 13793—2016 或《低压流体输送用焊接钢管》GB/T 3091—2015 中规定的 Q235 普通钢管，钢管的钢材质量应符合现行国家标准《碳素结构钢》GB/T 700—2006 中 Q235 级钢的规定；

②脚手架钢管宜采用 $\Phi 48.3 \times 3.6$ 钢管。每根钢管的最大质量不应大于 25.8kg。

扣件：

①扣件应采用锻铸铁或铸钢制作，其质量和性能应符合现行国家标准《钢管脚手架扣件》GB 15831—2006 的规定，采用其他材料制作的扣件，应经试验证明其质量符合该标准的规定后方可使用；

②扣件在螺栓拧紧扭力矩达到 65N·m 时，不得发生破坏；

③扣件进入施工现场应检查产品合格证，并应进行抽样复试，技术性能应符合现行国家标准《钢管脚手架扣件》GB 15831—2006 的规定。扣件在使用前应逐个挑选，有裂缝、变形、螺栓出现滑丝的严禁使用。

脚手板：

①脚手板可采用钢、木、竹材料制作，单块脚手板的质量不宜大于 30kg；

②冲压钢脚手板的材质应符合现行国家标准《碳素结构钢》GB/T 700—2006 中 Q235 级钢的规定；

③木脚手板材质应符合现行国家标准《木结构设计标准》GB 50005—2017 中 IIa 级材质的规定。脚手板厚度不应小于 50mm，两端宜各设置直径不小于 4mm 的镀锌钢丝箍两道；

④竹脚手板宜采用由毛竹或楠竹制作的竹串片板、竹笆板；竹串片脚手板应符合现行行业标准《建筑施工木脚手架安全技术规范》JGJ 164—2008 的相关规定。

可调托撑：

①可调托撑螺杆外径不得小于 36mm，直径与螺距应符合现行国家标准《梯形螺纹 第2部分：直径与螺距系列》GB/T 5796.2—2022 和《梯形螺纹 第3部分：基本尺寸》GB/T 5796.3—2022 的规定；

②可调托撑的螺杆与支托板焊接应牢固，焊缝高度不得小于 6mm；可调托撑螺杆与螺母旋合长度不得少于 5 扣，螺母厚度不得小于 30mm；

③可调托撑受压承载力设计值不应小于 40kN，支托板厚度不应小于 5mm。

悬挑脚手架用型钢：

①悬挑脚手架用型钢的材质应符合现行国家标准《碳素结构钢》GB/T 700—2006 或《低合金高强度结构钢》GB/T 1591—2018 的规定；

②用于固定型钢悬挑梁的 U 型钢筋拉环或锚固螺栓材质应符合现行国家标准《钢筋混凝土用钢　第 1 部分：热轧光圆钢筋》GB/T 1499.1—2017 中 HPB235 级钢筋的规定。

（7）脚手架上严禁集中荷载。

作业层上的施工荷载应符合设计要求，不得超载。不得将模板支架、缆风绳、泵送混凝土和砂浆的输送管等固定在架体上；严禁悬挂起重设备，严禁拆除或移动架体上安全防护设施。

（8）架体的封闭符合规范及专项施工方案要求。

脚手架作业层的脚手板铺设应牢靠、严密，并应采用安全平网在脚手板底部进行兜底封闭，起到对作业层的二次防护作用。作业层以下间隔不超过 10m 应用安全平网进行封闭，能有效防护高处坠落。

作业层及封闭平网的水平层里排架体与建筑物之间的空隙部分宽度大于 150mm 时，已经构成发生高处落物、落人隐患，应采用脚手板或安全平网进行封闭防护。

（9）脚手架上脚手板的设置符合规范及专项施工方案要求。

脚手板的设置应符合下列规定：

①作业层脚手板应铺满、铺稳、铺实；

②冲压钢脚手板、木脚手板、竹串片脚手板等，应设置在三根横向水平杆上。当脚手板长度小于 2m 时，可采用两根横向水平杆支承，但应将脚手板两端与横向水平杆可靠固定，严防倾翻。脚手板的铺设应采用对接平铺或搭接铺设。脚手板对接平铺时，接头处应设两根横向水平杆，脚手板外伸长度应取 130~150mm，两块脚手板外伸长度的和不应大于 300mm；脚手板搭接铺设时，接头应支在横向水平杆上，搭接长度不应小于 200mm，其伸出横向水平杆的长度不应小于 100mm；

③竹脚手板应按其主竹筋垂直纵向水平杆方向铺设，且应对接平铺，四个角应用直径不小于 1.2mm 的镀锌钢丝固定在纵向水平杆上；

④作业层端部脚手板探头长度应取 150mm，其板的两端均应固定于支承杆件上。

脚手板的铺设应符合下列规定：

①脚手板应铺满、铺稳，离墙面的距离不应大于 150mm；

②采用对接或搭接时均应符合规范的规定；脚手板探头应用直径 3.2mm 的镀锌钢丝固定在支承杆件上；

③在拐角、斜道平台口处的脚手板，应用镀锌钢丝固定在横向水平杆上，防止滑动。

2. 附着式升降脚手架

（1）附着支座设置符合规范及专项施工方案要求。附着支撑结构应包括附墙支座、悬臂梁及斜拉杆，其构造应符合下列规定：

①竖向主框架所覆盖的每个楼层处应设置一道附墙支座；

②在使用工况时，应将竖向主框架固定于附墙支座上；

③在升降工况时，附墙支座上应设有防倾、导向的结构装置；

④附墙支座应采用锚固螺栓与建筑物连接，受拉螺栓的螺母不得少于两个或应采用弹簧垫圈加单螺母，螺杆露出螺母端部的长度不应少于 3 扣，并不得小于 10mm，垫板尺寸应由设计确定，且不得小于 100mm×100mm×10mm；

⑤附墙支座支承在建筑物上连接处混凝土的强度应按设计要求确定，且不得小于 C10。

（2）防坠落、防倾覆安全装置符合规范及专项施工方案要求。

附着式升降脚手架必须具有防倾覆、防坠落和同步升降控制的安全装置。

防坠落装置必须符合下列规定：

①防坠落装置应设置在竖向主框架处并附着在建筑结构上，每一升降点不得少于一个防坠落装置，防坠落装置在使用和升降工况下都必须起作用；

②防坠落装置必须采用机械式的全自动装置，严禁使用每次升降都需重组的手动装置；

③防坠落装置技术性能除应满足承载能力要求外，还应符合表 7-4 的规定；

防坠落装置技术性能

表 7-4

脚手架类别	制动距离（mm）
整体式升降脚手架	≤ 80
单片式升降脚手架	≤ 150

④防坠落装置应具有防尘、防污染的措施，并应灵敏可靠和运转自如；

⑤防坠落装置与升降设备必须分别独立固定在建筑结构上；

⑥钢吊杆式防坠落装置，钢吊杆规格应由计算确定，且不应小于 $\Phi 25$mm。

防倾覆装置应符合下列规定：

①防倾覆装置中应包括导轨和两个以上与导轨连接的可滑动的导向件；

②在防倾覆导向件的范围内应设置防倾覆导轨，且应与竖向主框架可靠连接；

③在升降和使用两种工况下，最上和最下两个导向件之间的最小间距不得小于 2.8m 或架体高度的 1/4；

④应具有防止竖向主框架倾斜的功能；

⑤应采用螺栓与附墙支座连接，其装置与导轨之间的间隙应小于 5mm。

（3）同步升降控制装置符合规范及专项施工方案要求。

附着式升降脚手架升降时，必须配备限荷载或水平高差的同步控制系统。连续式水平支承桁架，应采用限制荷载自控系统；简支静定水平支承桁架，应采用水平高差同步自控系统；当设备受限时，可选择限制荷载自控系统。

（4）构造尺寸符合规范及专项施工方案要求。附着式升降脚手架结构构造的尺寸应符合下列规定：

①架体高度不得大于 5 倍楼层高；

②架体宽度不得大于 1.2m；

③直线布置的架体支承跨度不得大于 7m，折线或曲线布置的架体，相邻两主框架支撑点处的架体外侧距离不得大于 5.4m；

④架体的水平悬挑长度不得大于 2m，且不得大于跨度的 1/2；

⑤架体全高与支承跨度的乘积不得大于 110m²。

3. 悬挑式脚手架

（1）型钢锚固段长度及锚固型钢的主体结构混凝土强度符合规范及专项施工方案要求。

悬挑钢梁悬挑长度应按设计确定，固定段长度不应小于悬挑长度的 1.25 倍。

锚固位置设置在楼板上时，楼板的厚度不宜小于 120mm，如果楼板厚度小于 120mm 应采取加固措施。

锚固型钢的主体结构混凝土强度等级不得低于 C20。

（2）悬挑钢梁卸荷钢丝绳设置方式符合规范及专项施工方案要求。

每个型钢悬挑梁外端宜设置钢丝绳或钢拉杆与上一层建筑结构斜拉结。钢丝绳、钢拉杆不参与悬挑钢梁受力计算；钢丝绳与建筑结构拉结的吊环应使用 HPB235 级钢筋，其直径不宜小于 20mm，吊环预埋锚固长度应符合现行国家标准《混凝土结构设计规范》GB 50010—2010 中钢筋锚固的规定。

（3）悬挑钢梁的固定方式符合规范及专项施工方案要求。

型钢悬挑梁固定端应采用 2 个（对）及以上 U 型钢筋拉环或锚固螺栓与建筑结构梁板固定，U 型钢筋拉环或锚固螺栓应预埋至混凝土梁、板底层钢筋位置，并应与混凝土梁、板底层钢筋焊接或绑扎牢固。其锚固长度应符合现行国家标准《混凝土结构设计规范》GB 50010—2010 中钢筋锚固的规定。

当型钢悬挑梁与建筑结构采用螺栓钢压板连接固定时，钢压板尺寸不应小于 100mm×10mm（宽×厚）；当采用螺栓角钢压板连接时，角钢的规格不应小于 63mm×63mm×6mm。

（4）底层封闭符合规范及专项施工方案要求。

（5）悬挑钢梁端立杆定位点符合规范及专项施工方案要求。

型钢悬挑梁悬挑端应设置能使脚手架立杆与钢梁可靠固定的定位点，定位点离悬挑梁端部不应小于 100mm。

4. 高处作业吊篮

（1）各限位装置齐全有效。

吊篮应安装上限位装置，宜安装下限位装置。

（2）安全锁必须在有效的标定期限内。

使用离心触发式安全锁的吊篮在空中停留作业时，应将安全锁锁定在安全绳上；空中启动吊篮时，应先将吊篮提升使安全绳松弛后再开启安全锁。不得在安全绳受力时强行扳动安全锁开启手柄；不得将安全锁开启手柄固定于开启位置。

安全锁的配件应完好，齐全，规格和方向标识应清晰可辨。

（3）吊篮内作业人员不应超过 2 人。

吊篮正常工作时，人员应从地面进入吊篮内，不得从建筑物顶部、窗口等处或其他孔洞处出入吊篮。

在吊篮内的作业人员应佩戴安全帽，系安全带，并应将安全锁扣正确挂置在独立设置的安全绳上。

（4）安全绳的设置和使用符合规范及专项施工方案要求。

高处作业吊篮应设置作业人员专用的挂设安全带的安全绳及安全锁扣。安全绳应固定在建筑物可靠位置上不得与吊篮上任何部位有连接，并应符合下列规定：

①安全绳应符合现行国家标准《坠落防护 安全带》GB 6095—2021的要求，其直径应与安全锁扣的规格相一致；

②安全绳不得有松散、断股、打结现象。

（5）吊篮悬挂机构前支架设置符合规范及专项施工方案要求。

①高处作业吊篮通过悬挂机构支撑在建筑物上，应对支撑点的结构强度进行核算；

②当支承悬挂机构前后支撑点的结构强度不能满足使用要求时，应采取加垫板放大受荷面积或在下层采取支顶措施。

固定式悬挂支架（指后支架拉结型）拉结点处的结构应能承受设计拉力；当采用锚固钢筋作为传力结构时，其钢筋直径应大于16mm；在混凝土中的锚固长度应符合该结构混凝土强度等级的要求。

悬挂吊篮的支架支撑点处结构的承载能力，应大于所选择吊篮各工况的荷载最大值。

悬挂机构宜采用刚性联结方式进行拉结固定。

悬挂机构前支架严禁支撑在女儿墙上、女儿墙外或建筑物挑檐边缘。

前梁外伸长度应符合高处作业吊篮使用说明书的规定。

悬挂机构前支架应与支撑面保持垂直，脚轮不得受力。

（6）吊篮配重件重量和数量符合说明书及专项施工方案要求。

配重件应稳定可靠地安放在配重架上，并应有防止随意移动的措施，严禁使用破损的配重件或其他替代物，配重件的重量应符合设计规定。

5. 操作平台

（1）移动式操作平台的设置符合规范及专项施工方案要求。

移动式操作平台的面积不应超过10m²，高度不应超过5m，高宽比不应大于2：1，施工荷载不应超过1.5kN/m²。

移动式操作平台的轮子与平台架体连接应牢固，立柱底端离地面不得超过80mm，行走轮和导向轮应配有制动器或刹车闸等固定措施。

移动式行走轮的承载力不应小于5kN，行走轮制动器的制动力矩不应小于2.5N·m，移动式操作平台架体应保持垂直，不得弯曲变形，制动器除在移动情况外，均应保持制动状态。

移动式操作平台在移动时，操作平台上不得站人。

移动式升降工作平台应符合现行国家标准《移动式升降工作平台 设计计算、安全要求和测试方法》GB/T 25849—2010和《移动式升降工作平台 安全规则、检查、维护和操作》GB/T 27548—2011的要求。

（2）落地式操作平台的设置符合规范及专项施工方案要求。

落地式操作平台的架体构造应符合下列规定：

①落地式操作平台高度不应大于15m，高宽比不应大于3：1；

②施工平台的施工荷载不应大于2.0kN/m²；当接料平台的施工荷载大于2.0kN/m²时，应进行专项设计；

③操作平台应与建筑物进行刚性连接或加设防倾斜措施，不得与脚手架连接；

④用脚手架搭设操作平台时，其立杆间距和步距等结构要求应符合国家现行相关脚手架规范的规定，应在立杆下部设置底座或垫板、纵向与横向扫地杆，并应在外立面设置剪刀撑或斜撑；

⑤操作平台应从底层第一步水平杆起逐层设置连墙件，且连墙件间隔不应大于4m，同时应设置水平剪刀撑。连墙件应为可承受拉力和压力的构件，并应与建筑结构可靠连接。

落地式操作平台的搭设材料及搭设技术要求、允许偏差应符合国家现行相关脚手架标准的规定。

落地式操作平台一次搭设高度不应超过相邻连墙件两步。

落地式操作平台拆除应由上而下逐层进行，严禁上下同时作业，连墙件应随工程施工进度逐层拆除。

（3）悬挑式操作平台的设置符合规范及专项施工方案要求。

悬挑式操作平台设置应符合下列规定：

①操作平台的搁置点、拉结点、支撑点应设置在稳定的主体结构上，且应可靠连接；

②严禁将操作平台设置在临时设施上；

③操作平台的结构应稳定可靠，承载力应符合设计要求。

悬挑式操作平台的悬挑长度不宜大于5m，均布荷载不应大于5.5kN/m²，集中荷载不应大于15kN/m²，悬挑梁应锚固固定。

采用斜拉方式的悬挑式操作平台，平台两侧的连接吊环应与前后两道斜拉钢丝绳连接，每一道钢丝绳应能承载该侧所有荷载。

采用支承方式的悬挑式操作平台，应在钢平台的下方设置不少于两道的斜撑，斜撑的一端应支承在钢平台主结构钢梁下，另一端支承在建筑物主体结构。

采用悬臂梁式的操作平台，应采用型钢制作悬挑梁或悬挑桁架，不得使用钢管，其节点应采用螺栓或焊接的刚性节点。当平台板上主梁采用与主体结构预埋件焊接时，预埋件、焊缝均应经设计计算，建筑物主体结构应同时满足强度要求。

悬挑式操作平台应设置4个吊环，吊运时应使用卡环，不得使吊钩直接钩挂吊环。吊环应按通用吊环或起重吊环设计，并应满足强度要求。

悬挑式操作平台安装时，钢丝绳应采用专用钢丝绳夹连接，钢丝绳夹数量应与钢丝绳直径相匹配，且不得少于4个。建筑物锐角、利口周围系钢丝绳处应加衬软垫物。

悬挑式操作平台的外侧应略高于内侧；外侧应安装固定的防护栏杆并应设置防护挡板全封闭。

人员不得在悬挑式操作平台吊运、安装时上下。

（三）起重机械

1. 一般规定

（1）起重机械的备案、租赁符合要求。

出租单位在建筑起重机械首次出租前，自购建筑起重机械的使用单位在建筑起重机械首次安装前，应当持建筑起重机械特种设备制造许可证、产品合格证和制造监督检验证明到本单位工商注册所在地县级以上地方人民政府建设主管部门办理备案。

出租单位应当在签订的建筑起重机械租赁合同中，明确租赁双方的安全责任，并出具建筑起重机特种设备制造许可证、产品合格证、备案证明和自检合格证明，提交安装使用说明书。

有下列情形之一的建筑起重机械，不得出租、使用：

①属国家明令淘汰或者禁止使用的；

②超过安全技术标准或者制造厂家规定的使用年限的；

③经检验达不到安全技术标准规定的；

④没有完整安全技术档案的；

⑤没有齐全有效的安全保护装置的。

（2）起重机械安装、拆卸符合要求。

塔式起重机安装、拆卸单位必须具有从事塔式起重机安装、拆卸业务的建筑起重机械"一体化"资格。

塔式起重机安装、拆卸作业应配备下列人员：

①持有安全生产考核合格证的项目负责人和安全负责人、机械管理员；

②具有建筑施工特种作业操作资格证书的建筑起重机械安装拆卸工、起重司机、起重信号工、司索工等特种作业操作人员。

塔式起重机安装、拆卸前，应编制专项施工方案，指导作业人员实施安装、拆卸作业。

塔式起重机在安装前和使用过程中，发现有下列情况之一的，不得安装和使用：

①结构件上有可见裂纹和严重锈蚀的；

②主要受力构件存在塑性变形的；

③连接件存在严重磨损和塑性变形的；

④钢丝绳达到报废标准的；

⑤安全装置不齐全或失效的。

施工升降机安装作业前，安装单位应编制施工升降机安装、拆卸工程专项施工方案，由安装单位技术负责人批准后，报送施工总承包单位或使用单位、监理单位审核，并告知工程所在地县级以上建设行政主管部门。

（3）起重机械验收符合要求。

塔式起重机经自检、检测合格后，应由总承包单位组织出租、安装、使用、监理等单位进行验收，并应按《建筑施工塔式起重机安装、使用、拆卸安全技术规程》JGJ 196—2010填写验收表，合格后方可使用。

塔式起重机停用6个月以上的，在复工前，应按《建筑施工塔式起重机安装、使用、拆卸安全技术规程》JGJ 196—2010重新进行验收，合格后方可使用。

施工升降机检验合格后，使用单位应组织租赁单位、安装单位和监理单位等进行验收。实行施工总承包的，应由施工总承包单位组织验收。施工升降机安装验收应按《建筑施工升降机安装、使用、拆卸安全技术规程》JGJ 215—2010进行。

当遇到可能影响施工升降机安全技术性能的自然灾害、发生设备事故或停工6个月以上时，应对施工升降机重新组织检查验收。

物料提升机安装完毕后，应由工程负责人组织安装单位、使用单位、租赁单位和监理单位等对物料提升机安装质量进行验收，并按《龙门架及井架物料提升机安全技术规范》

JGJ 88—2010 填写验收记录。

物料提升机验收合格后，应在导轨架明显处悬挂验收合格标志牌。

（4）按规定办理使用登记。

使用单位应当自建筑起重机械安装验收合格之日起 30 日内，将建筑起重机械安装验收资料、建筑起重机械安全管理制度、特种作业人员名单等，向工程所在地县级以上地方人民政府建设主管部门办理建筑起重机械使用登记。登记标志置于或者附着于该设备的显著位置。

（5）起重机械的基础、附着符合使用说明书及专项施工方案要求。塔式起重机的基础应按国家现行标准和使用说明书所规定的要求进行设计和施工。施工单位应根据地质勘查报告确认施工现场的地基承载能力。

塔式起重机的基础及其地基承载力应符合使用说明书和设计图纸的要求。安装前应对基础进行验收，合格后方可安装。

当塔吊起重机作附着使用时，附着装置的设置和自由端高度等应符合使用说明书的规定。当附着水平距离、附着间距等不满足使用说明书要求时，应进行设计计算、绘制制作图和编写相关说明。

附着装置的构件和预埋件应由原制造厂家或由具有相应能力的企业制作。附着装置设计时，应对支撑处的建筑主体结构进行验算。

起重机械基础周围应有排水设施。

施工升降机地基、基础应满足使用说明书的要求。对基础设置在地下室顶板、楼面或其他下部悬空结构上的施工升降机，应对基础支撑结构进行承载力验算。施工升降机安装前应对基础进行验收，合格后方能安装。

施工升降机附墙架附着点处的建筑结构承载力应满足施工升降机使用说明书的要求。

施工升降机的附墙架形式、附着高度、垂直间距、附着点水平距离、附墙架与水平面之间的夹角、导轨架自由端高度和导轨架与主体结构间水平距离等均应符合使用说明书的要求。

当施工升降机附墙架不能满足施工现场要求时，应对附墙架另行设计。附墙架的设计应满足构件刚度、强度、稳定性等要求，制作应满足设计要求。

物料提升机的基础应能承受最不利工作条件下的全部荷载。30m 及以上物料提升机的基础应进行设计计算。

物料提升机当导轨架的安装高度超过设计的最大独立高度时，必须安装附墙件。

宜采用制造商提供的标准附墙件架，当标准附墙架结构尺寸不能满足要求时，可经设计计算采用非标附墙架，并符合下列要求：

①附墙架的材质应与导轨架相一致；

②附墙架与导轨架及建筑结构采用刚性连接，不得与脚手架连接；

③附墙架间距、自由端高度不应大于使用说明书的规定值；

④附墙架的结构形式，可按规范进行选用。

（6）起重机械的安全装置灵敏、可靠；主要承载结构件完好；结构件的连接螺栓、销轴有效；机构、零部件、电气设备线路和元件符合相关要求。

起重机的电气设备必须保证传动性能和控制性能准确可靠，在紧急情况下能切断电源安全停车。在安装、维修、调整和使用中不得任意改变电路，以免安全装置失效。

主要受力构件发生腐蚀时，应进行检查和测量。当承载能力降低至原设计承载能力的87%时，如不能修复，应报废。

高强度螺栓连接必须按设计技术要求处理并用专用工具拧紧。

制造厂应对起重机的金属结构、零部件、外购件、安全防护装置等质量全面负责。产品质量应不低于专业标准和其他有关标准的规定。

维修更换的零部件应与原零部件的性能和材料相同。

起重机电气设备的安装，必须符合《电气装置安装工程 起重机电气装置施工及验收规范》GB 50256—2014 的有关规定。

电气元件应与起重机的机构特性、工况条件和环境条件相适应。在额定条件下工作时，其温升不应超过额定允许值。起重机的工况条件和环境条件如有变动，电气元件应作相应的变动。

（7）起重机械与架空线路安全距离符合规范要求。

起重机严禁越过无防护设施的外电架空线路作业。在外电架空线路附近吊装时，起重机的任何部位或被吊物边缘在最大偏斜时与架空线路边线的最小安全距离应参见表7-5。

起重机械与架空线路安全距离要求　　　　　　　　表 7-5

电压（kV）	< 1	10	35	110	220	330	500
沿垂直方向安全距离（m）	1.5	3.0	4.0	5.0	6.0	7.0	8.5
沿水平方向安全距离（m）	1.5	2.0	3.5	4.0	6.0	7.0	8.5

（8）按规定在起重机械安装、拆卸、顶升和使用前向相关作业人员进行安全技术交底。

塔式起重机安装作业，应根据专项施工方案要求实施。安装作业人员应分工明确、职责清楚。安装前应对安装作业人员进行安全技术交底。

塔式起重机使用前，应对起重司机、起重信号工、司索工等作业人员进行安全技术交底。

施工升降机使用单位应对施工升降机司机进行书面安全技术交底，交底资料应留存备查。

安装作业前，安装技术人员应根据施工升降机安装、拆卸工程专项施工方案和使用说明书的要求，对安装作业人员进行安全技术交底，并由安装作业人员在交底书上签字。在施工期间内，交底书应留存备查。

（9）定期检查和维护保养符合相关要求。

建筑起重机械实施"一体化"管理，即起重设备租赁、安装（含升降、附着）、拆卸、维护保养，由一家具备相应专业承包资质、达到相关标准的企业组织实施。

建筑起重机械维护保养基本规定：

①建筑起重机械的维护保养应按规定频率及时进行，维护、保养等记录应真实，不得造假；

②施工升降机应重点维护保养：导轨架标准节的连接螺栓（或螺母），上下限位开关、极限开关、防松绳装置、防坠安全器、超载保护装置、进出料门安全连锁装置等安全装置；

③塔式起重机应重点维护保养：结构件、钢丝绳、力矩限制器、起重量限制装置、高度限位装置、变幅限位装置、回转限位装置，外电线路防护措施等；

④在用建筑起重机械每月至少应进行一次月度日常维护保养，每年至少应进行一次年度维护保养，并做好相关记录，保持起重机械的正常使用状态；

⑤停用1个月以上的建筑起重机械，应有停用记录。使用前应进行一次维护保养，维护保养项目不低于月保范围。停止使用但未拆卸的建筑起重机械每两月至少应进行一次月度日常维护保养，停用半年以上再次正常使用前应重新进行全面安全评估和安装检测。

2. 塔式起重机

（1）作业环境符合规范要求。多塔交叉作业防碰撞安全措施符合规范及专项方案要求。

塔机的尾部与周围建筑物及其外围施工设施之间的安全距离不小于0.6m。

两台塔机之间的最小架设距离应保证处于低位塔机的起重臂端部与另一台塔机的塔身之间至少有2m的距离；处于高位塔机的最低位置的部件（吊钩升至最高点或平衡重的最低部位）与低位塔机中处于最高位置部件之间的垂直距离不应小于2m。

当多台塔式起重机在同一施工现场交叉作业时，应编制专项方案，并应采取防碰撞的安全措施。任意两台塔式起重机之间的最小架设距离应符合下列规定：

①低位塔式起重机的起重臂端部与另一台塔式起重机的塔身之间的距离不得小于2m；

②高位塔式起重机的最低位置的部件（或吊钩升至最高点或平衡重的最低部位）与低位塔式起重机中处于最高位置部件之间的垂直距离不小于2m。

（2）塔式起重机的起重力矩限制器、起重量限制器、行程限位装置等安全装置符合规范要求。

起重力矩限制器：

①塔机应安装起重力矩限制器。设有起重力矩显示装置，则其数值误差不应大于实际值的±5%；

②当起重力矩大于相应工况下的额定值并小于该额定值的110%时，应切断上升和幅度增大方向的电源，但机构可作下降和减小幅度方向的运动。

起重量限制器：

塔机应安装起重量限制器。如设有起重量显示装置，则其数值误差不应大于实际值的±5%。当起重量大于相应挡位的额定值并小于该额定值的110%时，应切断上升方向的电源，但机构可作下降方向的运动。

力矩限制器控制定码变幅的触点或控制定幅变码的触点应分别设置，且能分别调整。

对小车变幅的塔机，其最大变幅速度超过40m/min，在小车向外运行，且起重力矩达到额定值的80%时，变幅速度应自动转换为不大于40m/min的速度运行。

行程限位装置：

轨道式塔机行走机构应在每个运行方向设置行程限位开关。在轨道上安装限位开关碰铁，其安装位置应充分考虑塔机的制动行程，保证塔机在与止挡装置或与同一轨道上其他塔机相距大于 1m 处能完全停住，此时电缆还应有足够的富余长度。

起升高度限位器：

①塔机应安装吊钩上极限位置的起升高度限位器。起升高度限位器应满足《塔式起重机》GB/T 5031—2019 的规定；

②吊钩下极限位置的限位器，可根据用户要求设置。

回转限位器：

回转部分不设集电器的塔机，应安装回转限位器。塔机回转部分在非工作状态下能自由旋转；对有自锁作用的回转机构，应安装安全极限力矩联轴器。

小车断绳保护装置：

小车变幅的塔机，变幅的双向均应设置断绳保护装置。

小车断轴保护装置：

小车变幅的塔机，应设置变幅小车断轴保护装置，即使轮轴断裂，小车也不会掉落。

钢丝绳防脱装置：

①滑轮，起升卷筒及动臂变幅卷筒均应设有钢丝绳防脱装置，该装置与滑轮或卷筒侧板最外缘的间隙不应超过钢丝绳直径的 20%；

②吊钩应设有防钢丝绳脱钩的装置。

塔式起重机的力矩限制器、重量限制器、变幅限位器、行走限位器、高度限位器等安全保护装置不得随意调整和拆除，严禁用限位装置代替操纵机构。

塔式起重机的安全装置必须齐全，并应按程序进行调试合格。

（3）吊索具的使用及吊装方法符合规范要求。

塔机起重机安装、使用、拆卸时，起重吊具、索具应符合下列要求：

①吊具与索具产品应符合现行行业标准《起重机械吊具与索具安全规程》LD 48—1993 的规定；

②吊具与索具应与吊重种类、吊运具体要求以及环境条件相适应；

③作业前应对吊具与索具进行检查，当确认完好时方可投入使用；

④吊具承载时不得超过额定起重量，吊索（含各分肢）不得超过安全工作荷载；

⑤塔式起重机吊钩的吊点，应与吊重重心在同一条铅垂线上，使吊重处于稳定平衡状态。

吊具、索具在每次使用前应进行例行检查，经检查确认符合要求后，方可继续使用。当发现有缺陷时，应停止使用。

吊具与索具每 6 个月应进行一次全面检查，并应做好记录。检查记录应作为继续使用、维修或报废的依据。

钢丝绳：

①钢丝绳作吊索时，其安全系数不得小于 6 倍；

②钢丝绳的报废应符合现行国家标准《起重机 钢丝绳 保养、维护、检验和报废》GB/T 5972—2016 的规定；

③当钢丝绳的端部采用编结固接时，编结部分的长度不得小于钢丝绳直径的 20 倍，并不应小于 30mm，插接绳股应拉紧，凸出部分应光滑平整，且应在插接末尾留出适合长

度，用金属丝扎牢，钢丝绳插接方向宜符合现行行业标准《起重机械吊具与索具安全规程》LD 48—1993 的要求。用其他方法插接的，应保证其插接连接强度不小于该绳最小破断拉力的 75%；

④当采用绳夹固接时，钢丝绳吊索绳夹最少数量应满足表 7-6 的要求：

钢丝绳吊索绳夹最少数量 表 7-6

绳夹规格（钢丝绳公称直径）dr（mm）	钢丝绳夹的最小数量（组）
≤ 18	3
18~26	4
26~36	5
36~44	6
44~60	7

⑤钢丝绳夹压板应在钢丝绳受力绳一边，绳夹间距 A（图 7-5）不应小于钢丝绳直径的 6 倍；

⑥吊索必须由整根钢丝绳制成，中间不得有接头。环形吊索应只允许有一处接头；

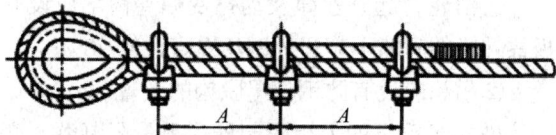

图 7-5 钢丝绳夹间距

⑦钢丝绳严禁采用打结方式系结吊物；

⑧当吊索弯折曲率半径小于钢丝绳公称直径的 2 倍时，应采用卸扣将吊索与吊点拴接。

（4）按规定在顶升（降节）作业前对相关机构、结构进行专项安全检查。

塔机安装、拆卸及塔身加节或降节作业时，应按使用说明书中有关规定及注意事项进行。

①架设前应对塔机自身的架设机构进行检查，保证机构处于正常状态；

②塔机在安装、增加塔身标准节之前应对结构件和高强度螺栓进行检查，若发现四类问题应修复或更换后方可进行安装：目视可见的结构件裂纹及焊缝裂纹；连接件的轴、孔严重磨损；结构件母材严重锈蚀；结构件整体或局部塑性变形，销孔塑性变形；

③小车变幅的塔机在起重臂组装完毕准备吊装之前，应检查起重臂的连接销轴、安装定位板等是否连接牢固、可靠。

当起重臂的连接销轴轴端采用焊接挡板时，则在锤击安装销轴后，应检查轴端挡板的焊缝是否正常。

自升式塔式起重机的顶升加节应符合下列规定：

①顶升系统必须完好；

②结构件必须完好；

③顶升前，塔式起重机下支座与顶升套架应可靠连接；

④顶升前，应确保顶升横梁搁置正确；

⑤顶升前，应将塔式起重机配平；顶升过程中，应确保塔式起重机的平衡；

⑥顶升过程中，不应进行起升、回转、变幅等操作；

⑦顶升结束后，应将标准节与回转下支座可靠连接；

⑧塔式起重机加节后需进行附着的，应按照先装附着装置、后顶升加节的顺序进行，附着装置的位置和支撑点的强度应符合要求。

自升式塔式起重机每次降节前，应检查顶升系统和附着装置的连接等，确认完好后方可进行作业。

3. 施工升降机

（1）防坠安全装置在标定期限内，安装符合规范要求。

严禁施工升降机使用超过有效标定期的防坠安全器。

齿轮齿条式施工升降机：

①吊笼应设有防坠安全器和安全钩。防坠安全器应能保证当吊笼出现不正常超速运行时及时动作，将吊笼制停；安全钩应能防止吊笼脱离导轨架或防坠安全器输出端齿轮脱离齿条；

②防坠安全器动作时，设在防坠安全器上的安全开关应将电动机电路断开，制动器制动；

③防坠安全器的速度控制部分应具有有效的铅封或漆封。防坠安全器出厂后动作速度不得随意调整；

④应采用渐进式安全器，不允许采用瞬时式安全器。

钢丝绳式施工升降机：

①防坠安全器钢丝绳的张紧力应为安全装置起作用所需力的两倍，但不应小于 300N；

②装有停层防坠落装置，该装置应在吊笼达到工作面后人员进入吊笼之前起作用，使吊笼固定在导轨架上；

③对于额定提升速度不超过 0.63m/s 的施工升降机，可采用瞬时式安全器，否则应采用渐进式安全器；

④对于人货两用施工升降机应采用速度触发型的防坠安全器；

⑤卷扬机传动的施工升降机应设防松绳和断绳保护的安全装置。

（2）按规定制定各种荷载情况下齿条和驱动齿轮、安全齿轮的正确啮合保证措施。

应采取措施保证在各种工况下齿条和所有驱动齿轮、防坠安全器齿轮的正确啮合。这样的措施不应仅仅依靠吊笼导轮或滑靴。正确的啮合应是：齿条节线和与其平行的齿轮节圆切线重合或距离不超出模数的 1/3。上述方法失效时应进一步采取措施，保证齿条节线和与其平行的齿轮节圆切线的距离不超出模数的 2/3。

应采取措施保证齿轮与齿条啮合的计算宽度，通常齿条应全宽度参与啮合。在上述方法失效时应进一步采取措施，保证有 90% 的计算宽度的啮合。

接触长度（除曲线式导轨架的施工升降机外），沿齿高不应小于 40%；沿齿长不应小于 50%；齿面侧隙应为 0.2~0.5mm。

（3）附墙架的使用和安装符合使用说明书及专项施工方案要求。附墙架附着点处的建筑结构承载力应满足施工升降机使用说明书的要求。

施工升降机的附墙架形式、附着高度、垂直间距、附着点水平距离、附墙架与水平面之间的夹角、导轨架自由端高度和导轨架与主体结构间水平距离等均应符合使用说明书的要求。

基础预埋件、连接构件的设计、制作应符合使用说明书的要求。

（4）层门的设置符合规范要求。

一般要求：

①各停层处应设置层门，应保证在关闭时人员不能进出；

②层门不应突出到吊笼的升降通道上；

③层门不得向吊笼运行通道一侧开启，实体板的层门上应在视线位置设观察窗，窗的面积不应小于 25000mm²；

④层门的净宽度与吊笼进出口宽度之差不得大于 120mm；

⑤全高度层门开启后的净高度不应小于 2.0m。在特殊情况下，当进入建筑物的入口高度小于 2.0m 时，则允许降低层门框架高度，但净高度不应小于 1.8m；

⑥正常工况下，关闭的吊笼门与层门间的水平距离不应大于 200mm；

⑦装载和卸载时，吊笼门框外缘与登机平台边缘之间的水平距离不应大于 50mm；

⑧人货两用施工升降机机械传动层门的开、关过程应由吊笼内乘员操作，不得受吊笼运动的直接控制。

4. 物料提升机

（1）安全装置齐全、有效。

当荷载达到额定起重量的 90% 时，起重量限制器应发出警示信号；当荷载达到额定起重量 110% 时，起重量限制器应切断上升主电路电源。

限位装置应符合下列规定：

①上限位开关：当吊笼上升至限定位置时，触发限位开关，吊笼被制停，上部越程距离不应小于 3m；

②下限位开关：当吊笼下降至限定位置时，触发限位开关，吊笼被制停。

紧急断电开关应为非自动复位型，任何情况下均可切断主电路停止吊笼运行。紧急断电开关应设在便于司机操作的位置。

（2）钢丝绳的规格、使用符合规范要求。

钢丝绳在卷筒上应整齐排列，端部应与卷筒压紧装置连接牢固。当吊笼处于最低位置时，卷筒上的钢丝绳不应少于 3 圈。

钢丝绳的选用应符合现行国家标准《重要用途钢丝绳》GB/T 8918—2006 的规定。钢丝绳的维护、检验和报废应符合现行国家标准《起重机 钢丝绳 保养维护、检验和报废》GB/T 5972—2016 的规定。

（3）附墙符合要求。缆风绳、地锚的设置符合规范及专项施工方案要求。

附墙架：

①当导轨架的安装高度超过设计的最大独立高度时，必须安装附墙架；

②宜采用制造商提供的标准附墙架，当标准附墙架结构尺寸不能满足要求时，可经设计计算采用非标附墙架，并应符合下列规定：

附墙架的材质应与导轨架相一致；

附墙架与导轨架及建筑结构采用刚性连接，不得与脚手架连接；

附墙架间距、自由端高度不应大于使用说明书的规定值。

③用钢管制作的附墙架与建筑结构连接，可预埋与附墙架规格相同的短管，用扣件连接。预埋短管悬臂长度 a 不得大于 200mm，埋深长度 h 不得小于 300mm。

缆风绳：

①当物料提升机安装条件受到限制不能使用附墙架时，可采用缆风绳，缆风绳的设置应符合说明书的要求，并应符合下列规定：

每一组四根缆风绳与导轨架的连接点应在同一水平高度，且应对称设置；缆风绳与导轨架的连接处应采取防止钢丝绳受剪破坏的措施；

缆风绳宜设置在导轨架的顶部；当中间设置缆风绳时，应采取增加导轨架刚度的措施；缆风绳与水平面夹角宜为 45°~60°，并应采用与缆风绳等强度的花篮螺栓与地锚连接；

②当物料提升机安装高度大于或等于 30m 时，不得使用缆风绳。

地锚：

①地锚应根据导轨架的安装高度及土质情况，经设计计算确定；

② 30m 以下物料提升机可采用桩式地锚。当采用钢管（48.3mm × 3.5mm）或角钢（75mm × 6mm）时，不应少于 2 根；应并排设置，间距不应小于 0.5m，打入深度不应小于 1.7m；顶部应设有防止缆风绳滑脱的装置。

（四）模板支撑体系

按规定对搭设模板支撑体系的材料、构配件进行现场检验，扣件抽样复试。

（1）新钢管的检查应符合下列规定：

①应有产品质量合格证和质量检验报告，钢管材质检验方法应符合现行国家标准《金属材料 拉伸试验 第 1 部分：室温试验方法》GB/T 228.1—2021 的有关规定；

②钢管表面应平直光滑，不应有裂缝、结疤、分层、错位、硬弯、毛刺、压痕；

③钢管外径、壁厚、端面等的偏差，应分别符合规范要求；

④钢管应涂有防锈漆。

旧钢管的检查应符合下列规定：

①表面锈蚀深度应符合本规范规定。锈蚀检查应每年一次。检查时，应在锈蚀严重的钢管中抽取三根，在每根锈蚀严重的部位横向截断取样检查，当锈蚀深度超过规定值时不得使用；

②钢管弯曲变形应符合规范规定。

扣件验收应符合下列规定：

①扣件应有生产许可证、法定检测单位的测试报告和产品质量合格证，当对扣件质量有怀疑时，应按现行国家标准《钢管脚手架扣件》GB 15831—2006 的规定抽样检测；

②新、旧扣件均应进行防锈处理；

③扣件的技术要求应符合现行国家标准《钢管脚手架扣件）GB 15831—2006 的相关规定。

扣件进入施工现场应检查产品合格证，并应进行抽样复试，技术性能应符合现行国家标准《钢管脚手架扣件）GB 15831—2006 的规定。扣件在使用前应是逐个挑选，有裂缝、变形、螺栓出现滑丝的严禁使用。

可调托撑的检查应符合下列规定：

①应有产品质量合格证；

②应有质量检验报告，可调托撑抗压承载力应符合规定；

③可托撑支托板厚不应小于5mm，变形不应大于1mm；

④严禁使用有裂缝的支托板、螺母。

（2）模板支撑体系的搭设和使用符合规范及专项施工方案要求。

模板安装应按设计与施工说明书顺序拼装。木杆、钢管门架等支架立柱不得混用。

竖向模板和支架立柱支承部分安装在基土上时，应加设垫板，垫板应有足够强度和支承面积，且应中心承载。基土应坚实，并应有排水措施。对湿陷性黄土应有防水措施；对特别重要的结构工程可采用混凝土、打桩等措施防止支架柱下沉。对冻胀性土应有防冻融措施。

当满堂或共享空间模板支架立柱高度超过8m时，若地基土达不到承载要求，无法防止立柱下沉，则应先施工地面下的工程，再分层填夯实基土，浇筑地面混凝土垫层，达到强度后方可支模。

模板及其支架在安装过程中，必须设置有效防倾覆的临时固定设施。现浇钢筋混凝土梁、板，当跨度大于4m时，模板应起拱；当设计无具体要求时，起拱高度宜为全跨长度的1/1000~3/1000。

现浇多层或高层房屋和构筑物，安装上层模板及其支架应符合下列规定：

①下层楼板应具有承受上层施工荷载的承载能力，否则应加设支撑支架；

②上层支架立柱应对准下层支架立柱，并应在立柱底铺设垫板；

③当采用悬臂吊模板、桁架支模方法时，其支撑结构的承载能力和刚度必须符合设计构造要求。

当层间高度大于5m时，应选用桁架支模或钢管立柱支模。当层间高度小于或等于5m时，可采用木立柱支模。

模板应具有足够的承载能力、刚度和稳定性，应能可靠承受新浇混凝土自重和侧压力以及施工过程中所产生的荷载。

拼装高度为2m以上的竖向模板，不得站在下层模板上拼装上层模板。安装过程中应设置临时固定设施。

（3）混凝土浇筑时，必须按照专项施工方案规定的顺序进行，并指定专人对模板支撑体系进行监测。混凝土自吊斗口下落的自由倾落高度不得超过2m，浇筑高度如超过3m时必须采取措施，用串桶或溜管等。

浇筑混凝土时应分段分层连续进行，浇筑层高度应根据混凝土供应能力，一次浇筑方量，混凝土初凝时间，结构特点、钢筋疏密综合考虑决定，一般为振捣器作用部分长度的1.25倍。

浇筑混凝土应连续进行，如必须间歇，其间歇时间应尽量缩短，并应在前层混凝土初凝之前，将次层混凝土浇筑完毕。间歇的最长时间应按所用水泥品种、气温及混凝土凝结条件确定，一般超过2h应按施工缝处理（当混凝土凝结时间小于2h时，则应当执行混凝土的初凝时间）。

浇筑混凝土时应经常观察模板、钢筋、预留孔洞、预埋件和插筋等有无移动、变形或堵塞情况，发现问题应立即处理，并应在已浇筑的混凝土初凝前休整完好。

（4）模板支撑体系的拆除符合规范及专项施工方案要求。

模板的拆除措施应经技术主管部门或负责人批准，拆除模板的时间可按现行国家标准《混凝土结构工程施工质量验收规范》GB 50204—2015 的有关规定执行。冬期施工的拆模，应符合专门规定。当混凝土未达到规定强度或已达到设计规定强度，需提前拆模或承受部分超设计荷载时，必须经过计算和技术主管确认其强度能足够承受此荷载后，方可拆除。

在承重焊接钢筋骨架作配筋的结构中，承受混凝土重量的模板，应在混凝土达到设计强度的 25% 后方可拆除承重模板。当在已拆除模板的结构上加置荷载时，应另行核算。

拆模的顺序和方法应按模板的设计规定进行。当设计无规定时，可采取先支的后拆、后支的先拆、先拆非承重模板、后拆承重模板，并应从上而下进行拆除。拆下的模板不得抛扔，应按指定地点堆放。

在提前拆除互相搭连并涉及其他后拆模板的支撑时，应补设临时支撑。拆模时，应逐块拆卸，不得成片拉倒。

拆模如遇中途停歇，应将已拆松动、悬空、浮吊的模板或支架进行临时支撑牢固或相互连接稳固。对活动部件必须一次拆除。

已拆除了模板的结构，应在混凝土强度达到设计强度值后方可承受全部设计荷载。若在未达到设计强度以前，需在结构上加置施工荷载时，应另行核算，强度不足时，应加设临时支撑。

（五）临时用电

1. 按规定编制临时用电施工组织设计，并履行审核、验收手续。

（1）施工现场临时用电设备在 5 台及以上或设备总容量在 50kW 及以上者，应编制用电组织设计。

施工现场临时用电组织设计应包括下列内容：

①现场勘测；

②确定电源进线、变电所或配电室、配电装置、用电设备位置及线路走向；

③进行负荷计算；

④选择变压器；

⑤设计配电系统：设计配电线路，选择导线或电缆；设计配电装置，选择电器；设计接地装置；绘制临时用电工程图纸，主要包括用电工程总平面图、配电装置布置图、配电系统接线图、接地装置设计图；

⑥设计防雷装置；

⑦确定防护措施；

⑧制定安全用电措施和电气防火措施。

（2）临时用电工程图纸应单独绘制，临时用电工程应按图施工。

（3）临时用电组织设计及变更时，必须履行"编制、审核、批准"程序，由电气工程技术人员组织编制，经相关部门审核及具有法人资格企业的技术负责人批准后实施。变更用电组织设计时应补充有关图纸资料。

（4）临时用电工程必须经编制、审核、批准部门和使用单位共同验收，合格后方可投入使用。

2. 施工现场临时用电管理符合相关要求。

电工必须按国家现行标准考核合格后，持证上岗工作；其他用电人员必须通过相关安全教育培训和技术交底，考核合格后方可上岗工作。

安装、巡检，维修或拆除临时用电设备和线路，必须由电工完成，并应有人监护。电工等级应同工程的难易程度和技术复杂性相适应。

各类用电人员应掌握安全用电基本知识和所用设备的性能，并应符合下列规定：

①使用电气设备前必须按规定穿戴和配备好相应的劳动防护用品，并应检查电气装置和保护设施，严禁设备带"缺陷"运转；

②保管和维护所用设备，发现问题及时报告解决；

③暂时停用设备的开关箱必须分断电源隔离开关，并应关门上锁；

④移动电气设备时，必须经电工切断电源并做妥善处理后进行。

临时用电工程应定期检查。定期检查时，应复查接地电阻值和绝缘电阻值。

临时用电工程定期检查应按分部、分项工程进行，对安全隐患必须及时处理，并应履行复查验收手续。

3. 施工现场配电系统符合规范要求。

（1）建筑施工现场临时用电工程专用的电源中性点直接接地的 220/380V 三相四线制低压电力系统，必须符合下列规定：

①采用三级配电系统；

②采用 TN-S 接零保护系统；

③采用二级漏电保护系统。

（2）配电箱及开关箱的设置

①配电系统应设置配电柜或总配电箱、分配电箱、开关箱，实行三级配电。配电系统宜使三相负荷平衡。220V 或 380V 单相用电设备宜接入 220/380V 三相四线系统；当单相照明线路电流大于 30A 时，宜采用 220/380V 三相四线制供电；

②总配电箱以下可设若干分配电箱；分配电箱以下可设若干开关箱；

③总配电箱应设在靠近电源的区域，分配电箱应设在用电设备或负荷相对集中的区域，分配电箱与开关箱的距离不得超过 30m，开关箱与其控制的固定式用电设备的水平距离不宜超过 3m。

每台用电设备必须有各自专用的开关箱，严禁用同一个开关箱直接控制 2 台及 2 台以上用电设备（含插座）。

动力配电箱与照明配电箱宜分别设置。当合并设置为同一配电箱时，动力和照明应分路配电；动力开关箱与照明开关箱必须分设。

配电箱的电器安装板上必须分设 N 线端子板和 PE 线端子板。N 线端子板必须与金属电器安装板绝缘；PE 线端子板必须与金属电器安装板做电气连接。进出线中的 N 线必须通过 N 线端子板连接；PE 线必须通过 PE 线端子板连接。

4.配电设备、线路防护设施设置符合规范要求。

配电室应靠近电源，并应设置在灰尘少、潮气少、振动小、无腐蚀介质、无易燃易爆物及道路通畅的地方。

电缆线路应采用埋地或架空敷设，严禁沿地面明设，宜选用铠装电缆；当选用无铠装电缆时，应能防水、防腐。架空敷设宜选用无铠装电缆。

电缆直接埋地敷设的深度不应小于 0.7m，并应在电缆紧邻上、下、左、右侧均匀敷设不小于 50mm 厚的细砂，然后覆盖砖或混凝土板等硬质保护层。

埋地电缆在穿越建筑物、构筑物、道路、易受机械损伤、介质腐蚀场所及引出地面从 2.0m 高到地下 0.2m 处，必须加设防护套管，防护套管内径不应小于电缆外径的 1.5 倍。

埋地电缆与其附近外电电缆和管沟的平行间距不得小于 2m，交叉间距不得小于 1m。

架空电缆应沿电杆、支架或墙壁敷设，并采用绝缘子固定，绑扎线必须采用绝缘线，固定点间距应保证电缆能承受自重所带来的荷载，敷设高度应符合规范架空线路敷设高度的要求，但沿墙壁敷设时最大弧垂距地不得小于 2.0m。架空电缆严禁沿脚手架、树木或其他设施敷设。

在建工程内的电缆线路必须采用电缆埋地引入，严禁穿越脚手架引入。电缆垂直敷设应充分利用在建工程的竖井、垂直孔洞等，并宜靠近用电负荷中心，固定点每楼层不得少于一处。电缆水平敷设宜沿墙或门口刚性固定，最大弧垂距地不得小于 2.0m。

室内配线应根据配线类型采用瓷瓶、瓷（塑料）夹、嵌绝缘槽、穿管或钢索敷设。潮湿场所或埋地非电缆配线必须穿管敷设，管口和管接头应密封；当采用金属管敷设时，金属管必须做等电位连接，且必须与 PE 线相连接。

5.漏电保护器参数符合规范要求。

漏电保护器应装设在总配电箱、开关箱靠近负荷的一侧，且不得用于启动电气设备的操作。

漏电保护器的选择应符合现行国家标准《剩余电流动作保护器（RCD）的一般要求》GB/T 6829—2017 和《剩余电流动作保护装置安装和运行》GB/T 13955—2017 的规定。

开关箱中漏电保护器的额定漏电动作电流不应大于 30mA，额定漏电动作时间不应大于 0.1s。使用于潮湿或有腐蚀介质场所的漏电保护器应采用防溅型产品，其额定漏电动作电流不应大于 15mA，额定漏电动作时间不应大于 0.1s。

总配电箱中漏电保护器的额定漏电动作电流应大于 30mA，额定漏电动作时间应大于 0.1s，但其额定漏电动作电流与额定漏电动作时间的乘积不应大于 30mA·s。

总配电箱和开关箱中漏电保护器的极数和线数必须与其负荷侧负荷的相数和线数一致。

（六）安全防护

1.洞口防护符合规范要求。

（1）在洞口作业时，应采取防坠落措施，并应符合下列规定：

①当竖向洞口短边边长小于 500mm 时，应采取封堵措施；当垂直洞口短边边长大于或等于 500mm 时，应在临空一侧设置高度不小于 1.2m 的防护栏杆，并应采用密目式安全立网或工具式栏板封闭，设置挡脚板；

②当非竖向洞口短边尺寸为 25~500mm 时，应采用承载力满足使用要求的盖板覆盖，盖

板四周搁置应均衡，且应防止盖板移位；

③当非竖向洞口短边边长为 500~1500mm 时，应采用盖板覆盖或防护栏杆等措施，并应固定牢固；

④当非竖向洞口短边长大于或等于 1500mm 时，应在洞口作业侧设置高度不小于 1.2m 的防护栏杆，洞口应采用安全平网封闭。

（2）电梯井口应设置防护门，其高度不应小于 1.5m，防护门底端距地面高度不应大于 50mm，并应设置挡脚板。

在电梯施工前，电梯井道内应每隔 10m 且不大于 2 层加设一道水平安全网。电梯井内的施工层上部，应设置隔离防护设施。

洞口盖板应能承受不小于 $1kN/m^2$ 的集中荷载和不小于 $2kN/m^2$ 的均布荷载，有特殊要求的盖板应另行设计。

墙面等处落地的竖向洞口、窗台高度低于 800mm 的竖向洞口及框架结构在浇筑完混凝土未砌筑墙体时的洞口，应按临边防护要求设置防护栏杆。

2. 临边防护符合规范要求。

坠落高度基准面 2m 及以上进行临边作业时，应在临空一侧设置防护栏杆，并应采用密目式安全立网或工具式栏板封闭。

施工的楼梯口、楼梯平台和梯段边，应安装防护栏杆；外设楼梯口、楼梯平台和梯段边还应采用密目式安全立网封闭。

建筑物外围边沿处，对没有设置外脚手架的工程，应设防护栏杆；对有外脚手架的工程，应采用密目式安全立网全封闭，密目式安全立网应设置在脚手架外侧立杆上并与脚手杆紧密连接。

施工升降机、龙门架和井架物料提升机等在建筑物间设置的停层平台两侧边，应设置防护栏杆、挡脚板，并应采用密目式安全立网或工具式栏板封闭。

停层平台口应设置高度不低于 1.80m 的楼层防护门，并应设置防外开装置；井架物料提升机通道中间，应分别设置隔离设施。

3. 有限空间防护符合规范要求。

在深基坑的肥槽、隧道、管道、雨污水井、人工挖（扩）孔桩、地下工程、容器等有限空间作业时，应严格执行"先检测、后作业"的原则，并应采取强制性持续通风措施，保持空气流通。

严禁使用纯氧进行通风换气。

存在可燃性气体的作业场所，严禁使用明火照明和非防爆设备，所有的电器设备设施及照明应符合现行国家标准《爆炸性环境 第 1 部分：设备 通用要求》GB/T 3836.1—2021 中的有关规定。

锅炉、金属容道、管道、密闭舱室等狭窄、特别潮湿场所的照明，电源电压不得大于 12V。

有限空间作业场所应设置信息公示牌、设警戒标志。

有限空间作业施工单位应制定有限空间作业专项应急救援预案，并组织教育培训。

4. 大模板作业防护符合规范要求。

大模板吊装入位之后和拆除之前，必须使用钢丝绳索扣（保险钩）固定，严禁使用铁丝或火烧丝固定大模板。索扣仅作为模板安装时临时固定施工防护措施，严禁作为运输、吊装使用。应经常对索扣进行检查，防止断丝、螺丝松动。

大模板吊运应设专人指挥，指挥人员和作业人员必须站在安全可靠处。模板吊运时应采取措施防止起吊模板碰撞相邻模板，起吊应平稳，不得偏斜或大幅度摆动。禁止同时吊运两块及以上大模板。

严禁人员和物料随同大模板一同起吊。穿墙螺栓等零星部件的垂直运输应使用金属容器吊运。

模板拆除应按区域逐块进行，并设置警戒区。

5 级（含 5 级）以上大风应停止大模板吊装作业。

5. 人工挖孔桩作业防护符合规范要求。

孔内必须设置应急软爬梯供人员上下；使用的电葫芦、吊笼等应安全可靠，并配有自动卡紧保险装置，不得使用麻绳和尼龙绳吊挂或脚踏井壁凸缘上下。电葫芦宜用按钮式开关，使用前必须检验其安全起吊能力。

每日开工前必须检测井下的有毒、有害气体，并应有足够的安全防范措施。当桩孔开挖深度超过 10m 时，应有专门向井下送风的设备，风量不宜少于 25L/s。

孔口四周必须设置防护栏杆。

施工完毕的桩（井）口设置盖板进行覆盖，盖板应设置牢固。

（七）其他

1. 建筑幕墙安装作业符合规范及专项施工方案的要求。

（1）单元式玻璃幕墙的安装施工应单独编制施工组织设计，需要专家论证的应根据相关规定组织专家论证。

（2）安装施工前，幕墙安装厂商应会同土建承包商检查现场清洁情况、脚手架和起重运输设备，确认是否具备幕墙施工条件。

（3）起吊和就位应符合下列要求：

①吊点和挂点应符合设计要求，吊点不应少于 2 个，必要时可增设吊点加固措施并试吊；

②起吊单元板块时，应使各吊点均匀受力，起吊过程应保持单元板块平稳；

③吊装升降和平移应使单元板块不摆动、不撞击其他物体；

④吊装过程应采取措施保证装饰面不受磨损和挤压；

⑤单元板就位时，应先将其挂到主体结构的挂点上，板块未固定前，吊具不得拆除。

现场焊接作业时，应采取防火措施。

2. 钢结构、网架和索膜结构安装作业符合规范及专项施工方案的要求。

（1）钢柱、钢梁吊装安装

①钢结构吊装作业必须编制专项施工方案，经审批同意后按方案实施。需要专家论证的，应按有关规定组织论证后实施；

②起重司机、指挥及司索工应持特种作业操作证上岗，遵守"十不吊"原则；

③起重吊装作业前，检查起重设备、吊索具确保其完好，符合安全要求，钢结构吊装应使用专用索具；

④钢柱吊装前应装配钢爬梯和防坠器。钢柱就位后柱脚处使用垫铁垫实，柱脚螺栓初拧，钢柱四个方向上使用缆风绳拉紧，锁好手动葫芦，拧紧柱脚螺栓后方可松钩。形成稳定框架结构后方可解除缆风绳；

⑤钢梁吊装前必须安装好立杆式双道安全绳。钢梁就位后使用临时螺栓进行拴接，临时连接螺栓数量不少于安全孔数量的1/3，且不少于2个，临时螺栓安装完毕后方可松钩。

（2）钢结构整体吊装

钢结构整体吊装除应遵守上述钢梁、钢柱吊装安装要求外，还应符合以下规定：

①整体吊装前，检查起重设备、吊索具及吊点可靠性，在计算的吊点位置做出标记；

②整体就位后，螺栓连接数量符合方案要求后方可松钩。

（3）网架、连廊整体提升

提升作业前必须编制专项施工方案，经审批同意后按方案实施。需要专家论证的，应按有关规定组织论证后实施。

①提升前应按照方案仔细检查提升装置、焊缝等的可靠性，确认无误后方可进行提升；

②正式提升前应进行预提升，分级加载过程中，每一步分级加载完毕，均应暂停并检查，如提升平台、连接桁架及下吊点加固杆件等加载前后的应力变形的情况，以及主框架柱的稳定性等；

③分级加载完毕，连体钢结构提升离开拼装胎架约10cm后暂停，停留12小时全面检查各设备运行及结构体系的情况；

④后装杆件全部安装完成后，方可进行卸载工作，卸载按照方案缓慢分级进行，并根据现场卸载情况调整，直至钢绞线彻底松弛；

⑤在提升过程中，应指定专人观察钢绞线的工作情况，密切观察结构的变形情况。若有异常，直接通知指挥控制中心；

⑥提升作业时，禁止交叉作业。提升过程中，未经许可不得擅自进入施工现场。

（4）索膜施工

①索膜施工前必须编制专项施工方案，经审批同意后按方案实施。需要专家论证的，应按有关规定组织论证后实施；

②吊装时要注意膜面的应力分布均匀，必要时可在膜上焊接连续的"吊装搭扣"，用两片钢板夹紧搭扣来吊装；焊接"吊装搭扣"时要注意其焊接的方向，以保证吊装时焊缝处是受拉，避免焊缝受剥离；

③吊装时的位移过程应缓慢、平稳，并有工人从不同角度以拉绳协助控制膜的移动；大面积膜面的吊装应选择晴朗无风的天气进行，风力大于三级或气温低于4℃时不宜进行安装；

④吊装就位后，要及时固定膜边角；当天不能完成张拉的，也要采取相应的安全措施，防止夜间大风或因降雨积水造成膜面撕裂；

⑤整个安装过程要严格按照施工技术设计进行，做到有条不紊；作业过程中安装指导人员要经常检查整个膜面，密切监控膜面的应力情况，防止因局部应力集中或超张拉造成意外；高空作业，要确保人身安全。

3. 装配式建筑预制混凝土构件安装作业符合规范及专项施工方案的要求。

（1）构件吊装作业安全应符合下列规定：

①安装作业开始前，应对安装作业区进行维护并做出明显的标识，拉警戒线，根据危险源级别安排旁站，严禁与安装作业无关的人员进入；

②施工作业使用的专用吊具、吊索、定型工具式支撑、支架等，应进行安全验算，使用中进行定期不定期检查，确保其安全状态；

③预制构件起吊后，应先将预制构件提升 300mm 左右后，停稳构件，检查钢丝绳、吊具和预制构件状态，确认吊具安全且构件平稳后，方可缓慢提升构件；

④吊机吊装区域内，非作业人员严禁进入；吊运预制构件时，构件下方严禁站人，应待预制构件降落至距离地面 1m 以内方准作业人员靠近，就位固定后方可脱钩；

⑤高空应通过缆风绳改变预制构件方向，严禁高空直接用手扶预制构件；

⑥遇到雨、雪、雾天气，或者风力大于 5 级时，不得进行吊装作业。

（2）PC 构件的临时固定应符合下列规定：

①采用吊装装置吊运墙板时，在没有对吊装构件进行定位固定前，不准松钩；

②现场应配备足够的固定配件安装操作工具，构件就位后应及时进行固定。

4. 隧道工程施工作业符合规范及专项施工方案要求。

（1）明挖隧道施工

明挖隧道基坑施工参照房建工程基坑工程要求施工。

（2）暗挖隧道施工

①洞口外场地布置应综合考虑道路、供水排水、料场、加工厂、通风设施、空压机站、火工品库、车辆临时停放点、油库、值班室、生活区等，应符合安全、文明施工、消防、环境保护等要求；

②在洞口醒目处应设置进洞人员标识牌、每日重大危险源公示牌、进洞须知牌、应急救援流程图、提示牌、安全信息公示牌及安全警示牌等图牌；

③隧道洞口设置值班房、栏杆、门禁，采取人车分流。值班室设在洞口侧面，距隧道洞口大于 30m，设值班人员，负责进出人员登记及材料、设备与爆破器材进出隧道记录和安全监控等工作；

④隧道内严禁存放汽油、柴油、煤油、变压器油、雷管、炸药等易燃易爆物品。

（3）竖井施工

①竖井作业场地应设置截、排水设施，施工区域及周边应排水良好，不得有积水；

②竖井开挖前应设置锁口圈。井口周围应设置高度不低于 1.2m 安全栅栏和安全门，挂设醒目的安全警示标识；

③竖井内渣土应及时运输至弃土场，严禁在锁口周边堆放；

④竖井开挖应严格控制开挖进尺、及时施工初期支护，保证初期支护及封闭；

⑤做好竖井开挖面的超前地质预报和监控量测（主要是围岩的水平收敛和开挖面隆起）；

⑥竖井内应设置集水井，防止积水对竖井底部浸蚀，发生竖井坍塌；竖井内必须设置应急逃生通道，可设置绳梯；

⑦竖井作业面距离地面达到一定距离后应设置送风管，保证竖井内空气新鲜；

⑧竖井底条件差、存在有害气体的地层，要按要求每一次爆破后进行有害气体检测；

⑨竖井内潮湿时，施工照明应使用安全电压和应急照明灯。

（4）洞口工程

①洞口施工前，先清理洞口上方及侧方可能滑塌的表土、灌木及山坡危石等。洞口截、排水系统应在进洞前完成，并与路基排水顺接；

②洞口施工应采取措施保护周围建（构）筑物、既有线、洞口附近交通道路；

③洞口边、仰坡上方应设防护栏杆，防护栏杆离开挖线距离不小于1m，并挂设安全警示标识、标牌。洞口施工应对边、仰坡变形进行监测；

④洞口开挖应先支护后开挖、自上而下分层开挖、分层支护；不得掏底开挖或上下重叠开挖。陡峭、高边坡的洞口应根据设计和现场需要设安全棚、防护栏杆或安全网，危险段应采取加固措施；

⑤洞口开挖宜避开雨期、融雪期及严寒季节。

（5）洞身开挖

①施工中需严控隧道开挖进尺及安全步距。台阶法施工上台阶每循环开挖进尺：V、VI级围岩不应大于1榀钢架间距，IV级围岩不得大于2榀钢架间距。台阶下部断面一次开挖长度与上部断面相同，且不宜大于1.5m。中隔壁法施工同侧上、下层开挖工作面应保持3~5m。IV级及以上围岩仰拱每循环开挖长度不得大于3m，不得分幅施作；

②两座平行隧道开挖，同向开挖工作面纵向距离应根据两隧道间距、围岩情况确定，一般不宜小于2倍洞径。隧道双向开挖面间相距15~30m时，应改为单向开挖。土质或软弱围岩隧道应加大预留贯通的安全距离；

③全新面施工时，地质条件较差地段应对围岩进行超前支护或预加固。双侧壁导坑法施工时，左右导坑前后距离不宜小于15m，导坑与中间土体同时施工时，导坑应超前30~50m；

④仰拱应分段开挖，限制分段长度，控制仰拱开挖与掌子面的距离；开挖后应立即施作初期支护；

⑤栈桥等架空设施基础应稳固；桥面应做防侧滑处理；两侧应设限速警示标志，车辆通过速度不得超过5km/h；

⑥涌水段开挖宜采用超前钻孔探水，查清含水层厚度、岩性、水量和潜水压。

（6）瓦斯隧道施工

①瓦斯隧道通风设施应保持良好状态，各个工作面应独立通风，严禁作业面之间串联通风；

②隧道内通风设备以及斜井、竖井内电气装置应采用双电源双回路供电，并设可靠的切换装置、闭锁装置和防爆措施。高瓦斯工区和瓦斯突出工区电气设备与作业机械必须使用防爆型；

③隧道作业面应配备瓦斯检测仪，高瓦斯工点和瓦斯突出的地段应配置高浓度瓦斯检测仪和自动检测报警断电装置，瓦斯隧道聚集处应设置瓦斯自动报警仪；

④瓦斯检测应设置专班、专人做好检测、记录和报告工作。瓦斯监测员应经专业机构

培训，并取得相应的从业资格；

⑤进入隧道施工前，应对易集聚瓦斯部位、不良地段部位、机电设备及开关附近20m内范围等部位瓦斯浓度进行检测，煤与瓦斯突出较大、变化异常时应加大检测频率。瓦斯含量低于0.5%时，应每0.5~1h检测一次；瓦斯含量高于0.5%时，应随时检测，发现问题立刻报告；当瓦斯浓度超过1%时，应停止钻孔作业；当瓦斯浓度超过1.5%时，必须停止施工，撤出工作人员，切断电源；

⑥钻爆作业应执行"一炮三检制"和"三人连锁爆制"；

⑦严禁火源进洞。任何人员进入隧道前必须进行登记并接受检查；

⑧隧道开挖完成后应及时喷锚支护、封闭围岩、堵塞岩曲缝隙，以防瓦斯继续溢出。

（7）隧道内供风、供电、给水排水

①隧道内电力线路应采用220/380V三相五线系统，按照"高压在上、低压在下，干线在上、支线在下，动力在上、照明在下"的原则，在隧道一侧分层架设，线间距150mm。电力线路采用胶皮绝缘导线，每隔15m用横担和绝缘子固定。110V以下线路距地面不小于2m，380V线路距地面不小于2.5m。作业地段照明电压不得大于36V，成洞地段照明电压可采用220V，应急照明灯宜不大于50m设置一个；

②隧道内通风管与水管布设在与电力线路相对的一侧，通风管距离地面不宜小于2.5m。隧道掘进长度超过150m时，应采用机械通风，通风机应装有保险装置，发生故障时可自动停机。送风式通风管距掌子面不宜大于15m，排风式风管距掌子面不宜大于5m；

③施工供水的蓄水池不得设于隧道正上方，且应设有防渗漏措施、安全防护措施和安全警示标志。寒冷地区冬期施工时，应有防冻措施；

④高压风、水管及排水管采用法兰盘连接，每隔10m采用角钢支架固定在隧道边墙上。

（8）隧道内交通安全

①隧道洞口应设专人指挥管理车辆，并设置限载、限高、限重标志；

②隧道内交通应实行人车分流，人行通道设置在通风管侧，可采用钢管立柱上拉警示带进行隔离，宽度1.2m；

③洞口、成洞地段设置15km/h限速牌；在未成洞地段、工作台架处、大型设备停放处设置5km/h限速牌；在二衬、仰拱、路面等施工地段前方30m处设置"前方施工、减速慢行"标牌；

④施工车辆不得人货混装。

5. 盾构施工作业符合规范及专项施工方案要求。

（1）一般规定

①盾构施工作业前应对主要危险源、危害因素进行识别判断；

②在特殊地质条件下施工前，建设单位应组织专家评审施工方案；

③盾构施工作业前，建设单位应组织专家对盾构机（全断面岩石掘进机）进行适应性、可靠性进行评估；

④盾构施工中应结合工程环境、地质和水文条件编制完善的施工监控量测方案。当出现变形异常情况必须加强监测频率，建设单位应选择具有专业资质的第三方进行量测复核工作；

⑤盾构施工应开展超前地质预报，判断围岩类别、岩性、稳定性、整体性、抗压强度等，通过超前地质预报工作达到快速补充和检验地质资料的目的，避免漏报重大地质灾害点（段）；

⑥盾构设备大件吊装作业必须由具有资质的专业队伍实施。

（2）盾构施工

①盾构施工前，应根据工程的水文地质条件、盾构类型、工作井围护结构形式、周围环境等因素，对盾构工作井端头进行合理加固。掘进前，应监测加固体的强度、抗渗性能，合格后方可始发掘进；

②隧道内各个后配套系统必须布置合理，机车运输系统、人行系统、配套管线在隧道断面上布置必须保持必要的安全间距，严禁发生交叉。机车车辆距隧道壁、人行通道栏杆及隧道其他设施不得小于20cm，人行走道宽度不得小于70cm；

③应根据盾构设备部件的最大重量和尺寸，确定吊装设备的型号和结构。吊装设备必须选择符合安全要求并具备相应资质的专业厂家生产的产品。门吊（或桥吊）组装完成后必须进行试运行，并由当地质量技术监督部门进行质量验收，合格后方可使用；

④盾构设备组装完成后，必须对各项系统进行空载调试，然后再进行整机空载调试；

⑤盾构始发前必须验算盾构反力架及其支撑的刚度和强度，反力架必须牢固地支撑在始发井结构上；

⑥始发前必须对刀盘不能直接破除的洞门围护结构进行拆除。拆除前应确认工作井端头地基加固和止水效果良好，拆除时，应将洞门围护结构分成多个小块，从上往下逐个依次拆除，拆除作业应迅速连续；

⑦洞门围护结构拆除后，盾构刀盘应及时靠上开挖面；

⑧盾构始发时必须在洞口安装密封装置，并确保密封止水效果。盾尾通过洞口后，应立即进行补充二次注浆，尽早稳定洞口；

⑨盾构下穿或近距离通过既有建（构）筑物、地下管线前应根据实际情况对其地基或基础进行加固处理，并控制掘进参数，加强沉降、倾斜观测；

⑩小半径曲线段隧道施工时，应制定防止盾构后配套台车和编组列车脱轨或倾覆的措施；

⑪大坡度地段施工时，机车和盾构后配套台车必须制定防溜措施；

⑫盾构到达前应拆除洞门围护结构，拆除前应确认接收工作井端头地基加固与止水效果良好，拆除时应控制凿除深度；

⑬盾构到达前，必须在洞口安装密封装置，并确保密封止水效果；

⑭盾构过站、调头应由专人指挥，专人观察盾构转向或移动状态。应控制好盾构调头速度，并随时观察托架或小车是否有变形、焊缝开裂等情况；

⑮洞内人行通道设置栏杆，高度1.2m，临边应与电瓶车保持足够的安全距离。

六、安全检查

工程项目安全检查的目的是为了消除隐患、防止事故、改善劳动条件及提高员工安全生产意识的重要手段，是安全控制工作的一项重要内容。通过安全检查可以发现工程中的危险因素，以便有计划地采取措施，保证安全生产。施工项目的安全检查应由项目经理组织，定期进行。

（一）安全检查的类型

安全检查可分为日常性检查、专业性检查、季节性检查、节假日前后的检查和不定期检查。

（1）日常性检查。日常性检查即经常的、普遍的检查。企业一般每年进行 1~4 次；工程项目组、车间、科室每月至少进行一次；班组每周、每班次都应进行检查。专职安全技术人员的日常检查应该有计划，针对重点部位周期性地进行。

（2）专业性检查。专业性检查是针对特种作业、特种设备、特殊场所进行的检查，如电焊、气焊、起重设备、运输车辆、锅炉压力容器、易燃易爆场所等。

（3）季节性检查。季节性检查是指根据季节特点，为保障安全生产的特殊要求所进行的检查。如春季风大，要着重防火、防爆；夏季高温多雨雷电，要着重防暑、降温、防汛、防雷击、防触电；冬季着重防寒、防冻等。

（4）节假日前后的检查。节假日前后的检查是针对节假日期间容易产生麻痹思想的特点而进行的安全检查，包括节日前进行安全生产综合检查，节日后要进行遵章守纪的检查等。

（5）不定期检查。不定期检查是指在工程或设备开工和停工前，检修中，工程或设备竣工及试运转时进行的安全检查。

（二）安全检查的注意事项

（1）安全检查要深入基层、紧紧依靠职工，坚持领导与群众相结合的原则，组织好检查工作。

（2）建立检查的组织领导机构，配备适当的检查力量，挑选具有较高技术业务水平的专业人员参加。

（3）做好检查的各项准备工作，包括思想、业务知识、法规政策和检查设备、奖金的准备。

（4）明确检查的目的和要求。既要严格要求，又要防止一刀切，要从实际出发，分清主、次矛盾，力求实效。

（5）把自查与互查有机结合起来。基层以自检为主，企业内相应部门间互相检查，取长补短，相互学习和借鉴。

（6）坚持查改结合。检查不是目的，只是一种手段，整改才是最终目的。发现问题，要及时采取切实有效的防范措施。

（7）建立检查档案。结合安全检查表的实施，逐步建立健全检查档案，收集基本的数据，掌握基本安全状况，为及时消除隐患提供数据，同时也为以后的职业健康安全检查奠定基础。

（8）在制定安全检查表时，应根据用途和目的具体确定安全检查表的种类。安全检查表的主要种类有：设计用安全检查表；厂级安全检查表；车间安全检查表；班组及岗位安全检查表；专业安全检查表等。制定安全检查表要在安全技术部门的指导下，充分依靠职工来进行。初步制定出来的检查表，要经过群众的讨论，反复试行，再加以修订，最后由安全技术部门审定后方可正式实行。

（三）安全检查的主要内容

安全检查要根据施工生产特点，具体确定检查的项目和检查的标准。

（1）查安全思想。主要是检查以项目经理为首的项目全体员工（包括分包作业人员）的安全生产意识和对安全生产工作的重视程度。

（2）查安全责任。主要是检查现场安全生产责任制度的建立；安全生产责任目标的分解与考核情况；安全生产责任制与责任目标是否已落实到每一个岗位和每一个人员，并得到确认。

（3）查安全制度。主要是检查现场各项安全生产规章制度和安全技术操作规程的建立和执行情况。

（4）查安全措施。主要是检查现场安全措施计划及各项安全专项施工方案的编制、审核、审批及实施情况；重点检查方案的内容是否全面、措施是否具体并有针对性，现场的实施运行是否与方案规定的内容相符。

（5）查安全防护。主要是检查现场临边、洞口等各项安全防护设施是否到位，有无安全隐患。

（6）查设备设施。主要是检查现场投入使用的设备设施的购置、租赁、安装、验收、使用、过程维护保养等各个环节是否符合要求；设备设施的安全装置是否齐全、灵敏、可靠，有无安全隐患。

（7）查教育培训。主要是检查现场教育培训岗位、教育培训人员、教育培训内容是否明确、具体、有针对性；三级安全教育制度和特种作业人员持证上岗制度的落实情况是否到位；教育培训档案资料是否真实、齐全。

（8）查操作行为。主要是检查现场施工作业过程中有无违章指挥、违章作业、违反劳动纪律的行为发生。

（9）查劳动防护用品的使用。主要是检查现场劳动防护用品、用具的购置、产品质量、配备数量和使用情况是否符合安全与职业卫生的要求。

（10）查伤亡事故处理。主要是检查现场是否发生伤亡事故，对发生的伤亡事故是否已按照"四不放过"的原则进行了调查处理，是否已有针对性地制定了纠正与预防措施；制定的纠正与预防措施是否已得到落实并取得实效。

安全检查的重点是"三违"，即违章指挥、违章作业和违反劳动纪律。安全检查后应编制安全检查报告，说明已达标项目，未达标项目，存在问题，原因分析，纠正和预防措施。

（四）项目经理部安全检查的主要规定

（1）定期对安全控制计划的执行情况进行检查、记录、评价和考核。对作业中存在的不安全行为和隐患，签发安全整改通知，由相关部门制定整改方案，落实整改措施，实施整改后应予复查。

（2）根据施工过程的特点和安全目标的要求确定安全检查的内容。

（3）安全检查应配备必要的设备或器具，确定检查负责人和检查人员，并明确检查的方法和要求。

（4）检查应采取随机抽样、现场观察和实地检测的方法，并记录检查结果，纠正违章指挥和违章作业。

（5）对检查结果进行分析，找出安全隐患，确定危险程度。

（6）编写安全检查报告并上报。

（五）安全检查的方法

建筑工程安全检查在正确使用安全检查表的基础上，可以采用"问""看""量""测""运转试验"等方法进行。

（1）"问"。主要是指通过询问、提问，对以项目经理为首的现场管理人员和操作工人进行的应知应会抽查，以便了解现场管理人员和操作工人的安全意识和安全素质。

（2）"看"。主要是指查看施工现场安全管理资料和对施工现场进行巡视。例如：查看项目负责人、专职安全管理人员、特种作业人员等的持证上岗情况；现场安全标志设置情况；劳动防护用品使用情况；现场安全防护情况；现场安全设施及机械设备安全装置配置情况等。

（3）"量"。主要是指使用测量工具对施工现场的一些设施、装置进行实测实量。

（4）"测"。主要是指使用专用仪器、仪表等监测器具对特定对象关键特性技术参数的测试。例如：使用漏电保护器测试仪对漏电保护器漏电动作电流、漏电动作时间的测试；使用地阻仪对现场各种接地装置接地电阻的测试；使用兆欧表对电机绝缘电阻的测试；使用经纬仪对塔吊、外用电梯安装垂直度的测试等。

（5）"运转试验"。主要是指由具有专业资格的人员对机械设备进行实际操作、试验，检验其运转的可靠性或安全限位装置的灵敏性。

（六）安全检查标准

1.建筑施工安全检查标准

《建筑施工安全检查标准》JGJ 59—2011 使建筑工程安全检查由传统的定性评价上升到定量评价，使安全检查进一步规范化和标准化。安全检查标准中包括保证项目和一般项目。建筑施工安全检查内容见表 7-7。

建筑施工安全检查内容 表 7-7

检查评定项目	检查内容
安全管理	对施工单位安全管理工作的评价
文明施工	对施工现场文明施工的评价
扣件式钢管脚手架	对项目使用扣件式脚手架的安全评价
门式钢管脚手架	对项目使用的门式钢管脚手架的安全评价
碗扣式钢管脚手架	对项目使用的碗扣式钢管脚手架的安全评价
承插型盘扣式钢管脚手架	对项目使用的承插型盘扣式钢管支架的安全评价
满堂脚手架	对项目使用的满堂式脚手架的评价
悬挑式脚手架	对项目使用的悬挑式脚手架的安全评价
附着式升降脚手架	对项目使用的附着式升降脚手架的安全评价
高处作业吊篮	对项目使用的高处作业吊篮的评价
基坑工程	对施工现场基坑支护工程和土方作业工作的安全评价

检查评定项目	检查内容
模板支架	对施工现场施工过程中模板支架工作的安全评价
高处作业（"三宝、四口"及临边防护）	对安全帽、安全网、安全带、楼梯口、预留洞口、坑井口、通道口及阳台、楼板、屋面等临边使用及防护情况的评价
施工用电	对施工现场临时用电情况的评价
物料提升机	对龙门架、井字架等物料提升机的设计制作、搭设和使用情况的评价
施工升降机	对施工升降机使用情况的安全评价
塔式起重机	对塔式起重机使用情况的安全评价
起重吊装	对施工现场起重吊装作业和起重吊装机械的安全评价
施工机具	对施工中使用的平刨、圆盘锯、手持电动工具、钢筋机械、电焊机、搅拌机、气瓶、翻斗车、潜水泵、振捣器、桩工机械等施工机具安全状况的评价

2. 标准实施

（1）安全生产情况的检查评价按照分项检查评分、汇总分析评价的方式进行，保证项目应全数检查。

（2）分项检查表满分 100 分，汇总表由各分项按加权平均后得出整体评价分，满分 100 分。

（3）评分采用扣减分值的方法，扣减分值总和不得超过该检查项目的应得分值，保证项目中有一项未得分或小计得分不足 40 分，此分项检查评分表不应得分。

（4）应按汇总表的总得分和分项检查评分表的得分，对建筑施工安全检查评定划分为优良、合格、不合格三个等级。

优良：分项检查评分表无零分，汇总表得分值应在 80 分及以上。

合格：分项检查评分表无零分，汇总表得分值应在 80 分以下，70 分及以上。

不合格：当汇总表得分值不足 70 分时；当有一分项检查评分表得零分时。

（5）当建筑施工安全检查评定的等级为不合格时，必须限期整改达到合格。

第四节　施工现场管理与文明施工

施工现场的管理与文明施工是安全生产的重要组成部分。安全生产与文明施工是相辅相成的；建筑施工安全生产不但要保证职工的生命财产安全，同时要加强现场管理，保证施工井然有序，对提高投资效益和保证工程质量也具有深远意义。

一、施工现场平面布置

根据项目总体施工部署，绘制不同施工阶段（期）总平面布置图，通常有基础工程施工总平面布置、主体结构工程施工总平面布置和装饰装修工程施工总平面布置等。

施工现场规划、设计应根据场地情况、入住队伍和人员数量、功能需求、工程所在地气候特点和地方管理要求等各项条件，采取满足施工生产、安全防护、消防、卫生防疫、环境保护、防范自然灾害和规范化管理等要求的措施。

（一）施工现场的平面布置与划分

施工现场的平面布置图是施工组织设计的重要组成部分，必须科学合理地规划，绘制出施工现场平面布置图，在施工实施阶段按照施工总平面图要求、设置道路、组织排水、搭建临时设施、堆放物料和设置机械设备等。

1. 施工总平面图编制的依据

（1）工程所在地区的原始资料，包括建设、勘察、设计单位提供的资料；

（2）原有和拟建建筑工程的位置和尺寸；

（3）施工方案、施工进度和资源需要计划；

（4）全部施工设施建造方案；

（5）建设单位可提供的房屋和其他设施。

2. 施工平面布置原则

（1）满足施工要求，场内道路畅通，运输方便，各种材料能按计划分期分批进场，充分利用场地。

（2）材料尽量靠近使用地点，减少二次搬运。

（3）现场布置紧凑，科学合理，减少施工用地。

（4）在保证施工顺利进行的条件下，尽可能减少临时设施搭设，尽可能利用施工现场附近的原有建筑物作为施工临时设施。

（5）临时设施的布置，应便于工人生产和生活，办公区、生活区、生产区宜分区域设置。办公用房靠近施工现场，福利设施应在生活区范围之内。

（6）平面图布置应符合节能、安全、消防、环境保护的要求。

3. 施工总平面图表示的内容

（1）拟建建筑的位置，平面轮廓；

（2）施工用机械设备的位置；

（3）塔式起重机轨道、运输路线及回转半径；

（4）施工运输道路、临时供水、排水管线、消防设施；

（5）临时供电线路及变配电设施位置；

（6）施工临时设施位置；

（7）物料堆放位置与绿化区域位置；

（8）围墙与入口位置。

4. 施工现场功能区域划分要求

施工现场按照功能可划分为施工作业区、辅助作业区、材料堆放区和办公生活区。施工现场的办公、生活区应当与作业区分开设置，并保持安全距离。办公、生活区应当设置于在建建筑物坠落半径之外，与作业区之间设置防护措施，进行明显的划分隔离，以免人员误入危险区域；办公生活区如果设置在在建建筑物坠落半径之内时，必须采取可靠的防砸措施。功能区规划时还应考虑交通、水电、消防和卫生、环保等因素。

这里的生活区是指建设工程作业人员集中居住、生活的场所，包括施工现场以内和施工现场以外独立设置的生活区。施工现场以外独立设置的生活区是指施工现场内无条件建立生活区，在施工现场以外搭设的用于作业人员居住生活的临时用房或者集中居住的生活基地。

（二）施工总平面图设计要点

1. 设置大门，引入场外道路

施工现场宜考虑设置两个以上大门。大门位置宜考虑周边路网情况、转弯半径和坡度限制，大门的高度和宽度应满足车辆运输需要，尽可能考虑与加工场地、仓库位置的有效衔接。应有专用人员的进出通道和管理辅助设施。

2. 布置大型机械设备

布置塔吊时，应考虑其覆盖范围、可吊构件的重量以及构件的运输和堆放；同时还应考虑塔吊的附墙杆件及使用后的拆除和运输。布置混凝土泵的位置时，应考虑泵管的输送距离、混凝土罐车行走停靠方便，一般情况下立管位置应相对固定且固定牢靠，泵车可以现场流动使用。布置施工升降机时，应考虑地基承载力、地基平整度、周边排水、导轨架的附墙位置和距离、楼层平台通道、出入口防护门以及升降机周边的防护围栏等。

3. 布置仓库和堆场

一般应接近使用地点，其纵向宜与交通线路平行，尽可能利用现场设施卸货；货物装卸需要时间长的仓库应远离路边。存放危险品类的仓库应远离现场单独设置，离在建工程距离不小于 15m。

4. 布置加工厂

总的指导思想是：应使材料和构件的运输量最小，垂直运输设备发挥较大的作用；有关联的加工厂适当集中。

5. 布置场内临时运输道路

施工现场的主要道路应进行硬化处理，主干道应有排水措施。临时道路要把仓库、加工厂、堆场和施工点贯穿起来，按货运量大小设计双行干道或单行循环道满足运输和消防要求。主干道宽度单行道不小于 4m，双行道不小于 6m。木材场两侧应有 6m 宽通道，端头处应有 12m×12m 回车场，消防车道不小于 4m，载重车转弯半径不宜小于 15m。现场条件不满足时根据实际情况处理并满足消防要求。

6. 布置临时房屋

（1）尽可能利用已建的永久性房屋为施工服务，如不足再修建临时房屋。临时房屋应尽量利用可装拆的活动房屋且满足消防要求。有条件的应使生活区、办公区和施工区相对独立。宿舍内应保证有必要的生活空间，室内净高不得小于 2.5m，通道宽度不得小于 0.9m，每间宿舍居住人员不得超过 16 人。

（2）办公用房宜设在工地入口处。

（3）作业人员宿舍一般宜设在现场附近，方便工人上下班；有条件时也可设在场区内。作业人员用的生活福利设施宜设在人员相对较集中的地方，或设在出入必经之处。

（4）食堂宜布置在生活区，也可视条件设在施工区与生活区之间。如果现场条件不允许，也可采用送餐制。

7. 布置临时水、电管网和其他动力设施

临时总变电站应设在高压线进入工地入口处，尽量避免高压线穿过工地。

从市政供水接驳点将水引入施工现场。管网一般沿道路布置，供电线路应避免与其他管道设在同一侧，同时支线应引到所有用电设备使用地点。应按批准的《某工程临时水、电施工技术方案》组织设施。

施工总平面图应按绘图规则、比例、规定代号和规定线条绘制，把设计的各类内容分类标绘在图上，标明图名、图例、比例尺、方向标记、必要的文字说明等。

二、施工现场临时设施

施工现场的临时设施较多，这里主要指施工期间临时搭建、租赁的各种房屋临时设施。临时设施必须合理选址、正确用材，确保使用功能和安全、卫生、环保、消防要求。

（一）临时设施和临时房屋

1. 临时设施的种类

（1）办公设施，包括办公室、会议室、保卫传达室。

（2）生活设施，包括宿舍、食堂、厕所、淋浴室、阅览娱乐室、卫生保健室。

（3）生产设施，包括材料仓库、防护棚、加工棚（站、厂，如混凝土搅拌站、砂浆搅拌站、木材加工厂、钢筋加工厂、金属加工厂和机械维修厂）、操作棚。

（4）辅助设施，包括道路、现场排水设施、围墙、大门、供水处、吸烟处。

2. 临时房屋的结构类型

（1）活动式临时房屋，如钢骨架活动房屋、彩钢板房。

（2）固定式临时房屋，主要为砖木结构、砖石结构和砖混结构；临时房屋应优先选用钢骨架彩板房，生活办公设施不宜选用菱苦土板房。

（二）临时设施的设计和布置

1. 临时设施的设计

施工现场搭建的生活设施、办公设施、两层以上、大跨度及其他临时房屋建筑物应当进行结构计算，绘制简单施工图纸，并经企业技术负责人审批方可搭建。临时建筑物设计应符合《建筑结构可靠性设计统一标准》GB 50068—2018、《建筑结构荷载规范》GB 50009—2012 的规定。临时建筑物使用年限定为 5 年。临时办公用房、宿舍、食堂、厕所等建筑物结构重要性系数 γ_0=1.0。工地非危险品仓库等建筑物结构重要性系数 γ_0=0.9，工地危险品仓库按相关规定设计。临时建筑及设施设计可不考虑地震作用。

2. 临时设施的选址

办公生活临时设施的选址首先应考虑与作业区相隔离，保持安全距离。其次，位置的周边环境必须具有安全性，例如不得设置在高压线下，也不得设置在沟边、崖边、河流边、强风口处、高墙下以及滑坡、泥石流等灾害地质带上和山洪可能冲击到的区域。

安全距离是指在施工坠落半径和高压线防电距离之外，建筑物高度 2~5m，坠落半径为 2m；高度 30m，坠落半径为 5m（如因条件限制，办公和生活区设置在坠落半径区域内，必须有防护措施）。1kV 以下裸露输电线，安全距离为 4m；330~550kV，安全距离为 15m（最外线的投影距离）。

3. 临时设施的布置原则

（1）合理布局，协调紧凑，充分利用地形，节约用地。

（2）尽量利用建设单位在施工现场或附近能提供的现有房屋和设施。

（3）临时房屋应本着厉行节约，减少浪费的精神，充分利用当地材料，尽量采用活动式或容易拆装的房屋。

（4）临时房屋布置应方便生产和生活。

（5）临时房屋的布置应符合安全、消防和环境卫生的要求。

4. 临时设施的布置方式

（1）生活性临时房屋布置在工地现场以外，生产性临时设施按照生产的需要在工地选择适当的位置，行政管理的办公室等应靠近工地或是工地现场出入口。

（2）生活性临时房屋设在工地现场以内时，一般布置在现场的四周或集中于一侧。

（3）生产性临时房屋，如混凝土搅拌站、钢筋加工厂、木材加工厂等，应全面分析比较后确定位置。

（4）工间休息设施。施工现场应在安全位置设置临时休息点。施工区域禁止吸烟，应根据工程实际设置固定的敞开式吸烟处，吸烟处配备足够消防器材。施工现场应按照工人数量比例设置热水器等设施，保证施工期间饮用开水供应。高层建筑施工现场超过 8 层后，每隔 4 层宜设置临时开水点。施工现场应设置水冲式或移动式厕所。高层建筑施工现场超过 8 层后，每隔 4 层宜设置临时厕所。

（三）防护棚、搅拌站和仓库布置

1. 防护棚

施工现场的防护棚较多，如加工站厂棚、机械操作棚、通道防护棚等。

大型站厂棚可用砖混、砖木结构，并应进行结构计算，保证结构安全。小型防护棚一般采用钢管扣件脚手架搭设，并应严格按照《建筑施工扣件式钢管脚手架安全技术规范》JGJ 130—2011 要求搭设。

防护棚顶应当满足承重、防雨要求，在施工坠落半径之内的，棚顶应当具有抗砸能力。可采用多层结构，最上层材料强度应能承受 10kPa 的均布静荷载，也可采用 50mm 厚木板架设或采用两层竹笆，上下竹笆层间距应不小于 600mm。

2. 搅拌站

（1）搅拌站应有后上料场地，应当综合考虑砂石堆场、水泥库的设置位置，既要相互靠近，又要便于材料的运输和装卸。

（2）搅拌站应当尽可能设置在垂直运输机械附近，在塔式起重机吊运半径内，尽可能减少混凝土、砂浆水平运输距离。采用塔式起重机吊运时，应当留有起吊空间，使吊斗能方便地从出料口直接挂钩起吊和放下；采用小车、翻斗车运输时，应当设置在大路旁，以方便运输。

（3）搅拌站场地四周应当设置沉淀池、排水沟：

①避免清洗机械时，造成场地积水；

②清洗机械用水应沉淀后循环使用，节约用水；

③避免将未沉淀的污水直接排入城市排水设施和河流。

（4）搅拌站应当搭设搅拌棚，挂设搅拌安全操作规程和相应的警示标志、混凝土配合比牌，采取防止扬尘措施，冬期施工还应考虑保温、供热等。

3. 仓库

（1）仓库的面积应通过计算确定，根据各个施工阶段的需要的先后进行布置。

（2）水泥仓库应当选择地势较高、排水方便、靠近搅拌机的地方。

（3）易燃易爆品仓库的布置应当符合防火、防爆安全距离要求。

（4）仓库内各种工具器件物品应分类集中放置，设置标牌，标明规格型号。

（5）易燃、易爆和剧毒物品不得与其他物品混放，并建立严格的进出库制度，由专人管理。

三、文明施工

文明施工应符合国家现行标准《建设工程施工现场消防安全技术规范》GB 50720—2011、《建设工程施工现场环境与卫生标准》JGJ 146—2013、《施工现场临时建筑物技术规范》JGJ/T 188—2009 的规定，以及各省市有关建设工程文明施工管理的要求，施工单位应规范施工现场，创造良好生产、生活环境，保障职工的安全与健康，做到文明施工、安全有序、整洁卫生、不扰民、不损害公众利益。

文明施工检查评定保证项目应包括：现场围挡、封闭管理、施工场地、材料管理、现场办公与住宿、现场防火。一般项目应包括：综合治理、公示标牌、生活设施、社区服务。

（一）现场围挡与封闭管理

文明施工保证项目的检查评定应符合下列规定：

1. 现场围挡

（1）市区主要路段的工地应设置高度不低于 2.5m 的封闭围挡。

（2）一般路段的工地应设置高度不低于 1.8m 的封闭围挡。

（3）围挡应坚固、稳定、整洁、美观。

2. 封闭管理

（1）施工现场进出口应设置大门，并应设置门卫值班室。

（2）应建立门卫职守管理制度，并应配备门卫职守人员。

（3）施工人员进入施工现场应佩戴工作卡。

（4）施工现场出入口应标有企业名称或标识，并应设置车辆冲洗设施。

（二）施工场地

（1）施工现场道路应畅通，路面应平整坚实。现场主要运输道路尽量采用循环方式设置或有车辆调头的位置，保证道路畅通。

（2）现场道路有条件的可采用混凝土路面，无条件的可采用其他硬化路面。现场地面应进行硬化处理，以免现场扬尘，雨后泥泞。

（3）施工现场必须有良好的排水设施，保证排水畅通无积水。

（4）现场内的施工区、办公区和生活区要分开设置，保持安全距离，并设标志牌。办公区和生活区应根据实际条件进行绿化。

（5）各类临时设施必须根据施工总平面图布置，而且要整齐、美观。办公和生活用的临时设施宜采用轻体保温或隔热的活动房，既可多次周转使用，降低暂设成本，又可达到整洁美观的效果。温暖季节应有绿化布置。

（6）施工现场临时用电线路的布置，必须符合安装规范和操作规程的要求，严格按施工组织设计进行架设，严禁任意拉线接电。而且必须设有保证施工要求的夜间照明。

（7）工程施工的废水、泥浆应经流水槽或管道流到工地集水池统一沉淀处理，不得随意排放和污染施工区域以外的河道、路面。施工现场应有防止泥浆、污水、废水污染环境的措施。

（8）施工现场应有防止扬尘措施。

（9）施工现场应设置专门的吸烟处，严禁随意吸烟。

（三）材料管理

1. 一般要求

（1）建筑材料的堆放应当根据用量大小、使用时间长短、供应与运输情况确定，用量大、使用时间长、供应运输方便的，应当分期分批进场，以减少堆场和仓库面积；不得侵占场内道路及安全防护等设施。对于楼梯间、休息平台、阳台临边等地方不得堆放物料。

（2）施工现场各种工具、构件、材料的堆放必须按照总平面图规定的位置放置。

（3）位置应选择适当，便于运输和装卸，应减少二次搬运。

（4）地势较高、坚实、平坦、回填土应分层夯实，要有排水措施，符合安全、防火的要求。

（5）易燃易爆物品应分类储藏在专用库房内，并应制定防火措施。班组使用的零散易燃易爆物品，必须按有关规定存放。

（6）各种材料、构件堆放应当按照品种、规格堆放，并设明显标牌，标明名称、规格和产地等。

2. 主要材料半成品的堆放

（1）大型工具，应当一头见齐。

（2）钢筋应当堆放整齐，用方木垫起，不宜放在潮湿环境和暴露在外受雨水冲淋。

（3）砖应丁码成方垛，不准超高并距沟槽坑边不小于0.5m，防止坍塌。

（4）砂应堆成方，石子应当按不同粒径规格分别堆放成方。

（5）各种模板应当按规格分类堆放整齐，地面应平整坚实，叠放高度一般不宜超过1.6m；大模板存放应放在经专门设计的存架上，应当采用两块大模板面对面存放，当存放在施工楼层上时，应当满足自稳角度并有可靠的防倾倒措施。

（6）混凝土构件堆放场地应坚实、平整，按规格、型号堆放，垫木位置要正确，多层构件的垫木要上下对齐，垛位不准超高；混凝土墙板宜设插放架，插放架要焊接或绑扎牢固，防止倒塌。

（7）施工现场材料码放应采取防火、防锈蚀、防雨等措施。

3. 场地清理

（1）作业区及建筑物楼层内，要做到工完场地清，拆模时应当随拆随清理运走，不能马上运走的应码放整齐。

（2）各楼层清理的垃圾不得长期堆放在楼层内，应当及时运走，施工现场的垃圾也应分类集中堆放。

（3）施工作业区的垃圾不得长期堆放，要随时清理，做到每天工完场地清。

（4）建筑物内施工垃圾的清运，应采用器具或管道运输，严禁随意抛掷。

（四）现场办公与住宿

（1）施工作业、材料存放区与办公、生活区应划分清晰，并应采取相应的隔离措施。

（2）施工现场应设置办公室，办公室内布局应合理，文件资料宜归类存放，并应保持室内清洁卫生。

（3）施工现场生活区应符合下列规定：

①围挡应采用可循环、可拆卸、标准化的定型材料，且高度不得低于1.8m。

②应设置门卫室、宿舍、厕所等临建房屋，配备满足人员管理和生活需要的场所和设施；场地应进行硬化和绿化，并应设置有效的排水设施。

③生活区实行封闭式管理，出入大门应有专职门卫。生活区应配备专、兼职保卫人员，负责日常保卫、消防工作的实施。建立预警制度。

④应制定法定传染病、食物中毒、急性职业中毒等突发疾病应急预案。

（4）职工宿舍区应符合下列规定：

①宿舍应当选择在通风、干燥的位置，防止雨水、污水流入；宿舍楼、宿舍房间应统一编号。

②不得在尚未竣工建筑物内设置员工集体宿舍。

③宿舍必须设置可开启式窗户，设置外开门。

④宿舍内应保证有必要的生活空间，室内净高不得小于2.5m，通道宽度不得小于0.9m，宿舍内住宿人员人均面积不应小于2.5m²，每间宿舍居住人员不应超过8人。

⑤宿舍内的单人铺不得超过2层，严禁使用通铺，床铺应高于地面0.3m，人均床铺面积不得小于1.9m×0.9m，床铺间距不得小于0.3m。

⑥每个房间至少有一个行李摆放架。宿舍内应设置生活用品专柜，有条件的宿舍宜设置生活用品储藏室；宿舍内严禁存放施工材料、施工机具和其他杂物。

⑦宿舍周围应当搞好环境卫生，应设置垃圾桶、鞋柜或鞋架，生活区内应为作业人员提供晾晒衣物的场地，房屋外应道路平整，晚间有充足的照明。

⑧寒冷地区冬季宿舍应有保暖措施、防煤气中毒措施，火炉应当统一设置、管理，炎热季节应有消暑和防蚊虫叮咬措施；宜设置空调、清洁能源采暖或集中供暖。不得使用煤炉等明火设备取暖。不具备条件的，可以使用电暖气。具备条件的项目，宿舍区可设置适合家庭成员共同居住的房间。

⑨应当制定宿舍管理使用责任制，轮流负责卫生和使用管理或安排专人管理。

⑩在施工程、伙房、库房不得兼做宿舍。

（5）宿舍、办公用房的防火等级应符合规范要求。

（6）生活用品应摆放整齐，环境卫生应良好。

（五）现场防火

（1）施工现场应建立消防安全管理制度、制定消防措施。

（2）施工现场临时用房和作业场所的防火设计应符合规范要求。

（3）施工现场应设置消防通道、消防水源，并应符合规范要求；生活区要有明显的防火宣传标志，禁止卧床吸烟。必须配备齐全有效的消防器材。生活区内的用电实行统一管理，用电设施必须符合安全、消防规定。生活区内严禁存放易燃、易爆、剧毒、腐蚀性、放射源等危险物品。宿舍内应设置烟感报警装置。生活区内建筑物与建筑工程主体之间的防火间距不小于 10m。生活区内临建房屋之间的防火间距不小于 4m。应设置应急疏散通道、逃生指示标识和应急照明灯、灭火器、消火栓等消防器材和设施。

（4）施工现场灭火器材应保证可靠有效，布局配置应符合规范要求；按照不同作业条件或消防有关规定，合理配备消防器材，符合消防要求。消防器材设置点要有明显标志，夜间设置红色警示灯，消防器材应垫高设置，周围 2m 内不准乱放物品。

（5）明火作业应履行动火审批手续，配备动火监护人员。现场动火，必须经有关部门批准，设专人管理。五级风及以上禁止使用明火。

（6）当建筑施工高度超过 30m（或当地规定）时，为防止单纯依靠消防器材灭火不能满足要求，应配备有足够的消防水源和自救的用水量。扑救电气火灾不得用水，应使用干粉灭火器。

（7）在容易发生火灾的区域施工或储存、使用易燃易爆器材时，必须采取特殊的消防安全措施。

（8）坚决执行现场防火"五不走"的规定，即：交接班不交代不走、用火设备火源不熄灭不走、用电设备不拉闸不走、可燃物不清干净不走、发现险情不报告不走。

（六）综合治理

（1）项目部应做好施工现场安全保卫工作，建立治安保卫制度和责任分工，并有专人负责管理。

（2）施工现场在生活区域内适当设置职工业余生活场所，以便施工人员工作后能劳逸结合。

（3）现场不得焚烧有毒有害物质，该类物质必须按有关规定进行处理。

（4）现场施工必须采取不扰民措施，要设置防尘和防噪声设施，做到噪声不超标。

（5）为适应现场可能发生的意外伤害，现场应配备相应的保健药箱和一般常用药品及应急救援器材，以便保证及时抢救，不扩大伤势。

（6）为保障职工作业人员的身心健康，应在流行病发生季节及平时，定期开展卫生防疫的宣传教育工作。

（7）施工作业区的垃圾不得长期堆放，要随时清理，做到每天工完场清。

（8）施工现场应设置密闭式垃圾站，施工垃圾、生活垃圾应分类存放。施工垃圾必须采用相应容器或管道运输。

（七）公示标牌

施工现场应当根据工程特点及施工的不同阶段，有针对性地设置、悬挂安全标志。

1. 安全标志的定义

安全警示标志是指提醒人们注意的各种标牌、文字、符号以及灯光等。一般来说，安全警示标志包括安全色和安全标志。安全警示标志应当明显，便于作业人员识别。如果是灯光标志，要求明亮显眼；如果是文字图形标志，则要求明确易懂。

根据《图形符号 安全色和安全标志 第 1 部分：安全标志和安全标记的设计原则》GB 2893.1—2013 规定，安全色是表达安全信息含义的颜色，安全色分为红、黄、蓝、绿四种颜色，分别表示禁止、警告、指令和提示。

根据《安全标志及其使用导则》GB 2894—2008 规定，安全标志是用于表达特定信息的标志，由图形符号、安全色、几何图形（边框）或文字组成。安全标志分禁止标志、警告标志、指令标志和提示标志。安全警示标志的图形、尺寸、颜色、文字说明和制作材料等，均应符合国家标准规定。

2. 设置悬挂安全标志的意义

施工现场施工机械、机具种类多、高空与交叉作业多、临时设施多、不安全因素多、作业环境复杂，属于危险因素较大的作业场所，容易造成人身伤亡事故。在施工现场的危险部位和有关设备、设施上设置安全警示标志，这是为了提醒、警示进入施工现场的管理人员、作业人员和有关人员，要时刻认识到所处环境的危险性，随时保持清醒和警惕，避免事故发生。

3. 安全标志平面布置图

施工单位应当根据工程项目的规模、施工现场的环境、工程结构形式以及设备、机具的位置等情况，确定危险部位，有针对性地设置安全标志。施工现场应绘制安全标志布置总平面图，根据施工不同阶段的施工特点，组织人员有针对性地进行设置、悬挂或增减。

安全标志设置位置的平面图，是重要的安全工作内业资料之一，当一张图不能表明时可以分层表明或分层绘制。安全标志设置位置的平面图应由绘制人员签名，项目负责人审批。

4. 安全标志的设置与悬挂

对于文明施工、环境保护和易发生伤亡事故（或危险）处，应设置明显的、符合国家标准要求的安全警示标志牌。

根据国家有关规定，施工现场入口处、施工起重机械、临时用电设施、脚手架、出入通道口、楼梯口、电梯井口、孔洞口、桥梁口、隧道口、基坑边沿、爆破物及有害危险气体和液体存放处等属于危险部位，应当设置明显的安全警示标志。安全警示标志的类型、数量应当根据危险部位的性质不同，设置不同的安全警示标志。如：在爆破物及有害危险气体和液体存放处设置禁止烟火、禁止吸烟等禁止标志；在施工机具旁设置当心触电、当心伤手等警告标志；在施工现场入口处设置必须戴安全帽等指令标志；在通道口处设置安全通道等指示标志；在施工现场的沟、坎、深基坑等处，夜间要设红灯示警。

安全标志设置后应当进行统计记录，并填写施工现场安全标志登记表。

（1）施工现场大门内必须设置明显的"五牌一图"（即工程概况牌、安全生产制度牌、文明施工制度牌、环境保护制度牌、消防保卫制度牌及施工现场平面布置图），标明工程项目名称、建设单位、设计单位、施工单位、监理单位、工程概况及开工、竣工日期等。

（2）设置施工现场安全"五标志"，即：指令标志（佩戴安全帽、系安全带等），禁止标志（禁止通行、严禁抛物等），警告标志（当心落物、小心坠落等），电力安全标志（禁止合闸、当心有电等）和提示标志（安全通道、火警、盗警、急救中心电话等）。

（八）生活设施

根据《建筑工人施工现场生活环境基本配置指南》，生活区域场地应合理硬化、绿化，生活区域应实施封闭式管理，人员实行实名制管理。生活区设置和管理由施工总承包单位负责，分包单位应服从管理。施工总承包单位应设置专人对生活区进行管理，建立健全消防保卫、卫生防疫、智能化管理、爱国卫生、生活设施使用等管理制度。生活区域应明确抗风抗震、防汛、安全保卫、消防、卫生防疫等方案和应急预案，并组织相应的应急演练。生活区域设置除应符合该指南的规定外，还应符合《建设工程临建房屋技术标准》DB11/693—2017、《建筑设计防火规范》GB 50016—2014、《建设工程施工现场消防安全技术规范》GB 50720—2011 等现行国家和行业标准要求。

生活区规划、设计、选址应根据场地情况、入住队伍和人员数量、功能需求、工程所在地气候特点和地方管理要求等各项条件，满足施工生产、安全防护、消防、卫生防疫、环境保护、防范自然灾害和规范化管理等要求。生活区域建筑物、构筑物的外观、色调等应与周边环境协调一致。

1. 一般要求

（1）应建立卫生责任制度并落实到人。

（2）食堂与厕所、垃圾站、有毒有害场所等污染源的距离应符合规范要求。

（3）必须保证现场人员卫生饮水。

（4）应设置淋浴室，且能满足现场人员需求。

（5）生活垃圾应装入密闭式容器内，并应及时清理。

（6）生活区应采用可循环、可拆卸、标准化的专用金属定型材料进行围挡，围挡高度不得低于 1.8m。

（7）生活区应设置门卫室、宿舍、食堂、粮食储藏室、厕所、盥洗设施、淋浴间、洗衣房、开水房（炉）或饮用水保温桶、封闭式垃圾箱、手机充电柜、燃气储藏间等临建房屋和设施。生活区内必须合理硬化、绿化；设置有效的排水措施，雨水、污水排水通畅，场区内不得积水。食堂、锅炉房等应采用单层建筑，应与宿舍保持安全距离。宿舍不得与厨房操作间、锅炉房、变配电间等组合建造。生活区用房应满足抗 10 级风和当地抗震设防烈度的要求，消防要求应按照《建设工程施工现场消防安全技术规范》GB 50720—2011执行。

2. 食堂

（1）食堂应当选择在通风、干燥的位置，防止雨水、污水流入，应当保持环境卫生，远离厕所、垃圾站、有毒有害场所等污染源的地方，装修材料必须符合环保、消防要求。

（2）食堂必须设置单独的制作间、储藏间。制作间地面应做硬化和防滑处理，保持墙面、地面清洁，必须有生熟分开的刀、盆、案板等炊具及存放柜，应配备必要的排风设施和消毒设施。制作间必须设置隔油池，下水管线应与污水管线连接。

（3）食堂应配备必要的排风设施和冷藏设施，安装纱门纱窗，室内不得有蚊蝇，门下方应设不低于 0.2m 的防鼠挡板。

（4）食堂的燃气罐应单独设置存放间，存放间应通风良好，并严禁存放其他物品。

（5）食堂制作间灶台及其周边应贴瓷砖，瓷砖的高度不宜低于 1.5m；地面应做硬化和防滑处理，按规定设置污水排放设施。

（6）食堂制作间的刀、盆、案板等炊具必须生熟分开，食品必须有遮盖，遮盖物品应有正反面标识，炊具宜存放在封闭的橱柜内。

（7）食堂内应有存放各种佐料和副食的密闭器皿，并应有标识，粮食存放台距墙和地面应大于 0.2m。

（8）食堂外应设置密闭式泔水桶，每天定时清理，保持清洁。

（9）应当制定并在食堂张挂食堂卫生责任制。责任落实到人，加强管理。

（10）食堂必须有卫生许可证，炊事人员身体健康证、卫生知识培训考核证等。卫生许可证、身体健康证、卫生知识培训证须悬挂在明显处。

（11）食堂、操作间、库房必须设置有效的防蝇、灭蝇、防鼠措施，在门扇下方应设不低于 0.6m 的防鼠挡板等措施。

（12）就餐区域应设置就餐桌椅。

3. 厕所

（1）厕位数量应根据生活区人员的数量设置，并应兼顾使用高峰期的需求，厕位之间应设隔板，高度不低于 0.9m。

（2）高层建筑施工超过 8 层以后，每隔四层宜设置临时厕所。

（3）生活区内应设置水冲式厕所或移动式厕所，厕所地面应硬化，厕所墙壁、屋顶应封闭严密，门窗齐全并通风良好。蹲坑间宜设置隔板，隔板高度不宜低于 0.9m。

（4）厕所必须符合卫生要求，厕所应设专人负责，定时进行清扫、冲刷、消毒，防止蚊蝇，化粪池应及时清理。

（5）应设置洗手设施，墙面、地面应耐冲洗。应有防蝇、蚊虫等措施。化粪池应作抗渗处理。

4. 盥洗间

盥洗池和水龙头设置的数量应根据生活区人员数量设置，并应兼顾使用高峰时的需求，建议在盥洗台部位设置采光棚。

水龙头必须采用节水型，有跑冒滴漏等质量问题的必须立即更换。盥洗设施的下水口应设置过滤网，下水管线应与污水管线连接，必须保证排水通畅。

5. 淋浴间

淋浴间必须设置冷、热水管和淋浴喷头，应能满足人员数量需求，保证施工人员能够定期洗热水澡；必须设置储衣柜或挂衣架；用电设施必须满足用电安全。照明灯必须采用安全防水型灯具和防水开关。淋浴间内的下水口应设置过滤网，下水管线应与污水管线连接。

6. 洗衣房

生活区应设置集中洗衣房。洗衣房应按照人员数量需求配备一定量的洗衣机。洗衣房应设置智能化使用、交费管理系统，建立洗衣机使用管理制度。宜在靠近洗衣房部位设置集中晾衣区，晾衣区应满足安全要求并具备防雨等功能。

7. 开水房

生活区应设置热水器等设施，保证 24 小时饮用开水供应。热水器等烧水设施应采取顶盖上锁或做防护笼等有效防护措施，应确保用电安全。开水房地面不得有积水，墙面悬挂必要的管理要求。

8. 吸烟、休息点、饮水

在工地食堂、浴室旁边应设置吸烟及休息点，配置可饮水设备。施工区域禁止吸烟，应根据工程实际设置固定的敞开式吸烟处，吸烟处配备足够消防器材。

9. 农民工业余学校

设置农民工接受培训、学习的场所，配备一定数量的桌椅、黑板等设施。配备电视机、光盘播放机、书报、杂志等必要的文体活动用品。

10. 文体活动室

文体活动室应配备电视机、多媒体播放设施，并设书报、杂志等必要的文体活动用品。文体活动室不小于 35m^2。

（九）社区服务

1. 夜间施工前，必须经批准后方可进行施工。

2. 施工现场严禁焚烧各类废弃物。

3. 施工现场应制定防粉尘、防噪声、防光污染等措施。

4. 应制定施工不扰民措施。

四、卫生管理与职业健康管理

（一）卫生管理

1. 施工现场应根据工人数量合理设置临时饮水点。施工现场生活饮用水应符合卫生标准。

2. 饮用水系统与非饮用水系统之间不得存在直接或间接连接。

3. 施工现场食堂应设置独立的制作间、储藏间，配备必要的排风和冷藏设施；应制定食品留样制度并严格执行。

4. 食堂应有餐饮服务许可证和卫生许可证，炊事人员应持有身体健康证。

5. 施工现场应选择满足安全卫生标准的食品，且食品加工、准备、处理、清洗和储存过程应无污染、无毒害。

6. 施工现场应根据施工人员数量设置厕所，厕所应定期清扫、消毒，厕所粪便严禁直接排入雨水管网、河道或水沟内。

7. 施工现场和生活区应设置保障施工人员个人卫生需要的设施。

8. 施工现场生活区宿舍、休息室应根据人数合理确定使用面积、布置空间格局，且应设置足够的通风、采光、照明设施。

9. 办公区和生活区应采取灭鼠、灭蚊蝇、灭蟑螂及灭其他害虫的措施。

10. 办公区和生活区应定期消毒，当遇突发疫情时，应及时上报，并应按卫生防疫部门相关规定进行处理。

11. 办公区和生活区应设置封闭的生活垃圾箱，生活垃圾应分类投放，收集的垃圾应及时清运。

12. 施工现场应配备充足有效的医疗和急救用品，且应保障在需要时方便取用。

13. 生活区应制定法定传染病、食物中毒、急性职业中毒等突发疾病应急预案。必须严格执行国家、行业、地方政府有关卫生、防疫管理文件规定。

14. 医务室配备药箱及一般常用药品以及绷带、止血带、颈托、担架等急救器材。应培训有一定急救知识的人员，并定期开展卫生防病宣传教育。

（二）职业健康管理

1. 应为从事放射性、高毒、高危粉尘等方面工作的作业人员，建立、健全职业卫生档案和健康监护档案，定期提供医疗咨询服务。

2. 架子工、起重吊装工、信号指挥工配备劳动防护用品应符合下列规定：

（1）架子工、塔式起重机操作人员、起重吊装工应配备灵便紧口的工作服、系带防滑鞋和工作手套；

（2）信号指挥工应配备专用标识服装，在强光环境条件作业时，应配备有色防护眼镜。

3. 电工配备劳动防护用品应符合下列规定：

（1）维修电工应配备绝缘鞋、绝缘手套和灵便紧口的工作服；

（2）安装电工应配备手套和防护眼镜；

（3）高压电气作业时，应配备相应等级的绝缘鞋、绝缘手套和有色防护眼镜。

4. 电焊工、气割工配备劳动防护用品应符合下列规定：

（1）电焊工、气割工应配备阻燃防护服、绝缘鞋、鞋盖、电焊手套和焊接防护面罩；高处作业时，应配备安全帽与面罩连接式焊接防护面罩和阻燃安全带；

（2）进行清除焊渣作业时，应配备防护眼镜；

（3）进行磨削钨极作业时，应配备手套、防尘口罩和防护眼镜；

（4）进行酸碱等腐蚀性作业时，应配备防腐蚀性工作服、耐酸碱胶鞋、耐酸碱手套、防护口罩和防护眼镜；

（5）在密闭环境或通风不良的情况下，应配备送风式防护面罩。

5. 锅炉、压力容器及管道安装工配备劳动防护用品应符合下列规定：

（1）锅炉、压力容器安装工及管道安装工应配备紧口工作服和保护足趾安全鞋；在强光环境条件作业时，应配备有色防护眼镜；

（2）在地下或潮湿场所作业时，应配备紧口工作服、绝缘鞋和绝缘手套。

6. 油漆工在进行涂刷、喷漆作业时，应配备防静电工作服、防静电鞋、防静电手套、防毒口罩和防护眼镜；进行砂纸打磨作业时，应配备防尘口罩和密闭式防护眼镜。

7. 普通工进行淋灰、筛灰作业时，应配备高腰工作鞋、鞋盖、手套和防尘口罩，并应配备防护眼镜；进行抬、扛物料作业时，应配备垫肩；进行人工挖扩桩孔井下作业时，应配备雨靴、手套和安全绳；进行拆除工程作业时，应配备保护足趾安全鞋和手套。

8. 磨石工应配备紧口工作服、绝缘胶靴、绝缘手套和防尘口罩。

9. 防水工配备劳动防护用品应符合下列规定：

（1）进行涂刷作业时，应配备防静电工作服、防静电鞋和鞋盖、防护手套、防毒口罩和防护眼镜；

（2）进行沥青熔化、运送作业时，应配备防烫工作服、高腰布面胶底防滑鞋和鞋盖、工作帽、耐高温长手套、防毒口罩和防护眼镜。

10. 钳工、铆工、通风工配备劳动防护用品应符合下列规定：

（1）使用锉刀、刮刀、錾子、扁铲等工具进行作业时，应配备紧口工作服和防护眼镜；

（2）进行剔凿作业时，应配备手套和防护眼镜；进行搬抬作业时，应配备保护足趾安全鞋和手套；

（3）进行石棉、玻璃棉等含尘毒材料作业时，应配备防异物工作服、防尘口罩、风帽、风镜和薄膜手套。

11. 电梯、起重机械安装拆卸工进行安装、拆卸和维修作业时，应配备紧口工作服、保护足趾安全鞋和手套。

12. 进行电钻、砂轮等手持电动工具作业时，应配备绝缘鞋、绝缘手套和防护眼镜；进行可能飞溅渣屑的机械设备作业时，应配备防护眼镜。

13. 其他特殊环境作业的人员配备劳动防护用品应符合下列规定：

（1）在噪声环境下工作的人员应配备耳塞、耳罩或防噪声帽等；

（2）进行地下管道、井、池等检查、检修作业时，应配备防毒面具、防滑鞋和手套；

（3）在有毒、有害环境中工作的人员应配备防毒面罩或面具；

（4）冬期施工期间或作业环境温度较低时，应为作业人员配备防寒类防护用品；

（5）雨期施工期间，应为室外作业人员配备雨衣、雨鞋等个人防护用品。

第五节　工程安全生产预警、应急和事故处理

一、工程施工安全隐患治理

《安全生产事故隐患排查治理暂行规定》将"安全生产事故隐患"定义为："生产经营单位违反安全生产法律、法规、规章、标准、规程和安全生产管理制度的规定，或者因其他因素在生产经营活动中存在可能导致事故发生的物的危险状态、人的不安全行为和管理上的缺陷。"

事故隐患分为一般事故隐患和重大事故隐患。一般事故隐患是指危害和整改难度较小，发现后能够立即整改排除的隐患。重大事故隐患是指危害和整改难度较大，应当全部或者局部停产停业，并经过一定时间整改治理方能排除的隐患，或者因外部因素影响致使生产经营单位自身难以排除的隐患。

（一）建设工程安全的隐患

建设工程安全隐患包括三个部分的不安全因素：人的不安全因素、物的不安全状态和组织管理上的不安全因素。

1. 人的不安全因素

人的不安全因素有：能够使系统发生故障或发生性能不良的事件的个人的不安全因素和违背安全要求的错误行为。

（1）人的不安全因素

个人的不安全因素包括人员的心理、生理、能力中所具有不能适应工作、作业岗位要求的影响安全的因素。

①心理上的不安全因素有影响安全的性格、气质和情绪（如急躁、懒散、粗心等）。

②生理上的不安全因素大致有5个方面：

第一，视觉、听觉等感觉器官不能适应作业岗位要求的因素。

第二，体能不能适应作业岗位要求的因素。

第三，年龄不能适应作业岗位要求的因素。

第四，有不适合作业岗位要求的疾病。

第五，疲劳和酒醉或感觉朦胧。

③能力上的不安全因素包括知识技能、应变能力、资格等不能适应工作和作业岗位要求的影响因素。

（2）人的不安全行为

人的不安全行为指能造成事故的人为错误，是人为地使系统发生故障或发生性能不良事件，是违背设计和操作规程的错误行为。

不安全行为的类型有：

①操作失误、忽视安全、忽视警告。

②造成安全装置失效。

③使用不安全设备。

④手代替工具操作。

⑤物体存放不当。

⑥冒险进入危险场所。

⑦攀、坐不安全位置。

⑧在起吊物下作业、停留。

⑨在机器运转时进行检查、维修、保养。

⑩有分散注意力的行为。

⑪未正确使用个人防护用品、用具。

⑫不安全装束。

⑬对易燃易爆等危险物品处理错误。

2. 物的不安全状态

物的不安全状态是指能导致事故发生的物质条件，包括机械设备或环境所存在的不安全因素。

（1）物的不安全状态的内容：

①物本身存在的缺陷。

②防护保险方面的缺陷。

③物的放置方法的缺陷。

④作业环境场所的缺陷。

⑤外部的和自然界的不安全状态。

⑥作业方法导致的物的不安全状态。

⑦保护器具信号、标志和个体防护用品的缺陷。

（2）物的不安全状态的类型：

①防护等装置缺陷。

②设备、设施等缺陷。

③个人防护用品缺陷。

④生产场地环境的缺陷。

3. 组织管理上的不安全因素

组织管理上的缺陷，也是事故潜在的不安全因素，作为间接的原因共有以下方面：

①技术上的缺陷。

②教育上的缺陷。

③生理上的缺陷。

④心理上的缺陷。

⑤管理工作上的缺陷。

⑥学校教育和社会、历史上的原因造成的缺陷。

（二）建设工程安全隐患的处理

在工程建设过程中，安全事故隐患是难以避免的，但要尽可能预防和消除安全事故隐患的发生。首先需要项目参与各方加强安全意识，做好事前控制，建立健全各项安全生产管理制度，落实安全生产责任制，注重安全生产教育培训，保证安全生产条件所需资金的投入，将安全隐患消除在萌芽之中；其次是根据工程的特点确保各项安全施工措施的落实，加强对工程安全生产的检查监督，及时发现安全事故隐患；再者是对发现的安全事故隐患及时进行处理，查找原因，防止事故隐患的进一步扩大。

1. 冗余安全度治理

为确保安全，在治理事故隐患时应考虑设置多道防线，即使发生有一两道防线无效，还有冗余的防线可以控制事故隐患。例如：道路上有一个坑，既要设防护栏及警示牌，又要设照明及夜间警示红灯。

2. 单项隐患综合治理

人、机、料、法、环境五者任一环节产生安全事故隐患，都要从五者安全匹配的角度考虑，调整匹配的方法，提高匹配的可靠性。一件单项隐患问题的整改需综合（多角度）治理。人的隐患，既要治人也要治机具及生产环境等各环节。例如某工地发生触电事故，一方面要进行人的安全用电操作教育，同时现场也要设置漏电开关，对配电箱、用电线路进行防护改造，也要严禁非专业电工乱接乱拉电线。

3. 事故直接隐患与间接隐患并治原则

对人、机、环境系统进行安全治理的同时，还需治理安全管理措施。

4. 预防与减灾并重治理原则

治理安全事故隐患时，需尽可能减少发生事故的可能性，如果不能安全控制事故的发生，也要设法将事故等级减低。但是不论预防措施如何完善，都不能保证事故绝对不会发生，还必须对事故减灾作好充分准备，研究应急技术操作规范。如应及时切断供料及切断能源的操作方法；应及时降压、降温、降速以及停止运行的方法；应及时排放毒物的方法；应及时疏散及抢救的方法；应及时请求救援的方法等。还应定期组织训练和演习，使该生产环境中每名干部及工人都真正掌握这些减灾技术。

5. 重点治理

按对隐患的分析评价结果实行危险点分级治理，也可以用安全检查表打分，对隐患危险程度分级。

6.动态治理原则

动态治理就是对生产过程进行动态随机安全化治理，生产过程中发现问题及时治理，既可以及时消除隐患，又可以避免小的隐患发展成大的隐患。

二、工程安全生产预警

建立安全生产预警机制，能有效地辨识和获取隐患信息，提前进行预测警报，使企业及时、有针对性地采取预防措施，减少事故发生。《国务院关于进一步加强企业安全生产工作的通知》指出，企业要积极开展安全生产预警机制建设，建立完善安全生产动态监控及预警预报体系，每月进行一次安全生产风险分析。出现事故征兆后要立即发布预警信息，落实预防和应急处置措施。因此，建立完善企业安全生产预警机制已成为安全生产管理过程中的重要技术途径。

（一）安全生产预警的目标和任务

预警的目标是通过对安全生产活动和安全管理进行监测与评价，警示安全生产过程中所面临的危害程度。

预警需要完成的任务是完成对各种事故征兆的监测、识别、诊断与评价及时报警，并根据预警分析的结果对事故征兆的不良趋势进行矫正与控制。

（二）预警系统的组成及功能

预警系统主要由预警分析系统和预控对策系统两部分组成。其中预警分析系统主要包括监测系统、预警信息系统、预警评价指标体系系统、预测评价系统等。监测系统是预警系统主要的硬件部分，其功能是采用各种监测手段获得有关信息和运行数据；预警信息系统负责对信息的存储、处理、识别；预警评价指标体系系统主要完成指标的选取、预警准则和阈值的确定；预测评价系统主要是完成评价对象的选择，根据预警准则选择预警评价方法，给出评价结果，再根据危险级别状态进行报警。预控对策系统根据具体警情确定控制方案。其中监测系统、预警信息系统、预警评价指标体系系统、预测评价系统完成预警功能，预控对策系统完成对事故的控制功能。

1.监测系统

此系统通过采集监测对象（如温度、压力、液位等）传感器的输出信号，将信号经过模拟/数字转换后形成数字信号输出，或经过数字式传感器直接输出信号，这些信号通过传输设施（同轴电缆、控制线、电源线、双绞线等）送入计算机进行处理，处理结果经由输出接口输出或通过人机接口输出到操作控制台的显示器、LED显示器、监控系统大屏幕、记录仪、打印机等外围设备上。监测系统主要完成实时信息采集，并将采集信息存入计算机，供预警信息系统分析使用。

2.预警信息系统

事故预警的主要依据是与事故有关的外部环境与内部管理的原始信息。预警信息系统完成将原始信息向征兆信息转换的功能。原始信息包括历史信息、现实和实时信息，同时包括国内外相关的事故信息。

预警信息系统主要由信息网、中央处理系统和信息判断系统组成。信息网的作用是进行信息搜集、统计与传输；中央信息处理系统的功能是储存和处理从信息网传入的各种信息，然后进行综合、甄别和简化；信息判断系统是对缺乏的信息进行判断，并进行事故征兆的推断。上述三个系统有机地结合完成预警信息系统以下的活动。

（1）信息收集

通过对各种实时监测信息来源进行组合和相互印证、使零散信息转变为整体化的具有预报性的可靠信息。

（2）信息处理

对各种监测信息进行分类、整理与统计分析，使之成为可用于预警的有用信息。

（3）信息辨伪

由于某些信息只反映表面现象而不能反映实质，因时间滞后而导致信息过时；系统的非全息性使部分信息不能完全反映整体；信息传输环节过多导致失真，造成伪信息的出现。

伪信息往往会导致预警系统的误警和漏警现象发生，它所产生的风险比信息不全所产生的风险更加严重。因此对于初始信息不能直接应用，必须加以辨识，去伪存真。信息辨伪的方法有 5 种：

①进行多种信息来源的比较印证，如果相互之间存在矛盾，则必定信息来源有误。

②分析信息传输过程，以弄清信息的时间点，并分析传输中可能出现的失误。

③进行事理分析，如果信息与事理明显相悖，信息来源有误。

④进行反证性分析，即建立信息与目前事件状态之间的关系，然后由目前事件反证原有信息，若反证结果与原有信息偏误较大，则证明信息来源有误或过时。

⑤进行不利性反证，即假定信息为真，然后分析在这种假设下可能出现的不利情况，若这种不利情况很多很严重，则这种信息应慎用。

（4）信息存储

信息存储的目的是进行信息积累以供备用，应不断更新与补充。

（5）信息推断

利用现有信息或缺乏的信息进行判断，并进行事故征兆的推断。由于预警信息系统完成将原始信息向征兆信息转换的功能，因此要求信息基础管理工作必须满足以下条件：

①规范化。每个工作岗位都需要有明确的责任和定量的要求，信息来源符合一致性要求。

②标准化。采集信息过程中的计量检测等都应有精确的技术标准。

③统一化。各类报表、台账、原始凭证都要有统一格式和内容，统一分类编码。

④程序化。数据的采集、传递和整理都要有明确的程序、期限和责任者。

3. 预警评价指标体系

建立预警评价指标体系的目的是使信息定量化、条理化和可操作化。预警指标按技术层次可分为潜在指标和显现指标两类。潜在指标主要用于对潜在因素或征兆信息的定量化，显现指标则主要用于对显现因素或现状信息的定量化。但在实际预警指标选取上主要考虑人、机、环、管等方面的有关因素。

所谓预警评价指标就是指能敏感地反映危险状态及存在问题的指标。建立预警评价指标、制定评价指标标准是预警系统开展识别、诊断、预控等活动的前提，是预警管理活动中的关键环节之一。

（1）预警评价指标的确定

①人的安全可靠性指标，包括生理因素、心理因素、技术因素。其中，生理因素包括年龄、疾病、身体缺陷、疲劳、感知器官等，心理因素包括性格、气质、情绪、情感、思想等，技术因素包括经验、操作水平、紧急应变能力等。

②生产过程的环境安全性指标，包括内部环境、外部环境。其中，内部环境包括作业环境和内部社会环境，作业环境包括作业场所的温度、湿度、采光、照明、噪声、振动等，内部社会环境包括政治、经济、文化、法律等环境。外部环境包括自然环境和社会环境，其中自然环境包括自然灾害、季节因素、气候因素、时间因素、地理因素等，社会环境包括政治环境、经济环境、技术环境、法律环境、管理环境、家庭环境、社会风气等。

③安全管理有效性的指标，包括安全组织、安全法制、安全信息、安全技术、安全教育、安全资金。其中，安全组织包括安全计划、方针目标、行政管理，安全法制包括安全生产相关法规、规章制度、作业标准等，安全信息包括指令信息、动态信息、反馈信息等，安全技术包括管理方法、技术设备等，安全教育包括职业培训、安全知识宣传等，安全资金包括资金数量、资金投向、资金效益等。

④机（物）的安全可靠性指标，包括设备运行不良、材料缺陷、危险物质、能量、安全装置、保护用品、贮存与运输、各种物理参数（温度、压力、浓度等）指标。

（2）预警准则的确定

①预警准则。预警准则是指一套判别标准或原则，用来决定在不同预警级别情况下，是否应当发出警报以及发出何种程度的警报。预警准则的设置要把握尺度，如果预警准则设置过松，则会使得有危险而未能发生警报，即造成漏警现象，从而削弱了预警的作用。如果预警准则设置过严，则会导致不该发警报时却发出了警报，即导致误警，会使相关人员虚惊一场，多次误警会导致相关人员对报警信号失去信任。预警准则根据不同预警方法，具有不同形式。

②预警方法。根据对评价指标的内在特性和了解程度，预警方法有指标预警、因素预警、综合预警三种形式，但在实际预警过程中往往出现第四种形式，即误警与漏警。

第一，指标预警。指根据预警指标数值大小的变动来发出不同程度的报警。

第二，因素预警。当某些因素无法采用定量指标进行报警时，可以采用因素预警。该预警方法相对于指标预警是一种定性预警。

第三，综合预警。即将上述两种方法结合起来，并把诸多因素综合进行考虑，得出的一种综合报警模式。

第四，误警与漏警。误警有两种情况：一种是系统发出某事故警报，而该事故最终没有出现；另一种是系统发出某事故警报，该事故最终出现，但其发生的级别与预报的程度相差一个等级（如发出高等级警报，而实际上为初等警报）。一般误警指前一种情况，误警原因主要是由于指标设置不当，警报准则过严（即安全区设计过窄，危险区设计过宽），信息数据有误。漏警是预警系统未曾发出警报而事故最终发生的现象。主要原因一是小概率事件被排除在考虑之外，而这些小概率事件也有发生的可能，二是预警准则设计过松（即安全区设计过宽，危险区设计过窄）。

（3）预警阈值的确定

预警阈值的确定原则上既要防止误报又要避免漏报，若采用指标预警，一般可根据具体规程设定报警阈值，或者根据具体实际情况，确定适宜的报警阈值。

若为综合预警，一般根据经验和理论来确定预警阈值（即综合指标临界值）。如综合指标值接近或达到这个阈值时，就意味着将有事故出现，可以将此时的综合预警指标值确定为报警阈值。

4. 预测评价系统

（1）评价对象

从安全系统原理的角度出发，事故是由物的不安全状态、人的不安全行为、环境的不良状态以及管理缺陷等方面的因素造成的。因此，预警系统中评价对象是导致事故发生的人、机、环、管等方面的因素。从事故的发展规律来看，评价对象亦是生产过程中"外部环境不良"和"内部管理不善"等方面因素的综合。这些因素构建了整个预警的信号系统。

（2）预测系统

预测系统的功能是进行必要的未来预测，主要包括：

①对现有信息的趋势预测。

②对相关因素的相互影响进行预测。

③对征兆信息的可能结果进行预测。

④对偶发事件的发生概率、发生时间、持续时间、作用高峰期以及预期影响进行预测。

（3）预警系统信号输出及级别

对评价对象经过监测、识别、诊断、预测等活动过程后，预警系统需要对整个生产活动的安全状况做出评估，即预警系统信号输出和预警级别的给出。它是预警活动的重要成果之一。预警信号一般采用国际通用的颜色表示不同的安全状况，按照事故的严重性和紧急程度，颜色依次为蓝色、黄色、橙色、红色，分别代表一般、较重、严重和特别严重4种级别（Ⅳ、Ⅲ、Ⅱ、Ⅰ级）。四级预警如下：

Ⅰ级预警，表示安全状况特别严重，用红色表示；

Ⅱ级预警，表示受到事故的严重威胁，用橙色表示；

Ⅲ级预警，表示处于事故的上升阶段，用黄色表示；

Ⅳ级预警，表示生产活动处于正常生产状态，用蓝色表示。

（三）预警系统的实现

完善的预警系统为实现事故预警提供了物质基础，预警系统通过预警分析和预控对策实现对事故的预警和控制，预警分析完成监测、识别、诊断与评价功能，而预控对策完成对事故征兆的不良趋势进行纠错和治错的功能。

1. 监测

监测是预警活动的前提，监测的任务包括两个方面：一是对安全生产中的薄弱环节和重要环节进行全方位、全过程的监测。同时收集各种事故征兆、并建立相应数据库；二是对大量的监测信息进行处理（整理、分类、存储、传输），建立信息档案，进行历史的和技术的比较。即通过对历史数据、即时数据的整理、分析、存贮，建立预警信息档案，信息档案中的信息是与整个预警系统共享的，它将监测信息及时、准确地输入下一预警环节。

监测过程的主要工作手段，是应用科学的监测指标体系实现监测过程的程序化、标准化和数据化。

监测活动的主要对象是生产过程中可能导致事故的安全管理薄弱环节和重要环节。

2.识别

识别是运用评价指标体系对监测信息进行分析、以识别生产活动中各类事故征兆、事故诱因，以及将要发生的事故活动趋势。识别的主要任务是应用"适宜"的识别指标，判断已经发生的异常征兆、可能的连锁反应。所谓"适宜"，是针对本企业（或行业）事故的基本情况和事故的发展趋势而建立起来的识别指标，它既不是简单的企业（行业）已发生事故的历史纵向比较，也不是简单地同其他企业（行业）发生事故情况进行的社会横向比较，而是在横向、纵向比较的双重评价之下，针对生产在特定条件下应该实现的事故控制绩效，结合企业外部环境的安全状态，综合判定生产过程是否发生或即将发生事故现象。

3.诊断

对已被识别的各种事故现象，进行成因过程的分析和发展趋势预测，以明确哪些现象是主要的，哪些现象是从属的、附生的。诊断的主要任务是在诸多致灾因素中找出危险性最高、危害程度最严重的主要因素，并对其成因进行分析，对发展过程及可能的发展趋势进行准确定量的描述。诊断的工具是企业特性和行业安全生产共性相统一的评价指标体系。

4.评价

对已被确认的主要事故征兆进行描述性评价，以明确生产活动在这些事故征兆现象冲击下会遭受什么样的打击，判断此时生产所处状态是正常、警戒，还是危险、极度危险、危机状态，并把握其发展趋势，在必要时准确报警。其风险可能是静态的，可能是动态的。有的是比较明显的，有的是潜在的。一方面可通过感性认识和历史经验来判断，另一方面则是通过对各种客观的事故记录进行整理、分析和归纳，必要时咨询专家的意见。

监测、识别、诊断、评价这四个预警活动，是前后顺序的因果联系。监测活动是预警系统活动开展的前提，没有明确和准确的监测信息，后三个环节的活动就是盲目的，甚至是无意义的。识别活动是至关重要的环节，它对事故现象的判别，可使企业生产安全管理在繁杂多变的致灾因素中能确定预警工作重点，也使诊断和评价活动有明确的目标。诊断活动和评价活动是技术性的分析过程，它对主要事故现象的成因与过程的分析，以及对事故损失后果的评价，可使企业在采取预控对策或者危机管理对策时有科学的判识依据。整个预警活动过程，呈现一种前后有序、因果关联的关系。其中，监测活动的监测信息系统，是整个预警管理系统所共享的，识别、诊断、评价这三个环节的活动结果将以信息方式存入到监测系统中。另外，这四个环节活动所使用的评价指标，也具有共享性和统一性。

三、工程施工安全生产应急预案

《建设工程安全生产管理条例》第四十八条规定，施工单位应当制定本单位生产安全事故应急救援预案，建立应急救援组织或者配备应急救援人员，配备必要的应急救援器材、设备，并定期组织演练。

《建设工程安全生产管理条例》第四十九条规定，施工单位应当根据建设工程施工的特点、范围，对施工现场易发生重大事故的部位、环节进行监控，制定施工现场生产安全事故应急救援预案。实行施工总承包的，由总承包单位统一组织编制建设工程生产安全事故应急救援预案，工程总承包单位和分包单位按照应急救援预案，各自建立应急救援组织或者配备应急救援人员，配备救援器材、设备，并定期组织演练。

根据《生产安全事故应急预案管理办法》生产经营单位主要负责人负责组织编制和实施本单位的应急预案，并对应急预案的真实性和实用性负责；各分管负责人应当按照职责分工落实应急预案规定的职责。

根据上述规定的精神，工程项目经理部应针对可能发生的事故制定相应的应急救援预案。准备应急救援物资，并在事故发生时组织实施，防止事故扩大，以减少与之有关的伤害和不利环境影响。

（一）应急预案的构成

生产经营单位应急预案分为综合应急预案、专项应急预案和现场处置方案。

综合应急预案，是指生产经营单位为应对各种生产安全事故而制定的综合性工作方案，是本单位应对生产安全事故的总体工作程序、措施和应急预案体系的总纲。

专项应急预案，是指生产经营单位为应对某一种或者多种类型生产安全事故，或者针对重要生产设施、重大危险源、重大活动防止生产安全事故而制定的专项性工作方案。

现场处置方案，是指生产经营单位根据不同生产安全事故类型，针对具体场所、装置或者设施所制定的应急处置措施。

（二）应急预案的编制

《建设工程安全生产管理条例》第四十九条规定，实行施工总承包的，由总承包单位统一组织编制建设工程生产安全事故应急救援预案，工程总承包单位和分包单位按照应急救援预案，各自建立应急救援组织或者配备应急救援人员，配备救援器材、设备，并定期组织演练。

应急预案的编制应当遵循以人为本、依法依规、符合实际、注重实效的原则，以应急处置为核心，明确应急职责、规范应急程序、细化保障措施。

应急预案的编制应当符合下列基本要求：

（1）有关法律、法规、规章和标准的规定；

（2）本地区、本部门、本单位的安全生产实际情况；

（3）本地区、本部门、本单位的危险性分析情况；

（4）应急组织和人员的职责分工明确，并有具体的落实措施；

（5）有明确、具体的应急程序和处置措施，并与其应急能力相适应；

（6）有明确的应急保障措施，满足本地区、本部门、本单位的应急工作需要；

（7）应急预案基本要素齐全、完整，应急预案附件提供的信息准确；

（8）应急预案内容与相关应急预案相互衔接。

编制应急预案应当成立编制工作小组，由本单位有关负责人任组长，吸收与应急预案有关的职能部门和单位的人员，以及有现场处置经验的人员参加。

编制应急预案前，编制单位应当进行事故风险辨识、评估和应急资源调查。事故风险辨识、评估，是指针对不同事故种类及特点，识别存在的危险危害因素，分析事故可能产生的直接后果以及次生、衍生后果，评估各种后果的危害程度和影响范围，提出防范和控制事故风险措施的过程。

生产经营单位应当根据有关法律、法规、规章和相关标准，结合本单位组织管理体系、生产规模和可能发生的事故特点，与相关预案保持衔接，确立本单位的应急预案体系，编制相应的应急预案，并体现自救互救和先期处置等特点。

生产经营单位风险种类多、可能发生多种类型事故的，应当组织编制综合应急预案。综合应急预案应当规定应急组织机构及其职责、应急预案体系、事故风险描述、预警及信息报告、应急响应、保障措施、应急预案管理等内容。

对于某一种或者多种类型的事故风险，生产经营单位可以编制相应的专项应急预案，或将专项应急预案并入综合应急预案。专项应急预案应当规定应急指挥机构与职责、处置程序和措施等内容。

对于危险性较大的场所、装置或者设施，生产经营单位应当编制现场处置方案。现场处置方案应当规定应急工作职责、应急处置措施和注意事项等内容。事故风险单一、危险性小的生产经营单位，可以只编制现场处置方案。

生产经营单位应急预案应当包括向上级应急管理机构报告的内容、应急组织机构和人员的联系方式、应急物资储备清单等附件信息。附件信息发生变化时，应当及时更新，确保准确有效。

生产经营单位组织应急预案编制过程中，应当根据法律、法规、规章的规定或者实际需要，征求相关应急救援队伍、公民、法人或其他组织的意见。

生产经营单位编制的各类应急预案之间应当相互衔接，并与相关人民政府及其部门、应急救援队伍和涉及的其他单位的应急预案相衔接。

生产经营单位应当在编制应急预案的基础上，针对工作场所、岗位的特点，编制简明、实用、有效的应急处置卡。

应急处置卡应当规定重点岗位、人员的应急处置程序和措施，以及相关联络人员和联系方式，便于从业人员携带。

（三）应急预案的评审、公布和备案

1. 应急预案的评审和公布

生产经营单位可以根据自身需要，对本单位编制的应急预案进行论证。参加应急预案评审的人员应当包括有关安全生产及应急管理方面的专家。评审人员与所评审应急预案的生产经营单位有利害关系的，应当回避。

应急预案的评审或者论证应当注重基本要素的完整性、组织体系的合理性、应急处置程序和措施的针对性、应急保障措施的可行性、应急预案的衔接性等内容。

生产经营单位的应急预案经评审或者论证后，由本单位主要负责人签署，向本单位从业人员公布，并及时发放到本单位有关部门、岗位和相关应急救援队伍。

事故风险可能影响周边其他单位、人员的，生产经营单位应当将有关事故风险的性质、影响范围和应急防范措施告知周边的其他单位和人员。

2. 应急预案的备案

生产经营单位申报应急预案备案，应当提交下列材料：

（1）应急预案备案申报表；

（2）《生产安全事故应急预案管理办法》第二十一条所列单位，应当提供应急预案评审意见；

（3）应急预案电子文档；

（4）风险评估结果和应急资源调查清单。

受理备案登记的负有安全生产监督管理职责的部门应当在5个工作日内对应急预案材料进行核对，材料齐全的，应当予以备案并出具应急预案备案登记表；材料不齐全的，不予备案并一次性告知需要补齐的材料。逾期不予备案又不说明理由的，视为已经备案。

对于实行安全生产许可的生产经营单位，已经进行应急预案备案的，在申请安全生产许可证时，可以不提供相应的应急预案，仅提供应急预案备案登记表。

各级人民政府负有安全生产监督管理职责的部门应当建立应急预案备案登记建档制度，指导、督促生产经营单位做好应急预案的备案登记工作。

（四）应急预案的演练和修订

生产经营单位应当组织开展本单位的应急预案、应急知识、自救互救和避险逃生技能的培训活动，使有关人员了解应急预案内容，熟悉应急职责、应急处置程序和措施。

应急培训的时间、地点、内容、师资、参加人员和考核结果等情况应当如实记入本单位的安全生产教育和培训档案。

生产经营单位应当制定本单位的应急预案演练计划，根据本单位的事故风险特点，每年至少组织一次综合应急预案演练或者专项应急预案演练，每半年至少组织一次现场处置方案演练。

应急预案演练结束后，应急预案演练组织单位应当对应急预案演练效果进行评估，撰写应急预案演练评估报告，分析存在的问题，并对应急预案提出修订意见。

应急预案编制单位应当建立应急预案定期评估制度，对预案内容的针对性和实用性进行分析，并对应急预案是否需要修订作出结论。

有下列情形之一的，应急预案应当及时修订并归档：

（1）依据的法律、法规、规章、标准及上位预案中的有关规定发生重大变化的；

（2）应急指挥机构及其职责发生调整的；

（3）安全生产面临的风险发生重大变化的；

（4）重要应急资源发生重大变化的；

（5）在应急演练和事故应急救援中发现需要修订预案的重大问题的；

（6）编制单位认为应当修订的其他情况。

应急预案修订涉及组织指挥体系与职责、应急处置程序、主要处置措施、应急响应分级等内容变更的，修订工作应当参照应急预案编制程序进行，并按照有关应急预案报备程序重新备案。

生产经营单位应当按照应急预案的规定，落实应急指挥体系、应急救援队伍、应急物资及装备，建立应急物资、装备配备及其使用档案，并对应急物资、装备进行定期检测和维护，使其处于适用状态。

生产经营单位发生事故时，应当第一时间启动应急响应，组织有关力量进行救援，并按照规定将事故信息及应急响应启动情况报告事故发生地县级以上人民政府应急管理部门和其他负有安全生产监督管理职责的部门。

生产安全事故应急处置和应急救援结束后，事故发生单位应当对应急预案实施情况进行总结评估。

（五）应急救援的组织实施

《生产安全事故应急条例》第十七条规定，发生生产安全事故后，生产经营单位应当立即启动生产安全事故应急救援预案，采取下列一项或者多项应急救援措施，并按照国家有关规定报告事故情况：①迅速控制危险源，组织抢救遇险人员；②根据事故危害程度，组织现场人员撤离或者采取可能的应急措施后撤离；③及时通知可能受到事故影响的单位和人员；④采取必要措施，防止事故危害扩大和次生、衍生灾害发生；⑤根据需要请求邻近的应急救援队伍参加救援，并向参加救援的应急救援队伍提供相关技术资料、信息和处置方法；⑥维护事故现场秩序，保护事故现场和相关证据；⑦法律、法规规定的其他应急救援措施。

应急救援队伍接到有关人民政府及其部门的救援命令或者签有应急救援协议的生产经营单位的救援请求后，应当立即参加生产安全事故应急救援。应急救援队伍根据救援命令参加生产安全事故应急救援所耗费用，由事故责任单位承担；事故责任单位无力承担的，由有关人民政府协调解决。

参加生产安全事故现场应急救援的单位和个人应当服从现场指挥部的统一指挥。在生产安全事故应急救援过程中，发现可能直接危及应急救援人员生命安全的紧急情况时，现场指挥部或者统一指挥应急救援的人民政府应当立即采取相应措施消除隐患，降低或者化解风险，必要时可以暂时撤离应急救援人员。

有关人民政府及其部门根据生产安全事故应急救援需要依法调用和征用的财产，在使用完毕或者应急救援结束后，应当及时归还。财产被调用、征用或者调用、征用后毁损、灭失的，有关人民政府及其部门应当按照国家有关规定给予补偿。

县级以上地方人民政府应当按照国家有关规定，对在生产安全事故应急救援中伤亡的人员及时给予救治和抚恤；符合烈士评定条件的，按照国家有关规定评定为烈士。

四、建设工程安全事故处理

职业健康安全事故分两大类型，即职业伤害事故与职业病。

职业伤害事故是指因生产过程及工作原因或与其相关的其他原因造成的伤亡事故。

（一）事故等级划分

根据《关于印发〈关于进一步规范房屋建筑和市政工程生产安全事故报告和调查处理工作的若干意见〉的通知》（建质〔2007〕257号）中的规定，事故等级划分如下：

1. 特别重大事故，指造成30人以上死亡，或者100人以上重伤，或者1亿元以上直接经济损失的事故。

2. 重大事故，指造成 10 人以上 30 人以下死亡，或者 50 人以上 100 人以下重伤，或者 5000 万元以上 1 亿元以下直接经济损失的事故。

3. 较大事故，指造成 3 人以上 10 人以下死亡，或者 10 人以上 50 人以下重伤，或者 1000 万元以上 5000 万元以下直接经济损失的事故。

4. 一般事故，指造成 3 人以下死亡，或者 10 人以下重伤，或者 1000 万元以下 100 万元以上直接经济损失的事故。

本等级划分所称的"以上"包括本数，所称的"以下"不包括本数。

（二）事故报告

1. 施工单位事故报告要求

事故发生后，事故现场有关人员应当立即向施工单位负责人报告；施工单位负责人接到报告后，应当于 1 小时内向事故发生地县级以上人民政府建设主管部门和有关部门报告。

情况紧急时，事故现场有关人员可以直接向事故发生地县级以上人民政府建设主管部门和有关部门报告。

实行施工总承包的建设工程，由总承包单位负责上报事故。

事故报告应当及时、准确、完整，任何单位和个人对事故不得迟报、漏报、谎报或者瞒报。

事故发生单位负责人接到事故报告后，应当立即启动事故相应应急预案，或者采取有效措施，组织抢救，防止事故扩大，减少人员伤亡和财产损失。

事故发生地有关地方人民政府、安全生产监督管理部门和负有安全生产监督管理职责的有关部门接到事故报告后，其负责人应当立即赶赴事故现场，组织事故救援。

事故发生后，有关单位和人员应当妥善保护事故现场以及相关证据，任何单位和个人不得破坏事故现场、毁灭相关证据。因抢救人员、防止事故扩大以及疏通交通等原因，需要移动事故现场物件的，应当做出标志，绘制现场简图并做出书面记录，妥善保存现场重要痕迹、物证。

2. 建设主管部门事故报告要求

（1）建设主管部门接到事故报告后，应当依照下列规定上报事故情况，并通知安全生产监督管理部门、公安机关、劳动保障行政主管部门、工会和人民检察院。

①较大事故、重大事故及特别重大事故逐级上报至国务院建设主管部门；

②一般事故逐级上报至省、自治区、直辖市人民政府建设主管部门；

③建设主管部门依照本条规定上报事故情况，应当同时报告本级人民政府。国务院建设主管部门接到重大事故和特别重大事故的报告后，应当立即报告国务院。

必要时，建设主管部门可以越级上报事故情况。

（2）建设主管部门按照本规定逐级上报事故情况时，每级上报的时间不得超过 2 小时。

（3）事故报告内容：

①事故发生的时间、地点、工程项目和有关单位名称；

②事故的简要经过；

③事故已经造成或者可能造成的伤亡人数（包括下落不明的人数）和初步估计的直接经济损失；

④事故的初步原因；

⑤事故发生后采取的措施及事故控制情况；

⑥事故报告单位或报告人员；

⑦其他应当报告的情况。

（4）事故报告后出现新情况，以及事故发生之日起 30 日内伤亡人数发生变化的，应当及时补报。

（三）事故调查

事故调查处理应当坚持实事求是、尊重科学的原则，及时、准确地查清事故经过、事故原因和事故损失，查明事故性质，认定事故责任，总结事故教训，提出整改措施，并对事故责任者依法追究责任。

《生产安全事故报告和调查处理条例》第十九条规定，特别重大事故由国务院或者国务院授权有关部门组织事故调查组进行调查。重大事故、较大事故、一般事故分别由事故发生地省级人民政府、设区的市级人民政府、县级人民政府负责调查。省级人民政府、设区的市级人民政府、县级人民政府可以直接组织事故调查组进行调查，也可以授权或者委托有关部门组织事故调查组进行调查。未造成人员伤亡的一般事故，县级人民政府也可以委托事故发生单位组织事故调查组进行调查。

《生产安全事故报告和调查处理条例》第二十二条规定，事故调查组的组成应当遵循精简、效能的原则。根据事故的具体情况，事故调查组由有关人民政府、安全生产监督管理部门、负有安全生产监督管理职责的有关部门、监察机关、公安机关以及工会派人组成，并应当邀请人民检察院派人参加。事故调查组可以聘请有关专家参与调查。

《关于印发〈关于进一步规范房屋建筑和市政工程生产安全事故报告和调查处理工作的若干意见〉的通知》（建质〔2007〕257 号）规定，建设主管部门应当按照有关人民政府的授权或委托组织事故调查组对事故进行调查，并履行下列职责：

（1）核实事故项目基本情况，包括项目履行法定建设程序情况、参与项目建设活动各方主体履行职责的情况；

（2）查明事故发生的经过、原因、人员伤亡及直接经济损失，并依据国家有关法律法规和技术标准分析事故的直接原因和间接原因；

（3）认定事故的性质，明确事故责任单位和责任人员在事故中的责任；

（4）依照国家有关法律法规对事故的责任单位和责任人员提出处理建议；

（5）总结事故教训，提出防范和整改措施；

（6）提交事故调查报告。

《生产安全事故报告和调查处理条例》第二十九条规定，事故调查组应当自事故发生之日起 60 日内提交事故调查报告；特殊情况下，经负责事故调查的人民政府批准，提交事故调查报告的期限可以适当延长，但延长的期限最长不超过 60 日。

事故调查报告应当包括下列内容：

（1）事故发生单位概况；

（2）事故发生经过和事故救援情况；

（3）事故造成的人员伤亡和直接经济损失；

（4）事故发生的原因和事故性质；

（5）事故责任的认定和对事故责任者的处理建议；

（6）事故防范和整改措施。

事故调查报告应当附具有关证据材料。事故调查组成员应当在事故调查报告上签名。

（四）事故处理

1. 事故处理的原则

2004年2月17日，《国务院办公厅关于加强安全工作的紧急通知》（国办发明电〔2004〕7号）提出"四不放过"：对责任不落实，发生重特大事故的，要严格按照事故原因未查清不放过、责任人员未处理不放过、整改措施未落实不放过、有关人员未受到教育不放过的"四不放过"原则。《国务院关于特大安全事故行政责任追究的规定》（国务院令第302号）提出要严肃追究有关领导和责任人的责任。

"四不放过"原则的第一层含义是要求在调查处理伤亡事故时，首先要把事故原因分析清楚，找出导致事故发生的真正原因，不能敷衍了事，不能在尚未找到事故主要原因时就轻易下结论，也不能把次要原因当成真正原因，未找到真正原因决不轻易放过，直至找到事故发生的真正原因，并搞清各因素之间的因果关系才算达到事故原因分析的目的。

"四不放过"原则的第二层含义也是安全事故责任追究制的具体体现，对事故责任者要严格按照安全事故责任追究规定和有关法律、法规的规定进行严肃处理。

"四不放过"原则的第三层含义是要求在调查处理工伤事故时，不能认为原因分析清楚了，有关人员也处理了就算完成任务了，还必须使事故责任者和广大群众了解事故发生的原因及所造成的危害，并深刻认识到搞好安全生产的重要性，使大家从事故中吸取教训，在今后工作中更加重视安全工作。

"四不放过"原则的第四层含义是要求必须针对事故发生的原因，在对安全生产工伤事故必须进行严肃认真的调查处理的同时，还必须提出防止相同或类似事故发生的切实可行的预防措施，并督促事故发生单位加以实施。只有这样，才算达到了事故调查和处理的最终目的。

2. 《生产安全事故报告和调查处理条例》的规定

重大事故、较大事故、一般事故，负责事故调查的人民政府应当自收到事故调查报告之日起15日内做出批复；特别重大事故，30日内做出批复，特殊情况下，批复时间可以适当延长，但延长的时间最长不超过30日。

有关机关应当按照人民政府的批复，依照法律、行政法规规定的权限和程序，对事故发生单位和有关人员进行行政处罚，对负有事故责任的国家工作人员进行处分。

事故发生单位应当按照负责事故调查的人民政府的批复，对本单位负有事故责任的人员进行处理。

负有事故责任的人员涉嫌犯罪的，依法追究刑事责任。

事故发生单位应当认真吸取事故教训，落实防范和整改措施，防止事故再次发生；防范和整改措施的落实情况应当接受工会和职工的监督。

安全生产监督管理部门和负有安全生产监督管理职责的有关部门应当对事故发生单位落实防范和整改措施的情况进行监督检查。

事故处理的情况由负责事故调查的人民政府或者其授权的有关部门、机构向社会公布，依法应当保密的除外。

3. 建设行政主管部门的规定

《关于印发〈关于进一步规范房屋建筑和市政工程生产安全事故报告和调查处理工作的若干意见〉的通知》（建质〔2007〕257号）对事故处理有如下规定。

建设主管部门应当依据有关人民政府对事故的批复和有关法律法规的规定，对事故相关责任者实施行政处罚。处罚权限不属本级建设主管部门的，应当在收到事故调查报告批复后15个工作日内，将事故调查报告（附具有关证据材料）、结案批复、本级建设主管部门对有关责任者的处理建议等转送有权限的建设主管部门。

建设主管部门应当依照有关法律法规的规定，对因降低安全生产条件导致事故发生的施工单位给予暂扣或吊销安全生产许可证的处罚；对事故负有责任的相关单位给予罚款、停业整顿、降低资质等级或吊销资质证书的处罚。

建设主管部门应当依照有关法律法规的规定，对事故发生负有责任的注册执业资格人员给予罚款、停止执业或吊销其注册执业资格证书的处罚。

（五）事故统计

建设主管部门除按上述规定上报生产安全事故外，还应当按照有关规定将一般及以上生产安全事故通过"建设系统安全事故和自然灾害快报系统"上报至国务院建设主管部门。

对于经调查认定为非生产安全事故的，建设主管部门应在事故性质认定后10个工作日内将有关材料报上一级建设主管部门。

（六）其他要求

事故发生地的建设主管部门接到事故报告后，其负责人应立即赶赴事故现场，组织事故救援。

发生一般及以上事故或领导对事故有批示要求的，设区的市级建设主管部门应派员赶赴现场了解事故有关情况。

发生较大及以上事故或领导对事故有批示要求的，省、自治区建设厅，直辖市建委应派员赶赴现场了解事故有关情况。

发生重大及以上事故或领导对事故有批示要求的，国务院建设主管部门应根据相关规定派员赶赴现场了解事故有关情况。

第六节　绿色建造与环境管理

一、绿色建造

绿色发展是以效率、和谐、持续为目标的经济增长和社会发展方式。当今世界，绿色发展已经成为一个重要趋势，许多国家把发展绿色产业作为推动经济结构调整的重要举措，突出绿色的理念和内涵。绿色发展与可持续发展在思想上是一脉相承的，是对可持续发展的继承。为贯彻落实绿色发展理念，推进绿色建造，节约资源，保护环境，减少排放，提升建筑工程品质，推动建筑业高质量发展，住房和城乡建设部办公厅于2021年3月印发了

《绿色建造技术导则（试行）》。

（一）绿色建造的基本概念

绿色建造是指按照绿色发展的要求，通过科学管理和技术创新，采用有利于节约资源、保护环境、减少排放、提高效率、保障品质的建造方式，实现人与自然和谐共生的工程建造活动。绿色建造是在工程项目寿命期内，对勘察、设计、采购、施工、试运行过程的环境因素、环境影响进行统筹管理和集成控制的过程。

绿色建造应将绿色发展理念融入工程策划、设计、施工、交付的建造全过程，充分体现绿色化、工业化、信息化、集约化和产业化的总体特征。绿色建造涉及以下基本概念。

绿色策划是指因地制宜对建造全过程、全要素进行统筹，科学确定绿色建造目标及实施路径的工程策划活动。

绿色设计是指贯彻绿色建造理念，落实绿色策划目标的工程设计活动。

绿色建材是指在全寿命期内可减少对资源的消耗和对生态环境的影响，具有节能、减排、安全、健康、便利、可循环等特征的建材产品。

绿色施工是指在保证工程质量、施工安全等基本要求的前提下，以人为本、因地制宜，通过科学管理和技术进步，最大限度地节约资源，减少对环境负面影响的施工及生产活动。

智慧工地是指综合采用各类信息技术，围绕人员、机械设备、材料、方法、环境等施工现场关键要素，具备信息实时采集、互通共享、工作协同、智能决策分析、风险预控等功能的数字化施工管理模式。

绿色交付是指在综合效能调适、绿色建造效果评估的基础上，制定交付策略、交付标准、交付方案，采用实体与数字化同步交付的方式，进行工程移交和验收的活动。

（二）绿色建造的一般要求

1. 绿色建造应统筹考虑建筑工程质量、安全、效率、环保、生态等要素，实现工程策划、设计、施工、交付全过程一体化，提高建造水平和建筑品质。

2. 绿色建造应全面体现绿色要求，有效降低建造全过程对资源的消耗和对生态环境的影响，减少碳排放，整体提升建造活动绿色化水平。

3. 绿色建造宜采用系统化集成设计、精益化生产施工、一体化装修的方式，加强新技术推广应用，整体提升建造方式工业化水平。

4. 绿色建造宜结合实际需求，有效采用 BIM、物联网、大数据、云计算、移动通信、区块链、人工智能、机器人等相关技术，整体提升建造手段信息化水平。

5. 绿色建造宜采用工程总承包、全过程工程咨询等组织管理方式，促进设计、生产、施工深度协同，整体提升建造管理集约化水平。

6. 绿色建造宜加强设计、生产、施工、运营全产业链上下游企业间的沟通合作，强化专业分工和社会协作，优化资源配置，构建绿色建造产业链，整体提升建造过程产业化水平。

（三）绿色策划

1. 一般规定

（1）建设单位应在建筑工程立项阶段组织编制项目绿色策划方案，项目各参与方应遵照执行。

（2）绿色策划方案应明确绿色建造总体目标和资源节约、环境保护、减少碳排放、品质提升、职业健康安全等分项目标，应包括绿色设计策划、绿色施工策划、绿色交付策划等内容。

（3）绿色策划方案应因地制宜对建造全过程、全要素进行统筹，明确绿色建造实施路径，体现绿色化、工业化、信息化、集约化和产业化特征。

（4）绿色策划方案应确定项目定位和组织架构，明确各阶段的主要控制指标，进行综合成本与效益分析，制定主要工作计划。

（5）绿色策划方案应统筹设计、构件部品部件生产运输、施工安装和运营维护管理，推进产业链上下游资源共享、系统集成和联动发展。

（6）绿色策划宜制定合理的减排方案，建立碳排放管理体系，并应明确建筑垃圾减量化等目标。

（7）绿色策划宜推动全过程数字化、网络化、智能化技术应用，积极采用 BIM 技术，利用基于统一数据及接口标准的信息管理平台，支撑各参与方、各阶段的信息共享与传递。

（8）绿色策划宜结合工程实际情况，综合考虑技术水平、成本投入与效益产出等因素，确定智能建造、新型建筑工业化的应用目标和实施路径。

2. 绿色设计策划

（1）应根据绿色建造目标，结合项目定位，在综合技术经济可行性分析基础上，确定绿色设计目标与实施路径，明确主要绿色设计指标和技术措施。

（2）应推进建筑、结构、机电设备、装饰装修等专业的系统化集成设计。

（3）应以保障性能综合最优为目标，对场地、建筑空间、室内环境、建筑设备进行全面统筹。

（4）应明确绿色建材选用依据、总体技术性能指标，确定绿色建材的使用率。

（5）应综合考虑生产、施工的便易性，提出全过程、全专业、各参与方之间的一体化协同设计要求。

3. 绿色施工策划

（1）应结合施工现场及周边环境、工程实际情况等进行影响因素分析和环境风险评估，并依据分析和评估结果进行绿色施工策划。

（2）应按照现行国家标准《建筑工程绿色施工评价标准》GB/T 50640—2010 中的优良级别，明确项目绿色施工关键指标应对生态环境保护、资源节约与循环利用、碳排放降低、人力资源节约及职业健康安全等进行总体分析，策划适宜的绿色施工技术路径与措施。

4. 绿色交付策划

（1）应根据建筑类型和运营维护需求确定绿色建造项目的实体交付内容及交付标准。

（2）宜按照城市信息化建设要求和运营维护需求，制定数字化交付标准和方案，明确各阶段责任主体和交付成果。

（3）应明确综合效能调适及绿色建造效果评估的内容及方式。

（四）绿色设计

1. 一般要求

（1）应统筹建筑、结构、机电设备、装饰装修、景观园林等各专业设计，统筹策划、设计、施工、交付等建造全过程，实现工程全寿命期系统化集成设计。

（2）宜应用 BIM 等数字化设计方式，实现设计协同、设计优化。

（3）应优先就地取材，并统筹确定各类建材及设备的设计使用年限。

（4）应强化设计方案技术论证，严格控制设计变更。设计变更不应降低工程绿色性能，重大变更应组织专家对其是否影响工程绿色性能进行论证。

（5）应在设计阶段加强建筑垃圾源头管控，按照《住房和城乡建设部关于推进建筑垃圾减量化的指导意见》（建质〔2020〕46号）的有关规定进行设计。

2. 设计要求

（1）场地设计应有效利用地域自然条件，尊重城市肌理和地域风貌，实现建筑布局、交通组织、场地环境、场地设施和管网的合理设计。

（2）应按照"被动式技术优先、主动式技术优化"的原则，优化功能空间布局，充分发掘场地空间、建筑本体与设备在节约资源方面的潜力。

（3）应综合考虑安全耐久、节能减排、易于建造等因素，择优选择建筑形体和结构体系。

（4）应根据建筑规模、用途、能源条件以及国家和地区节能环保政策对冷热源方案进行综合论证，合理利用浅层地能、太阳能、风能等可再生能源以及余热资源。

（5）应体现海绵城市建设理念，采用"渗、滞、蓄、净、用、排"等措施对施工期间及建筑竣工后的场地雨水进行有效统筹控制，溢流排放应与城市雨水排放系统衔接。

（6）应优先采用管线分离、一体化装修技术，对建筑围护结构和内外装饰装修构造节点进行精细设计。

（7）宜采用标准化构件和部件，使用集成化模块化建筑部品，提高工程品质，降低运行维护成本。

3. 协同设计

（1）应建立涵盖设计、生产、施工等不同阶段的协同设计机制，实现生产、施工、运营维护各方的前置参与，统筹管理项目方案设计、初步设计、施工图设计。

（2）宜采用协同设计平台，集成技术措施、产品性能清单、成本数据库等，实现全过程、全专业、各参与方的协同设计。

（3）应按照标准化、模块化原则对空间、构件和部品进行协同深化设计，实现建筑构配件与设备和部品之间模数协调统一。

（4）宜实现部品部件、内外装饰装修、围护结构和机电管线等一体化集成。

4. 数字设计

（1）宜采用BIM正向设计，优化设计流程，支撑不同专业间以及设计与生产、施工的数据交换和信息共享。

（2）宜集成应用BIM、地理信息系统（GIS）、三维测量等信息技术及模拟分析软件，进行性能模拟分析、设计优化和阶段成果交付。

（3）应统一设计过程中BIM组织方式、工作界面、模型细度和样板文件。

（4）宜采用BIM信息平台，支撑BIM模型存储与集成、版本控制，保障数据安全。

（5）应在设计过程中积累可重复利用及标准化部品构件，丰富和完善BIM构件库资源。

（6）宜推进BIM与项目、企业管理信息系统的集成应用，推动BIM与城市信息模型（CIM）平台以及建筑产业互联网的融通联动。

5. 材料选用

（1）建筑材料的选用应符合下列规定：

①应符合国家和地方相关标准规范环保要求；

②宜优先选用获得绿色建材评价认证标识的建筑材料和产品；

③宜优先采用高强、高性能材料；

④宜选择地方性建筑材料和当地推广使用的建筑材料。

（2）建筑结构材料应优先选用高耐久性混凝土、耐候和耐火结构钢、耐久木材等。

（3）外饰面材料、室内装饰装修材料、防水和密封材料等应选用耐久性好、易维护的材料。

（4）应合理选用可再循环材料、可再利用材料，宜选用以废弃物为原料生产的利废建材。

（5）建筑门窗、幕墙、围栏及其配件的力学性能、热工性能和耐久性等应符合相应产品标准规定，并应满足设计使用年限要求。

（6）管材、管线、管件应选用耐腐蚀、抗老化、耐久性能好的材料，活动配件应选用长寿命产品，并应考虑部品之间合理的寿命匹配性。不同使用寿命的部品组合时，构造宜便于分别拆换、更新和升级。

（7）建筑装修宜优先采用装配式装修，选用集成厨卫等工业化内装部品。

（五）绿色施工

1. 一般要求

（1）绿色施工应符合现行国家标准《建筑工程绿色施工规范》GB/T 50905—2014 和《建筑工程绿色施工评价标准》GB/T 50640—2010 的要求。

（2）应根据绿色施工策划进行绿色施工组织设计、绿色施工方案编制。

（3）应建立与设计、生产、运营维护联动的协同管理机制。

（4）应积极采用工业化、智能化建造方式，实现工程建设低消耗、低排放、高质量和高效益。

（5）宜积极运用 BIM、大数据、云计算、物联网以及移动通信等信息化技术组织绿色施工，提高施工管理的信息化和精细化水平。

（6）应建立完善的绿色建材供应链，采用绿色建筑材料、部品部件等。

（7）应编制施工现场建筑垃圾减量化专项方案，实现建筑垃圾源头减量、过程控制、循环利用。

（8）鼓励对传统施工工艺进行绿色化升级革新。

（9）应加强绿色施工新技术、新材料、新工艺、新设备应用，优先采用"建筑业 10 项新技术"。

（10）部品部件生产应采用环保生产工艺和设备设施，并应严格执行质量管理体系、环境管理体系和职业健康安全管理体系。

（11）部品部件生产应提高数字化、智能化水平，逐步实现精益生产、智能制造。

（12）应制定消防疏散、卫生防疫、职业健康安全等管理制度和突发事件应急措施，保障人员身心健康。

2. 协同与优化

（1）应在项目前期进行设计与施工协同，根据工程实际情况及施工能力优化设计方案，提高施工机械化、工业化、信息化水平。

（2）应进行多层级交底，明确绿色设计重点内容、绿色建材产品使用要求。

（3）应结合加工、运输、安装方案和施工工艺要求，对工程重点、难点部位和复杂节点等进行深化设计。

（4）在满足设计要求的前提下，应充分考虑施工临时设施与永久性设施的结合利用，实现永临结合。

（5）部品部件生产应与设计、物流、现场施工进行有效协同与联动。

3. 环境保护

（1）应通过信息化手段监测并分析施工现场扬尘、噪声、光、污水、有害气体、固体废弃物等各类污染物。

（2）应采取措施减少扬尘排放，PM10 和 PM2.5 不得超过当地生态环境部门或住房和城乡建设主管部门要求的限值。

（3）现场有害气体应经净化处理后排放，排放标准应符合现行国家标准《环境空气质量标准》GB 3095—2012 和《民用建筑工程室内环境污染控制标准》GB 50325—2020 的规定。

（4）应采取措施控制噪声和振动污染，噪声限值应满足现行国家标准《建筑施工场界环境噪声排放标准》GB 12523—2011 的规定，振动限值应符合现行国家标准《城市区域环境振动标准》GB 10070—1988 的规定。

（5）应采取措施保护施工现场及周边水环境，减少地下水抽取，避免施工场地的水土污染。

（6）应采取措施减少污水排放。排入城市污水管网的施工污水应符合现行国家标准《污水排入城镇下水道水质标准》GB/T 31962—2015 的规定。没有纳管条件的，应处理达到相关排放标准或收纳水体要求后，方可排放。

（7）应采取措施减少光污染，光污染限值应满足现行行业标准《城市夜景照明设计规范》JGJ/T 163—2008 的规定。

（8）宜采用装配化施工工艺，建筑内外装修优先采用装配式装修等干式工法施工工艺及集成厨卫等模块化部品部件，减少现场切割及湿作业。

（9）应采用先进施工工艺与方法，从源头减少有毒有害废弃物的产生。对产生的有毒有害废弃物应 100% 分类回收、合规处理。

（10）拆除施工应制定环境保护计划，选择对环境影响小的拆除工艺。对拆除过程中产生的废水、噪声、扬尘等应采取针对性防治措施，并制定拆除垃圾处理方案。

4. 资源节约

（1）应采用精益化施工组织方式，统筹管理施工相关要素和环节，提升施工现场精细化管理水平，减少资源消耗与浪费。

（2）应推广使用新型模架体系，提高施工临时设施和周转材料的工业化程度和周转次数。

（3）部品部件安装应采用与其相匹配的工具化、标准化工装系统，采用适用的安装工艺，制定合理的安装工序，减少现场支模和脚手架搭建。

（4）应积极推广材料工厂化加工，实现精准下料、精细管理，降低建筑材料损耗率。

（5）应加强施工设备的进场、安装、使用、维护保养、拆除及退场管理，减少过程中设备损耗。

（6）应采用节能型设备，监控重点能耗设备的耗能，对多台同类设备实施群控管理。

（7）应结合工程所在地地域特征，积极利用适宜的可再生能源。

（8）应因地制宜对施工现场雨水、中水进行科学收集和合理利用。

（9）应科学布置施工现场，合理规划临时用地，减少地面硬化。宜利用再生材料或可周转材料进行临时场地硬化。

（10）应采取措施减少固体废弃物产生，建筑垃圾产生量应控制在现浇钢筋混凝土结构每万平方米不大于300吨，装配式建筑每万平方米不大于200吨（不包括工程渣土、工程泥浆）。

5. 信息技术应用

（1）应通过信息技术促进设计、生产、施工、运营维护等产业链联动，支持项目多参与方协同工作，实现建造全过程统筹管理。

（2）宜基于BIM设计信息，推进工厂生产全流程自动化、信息化、智能化。

（3）宜采用BIM等信息技术进行深化设计和专业协调，避免"错漏碰缺"等问题。对危险性较大和工序复杂的方案应进行三维模拟和可视化交底。

（4）应根据项目需求和参建单位情况，采用智慧工地管理系统，实现信息互通共享、工作协同、智能决策分析、风险预控。

（5）应采用信息通信技术对施工设备的基础信息、进出场信息和安装信息等进行管理，对塔式起重机、施工升降机等危险性较大设备的运行数据进行实时采集和监控。

（6）宜采用自动化施工器械、智能移动终端等相关设备，提升施工质量和效率，降低安全风险。积极推广使用建筑机器人进行材料搬运、打磨、铺墙地砖、钢筋加工、喷涂、高空焊接等工作。

（六）绿色交付

1. 一般要求

（1）项目交付前应进行绿色建造的效果评估。

（2）项目交付前应完成绿色建筑相关检测，提交建筑使用说明书。

（3）应核定绿色建材实际使用率，提交核定计算书。

（4）应将建筑各分部分项工程的设计、施工、检测等技术资料整合和校验，并按相关标准移交建设单位和运营单位。

（5）应制定建筑物各子系统（机电设备系统、消防系统等）运行操作规程和维护保养手册。

（6）应按照绿色交付标准及成果要求提供实体交付及数字化交付成果。数字化交付成果应保证与实体交付成果信息的一致性和准确性，建设单位可在交付前组织成果验收。

2. 交付要求

（1）应对建筑开展综合效能调适，包括夏季工况、冬季工况及过渡季节工况的调适和性能验证，使建筑机电系统满足绿色建造目标和实际使用等要求。

（2）应组织相关各方建立综合效能调适团队，明确各方职责，编制调适方案，制定调适计划。

（3）综合效能调适的内容和要求应符合现行行业标准《绿色建筑运行维护技术规范》JGJ/T 391—2016 的规定。综合效能调适完成后，应将相关技术文件存档。

（4）数字化交付的内容及标准应执行工程所在地的相关规定。当所在地区未规定时，可由建设单位牵头确定，各参建单位遵照执行。

（5）数字化交付内容应包含数字化工程质量验收文件、施工影像资料、建筑信息模型等。应编制说明书，详细说明交付的范围与内容。

（6）建筑信息模型应按单位工程进行划分组建，每个单位工程包含建筑、结构、给水排水、电气、暖通等分专业模型以及综合模型文件。

（7）应基于构件维护、保养、更换、质量追溯等需求，为建筑信息模型构件建立编码，并确保构件编码的唯一性。

（8）服务数字化运营维护的建筑信息模型应包含供应商和维护保养等信息。

（9）数字化交付过程中数据传递应遵守相关保密规定。

3. 效果评估

（1）应对绿色建造节约资源和保护环境的效果进行评估，并形成效果评估报告。可采用内部自评的形式，或委托具备评估能力的技术服务单位进行评估。效果评估应包含但不限于绿色施工、减排、海绵城市建设等内容。

（2）效果评估的具体内容、参考标准、评估结果以及证明材料等应进行汇总，形成绿色建造效果评估表。

（3）证明材料应包括但不限于设计文件、专项报告、分析计算报告、现场检测报告等。

（4）进行绿色施工效果评估时，证明材料应包括绿色施工评价定级报告，评价定级方法应按照现行国家标准《建筑工程绿色施工评价标准》GB/T 50640—2010 执行。

（5）进行减排效果评估时，证明材料应包括碳排放计算报告，计算方法应按照现行国家标准《建筑碳排放计算标准》GB/T 51366—2019 执行。

（6）场地和地块海绵城市建设效果评估，应按照现行国家标准《海绵城市建设评价标准》GB/T 51345—2018 执行。

二、环境管理

（一）工程项目对环境的影响

组织运行活动的外部存在称为"环境"。以组织为主体的周边事物环境，是由各种自然环境和社会环境的客体构成。自然环境是人类生产和生活所必需的、未经人类改造过的自然资源和自然条件的总体，包括大气环境（空气、温度、气候、阳光）、水环境（江、河、湖泊、海洋）、土地环境、地质环境（地壳、岩石、矿藏）、生物环境（森林、草原、野生生物）等。社会环境则是经过人工对各种自然因素进行改造后的总体（也称"人工环境"），包括工农生产环境、聚落环境、交通环境和文化环境等。工程项目施工现场的环境因素对环境影响的类型，见表7-8。

工程项目施工现场的环境因素对环境影响的类型　　　　　　表 7-8

序号	环境因素	产生的地点、工序和部位	环境影响
1	噪声的排放	施工机械、运输设备、电动工具运行中	影响人体健康、居民休息
2	粉尘的排放	施工场地平整、土堆、砂堆、石灰、现场路面、进出车辆车轮带泥沙、水泥搬运、混凝土搅拌、木工房锯末、喷砂、除锈、衬里	污染大气、影响居民身体健康
3	运输的遗撒	现场渣土、商品混凝土、生活垃圾、原材料运输当中	污染路面、影响居民生活
4	化学危险品、油品的泄漏或挥发	试验室、油漆库、油库、化学材料库及其作业面	污染土地和人员健康
5	有毒有害废弃物排放	施工现场、办公区、生活区废弃物	污染土地、水体、大气
6	生产用水、生活污水的排放	现场搅拌站、厕所、现场洗车处、生活区服务设施、食堂等	污染水体
7	生产用水、用电的消耗	现场、办公室、生活区	资源浪费
8	办公用纸的消耗	办公室、现场	资源浪费
9	光污染	现场焊接、切割作业中、夜间照明	影响居民生活、休息和邻近人员健康
10	离子辐射	放射源储存、运输、使用中	严重影响居民、人员健康
11	混凝土防冻剂（氨味）的排放	混凝土使用当中	影响健康
12	混凝土搅拌站噪声、粉尘、运输遗撒污染	混凝土搅拌站	严重影响了周围居民生活、休息

　　工程建设过程中的污染主要包括对施工场界内的污染和对周围环境的污染。对施工场界内的污染防治属于职业健康问题；而对周围环境的污染防治是环境保护的问题。

（二）建设工程环境保护的要求

　　建设工程项目必须满足有关环境保护法律法规的要求，在施工过程中注意环境保护，对企业发展、员工健康和社会文明有重要意义。

　　环境保护是按照法律法规、各级主管部门和企业的要求，保护和改善作业现场的环境，控制现场的各种粉尘、废水、废气、固体废弃物、噪声、振动等对环境的污染和危害。环境保护也是文明施工的重要内容之一。

　　1. 根据《中华人民共和国环境保护法》和《中华人民共和国环境影响评价法》的有关规定，建设工程项目对环境保护的基本要求为：

　　（1）涉及依法划定的自然保护区、风景名胜区、生活饮用水水源保护区及其他需要特别保护的区域的，应当符合国家有关法律法规及该区域内建设工程项目环境管理的规定，不得建设污染环境的工业生产设施；建设的工程项目设施的污染物排放不得超过规定的排放标准。

　　（2）开发利用自然资源的项目，必须采取措施保护生态环境。

　　（3）建设工程项目选址、选线、布局应当符合区域、流域规划和城市总体规划。

　　（4）应满足项目所在区域环境质量、相应环境功能区划和生态功能区划标准或要求。

　　（5）拟采取的污染防治措施应确保污染物排放达到国家和地方规定的排放标准，满足污染物总量控制要求；涉及可能产生放射性污染的，应采取有效预防和控制放射性污染措施。

（6）建设工程应当采用节能、节水等有利于环境与资源保护的建筑设计方案、建筑和装修材料、建筑构配件及设备。建筑和装修材料必须符合国家标准。禁止生产、销售和使用有毒、有害物质超过国家标准的建筑和装修材料。

（7）尽量减少建设工程施工中所产生的干扰周围生活环境的噪声。

（8）应采取生态保护措施，有效预防和控制生态破坏。

（9）对环境可能造成重大影响、应当编制环境影响报告书的建设工程项目，可能严重影响项目所在地居民生活环境质量的建设工程项目，以及存在重大意见分歧的建设工程项目，环境保护部可以举行听证会，听取有关单位、专家和公众的意见，并公开听证结果，说明对有关意见采纳或不采纳的理由。

（10）建设工程项目中防治污染的设施，必须与主体工程同时设计、同时施工、同时投产使用。防治污染的设施必须经原审批环境影响报告书的环境保护行政主管部门验收合格后，该建设工程项目方可投入生产或者使用。

（11）禁止引进不符合我国环境保护规定要求的技术和设备。

（12）任何单位不得将产生严重污染的生产设备转移给没有污染防治能力的单位使用。

2.《中华人民共和国海洋环境保护法》规定，在进行海岸工程建设和海洋石油勘探开发时，必须依照法律的规定，防止对海洋环境的污染损害。

三、建设工程环境保护的措施

建设工程环境保护措施主要包括大气污染的防治、水污染的防治、噪声污染的防治、固体废弃物的处理以及文明施工措施等。

（一）施工现场空气污染的防治措施

1.施工现场宜采取硬化措施，其中主要道路、料场、生活办公区域必须进行硬化处理，土方应集中堆放。裸露的场地和集中堆放的土方应采取覆盖、固化或绿化等措施。

2.使用密目式安全网对在建建筑物、构筑物进行封闭，防止施工过程扬尘。

拆除旧有建筑物时，应采用隔离、洒水等措施防止扬尘，并应在规定期限内将废弃物清理完毕；

不得在施工现场熔融沥青，严禁在施工现场焚烧含有有毒、有害化学成分的装饰废料、油毡、油漆、垃圾等各类废弃物。

3.从事土方、渣土和施工垃圾运输应采用密闭式运输车辆或采取覆盖措施。

4.施工现场出入口处应采取保证车辆清洁的措施。

5.施工现场应根据风力和大气湿度的具体情况，进行土方回填、转运作业。

6.水泥和其他易飞扬的细颗粒建筑材料应密闭存放，砂石等散料应采取覆盖措施。

7.施工现场混凝土搅拌场所应采取封闭、降尘措施。

8.建筑物内施工垃圾的清运，应采用专用封闭式容器吊运或传送，严禁凌空抛撒。

9.施工现场应设置密闭式垃圾站，施工垃圾、生活垃圾应分类存放，并及时清运出场。

10.城区、旅游景点、疗养区、重点文物保护地及人口密集区的施工现场应使用清洁能源。

11. 施工现场的机械设备、车辆的尾气排放应符合国家环保排放标准要求。

（二）施工过程水污染的防治措施

1. 禁止将有毒有害废弃物作土方回填。

2. 施工现场搅拌站废水，现制水磨石的污水，电石（碳化钙）的污水必须经沉淀池沉淀合格后再排放，最好将沉淀水用于工地洒水降尘或采取措施回收利用。

3. 现场存放油料，必须对库房地面进行防渗处理，如采用防渗混凝土地面、铺油毡等措施。使用时，要采取防止油料跑、冒、滴、漏的措施，以免污染水体。

4. 施工现场 100 人以上的临时食堂，污水排放时可设置简易有效的隔油池，定期清理，防止污染。

5. 工地临时厕所，化粪池应采取防渗漏措施。中心城市施工现场的临时厕所可采用水冲式厕所，并有防蝇、灭蛆措施，防止污染水体和环境。

6. 化学用品、外加剂等要妥善保管，库内存放，防止污染环境。

（三）施工现场噪声的控制措施

噪声是一类影响与危害非常广泛的环境污染问题。噪声环境可以干扰人的睡眠与工作、影响人的心理状态与情绪，造成人的听力损失，甚至引发许多疾病。此外噪声对人们的对话干扰也是相当大的。

噪声控制技术可从声源、传播途径、接收者防护等方面来考虑。

1. 声源控制

（1）声源上降低噪声，这是防止噪声污染的最根本的措施。

（2）尽量采用低噪声设备和工艺代替高噪声设备与加工工艺，如低噪声振捣器、风机、电动空压机、电锯等。

（3）在声源处安装消声器消声，即在通风机、鼓风机、压缩机、燃气机、内燃机及各类排气放空装置等进出风管的适当位置设置消声器。

2. 传播途径的控制

（1）吸声：利用吸声材料（大多由多孔材料制成）或由吸声结构形成的共振结构（金属或木质薄板钻孔制成的空腔体）吸收声能，降低噪声。

（2）隔声：应用隔声结构，阻碍噪声向空间传播，将接受者与噪声声源分隔。隔声结构包括隔声室、隔声罩、隔声屏障、隔声墙等。

（3）消声：利用消声器阻止传播。允许气流通过的消声降噪是防治空气动力性噪声的主要装置。如对空气压缩机、内燃机产生的噪声等。

（4）减振降噪：对来自振动引起的噪声，通过降低机械振动减小噪声，如将阻尼材料涂在振动源上，或改变振动源与其他刚性结构的连接方式等。

3. 接收者的防护

让处于噪声环境下的人员使用耳塞、耳罩等防护用品，减少相关人员在噪声环境中的暴露时间，以减轻噪声对人体的危害。

4. 严格控制人为噪声

（1）进入施工现场不得高声喊叫、无故甩打模板、乱吹哨，限制高音喇叭的使用，最大限度地减少噪声扰民。

（2）凡在人口稠密区进行强噪声作业时，须严格控制作业时间，一般晚10点到次日早6点之间停止强噪声作业。对因生产工艺要求或其他特殊需要，确需在22时至次日6时期间进行强噪声施工的，施工前建设单位和施工单位应到有关部门提出申请，经批准后方可进行夜间施工，并公告附近居民。

（3）施工现场的强噪声设备宜设置在远离居民区的一侧。

（4）夜间运输材料的车辆进入施工现场，严禁鸣笛，装卸材料应做到轻拿轻放。

（5）对产生噪声和振动的施工机械、机具的使用，应当采取消声、吸声、隔声等措施，有效控制降低噪声。

根据国家标准《建筑施工场界环境噪声排放标准》GB 12523—2011的要求，对不同施工作业的噪声限值见表7-9。在工程施工中，要特别注意不得超过国家标准的限值，尤其是夜间禁止打桩作业。

施工现场噪声的限值　　　　　　单位：dB（A）　　表7-9

噪声限值表	
昼间	夜间
70	55

（四）固体废物的处理

固体废物是生产、建设、日常生活和其他活动中产生的固态、半固态废弃物质。固体废物是一个极其复杂的废物体系。按照其化学组成可分为有机废物和无机废物；按照其对环境和人类健康的危害程度可以分为一般废物和危险废物。

1. 建设工程施工工地上常见的固体废物

（1）建筑渣土：包括砖瓦、碎石、渣土、混凝土碎块、废钢铁、碎玻璃、废屑、废弃装饰材料等；

（2）废弃的散装大宗建筑材料：包括水泥、石灰等；

（3）生活垃圾：包括炊厨废物、丢弃食品、废纸、生活用具、玻璃、陶瓷碎片、废电池、废电日用品、废塑料制品、煤灰渣、废交通工具等；

（4）设备、材料等的包装材料；

（5）粪便。

2. 固体废物的处理和处置

固体废物处理的基本思想是：采取资源化、减量化和无害化的处理，对固体废物产生的全过程进行控制。固体废物的主要处理方法如下：

（1）回收利用。回收利用是对固体废物进行资源化、减量化的重要手段之一。粉煤灰在建设工程领域的广泛应用就是对固体废弃物进行资源化利用的典型范例。又如发达国家炼钢原料中有70%是利用回收的废钢铁，所以，钢材可以看成是可再生利用的建筑材料。

（2）减量化处理。减量化是对已经产生的固体废物进行分选、破碎、压实浓缩、脱水等减少其最终处置量，降低处理成本，减少对环境的污染。在减量化处理的过程中，也包括和其他处理技术相关的工艺方法，如焚烧、热解、堆肥等。

（3）焚烧。焚烧用于不适合再利用且不宜直接予以填埋处置的废物，除有符合规定的装置外，不得在施工现场熔化沥青和焚烧油毡、油漆，亦不得焚烧其他可产生有毒有害和恶臭气体的废弃物。垃圾焚烧处理应使用符合环境要求的处理装置，避免对大气的二次污染。

（4）稳定和固化。利用水泥、沥青等胶结材料，将松散的废物胶结包裹起来，减少有害物质从废物中向外迁移、扩散，使得废物对环境的污染减少。

（5）填埋。填埋是固体废物经过无害化、减量化处理的废物残渣集中到填埋场进行处置。禁止将有毒有害废弃物现场填埋，填埋场应利用天然或人工屏障。尽量使需处置的废物与环境隔离，并注意废物的稳定性和长期安全性。

（五）防治施工照明污染

夜间施工严格按照建设行政主管部门和有关部门的规定执行，对施工照明器具的种类、灯光亮度加以严格控制，特别是在城市市区居民居住区内，减少施工照明对城市居民的危害。

第七节　建设工程安全生产监督管理

为了保护人民群众生命财产安全，国家实行工程安全生产行政监督管理制度。

一、安全生产监督管理基本概况

（一）安全生产监督基本特征

政府对安全生产监督管理的职权是由法律法规所规定，是以国家机关为主体实施的，对生产经营单位履行安全生产职责和执行安全生产法规、政策和标准的情况，依法进行监督、监察、纠正和惩戒。

建设工程安全生产的行政监督管理，是指各级人民政府建设行政主管部门及其授权的建设工程安全生产监督机构，对建设工程安全生产所实施的行政监督管理。

凡从事房屋建筑、土木工程、设备安装、管线铺设等施工和构配件生产活动的单位及个人，都必须接受建设行政主管部门及其授权的建筑安全生产监督机构的行业监督管理，并依法接受国家安全检察。

《房屋建筑和市政基础设施工程施工安全监督规定》（建质〔2014〕153号）指出，施工安全监督是指住房城乡建设主管部门依据有关法律法规，对房屋建筑和市政基础设施工程的建设、勘察、设计、施工、监理等单位及人员（以下简称"工程建设责任主体"）履行安全生产职责，执行法律、法规、规章、制度及工程建设强制性标准等情况实施抽查并对违法违规行为进行处理的行政执法活动。

安全生产监督管理具有如下三个基本特征：

1. 权威性

国家对安全生产监督管理的权威性首先源于法律的授权。法律是由国家的最高权力机关全国人民代表大会制定和认可的，体现的是国家意志。《中华人民共和国安全生产法》有关法律对安全生产监督管理都有明确的规定。

2. 强制性

国家的法律都必然要求由国家强制力来保证其实施。各级人民政府应急管理部门和其他有关部门对安全生产工作实施的监督管理，是依法行使的监督管理权，是以国家强制力作为后盾的。

3. 普遍约束性

在中华人民共和国领域内从事生产经营活动的单位，凡有关涉及安全生产方面的工作，都必须接受统一的监督管理，履行《中华人民共和国安全生产法》等有关法律所规定的职责。这种普遍约束性，实际上就是法律的普遍约束力在安全生产工作中的具体体现。

（二）安全生产监督管理的基本原则

应急管理部门和其他负有安全生产监督管理职责的部门对生产经营单位实施监督管理职责时，遵循以下基本原则：

（1）坚持严格规范公正文明的原则。

（2）坚持以事实为依据，以法律为准绳的原则。

（3）坚持预防为主的原则。

（4）坚持行为监管与技术监管相结合的原则。

（5）坚持监管与服务相结合的原则。

（6）坚持教育与惩罚相结合的原则。

二、安全生产监督管理体制

目前，我国安全生产监督管理体制是：综合监管与行业监管相结合，政府监督与其他监督相结合的格局。

（一）综合监管与行业监管

应急管理部是国务院主管安全生产综合监督管理的组成部门，依法对全国安全生产实施综合监督管理。交通运输、水利、住房和城乡建设、工业和信息化、文化和旅游、市场监管、生态环境等国务院有关部门分别对交通、铁路、民航、水利、电力、建筑、国防工业、邮政、电信、旅游、特种设备、核安全等行业和领域的安全生产工作负责监督管理，即行业监管或专业管理。应急管理部从综合监督管理全国安全生产工作的角度，指导、协调和监督这些部门的安全生产监督管理工作。除此之外，综合监督管理还体现在组织起草安全生产方面的综合性法律、行政法规和规章，研究拟定安全生产方针、政策等。

地方各级人民政府也都以不同形式成立了相应的安全生产综合监督管理部门和行业监督管理部门，履行综合监管和行业监管的职能。应急管理部和国务院其他安全生产的行业监督管理部门，对地方的安全生产综合监督管理部门和行业监督管理部门在业务上进行指导。

《中华人民共和国安全生产法》第十条明确规定，国务院应急管理部门依照本法，对全国安全生产工作实施综合监督管理；县级以上地方各级人民政府应急管理部门依照本法，对本行政区域内安全生产工作实施综合监督管理。国务院交通运输、住房和城乡建设、水利、民航等有关部门依照本法和其他有关法律、行政法规的规定，在各自的职责范围内对有关行业、领域的安全生产工作实施监督管理；县级以上地方各级人民政府有关部门依照本法和其他有关法律、法规的规定，在各自的职责范围内对有关行业、领域的安全生产工作实施监督管理。对新兴行业、领域的安全生产监督管理职责不明确的，由县级以上地方各级人民政府按照业务相近的原则确定监督管理部门。

另外，为了加强国家对整个安全生产工作的领导，加强综合监管与行业监管之间的协调配合，国务院成立了安全生产委员会，设立国务院安全生产委员会办公室，其办公室设在应急管理部。国务院安全生产委员会办公室具体职责之一就是研究提出安全生产重大方针、政策和重要措施的建议，监督检查、指导协调国务院有关部门和各省、自治区、直辖市人民政府的安全生产工作。各省、自治区、直辖市人民政府也建立了相应的安全生产委员会，部分市、县也建立了安全生产委员会。通过安全生产委员会的作用，对安全生产的监督管理起到了相互协调、相互配合的作用，大大加强了安全生产的监督管理工作。

因此，综合监督管理和行业监督管理初步形成了一个网格式的监管体系。

（二）政府监督与其他监督

生产经营单位是安全生产的责任主体。但是，加强外部的监督和管理也是安全生产的重要保证。除政府监督外，其他方面的监督也十分重要。其他监督是整个安全生产监督管理体制的一个重要组成部分，在安全生产工作中发挥着重要的作用。

政府方面的监督主要有应急管理部门和其他负有安全生产监督管理职责部门的监督、监察机关的监督。

其他方面的监督主要有安全技术、管理服务机构的监督，社会公众的监督，工会的监督，新闻媒体的监督，居民委员会、村民委员会、人民检察院等组织的监督。

（三）建设工程安全生产监督体系

《建设工程安全生产管理条例》第三十九条规定，国务院负责安全生产监督管理的部门依照《中华人民共和国安全生产法》的规定，对全国建设工程安全生产工作实施综合监督管理。

县级以上地方人民政府负责安全生产监督管理的部门依照《中华人民共和国安全生产法》的规定，对本行政区域内建设工程安全生产工作实施综合监督管理。

《建设工程安全生产管理条例》第四十条规定，国务院建设行政主管部门对全国的建设工程安全生产实施监督管理。国务院铁路、交通、水利等有关部门按照国务院规定的职责分工，负责有关专业建设工程安全生产的监督管理。

县级以上地方人民政府建设行政主管部门对本行政区域内的建设工程安全生产实施监督管理。县级以上地方人民政府交通、水利等有关部门在各自的职责范围内，负责本行政区域内的专业建设工程安全生产的监督管理。

可见，我国现行对建设工程（含土木工程、建筑工程、线路管道和设备安装工程）安全生产的行政监督管理是分级进行的。国务院建设行政主管部门负责建设工程安全生产的统一监督管理，并依法接受国家安全生产综合管理部门的指导和监督。

国务院铁道、交通、水利等有关部门按照国务院规定的职责分工，负责有关专业建设工程安全生产的监督管理。县级以上地方人民政府建设行政主管部门负责本行政区域内的建设工程安全生产管理。

县级以上地方人民政府交通、水利等有关部门在各自的职责范围内，负责本行政区域内的专业建设工程安全生产的监督管理。县级以上地方人民政府建设行政主管部门和地方人民政府交通、水利等有关部门应当设立建设工程安全监督机构负责建设工程安全生产日常监督管理工作。

从以上规定可见，国务院负责安全生产监督管理的部门依照《中华人民共和国安全生产法》的规定，对全国建设工程安全生产工作实施综合监督管理，其综合监督管理职责主要体现在对安全生产工作的指导、协调和监督上。国务院建设行政主管部门对全国的建设工程安全生产实施监督管理，国务院铁路、交通、水利等有关部门按照国务院规定的职责分工，负责有关专业建设工程安全生产的监督管理，其监督管理主要体现在结合行业特点制定相关的规章制度和标准并实施行政监管上。形成统一管理与分级管理、综合管理与专业管理相结合的管理体制，分工负责、各司其职、相互配合，共同做好安全生产监督管理工作。

三、安全生产监督的职责

（一）安全生产监督管理的责任主体

安全生产监督管理的责任主体包括各级人民政府及其应急管理部门和负有安全生产监督管理职责的相关部门。

各级人民政府在安全生产监督管理工作中负有领导责任，根据《中华人民共和国安全生产法》第九条规定，国务院和县级以上地方各级人民政府应当加强对安全生产工作的领导，支持、督促各有关部门依法履行安全生产监督管理职责，建立、健全安全生产工作协调机制，及时协调、解决安全生产监督管理中存在的重大问题。

目前，我国县级以上人民政府基本都设立了应急管理部门。应急管理部是国务院正部级组成部门，依照法律和中央批准的"三定方案"确定的职责，对全国安全生产工作实施综合监督管理。县级以上地方人民政府应急管理部门，是指这些地方人民政府设立或授权负责本行政区域内安全生产综合监督管理的部门。

负有安全生产监督管理职责的有关部门，是指《中华人民共和国安全生产法》第十条第二款所称的县级以上人民政府设置的对有关行业、领域的安全生产工作实施监督管理的部门。比如，国务院负有安全生产监督管理职责的有关部门，就包括交通运输部、工业和信息化部、住房和城乡建设部等有关部委和机构。这些部门的安全生产监督管理职责除《中华人民共和国安全生产法》外，在其他法律、行政法规中有明确规定。国务院有关部门依照法律、行政法规和中央批准的"三定方案"的规定，负责有关领域、行业的专项安全生产监督管理。《国务院关于进一步加强企业安全生产工作的通知》强调"全面落实公安、交通、国土资源、建设、工商、质检等部门的安全生产监督管理及工业主管部门的安全生产指导职责"。此外，许多地方政府也制定发布了一系列明确行业管理部门安全监管职责的规范性文件。

（二）负有安全生产监督管理职责的部门的职责

1. 负有安全生产监督管理职责的部门的主要职责

（1）采取多种形式，加强对有关安全生产的法律法规和安全生产知识的宣传，提高职工的安全生产意识。

（2）配合有关政府进行安全检查。县级以上地方各级人民政府应当根据本行政区域的安全生产状况，组织有关部门按照职责分工，对本行政区域内容易发生重大生产安全事故的生产经营单位进行严格检查。

（3）按照分类分级监督管理的要求，制定安全生产年度监督检查计划。并按照年度监督检查计划进行监督检查，发现事故隐患，及时进行处理。

（4）严格依法对涉及安全生产的事项进行审查批准并加强监督检查。

（5）对生产经营单位执行有关法律法规和标准的情况进行监督检查。进入现场进行检查，查阅有关资料，向有关单位和人员了解情况，对事故隐患进行处理，对安全生产违法行为进行处理，对不符合国家标准或者行业标准的设施、设备和器材以及违法生产、储存、使用、经营、运输的危险物品进行处理，对违法生产、储存、使用、经营危险物品的作业场所予以查封，并依法做出处理决定，部门之间进行相互配合等。

（6）接受监察机关的监督。

（7）接受人民检察院的监督。

（8）建立举报制度。

（9）制定有关奖励制度，对报告重大事故隐患或者举报安全生产违法行为的有功人员，给予奖励。

（10）配合地方政府建立应急救援体系。

（11）事故报告。负有安全生产监督管理职责的部门接到事故报告后，应当立即按照国家有关规定上报事故情况，不得隐瞒不报、谎报或者拖延不报。

（12）积极支援事故抢救。

（13）组织事故调查。

（14）事故信息发布。

（15）依法实施行政处罚。

（16）依法对存在重大事故隐患的生产经营单位做出停产停业、停止施工、停止使用相关设施或者设备的决定。

（17）建立安全生产违法行为信息库，记录生产经营单位及其有关从业人员的安全生产违法行为信息，并向社会公告和公示违法行为情节严重的生产经营单位及其有关从业人员。

（三）负有安全生产监督管理职责的人员的主要职责

（1）宣传安全生产法律法规和国家有关方针和政策。

（2）监督检查生产经营单位执行安全生产法律法规和标准的情况。

（3）严格履行有关行政许可的审查职责。

（4）依法处理安全生产违法行为，实施行政处罚。

（5）正确处理事故隐患，防止事故发生。

（6）依法处理不符合法律法规和标准的有关设施、设备、器材。

（7）接受行政监察机关的监督。

（8）及时报告事故。

（9）参加安全事故应急救援与事故调查处理。

（10）忠于职守，坚持原则，秉公执法。

（11）法律、行政法规规定的其他职责。

四、安全生产监督管理的方式与内容

（一）安全生产监督管理的程序

安全生产监督管理有很多形式，有召开各种会议、安全检查、行政许可、行政处罚等。对作业场所的监督检查、行政许可和行政处罚是十分重要的形式。

1. 对作业场所的监督检查的一般程序

（1）监督检查前的准备。召开有关会议，通知生产经营单位等；有时不事先通知生产经营单位，实施突击检查或暗查暗访。

（2）监督检查用人单位执行安全生产法律法规及标准的情况。检查有关许可证的持证情况，安全管理制度，安全培训台账，特种作业人员持证情况，事故隐患排查治理台账，特种设备管理台账，有关会议记录，安全生产管理机构及安全管理人员配备情况，安全投入，安全费用提取等。

（3）作业现场检查。

（4）提出意见或建议。检查完后，与被检查单位交换意见，提出查出的问题，提出整改意见。

（5）发出《现场处理措施决定书》或《责令限期整改指令书》或《行政处罚告知书》等。

2. 颁发管理有关安全生产事项的许可的一般程序

（1）申请。申请人向安全生产许可证颁发管理机关提交申请书、文件、资料。

（2）受理。许可证颁发管理机关按有关规定受理。申请事项不属于本机关职权范围的，应当即时做出不予受理的决定，并告知申请人向有关机关申请；申请材料存在可以当场更正的错误的，应当允许或者要求申请人当场更正，并即时出具受理的书面凭证；申请材料不齐全或者不符合要求的，应当当场或者在规定时间内告知申请人需要补正的全部内容，逾期不告知的，自收到申请材料之日起即为受理；申请材料齐全、符合要求或者按照要求全部补正的，自收到申请材料或者全部补正材料之日起为受理。

（3）征求意见。对有些行政许可，按照有关规定应当听取有关单位和人员的意见，有些还要向社会公开，征求社会的意见。

（4）审查和调查。经同意后，许可证颁发管理机关指派有关人员对申请材料和安全生产条件进行审查；需要到现场审查的，应当到现场进行审查。负责审查的有关人员提出审查意见。

（5）做出决定。许可证颁发管理机关对负责审查的有关人员提出的审查意见进行讨论，并在受理申请之日起规定的时间内做出颁发或者不予颁发安全生产许可证的决定。

（6）送达。对决定颁发的，许可证颁发管理机关应当自决定之日起在规定的时间内送达或者通知申请人领取安全生产许可证；对决定不予颁发的，应当在规定时间内书面通知申请人并说明理由。

3. 行政处罚的程序

根据《中华人民共和国行政处罚法》《安全生产违法行为行政处罚办法》等相关规定，安全生产违法行为行政处罚的种类包括：①警告、通报批评；②罚款；③责令改正、责令限期改正、责令停止违法行为；④没收违法所得、没收非法开采的煤炭产品、采掘设备；⑤责令停产停业整顿、责令停产停业、责令停止建设、责令停止施工、限制开展生产经营活动、限制从业；⑥暂扣或者吊销有关许可证，暂停或者撤销有关执业资格、岗位证书，降低资质等级；⑦责令关闭；⑧行政拘留；⑨安全生产法律、行政法规规定的其他行政处罚。

安全生产行政执法人员在执行公务时，必须出示国务院有关部门或者县级以上地方人民政府统一制作的有效行政执法证件。

安全生产监管监察部门及其行政执法人员在监督检查时发现生产经营单位存在事故隐患的，应当按照下列规定采取现场处理措施：①能够立即排除的，应当责令立即排除；②重大事故隐患排除前或者排除过程中无法保证安全的，应当责令从危险区域撤出作业人员，并责令暂时停产停业、停止建设、停止施工或者停止使用相关设施或设备。限期排除隐患。

违法事实确凿并有法定依据，对个人处以 200 元以下罚款、对生产经营单位处以 3000 元以下罚款或者警告的行政处罚，安全生产行政执法人员可以当场做出行政处罚决定。

除依照以上简易程序当场做出的行政处罚外，安全生产监管监察部门发现生产经营单位及其有关人员有应当给予行政处罚行为的，应当予以立案，填写立案审批表。并全面、客观、公正地进行调查，收集有关证据。对确需立即查处的安全生产违法行为，可以先行调查取证，并在 5 日内补办立案手续。

（二）安全生产监督管理的方式

安全生产监督管理的方式大体可以分为事前、事中和事后三种。

1. 事前监督管理

事前监督管理有关安全生产许可事项的审批，包括安全生产许可证、危险化学品使用许可证、危险化学品经营许可证、矿长安全资格证、生产经营单位主要负责人安全资格证、安全管理人员安全资格证、特种作业人员操作资格证的审查或考核和颁发，以及对建设项目安全设施和职业病防护设施"三同时"审查。

2. 事中监督管理

事中监督管理主要是日常的监督检查、安全大检查、重点行业和领域的安全生产专项整治、许可证的监督检查等。事中监督管理重点在作业场所的监督检查，监督检查方式主要有两种：

（1）行为监管。监督检查生产经营单位安全生产的组织管理、规章制度建设、职工教育培训、各级安全生产责任制的实施等工作。其目的和作用在于提高用人单位各级管理人员和普通职工的安全意识，落实安全措施，对违章操作、违反劳动纪律的不安全行为，严肃纠正和处理。

（2）技术监管。是对物质条件的监督检查，包括对新建、扩建、改建和技术改造工程项目的"三同时"监督检查；对用人单位现有防护措施与设施完好率、使用率的监督检查；对个人防护用品的质量、配备与使用的监督检查；对危险性较大的设备、危害性较严重的作业场所和特殊工种作业的监督检查等。其特点是专业性强，技术要求高。技术监管多从设备的本质安全入手。

3. 事后监督管理

事后监督管理包括生产安全事故发生后的应急救援，以及调查处理，查明事故原因，严肃处理有关责任人员，提出防范措施。严格按照"四不放过"的原则，处理发生的生产安全事故。

（三）建设工程安全生产监督有关规定

《建设工程安全生产管理条例》对政府部门、有关企业及相关人员的建设工程安全生产和管理行为进行了全面规范，确立了十三项主要制度。其中，涉及政府部门的安全生产监管制度有七项。

1. 依法批准开工报告的建设工程和拆除工程备案制度

《建设工程安全生产管理条例》第十条规定，建设单位在申请领取施工许可证时，应当提供建设工程有关安全施工措施的资料。依法批准开工报告的建设工程，建设单位应当自开工报告批准之日起 15 日内，将保证安全施工的措施报送建设工程所在地的县级以上地方人民政府建设行政主管部门或者其他有关部门备案。

2. 三类人员考核任职制度

《建设工程安全生产管理条例》第三十六条规定，施工单位的主要负责人、项目负责人、专职安全生产管理人员应当经建设行政主管部门或者其他有关部门考核合格后方可任职。

施工单位应当对管理人员和作业人员每年至少进行一次安全生产教育培训，其教育培训情况记入个人工作档案。安全生产教育培训考核不合格的人员，不得上岗。

3. 特种作业人员持证上岗制度

《建设工程安全生产管理条例》第二十五条规定，垂直运输机械作业人员、安装拆卸工、爆破作业人员、起重信号工、登高架设作业人员等特种作业人员，必须按照国家有关规定经过专门的安全作业培训，并取得特种作业操作资格证书后，方可上岗作业。

4. 施工起重机械使用登记制度

《建设工程安全生产管理条例》第三十五条规定，施工单位在使用施工起重机械和整体提升脚手架、模板等自升式架设设施前，应当组织有关单位进行验收，也可以委托具有相应资质的检验检测机构进行验收；使用承租的机械设备和施工机具及配件的，由施工总承包单位、分包单位、出租单位和安装单位共同进行验收。验收合格的方可使用。

《特种设备安全监察条例》规定的施工起重机械，在验收前应当经有相应资质的检验检测机构监督检验合格。

施工单位应当自施工起重机械和整体提升脚手架、模板等自升式架设设施验收合格之日起 30 日内，向建设行政主管部门或者其他有关部门登记。登记标志应当置于或者附着于该设备的显著位置。

5. 政府安全监督检查制度

《建设工程安全生产管理条例》第三十九条规定，国务院负责安全生产监督管理的部门依照《中华人民共和国安全生产法》的规定，对全国建设工程安全生产工作实施综合监督管理。

县级以上地方人民政府负责安全生产监督管理的部门依照《中华人民共和国安全生产

法》的规定，对本行政区域内建设工程安全生产工作实施综合监督管理。

《建设工程安全生产管理条例》第四十条规定，国务院建设行政主管部门对全国的建设工程安全生产实施监督管理。国务院铁路、交通、水利等有关部门按照国务院规定的职责分工，负责有关专业建设工程安全生产的监督管理。

县级以上地方人民政府建设行政主管部门对本行政区域内的建设工程安全生产实施监督管理。县级以上地方人民政府交通、水利等有关部门在各自的职责范围内，负责本行政区域内的专业建设工程安全生产的监督管理。

6. 危及施工安全工艺、设备、材料淘汰制度

《建设工程安全生产管理条例》第四十五条规定，国家对严重危及施工安全的工艺、设备、材料实行淘汰制度。具体目录由国务院建设行政主管部门会同国务院其他有关部门制定并公布。

7. 生产安全事故报告制度

《建设工程安全生产管理条例》第五十条规定，施工单位发生生产安全事故，应当按照国家有关伤亡事故报告和调查处理的规定，及时、如实地向负责安全生产监督管理的部门、建设行政主管部门或者其他有关部门报告；特种设备发生事故的，还应当同时向特种设备安全监督管理部门报告。接到报告的部门应当按照国家有关规定，如实上报。

同时，《建设工程安全生产管理条例》对建设领域目前实施的市场准入制度中施工企业资质和施工许可制度，作了补充和完善。明确规定安全生产条件作为施工企业资质必要条件，把住安全准入关。明确在建设行政主管部门审核发放施工许可证时，对建设工程是否有安全施工措施进行审查把关，没有安全施工措施的，不得颁发施工许可证。

五、房屋建筑和市政基础设施工程施工安全监督实施

《建设工程安全生产管理条例》第四十四条规定，建设行政主管部门或者其他有关部门可以将施工现场的监督检查委托给建设工程安全监督机构具体实施。《房屋建筑和市政基础设施工程施工安全监督规定》（建质〔2014〕153号）指出：县级以上地方人民政府住房城乡建设主管部门可以将施工安全监督工作委托所属的施工安全监督机构具体实施。

（一）施工安全监督机构的条件

1. 施工安全监督机构应当具备以下条件：

（1）具有完整的组织体系，岗位职责明确；

（2）具有符合《房屋建筑和市政基础设施工程施工安全监督规定》（建质〔2014〕153号）第六条规定的施工安全监督人员，人员数量满足监督工作需要且专业结构合理，其中监督人员应当占监督机构总人数的75%以上；

（3）具有固定的工作场所，配备满足监督工作需要的仪器、设备、工具及安全防护用品；

（4）有健全的施工安全监督工作制度，具备与监督工作相适应的信息化管理条件。

2. 施工安全监督人员应当具备下列条件：

（1）具有工程类相关专业大专及以上学历或初级及以上专业技术职称；

（2）具有两年及以上施工安全管理经验；

（3）熟悉掌握相关法律法规和工程建设标准规范；

（4）经业务培训考核合格，取得相关执法证书；

（5）具有良好的职业道德。

（二）施工安全监督的内容和程序

1. 施工安全监督的主要内容

施工安全监督主要包括以下内容：

（1）抽查工程建设责任主体履行安全生产职责情况；

（2）抽查工程建设责任主体执行法律、法规、规章、制度及工程建设强制性标准情况；

（3）抽查建筑施工安全生产标准化开展情况；

（4）组织或参与工程项目施工安全事故的调查处理；

（5）依法对工程建设责任主体违法违规行为实施行政处罚；

（6）依法处理与工程项目施工安全相关的投诉、举报。

2. 施工安全监督程序

监督机构实施工程项目的施工安全监督，应当依照下列程序进行：

（1）受理建设单位申请并办理工程项目安全监督手续；

（2）制定工程项目施工安全监督工作计划并组织实施；

（3）实施工程项目施工安全监督抽查并形成监督记录；

（4）评定工程项目安全生产标准化工作并办理终止施工安全监督手续；

（5）整理工程项目施工安全监督资料并立卷归档。

（三）监督机构的权限

监督机构实施工程项目的施工安全监督，有权采取下列措施：

（1）要求工程建设责任主体提供有关工程项目安全管理的文件和资料；

（2）进入工程项目施工现场进行安全监督抽查；

（3）发现安全隐患，责令整改或暂时停止施工；

（4）发现违法违规行为，按权限实施行政处罚或移交有关部门处理；

（5）向社会公布工程建设责任主体安全生产不良信息。

工程项目因故中止施工的，监督机构对工程项目中止施工安全监督。工程项目经建设、监理、施工单位确认施工结束的，监督机构对工程项目终止施工安全监督。

第八章　工程项目费用管理

第一节　工程项目费用管理概述

费用对业主来说是投资，对施工方等项目其他参与方来说是成本，两者都是关于工程项目在价值方面消耗的术语。费用在会计上作为会计要素之一，和成本的含义不同，会计上的费用包括生产成本和期间费用。

从英文翻译来看，成本和造价都可以用 COST 表示。但在国内的工程实践中，成本和造价还是有区别的。区别主要体现在概念性质不同和概念定义的角度不同两个方面。造价除了包括成本，还包括创造出来的利润税金，即造价是成本、税金及利润之和，但狭义的造价与成本的概念是等同的。共同点则主要体现在两者构成上有相同之处、两者均影响项目利润。因此，在很多地方两者是混用的。

投资与成本均是为达到一定目标而发生的支出，二者之间的界线在某些情况下是较模糊的，在一定情况下可以相互转化。

一、建设项目总投资的组成及计算

建设项目总投资是指为完成工程项目建设并达到使用要求或生产条件，在建设期内预计或实际投入的总费用，包括工程造价、增值税、资金筹措费和流动资金。

（一）建设项目总投资的构成

建设项目总投资的构成见表 8-1。

建设项目总投资的构成 表 8-1

建设项目总投资	工程造价	第一部分　工程费用	设备购置费
			建筑工程费
			安装工程费
		第二部分　工程建设其他费用	土地使用费和其他补偿费
			建设管理费
			可行性研究费
			专项评价费
			研究试验费
			勘察设计费
			场地准备费和临时设施费
			引进技术和进口设备材料其他费

续表

建设项目总投资	工程造价	第二部分　工程建设其他费用	特殊设备安全监督检验费
			市政公用配套设施费
			联合试运转费
			工程保险费
			专利及专有技术使用费
			生产准备费
			其他费用
		第三部分　预备费用	基本预备费
			价差预备费
	增值税（包括工程费、工程建设其他费和预备费的增值税）		
	资金筹措费		
	流动资金		

（二）建设项目总投资的计算

建设项目总投资计算公式如下：

建设项目总投资 = 工程造价 + 增值税 + 资金筹措费 + 流动资金

1. 增值税的组成及计算

增值税是指应计入建设项目总投资内的增值税额。增值税应按工程费、工程建设其他费、预备费和资金筹措费分别计取。

2. 资金筹措费组成及计算

资金筹措费是指在建设期内应计的利息和在建设期内为筹集项目资金发生的费用。包括各类借款利息、债券利息、贷款评估费、国外借款手续费及承诺费、汇兑损益、债券发行费用及其他债务利息支出或融资费用。

（1）自有资金额度应符合国家或行业有关规定。

（2）建设期利息：根据不同资金来源及利率分别计算。

$$Q = \sum_{j=1}^{n} \left(P_{j-1} + A_j/2 \right) i \tag{8-1}$$

式中　Q——建设期利息；

P_{j-1}——建设期第（j-1）年末贷款累计金额与利息累计金额之和；

A_j——建设期第 j 年贷款金额；

i——贷款年利率；

n——建设期年数。

（3）其他方式资金筹措费用按发生额度或相关规定计列。

3. 流动资金的组成及计算

流动资金是指运营期内长期占用并周转使用的营运资金，不包括运营中需要的临时性营运资金。

流动资金的估算方法有扩大指标估算法和分项详细估算法两种。

（1）扩大指标估算法，此方法是参照同类企业的流动资金占营业收入、经营成本的比例或者是单位产量占用营运资金的数额估算流动资金，并按以下公式计算：

流动资金额 = 各种费用基数 × 相应的流动资金所占比例（或占营运资金的数额）

式中，各种费用基数是指年营业收入，年经营成本或年产量等。

（2）分项详细估算法，可简化计算，其公式如下：

$$流动资金 = 流动资产 - 流动负债$$

$$流动资产 = 应收账款 + 预付账款 + 存货 + 库存现金$$

$$流动负债 = 应付账款 + 预收账款$$

二、工程造价的组成及计算

（一）工程造价的组成和计算

工程造价是指工程项目在建设期预计或实际支出的建设费用，包括工程费用、工程建设其他费用和预备费。

工程造价 = 工程费用（不含税）+ 工程建设其他费用（不含税）+ 预备费（不含税）

（二）工程建设其他费用的计算

工程建设其他费用是指建设期发生的与土地使用权取得、整个工程项目建设以及未来生产经营有关的，除工程费用、预备费、增值税、资金筹措费、流动资金以外的费用。

1. 土地使用费和其他补偿费

土地使用费是指建设项目使用土地应支付的费用，包括建设用地费和临时土地使用费，以及由于使用土地发生的其他有关费用，如水土保持补偿费等。

（1）建设用地费是指为获得工程项目建设用地的使用权而在建设期内发生的费用。取得土地使用权的方式有出让、划拨和转让3种方式。

（2）临时土地使用费是指临时使用土地发生的相关费用，包括地上附着物和青苗补偿费、土地恢复费以及其他税费等。

其他补偿费是指项目涉及对房屋、市政、铁路、公路、管道、通信、电力、河道、水利、厂区、林区、保护区、矿区等不附属于建设用地的相关建（构）筑物或设施的补偿费用。

2. 建设管理费

建设管理费是指为组织完成工程项目建设在建设期内发生的各类管理性质费用。包括建设单位管理费、代建管理费、工程监理费、监造费、招标投标费、设计评审费、特殊项目定额研究及测定费、其他咨询费、印花税等。

3. 可行性研究费

可行性研究费是指在工程项目投资决策阶段，对有关建设方案、技术方案或生产经营方案进行的技术经济论证，以及编制、评审可行性研究报告等所需的费用。

4. 专项评价费

专项评价费是指建设单位按照国家规定委托有资质的单位开展专项评价及有关验收工作发生的费用。包括环境影响评价及验收费、安全预评价及验收费、职业病危害预评价及控制效果评价费、地震安全性评价费、地质灾害危险性评价费、水土保持评价及验收费、压覆矿产资源评价费、节能评估费、危险与可操作性分析及安全完整性评价以及其他专项评价及验收费。

5. 研究试验费

研究试验费是指为建设项目提供和验证设计参数、数据、资料等进行必要的研究和试验，以及设计规定在施工中必须进行试验、验证所需要的费用。包括自行或委托其他部门的专题研究、试验所需人工费、材料费、试验设备及仪器使用费等。

6. 勘察设计费

（1）勘察费是指勘察人根据发包人的委托，收集已有资料、现场踏勘、制定勘察纲要，进行勘察作业，以及编制工程勘察文件和岩土工程设计文件等收取的费用。

（2）设计费是指设计人根据发包人的委托，提供编制建设项目初步设计文件、施工图设计文件、非标准设备设计文件、竣工图文件等服务所收取的费用。

7. 场地准备费和临时设施费

（1）场地准备费是指为使工程项目的建设场地达到开工条件，由建设单位组织进行的场地平整等准备工作而发生的费用。

（2）临时设施费是指建设单位为满足施工建设需要而提供的未列入工程费用的临时水、电、路、讯、气等工程和临时仓库等建（构）筑物的建设、维修、拆除、摊销费用或租赁费用，以及铁路、码头租赁等费用。

8. 引进技术和进口设备材料其他费

引进技术和进口设备材料其他费是指引进技术和设备发生的但未计入引进技术费和设备材料购置费的费用。包括图纸资料翻译复制费、备品备件测绘费、出国人员费用、来华人员费用、银行担保及承诺费、进口设备材料国内检验费等。

9. 特殊设备安全监督检验费

特殊设备安全监督检验费是指对在施工现场安装的列入国家特种设备范围内的设备（设施）检验检测和监督检查所发生的应列入项目开支的费用。

10. 市政公用配套设施费

市政公用配套设施费是指使用市政公用设施的工程项目，按照项目所在地政府有关规定建设或缴纳的市政公用设施建设配套费用。

11. 联合试运转费

联合试运转费是指新建或新增生产能力的工程项目，在交付生产前按照批准的设计文件规定的工程质量标准和技术要求，对整个生产线或装置进行负荷联合试运转所发生的费用净支出。包括试运转所需材料、燃料及动力消耗、低值易耗品、其他物料消耗、机械使用费、联合试运转人员工资、施工单位参加试运转人工费、专家指导费，以及必要的工业炉烘炉费。

12. 工程保险费

工程保险费是指在建设期内对建筑工程、安装工程、机械设备和人身安全进行投保而发生的费用。包括建筑安装工程一切险、工程质量保险、进口设备财产保险和人身意外伤害险等。

13. 专利及专有技术使用费

专利及专有技术使用费是指在建设期内取得专利、专有技术、商标、商誉和特许经营的所有权或使用权发生的费用。包括工艺包费、设计及技术资料费、有效专利、专有技术使用费、技术保密费和技术服务费；商标权、商誉和特许经营权费；软件费等。

14. 生产准备费

生产准备费是指在建设期内，建设单位为保证项目正常生产而发生的人员培训、提前进厂费，以及投产使用必备的办公、生活家具用具及工器具等的购置费用。

15. 其他费用

其他费用指以上费用之外，根据工程建设需要必须发生的其他费用。

工程建设其他费用按国家、行业或项目所在地相关规定计算，有合同或协议的按合同或协议计列。

（三）预备费的计算

1. 基本预备费

基本预备费 =（工程费用 + 工程建设其他费用）× 基本预备费费率

基本预备费的费率由工程造价管理机构根据项目特点综合分析后确定。

2. 价差预备费一般按下式计算：

$$P=\sum_{t=1}^{n} I_t[(1+f)^m(1+f)^{0.5}(1+f)^{t-1}-1]\qquad（8-2）$$

式中　P——价差预备费；

　　　n——建设期年份数；

　　　I_t——建设期第 t 年的投资计划额，包括工程费用、工程建设其他费用及基本预备费，即第 t 年的静态投资计划额；

　　　f——投资价格指数；

　　　t——建设期第 t 年；

　　　m——建设前期年限（从编制概算到开工建设年数）。

价差预备费中的投资价格指数按国家颁布的计取，当前暂时为零，计算式中 $(1+f)^{0.5}$ 表示建设期第 t 年当年投资分期均匀投入考虑涨价的幅度，对设计建设周期较短的项目价差预备费计算公式可简化处理。特殊项目或必要时可进行项目未来价差分析预测，确定各时期投资价格指数。

三、工程费用的组成及计算

工程费用是指建设期内直接用于工程建造、设备购置及其安装的费用，包括设备购置费、建筑工程费和安装工程费。

工程费用 = 设备购置费 + 建筑工程费 + 安装工程费

（一）设备购置费

设备购置费是指购置或自制的达到固定资产标准的设备、工器具及生产家具等所需的费用。

设备购置费分为外购设备费和自制设备费。外购设备是指设备生产厂制造，符合规定标准的设备。自制设备是指按订货要求，并根据具体的设计图纸自行制造的设备。

1. 国产设备购置费

（1）外购设备购置费

$$外购设备购置费 = \sum（设备数量 \times 设备单价）$$

$$设备单价 = 设备原价 + 设备运杂费 + 备品备件费$$

（2）自制设备费

$$自制设备费 = \sum（设备数量 \times 设备单价）$$

$$设备单价 =（材料费 + 加工费 + 检测费 + 专用工具费 + 外购配套件费 + 包装费 + 利润$$
$$+ 非标准设备设计费 + 运杂费）$$

2. 进口设备购置费

$$进口设备购置费 = \sum（设备数量 \times 设备单价）$$

$$设备单价 = 设备抵岸价 + 设备国内运杂费 + 备品备件费$$

$$设备抵岸价 = 设备到岸价 + 进口设备从属费用$$

$$设备到岸价 = 离岸价 + 国际运费 + 运输保险费$$

$$进口设备从属费用 = 外贸手续费 + 关税 + 消费税 + 增值税 + 车辆购置税$$

（二）按照费用构成要素的建筑安装工程费

建筑工程费是指建筑物、构筑物及与其配套的线路、管道等的建造、装饰费用。安装工程费是指设备、工艺设施及其附属物的组合、装配、调试等费用。

建筑安装工程费按照费用构成要素划分，由人工费、材料（包含工程设备，下同）费、施工机具使用费、企业管理费、利润、规费和税金组成。其中人工费、材料费、施工机具使用费、企业管理费和利润包含在分部分项工程费、措施项目费、其他项目费中，如图 8-1 所示。

1. 人工费

人工费是指按工资总额构成规定，支付给从事建筑安装工程施工的生产工人和附属生产单位工人的各项费用。内容包括：

（1）计时工资或计件工资：按计时工资标准和工作时间或对已做工作按计件单价支付给个人的劳动报酬。

（2）奖金：对超额劳动和增收节支支付给个人的劳动报酬。如节约奖、劳动竞赛奖等。

（3）津贴补贴：为了补偿职工特殊或额外的劳动消耗和因其他特殊原因支付给个人的津贴，以及为了保证职工工资水平不受物价影响支付给个人的物价补贴。如流动施工津贴、特殊地区施工津贴、高温（寒）作业临时津贴、高空津贴等。

（4）加班加点工资：按规定支付的在法定节假日工作的加班工资和在法定日工作时间外延时工作的加点工资。

（5）特殊情况下支付的工资：根据国家法律、法规和政策规定，因病、工伤、产假、计划生育假、婚丧假、事假、探亲假、定期休假、停工学习、执行国家或社会义务等原因按计时工资标准或计时工资标准的一定比例支付的工资。

（6）人工费的计算

公式 1：$人工费 = \sum（工日消耗量 \times 日工资单价）$

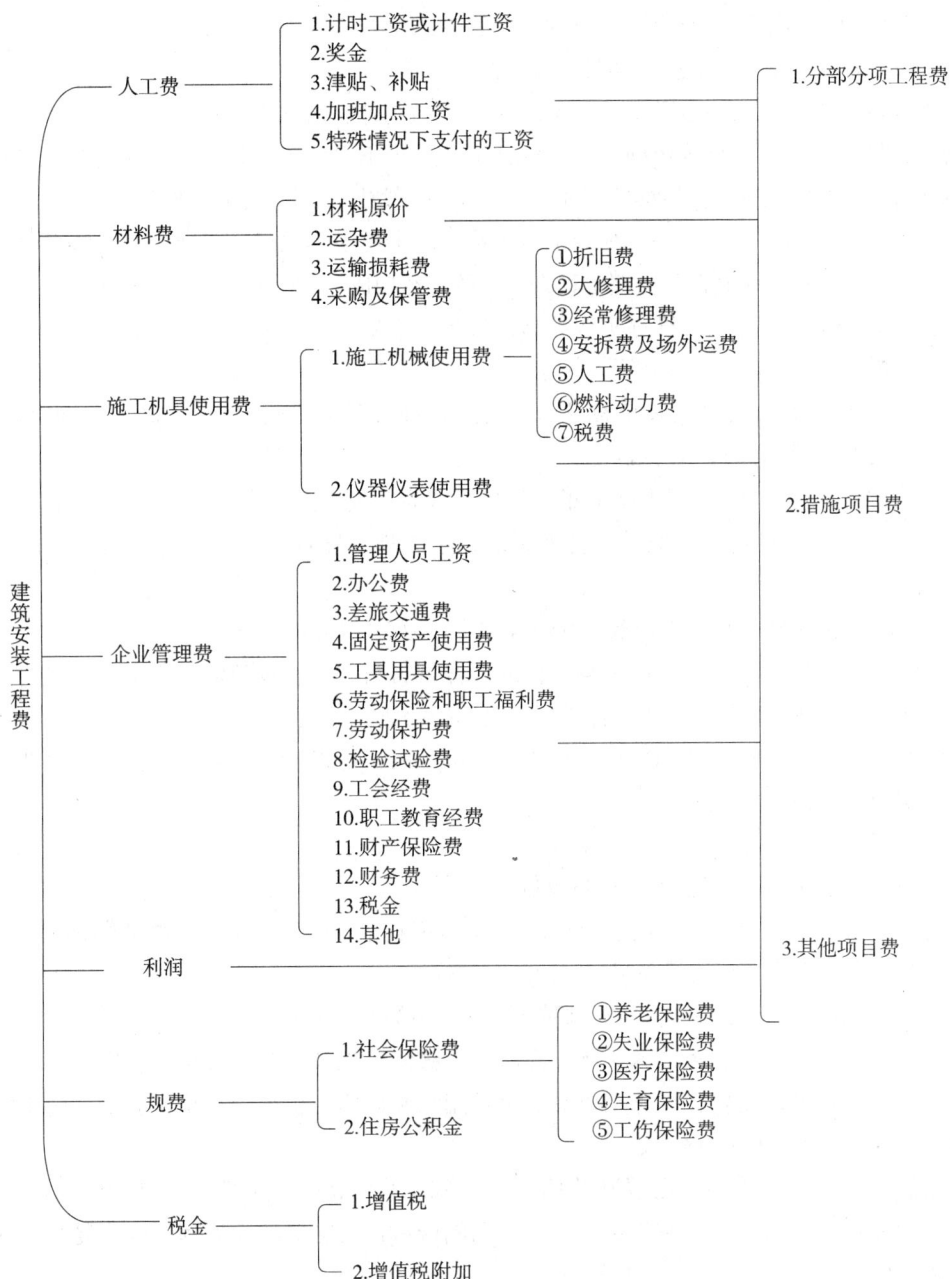

图 8-1 按费用构成要素的建筑安装工程费用组成

日工资单价 =

$$\frac{生产工人平均月工资（计时、计件）+平均月（奖金+津贴补贴+特殊情况下支付的工资）}{年平均每月法定工作日}$$

公式 1 主要适用于施工企业投标报价时自主确定人工费，也是工程造价管理机构编制计价定额确定定额人工单价或发布人工成本信息的参考依据。

公式 2：人工费 = ∑（工程工日消耗量 × 日工资单价）

日工资单价是指施工企业平均技术熟练程度的生产工人在每工作日（国家法定工作时间内）按规定从事施工作业应得的日工资总额。

工程造价管理机构确定日工资单价应通过市场调查、根据工程项目的技术要求，参考实物工程量人工单价综合分析确定，最低日工资单价不得低于工程所在地人力资源和社会保障部门所发布的最低工资标准的普通工 1.3 倍、一般技工 2 倍、高级技工 3 倍。

工程计价定额不可只列一个综合工日单价，应根据工程项目技术要求和工种差别适当划分多种日人工单价，确保各分部工程人工费的合理构成。

公式 2 适用于工程造价管理机构编制计价定额时确定定额人工费，是施工企业投标报价的参考依据。

2. 材料费：是指施工过程中耗费的原材料、辅助材料、构配件、零件、半成品或成品、工程设备的费用。内容包括：

（1）材料原价：材料、工程设备的出厂价格或商家供应价格。

（2）运杂费：材料、工程设备自来源地运至工地仓库或指定堆放地点所发生的全部费用。

（3）运输损耗费：材料在运输装卸过程中不可避免的损耗。

（4）采购及保管费：为组织采购、供应和保管材料、工程设备的过程中所需要的各项费用。包括采购费、仓储费、工地保管费、仓储损耗。

工程设备是指构成或计划构成永久工程一部分的机电设备、金属结构设备、仪器装置及其他类似的设备和装置。

（5）费用计算

材料费 = ∑（材料消耗量 × 材料单价）

材料单价 = {（材料原价 + 运杂费）× [1+ 运输损耗率（%）]} × [1+ 采购保管费率（%）]

工程设备费 = ∑（工程设备量 × 工程设备单价）

工程设备单价 =（设备原价 + 运杂费）× [1+ 采购保管费率（%）]

3. 施工机具使用费：施工作业所发生的施工机械、仪器仪表使用费或其租赁费。

（1）施工机械使用费：以施工机械台班耗用量乘以施工机械台班单价表示，施工机械台班单价应由下列七项费用组成：

①折旧费：施工机械在规定的使用年限内，陆续收回其原值的费用。

②大修理费：施工机械按规定的大修理间隔台班进行必要的大修理，以恢复其正常功能所需的费用。

③经常修理费：施工机械除大修理以外的各级保养和临时故障排除所需的费用。包括为保障机械正常运转所需替换设备与随机配备工具附具的摊销和维护费用，机械运转中日常保养所需润滑与擦拭的材料费用及机械停滞期间的维护和保养费用等。

④安拆费及场外运费：安拆费指施工机械（大型机械除外）在现场进行安装与拆卸所需的人工、材料、机械和试运转费用以及机械辅助设施的折旧、搭设、拆除等费用；场外运费指施工机械整体或分体自停放地点运至施工现场或由一施工地点运至另一施工地点的运输、装卸、辅助材料及架线等费用。

⑤人工费：机上司机（司炉）和其他操作人员的人工费。

⑥燃料动力费：施工机械在运转作业中所消耗的各种燃料及水、电等。

⑦税费：施工机械按照国家规定应缴纳的车船使用税、保险费及年检费等。

（2）仪器仪表使用费：是指工程施工所需使用的仪器仪表的摊销及维修费用。

（3）费用计算

施工机械使用费 = Σ（施工机械台班消耗量 × 机械台班单价）

机械台班单价 = 台班折旧费 + 台班大修费 + 台班经常修理费 + 台班安拆费及场外运费 + 台班人工费 + 台班燃料动力费 + 台班车船税费

注：工程造价管理机构在确定计价定额中的施工机械使用费时，应根据《建筑施工机械台班费用计算规则》结合市场调查编制施工机械台班单价。施工企业可以参考工程造价管理机构发布的台班单价，自主确定施工机械使用费的报价，如租赁施工机械，公式为：施工机械使用费 = Σ（施工机械台班消耗量 × 机械台班租赁单价）

仪器仪表使用费 = 工程使用的仪器仪表摊销费 + 维修费

4. 企业管理费：建筑安装企业组织施工生产和经营管理所需的费用。内容包括：

（1）管理人员工资：按规定支付给管理人员的计时工资、奖金、津贴补贴、加班加点工资及特殊情况下支付的工资等。

（2）办公费：企业管理办公用的文具、纸张、账表、印刷、邮电、书报、办公软件、现场监控、会议、水电、烧水和集体取暖降温（包括现场临时宿舍取暖降温）等费用。

（3）差旅交通费：职工因公出差、调动工作的差旅费、住勤补助费，市内交通费和误餐补助费，职工探亲路费，劳动力招募费，职工退休、退职一次性路费，工伤人员就医路费，工地转移费以及管理部门使用的交通工具的油料、燃料等费用。

（4）固定资产使用费：管理和试验部门及附属生产单位使用的属于固定资产的房屋、设备、仪器等的折旧、大修、维修或租赁费。

（5）工具用具使用费：企业施工生产和管理使用的不属于固定资产的工具、器具、家具、交通工具和检验、试验、测绘、消防用具等的购置、维修和摊销费。

（6）劳动保险和职工福利费：由企业支付的职工退职金、按规定支付给离休干部的经费，集体福利费、夏季防暑降温、冬季取暖补贴、上下班交通补贴等。

（7）劳动保护费：企业按规定发放的劳动保护用品的支出。如工作服、手套、防暑降温饮料以及在有碍身体健康的环境中施工的保健费用等。

（8）检验试验费：指施工企业按照有关标准规定，对建筑以及材料、构件和建筑安装物进行一般鉴定、检查所发生的费用，包括自设试验室进行试验所耗用的材料等费用。不包括新结构、新材料的试验费，对构件做破坏性试验及其他特殊要求检验试验的费用和建设单位委托检测机构进行检测的费用，对此类检测发生的费用，由建设单位在工程建设其他费用中列支。但对施工企业提供的具有合格证明的材料进行检测不合格的，该检测费用由施工企业支付。

（9）工会经费：企业按《中华人民共和国工会法》规定的全部职工工资总额比例计提的工会经费。

（10）职工教育经费：按职工工资总额的规定比例计提，企业为职工进行专业技术和职业技能培训，专业技术人员继续教育、职工职业技能鉴定、职业资格认定以及根据需要对职工进行各类文化教育所发生的费用。

（11）财产保险费：施工管理用财产、车辆等的保险费用。

（12）财务费：企业为施工生产筹集资金或提供预付款担保、履约担保、职工工资支付担保等所发生的各种费用。

（13）税金：企业按规定缴纳的房产税、车船使用税、土地使用税、印花税等。

（14）其他：包括技术转让费、技术开发费、投标费、业务招待费、绿化费、广告费、公证费、法律顾问费、审计费、咨询费、保险费等。

（15）企业管理费费率

①以分部分项工程费为计算基础：

$$企业管理费费率（\%）= \frac{生产工人年平均管理费}{年有效施工天数 \times 人工单价} \times 人工费占分部分项工程费比例（\%）$$

②以人工费和机械费合计为计算基础：

$$企业管理费费率（\%）= \frac{生产工人年平均管理费}{年有效施工天数 \times（人工单价 + 每一工日机械使用费）} \times 100\%$$

③以人工费为计算基础：

$$企业管理费费率（\%）= \frac{生产工人年平均管理费}{年有效施工天数 \times 人工单价} \times 100\%$$

注：上述公式适用于施工企业投标报价时自主确定管理费，是工程造价管理机构编制计价定额确定企业管理费的参考依据。

工程造价管理机构在确定计价定额中企业管理费时，应以定额人工费或（定额人工费 + 定额机械费）作为计算基数，其费率根据历年工程造价积累的资料，辅以调查数据确定，列入分部分项工程和措施项目中。

5. 利润：施工企业完成所承包工程获得的盈利。

（1）施工企业根据企业自身需求并结合建筑市场实际自主确定，列入报价中。

（2）工程造价管理机构在确定计价定额中利润时，应以定额人工费或（定额人工费 + 定额机械费）作为计算基数，其费率根据历年工程造价积累的资料，并结合建筑市场实际确定，以单位（单项）工程测算，利润在税前建筑安装工程费的比重可按不低于5%且不高于7%的费率计算。利润应列入分部分项工程和措施项目中。

6. 规费：按国家法律、法规规定，由省级政府和省级有关权力部门规定必须缴纳或计取的费用。包括：

（1）社会保险费

①养老保险费：企业按照规定标准为职工缴纳的基本养老保险费。

②失业保险费：企业按照规定标准为职工缴纳的失业保险费。

③医疗保险费：企业按照规定标准为职工缴纳的基本医疗保险费。

④生育保险费：企业按照规定标准为职工缴纳的生育保险费。

⑤工伤保险费：企业按照规定标准为职工缴纳的工伤保险费。

（2）住房公积金：企业按规定标准为职工缴纳的住房公积金。

（3）规费的计算

社会保险费和住房公积金应以定额人工费为计算基础，根据工程所在地省、自治区、直辖市或行业建设主管部门规定费率计算。

社会保险费和住房公积金 = Σ（工程定额人工费 × 社会保险费和住房公积金费率）

式中社会保险费和住房公积金费率可以每万元发承包价的生产工人人工费和管理人员工资含量与工程所在地规定的缴纳标准综合分析取定。

7. 税金：是指国家税法规定的应计入建筑安装工程造价内的增值税销项税额、城市维护建设税、教育费附加以及地方教育附加。

增值税的计税方法包括一般计税方法和简易计税方法。一般纳税人适用一般计税方法计税。小规模纳税人适用简易计税方法计税。

（1）一般计税方法

当采用一般计税方法时，建筑业增值税税率为9%。计算公式为：

增值税销项税额 = 税前造价 × 9%

税前造价为人工费、材料费、施工机具使用费、企业管理费、利润和规费之和，各费用项目均不包含增值税可抵扣进项税额的价格计算。

（2）简易计税方法

简易计税方法的应纳税额，是指按照销售额和增值税征收率计算的增值税额，不得抵扣进项税额。

当采用简易计税方法时，建筑业增值税征收率为3%。计算公式为：

增值税 = 税前造价 × 3%

税前造价为人工费、材料费、施工机具使用费、企业管理费、利润和规费之和，各费用项目均以包含增值税进项税额的含税价格计算。

（三）按照工程造价形成的建筑安装工程费

建筑安装工程费按照工程造价形成由分部分项工程费、措施项目费、其他项目费、规费、税金组成，分部分项工程费、措施项目费、其他项目费包含人工费、材料费、施工机具使用费、企业管理费和利润，如图8-2所示。

1. 分部分项工程费：各专业工程的分部分项工程应予列支的各项费用。

（1）专业工程：按现行国家计量规范划分的房屋建筑与装饰工程、仿古建筑工程、通用安装工程、市政工程、园林绿化工程、矿山工程、构筑物工程、城市轨道交通工程、爆破工程等各类工程。

（2）分部分项工程：按现行国家计量规范对各专业工程划分的项目。如房屋建筑与装饰工程划分的土石方工程、地基处理与桩基工程、砌筑工程、钢筋及钢筋混凝土工程等。

各类专业工程的分部分项工程划分见现行国家或行业计量规范。

（3）分部分项工程费的计算

分部分项工程费 = Σ（分部分项工程量 × 综合单价）

式中综合单价包括人工费、材料费、施工机具使用费、企业管理费和利润以及一定范围的风险费用。

建筑安装工程费
├─ 分部分项工程费
│   ├─ 1.房屋建筑与装饰工程
│   │   ├─ ①土石方工程
│   │   ├─ ②桩基工程
│   │   └─ ……
│   ├─ 2.仿古建筑工程
│   ├─ 3.通用安装工程
│   ├─ 4.市政工程
│   ├─ 5.园林绿化工程
│   ├─ 6.矿山工程
│   ├─ 7.构筑物工程
│   ├─ 8.城市轨道交通工程
│   └─ 9.爆破工程
│
│   （1.人工费 2.材料费 3.施工机具使用费 4.企业管理费）
│
├─ 措施项目费
│   ├─ 1.安全文明施工费
│   ├─ 2.夜间施工增加费
│   ├─ 3.二次搬运费
│   ├─ 4.冬雨季施工增加费
│   ├─ 5.已完工程及设备保护费
│   ├─ 6.工程定位复测费
│   ├─ 7.特殊地区施工增加费
│   ├─ 8.大型机械进出场及安拆费
│   └─ 9.脚手架工程费
│
├─ 其他项目费
│   ├─ 1.暂列金额
│   ├─ 2.暂估价
│   ├─ 3.计日工
│   ├─ 4.总承包服务费
│   └─ ……
│
├─ 规费
│   ├─ 1.社会保险费
│   │   ├─ ①养老保险费
│   │   ├─ ②失业保险费
│   │   ├─ ③医疗保险费
│   │   ├─ ④生育保险费
│   │   └─ ⑤工伤保险费
│   ├─ 2.住房公积金
│   └─ 3.工程排污费
│
└─ 税金

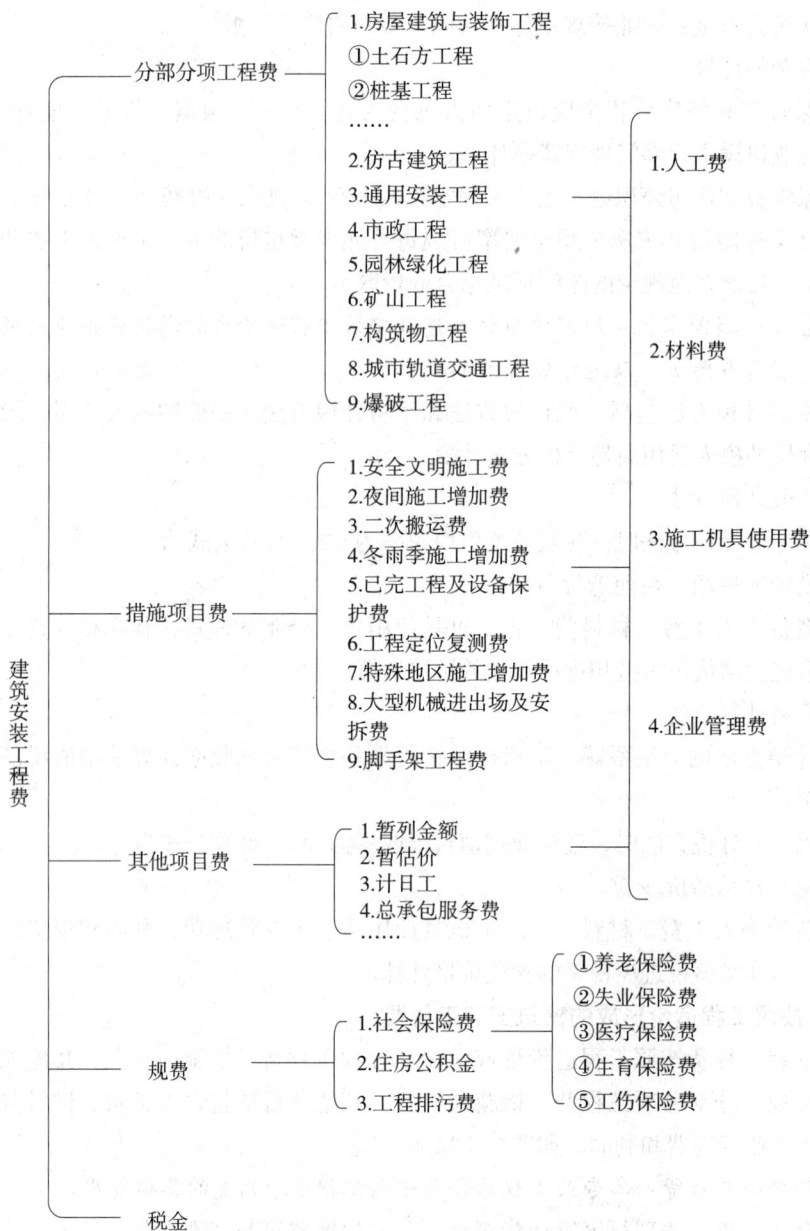

图 8-2　按照工程造价形成的建筑安装工程费

2.措施项目费：为完成建设工程施工，发生于该工程施工前和施工过程中的技术、生活、安全、环境保护等方面的费用。内容包括：

（1）安全文明施工费

①环境保护费：施工现场为达到环保部门要求所需要的各项费用。

②文明施工费：施工现场文明施工所需要的各项费用。

③安全施工费：施工现场安全施工所需要的各项费用。

④临时设施费：施工企业为进行建设工程施工所必须搭设的生活和生产用的临时建筑

物、构筑物和其他临时设施费用。包括临时设施的搭设、维修、拆除、清理费或摊销费等。

（2）夜间施工增加费：因夜间施工所发生的夜班补助费、夜间施工降效、夜间施工照明设备摊销及照明用电等费用。

（3）二次搬运费：因施工场地条件限制而发生的材料、构配件、半成品等一次运输不能到达堆放地点，必须进行二次或多次搬运所发生的费用。

（4）冬季、雨期施工增加费：在冬季或雨期施工需增加的临时设施、防滑、排除雨雪，人工及施工机械效率降低等费用。

（5）已完工程及设备保护费：竣工验收前，对已完工程及设备采取的必要保护措施所发生的费用。

（6）工程定位复测费：工程施工过程中进行全部施工测量放线和复测工作的费用。

（7）特殊地区施工增加费：工程在沙漠或其边缘地区、高海拔、高寒、原始森林等特殊地区施工增加的费用。

（8）大型机械设备进出场及安拆费：机械整体或分体自停放场地运至施工现场或由一个施工地点运至另一个施工地点，所发生的机械进出场运输及转移费用及机械在施工现场进行安装、拆卸所需的人工费、材料费、机械费、试运转费和安装所需的辅助设施的费用。

（9）脚手架工程费：施工需要的各种脚手架搭、拆、运输费用以及脚手架购置费的摊销（或租赁）费用。

措施项目及其包含的内容详见各类专业工程的现行国家或行业计量规范。

（10）措施项目费的计算

国家计量规范规定应予计量的措施项目，其计算公式为：

措施项目费 = $\sum$（措施项目工程量 × 综合单价）

国家计量规范规定不宜计量的措施项目计算方法如下：

①安全文明施工费

安全文明施工费 = 计算基数 × 安全文明施工费费率（%）

计算基数应为定额基价（定额分部分项工程费 + 定额中可以计量的措施项目费）、定额人工费或（定额人工费 + 定额机械费），其费率由工程造价管理机构根据各专业工程的特点综合确定。

②夜间施工增加费

夜间施工增加费 = 计算基数 × 夜间施工增加费费率（%）

③二次搬运费

二次搬运费 = 计算基数 × 二次搬运费费率（%）

④冬季、雨期施工增加费

冬季、雨期施工增加费 = 计算基数 × 冬季、雨期施工增加费费率（%）

⑤已完工程及设备保护费

已完工程及设备保护费 = 计算基数 × 已完工程及设备保护费费率（%）

上述②～⑤项措施项目的计费基数应为定额人工费或（定额人工费 + 定额机械费），其费率由工程造价管理机构根据各专业工程特点和调查资料综合分析后确定。

3. 其他项目费

（1）暂列金额：发包人在招标工程量清单中暂定并包括在合同价格中用于工程施工合同签订时尚未确定或者不可预见的所需材料、服务采购，施工中可能发生工程变更、价款调整因素出现时合同价格调整以及发生工程索赔等的费用。

暂列金额由建设单位根据工程特点，按有关计价规定估算，施工过程中由建设单位掌握使用、扣除合同价款调整后如有余额，归建设单位。

（2）暂估价：发包人在招标工程量清单中提供的，用于支付在施工过程中必然发生，但在工程施工合同签订时暂不能确定价格的材料单价和专业工程金额，包括材料暂估价和专业工程暂估价。

发包人通过招标方式确定暂估价中材料价格，要求承包人按招标确定的价格与材料供应商签订合同的，发包人应补偿承包人的管理费与利润。

（3）计日工：承包人完成发包人提出的零星项目、零星工作时，依据经发包人确认的实际消耗人工、材料、施工机具台班数量，按约定单价计价的一种方式。

计日工由建设单位和施工企业按施工过程中的签证计价。

（4）总承包服务费：总承包人对发包人自行采购的材料等进行保管，配合、协调发包人进行的专业工程发包以及对非承包范围工程提供配合协调、施工现场管理、已有临时设施使用、竣工资料汇总整理等服务所需的费用。

总承包服务费由建设单位在招标控制价中根据总包服务范围和有关计价规定编制，施工企业投标时自主报价，施工过程中按签约合同价执行。

4. 规费和税金

规费和税金和前述建筑安装工程费用的相同。

建设单位和施工企业均应按照省、自治区、直辖市或行业建设主管部门发布标准计算规费和税金，不得作为竞争性费用。

四、工程计价的基本方法

（一）定额计价的基本程序

工程定额计价模式实际上是国家通过颁布统一的计价定额或指标，对建筑产品价格进行有计划的管理。国家以假定的建筑安装产品为对象，制定统一的概算和预算定额，计算出每一单元子项的费用后，再综合形成整个工程的价格。工程定额计价的基本程序如图 8-3 所示。

从图 8-3 可以看出，工程计价最基本的过程有两个：工程量计算和工程计价。为统一口径，工程量的计算均按照统一项目划分和工程量计算规则计算。定额计价的特点就是量与价的结合。概预算的单位价格的形成过程，就是依据概预算定额所确定的消耗量乘以定额单价或市场价，经过不同层次的计算达到量与价的结合过程。

定额计价的基本过程和公式表示如下：

每一计量单位建筑产品的基本构造要素的直接工程费单价 = 人工费 + 材料费 + 施工机械使用费

其中：人工费 = $\sum$（人工工日数量 × 人工日工资标准）

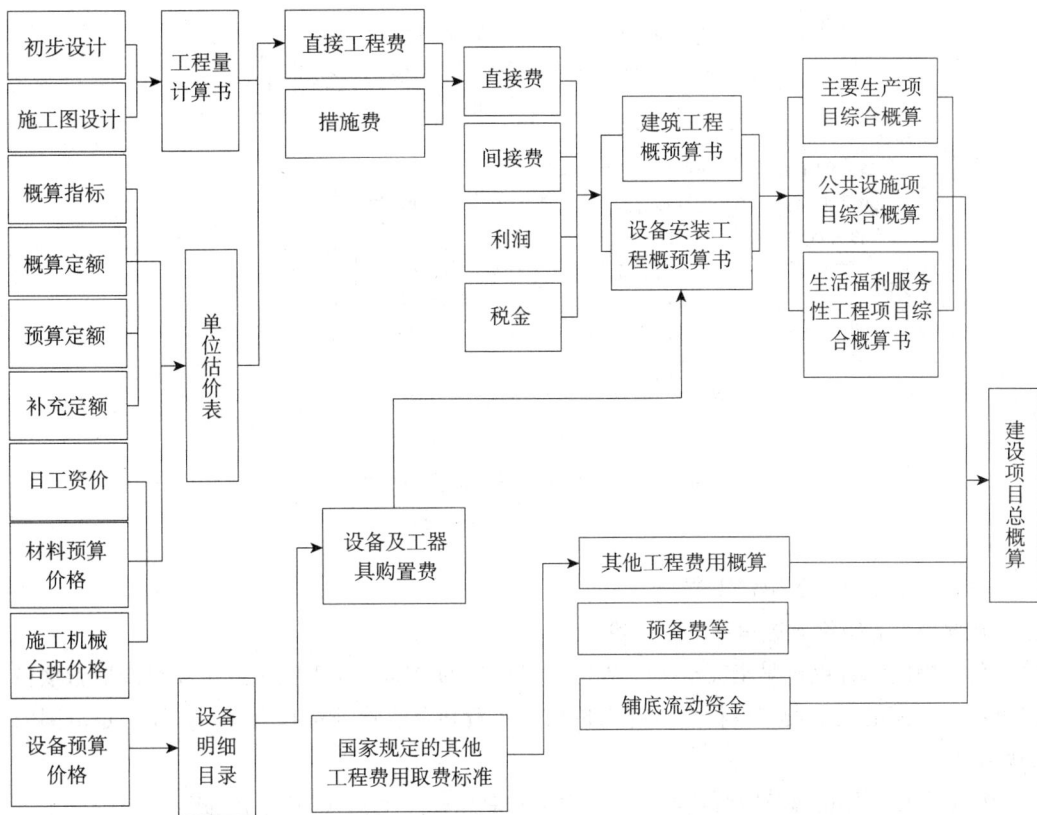

图 8-3 工程定额计价的基本程序示意图

材料费 = ∑（材料用量 × 材料基价）+ 检验试验费

机械使用费 = ∑（机械台班用量 × 台班单价）

单位工程直接费 = ∑（假定建筑产品工程量 × 直接工程费单价）+ 措施费

单位工程概预算造价 = 单位工程直接费 + 间接费 + 利润 + 税金

单项工程概算造价 = ∑单项工程概预算造价 + 设备、工器具购置费

建设项目全部工程概算造价 = ∑单项工程的概预算造价 + 预备费 + 有关的其他费用。

（二）工程量清单计价的基本方法和程序

工程量清单计价的基本过程可以描述为：在统一的工程量清单项目设置的基础上，制定工程量清单计量规则，根据具体工程的施工图纸计算出各个清单项目的工程量，再根据各种渠道所获得的工程造价信息和经验计算得到工程造价。计算过程如图 8-4 所示。

工程量清单计价可以分为两个阶段：工程量清单的编制和利用工程量清单来编制投标报价（或招标控制价）。投标报价是在业主提供的工程量计算结果的基础上，根据企业自身所掌握的各种信息、资料，结合企业定额编制得出的。

分部分项工程费 = ∑分部分项工程量 × 相应分部分项综合单价

措施项目费 = ∑各项措施项目费

其他项目费 = 暂列金额 + 暂估价 + 计日工 + 总承包服务费

单位工程报价 = 分部分项工程费 + 措施项目费 + 其他项目费 + 规费 + 税金

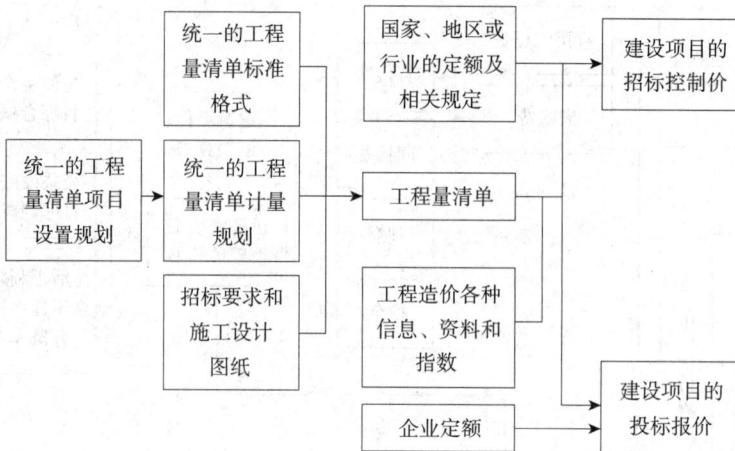

图 8-4　工程量清单计价过程示意图

单项工程报价 = ∑ 单位工程报价

建设项目总报价 = ∑ 单项工程报价

公式中的综合单价是指完成一个规定计量单位的分部分项工程量清单项目或措施项目清单项目所需的人工费、材料费、施工机械使用费和企业管理费和利润，以及一定范围内的风险费用。

招标人在工程量清单中暂定并包括在合同价款中的一笔款项为暂列金额。

暂估价是指发包人在工程量清单中给定的用于支付必然发生但暂时不能确定价格的材料、设备以及专业工程的金额。

计日工是指在施工过程中，完成发包人提出的施工图纸以外的零星项目或工作，按合同中约定的综合单价计价。

总包服务费包括配合协调招标投标人工程分包和材料采购所需的费用。

（三）工程计价与费用控制的基本方法

工程造价计价就是指按照规定的计算程序和方法，用货币数量表示项目的价值。无论是工程定额计价还是工程量清单计价方法，它们的工程造价计价都是一种从上而下的分部组合计价方法。

工程造价计价的基本原理就在于项目分解与组合。建设项目是兼具单件性与多样性的集合体。因为有单件性，所以每一项目只能采用特殊的计价程序和计价方法，即将整个项目进行分解，划分为可以按有关技术经济参数测算价格的基本构造要素，这样就很容易地计算出基本构造要素的费用。

工程造价的主要思路就是将建设项目细分至最基本的构成单位，用其工程量与相应单价相乘后汇总，即为整个建设工程造价。

工程造价计价的基本原理是：

工程造价 = ∑［单位工程基本构造要素工程量（分项工程）× 相应单价］

上述公式无论是对定额计价还是对清单计价都是有效的。而对于成本费用控制来说，要想控制住总的成本费用，必须先控制住各个分部分项工程的费用，要控制住各个分部分项工程的费用，必须先控制住分部分项工程的量和对应的单价。

（四）工程计价的特征

1. 单件性计价

所谓单件性计价是指通过特殊程序就各个项目计算建设工程成本。每个建设工程都有其特定的用途、功能、规模，每项工程的结构、空间分割、设备配置和内外装饰都有不同的要求。建设工程还必须在结构、造型等方面适应工程所在地的气候、地质、水文等自然条件，这就使建设项目的实物形态千差万别。再加上不同地区构成投资费用的各种要素的差异，最终导致建设项目投资的千差万别。因此，建设项目只能通过特殊的程序（编制估算、概算、预算、合同价、结算价及最后确定竣工决算等），就每个项目单独估算、计算其投资。其计价的程序：估算、概算、预算、合同价、结算价、最后确定竣工决算。

2. 多次性计价

这是指计价过程各环节之间相互衔接，前者制约后者，后者补充前者，如图8-5所示。

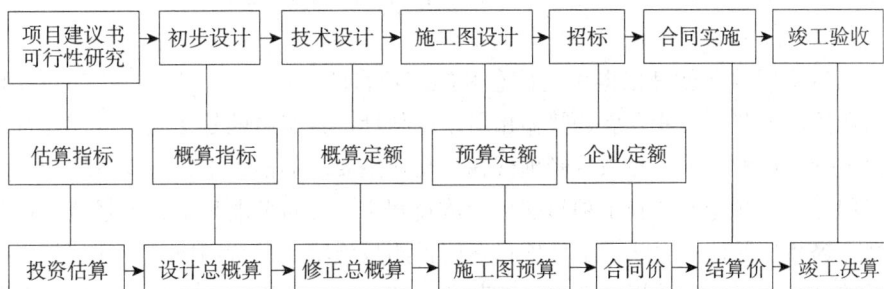

图8-5 工程项目多次性计价示意图

3. 计价依据的复杂性

建设项目投资的估价依据复杂，种类繁多。在不同的建设阶段有不同的估价依据，且互为基础和指导，互相影响。如预算定额是概算定额（指标）编制的基础，概算定额（指标）又是估算指标编制的基础，反过来，估算指标又控制概算定额（指标）的水平，概算定额（指标）又控制预算定额的水平。间接费定额以直接费定额为基础，二者共同构成了建设项目投资的内容等，都说明了建设项目投资的估价依据复杂的特点。

4. 按工程构成的分部组合计价

在建设工程中，凡是具有独立的设计文件、竣工后可以独立发挥生产能力或工程效益的工程为单项工程。

各单项工程又可分解为各个能独立施工的单位工程。可把单位工程进一步分解为分部工程。

还可按照不同的施工方法、构造及规格，把分部工程更细致地分解为分项工程。其分解程序如图8-6所示。

图8-6 分部工程分解图

五、工程项目费用管理的内容

工程项目费用管理包括工程项目费用的合理确定和有效控制两方面。工程项目费用的确定实际上就是确定工程项目投资者或者成本的目标和计划值，因此，工程项目费用确定是工程项目费用的前提。

工程项目费用管理对于不同的工程建设参与方来讲是不同的。从业主角度来讲，工程项目费用管理就是指对建设项目的投资管理；从施工承包商角度来讲，工程项目费用管理是指承包商在整个工程中所花费的所有费用和成本进行管理。无论是业主角度对投资进行管理还是从承包商角度对成本进行管理，其计划和控制的方法基本上是相同的。

（一）工程项目费用管理概念

工程项目费用管理就是要在保证工期、安全和质量满足要求的情况下，利用组织措施、经济措施、技术措施、合同措施把费用控制在计划范围内，并进一步寻求最大程度的费用节约。

工程项目费用管理的任务主要包括：工程项目费用预测、工程项目费用计划、工程项目费用控制、工程项目费用核算、工程项目费用分析和工程项目费用考核。

1. 工程项目费用预测

工程项目费用预测就是根据费用信息和施工项目的具体情况，运用一定的专门方法，对未来的费用水平及其可能发展趋势做出科学的估计，其实质就是在施工以前对费用进行估算。通过费用预测，可以使项目经理部在满足业主要求的前提下，选择费用低、效益好的最佳费用方案，并能够在施工项目费用形成过程中，针对薄弱环节，加强费用控制，克服盲目性，提高预见性。因此，工程项目费用预测是施工项目费用决策与计划的依据。预测时，通常是对施工项目计划工期内影响其费用变化的各个因素进行分析，比照近期已完工施工项目或将完工施工项目的费用（单位费用），预测这些因素对工程费用中有关项目（费用项目）的影响程度，预测出工程的单位费用或总费用。

项目费用预测是项目费用计划的依据。预测时，通常是对项目计划工期内影响费用的因素进行分析，比照近期已完工程项目或将完工项目的费用（单位费用），预测这些因素对工程费用的影响程度，估算出工程的单位费用或总费用。

费用预测的方法可分为定性预测和定量预测两大类。

2. 工程项目费用计划

工程项目费用计划是以货币形式编制施工项目在计划期内的生产费用、费用水平、费用降低率以及为降低费用所采取的主要措施和规划的书面方案，它是建立工程项目费用管理责任制、开展费用控制和核算的基础。一般来说，一个工程项目费用计划应包括从开工到竣工所必需的工程项目费用，它是该工程项目降低费用的指导文件，是设立目标费用的依据，可以说，工程项目费用计划是目标费用的一种形式。费用计划的编制方法可用目标利润法、技术进步法和定律估算法（历史资料法）等。

3. 工程项目费用控制

工程项目费用控制是指在实施过程中，对影响工程项目费用的各种因素加强管理，并采用各种有效措施，将实施中实际发生的各种消耗和支出严格控制在费用计划范围内，随时揭示并及时反馈，严格审查各项费用是否符合标准，计算实际费用和计划费用（目标费用）之间的差异并进行分析，消除实施中的浪费现象，发现和总结先进经验。

工程项目费用控制应贯穿于工程项目从实施阶段开始直到项目竣工验收的全过程，它是企业全面费用管理的重要环节。因此，必须明确各级管理组织和各级人员的责任和权限，这是费用控制的基础之一，必须予以足够的重视。

工程项目费用控制可分为事先控制、事中控制（过程控制）和事后控制。

项目费用控制的方法包括项目费用分析表法和工期—费用同步分析法。

4. 工程项目费用核算

工程项目费用核算是指按照规定开支范围对施工费用进行归集，计算出工程项目费用的实际发生额，并根据费用核算对象，采用适当的方法，计算出该工程项目的总费用和单位费用。工程项目费用核算所提供的各种费用信息是费用预测、费用计划、费用控制、费用分析和费用考核等各个环节的依据。

工程项目费用核算首要要确定工程项目费用核算的对象和范围，其次要按照国家有关财会制度的规定进行项目费用的归集与分配。工程项目费用核算的方法可采用表格核算法和会计核算法。

5. 工程项目费用分析

工程项目费用分析是在费用形成过程中，对工程项目费用进行的对比评价和总结工作。它贯穿于工程项目费用管理的全过程，主要利用工程项目的费用核算资料，与计划费用、预算费用以及类似工程项目的实际费用等进行比较，了解费用的变动情况，同时也要分析主要技术经济指标对费用的影响，系统地研究费用变动原因，检查费用计划的合理性，深入揭示费用变动的规律，以便有效地进行费用管理。

6. 工程项目费用考核

工程项目费用考核是指工程项目完成后，对工程项目费用形成中的各责任者，按工程项目费用目标责任制的有关规定，将费用的实际指标与计划、定额、预算进行对比和考核，评定工程项目费用计划完成情况和各责任者的业绩，并以此予以相应的奖励和处罚。通过费用考核，做到有奖有惩，赏罚分明，才能有效地调动企业的每一个职工在各自的岗位上努力完成目标费用的积极性，为降低工程项目费用和增加企业的积累，做出自己的贡献。

（二）工程项目费用管理的原则

1. 全过程费用管理原则

全过程费用管理理论是在基于活动的费用管理思想上发展起来的。从活动的角度看，工程项目的建设是由一系列的过程构成的，因此，一个工程项目的全过程费用是由各个具体的过程、分过程和子过程的费用构成的，可以按照工程项目的过程与组成及分解规律去实现对项目的全过程费用管理。工程项目的费用管理工作始于项目启动，止于项目建成交付使用。值得注意的是，按照全过程费用管理的原则，并不是简单地割裂建设的各个阶段，然后通过核算各个阶段的费用以最终确定工程的费用，而是要充分考虑各个过程之间的相互影响和相互作用，以及这种相互作用对工程项目总费用的影响。对于承包企业而言，项目费用管理包括项目投标费用估算、项目设计、项目施工费用计划、项目设备材料采购与施工分包、项目施工安装以及竣工验收结算等各阶段的管理，具体内容则按照发包方委托及合同约定的范围而有所不同。

2. 系统性费用管理原则

系统是由相互作用和相互依赖的若干组成部分结合而成的，具有特定功能的有机整体，而且这个整体又是它从属的更大系统的组成部分。工程项目费用管理是工程项目管理系统中的一个子系统，费用管理的目标必须为实现整个项目管理的总目标而服务。工程项目质量、进度、费用、安全管理等各个子系统之间是相互影响和相互作用的，存在着相互依赖和相互制约的关系。系统工程提出"整体大于部分简单之和"的原理，强调必须从整体角度全面地思考和分析问题，系统思想的核心就是要实现各个构成部分之间的协调工作。因此，在费用管理中要与其他相关管理活动相协调，要考虑其对其他子系统的影响，也要考虑其他子系统对费用管理的影响。同时，费用管理子系统内部各种关系的协调也非常重要。由此可见：

（1）工程费用规划与控制必须服从工程项目的整体目标；

（2）工程费用规划与控制必须与其他相关活动相协调；

（3）工程费用规划与控制必须重视内部关系的协调；

（4）工程项目费用的控制与质量、进度控制是不能够完全分开的。

3. 动态费用管理原则

费用的动态管理就是对事先设定的费用目标及相应措施的实施过程自始至终进行监督、控制、调整和修正。工程费用的构成要素受到各种因素的影响，具有高度的不确定性，如建筑材料价格、设计变更、工程延期、资金到位情况等都会直接影响工程的实际费用。对于这些不确定性因素，需要在费用管理中进行主动控制，预先分析目标偏离的可能性，拟订和采取各项预防措施保证计划目标的实现，并且随时关注、反馈成本，及时采取措施纠正偏差。有效的动态管理可以能动地影响投资决策、设计、发包和施工，可以有效地利用资金，减少或避免不必要的经济纠纷和损失。

4. 费用管理责任制原则

企业应建立以项目经理为核心的目标费用责任制度，实行项目费用的独立核算和考核。为了实行系统性费用管理，必须对工程项目费用进行层层分解，以分级、分工、分人的费用责任制作保证。项目经理应对企业下达的费用指标负责，班组和个人应对项目经理部的费用目标负责，以做到层层保证，并进行定期考核评定。费用管理责任制的关键是划清责任，并与奖惩制度挂钩，鼓励各部门、班组和个人共同关注项目费用。在项目费用核算中，承包企业必须贯彻执行财务制度和会计制度，正确执行工程计量规范、费用开销范围和计算方法的有关规定，保证项目费用的合理性、真实性和可比性。

5. 可持续发展原则

可持续发展是指既考虑当前发展的需要，又考虑未来发展的需要。可持续发展就是人口、经济、社会、资源和环境的协调发展，既要达到发展经济的目的，又要保护人类赖以生存的自然资源和环境，使我们的子孙后代能够永续发展和安居乐业。在工程项目费用管理及应用中提倡坚持可持续发展原则就是在工程项目建设中要充分合理地利用自然条件、节约资源、降低能耗、减少污染、提倡人与自然的和谐发展，建筑可持续发展特性的提高会带来工程费用的降低。

6.帕累托法则

帕累托法则是指在原因和结果、投入和产出以及努力和酬劳之间，本来就不平衡。因此，主张以一个最小的诱因、投入和努力，获得最大的结果、产出或酬劳。工程项目费用管理中可以用该法则来选择费用分析和控制的对象。

一般，建筑产品的费用不是均匀地分配在每一个分项工程上的。据统计，有大约占全部分项工程数目10%~20%的主要分项工程，其费用占建筑产品总费用的60%~80%，因此，这些分项工程应作为费用的重点。此外，在工程项目建设的各个阶段中，正如第一章所述，每个阶段对工程项目的费用影响是不同的，应该以设计阶段为重点进行工程项目费用的管理以达到事半功倍的效果。

（三）工程项目费用管理的措施

为了取得工程项目费用管理的理想成果，应当从多方面采取措施实施管理，通常可以将这些措施归纳为组织措施、技术措施、经济措施、合同措施四个方面。

（1）组织措施。组织措施是从工程项目费用管理的组织方面采取的措施，如实行项目经理责任制，落实施工费用管理的组织机构和人员，明确各级施工费用管理人员的任务和职能分工、权利和责任，编制本阶段工程项目费用控制工作计划和详细的工作流程图等。工程项目费用管理不仅是专业费用管理人员的工作，各级项目管理人员都负有费用控制责任。组织措施是其他各类措施的前提和保障，而且运用组织措施一般不需要增加费用，运用得当可以收到良好的效果。

（2）技术措施。技术措施不仅对解决工程项目费用管理过程中的技术问题是不可缺少的，而且对纠正工程项目费用管理目标偏差也有相当重要的作用。因此，运用技术纠偏措施的关键，一是要能提出多个不同的技术方案，二是要对不同的技术方案进行技术经济分析。在实践中，要避免仅从技术角度选定方案而忽视对其经济效果的分析论证。

（3）经济措施。经济措施是最易为人接受和采用的措施。管理人员应编制资金使用计划，确定、分解施工费用管理目标。对工程项目费用管理目标进行风险分析，并制定防范性对策。通过偏差原因分析和未完工程施工费用预测，可发现一些潜在的问题将引起未完工程项目费用的增加，对这些问题应以主动控制为出发点，及时采取预防措施。由此可见，经济措施的运用绝不仅仅是财务人员的事情。

（4）合同措施。工程项目费用管理要以合同为依据，因此，合同措施就显得尤为重要。对于合同措施从广义上理解，除了参加合同谈判、修订合同条款、处理合同执行过程中的索赔问题、防止和处理好与业主和分包商之间的索赔之外，还应分析不同合同之间的相互联系和影响，对每一个合同作总体和具体分析等。

六、建设期业主方投资控制任务

（一）设计准备阶段的投资控制

设计准备阶段投资控制的任务如下：

1.项目总投资分解初步规划。

在可行性研究的基础上，对项目总投资目标进行进一步的分析和论证。分析业主的需求和项目的具体情况，分析和论证总投资目标的可行性，提出项目总投资控制目标。对总投资目标进行切块分析，编制项目总投资分解的初步规划。建立投资控制目标体系。

2. 分析总投资目标实现的风险，编制投资风险管理的初步方案。

3. 编写设计任务书中有关投资控制的内容。在设计任务书中提出有关造价控制的要求。为了控制项目总造价，根据项目情况，可提出限额设计的要求。

编制限额设计具体要求并且监督检查项目总造价目标及各设计阶段设计限额的执行情况。

4. 编制设计阶段资金使用计划，并控制其执行。

5. 编制各种投资控制报表和报告。

（二）设计阶段的投资控制

1. 控制投资计划的执行。根据前面编制的项目总投资分解规划，在设计过程中控制其执行，在设计过程中若有必要，及时提出调整总投资分解规划的建议。

2. 审核方案设计估算，扩初设计概算、施工图预算。

（1）审核方案设计估算，如有优化方案则协助对估算做出调整。

（2）审核扩初设计概算，在设计深化过程中严格控制总概算所确定的造价计划值，对设计概算做出评价报告和建议。

（3）审核施工图预算，并监督其执行情况。

（4）根据审核做出评价报告和建议。

3. 根据工程概算和工程进度表，编制设计阶段资金使用计划，并控制其执行，必要时，对上述计划提出调整建议。

4. 从设计、施工、材料和设备等多方面做必要的市场调查分析和技术经济比较论证，并提出报告，如发现设计可能突破投资目标，则协助设计人员出解决办法，供决策者参考。

5. 组织价值工程论证

对建设项目投资影响最大的阶段是设计阶段，要使建设项目具有较好的经济效益，应在设计阶段应用价值工程的方法对设计进行优化。

（1）从设计、施工、材料设备和运营等多方面进行必要的市场调查和技术经济分析。

（2）在考虑项目全生命周期的成本及经济效益的基础上，对不同的技术方案进行论证、优选。

（3）如发现设计可能突破造价目标，则协助设计人员提出解决办法。

6. 分析设计变更对造价的影响

（1）对设计变更进行技术经济分析。

（2）检查变更设计的可施工性，控制设计变更，注意检查变更设计的结构可靠性、经济性、建筑造型和使用功能是否满足业主的要求，以及建筑造型和使用功能是否满足业主的要求。

（3）若是对造价及进度有影响的变更，业主方应进行核签。

7. 编制设计各个阶段投资控制报表和分析报告

通过对各阶段设计结果的评审、控制，力争达到以下目标：扩初设计完成时的概算不超过工程项目可行性研究时的投资估算；施工图设计完成时的预算不超过工程项目的概算。

（1）建立并保存设计阶段造价控制的记录。

（2）进行造价计划值和实际值的动态跟踪比较。

（3）提交各种造价控制报表和报告。

（4）进行投资计划值和实际值的动态跟踪比较，并提交各种投资控制报表和报告。当发现设计可能超过造价计划时，应分析原因并向负责人报告，并组织后续工作，控制投资。

（5）编制设计各阶段造价控制报表和分析报告。

（三）与施工招标投标工作有关的投资控制

（1）审核工程量清单和招标控制价。

（2）审核招标文件和合同文件中有关投资的条款。

（3）审核和分析各投标单位的投标报价。

（4）定期递交投资控制报告。

（5）参加评标及合同谈判。（具体参见第九章）

（四）施工阶段的投资控制

1. 分解、调整、优化施工过程的投资目标，编制、完善合约规划

（1）投资目标分解、调整、优化。投资控制是贯穿项目全过程的工作。在施工阶段，随着设计图纸、招标采购等工作的逐步完成、细化，需要对投资目标进行进一步分解、调整和优化。

（2）组织编制、完善合约规划。投资目标分解过程，结合合同包划分，形成合约规划，经建设单位批准后作为控制投资的重要依据和基准，实施限额设计、限额采购、过程成本分析和管控。

2. 组织编制资金使用计划，并动态调整

（1）根据施工合同、施工进度计划、材料设备采购计划等，编制建设单位的年、季、月度资金使用计划。

（2）在实施过程中，根据工程实际进展进行动态调整。

3. 动态监控项目成本，组织编制分析报告

在施工过程中，及时、动态地跟踪、掌握项目的成本是至关重要的。投资控制的目标是通过初步设计概算、施工图预算、合同价（中标价）和结算价等逐步深化和确定的。在实际的工程项目管理过程中，由于在工程项目的各个部分的进展（特别是设计、采购等方面的工作）往往是不均衡的，造成不同部分的投资控制目标的深化程度也不一样。在同一时间点，有些部分已经形成了合同价甚至完成了结算，而有些部分仍在初步设计概算或施工图预算。因此，在施工阶段，必须根据项目各个部分的进展程度，动态监控项目的成本情况，并进行预测和分析，提供分析报告。

（1）收集、掌握工程成本相关的信息。

（2）组织造价咨询单位对分部分项工程、专项工程、甲供设备材料、咨询服务进行分析，跟踪变动情况，及时汇总修正。

（3）定期对工程成本情况进行统计、比较、分析和预测，并提出相关建议或处理意见。

（4）提交工程成本分析报告。

4. 专项评估分析对项目成本可能产生重大影响的事宜

必要时，对项目施工过程中可能产生重大影响的事宜进行专项评估分析。

（1）初步判断项目事件对投资控制的影响程度。

（2）必要时，组织内部或外部专家进行相关论证。

（3）撰写评估分析报告。

5. 审核、处理工程变更、签证中的相关造价问题

（1）审核现场签证事项的真实性和合理性、流程的合规性、计量的准确性。

（2）规范工程变更管理流程和制度。跟进、审核工程变更的发起、审批流程，确保其流程合规。

（3）对相关单位发起的工程变更，必须分析、把控其必要性、合理性、经济性和可实施性。在工程变更实施前，应进行技术经济分析和评估，以供建设单位进行工程变更决策。

（4）对工程变更可能引起的对已完工程拆改内容，督促相关单位做好相关的签证和记录。

（5）督促并跟进处理工程变更可能引起的相关核量、批价和招标、采购工作。

（6）监督、管控工程变更实施情况，督促、审核相关单位及时做好工程变更相关的签证、计量、结算和支付。

（7）做好工程变更管理台账管理，并动态分析工程变更对工程造价的影响。

6. 管控甲供、甲控材料设备的造价

（1）审核施工单位上报甲供或甲控材料设备采购清单数量的准确性和合理性。

（2）组织对甲供或甲控材料设备进行询价，协同技术管理部门做好主要材料设备的选型。

（3）根据投资目标分解、合约规划和相关造价控制文件和目标，结合设计、询价、策划等工作成果，控制甲供或甲控材料设备采购价格，必要时实施限额采购。

（4）组织并协同工程监理、造价咨询等相关单位，管控、监督甲供或甲控材料设备采购、进场和使用情况，与采购清单、计划进行印证。必要时，对相关单位采取相应管理措施。甲供、甲控材料设备的造价管控，与对其相关的招标、采购的管控密切相关。

7. 审核工程款支付申请，跟踪支付情况

（1）收集、掌握工程进度等与工程款支付相关的信息，建立并动态更新工程款支付台账。

（2）审核承包单位提交的工程款支付申请，以及相应专业顾问单位的工程计量计价审核意见。

（3）签署相关意见。

8. 审核及处理施工过程各项费用索赔

（1）收集、掌握与费用索赔的相关信息。

（2）审核承包单位提交的费用索赔申请，以及相应专业顾问单位的审核意见。

（3）签署相关意见。

（4）必要时，提出反索赔意见，并与提出方进行谈判。

9. 组织施工过程工程结算

（1）收集、掌握与工程结算相关的信息。

（2）审核承包单位提交的工程结算报告，以及相应专业顾问单位的审核意见。

（3）进行资金使用计划的比对，签署相关意见。

10.配合施工过程的外部审计

根据项目的需要，在施工过程中，协助建设单位配合外部审计。

（五）动用前准备阶段的投资控制

（1）编制本阶段资金使用计划，并控制其执行，必要时调整计划。

（2）进行投资计划值与实际的比较，提交各种投资控制报告。

（3）审核本阶段各类付款。

（4）审核及处理施工综合索赔事宜。

（5）参与讨论工程决策中的一些问题。

（6）编制投资控制总结报告。

第二节 工程项目费用计划的编制

一、积极的费用计划

（一）积极的费用计划的含义

积极的费用计划不仅不局限于事先的费用估算或报价，而且也不局限于做工程项目的费用进度计划（即S曲线），还体现在如下方面：

（1）积极的费用计划不仅包括最基本的按照已确定的技术设计、合同、工期、实施方案和环境预算工程成本，而且包括对不同的方案进行技术经济分析，从总体上考虑工期、费用、质量、实施方案之间的互相影响和平衡，以寻求最优的解决方案。

（2）费用计划已不局限于建设费用，而且应该考虑运营费用，即采用全生命周期费用计划和优化方法。通常对确定的功能要求，建设质量标准高，建设费用增加则运营费用会降低；反之，如果建设费用低，运营费用就会提高。所以应该进行权衡，考虑两者都合适的方案。

（3）全过程的费用计划管理。不仅在计划阶段进行周密的费用计划，而且在实施过程中积极参与费用控制，不断地按新的情况（新的设计、新的环境、新的实施状况）调整和修改费用计划，预测工程结束的费用状态以及工程经济效益，形成一个动态控制过程。在项目实施过程中，人们做任何决策都要做相关的费用预算，顾及对费用和项目经济效益的影响。

（4）积极的费用计划目标不仅是项目建设费用的最小化，而且是项目营利的最大化。营利的最大化经常是从整个项目（包括生产运行期）的效益角度分析的。

（5）积极的费用计划还体现在，不仅按照项目预定的规模和进度计划安排资金的供应，保证项目的顺利实施，而且又要按照可获得资源（资金）量安排项目规模和进度计划。

（二）项目费用计划编制的形式

项目费用计划的编制方式主要有：按项目费用组成编制费用计划，按项目组成编制费用计划和按工程进度编制费用计划。

1.按费用组成编制项目费用计划

比如工程项目成本可以按成本构成分解为人工费、机具使用费、材料费和间接费，编制按项目成本组成分解的成本计划。如图8-7所示。

2. 按项目组成编制项目费用计划

大中型的工程项目通常是由若干单项工程构成的，而每个单项工程包括了多个单位工程，每个单位工程又是由若干个分部分项工程构成，因此，首先要把项目总费用分解到单项工程和单位工程中，再进一步分解为分部工程和分项工程，如图8-8所示。

3. 按工程进度编制项目费用计划

编制按时间进度的项目费用计划，

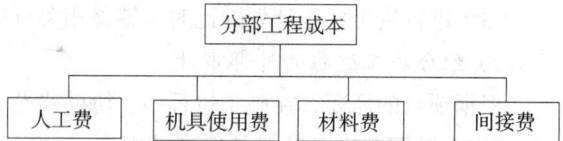

图8-7　按费用组成编制的费用计划

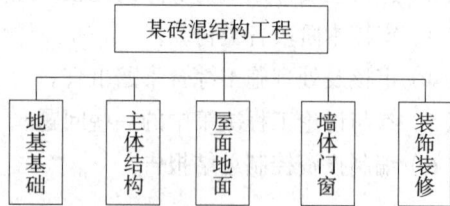

图8-8　按项目组成编制的费用计划

通常可利用控制项目进度的网络图进一步扩充而得。即在建立网络图时，一方面确定完成各项工作所需花费的时间，另一方面同时确定完成这一工作的合适的项目费用支出计划。在实践中，将工程项目分解为既能方便地表示时间，又能方便地表示项目费用支出计划的工作是不容易的，通常如果项目分解程度对时间控制合适的话，则对项目费用支出计划可能分解过细，以至于不可能对每项工作确定其项目费用支出计划，反之亦然。因此在编制网络计划时，应在充分考虑进度控制对项目划分要求的同时，还要考虑确定项目费用支出计划对项目划分的要求，做到二者兼顾。

比如：某工程的费用数据见表8-2。

某工程费用数据　　　　　　　　　　　　　　　　　　　　　表8-2

项目名称	最早开始时间（月）	工期（月）	成本强度（万元/月）
场地平整	1	1	20
基础施工	2	3	15
主体工程施工	4	5	30
砌筑工程施工	8	3	20
屋面工程施工	10	2	30
楼地面施工	11	2	20
室内设施安装	11	1	30
室内装饰	12	1	20
室外装饰	12	1	10
其他工程	/	0	0

按时间编制项目费用计划，如图8-9所示。

绘制时间—费用累计曲线（S形曲线），如图8-10所示。

以上三种编制项目成本计划的方法并不是相互独立的，在实践中，往往是将这几种方法结合起来使用，从而达到扬长避短的效果。例如：将按子项目分解项目总项目成本与按

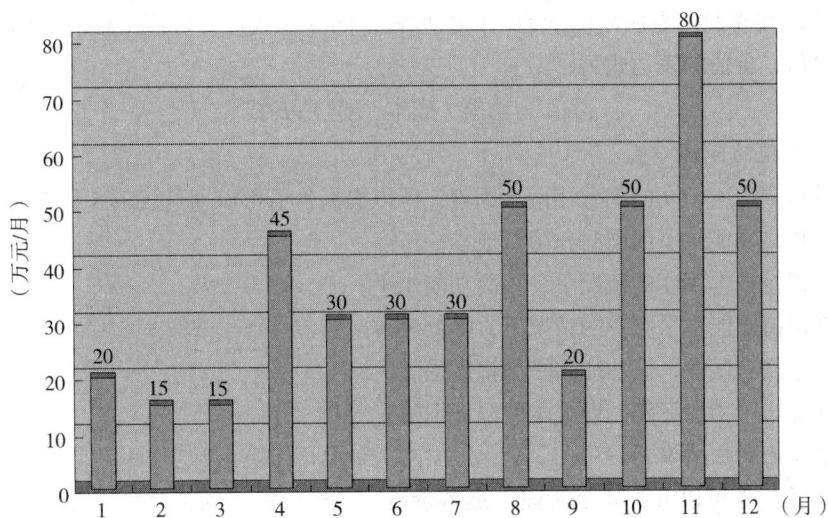

图 8-9　按月编制的项目费用计划

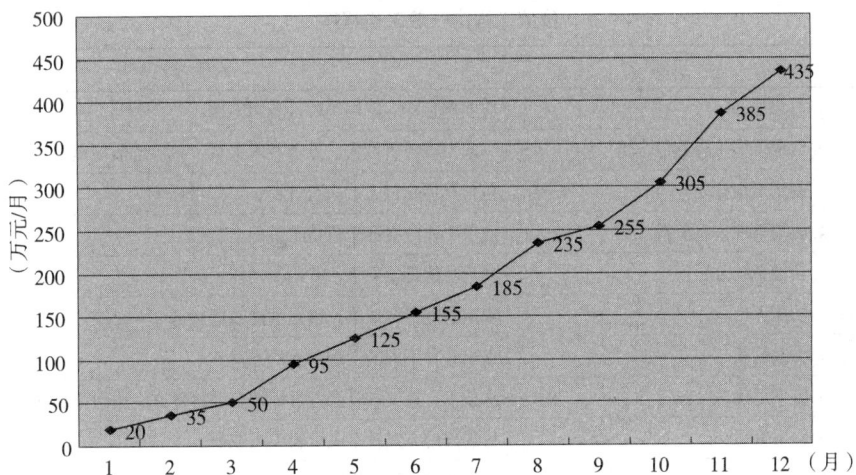

图 8-10　时间—费用累计曲线（S形曲线）

项目成本构成分解项目总项目成本两种方法相结合，横向按项目成本构成分解，纵向按子项目分解，或相反。这种分解方法有助于检查各分部分项工程项目成本构成是否完整，有无重复计算或漏算；同时还有助于检查各项具体的项目成本支出的对象是否明确或落实，并且可以从数字上校核分解的结果有无错误。或者还可将按子项目分解项目总项目成本计划与按时间分解项目总项目成本计划结合起来，一般纵向按子项目分解，横向按时间分解。

二、用价值工程方法指导工程项目费用计划编制

（一）价值工程的概念

1. 价值工程的概念

价值工程是通过各相关领域的协作，对所研究对象的功能与费用进行系统分析，不断创新，旨在提高研究对象价值的思想方法和管理技术。其目的是以研究对象的最低寿命周

期成本可靠地实现使用者所需的功能，以获取最佳的综合效益。价值工程的目标是提高研究对象的价值，价值的表达式为：

$$价值 = 功能 / 成本 \quad 或 \quad V=F/C$$

2. 提高价值的途径

价值的提高取决于功能和费用两个因素，所以提高价值可以通过以下 5 种途径实现：

（1）在提高功能水平的同时，降低成本。

（2）在保持成本不变的情况下，提高功能水平。

（3）在保持功能水平不变的情况下，降低成本。

（4）成本稍有增加，但功能水平大幅度提高。

（5）功能水平稍有下降，但成本大幅度下降。

3. 价值工程的工作程序

价值工程工作可以分为 4 个阶段：准备阶段、分析阶段、创新阶段、实施阶段。价值工程的工作内容大致可以分为以下 12 种，各工作阶段工作程序见表 8-3。

价值工程的一般工作程序 表 8-3

阶段	步骤	说明
准备阶段	1. 对象选择	应明确目标、限制条件及分析范围
	2. 组成价值工程领导小组	一般由项目负责人、专业技术人员、熟悉价值工程的人员组成
	3. 制定工作计划	包括具体执行人、执行日期、工作目标等
分析阶段	4. 收集整理信息资料	此项工作应贯穿于价值工程的全过程
	5. 功能系统分析	明确功能特性要求，并绘制功能系统图
	6. 功能评价	确定功能目标成本，确定功能改进区域
创新阶段	7. 方案创新	提出各种不同的实现功能的方案
	8. 方案评价	从技术、经济和社会等方面综合评价各方案达到预定目标的可行性
	9. 提案编写	将选出的方案及有关资料编写成册
实施阶段	10. 审批	由主管部门组织进行
	11. 实施与审查	制定实施计划、组织实施，并跟踪检查
	12. 成果鉴定	对实施后取得的技术经济效果进行鉴定

（二）项目建设过程中实施价值工程的作用

（1）可以使建筑产品的功能更合理。工程设计实质上是对建筑产品的功能进行设计，而价值工程的核心就是功能分析。通过实施价值工程，可以使设计和计划人员更准确地了解建筑产品各功能之间的比重，使设计和计划更合理。

（2）可以更有效地控制目标费用。工程设计和计划决定建筑产品的目标费用，目标费用是否合理，直接影响产品的经济效益。通过价值工程，在设计和计划阶段收集和掌握先进技术和大量信息，追求更高的价值目标，设计出优秀的产品。

（3）可以提高投资效益，节约社会资源。建筑工程成本的 70%~90% 决定于设计和计划阶段。设计和计划水平的高低直接影响经济效益。通过应用价值工程，在工程设计和计划阶段就可以发挥设计人员的创新精神，设计出物美价廉的建筑产品，提高经济效益。

（三）应用举例

1. 应用价值工程方法选择设计方案

例 8-1：某项目在工程项目前期征集了 A、B、C 三个设计方案，其设计方案对比内容如下：

A 方案：墙体材料采用多孔砖及移动式可拆装式分室隔墙，窗户采用中空玻璃塑钢窗，面积利用系数为 93%，单方造价为 1438 元 /m^2。

B 方案：墙体采用内浇外砌，窗户采用单玻塑钢窗，面积利用系数为 87%，单方造价为 1108 元 /m^2。

C 方案：采用多孔预应力板，墙体材料采用标准黏土砖，窗户采用双玻塑钢窗，面积利用系数为 79%，单方造价为 1082 元 /m^2。

邀请专家对各个方案以及方案的各个功能进行评分。方案功能的权重及各方案功能的得分见表 8-4。

功能权重及功能得分表　　　　　　　　　　表 8-4

方案功能	功能权重	方案功能得分		
		A	B	C
结构体系	0.25	10	10	8
模板类型	0.05	10	10	9
墙体材料	0.25	8	9	7
面积系数	0.35	9	8	7
窗户类型	0.10	9	7	8

计算各个方案的功能指数，见表 8-5。

功能指数表　　　　　　　　　　表 8-5

方案功能	功能权重	方案功能加权得分		
		A	B	C
结构体系	0.25	10 × 0.25=2.50	10 × 0.25=2.50	8 × 0.25=2.00
模板类型	0.05	10 × 0.05=0.50	10 × 0.05=0.50	9 × 0.05=0.45
墙体材料	0.25	8 × 0.25=2.00	9 × 0.25=2.25	7 × 0.25=1.75
面积系数	0.35	9 × 0.35=3.15	8 × 0.35=2.80	7 × 0.35=2.45
窗户类型	0.10	9 × 0.10=0.90	7 × 0.10=0.70	8 × 0.10=0.80
合计		9.05	8.75	7.45
功能指数		9.05/25.25=0.358	8.75/25.25=0.347	7.45/25.25=0.295

注：表中各方案功能加权得分之和为：9.05+8.75+7.45=25.25

计算各方案的成本指数，见表 8-6。

成本指数表　　　　　　　　　　　　　　　　表 8-6

方案	A	B	C	合计
单方造价（元 /m²）	1438	1108	1082	3628
成本指数	1438/3628=0.396	1108/3628=0.305	1082/3628=0.298	0.999

计算各方案的价值指数，见表 8-7。

价值指数表　　　　　　　　　　　　　　　　表 8-7

方案	A	B	C
功能指数	0.358	0.347	0.295
成本指数	0.396	0.305	0.298
价值指数	0.904	1.138	0.990

根据计算结果可知，B 方案的价值指数最高，为最优方案。

2. 用价值工程方法对方案进行优化

为控制工程造价和进一步降低费用，针对所选的最优方案的土建部分工程，以工程材料费为对象开展价值工程分析。将土建工程划分为四个功能项目，各功能项目评分值及其目前成本见表 8-8。按限额设计要求，目标成本应控制在 121.70 万元。

功能项目评分及目前成本表　　　　　　　　　　表 8-8

功能项目	功能评分	目前成本（万元）
A. 桩基围护工程	10	15.20
B. 地下室工程	11	14.82
C. 主体结构工程	35	47.05
D. 装饰工程	38	51.05
合计	94	128.12

根据目前数据，对所选定的方案进一步分别计算桩基围护工程、地下室工程、主体结构和装饰工程的功能指数、成本指数和价值指数。再根据给定的总目标成本额，计算各工程内容的目标成本额，从而确定其成本降低额度。具体计算结果汇总见表 8-9。

功能指数、成本指数、价值指数和目标成本降低额计算表　　　　　　　表 8-9

功能项目	功能评分	功能指数	目前成本（万元）	成本指数	价值指数	目标成本（万元）	成本降低额（万元）
桩基围护工程	10	0.1064	15.20	0.1186	0.8971	12.95	2.25
地下室工程	11	0.1170	14.82	0.1157	1.0112	14.24	0.58
主体结构工程	35	0.3723	47.05	0.3672	1.0139	45.31	1.74
装饰工程	38	0.4043	51.05	0.3985	1.0146	49.20	1.85
合计	94	1.0000	128.12	1.0000	3.9368	121.70	6.42

由计算结果可知，桩基围护工程、地下室工程、主体结构工程和装饰工程均应通过适当方式降低成本。根据成本降低额的大小，功能改进顺序依次为：桩基围护工程、装饰工程、主体结构工程、地下室工程。

三、设计概算的编制

（一）设计概算的内容

设计概算是在初步设计或扩大初步设计阶段，按照设计要求概略地计算拟建工程从立项开始到交付使用为止全过程所发生的建设费用的文件。

设计概算文件的编制形式应视项目情况采用三级概算编制或二级概算编制形式。对单一的、具有独特性的单项工程建设项目、可按二级编制形式直接编制总概算。建设工程概算的内容如图 8-11 所示，单项工程综合概算的组成如图 8-12 所示，建设工程总概算的组成如图 8-13 所示。

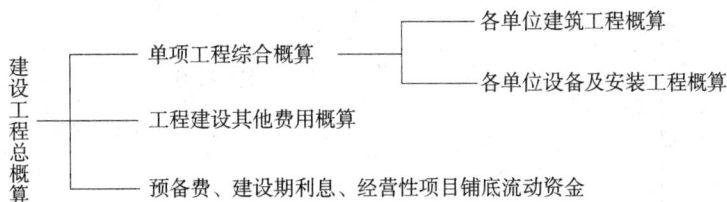

图 8-11 建设工程概算的内容

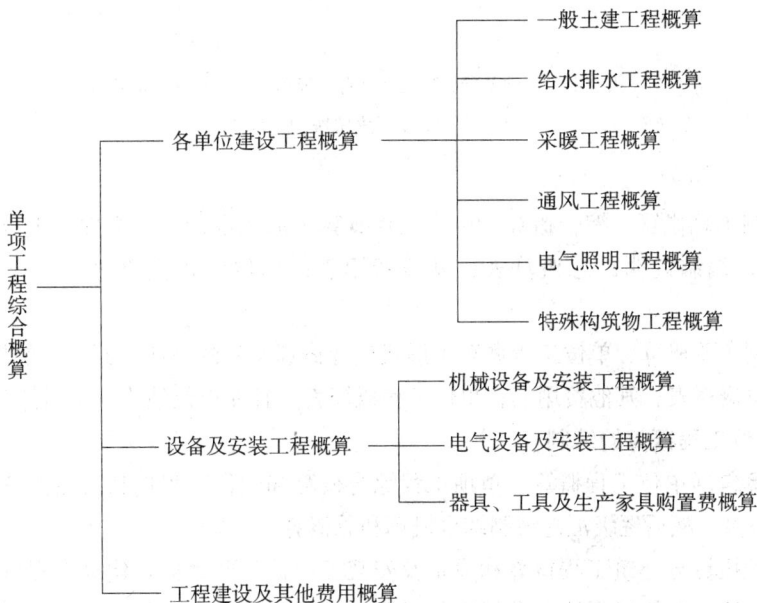

图 8-12 单项工程综合概算的组成

```
                                          ┌─── 主要工程项目综合概算
                                          ├─── 辅助和服务性项目综合概算
                      ┌─ 第一部分  工程费用 ┼─── 住宅、宿舍、文化福利和公共建筑
                      │                   │      项目综合概算
                      │                   ├─── 室外工程项目综合概算
                      │                   └─── 场外工程项目综合概算
                      │
                      │                          ┌─── 土地使用费
                      │                          ├─── 建设单位管理费
  建                  │                          ├─── 勘察设计费
  设                  │                          ├─── 研究试验费
  工                  │                          ├─── 联合试运转费
  程   ───────────────┼─ 第二部分  工程建设其他费用┼─── 生产准备费
  总                  │                          ├─── 引进技术和进口设备项目
  概                  │                          │      其他费用
  算                  │                          ├─── 办公和生活用具购置费
                      │                          ├─── 临时设施费
                      │                          ├─── 建设工程监理费
                      │                          └─── 工程保险费
                      │
                      └─ 第三部分  预备费、建设期利息、经营性项目铺底流动资金
```

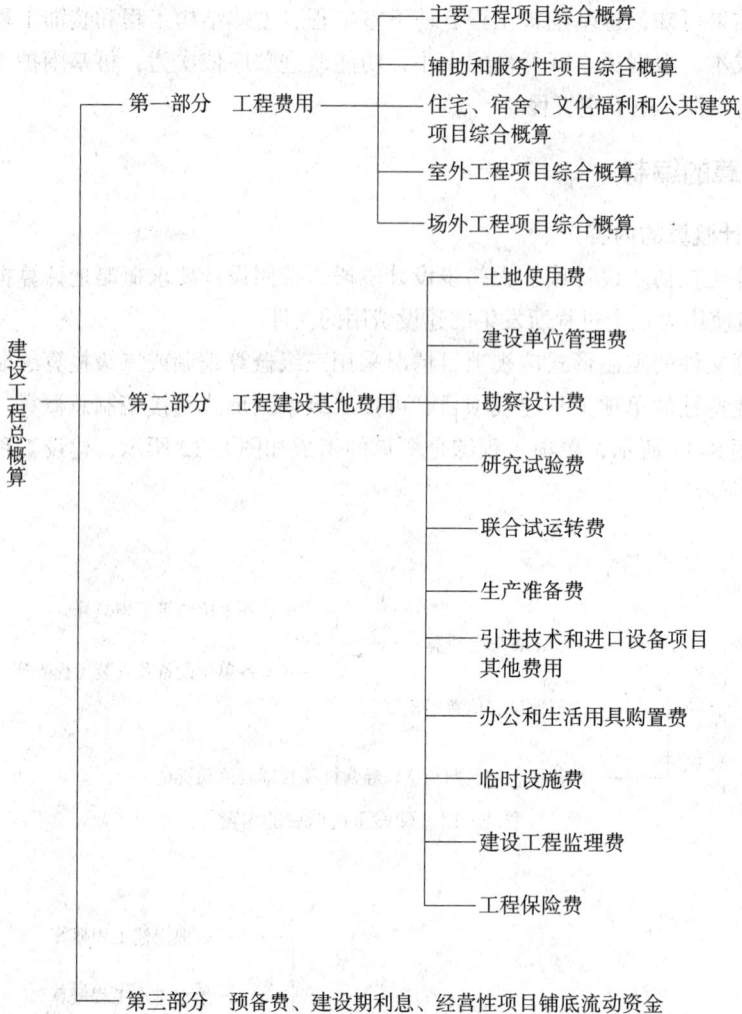

图 8-13　建设工程总概算的组成

　　三级编制（总概算、综合概算、单位工程概算）形式设计概算文件的组成：封面、签署页及目录；编制说明；总概算表；其他费用表；单位工程概算表；补充单位估价表（附件）。

　　二级编制（总概算、单位工程概算）形式设计概算文件的组成：封面，签署页及目录；编制说明；总概算表；其他费用表；单位工程概算表；补充单位估价表（附件）。

　　（二）单位工程概算的编制

　　设计概算包括单位工程概算、单项工程综合概算和建设工程项目总概算三级。首先编制单位工程概算，然后逐级汇总编制综合概算和总概算。

　　单位工程概算分建筑工程概算和设备及安装工程概算两大类。建筑工程概算的编制方法有概算定额法、概算指标法、类似工程预算法；设备及安装工程概算的编制方法有预算单价法、扩大单价法、设备价值百分比法和综合吨位指标法等。

1. 单位建筑工程概算编制方法

（1）概算定额法

概算定额法又叫扩大单价法或扩大结构定额法。它与利用预算定额编制单位建筑工程施工图预算的方法基本相同。其不同之处在于编制概算所采用的依据是概算定额，所采用的工程量计算规则是概算工程量计算规则。该方法要求初步设计达到一定深度，建筑结构比较明确时方可采用。

利用概算定额法编制设计概算的具体步骤如下：

①按照概算定额分部分项顺序，列出各分项工程的名称，计算工程量。工程量计算应按概算定额中规定的工程量计算规则进行，并将计算所得各分项工程量按概算定额编号顺序，填入工程概算表内。

②确定各分部分项工程项目的概算定额单价（基价）。工程量计算完毕后，逐项套用相应概算定额单价和人工、材料消耗指标，然后分别将其填入工程概算表和工料分析表中。如遇设计图中的分项工程项目名称、内容与采用的概算定额手册中相应的项目有某些不相符时，则按规定对定额进行换算后方可套用。

有些地区根据地区人工工资、物价水平和概算定额编制了与概算定额配合使用的扩大单位估价表，该表确定了概算定额中各扩大分部分项工程或扩大结构构件所需的全部人工费、材料费、机械台班使用费之和，即概算定额单价。在采用概算定额法编制概算时，可以将计算出的扩大分部分项工程的工程量，乘以扩大单位估价表中的概算定额单价进行人、料、机费用的计算。概算定额单价的计算公式为：

概算定额单价 = 概算定额人工费 + 概算定额材料费 + 概算定额机械台班使用费

$$= \sum （概算定额中人工消耗量 \times 人工单价）$$
$$+ \sum （概算定额中材料消耗量 \times 材料预算单价）$$
$$+ \sum （概算定额中机械台班消耗量 \times 机械台班单价）$$

③计算单位工程的人、料、机费用。将已算出的各分部分项工程项目的工程量分别乘以概算定额单价、单位人工、材料消耗指标，即可得出各分项工程的人、料、机费用和人工、材料消耗量。再汇总各分项工程的人、料、机费用及人工、材料消耗量，即可得到该单位工程的人、料、机费用和工料总消耗量。如果规定有地区的人工、材料价差调整指标，计算人、料、机费用时，按规定的调整系数或其他调整方法进行调整计算。

④根据人、料、机费用，结合其他各项取费标准，分别计算企业管理费、利润、规费和税金。

⑤计算单位工程概算造价，其计算公式为：

单位工程概算造价 = 人、料、机费用 + 企业管理费 + 利润 + 规费 + 税金

（2）概算指标法

当初步设计深度不够，不能准确地计算工程量，但工程设计采用的技术比较成熟而又有类似工程概算指标可以利用时，可以采用概算指标法编制工程概算。概算指标法将拟建厂房、住宅的建筑面积或体积乘以技术条件相同或基本相同的概算指标而得出的人、料、机费用，然后按规定计算出企业管理费、利润、规费和税金等。概算指标法计算精度较低，但由于其编制速度快，因此对一般附属、辅助和服务工程等项目，以及住宅和文化福利工

程项目或投资比较小、比较简单的工程项目投资概算有一定实用价值。

①拟建工程结构特征与概算指标相同时的计算

在使用概算指标法时，如果拟建工程在建设地点、结构特征、地质及自然条件、建筑面积等方面与概算指标相同或相近，就可直接套用概算指标编制概算。

②拟建工程结构特征与概算指标有局部差异时的调整

由于拟建工程往往与类似工程的概算指标的技术条件不尽相同，而且概算编制年份的设备、材料、人工等价格与拟建工程当时当地的价格也会不同，在实际工作中，还经常会遇到拟建对象的结构特征与概算指标中规定的结构特征有局部不同的情况，因此必须对概算指标进行调整后方可套用。

第一种情况，当设计对象的结构特征与概算指标有局部差异时，调整概算指标中的每 $1m^2$（$1m^3$）造价。

第二种情况，调整概算指标中的人、料、机数量。

（3）类似工程预算法

类似工程预算法是利用技术条件与设计对象相类似的已完工程或在建工程的工程造价资料来编制拟建工程设计概算的方法。该方法适用于拟建工程初步设计与已完工程或在建工程的设计相类似且没有可用的概算指标的情况，但必须对建筑结构差异和价差进行调整。

2. 设备及安装工程概算的编制

设备及安装工程分为机械设备及安装工程和电气设备及安装工程两部分。设备及安装工程概算费用由设备购置费和安装工程费组成。

（1）设备购置费概算

设备购置费是指为项目建设而购置或自制的达到固定资产标准的设备、工器具、交通运输设备、生产家具等费用及其运杂费用。

设备购置费由设备原价和运杂费两项组成。设备购置费是根据初步设计的设备清单计算出设备原价，并汇总求出设备总价，然后按有关规定的设备运杂费率乘以设备总价，两项相加即为设备购置费概算，计算公式为：

设备购置费概算 = $\sum$（设备清单中的设备数量 × 设备原价）×（1+ 运杂费率）

或：设备购置费概算 = $\sum$（设备清单中的设备数量 × 设备预算价格）

国产标准设备原价可根据设备型号、规格、性能、材质、数量及附带的配件，向制造厂家询价或向设备、材料信息部门查询或按主管部门规定的现行价格逐项计算。

国产非标准设备原价在编制设计概算时可以根据非标准设备的类别、重量、性能、材质等情况，以每台设备规定的估价指标计算原价，也可以某类设备所规定吨重估价指标计算。

工具、器具及生产家具购置费一般以设备购置费为计算基数，按照部门或行业规定的工具、器具及生产家具费率计算。

（2）设备安装工程概算的编制方法

设备安装工程费包括用于设备、工器具、交通运输设备、生产家具等的组装和安装，以及配套工程安装而发生的全部费用。

①预算单价法。当初步设计有详细设备清单时，可直接按预算单价（预算定额单价）

编制设备安装工程概算。根据计算的设备安装工程量，乘以安装工程预算单价，经汇总求得。

用预算单价法编制概算，计算比较具体，精确性较高。

②扩大单价法。当初步设计的设备清单不完备，或仅有成套设备的重量时，可采用主体设备、成套设备或工艺线的综合扩大安装单价编制概算。

③概算指标法。当初步设计的设备清单不完备，或安装预算单价及扩大综合单价不全，无法采用预算单价法和扩大单价法时，可采用概算指标编制概算。概算指标形式较多，概括起来主要可按以下几种指标进行计算。

第一，按占设备价值的百分比（安装费率）的概算指标计算。

设备安装费 = 设备原价 × 设备安装费率

第二，按每吨设备安装费的概算指标计算。

设备安装费 = 设备总吨数 × 每吨设备安装费（元/吨）

第三，按座、台、套、组、根或功率等为计量单位的概算指标计算。如工业炉，按每台安装费指标计算；冷水箱，按每组安装费指标计算安装费等。

第四，按设备安装工程每平方米建筑面积的概算指标计算。设备安装工程有时可按不同的专业内容（如通风、动力、管道等）采用每平方米建筑面积的安装费用概算指标计算安装费。

（三）单项工程综合概算的编制方法

单项工程综合概算是以其所包含的建筑工程概算表和设备及安装工程概算表为基础汇总编制的。当建设工程项目只有一个单项工程时，单项工程综合概算（实为总概算）还应包括工程建设其他费用概算（含建设期利息、预备费）。

单项工程综合概算文件一般包括编制说明和综合概算表两部分。

（四）建设工程项目总概算的编制方法

总概算是以整个建设工程项目为对象，确定项目从立项开始，到竣工交付使用整个过程的全部建设费用的文件。

1. 总概算书的内容

建设项目总概算是设计文件的重要组成部分。它由各单项工程综合概算、工程建设其他费用、建设期利息、预备费和经营性项目的铺底流动资金组成，并按主管部门规定的统一表格编制而成。

设计概算文件一般应包括：①封面、签署页及目录；②编制说明；③总概算表；④工程建设其他费用概算表；⑤单项工程综合概算表；⑥单位工程概算表；⑦附录：补充估价表。

2. 总概算表的编制方法

将各单项工程综合概算及其他工程和费用概算等汇总即为建设工程项目总概算。总概算由以下四部分组成：①工程费用；②其他费用；③预备费；④应列入项目概算总投资的其他费用，包括资金筹措费和铺底流动资金。

编制总概算表的基本步骤如下：

（1）按总概算组成的顺序和各项费用的性质，将各个单项工程综合概算及其他工程和费用概算汇总列入总概算表。

（2）将工程项目和费用名称及各项数值填入相应各栏内，然后按各栏分别汇总。

（3）以汇总后总额为基础，按取费标准计算预备费用、资金筹措费、铺底流动资金。

（4）计算回收金额。回收金额是指在整个基本建设过程中所获得的各种收入。如原有房屋拆除所回收的材料和旧设备等的变现收入；试车收入大于支出部分的价值等。回收金额的计算方法，应按地区主管部门的规定执行。

（5）计算总概算价值。

总概算价值 = 工程费用 + 其他费用 + 预备费 + 资金筹措费 + 铺底流动资金 − 回收金额

（6）计算技术经济指标。整个项目的技术经济指标应选择有代表性和能说明投资效果的指标填列。

（7）投资分析。为对基本建设投资分配、构成等情况进行分析，应在总概算表中计算出各项工程和费用投资占总投资比例，在表的末栏计算出每项费用的投资占总投资的比例。

四、施工图预算的编制

施工图预算是指在施工图设计完成以后，按照主管部门制定的预算定额、费用定额和其他取费文件等编制的单位工程或单项工程预算价格的文件。

建设工程项目施工图预算由总预算、综合预算和单位工程预算组成。建设工程项目总预算由综合预算汇总而成；综合预算由组成本单项工程的单位工程预算汇总而成；单位工程预算包括建筑工程预算和设备及安装工程预算。

（一）定额单价法

定额单价法是用事先编制好的分项工程的单位估价表来编制施工图预算的方法。根据施工图设计文件和预算定额，按分部分项工程顺序先计算出分项工程量，然后乘以对应的定额单价，求出分项工程直接工程费；将分项工程直接工程费汇总为单位工程直接工程费；直接工程费汇总后另加措施费、间接费、利润、税金生成单位工程的施工图预算。

定额单价法编制施工图预算的基本步骤如下。

1. 准备资料，熟悉施工图纸

准备施工图纸、施工组织设计、施工方案、现行建筑安装定额、取费标准、统一工程量计算规则和地区材料预算价格等各种资料。在此基础上详细了解施工图纸，全面分析工程各分部分项工程，充分了解施工组织设计和施工方案，注意影响费用的关键因素。

2. 计算工程量

工程量计算一般按如下步骤进行：

（1）根据工程内容和定额项目，列出需计算工程量的分部分项工程；

（2）根据一定的计算顺序和计算规则，列出分部分项工程量的计算式；

（3）根据施工图纸上的设计尺寸及有关数据，代入计算式进行数值计算；

（4）对计算结果的计量单位进行调整，使之与定额中相应的分部分项工程的计量单位保持一致。

3. 套用定额单价，计算直接工程费

核对工程量计算结果后，利用地区统一单位估价表中的分项工程定额单价，计算出各分项工程合价，汇总求出单位工程直接工程费。

单位工程直接工程费计算公式如下：

单位工程直接工程费 = $\sum$（分项工程量 × 定额单价）

计算直接工程费时需注意以下几项内容：

（1）分项工程的名称、规格、计量单位与定额单价或单位估价表中所列内容完全一致时，可以直接套用定额单价；

（2）分项工程的主要材料品种与定额单价或单位估价表中规定材料不一致时，不可以直接套用定额单价；需要按实际使用材料价格换算定额单价；

（3）分项工程施工工艺条件与定额单价或单位估价表不一致而造成人工、机械的数量增减时，一般调量不调价；

（4）分项工程不能直接套用定额、不能换算和调整时，应编制补充单位估价表。

4. 编制工料分析表

根据各分部分项工程项目实物工程量和预算定额项目中所列的用工及材料数量，计算各分部分项工程所需人工及材料数量，汇总后算出该单位工程所需各类人工、材料的数量。

5. 按计价程序计取其他费用，并汇总造价

根据规定的税率、费率和相应的计取基础，分别计算措施费、间接费、利润、税金。

将上述费用累计后与直接工程费进行汇总，求出单位工程预算造价。

6. 复核

对项目填列、工程量计算公式、计算结果、套用的单价、采用的取费费率、数字计算、数据精确度等进行全面复核，以便及时发现差错，及时修改，提高预算的准确性。

7. 编制说明、填写封面

编制说明主要应写明预算所包括的工程内容范围、依据的图纸编号、承包方式、有关部门现行的调价文件号、套用单价需要补充说明的问题及其他需说明的问题等。封面应写明工程编号、工程名称、预算总造价和单方造价、编制单位名称、负责人和编制日期以及审核单位的名称、负责人和审核日期等。

定额单价法的编制步骤如图 8-14 所示。

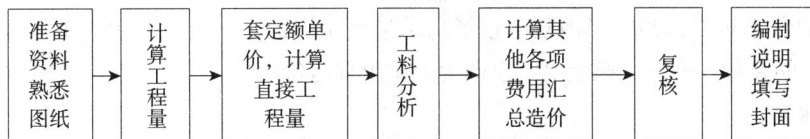

图 8-14　定额单价法的编制步骤

（二）实物量法

实物量法是依据施工图纸和预算定额的项目划分及工程量计算规则，先计算出分部分项工程量，然后套用预算定额（实物量定额）来编制施工图预算的方法。

用实物量法编制施工图预算，主要是先用计算出的各分项工程的实物工程量，分别套取预算定额中工、料、机消耗指标，并按类相加，求出单位工程所需的各种人工、材料、施工机械台班的总消耗量，然后分别乘以当时当地各种人工、材料、机械台班的单价，求

得人工费、材料费和施工机械使用费，再汇总求和。对于措施费、利润和税金等费用的计算则根据当时当地建筑市场供求情况予以具体确定。

采用实物量法编制施工图预算的步骤具体如下。

1. 准备资料、熟悉施工图纸

全面收集各种人工、材料、机械的当时当地的实际价格，应包括不同品种、不同规格的材料预算价格；不同工种、不同等级的人工工资单价；不同种类、不同型号的机械台班单价等。要求获得的各种实际价格应全面、系统、真实、可靠。具体可参考定额单价法相应步骤的内容。

2. 计算工程量

本步骤的内容与定额单价法相同，不再赘述。

3. 套用消耗定额，计算工料机消耗量

定额消耗量中的"量"在相关规范和工艺水平等未有较大变化之前具有相对稳定性，据此确定符合国家技术规范和质量标准要求，并反映当时施工工艺水平的分项工程计价所需的人工、材料、施工机械的消耗量。

根据预算人工定额所列各类人工工日的数量，乘以各分项工程的工程量，计算出各分项工程所需各类人工工日的数量，统计汇总后确定单位工程所需的各类人工工日消耗量。同理，根据材料预算定额、机械预算台班定额分别确定出单位工程各类材料消耗数量和各类施工机械台班数量。

4. 计算并汇总人工费、材料费、机械使用费

根据当时当地工程造价管理部门定期发布的或企业根据市场价格确定的人工工资单价、材料预算价格、施工机械台班单价分别乘以人工、材料、机械消耗量，汇总即为单位工程人工费、材料费和施工机械使用费。计算公式为：

单位工程直接工程费 = $\sum$（工程量 × 材料预算定额用量 × 当时当地材料预算价格）+ $\sum$（工程量 × 人工预算定额用量 × 当时当地人工工资单价）+ $\sum$（工程量 × 施工机械预算定额台班用量 × 当时当地机械台班单价）

5. 计算其他各项费用，汇总造价

对于措施费、间接费、利润和税金等的计算，可以采用与定额单价法相似的计算程序，只是有关的费率是根据当时当地建筑市场供求情况予以确定。将上述单位工程直接工程费与措施费、间接费、利润、税金等汇总即为单位工程造价。

6. 复核

检查人工、材料、机械台班的消耗量计算是否准确，有无漏算、重算或多算；套取的定额是否正确；检查采用的实际价格是否合理。其他内容可参考定额单价法相应步骤的介绍。

7. 编制说明、填写封面

本步骤的内容和方法与定额单价法相同。

实物量法的编制步骤如图 8-15 所示。

实物量法编制施工图预算的步骤与定额单价法基本相似，但在具体计算人工费、材料费和机械使用费及汇总三种费用之和方面有一定区别。实物量法编制施工图预算所用人工、

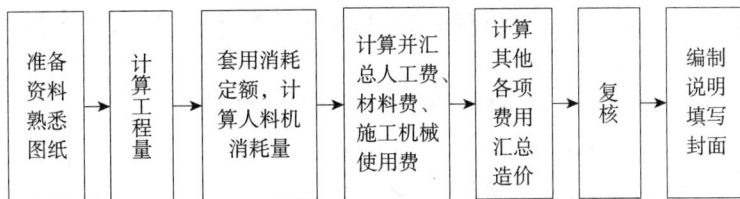

图 8-15　实物量法的编制步骤

材料和机械台班的单价都是当时当地的实际价格，编制出的预算可较准确地反映实际水平，误差较小，适用于市场经济条件波动较大的情况。由于采用该方法需要统计人工、材料、机械台班消耗量，还需搜集相应的实际价格，因而工作量较大、计算过程烦琐。

五、招标投标价格的编制

建设工程施工发承包应采用工程量清单计价。工程量清单计价的过程如图 8-16 所示。

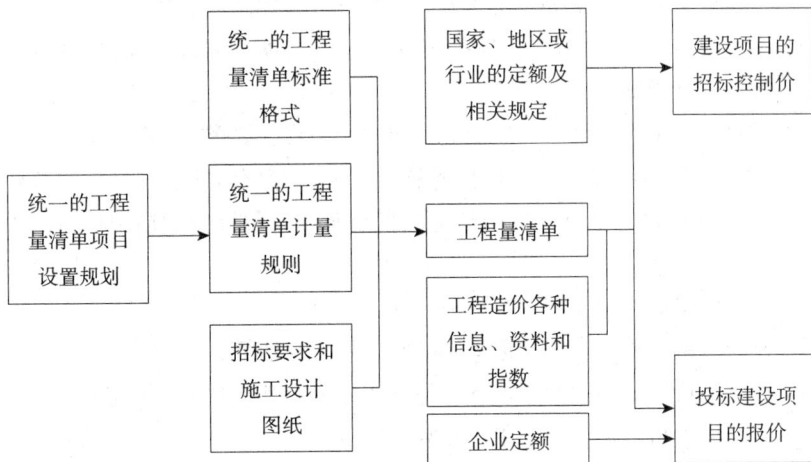

图 8-16　工程量清单计价的过程示意图

由图 8-16 可见，工程量清单计价过程基本上分为清单编制过程和根据清单报价两个基本过程。

（一）工程量清单编制

招标工程量清单应由具有编制能力的招标人或受其委托的工程造价咨询人编制和复核。招标工程量清单应以合同标的为单位列项编制，并作为招标文件的组成部分。

工程量清单应根据相关工程现行国家工程量计算标准的规定编制和复核。根据工程项目特点进行补充完善的，应在招标文件和合同文件中予以说明。工程量清单的项目特征应依据设计文件并结合完工交付要求进行编制和复核。

招标工程量清单的准确性和完整性由招标人负责。工程量清单应作为编制最高投标限价、投标报价、合同价格调整等的依据之一。

1. 清单编制的依据

编制招标工程量清单应依据：

（1）《建设工程工程量清单计价规范》GB 50500—2013 和相关工程的国家工程量计算标准；

（2）省级、行业建设主管部门颁发的工程量计量计价规定；

（3）拟定的招标文件及相关资料；

（4）建设工程设计文件及相关资料；

（5）与建设工程有关的标准、规范、技术资料；

（6）施工现场情况、地勘水文资料、工程特点及合理的施工方案；

（7）其他相关资料。

2. 具体清单的编制

（1）分部分项工程项目清单应按相关工程现行国家工程量计算标准规定的项目编码、项目名称、项目特征、计量单位和工程量计算规则进行编制和复核。

（2）材料暂估价应单独列出暂估价材料的明细表及其暂估单价。

（3）措施项目清单应结合拟建工程的实际情况和完工交付要求，依据合理的施工方案及技术、生活、安全、文明施工等非实体方面的要求进行编制和复核。其中：

①以单价计价的措施项目清单，应列出项目编码、项目名称、项目特征、计量单位、工程数量和工程量计算规则等；

②以总价计价的措施项目清单，应明确其包含的内容、要求及计算方式等；

③安全文明施工措施项目清单应根据各省市行业主管部门的管理要求和拟建工程的实际情况单独列项，其包含的单价计价的措施项目清单和总价计价的措施项目清单按上述规定列项编制。

（4）其他项目清单应按照下列内容列项：

①暂列金额应根据工程特点按招标文件的要求列项并估算；

②专业工程暂估价应分不同专业估算，列出明细表及其包含的内容等；

③计日工应列出项目名称、计量单位和暂估数量；

④总承包服务费应列出服务项目及其内容、要求、计算方式等。

（5）增值税应根据政府有关主管部门的规定列项。

工程量清单成果文件应包括封面、签署页、清单编制说明、项目编码、项目名称、项目特征、计量单位、工程数量和工程量计算规则等。

（二）清单计价

1. 清单计价基本规定

工程量清单可以以分部分项工程项目清单或实物量清单为主要表现形式。工程量清单以分部分项工程项目清单为主要表现形式，分部分项工程项目清单项目以外的可在措施项目清单和其他项目清单中列项。

实行工程量清单计价的工程可采用总价合同、单价合同或成本加酬金合同。工程量清单计价可采用单价计价和总价计价两种方式进行计价。

2. 计价方式

综合单价包括人工费、材料费、施工机具使用费、企业管理费和利润，综合单价分析表应明确各项费用的计算基础、费率和计算方法。

下列因素产生的费用均列入相应工程量清单的综合单价中：

（1）满足国家现行产品标准、设计规范、施工验收规范、质量评定标准、安全操作规程等要求施工的费用；

（2）完成一个符合完工交付要求的工程量清单必需的施工任务及其辅助工作产生的必要费用；

（3）受施工条件、一般气温气候等影响因素发生的费用；

（4）一定范围与幅度内的风险费用。

分部分项工程项目清单应按单价计价方式计算费用，发包人提供的材料应列入分部分项工程项目清单。

措施项目清单应依据经济合理的施工方案以单价或总价计价方式确定费用，其中安全文明施工措施项目应按国家或省级、行业建设主管部门的规定确定费用。

其他项目清单应按照工程要求以单价或总价计价方式确定费用。

增值税应按政府有关主管部门的规定计算费用。

3. 计量计价风险

建设工程施工发承包计价应在招标文件、合同中明确计量计价中的风险内容及其范围，不得采用无限风险、所有风险或类似语句约定计量计价中的风险内容及范围。

清单工程量应按现行国家或行业计算标准以设计图示尺寸计算。工程量发生偏差的，应按发承包双方约定调整。

（1）双方应承担的风险

下列事项引起的计量计价风险由发包人承担，发包人应及时调整相应的合同价格和工期：

①法律法规与政策发生变化；

②发包人提供的工程项目原始数据和基准资料错误；

③发包人提出的工程变更；

④超过发承包双方约定范围和波动幅度的市场物价变动和汇率波动；

⑤因发包人未履行公平、诚信义务而产生的费用；

⑥其他应当由发包人承担责任的事项。

下列事项引起的计量计价风险由承包人承担，合同价格和工期不予调整：

①承包人为达到完工交付要求所必需的施工内容发生的必要费用；

②承包人因自身原因导致实施方案变化引起费用调整；

③由于承包人使用机械设备、施工技术以及组织管理水平等自身原因造成施工费用增加；

④发承包双方约定范围和波动幅度内的市场物价变动和汇率波动；

⑤因承包人未履行公平、诚信义务而导致增加的费用；

⑥其他应当由承包人承担责任的事项。

发生工期延误的情况时，按照具体情况处理。

（2）市场波动引起的价格调整

工程价款未按约定的时间或支付比例支付，造成合同价格调整的，应由责任方承担。

由于市场物价波动影响合同价格的，应由发承包双方合理分摊：

①发承包双方应明确合同价格中人工费的权重比例或金额、人工费用波动幅度和人工费用价格指数的确定规则，可按照价格指数调差法调整人工费用。

人工费用价格指数的来源或确定方式方法由发承包双方约定。发生工期延误的，按照工期延误规定确定合同履行期的人工费用价格指数。

②发承包双方应明确可调价的主要材料范围，应填写《承包人提供可调价主要材料表》作为合同附件。可调价的主要材料工程量按设计图示尺寸确定，施工损耗与预留用量不予考虑。

可调价的主要材料价格的波动幅度及调整办法，按物价变化的条款调整。

③施工机械台班价格允许调整的，可按照机械费用变化条款调整。

④综合单价的人工费、材料费、施工机具使用费经调整后的价差，只计取增值税，且不作为企业管理费、利润调整的计算基础或依据。

⑤双方计算价差的，发承包双方应约定采用的价差计算方法和优先顺序。

4. 发包人提供材料

发包人提供的材料（以下简称"甲供材料"）应按照填写《发包人提供材料一览表》，写明甲供材料的名称、规格、数量、单价、交货方式、交货地点等。

承包人投标时，甲供材料费用按《发包人提供材料一览表》计入分部分项工程费用，但甲供材料费在税前扣除，不计入签约合同价。

承包人应根据工程进度计划的安排，向发包人提交甲供材料交货的日期计划，发包人应按计划提供。

甲供材料如规格、数量或质量不符合合同要求，或由于发包人原因发生交货日期延误、交货地点及交货方式变更等情况的，发包人应承担由此增加的费用和（或）工期延误，并应向承包人支付合理利润。

发承包双方可参照类似工程同类项目材料消耗量，明确计价需要的甲供材料的数量。

发包人要求承包人采购已在招标文件中确定为甲供材料的，材料价格应由发承包双方根据招标采购价格或市场调查，通过补充协议确定，原投标价中已计取甲供材料管理费用的相应扣减。

发包人通过招标方式确定暂估价中材料价格，要求承包人按招标确定的价格与材料供应商签订合同的，发包人应补偿承包人的管理费与利润。

5. 承包人提供材料

除发包人提供的甲供材料外，合同工程所需的材料由承包人提供，承包人提供的材料由承包人负责采购、运输和保管。

承包人应将采购材料的供货人及品种、规格、数量和供货时间等提交发包人确认，并负责提供材料的质量证明文件，满足约定的质量标准。

对承包人提供的材料经检测不符合约定的质量标准，发包人应要求承包人及时采取措施，由此增加的费用和（或）工期延误由承包人承担。对发包人要求检测承包人已具有合格证明的材料，经检测该项材料符合合同约定的质量标准，发包人应承担由此增加的费用和（或）工期延误，并向承包人支付合理利润。

（三）最高投标限价编制

设有最高投标限价的建设工程招标，招标人应编制最高投标限价，并在发布招标文件时公布最高投标限价及其编制依据与方法。

最高投标限价应由具有编制能力的招标人或受其委托的工程造价咨询人编制和复核。工程造价咨询人接受招标人委托编制或复核最高投标限价，不得再就同一工程接受投标人委托编制投标报价。

1. 编制依据

最高投标限价可依据以下内容编制与复核：

（1）建设工程工程量清单计价标准；

（2）招标文件（包括招标工程量清单）；

（3）国家或省级、行业建设主管部门的有关规定；

（4）建设工程设计文件及相关资料；

（5）与建设项目相关的标准、规范、技术资料；

（6）工程特点及编制人拟定的施工方案；

（7）工程计价信息；

（8）其他的相关资料。

2. 综合单价的确定

最高投标限价的综合单价应包括人工费、材料费、施工机具使用费、企业管理费和利润，综合单价分析表应明确各项费用的计算基础、费率和计算方法，并在编制说明中明确其计算方法。

（1）分部分项工程的综合单价应根据拟定的招标文件和招标工程量清单中的特征描述及有关要求确定。

（2）甲供材料按招标文件载明的要求计入分部分项工程费用，并在税前扣除。

（3）材料暂估价应按招标工程量清单载明的单价计入综合单价，并在材料暂估单价及调整表单独列出。

（4）措施项目费根据拟定的招标文件、工程特点及合理的施工方案，以单价计价或总价计价的方法确定其费用，其中安全文明施工费按照规定计算。

（5）其他项目应按下列规定计价：

①暂列金额按招标工程量清单中列出的金额填写；

②专业工程暂估价按招标工程量清单中列出的金额填写；

③计日工金额／价格按招标工程量清单中列出的项目确定；

④总承包服务费根据招标工程量清单列出的内容和要求计算。

（6）增值税应按规定计算。

（四）投标报价

1. 一般要求

投标报价应由投标人或受其委托的工程造价咨询人编制。投标人依据建设工程工程量清单计价标准的规定自主确定投标报价。投标报价不得高于最高投标限价，也不得低于工程成本。

投标人应结合招标时的设计文件和完工交付要求对招标工程量清单进行复核。投标人对招标工程量清单有疑问或异议的，应按照招标文件的规定，及时书面提请招标人澄清。招标人核实后对招标工程量清单进行修正的，投标人按修正后的招标工程量清单填报价格。

采用单价合同的工程，招标文件和招标工程量清单存在错误，或者招标人未对投标人提出的疑问或异议进行澄清或修正，但工程施工合同履行中确实发生的，招标人应承担由此导致投标人增加的费用和（或）延误的工期以及合理利润。

采用总价合同的工程，如招标文件和招标工程量清单本身存在错误，或者投标人对招标文件和招标工程量清单的疑问或异议未提请招标人澄清或修正，投标人应自行承担由此增加的费用和（或）延误的工期。

投标人提出的疑问或异议未被招标人采纳的，投标人应在投标报价中综合考虑其风险费用。

投标工程量清单综合单价以其相应组成项目价格为准。

2. 投标报价的编制依据

投标报价可依据以下内容编制：

（1）建设工程工程量清单计价标准；

（2）招标文件（包括招标工程量清单）及其补充通知、答疑纪要、异议澄清或修正；

（3）建设工程设计文件及相关资料；

（4）与建设项目相关的标准、规范等技术资料；

（5）施工现场情况、工程特点及满足项目要求的施工方案；

（6）投标人企业定额、工程造价数据、自行调查的价格信息等；

（7）其他的相关资料。

3. 投标报价的具体确定

投标报价中包括招标文件中约定由投标人承担的一定范围与幅度内的风险费用，招标文件中没有明确的，可提请招标人明确。

投标人可按建设工程工程量清单计价标准或招标文件提供的综合单价分析表及其计算办法确定综合单价。

（1）分部分项工程项目、单价计价的措施项目的综合单价应根据招标文件和招标工程量清单项目中的特征描述自主确定。

（2）甲供材料、材料暂估价可按建设工程工程量清单计价标准有关规定进行计价。

（3）总价计价的措施项目可根据招标文件和投标时拟定的满足项目要求的施工方案自主确定费用金额，并列出其计算公式。

（4）其他项目按下列规定报价：

①暂列金额按招标工程量清单中列出的金额填写；

②专业工程暂估价按招标工程量清单中列出的金额填写；

③计日工按招标工程量清单中列出的项目和数量，自主确定综合单价并计算计日工金额；

④总承包服务费根据招标文件中提出的需要投标人提供服务的范围、内容、要求及其招标工程量清单的特征描述自主逐项确定，并列出其相应的计算公式。

（5）增值税按规定确定。

招标工程量清单与计价表中列明的所有需要填写单价和合价的项目，投标人均应填写且只允许有一个报价。未填写单价和合价的项目，可视为此项费用已包含在已标价工程量清单中其他相关项目的单价和合价之中，结算时，此项目不得重新组价或调整。

投标总价应当与扣除甲供材料后的分部分项工程费、措施项目费、其他项目费和增值税的合计金额一致。

第三节　工程进度款结算

《基本建设财务规则》（财政部令第81号）第二十七条规定，工程价款结算是指依据基本建设工程发承包合同等进行工程预付款、进度款、竣工价款结算的活动。

一、工程计量

工程计量应以承包人完成合同工程且应予计量的工程数量确定。工程数量应按照相关工程现行国家工程量计算标准或发承包双方约定的工程量计算规则计算。

工程计量周期一般以月为单位，也可选择按其他时间节点、工程形象进度分段计量。

因承包人原因造成的超出合同工程范围施工或返工的工程量，发包人不予计量。

（一）单价合同的计量

单价合同进行计量时，当出现工程量清单缺陷引起工程量增减，或因工程变更引起工程量增减时，按承包人在履行合同义务中实际完成的工程量计算。

承包人应当按照约定的计量周期和时间向发包人提交当期已完工程的计量报告。发包人应在收到报告后7天内核实，并将核实计量结果通知承包人。发包人未在约定时间内进行核实的，承包人提交的计量报告中所列的工程量应视为承包人实际完成的应予计量的工程量。

发包人认为需要进行现场计量核实时，应在计量前24小时通知承包人，承包人应为计量提供便利条件并派人参加。当双方均同意核实结果时，应签字确认。承包人收到通知后不派人参加计量，视为认可发包人的计量核实结果。发包人不按照约定时间通知承包人，致使承包人未能派人参加计量，计量核实结果无效。

当承包人认为发包人核实后的计量结果有误时，应在收到计量结果通知后的7天内向发包人提出书面意见，提供详细的计算资料。发包人收到书面意见后，应在7天内对承包人的计量结果进行复核后通知承包人。承包人对复核计量结果仍有异议的，按照争议解决办法处理。

承包人完成履行合同义务中每个项目的工程量并经发包人核实无误后，发承包双方应对每个项目的历次计量报表进行汇总，以核实最终结算工程量，并在汇总表上签字确认。

（二）总价合同的计量

总价合同工程的工程量应按以下规定计算：

（1）除工程变更以外，总价合同各项目的工程量应为承包人用于结算的最终工程量，由于工程量清单缺陷引起工程量增减的，工程量不作调整；

（2）工程变更引起工程量增减的，按承包人完成变更工程的实际工程量确定。

发承包双方应以经审定批准的设计文件为依据，在约定的时间节点、形象目标或工程进度节点，按照前述单价合同计量的方法进行工程计量。

二、合同价格调整

（一）一般规定

1. 可调整合同价格的情况

下列事项发生，发承包双方可调整合同价格：

（1）工程变更；

（2）工程量清单缺陷；

（3）计日工；

（4）物价变化；

（5）暂估价；

（6）工程索赔；

（7）暂列金额；

（8）发承包双方约定的其他调整事项。

2. 合同价格调整的程序

出现合同价格调增事项（不含工程量清单缺陷、计日工、索赔）后的 14 天内，承包人应向发包人提交合同价格调增报告并附上相关资料；承包人在 14 天内未提交合同价格调增报告的，应视为承包人对该事项不存在调整价格请求。

出现合同价格调减事项（不含工程量清单缺陷、索赔）后的 14 天内，发包人应向承包人提交合同价格调减报告并附相关资料；发包人在 14 天内未提交合同价格调减报告的，应视为发包人对该事项不存在调整价格请求。

发（承）包人在收到承（发）包人合同价格调增（减）报告及相关资料之日起 14 天内对其核实，予以确认的书面通知承（发）包人，未确认也未提出协商意见的，应视为承（发）包人提交的合同价格调增（减）报告已被发（承）包人认可。发（承）包人提出协商意见的，承（发）包人应在收到协商意见后的 14 天内对其核实。

发包人与承包人对合同价格调整不能达成一致意见的，可由总监理工程师或造价工程师在其职权范围内做出暂定结果，双方可继续履行合同义务，直到争议得到处理。

经发承包双方确认调整的合同价格，作为追加（减）合同价格，应与工程进度款和施工过程结算款同期支付。因发包人原因延期支付的，发包人应从应付之日起向承包人支付应付款的利息（利率按全国银行间同业拆借中心公布的贷款市场报价利率〈LPR〉计），并承担违约责任。

3. 工期调整

合同价格调整事项引起工期变化的，发承包人可要求调整合同工期。发承包双方可结合工程实际情况参照类似工程协商调整工期天数。

（二）工程变更

1. 调价的基本原则

因工程变更引起工程量清单项目或其工程数量发生变化时，可按照下列规定调整：

（1）已标价工程量清单中有适用于变更工程项目的，采用该项目的单价；当工程变更导致该清单项目的工程数量发生变化，且工程量变化超过15%时，15%以内部分按照清单项目原有的综合单价计算，15%以外部分由发承包双方根据实施工程的合理成本和投标报价利润协商确定单价。

（2）已标价工程量清单中没有适用但有类似于变更工程项目的，可在合理范围内参照类似项目的单价。

（3）已标价工程量清单中没有适用也没有类似变更工程项目的，由发承包双方根据实施工程的合理成本和投标报价利润协商确定单价。

2. 措施项目费的调整

工程变更引起施工方案改变并使措施项目发生工程范围、建设工期、工程质量、技术标准等实质性内容变化时，合同不利一方提出调整措施项目费的，可事先将拟实施的方案提交合同另一方确认，并应详细说明与原方案措施项目相比的变化情况。拟实施的方案经发承包双方确认后执行，并按照下列规定计量并调整措施项目费：

（1）单价计价的措施项目费，按照工程变更引起的实际发生且应予计量的工程数量乘以确定的单价计算；

（2）总价计价的措施项目费，已有的总价计价的措施项目按投标时计算公式的计算基础增减比例计算，新增的总价计价的措施项目根据实施工程的合理成本和投标报价利润协商计算。

如果合同不利一方未事先将拟实施的施工方案提交给合同另一方确认，则视为工程变更不引起措施项目费的变化或合同不利一方放弃调整措施项目费的权利。

当发包人提出的工程变更因非承包人原因删减了合同中的某项原定工作或工程，致使承包人发生的费用或（和）得到的收益不能被包括在其他已支付或应支付的项目中，也未被包含在任何替代的工作或工程中时，承包人有权提出并应得到合理的费用及利润补偿。

（三）工程量清单缺陷

采用单价合同的工程，若工程实施过程中没有发生变更，承包人应按照发包人提供的招标时的设计文件和工程量清单等实施合同工程。

采用总价合同的工程，已标价工程量清单只是用作参考，与实际施工要求并不一定相符合，承包人应按照发包人提供的招标时的设计文件和相关标准规范实施合同工程。

总价合同履行期间，合同对应的工程范围、建设工期、工程质量、技术标准等实质性内容未发生变化的，合同价格不因招标工程量清单缺陷而调整。

单价合同履行期间，招标工程量清单缺陷经发承包双方确认后，按工程变更的相关规定调整合同价格。

（四）计日工

发包人通知承包人以计日工方式实施的零星项目、零星工作或需要采用计日工单价方式计价的事项，承包人应予执行。

采用计日工计价的任何一项工作，在该项工作实施过程中，承包人按合同约定提交下列报表和有关凭证报送发包人核实：

（1）工作名称、内容和数量；

（2）投入该工作所有人员的姓名、工种、级别和耗用工时；

（3）投入该工作的材料名称、类别和数量；

（4）投入该工作的施工设备型号、台数和耗用台时；

（5）发包人要求提交的其他资料和凭证。

任一计日工项目持续进行时，承包人应在该项工作实施结束后的 24 小时内向发包人提交有计日工记录汇总的计日工签证报告一式三份。发包人在收到承包人提交计日工签证报告后的 2 天内予以确认并将其中一份返还给承包人，作为计日工计价和支付的依据。

任一计日工项目实施结束后，承包人按照确认的计日工签证报告核实该类项目的工程数量，并根据核实的工程数量和已标价工程量清单中的计日工单价计算，提出应付价款。

已标价工程量清单中没有该类计日工单价的，由发承包双方按《建设工程工程量清单计价规范》GB 50500—2013 第 9.3 节的规定商定计日工单价计算。

（五）物价变化

1. 物价变化的调整原则

因人工、材料价格波动影响合同价格时，可按价格指数调差法或价格信息调差法调整合同价格。

承包人采购材料的，其价格波动超过 5% 或约定幅度时，超过部分的价格可按照价格指数调差法或价格信息调差法计算调整材料费。

当承包人采购的主要材料的市场价格出现异常变动，且是发承包双方在合同签订时无法预见的情况下，应按风险合理分担原则，由发承包双方再行协商合同风险幅度或据实调整合同价格。

发生合同工程工期延误的，按照下列规定确定合同履行期的价格调整：

（1）因非承包人原因导致工期延误的，计划进度日期后续工程的价格，采用计划进度日期与实际进度日期两者的较高者；

（2）因承包人原因导致工期延误的，计划进度日期后续工程的价格，采用计划进度日期与实际进度日期两者的较低者。

发包人供应材料的，由发包人按照实际变化调整，但不列入合同价格内。

施工机具使用费允许调整的，其中允许调整的内容，当价格波动超过 5% 时，超过部分的价格可按照价格指数调差法或价格信息调差法计算调整。

2. 价格指数调差法

（1）价格指数调差公式

因人工、材料价格波动影响合同价格时，根据招标人提供的《承包人提供可调价主要材料表》，并在投标函附录中的价格指数和权重表约定的数据，应按下式计算差额并调整合同价格：

$$\Delta P = P_0 \left[A + \left(B_1 \times \frac{F_{t1}}{F_{01}} + B_2 \times \frac{F_{t2}}{F_{02}} + B_3 \times \frac{F_{t3}}{F_{03}} + \cdots + B_n \times \frac{F_{tn}}{F_{0n}} \right) - 1 \right] \tag{8-3}$$

式中 ΔP——需调整的价格差额；

P_0——约定的付款证书中承包人应得到的已完成工程量的金额。此项金额应不包括价格调整、不计质量保证金的扣留和支付、预付款的支付和扣回。约定的变更及其他金额已按现行价格计价的，也不计在内；

A——定值权重（即不调部分的权重）；

B_1、B_2、B_3、$\cdots$、B_n——各可调因子的变值权重（即可调部分的权重），为各可调因子在投标函投标总报价中所占的比例；

F_{t1}、F_{t2}、F_{t3}、$\cdots$、F_{tn}——各可调因子的现行价格指数，指约定的付款证书相关周期最后一天的前 42 天的各可调因子的价格指数；

F_{01}、F_{02}、F_{03}、$\cdots$、F_{0n}——各可调因子的基本价格指数，指基准日期的各可调因子的价格指数。如合同约定允许价格波动幅度的，基本价格指数应予以考虑此波动幅度系数。

以上价格指数调差公式中的各可调因子、定值和变值权重，以及基本价格指数及其来源由发包人根据工程情况测算确定其范围，并在投标函附录价格指数和权重表中约定，承包人有异议的，应在投标前提请发包人澄清或修正。价格指数的来源或确定方式方法由发承包双方约定。

（2）暂时确定调整差额。在计算调整差额时得不到现行价格指数的，可暂用上一次价格指数计算，并在以后的付款中再按实际价格指数进行调整。

（3）权重的调整。约定的变更导致原定合同中的权重不合理时，由承包人和发包人协商后进行调整。

（4）承包人工期延误后的价格调整。由于承包人原因未在约定的工期内竣工的，对原约定竣工日期后继续施工的工程，在使用价格调整公式时，应采用原约定竣工日期与实际竣工日期的两个价格指数中较低的一个作为现行价格指数。

（5）当变值权重未约定时，人工费、可调主要材料的变值权重宜采用最高投标限价的相应权重比例。

（6）施工期间因市场价格波动形成多次价格指数的，可采用允许调整的期间内的价格指数平均值，或价格指数与相应已完工程量的加权平均值，或主要用量施工期间的价格指数作为调整公式使用的价格指数。发承包应约定采用何种方法，或不同情况下采用方法的优先顺序。

（7）单独计算人工费调整价格差额时，应将除人工费以外的费用均列入定值权重的方式计算。单独计算材料费调整价格差额时，应将可调差材料以外的费用列入定值权重的方式计算。

3. 价格信息调差法

（1）价格信息调差公式

因材料价格波动影响合同价格时，根据招标人提供的《承包人提供可调价主要材料表》，并在投标函附录中的价格指数和权重表约定的数据，应按下式计算差额并调整合同价格：

$$\Delta P = (\Delta C - C_o \times r) \times Q，其中 |\Delta C| > |C_o \times r| \tag{8-4}$$

$$\Delta C = C_i (i=1, \cdots, n) - C_o$$

式中 ΔP——价差调整费用，系按调价周期计算的当次费用；

        ΔC——材料价格差；

        C_0——基准价，指发包人确定最高投标限价时所采用的市场价格或者工程造价管理机构发布的当季（月）度信息价，或同类项目、同期（前1个月内）同条件、项目所在地级市以上交易中心公布的招标中标价；招标人应在招标文件中明确基准价（C_0）采用的价格、发布机构和具体季（月）等信息；

        C_i——价格信息，指经发承包双方确认的采购价格，或工程造价管理机构发布的当季（月）度信息价，或同类项目、同期（前1个月内）同条件、项目所在地级市以上交易中心公布的招标中标价；

        Q——调整材料的数量，指可调差的材料数量，可按图示尺寸确定，施工损耗与预留用量不予考虑。可调差材料数量采用其他计算方法的，应在招标文件和合同专用条款中细化明确；

        r——风险幅度系数。当 $\Delta C>0$ 时，r 为正值，当 $\Delta C<0$ 时，r 为负值；

        i——指采购时间。

以上价格信息调差公式中的基准价（C_0）采用的价格、价格信息的来源及其确认、可调差的材料数量的确认、风险幅度系数的确认等由发包人根据工程情况测算确定，并在招标文件明确，承包人有异议的，应在投标前提请发包人澄清或修正。价格信息（C_i）应首先采用经发包人核实的，有相应的合法支撑依据的实际采购材料价格，分批采购时按权重取平均值计算。

（2）暂时确定调整差额。在计算调整差额时，得不到价格信息或者发承包双方争议较大的，可暂用工程造价管理机构发布的价格信息计算，并在以后的付款中再按实际价格信息进行调整。

（3）材料价格变化按照发包人提供的《承包人提供可调价主要材料表》，由发承包双方约定的风险范围按下列规定调整合同价格。

①承包人投标报价中材料单价低于基准单价：施工期间材料单价涨幅以基准单价为基础超过合同约定的风险幅度值，或材料单价跌幅以投标报价为基础超过合同约定的风险幅度值时，其超过部分按实调整；

②承包人投标报价中材料单价高于基准单价：施工期间材料单价跌幅以基准单价为基础超过合同约定的风险幅度值，或材料单价涨幅以投标报价为基础超过合同约定的风险幅度值时，其超过部分按实调整；

③承包人投标报价中材料单价等于基准单价：施工期间材料单价涨、跌幅以基准单价为基础超过合同约定的风险幅度值时，其超过部分按实调整；

④承包人应在采购材料前将采购数量和新的材料单价报送发包人核对，确认用于本合同工程时，发包人应确认采购材料的数量和单价。发包人在收到承包人报送的确认资料后3个工作日不予答复的视为已经认可，作为调整合同价格的依据。如果承包人未报经发包人核对即自行采购材料，再报发包人确认调整合同价格的，如发包人不同意，则不作调整。

（六）暂估价

发包人在招标工程量清单中给定材料暂估价和专业工程暂估价属于依法必须招标的，

应以招标确定的价格为依据取代暂估价，调整合同价格。

发包人在招标工程量清单中给定材料暂估价不属于依法必须招标的，应由承包人进行采购定价或自主报价（承包人自产自供的），经发包人确认单价后取代暂估价，调整合同价格。

发包人在招标工程量清单中给定暂估价的专业工程不属于依法必须招标的，按照工程变更相关规定确定专业工程价款，并以此为依据取代专业工程暂估价，调整合同价格。

进行材料、专业工程暂估价招标，由承包人作为招标人时，其组织招标工作有关的费用应当被认为已经包括在承包人的签约合同价（投标总报价）中，需要发包人配合的费用由发包人自行承担。由发包人作为招标人时，与组织招标工作有关的费用由发包人承担，需要承包人配合的，应在总承包服务费计列支付给承包人。

承包人参加暂估专业工程的投标并中标的，对专业工程提供施工管理、协调配合、工程照管、成品半成品保护、竣工资料汇总整理等服务所需的费用应包含在中标价格中，已经计列在总承包服务费总额中的暂估专业工程的单项总承包服务费应予扣减。

（七）工程索赔

工程索赔通常是指在工程合同履行过程中，合同当事人一方因对方不履行或未能正确履行合同或者由于其他非自身因素而受到经济损失或权利损害，通过合同规定的程序向对方提出经济或时间补偿要求的行为。索赔是一种正当的权利要求，它是合同当事人之间一项正常的而且普遍存在的合同管理业务，是一种以法律和合同为依据的合情合理的行为。

1. 索赔成立的前提条件

索赔的成立，应该同时具备以下三个前提条件：

（1）与合同对照，事件已造成了承包人工程项目成本的额外支出，或直接工期损失。

（2）造成费用增加或工期损失的原因，按合同约定不属于承包人的行为责任或风险责任。

（3）承包人按合同规定的程序和时间提交索赔意向通知和索赔报告。

以上三个条件必须同时具备，缺一不可。

工程索赔事件主要包括法律法规与政策变化、不可抗力、提前竣工（赶工）、工期延误等。

2. 法律法规与政策变化

因法律法规与政策变化事件导致的工程索赔，发承包双方按下列原则分别承担并调整合同价格：

（1）招标工程以投标截止日前28天、非招标工程以合同签订前28天为基准日，其后因法律法规与政策发生变化引起工程造价增减变化的，发承包双方按照省级或行业建设主管部门或其授权的工程造价管理机构发布的规定调整合同价格；

（2）因承包人原因导致工期延误的，按规定的调整时间，在工期延误期间出现法律法规与政策变化的，合同价格调增的不予调整，合同价格调减的予以调整；

（3）因非承包人原因导致工期延误的，按规定的调整时间，在工期延误期间出现法律法规与政策变化的，合同价格调减的不予调整，合同价格调增的予以调整。

3. 不可抗力的情况

根据《中华人民共和国民法典》第一百八十条第二款的规定，不可抗力是不能预见、不能避免且不能克服的客观情况。

因不可抗力事件导致的工程索赔，发承包双方按下列原则分别承担并调整合同价格和工期：

（1）永久工程、已运至施工现场的材料的损坏，以及因工程损坏造成的第三人人员伤亡和财产损失由发包人承担；

（2）承包人施工设备的损坏由承包人承担；

（3）发包人和承包人承担各自人员伤亡和财产的损失；

（4）因不可抗力影响承包人履行合同约定的义务，已经引起或将引起工期延误的，应当顺延工期，由此导致承包人停工的费用损失由发包人和承包人合理分担，但停工期间必须支付的施工场地必要的人员工资由发包人承担；

（5）因不可抗力引起或将引起工期延误，发包人要求赶工的，由此增加的赶工费用由发包人承担；

（6）承包人在停工期间按照发包人要求照管、清理和修复工程的费用由发包人承担；

（7）其他情形按法律法规规定执行。

因发承包一方原因导致工期延误，且在延长的工期内遭遇不可抗力的，不可抗力事件产生的损失由责任方负责。发承包双方对工期延误均有责任的，且在延长的工期内遭遇不可抗力的，按双方过错比例另行协商承担责任。合同工期内会遭遇不可抗力的，按照上述规定调整合同价格和工期。

4. 提前竣工

因提前竣工（赶工）事件导致的工程索赔，发承包双方按下列原则分别承担并调整合同价格和工期：

（1）发承包双方应约定提前竣工费用的计算方法或金额和补偿费用上限；

（2）发包人要求合同工程提前竣工的，应征得承包人同意后与承包人商定采取加快工程进度的措施，并应修订合同工程进度计划。发包人应承担承包人由此增加的提前竣工（赶工补偿）费用。

5. 工期延误的情形

当发生工期延误事件时，应判断该事件是否发生在关键线路上，按以下方式计算索赔的工期：

①延误的工作为关键工作，则延误的时间为索赔的工期；

②延误的工作为非关键工作，当该工作由于延误超过时差限制而成为关键工作时，可索赔延误时间与时差的差值；

③工作延误后仍为非关键工作，则不存在工期索赔。

（1）承包人原因

因承包人原因延误工期导致的工程索赔，发承包双方按下列原则分别承担并调整合同价格和工期：

①发承包双方应约定误期赔偿费的计算方法或金额和赔偿费用上限；

②合同工程发生误期，承包人应赔偿发包人由此造成的损失，并应向发包人支付误期赔偿费。即使承包人支付误期赔偿费，也不能免除承包人应承担的责任和应履行的义务；

③在工程竣工之前，合同工程内的某单项（位）工程已通过了竣工验收，且该单项（位）工程接收证书中表明的竣工日期并未延误，而是合同工程的其他部分产生了工期延误时，误期赔偿费按照已颁发工程接收证书的单项（位）工程造价占合同价格的比例幅度予以扣减。

（2）非承包人原因

因非承包人原因延误工期导致的工程索赔，除工期可以顺延外，承包人可根据费用损失情况向发包人提出以下费用索赔：

①已进场人员无法进行施工的人员窝工费用；

②已进场无法投入使用的材料损失费用；

③已进场无法进行施工的机械设备停滞费用；

④由于工期延长增加的措施项目费；

⑤由于工期延长增加的管理费用。

因发生工程索赔事件导致合同解除的，按后续合同解除的方法进行处理。

（3）索赔的程序

当合同一方向另一方提出工程索赔时，应有正当的工程索赔理由和有效证据。

发生工程索赔事件后，合同当事人均应采取措施尽量避免和减少损失的扩大，任何一方当事人没有采取有效措施导致损失扩大的，应对扩大的损失承担责任。

非承包人原因发生的事件造成承包人损失时，承包人可按下列程序向发包人提出工程索赔：

①承包人应在知道或应当知道工程索赔事件发生后28天内，向发包人提交工程索赔意向通知书，说明发生工程索赔事件的事由。承包人逾期未发出工程索赔意向通知书的，丧失索赔的权利；

②承包人应在发出工程索赔意向通知书后28天内，向发包人正式提交工程索赔报告。工程索赔报告应详细说明索赔理由和要求，并附必要的记录和证明材料；

③工程索赔事件具有连续影响的，承包人应按合理时间间隔继续提交延续工程索赔通知，说明连续影响的实际情况和记录以及要求；

④在工程索赔事件影响结束后的28天内，承包人应向发包人提交最终工程索赔报告，说明最终工程索赔要求，并附必要的记录和证明材料。

（4）承包人索赔的处理

对承包人的工程索赔应按下列程序处理：

①发包人收到承包人的工程索赔报告后，应及时查验承包人的记录和证明材料；

②发包人应在收到工程索赔报告或有关工程索赔的进一步证明材料后的28天内，将工程索赔处理结果答复承包人，如果发包人逾期答复或逾期未作出答复，视为承包人工程索赔要求已被发包人认可；

③承包人接受工程索赔处理结果的，工程索赔款项应作为增加合同价款，在当期进度款、施工过程结算款、竣工结算款中进行支付；承包人不接受工程索赔处理结果的，应按

行业标准规定的争议解决方式办理。

承包人要求赔偿时，可以选择下列一项或几项方式获得赔偿：

①延长工期；

②要求发包人支付实际发生的额外费用；

③要求发包人支付合理的预期利润；

④要求发包人按合同的约定支付违约金。

当承包人的费用索赔与工期索赔要求相关联时，发包人在做出费用索赔的批准决定时，应结合工程延期，综合做出费用赔偿和工程延期的决定。

发承包双方在办理了竣工结算后，应被认为承包人已无权再提出竣工结算前所发生的任何工程索赔。承包人在提交的最终结清申请中，只限于提出竣工结算后的工程索赔，提出工程索赔的期限应自发承包双方最终结清时终止。

（5）发包人索赔的处理

发包人认为由于承包人的原因造成发包人的损失，应按承包人索赔和处理的程序进行索赔和处理。发包人不接受工程索赔处理结果的，应按行业标准规定的争议解决方式办理。

发包人要求赔偿时，可以选择下列一项或几项方式获得赔偿：

①延长质量缺陷修复期限；

②要求承包人支付实际发生的额外费用；

③要求承包人按合同的约定支付违约金。

承包人应付给发包人的工程索赔金额可从拟支付给承包人的合同价款中扣除，或由承包人以其他方式支付给发包人。

（八）暂列金额

已签约合同价中的暂列金额应由发包人掌握使用。

发包人支付后，暂列金额余额应归发包人所有。

三、合同价款期中支付

（一）预付款

承包人应将预付款专用于施工前发生的必要费用。发包人不得向承包人收取预付款的利息。

预付款支付比例不应低于国家有关部门发布的建设工程价款结算办法规定的比例。对重大工程项目，应按年度工程进度计划逐年预付。

在具备施工条件的前提下，发包人应在双方签订合同后不迟于约定开工日期 7 天前预付工程款，发包人不按约定预付，承包人应在预付时间到期后 10 天内向发包人发出要求预付的通知，发包人收到通知后仍不按要求预付，承包人在发出通知 14 天后有权暂停施工，发包人应从约定应付之日起向承包人支付应付款的利息（利率按全国银行间同业拆借中心公布的贷款市场报价利率〈LPR〉计），并承担违约责任。

预付款的抵扣，可选择当累计支付达到合同总价的一定比例后一次扣回或分次扣回的方式。选择分次扣回方式的，预付款可从每一个支付期应支付给承包人的工程进度款、施工过程结算款中按比例扣回，直到扣回的金额达到合同约定的预付款金额为止。提前解除合同的，尚未扣完的预付款应与合同价款一并结算。

（二）安全文明施工费

安全文明施工费包括的内容和使用范围，应符合国家、省级、行业建设主管部门有关文件和工程量计算标准的规定。

发包人应在开工后 28 天内预付安全文明施工费总额的 50% 给承包人，其余部分应按照提前安排的原则进行分解，并与工程进度款同期支付。

发包人没有按时支付安全文明施工费的，承包人可催告发包人支付；发包人在付款期满后的 7 天内仍未支付的，承包人有权暂停施工，发包人应承担违约责任。

承包人对安全文明施工费应专款专用，应在财务账目中单独列项备查，不得挪作他用，否则发包人有权责令其限期改正；逾期未改正的，可以责令其暂停施工，由此增加的费用和（或）延误的工期由承包人承担。

（三）进度款

发承包双方应按照约定的时间、程序和方法，根据工程计量结果，支付进度款。

进度款支付周期可按时间或按工程形象进度目标划分阶段节点，并与工程计量周期一致。

1. 单价合同的情况

单价合同工程，其分部分项工程项目和单价计价的措施项目应按照工程计量确认的工程量与综合单价计算，列入本期应支付的进度款中。综合单价发生调整的，以发承包双方确认的综合单价计算进度款。

单价合同工程，其总价计价的措施项目应按照支付分解方式计算，列入本期应支付的进度款中。支付分解方式，应以合同总价为基础，按照进度节点实际完成工程量占总工程量的比例支付进度款。

当招标时的设计文件进行方案优化和设计深化后，经过重新计量的单价合同工程，宜按照总价合同的条款支付进度款。

2. 总价合同的情况

总价合同工程，应按照约定的时间或形象进度节点及其支付分解方式支付进度款。支付分解方式，应以合同总价为基础，按照进度节点实际完成工程量占总工程量的比例支付进度款。

3. 其他费用的支付

其他项目费应按下列规定进行支付：

（1）总承包服务费应按服务事项的计算方式计算总承包服务费，并按当期确认的非承包人自行施工的专业工程造价和甲供材料总额的进场比例进行支付；

（2）专业工程暂估价应按当期发包人确认的专业工程项目的金额进行支付。

发包人提供的甲供材料金额，应按照发包人签约提供的单价和数量从税前扣除，不列入进度款支付金额中。

发包人确认的合同价格调整金额应列入当期支付的进度款中，并同期支付。

增值税应按规定计算并列入当期支付的进度款中，并同期支付。

4. 成本加酬金合同

成本加酬金合同，可按当期确认的工程量根据合同约定的计价方式计算相应的工程成本和酬金以及增值税进行支付。

5.进度款的支付

发包人支付进度款的比例，按进度价款总额计，不应低于80%。

承包人应在每个计量周期到期后的7天内向发包人提交已完工程进度款支付申请一式四份，详细说明此周期认为有权得到的款额，包括分包人已完工程的价款。支付申请应包括下列内容：

（1）本周期已完成的工程价款：

①本周期已完成的合同项目金额；

②本周期应增加和扣减的变更金额；

③本周期应增加和扣减的索赔金额；

④本周期应增加和扣减的其他合同价格调整金额。

（2）本周期应扣减的返还预付款。

（3）本周期应扣减的质量保证金。

（4）本周期应增加和扣减的其他金额。

（5）本周期应支付的金额。

发包人应在收到承包人进度款支付申请后的14天内，对申请内容予以核实，确认后向承包人出具进度款支付证书并在支付证书签发后14天内支付进度款。若发承包双方对部分清单项目的计量结果出现争议，发包人应对无争议部分的工程计量结果向承包人出具进度款支付证书并支付进度款。

发包人逾期不支付工程进度款，承包人应及时向发包人发出要求付款的通知，发包人收到承包人通知后仍不能按要求付款，可与承包人协调签订延期付款协议，经承包人同意后可延期付款，协议应明确延期支付的时间和在应付期限逾期之日起计算应付的利息（利率按同期全国银行间同业拆借中心公布的贷款市场报价利率〈LPR〉计）。

发包人不按约定支付进度款，双方未达成延期协议，导致施工无法进行，承包人有权暂停施工，发包人应承担由此增加的费用和延误的工期，向承包人支付合理利润，并承担违约责任。

在对已签发的进度款支付证书进行阶段汇总和复核中发现错误、遗漏或重复的，发包人和承包人均有权提出修正申请。经发包人和承包人同意的修正，应在下期进度付款或施工过程结算付款中支付或扣除。

四、结算与支付

工程结算应由承包人或受其委托的工程造价咨询人编制，并应由发包人或受其委托的工程造价咨询人核对。

委托工程造价咨询人进行工程结算编制或核对的，当发承包双方或一方对工程造价咨询人出具的结算文件有异议时，可向有关部门或机构申请执业质量鉴定。

（一）施工过程结算

1.过程结算的依据

编制施工过程结算应依据：

（1）建设工程工程量清单计价标准；

（2）工程施工合同及补充协议；

（3）建设工程设计文件及相关资料；

（4）工程招标投标文件（包括工程量清单及其综合单价）；

（5）经确认的工程变更、计日工、工程索赔等资料；

（6）发承包双方已确认应计入当期施工过程结算的工程量及其施工过程结算的合同价款；

（7）发承包双方已确认应计入当期施工过程结算的调整后追加（减）的施工过程结算的合同价款；

（8）其他相关依据及资料。

发承包双方已确认应计入当期施工过程结算的合同价格调整金额应列入施工过程结算款，并同期支付。

经发承包双方签署认可的施工过程结算文件，应作为竣工结算文件的组成部分，竣工结算不应再重新对该部分工程内容进行计量计价。

施工过程结算款的支付最低比例应在合同中予以约定。

2. 过程结算的程序

施工过程结算节点工程完工后14天内，承包人应向发包人提交本结算周期施工过程结算文件。承包人未提交施工过程结算文件，经发包人催告后14天内仍未提交或没有明确答复的，发包人有权根据已有资料编制施工过程结算文件，作为办理施工过程结算和支付施工过程结算款的依据，承包人应予以认可。

施工过程结算的核实、复核、异议争议解决、确认等程序要求与时限应按竣工结算的程序解决。

承包人提交施工过程结算文件时，应同时提交计量、计价工程相应的自检质量合格证明材料和满足合同要求的相应验收资料。施工过程验收不代替竣工验收，不能免除或减轻竣工验收时发现因承包人原因导致工程质量不合格承包人应予以整改的义务，也不影响缺陷责任期周期及质量保修期周期。

施工过程结算确定后，承包人应根据办理的施工过程结算文件向发包人提交施工过程结算款支付申请。支付申请应包括下列内容：

（1）累计已完成的施工过程结算款；

（2）累计已支付的施工过程结算款；

（3）本节点合计完成的过程结算款：

①本节点已完成的分部分项工程费的金额；

②本节点已完成的措施项目费的金额；

③本节点已完成的其他项目费的金额；

④本节点应增加的金额；

⑤本节点应支付的增值税。

（4）本节点合计应扣减的金额：

①本节点应扣回的预付款；

②本节点扣回的已支付进度款；

③本节点应扣减的金额。

（5）本节点应支付的施工过程结算款。

施工过程结算款支付申请后的核实、签发、支付应按竣工结算相关程序办理。

发包人未按照约定支付施工过程结算款的，承包人可催告发包人支付，并有权获得延迟支付的利息。发包人在施工过程结算支付证书签发后或者在收到承包人提交的施工过程结算款支付申请 7 天后的 56 天内仍未支付的，应按进度款结算的规定办理。

（二）竣工结算

《基本建设财务规则》（财政部令第 81 号）第二十七条规定，工程价款结算是指依据基本建设工程发承包合同等进行工程预付款、进度款、竣工价款结算的活动。第二十八条规定，项目建设单位应当严格按照合同约定和工程价款结算程序支付工程款。竣工价款结算一般应当在项目竣工验收后 2 个月内完成，大型项目一般不得超过 3 个月。

工程完工后，发承包双方应在约定的时间内办理工程竣工结算。

1. 竣工结算的依据

编制工程竣工结算应依据：

（1）《建设工程工程量清单计价规范》GB 50500—2013；

（2）工程施工合同及补充协议；

（3）发承包双方已确认的施工过程结算价款；

（4）发承包双方实施过程中已确认的工程量及其结算的合同价款；

（5）发承包双方实施过程中已确认调整后追加（减）的合同价款；

（6）建设工程设计文件及相关资料；

（7）工程招标投标文件；

（8）其他相关依据。

2. 竣工结算的程序

合同工程完工后，承包人应在经发承包双方确认的施工过程结算的基础上，补充完善相关质量合格证明等资料，汇总编制完成竣工结算文件，在提交竣工验收申请的同时向发包人提交竣工结算文件。

承包人未在约定的时间内提交工程竣工结算文件，经发包人催告后 14 天内仍未提交或没有明确答复的，发包人有权根据已有资料编制竣工结算文件，作为办理竣工结算和支付结算款的依据，承包人应予以认可。

发包人应在收到承包人提交的竣工结算文件后的 14 天内核对。发包人经核实，认为承包人还应进一步补充资料和修改结算文件，应在上述时限内向承包人提出核实意见，承包人在收到核实意见后的 14 天内应按照发包人提出的合理要求补充资料，修改竣工结算文件，并应再次提交给发包人复核后批准。

发包人应在收到承包人再次提交的竣工结算文件后的 14 天内予以复核，将复核结果通知承包人，并应遵守下列规定：

（1）发包人、承包人对复核结果无异议的，应在 7 天内在竣工结算文件上签字确认，竣工结算办理完毕；

（2）发包人或承包人对复核结果认为有误的，无异议部分按照规定办理不完全竣工结算；有异议部分由发承包双方协商解决；协商不成的，应按照争议解决方式处理。

发包人在收到承包人竣工结算文件后的 14 天内，不核对竣工结算或未提出核对意见的，应视为承包人提交的竣工结算文件已被发包人认可，竣工结算办理完毕。

承包人在收到发包人提出的核实意见后的 14 天内，不确认也未提出异议的，应视为发包人提出的核实意见已被承包人认可，竣工结算办理完毕。

发包人委托工程造价咨询人核对竣工结算的，工程造价咨询人应在 14 天内核对完毕，核对结论与承包人竣工结算文件不一致的，应提交给承包人复核；承包人应在 14 天内将同意核对结论或不同意见的说明提交工程造价咨询人。工程造价咨询人收到承包人提出的异议后，应再次复核，复核无异议的，应签字确认办理，复核后仍有异议的，按争议的规定办理。

承包人在收到核对结论后的 28 天内，未提出书面异议的，应视为工程造价咨询人核对的竣工结算文件已经承包人认可。

经发包人或发包人委托的工程造价咨询人指派的专业人员与承包人指派的专业人员核对后无异议的竣工结算文件，发承包人应签名并盖章确认。如其中一方不签认的，按下列规定办理：

（1）发包人不签认的，承包人可不提供竣工验收备案资料，并有权拒绝与发包人或其上级部门委托的工程造价咨询人重新核对竣工结算文件；

（2）承包人不签认的，发包人要求办理竣工验收备案的，承包人不得拒绝提供竣工验收资料，否则，由此造成的损失，承包人承担相应责任。

合同工程竣工结算核对完成，发承包双方签字并盖章确认后，发包人不得要求承包人与另一个或多个工程造价咨询人重复核对竣工结算。不得以工程审计为由拖延竣工结算时间，不得以审计结果作为竣工结算依据。

3. 质量争议的处理

因承包人原因导致工程质量不合格的，发包人可要求承包人整改合格；承包人经整改不合格或不整改的，发包人可要求承包人支付违约金或者赔偿修理、返工、改建的合理费用。

发包人对工程质量有异议，拒绝办理工程竣工结算的，已竣工验收或已竣工未验收但发包人擅自使用的工程，其质量争议应按该工程保修合同或合同中有关保修条款执行，竣工结算应按合同约定办理；已竣工未验收且未实际投入使用的工程以及停工、停建工程的质量争议，双方应就有争议的部分委托有资质的检测鉴定机构进行检测，并应根据检测结果确定解决方案，或按工程质量监督机构的处理决定执行后办理竣工结算，无争议部分的竣工结算应按合同约定办理。

4. 竣工结算的办理

竣工结算确定后，承包人应根据办理的竣工结算文件向发包人提交竣工结算款支付申请。

申请包括下列内容：

（1）竣工结算合同价款总额；

（2）累计已实际支付的合同价款；

（3）应预留的质量保证金或保函；

（4）实际应支付的竣工结算款金额。

发包人应在收到承包人提交竣工结算款支付申请后7天内予以核实，向承包人签发竣工结算支付证书。

发包人签发竣工结算支付证书后的14天内，应按照竣工结算支付证书列明的金额向承包人支付结算款。

发包人在收到承包人提交的竣工结算款支付申请后7天内不予核实，不向承包人签发竣工结算支付证书的，视为承包人的竣工结算款支付申请已被发包人认可；发包人应在收到承包人提交的竣工结算款支付申请7天后的14天内，按照承包人提交的竣工结算款支付申请列明的金额向承包人支付结算款。

发包人未按照合同约定支付竣工结算款的，承包人可催告发包人支付，并有权获得延迟支付的利息。

发包人在竣工结算支付证书签发后或者在收到承包人提交的竣工结算款支付申请7天后的56天内仍未支付的，除法律法规另有规定外，承包人可与发包人协商将该工程折价，也可直接向人民法院申请将该工程依法拍卖。承包人有权就该工程折价或拍卖的价款优先受偿。

（三）合同解除结算

发承包双方协商一致解除合同的，应按照达成的协议办理结算和支付合同价款。

1. 不可抗力的情形

因不可抗力导致合同无法履行连续超过84天或累计超过140天的，发包人和承包人均有权解除合同。合同解除后，发承包人应商定或确定发包人应当支付的款项，该款项包括：

（1）合同解除前承包人已完成工作的价款；

（2）承包人为合同工程合理订购的并已交付的，或承包人有责任接受交付的材料和其他物品的价款；

（3）发包人要求承包人退货或解除订货合同而产生的费用，或因不能退货或解除合同而产生的损失；

（4）承包人撤离施工现场以及遣散承包人人员的费用；

（5）在合同解除前应支付给承包人的其他款项；

（6）扣减承包人应向发包人支付的款项；

（7）双方商定或确定的其他款项。

发包人应在商定或确定上述款项后28天内完成上述款项的支付。当发包人应扣除的金额超过了应支付的金额，承包人应在合同解除后的56天内将其差额退还给发包人。

2. 承包人违约的情况

因承包人违约解除合同的，发包人应暂停向承包人支付任何价款。发包人应在合同解除后28天内核实合同解除时承包人已完成工作对应的合同价格，以及按施工进度计划已运至现场的材料货款，核算承包人应支付的违约金以及给发包人造成损失或损害的索赔金额，并将结果通知承包人。

发承包双方应在28天内予以确认或提出意见，并应办理结算合同价格。

如果发包人应扣除的金额超过了应支付的金额,承包人应在确认合同结算价格后的56天内将其差额退还给发包人。发承包双方不能就解除合同后的结算达成一致的,可按照《建设工程工程量清单计价规范》GB 50500—2013规定的争议解决方式处理。

3. 发包人违约的情况

因发包人违约解除合同的,发包人除应按照规定向承包人支付各项价款以及退还质量保证金外,应核算发包人应支付的违约金以及给承包人造成损失或损害的索赔金额费用。该笔费用应由承包人提出,发包人核实后应与承包人协商确定后的7天内向承包人签发支付证书。协商不能达成一致的,可按照争议解决方式处理。

(四)质量保证金

发包人应按照承包人提供质量保证金的方式和质量保证金预留方式预留质量保证金,累计预留的质量保证金和以银行保函替代保证金的保函金额不得超过工程价款结算总额的3%。承包人已经提供履约担保的,在工程项目竣工前发包人不得同时预留工程质量保证金。采用工程质量保证担保、工程质量保险等其他保证方式的,发包人不得再预留保证金。

缺陷责任期内,由承包人原因造成的缺陷,承包人应负责维修,并承担鉴定及维修费用。

如承包人不维修也不承担费用,发包人可从质量保证金或质量担保保函中扣除,费用超出保证金额的,发包人可向承包人进行索赔。承包人维修并承担相应费用后,不免除对工程的损失赔偿责任。

由他人原因造成的缺陷,发包人负责组织维修,承包人不承担费用,且发包人不得从保证金中扣除费用。

在缺陷责任期终止后,发包人应按合同约定将质量担保保函或剩余的质量保证金返还给承包人,不得计算利息。

(五)最终结清

缺陷责任期终止后7天内,承包人应向发包人提交最终结清申请单和相关证明材料。最终结清申请单应列明预留的质量保证金或银行保函、缺陷责任期内发生的修复费用、最终结清款。

最终结清款应等于预留的质量保证金减去缺陷责任期内发生的应由承包人承担的修复费用并加上尚未付清的工程结算价款。预留的质量保证金或银行保函不足以抵减缺陷责任期内发生的应由承包人承担的修复费用的,承包人应承担不足部分的补偿责任。

发包人对最终结清申请单内容有异议的,可要求承包人进行修正和提供补充资料,承包人应向发包人提交修正后的最终结清申请单。

发包人应在收到承包人提交的最终结清申请单后14天内完成审批并向承包人签发最终结清支付证书。发包人逾期未完成审批,又未提出修改意见的,视为发包人同意承包人提交的最终结清申请单,且自发包人收到承包人提交的最终结清申请单后15天起视为已签发最终结清支付证书。

发包人应在签发最终结清支付证书后7天内完成支付。发包人逾期支付的,按照全国银行间同业拆借中心公布的贷款市场报价利率(LPR)支付利息;逾期支付超过56天的,按照全国银行间同业拆借中心公布的贷款市场报价利率(LPR)的两倍支付违约金。

承包人对发包人支付的最终结清款有异议的，应按争议解决方式处理。

第四节　工程项目费用核算、控制与分析

一、工程项目费用核算

（一）工程项目费用核算的概念

工程项目费用核算包括两个基本环节：一是按照规定的费用开支范围对工程项目费用进行归集和分配，计算出工程费用的实际发生额；二是根据费用核算对象，采用适当的方法，计算出该项目的总费用和单位费用。工程项目费用管理需要正确及时地核算施工过程中发生的各项费用，计算工程项目的实际费用。工程项目费用核算所提供的各种费用信息，是费用预测、费用计划、费用控制、费用分析和费用考核等各个环节的依据。

工程费用一般以单位工程为费用核算对象，但也可以按照承发包工程项目的规模、工期、结构类型等情况，结合费用管理要求，灵活划分费用核算对象。

（二）工程项目费用核算的内容

1. 会计核算

会计核算主要是价值核算。会计是对一定单位的经济业务进行计量、记录、分析和检查，做出预测，参与决策，实行监督，旨在实现最优经济效益的一种管理活动。它通过设置账户、复式记账、填制和审核凭证、登记账簿、成本计算、财产清查和编制会计报表等一系列有组织有系统的方法，来记录企业的一切生产经营活动，然后据以提出一些用货币来反映的有关各种综合性经济指标的数据。资产、负债、所有者权益、营业收入、成本、利润会计六要素指标，主要是通过会计来核算。由于会计记录具有连续性、系统性、综合性等特点，所以它是工程费用分析的重要依据。

2. 业务核算

业务核算是各业务部门根据业务工作的需要而建立的核算制度，它包括原始记录和计算登记表，如单位工程及分部分项工程进度登记、质量登记、工效、定额计算登记、物资消耗定额记录，测试记录等。业务核算的范围比会计、统计核算要广，会计和统计核算一般是对已经发生的经济活动进行核算，而业务核算，不但可以对已经发生的，而且还可以对尚未发生或正在发生的经济活动进行核算，看是否可以做，是否有经济效果。它的特点是，对个别的经济业务进行单项核算。例如，各种技术措施、新工艺等项目，可以核算已经完成的项目是否达到原定的目的，取得预期的效果，也可以对准备采取措施的项目进行核算和审查，看是否有效果，值不值得采纳，随时都可以进行。业务核算的目的，在于迅速取得资料，在经济活动中及时采取措施进行调整。

3. 统计核算

统计核算是利用会计核算资料和业务核算资料，把工程项目生产经营活动客观现状的大量数据，按统计方法加以系统整理，表明其规律性。它的计量尺度比会计宽，可以用货币计算，也可以用实物或劳动量计量。它通过全面调查和抽样调查等特有的方法，不仅能提供绝对数指标，还能提供相对数和平均数指标，可以计算当前的实际水平，确定变动速

度，可以预测发展的趋势。

（三）工程项目费用的收集

1. 费用核算的基础工作及各部门的费用管理职责

（1）费用核算的基础工作应建立健全成本核算的原始记录管理制度、计量验收制度、财产、物资的管理与清查盘点制度、内部价格制度及内部稽核制度。

（2）各部门的费用管理职责。

①计划（经营）统计部门：编制预算及内部结算单价，按成本核算对象确认当期已完工程的实物工程量和未完工程情况，编制工程价款结算单，及时同业主和分包单位进行结算。

②劳动工资部门制定项目用工记录、统计制度，收集班组用工日报表，建立项目用工台账，编制职工考勤统计表、单位工程用工统计表。

③物资管理部门：搞好计划采购，建立材料采购比价制度，按经济批量采购，降低存货总成本；建立健全材料收、发、领、退制度，做好修旧利废工作，耗料注明工程项目或费用项目；加强机械设备的调度平衡和检修维护，提高设备完好率和利用率，提供机械设备运输记录和机械费用的分配资料。

④财务部门：财务部门是成本核算的中心，全面组织成本核算，掌握成本开支范围，参与制定内部承包方案并对其执行情况进行考核，开展成本预测，进行成本分析。

2. 费用核算与分配

工程费用核算，就是将工程施工过程中发生的各项费用，根据有关资料，通过一定的科目进行汇总，然后再直接或分配计入有关的成本核算对象，计算出各个工程项目的实际费用。

费用核算总的原则是：能分清受益对象的直接计入，分不清的需按一定标准分配计入。各项费用的核算方法如下：

（1）人工费的核算。劳动工资部门根据考勤表、施工任务书和承包结算书等，每月向财务部门提供"单位工程用工汇总表"，财务部门据以编制"工资分配表"，按受益对象计入成本和费用。

采用计件工资制度的，分清费用来源采用计时工资制度的，计入成本的工资应按照当月工资总额和工人总的出勤工日计算的日平均工资及各工程当月实际用工数计算分配；工资附加费可以采取比例分配法；劳动保护费的分配方法同工资是相同的。

（2）材料费的核算。应根据发出材料的用途，划分工程耗用与其他耗用的界限，只有直接用于工程所耗用的材料才能计入成本核算对象的"材料费"成本项目，为组织和管理工程施工所耗用的材料及各种施工机械所耗用的材料，应先分别通过"间接费用""机械作业"等科目进行归集，然后再分配到相应的费用项目中。

材料费的归集和分配的方法：

①凡领用时能够点清数量、分清用料对象的，应在领料单上注明成本核算对象的名称，财会部门据以直接汇总计入成本核算对象的"材料费"项目。

②领用时虽然能点清数量，但属于集中配料或统一下料的，则应在领料单上注明"集中配料"，月末由材料部门根据配料情况，结合材料耗用定额编制"集中配料耗用计算单"，

据以分配计入各受益对象。

③既不易点清数量、又难分清成本核算对象的材料，可采用实地盘存制计算本月实际消耗量，然后根据核算对象的实物量及材料耗用定额编制"大堆材料耗用计算单"，据以分配计入各受益对象。

④周转材料、低值易耗品应按实际领用数量和规定的摊销方法编制相应的摊销计算单，以确定各成本核算对象应摊销费用数额。

（3）机械使用费的核算。租入机械费用一般都能分清核算对象；自有机械费用，应通过"机械作业"归集并分配。其分配方法如下：

①台班分配法，即按各成本核算对象使用施工机械的台班数进行分配。它适用于单机核算情形。

②预算分配法，即按实际发生的机械作业费用占预算定额规定的机械使用费的比率进行分配。它适用于不便计算台班的机械使用费。

③作业量分配法，即以各种机械所完成的作业量为基础进行分配。诸如，以吨公里计算汽车费用。

（4）其他直接费的核算。其他直接费一般都可分清受益对象。发生时直接计入成本。

（5）间接费用的核算。间接费用的分配一般分两次，第一次是以人工费为基础将全部费用在不同类别的工程以及对外销售之间进行分配；第二次分配是将第一次分配到各类工程成本和产品的费用再分配到本类各成本核算对象中。分配的标准是，建筑工程以直接费为标准，安装工程以人工费为标准，产品（劳务、作业）的分配以直接费或人工费为标准。

二、工程项目费用控制

工程项目费用控制就是在工程项目过程中，对影响费用的各种因素加强管理，并采取各种有效措施，将实际发生的各种消耗和支出严格控制在费用计划范围内，随时揭示并及时反馈，严格审查各项费用是否符合标准，计算实际费用和计划费用之间的差异并进行分析，进而采取多种措施控制费用。

（一）工程项目费用控制的依据

工程项目费用包括工程项目的费用计划、进度报告、工程变更、费用管理计划。

1. 工程项目的费用计划

费用控制的目的就是实现费用计划的目标，因此，费用计划是费用控制的基础。

2. 进度报告

进度报告提供了每一时刻工程实际完成量，工程费用实际支付情况等重要信息。工程费用控制工作正是通过实际情况与工程费用计划相比较，找出二者之间的差别，分析偏差产生的原因，从而采取措施改进以后的工作。此外，进度报告还有助于管理者及时发现工程实施中存在的隐患，并在事态还未造成重大损失之前采取有效措施，尽量避免损失。

3. 工程变更

在项目的实施过程中，由于各方面的原因，工程变更是很难避免的。工程变更一般包括设计变更、进度计划变更、施工条件变更、技术规范与标准变更、施工次序变更、工程数量变更等。一旦出现变更，工程量、工期、费用都必将发生变化，从而使得费用控制工作变得更加复杂和困难。因此，费用管理人员就应当通过对变更要求当中各类数据的计算、分析，随时掌握变更情况，包括已发生工程量、将要发生工程量、工期是否拖延、支付情况等重要信息，判断变更以及变更可能带来的索赔额度等。

4. 费用管理计划

说明项目费用的规划、组织和控制的方式，确定需要为此展开的活动和指导原则的文件。

（二）工程项目费用控制的步骤

在确定了工程费用计划后，必须定期地进行工程费用计划值与实际值的比较，当实际值偏离计划值时，分析产生偏差的原因，采取适当的纠偏措施，以确保工程费用控制目标的实现。其步骤如图 8-17 所示。

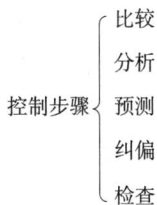

$$控制步骤\begin{cases}比较\\分析\\预测\\纠偏\\检查\end{cases}$$

图 8-17 工程项目费用控制的步骤

1. 比较

按照某种确定的方式将工程费用计划值与实际值逐项进行比较，以发现工程费用是否已超支。

2. 分析

在比较的基础上，对比较的结果进行分析，以确定偏差的严重性及偏差产生的原因。其主要目的在于找出产生偏差的原因，从而采取有针对性的措施，减少或避免相同原因的再次发生或减少由此造成的损失。

3. 预测

按照完成情况估计完成项目所需的总费用。

4. 纠偏

当工程项目的实际费用出现了偏差，应当根据工程的具体情况、偏差分析和预测的结果，采取适当的措施，以期达到使工程费用偏差尽可能小的目的。只有通过纠偏，才能最终达到有效控制工程费用的目的。

对偏差原因进行分析的目的是为了有针对性地采取纠偏措施，从而实现费用的动态控制和主动控制。纠偏首先要确定偏差的主要对象，偏差原因有些是无法避免和控制的，如客观原因，充其量只能对其中少数原因做到防患于未然，力求减少该原因所产生的经济损失。在确定了纠偏的主要对象后，就需要采取有针对性的纠偏措施。纠偏可采用组织措施、经济措施、技术措施和合同措施等。

5. 检查

它是指对工程的进展进行跟踪和检查，及时了解工程进展状况以及纠偏措施的执行情况和效果，为今后的工作积累经验。

（三）工程费用控制的基本方法

工程费用主要是由工程量和所完成对应各个工程量的消耗的单价决定的，因此，工程项目费用控制的基本方法是对完成的工程量的控制和对各个具体消耗的单价的控制，其基本方法是量价分离的方法。其中人工费、材料费和机械使用费的控制如图 8-18 所示。

1. 人工费的控制

人工费的控制实行量价分离的方法，将作业用工及零星用工按定额工日的一定比例综合确定用工数量与单价，通过劳务合同进行控制。

2. 材料费的控制

材料费控制同样按照量价分离原则，控制材料用量和材料价格。

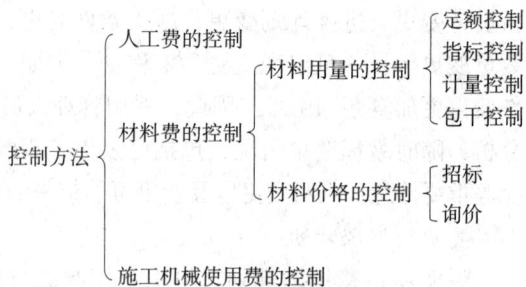

图8-18 量价分离方法

（1）材料用量的控制

在保证符合设计要求和质量标准的前提下，合理使用材料，通过定额管理、计量管理等手段有效控制材料物资的消耗，具体方法如下：

①定额控制。对于有消耗定额的材料，以消耗定额为依据，实行限额发料制度。在规定限额内分期分批领用，超过限额领用的材料，必须先查明原因，经过一定审批手续方可领料。

②指标控制。对于没有消耗定额的材料，则实行计划管理和按指标控制的方法。根据以往项目的实际耗用情况，结合具体施工项目的内容和要求，制定领用材料指标，据以控制发料。超过指标的材料，必须经过一定的审批手续方可领用。

③计量控制。准确做好材料物资的收发计量检查和投料计量检查。

④包干控制。在材料使用过程中，对部分小型及零星材料（如钢丝、钢钉等）根据工程量计算出所需材料量，将其折算成费用，由作业者包干控制。

（2）材料价格的控制

材料价格主要由材料采购部门控制。由于材料价格是由买价、运杂费、运输中的合理损耗等所组成。因此控制材料价格，主要是通过掌握市场信息，应用招标和询价等方式控制材料、设备的采购价格。

（3）施工机械使用费的控制

施工机械使用费主要由台班数量和台班单价两方面决定。合理选择施工机械设备，合理使用施工设备对成本控制具有十分重要的意义，尤其是高层建筑施工。据某些工程实例统计，高层建筑地面以上部分的总费用中，垂直运输机械费用约占6%~10%。由于不同的起重运输机械各有不同的用途和特点，因此在选择起重运输机械时，首先应根据工程特点和施工条件确定采取何种不同起重运输机械的组合方式。在确定采用何种组合方式时，首先应满足施工需要，同时还要考虑到费用的高低和综合经济效益。

（四）挣值法

挣值法（Earned Value Management，EVM）作为一项先进的项目管理技术，最初是美国国防部于1967年首次确立的。到目前为止，国际上先进的工程公司已普遍采用挣值法进行工程项目成本、进度综合分析控制。和传统的管理方法相比，挣值法有三个优点：一是用货币量代替工程量来衡量工程的进度；二是用三个基本值（BCWP、BCWS、ACWP），而不是一个基本值来表示项目的实施状态，并以此来预测项目可能的完工时间和完工时可能的成本；三是使每一个工序在完成之前就可以分析其偏差，并且可对其发展趋势进行预测，为项目管理人员在后续工作中采取正确的措施提供依据。

用挣值法进行成本、进度综合分析控制，基本参数有三项，即已完工作预算成本、计划工作预算成本和已完工作实际成本。

1. 挣值法的三个基本参数

（1）已完工作预算成本

已完工作预算成本，简称为"BCWP"（Budgeted Cost for Work Performed），即在某一时间已经完成的工作（或部分工作），以批准认可的预算为标准所需要的资金总额，由于业主正是根据这个值为承包人完成的工作量支付相应的费用，也就是承包人获得（挣得）的金额，故称挣值。

已完工作预算成本（BCWP）= 已完成工作量 × 预算（计划）单价

（2）计划工作预算成本

计划工作预算成本，简称"BCWS"（Budgeted Cost for Work Scheduled），即根据进度计划，在某一时刻应当完成的工作（或部分工作），以预算为标准所需要的资金总额，一般来说，除非合同有变更，BCWS 在工程实施过程中应保持不变。

计划工作预算成本（BCWS）= 计划工作量 × 预算（计划）单价

（3）已完工作实际成本

已完工作实际成本，简称"ACWP"（Actual Cost for Work Performed），即到某一时刻为止，已完成的工作（或部分工作）所实际花费的总金额。

已完工作实际成本（ACWP）= 已完成工作量 × 实际单价

2. 挣得值的四个评价指标

在这三个基本参数的基础上，可以确定挣值法的四个评价指标，它们也都是时间的函数。

（1）成本偏差 CV（Cost Variance）

成本偏差（CV）= 已完工作预算成本（BCWP）– 已完工作实际成本（ACWP）

当成本偏差 CV 为负值时，即表示项目运行超出预算成本；当成本偏差 CV 为正值时，表示项目运行节支，实际成本没有超出预算成本。

（2）进度偏差 SV（Schedule Variance）

进度偏差（SV）= 已完工作预算成本（BCWP）– 计划工作预算成本（BCWS）

当进度偏差 SV 为负值时，表示进度延误，即实际进度落后于计划进度；当进度偏差 SV 为正值时，表示进度提前，即实际进度快于计划进度。

（3）成本绩效指数（CPI）

成本绩效指数（CPI）= 已完工作预算成本（BCWP）/ 已完工作实际成本（ACWP）

当成本绩效指数（CPI）< 1 时，表示超支，即实际成本高于预算成本；

当成本绩效指数（CPI）> 1 时，表示节支，即实际成本低于预算成本。

（4）进度绩效指数（SPI）

进度绩效指数（SPI）= 已完工作预算成本（BCWP）/ 计划工作预算成本（BCWS）

当进度绩效指数（SPI）< 1 时，表示延误，即实际进度比计划进度落后；

当进度绩效指数（SPI）＞1时，表示提前，即实际进度比计划进度快。

成本（进度）偏差反映的是绝对偏差，结果很直观，有助于成本管理人员了解项目成本出现偏差的绝对数额，并依此采取一定的措施，制定或调整成本支出计划和资金筹措计划。成本（进度）绩效指数反映的是相对偏差。

在项目的成本、进度综合控制中引入挣得值法，可以克服过去进度、成本分开控制的缺点，即当我们发现成本超支时，很难立即知道是由于成本超出预算，还是由于进度提前。相反，当我们发现成本低于预算时，也很难立即知道是由于成本节省，还是由于进度拖延。而引入挣得值法即可定量地判断进度、成本的执行效果。

3. 应用举例

例8-3：某分部工程项目包括A、B、C、D、E、F等6项分项工程。该工程采用可调价格合同，计划工期为8月。工期每提前一个月奖励1.5万元，每拖后一个月罚款2万元。各分项工程的总工程量和计划单价、计划作业起止时间见表8-10中（1）、（2）、（3）栏所示。该计划在开工前已得到甲方代表的批准。

各分项工程计划和实际工程量、价格、作业时间表　　　　　　　　　表8-10

序号	分项工程	A	B	C	D	E	F
（1）	总工程量（m³）	600	680	800	1200	760	400
（2）	计划单价（元/m³）	1200	1000	1000	1100	1200	1000
（3）	计划作业起止时间（月）	1~3	1~2	5~5	3~6	3~4	7~8
（4）	实际作业起止时间（月）	1~3	1~2	5~6	3~6	3~5	7~10

各分项工程的计划进度和实际进度都是匀速的，施工期间1~10月各月结算价格调价系数依次为：1.00、1.00、1.05、1.05、1.05、1.08、1.10、1.10、1.05、1.05。

确定各分项工程每月拟完工程计划投资、已完工程实际投资、已完工程计划投资，其计算公式如下：

$$拟完工程计划投资 = 计划工程量 \times 计划单价$$

$$已完工程实际投资 = 实际工程量 \times 实际单价 = 实际工程量 \times （计划单价 \times 调价系数）$$

式中调价系数应理解为施工期间1~10月各月结算价格指数与计划价格指数的比值（或各月结算价格与计划价格的比值）。

$$已完工程计划投资 = 实际工程量 \times 计划单价$$

$$投资偏差 = 已完工程实际投资 - 已完工程计划投资$$

$$进度偏差 = 拟完工程计划投资 - 已完工程计划投资$$

各月的拟完工程计划投资、已完工程实际投资和已完工程计划投资见表8-11。各项工作每月投资情况见表8-12。

各月的累计拟完工程计划投资、累计已完工程实际投资和累计已完工程计划投资如图8-19所示。

投资数据表　　　　　　　　　　　　　　表8-11

（单位：万元）

项目	投资数据									
	1	2	3	4	5	6	7	8	9	10
每月拟完工程计划投资	58	58	102.6	118.6	73	33	20	20		
拟完工程计划投资累计	58	116	218.6	337.2	410.2	443.2	463.2	483.2		
每月已完工程实际投资	58	58	91.77	66.57	108.57	78.84	11	11	10.5	10.5
已完工程实际投资累计	58	116	207.77	274.43	383.00	461.84	472.84	483.84	494.34	504.84
每月已完工程计划投资	58	58	87.4	63.4	103．40	73	10	10	10	10
已完工程计划投资累计	58	116	203.4	266.8	370.2	443.2	453.2	463.2	473.2	483.2

各项工作每月投资数据表　　　　　　　　表8-12

（单位：万元）

工作名称	投资项目	每月投资数据									
		1	2	3	4	5	6	7	8	9	10
A	拟完工程计划投资	24	24	24							
	已完工程实际投资	24	24	25.2							
	已完工程计划投资	24	24	24							
B	拟完工程计划投资	34	34								
	已完工程实际投资	34	34								
	已完工程计划投资	34	34								
C	拟完工程计划投资				40	40					
	已完工程实际投资					42	43.2				
	已完工程计划投资					40	40				
D	拟完工程计划投资			33	33	33	33				
	已完工程实际投资			34.65	34.65	34.65	35.64				
	已完工程计划投资			33	33	33	33				
E	拟完工程计划投资			45.6	45.6						
	已完工程实际投资			31.92	31.92	31.92					
	已完工程计划投资			30.4	30.4	30.4					
F	拟完工程计划投资							20	20		
	已完工程实际投资							11	11	10.5	10.5
	已完工程计划投资							10	10	10	10

　　各月的累计拟完工程计划投资、累计已完工程实际投资和累计已完工程计划投资如图8-20所示。

　　第8月底投资偏差：

　　投资偏差＝已完工程实际投资－已完工程计划投资

　　　　　　＝483.84-463.2=20.64（万元），即投资增加20.64万元。

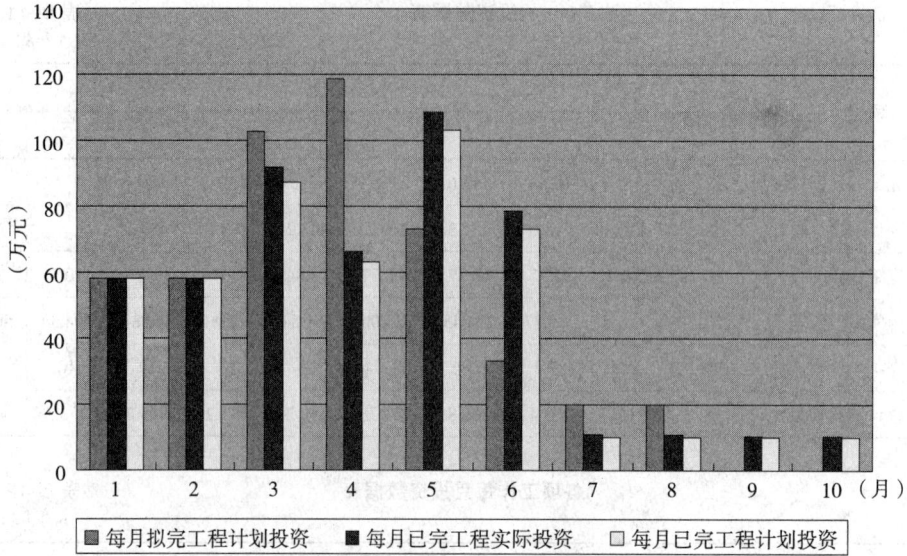

图 8-19　各月完成的投资数据

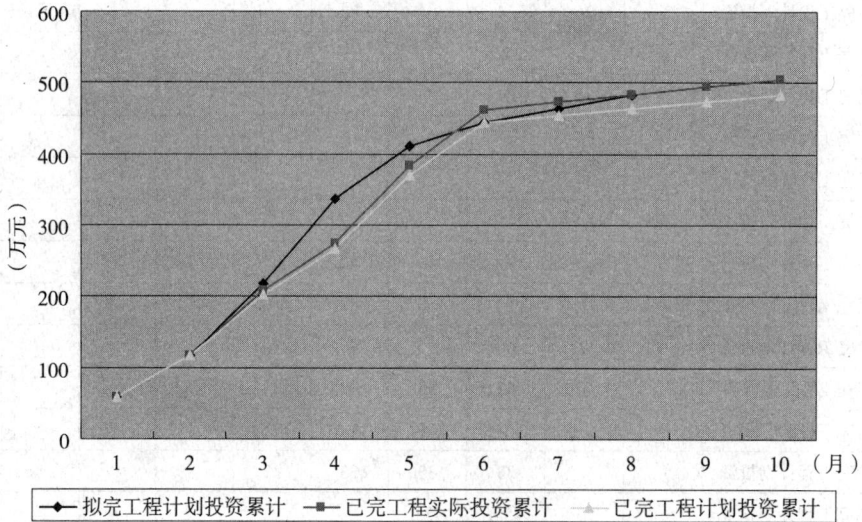

图 8-20　各月累计投资

第 8 月底进度偏差：

进度偏差 = 已完工程实际时间 − 已完工程计划时间

=8−7=1（月），即进度拖后 1 个月。

或进度偏差 = 拟完工程计划投资 − 已完工程计划投资

=483.2−463.2=20（万元），即进度拖后 20 万元。

（五）工程项目费用偏差分析

偏差分析可以采用不同的表达方法，常用的有横道图法、表格法和曲线法。

1. 横道图法

用横道图法进行费用偏差分析，是用不同的横道标识已完工作预算费用（BCWP）、计划工作预算费用（BCWS）和已完工作实际费用（ACWP），横道的长度与其金额成正比例，如图 8-21 所示。

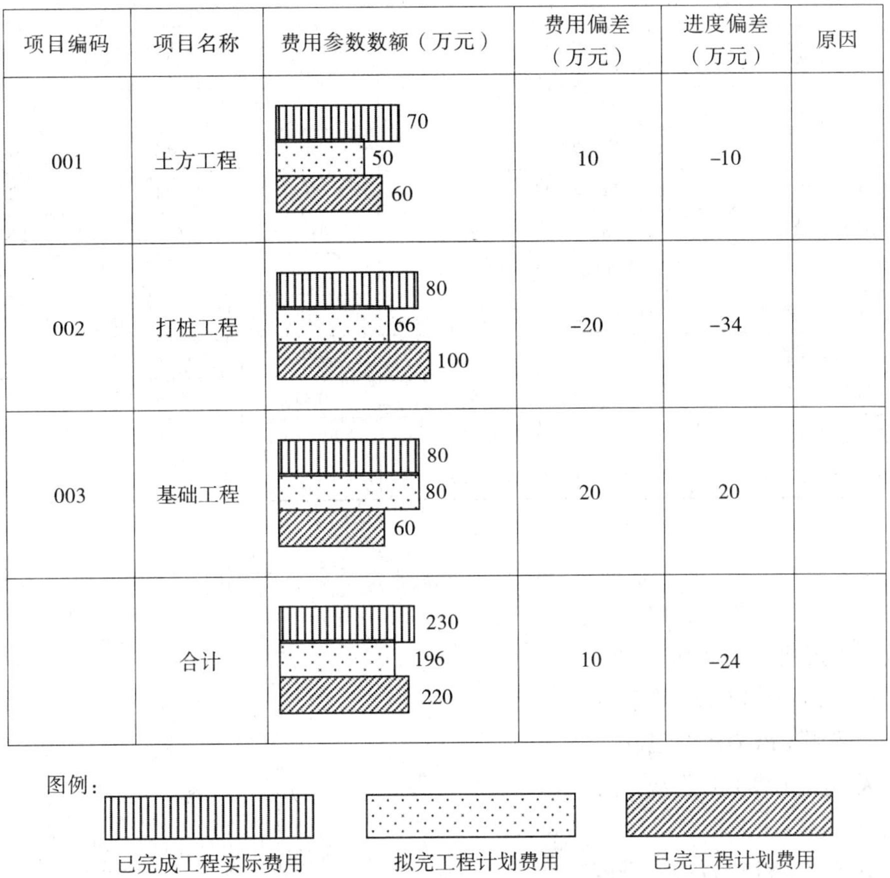

项目编码	项目名称	费用参数数额（万元）	费用偏差（万元）	进度偏差（万元）	原因
001	土方工程	70 50 60	10	−10	
002	打桩工程	80 66 100	−20	−34	
003	基础工程	80 80 60	20	20	
合计		230 196 220	10	−24	

图例：　　已完成工程实际费用　　　拟完工程计划费用　　　已完工程计划费用

图 8-21　费用偏差分析的横道图法

横道图法具有形象、直观、一目了然等优点，它能够准确表达出费用的绝对偏差，而且能一眼感受到偏差的严重性。但这种方法反映的信息量少，一般在项目的较高管理层应用。

2. 表格法

表格法是进行偏差分析最常用的一种方法。它将项目编号、名称、各费用参数以及费用偏差数综合归纳入一张表格中，并且直接在表格中进行比较。由于各偏差参数都在表中列出，使得费用管理者能够综合地了解并处理这些数据。

用表格法进行偏差分析具有如下优点：

（1）灵活、适用性强。可根据实际需要设计表格，进行增减项。

（2）信息量大。可以反映偏差分析所需的资料，从而有利于费用控制人员及时采取针对性措施，加强控制。

（3）表格处理可借助于计算机，从而节约大量数据处理所需的人力，并大大提高速度。见表 8-13。

费用偏差分析表				表 8-13
拟完工程计划费用	（6）=（4）×（5）	50	66	80
已完工程量	（7）			
已完工程计划费用	（8）=（4）×（7）	60	100	60
实际单价	（9）			
其他款项	（10）			
已完工程实际费用	（11）=（7）×（9）+（10）	70	80	80
费用局部偏差	（12）=（11）—（6）	10	−20	20
费用局部偏差程度	（13）=（11）÷（6）	1.17	0.8	1.33
费用累计偏差	（14）=∑（12）			
费用累计偏差程度	（15）=∑（11）÷∑（8）			
进度局部偏差	（16）=（6）—（8）	−10	−34	20
进度局部偏差程度	（17）=（6）÷（8）	0.83	0.66	1.33
进度累计偏差	（18）=∑（16）			
进度累计偏差程度	（19）=∑（6）÷∑（8）			

3. 曲线法

在项目实施过程中，以上三个参数可以形成三条曲线，即计划工作预算费用（BCWS）、已完工作预算费用（BCWP）、已完工作实际费用（ACWP）曲线。如图 8-22 所示。

采用挣值法进行费用、进度综合控制，还可以根据当前的进度、费用偏差情况，通过原因分析，对趋势进行预测，预测项目结束时的进度、费用情况。

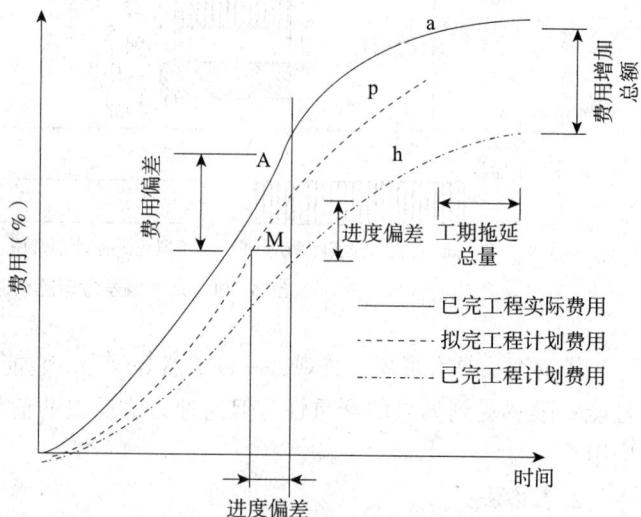

图 8-22　费用偏差分析的曲线法

三、工程项目费用分析

工程项目费用分析就是在工程项目费用核算的基础上，对费用形成过程和影响费用升降的因素进行分析，以寻求进一步降低成本的途径；另一方面，通过成本分析，可从账簿、报表反映的成本现象看清成本的实质，从而增强项目成本的透明度和可控性，为加强成本控制，实现项目成本目标创造条件。工程项目费用分析贯穿于工程费用管理的全过程，其是在费用的形成过程中，主要利用工程项目的费用核算资料（费用信息），与目标费用、预算费用以及类似的工程项目的实际费用等进行比较，了解成本的变动情况，同时也要分析主要技术经济指标对费用的影响。

（一）费用分析的基本方法

费用分析的基本方法包括：比较法、因素分析法、差额计算法、比率法等。

1. 比较法

比较法，又称"指标对比分析法"，就是通过技术经济指标的对比，检查目标的完成情况，分析产生差异的原因，进而挖掘内部潜力的方法。这种方法，具有通俗易懂、简单易行、便于掌握的特点，因而得到了广泛的应用，但在应用时必须注意各技术经济指标的可比性。比较法的应用，通常有下列形式。

（1）将实际指标与目标指标对比。以此检查目标完成情况，分析影响目标完成的积极因素和消极因素，以便及时采取措施，保证成本目标的实现。在进行实际指标与目标指标对比时，还应注意目标本身有无问题。如果目标本身出现问题，则应调整目标，重新正确评价实际工作的成绩。

（2）本期实际指标与上期实际指标对比。通过这种对比，可以看出各项技术经济指标的变动情况，反映施工管理水平的提高程度。

（3）与本行业平均水平、先进水平对比。通过这种对比，可以反映本项目的技术管理和经济管理与行业的平均水平和先进水平的差距，进而采取措施赶超先进水平。

2. 因素分析法

因素分析法又称连环置换法，这种方法可用来分析各种因素对成本的影响程度。在进行分析时，首先要假定众多因素中的一个因素发生了变化，而其他因素则不变，然后逐个替换，分别比较其计算结果，以确定各个因素的变化对成本的影响程度。因素分析法的计算步骤如下：

（1）确定分析对象，并计算出实际与目标数的差异；

（2）确定该指标是由哪几个因素组成的，并按其相互关系进行排序（排序规则是：先实物量，后价值量；先绝对值，后相对值）；

（3）以目标数为基础，将各因素的目标数相乘，作为分析替代的基数；

（4）将各个因素的实际数按照上面的排列顺序进行替换计算，并将替换后的实际数保留下来；

（5）将每次替换计算所得的结果，与前一次的计算结果相比较，两者的差异即为该因素对成本的影响程度；

（6）各个因素的影响程度之和，应与分析对象的总差异相等。

例 8-4：某承包企业承包一工程，计划砌砖工程量 1200m³，按预算定额规定，每立方米耗用空心砖 510 块，每块空心砖计划价格为 0.12 元；而实际砌砖工程量却达 1500m³，每立方米实耗空心砖 500 块，每块空心砖实际购入价为 0.18 元。试用因素分析法进行成本分析。

砌砖工程空心砖成本计算公式为：

空心砖成本 = 砌砖工程量 × 每立方米空心砖消耗量 × 每块空心砖价格

采用因素分析法对上述三因素分别对空心砖成本的影响进行分析。计算过程和结果见表 8-14。

分析结果表明，实际空心砖成本比计划超出 61560 元，主要原因是由于工程量增加和空心砖单价提高引起的；另外，由于单方空心砖消耗的节约，使空心砖成本节约了1800元。

砌砖工程空心砖成本分析表

表 8-14

计算顺序	砌砖工程量	每立方米空心砖消耗量	空心砖单价（元）	砌砖工程成本（元）	差异数（元）	差异原因
计划数	1200	510	0.12	73440		
第一次替代	1500	510	0.12	91800	18360	由于工程量增加
第二次替代	1500	500	0.12	90000	-1800	由于空心砖节约
第三次替代	1500	500	0.18	135000	45000	由于单价提高
合计					61560	

3. 差额计算法

差额计算法是因素分析法的一种简化形式，它利用各个因素的目标值与实际值的差额来计算其对成本的影响程度。

例 8-5：以例 8-4 的成本分析资料为基础，利用差额计算法分析各因素对成本的影响程度。

工程量的增加对成本的影响额 =（1500-1200）×510×0.12=18360（元）

材料消耗量变动对成本的影响额 =1500×（500-510）×0.12=-1800（元）

材料单价变动对成本的影响额 =1500×500×（0.18-0.12）=45000（元）

各因素变动对材料费用总的影响额 =18360-1800+45000=61560（元）

4. 比率法

比率法是指用两个以上的指标的比例进行分析的方法。它的基本特点是：先把对比分析的数值变成相对数，再观察其相互之间的关系。常用的比率法有以下几种。

（1）相关比率法。由于项目经济活动的各个方面是相互联系，相互依存，又相互影响的，因而可以将两个性质不同而又相关的指标加以对比，求出比率，并以此来考察经营成果的好坏。例如：产值和工资是两个不同的概念，但它们的关系又是投入与产出的关系。在一般情况下，都希望以最少的工资支出完成最大的产值。因此，用产值工资率指标来考核人工费的支出水平，就很能说明问题。

（2）构成比率法。又称比重分析法或结构对比分析法。通过构成比率，可以考察成本总量的构成情况及各成本项目占成本总量的比重，同时也可看出量、本、利的比例关系（即预算成本、实际成本和降低成本的比例关系），从而为寻求降低成本的途径指明方向。

（3）动态比率法。动态比率法，就是将同类指标不同时期的数值进行对比，求出比率，以分析该项指标的发展方向和发展速度。动态比率的计算，通常采用基期指数和环比指数两种方法。

（二）综合费用的分析

所谓综合费用，是指涉及多种生产要素，并受多种因素影响的成本费用，如分部分项工程成本、月（季）度成本、年度成本等。由于这些成本都是随着项目施工的进展而逐步形成的，与生产经营有着密切的关系。因此，做好上述成本的分析工作，无疑将促进项目的生产经营管理，提高项目的经济效益。

工程项目费用分析的内容和工程项目费用计划编制的内容相对应。可以将工程项目的费用按照时间进程进行分析、将工程项目费用按照工程的组成和其部位进行分析、也可以将工程项目费用按照其组成进行分析。

1. 工程项目按照时间进程分析

（1）月（季）度费用分析

月（季）度费用分析，是工程项目定期的、经常性的中间费用分析。对于具有一次性特点的工程项目来说，有着特别重要的意义。因为通过月（季）度费用分析，可以及时发现问题，以便按照费用目标指定的方向进行监督和控制，保证项目费用目标的实现。月（季）度费用分析的依据是当月（季）的费用报表。分析的方法，通常有以下几个方面。

①通过实际成本与预算成本的对比，分析当月（季）的成本降低水平；通过累计实际成本与累计预算成本的对比，分析累计的成本降低水平，预测实现项目成本目标的前景。

②通过实际成本与目标成本的对比，分析目标成本的落实情况，以及目标管理中的问题和不足，进而采取措施，加强成本管理，保证成本目标的落实。

③通过对各成本项目的成本分析，可以了解成本总量的构成比例和成本管理的薄弱环节。例如：在成本分析中，发现人工费、机械费和间接费等项目大幅度超支，就应该对这些费用的收支配比关系认真研究，并采取对应的增收节支措施，防止今后再超支。如果是属于预算定额规定的"政策性"亏损，则应从控制支出着手，把超支额压缩到最低限度。

④通过主要技术经济指标的实际与目标对比，分析产量、工期、质量、"三材"节约率、机械利用率等对成本的影响。

⑤通过对技术组织措施执行效果的分析，寻求更加有效的节约途径。

⑥分析其他有利条件和不利条件对成本的影响。

（2）年度成本分析

企业成本要求一年结算一次，不得将本年成本转入下一年度。而项目成本则以项目的寿命周期为结算期，要求从开工、竣工到保修期结束连续计算，最后结算出成本总量及其盈亏。由于项目的施工周期一般较长，除进行月（季）度成本核算和分析外，还要进行年度成本的核算和分析。这不仅是为了满足企业汇编年度成本报表的需要，同时也是项目成本管理的需要。因为通过年度成本的综合分析，可以总结一年来成本管理的成绩和不足，为今后的成本管理提供经验和教训，从而可对项目成本进行更有效的管理。

年度成本分析的依据是年度成本报表。年度成本分析的内容，除了月（季）度成本分析的六个方面以外，重点是针对下一年度的施工进展情况规划提出切实可行的成本管理措施，以保证施工项目成本目标的实现。

2. 按照工程组成进行费用分析

（1）分部分项工程费用分析

分部分项工程成本分析是工程费用分析的基础。分部分项工程费用分析的对象为已完成分部分项工程。分析的方法是：进行预算费用、目标费用和实际费用的"三算"对比，分别计算实际偏差和目标偏差，分析偏差产生的原因，为今后的分部分项工程费用寻求节约途径。

由于工程项目包括很多分部分项工程，不可能也没有必要对每一个分部分项工程都进行费用分析。特别是一些工程量小、成本费用微不足道的零星工程。但是，对于那些主要分部分项工程则必须进行费用分析，而且要做到从开工到竣工进行系统的费用分析。这是一项很有意义的工作，因为通过主要分部分项工程费用的系统分析，可以基本上了解项目费用形成的全过程，为竣工费用分析和今后的项目费用管理提供一份宝贵的参考资料。

（2）竣工成本的综合分析

凡是有几个单位工程而且是单独进行成本核算（即成本核算对象）的施工项目，其竣工成本分析应以各单位工程竣工成本分析资料为基础，再加上项目经理部的经营效益（如资金调度、对外分包等所产生的效益）进行综合分析。如果施工项目只有一个成本核算对象（单位工程），就以该成本核算对象的竣工成本资料作为成本分析的依据。

单位工程竣工成本分析，应包括以下三方面内容：

①竣工成本分析；

②主要资源节超对比分析；

③主要技术节约措施及经济效果分析。

通过以上分析，可以全面了解单位工程的成本构成和降低成本的来源，对今后同类工程的成本管理很有参考价值。

3.按照工程项目费用的组成进行分析

按照工程项目费用的组成分析可以分析人工费的耗费、材料费的耗费（主要材料、构配件和周转材料费用、采购费用和材料占有资金等）、机械费用分析和管理费用分析等。

还可以将上述三种情况进行综合分析，分析之后还可以结合工程进度用挣值法分析、结合工程质量进行费用分析等。

四、工程项目质量费用管理

（一）质量费用控制原理

质量费用是指项目组织为保证和提高产品质量而支出的一切费用，以及因未达到质量标准而产生的一切损失费用之和。质量费用主要包括两个方面：控制费用和故障费用。

1.预防费用

预防费用是为了防止质量缺陷和偏差出现，保证产品质量而耗费的一切费用。通常包括：

（1）质量规划费，是指进行质量规划所需的费用。如可靠性研究、质量分析，为试验、检验和工序控制编写规程或贯彻落实规程的耗费，制定质量规划等费用，这些所发生的费用主要是工时消耗费用。

（2）工序控制费，是指为了控制和改进现有工序生产能力，对现工序进行调查、研究、评价，对有关工作人员进行技术指导、示范操作以及生产过程中工序质量控制所发生的费用。

（3）新产品鉴定费，是指新产品、新施工工艺、技术革新项目的鉴定费用。

（4）质量培训费，是指培训职工提高其操作技能和提高工作质量所支出的费用。

（5）质量信息设备费，是指收集、整理、分析、保存全部质量信息的活动费用，但不包括设备本身的购置费和折旧费。

（6）其他预防费用，如质量管理活动的行政费用、质量信息资料费用，有的项目为创优致使质量超标准而多消耗的工、料、机费用等。

2. 鉴定费用

鉴定费用是指在一次交验合格的情况，为检验产品、工程质量而发生的一切费用的总和，通常包括：

（1）采购材料的试验和检验费。

（2）工序监测和其他计量服务费用。

（3）评价产品或零配件、施工用的构配件质量所支出的试验、检验费用。

（4）质量评审活动费，包括工程交工前的评审费等其他质量评审活动的费用。

（5）其他鉴定费用，如请外单位鉴定人员的酬金、破坏性试验所耗用的材料费用等。

3. 内部故障费用

内部故障费用是项目在施工生产过程中，由于产品、工程质量的缺陷而造成的损失，以及为处理质量缺陷而发生的费用总和，包括：

（1）废品损失，指在施工生产过程中，产品或工序在质量上达不到设计的规定和要求，必须"推倒"重建而发生的费用。废品损失从形成原因上可分为项目施工生产过程的责任和材料供应单位的责任。

（2）返修损失，指检测、修复不合格工程或次品，使之达到质量合格而支付的费用。

（3）停工损失，指在施工生产过程中，因处理质量事故而导致停工和延误工期的损失。

（4）材料采购的损失费，指采购人员在处理所采购的材料质量不合格时，所发生的申诉和处理损失的费用。

4. 外部故障费用

外部故障费用指用户在使用过程中，发现工程质量缺陷而应由施工单位负责的一切费用总和，包括：

（1）保修费，指工程在保修期内对用户提供技术服务的费用。

（2）赔偿费，指由于工程质量原因，按合同规定应赔偿给用户的经济损失费用，以及由此而产生的诉讼费用。

（3）在施工生产过程中，因违反环境保护法所引起的罚款等。

通过分析质量费用的构成，可以看出，项目费用与其产品质量水平存在着密切的相互依存关系。控制费用预防费用和鉴定费用属于质量保证费用，和质量水平成正比，即工程质量越高，鉴定费用和预防费用就越大。故障费用属于损失性费用，和质量水平成反比，即工程质量越高，故障费用就越低。它们之间的关系如图 8-23 所示。

从图可以看出，我们对工程质量进行控

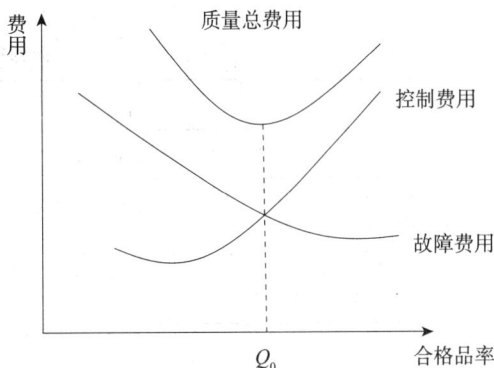

图 8-23 费用和质量的关系

制，并不是要求质量越高越好，质量越高，必然会导致费用的增加；反之，质量过低，也将会导致费用的增加。因此，从经济角度看，最佳的质量水平应是上图中的 Q_0 点附近。当质量水平 $Q < Q_0$ 时，则应采取各种预防措施和保证工程质量措施，以提高产品质量，使之向 Q_0 靠近。当质量水平 $Q > Q_0$ 时，则应把工作的重点放在分析研究现行工作标准上，适当地放宽标准，使质量总费用降下来，从右边向 Q_0 靠近。换言之，按设计要求规范和标准施工，就可使质量水平靠近 Q_0。

质量费用中各项费用之间存在着一定的比例关系，根据国外资料介绍：

（1）当故障费用大于总费用的 70%、预防费用小于总费用的 10% 时，工作的重点应放在研究提高质量的措施和预防性上。

（2）当故障费用接近总费用的 50% 时，工作的重点应放在维持现有的质量水平，它表明接近理想费用控制点。

（3）当故障费用小于总费用的 40%、鉴定费用大于总费用的 50% 时，工作重点应放在巩固现有质量水平，减少检验程序。

（4）某些企业的经验表明，预防费用增加 3%~5%，可使质量总费用降低 30% 左右。

（二）质量费用控制实例分析

某分部工程质量费用分析和控制如下。

质量费用报告见表 8-15。

某分部工程质量费用报告 表 8-15

序号	项目	损失金额（元）	占质量总费用（%）
1	内部损失费用	961915	74.29
2	外部损失费用	1747.5	0.14
3	鉴定费用	311550	24.06
4	预防费用	19527	1.51
合计		1294740	100

内部损失报告见表 8-16。

内部损失报告 表 8-16

序号	项目	损失金额（元）	占质量总费用（%）
1	废品损失	606148	63.01
2	返修损失	66167	6.88
3	停工损失	289600	30.11
合计		961915	100

鉴定费用报告见表 8-17。

鉴定费用报告　　　　　　　　　　　　　　表 8-17

序号	项目	损失金额（元）	占质量总费用（%）
1	进场检验费	242625	78.10
2	工序检验费	26265	8.46
3	竣工检验费	0	0
4	检测设备的折旧、维修费	41760	13.44
合计		310650	100

预算质量费用见表 8-18。

预算质量费用　　　　　　　　　　　　　表 8-18

序号	项目	损失金额（元）	占质量总费用（%）
1	内部损失费用	60 万	60
2	外部损失费用	10 万	10
3	鉴定费用	20 万	20
4	预防费用	10 万	10
合计		100 万	100

预算内部损失费用见表 8-19。

预算内部损失费用　　　　　　　　　　　表 8-19

序号	项目	损失金额（元）	占质量总费用（%）
1	废品损失	35 万	35
2	返修损失	15 万	15
3	停工损失	10 万	10
合计		60 万	60

预算鉴定费用报告见表 8-20。

预算鉴定费用报告　　　　　　　　　　　表 8-20

序号	项目	损失金额（元）	占质量总费用（%）
1	进场检验费	10 万	10
2	工序检验费	2.5 万	2.5
3	竣工检验费	5 万	5
4	检测设备的折旧、维修费	2.5 万	2.5
合计		20 万	20

根据上述报告计算得到如下数据：

（1）质量费用总额偏差 1294740-1000000=294740（元）

质量费用总额偏差较大，说明阶段质量控制费用超出预算过多。

（2）质量费用构成分析

从质量费用报告表中可以看出，内部损失在质量总费用中所占的百分比最大，因此分层后从内部损失报告表中可以找出其中的原因，即内部损失中，废品损失所占的比重最大，要采取措施大大降低废品损失，其次还要降低停工损失，及进场检验费的控制，要求在材料进场时，按标准的检验批购进材料，提高施工备料计划的提前量，通过这些措施将会有效地降低质量费用。

（3）比较基数进行分析

（内部损失费用 / 预算内部损失费用）× 100%=（961915/600000）× 100%=160%

（外部损失费用 / 预算外部损失费用）× 100%=（1747.5/100000）× 100%=1.74%

（鉴定费用 / 预算鉴定费用）× 100%=（311550/200000）× 100%=156%

（预防费用 / 预算预防费用）× 100%=（19527/100000）× 100%=19.5%

由这些指标可以看出本项目的质量费用过高，今后要严格控制质量管理费用，按照预算标准完成指标，注意不要超标完成。

第五节　竣工决算

根据《基本建设项目竣工财务决算管理暂行办法》（财建〔2016〕503 号）第二条规定，基本建设项目完工可投入使用或者试运行合格后，应当在 3 个月内编报竣工财务决算，特殊情况确需延长的，中小型项目不得超过 2 个月，大型项目不得超过 6 个月。

项目竣工财务决算未经审核前，项目建设单位一般不得撤销，项目负责人及财务主管人员、重大项目的相关工程技术主管人员、概（预）算主管人员一般不得调离。

项目建设单位确需撤销的，项目有关财务资料应当转入其他机构承接、保管。项目负责人、财务人员及相关工程技术主管人员确需调离的，应当继续承担或协助做好竣工财务决算相关工作。

编制项目竣工财务决算前，项目建设单位应当完成各项账务处理及财产物资的盘点核实，做到账账、账证、账实、账表相符。项目建设单位应当逐项盘点核实、填列各种材料、设备、工具、器具等清单并妥善保管，应变价处理的库存设备、材料以及应处理的自用固定资产要公开变价处理，不得侵占、挪用。

（一）项目竣工财务决算的编制

项目竣工财务决算是正确核定项目资产价值、反映竣工项目建设成果的文件，是办理资产移交和产权登记的依据。项目竣工财务决算的内容主要包括：项目竣工财务决算报表、竣工财务决算说明书、竣工财务决（结）算审核情况及相关资料。

1. 竣工财务决算的依据

项目竣工财务决算的编制依据主要包括：

（1）国家有关法律法规；

（2）经批准的可行性研究报告、初步设计、概算及概算调整文件；

（3）招标文件及招标投标书，施工、代建、勘察设计、监理及设备采购等合同，政府采购审批文件、采购合同；

（4）历年下达的项目年度财政资金投资计划、预算；

（5）工程结算资料；

（6）有关的会计及财务管理资料；

（7）其他有关资料。

2. 项目竣工财务决算报表

项目竣工财务决算的报表主要包括：

①项目概况表；

②项目竣工财务决算表；

③资金情况明细表；

④交付使用资产总表；

⑤交付使用资产明细表；

⑥待摊投资明细表；

⑦待核销基建支出明细表；

⑧转出投资明细表。

3. 竣工财务决算说明书

竣工财务决算说明书主要包括以下内容：

（1）项目概况；

（2）会计账务处理、财产物资清理及债权债务的清偿情况；

（3）项目建设资金计划及到位情况，财政资金支出预算、投资计划及到位情况；

（4）项目建设资金使用、项目结余资金分配情况；

（5）项目概（预）算执行情况及分析，竣工实际完成投资与概算差异及原因分析；

（6）尾工工程情况；

（7）历次审计、检查、审核、稽查意见及整改落实情况；

（8）主要技术经济指标的分析、计算情况；

（9）项目管理经验、主要问题和建议；

（10）预备费动用情况；

（11）项目建设管理制度执行情况、政府采购情况、合同履行情况；

（12）征地拆迁补偿情况、移民安置情况；

（13）需说明的其他事项。

4. 竣工财务决（结）算审核情况

项目竣工决（结）算经有关部门或单位进行项目竣工决（结）算审核的，需附完整的审核报告及审核表。

（1）审核报告。

审核报告内容应当翔实，主要包括：审核说明、审核依据、审核结果、意见、建议。

（2）基本建设项目竣工财务决算审核表，包括：

①项目竣工财务决算审核汇总表；

②资金情况审核明细表；

③待摊投资审核明细表；

④交付使用资产审核明细表；

⑤转出投资审核明细表；

⑥待销核基建支出审核明细表。

5. 相关资料

相关资料主要包括：

（1）项目立项、可行性研究报告、初步设计报告及概算、概算调整批复文件的复印件；

（2）项目历年投资计划及财政资金预算下达文件的复印件；

（3）审计、检查意见或文件的复印件；

（4）其他与项目决算相关资料。

（二）项目竣工决算审核

财政部门和项目主管部门对项目竣工财务决算实行先审核、后批复的办法，可以委托预算评审机构或者有专业能力的社会中介机构进行审核。

财政部门和项目主管部门审核批复项目竣工财务决算时，应当重点审查以下内容：

（1）工程价款结算是否准确，是否按照合同约定和国家有关规定进行，有无多算和重复计算工程量、高估冒算建筑材料价格现象；

（2）待摊费用支出及其分摊是否合理、正确；

（3）项目是否按照批准的概算（预）算内容实施，有无超标准、超规模、超概（预）算建设现象；

（4）项目资金是否全部到位，核算是否规范，资金使用是否合理，有无挤占、挪用现象；

（5）项目形成资产是否全面反映，计价是否准确，资产接收单位是否落实；

（6）项目在建设过程中历次检查和审计所提的重大问题是否已经整改落实；

（7）待核销基建支出和转出投资有无依据，是否合理；

（8）竣工财务决算报表所填列的数据是否完整，表间勾稽关系是否清晰、正确；

（9）尾工工程及预留费用是否控制在概算确定的范围内，预留的金额和比例是否合理；

（10）项目建设是否履行基本建设程序，是否符合国家有关建设管理制度要求等；

（11）决算的内容和格式是否符合国家有关规定；

（12）决算资料报送是否完整、决算数据间是否存在错误；

（13）相关主管部门或者第三方专业机构是否出具审核意见。

项目竣工财务决算审核批复环节中审减的概算内投资，按投资来源比例归还投资者。

项目主管部门应当加强对尾工工程建设资金监督管理，督促项目建设单位抓紧实施尾工工程，及时办理尾工工程建设资金清算和资产交付使用手续。

项目建设内容以设备购置、房屋及其他建筑物购置为主且附有部分建筑安装工程的，可以简化项目竣工财务决算编报内容、报表格式和批复手续；设备购置、房屋及其他建筑物购置，不用单独编报项目竣工财务决算。

（三）竣工资产交付

资产交付是指项目竣工验收合格后，将形成的资产交付或者转交生产使用单位的行为。

交付使用的资产包括固定资产、流动资产、无形资产等。项目竣工后应当及时办理资金清算和资产交付手续，并依据项目竣工财务决算批复意见办理产权登记和有关资产入账或调账。

项目建设单位经批准使用项目资金购买的车辆、办公设备等自用固定资产，项目完工时按下列情况进行财务处理：

（1）资产直接交付使用单位的，按设备投资支出转入交付使用。其中，计提折旧的自用固定资产，按固定资产购置成本扣除累计折旧后的金额转入交付使用，项目建设期间计提的折旧费用作为待摊投资支出分摊到相关资产价值；不计提折旧的自用固定资产，按固定资产购置成本转入交付使用。

（2）资产在交付使用单位前公开变价处置的，项目建设期间计提的折旧费用和固定资产清理净损益（即公开变价金额与扣除所提折旧后设备净值之间的差额）计入待摊投资，不计提自用固定资产折旧的项目，按公开变价金额与购置成本之间的差额作为待摊投资支出分摊到相关资产价值。

（四）绩效评价

项目绩效评价是指财政部门、项目主管部门根据设定的项目绩效目标，运用科学合理的评价方法和评价标准，对项目建设全过程中资金筹集、使用及核算的规范性、有效性，以及投入运营效果等进行评价的活动。

项目绩效评价应当坚持科学规范、公正公开、分级分类和绩效相关的原则，坚持经济效益、社会效益和生态效益相结合的原则。

项目绩效评价应当重点对项目建设成本、工程造价、投资控制、达产能力与设计能力差异、偿债能力、持续经营能力等实施绩效评价，根据管理需要和项目特点选用社会效益指标、财务效益指标、工程质量指标、建设工期指标、资金来源指标、资金使用指标、实际投资回收期指标、实际单位生产（营运）能力投资指标等评价指标。

第九章　工程项目采购与合同管理

工程项目的建设是一个从无到有的过程，工程项目建设需要的所有的物资和服务都来自于项目之外，业主方并不能提供所有的物资和服务。从工程项目外部采购质量合格、价钱适中且数量满足需要的物资和服务，按需供应到需要的地点是工程项目采购及其管理的核心任务。

第一节　概述

采购是指以合同方式有偿取得货物、工程和服务的行为，包括购买、租赁、委托、雇用等。货物是指各种形态和种类的物品，包括原材料、燃料、设备、产品等。工程是指建设工程，包括建筑物和构筑物的新建、改建、扩建、装修、拆除、修缮等。服务是指除货物和工程以外的其他采购对象。

一、工程项目采购的内容

（一）工程项目采购概况

工程项目采购的内容主要包括工程发包、服务采购和设备材料采购三类。相对应的工程项目采购的管理也分为三类，如图9-1所示。

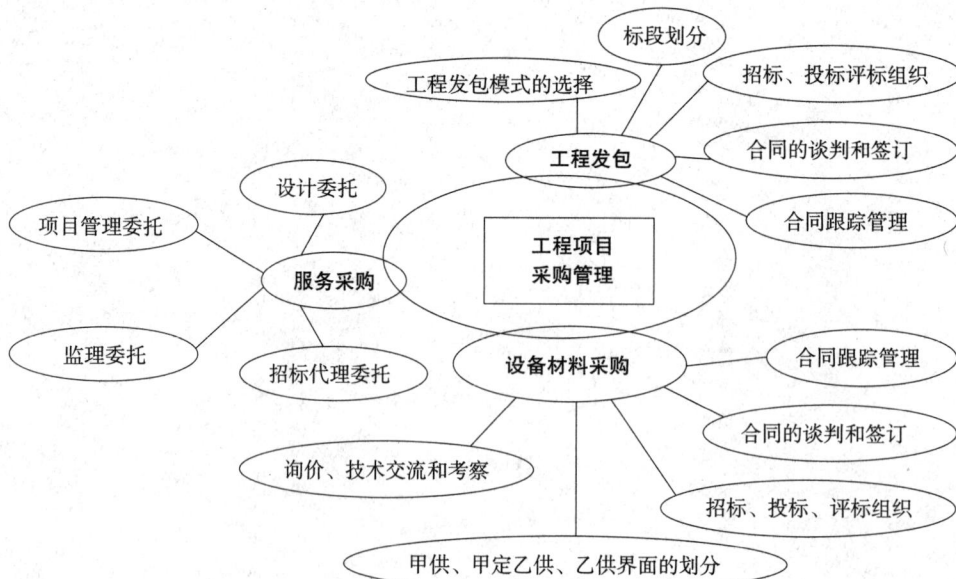

图 9-1　工程项目采购示意图

（二）土地使用权的取得

《中华人民共和国土地管理法》第五十二条规定，建设项目可行性研究论证时，自然资源主管部门可以根据土地利用总体规划、土地利用年度计划和建设用地标准，对建设用地有关事项进行审查，并提出意见。

1. 土地征用

《中华人民共和国土地管理法》第四十五条规定，为了公共利益的需要，有下列情形之一，确需征收农民集体所有的土地的，可以依法实施征收：

（1）军事和外交需要用地的；

（2）由政府组织实施的能源、交通、水利、通信、邮政等基础设施建设需要用地的；

（3）由政府组织实施的科技、教育、文化、卫生、体育、生态环境和资源保护、防灾减灾、文物保护、社区综合服务、社会福利、市政公用、优抚安置、英烈保护等公共事业需要用地的；

（4）由政府组织实施的扶贫搬迁、保障性安居工程建设需要用地的；

（5）在土地利用总体规划确定的城镇建设用地范围内，经省级以上人民政府批准由县级以上地方人民政府组织实施的成片开发建设需要用地的；

（6）法律规定为公共利益需要可以征收农民集体所有的土地的其他情形。

2. 划拨方式取得土地使用权

《中华人民共和国土地管理法》第五十四条规定，下列建设用地，经县级以上人民政府依法批准，可以以划拨方式取得：

（1）国家机关用地和军事用地；

（2）城市基础设施用地和公益事业用地；

（3）国家重点扶持的能源、交通、水利等基础设施用地；

（4）法律、行政法规规定的其他用地。

《中华人民共和国城市房地产管理法》第二十三条规定，土地使用权划拨，是指县级以上人民政府依法批准，在土地使用者缴纳补偿、安置等费用后将该幅土地交付其使用，或者将土地使用权无偿交付给土地使用者使用的行为。

3. 有偿取得土地使用权

《中华人民共和国土地管理法》第五十三条规定，经批准的建设项目需要使用国有建设用地的，建设单位应当持法律、行政法规规定的有关文件，向有批准权的县级以上人民政府自然资源主管部门提出建设用地申请，经自然资源主管部门审查，报本级人民政府批准。

《中华人民共和国土地管理法》第五十五条规定，以出让等有偿使用方式取得国有土地使用权的建设单位，按照国务院规定的标准和办法，缴纳土地使用权出让金等土地有偿使用费和其他费用后，方可使用土地。

《中华人民共和国土地管理法》第五十六条规定，建设单位使用国有土地的，应当按照土地使用权出让等有偿使用合同的约定或者土地使用权划拨批准文件的规定使用土地；确需改变该幅土地建设用途的，应当经有关人民政府自然资源主管部门同意，报原批准用地的人民政府批准。其中，在城市规划区内改变土地用途的，在报批前，应当先经有关城市规划行政主管部门同意。

二、工程项目采购管理

采购管理是对项目的勘察、设计、施工、监理、供应等产品和服务的获得工作进行的计划、组织、指挥、协调和控制等活动。

（一）基本要求

组织应建立采购管理制度，确定采购管理流程和实施方式，规定管理与控制的程序和方法。

采购管理制度需要包括：项目资源采购活动的基本管理目标、工作内容，采购过程控制措施，内部监督程序及其管理要求。

采购可通过招标方式实现目标。招标采购应符合国家相关招标采购法规的要求。采购与投标活动是两个不同范畴的工作内容。

采购工作应符合有关合同、设计文件所规定的技术、质量和服务标准，符合进度安全、环境和成本管理要求。招标采购应确保实施过程符合法律、法规和经营的要求。

项目采购资料应真实、有效、完整，具有可追溯性。

（二）采购管理

1. 采购计划

在编制采购计划前，组织须得到采购需求计划，根据需求经过对资源库存和调剂情况分析后确定采购计划。组织应根据项目立项报告、工程合同、设计文件、项目管理实施规划和采购管理制度编制采购计划。采购计划应包括下列内容：

（1）采购工作范围、内容及管理标准；

（2）采购信息，包括产品或服务的数量、技术标准和质量规范；

（3）检验方式和标准；

（4）供方资质审查要求；

（5）采购控制目标及措施。

采购计划的内容还可以包括特殊的采购要求，包括人员文化背景、工作年限、培训要求等。

采购计划应经过相关部门审核，并经授权人批准后实施。必要时，采购计划应按规定进行变更。

2. 采购实施

采购过程应按法律、法规和规定程序，依据工程合同需求采用招标、询价或其他方式实施。符合公开招标规定的采购过程应按相关要求进行控制。

组织应确保采购控制目标的实现，对供方下列条件进行有关技术和商务评审：

（1）经营许可、企业资质；

（2）相关业绩与社会信誉；

（3）人员素质和技术管理能力；

（4）质量要求与价格水平。

组织应制定供方选择、评审和重新评审的准则。评审记录应予以保存。

组织应对特殊产品和服务的供方进行实地考察并采取措施进行重点监控，实地考察应包括下列内容：

（1）生产或服务能力；

（2）现场控制结果；

（3）相关风险评估。

特殊产品供方（如供应商和分包方）的考察中的"相关风险评估"可包括：人员、资质、财务、质量、成本等方面变化情况的评价。其中特殊产品包括：特种设备、材料、制造周期长的大型设备、有毒有害产品等。

承压产品、有毒有害产品和重要设备采购前，组织应要求供方提供下列证明文件：

（1）有效的安全资质；

（2）生产许可证；

（3）其他相关要求的证明文件。

承压产品、有毒有害产品、重要设备特殊产品包括：预制构件、钢结构、梁板、危险化学品、起重机、盾构机等。

3. 采购合同的签订

组织应按工程合同的约定和需要，订立采购合同或规定相关要求。采购合同或相关要求应明确双方责任、权限、范围和风险，并经组织授权人员审核批准，确保采购合同或要求内容的合法性。

采购合同或相关要求需要考虑项目实施阶段的具体需求，具有前瞻性和应对性。

组织应依据采购合同或相关要求对供方的下列生产和服务条件进行确认：

（1）项目管理机构和相关人员的数量、资格；

（2）主要材料、设备、构配件、生产机具与设施。

确认是针对特定要求实施认可的过程，一般宜在项目实施前或过程中进行。

三、工程项目采购的方式

（一）采购的方式

《中华人民共和国政府采购法》第二十六条规定，政府采购采用以下方式：

（1）公开招标；

（2）邀请招标；

（3）竞争性谈判；

（4）单一来源采购；

（5）询价；

（6）国务院政府采购监督管理部门认定的其他采购方式。

公开招标应作为政府采购的主要采购方式。

政府采购工程进行招标投标的，适用招标投标法。

（二）可以不进行招标的工程项目

根据《中华人民共和国招标投标法》第六十六条规定，涉及国家安全、国家秘密、抢险救灾或者属于利用扶贫资金实行以工代赈、需要使用农民工等特殊情况，不适宜进行招标的项目，按照国家有关规定可以不进行招标。

依据《中华人民共和国招标投标法实施条例》第九条，除招标投标法第六十六条规定的可以不进行招标的特殊情况外，有下列情形之一的，可以不进行招标：

（1）需要采用不可替代的专利或者专有技术；

（2）采购人依法能够自行建设、生产或者提供；

（3）已通过招标方式选定的特许经营项目投资人依法能够自行建设、生产或者提供；

（4）需要向原中标人采购工程、货物或者服务，否则将影响施工或者功能配套要求；

（5）国家规定的其他特殊情形。

（三）必须招标的工程项目

根据《中华人民共和国招标投标法》第三条规定，在中华人民共和国境内进行下列工程建设项目包括项目的勘察、设计、施工、监理以及与工程建设有关的重要设备、材料等的采购，必须进行招标：

（1）大型基础设施、公用事业等关系社会公共利益、公众安全的项目；

（2）全部或者部分使用国有资金投资或者国家融资的项目；

（3）使用国际组织或者外国政府贷款、援助资金的项目。

前款所列项目的具体范围和规模标准，由国务院发展计划部门会同国务院有关部门制订，报国务院批准。

法律或者国务院对必须进行招标的其他项目的范围有规定的，依照其规定。

《中华人民共和国招标投标法实施条例》第三条规定，依法必须进行招标的工程建设项目的具体范围和规模标准，由国务院发展改革部门会同国务院有关部门制订，报国务院批准后公布施行。

《必须招标的工程项目规定》（国家发展改革委令第16号）第二条规定，全部或者部分使用国有资金投资或者国家融资的项目包括：①使用预算资金200万元人民币以上，并且该资金占投资额10%以上的项目；②使用国有企业事业单位资金，并且该资金占控股或者主导地位的项目。

《必须招标的工程项目规定》（国家发展改革委令第16号）第三条规定，使用国际组织或者外国政府贷款、援助资金的项目包括：①使用世界银行、亚洲开发银行等国际组织贷款、援助资金的项目；②使用外国政府及其机构贷款、援助资金的项目。

《必须招标的工程项目规定》（国家发展改革委令第16号）第四条规定，不属于本规定第二条、第三条规定情形的大型基础设施、公用事业等关系社会公共利益、公众安全的项目，必须招标的具体范围由国务院发展改革部门会同国务院有关部门按照确有必要、严格限定的原则制订，报国务院批准。

《必须招标的工程项目规定》（国家发展改革委令第16号）第五条规定，本规定第二条至第四条规定范围内的项目，其勘察、设计、施工、监理以及与工程建设有关的重要设备、材料等的采购达到下列标准之一的，必须招标：

（1）施工单项合同估算价在400万元人民币以上；

（2）重要设备、材料等货物的采购，单项合同估算价在200万元人民币以上；

（3）勘察、设计、监理等服务的采购，单项合同估算价在100万元人民币以上。

同一项目中可以合并进行的勘察、设计、施工、监理以及与工程建设有关的重要设备、材料等的采购，合同估算价合计达到前款规定标准的，必须招标。

《必须招标的基础设施和公用事业项目范围规定》（发改法规规〔2018〕843号）第二条规定，不属于《必须招标的工程项目规定》第二条、第三条规定情形的大型基础设施、公用事业等关系社会公共利益、公众安全的项目，必须招标的具体范围包括：

（1）煤炭、石油、天然气、电力、新能源等能源基础设施项目；

（2）铁路、公路、管道、水运，以及公共航空和A1级通用机场等交通运输基础设施项目；

（3）电信枢纽、通信信息网络等通信基础设施项目；

（4）防洪、灌溉、排涝、引（供）水等水利基础设施项目；

（5）城市轨道交通等城建项目。

（四）招标方式

根据《中华人民共和国招标投标法》，招标分为公开招标和邀请招标。按照我国有关规定，工程项目勘察设计、施工、物资采购一般都需要用招标的方式。

对于有些特殊项目，采用邀请招标方式确实更加有利。根据《中华人民共和国招标投标法实施条例》第八条，国有资金占控股或者主导地位的依法必须进行招标的项目，应当公开招标；但有下列情形之一的，可以邀请招标：

（1）技术复杂、有特殊要求或者受自然环境限制，只有少量潜在投标人可供选择；

（2）采用公开招标方式的费用占项目合同金额的比例过大。

招标人采用邀请招标方式，应当向三个以上具备承担招标项目的能力、资信良好的特定的法人或者其他组织发出投标邀请书。

（五）招标事项的审批和核准

《工程建设项目申报材料增加招标内容和核准招标事项暂行规定》，依法必须进行招标且按照国家有关规定需要履行项目审批、核准手续的各类工程建设项目，必须在报送的项目可行性研究报告或者资金申请报告、项目申请报告中增加有关招标的内容。增加的招标内容包括：

（1）建设项目的勘察、设计、施工、监理以及重要设备、材料等采购活动的具体招标范围（全部或者部分招标）；

（2）建设项目的勘察、设计、施工、监理以及重要设备、材料等采购活动拟采用的招标组织形式（委托招标或者自行招标）；拟自行招标的，还应按照国家发展和改革委员会《工程建设项目自行招标试行办法》规定报送书面材料；

（3）建设项目的勘察、设计、施工、监理以及重要设备、材料等采购活动拟采用的招标方式（公开招标或者邀请招标）；国家发展和改革委员会确定的国家重点项目和省、自治区、直辖市人民政府确定的地方重点项目，拟采用邀请招标的，应对采用邀请招标的理由做出说明；

（4）其他有关内容。

按照法律规定可以不进行招标的工程项目，在报送可行性研究报告或者资金申请报告、项目申请报告中须提出不招标申请，并说明不招标原因。

经项目审批、核准部门审批、核准，工程建设项目因特殊情况可以在报送可行性研究报告或者资金申请报告、项目申请报告前先行开展招标活动，但应在报送的可行性研究报告或者资金申请报告、项目申请报告中予以说明。

项目审批、核准部门在批准项目可行性研究报告或者核准资金申请报告、项目申请报告时，应依据法律、法规规定的权限，对项目建设单位拟定的招标范围、招标组织形式、招标方式等内容提出是否予以审批、核准的意见。项目建设单位在招标活动中对审批、核准的招标范围、招标组织形式、招标方式等做出改变的，应向原审批、核准部门重新办理有关审批、核准手续。

四、电子招标投标

电子招标投标活动是指以数据电文形式，依托电子招标投标系统完成的全部或者部分招标投标交易、公共服务和行政监督活动。数据电文形式与纸质形式的招标投标活动具有同等法律效力。

为了规范电子招标投标活动，促进电子招标投标健康发展，国家发展和改革委员会等八部委联合制定了《电子招标投标办法》，自 2013 年 5 月 1 日起施行。

（一）电子招标投标交易平台

1. 电子招标投标系统的构成

电子招标投标系统根据功能的不同，分为交易平台、公共服务平台和行政监督平台。

交易平台是以数据电文形式完成招标投标交易活动的信息平台。

公共服务平台是满足交易平台之间信息交换、资源共享需要，并为市场主体、行政监督部门和社会公众提供信息服务的信息平台。电子招标投标公共服务平台应当记录和公布相关交换数据信息的来源、时间并进行电子归档备份。

行政监督平台是行政监督部门和监察机关在线监督电子招标投标活动的信息平台。行政监督平台应公布有关法律法规规章、行政监督的依据、职责权限、监督环节、程序和时限、信息交换要求和联系方式等相关内容。

2. 电子招标投标交易平台的功能

电子招标投标交易平台具备下列主要功能：

（1）在线完成招标投标全部交易过程；

（2）编辑、生成、对接、交换和发布有关招标投标数据信息；

（3）提供行政监督部门和监察机关依法实施监督和受理投诉所需的监督通道；

（4）本办法和技术规范规定的其他功能。

电子招标投标交易平台应当按照技术规范规定，执行统一的信息分类和编码标准，为各类电子招标投标信息的互联互通和交换共享开放数据接口、公布接口要求。

电子招标投标交易平台接口应当保持技术中立，与各类需要分离开发的工具软件相兼容对接，不得限制或者排斥符合技术规范规定的工具软件与其对接。

电子招标投标交易平台应当允许社会公众、市场主体免费注册登录和获取依法公开的招标投标信息，为招标投标活动当事人、行政监督部门和监察机关按各自职责和注册权限登录使用交易平台提供必要条件。

电子招标投标交易平台应当依法及时公布下列主要信息：

（1）招标人名称、地址、联系人及联系方式；

（2）招标项目名称、内容范围、规模、资金来源和主要技术要求；

（3）招标代理机构名称、资格、项目负责人及联系方式；

（4）投标人名称、资质和许可范围、项目负责人；

（5）中标人名称、中标金额、签约时间、合同期限；

（6）国家规定的公告、公示和技术规范规定公布和交换的其他信息。

3.电子招标投标交易平台的运营

电子招标投标交易平台应当依照《中华人民共和国认证认可条例》等有关规定进行检测、认证，通过检测、认证的电子招标投标交易平台应当在省级以上电子招标投标公共服务平台上公布。

电子招标投标交易平台服务器应当设在中华人民共和国境内。

电子招标投标交易平台运营机构应当是依法成立的法人，拥有一定数量的专职信息技术、招标专业人员。

电子招标投标交易平台运营机构应当根据国家有关法律法规及技术规范，建立健全电子招标投标交易平台规范运行和安全管理制度，加强监控、检测，及时发现和排除隐患。

电子招标投标交易平台运营机构应当采用可靠的身份识别、权限控制、加密、病毒防范等技术，防范非授权操作，保证交易平台的安全、稳定、可靠。

电子招标投标交易平台运营机构应当采取有效措施，验证初始录入信息的真实性，并确保数据电文不被篡改、不遗漏和可追溯。

电子招标投标交易平台运营机构不得以任何手段限制或者排斥潜在投标人，不得泄漏依法应当保密的信息，不得弄虚作假、串通投标或者为弄虚作假、串通投标提供便利。

电子招标投标交易平台应当依法设置电子招标投标工作人员的职责权限，如实记录招标投标过程、数据信息来源，以及每一操作环节的时间、网络地址和工作人员，并具备电子归档功能。

电子招标投标公共服务平台应当记录和公布相关交换数据信息的来源、时间并进行电子归档备份。

任何单位和个人不得伪造、篡改或者损毁电子招标投标活动信息。

（二）电子招标

1.确定交易平台

招标人或者其委托的招标代理机构应当在其使用的电子招标投标交易平台注册登记，选择使用除招标人或招标代理机构之外第三方运营的电子招标投标交易平台的，还应当与电子招标投标交易平台运营机构签订使用合同，明确服务内容、服务质量、服务费用等权利和义务，并对服务过程中相关信息的产权归属、保密责任、存档等依法作出约定。

电子招标投标交易平台运营机构不得以技术和数据接口配套为由，要求潜在投标人购买指定的工具软件。

2.发布招标信息

招标人或者其委托的招标代理机构应当在资格预审公告、招标公告或者投标邀请书中载明潜在投标人访问电子招标投标交易平台的网络地址和方法。依法必须进行公开招标项目的上述相关公告应当在电子招标投标交易平台和国家指定的招标公告媒介同步发布。

招标人或者其委托的招标代理机构应当及时将数据电文形式的资格预审文件、招标文件加载至电子招标投标交易平台，供潜在投标人下载或者查阅。

数据电文形式的资格预审公告、招标公告、资格预审文件、招标文件等应当标准化、格式化，并符合有关法律法规以及国家有关部门颁发的标准文本的要求。

任何单位和个人不得在招标投标活动中设置注册登记、投标报名等前置条件限制潜在投标人下载资格预审文件或者招标文件。

3. 信息保密要求

在投标截止时间前，电子招标投标交易平台运营机构不得向招标人或者其委托的招标代理机构以外的任何单位和个人泄漏下载资格预审文件、招标文件的潜在投标人名称、数量以及可能影响公平竞争的其他信息。

4. 信息澄清修改

招标人对资格预审文件、招标文件进行澄清或者修改的，应当通过电子招标投标交易平台以醒目的方式公告澄清或者修改的内容，并以有效方式通知所有已下载资格预审文件或者招标文件的潜在投标人。

（三）电子投标

1. 限制性规定

电子招标投标交易平台的运营机构，以及与该机构有控股或者管理关系可能影响招标公正性的任何单位和个人，不得在该交易平台进行的招标项目中投标和代理投标。

2. 注册和登记信息

投标人应当在资格预审公告、招标公告或者投标邀请书载明的电子招标投标交易平台注册登记，如实递交有关信息，并经电子招标投标交易平台运营机构验证。

3. 文件提交

投标人应当通过资格预审公告、招标公告或者投标邀请书载明的电子招标投标交易平台递交数据电文形式的资格预审申请文件或者投标文件。

4. 文件加密

电子招标投标交易平台应当允许投标人离线编制投标文件，并且具备分段或者整体加密、解密功能。

投标人应当按照招标文件和电子招标投标交易平台的要求编制并加密投标文件。

投标人未按规定加密的投标文件，电子招标投标交易平台应当拒收并提示。

5. 文件修改或撤回

投标人应当在投标截止时间前完成投标文件的传输递交，并可以补充、修改或者撤回投标文件。投标截止时间前未完成投标文件传输的，视为撤回投标文件。投标截止时间后送达的投标文件，电子招标投标交易平台应当拒收。

电子招标投标交易平台收到投标人送达的投标文件，应当即时向投标人发出确认回执通知，并妥善保存投标文件。在投标截止时间前，除投标人补充、修改或者撤回投标文件外，任何单位和个人不得解密、提取投标文件。

（四）电子开标、评标和中标

1. 电子开标

电子开标应当按照招标文件确定的时间，在电子招标投标交易平台上公开进行，所有投标人均应当准时在线参加开标。

开标时，电子招标投标交易平台自动提取所有投标文件，提示招标人和投标人按招标文件规定方式按时在线解密。解密全部完成后，应当向所有投标人公布投标人名称、投标价格和招标文件规定的其他内容。

因投标人原因造成投标文件未解密的，视为撤销其投标文件；因投标人之外的原因造成投标文件未解密的，视为撤回其投标文件，投标人有权要求责任方赔偿因此遭受的直接损失。部分投标文件未解密的，其他投标文件的开标可以继续进行。

招标人可以在招标文件中明确投标文件解密失败的补救方案，投标文件应按照招标文件的要求作出响应。

电子招标投标交易平台应当生成开标记录并向社会公众公布，但依法应当保密的除外。

2. 电子评标

电子评标应当在有效监控和保密的环境下在线进行。根据国家规定应当进入依法设立的招标投标交易场所的招标项目，评标委员会成员应当在依法设立的招标投标交易场所登录招标项目所使用的电子招标投标交易平台进行评标。评标中需要投标人对投标文件澄清或者说明的，招标人和投标人应当通过电子招标投标交易平台交换数据电文。

评标委员会完成评标后，应当通过电子招标投标交易平台向招标人提交数据电文形式的评标报告。

3. 中标和签约

依法必须进行招标的项目中标候选人和中标结果应当在电子招标投标交易平台进行公示和公布。

招标人确定中标人后，应当通过电子招标投标交易平台以数据电文形式向中标人发出中标通知书，并向未中标人发出中标结果通知书。

招标人应当通过电子招标投标交易平台，以数据电文形式与中标人签订合同。

鼓励招标人、中标人等相关主体及时通过电子招标投标交易平台递交和公布中标合同履行情况的信息。

4. 异议与答复

投标人或者其他利害关系人依法对资格预审文件、招标文件、开标和评标结果提出异议，以及招标人答复，均应当通过电子招标投标交易平台进行。

5. 电子签名

招标投标活动中的下列数据电文应当按照《中华人民共和国电子签名法》和招标文件的要求进行电子签名并进行电子存档：

（1）资格预审公告、招标公告或者投标邀请书；

（2）资格预审文件、招标文件及其澄清、补充和修改；

（3）资格预审申请文件、投标文件及其澄清和说明；

（4）资格审查报告、评标报告；

（5）资格预审结果通知书和中标通知书；

（6）合同；

（7）国家规定的其他文件。

（五）公共服务

电子招标投标公共服务平台应当按照《电子招标投标办法》和技术规范规定，具备下列主要功能：

（1）链接各级人民政府及其部门网站，收集、整合和发布有关法律法规规章及规范性文件、行政许可、行政处理决定、市场监管和服务的相关信息；

（2）连接电子招标投标交易平台、国家规定的公告媒介，交换、整合和发布《电子招标投标办法》第四十一条规定的信息；

（3）连接依法设立的评标专家库，实现专家资源共享；

（4）支持不同电子认证服务机构数字证书的兼容互认；

（5）提供行政监督部门和监察机关依法实施监督、监察所需的监督通道；

（6）整合分析相关数据信息，动态反映招标投标市场运行状况、相关市场主体业绩和信用情况。

属于依法必须公开的信息，公共服务平台应当无偿提供。

电子招标投标公共服务平台应当开放数据接口、公布接口要求，与电子招标投标交易平台及时交换招标投标活动所必需的信息，以及双方协商确定的其他信息。

电子招标投标公共服务平台应当与上一层级电子招标投标公共服务平台连接并注册登记，及时交换规定的信息，以及双方协商确定的其他信息。

电子招标投标公共服务平台应当允许社会公众、市场主体免费注册登录和获取依法公开的招标投标信息，为招标人、投标人、行政监督部门和监察机关按各自职责和注册权限登录使用公共服务平台提供必要条件。

第二节　工程项目实施模式

如前所述，从业主的角度而言，工程项目采购包括工程发包、服务和物资采购。业主是否采购工程项目管理服务已经在前面章节述说完成。现在主要讨论设计、施工和物资采购问题，其中设计和施工任务是主要的采购任务，通常设计和施工的采购也称"发承包模式"，发承包模式对项目采购至关重要。发承包模式反映了工程项目的发包方和承包方之间、承包方与分包方之间等的合同关系。许多建设项目的项目管理实践证明，一个项目建设能否成功，能否进行有效的投资控制、进度控制、质量控制、合同管理及组织协调，很大程度上取决于发承包模式的选择，因此应该慎重考虑。工程项目的发承包模式概括起来有设计—施工分离式和设计施工连贯式（也称"工程项目总承包"或者称"工程总承包"）两大类。

一、设计—施工分离式

DBB（Design-Bid-Build）是一种较传统的工程承发包模式，即建设单位分别与工程勘察设计单位、施工单位签订合同，工程项目勘察设计、施工任务分别由工程勘察设计单位、施工单位完成。DBB 模式主要体现的是专业化分工，我国大部分工程项目一般都采用这种实施方式。

（一）平行承发包

（1）平行承发包的含义

平行承发包，又称为分别承发包，是指发包方根据工程项目的特点、项目进展情况和控制目标的要求等因素，将建设项目按照一定原则分解，将设计任务分别委托给不同的设计单位，将施工任务分别发包给不同的施工单位，各个设计单位和施工单位分别与发包方签订设计合同和施工合同，合同结构如图 9-2 所示。

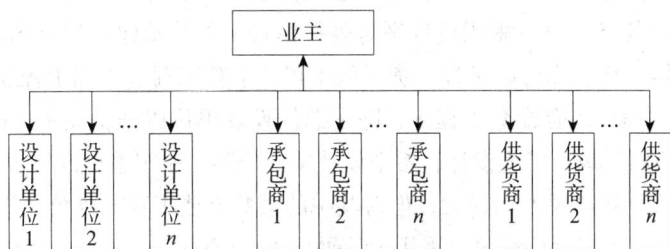

图 9-2　平行承发包模式的合同结构图

（2）工程设计平行委托

工程设计任务的平行委托，是指建设项目业主根据建设项目的组成结构将工程设计任务平行委托给不同的工程设计单位，也可以根据建设项目的不同设计阶段或者不同设计专业分别委托给不同的工程设计单位。在工程设计平行委托模式中，各个设计单位分别与业主单独签订合同，各个设计单位之间的关系是平行关系。例如，某地铁建设项目，业主除委托 A 设计单位进行总体设计外，还分别将三个地下车站委托给 B 设计单位、将四个地面车站委托给 C 设计单位、将车辆段委托给 D 设计单位等，如图 9-3 所示。又如某国际会展中心建设项目中，建设项目业主将方案设计委托国外某设计单位设计，扩初设计和施工图设计委托国内某设计单位设计。

工程设计平行委托模式的主要特点包括：

①项目业主要负责所有设计合同的招标、合同谈判、签约、招标及合同管理，工作量较大；

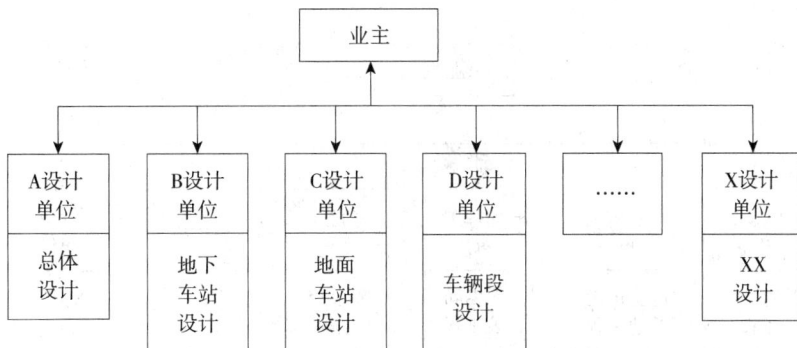

图 9-3　设计平行委托案例—某地铁项目设计合同结构

②项目业主要负责对多个设计合同的跟踪管理，工作量较大；

③不同的设计单位对业主的设计要求、准则和标准的理解和把握程度不同，容易造成设计不协调；

④各个专业之间、各个设计阶段以及建设项目各个组成部分之间的交互界面比较多，界面管理工作量大，也很容易对设计质量、设计进度产生影响；

⑤项目业主要负责对所有设计单位的管理及各个设计单位之间的组织协调。同时项目业主必须选择一个工程设计单位牵头，承担工程设计总负责单位的角色，负责工程设计的协调与衔接。

对有些大型或复杂建设项目，由于项目组成内容多，设计工作量大，很难由一个设计单位独立完成设计任务，可以采用设计平行委托模式。如某新建大型机场建设项目，项目的组成中有航站楼工程、飞行区工程、货运区工程、空管工程、供油工程、航空食品工程、某航空公司基地工程、综合配套工程等，除了总体设计单位以外，业主又同时委托多家设计单位分别承担不同的单项工程设计，各个设计单位分别与业主签订设计合同。

有些建设项目尽管规模不是很大，但对其中的某些专业工程如办公大楼的外立面工程、智能化工程、精装修工程等仍然可以采用设计平行委托模式。

（3）施工平行发包

在施工平行发包模式中，业主将不同的施工任务分别委托给不同的施工单位，各个施工单位分别与业主签订合同，各个施工单位之间的关系是平行关系。

施工平行发包的一般工作程序为设计→招标投标→施工→验收，即一般情况下，在通过招标选择承包人时该部分工程的施工图已经完成，不确定性因素少，每个合同都可以实行总价合同。

对施工任务的平行发包，发包方可以根据建设项目结构进行分解发包，也可以根据建设项目施工的不同专业系统进行分解发包。

例如，某办公楼建设项目中，业主将打桩工程发包给甲施工单位，将主体土建工程发包给乙施工单位，将机电安装工程发包给丙施工单位，将精装修工程发包给丁施工单位等，如图9-4所示。

而某地铁工程施工中，业主将14座车站的土建工程分别发包给14个土建施工单位，14座车站的机电安装工程分别发包给14个机电安装单位，就是典型的施工平行发包模式。

施工平行发包的特点如下。

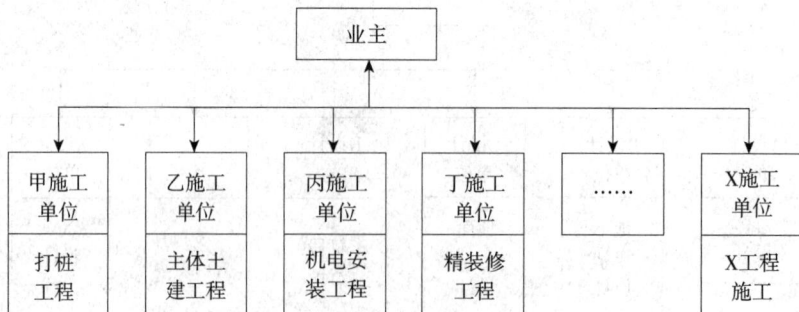

图9-4 施工平行发包案例—某房屋建筑工程施工合同结构

①费用控制：首先，每一部分工程的发包，都以施工图设计为基础，投标人进行投标报价较有依据；其次，对业主来说，要等最后一份合同签订后才知道整个工程的总投资，对投资的早期控制不利。

②进度控制：首先，某一部分施工图完成后，即可开始这部分工程的招标，开工日期提前，可以边设计边施工，缩短建设周期；其次，由于要进行多次招标，业主用于招标的时间较多。

③质量控制：首先，符合质量控制上的"他人控制"原则，不同分包单位之间能够形成一定的控制和制约机制，对业主的质量控制有利；其次，合同交互界面比较多，应非常重视各合同之间界面的定义和管理，否则对质量控制不利。

④合同管理：首先，业主要负责所有合同的招标、合同谈判和签约工作，招标及合同管理的工作量大；其次，业主要负责对多个合同的跟踪管理，工作量较大。

⑤组织与协调。业主要负责对所有承包商的管理及组织协调，承担类似于施工总承包管理的角色，工作量大。这是施工平行承发包模式的弱点，限制了该种承发包模式在某些建设项目上的应用。

（二）设计总负责

所谓设计总负责，就是指业主将一个建设项目的所有工程设计任务一次性全部委托给一个工程设计单位或由几个单位组成的联合体（或合作体），接受设计任务的单位或联合体（或合作体）称为设计总负责单位。

设计总负责单位可以根据需要将部分设计任务委托出去，即设计总负责单位与设计分负责单位签订分设计合同。在实践中，有时建设项目业主也不一定将所有的设计任务一次性全部委托给一个设计单位或由几个单位组成的联合体（或合作体），而是将其中的主要部分如总体设计、工艺设计等委托给一个设计总负责单位，而其他设计工作则委托给不同的设计单位完成，但明确指定由设计总负责单位进行设计的组织、管理和协调。分设计单位的设计委托合同可以由业主签订，也可以由业主授权，由设计总负责单位签订。

设计总负责模式的特点是：

①建设项目业主只需要签订一个设计合同，有利于合同管理；

②建设项目业主只需要组织一次设计招标，可减轻工作量；

③建设项目业主只需要与一个设计总负责单位进行协调，有利于业主的组织与协调工作；

④工程设计进度控制、质量控制等工作在很大程度上依赖于设计总负责单位的能力、经验和技术水平。

在国际上，许多工业与民用建筑都普遍采用设计总负责模式，通常是由某个建筑师事务所承接设计任务，而将有关结构设计、机电设计、景观设计等再委托给其他专业设计事务所配合进行专业设计，建筑师事务所作为设计总负责单位统一组织协调，对业主负责。

工程设计总负责单位承担整个工程的设计责任，对业主负责，并负责工程设计的组织、协调与管理各个分设计单位（配合设计单位）。分设计合同通常由设计总负责单位与分设计单位签订，对分设计单位的设计费由设计总负责单位支付。如果设计总负责单位拟将部分设计任务委托给其他分设计单位，对分设计的内容和分设计单位的选择应该经过业主的同意。

在我国，一般设计院都是综合性的设计单位，设计单位内部专业齐全，许多工业与民用建筑都是由一个设计单位独立完成的，承接设计任务的设计单位一般不需要分包。

对于某些特大型建设项目，如机场、地铁、大型钢铁厂等建设项目的设计，业主通常会选择一个设计总负责单位，在负责整个建设项目总体设计的基础上，业主或者设计总负责单位再委托多个设计单位进行各个单体项目（或单项工程）的设计，各个单体项目（或单项工程）的设计单位要接受总体设计单位的协调和管理。

如某地铁工程，业主与某设计院签订了勘察设计总负责合同，合同任务包括勘察、总体设计、扩初设计、施工图设计等，该设计院作为设计总负责单位将其中的勘察、部分扩初设计和全部施工图设计委托给不同的单位实施。设计总负责单位除了承担总体设计和部分扩初设计外，还进行设计总体管理，负责组织协调和控制各个分设计单位，在设计进度、设计质量、总投资控制等方面对业主负责，如图9-5所示。

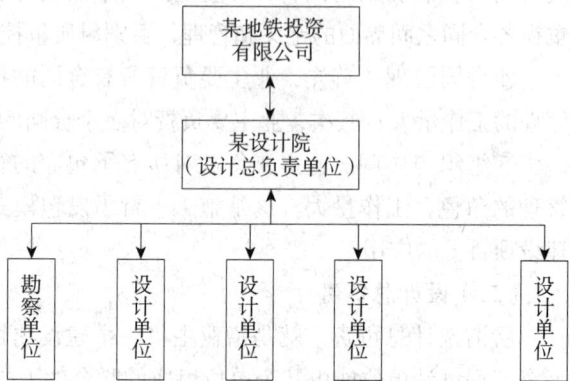

图9-5　设计总负责模式案例—某地铁项目设计合同结构

采用设计总负责管理模式的特点是，建设项目业主有设计分负责单位的选择权，而在整个设计阶段，对各个分负责设计单位的组织、协调则由设计总负责管理单位负责，减轻了业主的负担。设计总负责单位利用自身的设计和管理经验，负责对设计的进度控制和质量控制，往往更有利于建设项目设计进度和质量目标的实现。

（三）施工总承包

（1）施工总承包的含义

施工总承包，是指建设项目业主将全部施工任务发包给一个施工单位或由多个施工单位组成的施工联合体或施工合作体，施工总承包单位主要依靠自己的力量完成施工任务。当然，经建设项目业主同意，施工总承包单位可以根据需要将施工任务的一部分分包给其他符合要求的分包人。

施工总承包的合同结构如图9-6所示。

与平行发包相似，施工总承包的一般工作程序为设计→招标投标→施工→验收。在通过招标选择承包人时所有的施工图都已经完成，不确定性因素减少了，有利于实行总价合同。

（2）施工总承包的特点

①投资控制。首先，一般以施工图设计为投标报价的基础，投标人的投标报价较有依据。其次，在开工前就有较明确的合同价，有利于建设项

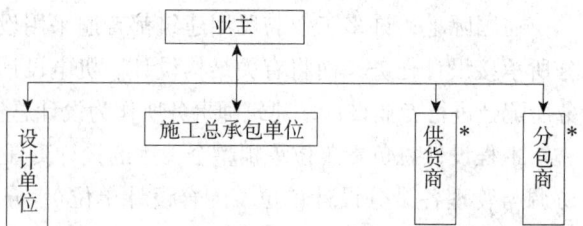

图9-6　工程项目施工总承包模式的合同结构
注：*为业主自行采购和分包部分。

目业主对总投资的早期控制。再次，若在施工过程中发生设计变更，则可能发生索赔。

②进度控制。一般要等施工图设计全部结束后，才能进行施工总承包的招标，开工日期较迟，建设周期势必较长。这是施工总承包模式的最大缺点，限制了其在建设周期紧迫的建设项目上的应用。

③质量控制。建设项目质量的好坏很大程度上取决于施工总承包单位的选择，取决于施工总承包单位的管理水平和技术水平。建设项目业主对施工总承包单位的依赖较大。

④合同管理。建设项目业主只需要进行一次招标，与一家承包商签约，招标及合同管理工作量大大减小，对建设项目业主有利。

在很多工程实践中，采用的并不是总价合同的施工总承包，而用所谓的"费率招标"，实质上是开口合同，对建设项目业主方的合同管理和投资控制十分不利。

⑤组织与协调。建设项目业主只负责对施工总承包单位的管理及组织协调，工作量大大减小，对建设项目业主比较有利。总承包管理单位对分包人管理的力度不足。

（四）设计施工分别总包的 DBB 模式

在设计总负责和施工总承包模式下，平行发承包模式演变如图 9-7 所示。

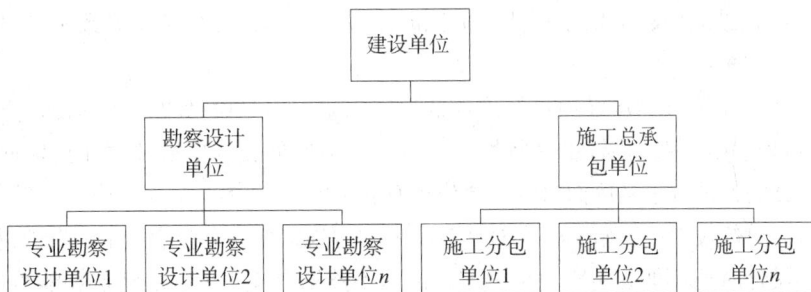

图 9-7　设计施工分别总包 DBB 模式

在图 9-7 中，施工总承包单位可以是一家施工单位，也可以是由几家施工单位组成的联合体。建设单位可以将工程项目施工任务发包给一家施工总承包单位（或联合体），也可以划分为若干标段分别平行发包给若干施工总承包单位（或联合体）。

（1）DBB 模式的优点

建设单位、勘察设计单位、施工总承包单位及分包单位在合同约束下，各自行使其职责和履行义务，责权利分配明确；建设单位直接管理工程项目的勘察设计和施工，指令易贯彻。而且由于该模式应用广泛、历史长，相关管理方法较成熟，工程参建各方对有关程序都比较熟悉。

（2）DBB 模式的不足

采用 DBB 模式、工程设计、招标、施工按顺序依次进行，建设周期长；而且由于施工单位无法参与工程设计，设计的可施工性差，导致设计与施工的协调困难，设计变更频繁，可能使建设单位利益受损。此外，由于工程的责任主体较多，包括设计单位、施工单位、材料设备供应单位等，一旦工程项目出现问题，建设单位不得不分别面对这些参与方，容易出现相互推诿，协调工作量大。

二、设计施工连贯式

业主方把建设项目的设计任务和施工任务进行综合委托的模式可称为"建设项目总承包"或"工程总承包"。

《中华人民共和国建筑法》第二十四条规定，建筑工程的发包单位可以将建筑工程的勘察、设计、施工、设备采购一并发包给一个工程总承包单位，也可以将建筑工程勘察、设计、施工、设备采购的一项或者多项发包给一个工程总承包单位；但是，不得将应当由一个承包单位完成的建筑工程肢解成若干部分发包给几个承包单位。

（一）建设项目总承包的起源

传统的工程建设实施模式中，设计与施工往往是分离的，即业主通过签订设计合同，委托专门的设计单位进行工程设计，设计完成后再通过签订施工承包合同，委托施工单位进行施工，设计和施工是由不同的组织来实施的。

设计和施工的分离是专业化分工的结果，是生产力发展以及社会进步到一定阶段的必然产物。由于建筑形式不断创新，工业建设项目中的工艺越来越复杂，技术越来越先进，客观上要求工程设计专业化、设备制造专业化、施工专业化。专业化为建设规模更大、技术更复杂、更先进的项目提供了可能。但同时，设计与施工的分离也导致了许多问题，主要有以下几个方面：

（1）设计工作是影响建设项目经济性的决定因素，但是设计单位考虑设计方便性，有时会忽视设计优化，忽视设计的经济性，而且我国目前的设计费取费往往是根据投资额的百分比来计算的，投资越高反而对设计单位越有利。

（2）设计单位较少了解施工，有时也较少考虑可施工性，会影响施工的有效进行。

（3）在设计时还不能确定将由谁施工，因而不能结合施工单位的特点和能力进行设计，但在确定了施工单位以后，又可能会引起设计修改。

（4）施工单位"按图施工"，基本上处于被动地位，在一定程度上影响了其积极性的发挥。

（5）若施工图完成以后再进行施工任务的发包，将延长项目建设周期。

（6）建设单位项目目标的控制有困难，主要是不利于投资控制和进度控制。

（7）建设单位的组织、协调工作量大。

（8）建筑主体工程与市政配套工程施工也往往分离，导致主体工程结束后到项目投入使用的间隔时间过长。

建设项目总承包模式起源于欧洲，是对传统承发包模式的变革，是为了解决设计与施工分离的弊端而产生的一种新模式。实行建设项目总承包模式，可以在很大程度上解决上述问题。建设项目总承包的基本出发点是借鉴工业生产组织的经验，实现建设生产过程的组织集成化，以克服由于设计与施工的分离致使投资增加，以及克服由于设计和施工的不协调而影响建设进度等弊端。

在建设项目总承包模式中，项目总承包单位的工作范围除了全部的工程施工任务以外，还包括设计任务和物资（包括设备）采购任务。在以房屋建筑为主的民用建设项目中又称为"设计和施工总承包"（D+B，即 Design-Build），而在以大型装置或工艺过程为主要核心技术的工业建设领域，如大型石化、化工、橡胶、冶金、制药、能源等建设项目，工艺设备的设计、制造、采购与安装成为建设项目实施中的最重要、最关键的核心，而工艺设备的设计、制造、采购与安装又与整个工艺的设计紧密相关，因此，在这些类型的建设项目中，建设项目总承包模式又称为"设计、采购、施工总承包"（EPC，即 Engineering，Procurement，Construction）。尽管 D+B 模式和 EPC 模式都称为"建设项目总承包"（或"工程总承包"），但是，工业建设项目中 EPC 总承包模式与民用建筑项目中的 D+B 总承包模式在操作方法上还是会有许多不同。在国际咨询工程师联合会（FIDIC）新出版的合同中，对 EPC 总承包模式和 D+B 总承包模式分别推荐了不同的合同条件，分别为"FIDIC 设计采购施工（EPC）／交钥匙工程合同条件（银皮书）"和"FIDIC 工程设备和设计—建造（D+B）合同条件（新黄皮书）"。

（二）设计和施工总承包的范围

实行设计和施工总承包的几个关键问题需要明确：一是由谁承担设计和施工总承包任务，二是何时开始总承包以及承包的范围是什么，三是如何进行总承包的招标、投标和评标等。

建设项目总承包单位可以从方案设计阶段就开始总承包，也可以从初步设计阶段、技术设计阶段或者施工图设计阶段开始总承包。但是，当施工图设计完成以后再进行总承包，就变成施工总承包模式了，如图 9-8 所示。

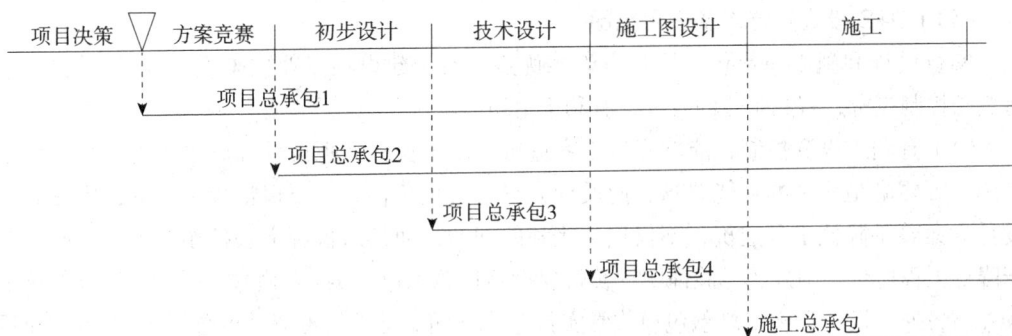

图 9-8　建设项目总承包单位的介入时间

（三）设计和施工总承包的组织

国外承担设计和施工总承包的组织机构一般有两种形式，一种是永久组织，即永久性的经济实体；一种是临时性的组织，即针对一个具体的建设项目，由若干个设计单位和施工单位组成的临时性组织，如图 9-9 所示。

永久组织又分两类，一类是拥有设计和施工力量，可以专门承包某一类型或某一体系的建设项目，如国际和国内针对化工、冶金、能源等建设项目而进行包括设计、设备供应、施工安装等全套服务或承包的项目总承包公司，在工业建设项目中比较多见；另一类是只有管理人员，只进行建设项目总承包管理。

临时组织又可以分为以设计为主体和以施工为主体两种形式，国外主要是以施工为主体，因为施工企业承担风险的能力和控制项目的能力比设计单位强。

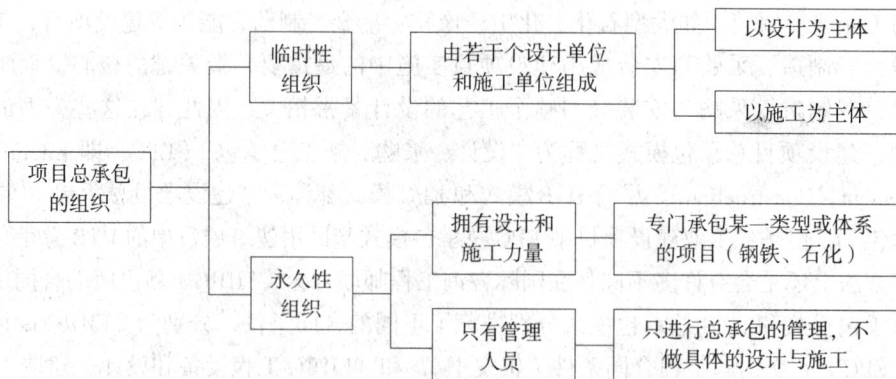
图 9-9　建设项目总承包的组织形式

在民用项目的建设中，项目总承包单位大多是临时性组织，很少有永久形式的项目总承包公司。比如，擅长大跨度钢结构施工和吊装的施工单位与擅长体育馆设计的设计单位结合，在体育馆建设项目中采用建设项目总承包模式投标中标可能性就很大，而在住宅工程建设项目采用建设项目总承包模式投标中标可能性就相对较小。

在实际操作中，往往有以下两种可能的模式，一是由施工单位承接建设项目总承包的任务，而设计单位受施工单位的委托承担其中的设计任务，即设计单位作为分包。二是由设计单位承接建设项目总承包的任务，而施工单位作为其分包承担其中的施工任务。

（四）D+B 模式的特点及适用范围

实行设计和施工总承包模式具有许多优点，对于建设项目业主来说，可以加快进度，有利于控制投资，有利于合同管理，有利于组织与协调。

（1）有利于投资控制，能够降低工程造价。由于投标者把设计和施工作为一个整体来考虑，既要满足业主的功能要求，使设计方案具有竞争性，又要保证投标价低，因此要从设计方案着手降低工程造价，不仅仅是让利的问题，而是从根源上去挖掘潜力，因此有利于降低工程造价。国外的经验证明，实行建设项目总承包（D+B）模式，平均可以降低造价10%。另外，设计和施工总承包模式常实行总价合同（常常是可变总价合同），在签订建设项目总承包合同时就将合同总价明确下来，可以及时明确投资目标，使业主尽早安排资金计划，并使项目总承包单位不超过计划投资，有利于投资控制。

（2）有利于进度控制，并缩短工期。由于在方案设计阶段就可以根据建筑施工企业的施工经验、所拥有的施工机械、熟练工人和技术人员等情况考虑结构形式和施工方法，与采用常规发包模式相比，可以使建设项目提前竣工。

（3）有利于合同管理，建设项目业主只需要签订一个建设项目总承包合同，不需要管理很多合同，因而合同管理工作量比较小。

（4）有利于组织与协调，在所有的实施单位中，建设项目业主只需要与一个项目总承包单位进行联系与协调，从而大大简化了协调工作，也减少了协调费用。

（5）对于质量控制，因具体情况而有差异，关键是看功能描述书的质量。一般情况下，在建设项目总承包模式中，由于实行功能招标方法，不同于一般的构造招标，其招标、评标和项目管理工作都不同于传统模式，因此，业主一般都要委托社会上有经验的项目管理公司协助其起草功能描述书，帮助其招标、评标等。有了强有力的支持，建设项目的质量也可以得到保障。

总之，对建设项目业主而言，实行建设项目总承包，有利于建设项目的系统管理和综合控制，可大大减轻业主的管理负担，有利于充分利用项目总承包企业的管理资源，最大限度地降低建设项目风险，也符合国际惯例和国际承包市场的运行规则。

对建筑施工企业而言，实行建设项目总承包，企业一开始就参与设计阶段工作，能将其在建筑材料、施工方法、结构形式、价格和市场等方面的丰富知识和经验充分地融入设计中，从而对建设项目的经济性产生积极的影响。另外，采用这种模式还可以促进建筑施工企业自身的生产发展，促进建筑工业化，提高劳动生产率。

对设计单位而言，实行建设项目总承包，设计单位从一开始就与建筑施工企业合作，参加项目总承包的施工企业往往拥有自己的设计力量，能够迅速地编制相应的施工图设计文件，从而使设计单位减少工作量。另外，作为建筑施工企业的伙伴，在建设项目结束后可以参与利润的分配。

（五）设计、采购和施工总承包（EPC）

设计、采购和施工总承包（EPC）是建设项目总承包的一种方式。"设计采购施工总承包是指工程总承包企业按照合同约定，承担建设项目的设计、采购、施工、试运行服务等工作，并对承包工程的质量、安全、工期、造价全面负责"。EPC 总承包已在我国石油和石化等工业建设项目中得到成功的应用。

设计、采购和施工总承包（EPC）的基本内容是：进行初步设计（视需要）、详细设计，负责设备材料采购、施工安装和试运行指导等。另外，还可以包括许多后续服务。如某建设项目 EPC 总承包招标文件中规定，EPC 总承包的工作范围包括但不限于设计、制造、采购、运输及储存、建设、安装、调试试验及检查、竣工、试运行、消缺、考核验收、技术和售后服务、人员培训等，同时也包括提供所有必要的材料、备品备件、专用工具、消耗品以及相关的技术资料等。

EPC 总承包可以针对一个建设项目的全部功能系统进行总承包，也可以针对其中某个功能系统进行总承包。如，可以针对一个发电厂进行 EPC 总承包的招标，也可以针对一个现有的火力发电厂的脱硫工艺和装置进行 EPC 总承包的招标。

1. EPC 的类型

EPC 总承包又可分为多种类型：

（1）EPC 总承包商最大限度地采用分包的形式来完成建设项目的施工任务，即采用分包的形式将施工任务分包给各个分包商。

（2）EPC 总承包商主要靠自己的力量承担工程的设计、采购和施工任务，而只将少量工作由分包商完成。

（3）EPC 总承包商负责建设项目的设计和采购，并负责工程施工的管理。施工承包单位与建设项目业主签订施工承包合同，但接受 EPC 总承包商的管理。EPC 总承包商对工程的造价、进度和质量全面负责。

另外，EPC 总承包还有一些其他的发展和变化，主要是承包和服务内容的变化，如设计、采购和施工咨询服务等。

EPC 总承包单位一般通过公开招标投标选择，实行总价承包。

2. EPC 的特点

大型建设项目的 EPC 总承包商通常都是国际大型工程公司，其特点有：

（1）拥有人力、物力资源和丰富的工程经验，为工程提供全过程服务，能够高质量、高效率、低成本地完成项目的建设任务，最大限度地满足业主的需求；

（2）建设项目总承包和项目管理的功能齐全，组织管理机构科学、精干、高效；

（3）以六大控制（质量、进度、费用、材料、文件、风险）为主要内容，采用国际先进的模式和手段对建设项目实行科学的管理；

（4）专业化、集约化和规模化，跨行业、跨国经营，产权结构多元化，营销策略全球化，技术装备现代化，项目管理科学化，底层作业本地化；

（5）有较强的融资能力，或以金融机构为后盾；

（6）拥有专利技术，或与专利商有密切的合作关系，能反映当代世界先进技术水平。

三、CM 模式

CM 模式是美国人 Charles B.Thomsen 于 1968 年首先提出并开始实施的，其全称为 "Fast-Track-Construction Managemengt"。它是由建设单位委托一家 CM 单位承担项目管理工作，该 CM 单位以承包商的身份进行施工管理，并在一定程度上影响工程设计活动，组织快速路径（Fast-Track）的生产方式，使工程项目实现有条件的 "边设计，边施工"。

（一）CM 模式的特点

CM 模式的主要特点有：

（1）采用快速路径法施工。在工程设计尚未结束之前，当工程某些部分的施工图设计已完成时，就开始进行该部分工程的施工招标，从而使这部分工程的施工提前到工程项目设计阶段。

（2）CM 单位有代理型（Agency）和非代理型（Non-Agency）两种。代理型 CM 单位不负责分包工程的发包，与分包单位的合同由建设单位直接签订。而非代理型 CM 单位直接与分包单位签订分包合同。

（3）CM 合同采用成本加酬金方式。代理型和非代理型 CM 合同是有区别的。由于代理型合同是建设单位与分包单位直接签订，所以采用简单的成本加酬金合同形式。而非代理型合同则采用保证最大工程费用（GMP）加酬金的合同形式。这是因为 CM 合同总价是在 CM 合同签订之后，随着 CM 单位与各分包单位签约而逐步形成的。只有采用保证最大工程费用，建设单位才能控制工程总费用。

（二）实施 CM 模式的价值

CM 模式特别适用于实施周期长，工期要求紧迫的大型复杂工程项目。采用 CM 模式，不仅有利于缩短工程项目建设周期，而且有利于控制工程质量和造价。

1. 工程项目质量控制方面的价值

（1）工程设计与施工相结合，有利于提高工程项目质量。采用 CM 模式，实现了工程设计与施工的结合与协调，从而使工程项目采用新的施工工艺和方法，尽量提高施工质量成为可能。CM 单位根据以往的施工经验，在材料和设备的选择方面提出合理化建议，也为保证和提高工程项目质量提供了可能。

（2）严格的工程质量控制程序，为控制工程项目质量提供了保证。按照CM合同规定，CM单位在施工阶段要设立专门的现场控制及质量监督机构，建立质量控制和检查程序、编制质量保证计划、监督分包单位的施工质量、检查设备材料供应单位的产品质量，严格按质量标准和合同进行检查、验收，这一系列措施为控制工程项目施工质量提供了保证。

2. 工程项目造价控制方面的价值

（1）与施工总承包相比，采用CM模式的合同价更具合理性。采用CM模式，施工任务要进行多次分包，施工合同总价不是一次性确定，而是有一部分完整施工图纸，就分包一部分，将施工合同总价化整为零。而且每次分包都通过招标展开竞争，每个分包合同价格都通过谈判进行详细讨论，从而使各分包合同价格汇总后形成的合同总价更具合理性。

（2）CM单位下不赚取总包与分包之间的差价。CM单位与分包单位或供货单位之间的合同价是公开的，建设单位可以参与所有分包工程或材料设备采购招标及分包合同或供货合同的谈判。CM单位不赚取总包与分包之间的差价，在进行分包谈判时，会努力降低分包合同价。经谈判而降低合同价的节约部分全部归建设单位所有，CM单位可获得部分奖励，这样，有利于降低工程费用。

（3）应用价值工程方法挖掘节约投资的潜力。CM模式不同于普通承包模式的"按图施工"，CM单位早在项目设计阶段就可凭借其在施工成本控制方面的实践经验，应用价值工程方法对项目设计提出合理化建议，以进一步挖掘降低工程项目造价的可能性。此外，由于工程设计与施工的早期结合，使得设计变更在很大程度上得到减少，从而减少了分包单位因设计变更而提出的索赔。

（4）GMP大大减少了建设单位在工程造价控制方面的风险。当采用非代理型CM模式时，CM单位将对工程费用的控制承担风险。如果实际工程费用超过GMP，超出部分将由CM单位承担；如果实际工程费用低于GMP，节约部分全部归建设单位所有。由此可见，建设单位在工程造价控制方面的风险将大大减少。

（5）采用现代化管理方法和手段控制工程费用。与一般承包单位相比，CM单位不是单"为自己控制成本"，还要承担"为建设单位控制工程费用"的任务。CM单位要制定和实施完整的工程费用计划和控制工作流程，并不断向建设单位报告工程费用情况。在国外，许多成功的CM承包单位都拥有一套先进的计算机费用控制系统，以便在项目实施过程中编制和调整不同版本的费用预算、进行费用计划值与实施值的动态跟踪比较，发现实际费用超过计划值时，及时采取纠偏措施。

3. 工程项目进度控制方面的价值

（1）由于采取分阶段发包，集中管理，实现了有条件的"边设计，边施工"，使工程设计与施工能够充分地搭接，有利于缩短建设工期。

（2）尽管工程总承包也是在工程设计前期或设计早期进行发包，但由于CM模式的招标不需要编制项目功能描述书，因而缩短了招标准备工作时间。因此，采用CM模式，比工程总承包的招标时间更短。

（3）CM单位在工程项目设计早期即可参与项目实施，并对项目设计提出合理化建议，使设计方案的施工可行性和合理性在设计阶段就得到考虑和证实，从而可以减少施工阶段因修改设计而造成的实际进度拖后。

（4）为了实现工程设计与施工以及施工与施工的合理搭接，CM 模式将项目进度安排看作一个完整的系统工程，一般在项目实施早期即编制供货期长的设备采购计划，并提前安排设备招标、提前组织设备采购，从而可以避免因设备供应工作的组织和管理不当而造成的工程延期。

（5）CM 单位一般都拥有一套先进的计算机进度控制系统，充分利用现代化管理方法和手段，卓有成效地进行工程项目的进度安排和控制。

四、工程项目采购策划

（一）工程项目采购策划的内容

工程项目采购策划至少应该包括以下几个方面的主要内容：

（1）业主方管理方式的选择。业主采购策划首先要确定其自身的管理方式，具体如第三章所述。

（2）发包模式的选择。如采用平行发包、施工总承包、项目总承包等工程承包模式的可能性和利弊分析。关于发包采购的模式，有多种可能的选择，可以根据项目的特点和要求等具体情况进行选择。

（3）将项目进行适当、合理的分解，确定各项采购的范围和内容。要按照最有利于项目目标控制的原则对项目进行分解，并对分解了的各个部分进行费用估算，以便发包采购。

（4）落实项目采购的组织机构，建立采购工作班子或者委托招标代理机构进行采购，确定采购流程等。

（5）落实采购工作的时间安排，制定采购工作进度计划。要根据项目实施的总进度目标安排各项采购工作的进度计划。

（6）选择适当的采购方式，如选择国际竞争性招标或者是国内竞争招标，公开招标或是邀请招标等。

（二）工程项目采购策划的制订

工程项目采购策划的制订包括以下内容。

1. 制定建设项目采购规划的工作步骤

（1）首先将项目分解，并列举所有需要采购的各种内容；

（2）对采购内容进行分类，可以按照工程、货物、服务来划分；

（3）对采购内容进行分解或打包合并，确定合同包；

（4）选择确定采购的方法；如采用国际竞争性招标、国内竞争性招标、询价采购等方法；

（5）制定采购工作的进度计划。

2. 项目分解与合同包的确定

在进行项目分解与合同打包时要考虑以下几个因素：

（1）将类似的产品或服务放在一起考虑，实行批量采购往往获得更加优惠的报价；

（2）工程进度计划和采购计划的安排，计划先实施的工程或先安装的设备要先采购，采购工作量要适当均衡，不能过于集中；

（3）地理因素，有些土木工程如公路、铁路等地理位置比较集中的工程放在一起采购，避免过于分散；

（4）合同额度要适中，如果太大，会限制投标人的条件，导致够格的投标人数量太少；而如果太小，则许多承包商缺乏投标的兴趣，也会导致竞争不足。

第三节　工程招标

一、招标组织方式

（一）有关招标组织的法律规定

《中华人民共和国招标投标法》第十二条规定，招标人有权自行选择招标代理机构，委托其办理招标事宜。任何单位和个人不得以任何方式为招标人指定招标代理机构。招标人具有编制招标文件和组织评标能力的，可以自行办理招标事宜。任何单位和个人不得强制其委托招标代理机构办理招标事宜。依法必须进行招标的项目，招标人自行办理招标事宜的，应当向有关行政监督部门备案。

《中华人民共和国招标投标法》第十三条规定，招标代理机构是依法设立、从事招标代理业务并提供相关服务的社会中介组织。

招标代理机构应当具备下列条件：

（1）有从事招标代理业务的营业场所和相应资金；

（2）有能够编制招标文件和组织评标的相应专业力量。

（二）自行招标

招标人具有编制招标文件和组织评标能力的，可以自行办理招标事宜。任何单位和个人不得强制其委托招标代理机构办理招标事宜。

《中华人民共和国招标投标法实施条例》第十条规定，招标人具有编制招标文件和组织评标能力，是指招标人具有与招标项目规模和复杂程度相适应的技术、经济等方面的专业人员。

由国家发展和改革委员会审批、核准（含经国家发展和改革委员会初审后报国务院审批）依法必须进行招标的工程建设项目，招标人自行办理招标的，应具备下列条件：

（1）具有项目法人资格（或者法人资格）；

（2）具有与招标项目规模和复杂程度相适应的工程技术、概预算、财务和工程管理等方面专业技术力量；

（3）有从事同类工程建设项目招标的经验；

（4）熟悉和掌握招标投标法及有关法规规章。

（三）委托招标

招标人不具备自行招标能力的，应委托具有相应经验的工程招标代理机构办理招标事宜。具备自行招标能力的，也可以委托工程招标代理机构招标。

招标人委托工程招标代理机构招标的，招标人与工程招标代理机构须签订《工程招标代理委托合同》，并按双方约定的标准收取代理费。招标代理机构应当在招标人委托的范围内办理招标事宜，并遵守《中华人民共和国招标投标法》关于招标人的规定。

招标代理机构不得无权代理、越权代理，不得明知委托事项违法而进行代理；不得在所代理的招标项目中投标或者代理投标，也不得为所代理的招标项目的投标人提供咨询；未经招标人同意，不得转让招标代理业务。

（四）有关招标代理的规定

1. 中央投资招标代理规定

《中央投资项目招标代理资格管理办法》第二条规定，凡在中华人民共和国境内从事中央投资项目招标代理业务的招标代理机构，应按照本办法进行资格认定和管理。采用委托招标方式的中央投资项目，应委托具备相应资格的中央投资项目招标代理机构办理相关招标事宜。

2. 工程建设项目招标代理规定

《工程建设项目招标代理机构资格认定办法》曾规定，在中华人民共和国境内从事各类工程建设项目招标代理业务机构资格的认定，适用本办法。本办法所称工程建设项目（以下简称"工程"），是指土木工程、建筑工程、线路管道和设备安装工程及装饰装修工程项目。本办法所称工程建设项目招标代理（以下简称"工程招标代理"），是指工程招标代理机构接受招标人的委托，从事工程的勘察、设计、施工、监理以及与工程建设有关的重要设备（进口机电设备除外）、材料采购招标的代理业务。

3. 机电产品国际招标代理规定

《机电产品国际招标代理机构监督管理办法（试行）》第二条规定，本办法适用于对在中华人民共和国境内从事机电产品国际招标代理业务的招标机构的监督管理。第三条规定：招标机构是依法设立、从事机电产品国际招标代理业务并提供相关服务的社会中介组织。招标机构应当具备从事招标代理业务的营业场所和相应资金；具备能够编制招标文件（中、英文）和组织评标的相应专业力量；拥有一定数量的招标专业人员。

4. 招标代理业务

《工程建设项目施工招标投标办法》第二十二条规定，招标代理机构应当在招标人委托的范围内承担招标事宜。招标代理机构可以在其资格等级范围内承担下列招标事宜：

（1）拟订招标方案，编制和出售招标文件、资格预审文件；

（2）审查投标人资格；

（3）编制标底；

（4）组织投标人踏勘现场；

（5）组织开标、评标，协助招标人定标；

（6）草拟合同；

（7）招标人委托的其他事项。

招标代理机构不得无权代理、越权代理，不得明知委托事项违法而进行代理。

招标代理机构不得在所代理的招标项目中投标或者代理投标，也不得为所代理的招标项目的投标人提供咨询；未经招标人同意，不得转让招标代理业务。

二、招标程序

按照招标人和投标人参与程度，可将招标过程划分为招标准备阶段、招标投标阶段和决标成交阶段。

（一）招标准备阶段主要工作

该阶段的工作由招标人单独完成，投标人不参与。主要包括以下三个方面。

1. 选择招标方式

（1）公开招标

招标人通过新闻媒体发布招标公告，凡具备相应资质符合招标条件的法人或组织不受地域和行业限制均可申请投标。

公开招标的优点是，招标人可以在较广的范围内选择中标人，投标竞争激烈，有利于将工程项目的建设交予可靠的中标人实施并取得有竞争性的报价。其缺点由于申请投标人较多，一般要设置资格预审程序，而且评标的工作量也较大，所需招标时间长、费用高。

（2）邀请招标

招标人向预先选择的若干家具备相应资质、符合招标条件的法人或组织发出邀请函，请他们参加投标竞争。邀请对象的数目以 5~7 家为宜，但不应少于 3 家。

邀请招标的优点是，不需要发布招标公告和设置资格预审程序，节约招标费用和节省时间；由于对投标人以往的业绩和履约能力比较了解，减小了合同履行过程中承包方违约的风险。

邀请招标的缺点是，由于邀请范围较小选择面窄，可能排斥了某些技术或报价上有竞争实力的潜在投标人，竞争激烈程度相对较差。

工程招标一般采用公开招标方式，选择邀请招标方式时应符合法律法规的规定。

《中华人民共和国招标投标法》第十一条规定，国务院发展计划部门确定的国家重点项目和省、自治区、直辖市人民政府确定的地方重点项目不适宜公开招标的，经国务院发展计划部门或者省、自治区、直辖市人民政府批准，可以进行邀请招标。

《中华人民共和国招标投标法实施条例》第九条规定，除招标投标法第六十六条规定的可以不进行招标的特殊情况外，有下列情形之一的，可以不进行招标：

（1）需要采用不可替代的专利或者专有技术；

（2）采购人依法能够自行建设、生产或者提供；

（3）已通过招标方式选定的特许经营项目投资人依法能够自行建设、生产或者提供；

（4）需要向原中标人采购工程、货物或者服务，否则将影响施工或者功能配套要求；

（5）国家规定的其他特殊情形。

2. 办理招标备案

招标人应根据行业主管部门的有关规定，办理相应的招标备案手续。例如，依法必须进行招标的房屋建筑和市政基础设施工程项目，招标人自行办理施工招标事宜的，应当在发布招标公告或者发出投标邀请书的 5 日前，向工程所在地县级以上地方人民政府建设行政主管部门备案，并报送相关材料。

3. 编制招标有关文件

《中华人民共和国招标投标法》第十九条规定，招标人应当根据招标项目的特点和需要编制招标文件。招标文件应当包括招标项目的技术要求、对投标人资格审查的标准、投标报价要求和评标标准等所有实质性要求和条件以及拟签订合同的主要条款。

国家对招标项目的技术、标准有规定的，招标人应当按照其规定在招标文件中提出相应要求。

招标项目需要划分标段、确定工期的，招标人应当合理划分标段、确定工期，并在招标文件中载明。

为了规范资格预审文件和招标文件编制工作，消除招标投标过程中对不同所有制企业设置的各类不合理限制和壁垒，促进招标投标活动的公开、公平、公正开展，国家发展和改革委员会会同各有关部门先后出台《标准施工招标资格预审文件》《标准施工招标文件》《简明标准施工招标文件》《标准设计施工总承包招标文件》《标准设备采购招标文件》《标准材料采购招标文件》《标准勘察招标文件》《标准设计招标文件》《标准监理招标文件》等一系列标准文件。依法必须进行招标的项目的资格预审文件和招标文件，严格按照规定使用上述的标准文本编写，对规范和有序开展相关工作具有重要意义。

4. 评标办法

《评标委员会和评标方法暂行规定》第十七条规定，评标委员会应当根据招标文件规定的评标标准和方法，对投标文件进行系统的评审和比较。招标文件中没有规定的标准和方法不得作为评标的依据。招标文件中规定的评标标准和评标方法应当合理，不得含有倾向或者排斥潜在投标人的内容，不得妨碍或者限制投标人之间的竞争。

所以评标标准和方法对招标投标活动来说都是至关重要的。

《中华人民共和国招标投标法》第四十一条规定，中标人的投标应当符合下列条件之一：

（1）能够最大限度地满足招标文件中规定的各项综合评价标准；

（2）能够满足招标文件的实质性要求，并且经评审的投标价格最低；但是投标价格低于成本的除外。

《中华人民共和国招标投标法实施条例》第四十五条规定，国家实行统一的评标专家专业分类标准和管理办法。具体标准和办法由国务院发展改革部门会同国务院有关部门制定。省级人民政府和国务院有关部门应当组建综合评标专家库。

《评标委员会和评标方法暂行规定》第二十九条规定，评标方法包括经评审的最低投标价法、综合评估法或者法律、行政法规允许的其他评标方法。第三十条规定，经评审的最低投标价法一般适用于具有通用技术、性能标准或者招标人对其技术、性能没有特殊要求的招标项目。第三十一条规定，根据经评审的最低投标价法，能够满足招标文件的实质性要求，并且经评审的最低投标价的投标，应当推荐为中标候选人。

第三十四条规定，不宜采用经评审的最低投标价法的招标项目，一般应当采取综合评估法进行评审。第三十五条规定，根据综合评估法，最大限度地满足招标文件中规定的各项综合评价标准的投标，应当推荐为中标候选人。衡量投标文件是否最大限度地满足招标文件中规定的各项评价标准，可以采取折算为货币的方法、打分的方法或者其他方法。需量化的因素及其权重应当在招标文件中明确规定。

5. 编制工程标底或最高投标限价

《中华人民共和国招标投标法》第二十二条规定，招标人设有标底的，标底必须保密。

《中华人民共和国招标投标法实施条例》第二十七条规定，招标人可以自行决定是否编制标底。一个招标项目只能有一个标底。标底必须保密。接受委托编制标底的中介机构不得参加受托编制标底项目的投标，也不得为该项目的投标人编制投标文件或者提供咨询。招标人设有最高投标限价的，应当在招标文件中明确最高投标限价或者最高投标限价的计算方法。招标人不得规定最低投标限价。

《评标委员会和评标方法暂行规定》第十六条规定，招标人设有标底的，标底在开标前应当保密，并在评标时作为参考。

（二）招标阶段的主要工作内容

1. 发布招标信息

招标人在完成招标备案后，须根据已确定的招标方式发布招标信息。招标信息载体包括招标公告和投标邀请书。

（1）招标公告和投标邀请书

《招标公告和公示信息发布管理办法》第八条规定，依法必须招标项目的招标公告和公示信息应当在"中国招标投标公共服务平台"或者项目所在地省级电子招标投标公共服务平台（以下统一简称"发布媒介"）发布。除在上述发布媒介发布外，招标人或其招标代理机构也可以同步在其他媒介公开资格预审公告和招标公告，但应确保公告内容一致。

实行邀请招标的工程项目，应当向三家以上特定的承包商发出投标邀请书。

（2）招标公告和资格预审公告的内容

依法必须招标项目的资格预审公告和招标公告，应当载明以下内容：

①招标项目名称、内容、范围、规模、资金来源；

②投标资格能力要求，以及是否接受联合体投标；

③获取资格预审文件或招标文件的时间、方式；

④递交资格预审文件或投标文件的截止时间、方式；

⑤招标人及其招标代理机构的名称、地址、联系人及联系方式；

⑥采用电子招标投标方式的，潜在投标人访问电子招标投标交易平台的网址和方法；

⑦其他依法应当载明的内容。

2. 投标申请人资格审查

对投标申请人的资格进行审查，目的在于剔除资格条件不适合承担招标工程的投标申请人。招标人可以在招标公告或者投标邀请书中，要求对投标申请人进行资格审查。

（1）资格审查方式

资格审查分为资格预审和资格后审。资格预审是指在投标前对潜在投标人进行的资格审查；资格后审是指在开标后对投标人进行的资格审查。招标人可根据具体情况，对投标申请人采取资格预审方式或资格后审方式。进行资格预审的，一般不再进行资格后审，但招标文件另有规定的除外。

采取资格预审的，招标人应当在资格预审文件中载明资格预审的条件、标准和方法；采取资格后审的，招标人应当在招标文件中载明对投标人资格要求的条件、标准和方法。

经资格预审后，招标人应当向资格预审合格的潜在投标人发出资格预审合格通知书，告知获取招标文件的时间、地点和方法，并同时向资格预审不合格的潜在投标人告知资格预审结果。资格预审不合格的潜在投标人不得参加投标。

经资格后审不合格的投标人的投标应作废标处理。

（2）资格审查内容

资格审查应主要审查潜在投标人或者投标人是否符合下列条件：

①具有独立订立合同的权利；

②具有履行合同的能力，包括专业、技术资格和能力，资金、设备和其他物质设施状况，管理能力，经验、信誉和相应的从业人员；

③没有处于被责令停业，投标资格被取消，财产被接管、冻结，破产状态；

④在最近三年内没有骗取中标和严重违约及重大工程质量问题；

⑤国家规定的其他资格条件。

招标人不得以不合理的条件限制、排斥潜在投标人或者投标人。招标人有下列行为之一的，属于以不合理条件限制、排斥潜在投标人或者投标人：

①就同一招标项目向潜在投标人或者投标人提供有差别的项目信息；

②设定的资格、技术、商务条件与招标项目的具体特点和实际需要不相适应或者与合同履行无关；

③依法必须进行招标的项目以特定行政区域或者特定行业的业绩、奖项作为加分条件或者中标条件；

④对潜在投标人或者投标人采取不同的资格审查或者评标标准；

⑤限定或者指定特定的专利、商标、品牌、原产地或者供应商；

⑥依法必须进行招标的项目非法限定潜在投标人或者投标人的所有制形式或者组织形式；

⑦以其他不合理条件限制、排斥潜在投标人或者投标人。

3. 资格预审

（1）编制资格预审文件

编制依法必须进行招标的项目的资格预审文件，应当使用国务院发展改革部门会同有关行政监督部门制定的标准文本。

招标人编制的资格预审文件、招标文件的内容违反法律、行政法规的强制性规定，违反公开、公平、公正和诚实信用原则，影响资格预审结果或者潜在投标人投标的，依法必须进行招标的项目的招标人应当在修改资格预审文件或者招标文件后重新招标。

资格审查时，招标人不得以不合理的条件限制、排斥潜在投标人或者投标人，不得对潜在投标人或者投标人实行歧视待遇。任何单位和个人不得以行政手段或者其他不合理方式限制投标人的数量。

资格审查办法包括合格制和有限数量制。采用合格制审查办法的，通过初步审查、详细审查的申请人均应确定为通过资格预审的潜在投标人。采用有限数量制审查办法的，资格审查委员会按照资格预审文件规定的评审办法，对通过初步审查和详细审查的资格预审申请文件进行量化打分，按照得分由高到低的顺序确定通过资格预审的申请人。通过资格预审的申请人不超过资格预审文件规定的数量。

（2）发布资格预审文件

招标人采用资格预审办法对潜在投标人进行资格审查的，应当发布资格预审公告、编制资格预审文件。资格预审公告应当在国务院发展改革部门依法指定的媒介发布。在不同媒介发布的同一招标项目的资格预审公告的内容应当一致。招标人应当按招标公告规定的时间、地点出售招标文件或资格预审文件。自招标文件或者资格预审文件出售之日起至停止出售之日止，最短不得少于5个工作日。

招标人发售资格预审文件、招标文件收取的费用应当限于补偿印刷、邮寄的成本支出，不得以营利为目的。

招标人可以对已发出的资格预审文件或者招标文件进行必要的澄清或者修改。澄清或者修改的内容可能影响资格预审申请文件或者投标文件编制的，招标人应当在提交资格预审申请文件截止时间至少3日前，或者投标截止时间至少15日前，以书面形式通知所有获取资格预审文件或者招标文件的潜在投标人；不足3日或者15日的，招标人应当顺延提交资格预审申请文件或者投标文件的截止时间。

潜在投标人或者其他利害关系人对资格预审文件有异议的，应当在提交资格预审申请文件截止时间2日前提出；对招标文件有异议的，应当在投标截止时间10日前提出。招标人应当自收到异议之日起3日内作出答复；作出答复前，应当暂停招标投标活动。

招标人应当合理确定提交资格预审申请文件的时间。依法必须进行招标的项目提交资格预审申请文件的时间，自资格预审文件停止发售之日起不得少于5日。

（3）资格预审

资格预审应当按照资格预审文件载明的标准和方法进行。

国有资金占控股或者主导地位的依法必须进行招标的项目，招标人应当组建资格审查委员会审查资格预审申请文件。资格审查委员会及其成员应当遵守《中华人民共和国招标投标法》和《中华人民共和国招标投标法实施条例》有关评标委员会及其成员的规定。

资格预审结束后，招标人应当及时向资格预审申请人发出资格预审结果通知书。未通过资格预审的申请人不具有投标资格。通过资格预审的申请人少于3个的，应当重新招标。

（4）资格后审

招标人采用资格后审办法对投标人进行资格审查的，应当在开标后由评标委员会按照招标文件规定的标准和方法对投标人的资格进行审查。

4.招标文件发放

（1）发放形式

招标人应当按招标公告或者投标邀请书规定的时间、地点，向合格的投标申请人发放招标文件。招标人可以通过信息网络或者其他媒介发布招标文件，也可以通过出售方式发布书面招标文件。通过信息网络或者其他媒介发布的招标文件与书面招标文件具有同等法律效力，但出现不一致时以书面招标文件为准。招标人应当保持书面招标文件原始正本的完好。

招标人不得向他人透露已获取招标文件的潜在投标人的名称、数量以及可能影响公平竞争的有关招标投标的其他情况。

（2）发放时限

自招标文件出售之日起至停止出售之日止，最短不得少于5日。招标文件售出后，不予退还。

（3）文件收费

对招标文件的收费应当限于补偿印刷、邮寄的成本支出，不得以营利为目的。

对于所附的设计文件，招标人可以向投标人酌收押金；对于开标后投标人退还设计文件的，招标人应当向投标人退还押金。

（4）投标文件编制时间

招标人应当确定投标人编制投标文件所需要的合理时间。依法必须进行招标的项目，自招标文件开始发出之日起至投标人提交投标文件截止之日止，最短不得少于 20 日。

（5）招标文件的澄清和修改

招标人可以对已发出的招标文件进行必要的澄清或者修改。澄清或者修改的内容可能影响投标文件编制的，招标人应当在投标截止时间至少 15 日前，以书面形式通知所有获取招标文件的潜在投标人；不足 15 日的，招标人应当顺延提交投标文件的截止时间。

（6）对招标文件的异议

潜在投标人或者其他利害关系人对招标文件有异议的，应当在投标截止时间 10 日前提出。招标人应当自收到异议之日起 3 日内作出答复；作出答复前，应当暂停招标投标活动。

5. 组织踏勘现场与投标预备会

（1）组织现场踏勘

《中华人民共和国招标投标法》第二十一条规定，招标人根据招标项目的具体情况，可以组织潜在投标人踏勘项目现场。

《中华人民共和国招标投标法实施条例》第二十八条规定，招标人不得组织单个或者部分潜在投标人踏勘项目现场。

《工程建设项目施工招标投标办法》第三十二条规定，招标人根据招标项目的具体情况，可以组织潜在投标人踏勘项目现场，向其介绍工程场地和相关环境的有关情况。潜在投标人依据招标人介绍情况做出的判断和决策，由投标人自行负责。招标人不得单独或者分别组织任何一个投标人进行现场踏勘。

（2）组织投标预备会

《工程建设项目勘察设计招标投标办法》第十六条规定，招标人负责提供与招标项目有关的基础资料，并保证所提供资料的真实性、完整性。涉及国家秘密的除外。第十七条规定，对于潜在投标人在阅读招标文件和现场踏勘中提出的疑问，招标人可以书面形式或召开投标预备会的方式解答，但需同时将解答以书面方式通知所有招标文件收受人。该解答的内容为招标文件的组成部分。

《工程建设项目施工招标投标办法》第三十三条规定，对于潜在投标人在阅读招标文件和现场踏勘中提出的疑问，招标人可以书面形式或召开投标预备会的方式解答，但需同时将解答以书面方式通知所有购买招标文件的潜在投标人。该解答的内容为招标文件的组成部分。

《工程建设项目货物招标投标办法》第二十九条规定，对于潜在投标人在阅读招标文件中提出的疑问，招标人应当以书面形式、投标预备会方式或者通过电子网络解答，但需同时将解答以书面方式通知所有购买招标文件的潜在投标人。该解答的内容为招标文件的组成部分。除招标文件明确要求外，出席投标预备会不是强制性的，由潜在投标人自行决定，并自行承担由此可能产生的风险。

（三）决标成交阶段的主要工作内容

从开标到签订合同这一期间称为"决标成交阶段"，是对各投标书进行评审比较，最终确定中标人的过程。

1. 开标

公开招标和邀请招标均应举行开标会议。《中华人民共和国招标投标法》第三十四条规定，开标应当在招标文件确定的提交投标文件截止时间的同一时间公开进行；开标地点应当为招标文件中预先确定的地点。开标由招标人主持，邀请所有投标人参加。开标时，由投标人或者其推选的代表检查投标文件的密封情况，也可以由招标人委托的公证机构检查并公证；经确认无误后，由工作人员当众拆封，宣读投标人名称、投标价格和投标文件的其他主要内容。招标人在招标文件要求提交投标文件的截止时间前收到的所有投标文件，开标时都应当当众予以拆封、宣读。开标过程应当记录，并存档备查。

《中华人民共和国招标投标法实施条例》第四十四条规定，投标人少于3个的，不得开标；招标人应当重新招标。投标人对开标有异议的，应当在开标现场提出，招标人应当当场作出答复，并制作记录。

《中华人民共和国招标投标法实施条例》第五十一条规定，有下列情形之一的，评标委员会应当否决其投标：

（1）投标文件未经投标单位盖章和单位负责人签字；

（2）投标联合体没有提交共同投标协议；

（3）投标人不符合国家或者招标文件规定的资格条件；

（4）同一投标人提交两个以上不同的投标文件或者投标报价，但招标文件要求提交备选投标的除外；

（5）投标报价低于成本或者高于招标文件设定的最高投标限价；

（6）投标文件没有对招标文件的实质性要求和条件作出响应；

（7）投标人有串通投标、弄虚作假、行贿等违法行为。

2. 评标委员会组建

《中华人民共和国招标投标法》第三十七条规定，评标由招标人依法组建的评标委员会负责。依法必须进行招标的项目，其评标委员会由招标人的代表和有关技术、经济等方面的专家组成，成员人数为五人以上单数，其中技术、经济等方面的专家不得少于成员总数的三分之二。

前款专家应当从事相关领域工作满八年并具有高级职称或者具有同等专业水平，由招标人从国务院有关部门或者省、自治区、直辖市人民政府有关部门提供的专家名册或者招标代理机构的专家库内的相关专业的专家名单中确定；一般招标项目可以采取随机抽取方式，特殊招标项目可以由招标人直接确定。

与投标人有利害关系的人不得进入相关项目的评标委员会；已经进入的应当更换。评标委员会成员的名单在中标结果确定前应当保密。

《中华人民共和国招标投标法实施条例》第四十六条规定，除技术复杂、专业性强或者国家有特殊要求，采取随机抽取方式确定的专家难以保证胜任评标工作的项目的特殊招标项目外，依法必须进行招标的项目，其评标委员会的专家成员应当从评标专家库内相关专业的专家名单中以随机抽取方式确定。任何单位和个人不得以明示、暗示等任何方式指定或者变相指定参加评标委员会的专家成员。

依法必须进行招标的项目的招标人非因招标投标法和本条例规定的事由，不得更换依法确定的评标委员会成员。更换评标委员会的专家成员应当依照前款规定进行。

评标委员会成员与投标人有利害关系的，应当主动回避。

有关行政监督部门应当按照规定的职责分工，对评标委员会成员的确定方式、评标专家的抽取和评标活动进行监督。行政监督部门的工作人员不得担任本部门负责监督项目的评标委员会成员。

《评标委员会和评标方法暂行规定》第七条规定，评标委员会依法组建，负责评标活动，向招标人推荐中标候选人或者根据招标人的授权直接确定中标人。

第八条规定，评标委员会由招标人负责组建。评标委员会成员名单一般应于开标前确定。评标委员会成员名单在中标结果确定前应当保密。

第九条规定，评标委员会由招标人或其委托的招标代理机构熟悉相关业务的代表，以及有关技术、经济等方面的专家组成，成员人数为五人以上单数，其中技术、经济等方面的专家不得少于成员总数的三分之二。评标委员会设负责人的，评标委员会负责人由评标委员会成员推举产生或者由招标人确定。评标委员会负责人与评标委员会的其他成员有同等的表决权。

第十条规定，评标委员会的专家成员应当从依法组建的专家库内的相关专家名单中确定。

按前款规定确定评标专家，可以采取随机抽取或者直接确定的方式。一般项目，可以采取随机抽取的方式；技术复杂、专业性强或者国家有特殊要求的招标项目，采取随机抽取方式确定的专家难以保证胜任的，可以由招标人直接确定。

第十一条规定，评标专家应符合下列条件：

（1）从事相关专业领域工作满八年并具有高级职称或者同等专业水平；

（2）熟悉有关招标投标的法律法规，并具有与招标项目相关的实践经验；

（3）能够认真、公正、诚实、廉洁地履行职责。

第十二条规定，有下列情形之一的，不得担任评标委员会成员：

（1）投标人或者投标人主要负责人的近亲属；

（2）项目主管部门或者行政监督部门的人员；

（3）与投标人有经济利益关系，可能影响对投标公正评审的；

（4）曾因在招标、评标以及其他与招标投标有关活动中从事违法行为而受过行政处罚或刑事处罚的。

评标委员会成员有前款规定情形之一的，应当主动提出回避。

3. 评标的准备与初步评审

《评标委员会和评标方法暂行规定》有如下规定：

第十五条规定，评标委员会成员应当编制供评标使用的相应表格，认真研究招标文件，至少应了解和熟悉以下内容：

①招标的目标；

②招标项目的范围和性质；

③招标文件中规定的主要技术要求、标准和商务条款；

④招标文件规定的评标标准、评标方法和在评标过程中考虑的相关因素。

第十六条规定，招标人或者其委托的招标代理机构应当向评标委员会提供评标所需的重要信息和数据，但不得带有明示或者暗示倾向或者排斥特定投标人的信息。招标人设有标底的，标底在开标前应当保密，并在评标时作为参考。

第十七条规定，评标委员会应当根据招标文件规定的评标标准和方法，对投标文件进行系统的评审和比较。招标文件中没有规定的标准和方法不得作为评标的依据。招标文件中规定的评标标准和评标方法应当合理，不得含有倾向或者排斥潜在投标人的内容，不得妨碍或者限制投标人之间的竞争。

第十八条规定，评标委员会应当按照投标报价的高低或者招标文件规定的其他方法对投标文件排序。以多种货币报价的，应当按照中国银行在开标日公布的汇率中间价换算成人民币。招标文件应当对汇率标准和汇率风险作出规定。未作规定的，汇率风险由投标人承担。

第十九条规定，评标委员会可以书面方式要求投标人对投标文件中含义不明确、对同类问题表述不一致或者有明显文字和计算错误的内容作必要的澄清、说明或者补正。澄清、说明或者补正应以书面方式进行并不得超出投标文件的范围或者改变投标文件的实质性内容。

投标文件中的大写金额和小写金额不一致的，以大写金额为准；总价金额与单价金额不一致的，以单价金额为准，但单价金额小数点有明显错误的除外；对不同文字文本投标文件的解释发生异议的，以中文文本为准。

第二十条规定，在评标过程中，评标委员会发现投标人以他人的名义投标、串通投标、以行贿手段谋取中标或者以其他弄虚作假方式投标的，应当否决该投标人的投标。

第二十一条规定，在评标过程中，评标委员会发现投标人的报价明显低于其他投标报价或者在设有标底时明显低于标底，使得其投标报价可能低于其个别成本的，应当要求该投标人作出书面说明并提供相关证明材料。投标人不能合理说明或者不能提供相关证明材料的，由评标委员会认定该投标人以低于成本报价竞标，应当否决其投标。

第二十二条规定，投标人资格条件不符合国家有关规定和招标文件要求的，或者拒不按照要求对投标文件进行澄清、说明或者补正的，评标委员会可以否决其投标。

第二十三条规定，评标委员会应当审查每一投标文件是否对招标文件提出的所有实质性要求和条件作出响应。未能在实质上响应的投标，应当予以否决。

第二十四条规定，评标委员会应当根据招标文件，审查并逐项列出投标文件的全部投标偏差。投标偏差分为重大偏差和细微偏差。

第二十五条规定，下列情况属于重大偏差：

（1）没有按照招标文件要求提供投标担保或者所提供的投标担保有瑕疵；

（2）投标文件没有投标人授权代表签字和加盖公章；

（3）投标文件载明的招标项目完成期限超过招标文件规定的期限；

（4）明显不符合技术规格、技术标准的要求；

（5）投标文件载明的货物包装方式、检验标准和方法等不符合招标文件的要求；

（6）投标文件附有招标人不能接受的条件；

（7）不符合招标文件中规定的其他实质性要求。

投标文件有上述情形之一的，为未能对招标文件作出实质性响应，并按本规定第二十三条规定作否决投标处理。招标文件对重大偏差另有规定的，从其规定。

第二十六条规定，细微偏差是指投标文件在实质上响应招标文件要求，但在个别地方存在漏项或者提供了不完整的技术信息和数据等情况，并且补正这些遗漏或者不完整不会对其他投标人造成不公平的结果。细微偏差不影响投标文件的有效性。

评标委员会应当书面要求存在细微偏差的投标人在评标结束前予以补正。拒不补正的，在详细评审时可以对细微偏差作不利于该投标人的量化，量化标准应当在招标文件中规定。

第二十七条规定，评标委员会根据本规定第二十条、第二十一条、第二十二条、第二十三条、第二十五条的规定否决不合格投标后，因有效投标不足三个使得投标明显缺乏竞争的，评标委员会可以否决全部投标。

投标人少于三个或者所有投标被否决的，招标人在分析招标失败的原因并采取相应措施后，应当依法重新招标。

4. 详细评审

《评标委员会和评标方法暂行规定》有如下规定：

第二十八条规定，经初步评审合格的投标文件，评标委员会应当根据招标文件确定的评标标准和方法，对其技术部分和商务部分作进一步评审、比较。

第三十三条规定，根据经评审的最低投标价法完成详细评审后，评标委员会应当拟定一份"标价比较表"，连同书面评标报告提交招标人。"标价比较表"应当载明投标人的投标报价、对商务偏差的价格调整和说明以及经评审的最终投标价。

第三十五条规定，根据综合评估法，最大限度地满足招标文件中规定的各项综合评价标准的投标，应当推荐为中标候选人。衡量投标文件是否最大限度地满足招标文件中规定的各项评价标准，可以采取折算为货币的方法、打分的方法或者其他方法。需量化的因素及其权重应当在招标文件中明确规定。

第三十六条规定，评标委员会对各个评审因素进行量化时，应当将量化指标建立在同一基础或者同一标准上，使各投标文件具有可比性。对技术部分和商务部分进行量化后，评标委员会应当对这两部分的量化结果进行加权，计算出每一投标的综合评估价或者综合评估分。

第三十七条规定，根据综合评估法完成评标后，评标委员会应当拟定一份"综合评估比较表"，连同书面评标报告提交招标人。"综合评估比较表"应当载明投标人的投标报价、所做的任何修正、对商务偏差的调整、对技术偏差的调整、对各评审因素的评估以及对每一投标的最终评审结果。

第三十八条规定，根据招标文件的规定，允许投标人投备选标的，评标委员会可以对中标人所投的备选标进行评审，以决定是否采纳备选标。不符合中标条件的投标人的备选标不予考虑。

第四十条规定，评标和定标应当在投标有效期内完成。不能在投标有效期内完成评标和定标的，招标人应当通知所有投标人延长投标有效期。拒绝延长投标有效期的投标人有权收回投标保证金。同意延长投标有效期的投标人应当相应延长其投标担保的有效期，但不得修改投标文件的实质性内容。因延长投标有效期造成投标人损失的，招标人应当给予补偿，但因不可抗力需延长投标有效期的除外。

招标文件应当载明投标有效期。投标有效期从提交投标文件截止日起计算。

5. 推荐中标候选人与定标

《评标委员会和评标方法暂行规定》有如下规定：

第四十一条规定，评标委员会在评标过程中发现的问题，应当及时做出处理或者向招标人提出处理建议，并作书面记录。

第四十二条规定，评标委员会完成评标后，应当向招标人提出书面评标报告，并抄送有关行政监督部门。评标报告应当如实记载以下内容：

（1）基本情况和数据表；

（2）评标委员会成员名单；

（3）开标记录；

（4）符合要求的投标一览表；

（5）否决投标的情况说明；

（6）评标标准、评标方法或者评标因素一览表；

（7）经评审的价格或者评分比较一览表；

（8）经评审的投标人排序；

（9）推荐的中标候选人名单与签订合同前要处理的事宜；

（10）澄清、说明、补正事项纪要。

第四十三条规定，评标报告由评标委员会全体成员签字。对评标结论持有异议的评标委员会成员可以书面方式阐述其不同意见和理由。评标委员会成员拒绝在评标报告上签字且不陈述其不同意见和理由的，视为同意评标结论。评标委员会应当对此做出书面说明并记录在案。

第四十四条规定，向招标人提交书面评标报告后，评标委员会应将评标过程中使用的文件、表格以及其他资料应当即时归还招标人。

第四十五条规定，评标委员会推荐的中标候选人应当限定在一至三人，并标明排列顺序。

第四十六条规定，中标人的投标应当符合下列条件之一：

（1）能够最大限度满足招标文件中规定的各项综合评价标准；

（2）能够满足招标文件的实质性要求，并且经评审的投标价格最低；但是投标价格低于成本的除外。

第四十七条规定，招标人不得与投标人就投标价格、投标方案等实质性内容进行谈判。

第四十八条规定，国有资金占控股或者主导地位的项目，招标人应当确定排名第一的中标候选人为中标人。排名第一的中标候选人放弃中标、因不可抗力提出不能履行合同，或者招标文件规定应当提交履约保证金而在规定的期限内未能提交，或者被查实存在影响中标结果的违法行为等情形，不符合中标条件的，招标人可以按照评标委员会提出的中标候选人名单排序依次确定其他中标候选人为中标人。依次确定其他中标候选人与招标人预期差距较大，或者对招标人明显不利的，招标人可以重新招标。

招标人可以授权评标委员会直接确定中标人。

第四十九条规定，中标人确定后，招标人应当向中标人发出中标通知书，同时通知未中标人，并与中标人在投标有效期内以及中标通知书发出之日起30日之内签订合同。

第五十条规定，中标通知书对招标人和中标人具有法律约束力。中标通知书发出后，招标人改变中标结果或者中标人放弃中标的，应当承担法律责任。

第五十一条规定，招标人应当与中标人按照招标文件和中标人的投标文件订立书面合同。招标人与中标人不得再行订立背离合同实质性内容的其他协议。

第五十二条规定，招标人与中标人签订合同后5日内，应当向中标人和未中标的投标人退还投标保证金。

6. 中标候选人公示

《招标公告和公示信息发布管理办法》第六条规定，依法必须招标项目的中标候选人公示应当载明以下内容：

（1）中标候选人排序、名称、投标报价、质量、工期（交货期），以及评标情况；

（2）中标候选人按照招标文件要求承诺的项目负责人姓名及其相关证书名称和编号；

（3）中标候选人响应招标文件要求的资格能力条件；

（4）提出异议的渠道和方式；

（5）招标文件规定公示的其他内容。

依法必须招标项目的中标结果公示应当载明中标人名称。

依法必须招标项目的招标公告和公示信息应当在"中国招标投标公共服务平台"或者项目所在地省级电子招标投标公共服务平台发布。

公开招标投标程序如图9-10所示，邀请招标也可以参照实行。

三、勘察设计招标

（一）可以不进行勘察设计招标的情形

《建设工程勘察设计管理条例》第十六条规定，下列建设工程的勘察、设计，经有关主管部门批准，可以直接发包：

（1）采用特定的专利或者专有技术的；

（2）建筑艺术造型有特殊要求的；

（3）国务院规定的其他建设工程的勘察、设计。

《工程建设项目勘察设计招标投标办法》第四条规定，按照国家规定需要履行项目审批、核准手续的依法必须进行招标的项目，有下列情形之一的，经项目审批、核准部门审批、核准，项目的勘察设计可以不进行招标：

（1）涉及国家安全、国家秘密、抢险救灾或者属于利用扶贫资金实行以工代赈、需要使用农民工等特殊情况，不适宜进行招标；

工作过程	招　标　人	投　标　人	监督管理部门

1.招标资格与备案

招标人自行办理招标事宜，按规定向建设行政主管部门备案；委托代理招标事宜的应签订委托代理合同

建设行政主管部门接受备案

2.确定招标方式

按照法律法规和规章确定公开招标或邀请招标

3.发布（送）招标公告或投标邀请书

实行公开招标的，应在国家或地方指定的报刊、信息网或其他媒介，并同时在中国工程建设和建筑业信息网上发布招标公告；实行邀请招标的应向三个以上符合资质条件的投标人发送投标邀请书

获取招标项目信息

4.编制、发放资格预审文件和递交资格预审申请书

采用资格预审的，编制资格预审文件，向参加投标的申请人发放资格预审文件

获取资格预审文件

投标人按资格预审文件要求填写资格预审申请书（如是联合体投标应分别填报每个成员的情况），并递交

接受资格预审申请书

5.资格预审，确定合格的投标申请人

审查、分析投标申请人报送的资格预审申请书的内容

确定合格投标申请人

向合格投标申请人发放资格预审合格通知书

合格投标申请人获得资格预审合格通知书，并提交书面回执

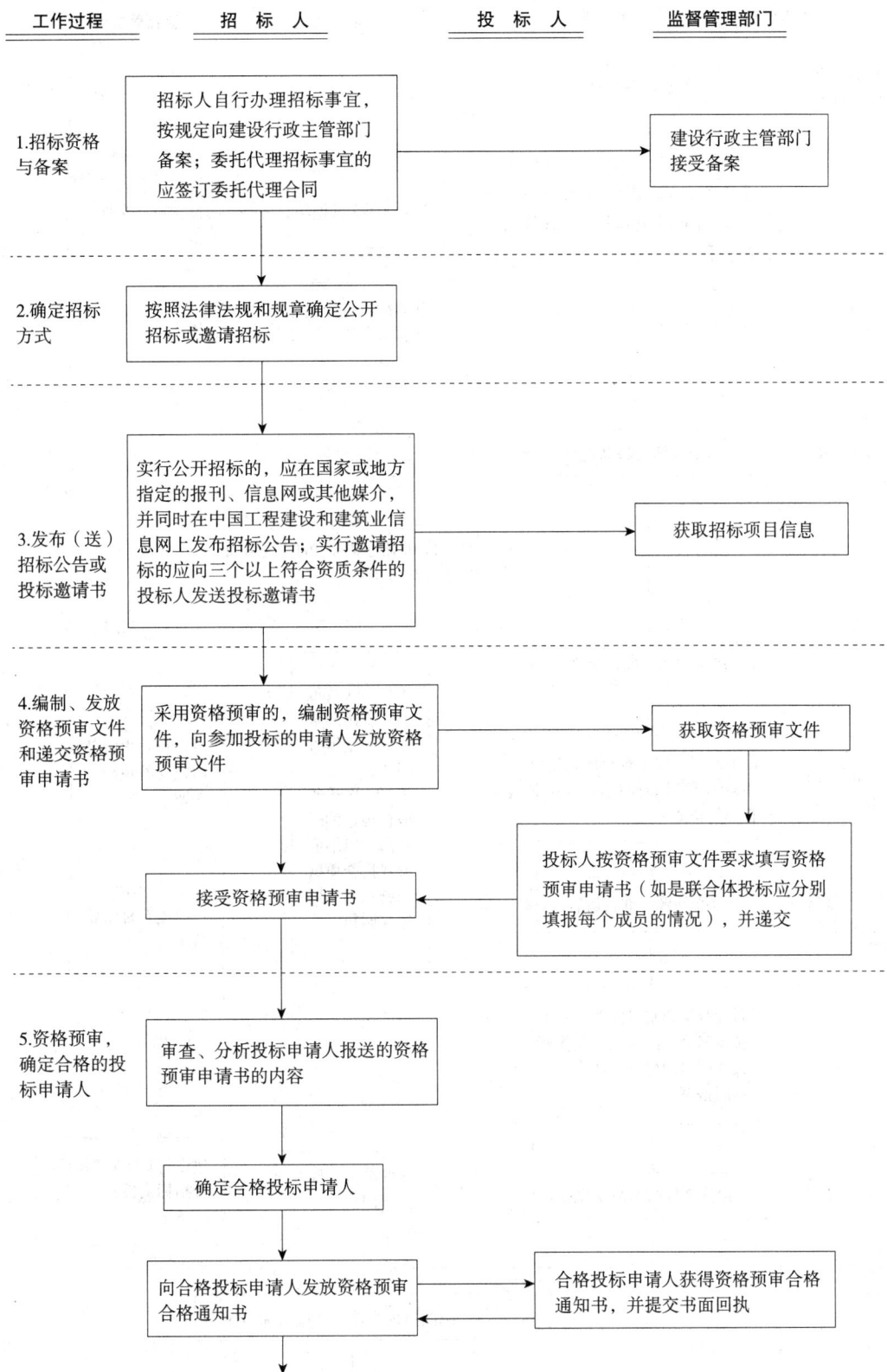

图9-10　公开招标投标程序流程图（一）

| 工作过程 | 招标人 | 投标人 | 监督管理部门 |

6. 编制、发出招标文件

编制招标文件

将招标文件发售给合格的投标申请人（含被邀请的投标申请人），同时向建设行政主管部门备案

获取招标文件回执

建设行政主管部门接受招标文件的备案

开始准备投标文件搜集有关资料和相关信息

7. 踏勘现场

组织投标人踏勘现场 ← 现场踏勘

招标文件和踏勘现场中的问题可通过以下方法提出：

8. 答疑

接受问题，准备解答

（1）以书面形式

以书面形式向所有投标人发放答疑纪要并同时向建设行政主管部门备案

（1）以书面形式提出问题获取问题解答回执；
（2）答疑会前在规定的时间内，以书面形式提交质疑问题获取答疑纪要回执

建设行政主管部门接受答疑纪要备案

（2）答疑会（必要时）

接受问题，准备解答

建设行政主管部门接受答疑纪要备案

召开答疑会解答问题，会后将答疑会议纪要发放给投标人并同时向建设行政主管部门备案

招标文件的澄清、修改

获取澄清、修改文件回执

建设行政主管部门接受招标文件澄清、修改备案

编制招标文件，办理投标担保

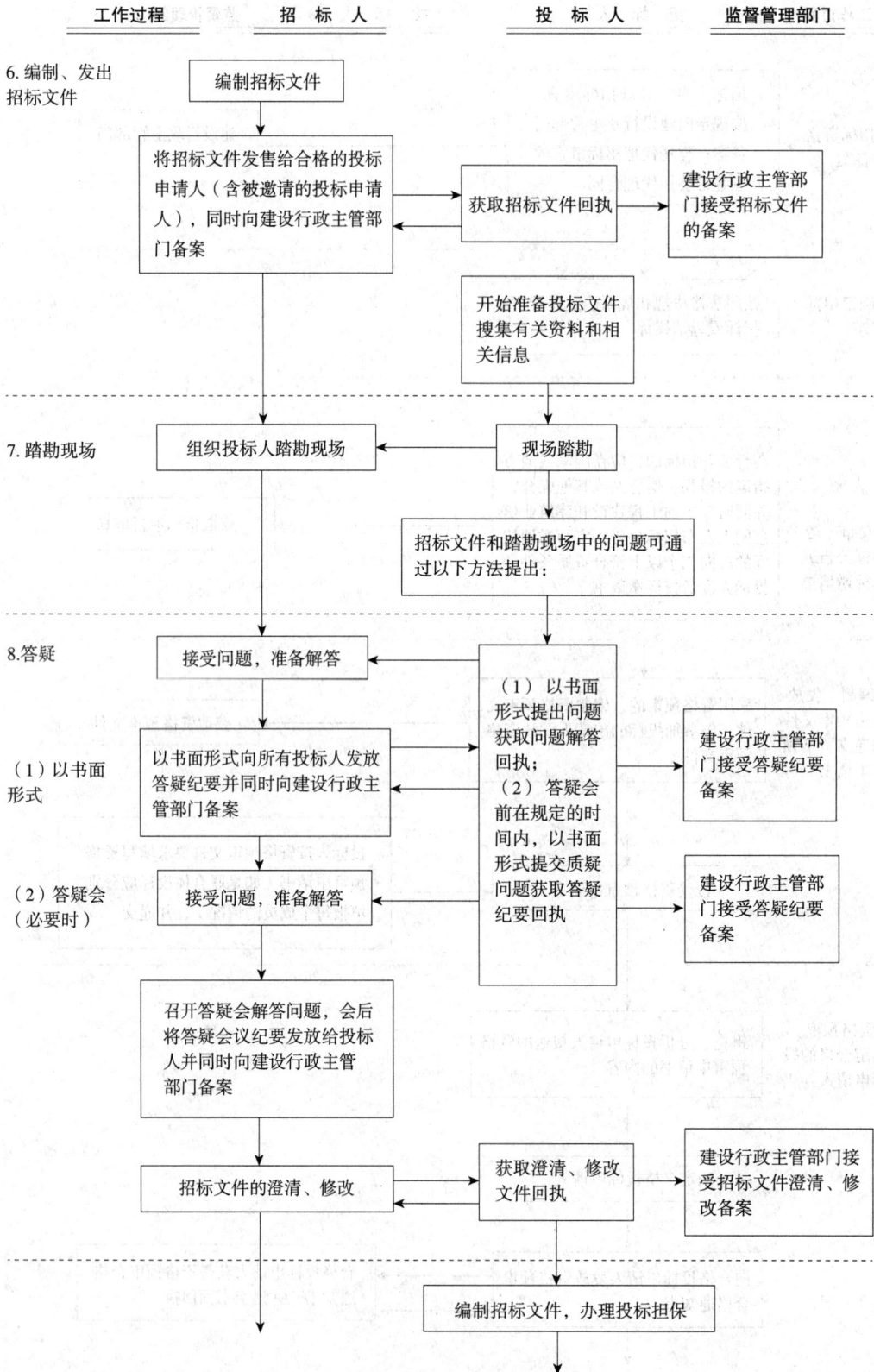

图 9-10　公开招标投标程序流程图（二）

| 工作过程 | 招标人 | 投标人 | 监督管理部门 |

9.编制、送达与签收招标文件

招标人接收投标文件记录接受日期、时间 → 送达投标文件和投标担保回执

退回逾期送达的投标 → 逾期投标文件退回回执

开标前妥善保存投标文件

10.开标

招标人组织并主持开标、唱标 ← 投标人代表参加开标

11.组建评标委员会

招标人依法律法规和规章的规定，组建评标委员会

12.评标

评标委员会评标
· 符合性鉴定
· 技术性鉴定
· 商务标评审
· 资格审查（后审）

评标委员会就投标文件的内容进行澄清或答辩 → 对评标委员会的澄清内容进行书面澄清答复或答辩

完成评标
推荐中标候选人或确定中标人
编写评标报告

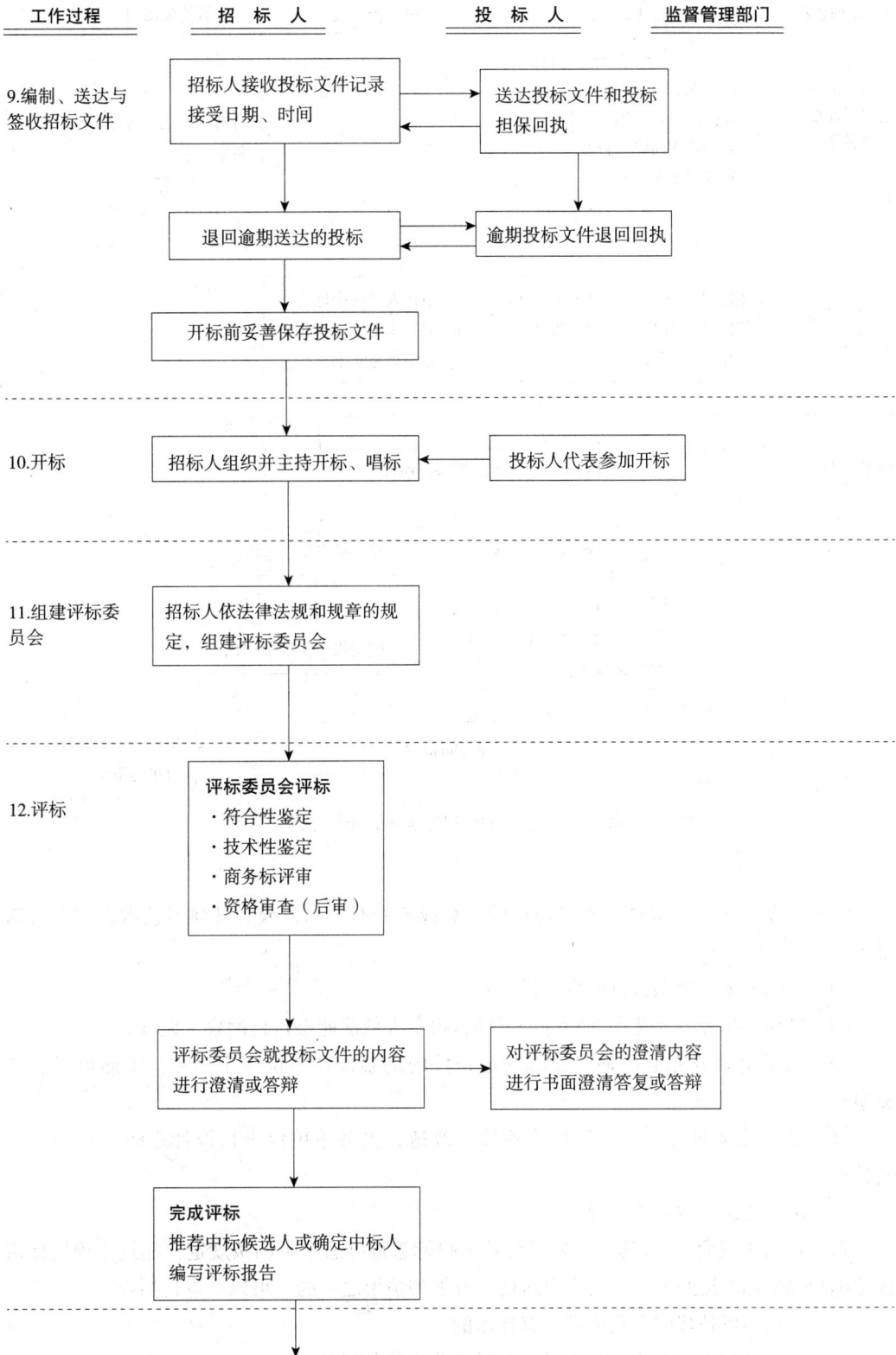

图 9-10 公开招标投标程序流程图（三）

工作过程	招标人	投标人	监督管理部门
13.招标投标情况书面报告及备案	招标人编写招标投标书面情况报告，确定中标人15日内向建设行政主管部门备案		行政主管部门接受备案
14.发出中标通知书	招标人向中标人发出中标通知书并同时向未中标人发出中标结果通知书	中标人接收中标通知书、未中标人接收中标结果通知书	
15.签署合同	招标人与中标人签署合同协议		
	办理、提交支付担保	办理、提交履约担保	
	退回中标人及未中标人投标保证金	接受投标保证金回执	
	办理合同备案		建设行政主管部门接受备案

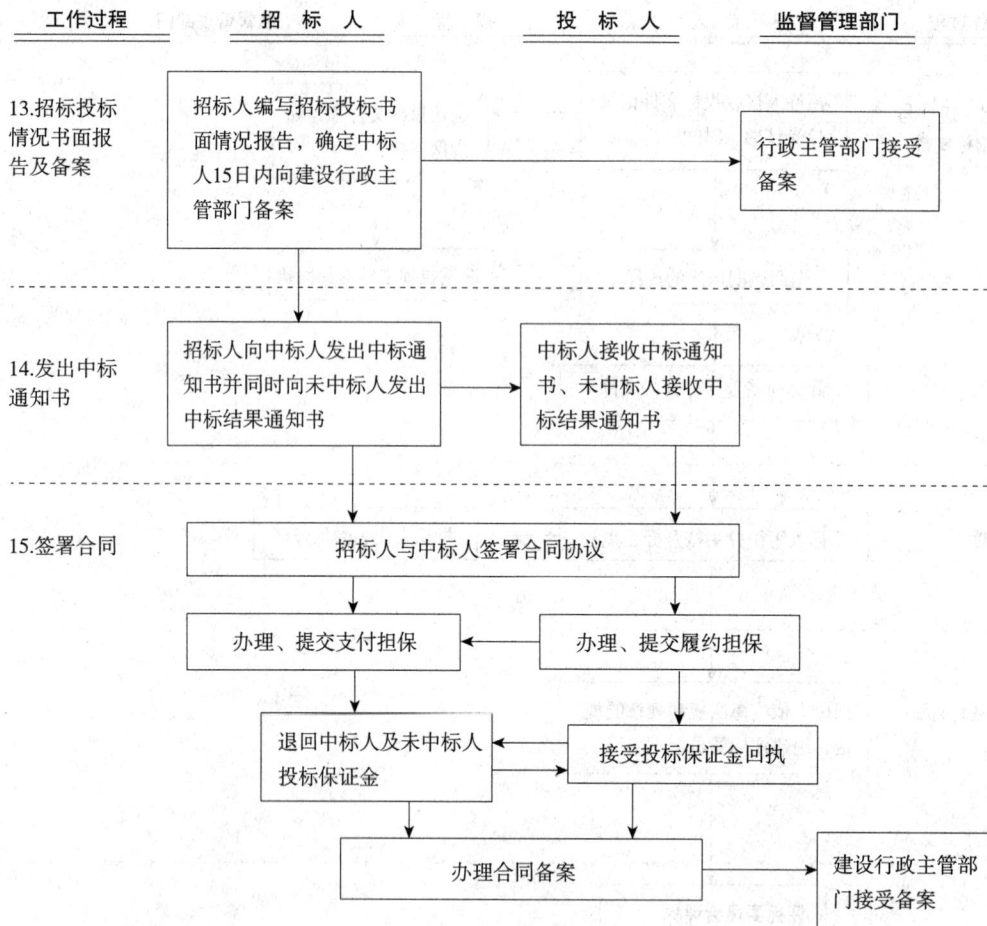

图 9-10　公开招标投标程序流程图（四）

（2）主要工艺、技术采用不可替代的专利或者专有技术，或者其建筑艺术造型有特殊要求；

（3）采购人依法能够自行勘察、设计；

（4）已通过招标方式选定的特许经营项目投资人依法能够自行勘察、设计；

（5）技术复杂或专业性强，能够满足条件的勘察设计单位少于三家，不能形成有效竞争；

（6）已建成项目需要改、扩建或者技术改造，由其他单位进行设计影响项目功能配套性；

（7）国家规定其他特殊情形。

对于建筑工程而言，《建筑工程设计招标投标管理办法》第四条规定，建筑工程设计招标范围和规模标准按照国家有关规定执行，有下列情形之一的，可以不进行招标：

（1）采用不可替代的专利或者专有技术的；

（2）对建筑艺术造型有特殊要求，并经有关主管部门批准的；

（3）建设单位依法能够自行设计的；

（4）建筑工程项目的改建、扩建或者技术改造，需要由原设计单位设计，否则将影响功能配套要求的；

（5）国家规定的其他特殊情形。

（二）勘察设计招标的条件

《工程建设项目勘察设计招标投标办法》第九条规定，依法必须进行勘察设计招标的工程建设项目，在招标时应当具备下列条件：

（1）招标人已经依法成立；

（2）按照国家有关规定需要履行项目审批、核准或者备案手续的，已经审批、核准或者备案；

（3）勘察设计有相应资金或者资金来源已经落实；

（4）所必需的勘察设计基础资料已经收集完成；

（5）法律法规规定的其他条件。

（三）确定招标范围

《建设工程勘察设计管理条例》第十八条规定，发包方可以将整个建设工程的勘察、设计发包给一个勘察、设计单位；也可以将建设工程的勘察、设计分别发包给几个勘察、设计单位。

《工程建设项目勘察设计招标投标办法》第七条规定，招标人可以依据工程建设项目的不同特点，实行勘察设计一次性总体招标；也可以在保证项目完整性、连续性的前提下，按照技术要求实行分段或分项招标。第八条规定，依法必须招标的工程建设项目，招标人可以对项目的勘察、设计、施工以及与工程建设有关的重要设备、材料的采购，实行总承包招标。

《建筑工程设计招标投标管理办法》第六条规定，建筑工程设计招标可以采用设计方案招标或者设计团队招标，招标人可以根据项目特点和实际需要选择。设计方案招标，是指主要通过对投标人提交的设计方案进行评审确定中标人。设计团队招标，是指主要通过对投标人拟派设计团队的综合能力进行评审确定中标人。第八条规定，招标人一般应当将建筑工程的方案设计、初步设计和施工图设计一并招标。确需另行选择设计单位承担初步设计、施工图设计的，应当在招标公告或者投标邀请书中明确。

（四）确定招标方式

《工程建设项目勘察设计招标投标办法》第十条规定，工程建设项目勘察设计招标分为公开招标和邀请招标。全部使用国有资金投资或者国有资金投资占控股或者主导地位的工程建设项目，以及国务院发展和改革部门确定的国家重点项目和省、自治区、直辖市人民政府确定的地方重点项目，除符合本办法第十一条规定条件并依法获得批准外，应当公开招标。

第十一条规定，依法必须进行公开招标的项目，在下列情况下可以进行邀请招标：

（1）技术复杂、有特殊要求或者受自然环境限制，只有少量潜在投标人可供选择；

（2）采用公开招标方式的费用占项目合同金额的比例过大；

（3）建设条件受自然因素限制，如采用公开招标，将影响项目实施时机的。

招标人采用邀请招标方式的，应保证有三个以上具备承担招标项目勘察设计的能力，并具有相应资质的特定法人或者其他组织参加投标。

（五）招标文件的编制

招标文件的编制可以参考《中华人民共和国标准勘察招标文件（2017 年版）》和《中华人民共和国标准设计招标文件（2017 年版）》。

1. 招标文件的组成

《工程建设项目勘察设计招标投标办法》第十五条规定，招标人应当根据招标项目的特点和需要编制招标文件。

勘察设计招标文件应当包括下列内容：

（1）投标须知；

（2）投标文件格式及主要合同条款；

（3）项目说明书，包括资金来源情况；

（4）勘察设计范围，对勘察设计进度、阶段和深度要求；

（5）勘察设计基础资料；

（6）勘察设计费用支付方式，对未中标人是否给予补偿及补偿标准；

（7）投标报价要求；

（8）对投标人资格审查的标准；

（9）评标标准和方法；

（10）投标有效期。投标有效期，是招标文件中规定的投标文件有效期，从提交投标文件截止日起计算。

《工程建设项目勘察设计招标投标办法》第十六条规定，招标人负责提供与招标项目有关的基础资料，并保证所提供资料的真实性、完整性。涉及国家秘密的除外。

《建筑工程设计招标投标管理办法》第十条规定，招标文件应当满足设计方案招标或者设计团队招标的不同需求，主要包括以下内容：

（1）项目基本情况；

（2）城乡规划和城市设计对项目的基本要求；

（3）项目工程经济技术要求；

（4）项目有关基础资料；

（5）招标内容；

（6）招标文件答疑、现场踏勘安排；

（7）投标文件编制要求；

（8）评标标准和方法；

（9）投标文件送达地点和截止时间；

（10）开标时间和地点；

（11）拟签订合同的主要条款；

（12）设计费或者计费方法；

（13）未中标方案补偿办法。

2. 编制设计任务书

根据项目情况确定是否编制专门的设计任务书，当项目没有编制专门的设计任务书时，可以将项目前期资料交付设计单位。提倡编制针对性的设计任务书。

（1）项目策划工作成果的基础上，提炼、归纳对设计的要求，整理和收集所需的资料。

（2）通过会议、资料等分析总结项目对于设计的需求，包括功能要求、进度要求、质量要求、技术要求、设计深度要求、设计评审方式和通过条件等。

（3）完成设计任务书。

3. 起草勘察设计委托合同

可以参考合同示范文本起草勘察设计合同。目前，我国发行的合同示范文本如下：

（1）《建设工程勘察合同（示范文本）》（GF—2016—0203）。

（2）《建设工程设计合同示范文本（房屋建筑工程）》（GF—2015—0209）。

（3）《建设工程设计合同示范文本（专业建设工程）》（GF—2015—0210）。

参考前期的工作成果，选择一个标准合同文本为基础起草合同文件。并且应分析合同条款的合理性，主要包括：

（1）从造价控制、进度控制和质量控制的角度分析设计合同条款。

（2）分析合同执行过程中可能出现的风险及如何进行风险管理。

（3）分析可能发生索赔的原因，制定防范性对策，减少索赔事件的发生。

（4）如果是由咨询方起草的则再交给业主审核，根据业主修改意见做进一步修改。

（六）评标和中标

1. 工程建设项目勘察设计招标投标办法的规定

《建设工程勘察设计管理条例》第十四条规定，建设工程勘察、设计方案评标，应当以投标人的业绩、信誉和勘察、设计人员的能力以及勘察、设计方案的优劣为依据，进行综合评定。

《工程建设项目勘察设计招标投标办法》第三十三条规定，勘察设计评标一般采取综合评估法进行。评标委员会应当按照招标文件确定的评标标准和方法，结合经批准的项目建议书、可行性研究报告或者上阶段设计批复文件，对投标人的业绩、信誉和勘察设计人员的能力以及勘察设计方案的优劣进行综合评定。招标文件中没有规定的标准和方法，不得作为评标的依据。

《工程建设项目勘察设计招标投标办法》第三十四条规定，评标委员会可以要求投标人对其技术文件进行必要的说明或介绍，但不得提出带有暗示性或诱导性的问题，也不得明确指出其投标文件中的遗漏和错误。

《工程建设项目勘察设计招标投标办法》第三十五条规定，根据招标文件的规定，允许投标人投备选标的，评标委员会可以对中标人所提交的备选标进行评审，以决定是否采纳备选标。不符合中标条件的投标人的备选标不予考虑。

《工程建设项目勘察设计招标投标办法》第三十六条规定，投标文件有下列情况之一的，评标委员会应当否决其投标：

（1）未经投标单位盖章和单位负责人签字；

（2）投标报价不符合国家颁布的勘察设计取费标准，或者低于成本，或者高于招标文件设定的最高投标限价；

（3）未响应招标文件的实质性要求和条件；

《工程建设项目勘察设计招标投标办法》第三十七条规定，投标人有下列情况之一的，评标委员会应当否决其投标：

（1）不符合国家或者招标文件规定的资格条件；

（2）与其他投标人或者与招标人串通投标；

（3）以他人名义投标，或者以其他方式弄虚作假；

（4）以向招标人或者评标委员会成员行贿的手段谋取中标；

（5）以联合体形式投标，未提交共同投标协议；

（6）提交两个以上不同的投标文件或者投标报价，但招标文件要求提交备选投标的除外。

《工程建设项目勘察设计招标投标办法》第三十八条规定，评标委员会完成评标后，应当向招标人提出书面评标报告，推荐合格的中标候选人。评标报告的内容应当符合《评标委员会和评标方法暂行规定》第四十二条的规定。但是，评标委员会决定否决所有投标的，应在评标报告中详细说明理由。

《工程建设项目勘察设计招标投标办法》第三十九条规定，评标委员会推荐的中标候选人应当限定在一至三人，并标明排列顺序。能够最大限度地满足招标文件中规定的各项综合评价标准的投标人，应当推荐为中标候选人。

《工程建设项目勘察设计招标投标办法》第四十八条规定，在下列情况下，依法必须招标项目的招标人在分析招标失败的原因并采取相应措施后，应当依照本办法重新招标：

（1）资格预审合格的潜在投标人不足三个的；

（2）在投标截止时间前提交投标文件的投标人少于三个的；

（3）所有投标均被作废标处理或被否决的；

（4）评标委员会否决不合格投标或者界定为废标后，因有效投标不足三个使得投标明显缺乏竞争，评标委员会决定否决全部投标的；

（5）同意延长投标有效期的投标人少于三个的。

2. 建筑工程设计招标投标管理办法的规定

《建筑工程设计招标投标管理办法》第十六条规定，评标由评标委员会负责。评标委员会由招标人代表和有关专家组成。评标委员会人数为 5 人以上单数，其中技术和经济方面的专家不得少于成员总数的 2/3。建筑工程设计方案评标时，建筑专业专家不得少于技术和经济方面专家总数的 2/3。评标专家一般从专家库随机抽取，对于技术复杂、专业性强或者国家有特殊要求的项目，招标人也可以直接邀请相应专业的中国科学院院士、中国工程院院士、全国工程勘察设计大师以及境外具有相应资历的专家参加评标。投标人或者与投标人有利害关系的人员不得参加评标委员会。

《建筑工程设计招标投标管理办法》第十七条规定，有下列情形之一的，评标委员会应当否决其投标：

（1）投标文件未按招标文件要求经投标人盖章和单位负责人签字；

（2）投标联合体没有提交共同投标协议；

（3）投标人不符合国家或者招标文件规定的资格条件；

（4）同一投标人提交 2 个以上不同的投标文件或者投标报价，但招标文件要求提交备选投标的除外；

（5）投标文件没有对招标文件的实质性要求和条件作出响应；

（6）投标人有串通投标、弄虚作假、行贿等违法行为；

（7）法律法规规定的其他应当否决投标的情形。

《建筑工程设计招标投标管理办法》第十八条规定，评标委员会应当按照招标文件确定的评标标准和方法，对投标文件进行评审。

采用设计方案招标的，评标委员会应当在符合城乡规划、城市设计以及安全、绿色、节能、环保要求的前提下，重点对功能、技术、经济和美观等进行评审。

采用设计团队招标的，评标委员会应当对投标人拟从事项目设计的人员构成、人员业绩、人员从业经历、项目解读、设计构思、投标人信用情况和业绩等进行评审。

《建筑工程设计招标投标管理办法》第十九条规定，评标委员会应当在评标完成后，向招标人提出书面评标报告，推荐不超过 3 个中标候选人，并标明顺序。

《建筑工程设计招标投标管理办法》第二十条规定，招标人应当公示中标候选人。采用设计团队招标的，招标人应当公示中标候选人投标文件中所列主要人员、业绩等内容。

《建筑工程设计招标投标管理办法》第二十一条规定，招标人根据评标委员会的书面评标报告和推荐的中标候选人确定中标人。招标人也可以授权评标委员会直接确定中标人。采用设计方案招标的，招标人认为评标委员会推荐的候选方案不能最大限度满足招标文件规定的要求的，应当依法重新招标。

《建筑工程设计招标投标管理办法》第二十二条规定，招标人应当在确定中标人后及时向中标人发出中标通知书，并同时将中标结果通知所有未中标人。

3. 招标投标情况报告

《工程建设项目勘察设计招标投标办法》第四十七条规定，依法必须进行勘察设计招标的项目，招标人应当在确定中标人之日起十五日内，向有关行政监督部门提交招标投标情况的书面报告。

书面报告一般应包括以下内容：

（1）招标项目基本情况；

（2）投标人情况；

（3）评标委员会成员名单；

（4）开标情况；

（5）评标标准和方法；

（6）否决投标情况；

（7）评标委员会推荐的经排序的中标候选人名单；

（8）中标结果；

（9）未确定排名第一的中标候选人为中标人的原因；

（10）其他需说明的问题。

《建筑工程设计招标投标管理办法》第二十三条规定，招标人应当自确定中标人之日起 15 日内，向县级以上地方人民政府住房城乡建设主管部门提交招标投标情况的书面报告。

《建筑工程设计招标投标管理办法》第二十四条规定，县级以上地方人民政府住房城乡建设主管部门应当自收到招标投标情况的书面报告之日起5个工作日内，公开专家评审意见等信息，涉及国家秘密、商业秘密的除外。

四、工程施工招标

（一）可以不进行施工招标的情形

《工程建设项目施工招标投标办法》第十二条规定，依法必须进行施工招标的工程建设项目有下列情形之一的，可以不进行施工招标：

（1）涉及国家安全、国家秘密、抢险救灾或者属于利用扶贫资金实行以工代赈需要使用农民工等特殊情况，不适宜进行招标；

（2）施工主要技术采用不可替代的专利或者专有技术；

（3）已通过招标方式选定的特许经营项目投资人依法能够自行建设；

（4）采购人依法能够自行建设；

（5）在建工程追加的附属小型工程或者主体加层工程，原中标人仍具备承包能力，并且其他人承担将影响施工或者功能配套要求；

（6）国家规定的其他情形。

对于房屋建筑和市政基础设施工程而言，《房屋建筑和市政基础设施工程施工招标投标管理办法》第九条规定，工程有下列情形之一的，经县级以上地方人民政府建设行政主管部门批准，可以不进行施工招标：

（1）停建或者缓建后恢复建设的单位工程，且承包人未发生变更的；

（2）施工企业自建自用的工程，且该施工企业资质等级符合工程要求的；

（3）在建工程追加的附属小型工程或者主体加层工程，且承包人未发生变更的；

（4）法律、法规、规章规定的其他情形。

（二）工程施工招标的条件

《工程建设项目施工招标投标办法》第八条规定，依法必须招标的工程建设项目，应当具备下列条件才能进行施工招标：

（1）招标人已经依法成立；

（2）初步设计及概算应当履行审批手续的，已经批准；

（3）有相应资金或资金来源已经落实；

（4）有招标所需的设计图纸及技术资料。

对于房屋建筑和市政基础设施工程而言，《房屋建筑和市政基础设施工程施工招标投标管理办法》第七条规定，工程施工招标应当具备下列条件：

（1）按照国家有关规定需要履行项目审批手续的，已经履行审批手续；

（2）工程资金或者资金来源已经落实；

（3）有满足施工招标需要的设计文件及其他技术资料；

（4）法律、法规、规章规定的其他条件。

（三）工程施工招标方式

工程施工招标分为公开招标和邀请招标。

《工程建设项目施工招标投标办法》第十一条规定，依法必须进行公开招标的项目，有下列情形之一的，可以邀请招标：

（1）项目技术复杂或有特殊要求，或者受自然地域环境限制，只有少量潜在投标人可供选择；

（2）涉及国家安全、国家秘密或者抢险救灾，适宜招标但不宜公开招标；

（3）采用公开招标方式的费用占项目合同金额的比例过大。

有前款第二项所列情形，属于本办法第十条规定的项目由项目审批、核准部门在审批、核准项目时作出认定；其他项目由招标人申请有关行政监督部门作出认定。

（四）编制施工招标文件

1. 施工招标文件的组成

《工程建设项目施工招标投标办法》第二十四条规定，招标人根据施工招标项目的特点和需要编制招标文件。招标文件一般包括下列内容：

（1）招标公告或投标邀请书；

（2）投标人须知；

（3）合同主要条款；

（4）投标文件格式；

（5）采用工程量清单招标的，应当提供工程量清单；

（6）技术条款；

（7）设计图纸；

（8）评标标准和方法；

（9）投标辅助材料。

招标人应当在招标文件中规定实质性要求和条件，并用醒目的方式标明。

《房屋建筑和市政基础设施工程施工招标投标管理办法》第十七条规定，招标人应当根据招标工程的特点和需要，自行或者委托工程招标代理机构编制招标文件。招标文件应当包括下列内容：

（1）投标须知，包括工程概况，招标范围，资格审查条件，工程资金来源或者落实情况，标段划分，工期要求，质量标准，现场踏勘和答疑安排，投标文件编制、提交、修改、撤回的要求，投标报价要求，投标有效期，开标的时间和地点，评标的方法和标准等；

（2）招标工程的技术要求和设计文件；

（3）采用工程量清单招标的，应当提供工程量清单；

（4）投标函的格式及附录；

（5）拟签订合同的主要条款；

（6）要求投标人提交的其他材料。

2. 施工招标文件编制要求

《工程建设项目施工招标投标办法》第二十五条规定，招标人可以要求投标人在提交符合招标文件规定要求的投标文件外，提交备选投标方案，但应当在招标文件中作出说明，并提出相应的评审和比较办法。

《工程建设项目施工招标投标办法》第二十六条规定，招标文件规定的各项技术标准应符合国家强制性标准。招标文件中规定的各项技术标准均不得要求或标明某一特定的专利、商标、名称、设计、原产地或生产供应者，不得含有倾向或者排斥潜在投标人的其他内容。如果必须引用某一生产供应者的技术标准才能准确或清楚地说明拟招标项目的技术标准时，则应当在参照后面加上"或相当于"的字样。

《工程建设项目施工招标投标办法》第二十七条规定，施工招标项目需要划分标段、确定工期的，招标人应当合理划分标段、确定工期，并在招标文件中载明。对工程技术上紧密相连、不可分割的单位工程不得分割标段。

招标人不得以不合理的标段或工期限制或者排斥潜在投标人或者投标人。依法必须进行施工招标的项目的招标人不得利用划分标段规避招标。

《工程建设项目施工招标投标办法》第二十八条规定，招标文件应当明确规定所有评标因素，以及如何将这些因素量化或者据以进行评估。在评标过程中，不得改变招标文件中规定的评标标准、方法和中标条件。

《工程建设项目施工招标投标办法》第二十九条规定，招标文件应当规定一个适当的投标有效期，以保证招标人有足够的时间完成评标和与中标人签订合同。投标有效期从投标人提交投标文件截止之日起计算。在原投标有效期结束前，出现特殊情况的，招标人可以书面形式要求所有投标人延长投标有效期。投标人同意延长的，不得要求或被允许修改其投标文件的实质性内容，但应当相应延长其投标保证金的有效期；投标人拒绝延长的，其投标失效，但投标人有权收回其投标保证金。因延长投标有效期造成投标人损失的，招标人应当给予补偿，但因不可抗力需要延长投标有效期的除外。

《工程建设项目施工招标投标办法》第三十条规定，施工招标项目工期较长的，招标文件中可以规定工程造价指数体系、价格调整因素和调整方法。

3. 标底和最高投标限价

《工程建设项目施工招标投标办法》第三十四条规定，招标人可根据项目特点决定是否编制标底。编制标底的，标底编制过程和标底在开标前必须保密。

招标项目编制标底的，应根据批准的初步设计、投资概算，依据有关计价办法，参照有关工程定额，结合市场供求状况，综合考虑投资、工期和质量等方面的因素合理确定。

标底由招标人自行编制或委托中介机构编制。一个工程只能编制一个标底。

任何单位和个人不得强制招标人编制或报审标底，或干预其确定标底。

招标项目可以不设标底，进行无标底招标。

招标人设有最高投标限价的，应当在招标文件中明确最高投标限价或者最高投标限价的计算方法。招标人不得规定最低投标限价。

为了规范施工招标资格预审文件、招标文件编制活动，提高资格预审文件、招标文件编制质量，促进招标投标活动的公开、公平和公正，国家发展和改革委员会、财政部、住房和城乡建设部、原铁道部、交通运输部、工业和信息化部、水利部、民用航空局、原广播电影电视总局联合编制了《标准施工招标资格预审文件》和《标准施工招标文件》，招标文件的编制可以参考。

4. 起草施工合同条款

可以参考《建设工程施工合同（示范文本）》（GF—2017—0201）起草施工合同有关条款。

（五）开标、评标和定标

1. 开标

《工程建设项目施工招标投标办法》第四十九条规定，开标应当在招标文件确定的提交投标文件截止时间的同一时间公开进行；开标地点应当为招标文件中确定的地点。投标人对开标有异议的，应当在开标现场提出，招标人应当当场作出答复，并制作记录。

《工程建设项目施工招标投标办法》第五十条规定，投标文件有下列情形之一的，招标人应当拒收：

（1）逾期送达；

（2）未按招标文件要求密封。

有下列情形之一的，评标委员会应当否决其投标：

（1）投标文件未经投标单位盖章和单位负责人签字；

（2）投标联合体没有提交共同投标协议；

（3）投标人不符合国家或者招标文件规定的资格条件；

（4）同一投标人提交两个以上不同的投标文件或者投标报价，但招标文件要求提交备选投标的除外；

（5）投标报价低于成本或者高于招标文件设定的最高投标限价；

（6）投标文件没有对招标文件的实质性要求和条件作出响应；

（7）投标人有串通投标、弄虚作假、行贿等违法行为。

《房屋建筑和市政基础设施工程施工招标投标管理办法》第三十二条规定，开标应当在招标文件确定的提交投标文件截止时间的同一时间公开进行；开标地点应当为招标文件中预先确定的地点。

《房屋建筑和市政基础设施工程施工招标投标管理办法》第三十三条规定，开标由招标人主持，邀请所有投标人参加。开标应当按照下列规定进行：

由投标人或者其推选的代表检查投标文件的密封情况，也可以由招标人委托的公证机构进行检查并公证。经确认无误后，由有关工作人员当众拆封，宣读投标人名称、投标价格和投标文件的其他主要内容。

招标人在招标文件要求提交投标文件的截止时间前收到的所有投标文件，开标时都应当当众予以拆封、宣读。

开标过程应当记录，并存档备查。

《房屋建筑和市政基础设施工程施工招标投标管理办法》第三十四条规定，在开标时，投标文件出现下列情形之一的，应当作为无效投标文件，不得进入评标：

（1）投标文件未按照招标文件的要求予以密封的；

（2）投标文件中的投标函未加盖投标人的企业及企业法定代表人印章的，或者企业法定代表人委托代理人没有合法、有效的委托书（原件）及委托代理人印章的；

（3）投标文件的关键内容字迹模糊、无法辨认的；

（4）投标人未按照招标文件的要求提供投标保函或者投标保证金的；

（5）组成联合体投标的，投标文件未附联合体各方共同投标协议的。

2. 评标

《工程建设项目施工招标投标办法》第五十一条规定，评标委员会可以书面方式要求投标人对投标文件中含义不明确、对同类问题表述不一致或者有明显文字和计算错误的内容作必要的澄清、说明或补正。评标委员会不得向投标人提出带有暗示性或诱导性的问题，或向其明确投标文件中的遗漏和错误。

《工程建设项目施工招标投标办法》第五十二条规定，投标文件不响应招标文件的实质性要求和条件的，评标委员会不得允许投标人通过修正或撤销其不符合要求的差异或保留，使之成为具有响应性的投标。

《工程建设项目施工招标投标办法》第五十三条规定，评标委员会在对实质上响应招标文件要求的投标进行报价评估时，除招标文件另有约定外，应当按下述原则进行修正：

（1）用数字表示的数额与用文字表示的数额不一致时，以文字数额为准；

（2）单价与工程量的乘积与总价之间不一致时，以单价为准。若单价有明显的小数点错位，应以总价为准，并修改单价。

按前款规定调整后的报价经投标人确认后产生约束力。

投标文件中没有列入的价格和优惠条件在评标时不予考虑。

《工程建设项目施工招标投标办法》第五十四条规定，对于投标人提交的优越于招标文件中技术标准的备选投标方案所产生的附加收益，不得考虑进评标价中。符合招标文件的基本技术要求且评标价最低或综合评分最高的投标人，其所提交的备选方案方可予以考虑。

《工程建设项目施工招标投标办法》第五十五条规定，招标人设有标底的，标底在评标中应当作为参考，但不得作为评标的唯一依据。

《房屋建筑和市政基础设施工程施工招标投标管理办法》第四十二条规定，有下列情形之一的，评标委员会可以要求投标人作出书面说明并提供相关材料：

（1）设有标底的，投标报价低于标底合理幅度的；

（2）不设标底的，投标报价明显低于其他投标报价，有可能低于其企业成本的。

经评标委员会论证，认定该投标人的报价低于其企业成本的，不能推荐为中标候选人或者中标人。

《工程建设项目施工招标投标办法》第五十六条规定，评标委员会完成评标后，应向招标人提出书面评标报告。评标报告由评标委员会全体成员签字。

依法必须进行招标的项目，招标人应当自收到评标报告之日起三日内公示中标候选人，公示期不得少于三日。

中标通知书由招标人发出。

3. 定标

《工程建设项目施工招标投标办法》第五十七条规定，评标委员会推荐的中标候选人应当限定在一至三人，并标明排列顺序。招标人应当接受评标委员会推荐的中标候选人，不得在评标委员会推荐的中标候选人之外确定中标人。

《工程建设项目施工招标投标办法》第五十八条规定，国有资金占控股或者主导地位的依法必须进行招标的项目，招标人应当确定排名第一的中标候选人为中标人。排名第一的中标候选人放弃中标、因不可抗力提出不能履行合同、不按照招标文件的要求提交履约保证金，或者被查实存在影响中标结果的违法行为等情形，不符合中标条件的，招标人可以按照评标委员会提出的中标候选人名单排序依次确定其他中标候选人为中标人。依次确定其他中标候选人与招标人预期差距较大，或者对招标人明显不利的，招标人可以重新招标。

招标人可以授权评标委员会直接确定中标人。

《工程建设项目施工招标投标办法》第五十九条规定，招标人不得向中标人提出压低报价、增加工作量、缩短工期或其他违背中标人意愿的要求，以此作为发出中标通知书和签订合同的条件。

《工程建设项目施工招标投标办法》第六十条规定，中标通知书对招标人和中标人具有法律效力。中标通知书发出后，招标人改变中标结果的，或者中标人放弃中标项目的，应当依法承担法律责任。

《工程建设项目施工招标投标办法》第六十一条规定，招标人全部或者部分使用非中标单位投标文件中的技术成果或技术方案时，需征得其书面同意，并给予一定的经济补偿。

4. 签约

《工程建设项目施工招标投标办法》第六十二条规定，招标人和中标人应当在投标有效期内并在自中标通知书发出之日起三十日内，按照招标文件和中标人的投标文件订立书面合同。招标人和中标人不得再行订立背离合同实质性内容的其他协议。招标人要求中标人提供履约保证金或其他形式履约担保的，招标人应当同时向中标人提供工程款支付担保。招标人不得擅自提高履约保证金，不得强制要求中标人垫付中标项目建设资金。

《工程建设项目施工招标投标办法》第六十三条规定，招标人最迟应当在与中标人签订合同后五日内，向中标人和未中标的投标人退还投标保证金及银行同期存款利息。

《工程建设项目施工招标投标办法》第六十四条规定，合同中确定的建设规模、建设标准、建设内容、合同价格应当控制在批准的初步设计及概算文件范围内；确需超出规定范围的，应当在中标合同签订前，报原项目审批部门审查同意。凡应报经审查而未报的，在初步设计及概算调整时，原项目审批部门一律不予承认。

5. 书面报告

《工程建设项目施工招标投标办法》第六十五条规定，依法必须进行施工招标的项目，招标人应当自发出中标通知书之日起十五日内，向有关行政监督部门提交招标投标情况的书面报告。

书面报告至少应包括下列内容：

（1）招标范围；

（2）招标方式和发布招标公告的媒介；

（3）招标文件中投标人须知、技术条款、评标标准和方法、合同主要条款等内容；

（4）评标委员会的组成和评标报告；

（5）中标结果。

6. 有关分包的规定

《工程建设项目施工招标投标办法》第六十六条规定，招标人不得直接指定分包人。

《工程建设项目施工招标投标办法》第六十七条规定，对于不具备分包条件或者不符合分包规定的，招标人有权在签订合同或者中标人提出分包要求时予以拒绝。发现中标人转包或违法分包时，可要求其改正；拒不改正的，可终止合同，并报请有关行政监督部门查处。

监理人员和有关行政部门发现中标人违反合同约定进行转包或违法分包的，应当要求中标人改正，或者告知招标人要求其改正；对于拒不改正的，应当报请有关行政监督部门查处。

五、工程货物招标

（一）货物招标的条件

《工程建设项目货物招标投标办法》第八条规定，依法必须招标的工程建设项目，应当具备下列条件才能进行货物招标：

（1）招标人已经依法成立；

（2）按照国家有关规定应当履行项目审批、核准或者备案手续的，已经审批、核准或者备案；

（3）有相应资金或者资金来源已经落实；

（4）能够提出货物的使用与技术要求。

（二）确定货物招标方式

工程建设物资指的是建筑材料、建筑构配件和设备。在国际上业主方工程建设物资采购有多种模式，如：

（1）业主方自行采购；

（2）与承包商约定某些物资为指定供货供应物资；

（3）承包商采购等。

《中华人民共和国建筑法》对物资采购有这样的规定，按照合同约定，建筑材料、建筑构配件和设备由工程承包单位采购的，发包单位不得指定承包单位购入用于工程的建筑材料、建筑构配件和设备或者指定生产厂、供应商。

《工程建设项目货物招标投标办法》第十条规定，货物招标分为公开招标和邀请招标。

《工程建设项目货物招标投标办法》第十一条规定，依法应当公开招标的项目，有下列情形之一的，可以邀请招标：

（1）技术复杂、有特殊要求或者受自然环境限制，只有少量潜在投标人可供选择；

（2）采用公开招标方式的费用占项目合同金额的比例过大；

（3）涉及国家安全、国家秘密或者抢险救灾，适宜招标但不宜公开招标。

有前款第二项所列情形，属于按照国家有关规定需要履行项目审批、核准手续的依法必须进行招标的项目，由项目审批、核准部门认定；其他项目由招标人申请有关行政监督部门作出认定。

《工程建设项目货物招标投标办法》第十二条规定，采用公开招标方式的，招标人应当发布资格预审公告或者招标公告。依法必须进行货物招标的招标公告，应当在国家指定的报刊或者信息网络上发布。

采用邀请招标方式的，招标人应当向三家以上具备货物供应的能力、资信良好的特定的法人或者其他组织发出投标邀请书。

《工程建设项目货物招标投标办法》第十三条规定，招标公告或者投标邀请书应当载明下列内容：

（1）招标人的名称和地址；

（2）招标货物的名称、数量、技术规格、资金来源；

（3）交货的地点和时间；

（4）获取招标文件或者资格预审文件的地点和时间；

（5）对招标文件或者资格预审文件收取的费用；

（6）提交资格预审申请书或者投标文件的地点和截止日期；

（7）对投标人的资格要求。

《工程建设项目货物招标投标办法》第十四条规定，招标人应当按照资格预审公告、招标公告或者投标邀请书规定的时间、地点发售招标文件或者资格预审文件。自招标文件或者资格预审文件发售之日起至停止发售之日止，最短不得少于五日。

招标人可以通过信息网络或者其他媒介发布招标文件，通过信息网络或者其他媒介发布的招标文件与书面招标文件具有同等法律效力，出现不一致时以书面招标文件为准，但国家另有规定的除外。

（三）编制货物招标文件

编制货物招标文件可参考《中华人民共和国标准设备采购招标文件（2017 年版）》和《中华人民共和国标准材料采购招标文件（2017 年版）》。

1. 招标文件的组成

《工程建设项目货物招标投标办法》第二十一条规定，招标文件一般包括下列内容：

（1）招标公告或者投标邀请书；

（2）投标人须知；

（3）国家对招标货物的技术、标准、质量等有规定的，招标人应当按照其规定在招标文件中提出相应要求；

（4）技术规格、参数及其他要求；

（5）评标标准和方法；

（6）合同主要条款。

招标人应当在招标文件中规定实质性要求和条件，说明不满足其中任何一项实质性要求和条件的投标将被拒绝，并用醒目的方式标明；没有标明的要求和条件在评标时不得作为实质性要求和条件。对于非实质性要求和条件，应规定允许偏差的最大范围、最高项数，以及对这些偏差进行调整的方法。

国家对招标货物的技术、标准、质量等有规定的，招标人应当按照其规定在招标文件中提出相应要求。

2. 标段划分

《工程建设项目货物招标投标办法》第二十二条规定，招标货物需要划分标包的，招标人应合理划分标包，确定各标包的交货期，并在招标文件中如实载明。

招标人不得以不合理的标包限制或者排斥潜在投标人或者投标人。依法必须进行招标的项目的招标人不得利用标包划分规避招标。

《工程建设项目货物招标投标办法》第二十三条规定，招标人允许中标人对非主体货物进行分包的，应当在招标文件中载明。主要设备、材料或者供货合同的主要部分不得要求或者允许分包。

除招标文件要求不得改变标准货物的供应商外，中标人经招标人同意改变标准货物的供应商的，不应视为转包和违法分包。

3. 备选方案和两阶段招标

《工程建设项目货物招标投标办法》第二十四条规定，招标人可以要求投标人在提交符合招标文件规定要求的投标文件外，提交备选投标方案，但应当在招标文件中作出说明。不符合中标条件的投标人的备选投标方案不予考虑。

《工程建设项目货物招标投标办法》第三十一条规定，对无法精确拟定其技术规格的货物，招标人可以采用两阶段招标程序。

在第一阶段，招标人可以首先要求潜在投标人提交技术建议，详细阐明货物的技术规格、质量和其他特性。招标人可以与投标人就其建议的内容进行协商和讨论，达成一个统一的技术规格后编制招标文件。

在第二阶段，招标人应当向第一阶段提交了技术建议的投标人提供包含统一技术规格的正式招标文件，投标人根据正式招标文件的要求提交包括价格在内的最后投标文件。

招标人要求投标人提交投标保证金的，应当在第二阶段提出。

4. 技术规格

《工程建设项目货物招标投标办法》第二十五条规定，招标文件规定的各项技术规格应当符合国家技术法规的规定。

招标文件中规定的各项技术规格均不得要求或标明某一特定的专利技术、商标、名称、设计、原产地或供应者等，不得含有倾向或者排斥潜在投标人的其他内容。如果必须引用某一供应者的技术规格才能准确或清楚地说明拟招标货物的技术规格时，则应当在参照后面加上"或相当于"的字样。

5. 评标办法

《工程建设项目货物招标投标办法》第二十六条规定，招标文件应当明确规定评标时包含价格在内的所有评标因素，以及据此进行评估的方法。

在评标过程中，不得改变招标文件中规定的评标标准、方法和中标条件。

6. 投标保证金

《工程建设项目货物招标投标办法》第二十七条规定，招标人可以在招标文件中要求投标人以自己的名义提交投标保证金。投标保证金除现金外，可以是银行出具的银行保函、保兑支票、银行汇票或现金支票，也可以是招标人认可的其他合法担保形式。依法必须进行招标的项目的境内投标单位，以现金或者支票形式提交的投标保证金应当从其基本账户转出。

投标保证金不得超过项目估算价的百分之二，但最高不得超过八十万元人民币。投标保证金有效期应当与投标有效期一致。

投标人应当按照招标文件要求的方式和金额，在提交投标文件截止时间前将投标保证金提交给招标人或其委托的招标代理机构。

7. 投标有效期

《工程建设项目货物招标投标办法》第二十八条规定，招标文件应当规定一个适当的投标有效期，以保证招标人有足够的时间完成评标和与中标人签订合同。投标有效期从招标文件规定的提交投标文件截止之日起计算。

在原投标有效期结束前，出现特殊情况的，招标人可以书面形式要求所有投标人延长投标有效期。投标人同意延长的，不得要求或被允许修改其投标文件的实质性内容，但应当相应延长其投标保证金的有效期；投标人拒绝延长的，其投标失效，但投标人有权收回其投标保证金及银行同期存款利息。

依法必须进行招标的项目同意延长投标有效期的投标人少于三个的，招标人在分析招标失败的原因并采取相应措施后，应当重新招标。

（四）开标、评标和定标

1. 开标

《工程建设项目货物招标投标办法》第四十条规定，开标应当在招标文件确定的提交投标文件截止时间的同一时间公开进行；开标地点应当为招标文件中确定的地点。

投标人或其授权代表有权出席开标会，也可以自主决定不参加开标会。

投标人对开标有异议的，应当在开标现场提出，招标人应当当场作出答复，并制作记录。

《工程建设项目货物招标投标办法》第四十一条规定，投标文件有下列情形之一的，招标人应当拒收：

（1）逾期送达；

（2）未按招标文件要求密封。

有下列情形之一的，评标委员会应当否决其投标：

（1）投标文件未经投标单位盖章和单位负责人签字；

（2）投标联合体没有提交共同投标协议；

（3）投标人不符合国家或者招标文件规定的资格条件；

（4）同一投标人提交两个以上不同的投标文件或者投标报价，但招标文件要求提交备选投标的除外；

（5）投标标价低于成本或者高于招标文件设定的最高投标限价；

（6）投标文件没有对招标文件的实质性要求和条件作出响应；

（7）投标人有串通投标、弄虚作假、行贿等违法行为。

依法必须招标的项目评标委员会否决所有投标的，或者评标委员会否决一部分投标后其他有效投标不足三个使得投标明显缺乏竞争，决定否决全部投标的，招标人在分析招标失败的原因并采取相应措施后，应当重新招标。

2. 评标

《工程建设项目货物招标投标办法》第四十二条规定，评标委员会可以书面方式要求投标人对投标文件中含义不明确、对同类问题表述不一致或者有明显文字和计算错误的内容作必要的澄清、说明或补正。评标委员会不得向投标人提出带有暗示性或诱导性的问题，或向其明确投标文件中的遗漏和错误。

《工程建设项目货物招标投标办法》第四十三条规定，投标文件不响应招标文件的实质性要求和条件的，评标委员会不得允许投标人通过修正或撤销其不符合要求的差异或保留，使之成为具有响应性的投标。

《工程建设项目货物招标投标办法》第四十四条规定，技术简单或技术规格、性能、制作工艺要求统一的货物，一般采用经评审的最低投标价法进行评标。技术复杂或技术规格、性能、制作工艺要求难以统一的货物，一般采用综合评估法进行评标。

《工程建设项目货物招标投标办法》第四十五条规定，符合招标文件要求且评标价最低或综合评分最高而被推荐为中标候选人的投标人，其所提交的备选投标方案方可予以考虑。

《工程建设项目货物招标投标办法》第四十六条规定，评标委员会完成评标后，应向招标人提出书面评标报告。评标报告由评标委员会全体成员签字。

《工程建设项目货物招标投标办法》第四十七条规定，评标委员会在书面评标报告中推荐的中标候选人应当限定在一至三人，并标明排列顺序。招标人应当接受评标委员会推荐的中标候选人，不得在评标委员会推荐的中标候选人之外确定中标人。

依法必须进行招标的项目，招标人应当自收到评标报告之日起三日内公示中标候选人，公示期不得少于三日。

3. 定标

《工程建设项目货物招标投标办法》第四十八条规定，国有资金占控股或者主导地位的依法必须进行招标的项目，招标人应当确定排名第一的中标候选人为中标人。排名第一的中标候选人放弃中标、因不可抗力提出不能履行合同、不按照招标文件要求提交履约保证金，或者被查实存在影响中标结果的违法行为等情形，不符合中标条件的，招标人可以按照评标委员会提出的中标候选人名单排序依次确定其他中标候选人为中标人。依次确定其他中标候选人与招标人预期差距较大，或者对招标人明显不利的，招标人可以重新招标。

招标人可以授权评标委员会直接确定中标人。

国务院对中标人的确定另有规定的，从其规定。

《工程建设项目货物招标投标办法》第四十九条规定，招标人不得向中标人提出压低报价、增加配件或者售后服务量以及其他超出招标文件规定的违背中标人意愿的要求，以此作为发出中标通知书和签订合同的条件。

《工程建设项目货物招标投标办法》第五十条规定，中标通知书对招标人和中标人具有法律效力。中标通知书发出后，招标人改变中标结果的，或者中标人放弃中标项目的，应当依法承担法律责任。

中标通知书由招标人发出，也可以委托其招标代理机构发出。

4. 签约

《工程建设项目货物招标投标办法》第五十一条规定，招标人和中标人应当在投标有效期内并在自中标通知书发出之日起三十日内，按照招标文件和中标人的投标文件订立书面合同。招标人和中标人不得再行订立背离合同实质性内容的其他协议。

招标文件要求中标人提交履约保证金或者其他形式履约担保的，中标人应当提交；拒绝提交的，视为放弃中标项目。招标人要求中标人提供履约保证金或其他形式履约担保的，招标人应当同时向中标人提供货物款支付担保。

履约保证金不得超过中标合同金额的 10%。

《工程建设项目货物招标投标办法》第五十二条规定，招标人最迟应当在书面合同签订后五日内，向中标人和未中标的投标人一次性退还投标保证金及银行同期存款利息。

《工程建设项目货物招标投标办法》第五十三条规定，必须审批的工程建设项目，货物合同价格应当控制在批准的概算投资范围内；确需超出范围的，应当在中标合同签订前，报原项目审批部门审查同意。项目审批部门应当根据招标的实际情况，及时作出批准或者不予批准的决定；项目审批部门不予批准的，招标人应当自行平衡超出的概算。

5. 书面报告

《工程建设项目货物招标投标办法》第五十四条规定，依法必须进行货物招标的项目，招标人应当自确定中标人之日起十五日内，向有关行政监督部门提交招标投标情况的书面报告。

书面报告至少应包括下列内容：

（1）招标货物基本情况；

（2）招标方式和发布招标公告或者资格预审公告的媒介；

（3）招标文件中投标人须知、技术条款、评标标准和方法、合同主要条款等内容；

（4）评标委员会的组成和评标报告；

（5）中标结果。

六、设计施工总承包招标

设计施工总承包，是指承包单位按照与建设单位签订的合同，对工程设计、采购、施工或者设计、施工等阶段实行总承包，并对工程的质量、安全、工期和造价等全面负责的工程建设组织实施方式。

在施工总承包模式中，建设项目业主对工程的检查和验收都以图纸和合同为依据。但在设计和施工总承包模式中，承包方既要进行设计，又要进行施工，如果要通过招标选择项目总承包单位，根据什么招标、评标呢？这是实行设计和施工总承包模式的一个关键问题。

施工总承包的招标通常是以图纸和分部分项工程说明以及工程量清单为依据，这种招标称为"构造招标"。设计和施工总承包模式在招标时可能还没有一张图纸，这时的招标必须要有功能描述书以及有关的要求和条件说明，这种招标称为"功能招标"。功能描述书以及有关的要求和条件说明是否清楚、明确和具体，是招标能否成功和建设项目顺利实施的关键。

建设项目业主可以自行编制或委托项目管理咨询公司编制建设项目功能描述书以及有关的要求和条件说明，投标人据此进行投标，编制设计建议书和设计文件，并根据其设计进行工程报价。

关于项目总承包招标的评标工作，一般是分两个阶段进行，首先是对设计进行审查，审查设计是否满足业主的功能要求；其次再对投标价进行审查。如果设计审查通不过，就没有资格进入下一阶段的审查，就是说，价格再便宜也不可能中标。一般情况下，业主将在符合要求的设计方案中选择投标价格最低的投标单位作为中标单位。

在实行设计和施工总承包模式条件下，建设项目业主一般要聘请专业化的项目管理咨询公司协助其进行管理，包括协助编制建设大纲和功能描述书，协助招标、评标、签订合同以及施工阶段的管理。

目前，我国规范设计施工总承包的文件有《中华人民共和国标准设计施工总承包招标文件》（2012 年版）、《建设项目工程总承包合同（示范文本）》（GF—2020—0216）、《住房和城乡建设部 国家发展改革委关于印发房屋建筑和市政基础设施项目工程总承包管理办法的通知》（建市规〔2019〕12 号）和《房屋建筑和市政基础设施项目工程总承包计价计量规范（征求意见稿）》，尚未出台各个行业统一的设计施工总承包管理办法。

（一）工程总承包招标的条件

建设单位应当根据项目情况和自身管理能力等，合理选择工程建设组织实施方式。建设内容明确、技术方案成熟的项目，适宜采用工程总承包方式。

建设单位应当在发包前完成项目审批、核准或者备案程序。采用工程总承包方式的企业投资项目，应当在核准或者备案后进行工程总承包项目发包。采用工程总承包方式的政府投资项目，原则上应当在初步设计审批完成后进行工程总承包项目发包；其中，按照国家有关规定简化报批文件和审批程序的政府投资项目，应当在完成相应的投资决策审批后进行工程总承包项目发包。

建设单位依法采用招标或者直接发包等方式选择工程总承包单位。

工程总承包项目范围内的设计、采购或者施工中，有任一项属于依法必须进行招标的项目范围且达到国家规定规模标准的，应当采用招标的方式选择工程总承包单位。

（二）工程总承包招标文件的编制

可参考《中华人民共和国标准设计施工总承包招标文件》（2012 年版）和《建设项目工程总承包合同（示范文本）》（GF—2020—0216）编制招标文件。

1. 招标文件的组成

建设单位应当根据招标项目的特点和需要编制工程总承包项目招标文件，主要包括以下内容：

（1）投标人须知；

（2）评标办法和标准；

（3）拟签订合同的主要条款；

（4）发包人要求，列明项目的目标、范围、设计和其他技术标准，包括对项目的内容、范围、规模、标准、功能、质量、安全、节约能源、生态环境保护、工期、验收等的明确要求；

（5）建设单位提供的资料和条件，包括发包前完成的水文地质、工程地质、地形等勘察资料，以及可行性研究报告、方案设计文件或者初步设计文件等；

（6）投标文件格式；

（7）要求投标人提交的其他材料。

建设单位可以在招标文件中提出对履约担保的要求，依法要求投标文件载明拟分包的内容；对于设有最高投标限价的，应当明确最高投标限价或者最高投标限价的计算方法。

2. 发包人承担的风险

建设单位和工程总承包单位应当加强风险管理，合理分担风险。建设单位承担的风险主要包括：

（1）主要工程材料、设备、人工价格与招标时基期价相比，波动幅度超过合同约定幅度的部分；

（2）因国家法律法规政策变化引起的合同价格的变化；

（3）不可预见的地质条件造成的工程费用和工期的变化；

（4）因建设单位原因产生的工程费用和工期的变化；

（5）不可抗力造成的工程费用和工期的变化。

具体风险分担内容由双方在合同中约定。

3. 合同价格

企业投资项目的工程总承包宜采用总价合同，政府投资项目的工程总承包应当合理确定合同价格形式。采用总价合同的，除合同约定可以调整的情形外，合同总价一般不予调整。

建设单位和工程总承包单位可以在合同中约定工程总承包计量规则和计价方法。

依法必须进行招标的项目，合同价格应当在充分竞争的基础上合理确定。

建设单位应当依法确定投标人编制工程总承包项目投标文件所需要的合理时间。

4. 评标办法

评标办法包括综合评估法和经评审的最低投标价法两种评标方法，招标人可根据招标项目具体特点和实际需要选择适用。

招标人选择适用综合评估法的，各评审因素的评审标准、分值和权重等由招标人自主确定。

评标办法前附表应列明全部评审因素和评审标准，并在前附表标明投标人不满足要求即否决其投标的全部条款。

（三）开标、评标和定标

1. 开标时间和地点

招标人规定的投标截止时间（开标时间）和投标人须知前附表规定的地点公开开标，并邀请所有投标人的法定代表人或其委托代理人准时参加。

主持人按下列程序进行开标：

（1）宣布开标纪律；

（2）公布在投标截止时间前递交投标文件的投标人名称，并点名确认投标人是否派人到场；

（3）宣布开标人、唱标人、记录人、监标人等有关人员姓名；

（4）按照投标人须知前附表规定检查投标文件的密封情况；

（5）按照投标人须知前附表的规定确定并宣布投标文件开标顺序；

（6）设有标底的，公布标底；

（7）按照宣布的开标顺序当众开标，公布投标人名称、项目名称、投标保证金的递交情况、投标报价、质量目标、工期及其他内容，并记录在案；

（8）规定最高投标限价计算方法的，计算并公布最高投标限价；

（9）投标人代表、招标人代表、监标人、记录人等有关人员在开标记录上签字确认；

（10）开标结束。

投标人对开标有异议的，应当在开标现场提出，招标人当场作出答复，并制作记录。

2. 评标

评标由招标人依法组建的评标委员会负责。评标委员会由招标人或其委托的招标代理机构熟悉相关业务的代表，以及有关技术、经济等方面的专家组成。评标委员会成员人数以及技术、经济等方面专家的确定方式见投标人须知前附表。

评标委员会成员有下列情形之一的，应当回避：

（1）投标人或投标人主要负责人的近亲属；

（2）项目主管部门或者行政监督部门的人员；

（3）与投标人有经济利益关系，可能影响对投标公正评审的；

（4）曾因在招标、评标以及其他与招标投标有关活动中从事违法行为而受过行政处罚或刑事处罚的；

（5）与投标人有其他利害关系。

评标委员会按照"评标办法"规定的方法、评审因素、标准和程序对投标文件进行评审。"评标办法"没有规定的方法、评审因素和标准，不作为评标依据。

3. 定标和合同授予

（1）定标方式

除投标人须知前附表规定评标委员会直接确定中标人外，招标人依据评标委员会推荐的中标候选人确定中标人，评标委员会推荐中标候选人的人数见投标人须知前附表。

（2）中标候选人公示

招标人在投标人须知前附表规定的媒介公示中标候选人。

（3）中标通知

在规定的投标有效期内，招标人以书面形式向中标人发出中标通知书，同时将中标结果通知未中标的投标人。

（4）履约担保

在签订合同前，中标人应按投标人须知前附表规定的担保形式和招标文件第四章"合同条款及格式"规定的或者事先经过招标人书面认可的履约担保格式向招标人提交履约担保。除投标人须知前附表另有规定外，履约担保金额为中标合同金额的10%。联合体中标的，其履约担保由联合体各方或者联合体中牵头人的名义提交。

中标人不能按要求提交履约担保的，视为放弃中标，其投标保证金不予退还，给招标人造成的损失超过投标保证金数额的，中标人还应当对超过部分予以赔偿。

（5）签订合同

招标人和中标人应当自中标通知书发出之日起30天内，根据招标文件和中标人的投标文件订立书面合同。中标人无正当理由拒签合同的，招标人取消其中标资格，其投标保证金不予退还；给招标人造成的损失超过投标保证金数额的，中标人还应当对超过部分予以赔偿。

发出中标通知书后，招标人无正当理由拒签合同的，招标人向中标人退还投标保证金；给中标人造成损失的，还应当赔偿损失。

七、工程项目咨询服务类招标

（一）必须招标的情形

工程项目咨询服务类采购包括工程项目管理服务、招标代理服务、造价咨询、工程监理等。除招标代理服务外，按照《必须招标的工程项目规定》第五条规定，在其规定范围内的项目，其勘察、设计、施工、监理以及与工程建设有关的重要设备、材料等的采购达到下列标准之一的，必须招标：

（1）施工单项合同估算价在 400 万元人民币以上；

（2）重要设备、材料等货物的采购，单项合同估算价在 200 万元人民币以上；

（3）勘察、设计、监理等服务的采购，单项合同估算价在 100 万元人民币以上。

同一项目中可以合并进行的勘察、设计、施工、监理以及与工程建设有关的重要设备、材料等的采购，合同估算价合计达到前款规定标准的，必须招标。

（二）确定招标的范围

工程项目咨询服务招标可以是传统的分散招标委托的方式，也可以采取全过程咨询模式。

为深化投融资体制改革，提升固定资产投资决策科学化水平，进一步完善工程建设组织模式，提高投资效益、工程建设质量和运营效率，《国家发展改革委　住房城乡建设部关于推进全过程工程咨询服务发展的指导意见》（发改投资规〔2019〕515号）明确提出，在项目决策和建设实施两个阶段，重点培育发展投资决策综合性咨询和工程建设全过程咨询，为固定资产投资及工程建设活动提供高质量智力技术服务，全面提升投资效益、工程建设质量和运营效率，推动高质量发展。

投资决策综合性咨询服务可由工程咨询单位采取市场合作、委托专业服务等方式牵头提供，或由其会同具备相应资格的服务机构联合提供。牵头提供投资决策综合性咨询服务的机构，根据与委托方合同约定对服务成果承担总体责任；联合提供投资决策综合性咨询服务的，各合作方承担相应责任。鼓励纳入有关行业自律管理体系的工程咨询单位发挥投资机会研究、项目可行性研究等特长，开展综合性咨询服务。投资决策综合性咨询应当充分发挥咨询工程师（投资）的作用，鼓励其作为综合性咨询项目负责人，提高统筹服务水平。

在房屋建筑、市政基础设施等工程建设中，鼓励建设单位委托咨询单位提供招标代理、勘察、设计、监理、造价、项目管理等全过程咨询服务，满足建设单位一体化服务需求，增强工程建设过程的协同性。全过程咨询单位应当以工程质量和安全为前提，帮助建设单位提高建设效率、节约建设资金。工程建设全过程咨询服务应当由一家具有综合能力的咨询单位实施，也可由多家具有招标代理、勘察、设计、监理、造价、项目管理等不同能力的咨询单位联合实施。由多家咨询单位联合实施的，应当明确牵头单位及各单位的权利、义务和责任。

（三）招标文件的编制

工程项目咨询服务采取分散招标时，招标文件的编制可以参考如下资料：《工程建设项目招标代理合同（示范文本）》（GF—2005—0215）、《建设工程造价咨询合同（示范文本）》（GF—2015—0212）、《中华人民共和国标准监理招标文件（2017年版）》《建设工程监理合同

（示范文本）》（GF—2015—0202）。

工程项目咨询服务如果采用全过程工程咨询模式，可以参考《房屋建筑和市政基础设施全过程工程咨询服务合同示范文本（征求意见稿）》。

第四节　工程投标

一、投标管理

组织（以勘察、设计、施工等承包单位为主的投标主体）应建立投标管理制度，确定项目投标实施方式，规定管理与控制的流程和方法。组织的投标管理制度需要包括：投标活动的基本管理目标、工作内容，投标过程控制措施，内部监督程序及其管理要求。

投标工作应满足招标文件规定的要求。投标资料应真实、有效、完整，具有可追溯性。

（一）投标能力评审

在招标信息收集阶段，组织应分析、评审相关项目风险，确认组织满足投标工程项目需求的能力。

组织需在招标信息收集、分析过程中，围绕工程项目风险，确认自身是否有能力满足这些要求，否则应该放弃投标。

其中，项目风险包括任何与投标目标不一致的要求是否已经得到解决，各项项目要求是否已经清楚明确，相关不确定性是否可以接受等。

（二）投标计划的编制

项目投标前，组织应进行投标策划，确定投标目标，并编制投标计划。

组织需通过对投标项目需求的识别、评价活动的管理，确保充分了解顾客及有关各方对工程项目设计、施工和服务的要求，为编制项目投标计划提供依据。

组织应识别和评审下列与投标项目有关的要求：

（1）招标文件和发包方明示的要求。发包方的要求包括招标文件及合同在内的各种形式的要求。发包方明示的要求是指发包方在招标文件及工程合同等书面文件中明确提出的要求。

（2）发包方未明示但应满足的要求。发包方未明示但应满足的要求是指必须满足行业的技术或管理要求，与施工相关的法律、法规和标准规范要求及投标企业自身设计、施工能力必须满足的要求。

（3）法律法规和标准规范要求。

（4）组织的相关要求。组织的相关要求包括投标企业附加的要求：即投标企业对项目管理机构的要求；投标企业为使发包方满意而对其做出的特殊承诺等。

组织应根据投标项目需求进行分析，确定下列投标计划内容：

（1）投标目标、范围、要求与准备工作安排；

（2）投标工作各过程及进度安排；

（3）投标所需要的文件和资料；

（4）与代理方以及合作方的协作；

（5）投标风险分析及信息沟通；

（6）投标策略与应急措施；

（7）投标监控要求。

投标准备工作包括：团队组建、信息收集、目标分析、计划编制、沟通交流、风险评估等。

组织应依据规定程序形成投标计划，经过授权人批准后实施。

（三）投标实施

1. 组织应根据招标和竞争需求编制包括下列内容的投标文件

（1）响应招标要求的各项商务规定；

（2）有竞争力的技术措施和管理方案；

（3）有竞争力的报价。

2. 投标评审

组织应保证投标文件符合发包方及相关要求，经过评审后投标，并保存投标文件评审的相关记录。评审应包括下列内容：

（1）商务标满足招标要求的程度；

（2）技术标和实施方案的竞争力；

（3）投标报价的经济合理性；

（4）投标风险的分析与应对。

组织应识别和评价投标过程风险，并采取相关措施以确保实现投标目标要求。

3. 投标记录

组织应依法与发包方或其代表有效沟通，分析投标过程的变更信息，形成必要记录。

投标的有关记录需能为证实项目投标过程符合要求提供必要的追溯和依据。需保存的记录一般有：对招标文件和工程合同条款的分析记录、沟通记录、投标文件及其审核批准记录、投标过程中的各类有关会议纪要、函件等。

项目中标以发包方发出中标通知书为标志。中标后，组织应根据相关规定办理有关手续。

二、有关投标的法律规定

1. 关于投标人的规定

《中华人民共和国招标投标法》第二十五条规定，投标人是响应招标、参加投标竞争的法人或者其他组织。第二十六条规定，投标人应当具备承担招标项目的能力；国家有关规定对投标人资格条件或者招标文件对投标人资格条件有规定的，投标人应当具备规定的资格条件。

《中华人民共和国招标投标法》第二十七条规定，投标人应当按照招标文件的要求编制投标文件。投标文件应当对招标文件提出的实质性要求和条件作出响应。

招标项目属于建设施工的，投标文件的内容应当包括拟派出的项目负责人与主要技术人员的简历、业绩和拟用于完成招标项目的机械设备等。

《中华人民共和国招标投标法实施条例》第三十四条规定，与招标人存在利害关系可能影响招标公正性的法人、其他组织或者个人，不得参加投标。

单位负责人为同一人或者存在控股、管理关系的不同单位，不得参加同一标段投标或者未划分标段的同一招标项目投标。

违反前两款规定的，相关投标均无效。

2. 投标文件的提交

《中华人民共和国招标投标法》第二十八条规定，投标人应当在招标文件要求提交投标文件的截止时间前，将投标文件送达投标地点。招标人收到投标文件后，应当签收保存，不得开启。投标人少于三个的，招标人应当依照本法重新招标。在招标文件要求提交投标文件的截止时间后送达的投标文件，招标人应当拒收。

《中华人民共和国招标投标法实施条例》第三十六条规定，未通过资格预审的申请人提交的投标文件，以及逾期送达或者不按照招标文件要求密封的投标文件，招标人应当拒收。招标人应当如实记载投标文件的送达时间和密封情况，并存档备查。

《中华人民共和国招标投标法》第二十九条规定，投标人在招标文件要求提交投标文件的截止时间前，可以补充、修改或者撤回已提交的投标文件，并书面通知招标人。补充、修改的内容为投标文件的组成部分。

《中华人民共和国招标投标法实施条例》第三十五条规定，投标人撤回已提交的投标文件，应当在投标截止时间前书面通知招标人。招标人已收取投标保证金的，应当自收到投标人书面撤回通知之日起 5 日内退还。投标截止后投标人撤销投标文件的，招标人可以不退还投标保证金。

《中华人民共和国招标投标法》第三十条规定，投标人根据招标文件载明的项目实际情况，拟在中标后将中标项目的部分非主体、非关键性工作进行分包的，应当在投标文件中载明。

《中华人民共和国招标投标法实施条例》第三十八条规定，投标人发生合并、分立、破产等重大变化的，应当及时书面告知招标人。投标人不再具备资格预审文件、招标文件规定的资格条件或者其投标影响招标公正性的，其投标无效。

3. 联合体投标

《中华人民共和国招标投标法实施条例》第三十七条规定，招标人应当在资格预审公告、招标公告或者投标邀请书中载明是否接受联合体投标。招标人接受联合体投标并进行资格预审的，联合体应当在提交资格预审申请文件前组成。资格预审后联合体增减、更换成员的，其投标无效。联合体各方在同一招标项目中以自己名义单独投标或者参加其他联合体投标的，相关投标均无效。

《中华人民共和国招标投标法》第三十一条规定，两个以上法人或者其他组织可以组成一个联合体，以一个投标人的身份共同投标。联合体各方均应当具备承担招标项目的相应能力；国家有关规定或者招标文件对投标人资格条件有规定的，联合体各方均应当具备规定的相应资格条件。由同一专业的单位组成的联合体，按照资质等级较低的单位确定资质等级。联合体各方应当签订共同投标协议，明确约定各方拟承担的工作和责任，并将共同投标协议连同投标文件一并提交招标人。联合体中标的，联合体各方应当共同与招标人签订合同，就中标项目向招标人承担连带责任。

招标人不得强制投标人组成联合体共同投标，不得限制投标人之间的竞争。

4. 投标的禁止性规定

《中华人民共和国招标投标法》第三十二条规定，投标人不得相互串通投标报价，不得排挤其他投标人的公平竞争，损害招标人或者其他投标人的合法权益。投标人不得与招标人串通投标，损害国家利益、社会公共利益或者他人的合法权益。禁止投标人以向招标人或者评标委员会成员行贿的手段谋取中标。

《中华人民共和国招标投标法实施条例》第三十九条规定，有下列情形之一的，属于投标人相互串通投标：

（1）投标人之间协商投标报价等投标文件的实质性内容；

（2）投标人之间约定中标人；

（3）投标人之间约定部分投标人放弃投标或者中标；

（4）属于同一集团、协会、商会等组织成员的投标人按照该组织要求协同投标；

（5）投标人之间为谋取中标或者排斥特定投标人而采取的其他联合行动。

《中华人民共和国招标投标法实施条例》第四十条规定，有下列情形之一的，视为投标人相互串通投标：

（1）不同投标人的投标文件由同一单位或者个人编制；

（2）不同投标人委托同一单位或者个人办理投标事宜；

（3）不同投标人的投标文件载明的项目管理成员为同一人；

（4）不同投标人的投标文件异常一致或者投标报价呈规律性差异；

（5）不同投标人的投标文件相互混装；

（6）不同投标人的投标保证金从同一单位或者个人的账户转出。

《工程建设项目施工招标投标办法》第四十六条规定，下列行为均属投标人串通投标报价：

（1）投标人之间相互约定抬高或压低投标报价；

（2）投标人之间相互约定，在招标项目中分别以高、中、低价位报价；

（3）投标人之间先进行内部竞价，内定中标人，然后再参加投标；

（4）投标人之间其他串通投标报价的行为。

《中华人民共和国招标投标法实施条例》第四十一条规定，有下列情形之一的，属于招标人与投标人串通投标：

（1）招标人在开标前开启投标文件并将有关信息泄露给其他投标人；

（2）招标人直接或者间接向投标人泄露标底、评标委员会成员等信息；

（3）招标人明示或者暗示投标人压低或者抬高投标报价；

（4）招标人授意投标人撤换、修改投标文件；

（5）招标人明示或者暗示投标人为特定投标人中标提供方便；

（6）招标人与投标人为谋求特定投标人中标而采取的其他串通行为。

《工程建设项目施工招标投标办法》第四十七条规定，下列行为均属招标人与投标人串通投标：

（1）招标人在开标前开启投标文件并将有关信息泄露给其他投标人，或者授意投标人撤换、修改投标文件；

（2）招标人向投标人泄露标底、评标委员会成员等信息；

（3）招标人明示或者暗示投标人压低或抬高投标报价；

（4）招标人明示或者暗示投标人为特定投标人中标提供方便；

（5）招标人与投标人为谋求特定中标人中标而采取的其他串通行为。

《中华人民共和国招标投标法》第三十三条规定，投标人不得以低于成本的报价竞标，也不得以他人名义投标或者以其他方式弄虚作假，骗取中标。

《中华人民共和国招标投标法实施条例》第四十二条规定，使用通过受让或者租借等方式获取的资格、资质证书投标的，属于招标投标法第三十三条规定的以他人名义投标。

投标人有下列情形之一的，属于招标投标法第三十三条规定的以其他方式弄虚作假的行为：

（1）使用伪造、变造的许可证件；

（2）提供虚假的财务状况或者业绩；

（3）提供虚假的项目负责人或者主要技术人员简历、劳动关系证明；

（4）提供虚假的信用状况；

（5）其他弄虚作假的行为。

《工程建设项目施工招标投标办法》第四十八条规定，以他人名义投标，指投标人挂靠其他施工单位，或从其他单位通过受让或租借的方式获取资格或资质证书，或者由其他单位及其法定代表人在自己编制的投标文件上加盖印章和签字等行为。

三、投标报价的一般流程

投标报价是指投标单位根据投标文件及有关计算工程造价的计价依据，计算出工程造价，并在此基础上研究投标策略，提出最有竞争力的最终报价，以此获得承包项目的一种经济活动。投标报价作为工程建设过程中的关键环节，其工作内容繁多，工作量大，时间紧迫，对投标单位投标成败和将来实施工程的盈亏起着决定性的作用。任何一个项目的投标报价都是一项综合系统工程，必须经过周密考虑，统筹安排，遵循一定的程序。以标的额最大的施工投标为例，投标报价的具体程序如图9-11所示，其他类型的投标可以参照施工投标的流程。

（一）获取招标信息

公开发布招标公告，让潜在投标人在更大范围内公开获取招标信息，自主确定投标或是不投标，这是保证招标质量的关键。《中华人民共和国招标投标法》第十六条第一款规定，招标人采用公开招标方式的，应当发布招标公告。依法必须进行招标的项目的招标公告，应当通过国家指定的报刊、信息网络或者其他媒介发布。《工程建设项目施工招标投标办法》第十三条第一款规定，采用公开招标方式的，招标人应当发布招标公告，邀请不特定的法人或者其他组织投标。依法必须进行施工招标项目的招标公告，应当在国家指定的报刊和信息网络上发布。

我国采购招标信息传递主要有以下几种方式：《中国招标》周刊。《中国招标》周刊是我国国家级发布招标投标项目信息的综合性刊物，发布国内外招标信息，包括国际和国内招标预告、招标通告、中标信息以及与之相关的招商、拍卖、合资合作等经济信息。该刊所发布的招标信息几乎包括了我国现有的经国家资质认证的招标机构、世界银行和财政部国际财金合作司支持《世界银行借款项目招标项目信息》由《中国招标》周刊发布。该刊每月还有综合信息版，发布国家有关采购和招标的政策法规、介绍招标投标知识、招标程序和评标方法以及投标技巧性等内容。通过报刊发布采购和招标信息在我国具有较大市场，特别是一些经济类报刊，例如《经济日报》《人民日报（市场报）》《技术市场报》等。这些报刊均可以作为招标信息的来源。

随着我国招标投标工作和政府采购制度的健全、法治化程度的提高，以及人们对信息的发布和获取在采购和招标工作中的地位和作用认识的不断深化，现代信息技术在采购和招标工作中的应用已经开始起步，《中国采购与招标信息网》已于 1998 年 10 月开始运行。

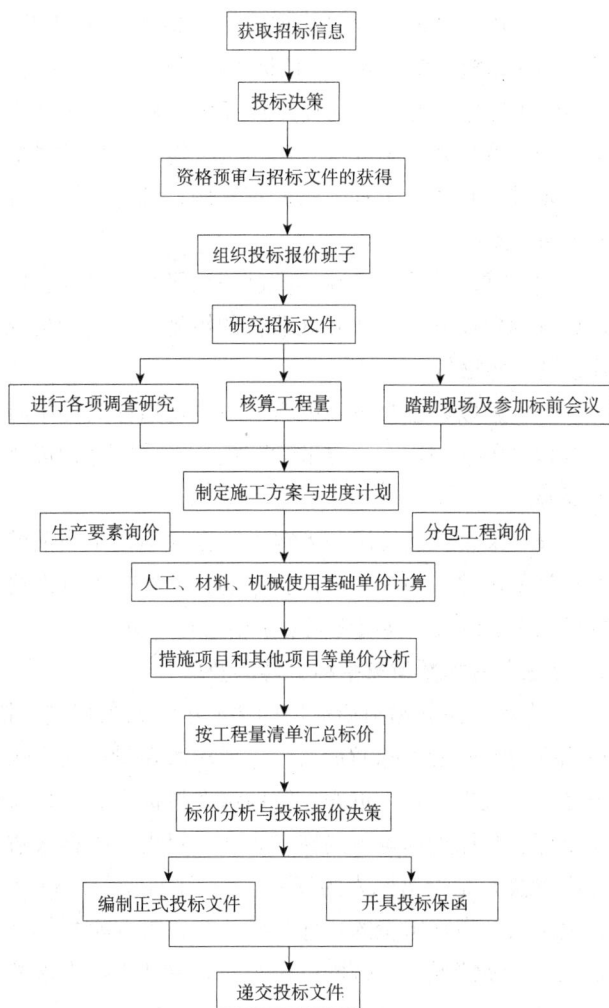

图 9-11　投标报价的具体程序

（二）投标决策

决策是指人们为一定的行为确定目标和制定并选择行动方案的过程。投标决策是承包商选择、确定投标目标和制订投标行动方案的过程。投标决策主要包括两方面的内容：针对项目决定是否投标；若是决定投标，在投标中如何扬长补短，取得标的。

投标决策的正确与否，关系到能否中标和中标后的效益问题，关系到施工企业的信誉和发展前景及职工的切身利益。因此，企业的决策班子必须充分认识到投标决策的重要意义，把这一工作摆在企业的重要议事日程上着重考虑，影响投标决策的因素主要有主观和客观两个方面的因素。影响投标的主观因素：施工单位自身的技术与管理水平；企业的经济实力；企业信誉。影响投标的客观因素：业主与咨询监理单位的实力；竞争对手的投标决策；政府政策、法规的影响。

投标决策可参考如下投标策略。

（1）以信致胜。凭借靠企业长期形成的良好社会信誉，技术和管理上的优势，优良的工程质量和服务措施，以合理的价格和工期等因素争取中标。

（2）以快致胜。通过采取有效的措施，在保证进度计划的合理性和可行性的前提下，尽可能地缩短工期，从而使招标工作早投产、早收益，以吸引业主。

（3）以廉致胜。其前提是保证施工质量，这通常对业主都具有较强的吸引力。从投标单位的角度出发，采取这一策略也可能有长远的考虑，即通过降价扩大业务来源，从而降低固定成本在各个工程上的摊销比例，既降低了工程成本，又为降低新投标工程的承包价格创造了条件。

（4）靠改进设计取胜。通过仔细研究原设计图纸，若发现明显不合理之处，可提出改进设计的建议和能切实降低造价的措施。在这种情况下，一般仍然要按原设计报价，再按建议的方案报价。

（5）采取以退为进的策略。当发现招标文件中有不明确之处并有可能据此索赔时，可报低价先争取中标，再寻求索赔机会。采用这种策略一般要在索赔事务方面具有相当成熟的经验。

（6）采用长远发展的策略。其目的不在于当前的招标工程中获利，而着眼于发展，争取将来的优势，如为了开辟新市场、掌握某种有发展前途的工程施工技术等，宁可在当前招标工程上以微利甚至无利的价格参与竞争。

（三）资格预审与招标文件的获取

《中华人民共和国招标投标法》第十八条规定，招标人可以根据招标项目本身的要求，在招标公告或者投标邀请书中，要求潜在投标人提供有关资质证明文件和业绩情况，并对潜在投标人进行资格审查。所谓潜在投标人，是指获得招标人公布的招标项目信息后可能应招标、参加投标竞争的施工企业。对潜在投标人进行资格审查，是《中华人民共和国招标投标法》赋予招标人的权利。为了防止不具备招标项目实施能力的供应商以低价中标，有关国家、国际组织的招标投标法律，都规定招标人应对投标人的经济、技术能力、资信状况、业绩情况等进行资格审查，以保证投标人能够以良好的状态投标并在中标后履行合同义务。

现阶段对施工企业资格预审主要采用的方式是：定性评审法和定量评审法或者是两者结合的综合评审法。其中综合评审法在实际中应用得最为广泛，由招标人对潜在投标人提交的资格预审文件进行审查，对合格者发售招标文件，获得参与投标竞争的资格；对不合格者予以剔除，经办机构不得对其发售招标文件。

（四）组织投标报价班子

组织一个业务水平高、经验丰富、精力充沛的投标报价班子是投标获得成功的基本保证。一个好的投标报价班子的成员应由经济管理类人才、专业技术类人才、商务金融类人才和合同管理类人才组成，最好是既懂技术、经济，又懂商务和法律的复合型、外向型、创新型人才。经济管理类人才，是指从事工程费用计算的人员。这类人才不仅熟知本公司在各类分部分项工程中的工料消耗水平，而且对本公司的技术特长和不足也有清醒的客观的分析和认识。通过掌握各类生产要素的市场行情和竞争对手的实际情况，运用科学的调查、分析、预测的方法，使投标报价工作有步骤、有重点、有针对性地进行下去。专业技术类人才，是指工程设计和施工中的各类专业技术人员，这类人才掌握本专业领域内的最新技术和知识，具有较丰富的工程经验，能够从本公司的实际技术水平出发，选择技术经济最合理的实施方案。商务金融类人才，是指具有从事金融、贷款、保函、采购、保险等领域的工作经验和知识的专业人员。合同管理类人才，是指熟悉经济合同相关法律、法规，熟悉合同条件并能对其进行深入分析，能够提出应特别注意的问题，具有合同谈判和合同签订的经验，善于发现和处理索赔等方面一些敏感问题的人员。总之，投标报价班子应由各专业领域的人才组成，同时还应注意保持班子成员的稳定性，注重积累和总结以往的经验，不断提高其素质和水平，以形成一个高效率的工作集体，从而提高投标报价的竞争力。

（五）研究招标文件

为了在投标竞争中获胜，投标人应设立专门的投标机构，设置专业人员掌握市场行情及招标信息，时常积累有关资料，维护企业定额及人工、材料、机械价格系统。一旦通过了资格审查，取得招标文件后，则立刻可以研究招标文件、决定投标策略、确定定额含量及人工、材料、机械价格，编制施工组织设计及施工方案，计算报价，采用投标报价策略及分析决策报价，运用报价技巧防范风险，最后形成投标文件。

为投标时对招标文件的全部内容进行响应，在研究招标文件时，应对招标文件中的组成部分：招标人须知、评标办法、合同条款及格式、工程量清单、图纸、技术标准和要求以及投标文件格式中的每句话都认真地研究，如误解招标文件的内容，会造成不必要的损失。

1. 投标人须知

"投标人须知"是招标人向投标人传递基础信息的文件，在《中华人民共和国标准施工招标文件（2007年版）》中，投标人须知中包括投标人须知前附表、总则、招标文件、投标文件、投标、开标、评标、合同授予、重新招标和不再招标、纪律和监督，以及需要补充的其他内容，其中还包括开标记录表、问题澄清表、问题的澄清、中标通知书、中标结果通知书和确认通知六张附表。投标人通过须知需要了解的问题应该包括：首先，工程概况以及招标人情况，招标文件和投标文件的组成；其次，投标文件的编制要求以及密封和递交要求，应当提交的资格、资信证明文件，投标保证金的有关规定，招标文件和投标文件的澄清和修改事项；最后，要注意工程量清单、合同条款、图纸等是否有特别要求。

2. 评标办法

目前，我国采用的评标办法主要有：经评审的最低价法、综合评估法和法律法规允许的其他评标办法。"经评审的最低价中标法"的具体操作是：评标委员会根据招标文件规定，首先对所有通过符合审查的投标人的商务标进行评审，废除报价高于最高限价和低于成本的报价，其余报价为有效投标报价，取其算数平均值作为基准价，再下浮3%~8%，上下限之间为合理报价范围，由低至高排序，取前两名评审，如符合招标文件要求，即作为中标候选人。"综合评估法"评标时分三步：一是经济标，看他的投标报价是否在有效报价范围内，然后看谁的投标报价低，谁的得分就高，按得分高低排名次。二是技术标，由各个专家打分，综合各专家打分后按得分高低排名。三是资信，也是由各专家打分，综合得分情况进行排名。法律法规允许的其他评标办法，参考具体情况实施执行。

3. 合同条款及格式

标准施工合同文件中规定了合同条款。具体包括合同协议书、中标通知书、专用合同条款和通用合同条款等。合同协议书应按"施工招标文件"确定的格式拟定，合同协议书是合同双方的总承诺，具体内容应约定在协议书附件和以下文件中：中标通知书应由发包人在施工招标确定中标人后，按"施工招标文件"确定的格式拟定；投标函及投标函附录中包含有合同双方在合同中相互承诺的条件，应附入合同文件；专用合同条款和通用合同条款是整个施工合同中最重要的合同文件，它根据合同在履行合同全过程中的工作规则，其中通用合同条款是要求各建设行业共同遵守的共性规则，专用合同条款则可由各行业根据其行业的特殊情况，自行约定的行业规则。合同条款及格式是招标文件的重要组成部分，投标人在投标时需要考虑下列因素：

（1）核准下列日期：投标截止日期和时间；投标有效期；招标文件中规定的由合同签订到开工的允许时间；总工期和分阶段验收的工期；缺陷通知期；

（2）关于保函的有关规定：保函或担保的种类、保函额或担保额的要求、保函或担保的有效期等；

（3）关于保险的要求：需要搞清楚保险种类，例如工程一切险、第三方责任险、现场人员的人身事故和医疗保险以及社会险等，同时要搞清楚这些险种的最低保险金额、保期和免赔额、索赔次数要求以及对保险公司要求的限制等；

（4）关于误期赔偿费的金额和最高限额的规定；提前竣工奖励的有关规定；

（5）关于付款条件：应搞清是否有预付款及其金额，扣还时间与方法；还要搞清对运抵施工现场的永久设备和成品及施工材料是否可以获得材料设备预付款；永久设备和材料是否按订货、到货、到港和到工地进行阶段付款工程进度款的付款方法和付款比例；签发支付证书到付款的时间；拖期付款是否支付利息；扣留保留金的比例、最高限额和退还条件；

（6）关于特价调整条款：要搞清楚该项目是否对材料、设备价格和工资等有调整的规定，其限制重要条件和调整计算公式如何；

（7）应搞清楚商务条款中有关报价货币和支付货币的规定；

（8）关于税收：是否免税或者部分免税等；

（9）关于不可抗力造成伤害的补偿办法和规定、中途停工的处理方法和补救措施；

（10）关于争端解决的有关规定；

（11）承包商可能获得补偿的权利方面：要搞清楚招标文件中关于补偿的规定，可以在编制报价的过程中合理地预测风险程度并做出正确的估价。

4. 工程量复核

工程量清单是依据建设工程设计图纸、工程量计算规则、一定的计量单位、技术标准等计算所得的构成工程实体各分部分项的、可供编制标底和投标报价的实物工程量的汇总清单表。工程量清单是表现拟建工程的分部分项工程项目、措施项目、其他项目名称和相应数量的明细清单，由分部分项工程量清单、措施项目清单、其他项目清单组成。工程量清单作为招标文件的组成部分，一个最基本的功能是作为信息的载体，为潜在的投标者提供必要的信息。除此之外，还具有以下作用。

（1）为投标者提供了一个公开，公平，公正的竞争环境。工程量清单由招标人统一提供，统一的工程量避免了由于计算不准确，项目不一致等人为因素造成的不公正影响，使投标者站在同一起跑线上，创造了一个公平的竞争环境；

（2）是投标者投标报价的依据，投标人必须在招标人提供的工程量清单基础上进行；

（3）为施工过程中获取工程进度款、办理竣工结算以及索赔提供了重要依据。

工程量复核不仅是为了便于准确计算投标价格，更是今后在实施工程中测量每项工程量的依据，同时也是安排施工进度计划、选定施工方案的重要依据。招标文件中通常情况下均附有工程量表，投标人应根据图纸，认真核对工程量清单中的各个分项，特别是工程量大的细目，力争做到这些分项中的工程量与实际工程中的施工部位能"对号入座"，数量平衡。如果招标的工程是一个大型项目，而且投标时间又比较短，不能在较短的时间内核算全部工程量，投标人至少也应重点核算那些工程量大和影响较大的子项。

对于单价合同，尽管是以实测工程量结算工程款，但投标人仍应根据图纸仔细核算工程量，当发现相差较大时，投标人应向招标人要求澄清。

对于总价固定合同，更要特别引起重视，工程量估算的错误可能带来无法弥补的经济损失，因为总价合同是以总报价为基础进行结算的，如果工程量出现差异，可能对施工方极为不利。

5. 图纸、技术规范及要求

（1）图纸。要注意平、立、剖面图之间尺寸、位置的一致性，结构图与设备安装图之间的一致性，当发现矛盾之处时应及时提请招标人予以澄清并修正。

（2）技术规范及要求。按工程类型描述工程技术和工艺的内容和特点，对设备、材料、施工和安装方法等规定的技术要求，对工程质量（包括材料和设备）进行检验、试验和验收所规定的方法和要求。在核对工程量清单的过程中，应注意对每项工作的技术要求及采用的规范。因为采用的规范不同，其施工方法和控制指标将不一致，有时可能对施工方法、采用的机具设备和工时定额有很大影响，忽略这一点不仅使投标人的报价产生计算偏差，而且还会给未来的施工工作造成困难。

（3）注意技术规范中有无特殊施工技术要求，有无特殊材料和设备的技术要求，有无允许选择代用材料和设备的规定。若有，则要分析与常规方法的区别以及合理估算可能引起的额外费用。

（六）制定施工方案和进度计划

施工方案是报价的基础和前提，也是招标人评标时要考虑的重要因素之一。施工方案应由投标人的技术负责人主持制定。主要应考虑施工方法、主要施工机具的配置、各工种劳动力的安排及现场施工人员的平衡、施工进度及分批竣工的安排、安全措施等。施工方案的制定应在技术、工期和质量保证等方面对招标人有吸引力，同时又有利于降低施工成本。一般而言，业主在招标文件中都要求投标者在报价的同时附上施工规划，即初步的施工组织设计，它一般包括工程进度计划和施工方案。业主将根据施工规划判断投标人是否采取了充分和合理的施工措施，是否能按时完成施工任务，以此作为评标的依据。

1. 工程进度计划

在投标阶段编制工程进度计划不是施工计划，可以粗略些，一般要用线性图和横道图来编制即可。除招标文件专门规定必须用网络计划图外，不必采用网络计划技术编制。但编制时必须注意以下 6 个方面。

（1）总工期与招标文件中规定的一致。如果合同要求分期分批竣工交付使用，那么，应注明分期交付工程的时间和数量；

（2）标明各主要分部分项工程的开始和结束时间；

（3）体现各主要工序的相互衔接的合理安排；

（4）劳动力安排要均衡，尽量避免现场劳动力数量急剧大起大落；

（5）充分有效利用设备，减少设备的占用周期和限制时间；

（6）编制资金流动计划，有利于降低流动资金占用量，节省资金利息。

2. 施工方案

制定施工规划要服从工期要求、质量要求、成本要求、技术可能性等，其主要内容如下：

（1）施工总体部署和场地总平面布置。施工部署是对整个工程项目进行的全面安排，并对工程施工中的重大战略问题进行决策。包括项目组织安排、任务分工、施工准备的规划等工作。

场地总平面布置是用来正确处理全工地在施工期间所需要各项设施和永久建筑物之间的联系，包括合理规划场地进出口、材料仓库、场地运输、附属生产设施、生活设施、临时房屋建筑和临时水、电、管线等的布置。

（2）选择和确定施工方法。投标者应根据拟投标工程的类型、企业已有的施工机械设备和人员的技术力量来选定主要的单项工程或主要的单位工程及特殊的分项工程的施工方案。再计算单项或单位工程的工程量，确定其工艺流程，选定其施工方法。施工方法影响施工机械设备的选用，最终将影响工程施工周期和施工成本，尤其是对大型复杂项目而言，更应注重综合比选。

（3）选择施工机械设备和施工设备。根据已定的施工方法选择施工设备。不同的设备，不同规格型号，其工作效率和成本均不相同。所以，还要根据生产技术的发展状况，考虑经济性、可能性，认真选择施工机械设备和施工设备。

（4）确定劳动力数量、来源及其配置。根据施工方法和选用的施工机械设备，用概算指标估算直接生产劳务数量，从所需要的直接生产劳务数量，结合以往经验估算所需间接劳务和管理人员数量。在估算劳动力数量的同时，分析劳动力的来源。

（5）安排主要材料需用量、来源及分批进场的时间。用概算指标估算主要的和大宗的建筑材料的需用量，考虑其来源和分批进场的时间安排，从而可以估算现场用于储存、加工的临时设施。

（6）选定自采砂石、自制构配件的生产工艺及机械设备。对需要自己进行开采的建筑材料，如砂石等应估计采砂石的设备、人员，并计算自采砂石的单位成本价格。如有些构件拟在现场自制的，应确定相应的设备、人员，并计算自制构件的成本价格。

（7）选择主要材料和大型机械设备的运输方式。根据工程的规模和材料的用量用料类型，考虑外部和内部材料供应的运输方式，估计运输和交通车辆的需要和来源。

（8）确定现场水电需要量、来源及供应设施。根据工程的规模和劳动力的需要量，估算现场用水、用电需要量、来源及供应设施。

（9）确定临时设施的数量和标准。根据工程的规模和劳动力的需要量，估算生活临时设施的数量和标准。

（10）提出某些特殊条件下保证正常施工的措施。为了保证工程进度，投标人还必须提出某些特殊条件保证正常施工的措施，如降低地下水位以保证基础或地下工程的施工措施，冬季、雨期施工措施等。

（七）编制投标文件和报价

投标文件是投标活动的一个书面成果，它是投标人能否通过评标、决标、中标，进而签订合同的依据。因此，投标人应对投标文件的编制给予高度的重视。

1. 施工投标报价

为保证投标策略的有效实施，在投标报价中我们还需运用一些报价技巧。报价技巧是指在投标报价中采用一定的手法或技巧使业主可以接受，而中标后又能获得更多的利润。常用的报价技巧主要有以下几种。

（1）根据招标项目的不同特点采用不同报价。投标报价时，既要考虑自身的优势和劣势，也要分析招标项目的特点。按照工程项目的不同特点、类别、施工条件等来选择报价策略。

（2）不平衡报价法。这一方法指一个工程项目总报价基本确定后，通过调整内部各个项目的报价，以期既不提高总报价、不影响中标，又能在结算时得到更理想的经济效益。一般可以考虑在以下几个方面采用不平衡报价：

①能够早日结账收款的项目可适当提高。

②预计今后工程量会增加的项目，单价适当提高；将工程量可能减少的项目单价降低。

③设计图纸不明确，估计修改后工程量要增加的，可以提高单价；而工程内容解说不清楚的，则可适当降低一些单价，待澄清后可再要求提价。

④暂定项目，又叫任意项目或选择项目，对这类项目要具体分析。

（3）多方案报价法。对于一些招标文件，如果发现工程范围不很明确，条款不清楚，或技术规范要求过于苛刻时，则要在充分估计投标风险的基础上，按多方案报价法处理。即是按原招标文件报一个价，然后再提出，如果某条款作某些变动，报价可降低多少，由此可报出一个较低的价。这样可以降低总价，吸引业主。

（4）增加建议方案。有时招标文件中规定，可以提一个建议方案，即是可以修改原设计方案，提出投标者的方案。投标者这时应抓住机会，组织一批有经验的设计和施工工程师，对原招标文件的设计和施工方案仔细研究，提出更为合理的方案以吸引业主，促成自己的方案中标。这种新建议方案可以降低总造价或是缩短工期，或使工程运用更为合理。但要注意对原招标方案一定也要报价。建议方案不要定得太具体，要保留方案的技术关键，防止业主将此方案交给其他承包商。同时要强调，建议方案一定要比较成熟，有很好的操作性。

（5）突然降价法。投标报价中各竞争对手往往通过多种渠道和手段来刺探对手的情况，因而在报价时可以采取迷惑对手的方法。即先按一般情况报价或表现出自己对该工程兴趣不大，到快要投标截止时，再突然降价，为最后中标打下基础。采用这种方法时，一定要在准备投标报价的过程中考虑好降价的幅度，在临近投标截止日期前，根据情报信息与分析判断，再做最后决策。如果中标，因为开标只降总价，在签订合同后可采用不平衡报价的思想调整工程量清单中的各项单价，以期取得更高效益。

（6）无利润算标。缺乏竞争优势的承包商，在不得已的情况下，只好在算标中根本不考虑利润去夺标。这种办法一般是处于以下条件时采用：①有可能在得标后，将部分工程分包给索价较低的一些分包商；②对于分期建设项目，先以低价获得首期工程，而后赢得机会创造第二期工程中的竞争优势，并在以后的实施中赚得利润；③较长时期内，承包商没有在建的工程项目，如果再不得标，就难以维持生存。因此，虽然本工程无利可图，只要能有一定的管理费维持公司的日常运转，就可设法渡过暂时的困难，以图将来东山再起。

（7）计日工单价的报价。如果是单纯报计日工单价，而且不计入总价中，可以报高些，以便在业主额外用工或使用施工机械时可多营利。但如果计日工单价要计入总报价时，则需具体分析是否报高价，以免抬高总价。总之，要分析业主在开工后可能使用的计日工数量，再来确定报价方针。

（8）可供选择的项目的报价。所谓"可供选择项目"并非由承包商任意选择，而是业主才有权进行选择。因此，我们虽然适当提高了可供选择项目的报价，并不意味着肯定可以取得较好的利润，只是提供了一种可能性，一旦业主今后选用，承包商即可得到额外加价的利益。

（9）暂定工程量的报价。暂定工程量有三种：

一种是业主规定了暂定工程量的分项内容和暂定总价款，并规定所有投标人都必须在总报价中加入这笔固定金额，但由于分项工程量不很准确，允许将来按投标人所报单价和实际完成的工程量付款。投标时应当对暂定工程量的单价适当提高。

另一种是业主列出了暂定工程量的项目的数量，但并没有限制这些工程量的估价总价款，要求投标人既列出单价，也应按暂定项目的数量计算总价，当将来结算付款时可按实际完成的工程量和所报单价支付。一般来说，这类工程量可以采用正常价格。

第三种是只有暂定工程的一笔固定总金额，将来这笔金额做什么用，由业主确定。这种情况对投标竞争没有实际意义，按招标文件要求将规定的暂定款列入总报价即可。

（10）分包商报价的采用。总承包商在投标前找 2~3 家分包商分别报价，而后选择其中一家信誉较好、实力较强和报价合理的分包商签订协议，同意该分包商作为本分包工程的唯一合作者，并将分包商的姓名列到投标文件中，但要求该分包商相应地提交投标保函。如果该分包商认为这家总承包商确实有可能得标，他也许愿意接受这一条件。这种把分包商的利益同投标人捆在一起的做法，不但可以防止分包商事后反悔和涨价，还可能迫使分包时报出较合理的价格，以便共同争取得标。

2. 投标书

（1）投标书的主要内容

①投标函，投标人递送给招标人的法律承诺文件；

②综合说明，包括建筑面积、总工期、计划开工和竣工日期、质量水平、报价总金额等；

③钢材、水泥、木材用量，其中实行议价承包的，应写明单价差价及差价总额；

④对招标文件的确认或提出新的建议；

⑤报价说明，即注明报价总金额中未包含的内容和要求招标单位配合的条件，应写明

项目、数量、金额和未予包含的理由。对招标单位的要求应具体明确，并提出在招标单位不能给予配合情况下的报价和要求；

⑥降低造价的建议和措施说明；

⑦施工组织设计或施工方案，主要包括总平面布置图、主要施工方法、机械选用、施工进度安排，保证工期、质量安全的具体措施，拟投入的人力关键人员、物力，并写明项目负责人和项目技术负责人的职务、职称、工作简历等；

⑧单项（位）工程标书，包括工程名称、建筑面积、结构类型、檐高、层数、质量标准、单项工程造价及总价构成、分包项目内容和拟用的分包单位或用什么方式选用分包单位等。

（2）编制标书应注意的问题

①投标文书的各种表格必须严格按照招标文件提供的格式编制。填写表格时应按照招标文件的要求填写，所有表格不能有空，应全部填满。而且，重要的项目或数字，如质量等级、价格、工期等不能漏填，否则就会被认作是废标或无效标。

②投标文件的内容必须按招标文件的要求编写，切勿对招标文件的要求进行修改或提出保留意见。如果投标人确实发现招标文件中有问题，应采取相应的处理办法。如存在的问题对投标人有利，则可以在投标时加以利用或在以后建设过程中提出索赔，对此类问题暂时不提出来；如存在有明显的错误且对投标人不利，对这类问题投标人应及时向业主提出质疑，要求改正；如招标文件的内容存在不科学、不合理的地方，改进后对双方都有利的，对这类问题投标人可以留待合同谈判时提出来，以争取投标的主动权。无论是哪类问题，投标人都应做好备忘录。

③投标文件的"副本"应与"正本"一致，"副本"与"正本"不一致时以"正本"为准。"正本"只有一本，"副本"必须按照招标文件附表要求的份数提供。

④投标文件应打印清楚、整洁、美观。补充的设计图纸也需美观，给业主留下好的印象。所有投标文件均应由投标人的法定代表人签字，并加盖印章及法人公章。所有投标文件都要装订成册，小型工程可装订一册，大、中型工程可分册装订。

⑤编制投标文件时，应对计算过程反复核对、认真检查，保证分项和汇总计算一致。投标文件中不能有计算和文字错误。全套投标文件应当没有涂改和行间插字，如有个别涂改和行间插字，必须在有涂改和行间插字的地方由投标负责人签字并加盖印章。

⑥如招标文件规定投标保证金为合同总价的某一百分比，投标人不宜过早开具投标保函，以防泄漏自己的投标报价。

⑦要注意投标文件的语言组织，必须考虑开标后如果进入评标对象，在评标中采用的对策。

（八）标书的投送

投标书编制完毕后，应将正本和副本（若干份，按招标文件要求）装入投标文件袋内，在袋口加贴密封条，并加盖两枚单位公章和法人代表印鉴，在规定的时间内送达招标单位指定的地点。标书可派专人送达，亦可挂号邮寄（按招标文件要求）。招标单位接到投标书经检查确定密封无误后，应登记签收，装入专用标箱内。

标书发出后，如发现有遗漏或错误，允许进行补充修正，但必须在投标截止期前以正式函件送达招标单位，否则无效。凡符合上述条件的补充修订文件，应视为标书附件，招标单位必须承认，并作为评标、决标的依据之一。

第五节　工程项目合同管理

组织应建立项目合同管理制度，明确合同管理责任，设立专门机构或人员负责合同管理工作。组织应配备符合要求的项目合同管理人员，实施合同的策划和编制活动，规范项目合同管理的实施程序和控制要求，确保合同订立和履行过程的合规性。

合同策划与编制通常由组织授权，项目管理机构负责具体实施。合同策划与编制一般同步进行。合同策划需考虑的主要问题有：项目需分解成几个独立合同及每个合同的工程范围；采用何种委托和承包方式；合同的种类、形式和条件；合同重要条款的确定；各个合同的内容、组织、技术、时间上的协调。

项目合同管理应遵循下列程序：

（1）合同评审；

（2）合同订立；

（3）合同实施计划；

（4）合同实施控制；

（5）合同管理总结。

合同管理应是全过程管理，包括合同订立、履行、变更、索赔、终止、争议解决以及控制和综合评价等内容，还应包括有关合同知识产权的合法使用。合同管理需遵守《中华人民共和国民法典》《中华人民共和国建筑法》及其相关的国务院行政法规、部门规章、行业规范等的强制性规定，维护建筑市场秩序和合同当事人的合法权益，保证合同履行。

严禁通过违法发包、转包、违法分包、挂靠方式订立和实施建设工程合同。住房和城乡建设部制定的《建设工程施工转包违法分包等违法行为认定查处管理办法（试行）》对违法发包、转包、违法分包、挂靠等违法行为的定义、认定情形及其行政处罚和行政管理措施都做了详细规定。

（一）法律法规有关规定

1.《中华人民共和国建筑法》的有关规定

第三条规定，建筑活动应当确保建筑工程质量和安全，符合国家的建筑工程安全标准。

第五条规定，从事建筑活动应当遵守法律、法规，不得损害社会公共利益和他人的合法权益。

任何单位和个人都不得妨碍和阻挠依法进行的建筑活动。

（1）施工许可

第七条规定，建筑工程开工前，建设单位应当按照国家有关规定向工程所在地县级以上人民政府建设行政主管部门申请领取施工许可证；但是，国务院建设行政主管部门确定的限额以下的小型工程除外。

按照国务院规定的权限和程序批准开工报告的建筑工程，不再领取施工许可证。

（2）从业资格

第十二条规定，从事建筑活动的建筑施工企业、勘察单位、设计单位和工程监理单位，应当具备下列条件：

①有符合国家规定的注册资本；

②有与其从事的建筑活动相适应的具有法定执业资格的专业技术人员；

③有从事相关建筑活动所应有的技术装备；

④法律、行政法规规定的其他条件。

第十三条规定，从事建筑活动的建筑施工企业、勘察单位、设计单位和工程监理单位，按照其拥有的注册资本、专业技术人员、技术装备和已完成的建筑工程业绩等资质条件，划分为不同的资质等级，经资质审查合格，取得相应等级的资质证书后，方可在其资质等级许可的范围内从事建筑活动。

第十四条规定，从事建筑活动的专业技术人员，应当依法取得相应的执业资格证书，并在执业资格证书许可的范围内从事建筑活动。

（3）建筑工程发包与承包

第十五条规定，建筑工程的发包单位与承包单位应当依法订立书面合同，明确双方的权利和义务。

发包单位和承包单位应当全面履行合同约定的义务。不按照合同约定履行义务的，依法承担违约责任。

第十八条规定，建筑工程造价应当按照国家有关规定，由发包单位与承包单位在合同中约定。公开招标发包的，其造价的约定，须遵守招标投标法律的规定。

发包单位应当按照合同的约定，及时拨付工程款项。

第二十五条规定，按照合同约定，建筑材料、建筑构配件和设备由工程承包单位采购的，发包单位不得指定承包单位购入用于工程的建筑材料、建筑构配件和设备或者指定生产厂、供应商。

第二十六条规定，承包建筑工程的单位应当持有依法取得的资质证书，并在其资质等级许可的业务范围内承揽工程。

禁止建筑施工企业超越本企业资质等级许可的业务范围或者以任何形式用其他建筑施工企业的名义承揽工程。禁止建筑施工企业以任何形式允许其他单位或者个人使用本企业的资质证书、营业执照，以本企业的名义承揽工程。

第二十七条规定，大型建筑工程或者结构复杂的建筑工程，可以由两个以上的承包单位联合共同承包。共同承包的各方对承包合同的履行承担连带责任。

两个以上不同资质等级的单位实行联合共同承包的，应当按照资质等级低的单位的业务许可范围承揽工程。

第二十八条规定，禁止承包单位将其承包的全部建筑工程转包给他人，禁止承包单位将其承包的全部建筑工程肢解以后以分包的名义分别转包给他人。

第二十九条规定，建筑工程总承包单位可以将承包工程中的部分工程发包给具有相应资质条件的分包单位；但是，除总承包合同中约定的分包外，必须经建设单位认可。施工总承包的，建筑工程主体结构的施工必须由总承包单位自行完成。

建筑工程总承包单位按照总承包合同的约定对建设单位负责；分包单位按照分包合同的约定对总承包单位负责。总承包单位和分包单位就分包工程对建设单位承担连带责任。

禁止总承包单位将工程分包给不具备相应资质条件的单位。禁止分包单位将其承包的工程再分包。

（4）建筑工程监理

第三十条规定，国家推行建筑工程监理制度。

国务院可以规定实行强制监理的建筑工程的范围。

第三十一条规定，实行监理的建筑工程，由建设单位委托具有相应资质条件的工程监理单位监理。建设单位与其委托的工程监理单位应当订立书面委托监理合同。

第三十二条规定，建筑工程监理应当依照法律、行政法规及有关的技术标准、设计文件和建筑工程承包合同，对承包单位在施工质量、建设工期和建设资金使用等方面，代表建设单位实施监督。

工程监理人员认为工程施工不符合工程设计要求、施工技术标准和合同约定的，有权要求建筑施工企业改正。

工程监理人员发现工程设计不符合建筑工程质量标准或者合同约定的质量要求的，应当报告建设单位要求设计单位改正。

第三十三条规定，实施建筑工程监理前，建设单位应当将委托的工程监理单位、监理的内容及监理权限，书面通知被监理的建筑施工企业。

第三十四条规定，工程监理单位应当在其资质等级许可的监理范围内，承担工程监理业务。

工程监理单位应当根据建设单位的委托，客观、公正地执行监理任务。

工程监理单位与被监理工程的承包单位以及建筑材料、建筑构配件和设备供应单位不得有隶属关系或者其他利害关系。

工程监理单位不得转让工程监理业务。

第三十五条规定，工程监理单位不按照委托监理合同的约定履行监理义务，对应当监督检查的项目不检查或者不按照规定检查，给建设单位造成损失的，应当承担相应的赔偿责任。

工程监理单位与承包单位串通，为承包单位谋取非法利益，给建设单位造成损失的，应当与承包单位承担连带赔偿责任。

（5）建筑安全生产管理

第三十七条规定，建筑工程设计应当符合按照国家规定制定的建筑安全规程和技术规范，保证工程的安全性能。

第三十八条规定，建筑施工企业在编制施工组织设计时，应当根据建筑工程的特点制定相应的安全技术措施；对专业性较强的工程项目，应当编制专项安全施工组织设计，并采取安全技术措施。

第四十条规定，建设单位应当向建筑施工企业提供与施工现场相关的地下管线资料，建筑施工企业应当采取措施加以保护。

第四十一条规定，建筑施工企业应当遵守有关环境保护和安全生产的法律、法规的规定，采取控制和处理施工现场的各种粉尘、废气、废水、固体废物以及噪声、振动对环境的污染和危害的措施。

第四十二条规定，有下列情形之一的，建设单位应当按照国家有关规定办理申请批准手续：

①需要临时占用规划批准范围以外场地的；

②可能损坏道路、管线、电力、邮电通信等公共设施的；

③需要临时停水、停电、中断道路交通的；

④需要进行爆破作业的；

⑤法律、法规规定需要办理报批手续的其他情形。

第四十四条规定，建筑施工企业的法定代表人对本企业的安全生产负责。

第四十五条　施工现场安全由建筑施工企业负责。实行施工总承包的，由总承包单位负责。分包单位向总承包单位负责，服从总承包单位对施工现场的安全生产管理。

（6）建筑工程质量管理

第五十四条规定，建设单位不得以任何理由，要求建筑设计单位或者建筑施工企业在工程设计或者施工作业中，违反法律、行政法规和建筑工程质量、安全标准，降低工程质量。

建筑设计单位和建筑施工企业对建设单位违反规定提出的降低工程质量的要求，应当予以拒绝。

第五十五条规定，建筑工程实行总承包的，工程质量由工程总承包单位负责，总承包单位将建筑工程分包给其他单位的，应当对分包工程的质量与分包单位承担连带责任。分包单位应当接受总承包单位的质量管理。

第五十六条规定，建筑工程的勘察、设计单位必须对其勘察、设计的质量负责。勘察、设计文件应当符合有关法律、行政法规的规定和建筑工程质量、安全标准、建筑工程勘察、设计技术规范以及合同的约定。设计文件选用的建筑材料、建筑构配件和设备，应当注明其规格、型号、性能等技术指标，其质量要求必须符合国家规定的标准。

第五十七条规定，建筑设计单位对设计文件选用的建筑材料、建筑构配件和设备，不得指定生产厂、供应商。

第五十八条规定，建筑施工企业对工程的施工质量负责。

建筑施工企业必须按照工程设计图纸和施工技术标准施工，不得偷工减料。工程设计的修改由原设计单位负责，建筑施工企业不得擅自修改工程设计。

第五十九条规定，建筑施工企业必须按照工程设计要求、施工技术标准和合同的约定，对建筑材料、建筑构配件和设备进行检验，不合格的不得使用。

2.《建设工程勘察设计管理条例》的规定

（1）资质资格管理

第七条规定，国家对从事建设工程勘察、设计活动的单位，实行资质管理制度。具体办法由国务院建设行政主管部门商国务院有关部门制定。

第八条规定，建设工程勘察、设计单位应当在其资质等级许可的范围内承揽建设工程勘察、设计业务。

禁止建设工程勘察、设计单位超越其资质等级许可的范围或者以其他建设工程勘察、设计单位的名义承揽建设工程勘察、设计业务。禁止建设工程勘察、设计单位允许其他单位或者个人以本单位的名义承揽建设工程勘察、设计业务。

第九条规定，国家对从事建设工程勘察、设计活动的专业技术人员，实行执业资格注册管理制度。

未经注册的建设工程勘察、设计人员，不得以注册执业人员的名义从事建设工程勘察、设计活动。

第十条规定，建设工程勘察、设计注册执业人员和其他专业技术人员只能受聘于一个建设工程勘察、设计单位；未受聘于建设工程勘察、设计单位的，不得从事建设工程的勘察、设计活动。

第十一条规定，建设工程勘察、设计单位资质证书和执业人员注册证书，由国务院建设行政主管部门统一制作。

（2）建设工程勘察设计发包与承包

第十七条规定，发包方不得将建设工程勘察、设计业务发包给不具有相应勘察、设计资质等级的建设工程勘察、设计单位。

第十九条规定，除建设工程主体部分的勘察、设计外，经发包方书面同意，承包方可以将建设工程其他部分的勘察、设计再分包给其他具有相应资质等级的建设工程勘察、设计单位。

第二十条规定，建设工程勘察、设计单位不得将所承揽的建设工程勘察、设计转包。

第二十一条规定，承包方必须在建设工程勘察、设计资质证书规定的资质等级和业务范围内承揽建设工程的勘察、设计业务。

第二十二条规定，建设工程勘察、设计的发包方与承包方，应当执行国家规定的建设工程勘察、设计程序。

（3）建设工程勘察设计文件的编制与实施

第二十五条规定，编制建设工程勘察、设计文件，应当以下列规定为依据：

①项目批准文件；

②城乡规划；

③工程建设强制性标准；

④国家规定的建设工程勘察、设计深度要求。

铁路、交通、水利等专业建设工程，还应当以专业规划的要求为依据。

第二十六条规定，编制建设工程勘察文件，应当真实、准确，满足建设工程规划、选址、设计、岩土治理和施工的需要。

编制方案设计文件，应当满足编制初步设计文件和控制概算的需要。编制初步设计文件，应当满足编制施工招标文件、主要设备材料订货和编制施工图设计文件的需要。

编制施工图设计文件，应当满足设备材料采购、非标准设备制作和施工的需要，并注明建设工程合理使用年限。

第二十七条规定，设计文件中选用的材料、构配件、设备，应当注明其规格、型号、性能等技术指标，其质量要求必须符合国家规定的标准。

除有特殊要求的建筑材料、专用设备和工艺生产线等外，设计单位不得指定生产厂、供应商。

第二十八条规定，建设单位、施工单位、监理单位不得修改建设工程勘察、设计文件；确需修改建设工程勘察、设计文件的，应当由原建设工程勘察、设计单位修改。经原建设工程勘察、设计单位书面同意，建设单位也可以委托其他具有相应资质的建设工程勘察、设计单位修改。修改单位对修改的勘察、设计文件承担相应责任。

施工单位、监理单位发现建设工程勘察、设计文件不符合工程建设强制性标准、合同约定的质量要求的，应当报告建设单位，建设单位有权要求建设工程勘察、设计单位对建设工程勘察、设计文件进行补充、修改。

建设工程勘察、设计文件内容需要作重大修改的，建设单位应当报经原审批机关批准后，方可修改。

第二十九条规定，建设工程勘察、设计文件中规定采用的新技术、新材料，可能影响建设工程质量和安全，又没有国家技术标准的，应当由国家认可的检测机构进行试验、论证，出具检测报告，并经国务院有关部门或者省、自治区、直辖市人民政府有关部门组织的建设工程技术专家委员会审定后，方可使用。

第三十条规定，建设工程勘察、设计单位应当在建设工程施工前，向施工单位和监理单位说明建设工程勘察、设计意图，解释建设工程勘察、设计文件。

建设工程勘察、设计单位应当及时解决施工中出现的勘察、设计问题。

（二）合同评审与合同订立

合同订立前，组织应进行合同评审，完成对合同条件的审查、认定和评估工作。以招标方式订立合同时，组织应对招标文件和投标文件进行审查、认定和评估。

合同订立有招标发包和直接发包两种方式，其需要评审的合同文件有所不同。需要评审的合同文件一般包括：招标文件及工程量清单、招标答疑、投标文件及组价依据、拟定合同主要条款、谈判纪要、工程项目立项审批文件等。

1. 合同评审

合同评审应包括下列内容：

（1）合法性、合规性评审；

（2）合理性、可行性评审；

（3）合同严密性、完整性评审；

（4）与产品或过程有关要求的评审；

（5）合同风险评估。

合同评审需实现以下目的：

（1）保证合同条款不违反法律、行政法规、地方性法规的强制性规定，不违反国家标准、行业标准、地方标准的强制性条文。

（2）保证合同权利和义务公平合理，不存在对合同条款的重大误解，不存在合同履行障碍。

（3）保证与合同履行紧密关联的合同条件、技术标准、施工图纸、材料设备、施工工艺、外部环境条件、自身履约能力等条件满足合同履行要求。

（4）保证合同内容没有缺项漏项，合同条款没有文字歧义、数据不全、条款冲突等情形，合同组成文件之间没有矛盾。通过招标投标方式订立合同的，合同内容还应当符合招标文件和中标人的投标文件的实质性要求和条件。

（5）保证合同履行过程中可能出现的经营风险、法律风险处于可以接受的水平。

合同内容涉及专利、专有技术或者著作权等知识产权时，应对其使用权的合法性进行审查。

合同评审中发现的问题，应以书面形式提出，要求予以澄清或调整。

对合同文件及合同条件有异议时，需以书面形式提出。对于双方不能协商达成一致的合同条款，可提请行业主管部门协调或者合同约定的争议解决机构处理。

组织应根据需要进行合同谈判，细化、完善、补充、修改或另行约定合同条款和内容。

2. 合同订立

组织应依据合同评审和谈判结果，按程序和规定订立合同。不得采取口头形式订立建设工程合同。

合同订立应符合下列规定：

（1）合同订立应是组织的真实意思表示。

（2）合同订立应采用书面形式，并符合相关资质管理与许可管理的规定。

（3）合同应由当事方的法定代表人或其授权的委托代理人签字或盖章；合同主体是法人或者其他组织时，应加盖单位印章。

（4）法律、行政法规规定需办理批准、登记手续后合同生效时，应依照规定办理。

（5）合同订立后应在规定期限内办理备案手续。不得采取欺诈、胁迫的手段或者乘人之危，使对方在违背真实意思情况下订立合同；审慎出具加盖单位公章的空白合同文件；不履行未生效、未依法备案的合同。

（三）工程合同价款的约定

1. 合同计价的方式

建设工程合同的计价方式主要有三种，即单价合同、总价合同和成本加酬金合同。

（1）单价合同

当施工发包的工程内容和工程量一时尚不能十分明确、具体地予以规定时，则可以采用单价合同形式，即根据计划工程内容和估算工程量，在合同中明确每项工程内容的单位价格（如每米、每平方米或者每立方米的价格），实际支付时则根据每一个子项的实际完成工程量乘以该子项的合同单价计算该项工作的应付工程款。

采用单价合同对业主的不足之处是，业主需要安排专门力量来核实已经完成的工程量，需要在施工过程中花费不少精力，协调工作量大。另外，用于计算应付工程款的实际工程量可能超过预测的工程量，即实际投资容易超过计划投资，对投资控制不利。

在工程实践中，采用单价合同有时也会根据估算的工程量计算一个初步的合同总价，作为投标报价和签订合同之用。但是，当上述初步的合同总价与各项单价乘以实际完成的工程量之和发生矛盾时，则肯定以后者为准，即单价优先。实际工程款支付也将以实际完成工程量乘以合同单价进行计算。

（2）总价合同

总价合同是指根据合同规定的工程施工内容和有关条件，业主应付给承包商的款额是一个规定的金额，即明确的总价。

总价合同又分固定总价合同和变动总价合同两种。

采用固定总价合同，双方结算比较简单，但是由于承包商承担了较大的风险，因此报价中不可避免地要增加一笔较高的不可预见风险费。承包商的风险主要有两个方面：一是价格风险，二是工作量风险。价格风险有报价计算错误、漏报项目、物价和人工费上涨等；工作量风险有工程量计算错误、工程范围不确定、工程变更或者由于设计深度不够所造成的误差等。

固定总价合同适用于以下情况：

①工程量小、工期短，估计在施工过程中环境因素变化小，工程条件稳定并合理；

②工程设计详细，图纸完整、清楚，工程任务和范围明确；

③工程结构和技术简单，风险小；

④投标期相对宽裕，承包商可以有充足的时间详细考察现场、复核工程量，分析招标文件，拟订施工计划。

变动总价合同又称为"可调总价合同"，合同价格是以图纸及规定、规范为基础，按照时价（Current Price）进行计算，得到包括全部工程任务和内容的暂定合同价格。

根据《建设工程施工合同（示范文本）》（GF—2017—0201），合同双方可约定，在以下条件下可对合同价款进行调整：

①法律、行政法规和国家有关政策变化影响合同价款；

②工程造价管理部门公布的价格调整；

③一周内非承包人原因停水、停电、停气造成的停工累计超过 8 小时；

④双方约定的其他因素。

（3）成本加酬金合同

成本加酬金合同也称为"成本补偿合同"，这是与固定总价合同正好相反的合同，工程施工的最终合同价格将按照工程的实际成本再加上一定的酬金进行计算。在合同签订时，工程实际成本往往不能确定，只能确定酬金的取值比例或者计算原则。

成本加酬金合同通常用于如下情况：

①工程特别复杂，工程技术、结构方案不能预先确定，或者尽管可以确定工程技术和结构方案，但是不可能进行竞争性的招标活动并以总价合同或单价合同的形式确定承包商，如研究开发性质的工程项目；

②时间特别紧迫，如抢险、救灾工程，来不及进行详细的计划和商谈。

对业主而言，这种合同形式也有一定优点，如：

①可以通过分段施工缩短工期，而不必等待所有施工图完成才开始招标和施工；

②可以减少承包商的对立情绪，承包商对工程变更和不可预见条件的反应会比较积极和快捷；

③可以利用承包商的施工技术专家，帮助改进或弥补设计中的不足；

④业主可以根据自身力量和需要，较深入地介入和控制工程施工和管理；

⑤也可以通过确定最大保证价格约束工程成本不超过某一限值，从而转移一部分风险。

成本加酬金合同有许多种形式，主要有成本加固定费用合同、成本加固定比例费用合同、成本加奖金合同、最大成本加费用合同。

2. 工程合同价款的约定

工程合同价款的约定是建设工程合同的主要内容。实行招标的工程合同价款应在中标通知书发出之日起30天内，由发承包双方依据招标文件和中标人的投标文件在书面合同中约定；合同约定不得违背招标、投标文件中关于工期、造价、质量等方面的实质性内容；招标文件与中标人投标文件不一致的地方，以投标文件为准。不实行招标的工程合同价款，在发承包双方认可的工程价款的基础上，由发承包双方在合同中约定。发承包双方认可的工程价款的形式可以是承包方或设计人编制的施工图预算，也可以是发承包双方认可的其他形式。

发承包双方应在合同条款中对下列事项进行约定：

（1）人工费金额及所占的比例、支付方法、支付周期、农民工工资专用账户；

（2）预付工程价款的比例或金额、支付时间、扣回方式及其时限；

（3）过程结算节点的划分，节点对应的分段工期、计量计价方法、风险范围、验收要求以及价款支付时间、程序、方法、比例等内容；

（4）进度款计量、计价、支付的依据、程序、方法、比例、时限等内容；

（5）措施项目、其他项目的费用范围、使用要求、分解支付计划及其时限；

（6）工程质量保证金、保函或担保的金额、扣留方式及其时限；

（7）工程保险的种类、范围、投保责任、保险费用支付等；

（8）价款风险分担的内容、范围（幅度）以及超出时的调整办法；

（9）工程价款的调整因素、费用分担说明、调整方法、程序、支付及时限；

（10）工程变更、索赔的方式、程序、金额确定与支付时间；

（11）提前竣工奖励和误期赔偿的计算方法、确认流程及支付或扣减的时间；

（12）不可抗力的事件约定、费用承担说明及计价办法；

（13）违约责任以及发生合同价款争议的解决方法及时间；

（14）竣工结算计量、计价、支付的依据、程序、时限等内容；

（15）与履行合同、支付价款的其他相关事项。

（四）合同实施计划与保证体系

1. 合同实施计划的内容

合同实施计划是保证合同履行的重要手段。合同实施计划需由组织的有关部门和专业人员编制，并经管理层批准。实施计划应包括对分包合同的管理。

组织应规定合同实施工作程序，编制合同实施计划。合同实施计划应包括下列内容：

（1）合同实施总体安排；

（2）合同分解与分包策划；

（3）合同实施保证体系的建立。

2. 合同实施保证体系

合同实施保证体系应与其他管理体系协调一致。组织应建立合同文件沟通方式、编码系统和文档系统。

合同实施保证体系是全部管理体系的一部分，是为了实现合同目标而需要的组织结构、职责、程序和资源等组成的有机整体。合同实施保证体系与其他管理体系存在密切联系，协调合同管理体系与其他体系的关系是一个重要问题。

承包人应对其承接的合同作总体协调安排。承包人自行完成的工作及分包合同的内容，应在质量、资金、进度、管理架构、争议解决方式方面符合总包合同的要求。

分包合同实施应符合法律法规和组织有关合同管理制度的要求。

（五）合同实施控制

1. 合同实施控制的内容

合同实施控制包括自合同签订起至合同终止的全部合同管理内容。

项目管理机构应按约定全面履行合同。全面履行合同的关键是承担建设工程项目建设的建设单位项目负责人、勘察单位项目负责人、设计单位项目负责人、施工单位项目经理、监理单位总监理工程师等建设工程五方责任主体项目负责人。这些人员需按照合同赋予的责任，认真落实合同的各项要求。

合同实施控制的日常工作应包括下列内容：

（1）合同交底；

（2）合同跟踪与诊断；

（3）合同完善与补充；

（4）信息反馈与协调；

（5）其他应自主完成的合同管理工作。

合同实施控制的日常工作，是指日常性的、项目管理机构能够自主完成的合同管理工作。对于合同变更及合同索赔等工作，往往不是项目管理机构自己单方面能够完成的，需要组织通过协商、调解、诉讼或仲裁等方式来实现。

2. 合同交底

合同实施前，组织的相关部门和合同谈判人员应对项目管理机构进行合同交底。合同交底应包括下列内容：

（1）合同的主要内容；

（2）合同订立过程中的特殊问题及合同待定问题；

（3）合同实施计划及责任分配；

（4）合同实施的主要风险；

（5）其他应进行交底的合同事项。

合同交底需由组织的相关部门及合同谈判人员负责进行。相关部门及合同谈判人员进行合同交底，既是向项目管理机构作合同文件解析，也是合同管理职责移交的一个重要环节。合同交底可以书面、电子数据、视听资料和口头形式实施，书面交底的应签署确认书。

3. 合同跟踪和诊断

项目管理机构应在合同实施过程定期进行合同跟踪和诊断。合同跟踪和诊断应符合下列要求：

（1）对合同实施信息进行全面收集、分类处理，查找合同实施中的偏差；

（2）定期对合同实施中出现的偏差进行定性、定量分析，通报合同实施情况及存在的问题。

合同实施控制特别强调管理层和有关部门的作用，管理层和有关部门需在合同跟踪和诊断方面对项目管理机构进行监督、指导和协调，协助项目管理机构做好合同实施工作。合同跟踪和诊断需要注意以下问题：

（1）将合同实施情况与合同实施计划进行对比分析，找出其中的偏差；

（2）对合同实施中的偏差分析，应当包括原因分析、责任分析以及实施趋势预测。

项目管理机构应根据合同实施偏差结果制定合同纠偏措施或方案，经授权人批准后实施。实施需要其他相关方配合时，项目管理机构应事先征得各相关方的认同，并在实施中协调一致。

重大的纠偏措施或方案，应按照项目合同评审程序进行评审。纠偏措施或方案可以分为：

（1）组织措施，包括调整和增加人力投入、调整工作流程和工作计划；

（2）技术措施，包括变更技术方案、采用高效的施工方案和施工机具；

（3）经济措施，包括增加资金投入、采取经济激励措施；

（4）合同措施，包括变更合同内容、签订补充协议、采取索赔手段。

4. 合同变更、中止和索赔

（1）合同变更

项目管理机构应按规定实施合同变更的管理工作，将变更文件和要求传递至相关人员。合同变更应当符合下列条件：

①变更的内容应符合合同约定或者法律法规规定。变更超过原设计标准或者批准规模时，应由组织按照规定程序办理变更审批手续。

②变更或变更异议的提出，应符合合同约定或者法律法规规定的程序和期限。

③变更应经组织或其授权人员签字或盖章后实施。

④变更对合同价格及工期有影响时，相应调整合同价格和工期。

合同变更管理包括变更依据、变更范围、变更程序、变更措施的制定和实施，以及对变更的检查和信息反馈工作。

（2）合同中止

项目管理机构应控制和管理合同中止行为。合同中止应按照下列方式处理：

①合同中止履行前，应以书面形式通知对方并说明理由。因对方违约导致合同中止履行时，在对方提供适当担保时应恢复履行；中止履行后，对方在合理期限内未恢复履行能力并且未提供相应担保时，应报请组织决定是否解除合同。

②合同中止或恢复履行，如依法需要向有关行政主管机关报告或履行核验手续，应在规定的期限内履行相关手续。

③合同中止后不再恢复履行时，应根据合同约定或法律规定解除合同。

合同中止应根据合同约定或者法律规定实施。因对方违约导致合同中止的，应追究其违约方责任；因不可抗力导致合同中止的，需按照合同约定或者法律规定签订部分或者全部免除责任协议，涉及合同内容变更的，应订立补充合同。

（3）合同索赔

项目管理机构应按照规定实施合同索赔的管理工作。索赔应符合下列条件：

①索赔应依据合同约定提出。合同没有约定或者约定不明时，按照法律法规规定提出。

②索赔应全面、完整地收集和整理索赔资料。

③索赔意向通知及索赔报告应按照约定或法定的程序和期限提出。

④索赔报告应说明索赔理由，提出索赔金额及工期。

索赔依据、索赔证据、索赔程序之间具有内在的关联性，是合同索赔成立不可或缺的三个重要条件。其中：

①索赔证据包括当事人陈述、书证、物证、视听资料、电子数据、证人证言、鉴定意见、勘验笔录等证据形式。经查证属实的证据才能作为认定事实的依据。

②在合同约定或者法律规定的期限内提出索赔文件、完成审查或者签认索赔文件，是索赔得以确认的重要保证。

（4）合同争议的解决

合同实施过程中产生争议时，应按下列方式解决：

①双方通过协商达成一致。

②请求第三方调解。

③按照合同约定申请仲裁或向人民法院起诉。

解决合同争议应注意以下合同约定的情形：

①合同当事人不能协商达成一致，但合同约定由总监理工程师依据职权作出确定时，由总监理工程师按照合同约定审慎做出公正的确定。合同当事人对总监理工程师的确定没有异议的，按照总监理工程师的确定执行。

②任何一方当事人对总监理工程师的确定有异议时，需要在约定的期限内提出，并按照合同约定的争议解决机制处理。

③当事人在合同中约定采取争议评审方式解决争议时，须先行启动争议评审程序解决争议；任何一方当事人不接受争议评审小组决定或不履行争议评审小组决定时，才可以选择采用其他争议解决方式。

（六）合同管理总结

项目管理机构应进行项目合同管理评价，总结合同订立和执行过程中的经验和教训，提出总结报告。

合同终止，既有合同履行完毕的正常终止情形，也有合同解除等非正常终止情形。因此合同总结报告编写的侧重点应有所不同。

合同总结报告应包括下列内容：

（1）合同订立情况评价；

（2）合同履行情况评价；

（3）合同管理工作评价；

（4）对本项目有重大影响的合同条款评价；

（5）其他经验和教训。

项目合同总结报告的重点内容是相关的经验教训。由于合同的重要性和复杂性，对于合同履行过程中的经验教训的总结就更为重要，组织管理层需抓好合同的综合评价工作，将项目个体的经验教训变成组织的财富。

组织应根据合同总结报告确定项目合同管理改进需求，制定改进措施，完善合同管理制度，并按照规定保存合同总结报告。

（七）契约理论

契约（Contract）是双方或者多方当事人之间的一种协议、约定，通俗地说就是合同，但是比合同的意义更广泛。在现实中，契约有短期的或长期的，正式的或非正式的，显性的或隐性的。在狭义上，所有的商品或劳务交易都是一种契约关系。比如，一个消费者购买了一张火车票，消费者和铁路公司之间就有一个隐性契约：消费者支付费用，铁路公司在规定时间内将消费者安全送到目的地。一个生产者（供应商）和一个采购商之间签订的供货合同则是一种显性契约。在广义上，所有的法律、制度都是一种契约关系。

在信息不对称条件下，缔约过程中当事人会出现四种问题：道德风险（Moral Hazard）、逆向选择（Adverse Selection）、敲竹杠（Hold Up）和承诺（Commitment）问题。一般来说，逆向选择问题属于机制设计理论（Mechanism Design）的范畴，而道德风险、敲竹杠和承诺问题是契约理论的核心问题。霍姆斯特朗教授的主要贡献在于通过发展"完全契约理论"（Complete Contract Theory），为解决个人的道德风险问题、团队生产中的道德风险问题和动态条件下的承诺问题提供了有效的解决方案，而哈特教授的贡献在于通过构建"不完全契约理论"（Incomplete Contract Theory），为企业内部以及政府和企业之间的敲竹杠问题提供了有效的解决方案。因此，他们两人的贡献相当于为契约理论这座大厦奠定了基石，并且搭建了基本架构。

1. 完全契约理论

（1）概况

完全契约理论认为：企业和市场没有本质区别，都是一种契约；委托人和代理人能够预见到未来所有的或然状况，并制定最优的风险分担和收入转移机制来实现约束条件下的次优效率。科斯提出了"企业的本质是对市场的替代"这一论断之后，阿尔钦和德姆塞茨（Alchina and Demsetz，1972）不同意这一观点，认为企业和市场都是一种契约，两者没有本质区别。他们认为，企业的本质是一种团队生产，而团队生产的核心问题是对代理人努力的测度问题和代理人的搭便车问题，即单个代理人和多个代理人的道德风险问题。詹森和麦克林（Jensen and Meckling，1976）把企业看作一种法律虚构物，是契约的联结（Nexus of Contracts），并且其特征是在组织的资产和现金流上存在着可分割的剩余索取权。1970 年，借助博弈论和信息经济学的有利工具，米尔里斯（Mirrlees）、霍姆斯特朗（Holmstrom）等人建立了委托人—代理人框架下单个代理人和多个代理人道德风险模型的基本框架。此后，法码（Fama）、拉德纳（Radner）、布尔（Bull）将静态的契约理论拓展到动态契约理论，从而将委托人的承诺问题以及代理人的声誉效应引入长期契约。

（2）理论发展

完全契约理论的主要目标是解决信息不对称条件下代理人的道德风险问题。完全契约理论的关键假设是：①契约当事人是完全理性的，能够预期到未来的各种或然情况；②委托人和代理人之间是信息不对称的，代理人拥有关于自己行动的私人信息；③契约的关键变量是可证实的。在上述假设下，委托人对代理人的主要激励工具是工资机制和风险分担机制，以便实现激励相容，减少代理人的道德风险行为。但是，在信息不对称条件下，通常只能实现次优效率（Second Best），社会最优（Social Best）是无法实现的。因为委托人要在激励和保险之间权衡取舍，从而无法完全消除代理人承担的风险成本。

最基础的完全契约理论模型是单个委托人—单个代理人的道德风险模型，此时代理人只承担一项任务，这属于简单的静态双边模型。例如，一个餐厅老板如何减少服务员在迎接客人时的偷懒行为？霍姆斯特朗的经典论文（Holmstrom，1979）构建了一个标准的道德风险模型。他证明，在信息不对称条件下委托人和代理人之间无法实现最优的风险分担，委托人给代理人提供的次优契约必须在激励和保险之间进行权衡取舍。

接下来考虑静态双边模型的另一种情形：一个代理人承担两项任务。例如，餐厅服务员既要迎接客人，又要负责传菜。首先，这两项任务本身是相互冲突的，有限时间内不可能同时做好。其次，迎接客人的次数是可以量化考核的，但是传菜的速度受到客人下单速度、厨师以及客流量的影响，难以考核。此时，服务员就会将主要精力用于容易考核的第一项工作，而忽视第二项工作。为了解决代理人在多项任务之间的套利行为，霍姆斯特朗和米尔格罗姆（Holmstrom and Milgrom，1991）构建了一个多任务代理模型，提出了激励平衡原则。

第三种情形是静态多边模型，主要是多个代理人的搭便车问题，也就是阿尔钦和德姆塞茨（Alchina and Demsetz，1972）提出的团队生产问题。他们认为，将团队中的一个代理人变成剩余索取者（所有者），就可以解决监督问题。霍姆斯特朗（Holmstrom，1982）部分地模型化了这一思想，并将所有者的角色称为"打破预算平衡者"。此外，他还提出了相对绩效评估的方法，即通过代理人之间的相互比较，过滤掉影响产出的运气和风险，从而更加准确地度量代理人的真实努力水平。另一种形式的多代理人模型是合谋模型，主要是委托人如何防范监督者和代理人合谋。2014年诺贝尔经济学奖得主梯若尔（Tirole，1986）最早建立了形式化的合谋分析框架。还有一类静态多边模型是共同代理（Common Agency）模型，即多个委托人和一个代理人的博弈（Bernheim and Whinston，1986）。

第四种情形是重复双边模型，即委托人和代理人之间进行重复博弈，而不是之前的一次性博弈。2013年诺贝尔经济学奖得主法码（Fama，1980）很早就考虑了市场声誉对职业经理人的长期激励效应，即代理人为了未来的市场回报会减少短期的偷懒问题。霍姆斯特朗（Holmstrom，1999）将这一观点模型化为"职业生涯关注"（Career Concern）问题，并且指出了声誉效应也可能导致代理人的短期机会主义行为。除了声誉效应，有相当多重复道德风险模型考虑了代理人的跨期消费和保险问题，以及当事人的违约惩罚问题。

第五种情形是重复多边模型，即多个代理人之间进行重复博弈，这通常涉及集体行动问题。这方面的开创性文献是梯若尔对集体声誉的分析（Tirole，1996）。他将个人声誉拓展到集体声誉，分析了集体声誉机制的形成和维护机制。第四种和第五种情形都涉及重复博弈中的承诺问题，这是动态完全契约理论的核心问题。

（3）完全契约理论的应用

我们生活在一个充满了契约的世界里，因此，个人和企业在组织内和市场上的几乎所有行为都可能与契约理论有关。完全契约理论在现实中具有非常广泛的应用。在不考虑产权安排的前提下，组织内部人员的工资机制、工作分配、竞赛机制和寻租活动，企业内部的金融契约、公司治理，市场上企业之间的交易关系以及政府对企业的规制问题，都可以用完全契约理论来分析。下面针对上述三个主题，简单地介绍一下完全契约理论的应用。

首先介绍完全契约理论在组织内人员激励方面的应用。霍姆斯特朗（Holmstrom，1979，1982）的道德风险模型给出了代理人线性工资机制中分成比例的函数关系，以及相对绩效评估方法的实施条件。与此同时，拉齐尔和罗森（Lazear and Rosen，1981）提出了一种极端的相对绩效评估形式——锦标赛（Tournament），这成为研究代理人竞赛机制的基本框架。后来霍姆斯特朗和米尔格罗姆（Holmstrom and Milgrom，1991）应用多任务代理模型分析了代理人工作分配的原则，并且从激励系统的角度同时考虑了工资机制、产权安排和工作范围的协同性（Holmstrom and Milgrom，1994）。米尔格罗姆还将契约理论应用于劳动雇佣契约，分析了企业内员工对上司的影响活动和寻租行为（Milgrom，1988）。将契约理论应用于组织问题的分析，催生了一门新的经济学分支——组织经济学（Organizational Economics），这方面的最新代表作是《组织经济学手册》（Gibbons and Roberts，2012）。

在本质上，任何金融产品都是一种契约，因此企业的金融契约以及相关的公司治理问题是契约理论的最大副产品。大部分研究契约理论的学者都会研究公司金融理论，例如哈特、霍姆斯特朗和梯若尔三位诺奖得主。对于企业家而言，债务契约被认为是最好的融资手段，因为它在有限责任约束下给予了企业家最强的投资激励和最小的代理成本（Jensen and Meckling，1976）。将契约理论应用于公司金融的集大成之作是梯若尔的《公司金融理论》（Tirole，2006）。

市场上企业之间的互动关系主要是行业内多个企业之间的默契合谋问题，它实质上是一种重复的多边道德风险模型（Tirole，1988）。企业和政府之间的关系主要是规制（Regulation）问题。拉丰和梯若尔将契约理论应用于规制问题，分析了信息不对称条件下规制当局如何设计最优契约，以便让被规制的企业有动力提高努力水平、防止交叉补贴（Laffont and Tirole，1993）以及防止规制俘获和腐败行为。以上两部分内容也属于产业组织理论。

2. 不完全契约

（1）概况

不完全契约理论认为，契约是不完全的，当事人的有限理性和资产专用性会导致敲竹杠问题，可以采取产权安排来实现次优效率；当产权形式发生变化时，企业的边界就发生了变化，因此企业和市场是有区别的。按照科斯的推理，期限越长的契约，越是不完全的，即契约无法规定详细的条款。如果契约是不完全的，当存在专用性投资时，当事人就面临投资导致的准租金被另一方当事人攫取的风险，此即敲竹杠问题。克莱因等（Klein et al.，1978）认为，通过纵向一体化可以解决企业之间的敲竹杠问题。在此基础上，2009 年诺贝尔经济学奖得主威廉姆森（Williamson，1985）从资产专用性、交易频率和不确定性三个维度衡量交易费用，从而为不同类型的交易提供了对应的治理结构，并最终构建了一个交易费用经济学框架。哈特等人（Grossman and Hart，1986；Hart and Moore，1990）认为威廉姆森忽视了产权的成本，并构建了一个形式化的企业的产权理论（Property-Rights Theory Of The Firm），这形成了不完全契约理论的主流分析框架。

（2）理论发展

狭义的不完全契约理论通常指企业的产权理论，而广义的不完全契约理论还包括了交易费用经济学和关系契约理论（Relational Contract Theory）。不完全契约理论的主要目标是通过产权安排解决敲竹杠问题。不完全契约理论的关键假设是：①当事人至少具有一定程度的有限理性，无法预期到未来的各种或然情况；②当事人具有机会主义（Opportunistic）行为；③存在关系专用性投资。由于当事人无法预见到未来所有情况，或者即便预见到也无法用双方都同意的语言写进契约，或者一些变量存在"双方可观察但无法向第三方证实"的特征，因此契约通常是不完全的（Hart，1995）。在上述假设下，一旦当事人做出了事前专用性投资，在事后就会遭遇对方的敲竹杠行为。预见到这种情况，当事人就会缺乏足够的投资激励，这损害了社会总福利。为此，不完全契约理论认为，通过事前的产权安排，可以减少敲竹杠带来的成本，从而实现次优效率。这也是不完全契约理论称为"产权理论"的原因。

狭义的不完全契约理论始于企业的产权理论，而产权理论始于对交易费用经济学的批判。交易费用经济学认为，在契约不完全的前提下，两个企业合并可以减少它们之间的敲竹杠成本，因为企业用命令、控制和权威取代了市场上的讨价还价机制，可以节约交易费用（Williamson，1985）。格罗斯曼和哈特（Grossman and Hart，1986）认为：两个企业从市场上变成企业内的关系，不会减少机会主义行为本身；而且交易费用经济学虽然指出了产权变化的收益，却没有指出产权变化的成本，从而无法提供逻辑一致的企业边界分析。他们将契约中可以事前规定和证实的权利称为"特定权利"（Specific Rights），这部分内容属于完全契约；将事前无法规定或不可证实的权利称为"剩余控制权"（Residual Rights Of Control）或剩余权利，即在契约不完全时的机动处置权。拥有财产权的一方天然拥有剩余控制权，他在面临契约中没有规定的情况时就拥有更大的谈判力和更多的投资收益，从而在事前就有更强的专用性投资激励；相反，失去产权和剩余控制权的一方就会减少投资激励。因此，在不完全契约环境下，产权才是重要的。最优的产权安排必须在保护一方的投资激励和减少另一方的投资激励之间权衡取舍。哈特（Hart，1995）总结了几个产权安排的原则：①投资重要的一方应该获得产权；②互补的资产应该合并；③相对独立的资产不应该合并；④联合所有权、交叉所有权总是最差的。

哈特和莫尔（Hart and Moore，1990）进一步考虑了工人的激励问题。他们假设工人失去资产就会缺乏生产力，因此企业所有者控制了资产就控制了工人。在这个意义上，他们将企业的本质理解为一种物质资产的集合。

毫无疑问，产权是最重要的激励工具之一。但是，产权有时也会带来负面激励。如果当事人的外部选择权是紧的，那么物质资产越多，当事人投资的机会成本就越高，这可能导致产权多的一方缺乏投资激励（Chiu，1998）。此外，在某些条件下，联合所有权可能是最佳的（Halonen，2002），这可以解释合伙制企业和合作企业的存在。

以上介绍的内容是第一代不完全契约理论和第一代企业的产权理论。2008年之后，为了应对完全契约理论学者的批评，哈特与合作者在经典的契约理论框架中引入行为经济学的因素，重新解释了契约和企业的产权，从而开创了第二代不完全契约理论和产权理论。他们将契约理解为一种事前在竞争性环境下达成的参照点（Reference Point）（Hart and Moore，2008）。如果当事人在事后实现了应得权利（公平交易），就会选择按照契约的本质来履约，否则就会采取投机行为（Shading），以此报复对方。一个刚性的契约能够更好地保护当事人的权利，但是这种缺乏灵活性的契约会减少有效交易的机会。因此，最优的契约在保护当事人权利的刚性和扩大交易机会的灵活性之间权衡取舍。

在此基础上，哈特重新解释了产权的角色（Hart，2009）。在行为经济学视角下，产权可以保护一方的权利避免被对方侵犯。当一方的权利感受比另一方更重要时，由其拥有资产是最佳的。如果更多的资产导致外部选择权与内在价值的偏离很大，此时应该使当事人减少资产，那么联合所有权是最佳的。此外，产权还被赋予管理学中的协调角色。哈特和霍姆斯特朗（Hart and Holmstrom，2010）认为，如果两个企业合并为一个企业，好处是可以增强协调性，坏处是会损害原来每个企业经理人的私人收益，导致他们采取投机和报复行为。因此，最优的企业边界在合并导致的协调收益和无谓损失之间权衡取舍。他们还分析了老板对下属进行授权的承诺价值。

不管是交易费用经济学还是企业的产权理论，几乎都是一次性博弈的静态模型。关系契约理论假设契约的一部分内容可以被证实，另一部分不能被证实，同时双方的缔约关系要持续多期甚至是无穷期。因此，在某种程度上，关系契约理论可以看作是局部不完全契约的重复博弈版本。贝克尔等（Baker et al.，2002）将产权和关系契约结合起来，考虑了市场变化和产权变化对违约激励的影响。马尔科森提供了一个关系激励契约的最新综述（Malcomson，2013）。

（3）不完全契约理论的应用

不完全契约理论最大的价值在于它为产权或权力提供了一个理性化的解释。因此，它被广泛应用于企业内部组织、公司金融、产业组织、公共经济学、国际贸易等领域。

企业的产权一旦确定，不可能经常改变。但是企业的日常决策权却可以经常变动。借鉴不完全契约理论的控制权概念，阿庚和梯若尔（Aghion and Tirole，1997）讨论了契约不完全时的最优授权问题，并且区分了正式权力（Formal Authority）和真实权力（Real Authority）。授权的好处是增强了代理人的努力激励，但是可能导致委托人的控制权损失，因此最优的授权在两者之间权衡取舍。阿庚等（Aghion et al.，2014）对不完全契约理论在内部组织中的应用进行了全面的综述。

传统的公司金融理论只是将股票或债券当作一种融资手段，而忽视了其控制权价值，从而难以深入分析公司治理。阿庚和博尔顿（Aghion and Bolton，1992）最早将控制权的思想引入到公司金融中，并且发现债务契约能够较好地实现相机控制，这比单纯的资本家控制或企业家控制都更有效。博尔顿（Bolton，2014）对不完全契约理论在公司金融中的应用进行了全面的综述。

博尔顿和温斯顿（Bolton and Whinston，1993）将两个企业的产权关系拓展到多个企业的产权关系，分析了产权变化对上下游企业之间投资行为的影响。勒格罗和纽曼（Legros and Newman，2013）进一步将产品市场的价格机制与企业内部的产权安排结合起来，发展了一个"组织的产业组织"理论（Organizational Industrial Organization）。他们对不完全契约理论在产业组织中的应用进行了全面的综述（Legros and Newman，2014）。

政府什么时候应该直接管理企业？什么时候应该将业务外包给私人企业？哈特等（Hart et al.，1997）将不完全契约思想应用于公共经济学。他们认为，与公共企业相比，私人企业的优点是降低成本和提高质量，但是降低成本可能导致质量下降。因此，如果一种业务的质量容易考核，同时需要降低成本，就应该外包给私人企业，反之则由公共企业提供。后来，哈特将不完全契约理论框架应用于PPP（公私合作伙伴关系）项目的分析（Hart，2003）。

国际贸易契约是典型的不完全契约，并且国际贸易的组织形式丰富多彩，因此，国际贸易成为近年来不完全契约理论的主要应用领域之一。安特拉斯（Antras，2003）最早将产权理论应用于国际贸易，从资本与劳动的相对谈判力角度解释了一个国际贸易的重要特征：一个行业的资本—劳动比越高，就越是可能发生企业内贸易（Intrafirm Trade）。列夫琴科（Levchenko，2007）从另一个角度解释了国际贸易模式。他认为，国际贸易模式不仅取决于要素禀赋带来的比较优势，而且受到制度质量的影响。制度质量越高的国家，在出口契约密集型产品方面就越是具有比较优势。这一推断被国际贸易数据所证实。安特拉斯（Antras，2014）对不完全契约理论在国际贸易中的应用进行了全面的综述。

相对而言，不完全契约理论在政治经济学领域的应用起步较晚。阿庚和博尔顿（Aghion and Bolton，2003）借鉴了不完全契约理论的思想，分析了"不完全社会契约"。特别是，面对罗尔斯（John Lawls）意义上的"无知之幕"（A Veil Of Ignorance），在决定修改一项法律规定时，什么是最优的投票规则？他们认为，最优的投票规则必须在保护少数的利益和提供足够多的立法灵活性之间权衡取舍。此外，皮斯托和许成钢（Pistor and Xu，2003）将不完全契约的思想拓展到法律经济学领域，建立了一个"不完全法律"的初步分析框架。他们考虑的主要问题是，如果法律是不完全的，最优的立法权和执法权如何配置。

第十章　工程项目信息和数据管理

第一节　概述

一、信息及相关概念

（一）信息的含义

信息（Information）一词来源于拉丁文，意思是解释和陈述。信息论的奠基人申农定义信息是"用来消除不确定性的东西"。控制论的创始人维纳定义信息是人和外界相互作用的过程中互相交换的内容的名称。经济管理学家则认为信息是提供决策的有效数据。物理学家认为信息是熵。数学家认为信息论不过是概率论的发展。计算机科学家认为信息是电子线路中传输的信号。

信息从中文字面可以解释为他人之言，自心之解。信息含有本体论信息和认识论信息两个层面。首先，本体论就是从纯客观的角度来定义信息，主要是一个事物呈现出来的运动状态和变化方式。由于世间的事物无处不在，因而本体论信息是取之不尽、用之不竭的信息源泉。而认识论信息则是从认识主体出发，是这个认识主体对该事物"状态与方式"的形式、含义及其对主体价值所感知到的或描述出来的。由此，我们可以知道，本体论信息是认识论信息的基础，而认识论信息是以主体为媒介对本体论信息的一种转化。所以我们说，信息从获取、传递到处理认知以及信息的再生（决策），以至信息的执行（按照智能策略形成智能行为并解决问题），都是一个不断转化的过程。这个过程就是我们所说的信息认识过程，也称为"信息流程"，如图10-1所示。

从信息认识图可以看出，人类认识外部世界的过程，就是获得外部世界信息并对这些信息进行加工的过程。而改造世界的过程则是认识主体对所接收信息进行再加工后所形成的信息，反作用于外部世界、并不断按照策略信息来引导外部事物达到目标信息的过程。

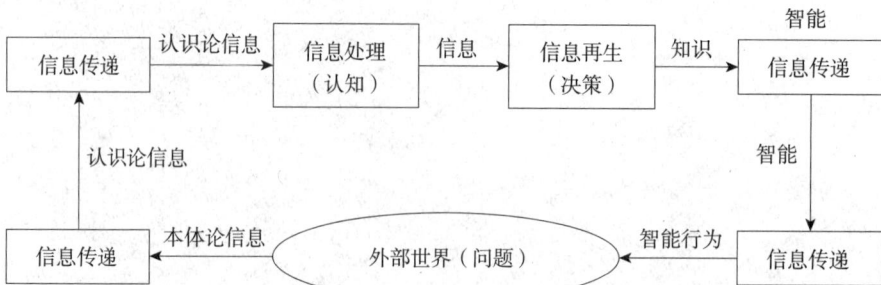

图 10-1　信息认识过程

可以说，人类认识世界和改造世界的过程，从技术本质上说就是一个信息过程。没有信息，人类就不可能认识、改造世界。因此，信息的作用就是使人类对外部世界的运动状态及其发展规律有了深刻的认识，从而减少了人类活动的盲目性。

信息有三个时态：信息的过去时是知识，现代时是新闻，将来时是情报。知识是人类已经认识的、具有一定的系统性的信息。文献是由载体承载着的知识。情报是对于用户有用、经过传递到达用户的知识（Intelligence）。

（二）信息的特征

1. 普遍性与客观性

信息的普遍性是指信息是普遍存在的，信息存在于有生命的有机界、无机界，它无时不有，无处不在。

信息的客观性是指信息是客观存在的，它不以人的意志为转移。信息确实又是可以被感知的，即：信息可以为人们所识别和度量。

2. 寄载性（依附性）

信息的寄载性（依附性）是指信息必须依附于一定的物质载体才能存在。其载体大概有表意型载体如语言、文字、符号、形体、表情等；无形承载型载体如声波、电磁波（光波）、网络等；有形承载型载体如纸张、磁带、光盘等。

由于信息具有寄载性（依附性），所以由此可派生出如下特征，即信息的可存储性、信息的可累积性和信息的可传递性。

3. 可塑性

信息的可塑性是指信息可以被加工处理，在不同载体间转换。可塑性派生出可伪性特征，导致产生认知型伪信息、传播型伪信息和恶意型伪信息等。

4. 共享性

信息的共享性是指信息可以同时为多个主体共同享有。

5. 使用价值的相对性

信息的使用价值相对于该信息持有者的不同而不同。

（三）信息的重要性

信息、能源和原材料并列为自然界的三大资源。信息给我们提供知识，能源给我们提供动力，原材料给我们提供物资。人类正在进入信息时代和信息社会，信息叠加在原材料和能源之上成为主导社会生产和生活的主要因素。信息时代人类对信息的需求迅速增加，信息的生产、加工、分配和利用逐渐成为推动经济活动的主导方面，成为主导社会发展的主流。

信息成为信息社会的主体，信息也改变了人类的生产方式，以创造、革新体力劳动为主的生产方式将向以创造、使用代替人类脑力劳动的工具为主的生产方式过渡。

信息就是资源的口号给人一种误导。信息的资源意义是在于信息的使用者而言的。美国国家公共服务署前首席信息官说：信息是一种需要管理的资源。美国著名社会学家约翰·奈斯比特在《大趋势》中说：没有控制和没有组织的信息不再是一种资源，它反而成为信息工作者的敌人。可见，信息管理的意义在于：变信息资源的可能性为现实性。

（四）信息意识、信息素养和信息能力

人类社会正在向信息社会迈进，信息社会之所以称作信息社会，正是因为社会创造的

财富约有三分之二是通过交换信息而使得原有资源得到更充分利用而获得的，而直接从生产中得到的财富反而只占总财富的三分之一。充分理解信息在社会经济文化生活中的重要作用，把信息和物质、能源一样当作重要的资源来看待，这种认识和自觉性可以称为"信息意识"。现代化的人必须具备信息意识，它是人的素质中很重要的一个因素。现代人不但要具备信息意识，还应该具备信息素养和信息能力。

信息素养的概念最早由美国信息产业协会主席保罗·泽考斯基在 1974 年首次提出。它的基本含义是：个体能够认识到精确的和完整的信息是做出决策的基础；能够确定对信息的需求，形成基于信息需求的问题；确定潜在的信息，制定成功的检索方案；从包括计算机在内的信息源获取信息、评价信息、组织信息，用于实际的应用，将信息与原有的知识体系融合，以及在批判性思考和问题的解决过程中使用信息。

信息对所有人都是公平的，有的人能将信息变成资源，大多数人不能。零散的、无规律的信息是没有价值的，只有经过开发后的信息才是有价值的信息。信息有两种，一种是显现的信息，一种是隐含的信息。隐含的信息是经过分析、判断和综合后才能识别的信息。信息综合是对采集得到的数据进行分析整理，重新组合，形成目的性更强、价值更高的增值信息。信息开发有两种方式：一是对已有的信息挖掘、延伸，引发创新需求的新信息，达到信息的增值；二是通过设计和试验等创造新的信息。有价值的信息往往是反复推理分析和猜想后的结果，这个过程是信息分析的综合力和创造力的体现。

二、工程项目信息的概念

（一）工程项目信息

工程项目信息包括在项目决策过程、实施过程（设计准备、设计、施工和物资采购过程）和运行过程中产生的信息，以及其他与项目有关的信息。项目中的信息大致有以下几种：

1.项目基本状况的信息。它主要存在于项目的建议书、可行性研究报告、项目手册、各种合同、设计和计划文件中。

2.现场实际工程信息，如实际工期、成本、质量、资源消耗情况的信息等。它主要存在于各种报告，如日报、月报、重大事件报告，设备、劳动力、材料使用报告及质量报告中。

3.各种指令、决策方面的信息。

4.其他信息。外部进入项目的环境信息，如市场情况、气候、外汇波动、政治动态等。

可以从不同的角度对工程项目的信息进行分类。

比如：

1.按项目管理的工作对象，即按项目的分解结构，如子项目1、子项目2等进行信息分类；

2.按项目实施的工作过程，如设计准备、设计、招标投标和施工过程等进行信息分类；

3.按项目管理工作的任务，如投资控制、进度控制、质量控制等进行信息分类；

4.按信息的内容属性，如组织类信息、管理类信息、经济类信息、技术类信息等，如图 10-2 所示。

为满足项目管理工作的要求，往往需要对建设工程项目信息进行综合分类，即按多维进行分类，如：

（1）第一维：按项目的分解结构；

（2）第二维：按项目实施的工作过程；

（3）第三维：按项目管理工作的任务。

（二）工程项目信息的特征

工程项目信息作为信息的一种，具备信息的全部特征。作为"工程项目"的信息，又具备自身独有的特征。

（1）数量庞大。随着工程项目的进展，项目信息的数量呈现出加速递增的趋势，据统计，一个大型项目在项目实施全过程中产生的文档纸张可以达到几十吨重。在大型工程项目中，完全用手工对工程项目中的海量信息进行管理是非常困难的，目前的大型工程项目一般都采用计算机系统对项目信息进行管理。工程信息的电子化是工程信息管理的一般基本趋势。

（2）类型复杂。从计算机辅助信息管理的角度，工程项目在实施过程中产生的信息可以分为两类，一类是结构化信息，一般是指数据信息，这些数据一般被保存在关系型数据库的数据表中，管理和利用都很方便。另一类信息是非结构化或半结构化的信息，如工程文档、工程照片以及声音、图像等多媒体数据，这些很难保存在一般的数据库系统中，大多以文件的形式存放在文件容器（或文档数据库中），一般把对这一类信息的管理称为"内容管理"。由于非结构化或半结构化的信息占据工程项目信息的80%以上，内容管理在工程项目信息管理中占有十分重要的地位。

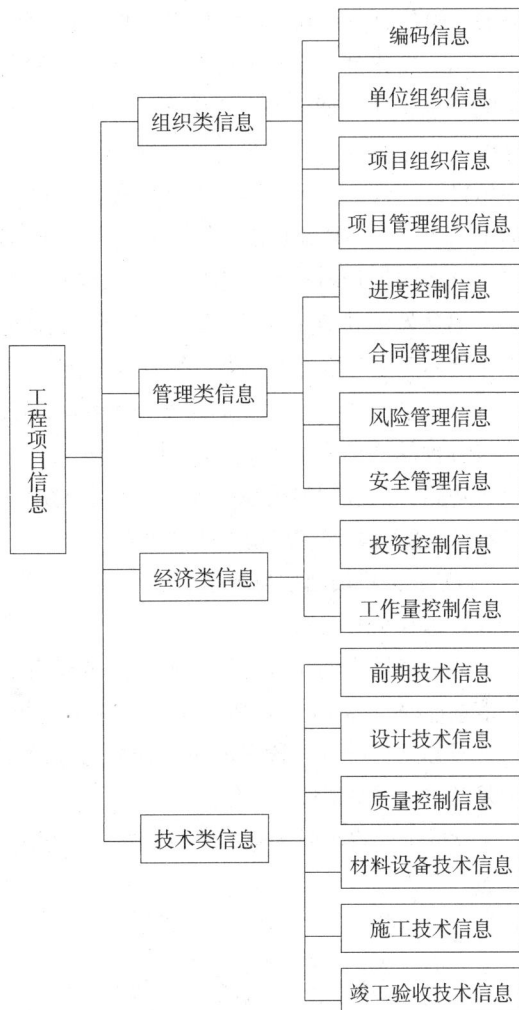

图 10-2　工程项目信息的分类

（3）来源广泛、存储分散。工程项目的信息来自建设单位、设计单位、施工单位、监理单位和物资供应单位以及其他组织与部门；来自可行性研究、设计、招标投标、施工及保修运行等项目各个阶段的各个环节；来自于建筑、结构、给水排水、暖通、强弱电等各个专业；来自于质量控制、投资控制、进度控制、合同管理和安全管理等项目管理的各个方面。由于工程项目信息来源的广泛性，往往给信息的收集与整理工作造成很大的困难，如何完整、准确、及时地收集项目信息以及合理地整理项目信息是工程项目信息管理要解决的首要问题，它直接影响工程项目管理人员判断和决策的正确性和及时性。

工程项目中的各个参与方都可能成为项目信息的提供者，大量的项目信息存储在各个参与方各自的信息系统中，这种现象被描述为"信息孤岛"。"信息孤岛"造成信息交流的障碍，给信息技术的应用以及信息的集成化管理造成障碍。

（4）始终处于动态变化中。工程项目的信息和其他应用环境的信息一样，都有一个完整的信息生命周期，加上工程项目实施过程中大量不确定因素的存在，工程项目的信息始终处于动态变化中。以设计图纸为例，在一个工程项目中存在不同设计深度和不同版本的多份设计图纸。这也说明了在项目实施过程中，对项目信息进行动态控制和管理的必要性。信息的版本控制是项目信息管理的一项重要内容。

（5）应用环境复杂。不同项目参与方对项目信息有不同的应用要求，同一信息有着不同的信息处理和应用要求，因此对项目信息进行组织和管理时应充分考虑对信息的应用要求，这体现在对信息的分类、编码等工作上。

（6）系统性以及时空上的不一致性。工程项目的信息是在一定时空内形成的，与工程项目管理的活动密切相关，同时，工程项目信息的收集、加工、传递及反馈是一个连续的闭合环路，具有明显的系统性。时空上的不一致体现在工程项目建设的不同阶段、不同地点都将发生、处理和应用大量的信息。

（三）工程项目信息的重要性

1. 工程项目过程

从信息管理的角度可把纷繁复杂的建设项目决策和实施过程归纳为两个主要过程，一是信息过程（Information Processes），二是物质过程（Material Processes）。项目策划阶段、设计阶段和招标投标阶段等的主要任务之一就是生产、处理、传递和应用信息，这些阶段的主要工作成果是建设项目信息。

实际上建设项目的施工阶段是物质过程和信息过程的高度融合，如图 10-3 所示。

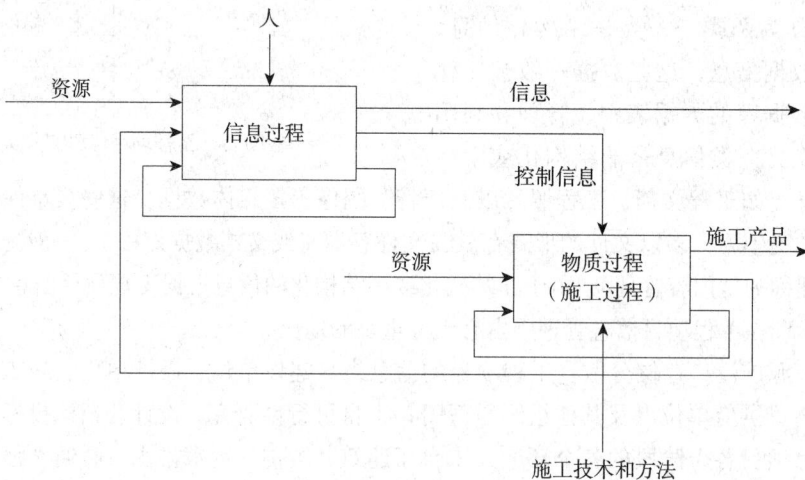

图 10-3　项目建设中的信息过程及物质过程

据有关国际文献资料介绍，建设项目实施过程中存在的诸多问题，其中三分之二与信息交流（信息沟通）的问题有关；建设项目 10%~33% 的费用增加与信息交流存在的问题有关；在大型建设项目中，信息交流的问题导致工程变更和工程实施的错误约占工程总成本的 3%~5%。由此可见建设项目管理中信息管理的重要性。

2. 工程项目的信息流

由于工程项目管理是一个涉及多方参与的复杂系统，因而要使工程项目管理更加行之有效，实现各方的随时沟通，就必须使信息在项目组织内部及该项目与环境之间进行流动，形成一个"信息流"，并合理组织这个信息流，保证工程信息的流畅性与时效性，以达到实现其经济效益的目的。

在工程项目实施过程中产生如下几种流动过程及其相互关系：

（1）工作流。由项目的结构分解得到项目的所有工作，任务书（委托书或合同）确定了这些工作的实施者，再通过项目计划具体安排他们的实施方法、实施顺序、实施时间以及实施过程中的协调。这些工作在一定时间和空间内实施，便形成项目的工作流。工作流构成项目的实施过程和管理过程，主体是劳动力和管理人员。

（2）物流。工程的实施需要各种材料、设备、能源，它们由外界输入，经过处理转换成工程实体，最终得到项目产品，则由工作流引起物流，表现出工程的物质生产过程。

（3）资金流。资金流是工程过程中价值的运动。例如，从外部投入资金，通过采购变成库存的材料和设备，支付工资和工程款，再转变为已完工程，投入运营后作为固定资产，通过项目的运营取得收益。

（4）信息流。工程项目的实施过程需要同时又不断地产生大量信息。这些信息伴随着上述几种流动过程按一定的规律产生、变换、变化和被使用，并被传送到相关部门或单位，形成项目实施过程中的信息流。项目管理者设置目标，作决策，作各种计划，组织资源供应，领导、激励、协调各项目参加者的工作，控制项目的实施过程都靠信息来实施，了解项目实施情况，发布各种指令，计划并协调各方面的工作，完成项目管理任务。

上述四种流动过程之间相互联系、相互依赖又相互影响，共同构成项目实施和管理的过程。

在这四种流动过程中，信息流对项目管理有特别重要的意义。信息流将项目的工作流、物流、资金流，各个管理职能、项目组织，以及项目与环境结合在一起，反映、控制、指挥着工作流、物流及资金流。例如，在项目实施过程中，各种工程文件、报告、报表反映了工程项目的实施情况，反映了工程实物进度、费用、工期状况，各种指令、计划、协调方案又控制和指挥着项目的实施。所以，它是项目的神经系统。只有信息流畅通，有效率，才会有顺利的，有效率的项目实施过程。

（四）工程项目中的信息交换过程

工程项目中的信息流通方式是丰富多彩的，可以从许多角度进行描述。项目中的信息流包括两个最主要的信息交换过程：

1. 项目与外界的信息交换

项目作为一个开放系统，它与外界有大量的信息交换。这里包括：

（1）由外界输入的信息。例如，环境信息、物价变动信息、市场状况信息、周边情况信息以及外部系统（如企业、政府机关）给项目的指令、对项目的干预等。

（2）项目向外界输出的信息，如项目状况的报告、请示、要求等。

在现代社会，工程项目对社会的各个方面产生影响，它的大量信息必须对外公布，让相关各个方面有知情权。同时市场（如工程承包市场、材料、设备市场等）和政府管理部门也需要项目信息，如项目的需求信息、项目实施情况的信息，项目结束后的各种统计信息等。

对于政府项目、公共工程项目更需要通过互联网让社会各相关方面了解项目的信息，使项目在"阳光"下运作。这也是政府政务公开的一部分。

对于企业，存在以企业的项目办公室等综合部门为中心的项目信息流，以及项目经理部与环境组织之间的项目信息流。

2. 项目内部的信息交换

项目内部的信息交换是项目实施过程中项目组织成员和项目管理各部门因进行沟通而产生的大量信息。项目内部的信息交换主要包括：

（1）正式的信息渠道。信息通常在项目组织机构内按组织程序流通，它属于正式的沟通，一般有四种信息流。

①自上而下流动的信息流：这是一种信息源在上，接受信息者是其直接下属，决策、指令、通知、计划等由上向下传递的流动过程。这个传递过程并不是一般的翻印，而是进行逐渐细化、具体化，直到成为可执行的操作指令。

②自下而上流动的信息流：与第一种相反，这是一种信息逐级向上流动的过程。这个过程不是一般的叠合，而是经过归纳整理形成的逐渐归纳、浓缩的报告，即我们所说的金字塔形信息流，如图 10-4 所示。主要包括项目实施和管理过程中有关目标的完成程度、工期、费用、质量、安全、消耗、效率等情况。这些可以成为上层管理者决策的重要基础和依据。

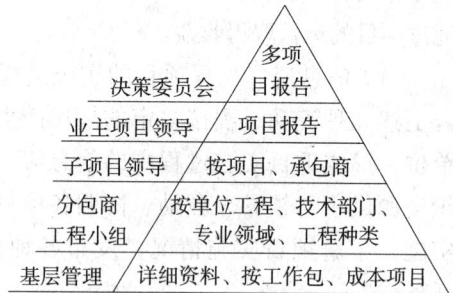

图 10-4　金字塔形信息流

③横向或网络状信息流：横向流动的信息主要是指在工程项目管理机构中，相同层次的管理部门或管理人员之间相互提供或接收的信息。由于各部门的管理职能不同，但为了共同的目标而需要相互协作，相互间就需要时常互通有无、相互补充。

④在项目管理班子与环境之间流动的信息：项目管理班子与自己企业的领导、设计单位、供应单位、施工单位、建设单位、质量监督部门，以及有关国家管理和业务部门，根据实际情况的需要进行信息交流，以此来满足自身项目管理的需要、项目与环境的协作要求。由于这种信息涉及信誉、竞争、守法和经济效益等多方面重大的原则性问题，因此，进行工程项目管理的有关人员也应对这种信息予以充分的重视。信息关系流程如图 10-5 所示。

（2）非正式的信息渠道，如通过闲谈、"小道消息"、非组织渠道了解情况。

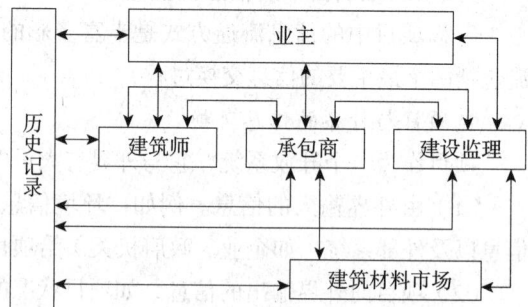

图 10-5　工程参建各方信息流程图

三、工程项目信息管理的概念

（一）信息管理的概念

信息管理可以说是一种信息再生过程，它从管理主体收集信息开始，经过对信息的整理加工、存储和传递，产生新的决策信息，施效于管理客体，又得到反馈信息而汇集于另一轮收集的信息中，这样循环往复以至于无穷。可见，管理的本质是对信息进行处理。没有信息的提供，管理就失去了基础。但是如前所述，信息也是需要管理的。信息管理的任务就是为管理的各项职能提供信息。

信息管理是指对信息的收集、加工、整理、存储、传递、应用与反馈等一系列工作进行的计划、组织、指挥、协调与控制等。信息管理的目的就是通过有组织的信息流通，使信息需求者能及时、准确地获得相应的信息。

信息管理是对信息的管理以及对信息活动的管理。信息活动需要事先策划，活动需要事先精心策划。你这样策划它就这样发生，你那样策划它就那样发生，如果不策划它就不会发生。策划得好可以带来利益；策划得不好就会带来损失。信息活动是组织的主要活动，需要管理。

信息活动不只是指与计算机系统有关的活动。信息活动的种类很多，比如召开工作会议、举行信息发布会、举办商品展销会、开展和实施信息化工程等都属于信息活动。

信息的活动包括信息的采集、加工、存储、传播、利用和反馈等活动环节，如图10-6所示。

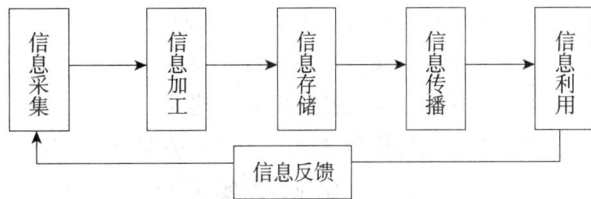

图10-6 信息活动的环节

（二）工程项目对信息管理的基本要求

信息必须符合管理的需要，要有助于项目管理系统的运行，不能造成信息的泛滥和污染。一般它必须符合如下基本要求：

（1）适用性，专业对口。不同的项目管理职能人员、不同专业的项目参加者，在不同的时间，对不同的事件，就有不同的信息要求。信息首先要专业对口，按专业的需要提供和流动。

（2）准确性，可靠性。反映实际情况，使用精确的信息表达。信息必须符合实际应用的需要，符合目标，而且简单有效，这是正确、有效管理的前提。这里有两方面的含义：

①各种工程文件、报表、报告要实事求是，反映客观。

②各种计划、指令、决策要以实际情况为基础。

不反映实际情况的信息容易造成决策、计划、控制的失误，进而损害项目目标。

（3）及时提供。信息应适应接受者的需要，应严格按时间提出并分发。只有及时提供信息，才能有及时的反馈，管理者才能及时地控制项目的实施过程。信息一旦过时，将造成不应有的损失。

（4）简明，便于理解。信息要让使用者易于了解情况，分析问题。所以，信息的表达形式应符合人们日常接受信息的习惯，而且对于不同的人，应有不同的表达形式。例如：

对于不懂专业，不懂项目管理的业主，则要采用更直观明了的表达形式，如模型、表格、图形、文字描述等。

（三）工程项目信息管理

1. 工程项目信息管理的概念

工程项目信息管理就是对工程项目信息与工程项目信息活动进行的管理。

工程项目信息管理本来就存在，但作用不明显。信息时代背景下，工程项目信息管理的作用越来越明显。已有的信息管理模式不能满足企业运作的需要，新的信息管理模式应运而生。

工程项目的信息管理具有一般信息管理的特征。

（1）管理是为了实现组织的目标。

（2）管理主体是具有一定知识和水平的管理者。

（3）管理对象是组织的活动。

（4）管理本身是一个过程。

（5）管理的对象是非人、财、物的信息和信息活动。

（6）管理行为并不限于在工作现场，工程项目信息管理是无时不有，无处不在的。

2. 工程项目信息管理的内容

工程项目信息管理的主要内容包括：

（1）工程项目文档资料管理。

（2）工程项目信息基础设施的建立。

（3）工程项目信息系统的运行维护与应用管理。

（4）工程项目信息化建设的实施。

（5）工程项目信息和信息活动的管理。

（6）工程项目信息管理的定量分析。

（7）工程项目信息管理者的配备和素质提高。

3. 工程项目信息管理的误区

（1）信息管理就是对计算机系统的管理

①计算机信息系统并不能解决自身的一切问题。首先，系统的输入信息，计算机系统不会自主识别；其次，系统只能输出运算的结果，不会自主利用结果；最后，系统既定的功能不会自主发挥，需要人去使用。

②计算机信息系统并不能解决组织内的一切问题。

首先，计算机系统对于例外问题无能为力。

其次，组织某些外部重要信息和内部信息的获取不能通过计算机系统进行。重要的外部信息比如一些随机信息的获取只能靠管理者采集信息的信息管理能力。内部信息尤其是组织内员工们正在发生的各种活信息，无法从计算机系统上获取，只能是管理者通过与员工直接接触、进行面对面的信息沟通才可能实现。

可见，组织内有许多不能使用计算机管理的信息管理任务，计算机系统（MIS、SIMS、ERP 等）的管理只是信息管理的一部分。

（2）工程项目文档资料管理可以照搬图书馆、档案馆模式

①图书馆只注重收藏，文献资料的利用是读者的事。而工程项目文档资料管理不仅注

重收藏，更注重利用，利用文档资料是工程项目组织自己的事情。

②图书馆的收藏是越多越古越全越好，即使现在没用也可供历史研究。而工程项目组织只能收藏对项目有用的信息，对工程项目无用的信息必须清除。

③图书馆的收藏如果不能满足读者需要，自身没有责任，也无损失。而工程项目的信息管理如果不能满足项目的需要，就是工作失职，负有责任，而且工程项目因此可能遭受损失。

因此，工程项目信息管理不能照搬图书馆、档案馆模式。

（3）信息管理就是对信息部门的管理

①信息部门与财务部门、人事部门不同。信息部门管理的是信息和信息活动，不是常规管理的人、财、物。

②一个不懂得信息管理的组织主要负责人，有可能轻易否定信息部门的正确建议，也可能会盲目肯定信息部门的错误方案。

③部门负责人往往只关注部门目标。组织主要负责人才关心组织整体目标。

可见，对信息部门的管理只是信息管理的一部分。

四、业主方建设期信息管理任务

1. 设计准备阶段的信息管理

（1）建立项目的信息编码体系及信息管理制度；

（2）收集、整理和分类归档各种项目的管理信息；

（3）协助业主建立会议制度，管理各种会议记录；

（4）建立各种报表和报告制度，确保信息流畅通、及时和准确；

（5）编写项目管理工作日志；

（6）每月向业主递交项目管理工作月报；

（7）运用计算机辅助项目的信息管理，随时向业主提供有关项目管理的各类信息、各种报表和报告；

（8）将所有项目管理信息分类装订成册，在项目管理工作结束之后递交业主。

2. 设计阶段的信息管理

（1）建立设计阶段工程信息编码体系；

（2）建立设计阶段信息管理制度，并控制其执行；

（3）进行设计阶段各类工程信息的收集、分类存档和整理；

（4）运用计算机辅助项目的信息管理，随时向业主提供项目管理各种报表和报告；

（5）协助业主建立有关会议制度，整理会议记录；

（6）督促设计单位整理工程技术和经济资料及档案；

（7）填写项目管理工作记录，每月向业主递交设计阶段项目管理工作月报；

（8）将所有设计文档（包括图纸、技术说明、来往函件、会议纪要和政府批件等）装订成册，在项目结束后递交业主。

3. 与施工招标投标工作有关的信息管理

（1）起草和修改各类招标文件；

（2）在投资控制软件、进度控制软件内建立项目的结构和各子项目的编码，为计算机辅助进度控制和投资控制奠定基础；

（3）招标投标过程中各种信息的收集、分类与存档。

4. 施工阶段的信息管理

（1）进行各种工程信息的收集、整理和存档；

（2）定期提供各类工程项目管理报表；

（3）建立工程会议制度。

5. 动用前准备阶段的信息管理

（1）进行各种工程信息的收集、整理和存档；

（2）提供各类工程项目管理报表；

（3）督促项目实施单位整理工程技术资料；

（4）组织提交竣工资料；

（5）组织编制重要设施的使用及维护手册。

五、工程项目信息管理的方法

（一）工程项目信息管理手册

在当今的信息时代，在国际上工程管理领域产生了信息管理手册，它是信息管理的核心指导文件。为充分利用和发挥信息资源的价值、提高信息管理的效率以及实现有序的和科学的信息管理，工程项目参与方都应编制信息管理手册，以规范信息管理工作。信息管理手册描述和定义信息管理的任务、执行者（部门）、每项信息管理任务执行的时间和其工作成果等，它的主要内容包括：

（1）确定信息管理的任务（信息管理任务目录）；

（2）确定信息管理的任务分工表和管理职能分工表；

（3）确定信息的分类；

（4）确定信息的编码体系和编码；

（5）绘制信息输入输出模型（反映每一项信息处理过程的信息的提供者、信息的整理加工者、信息整理加工的要求和内容以及经整理加工后的信息传递给信息的接受者，并用框图的形式表示）；

（6）绘制各项信息管理工作的工作流程图（如信息管理手册编制和修订的工作流程，为形成各类报表和报告，收集信息、审核信息、录入信息、加工信息、信息传输和发布的工作流程，以及工程档案管理的工作流程等）；

（7）绘制信息处理的流程图（如施工安全管理信息、施工成本控制信息、施工进度信息、施工质量信息、合同管理信息等的信息处理的流程）；

（8）确定信息处理的工作平台（如以局域网作为信息处理的工作平台，或用门户网站作为信息处理的工作平台等）及明确其使用规定；

（9）确定各种报表和报告的格式，以及报告周期；

（10）确定项目进展的月度报告、季度报告、年度报告和工程总报告的内容及其编制原则和方法；

（11）确定工程档案管理制度；

（12）确定信息管理的保密制度，以及与信息管理有关的制度。

（二）工程项目信息管理的职责

项目管理班子中各个工作部门的管理工作都与信息处理有关，它们也都承担一定的信息管理任务，而信息管理部门是专门从事信息管理的工作部门，其主要工作职责是：

（1）负责主持编制信息管理手册，在项目实施过程中进行信息管理手册的必要的修改和补充，并检查和督促其执行；

（2）负责协调和组织项目管理班子中各个工作部门的信息处理工作；

（3）负责信息处理工作平台的建立和运行维护；

（4）与其他工作部门协同组织收集信息、处理信息和形成各种反映项目进展和项目目标控制的报表和报告；

（5）负责工程档案管理等。

第二节　工程项目文件档案资料管理

一、建设工程文件档案资料概念

（一）建设工程文件概念

建设工程文件（Construction Project Document）是指在工程建设过程中形成的各种形式的信息记录，包括工程准备阶段文件、监理文件、施工文件、竣工图和竣工验收文件，简称为"工程文件"。

1. 工程准备阶段文件（Pre-Construction Document）

工程准备阶段文件，指工程开工以前，在立项、审批、用地、勘察、设计、招标投标等工程准备阶段形成的文件。

工程准备阶段文件具体包括：

（1）立项文件。①项目建议书批复文件及项目建议书；②可行性研究报告批复文件及可行性研究报告；③专家论证意见、项目评估文件；④有关立项的会议纪要、领导批示。

（2）建设用地、拆迁文件。①选址申请及选址规划意见通知书；②建设用地批准书；③拆迁安置意见、协议、方案等；④建设用地规划许可证及其附件；⑤土地使用证明文件及其附件；⑥建设用地钉桩通知单。

（3）勘察、设计文件。①工程地质勘查报告；②水文地质勘查报告；③初步设计文件（说明书）设计方案审查意见；④人防、环保、消防等有关主管部门（对设计方案）审查意见；⑤设计计算书；⑥施工图设计文件审查意见；⑦节能设计备案文件。

（4）招标投标文件。①勘察、设计招标投标文件；②勘察、设计合同；③施工招标投标文件；④施工合同；⑤工程监理招标投标文件；⑥监理合同。

（5）开工审批文件。①建设工程规划许可证及其附件；②建设工程施工许可证。

（6）工程造价文件。①工程投资估算材料；②工程设计概算材料；③招标控制价格文件；④合同价格文件；⑤结算价格文件。

（7）工程建设基本信息。①工程概况信息表；②建设单位工程项目负责人及现场管理人员名册；③监理单位工程项目总监及监理人员名册；④施工单位工程项目经理及质量管理人员名册。

2. 监理文件（Project Supervision Document）

监理文件，指监理单位在工程设计、施工等监理过程中形成的文件。

监理文件具体包括：

（1）监理管理文件。①监理规划；②监理实施细则；③监理月报；④监理会议纪要；⑤监理工作日志；⑥监理工作总结；⑦工作联系单；⑧监理工程师通知；⑨监理工程师通知回复单；⑩工程暂停令；⑪工程复工报审表。

（2）进度控制文件。①工程开工报审表；②施工进度计划报审表。

（3）质量控制文件。①质量事故报告及处理资料；②旁站监理记录；③见证取样和送检人员备案表；④见证记录；⑤工程技术文件报审表。

（4）造价控制文件。①工程款支付；②工程款支付证书；③工程变更费用报审表；④费用索赔申请表；⑤费用索赔审批表。

（5）工期管理文件。①工程延期申请表；②工程延期审批表。

（6）监理验收文件。①竣工移交证书；②监理资料移交书。

3. 施工文件（Constructing Document）

施工文件，指施工单位在施工过程中形成的文件。

施工文件具体包括：

（1）施工管理文件。①工程概况表；②施工现场质量管理检查记录；③企业资质证书及相关专业人员岗位证书；④分包单位资质报审表；⑤建设单位质量事故勘查记录；⑥建设工程质量事故报告书；⑦施工检测计划；⑧见证试验检测汇总表；⑨施工日志。

（2）施工技术文件。①工程技术文件报审表；②施工组织设计及施工方案；③危险性较大分部分项工程施工方案；④技术交底记录；⑤图纸会审记录；⑥设计变更通知单；⑦工程洽商记录。

（3）进度造价文件。①工程开工报审表；②工程复工报审表；③施工进度计划报审表；④施工进度计划；⑤人、机、料动态表；⑥工程延期申请表；⑦工程款支付申请表；⑧工程变更费用报审表；⑨费用索赔申请表。

（4）施工物资出厂质量证明及进场检测文件。

①出厂质量证明文件及检测报告：包括砂、石、砖、水泥、钢筋、隔热保温、防腐材料、轻骨料出厂证明文件；其他物资出厂合格证、质量保证书、检测报告和报关单或商检证等；材料、设备的相关检验报告、型式检测报告、3C强制认证合格证书或3C标志；主要设备、器具的安装使用说明书；进口的主要材料设备的商检证明文件；涉及消防、安全、卫生、环保、节能的材料、设备的检测报告或法定机构出具的有效证明文件；其他施工物资产品合格证、出厂检验报告7种。

②进场检验通用表格。包括材料、构配件进场检验记录；设备开箱检验记录；设备及管道附件试验记录3种。

③进场复试报告。包括钢材试验报告；水泥试验报告；砂试验报告；碎（卵）石试验报告；外加剂试验报告；防水涂料试验报告；防水卷材试验报告；砖（砌块）试验报告；

预应力筋复试报告；预应力锚具、夹具和连接器复试报告；装饰装修用门窗复试报告；装饰装修用人造木板复试报告；装饰装修用花岗石复试报告；装饰装修用安全玻璃复试报告；装饰装修用外墙面砖复试报告；钢结构用钢材复试报告；钢结构用防火涂料复试报告；钢结构用焊接材料复试报告；钢结构用高强度大六角头螺栓连接副复试报告；钢结构用扭剪型高强度螺栓连接副复试报告；幕墙用铝塑板、石材、玻璃、结构胶复试报告；散热器、供暖系统保温材料、通风与空调工程绝热材料、风机盘管机组、低压配电系统电缆的见证取样复试报告；节能工程材料复试报告；其他物资进场复试报告等20余种。

（5）施工记录文件。包括隐蔽工程验收记录；施工检查记录；交接检查记录；工程定位测量记录；基槽验线记录；楼层平面放线记录；楼层标高抄测记录；建筑物垂直度、标高观测记录；沉降观测记录；基坑支护水平位移监测记录；桩基、支护测量放线记录；地基验槽记录；地基钎探记录；混凝土浇灌申请书；预拌混凝土运输单；混凝土开盘鉴定；混凝土拆模申请单；混凝土预拌测温记录；混凝土养护测温记录；大体积混凝土养护测温记录；大型构件吊装记录；焊接材料烘焙记录；地下工程防水效果检查记录；防水工程试水检查记录；通风（烟）道、垃圾道检查记录；预应力筋张拉记录；有粘结预应力结构灌浆记录；钢结构施工记录；网架（索膜）施工记录；木结构施工记录；幕墙注胶检查记录；自动扶梯、自动人行道的相邻区域检查记录；电梯电气装置安装检查记录；自动扶梯、自动人行道电气装置检查记录；自动扶梯、自动人行道整机安装质量检查记录；其他施工记录文件等30余种。

（6）施工试验记录及检测文件。

①通用表格。包括设备单机试运转记录；系统试运转调试记录；接地电阻测试记录和绝缘电阻测试记录4种。

②建筑与结构工程。包括锚杆试验报告；地基承载力检验报告；桩基检测报告；土工击实试验报告；回填土试验报告（应附图）；钢筋机械连接试验报告；钢筋焊接连接试验报告；砂浆配合比申请书、通知单；砂浆抗压强度试验报告；砌筑砂浆试块强度统计、评定记录；混凝土配合比申请书、通知单；混凝土抗压强度试验报告；混凝土试块强度统计、评定记录；混凝土抗渗试验报告；砂、石、水泥放射性指标报告；混凝土碱总量计算书；外墙饰面砖样板粘结强度试验报告；后置埋件抗拔试验报告；超声波探伤报告、探伤记录；钢构件射线探伤报告；磁粉探伤报告；高强度螺栓抗滑移系数检测报告；钢结构焊接工艺评定；网架节点承载力试验报告；钢结构防腐、防火涂料厚度检测报告；木结构胶缝试验报告；木结构构件力学性能试验报告；木结构防护剂试验报告；幕墙双组分硅酮结构胶混匀性及拉断试验报告；幕墙的抗风压性能、空气渗透性能、雨水渗透性能及平面内变形性能检测报告；外门窗的抗风压性能、空气渗透性能和雨水渗透性能检测报告；墙体节能工程保温板材与基层粘结强度现场拉拔试验；外墙保温浆料同条件养护试件试验报告；结构实体混凝土强度验收记录；结构实体钢筋保护层厚度验收记录；围护结构现场实体检验；室内环境检测报告；节能性能检测报告；其他建筑与结构施工试验记录与检测文件近40种。

③给水排水及供暖工程。包括灌（满）水试验记录；强度严密性试验记录；通水试验记录；冲（吹）洗试验记录；通球试验记录；补偿器安装记录；消火栓试射记录；安全附

件安装检查记录；锅炉烘炉试验记录；锅炉煮炉试验记录；锅炉试运行记录；安全阀定压合格证书；自动喷水灭火系统联动试验记录；其他给水排水及供暖施工试验记录与检测文件 14 种。

④建筑电气工程。包括电气接地装置平面示意图表；电气器具通电安全检查记录；电气设备空载试运行记录；建筑物照明通电试运行记录；大型照明灯具承载试验记录；漏电开关模拟试验记录；大容量电气线路结点测温记录；低压配电电源质量测试记录；建筑物照明系统照度测试记录；其他建筑电气施工试验记录与检测文件 10 种。

⑤智能建筑工程。包括综合布线测试记录；光纤损耗测试记录；视频系统末端测试记录；子系统检测记录；系统试运行记录；其他智能建筑施工试验记录与检测文件 6 种。

⑥通风与空调工程。包括风管漏光检测记录；风管漏风检测记录；现场组装除尘器、空调机漏风检测记录；各房间室内风量测量记录；管网风量平衡记录；空调系统试运转调试记录；空调水系统试运转调试记录；制冷系统气密性试验记录；净化空调系统检测记录；防排烟系统联合试运行记录；其他通风与空调施工试验记录与检测文件 11 种。

⑦电梯工程。包括轿厢平层准确度测量记录；电梯层门安全装置检测记录；电梯电气安全装置检测记录；电梯整机功能检测记录；电梯主要功能检测记录；电梯负荷运行试验记录；电梯负荷运行试验曲线图表；电梯噪声测试记录；自动扶梯、自动人行道安全装置检测记录；自动扶梯、自动人行道整机性能、运行试验记录；其他电梯施工试验记录与检测文件 11 种。

（7）施工质量验收文件。包括检验批质量验收记录；分项工程质量验收记录；分部（子分部）工程质量验收记录；建筑节能分部工程质量验收记录；自动喷水系统验收缺陷项目划分记录；程控电话交换系统分项工程质量验收记录；会议电视系统分项工程质量验收记录；卫星数字电视系统分项工程质量验收记录；有线电视系统分项工程质量验收记录；公共广播与紧急广播系统分项工程质量验收记录；计算机网络系统分项工程质量验收记录；应用软件系统分项工程质量验收记录；网络安全系统分项工程质量验收记录；空调与通风系统分项工程质量验收记录；变配电系统分项工程质量验收记录；公共照明系统分项工程质量验收记录；给水排水系统分项工程质量验收记录；热源和热交换系统分项工程质量验收记录；冷冻和冷却水系统分项工程质量验收记录；电梯和自动扶梯系统分项工程质量验收记录；数据通信接口分项工程质量验收记录；中央管理工作站及操作分站分项工程质量验收记录；系统实时性、可维护性、可靠性分项工程质量验收记录；现场设备安装及检测分项工程质量验收记录；火灾自动报警及消防联动系统分项工程质量验收记录；综合防范功能分项工程质量验收记录；视频安防监控系统分项工程质量验收记录；入侵报警系统分项工程质量验收记录；出入口控制（门禁）系统分项工程质量验收记录；巡更管理系统分项工程质量验收记录；停车场（库）管理系统分项工程质量验收记录；安全防范综合管理系统分项工程质量验收记录；综合布线系统安装分项工程质量验收记录；综合布线系统性能检测分项工程质量验收记录；系统集成网络连接分项工程质量验收记录；系统数据集成分项工程质量验收记录；系统集成整体协调分项工程质量验收记录；系统集成综合管理及冗余功能分项工程质量验收记录；系统集成可维护性和安全性分项工程质量验收记录；电源系统分项工程质量验收记录；其他施工质量验收文件 40

余种。

（8）施工验收文件。包括单位（子单位）工程竣工预验收报验表；单位（子单位）工程质量竣工验收记录；单位（子单位）工程质量控制资料核查记录；单位（子单位）工程安全和功能检验资料核查及主要功能抽查记录；单位（子单位）工程观感质量检查记录；施工资料移交书；其他施工验收文件7种。

4. 竣工图（As-Built Drawing）

竣工图，指工程竣工验收后，真实反映建设工程施工结果的图样。

竣工图包括：建筑竣工图；结构竣工图；钢结构竣工图；幕墙竣工图；室内装饰竣工图；建筑给水排水及供暖竣工图；建筑电气竣工图；智能建筑竣工图；通风与空调竣工图；室外工程竣工图；规划红线内的室外给水、排水、供热、供电、照明管线等竣工图；规划红线内的道路、园林绿化、喷灌设施等竣工图12种。

5. 竣工验收文件（Handing Over Document）

竣工验收文件，指建设工程项目竣工验收活动中形成的文件。

工程竣工验收文件包括：

（1）竣工验收与备案文件。包括勘察单位工程质量检查报告；设计单位工程质量检查报告；施工单位工程竣工报告；监理单位工程质量评估报告；工程竣工验收报告；工程竣工验收会议纪要；专家组竣工验收意见；工程竣工验收证书；规划、消防、环保、民防、防雷等部门出具的认可文件或准许使用文件；房屋建筑工程质量保修书；住宅质量保证书、住宅使用说明书；建设工程竣工验收备案表；建设工程档案预验收意见；城市建设档案移交书14种。

（2）竣工决算文件。包括施工决算文件；监理决算文件。

（3）工程声像资料等。包括开工前原貌、施工阶段、竣工新貌照片；工程建设过程的录音、录像资料（重大工程）。

（4）其他工程文件。

（二）建设工程档案概念

建设工程档案（Project Archives）是指在工程建设活动中直接形成的具有归档保存价值的文字、图纸、图表、声像、电子文件等各种形式的历史记录，简称"工程档案"。

建设工程电子文件（Project Electronic Records）是指在工程建设过程中通过数字设备及环境生成，以数码形式存储于磁带、磁盘或光盘等载体，依赖计算机等数字设备阅读、处理，并可在通信网络上传送的文件。

建设工程电子档案（Project Electronic Archive）是指工程建设过程中形成的具有参考和利用价值并作为档案保存的电子文件及其元数据。

建设工程声像档案（Project Audio-Visual Archives）是指记录工程建设活动，具有保存价值的，用照片、影片、录音带、录像带、光盘、硬盘等记载的声音、图片和影像等历史记录。

（三）其他概念

整理（Arrangement）是指按照一定的原则，对工程文件进行挑选、分类、组合、排列、编目，使之有序化的过程。

案卷（File）是指由互有联系的若干文件组成的档案保管单位。

立卷（Filing）是指按照一定的原则和方法，将有保存价值的文件分门别类整理成案卷，亦称组卷。

归档（Putting Into Record）是指文件形成部门或形成单位完成其工作任务后，将形成的文件整理立卷后，按规定向本单位档案室或向城建档案管理机构移交的过程。

永久保管（Permanent Preservation）是指工程档案保管期限的一种，指工程档案无限期地、尽可能长远地保存下去。

长期保管（Long-Term Preservation）是指工程档案保管期限的一种，指工程档案保存到该工程被彻底拆除。

短期保管（Short-Term Preservation）是指工程档案保管期限的一种，指工程档案保存10年以下。

二、建设工程文件资料归档要求

（一）基本要求

工程文件的形成和积累应纳入工程建设管理的各个环节和有关人员的职责范围。

工程文件应随工程建设进度同步形成，不得事后补编。

每项建设工程应编制一套电子档案，随纸质档案一并移交城建档案管理机构。电子档案签署了具有法律效力的电子印章或电子签名的，可不移交相应纸档案。

建设单位应按下列流程开展工程文件的整理、归档、验收、移交等工作：

（1）在工程招标及与勘察、设计、施工、监理等单位签订协议、合同时，应明确竣工图的编制单位、工程档案的编制套数、编制费用及承担单位、工程档案的质量要求和移交时间等内容；

（2）收集和整理工程准备阶段形成的文件，并进行立卷归档；

（3）组织、监督和检查勘察、设计、施工、监理等单位的工程文件的形成、积累和立卷归档工作；

（4）收集和汇总勘察、设计、施工、监理等单位立卷归档的工程档案；

（5）收集和整理竣工验收文件，并进行立卷归档；

（6）在组织工程竣工验收前，应按《建设工程文件归档规范》GB/T 50328—2014的要求将全部文件材料收集齐全并完成工程档案的立卷；在组织竣工验收时，应组织对工程档案进行验收，验收结论应在工程竣工验收报告、专家组竣工验收意见中明确；

（7）对列入城建档案管理机构接收范围的工程，工程竣工验收备案前，应向当地城建档案管理机构移交一套符合规定的工程档案。

勘察、设计、施工、监理等单位应将本单位形成的工程文件立卷后向建设单位移交。

建设工程项目实行总承包管理的，总包单位应负责收集、汇总各分包单位形成的工程档案，并应及时向建设单位移交；各分包单位应将本单位形成的工程文件整理、立卷后及时移交总包单位。建设工程项目由几个单位承包的，各承包单位应负责收集、整理立卷其承包项目的工程文件，并应及时向建设单位移交。

建设工程档案的验收应纳入建设工程竣工联合验收环节。

城建档案管理机构应对工程文件的立卷归档工作进行指导和服务，并按《建设工程文件归档规范》GB/T 50328—2014 的要求对建设单位移交的建设工程档案进行联合验收。

工程资料管理人员应经过工程文件归档整理的专业培训。

（二）归档文件及其质量要求

1.归档文件范围

（1）对与工程建设有关的重要活动、记载工程建设主要过程和现状、具有保存价值的各种载体的文件，均应收集齐全、整理立卷后归档。

（2）工程文件的具体归档范围应符合《建设工程文件归档规范》GB/T 50328—2014 附录 A 和附录 B 的要求。

（3）声像资料的归档范围和质量要求应符合现行行业标准《城建档案业务管理规范》CJJ/T 158—2011 的要求。

（4）不属于归档范围、没有保存价值的工程文件，文件形成单位可自行组织销毁。

2.归档文件质量要求

（1）归档的纸质工程文件应为原件。

（2）工程文件的内容及其深度应符合国家现行有关工程勘察、设计、施工、监理等标准的规定。

（3）工程文件的内容必须真实、准确，应与工程实际相符合。

（4）计算机输出文字、图件以及手工书写材料，其字迹的耐久性和耐用性应符合现行国家标准《信息与文献 纸张上书写、打印和复印字迹的耐久和耐用性 要求与测试方法》GB/T 32004—2015 的规定。

（5）工程文件应字迹清楚，图样清晰，图表整洁，签字盖章手续应完备。

（6）工程文件中文字材料幅面尺寸规格宜为 A4 幅面（297mm×210mm）。图纸宜采用国家标准图幅。

（7）工程文件的纸张，其耐久性和耐用性应符合《信息与文献 档案纸 耐久性和耐用性要求》GB/T 24422—2009 的规定。

（8）所有竣工图均应加盖竣工图章（如图 10-7 所示），并应符合下列规定：

①竣工图章的基本内容应包括："竣工图"字样、施工单位、编制人、审核人、技术负责人、编制日期、监理单位、监理工程师、总监理工程师。

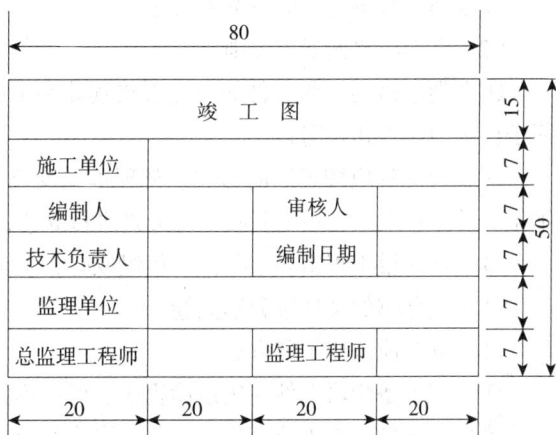

图 10-7 竣工图章示例

②竣工图章尺寸应为：50mm×80mm。

③竣工图章应使用不易褪色的印泥，应盖在图标栏上方空白处。

（9）竣工图的绘制与改绘应符合国家现行有关制图标准的规定。

（10）归档的建设工程电子文件应采用或转换为表 10-1 所列文件格式。

工程电子文件存储格式表　　　　　　　　　　　　　　表 10-1

文件类别	格式
文本（表格）文件	PDF、XML、TXT、OFD、DOC、XLS
图像文件	JPEG、TIFF
图形文件	DWG、PDF、SVG
影像文件	MPEG2、MPEG4、AVI、AVS
声音文件	MP3、WAV、AVS、AIF

（11）归档的建设工程电子文件应包含元数据，保证文件的完整性和有效性。元数据应符合现行行业标准《建设电子档案元数据标准》CJJ/T 187—2012 的规定。

（12）归档的建设工程电子文件应采用电子签名等手段，所载内容应真实和可靠。

（13）归档的建设工程电子文件的内容必须与其纸质档案一致。

（14）离线归档的建设工程电子档案载体，可采用移动硬盘、闪存盘、光盘、磁带等。

（15）存储移交电子档案的载体应经过检测，应无病毒、无数据读写故障，并应确保接收方能通过适当设备读出数据。

三、工程文件立卷

（一）立卷流程、原则和方法

（1）立卷应按下列流程进行：

①对属于归档范围的工程文件进行分类，确定归入案卷的文件材料；

②对卷内文件材料进行排列、编目、装订（或装盒）；

③排列所有案卷，形成案卷目录。

（2）立卷应遵循下列原则：

①立卷应遵循工程文件的自然形成规律和工程专业的特点，保持卷内文件的有机联系，便于档案的保管和利用；

②工程文件应按不同的形成、整理单位及建设程序，按工程准备阶段文件、监理文件、施工文件、竣工图、竣工验收文件分别进行立卷，并可根据数量多少组成一卷或多卷；

③一项建设工程由多个单位工程组成时，工程文件应按单位工程立卷；

④不同载体的文件应分别立卷。

（3）立卷应采用下列方法：

①工程准备阶段文件应按建设程序、形成单位等进行立卷；

②监理文件应按单位工程、分部工程或专业、阶段等进行立卷；

③施工文件应按单位工程、分部（分项）工程进行立卷；

④竣工图应按单位工程分专业进行立卷；

⑤竣工验收文件应按单位工程分专业进行立卷；

⑥电子文件立卷时，每个工程（项目）应建立多级文件夹，应与纸质文件在案卷设置上一致，并应建立相应的标识关系；

⑦声像资料应按建设工程各阶段立卷，重大事件及重要活动的声像资料应按专题立卷，

声像档案与纸质档案应建立相应的标识关系。

（4）施工文件的立卷应符合下列要求：

①专业承（分）包施工的分部、子分部（分项）工程应分别单独立卷；

②室外工程应按室外建筑环境和室外安装工程单独立卷；

③当施工文件中部分内容不能按一个单位工程分类立卷时，可按建设工程立卷。

（5）不同幅面的工程图纸，应统一折叠成 A4 幅面（297mm×210mm）。应图面朝内，首先沿标题栏的短边方向以 W 形折叠，然后再沿标题栏的长边方向以 W 形折叠，并使标题栏露在外面。

（6）案卷不宜过厚，文字材料卷厚度不宜超过 20mm，图纸卷厚度不宜超过 50mm。

（7）案卷内不应有重份文件。印刷成册的工程文件宜保持原状。

（8）建设工程电子文件的组织和排序可按纸质文件进行。

（二）卷内文件排列

（1）卷内文件应按《建设工程文件归档规范》GB/T 50328—2014 附录 A 和附录 B 的类别和顺序排列。

（2）文字材料应按事项、专业顺序排列。同一事项的请示与批复、同一文件的印本与定稿、主体与附件不应分开，并应按批复在前、请示在后，印本在前、定稿在后，主体在前、附件在后的顺序排列。

（3）图纸应按专业排列，同专业图纸应按图号顺序排列。

（4）当案卷内既有文字材料又有图纸时，文字材料应排在前面，图纸应排在后面。

（三）案卷编目

（1）编制卷内文件页号应符合下列规定：

①卷内文件均应按有书写内容的页面编号。每卷单独编号，页号从"1"开始。

②页号编写位置：单面书写的文件在右下角；双面书写的文件，正面在右下角，背面在左下角。折叠后的图纸一律在右下角。

③成套图纸或印刷成册的文件材料，自成一卷的，原目录可代替卷内目录，不必重新编写页码。

④案卷封面、卷内目录、卷内备考表不编写页号。

（2）卷内目录的编制应符合下列规定：

①卷内目录排列在卷内文件首页之前，式样宜符合《建设工程文件归档规范》GB/T 50328—2014 附录 C 的要求。

②序号应以一份文件为单位编写，用阿拉伯数字从 1 依次标注。

③责任者应填写文件的直接形成单位或个人。有多个责任者时，应选择两个主要责任者，其余用"等"代替。

④文件编号应填写文件形成单位的发文号或图纸的图号，或设备、项目代号。

⑤文件题名应填写文件标题的全称。当文件无标题时，应根据内容拟写标题，拟写标题外应加"[　]"符号。

⑥日期应填写文件的形成日期或文件的起止日期，竣工图应填写编制日期。日期中"年"应用四位数字表示，"月"和"日"应分别用两位数字表示。

⑦页次应填写文件在卷内所排的起始页号，最后一份文件应填写起止页号。

⑧备注应填写需要说明的问题。

（3）卷内备考表的编制应符合下列规定：

①卷内备考表应排列在卷内文件的尾页之后，式样宜符合《建设工程文件归档规范》GB/T 50328—2014 附录 D 的要求；

②卷内备考表应标明卷内文件的总页数、各类文件页数或照片张数及立卷单位对案卷情况的说明；

③立卷单位的立卷人和审核人应在卷内备考表上签名；年、月、日应按立卷、审核时间填写。

（4）案卷封面的编制应符合下列规定：

①案卷封面应印刷在卷盒、卷夹的正表面，也可采用内封面形式。案卷封面的式样宜符合《建设工程文件归档规范》GB/T 50328—2014 附录 E 的要求。

②案卷封面的内容应包括档号、案卷题名、编制单位、起止日期、密级、保管期限、本案卷所属工程的案卷总量、本案卷在该工程案卷总量中的排序。

③档号应由分类号、项目号和案卷号组成。档号由档案保管单位填写。

④案卷题名应简明、准确地揭示卷内文件的内容。

⑤编制单位应填写案卷内文件的形成单位或主要责任者。

⑥起止日期应填写案卷内全部文件形成的起止日期。

⑦保管期限应根据卷内文件的保存价值在永久保管、长期保管、短期保管三种保管期限中选择划定。当同一案卷内有不同保管期限的文件时，该案卷保管期限应从长。

⑧密级应在绝密、机密、秘密三个级别中选择划定。当同一案卷内有不同密级的文件时，应以高密级为本卷密级。

（5）编写案卷题名，应符合下列规定：

①建筑工程案卷题名应包括工程名称（含单位工程名称）、分部工程或专业名称及卷内文件概要等内容；当房屋建筑有地名管理机构批准的名称或正式名称时，应以正式名称为工程名称，建设单位名称可省略；必要时可增加工程地址内容。

②道路、桥梁工程案卷题名应包括工程名称（含单位工程名称）、分部工程或专业名称及卷内文件概要等内容；必要时可增加工程地址内容。

③地下管线工程案卷题名应包括工程名称（含单位工程名称）、专业管线名称和卷内文件概要等内容；必要时可增加工程地址内容。

④卷内文件概要应符合《建设工程文件归档规范》GB/T 50328—2014 附录 A、附录 B 中所列案卷内容（标题）的要求。

⑤外文资料的题名及主要内容应译成中文。

（6）案卷脊背应由档号、案卷题名构成，由档案保管单位填写；式样宜符合《建设工程文件归档规范》GB/T 50328—2014 附录 F 的规定。

（7）卷内目录、卷内备考表、案卷内封面宜采用 70g 以上白色书写纸制作，幅面应统一采用 A4 幅面。

（四）案卷装订与装具

（1）案卷可采用装订与不装订两种形式。文字材料必须装订。装订时不应破坏文件的内容，并应保持整齐、牢固，便于保管和利用。

（2）案卷装具可采用卷盒、卷夹两种形式，并应符合下列规定：

①卷盒的外表尺寸应为 310mm×220mm，厚度可为 20mm、30mm、40mm、50mm。

②卷夹的外表尺寸应为 310mm×220mm，厚度宜为 20~30mm。

③卷盒、卷夹应采用无酸纸制作。

（五）案卷目录编制

（1）案卷应按《建设工程文件归档规范》GB/T 50328—2014 附录 A 和附录 B 的类别和顺序排列。

（2）案卷目录的编制应符合下列规定：

①案卷目录式样宜符合《建设工程文件归档规范》GB/T 50328—2014 附录 G 的要求；

②编制单位应填写负责立卷的法人组织或主要责任者；

③编制日期应填写完成立卷工作的日期。

四、工程文件归档

（1）归档应符合下列规定：

①归档文件范围和质量应符合归档文件及其质量要求。

②归档的文件必须经过分类整理，并应符合文件立卷规定。

（2）电子文件归档应包括在线式归档和离线式归档两种方式。可根据实际情况选择其中一种或两种方式进行归档。

（3）归档时间应符合下列规定：

①根据建设程序和工程特点，归档可分阶段分期进行，也可在单位或分部工程通过竣工验收后进行。

②勘察、设计单位应在任务完成后，施工、监理单位应在工程竣工验收前，将各自形成的有关工程档案向建设单位归档。

（4）勘察、设计、施工单位在收齐工程文件并整理立卷后，建设单位、监理单位应根据城建档案管理机构的要求，对归档文件完整、准确、系统情况和案卷质量进行审查。审查合格后方可向建设单位移交。

（5）工程档案的编制不得少于两套，一套应由建设单位保管，一套（原件）应移交当地城建档案管理机构保存。

（6）勘察、设计、施工、监理等单位向建设单位移交档案时，应编制移交清单，双方签字、盖章后方可交接。

（7）设计、施工及监理单位需向本单位归档的文件，应按国家有关规定和《建设工程文件归档规范》GB/T 50328—2014 附录 A、附录 B 的要求立卷归档。

五、工程档案验收与移交

（1）建设工程档案验收时，应查验下列主要内容：

①工程档案齐全、系统、完整，全面反映工程建设活动和工程实际状况；

②工程档案已整理立卷，立卷符合《建设工程文件归档规范》GB/T 50328—2014 的规定；

③竣工图的绘制方法、图式及规格等符合专业技术要求，图面整洁，盖有竣工图章；

④文件的形成、来源符合实际，要求单位或个人签章的文件，其签章手续完备；

⑤文件的材质、幅面、书写、绘图、用墨、托裱等符合要求；

⑥电子档案格式、载体等符合要求；

⑦声像档案内容、质量、格式符合要求。

（2）列入城建档案管理机构接收范围的工程，建设单位在工程竣工验收备案前，必须向城建档案管理机构移交一套符合规定的工程档案。

（3）停建、缓建建设工程的档案，可暂由建设单位保管。

（4）对改建、扩建和维修工程，建设单位应组织设计、施工单位对改变部位据实编制新的工程档案，并应在工程竣工验收备案前向城建档案管理机构移交。

（5）当建设单位向城建档案管理机构移交工程档案时，应提交移交案卷目录，办理移交手续，双方签字、盖章后方可交接。

第三节　工程管理信息化与数字化

一、基本概念

（一）信息化的概念

从 20 世纪 50 年代开始，一些西方学者开始预感到一个新社会的到来，并开始试图描述这个社会。马克卢普（Fritz Machlup）称之为"知识生产社会"，德鲁克（Peter F. Drucker）称之为"知识经济社会"，贝尔（Danial Bell）称之为"后工业社会"，梅棹忠夫称之为"情报社会"，托夫勒（Alvin Toffler）称之为"第三次浪潮"。尽管角度和侧重点各不相同，但比较集中的看法是，人类正在进入一个不同于以往任何历史时期的社会。

信息化（Informatization）（日文音译为 Johoka）是由日本学者梅棹忠夫于 1963 年在其专著《信息产业论》中首次提出的。"信息化是向信息产业高度发达且在产业结构中占优势地位的社会——信息社会前进的动态过程，它反映了由可触摸的物质产品起主导作用向难以捉摸的信息产品起主导作用的根本转变。"

人类在信息的沟通和使用上经历了几次重大的革命。第一次革命是人类创造了语言，有了最基本的沟通工具。第二次革命是文字的产生。第三次革命是印刷术和造纸术的发明，为信息提供了价格低廉、传递方便的载体。第四次革命是电报电话以及后来的传真、广播、电视的发明，克服了空间和时间的障碍。

最近的一次革命则是由计算机和通信技术有机结合而形成的现代信息技术的迅猛发展所引起的。20 世纪中叶，由于生产社会化程度的空前提高，人类在信息处理方面也进入了一个全新的阶段，我们可以称之为信息处理的现代阶段，或信息处理的电子时代。

当代信息革命，是信息的采集、存储、处理、检索、传播、利用等各方面的一系列的技术革新和技术革命，其本质是关于人类信息和知识的生产和传播的一场革命。人类活动的方方面面无一不有信息的伴随，由当代信息革命所引发的信息化也就无处不在。人类社会信息和知识的生产和传播的努力永不停步，信息化也就不会放慢发展的脚步。因此，无论从时间维度、还是空间维度，信息化及其研究将始终伴随人类文明的发展不断前进。

信息化，源于人类对提高劳动生产率的追求，其所触发的人类社会生产体系的组织结构和经济结构的变革，将直接影响到每一个国家在世界政治版图中的地位。信息化使现代农业走向数字化、智能化和网络化；使工业化进入了以数字化为基本特征的智能化和网络化的工业化。因此，认识信息化，驾驭信息化，以信息化谋发展，是每一个国家和每一个组织在信息时代不得不面对和深入思考的重大课题。许多组织的未来发展取决于驾驭信息化的能力。

由于信息无处不在，更由于数字化技术是一种通用型技术（General-Purpose Technology），能带来整个经济的根本性重构。不同于增量式的技术进步（技术变革幅度小并可以预期），通用技术意味着根本性的变革，它所带来的是技术发展里程碑式的跳跃，即在更大程度上改变了技术发展的方向。因此，信息化不仅是一种技术现象，而且还是一种经济与社会变革。信息化是当代信息革命所引起的一个社会经济变革的过程，是一个推动人类社会从工业社会向信息社会转变的社会转型的过程，表征了人类迈向信息社会的努力。

化是事物从一个状态向另一个状态发展的过程，信息化是指人类社会向信息社会迈进的漫长过程。以信息与通信技术（ICT）为核心的技术革命对人类社会的经济体系、产业结构、组织体系和社会结构进行全面的改造，使人类社会的政治、经济、社会、军事、文化等各个方面适应信息社会的发展和需求，从而推动人类社会的进步。因此，信息化实际上是要推动整个经济社会转型，使社会形态从工业社会转向信息社会。观念的差异将决定我们的数字化的动力是内部原动力，还是外部动力问题，而这是数字化能够持续发展的保证。所以必须全面认识数字化的深刻影响。

（二）数字化的概念

数字化的概念分为狭义数字化和广义的数字化。

狭义的数字化，是指利用信息系统、各类传感器、机器视觉等信息通信技术，将物理世界中复杂多变的数据、信息、知识，转变为一系列二进制代码，引入计算机内部，形成可识别、可存储、可计算的数字、数据，再以这些数字、数据建立起相关的数据模型，进行统一处理、分析、应用，这就是数字化的基本过程。

广义上的数字化，则是通过利用互联网、大数据、人工智能、区块链、人工智能等新一代信息技术，来对企业、政府等各类主体的战略、架构、运营、管理、生产、营销等各个层面，进行系统性的、全面的变革，强调的是数字技术对整个组织的重塑，数字技术能力不再只是单纯的解决降本增效问题，而成为赋能模式创新和业务突破的核心力量。

（三）数据及相关概念

数据是所有能输入到计算机并被计算机程序处理的符号的总称。人们通过观察现实世界中的自然现象、人类活动，都可以形成数据。

数据管理（Data Management）是指通过规划、控制与提供数据和信息资产职能，包括开发、执行和监督有关数据的计划、政策、方案、项目、流程、方法和程序，以获取、控制、保护、交付和提高数据和信息资产价值。

美国国家标准技术研究院（NIST）认为，大数据具有规模巨大（Volume）、种类繁多（Variety）、增长速度快（Volocity）和变化频繁（Variability）的特征，且需要一个可扩展体系结构来有效存储、处理和分析的广泛的数据集。

IBM 给出了一个"4V 特性"的定义：强调了大数据的数量（Volume）、多样性（Variety）、速度（Volocity）和真实性（Veracity）等方面，后来也将数据价值（Value）吸收进来，成为大数据的"5V 特性"。

麦 肯 锡 全 球 研 究 院（McKinsey Global Institute）：综合了"现有技术无法处理"和"数据特征"定义，它认为"大数据是指大小超过经典数据库软件工具收集、存储、管理和分析能力的数据集"。这一定义是站在经典数据库的处理能力的基础上看待大数据的。

数据、信息、知识、智慧的关系如图 10-8 所示。

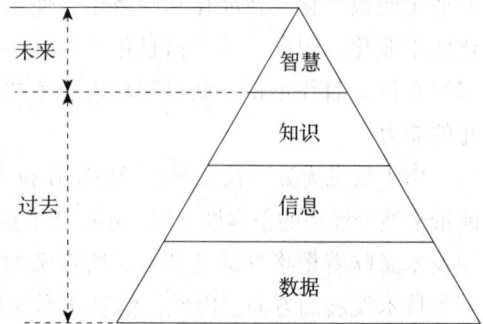

图 10-8　DIKW 金字塔

（四）大数据产业及数字经济

数据是新时代重要的生产要素，是国家基础性战略资源。大数据是数据的集合，以容量大、类型多、速度快、精度准、价值高为主要特征，是推动经济转型发展的新动力，是提升政府治理能力的新途径，是重塑国家竞争优势的新机遇。大数据产业是以数据生成、采集、存储、加工、分析、服务为主的战略性新兴产业，是激活数据要素潜能的关键支撑，是加快经济社会发展质量变革、效率变革、动力变革的重要引擎。

数字经济是继农业经济、工业经济之后的主要经济形态，是以数据资源为关键要素，以现代信息网络为主要载体，以信息通信技术融合应用、全要素数字化转型为重要推动力，促进公平与效率更加统一的新经济形态。数字经济发展速度之快、辐射范围之广、影响程度之深前所未有，正推动生产方式、生活方式和治理方式深刻变革，成为重组全球要素资源、重塑全球经济结构、改变全球竞争格局的关键力量。

2021 年 5 月 27 日，国家统计局发布了《数字经济及其核心产业统计分类（2021）》文件，将数字经济界定为"以数据资源作为关键生产要素、以现代信息网络作为重要载体、以信息通信技术的有效使用作为效率提升和经济结构优化的重要推动力的一系列经济活动。"这是对数字经济的最新定义，也是近些年其内涵不断变化，日趋丰富，演变到今天的版本。

国家统计局的文件从"数字产业化"和"产业数字化"两个方面，确定了数字经济的基本范围，将其分为数字产品制造业、数字产品服务业、数字技术应用业、数字要素驱动业、数字化效率提升业等 5 大类。

数字化不仅是信息交流的数字化，算法正不断改变人类生活的方方面面。数字化转型是指通过信息、计算、通信、连接等数字技术的组合，触发实体属性的重大变革以改进实体的过程。

（五）智能建造

1. 智能时代

人类正在从信息时代进入智能时代。信息时代的特征是应用先行，智能时代的特征是数据先行。人类通过信息时代的努力做到了信息可在任何地点、任何时间、几乎零成本获取。在信息时代，大多数数据使用者，决策者是人类，数据让我们应接不暇。信息时代人类是应用程序优先，数据是"数字排放"，是数字化服务的副产品。在智能时代信息被机器和计算机程序使用的频率呈增长趋势。数据让机器智能化，而智能化的系统能处理更多的数据。智能时代的特征是数据先行，数据先于应用存在。

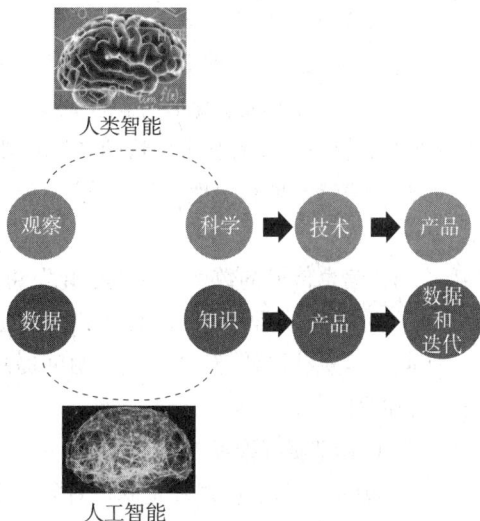

图 10-9　人工智能和人类智能共存

智能时代是数据为基础的机器认知和人的认知共存时代，如图 10-9 所示。

从图 10-9 可知，人类有史以来第一次找到了第二个知识获取的平行途径：机器认知。机器认知和人类认知的途径是不完全重合的，从而扩大了知识的绝对空间。从数据到服务社会的路径可能更短、更高效。人工智能正在逐渐发挥其潜力，人工智能的兴起，使得很多工作难度降低，一些简单重复的工作正在被替代。

2. 智能建造

丁烈云院士认为智能建造是利用以"三化"（数字化、网络化和智能化）和"三算"（算据、算力、算法）为特征的新一代信息技术，通过规范化建模、网络化交互、可视化认知、高性能计算以及智能化决策支持，实现数字链驱动下的工程立项策划、规划设计、施（加）工生产、运维服务一体化集成与高效率协同，向用户交付以人为本、绿色可持续的智能化工程产品与服务。

肖绪文院士认为智能建造是面向工程产品全生命期，实现泛在感知条件下建造生产水平提升和现场作业赋能的高级阶段；是工程立项策划、设计和施工技术与管理的信息感知、传输、积累和系统化过程；是构建基于互联网的工程项目信息化管控平台，在既定的时空范围内通过功能互补的机器人完成各种工艺操作，实现人工智能与建造要求深度融合的一种建造方式。

二、工程管理信息化

（一）工程管理信息化的意义

工程管理信息化指的是工程管理信息资源的开发和利用，以及信息技术在工程管理中的开发和应用。

信息技术在工程管理中的开发和应用能实现：

（1）信息存储数字化和存储相对集中；

（2）信息处理和变换的程序化；

（3）信息传输的数字化和电子化；

（4）信息获取便捷；

（5）信息透明度提高；

（6）信息流扁平化。

信息技术在工程管理中的开发和应用的意义在于：

（1）"信息存储数字化和存储相对集中"有利于项目信息的检索和查询，有利于数据和文件版本的统一，并有利于项目的文档管理；

（2）"信息处理和变换的程序化"有利于提高数据处理的准确性，并可提高数据处理的效率；

（3）"信息传输的数字化和电子化"可提高数据传输的抗干扰能力，使数据传输不受距离限制并可提高数据传输的保真度和保密性；

（4）"信息获取便捷""信息透明度提高""信息流扁平化"有利于项目参与方之间的信息交流和协同工作。

（二）工程项目管理信息系统

工程项目管理信息系统是基于计算机的项目管理的信息系统，主要用于项目的目标控制。工程项目管理信息系统的应用，主要是用计算机进行项目管理有关数据的收集、记录、存储、过滤和把数据处理的结果提供给项目管理班子成员。它是项目管理的跟踪和控制系统，也是信息流的跟踪系统。

工程项目管理信息系统可以在局域网上或基于互联网的信息平台上运行。

应用工程项目管理信息系统的主要意义是：

（1）实现项目管理数据的集中存储；

（2）有利于项目管理数据的检索和查询；

（3）提高项目管理数据处理的效率；

（4）确保项目管理数据处理的准确性；

（5）可方便地形成各种项目管理需要的报表。

（三）项目信息门户

项目信息门户即在对建设项目实施全过程中项目参与各方产生的信息和知识进行集中式管理的基础上，为建设项目的参与各方在互联网平台上提供一个获取个性化项目信息的单一入口（提供用户名和密码），从而为建设项目的参与各方提供一个高效的信息交流和协同工作的环境。它的核心功能是在互动式的文档管理的基础上，通过互联网促进项目参与各方之间的信息交流和促进项目参与各方的协同工作，从而达到为项目建设增值的目的。

与传统建设项目的信息管理、信息交流和沟通方式相比，基于互联网的项目信息门户具有以下特点：

（1）以建设项目为中心对建设项目信息进行集中存储与管理，通过信息的集中管理和门户设置为项目参与各方提供一个开放、协同、个性化的信息沟通环境；

（2）信息的集中存储改变了建设项目组织中信息交流和沟通的方式；

（3）提高了信息的可获取性和可重用性；

（4）改变了建设项目信息的获取和利用方式；

（5）传统的建设项目管理信息系统的用户只能是一个工程参与单位，而基于互联网的项目信息门户的用户是建设项目的所有参与单位。

项目信息门户应用的意义：

（1）降低了工程项目实施的成本；

（2）缩短了项目建设时间；

（3）降低了项目实施的风险；

（4）提高了业主的满意度。

三、工程管理数字化

信息时代和数字时代的企业和管理模式是不一样的。其区别如图 10-10 所示。

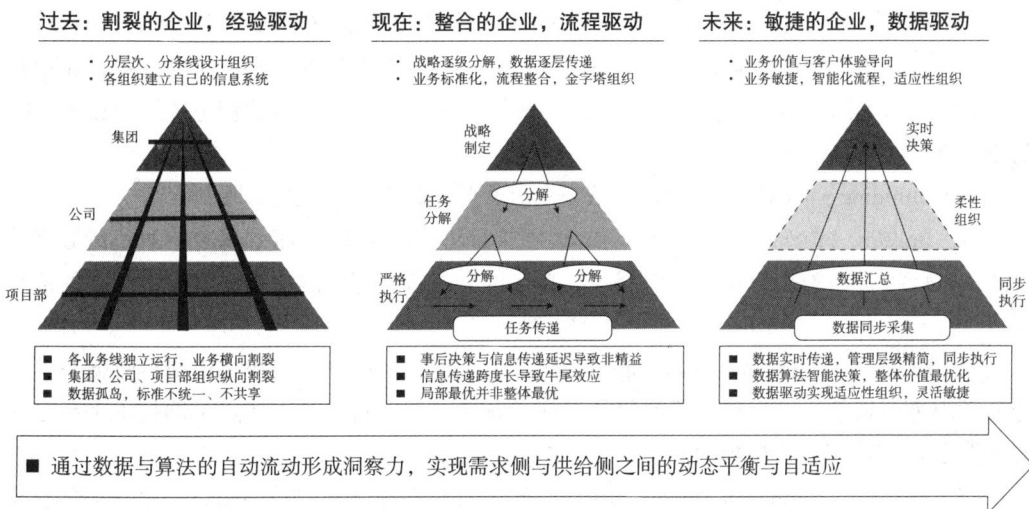

图 10-10　不同时代企业的运作模式

信息时代的企业，称之为"割裂的企业，经验驱动"。这是因为很多企业，尤其是大型企业是按照分层次、分条线进行组织结构的设计，纵向从集团总部到公司，乃至项目部之间的层级较多，而各业务线独立运行，横向割裂。并且每个组织都在不同时期建立了自己的信息系统，这就导致了系统间数据不同，标准不统一，协同与共享差，形成了一个个的数据孤岛。高层决策缺乏数据支撑，只能根据经验判断，这样就错失了很多机会。

从信息时代向数字时代过渡的企业，称之为"整合的企业，流程驱动"。这是因为很多企业意识到了上述问题，目前正在各种调整优化，以自身的管理班子为核心，借助咨询以及数字化工具进行了一系列的业务标准化、流程再造与组织调整，通过业务和财务一体、项目和企业一体等举措形成了集团制定战略，公司层细化战略统筹管理，项目部高效执行的金字塔组织模式。这种模式一定程度解决了之前业务割裂，数据孤岛的问题，但由于层级较多，链条过长，管理粗放等原因，依然存在决策延迟，执行偏差，管理效率低下非精益等问题，属于局部优化，并非整体最优。

数字时代的企业，称之为"敏捷的企业，数据驱动"。这是由于随着客户需求日益多元化，企业的价值观逐渐从自身转移到客户身上，会逐步建立以客户体验为导向的经营策略，并且随着数据资产的积累以及 BIM、人工智能、物联网、数字孪生等技术的日益成熟，将会通过数据实时采集分析传递、智能化的工作流程，自适应的组织实现业务敏捷性。

（一）BIM 的概念

目前对于 BIM 有不同的认识和理解，以下是几种得到比较广泛认可的定义。

国际标准组织——设施信息委员会（FIC）对 BIM 进行了定义：BIM 是在开放的工业标准下对设施的物理和功能特性及其相关的项目生命周期信息的可计算或可运算的形式表现，从而为决策提供支持，以便更好地实施项目的价值。在其补充说明中强调，建筑信息模型将所有有关方面集成在一个连贯有序的数据组织中，相关的电脑应用软件在被许可的情况下可以获取、修改或增加数据。

美国国家 BIM 标准（NBIMS）认为：BIM 是一个建设项目物理和功能特性的数字表达；BIM 是一个共享的知识资源，分享有关信息，全生命周期中提供可靠依据的过程；在项目的不同阶段，不同利益相关方通过在 BIM 中插入、提取、更新和修改信息，以支持和反映其各自职责的协同作业。

美国 Building SMART International 从三个层面对 BIM 的含义进行解释：

（1）Building Information Model：建筑信息模型是一个设施物理特征和功能特性的数字化表达，是该项目相关方的共享知识资源，为项目全寿命周期内的所有决策提供可靠的信息支持。

（2）Building Information Modeling：建筑信息建模的应用是建立和利用项目数据在其全寿命期内进行设计、施工和运营的业务过程，允许所有项目相关方通过不同技术平台之间的数据在同一时间利用相同的信息。

（3）Building Information Management：建筑信息管理是指利用数字原型信息支持项目全寿命期信息共享的业务流程组织和控制过程。建筑信息管理的效益包括集中和可视化沟通、更早进行多方案比较、可持续分析、高效设计、多专业集成、施工现场控制、竣工资料记录等。

由此可见，美国 Building SMART International 认为 BIM 是由建筑信息模型、建筑信息建模的应用和建筑信息管理三个既相互独立又相互关联的要素组成的整体。

BIM 技术除了具有 CAD 的各项功能，包含各类建筑和结构信息（能轻松实现建筑物的 3D 仿真）外，BIM 中还包含涉及整个项目生命周期的经济和管理信息，并且其中的信息是可计算的，从而为工程建设项目施工和使用阶段的各种决策提供全面和准确的数据支持。

（二）BIM 的特点

①可视化。能够同构件之间形成互动性和反馈性的可视，项目设计、建造、运营过程中的沟通、讨论、决策都在可视化的状态下进行。

②优化性。项目方案优化：利用模型提供的各种信息来优化，如几何、物理、规则、建筑物变化以后的各种情况信息。

特殊项目的设计优化：给复杂程度高的建筑优化。

③协调性。可在建筑物建造前期对各专业的碰撞问题进行协调，生成协调数据，提供出来。

④模拟性。节能模拟、紧急疏散模拟、日照模拟、热能传导模拟、4D 模拟、5D 模拟、

日常紧急情况的处理方式模拟。

　　⑤可出图。综合管线图（经过碰撞检查和设计修改，消除了相应错误以后）；综合结构留洞图（预埋套管图）；碰撞检查侦错报告和建议改进方案。

（三）BIM 信息的特点

BIM 包含的工程实体的信息具有如下特点。

　　①项目信息的完备性：BIM 模型除了可以描述建设项目的拓扑关系和 3D 几何信息，还可以对项目的工程信息进行描述：例如结构类型、对象名称、工程性能、建筑材料等项目设计方面的信息；还有项目机械、人力、材料资源以及项目施工工序、成本、进度、质量等施工信息；以及材料耐久性能、工程安全性能等项目维护信息；还包括跨对象的项目逻辑关系等。

　　②项目信息的一致性：运用 BIM 模型，在项目全生命期的不同阶段，模型中所包含的项目信息都是一致的，同样的信息不需要进行二次重复录入。而且，BIM 模型可以自动进行模拟演化。BIM 模型的所有对象还可以在项目的各阶段进行简单的拓展和修改，无须为了信息的增加而重新创建模型，从而使得信息不一致的错误减少。

　　③项目信息的关联性：在 BIM 模型中，所有描述建筑的对象都是相互关联并可以识别的，模型系统可以对所有信息分析和统计，并且能够自动生成相关的文档和图形。如若 BIM 模型中单一的对象发生变化，与之相对应关联的其他所有对象也会同时更新，从而来保证模型的完整性和有效性。

（四）BIM 的用途

BIM 在工程项目中的用途如图 10–11 和图 10–12 所示。

四、数字素养

（一）数字素养的概念

"数字素养"（Digital Literacy）一词发轫于美国，早期该词主要用于图书馆学中，指"阅读及理解超文本或多媒体格式信息的能力"，其重点在于突出数字时代的读写能力。1997年，保罗·吉尔斯特（Paul Gilster）在其《数字素养》一书中首次基于综合视角给出了数字素养的定义，即"当信息通过计算机呈现时，能够理解和使用各种通过互联网媒介的多种格式的信息"。他强调，由于信息时代数字技术的快速和持续发展，个人需要使用越来越多的技术、认知和社会技能在数字环境中执行任务和解决问题，这些技能被统称为"数字素养"。可见，保罗·吉尔斯特将数字素养看作是数字时代搜索、理解和利用数字化信息以及解决问题的全方面技能。

Tabusum 等人（2014）将数字素养定义为"使用数字技术定位、组织、理解、评估和分析信息的能力"。他指出，所谓数字素养，"不仅是计算机知识，而是使用数字技术通过数字平台来交流信息"。Walton（2016）在其《数字素养：建立边界和确定合作伙伴》一文中，将数字素养定义为：使用信息技术和互联网，发现、评估、利用、共享和创建内容的能力。其既能够使用数字技术、通信工具或网络来定位、评估、使用和创建信息，更重要的是，"通过计算机理解和使用各种来源的多种格式信息，并在数字环境中有效执行任务"。Havrilova 认为，数字素养不仅仅涉及数字环境中的知识、技能与经验，还包括大量复杂的

PLAN规划	DESIGN设计	CONSTRUCT施工	OPERATE运营

现状建模

成本预算

阶段规划

规划文本编制

场地分析

设计方案论证

设计建模

能量分析

结构分析

日照分析

设备分析

其他分析

LEED评估

规范验证

3D协调

场地使用规划

施工系统设计

数字化加工

三维控制和规划

记录模型

维护计划

建筑系统分析

资产管理

空间管理、追踪

灾害计划

主要BIM应用

次要BIM应用

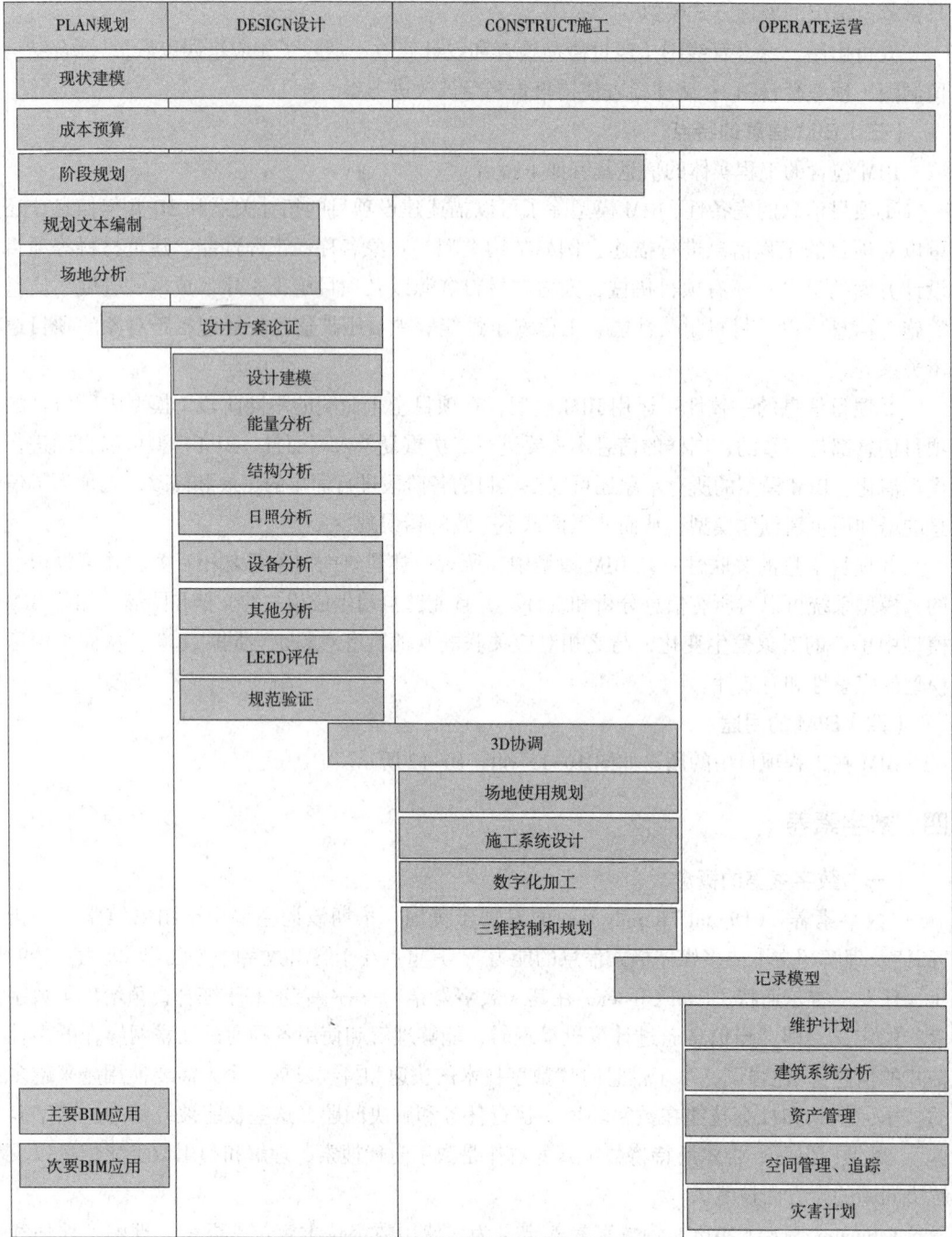

图 10-11　BIM 在工程项目中的应用

认知、价值观和态度。数字素养已从单方面强调知识和技能提升至价值观和态度的重要性中。此外，英国联合信息系统委员会（Joint Information Systems Committee，JISC）给出数字素养更简洁的定义，即数字素养是指发展使一个人在数字社会中生活、学习和工作的能力。联合国教科文组织（UNESCO）将数字素养描述为使用数字媒体、信息处理和检索所需的一

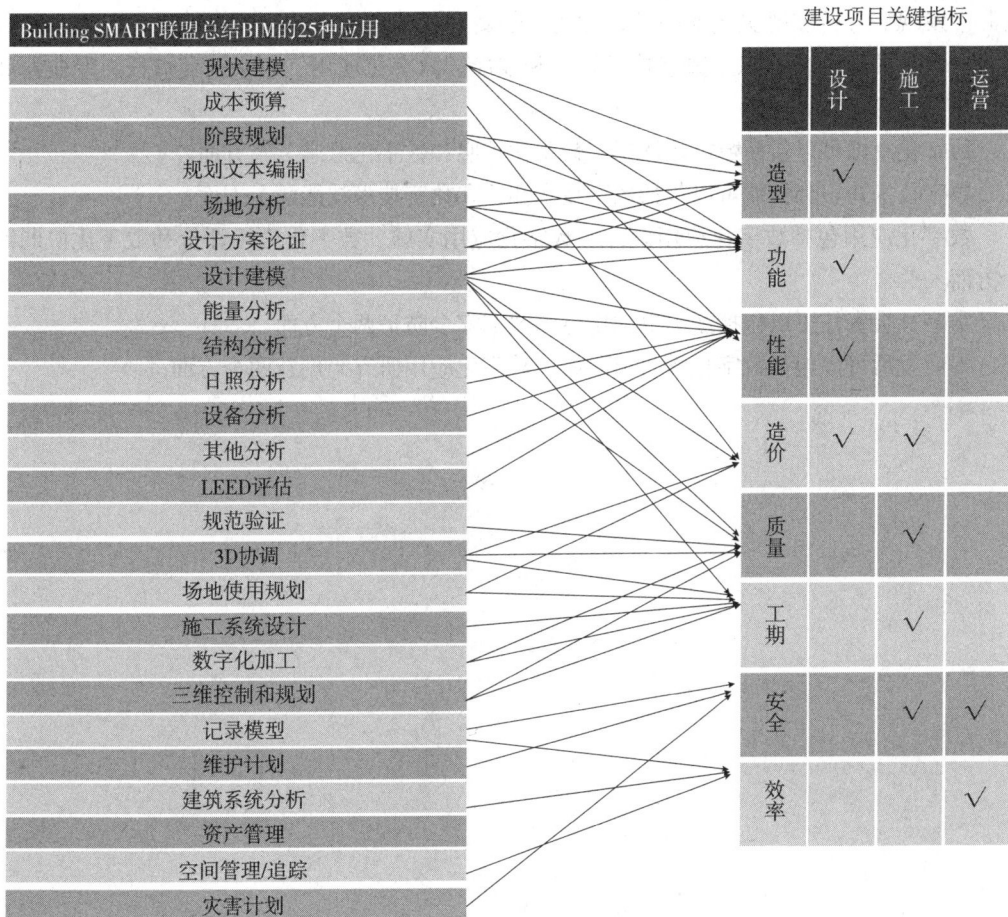

图 10-12 BIM 利用的关键指标

套基本技能，使人们能够参与社交网络，创造和分享知识。

以色列学者 Eshet-Alkalai（2004）提出了数字素养概念框架，包括五方面内容：①图片－图像素养（Photo-Visual Literacy），指从图形界面中学习、理解和获取信息的能力；②再创造素养（Reproduction Literacy），指在整合彼此分离、独立的数字信息基础上重新创造有意义、真实、创造性作品或解释的能力；③信息素养（Information Literacy），即具备识别信息质量的能力，能够对信息数据进行批判性思考；④分支素养（Branching Literacy），指运用超媒体技术，以非线性的、"无序"（Unordered）的方式获取信息、建构知识的能力；⑤社会情感素养（Socio-Emotional Literacy），即愿意与他人共享数据和知识、能够对信息评估、协作构建知识的能力。Martin 和 Grudziecki 提出了数字素养的三层等级模型：第一层级是一般性的数字能力，包括技能、方法和态度等；第二层级是专业级的数字能力应用，强调数字技术在某些学科或专业领域的应用；第三层级是数字能力创新，即运用数字技术进行改革与创新的能力。

（二）数字素养框架

数字素养可以指从业者适当利用数字技术获取、加工、使用、管理和评价数字信息和资源，发现、分析和解决职业问题，优化、创新和变革职业活动而具有的意识、能力和责任。可以包括数字化意识、数字技术知识和技能、数字化应用、数字社会责任、专业发展五个方面的维度。

数字化意识可以包括数字化认识、数字化意愿和数字化意志三个方面。

数字技术知识和技能可以包括数字技术知识和数字技术技能两个方面。

数字化应用包括数字化应用设计、数字化应用实施、数字化应用评价和数字化协同四个方面。

数字社会责任可以包括法治道德规范和数字安全防护两个方面。

专业发展可以包括数字化学习与研修、数字化应用研究与创新两个方面。

参考文献

[1] 肖平，夏嵩，刘丽娜 . 工程伦理：像工程师那样工作 [M]. 成都：西南交通大学出版社，2020.

[2] 莱顿，奥斯特米勒，凯纳斯顿 . 敏捷项目管理 [M]. 3 版 . 傅永康，冯霄鹏，杨俊，译 . 北京：人民邮电出版社，2022.

[3] 项目管理协会 . 项目管理知识体系指南（PMBOK 指南）[M]. 6 版 . 北京：电子工业出版社，2018.

[4] 哈斯 . 复杂项目管理：一个新的模型 [M]. 李永奎，宋宇名，陆云波，等译 . 北京：科学出版社，2014.

[5] 美国项目管理协会 . 项目复杂性管理实践指南 [M]. 北京：中国电力出版社，2014.

[6] 刘伊生 . 建设工程项目管理理论与实务 [M]. 2 版 . 北京：中国建筑工业出版社，2018.

[7] 卢长宝 . 项目策划 [M]. 3 版 . 北京：电子工业出版社，2017.

[8] 全国注册咨询工程师（投资）资格考试参考教材编写委员会 . 工程项目组织与管理：2021 修订版 [M]. 北京：中国统计出版社，2022.

[9] 全国注册咨询工程师（投资）资格考试参考教材编写委员会 . 项目决策分析与评价：2021 修订版 [M]. 北京：中国统计出版社，2022.

[10] 殷瑞钰，李伯聪，汪应洛 . 工程方法论 [M]. 北京：高等教育出版社，2017.

[11] 殷瑞钰，应洛，李伯聪 . 工程哲学 [M]. 3 版 . 北京：高等教育出版社，2018.